사이버 범죄 수사총람

편저 : 이 창 복

이 모든 구성요소를 수록하여 사이버 범죄 수사 개시에서부터 마무리까지
해결할 수 있는 수사 비법과 수사 요령까지 모두 제시!

⚖ 법률미디어

개정증보판을 내면서

현대사회는 과학기술의 발달속도가 그 어느 때보다 빠르게 진행되고 있다. 정보통신기술(ICT)의 비약적 발전과 함께 시작된 4차 산업혁명이 현실화되면서, 우리 사회는 사람과 사물, 공간이 네트워크로 상호연결되는 '초연결 사회'로 급속히 변화하고 있다. 이러한 변화를 통해 생활 속 편리함은 더욱 커지고, 온오프라인을 넘나들며 다양한 활동을 영위할 수 있는 등 우리는 그 어느 때보다도 풍요로운 삶을 누리게 되었다.

그러나 이러한 추세에 따라서 범죄 역시 하루가 다르게 지능화·조직화 되고 있고 새로운 범죄유형도 등장하게 되면서 형벌법 역시 현실의 요구에 부응해야 하는 무거운 과제를 떠안게 되었다. 그래서 오늘날에는 사이버 물리시스템과 사물인터넷의 기술을 융합하여 새로운 가치를 창출해내는 4차 산업혁명에 직면하고 있다. 4차 산업혁명의 핵심은 빅 데이터, 인공지능 로봇, 사물인터넷, 3D 프린팅, 무인자동차, 나노바이오기술 등이 융합하여 새로운 것을 창조하는 파괴적 기술이 중심이 되며 그 속도와 파급력은 빠르고 광범위한 것이다.

하지만, 이러한 초연결사회가 낙관적인 결과만을 가져다 주는 것은 아니다. 최근 지속적인 양적 증가세를 보여 온 사이버범죄는 그 수법 또한 갈수록 지능적이고 치밀해지고 있는 가운데, 보안에 취약한 사물인터넷(IoT)은 사이버범죄의 범행 도구로 악용되거나 직접적인 공격 대상이 되고 있어, 새로운 사이버위협 요소로 대두되고 있다.

이 책은 사이버범죄 수사에 힘쓰는 실무가들에게 과학기술의 발달과 변화에 따른 법률실무와 수사업무의 수행에 도움을 주기 위하여 기획되었다. 과학기술, 그 중에서도 특히 컴퓨터와 인터넷 관련 범죄를 다루고 있는 법령 및 판례 등과 사이버범죄 관련법률 들을 수록하여 실무해결에 길잡이가 되도록 하였다. 아울러 부록에서는 관련법규와 범죄사실 작성요령, 서식들을 함께 수록하였다. 이러한 자료들은 대법원의 판결례, 법제처의 현행 법령과 경찰청 국가수사본부 사이버수사국의 자료들을 참고하였다.

이 책의 구성은 사이버범죄의 유형인 정보통신망 침해 범죄, 정보통신망 이용 범죄, 사이버금융범죄, 불법 컨텐츠 범죄에 대한 자세한 해설과 관련판례, 법원의 판단, 여러 상담사례, 범죄사실 기재례들은 이해하기 쉽게 배열하였다. 이러한 구성은 매일 매일의 고된 업무에 눈 코 뜰 겨를이 없어 현실의 변화에 대응하기 위하여 자료를 찾아본다거나 따로 공부를 하기 위하여 시간을 내기가 어려운 경찰의 사이버범죄 수사실무자들이 수사업무를 해결하는데 필요한 길잡이가 될 것임을 확신한다.

일선에서 법질서를 바로 세우기 위하여 보이지 않는 곳에서 묵묵히 자신의 업무를 수행하고 있는 사이버범죄실무가들에게 감사함을 표하면서, 이 책이 그들의 노고를 덜어주는데 도움이 되었으면 하는 것이 편저자의 간절한 바람이라고 하겠다.

편저자 드림

차 례

제1장 정보통신망 침해 범죄

제1절 해킹

제2절 서비스 거부 공격((DDoS 등)

제3절 악성프로그램

제4절 기타 정보통신망 침해형 범죄

제2장 정보통신망 이용 범죄
제1절 사이버 사기

제2절 사이버 저작권 침해

제3절 개인 · 위치정보 침해

제4절 사이버 스팸메일

제5절 기타 정보통신망 이용형 범죄

제3장 사이버금융범죄

제1절 피싱(Phishing)

제2절 파밍(Pharming)

제3절 스미싱(Smishing)

제4절 메모리해킹

제5절 몸캠피싱

제6절 기타 전기통신금융사기

제4장 불법 컨텐츠 범죄

제1절 사이버성폭력

제2절 사이버도박

제3절 사이버 명예훼손 · 모욕

제2절 불법·유해사이트

제6장 사이버범죄 관련법률

제7장 사이버범죄 신고

제8장 개인정보보호법 상담사례

제9장 정보보호 관련 고시 · 훈령

부록1 개인정보 보호법 / 1025

부록2 관련 법규 · 훈령 · 예규 · 고시 / 1095

부록3 수사기록 편철방법 / 1503

부록4 범죄사실 작성요령 / 1511

부록5 수사 관련 서식 / 1549

부록6 사이버범죄 발생 · 검거현황 / 1577

제1장

정보통신망 침해 범죄

제1장　　정보통신망 침해 범죄

제1장
정보
통신망
침해범죄

① 정당한 접근 권한 없이 또는 허용된 접근 권한을 넘어 컴퓨터 또는 정보통신망(컴퓨터 시스템)에 침입하거나 시스템, 데이터 프로그램을 훼손·멸실·변경한 경우 및 정보통신망(컴퓨터 시스템)에 장애(성능저하, 사용불능)를 발생하게 한 경우에 발생하게 한 범죄를 말한다.

② 고도의 기술적인 요소가 포함되며, 컴퓨터 및 정보통신망 자체에 대한 공격행위를 수반하는 범죄로, 정보통신망을 매개한 경우 및 매개하지 않은 경우도 포함한다.

제1절 해킹

계정도용, 단순침입, 자료유출, 자료훼손

Ⅰ. 개요

해킹(Hacking)이란 정당한 접근권한 없이 또는 허용된 접근권한을 초과하여 정보통신망에 침입하는 행위와 협의의 해킹과 계정도용행위를 포함하며, 컴퓨터 또는 네트워크와 같은 자원에 대한 접근제한(Access Control) 정책을 비정상적인 방법으로 우회하거나 무력화시킨 뒤 접근하는 행위를 말한다.

1. 계정도용

정당한 접근권한 없이 또는 허용된 접근권한을 넘어 타인의 계정(ID, Password)을 임의로 이용한 경우를 말하며, 게임계정도용과 일반계정도용을 분리·집계하고 있으나, 구분의 실익이 없으므로 계정도용으로 단순화하였다.

> ※ 개념상으로만 보면 단순침입의 한 가지 유형에 해당하지만 계정도용이
> 차지하는 부분이 많아 별도로 구분한다.

※ 예방수칙

① 자신의 아이디와 비밀번호는 다른 사람에게 알려주지 않는다.

② 인터넷 사이트에의 무분별한 회원가입은 자제한다.

③ 회원 가입 시 구체적인 개인정보를 요구할 경우 가입여부를 다시 한 번 생각한다.

④ 인터넷 회원 가입 시 서비스 약관에 제3자에게 정보를 제공할 수 있다는 조항이 있는지 확인한다.

⑤ 탈퇴가 어렵거나, 탈퇴 절차에 대한 설명이 없는 곳은 가입하지 않는다.

⑥ 탈퇴 신청을 한 뒤 개인정보를 파기했는지 확인한다.

⑦ 비밀번호를 주기적으로 변경하고 전화번호나 생일, 연속된 숫자 등을 사용하지 말아야 한다.

⑧ 함께 사용하는 PC는 아이디, 비밀번호 등 개인정보 입력 시 자동완성 기능을 사용하지 않는다.

2. 단순침입

단순침입이란 정당한 접근권한 없이 또는 허용된 접근권한을 넘어 컴퓨터 또는 정보통신망에 침입한 경우를 말한다.

① 접근권한 : 행위자가 해당 정보통신망의 자원을 임의로 사용할 수 있도록 하는 권한을 말한다.

② 정보통신망에 침입한다 : 행위자가 해당 정보통신망의 자원을 사용하기 위해서 거쳐야 하는 인증절차를 거치지 않거나 비정상적인 방법을 사용해 해당 정보통신망의 접근권한을 획득하는 것, 즉 정보통신망의 자원을 임의대로 사용할 수 있는 상태가 되었을 때 침입이 이루어진 것이라고 할 수 있다.

3. 자료유출

자료유출이란 정당한 접근권한 없이 또는 허용된 접근권한을 넘어 컴퓨터 또는 정보통신망에 침입한 후, 데이터를 유출·누설한 경우를 말한다.

4. 자료훼손

자료훼손이란 정당한 접근권한 없이 또는 허용된 접근권한을 넘어 컴퓨터 또는 정보통신망에 침입한 후, 타인의 정보를 훼손(삭제·변경 등)한 경우를 말한다(홈페이지를 변조한 행위도 포함).

5. IoT 해킹 예방수칙

① 개념

IoT(Internet of Things) 기기 : 유무선 공유기, CCTV, IP 카메라, 스마트 TV 등 인터넷에 연결되어 통신을 주고 받는 모든 사물을 말한다.

② 예방수칙

1. 제조사에서 배포하는 펌웨어* 정기적 업데이트

   *펌웨어란 ? 하드웨어를 제어하는 가장 기본적인 프로그램

2. 기기 설치 후 설정되어 있는 초기 비밀번호 변경

   ※ 안전한 패스워드 설정 방법 : 영문자, 숫자, 특수문자의 조합 필요

3. 공유기 관리자 모드에서 원격 접근 기능 비활성화 및 접근 제어 설정
   (IP, MAC 주소 인증)

4. 수시로 기기에 연결된 목록을 점검하여 인가되지 않은 연결 목록 있는 경우 즉시 차단

③ 피해 최소화 방법

공유기기 초기화(reset)

펌웨어 최신 버전으로 업데이트

관리자 비밀번호 변경

Ⅱ. 관련판례

KT 고객정보를 해킹하여 텔레마케팅 영업에 활용한 범행에 대한 형사사건

피고인들은 공모하여, 정당한 접근권한 없이 정보통신망인 KT가 관리하는 '올레뮤직' 홈페이지, 'KT올레 고객센터' 홈페이지, 'KT피쳐폰 모바일 고객센터' 홈페이지에 각 침입하고 위 각 정보통신망에 의하여 처리·보관되는 타인의 비밀을 침해·도용 또는 누설하였다.

해 설

피고인 박OO은 인천 남구 주안1동 109-3 부건프라자 4층에 있는 주식회사 OO파트너스 KT 대리점의 대표이사로서 총괄 운영하는 자, 피고인 정OO은 주식회사 OO파트너스의 투자자이자 상무로서 TM(텔레마케팅) 관리업무 등을 담당하는 자, 피고인 김OO은 해커이다.

피고인 박OO과 피고인 정OO은 2012. 말경 피고인 김OO을 'TM에 필요한 KT고객정보를 추출하는 직원'으로 고용한 뒤 피고인 김OO이 해킹으로 추출한 KT고객정보를 TM영업에 활용하여 피고인 김OO에게 그 대가로 개통 성공 건 당 5,000원 및 기본급 300만 원을 지급하기로 약정하고, 2013. 2.경 위 부건프라자 4층 및 안양시 동안구 관양동 아크로펠리스 901호에, 2013. 5.경 안산시 단원구 고잔동 대덕프라자 208호에, 2013. 11.경 인천 남구 주안동 리가스퀘어 11층에 각각 주식회사 OO파트너스의 TM사무실을 차렸다.

위 공모에 따라 피고인 김OO은 2013. 2.경부터 2013. 11. 초순경까지

는 위 부건프라자 4층에서, 2013. 11. 초순경부터 2014. 2. 25.까지는 위 리가스퀘어 11층에서 해킹도구인 '파로스' 프로그램, '웹어플리케이션' 프로그램을 이용하여 '올레뮤직 홈페이지(ollehmusic.com)', 'KT올레 고객센터 홈페이지(olleh.com)'에 정당한 접근권한 없이 침입한 다음 11,681,875건의 KT고객정보(휴대폰번호, 명의자, 실사용자, 요금납부자의 각 이름, 주민등록번호, 주소, 이메일, 카드번호, 카드유효기간, 청구서발행 시작월, 요금제, 모델명, 유심카드번호, 최초 가입일, 기변일자)를 누설하여 저장한 뒤 기변일자를 기준으로 편집한 휴대폰 번호 출력물을 피고인 정OO 및 피고인 박OO에게 넘겨주고, 피고인 정OO 및 피고인 박OO은 위 각 직영사무실에서 총 30~40명의 직원을 고용하여 위자료를 활용한 1차 TM 영업을 하였다.

또한 피고인 김OO은 2013. 8.경 피고인 박OO으로부터 'KT 본사 내부망인 영업전산시스템 'N-STEP'에서 관리하는 단말기 약정, 위약금, 할부기간 등의 정보를 쉽게 취득할 수 있는 프로그램을 만들어 달라'는 취지의 지시에 따라, 위 'N-STEP' 조회 정보와 동일한 정보를 공유하는 KT피쳐폰 모바일 고객센터 홈페이지(cs.show.co.kr)에서 해킹도구 '파로스'를 응용하여 2차 TM대상 고객의 휴대폰번호와 주민등록번호를 입력하면 휴대폰 단말기 인증 없이도 자동으로 위 정보가 조회되도록 하는 해킹 프로그램인 '신조' 프로그램을 제작하여 주식회사 OO파트너스 소속 '신조' 담당 직원 3명의 컴퓨터에 설치하고, 피고인 정OO과 피고인 박OO은 그때부터 2014. 2. 25.까지 위 '신조' 담당직원들로 하여금 위 '신조' 해킹프로그램을 통해 일일 합계 약 2,100건 씩 무단 조회한'휴대폰 대금, 모델명, 최초가입일, 가입대리점, 요금제, 쇼킹스폰서가입일, 휴대폰 위약금' 등의 고객정보를 위 직영사무실이 공유하는 스마트모바일 관리시스템의 화면에 복사 등록하게 함으로써 이를 토대로 2차 TM영업을 하였다.

이로써 피고인들은 공모하여, 정당한 접근권한 없이 정보통신망인 KT가 관리하는'올레뮤직' 홈페이지, 'KT올레 고객센터' 홈페이지, 'KT피쳐폰 모바일 고객센터' 홈페이지에 각 침입하고 위 각 정보통신망에 의하여 처리·

보관되는 타인의 비밀을 침해·도용 또는 누설하였다.

　피고인들의 이 사건 범행은 약 1년간에 걸쳐 TM(텔레마케팅) 영업에 활용할 목적으로 KT가 관리하는 정보통신망에 지속적으로 침입하여 11,681,875건의 KT고객정보를 누설하고 그 중 4,822,011건은 TM영업에 활용한 것으로 정보통신망의 건전하고 안전한 이용과 개인정보의 보호를 심각하게 침해하였다. 이 사건 범행은 범행기간 및 횟수가 적지 않고 피해규모가 커 엄벌할 필요가 있다.

　피고인들의 이 사건 범행에 대한 가담정도, 피고인 정○○, 박○○은 동종 범죄로 집행유예를 받은 전력이 있음에도 또다시 이 사건 범행을 저지른 점, 피고인 김○○은 이사건 범행을 반성하고 있고 초범이기는 하나 직접 프로그램을 개발하여 실행행위를 하였으며 매월 상당한 수익을 얻은 점, 그 밖에 피고인들의 나이, 가족관계, 범행 경위 및 결과, 범행 후의 정황 등 여러 가지 사정을 고려하여 피고인 박○○을 징역 3년에, 피고인 김○○, 정○○을 각 징역 2년에 각 처한다.

판례 2

오픈마켓 사이트 개인정보 유출 사건

정보통신서비스제공자가 구 정보통신망 이용촉진 및 정보보호 등에 관한 법률 제28조 제1항이나 정보통신서비스 이용계약에 따른 개인정보의 안전성 확보에 필요한 보호조치를 취하여야 할 법률상 또는 계약상 의무를 위반하였는지 판단하는 기준 / 정보통신서비스제공자가 구 정보통신망 이용촉진 및 정보보호 등에 관한 법률 시행규칙에 따라 정보통신부장관이 마련한 '개인정보의 기술적·관리적 보호조치 기준'에서 정하고 있는 기술적·관리적 보호조치를 다한 경우, 개인정보의 안전성 확보에 필요한 보호조치를 취하여야 할 법률상 또는 계약상 의무를 위반하였다고 볼 수 있는지 여부

해 설

정보통신서비스가 '개방성'을 특징으로 하는 인터넷을 통하여 이루어지고 정보통신서비스제공자가 구축한 네트워크나 시스템 및 운영체제 등은 불가피하게 내재적인 취약점을 내포하고 있어서 이른바 '해커' 등의 불법적인 침입행위에 노출될 수밖에 없고, 완벽한 보안을 갖춘다는 것도 기술의 발전 속도나 사회 전체적인 거래비용 등을 고려할 때 기대하기 쉽지 아니한 점, 해커 등은 여러 공격기법을 통해 정보통신서비스제공자가 취하고 있는 보안조치를 우회하거나 무력화하는 방법으로 정보통신서비스제공자의 정보통신망 및 이와 관련된 정보시스템에 침입하고, 해커의 침입행위를 방지하기 위한 보안기술은 해커의 새로운 공격방법에 대하여 사후적으로 대응하여 이를 보완하는 방식으로 이루어지는 것이 일반적인 점 등의 특수한 사정이 있으므로, 정보통신서비스제공자가 구 정보통신망 이용촉진

및 정보보호 등에 관한 법률(2008. 2. 29. 법률 제8852호로 개정되기 전의 것, 이하 '구 정보통신망법'이라 한다) 제28조 제1항이나 정보통신서비스 이용계약에 따른 개인정보의 안전성 확보에 필요한 보호조치를 취하여야 할 법률상 또는 계약상 의무를 위반하였는지 여부를 판단함에 있어서는 해킹 등 침해사고 당시 보편적으로 알려져 있는 정보보안의 기술 수준, 정보통신서비스제공자의 업종·영업규모와 정보통신서비스제공자가 취하고 있던 전체적인 보안조치의 내용, 정보보안에 필요한 경제적 비용 및 효용의 정도, 해킹기술의 수준과 정보보안기술의 발전 정도에 따른 피해발생의 회피 가능성, 정보통신서비스제공자가 수집한 개인정보의 내용과 개인정보의 누출로 인하여 이용자가 입게 되는 피해의 정도 등의 사정을 종합적으로 고려하여 정보통신서비스제공자가 해킹 등 침해사고 당시 사회통념상 합리적으로 기대 가능한 정도의 보호조치를 다하였는지 여부를 기준으로 판단하여야 한다.

특히 구 정보통신망 이용촉진 및 정보보호 등에 관한 법률 시행규칙(2008. 9. 23. 행정안전부령 제34호로 전부 개정되기 전의 것) 제3조의3 제2항은 "정보통신부장관은 제1항 각 호의 규정에 의한 보호조치의 구체적인 기준을 정하여 고시하여야 한다."라고 규정하고 있고, 이에 따라 정보통신부장관이 마련한 「개인정보의 기술적·관리적 보호조치 기준」(정보통신부 고시 제2005-18호 및 제2007-3호, 이하 '고시'라 한다)은 해킹 등 침해사고 당시의 기술수준 등을 고려하여 정보통신서비스제공자가 구 정보통신망법 제28조 제1항에 따라 준수해야 할 기술적·관리적 보호조치를 구체적으로 규정하고 있으므로, 정보통신서비스제공자가 고시에서 정하고 있는 기술적·관리적 보호조치를 다하였다면, 특별한 사정이 없는 한, 정보통신서비스제공자가 개인정보의 안전성 확보에 필요한 보호조치를 취하여야 할 법률상 또는 계약상 의무를 위반하였다고 보기는 어렵다.

판례 3

악성프로그램을 전달 또는 유포하였다고 하여 정보통신망침해 등으로 기소된 사안에서, 피고인들에게 무죄를 선고한 사례

정보통신서비스제공자가 구 정보통신망 이용촉진 및 정보보호 등에 관한 법률 제28조 제1항이나 정보통신서비스 이용계약에 따른 개인정보의 안전성 확보에 필요한 보호조치를 취하여야 할 법률상 또는 계약상 의무를 위반하였는지 판단하는 기준 / 정보통신서비스제공자가 구 정보통신망 이용촉진 및 정보보호 등에 관한 법률 시행규칙에 따라 정보통신부장관이 마련한 '개인정보의 기술적·관리적 보호조치 기준'에서 정하고 있는 기술적·관리적 보호조치를 다한 경우, 개인정보의 안전성 확보에 필요한 보호조치를 취하여야 할 법률상 또는 계약상 의무를 위반하였다고 볼 수 있는지 여부

【참조조문】

형사소송법 제325조

제325조(무죄의 판결)
피고사건이 범죄로 되지 아니하거나 범죄사실의 증명이 없는 때에는 판결로써 무죄를 선고하여야 한다.

정보통신망 이용촉진 및 정보보호 등에 관한 법률 제49조

제49조(비밀 등의 보호)
누구든지 정보통신망에 의하여 처리·보관 또는 전송되는 타인의 정보를 훼손하거나 타인의 비밀을 침해·도용 또는 누설하여서는 아니 된다.

해 설

　피고인들이 광고용 자동프로그램 판매를 위한 인터넷 사이트를 통해 자신들
이 개발한 여러 자동프로그램, 즉 네이버·다음 등 포털사이트의 카페, 블로그
등의 글과 이미지를 자동 등록해주거나, 네이버 카페 회원의 아이디를 추출하
거나, 네이버 사용자를 검색하여 자동으로 메시지나 댓글을 작성하고 쪽지를
발송하는 등의 기능을 가진 프로그램들을 판매함으로써 정보통신시스템 등의
운용을 방해할 수 있는 악성프로그램을 전달 또는 유포하였다고 하여 구 정보
통신망 이용촉진 및 정보보호 등에 관한 법률(2016. 3. 22. 법률 제14080호로
개정되기 전의 것, 이하 '구 정보통신망법'이라 한다) 위반(정보통신망침해등)
으로 기소된 사안에서, 피고인들이 유포한 프로그램들을 구매한 구매자들은
이를 자신들의 컴퓨터에 설치하여 대량으로 타인에게 쪽지를 발송하거나 반복
적으로 같은 내용의 글을 대량으로 등록하는 데에 사용하며, 그 과정에서 네
이버 등 포털사이트의 서버에 짧은 시간에 특정 작업을 하기 위한 반복적인
요청을 통해 대량의 패킷을 전송하고 해당 서버는 이러한 요청에 응답하기 위
한 서버리소스를 소요하게 되는데, 같은 작업을 사람이 정상적으로 하는 경우
보다 적게는 5배, 많게는 500배 이상의 부하(트래픽)가 발생하는 사실을 인정
할 수 있고, 구 정보통신망법 제48조 제2항은 전달과 유포의 대상을 해당 정
보통신시스템에 한정하지 않음으로써 악성프로그램을 정보통신시스템에 투입
하는 행위만이 아니라 이를 유통하는 행위까지 포함하나, 위 프로그램들의 기
능과 작동 방식, 포털사이트에 미치는 영향 등을 종합하면, 검사가 제출한 증
거만으로 위 프로그램들이 네이버 등 포털사이트의 정보통신시스템에 대하여
훼손·멸실·변경·위조에 준하는 정도로 그 운용을 방해할 수 있는 악성프로그램
에 해당한다고 보기 어렵다는 이유로, 이와 달리 본 제1심판결을 파기하고 피
고인들에게 무죄를 선고한다.

판례 4

> 메인서버에 접속하여 정보훼손과 파일삭제의 방법으로 업무를 방해한 경우

병원 전산 프로그램 제작·관리업체에 근무하는 피고인이 특정 병원 컴퓨터의 메인 서버에 접속하여 정보를 훼손함과 동시에 전산 관리 파일을 삭제하는 방법으로 환자관리 및 진료 등의 업무를 방해하였다는 내용으로 기소되었으나 이를 인정할 직접증거가 없는 사안에서, 검사 제출의 증거만으로는 위파일 삭제가 피고인의 행위로 인한 것이라고 추단할 수 있을만큼 증명되었다고 보기 어렵다는 이유로, 피고인에게 무죄를 선고한 원심판단을 수긍한 사례

【참조조문】

형법 제314조 제2항

> 제314조(업무방해)
> ② 컴퓨터등 정보처리장치 또는 전자기록등 특수매체기록을 손괴하거나 정보처리장치에 허위의 정보 또는 부정한 명령을 입력하거나 기타 방법으로 정보처리에 장애를 발생하게 하여 사람의 업무를 방해한 자도 제1항의 형과 같다.

정보통신망 이용촉진 및 정보보호 등에 관한 법률 제49조

> 제49조(비밀 등의 보호)
> 누구든지 정보통신망에 의하여 처리·보관 또는 전송되는 타인의 정보를 훼손하거나 타인의 비밀을 침해·도용 또는 누설하여서는 아니 된다.

정보통신망 이용촉진 및 정보보호 등에 관한 법률 제71조 제1항 제11호

제71조(벌칙)
① 다음 각 호의 어느 하나에 해당하는 자는 5년 이하의 징역 또는 5천만원 이하의 벌금에 처한다.
11. 제49조를 위반하여 타인의 정보를 훼손하거나 타인의 비밀을 침해·도용 또는 누설한 자

형사소송법 제308조

제308조(자유심증주의)
증거의 증명력은 법관의 자유판단에 의한다.

해 설

목격자의 진술 등 직접증거가 전혀 없는 사건에 있어서는 적법한 증거들에 의하여 인정되는 간접사실들에 논리법칙과 경험칙을 적용하여 공소사실이 합리적인 의심을 할 여지가 없이 진실한 것이라는 확신을 가지게 할 정도로 추단될 수 있을 경우에만 이를 유죄로 인정할 수 있고, 이러한 정도의 심증을 형성할 수 없다면 설령 피고인에게 유죄의 의심이 간다고 하더라도 피고인의 이익으로 판단할 수밖에 없다는 것이 형사소송의 대원칙이다(대법원 2000. 11. 7. 선고 2000도3507 판결, 대법원 2008. 5. 15. 선고 2008도1585 판결 등 참조).

원심판결 이유에 의하면, 원심은 그 판시와 같은 사실을 인정한 다음, 이 사건 공소사실은 이 사건 범행 당시 원심 판시 이 사건 병원 컴퓨터 서버의 공인 IP 주소가 (IP 주소 생략)이고, 피고인의 컴퓨터 미할당영역에서 발견된 Radmin 접속 조각파일의 접속기록이 이 사건 범행으로 생성된 것임을 전제로 하고 있는데, 이 사건 병원은 유동 IP 주소를 사용하고 있어 IP 주소가 불규칙하게 수시로 변동되므로 이 사건 병원 진료실 컴퓨

터의 인터넷 사용기록 중 20○○. ○○. ○○. ○○:○○:○○경에 생성된 쿠키파일에서 발견된 IP 주소가 (IP 주소 생략)인 것만으로 그로부터 약 4시간 전인 이 사건 범행 무렵 이 사건 병원 컴퓨터 서버의 공인 IP 주소도 그와 같을 것으로 단정할 수 없는 점, 또한 피고인의 컴퓨터 미할당영역에서 발견된 Radmin 접속 조각파일의 접속 IP 주소가 (IP 주소 생략)으로 확인되기는 하였으나, 위 접속기록은 위 조각파일이 생성된 20○○. ○○. ○○.부터 마지막으로 사용된 20○○. ○○. ○○.까지 사이에 위 IP 주소로 접속한 적이 있다는 사실만 나타낼 뿐 위 IP 주소에의 정확한 접속일시는 알 수 없어, 위 접속기록이 이 사건 범행으로 인하여 생성된 것이라고 단정하기도 어려운 점 등 여러 정황을 종합하여, 직접증거가 없는 이 사건에 있어서 검사가 제출한 증거들만으로는 이 사건 병원 컴퓨터 서버에 보관된 파일의 삭제가 피고인의 행위로 인한 것이라고 추단할 수 있을 만큼 증명되었다고 보기 어렵다는 이유로, 피고인에 대하여 유죄로 인정한 제1심판결을 파기하고 무죄를 선고하였다.

앞서 본 법리 및 기록에 비추어 살펴보면, 이러한 원심의 판단은 정당하고, 거기에 논리와 경험의 법칙에 위배하고 자유심증주의의 한계를 벗어난 위법이 없다.

판례 5

정보통신망 이용촉진 및 정보보호 등에 관한 법률 제49조 위
반행위의 객체인 '정보통신망에 의해 처리·보관 또는 전
송되는 타인의 비밀'의 범위 및 정보통신망으로 처리·전
송이 완료된 다음 사용자의 개인용 컴퓨터(PC)에 저장·보
관되어 있으나 정보통신체제 내에서 저장·보관 중인 것으
로 볼 수 있는 비밀이 이에 포함되는지 여부

정보통신망 이용촉진 및 정보보호 등에 관한 법률(이하
'정보통신망법'이라 한다) 제49조는 "누구든지 정보통신망에 의하
여 처리·보관 또는 전송되는 타인의 정보를 훼손하거나 타인의 비밀
을 침해·도용 또는 누설하여서는 아니 된다."라고 정하고, 제71조
제1항 제11호는 '제49조를 위반하여 타인의 정보를 훼손하거나 타
인의 비밀을 침해·도용 또는 누설한 자는 5년 이하의 징역 또는 5
천만 원 이하의 벌금에 처한다.'고 정하고 있다.
　정보통신망법은 정보통신망의 이용을 촉진하고 정보통신서비스를
이용하는 자의 개인정보를 보호함과 아울러 정보통신망을 건전하고
안전하게 이용할 수 있는 환경을 조성하여 국민생활의 향상과 공공
복리의 증진에 이바지하기 위한 목적으로 제정되었다(제1조). 정보
통신망은 전기통신사업법 제2조 제2호에 따른 전기통신설비를 이용
하거나 전기통신설비와 컴퓨터 및 컴퓨터의 이용기술을 활용하여
정보를 수집·가공·저장·검색·송신 또는 수신하는 정보통신체제를 말
한다(제2조 제1항 제1호). 전기통신설비는 전기통신을 하기 위한 기
계·기구·선로 또는 그 밖에 전기통신에 필요한 설비를 말한다(전기
통신사업법 제2조 제2호). 정보통신망법 제49조의 규율 내용이
포괄적이기 때문에, 위와 같은 정보통신망법의 입법목적이나
정보통신망의 개념 등을 고려하여 그 조항을 해석해야 한다.

【참조조문】

정보통신망 이용촉진 및 정보보호 등에 관한 법률 제71조 제1항 제11호

> 제71조(벌칙)
> ① 다음 각 호의 어느 하나에 해당하는 자는 5년 이하의 징역 또는 5천만원 이하의 벌금에 처한다.
> 11. 제49조를 위반하여 타인의 정보를 훼손하거나 타인의 비밀을 침해 · 도용 또는 누설한 자

해 설

이 사건에서 피고인의 행위가 정보통신망 이용촉진 및 정보보호 등에 관한 법률(이하 '정보통신망법'이라 한다) 제49조에서 정한 '정보통신망에 의해 처리·보관 또는 전송되는 타인의 비밀'을 침해·누설한 것인지 문제 되고 있다.

(1) 정보통신망법 제49조는 "누구든지 정보통신망에 의하여 처리·보관 또는 전송되는 타인의 정보를 훼손하거나 타인의 비밀을 침해·도용 또는 누설하여서는 아니 된다."라고 정하고, 제71조 제1항 제11호는 '제49조를 위반하여 타인의 정보를 훼손하거나 타인의 비밀을 침해·도용 또는 누설한 자는 5년 이하의 징역 또는 5천만 원 이하의 벌금에 처한다.'고 정하고 있다.

정보통신망법은 정보통신망의 이용을 촉진하고 정보통신서비스를 이용하는 자의 개인정보를 보호함과 아울러 정보통신망을 건전하고 안전하게 이용할 수 있는 환경을 조성하여 국민생활의 향상과 공공복리의 증진에 이바지하기 위한 목적으로 제정되었다(제1조). 정보통신망은 전기통신사업법 제2조 제2호에 따른 전기통신설비를 이용하거나 전기통신설비와 컴퓨터 및 컴퓨터의 이용기술을 활용하여 정보를 수집·가공·저장·검색·송신 또는 수신하는 정보통신체제를 말한다(제2조 제1항 제1호). 전기통신설비는 전기통신을 하기 위한 기계·기구·선로 또는 그 밖에 전기통신에 필요한 설비를 말한다(전기통신사업법 제2조 제2호). 정보통신망법 제49조의 규율 내용이 포괄적이기 때문에, 위와 같은

정보통신망법의 입법목적이나 정보통신망의 개념 등을 고려하여 그 조항을 해석해야 한다.

정보통신망법 제49조 위반행위의 객체인 '정보통신망에 의해 처리·보관 또는 전송되는 타인의 비밀'에는 정보통신망으로 실시간 처리·전송 중인 비밀, 나아가 정보통신망으로 처리·전송이 완료되어 원격지 서버에 저장·보관된 것으로 통신기능을 이용한 처리·전송을 거쳐야만 열람·검색이 가능한 비밀이 포함됨은 당연하다. 그러나 이에 한정되는 것은 아니다. 정보통신망으로 처리·전송이 완료된 다음 사용자의 개인용 컴퓨터(PC)에 저장·보관되어 있더라도, 그 처리·전송과 저장·보관이 서로 밀접하게 연계됨으로써 정보통신망과 관련된 컴퓨터 프로그램을 활용해서만 열람·검색이 가능한 경우 등 정보통신체제 내에서 저장·보관 중인 것으로 볼 수 있는 비밀도 여기서 말하는 '타인의 비밀'에 포함된다고 보아야 한다. 이러한 결론은 정보통신망법 제49조의 문언, 정보통신망법상 정보통신망의 개념, 구성요소와 기능, 정보통신망법의 입법목적 등에 비추어 도출할 수 있다.

또한 정보통신망법 제49조에서 말하는 '타인의 비밀'이란 일반적으로 알려져 있지 않은 사실로서 이를 다른 사람에게 알리지 않는 것이 본인에게 이익이 되는 것을 뜻한다(대법원 2006. 3. 24. 선고 2005도7309 판결 등 참조).

(2) 정보통신망법 제49조에서 말하는 타인의 비밀 '침해'란 정보통신망에 의하여 처리·보관 또는 전송되는 타인의 비밀을 정보통신망에 침입하는 등 부정한 수단 또는 방법으로 취득하는 행위를 말한다(대법원 2015. 1. 15. 선고 2013도15457 판결 참조). 타인의 비밀 '누설'이란 타인의 비밀에 관한 일체의 누설행위를 의미하는 것이 아니라, 정보통신망에 의하여 처리·보관 또는 전송되는 타인의 비밀을 정보통신망에 침입하는 등의 부정한 수단 또는 방법으로 취득한 사람이나 그 비밀이 위와 같은 방법으로 취득된 것임을 알고 있는 사람이 그 비밀을 아직 알지 못하는 타인에게 이를 알려주는 행위만을 의미한다(대법원 2012. 12. 13. 선고 2010도10576 판결 등 참조).

정보통신망법 제48조 제1항은 정보통신망에 대한 보호조치를 침해하거나 훼손할 것을 구성요건으로 하지 않고 '정당한 접근권한 없이 또는 허용된 접근권한을 넘어' 정보통신망에 침입하는 행위를 금지하고 있다. 정보통신망법 제49조는 제48조와 달리 정보통신망 자체를 보호하는 것이 아니라 정보통신 망에 의하여 처리·보관 또는 전송되는 타인의 정보나 비밀을 보호대상으로 한 다. 따라서 정보통신망법 제49조의 '타인의 비밀 침해 또는 누설'에서 요구되 는 '정보통신망에 침입하는 등 부정한 수단 또는 방법'에는 부정하게 취득한 타인의 식별부호(아이디와 비밀번호)를 직접 입력하거나 보호조치에 따른 제 한을 면할 수 있게 하는 부정한 명령을 입력하는 등의 행위에 한정되지 않는 다. 이러한 행위가 없더라도 사용자가 식별부호를 입력하여 정보통신망에 접 속된 상태에 있는 것을 기화로 정당한 접근권한 없는 사람이 사용자 몰래 정 보통신망의 장치나 기능을 이용하는 등의 방법으로 타인의 비밀을 취득·누설 하는 행위도 포함된다. 그와 같은 해석이 죄형법정주의에 위배된다고 볼 수는 없다.

Ⅲ. 상담사례

■ **SNS 계정이 해킹을 당하여서 해킹범이 계정 아이디와 비밀번호를 게 시글에 올려놓았습니다. 고소가 가능한가요?**

➡ 고소가 가능합니다.

정보통신망 이용촉진 및 정보보호 등에 관한 법률 위반죄로 고소가 가능합니다. 먼저 정보통신망 이용촉진 및 정보보호 등에 관한 법률 제48조 제1항을 보면 '누구든지 정당한 접근권한 없이 또는 허용된 접근권한을 넘어 정보통신망에 침입하여서는 아니 된다.'라고 하여 해킹을 금지하고 있습니다. 같은 법 제71조 제1항 제9호(법 제48조 제1항을 위반하여 정보통신망에 침입한 자)에 이를 위반할 경우 5년 이하의 징역 또는 5천만원 이하의 벌금에 처해진다고 규정하고 있습니다.

■ **서버가 해킹되어 파일이 삭제되고 새로운 폴더가 생성되었습니다.**

➡ 우선 서버를 변경하지 마시고 서버 로그 자료를 확인하여 백업하여 놓은 다음 경찰에 신고하시기 바랍니다.

정당한 접근권한 없이 또는 허용된 접근권한을 초과하여 정보통신망에 침입하여 파일을 삭제하고 새로운 폴더를 생성하였다면 정보통신망이용촉진및정보보호에관한법률위반으로 형사처벌 대상이 됩니다.

■ 피해자를 해킹하여 훔쳐본 제3자도 처벌을 받을 수 있나요?

➡ 받을 수 있을 것으로 보입니다.

방송에 나타난 피해자의 모습과 다른 정보를 결합하여 그 피해자가 누군지 특정할 수 있다면 이는 일종의 피해자의 개인정보라고 할 수 있습니다. 피해자의 동의 없이 피해자의 모습이 방송을 통해 송출되었고 이러한 사실을 알면서도 방송을 보았다면 정보통신망 이용촉진 및 정보보호 등에 관한 법률 제71조 제1항 제6호[제28조의2 제2항(개인정보의 누설금지)을 위반하여 그 개인정보가 누설된 사정을 알면서도 영리 또는 부정한 목적으로 개인정보를 제공받은 자]에 의하여 형사처벌을 받을 수 있습니다.

■ 해킹이나 침입은 아니지만 사이트 마비를 목적으로 홈페이지에 무리한 동작을 시키는 경우, 처벌할 근거는 있나요?

➡ 정보통신망의 안정적 운영을 방해할 목적으로 대량의 신호 또는 데이터를 보내거나 부정한 명령을 처리하도록 하는 등의 방법으로 정보통신망에 장애를 발생하게 하였다면 정보통신망 이용촉진 및 정보보호 등에 관한 법률 제71조 제1항 제10호 및 제48조 제3항을 적용하여 형사처벌이 가능합니다.

■ 회사의 서버가 해킹당해 자료가 외부로 유출되고, 일부자료는 삭제되었습니다. 신고하려면 어떻게 해야 하나요?

➡ 먼저, 관련 자료가 삭제·변경되지 않도록 재부팅 등 조작을 금지하고 아래와 같이 서버 접속기록을 확인하여 백업하여 놓은 후 경찰에 신고해 주시기 바랍니다.

정당한 접근권한 없이 또는 허용된 접근권한을 초과하여 정보통신망에 침입하여 자료를 빼내 갔다면 정보통신망이용촉진및정보보호에관한법률 위반으로 형사처벌 대상이 됩니다.

* Unix 서버(Solaris)의 예
- 로그인한 사용자 정보 확인: /var/adm/utmp, syslog, wtmp, xferlog, access-log
- 특이한 port 확인 : /etc/inetd.conf, /etc/services
- 사용자의 실행 command 확인 : /var/adm/acct
- 특이한 메시지 확인 : /var/log/secure, /var/log/messages
- 사용자들의 시스템명령 및 프로세스기록확인 : /usr/bin/lastcomm
※ 단, 시스템마다 파일시스템의 구조 및 파일은 다를 수 있습니다.

■ 해킹이란 어떤 것이고, 시스템에 어떤 변화가 생기나요?

➡ 해킹의 의미는 상당히 광범위합니다만 일반적으로 해킹이란 타인의 시스템에 불법적으로 침입하는 것을 의미하며, 이는 보통 트로이목마(Trojan Horse), 백도어(Backdoor), 웜(Worm)이라는 악성프로그램에 의해 발생합니다.

해킹을 당하면 이상한 폴더나 파일이 생성되기도 하고, 태스크 바가 사라지거나 마우스가 저절로 움직이기도 하며, 시스템이 자주 다운되는 등의 변화가 일어납니다. 가장 심각한 피해는 사용자의 개인정보 및 아이디(ID)·비밀번호(Password) 등이 유출되는 경우로서 사용자가 눈치 채지 못하는 경우가 많습니다.

이에 대하여 사용자는 최신 백신프로그램으로 바이러스 검사를 하고, 인터넷에서 각종 파일을 다운받을 때 각별한 주의를 기울여 피해를 사전에 예방해야 합니다.

보다 자세한 내용은 한국인터넷진흥원 보호나라를 방문, 확인하시기 바랍니다.(http://www.boho.or.kr)

■ **누군가가 제 컴퓨터를 해킹하고 있는지 실행하지도 않은 프로그램이 작동하고 컴퓨터가 저절로 움직이고 있습니다.**

➡ 인터넷을 통해 외부에서 트로이목마(Trojan Horse), 백도어 (Backdoor), 웜(Worm)등 악성프로그램을 이용하여 컴퓨터 시스템 에 침입한 것으로 의심할 수 있어 보입니다.

먼저, 인터넷 접속을 끊으신 후 최신 백신프로그램으로 검색하여 발견되 는 트로이목마(백도어)등을 치료해 주시기 바랍니다. 컴퓨터를 사용하실 때는 항상 최신 엔진으로 업데이트 된 백신프로그램으로 바이러스 감염 여부 등을 검사한 후 안전하게 이용하시기 바랍니다.

보다 자세한 내용은 한국인터넷 진흥원 보호나라를 방문, 확인하시기 바 랍니다.(http://www.boho.or.kr)

■ **해킹 방지하는 방법을 알려 주세요.**

➡ 해킹을 완벽히 막을 수 있는 프로그램은 사실상 없다고 해도 과언이 아닙니다. 트로이목마(Trojan Horse), 백도어(Backdoor), 웜(Worm)등의 악성프로그램을 방지하기 위한 효과적인 방법은 V3Lite, 알약, 네이버백신 등 백신프로그램으로 주기적인 바이러스 검사를 하는 것입니다.

프로그램은 정품을 사용하시고, 공인된 사이트에서 파일 등을 다운받고 모르는 사람에게서 온 메일은 가능하면 열어보지 않는 것이 좋습니다. 또한 윈도우 보안 업데이트(http://www.update.microsoft.com)를 주기적으로 해 주고, 신뢰하지 않는 사이트의 접근은 자제하는 것이 중요합니다.

특히 PC방에서 컴퓨터를 사용할 경우 바이러스 검사 및 키로거(keylogger) 등 파일 작동여부를 반드시 확인 한 다음 사용하는 것이 좋습니다. 가급적 PC방에서는 개인정보가 노출될 수 있는 위험 있으므로 사이트 가입 및 로그인은 자제하는 것이 좋습니다.

■ **누군가가 제 메일계정에 접속하여 메일을 읽어보고 있습니다. 그 사람이 누구인지 찾아 처벌하고 싶습니다.**

➡ 타인의 메일을 몰래 훔쳐보는 것은 '정보통신망에 의하여 처리·보관 또는 전송되는 타인의 정보를 훼손하거나 타인의 비밀을 침해·도용 또는 누설' 하는 행위로서 '정보통신망 이용촉진 및 정보보호 등에 관한 법률' 에서 규정하고 있는 위법행위입니다.

먼저, 최신 백신프로그램으로 업데이트한 후 바이러스 감염 여부 등에 대해 검사하여 해킹, 바이러스 프로그램이 설치·실행되고 있는지 여부를 검사할 필요가 있습니다. 또한 최근에는 불법스팸메일 차단프로그램 등에 의하여 수신된 메일이 읽어 본 것으로 표시될 수도 있으므로 먼저 컴퓨터에 설치된 프로그램의 종류 및 기능 등에 대하여 살펴보고 기능이 불명확하거나 의심되는 프로그램은 삭제조치 하시기 바랍니다.

메일계정 해킹이 확실한 경우에는 추가 메일계정 해킹을 방지토록 비밀번호를 변경하고 메일계정 서비스업체에 연락하여 접속기록 보존유무 확인 및 관련 기록보존토록 조치하는 등 관련 범죄행위를 입증할 수 있는 증빙자료를 충분히 확보한 후 신고하여 주시기 바랍니다.

참고로 일부 인터넷서비스업체(ISP)에서는 접속기록 관리서버 운영에 필요한 추가비용 및 관리자 확보곤란 등의 사유로 접속기록을 보존하지 않는 경우가 있기 때문에 접속기록이 없는 경우에는 용의자 특정 및 범죄혐의를 구증할 수 없어 추적수사가 곤란할 수 있습니다.

■ 아이템을 샀는데 해킹범으로 신고 되어 계정이 압류되었습니다.

➡ 해당업체와 상의하여 해결해야 합니다.

게임회사에서 귀하의 계정을 사용 정지시킨 것은 귀하가 게임회사에 회원 가입 시 체결한 약관에 따른 조치인 것으로 보입니다. 대부분의 게임회사들은 아이템 현금거래를 금지한다는 내용을 약관에 명시하고 있습니다.

약관은 민사상 계약에 해당하므로 형사사건을 취급하는 경찰은 게임회사의 약관에 따른 조치에 개입할 수 있는 권한이 없습니다. '계정압류'에 대해서는 해당 게임업체와 상의하여 해결하시는 것이 좋을 듯합니다.

피해구제를 위해서 ICT분쟁조정지원센터(http://www.ecmc.or.kr, 대표전화 1661-5714) 또는 서울시 전자상거래센터(http://ecc.seoul.go.kr/, 02-2133-4891~6)를 통해 상담 및 조정을 받아보세요.

■ 저는 컴퓨터를 해킹한 사실이 없는데 고소인들이 정보통신망법 위반으로 경찰서에 가서 신고를 하고 고소장을 작성하여 제출한다고 합니다. 그런 사실이 없을 때 고소인들이 신고를 할 경우 무고죄 성립 요건은 어떻게 되나요? 무죄판결이 나올 때 역고소가 가능한지 알고 싶습니다.

➡ 무고죄에 관한 대법원 판결은 아래와 같습니다.

무고죄에서 허위사실의 신고방식은 구두에 의하건 서면에 의하건 관계가 없고, 서면에 의하는 경우에도 그 신고내용이 타인으로 하여금 형사처분 또는 징계처분을 받게 할 목적의 허위사실이면 충분하며 그 명칭을 반드시 고소장이라고 하여야만 무고죄가 성립하는 것은 아니다(대법원 1985. 12. 10. 선고 84도2380 판결 등 참조). 그리고 무고죄에서의 허위사실 적시의 정도는 수사관서 또는 감독관서에 대하여 수사권 또는 징계권의 발동을 촉구하는 정도의 것이면 충분하고 반드시 범죄구성요건 사실이나 징계요건 사실을 구체적으로 명시하여야 하는 것은 아니다(대법원 2006. 5. 25. 선고 2005도4642 판결 참조).

무고죄는 타인으로 하여금 형사처분 또는 징계처분을 받게 할 목적으로 공무소 또는 공무원에 대하여 허위의 사실을 신고하는 때에 성립하는 것으로, 여기에서 허위사실의 신고라 함은 신고사실이 객관적 사실에 반한다는 것을 확정적이거나 미필적으로 인식하고 신고하는 것을 말하는 것이므로, 신고사실의 일부에 허위의 사실이 포함되어 있다고 하더라도 그 허위 부분이 범죄의 성부에 영향을 미치는 중요한 부분이 아니고, 단지 신고한 사실을 과장한 것에 불과한 경우에는 무고죄에 해당하지 아니하지만(대법원 1996. 5. 31. 선고 96도771판결, 대법원 2003. 1. 24. 선고 2002도5939 판결 등 참조), 그 일부 허위인 사실이 국가의 심판작용을 그르치거나 부당하게 처벌을 받지 아니할 개인의 법적 안정성을 침해할 우려가 있을 정도로 고소사실 전체의 성질을 변경시키는 때에는 무고죄가 성립될 수 있다(대법원 2004. 1. 16. 선고 2003도7178 판결, 대법원 2009. 1. 30. 선고 2008도8573 판결, 대법원 2010. 4. 29. 선고 2010도2745 판결 등 참조).

무죄판결을 받거나 증거불충분으로 혐의 없음 불기소처분을 받는 경우에 따라 무고죄로 고발할 여지가 있다고 할 것입니다. 다만 상대방이 고소하게 된 경우와 고소내용 등을 보다 면밀하게 확인하여 무고죄 고발여부를 검토해보시기 바랍니다.

■ **제 컴퓨터가 해킹되었습니다. 지금 로그파일을 백업받아놨는데 컴퓨터에 있는 자료가 모두 지워졌습니다.**

➡ 실수나 오류인지 확인 후 해킹행위인 경우 신고해야 합니다.

해킹행위는 정보통신망 이용촉진 및 정보보호 등에 관한 법률과 형법 등 관련 법률을 적용하여 형사처벌이 가능합니다. 다만 조작자의 실수 또는 프로그램 오류로 인하여 자료가 삭제되는 경우도 있으므로 이를 먼저 확인하시기 바랍니다.

자신의 컴퓨터가 해킹 당했는지 여부는 한국인터넷진흥원 개인정보침해 신고센터(http://privacy.kisa.or.kr/kor/main.jsp, 해킹, 스팸, 개인정보침해 신고전화 118)로 문의하시고, 상대방에 대한 형사처벌을 원하시면 사이버안전국에 신고(http://cyberbureau.police.go.kr, 전화 182) 하시기 바랍니다.

■ **게임 접속을 해보니 그동안 키운 캐릭터와 아이템이 모두 사라졌습니다. 복구할 수 있나요?**

➡ 먼저 게임회사에 연락하여 귀하의 캐릭터와 아이템이 사라진 원인을 확인하시기 바랍니다. 해킹으로 인한 경우, 상대방에 대한 형사처벌을 원하신다면 경찰에 신고하시면 됩니다.

다만 경찰은 범죄성립여부를 조사할 뿐이며, 귀하의 캐릭터와 아이템을 복구해 드리지는 않음을 알아 두셔야 합니다. 캐릭터와 아이템을 복구하려면 해당 게임회사에 복구를 요청하셔야 합니다.

■ **해킹의 유형과 사례 및 처벌에 대해 알려주세요.**

➡ 해킹은 크게 두 가지로 나누어 볼 수 있습니다.

첫째, 시스템 침입에 의한 해킹으로서 OS의 버그나 해킹툴 등을 이용하여 정당한 접근권한 없이 또는 허용된 접근권한을 초과하여 정보통신망에 침입하는 행위를 말하는데 정보통신망 이용촉진 및 정보보호 등에 관한 법률 제48조 제1항, 제71조 제1항 제9호에 의하여 5년 이하의 징역 또는 5천만원 이하의 벌금형을 받게 됩니다.

> **제48조(정보통신망 침해행위 등의 금지)**
> ① 누구든지 정당한 접근권한 없이 또는 허용된 접근권한을 넘어 정보통신망에 침입하여서는 아니 된다.
> [전문개정 2008.6.13]

> **제71조(벌칙)**
> ① 다음 각 호의 어느 하나에 해당하는 자는 5년 이하의 징역 또는 5천만원 이하의 벌금에 처한다.
> 9. 제48조제1항을 위반하여 정보통신망에 침입한 자
> [전문개정 2008.6.13]

최근 사례는 DDOS 공격용 악성코드를 정상 게임프로그램처럼 유포하고 감염된 1,400여대의 좀비PC를 직접 조종하여 방송사 ○○○를 공격한 사례로써, 수험생 등 다수의 고교생 회원들이 이용하는 공공 방송사 ○○○의 인터넷 사이트를 마비시켜 다수의 회원들이 서비스를 받지 못하도록 한 사례가 있습니다.

둘째, 정보통신망에 의하여 처리·보관 또는 전송되는 타인의 정보를 훼손하거나, 타인의 비밀을 침해, 도용 또는 누설하는 행위로 정보통신망 이용촉진 및 정보보호 등에 관한 법률 제49조, 제71조 제1항 제11호에 의하여 5년 이하의 징역 또는 5천만원 이하의 벌금형을 받게 됩니다.

> 제49조(비밀 등의 보호)
>   누구든지 정보통신망에 의하여 처리 · 보관 또는 전송되는 타인의 정보를 훼손하거나 타인의 비밀을 침해 · 도용 또는 누설하여서는 아니 된다.

> 제71조(벌칙)
>   ① 다음 각 호의 어느 하나에 해당하는 자는 5년 이하의 징역 또는 5천만원 이하의 벌금에 처한다.
>   11. 제49조를 위반하여 타인의 정보를 훼손하거나 타인의 비밀을 침해 · 도용 또는 누설한 자

최근 사례는 은행의 대출신청관리시스템을 해킹하여 금품을 요구한 혐의로 검거된 미국인 해커 □□씨 사건으로서, 금융기관을 비롯하여 유명 요식업체 ○○사의 고객정보, 우편사업관련 쇼핑몰 ◎◎◎사이트의 고객정보를 빼내는 등 전산시스템을 무차별적으로 해킹하여 개인정보를 유출, 자신들이 운영하는 대출 중개업에 활용한 사례가 있음

이외에도 형법 등에서 해킹행위를 처벌하는 여러 조항을 두고 있습니다.

■ **해킹을 시도한 사람의 위치를 추적할 수 있나요?**

➡ 침입시도 또는 해킹사고를 탐지하는 경우, 관련 공격 사이트의 정보는 도메인 주소나 IP 주소로 나타납니다. 따라서 이러한 도메인 주소 또는 IP 주소 정보만을 가지고 관련 사이트의 연락처를 찾아야 합니다.

도메인 주소를 알 경우에는 일반적으로 직접 관련 도메인의 메인 홈페이지를 방문하여 메일 주소를 얻을 수도 있으며, IP 주소만을 알 경우에는 nslookup 명령이나 툴을 이용하여 IP 주소에 대한 도메인 주소를 알아낼 수 있습니다.

하지만 공격 호스트의 도메인은 대부분 나타나지 않기 때문에 이런 경우에는 보통 whois 명령을 이용하여 인터넷 등록기관의 공개 데이터베이스를 조회함으로써 알아낼 수 있습니다.

■ **게임회사에서 받은 해킹확인서는 어디로 보내야 하나요?**

➡ 귀하께서 이미 경찰에 해킹피해를 신고한 상태에서 게임회사로부터 해킹확인서를 발급받았다면 담당 수사관에게 제출하시면 되며, 아직 신고를 하지 않았다면 관련 자료와 함께 첨부하여 경찰에 신고하시면 됩니다.

■ **게임 계정을 해킹 당했습니다. 어떻게 해야 하나요?**

➡ 먼저 게임회사에 연락하여 해킹으로 인한 피해인지 여부를 확인해 주시기 바랍니다. 이 경우 해킹으로 인한 것인지, 비밀번호 유출로 인한 것인지 아니면 시스템 상 문제인지의 여부만 확인 받으시고, 해킹으로 인한 경우에는 로그기록 보존을 요청하시면 됩니다.

그리고 상대방 정보를 알려달라고 하면 게임회사에서 알려 주지는 않습니다. 해킹으로 인한 경우 상대방에 대한 형사처벌을 원하신다면 경찰에 신고하시면 됩니다. 다만 경찰은 범죄성립여부를 조사할 뿐 귀하의 게임계정을 복구해 드리지는 않으므로, 계정을 복구하려면 해당 게임회사에 복구를 요청하셔야 합니다.

■ **누군가 게임계정을 해킹해서 비밀번호를 바꿔버렸습니다.**

➡ 아이디와 비밀번호를 복구하려면 해당 게임회사에 복구를 요청하셔야 합니다.

다른 사람이 허락 없이 귀하의 비밀번호를 변경한 경우, 형사처벌을 원하신다면 경찰에 신고하시면 됩니다. 다만 경찰이 하는 일은 범죄성립여부를 조사하는 것이며, 귀하의 아이디와 비밀번호를 복구해 드리지는 않음을 알아 두셔야 합니다.

■ **아이템을 해킹 당했는데, 아이템 복구를 받을 수 있나요? 또 해킹한 사람의 IP를 추적하여 신상정보를 알 수는 없을까요?**

➡ 먼저 게임회사에 연락하여 귀하의 캐릭터와 아이템이 사라진 원인을 확인하시기 바랍니다. 만일 그 피해가 해킹에 의한 것으로 판명되어 상대방에 대한 형사처벌을 원하신다면 게임회사에 접속기록 등 관련 자료 회신 및 보존을 요청하시고 사실을 입증할 수 있는 서류나 자료 (해킹확인서 및 로그기록 등)를 지참하시어 가까운 경찰서 민원실을 경유, 사이버범죄수사팀에 신고하시기 바랍니다.

다만 경찰은 형사처벌을 목적으로 범죄혐의에 대해 수사할 뿐이며, 게임 의 캐릭터와 아이템을 복구해 드리지는 않으므로, 캐릭터와 아이템 복구 문제는 게임회사와 협의하셔야 합니다.

또한 IP 추적 등을 통한 해킹 피의자의 신상정보 확인은 수사기관에서 형사처벌을 목적으로 수사를 진행할 때만 확인할 수 있는 사항으로, 사 건을 신고하지 않은 상태에서 단순히 신상정보를 요청하는 경우 이에 대 한 답변은 불가능할 뿐 아니라, 신상정보를 확인하더라도 이를 피해자 등에 알려주지 않습니다.
(공공기관의 정보공개에 관한 법률 제4조 제1항 4호, 6호에 의해 수사사 항 및 이름, 주민번호 등 개인 사생활에 관한 사항은 비공개 대상으로 규정하고 있음)

■ 아이템 거래 사이트를 통해 현금으로 아이템을 구입했는데, 해킹한 아이템이라고 게임사에서 계정을 정지 시켰습니다. 어찌해야 할까요?

➡ 상대방은 형법상 사기죄가 성립되어 처벌을 받을 수 있습니다.

아이템을 현금을 주고 샀는데, 그 아이템이 해킹된 것이라 현금을 손해 보셨다면 상대방은 형법상 사기죄가 성립되어 처벌을 받을 수 있습니다. 다만, 귀하도 게임사에서 금지한 현금 거래를 하였기 때문에 각 게임사별로 정해놓은 규칙에 의하여 계정 영구 압류 등의 조치를 받을 수 있으니 그 부분에 대하여는 감수하셔야 합니다.

■ 온라인 게임을 하던 중 캐릭을 대신 키워주겠다고 하여(부주에게 맡겼을 경우) ID와 비밀번호를 알려주었는데 아이템을 모두 가져가 버린 경우 처벌이 가능한가요?

➡ 계정(ID)과 비밀번호를 알려주어 상대방이 자신의 계정에 로그인하여 아이템을 가져가 버린 경우 사기죄 검토가 가능합니다.

상대방에 대한 형사처벌을 원하시면 피해사실을 입증할 수 있는 자료 (계좌 이체내역 및 아이템거래의사를 나눈 채팅 내용, 통화내역 등)를 지참하시어 가까운 경찰서 민원실을 경유, 사이버범죄수사팀에 신고하시기 바랍니다.

본인 계정으로 로그인한 것과 관련하여 판례는 접근권한을 부여하거나 허용되는 범위를 설정하는 주체는 이용자가 아닌 서비스제공자라고 할 것이고, 이용자가 자신의 아이디와 비밀번호를 알려준 경우라 하더라도 이용자의 이익을 위한 경우 등 서비스제공자가 이용자에게 제3자로 하여

금 사용할 수 있도록 승낙하는 권한을 부여하였다고 볼 수 있거나 제3자로 하여금 사용하도록 한 사정을 고지하였다면 서비스제공자도 동의하였으리라고 추인되는 경우를 제외하고는 정당한 접근권한이 없다고 보는 판례가 있으나(대법원 2005. 11.25. 선고 2005도 870판결), 온라인 게임에 대한 직접적인 판례는 아직까지 없는 상태입니다.

덧붙여 처벌이외에 손해배상과 관련하여서는 민사적인 문제이므로, 상대방과 원만히 해결하시거나 전자문서·전자거래분쟁조정위원회(www.ecmc.or.kr, 1661-5714)를 통해 필요한 도움을 받으실 수 있으며, 아이템 복구 등에 대   해서는 게임회사와 상담하시기 바랍니다.

■ **홈페이지의 사이트 관리자를 사칭하면서 제 아이디(ID)와 비밀번호 (Password)를 알려 달라기에 말해 주었는데, 제 계정에 들어와 캐시를 훔쳐 갔습니다. 어찌해야 할까요?**

➡ 패스워드(Password)가 노출되지 않도록 관리를 철저히 하여 유사한 피해를 입지 않도록 하시기 바랍니다,

사이트관리자를 사칭한 것만으로는 형사 처벌할 수 있는 범죄가 성립하지 않으며, 민원인이 직접 아이디(ID)와 비밀번호(Password)를 알려주어 상대방이 본인의 계정으로 접속하였다면 '정보통신망이용촉진 및 정보보호 등에 관한 법률'에서 규정하고 있는 정보통신망 침입행위로 볼 수 없어 범죄가 성립한다고 하기는 어렵습니다.

관련 업체에 신고하여 도난당한 사이버 캐시 등에 대한 사용정지 또는 재충전 요청 등의 도움을 받으시기 바라며, 모르는 사람이나 가까운 친구 등에게 본인의 아이디 (ID)와 비밀번호(Password)가 노출되지 않도록 관리를 철저히 하여 유사한 피해를 입지 않도록 하시기 바랍니다.

패스워드(Password)가 노출되지 않도록 관리를 철저히 하여 유사한 피해를 입지 않도록 하시기 바랍니다.

Ⅳ. 범죄사실기재례

범죄사실기재례 -▶ 　**허위 음란광고정보 전송**

피의자 ○○○은 친구인 ○○○의 ID와 비밀번호를 해킹하여 웹사이트
의 서비스에 접속하였다. 그리하여 ○○○의 이메일로 컴퓨터통신 가입
자 100,000여명에게 음란 DVD 목록을 제시하고 입금즉시 우송할 것을
내용으로 하는 허위내용의 전자메일을 발송하였다. 그리고 입금을 받아
돈만 챙기고 불법 DVD는 보내주지 않았다.

범죄사실기재례 -▶ 　**해킹을 통해 비밀번호 알아내서 전자상거래 방해**

피의자는 서울 ○○구 ○○동 123번지 ○○정형외과 재활과에서 근무하
고 있는 전공의이다.

피의자는 의약분업후 약사들의 동향을 파악하기 위하여 약사회 사이트를
해킹하기로 마음먹었다. 그리하여 2000. ○. ○. 22:00경 서울 ○○구
○○동 456번지에 있는 피의자의 주거지에서 한국통신으로 전산망(인터
넷)에 　연결된 　개인용 　컴퓨터를 　이용 　대한약사회 　홈페이지
(http://www.kpanet.or.kr)에 접속하여 관리자 연락용으로 게시된 전자
우편 주소 kpifmagi@kpanet.or.kr을 보고 동 ID의 비밀번호를 알아내기
위하여 이미 인터넷 해킹 사이트에서 다운받아 놓았던 메일크랙(전자우
편의 비밀번호를 찾아주는 프로그램)을 실행시켜 부정한 방법으로 "○○
○○"라는 비밀번호를 알아냈다.

피의자는 같은 날 23:30경 부당하게 취득한 ID와 비밀번호로 회원들만
이 접속할 수 있는 대한약사통신 서버에 부정접속 후 관리자메뉴를 사
용하여, 회원전용게시판에 글을 등록한 회원ID farm119등 200개의 ID
와 비밀번호를 알아내어 비밀번호를 변경하는 등 다음날 02:00경까지
총 25회에 걸쳐 위와 같은 방법으로 대한약사통신(주) 회원들의 접속을

방해하고, 전자상거래를 못하도록 관련파일을 삭제하는 방법으로 피해자로 하여금 평균매출 차액 5억3,000만원 상당의 손해를 입히는 등 정상적인 업무를 방해하였다.

범죄사실기재례 ▸ 해킹을 통한 금융정보취득 및 사용

피의자 ○○○은 ○○○○. ○○. ○○. ○○:○○에 컴퓨터프로그램의 코드를 변경하여 해킹 프로그램을 제작·완성한 후 이를 피해자 ○○○에게 전자우편의 첨부파일로 전송하면서 "이 파일은 윈도우 운영체계의 보안 패치용 프로그램입니다. 누르기만 하면 자동적으로 설치됩니다."라고 유틸리티를 가장한 허위 내용을 적시하였다. 위 ○○○가 자신에게 들어온 위 전자우편을 확인하려고 '받은 편지함'을 열고 해당 첨부파일을 마우스로 선택하는 순간 즉시 위 해킹 프로그램이 피해자의 컴퓨터에 설치되었다. 해킹 프로그램이 설치되어 자신의 정보가 누출될 것을 알지 못한 ○○○는 키보드를 조작하여 금융거래를 함으로써, 피의자가 ○○○의 은행카드 계좌번호와 패스워드 등을 입수하게 되어 이를 이용해 ○○○의 인터넷뱅킹 계좌에서 금 ○○만원을 이체하고 이를 다시 현금으로 인출하는 수법을 사용하였다.

범죄사실기재례 ➤ 해킹을 통한 전산운영업무방해

피의자 ○○○는 대학생인데, ○○대학교의 학내 전산망의 관리자 패스워드를 알아내 네트워크상의 전송정보를 복사하는 프로그램인 '○○○○'라는 해킹도구를 이용하여 학내 전산망에 연결·보관중인 다른 시스템의 정보를 도용하였다.

피의자 ○○○은 사용자번호와 패스워드가 기록된 데이터 파일을 전송받은 후 이를 복사, 소지하는 등 부당한 방법으로 전산망의 보호조치를 침해, 전산운영업무를 방해하였다.

범죄사실기재례 ➤ 해킹을 통한 개인정보 도용 및 유출

피의자 ○○○는 ○○주식회사의 대표이사이다.

○○○는 200○. ○○. ○○. 자신이 관리하던 ○○초등학교 동창회 웹사이트 서버를 통해 피해자 △△△의 IP주소를 알아내어 위 ○○○가 경영자로서 관리하는 고객관리 및 마케팅 대행업무상의 ○○만여 명의 회원 명단과 근무지, 직책, 전화번호, 주소 등 개인정보를 빼내어 인터넷 컨설팅 업체 ○○개를 상대로 "수십만 명의 고객 명단을 단돈 ○○○만원에 판매한다."는 전자우편을 보냈다. 그리고 이에 관심을 보인 ○○사 등 ○○개 업체에 ○○여명의 개인정보를 저장한 DVD를 우송하여 개인정보를 도용·유출하였다.

범죄사실기재례 ▸ 해킹을 통한 업무방해

피의자 ○○○는 ○○주식회사의 대표이사이다.

○○○는 경쟁관계에 있는 ○○광고사의 인터넷 전용회선을 이용하여 그 전산시스템에 불법적으로 접속하고 ○○광고사의 영업수단인 웹사이트 초기화면을 누드모델 사진으로 변경하였다. 그리고 웹사이트 저장 서버 안에 보관 중인 ○○여 기업체들의 광고내용을 훼손하였고 일반 인터넷 이용자들이 광고를 보기 위하여 접속하는 통로를 차단하는 등의 방법으로 인터넷 광고 업무를 방해하였다.

범죄사실기재례 ▸ 해킹을 통한 전산망관리업무방해

피의자 ○○○는 평소에 해킹서적을 탐독하면서 해킹 관련 웹사이트 회원으로 활동하는 등 해킹과 컴퓨터바이러스 제작 기법을 익히다가 20○○. ○○. ○○.경 인터넷 무료 웹사이트(www.○○○.com)에 접속할 때 사용자번호와 패스워드 입력란에 "○○○"라고 입력하면 곧바로 루트권한을 행사할 수 있다는 운영시스템의 허점을 알아냈다. 그리고 자신의 집에서 개인용 컴퓨터와 모뎀을 이용하여 위 웹사이트에 접속한 후, 관리자 권한을 불법 획득하는 방법을 사용하였다.

피의자 ○○○는 전산망을 이용하여 정보를 처리, 보관, 전송하는 사업을 영위하는 피해자 ○○○의 회사 전산망 보호조치를 침해하고, 같은 시간과 같은 장소에서 관리자만이 수정, 삭제할 수 있는 전자게시판 온라인 도움말 기능에 해킹 메시지를 삽입하고 전산시스템 가입자 ○만여 명의 등록자료의 전산 기록 대부분을 파괴하여 전산망관리업무를 방해하였다.

범죄사실기재례 ▶ 해킹을 통한 컴퓨터기능마비

피의자 ○○○는 서점에서 구입한 해킹서적의 부록에 있는 해킹 프로그램의 소스를 변형하여 바이러스 유포 프로그램(악성프로그램)을 생성한 후, 호기심으로 피해자 ○○○의 컴퓨터에 네트워크로 접속하여 위 ○○○의 컴퓨터에 컴퓨터 바이러스 프로그램을 전송하는 수법으로 ○○○의 컴퓨터 기능을 마비시켰다.

범죄사실기재례 ▶ 해킹을 통한 금융정보탈취

피의자 ○○○는 20○○. ○○. ○○.경 ○○동에 있는 ○○PC방에 가서 ○○번 컴퓨터에서 게임을 하는 척하며 해킹 프로그램을 설치하였다. 그리고 위 거주지로 돌아와 자신의 컴퓨터를 이용해 위 ○○PC방의 ○○번 컴퓨터에 인터넷으로 접속한 후 피해자 □□□가 해당 컴퓨터에서 인터넷 뱅킹을 하는 것을 모니터링 하여 위 □□□의 개인정보를 확인하였다.

피의자 ○○○는 같은 달 ○○. ○○:○○경 ○○PC방에 찾아가 ○○번 컴퓨터에 피해자 □□□가 인터넷 뱅킹을 하였을 당시 하드디스크에 저장·사용된 인증서가 그대로 보존되어 있음을 확인하고 ○○번 컴퓨터로 □□□의 계좌에 접근해 금 ○○○만원을 이체하여 피해를 입히게 하였다.

범죄사실기재례 ➜ 해킹을 통한 정보도용 및 임의변경

피의자 ○○○는 ○○대학 ○학년에 재학중이다.

○○○는 평소 잘 알고 있던 대학교 전산망의 루트 패스워드로 침입하여 네트워크상의 전송정보를 복사하는 프로그램인 '○○○'라는 해킹툴을 이용해 전산망에 보관중인 다른 시스템의 패스워드 및 타인의 개인정보를 도용하였다.

○○○는 직접 만든 해킹 프로그램으로 무단 접속해 패스워드 파일을 전송받기도 하였으며, 시스템의 최고권한인 루트 권능을 획득한 후 백도어 파일을 설치하고 대학교 전산망에 보관, 관리중인 약 ○만○천여 명 사용자의 계정(ID)과 암호화된 패스워드 등이 기록된 DB 파일을 자신의 계정으로 전송받아 복사, 보관하는 등 부당한 방법으로 전산망의 보호조치를 침해, 전산운영업무를 방해하였다.

범죄사실기재례 ➜ 해킹으로 타인의 이메일 내용을 본 경우

피의자 ○○○는 ○○주식회사에 재직하고 있다.

○○주식회사는 직원 간 컴퓨터를 허브와 프로그램을 통하여 네트워크로 연결하여 상호간 폴더를 공유할 수 있도록 하고 있다. 폴더 내 정보에 대하여는 개인적으로 암호를 걸어 접근을 제한할 수도 있고 임의로 공개할 수도 있다. 직원 ○○○는 이를 이용해 ○○○이 공유로 설정한 폴더에 암호를 풀고 들어가 ○○○의 이메일 내용을 살펴보았다.

제2절 서비스 거부 공격((DDoS 등)

Ⅰ. 개요

정보통신망에 대량의 신호·데이터를 보내거나 부정한 명령을 처리하도록 하여 정보통신망에 장애(사용불능·성능저하)를 야기한 경우를 말한다. 분산서비스 거부 공격(Distributed Denial of Service)으로, 악성코드를 삽입하여 감염시킨 좀비PC를 활용하여 특정 시간대 공격명령을 실행하여 공격 대상 컴퓨터에 동시 접속요청을 함으로써 시스템을 마비시키는 방식의 사이버 공격이다.

> ※ 서비스 거부 공격이란?
> 정보통신망에 일정한 시간 동안 대량의 데이터를 전송시키거나 처리하게 하여 과부하를 야기시켜 정상적인 서비스가 불가능한 상태를 만드는 일체의 행위를 말한다.

1. 예방수칙
   자신의 컴퓨터가 DDoS에 이용되는 좀비 PC가 되지 않도록 하는 예방법
2. 윈도우 등 운영체제(OS) 및 소프트웨어의 최신 보안 패치 설치 및 버전 업그레이드
3. 바이러스 백신 설치 및 실시간 감시 기능 활성화
4. 신뢰 할 수 있는 웹사이트에서만 액티브 X 설치
5. 출처가 불분명한 이메일 확인 및 첨부 파일 클릭 금지
6. 불법 콘텐츠 공유 사이트 접속 지양 및 불법 파일 다운로드 금지
7. 정품 소프트웨어 사용
8. 컴퓨터에 반드시 암호 설정

2. 피해 최소화 방법

① 기업, 기관의 경우

1. KISA 사이버 대피소 또는 ISP에서 운영중인 DDoS 방어 서비스 신청

2. DDoS 유발하는 IP 접근 차단(ISP에 공격 로그 요청)

　- ISP : 개인이나 기업체에게 인터넷 접속 서비스, 웹사이트 구축 및 웹
　　　　호스팅 서비스 등을 제공하는 회사

② 일반 이용자

1. 랜선 제거

2. 사용하는 회선 사업자(ISP, IDC)에 공격 로그 추출 문의(수사기관 신고)

　　IDC : 기업이나 개인 고객에게 인터넷 서비스에 필요한 서버·전용 회
　　　　선·네트워크 관리를 대행하거나, 전산 설비를 임대하는 등의 서
　　　　비스를 제공해 주는 사업

3. 운영체제 최신 버전 업데이트

4. 최신 업데이트 백신으로 PC 바이러스 검사 및 치료

5. 윈도우 등 운영체제(OS) 재설치 권장

6. KISA에서 제공하는 PC 원격 점검 서비스 이용

Ⅱ. 관련판례

판례 1

> 직무유기죄 구성요건 중 '직무를 유기한 때'의 의미

> 직무유기죄 구성요건 중 '직무를 유기한 때'의 의미 및 공
> 무원이 직무집행의 의사로 직무를 수행하였으나 직무집행의
> 내용이 위법한 경우, 직무유기죄가 성립하는지 여부(소극)

【참조조문】

형법 제122조

> 제122조(직무유기)
> 공무원이 정당한 이유없이 그 직무수행을 거부하거나 그 직무
> 를 유기한 때에는 1년 이하의 징역이나 금고 또는 3년 이하의
> 자격정지에 처한다.

해 설

1. 피고인 1의 위계공무집행방해의 점에 관하여

원심은 피고인 1이 이 사건 선거 당시 발생한 중앙선거관리위원회(이하
'중앙선관위'라고 한다) 홈페이지에 대한 이 사건 분산서비스거부
(Distribute Denial of Service) 공격(이하 '디도스 공격'이라고 한다) 당일
주식회사 엘지 유플러스(이하 '엘지 유플러스'라고 한다) 고객품질팀 소속
공소외인 등으로부터 위 홈페이지에 연결된 엘지 유플러스 회선망의 장애
신고를 접수하게 된 경위, 중앙선관위가 디도스 공격 이전 엘지 유플러스
에 위 회선망의 대역폭을 155Mbps로 증속하여 달라고 요청하였는데 디
도스 공격 당시 위 회선망에 유입된 트래픽 양이 30~40Mbps 정도에 머

물렀음에도 위 홈페이지에 대한 접속 장애가 발생하게 된 원인, 그리고 피고인 1이 그 장애 발생의 원인에 대하여 중앙선관위에 설명한 내용이나 이를 뒷받침하기 위하여 제출한 자료 등에 관하여 그 판시와 같은 사실을 인정한 다음, 특별검사가 주장하는 간접사실 또는 정황사실만으로는 피고인 1이 엘지 유플러스 회선망의 대역폭이 155Mbps로 증속되지 아니하고 종전과 같이 45Mbps의 대역폭에 머물렀던 사실을 인식하면서도 위 홈페이지의 접속장애 발생 원인을 규명하고자 하였던 중앙선관위에 허위의 자료를 제출하였다거나 진실에 반하는 내용의 설명을 하였다고 단정하기 어렵다고 판단하여 피고인 1에게 무죄를 선고한 제1심판결을 그대로 유지하였다.

원심판결 이유를 기록에 비추어 살펴보면, 원심의 위와 같은 판단은 정당한 것으로 수긍이 간다. 거기에 상고이유에서 주장하는 바와 같이 논리와 경험의 법칙에 반하여 사실을 인정한 잘못이 있다거나 필요한 사항에 관하여 판단을 누락하는 등으로 판결에 영향을 미친 위법이 있다고 할 수 없다.

2. 피고인 2의 직무유기의 점에 관하여

형법 제122조에서 정하는 직무유기죄에서 '직무를 유기한 때'란 공무원이 법령, 내규 등에 의한 추상적 성실의무를 태만히 하는 일체의 경우에 성립하는 것이 아니라 직장의 무단이탈, 직무의 의식적인 포기 등과 같이 국가의 기능을 저해하고 국민에게 피해를 야기시킬 가능성이 있는 경우를 가리킨다. 그리하여 일단 직무집행의 의사로 자신의 직무를 수행한 경우에는 그 직무집행의 내용이 위법한 것으로 평가된다는 점만으로 직무유기죄의 성립을 인정할 것은 아니고, 공무원이 태만·분망 또는 착각 등으로 인하여 직무를 성실히 수행하지 아니한 경우나 형식적으로 또는 소홀히 직무를 수행한 탓으로 적절한 직무수행에 이르지 못한 것에 불과한 경우에도 직무유기죄는 성립하지 아니한다(대법원 2007. 7. 12. 선고 2006도1390 판결, 대법원 2011. 7. 28. 선고 2011도1739 판결 등 참조).

원심은 그 판시와 같은 이유를 들어 특별검사 제출의 증거들만으로는 피고인 2가 의식적으로 디도스 공격이 있기 전에 이에 대비하여야 할 사전 준비를 방임하였다고 할 수 없고, 디도스 공격 당일에도 중앙선관위가 제정한 디도스 공격 대응지침에 정하여진 대응조치들을 모두 수행하지 아니하였다거나 그 업무수행이 다소 부적절하게 이루어졌다고 하더라도 피고인 2의 조치가 직무에 관한 의식적인 방임이나 포기 등에 해당한다고 볼 수 없다고 판단하여 피고인 2에 대하여 무죄를 선고한 제1심판결을 그대로 유지하였다.

앞서 본 법리에 비추어 기록을 살펴보면, 원심의 위와 같은 사실인정 및 판단은 정당하고, 거기에 상고이유 주장과 같이 필요한 심리를 다하지 아니하거나 판단을 누락하거나 직무유기죄에 관한 법리를 오해하는 등의 위법이 없다.

3. 결론

그러므로 상고를 모두 기각하기로 하여 관여 대법관의 일치된 의견으로 주문과 같이 판결한다.

판례 2

> 공직선거법 제237조 제1항 제2호 후단에서 정한 '위계·사술 그 밖의 부정한 방법으로 선거의 자유를 방해'하는 행위의 의미

> 공직선거법 제237조 제1항 제2호 후단에서 정한 '위계·사술 그 밖의 부정한 방법으로 선거의 자유를 방해'하는 행위의 의미 및 공직선거법 제237조 제1항 제2호 후단에서 정한 '선거의 자유방해죄'가 성립하기 위하여 선거운동이나 투표에 관한 행위가 불가능하게 되어야 하는지 여부(소극)

【참조조문】

공직선거법 제237조 제1항

제237조(선거의 자유방해죄)

① 선거에 관하여 다음 각 호의 어느 하나에 해당하는 자는 10년 이하의 징역 또는 500만원 이상 3천만원 이하의 벌금에 처한다.

1. 선거인·후보자·후보자가 되고자 하는 자·선거사무장·선거연락소장·선거사무원·활동보조인·회계책임자·연설원 또는 당선인을 폭행·협박 또는 유인하거나 불법으로 체포·감금하거나 이 법에 의한 선거운동용 물품을 탈취한 자

2. 집회·연설 또는 교통을 방해하거나 위계·사술 기타 부정한 방법으로 선거의 자유를 방해한 자

3. 업무·고용 기타의 관계로 인하여 자기의 보호·지휘·감독하에 있는 자에게 특정 정당이나 후보자를 지지·추천하거나 반대하도록 강요한 자

해 설

1. 피고인 1의 상고이유 제1점 및 제2점에 대하여

가. 원심은 ① 그 채택 증거들에 의하여 이 사건 중앙선거관리위원회 홈페이지 접속장애 발생 당시의 트래픽 사용량, 관계 기관 등의 접속장애 원인 분석 및 홈페이지 내부 데이터베이스 서버의 정상 가동 사정 등을 비롯한 판시와 같은 사실을 인정한 다음, 이에 의하면 이 사건 중앙선거 관리위원회 홈페이지 접속장애의 원인은 피고인 1 등의 분산서비스거부 (Distribute Denial of Service, 이하 'DDoS'라 한다) 공격에 의한 것이 분명하고, 달리 제3의 원인이 개입되었다고 볼 여지가 없다고 인정하고, 또한 ② 판시와 같은 사정 등을 종합하면, 피고인 1은 스스로 관리하는 '○ ○○○○' 카지노 사이트 총판용 도메인을 통해 자신이 모집한 회원들로 하여금 도박하게 하고 그 수익금 중 일부를 받음으로써 스스로 주재자가 되어 그 지배 아래 도박장소를 개설하였다고 보이므로 도박개장죄의 범의를 인정할 수 있다고 판단하였다.

나. 원심판결 이유를 적법하게 채택된 증거들에 비추어 살펴보면, 원심의 위와 같은 판단에 상고이유에서 주장하는 바와 같이 논리와 경험의 법칙에 반하여 자유심증주의의 한계를 벗어나거나 도박개장의 범의 및 방조범 등에 관한 법리를 오해한 잘못이 없다.

2. 피고인 1의 상고이유 제3점 및 피고인 3의 상고이유 중 사실오인 및 법리오해의 점에 대하여

가. 공직선거법 제237조 제1항이 선거의 자유를 방해하는 행위로서 열거한 제1호, 제2호, 제3호는 어느 것이나 선거운동 및 투표에 관한 행위 그 자체를 직접 방해하는 행위들인 점에 비추어 보면, 같은 항 제2호에서 정한 '위계·사술 그 밖의 부정한 방법으로 선거의 자유를 방해'하는 행위는 같은 호 전단의 집회·연설 또는 교통을 방해하는 행위에 준하는 것, 즉 선거운동이나 투표에 관한 행위 그 자체를 직접 방해하는 행위를 말한다

(대법원 2008. 7. 10. 선고 2008도2737 판결 참조). 한편 공직선거법 제237조 제1항 제2호 후단에서 정한 선거의 자유방해죄가 성립하기 위해서는 선거의 자유가 침해되는 결과가 발생하여야 하지만, 반드시 선거운동이나 투표에 관한 행위가 불가능하게 되어야 하는 것은 아니며, 통상적인 선거운동이나 투표에 관한 행위에 어려움을 주거나 지장을 초래하는 경우도 포함된다.

나. 원심은 판시와 같은 이유를 들어, 피고인 1 등이 이 사건 DDoS 공격으로 중앙선거관리위원회 홈페이지의 투표소 검색 기능을 마비시킨 행위는 중앙선거관리위원회 홈페이지에서 제공하는 투표소 검색 서비스를 이용하여 투표소를 찾아 투표하고자 했던 불특정 다수 유권자들의 투표에 관한 행위 그 자체를 직접적으로 방해하는 결과를 초래하는 등의 행위로 보인다고 판단하여, 공직선거법 제237조 제1항 제2호에서 정한 선거의 자유를 방해한 행위에 해당한다고 판단하였다.

다. 원심판결 이유를 적법하게 채택된 증거들에 비추어 살펴보면, 원심판결 표현에 일부 미흡한 부분이 있지만 위와 같은 원심의 판단은 앞에서 본 법리에 부합되며, 거기에 상고이유에서 주장하는 바와 같이 선거의 자유 방해행위에 관한 법리를 오해하여 판결에 영향을 미친 위법이 없다.

3. 피고인 2의 상고이유에 대하여

가. 형법 제30조의 공동정범은 공동가공의 의사와 그 공동의사에 기한 기능적 행위지배를 통한 범죄 실행이라는 주관적·객관적 요건을 충족함으로써 성립한다. 공모자 중에서 구성요건 행위 일부를 직접 분담하여 실행하지 않은 사람이라도 전체 범죄에서 그가 차지하는 지위, 역할이나 범죄 경과에 대한 지배 내지 장악력 등을 종합해 볼 때, 단순한 공모자에 그치지 아니하고 범죄에 대한 본질적 기여를 통한 기능적 행위지배가 존재한다고 인정되는 경우라면 이른바 공모공동정범으로서 다른 공모자의 행위에 대하여 형사책임을 진다(대법원 2007. 4. 26. 선고 2007도235 판결 등 참조).

나. 원심은 채택 증거들에 의하여 피고인들 사이의 통화 내역 및 문자

메시지 발신 내역, 중앙선거관리위원회 홈페이지 접속 내역, 피고인 2의 검찰 조사에서의 진술 내용 등에 관하여 그 판시와 같은 사실을 인정한 다음, 이를 종합하면 피고인 2는 피고인 1로부터 이 사건 DDoS 공격 사실을 전해 들어서 알고 있던 상태에서, 범행 당일인 2011. 10. 26. 새벽 피고인 1과 함께 피고인 3, 원심 공동피고인 5 등에게 이 사건 DDoS 공격 범행을 지시하여 실행하게 한 사실을 인정할 수 있다고 판단하였다.

다. 원심판결 이유를 적법하게 채택된 증거들과 위 법리에 비추어 살펴보면, 원심의 위와 같은 판단에 상고이유에서 주장하는 바와 같이 공모공동정범, 유죄의 증명책임 및 증명 정도에 관한 법리를 오해하거나 논리와 경험의 법칙에 반하여 자유심증주의의 한계를 벗어나 사실을 잘못 인정하는 등의 위법이 없다.

4. 피고인 3의 나머지 상고이유에 대하여

형사소송법 제383조 제4호에 의하면 사형, 무기 또는 10년 이상의 징역이나 금고가 선고된 사건에서만 양형부당을 사유로 한 상고가 허용되므로, 피고인 3에 대하여 그보다 가벼운 형이 선고된 이 사건에서 형의 양정이 부당하다는 취지의 이 부분 상고이유 주장은 적법한 상고이유가 되지 못한다. 그리고 그 밖에 피고인 3이 상고이유로 주장하는 사유들 역시 형사소송법 제383조에서 정한 적법한 상고이유에 해당하지 아니한다.

5. 검사의 상고이유에 대하여

가. 2인 이상이 범죄에 공동가공하는 공범관계에서 공모는 법률상 어떤 정형을 요구하는 것이 아니고 2인 이상이 공모하여 범죄에 공동가공하여 범죄를 실현하려는 의사의 결합만 있으면 되며, 비록 전체의 모의과정이 없다고 하더라도 수인 사이에 순차적으로 또는 암묵적으로 상통하여 그 의사의 결합이 이루어지면 공모관계가 성립한다. 그리고 이러한 공모관계를 인정하기 위해서는 엄격한 증명이 요구되며, 피고인이 범죄의 주관적 요소인 공모의 점을 부인하는 경우에는 사물의 성질상 이와 상당한 관련성이 있는 간접사실 또는 정황사실을 증명하는 방법에 의하여 이를 입증할 수밖에 없으며, 이때 무엇이 상당한 관련성이 있는 간접사실에 해당할

것인지는 정상적인 경험칙에 바탕을 두고 치밀한 관찰력이나 분석력에 의하여 사실의 연결상태를 합리적으로 판단하는 방법에 의하여야 한다(대법원 2011. 12. 22. 선고 2011도9721 판결 등 참조).

그리고 형사재판에서 범죄사실의 인정은 법관으로 하여금 합리적인 의심을 할 여지가 없을 정도의 확신을 가지게 하는 증명력을 가진 엄격한 증거에 의하여야 하므로, 검사의 입증이 위와 같은 확신을 가지게 하는 정도에 충분히 이르지 못한 경우에는 비록 피고인의 주장이나 변명이 모순되거나 석연치 않은 면이 있는 등 유죄의 의심이 간다고 하더라도 피고인의 이익으로 판단하여야 한다(대법원 2011. 4. 28. 선고 2010도14487 판결 등 참조).

나. 원심은, 피고인 4에 대한 공소사실을 유죄로 인정한 제1심판결이 피고인 4와 원심 공동피고인 1(이하 '원심 공동피고인 1'이라고만 한다)의 공모관계를 인정하는 근거로 삼은 간접사실들인 피고인 4와 원심 공동피고인 1 사이의 통화 내역과 △△△△ 유흥주점에서의 대화 내용, 이 사건 DDoS 공격 이후의 피고인 4와 원심 공동피고인 1의 행동, 피고인 4가 원심 공동피고인 1에게 건넨 1,000만 원의 성격, 피고인 4가 원심 공동피고인 7을 공소외인 의원 측과 만나게 해준 경위, 원심 공동피고인 1의 진술 번복 경위를 개별적으로 살펴보면서 그 판시와 같은 이유를 들어 각 사정만으로는 피고인 4가 이 사건 DDoS 공격 범행에 공모하거나 가담하였다고 볼 수 없다고 판단하고, 나아가 이 부분 공소사실을 뒷받침할 만한 물적 증거나 관련자의 진술, 피고인들의 진술 등의 직접증거가 없는 상황에서 제1심판결이 들고 있는 여러 사정과 근거를 모두 종합하여 보더라도 피고인 4가 원심 공동피고인 1과 2011. 10. 20.경 이 사건 DDoS 공격을 모의하여 그 실행을 위한 자금을 지급한 다음 원심 공동피고인 1에게 지시하여 이 사건 DDoS 공격을 실행하게 한 사실을 인정하기에 부족하고 달리 이를 인정할 만한 증거가 없다고 판단하여, 피고인 4에 대한 제1심판결을 파기하고 무죄를 선고하였다.

다. 원심판결 이유를 위 법리와 기록에 비추어 살펴보면, 원심의 위와 같은 판단에 상고이유에서 주장하는 바와 같이 공모공동정범에 관한 법리를 오해하거나 논리와 경험의 법칙에 반하여 자유심증주의의 한계를 벗어나는 등의 위법이 없다.

6. 결론

그러므로 상고를 모두 기각하기로 하여, 관여 대법관의 일치된 의견으로 주문과 같이 판결한다.

제3절 악성프로그램

정당한 사유 없이 정보통신 시스템, 데이터 또는 프로그램 등을 훼손·멸실·변경·위조하거나 그 운용을 방해할 수 있는 프로그램을 전달 또는 유포하는 행위에 해당하는 범죄를 말한다.

바이러스 – 트로이목마, 웜바이러스, 스파이웨어 등

Ⅰ. 개요

정보시스템의 정상적인 작동을 방해하기 위하여 고의로 제작, 유포되는 모든 실행 가능한 컴퓨터 프로그램을 악성프로그램으로 규정하고 이를 유포하는 행위를 처벌하고 있다. 악성프로그램은 리소스의 감염여부, 전파력 및 기능적 특징에 따라 크게 바이러스, 웜, 스파이웨어 등으로 구분할 수 있다. 악성프로그램에 감염된 컴퓨터는 처리속도가 현저하게 감소하거나 평소에 나타나지 않았던 오류메세지 등이 표시되면서 비정상적으로 작동하기도 하고 지정된 일시에 특정한 작동을 하기도 한다.

1. 트로이목마

프로그램에 미리 입력된 기능을 능동적으로 수행하여 시스템 외부의 해커에게 정보를 유출하거나 원격제어 기능 수행. 트로이목마처럼 유용한 유틸리티로 위장하여 확산되기 때문에 감염사실 알아채기 어려움

2. 웜바이러스(인터넷웜)

시스템 과부하를 목적으로 이메일의 첨부파일 등 인터넷 이용하여 확산됨. 확산시 정상적인 파일이 이메일에 첨부되기도 하기 때문에 개인정보 유출의 위험 내포

3. 스파이웨어

　　공개프로그램, 쉐어웨어, 평가판 등의 무료 프로그램에 탑재되어 정보를 유
　　출시키는 기능이 있는 모든 종류의 프로그램

4. 예방수칙

　① 음란물 등 불법컨텐츠 검색을 자제하고, 기타 불법 사이트에 접속하지 않는
　　다.

　② 항상 백신프로그램으로 검사하며, 백신프로그램은 최신 버전으로 업데이
　　트 한다.

　③ 다양한 감염경로를 막기 위해 백신과 방화벽을 동시에 사용한다.

　④ 불법소프트웨어를 설치·복사하지 않으며, 정품 소프트웨어 사용을 생활화
　　한다.

　⑤ 무료 다운로드가 가능한 프로그램도 신뢰할 수 있는 사이트에서 다운받도
　　록 한다.

　⑥ 중요한 데이터는 반드시 정기적으로 백업한다.

Ⅱ. 관련판례

판례 1

'악성프로그램'에 해당하는지 판단하는 기준

구 정보통신망 이용촉진 및 정보보호 등에 관한 법률 제71조 제9호 및 제48조 제2항 위반죄는 악성프로그램을 전달 또는 유포하는 행위만으로 범죄가 성립하는지 여부(적극) 및 그로 인하여 정보통신시스템 등의 훼손·멸실·변경·위조 또는 그 운용을 방해하는 결과가 발생할 것을 요하는지 여부(소극) / 이러한 '악성프로그램'에 해당하는지 판단하는 기준

【참조조문】

정보통신망 이용촉진 및 정보보호 등에 관한 법률 제48조 제2항

제48조(정보통신망 침해행위 등의 금지)
②누구든지 정당한 사유 없이 정보통신시스템, 데이터 또는 프로그램 등을 훼손·멸실·변경·위조하거나 그 운용을 방해할 수 있는 프로그램(이하 "악성프로그램"이라 한다)을 전달 또는 유포하여서는 아니 된다.

정보통신망 이용촉진 및 정보보호 등에 관한 법률 제71조 제1항 제9호

제71조(벌칙)
① 다음 각 호의 어느 하나에 해당하는 자는 5년 이하의 징역 또는 5천만원 이하의 벌금에 처한다.
9. 제48조제1항을 위반하여 정보통신망에 침입한 자

형사소송법 제325조

제325조(무죄의 판결)
피고사건이 범죄로 되지 아니하거나 범죄사실의 증명이 없는 때에는 판결로써 무죄를 선고하여야 한다.

해 설

　　구 정보통신망 이용촉진 및 정보보호 등에 관한 법률(2016. 3. 22. 법률 제14080호로 개정되기 전의 것) 제71조 제9호 및 제48조 제2항 위반죄는 정보통신시스템, 데이터 또는 프로그램 등(이하 '정보통신시스템 등'이라 한다)을 훼손·멸실·변경·위조하거나 그 운용을 방해할 수 있는 프로그램(이하 '악성프로그램'이라 한다)이 정보통신시스템 등에 미치는 영향을 고려하여 악성프로그램을 전달 또는 유포하는 행위만으로 범죄 성립을 인정하고, 그로 인하여 정보통신시스템 등의 훼손·멸실·변경·위조 또는 그 운용을 방해하는 결과가 발생할 것을 요하지 않는다. 이러한 '악성프로그램'에 해당하는지 여부는 프로그램 자체를 기준으로 하되, 그 사용용도 및 기술적 구성, 작동 방식, 정보통신시스템 등에 미치는 영향, 프로그램 설치에 대한 운용자의 동의 여부 등을 종합적으로 고려하여 판단하여야 한다.

판례 2

정보통신망침해등

피고인들이 싸이월드 가입자 홈페이지(미니홈피)의 방문자를 추적해 주는 사이트를 운영하면서 유료회원들의 미니홈피에 설치되어 해당 미니홈피 방문자의 정보를 유출할 수 있도록 하는 프로그램을 유포하였다고 하여 정보통신망 이용촉진 및 정보보호 등에 관한 법률 위반으로 기소된 사안에서, 위 프로그램이 같은 법 제48조 제2항에서 정한 악성프로그램에 해당하지 않는다는 이유로 무죄를 선고한 원심판단을 정당하다고 한 사례

【참조조문】

정보통신망 이용촉진 및 정보보호 등에 관한 법률 제48조 제2항

제48조(정보통신망 침해행위 등의 금지)
② 누구든지 정당한 사유 없이 정보통신시스템, 데이터 또는 프로그램 등을 훼손·멸실·변경·위조하거나 그 운용을 방해할 수 있는 프로그램(이하 "악성프로그램"이라 한다)을 전달 또는 유포하여서는 아니 된다.

정보통신망 이용촉진 및 정보보호 등에 관한 법률 시행령 제71조 제9호

제71조(벌칙) 다음 각 호의 어느 하나에 해당하는 자는 5년 이하의 징역 또는 5천만원 이하의 벌금에 처한다.
9. 제48조제2항을 위반하여 악성프로그램을 전달 또는 유포한 자

형사소송법 제325조

제325조(무죄의 판결) 피고사건이 범죄로 되지 아니하거나 범죄사실의 증명이 없는 때에는 판결로써 무죄를 선고하여야 한다.

해 설

원심판결 이유에 의하면, 원심은 제1심이 적법하게 채택한 증거들에 의하여 그 판시와 같은 사실들을 인정한 다음, 피고인들이 유포한 각 방문자 추적프로그램은 피고인들에게 방문자 추적서비스를 신청한 유료회원들의 싸이월드(그 도메인 이름은 'www.cyworld.com'이다) 가입자 홈페이지(이하 '미니홈피'라고 한다)에 설치되어 해당 미니홈피 방문자의 정보를 피고인들이 운영하는 각 방문자 추적사이트의 서버로 유출할 수 있도록 하는 프로그램인데, 그 설치 후에도 싸이월드 미니홈피의 운용이나 이용이 정상적으로 이루어지고, 위 각 방문자 추적프로그램으로 인하여 싸이월드 서버의 접속을 지연시키는 등 정보통신시스템의 운용을 방해하였다고 볼 만한 증거도 없으므로, 정보통신망 이용촉진 및 정보보호 등에 관한 법률(이하 '정보통신망법'이라고 한다) 제48조 제2항이 정한 정보통신시스템의 운용을 방해할 수 있는 악성프로그램에 해당한다고 볼 수 없다고 판단하여, 피고인들의 악성프로그램 유포로 인한 정보통신망법 위반의 점에 대하여 무죄를 선고하였다.

기록에 비추어 살펴보면, 원심의 위와 같은 판단은 정당하고, 거기에 상고이유에서 주장하는 바와 같은 정보통신망법 제48조 제2항이 정한 악성프로그램에 관한 법리오해 등의 잘못이 없다.

판례 3

컴퓨터등 장애업무 방해

甲 주식회사 대표이사인 피고인이, 甲 회사가 운영하는 웹사이트에서 무료프로그램을 다운로드받을 경우 악성프로그램이 숨겨진 특정 프로그램을 필수적으로 컴퓨터 내에 설치하도록 유도하는 방법으로 컴퓨터 사용자들의 정보통신망에 침입하였다고 하여 구 정보통신망 이용촉진 및 정보보호 등에 관한 법률 위반으로 기소된 사안에서, 악성프로그램이 설치됨으로써 피해 컴퓨터 사용자들의 정보통신망에 침입하였다고 보아 유죄를 인정한 원심판단을 수긍한 사례

해 설

甲 주식회사 대표이사인 피고인이, 甲 회사가 운영하는 웹사이트에서 무료프로그램을 다운로드받을 경우 'eWeb.exe'이라는 악성프로그램이 몰래 숨겨진 'ActiveX'를 필수적으로 컴퓨터 내에 설치하도록 유도하는 방법으로 컴퓨터 사용자들의 정보통신망에 침입하였다고 하여 구 정보통신망 이용촉진 및 정보보호 등에 관한 법률(2008. 6. 13. 법률 제9119호로 개정되기 전의 것) 위반으로 기소된 사안에서, 피해 컴퓨터에 연결된 정보통신망을 이용한 악성프로그램의 피해 컴퓨터 내 설치 경위, 피해 컴퓨터 사용자들이 인식하지 못하는 상태에서 악성프로그램의 실행 및 피해 컴퓨터에 연결된 정보통신망을 이용한 甲 회사 서버 컴퓨터와의 통신, 그 통신에 의한 지시에 따라 피해 컴퓨터와 인터넷 포털사이트 '네이버' 시스템 사이에 연결되는 정보통신망을 이용한 네이버 시스템에 대한 허위 신호 발송 결과 등에 비추어 볼 때, 악성프로그램이 설치됨으로써 피해 컴퓨터 사용자들이 사용하는 정보통신망에 침입하였다고 보아 유죄를 인정한 원심판단을 수긍한 사례.

판례 4

> 정당한 사유 없이 정보통신시스템 등의 운용을 방해할 수
> 있는 악성프로그램을 유포하여 기소된 경우

피고인들이 자동 회원가입, 자동 방문 및 이웃신청 등의 기능을 이용하여 네이버 카페나 블로그 등에 자동적으로 게시 글과 댓글을 등록하고 쪽지와 초대장을 발송하는 등의 작업을 반복 수행하도록 설계된 다수의 프로그램들을 판매함으로써 정당한 사유 없이 정보통신시스템 등의 운용을 방해할 수 있는 악성프로그램을 유포하였다고 하여 구 정보통신망 이용촉진 및 정보보호 등에 관한 법률 위반으로 기소된 사안에서, 위 프로그램들이 같은 법 제48조 제2항의 '악성프로그램'에 해당한다고 단정하기 어렵다고 한 사례

【참조조문】

정보통신망 이용촉진 및 정보보호 등에 관한 법률 제48조 제2항

제48조(정보통신망 침해행위 등의 금지)
② 누구든지 정당한 사유 없이 정보통신시스템, 데이터 또는 프로그램 등을 훼손·멸실·변경·위조하거나 그 운용을 방해할 수 있는 프로그램(이하 "악성프로그램"이라 한다)을 전달 또는 유포하여서는 아니 된다.

정보통신망 이용촉진 및 정보보호 등에 관한 법률 제71조 제1항 제9호

제71조(벌칙)
① 다음 각 호의 어느 하나에 해당하는 자는 5년 이하의 징역 또는 5천만원 이하의 벌금에 처한다.
9. 제48조제1항을 위반하여 정보통신망에 침입한 자

형사소송법 제308조

제308조(자유심증주의)
　증거의 증명력은 법관의 자유판단에 의한다.

해 설

　피고인들이 자동 회원가입, 자동 방문 및 이웃신청 등의 기능을 이용하여 네이버 카페나 블로그 등에 자동적으로 게시 글과 댓글을 등록하고 쪽지와 초대장을 발송하는 등의 작업을 반복 수행하도록 설계된 다수의 프로그램들을 판매함으로써 정당한 사유 없이 정보통신시스템 등의 운용을 방해할 수 있는 악성프로그램을 유포하였다고 하여 구 정보통신망 이용촉진 및 정보보호 등에 관한 법률(2016. 3. 22. 법률 제14080호로 개정되기 전의 것, 이하 '구 정보통신망법'이라 한다) 위반으로 기소된 사안에서, 위 프로그램들은 인터넷 커뮤니티 등에 업체나 상품 등을 광고하는 데 사용하기 위한 것으로, 일반 사용자가 통상적으로 작업하는 것보다 빠른 속도로 작업하기 위하여 자동적으로 댓글의 등록이나 쪽지의 발송 등의 작업을 반복 수행할 뿐이고, 기본적으로 일반 사용자가 직접 작업하는 것과 동일한 경로와 방법으로 위와 같은 작업을 수행하는 점, 위 프로그램들 중 일부는 프록시 서버를 이용하여 네이버 등에 간접적으로 접속할 수 있도록 함으로써 네이버 등의 정보통신시스템 등이 IP를 차단하는 것을 회피할 수 있도록 설계되어 있으나, 이는 네이버 등의 정보통신시스템 등을 훼손·멸실·변경·위조하는 등 그 기능을 물리적으로 수행하지 못하게 하는 방법으로 IP 차단을 방해하는 것이 아닌, 위 정보통신시스템 등이 예정한 대로 작동하는 범위 내에서 IP 차단 사유에 해당하지 않고 통과할 수 있도록 도와주는 것에 불과한 점, 위 프로그램들 사용으로 정보통신시스템 등의 기능 수행이 방해된다거나 네이버 등의 서버가 다운되는 등의 장애가 발생한다고 볼 만한 증거가 없는 점 등을 종합하면, 검사가 제출한 증거만으로는 위 프로그램들이 구 정보통신망법 제48조 제2항의 '악성프로그램'에 해당한다고 단정하기 어렵다는 이유로, 같은 취지에서 피고인들에게 무죄를 선고한 원심판결이 정당하다.

판례 5

악성프로그램이 설치됨으로써 피해 컴퓨터 사용자들의 정보통신망에 침입하였다고 보아 유죄를 인정한 사례

갑 주식회사 대표이사인 피고인이, 갑 회사가 운영하는 웹사이트에서 무료프로그램을 다운로드받을 경우 악성프로그램이 숨겨진 특정 프로그램을 필수적으로 컴퓨터 내에 설치하도록 유도하는 방법으로 컴퓨터 사용자들의 정보통신망에 침입하였다고 하여 구 정보통신망 이용촉진 및 정보보호 등에 관한 법률 위반으로 기소된 사안에서, 악성프로그램이 설치됨으로써 피해 컴퓨터 사용자들의 정보통신망에 침입하였다고 보아 유죄를 인정한 원심판단을 수긍한 사례

【참조조문】

정보통신망 이용촉진 및 정보보호 등에 관한 법률 제48조 제2항

제48조(정보통신망 침해행위 등의 금지)
②누구든지 정당한 사유 없이 정보통신시스템, 데이터 또는 프로그램 등을 훼손·멸실·변경·위조하거나 그 운용을 방해할 수 있는 프로그램(이하 "악성프로그램"이라 한다)을 전달 또는 유포하여서는 아니 된다.

정보통신망 이용촉진 및 정보보호 등에 관한 법률 제71조 제1항 제9호

제71조(벌칙)
① 다음 각 호의 어느 하나에 해당하는 자는 5년 이하의 징역 또는 5천만원 이하의 벌금에 처한다.
9. 제48조제1항을 위반하여 정보통신망에 침입한 자

형사소송법 제314조 제2항

제314조(업무방해)

② 컴퓨터등 정보처리장치 또는 전자기록등 특수매체기록을 손괴하거나 정보처리장치에 허위의 정보 또는 부정한 명령을 입력하거나 기타 방법으로 정보처리에 장애를 발생하게 하여 사람의 업무를 방해한 자도 제1항의 형과 같다. 〈신설 1995.12.29〉

해 설

갑 주식회사 대표이사인 피고인이, 갑 회사가 운영하는 웹사이트에서 무료 프로그램을 다운로드받을 경우 'eWeb.exe'이라는 악성프로그램이 몰래 숨겨진 'ActiveX'를 필수적으로 컴퓨터 내에 설치하도록 유도하는 방법으로 컴퓨터 사용자들의 정보통신망에 침입하였다고 하여 구 정보통신망 이용촉진 및 정보보호 등에 관한 법률(2008. 6. 13. 법률 제9119호로 개정되기 전의 것) 위반으로 기소된 사안에서, 피해 컴퓨터에 연결된 정보통신망을 이용한 악성프로그램의 피해 컴퓨터 내 설치 경위, 피해 컴퓨터 사용자들이 인식하지 못하는 상태에서 악성프로그램의 실행 및 피해 컴퓨터에 연결된 정보통신망을 이용한 갑 회사 서버 컴퓨터와의 통신, 그 통신에 의한 지시에 따라 피해 컴퓨터와 인터넷 포털사이트 '네이버' 시스템 사이에 연결되는 정보통신망을 이용한 네이버 시스템에 대한 허위 신호 발송 결과 등에 비추어 볼 때, 악성프로그램이 설치됨으로써 피해 컴퓨터 사용자들이 사용하는 정보통신망에 침입하였다고 보아 유죄를 인정한 원심판단을 수긍한 사례.

Ⅲ. 상담사례

■ **컴퓨터 바이러스에 감염되면 어떤 증상이 있나요?**

➡ 보통 다음과 같은 증상이 있으면 바이러스에 감염되었다고 볼 수 있습니다.
  - 사용 중 시스템이 비정상적으로 정지된다.
  - 화면에 예상하지 못했던 메시지 또는 그림 소리를 출력한다.
  - 일반적으로 부팅 및 프로그램을 실행시킬 때 속도가 느리다.
  - 파일의 길이와 작성일 등 파일의 기록정보가 변경된다.
  - 사용자 의사와 관계없이 프로그램이 실행되거나 주변장치가 스스로 움직일 경우

  보다 자세한 내용은 한국인터넷 진흥원 보호나라를 방문, 확인하시기 바랍니다.(http://www.boho.or.kr)

■ **바이러스를 유포하면 어떤 처벌을 받게 되나요?**

➡ 5년 이하의 징역 또는 5천만원 이하의 벌금의 처벌을 받게 됩니다.

  정보통신망 이용촉진 및 정보보호 등에 관한 법률 제48조 제2항은「누구든지 정당한 사유 없이 정보통신시스템, 데이터 또는 프로그램 등을 훼손, 멸실, 변경, 위조하거나 그 운용을 방해할 수 있는 프로그램(이하 "악성프로그램"이라 한다)을 전달 또는 유포하는 행위」를 금지하고 있습니다.
  즉, '바이러스'를 '악성프로그램'이라고 법률에 규정을 하고 있으며 이를 위반하면 같은 법 제71조 제1항 제10호에 의해 5년 이하의 징역 또는 5천만원 이하의 벌금의 처벌을 받게 됩니다.

■ 컴퓨터를 사용하고 있으면 자동으로 팝업광고창이 생성되어 조금 있으면 다시 생겨나 귀찮습니다. 해결 방법 좀 알려주세요.

➡ 이 경우 해당 프로그램의 용도와 삭제할 수 있는 방법을 고지하여야 하며, 이를 위반할 경우 정보통신망 이용촉진 및 정보보호 등에 관한 법률 제76조에 과태료에 처할 수 있습니다.

영리목적 자동광고성 프로그램 설치에 대하여 정보통신망 이용촉진 및 정보보호 등에 관한 법률 제50조의5(영리목적의 광고성 프로그램 등의 설치)에 의하면 정보통신 서비스제공자는 영리목적의 광고성 정보가 보이도록 하는 프로그램을 이용자의 컴퓨터 그 밖에 대통령령이 정하는 정보처리장치에 설치하고자 할 때에 이용자의 동의를 얻어야 합니다.

이와 같은 경우 한국인터넷진흥원 불법스팸신고센터(http://spam.kisa.or.kr, 해킹, 스팸, 개인정보침해 신고전화 118)에서 신고접수 및 스팸차단 방법에 대한 안내를 하고 있으니 도움을 받으시기 바랍니다.

■ 전자우편함에 폭탄성 메일이 많이 수신되어 작업에 방해를 받고 있습니다.

➡ 전자우편 폭탄이란 '대규모 전자우편을 특정 수신자에게 보내어 수신자 시스템의 정상적인 작동을 방해하는 것이며, 전자우편 폭탄에 대하여는 형법 제314조 제2항에서 컴퓨터 등 정보처리장치 또는 전자기록 등 특수매체기록을 손괴하거나 정보처리장치에 허위의 정보 또는 부정한 명령을 입력하거나 기타 방법으로 정보처리에 장애를 발생하게 하여 사람의 업무를 방해한 자에 대한 처벌규정을 두고 있으므로 형사처벌을 원하시면 사이버안전국에 신고(http://cyberbureau.police.go.kr, 전화 182) 하시기 바랍니다.

■ **스팸메일이 자꾸 옵니다. 어디로 신고해야 하나요?**

➡ 한국인터넷진흥원 불법스팸신고센터(http://spam.kisa.or.kr/, 전화 118)에서 스팸과 관련한 차단 및 기술지원을 하고 있으니 신고하시면 됩니다.

수신자의 의사에 반한 영리목적의 광고성 정보의 전송, 이른바 스팸메일 전송행위는 정보통신망 이용촉진 및 정보보호 등에 관한 법률 위반 제74조, 같은 법 제50조의8에 의거 1년 이하의 징역이나 또는 1천만원이하의 벌금에 처할 수 있습니다.

■ **특정사이트에 접속하려고 하면 포르노사이트 창이 열립니다.**

➡ 이렇게 원하지 않는 팝업창이 자동으로 열리는 것은 단순히 태그 등을 이용해 사이트를 링크시킨 것이 아니라 해당 사이트에 접속함과 동시에 실행프로그램을 컴퓨터에 설치하는 것으로 컴퓨터에는 심각한 피해를 입히지 않는 일종의 바이러스 같은 것이라고 보시면 되며, 제어판에 있는 [프로그램추가/삭제] 기능을 이용하여 설치된 프로그램을 찾아서 삭제해 주거나 기존에 보지 못했던 프로그램이 실행중인 것을 찾아 삭제하시면 됩니다.

그리고 한국인터넷진흥원 개인정보침해신고센터 (http://privacy.kisa.or.kr, 전화번호 118) 에서는 '악성 스크립트를 이용한 초기화면 및 특정사이트 접속유도' 피해사례 대응기법 등 다양한 피해사례 및 대응기법 등에 대한 자료를 제공하고 있습니다.

아울러 청소년 유해사이트 차단프로그램을 사용하시면 대부분의 음란사이트와 청소년 유해사이트의 접속을 차단할 수 있으므로 도움이 될 것입니다. 이런 프로그램은 한국인터넷진흥원(http://www.kisa.or.kr, 해킹, 스팸, 개인정보침해 신고 전화 118) 또는 교육과학기술부와 문화체육관광부에서 인증한 그린웨어(http://www.greenware.co.kr) 등을 다운받아 사용하시기 바랍니다.

■ 광고라는 안내도 없고 수신거부가 되지 않는 스팸메일은 어떻게 신고하면 되나요?

➡ 수신자의 의사에 반한 영리목적의 광고성 정보의 전송, 이른바 스팸메일 전송행위는 정보통신망 이용촉진 및 정보보호 등에 관한 법률 위반 제74조, 같은 법 제50조의8에 의거 1년 이하의 징역 또는 1천만원 이하의 벌금에 처할 수 있습니다.

한국인터넷진흥원에서 운영하는 불법스팸대응센터(http://spamcop.or.kr/)를 통해서도 스팸과 관련하여 차단을 도와드리고 있으니 신고하시면 됩니다.

■ 메일을 열어 보았더니 포르노 사이트를 광고하는 메일입니다. 어떤 조치를 취할 수 있는지요?

➡ 수신자의 의사에 반한 영리목적의 광고성 정보의 전송, 즉 스팸메일 전송행위는 정보통신망이용촉진및정보보호등에관한법률위반 제74조 제1항 제6호, 같은 법 제50조의8에 의거 1년 이하의 징역이나 또는 1천만원이하의 벌금에 처할 수 있습니다.

또한 한국인터넷진흥원 불법스팸대응센터(spamcop.or.kr, 118)를 통해서도 스팸차단을 도와드리고 있으니 신고하시면 됩니다.

■ **게시판 상세보기 메일을 읽은 후에 다른 프로그램을 실행하고 있는데 갑자기 광고창이 뜹니다. 지워도 지워지지가 않아요. 어떻게 해야 하나요?**

➡ 이 경우 설치된 프로그램을 찾아서 삭제해 주면 되며, 제어판에 있는 [프로그램추가/삭제] 기능에서 설치하지 않았거나 기존에 보지 못했던 프로그램이 실행중인 것을 찾아 삭제하시면 됩니다.

이런 종류의 스팸메일은, 단순히 태그 등을 이용하여 링크시킨 것이 아니라 메일을 열어봄과 동시에 실행프로그램(광고성이나 악성프로그램 등)을 컴퓨터에 설치하는 것입니다.

그리고 한국인터넷진흥원 불법스팸신고센터(http://spamcop.or.kr/, 해킹, 스팸, 개인정보침해 신고전화 118)에서 신고접수 및 스팸차단 방법에 대한 안내를 하고 있으니 도움을 받으시기 바랍니다.

Ⅳ. 범죄사실기재례

범죄사실기재례 ▪ **메일밤(mail bomb)공격으로 전산장애 발생**

피의자 ○○○는 자신의 집에서 개인용 컴퓨터를 가지고 인터넷 통신을 통해 ○○사에서 관리하는 전산 시스템에 접속한 후 성인동영상(2GB) 및 고용량 사진(합계용량 1~1.5기가바이트(giga byte) 파일 ○○개씩 합계 1테라바이트 용량을 동시에 ○○사에 계정을 가지고 있는 성명을 알 수 없는 약 ○○○○여명에게 ○○회에 걸쳐 합계 ○○테라바이트(tera byte)의 프로그램을 바이너리(binary)파일로 모드를 변경, 메일명령을 사용하여 전자메일로 각각 전송하였다. 그리하여 ○○사의 호스트 컴퓨터에 과부하로 인하여 인터넷 메일시스템의 작동을 일시적으로 멈추게 하고 인터넷 메일의 수신업무를 작동하지 못하게 하는 등 정보처리에 장애를 발생하게 하여 업무를 방해하였다.

범죄사실기재례 ▪ **불법도박뷰어 판매를 통한 부당이득**

피의자 ○○○는 컴퓨터 프로그램을 분석하고 코드를 작성하는 직업에 종사하고 있다.

피의자 ○○○는 20○○. ○○경 맞고 게임인 ○○맞고에서 상대방의 패를 훔쳐 볼 수 있는 '□□□'라는 해킹프로그램을 만들었다. 그리고 국내 유명 게임 사이트인 ○○게임사에 접속하여, 맞고 게임을 통해 1인당 평균 수백 조원의 사이버머니를 벌어들이는 수법을 사용하여 수천 조원의 사이버머니를 취득하였다. 그리고 이를 피해자 ○○○ 등 ○○○○명의 게임 이용자들에게 금 ○○만원으로 파는 수법으로 합계 ○억여만원의 수익을 거두고, 개인 이용자 ○○○명에게 '□□□'를 팔아 금 ○○○○만원의 이익을 취득하였다.

제4절 기타 정보통신망 침해형 범죄

I. 개요

정보통신망 침해형 범죄 중에서, 위 중분류 3개 항목(해킹, 서비스거부공격, 악성프로그램) 어디에도 유형별로 분류되지 아니하거나, 이전에는 없었던 신종 수법으로 정보통신망을 침해하는 범죄인 경우를 말한다.

1. 기타 정보통신망 침해형 범죄의 예
 ① 컴퓨터 등 장애 업무방해(형법 제314조 제2항)
  정보통신망(컴퓨터 네트워크)을 통하여, 컴퓨터 등 정보처리장치에 허위의 정보 또는 부정한 명령을 입력하거나 기타 방법으로 정보처리에 장애를 발생하게 하여 업무를 방해한 경우를 말한다. 다만, 컴퓨터 등 정보처리장치 또는 전자기록 등 특수매체기록을 물리적인 방법으로 손괴하여 업무방해한 경우에는 사이버범죄에서 제외(망치로 컴퓨터 손괴 등)된다.
 ② 타인 명의 공인인증서 발급(전자서명법 제31조 제3호)
  정보통신망(컴퓨터 네트워크)을 통하여, 타인의 명의로 공인인증서를 발급받거나 발급 받을 수 있도록 한 경우를 말한다.

Ⅱ. 관련판례

판례 1

'악성프로그램'에 해당한다고 단정하기 어렵다고 한 사례

피고인들이 자동 회원가입, 자동 방문 및 이웃신청 등의 기능을 이용하여 네이버 카페나 블로그 등에 자동적으로 게시 글과 댓글을 등록하고 쪽지와 초대장을 발송하는 등의 작업을 반복 수행하도록 설계된 다수의 프로그램들을 판매함으로써 정당한 사유 없이 정보통신시스템 등의 운용을 방해할 수 있는 악성프로그램을 유포하였다고 하여 구 정보통신망 이용촉진 및 정보보호 등에 관한 법률 위반으로 기소된 사안에서, 위 프로그램들이 같은 법 제48조 제2항의 '악성프로그램'에 해당한다고 단정하기 어렵다고 한 사례

【참조조문】

정보통신망 이용촉진 및 정보보호 등에 관한 법률 제70조의2

제70조의2(벌칙)
제48조제2항을 위반하여 악성프로그램을 전달 또는 유포하는 자는 7년 이하의 징역 또는 7천만원 이하의 벌금에 처한다.

해 설

피고인들이 자동 회원가입, 자동 방문 및 이웃신청 등의 기능을 이용하여 네이버 카페나 블로그 등에 자동적으로 게시 글과 댓글을 등록하고 쪽지와 초대장을 발송하는 등의 작업을 반복 수행하도록 설계된 다수의 프로그램들을 판매함으로써 정당한 사유 없이 정보통신시스템 등의 운용을 방해할 수 있는 악성프로그램을 유포하였다고 하여 구 정보통신망 이용촉

진 및 정보보호 등에 관한 법률(2016. 3. 22. 법률 제14080호로 개정되기 전의 것, 이하 '구 정보통신망법'이라 한다) 위반으로 기소된 사안에서, 위 프로그램들은 인터넷 커뮤니티 등에 업체나 상품 등을 광고하는 데 사용하기 위한 것으로, 일반 사용자가 통상적으로 작업하는 것보다 빠른 속도로 작업하기 위하여 자동적으로 댓글의 등록이나 쪽지의 발송 등의 작업을 반복 수행할 뿐이고, 기본적으로 일반 사용자가 직접 작업하는 것과 동일한 경로와 방법으로 위와 같은 작업을 수행하는 점, 위 프로그램들 중 일부는 프록시 서버를 이용하여 네이버 등에 간접적으로 접속할 수 있도록 함으로써 네이버 등의 정보통신시스템 등이 IP를 차단하는 것을 회피할 수 있도록 설계되어 있으나, 이는 네이버 등의 정보통신시스템 등을 훼손·멸실·변경·위조하는 등 그 기능을 물리적으로 수행하지 못하게 하는 방법으로 IP 차단을 방해하는 것이 아닌, 위 정보통신시스템 등이 예정한 대로 작동하는 범위 내에서 IP 차단 사유에 해당하지 않고 통과할 수 있도록 도와주는 것에 불과한 점, 위 프로그램들 사용으로 정보통신시스템 등의 기능 수행이 방해된다거나 네이버 등의 서버가 다운되는 등의 장애가 발생한다고 볼 만한 증거가 없는 점 등을 종합하면, 검사가 제출한 증거만으로는 위 프로그램들이 구 정보통신망법 제48조 제2항의 '악성프로그램'에 해당한다고 단정하기 어렵다는 이유로, 같은 취지에서 피고인들에게 무죄를 선고한 원심판결이 정당하다.

판례 2

개인용 컴퓨터(PC)에 저장·보관되어 있으나 정보통신 체제 내에서 저장·보관 중인 것으로 볼 수 있는 비밀이 이에 포함되는지 여부(적극)

정보통신망 이용촉진 및 정보보호 등에 관한 법률 제49조 위반행위의 객체인 '정보통신망에 의해 처리·보관 또는 전송되는 타인의 비밀'의 범위 및 정보통신망으로 처리·전송이 완료된 다음 사용자의 개인용 컴퓨터(PC)에 저장·보관되어 있으나 정보통신체제 내에서 저장·보관 중인 것으로 볼 수 있는 비밀이 이에 포함되는지 여부(적극) / 위 규정에서 말하는 '타인의 비밀'의 의미

【참조조문】

정보통신망 이용촉진 및 정보보호 등에 관한 법률 제49조

제49조(비밀 등의 보호)
누구든지 정보통신망에 의하여 처리 · 보관 또는 전송되는 타인의 정보를 훼손하거나 타인의 비밀을 침해 · 도용 또는 누설하여서는 아니된다.

해 설

정보통신망 이용촉진 및 정보보호 등에 관한 법률(이하 '정보통신망법'이라 한다) 제49조는 "누구든지 정보통신망에 의하여 처리·보관 또는 전송되는 타인의 정보를 훼손하거나 타인의 비밀을 침해·도용 또는 누설하여서는 아니 된다."라고 정하고, 제71조 제1항 제11호는 '제49조를 위반하여 타인의 정보를 훼손하거나 타인의 비밀을 침해·도용 또는 누설한 자는 5년 이하의 징역 또는 5천만 원 이하의 벌금에 처한다.'고 정하고 있다.

정보통신망법은 정보통신망의 이용을 촉진하고 정보통신서비스를 이용하는 자의 개인정보를 보호함과 아울러 정보통신망을 건전하고 안전하게 이용할 수 있는 환경을 조성하여 국민생활의 향상과 공공복리의 증진에 이바지하기 위한 목적으로 제정되었다(제1조). 정보통신망은 전기통신사업법 제2조 제2호에 따른 전기통신설비를 이용하거나 전기통신설비와 컴퓨터 및 컴퓨터의 이용기술을 활용하여 정보를 수집·가공·저장·검색·송신 또는 수신하는 정보통신체제를 말한다(제2조 제1항 제1호). 전기통신설비는 전기통신을 하기 위한 기계·기구·선로 또는 그 밖에 전기통신에 필요한 설비를 말한다(전기통신사업법 제2조 제2호). 정보통신망법 제49조의 규율내용이 포괄적이기 때문에, 위와 같은 정보통신망법의 입법목적이나 정보통신망의 개념 등을 고려하여 그 조항을 해석해야 한다.

정보통신망법 제49조 위반행위의 객체인 '정보통신망에 의해 처리·보관 또는 전송되는 타인의 비밀'에는 정보통신망으로 실시간 처리·전송 중인 비밀, 나아가 정보통신망으로 처리·전송이 완료되어 원격지 서버에 저장·보관된 것으로 통신기능을 이용한 처리·전송을 거쳐야만 열람·검색이 가능한 비밀이 포함됨은 당연하다. 그러나 이에 한정되는 것은 아니다. 정보통신망으로 처리·전송이 완료된 다음 사용자의 개인용 컴퓨터(PC)에 저장·보관되어 있더라도, 그 처리·전송과 저장·보관이 서로 밀접하게 연계됨으로써 정보통신망과 관련된 컴퓨터 프로그램을 활용해서만 열람·검색이 가능한 경우 등 정보통신체제 내에서 저장·보관 중인 것으로 볼 수 있는 비밀도 여기서 말하는 '타인의 비밀'에 포함된다고 보아야 한다. 이러한 결론은 정보통신망법 제49조의 문언, 정보통신망법상 정보통신망의 개념, 구성요소와 기능, 정보통신망법의 입법목적 등에 비추어 도출할 수 있다.

또한 정보통신망법 제49조에서 말하는 '타인의 비밀'이란 일반적으로 알려져 있지 않은 사실로서 이를 다른 사람에게 알리지 않는 것이 본인에게 이익이 되는 것을 뜻한다.

제 2 장

정보통신망 이용 범죄

제2장　　정보통신망 이용 범죄

정보통신망(컴퓨터 시스템)을 범죄의 본질적 구성요건에 해당하는 행위를 행하는 주요 수단으로 이용하는 경우로 컴퓨터 시스템을 전통적인 범죄를 행하기 위하여 이용하는 범죄를 말한다.

제1절 사이버 사기

직거래 사기, 쇼핑몰 사기, 게임사기, 기타 사이버 사기 등

Ⅰ. 개요

정보통신망(컴퓨터 시스템)을 통하여, 이용자들에게 물품이나 용역을 제공할 것처럼 기망하여 피해자로부터 금품을 편취(교부행위)한 경우를 말하며, 컴퓨터 시스템이란 하나의 장치 또는 서로 접속되거나 서로 관련되어 있는 장치들의 그룹으로서, 이 중 하나 또는 그 이상의 장치가 프로그램에 의하여 자동적인 데이터처리를 수행하는 것을 말한다.

인터넷 화면을 보며 마우스 클릭만으로 주문에서 결제, 배송까지 확인 할 수 있다는 편리성 때문에 온라인쇼핑몰 이용자들이 급증하는 추세지만, 통상 '先결제'라는 인터넷 거래의 특성을 악용하여 인터넷 쇼핑 사이트를 그럴 듯하게 만들어 놓고 유명한 상품을 시중 가격에 비해 싸게 판매하는 것처럼 광고 한 후 고객으로부터 선불금을 받은 뒤 잠적해버리거나, 상대방이 확인하기가 힘들다는 점을 악용하여 물건을 가지고 있지 않거나 팔 생각이 없으면서도 거래를 하기로 한 후 돈만 받고 연락을 끊어버리는 등의 수법을 이용한 사기 사건이 급증하고 있다.

게임사기는 인터넷 게임인구가 늘어나고 게임시장이 점점 확대됨에 따라 게

임사이트에서 실제 돈으로 게임머니를 충전해 주거나 사이버 상에서 통용되는 게임머니나 게임아이템 등이 게임매니아 사이에서 실물처럼 거래되고 있는 실정으로, 게임머니나 아이템을 거래하기로 하는 과정에서 사기피해가 발생하고 있다.

다만, 온라인을 이용한 기망행위가 있더라도, ①피해자와 피의자가 직접 대면하여 거래한 경우 등은 사이버범죄 통계에서 제외되고, ②on-line에서 기망행위 후, off-line에서 만나 현금, 물품 편취한 경우도 제외되며, ③ off-line에서 기망행위 후, on-line에서 대금을 송금 편취한 경우도 제외된다.

1. 직거래 사기

정보통신망(컴퓨터 시스템)을 통하여, 물품 거래 등에 관한 허위의 의사표시를 게시하여 발생한 대금 편취 사기를 말한다.

2. 쇼핑몰 사기

정보통신망(컴퓨터 시스템)을 통하여, 허위의 인터넷 쇼핑몰 등을 개설하여 발생한 대금 편취 사기를 말한다.

3. 게임사기

정보통신망(컴퓨터 시스템)을 통하여, 게임 캐릭터 및 아이템 등 인터넷 게임과 관련하여 발생한 대금 편취 사기를 말한다.

4. 기타 인터넷 사기

직거래, 쇼핑몰, 게임사기에 해당하지 않고, 정보통신망(컴퓨터 시스템)을 통한 기망행위를 통해 재산적 이익을 편취한 경우를 말한다.

5. 직거래 사기 예방수칙

   1. 거래전 경찰청 '사이버캅' 앱을 통해 판매자 전화·계좌번호가 사기 피해 신고 이력이 있는지 확인

   2. 상대방이 실제 물품 소지 여부를 확인(특정 조건에 맞게 사진 촬영·전송 요청)

   ※ ex) '00월 00일 00님에게 판매할 물품'이라고 기재한 쪽지와 함께 물건 사진을 찍어 보내주세요.

   3. 가급적 직접 만나 물건의 상태를 확인하고 대금 지급

   4. 직거래 시 물건의 상태를 확인할 수 있는 낮 시간에, 사람들의 왕래가 많은 공공장소에서 만날 것

   5. 부득이 택배 거래 시 판매자 관련 정보를 최대한 확인

   ※ 주요 확인 사항 : △그간 거래 이력 △본인 명의 계좌 여부 △타 피해자 존재 여부 △사이버캅 피해 신고 이력 등

   6. 휴일 직전 또는 휴일 거래는 지양(사기 여부 파악에 시간 소요)

   7. 소액의 수수료를 부담하더라도 가급적 안전결제서비스 이용

   ※ 안전결제(결제대금 예치제도) : 구매자가 대금을 보내면, 보관하고 있다가 물품을 정상적으로 받았다고 확인하면 판매자에게 지급하는 서비스

   8. 판매자가 가짜 안전결제사이트 링크를 보내주는 경우도 있으므로, 해당 사이트 URL이 정확한지(변조 여부) 꼭 확인할 것

   ※ 유니크로, 이니P2P 등 안전결제사이트는 판매자와 구매자가 회원이어 여만 거래 가능하므로, 비회원으로 결제가 진행되지 않음

   ※ 안전결제사이트에서 제공하는 가상계좌의 예금주명에는 개인 이름이 포함되지 않음

   ※ 안전결제사이트의 무통장 결제창은 입금은행을 구매자가 선택할 수 있으므로, 지정된 은행으로만 입금하라고 하는 경우는 가짜

6. 쇼핑몰 사기 예방수칙

① '초특가', '한정상품' 등 지나치게 저렴하게 판매하는 상품에 주의

② 쇼핑몰 홈페이지에서 거래약관 및 사업장 주소 및 전화번호 등 사업자 정보, 고객게시판 운영 여부, 고객 불만 글 여부 등 확인

③ 대형 오픈마켓이라도 입점한 개별판매자의 신뢰성을 보장해 주지 않으므로, 판매자 이력 및 고객 평가 등 꼭 확인

④ SNS(블로그, 밴드, 카페 등)를 통해 물건을 구입하는 경우, 구매 전 통신판매신고를 한 사업자인지 여부, 청약철회 가능 여부 등을 꼭 확인

　※ 통신판매업신고 확인 방법 : '공정거래위원회 홈페이지'內 정보공개-사업자등록현황-통신판매사업자코너에서 확인

⑤ 거래는 가급적 신용카드를 이용, 추가할인 등을 미끼로 현금거래를 유도하는 판매자와 거래 금지

⑥ 해외직구 시 신뢰할 수 있는 사이트인지 사전 점검(해외 업체로부터 피해를 입은 경우, 우리나라 법률 집행이 실질적으로 어려움)

　- 한국소비자원에서 운영하는 '국제거래 소비자 포털'에서 내 피해예방정보 코너에서 사기의심사이트를 공지, 해당 사이트의 사기의심 신고 이력확인

　- Scamadviser.com 등에서 사이트 신뢰도 확인

　- 사업자 연락두절, 결제금액 상이, 다른 통화로 결제 등 피해 우려시 신용카드사의 '해외이용 이의제기 서비스' 활용

⑦ 기타구제절차

　사기 피해 외에 교환·반품 등 업체와의 분쟁에 대해서는 공정거래위원회 '행복드림 열린소비자포털(온라인 피해구제 상담 제공)' 또는 '1372 소비자상담센터'를 통해 피해구제 방법을 상담하거나, 한국소비자원에 거래 내역 등 증빙서류를 갖춰 피해 구제 신청

7. 게임사기 예방수칙
 ① 아이템 등을 통상적 가격에 비해 지나치게 저렴하게 판매하는 경우 주의
 ② 상대방의 ID, 이전 활동 내역, 거래 내역, 실명 사용 여부, 전화번호 등 정보를 최대한 확인하고, 안전결제사이트를 통해 거래
 ③ 거래 전 상대방 전화·계좌번호를 사이버캅에서 조회하여 이전 피해 신고 내역 여부 확인
 ④ 아이템 거래 사이트를 이용할 때, 사이트 운영자가 공지한 '공식 거래방법', '거래시 주의사항' 또는 '피해 예방 수칙' 반드시 숙지
   ※ 주요 아이템 거래 사이트에서는 △물품 전달 시 스크린샷 또는 동영상을 찍어 증거 확보 △거래 중 문제가 발생하는 경우 거래사이트 고객센터에 확인 △상대방과 통화를 통해 거래하는 사람이 맞는지 확인 등 공지
 ⑤ 타인과 아이디와 비밀번호를 공유하여 발생한 문제에 대해서는 보상을 받기 어려우므로, 절대 아이디와 비밀번호를 공유하지 말 것

8. 이메일 무역사기 예방수칙
 ① 보안프로그램이 설치된 회사 PC 사용(개인PC 및 스마트폰 자제)
 ② 비밀번호는 주기적으로 변경
 ③ 출처를 알수 없는 e-mail은 확인하지 말고 삭제
 ④ 이메일을 통해 결제계좌 변경 요청 시 반드시 전화나 팩스 등을 통해 사실관계 확인
 ⑤ 계약서를 작성할 때 지불받은 계좌번호를 미리 지정
 ⑥ 이메일 계정 보안강화를 위해 해외접속 차단 및 상대방이 보낸 메일의 아이피 주소 등을 확인할 수 있는 「한국무역협회 이메일서비스」 이용도 좋은 방법
   ※ 한국무역협회(www.kita.net) 회원가입시 e-mail 계정(kita.net)도 함께 생성 가능하며, 이메일 확인(원문보기)시 상대방의 IP주소 확인 및 해외 로그인 접속 차단 설정도 가능

⑦ 아이디·비밀번호 외에 휴대전화인증·일회용비밀번호(OTP) 등 투팩터* 인
   증 방법 활용
   * 기존의 비밀번호 인증방식을 보완하여, 해커가 비밀번호를 알아낸다고
     하더라도, 계정 소유자가 가지고 있는 휴대전화나 일회용비밀번호(OTP)
     장비를 확보하지 않으면 로그인 할 수 없는 시스템

⑧ 기타구제절차
   - 국제분쟁 문제는 법무부 9988 법률지원단(www.9988law.com)에서 제공
     하는 「해외진출 중소기업 법률지원 서비스」를 이용(02-2110-3661)
   ※ 피해금 구제방법, 거래업체 또는 수취은행의 책임여부 등에 관한 법률
     자문 제공

판례 1

컴퓨터 등 사용사기죄의 죄책

타인의 명의를 모용하여 발급받은 신용카드를 이용하여 ARS 전화서비스나 인터넷 등을 통하여 신용대출을 받는 경우의 죄책 (=컴퓨터 등 사용사기죄)

【참조조문】

형법 제329조

> 제329조(절도)
> 타인의 재물을 절취한 자는 6년 이하의 징역 또는 1천만원이하의 벌금에 처한다.

형법 제347조의 2

> 제347조의2(컴퓨터등 사용사기)
> 컴퓨터등 정보처리장치에 허위의 정보 또는 부정한 명령을 입력하거나 권한 없이 정보를 입력·변경하여 정보처리를 하게 함으로써 재산상의 이익을 취득하거나 제3자로 하여금 취득하게 한 자는 10년 이하의 징역 또는 2천만원 이하의 벌금에 처한다.

형법 제347조 제1항

> 제347조(사기)
> ① 사람을 기망하여 재물의 교부를 받거나 재산상의 이익을 취득한 자는 10년 이하의 징역 또는 2천만원 이하의 벌금에 처한다.

해 설 •

타인의 명의를 모용하여 발급받은 신용카드의 번호와 그 비밀번호를 이용하여 ARS 전화서비스나 인터넷 등을 통하여 신용대출을 받는 방법으로 재산상 이익을 취득하는 행위 역시 미리 포괄적으로 허용된 행위가 아닌 이상, 컴퓨터 등 정보처리장치에 권한 없이 정보를 입력하여 정보처리를 하게 함으로써 재산상 이익을 취득하는 행위로서 컴퓨터 등 사용사기죄에 해당한다.

위계에 의한 업무방해죄의 성립요건

　　형법 제314조 제1항 소정의 위계에 의한 업무방해죄에 있어서의 '위계'라 함은 행위자가 행위목적을 달성하기 위하여 상대방에게 오인·착각 또는 부지를 일으키게 하여 이를 이용하는 것을 말하고, 업무방해죄의 성립에는 업무방해의 결과가 실제로 발생함을 요하지 않고 업무방해의 결과를 초래할 위험이 발생하면 족하며, 업무수행 자체가 아니라 업무의 적정성 내지 공정성이 방해된 경우에도 업무방해죄가 성립한다. 나아가 컴퓨터 등 정보처리장치에 정보를 입력하는 등의 행위가 그 입력된 정보 등을 바탕으로 업무를 담당하는 사람의 오인, 착각 또는 부지를 일으킬 목적으로 행해진 경우에는 그 행위가 업무를 담당하는 사람을 직접적인 대상으로 이루어진 것이 아니라고 하여 위계가 아니라고 할 수는 없다.

【참조조문】

형법 제314조 제1항

제314조(업무방해)
　① 제313조의 방법 또는 위력으로써 사람의 업무를 방해한 자는 5년 이하의 징역 또는 1천500만원 이하의 벌금에 처한다. 〈개정 1995.12.29.〉

【참조판례】

대법원 2009. 9. 10. 선고 2009도4772 판결
대법원 2010. 3. 25. 선고 2009도8506 판결(공2010상, 841)

해 설

위계에 의한 업무방해죄에서 '위계'란 행위자가 행위목적을 달성하기 위하여 상대방에게 오인, 착각 또는 부지를 일으키게 하여 이를 이용하는 것을 말하고, 업무방해죄의 성립에는 업무방해의 결과가 실제로 발생함을 요하지 않고 업무방해의 결과를 초래할 위험이 발생하면 족하며, 업무수행 자체가 아니라 업무의 적정성 내지 공정성이 방해된 경우에도 업무방해죄가 성립한다고 할 것이다(대법원 2010. 3. 25. 선고 2009도8506 판결 등 참조). 나아가 컴퓨터 등 정보처리장치에 정보를 입력하는 등의 행위가 그 입력된 정보 등을 바탕으로 업무를 담당하는 사람의 오인, 착각 또는 부지를 일으킬 목적으로 행해진 경우에는 그 행위가 업무를 담당하는 사람을 직접적인 대상으로 이루어진 것이 아니라고 하여 위계가 아니라고 할 수는 없다.

원심판결 이유에 의하면, 원심은, ○○○○당의 제19대 국회의원 비례대표 후보를 추천하기 위한 이 사건 당내 경선에 직접·평등·비밀투표의 원칙이 모두 적용된다는 전제 아래, 이 사건 당내 경선과정에서 피고인들이 선거권자들로부터 인증번호만을 전달받은 뒤 그들 명의로 자신들이 지지하는 후보자인 공소외인에게 전자투표를 한 행위는 이 사건 당내 경선업무에 참여하거나 관여한 여러 ○○○○당 관계자들로 하여금 비례대표 후보자의 지지율 등에 관한 사실관계를 오인, 착각하도록 하여 경선업무의 적정성이나 공정성을 방해한 경우에 해당하고, 위와 같은 범행에 컴퓨터를 이용한 것은 단지 그 범행 수단에 불과하다고 판단하였다.

인터넷게시판에 허위사실의 공시

다른 선의의 감리원들이 피해를 보지 않도록 표현은 과격하나 오로지 공공의 이익을 위해 피해자를 비방할 목적 없이 한국건설기술감리협회나 다음카페의 전국감리원모임 인터넷게시판에 글을 올린 것이고, 한국건설기술감리협회의 홈페이지는 건설기술관리법에 의한 감리원만 찾아오는 홈페이지로 그 글을 읽어본 숫자는 전국 감리원의 1/1000에도 미치지 못할 뿐만 아니라 타인을 비방하는 글은 실시간으로 삭제되며, 다음카페의 전국감리원모임도 회원으로 가입된 자만 내용을 알 수 있기 때문에 그곳에 글을 올렸다고 하여도 명예훼손이 될 수 없다.

해 설

살피건대, 정보통신망 이용촉진 및 정보보호 등에 관한 법률 제44조의7 제1항 제2호의 '사람을 비방할 목적'이란 형법 제309조 제1항의 '사람을 비방할 목적'과 마찬가지로 가해의 의사 내지 목적을 요하는 것으로서 공공의 이익을 위한 것과는 행위자의 주관적 의도의 방향에 있어 서로 상반되는 관계에 있다고 할 것이므로, 적시한 사실이 공공의 이익에 관한 것인 경우에는 특별한 사정이 없는 한 비방할 목적은 부인된다고 봄이 상당하고, 여기에서 '적시한 사실이 공공의 이익에 관한 경우'라 함은 적시된 사실이 객관적으로 볼 때 공공의 이익에 관한 것으로서 행위자도 주관적으로 공공의 이익을 위하여 그 사실을 적시한 것이어야 하는데, 공공의 이익에 관한 것에는 널리 국가·사회 기타 일반 다수인의 이익에 관한 것뿐만 아니라 특정한 사회집단이나 그 구성원 전체의 관심과 이익에 관한 것도 포함되는 것이며, 적시한 사실이 공공의 이익에 관한 것인지 여부는 당해 명예훼손적 표현으로 인한 피해자가 공무원 내지 공적 인물과 같은 공인(公人)인지 아니면 사인(私人)에 불과한지 여부, 그 표현이 객관적으로 국민이 알아야 할 공공성·사회성을 갖춘 공적 관심 사안에 관한 것으로 사회의 여론형성 내지 공개토론에 기여하는 것인지 아니면 순수한 사적인 영역에 속하는 것인지 여부, 피해자가 그와 같은 명예훼손적 표현의 위험을 자초한 것인지 여부, 그리고 그 표현에 의하여 훼손되는 명예의 성격과 그 침해의 정도, 그 표현의 방법과 동기 등 제반 사정을 고려하여 판단하여야 할 것이고(대법원 2005. 10. 14. 선고 2005도5068 판결 등 참조), 한편, 명예훼손죄의 구성요건인 공연성은 불특정 또는 다수인이 인식할 수 있는 상태를 말하므로 비록 개별적으로 한 사람에 대하여 사실을 적시하더라도 그로부터 불특정 또는 다수인에게 전파될 가능성이 있다면 공연성의 요건을 충족하는 것이다(대법원 2004. 4. 9. 선고 2004도340 판결 등 참조).

원심이 적법하게 조사하여 채택한 증거들에 의하면, 피고인은 피해자에게 압력을 가하여 금원을 교부받기 위한 방법의 하나로 2004. 7. 1. 인터넷 다음카페 전국감리원모임 자유게시판에 '(필명 생략)'라는 필명으로 '234번, 6월 28일 저녁 9시 MBC 뉴스데스크에 보도된 엉터리 감리회사는 감리회사평가란 185번의 (상호2 생략) 건축사사무소입니다. 1. 사무실 위치 : 경기도 의왕시 소재 (이하 생략), 2. 보도내용 : 회사는 악질인 건축사 피해자사장 놈((상호3 생략)건축사사무소)이 (상호1 생략)건축사와 (상호2 생략) 건축사사무소(건축사 공소외 1), 특히 (상호2 생략)은 건축사 면허를 대여하여 3개 회사를 운영하는데 책임감리원 지정시 이중 배치하여 장난을 치고, 월급 등 돈에 대해서는 아주 악랄하고 감리단장들의 급여지연, 입사 후 일방적 삭감 등 단장들의 원성이 자자함. 회사 인터뷰한 자는 감리담당 공소외 2라는 강아지임.'이라고 게시하고, 같은 달 22. 같은 인터넷 게시판에 제390번으로 같은 내용을 게시한 사실이 인정되는바, 이와 같은 피고인의 이 사건 행위의 동기 및 목적, 표현의 방법 등에 비추어 볼 때 피고인의 행위가 공공의 이익을 위하여 사실을 적시한 것에 해당한다고 볼 수는 없으므로 비방의 목적이 인정되고, 피고인이 회원으로 가입된 자만 내용을 알 수 있는 다음카페의 전국감리원모임의 인터넷게시판에 글을 올렸다고 하여도 불특정 또는 다수인이 인식할 수 있는 상태에 있었던 이상 공연성이 인정된다고 할 것이다.

한편, 피고인의 공익목적에 부합한다는 위 주장을 형법 제310조의 위법성의 조각 사유에 대한 주장으로 보더라도, 정보통신망 이용촉진 및 정보보호 등에 관한 법률 제44조의7 제1항 제2호 위반으로 기소된 이 사건에서는 형법 제310조의 규정은 적용되지 않으므로 위 규정에 의한 위법성의 조각 주장도 이유 없다(대법원 2005. 7. 14. 선고 2005도3325 판결 참조).

판례 4

인터넷을 통한 업무방해

형법 제314조 제1항의 업무방해죄는 위계 또는 위력으로서 사람의 업무를 방해한 경우에 성립하는 것이고, 여기서의 위계라 함은 행위자가 행위목적을 달성하기 위하여 상대방에게 오인·착각 또는 부지를 일으키게 하여 이를 이용하는 것을 말한다(대법원 2005. 3. 25. 선고 2003도5004 판결 등 참조).

사건사례

피의자 ○○○은 20○○. ○○. ○○. 21:00경 문화방송 뉴스데스크에서 '엉터리 감리'라는 제목으로 피해자가 운영하는 건축사무소에 대한 보도가 방송되자 같은 해 ○○. ○○. 인터넷 다음카페 전국감리원모임 자유게시판에 '△△'라는 필명으로 '제234번, ○○월 ○○일 저녁 9시 MBC뉴스데스크에 보도된 엉터리 감리회사는 감리회사평가란 185번의 ○○ 건축사사무소입니다. 1. 사무실 위치 : ○○도 ○○시 소재, 2. 보도내용 : 회사는 악질인 건축사 피해자사장 놈이 건축사와 건축사사무소, 특히 ○○○은 건축사 면허를 대여하여 3개 회사를 운영하는데 책임감리원 지정시 이중 배치하여 장난을 치고, 월급 등 돈에 대해서는 아주 악랄하고 감리단장들의 급여지연, 입사 후 일방적 삭감 등 단장들의 원성이 자자함. 회사 인터뷰한 자는 감리담당 △△△이라는 ###임.'이라고 게시하고, 같은 달 ○○. 같은 인터넷 게시판에 제390번으로 같은 내용을 게시하여 위계로서 피해자가 운영하는 건축사사무실의 업무를 방해하였다.

해 설

　피해자가 고발된 이후에는 (상호1 생략)건축사사무소 명의로 감리원 모집공고를 6회 이상 하였으므로 피해자가 운영하는 건축사사무소의 업무가 방해되었다고 볼 수 없고, 건축사의 불법행위를 방지하고 다른 감리원들의 피해를 방지하기 위해 인터넷게시판에 글을 올렸다고 하여서 업무방해가 될 수 없다.

　살피건대, 형법 제314조 제1항의 업무방해죄는 위계 또는 위력으로서 사람의 업무를 방해한 경우에 성립하는 것이고, 여기서의 위계라 함은 행위자가 행위목적을 달성하기 위하여 상대방에게 오인·착각 또는 부지를 일으키게 하여 이를 이용하는 것을 말한다(대법원 2005. 3. 25. 선고 2003도5004 판결, 대법원 2013.11.28, 선고, 2013도5117, 판결 등 참조).

　기록에 의하면, 경기도지사가 피해자에 대하여 건축사면허대여와 관련하여 업무정지 12월의 행정처분을 한 사실, 수원지방검찰청이 피해자에 대하여 건축사법위반혐의로 공소제기한 사실, 피해자가 피고인을 비롯하여 다른 직원들의 급여를 체불하여 검찰에서 기소유예처분을 받은 사실을 각 인정할 수 있고, 위 인정사실을 종합하면 피고인이 인터넷 다음카페 전국감리원모임 자유게시판에 게시한 글은 사실을 적시한 것으로 보이고(공소사실 자체도 사실을 적시한 것을 전제로 하고 있다), 달리 위계로 피해자가 운영하는 건축사사무실의 업무를 방해하였다는 점을 인정할 만한 증거가 없으므로 이 사건 공소사실을 유죄로 인정한 원심판결에는 사실을 오인하여 판결에 영향을 미친 위법이 있다고 할 것이어서 이를 지적하는 취지의 피고인의 위 항소논지는 이유 있다.

판례 5

허위의 클릭정보를 전송하여 검색순위 결정을 조작한 경우, '컴퓨터 등 장애 업무방해죄' 성립 여부 (적극)

포털사이트 운영회사의 통계집계시스템 서버에 허위의 클릭정보를 전송하여 검색순위 결정 과정에서 위와 같이 전송된 허위의 클릭정보가 실제로 통계에 반영됨으로써 정보처리에 장애가 현실적으로 발생하였다면, 그로 인하여 실제로 검색순위의 변동을 초래하지는 않았다 하더라도 '컴퓨터 등 장애 업무방해죄'가 성립한다(대법원 2009.4.9. 선고 2008도11978 판결 참고).

사건사례

피고인은 광고대행 서비스를 제공하는 공소외 2 주식회사의 대표이사인바, 2005년 8월경 서울 구로구 구로동 (지번 생략) 소재 ○○○벤처드림타워 2차 6층 공소외 2 주식회사 사무실에서 위 회사에서 운영하는 사이트(홈페이지 주소생략) 등을 통해 주식회사 엔에이치엔(NHN)에서 관리하고 있는 '네이버(www.naver.com)', 주식회사 다음커뮤니케이션에서 관리하고 있는 '다음(www.daum.net)' 등 국내 유명 인터넷 포털사이트에 등록된 업체들을 상대로 홈페이지 분석 및 키워드 시장조사 등을 하여 포털사이트 검색엔진 상위등록 서비스(등록된 홈페이지 등 디렉토리 사이트에 대하여 이용자가 키워드 검색을 할 경우 업체의 사이트가 검색결과의 첫 번째 페이지에 노출되도록 하는 서비스)를 제공한다고 광고하여 2006년 3월경까지 약 750여개의 광고업체들을 모집한 후, 공소외 2 주식회사의 사무실 컴퓨터 서버에 설치해 놓은 프로그램(이하 '상위등록 프로그램'이라고 한다)을 이용하여 검색순위를 조작하는 방법으로 광고업체들의 홈페이지 주소를 네이버 및 다음의 각 '사이트'란 검색순위 상위에 노출시키기로 마음먹고, 총 1,605,535회의 허위 클릭정보를 전송하여 다음커뮤니케이션의 '사이트'란의 검색순위를 조작함으로써 컴퓨터 등 정보처리장치에 허위의 정보 또는 부정한 명령을 입력하거나 기타의 방법으로 정보처리에 장애를 발생하게 하여 주식회사 다음커뮤니케이션의 검색서비스 제공업무를 방해하였다.

해 설

형법 제314조 제2항은 '컴퓨터 등 정보처리장치 또는 전자기록 등 특수매체기록을 손괴하거나 정보처리장치에 허위의 정보 또는 부정한 명령을 입력하거나 기타 방법으로 정보처리에 장애를 발생하게 하여 사람의 업무를 방해한 자'를 처벌하도록 규정하고 있는바, 위 죄가 성립하기 위해서는 위와 같은 가해행위 결과 정보처리장치가 그 사용목적에 부합하는 기능을 하지 못하거나 사용목적과 다른 기능을 하는 등 정보처리에 장애가 현실적으로 발생하였을 것을 요한다고 할 것이나(대법원 2004. 7. 9. 선고 2002도631 판결 참조), 정보처리에 장애를 발생하게 하여 업무방해의 결과를 초래할 위험이 발생한 이상, 나아가 업무방해의 결과가 실제로 발생하지 않더라도 위 죄가 성립하는 것이다.

따라서 포털사이트 운영회사의 통계집계시스템 서버에 허위의 클릭정보를 전송하여 검색순위 결정 과정에서 위와 같이 전송된 허위의 클릭정보가 실제로 통계에 반영됨으로써 정보처리에 장애가 현실적으로 발생하였다면, 그로 인하여 실제로 검색순위의 변동을 초래하지는 않았다 하더라도 컴퓨터 등 장애 업무방해죄가 성립하는 것이다.

판례 6

사전자기록위작 · 변작죄에서 '전자기록 등 특수매체기록'의 의미

형법 제232조의2에서 말하는 '전자기록 등 특수매체기록'이라 함은 그 자체로서 객관적·고정적 의미를 가지면서 독립적으로 쓰이는 것이 아니라, 개인 또는 법인이 전자적 방식에 의한 정보의 생성·처리·저장·출력을 목적으로 구축하여 설치·운영하는 시스템에서 쓰임으로써 예정된 증명적 기능을 수행하는 것을 의미한다.

【참조조문】

형법 제232조의2

제232조의2(사전자기록위작 · 변작)
사무처리를 그르치게 할 목적으로 권리 · 의무 또는 사실증명에 관한 타인의 전자기록등 특수매체기록을 위작 또는 변작한 자는 5년 이하의 징역 또는 1천만원 이하의 벌금에 처한다.

【참조판례】

대법원 2005. 6. 9. 선고 2004도6132 판결(공2005하, 1191)
대법원 2008. 4. 24. 선고 2008도294 판결

사건사례

피의자 ○○○은 인터넷 온라인 게임인'☆☆☆☆☆'의 경우 가입회원들이 자신의 비밀번호를 잊어버렸을 경우에 자신의 신분증 사본을 고객센터에 보내면 게임 회사 측에서 그 임시 비밀번호를 부여하여 주는 점을 악용,

신분증 파일을 위조하여 보냄으로써 임시 비밀번호를 부여받았다. 그리고 이를 통해 가입회원들이 보유하고 있는 각종 아이템 및 사이버머니들을 몰래 빼내어 판매하거나 자신이 직접 사용하는 등 주식회사 넥슨의 사무처리를 그르치게 할 결심을 하였다.

피의자 ○○○은 200○. ○○. ○○.경 서울시 ○○구 ○○동에 있는 피고인의 집에서 '☆☆☆☆☆'사이트 내 자기소개 게시판에 기존회원인 △△△이 적어 놓은 성명과 생년월일을 확인한 다음에 피고인이 자체 제작한 주민등록번호 뒷자리 생성 프로그램을 통해 공소외인의 정확한 주민등록번호를 파악하고, 네이버 등 인터넷 포털사이트를 검색하여 다른 사람의 운전면허증이 찍힌 이미지 파일을 내려 받았다. 그리고 포토샵 프로그램을 이용하여 사진 부분은 같은 방법으로 찾아낸 또 다른 사람의 사진으로, 주민등록번호 부분은 위와 같이 알아낸 △△△의 주민등록번호로 바꾸어 넣은 것을 비롯하여 위 일시경부터 200○. ○○. ○○.경까지 별지4의 기재와 같이 모두 ○회에 걸쳐 사실증명에 관한 타인의 특수매체기록을 위작하였다.

피의자 ○○○은 같은 일시·장소에서 위에서 적은 바와 같이 위작된 신분증 사본 파일 ○장을 이미지 파일 형태로 '☆☆☆☆☆'주식회사 넥슨사이트 고객센터로 송부함으로써 위작된 사전자기록을 행사하였다.

해 설

(1) 형법 제232조의2는 "사무처리를 그르치게 할 목적으로 권리·의무 또는 사실증명에 관한 타인의 전자기록 등 특수매체기록을 위작 또는 변작한 자는 5년 이하의 징역 또는 1천만 원 이하의 벌금에 처한다."라고 규정하고 있다.

(2) 그런데 여기에서 말하는 '타인'이라 함은 시스템의 설치·운영 주체를 의미하는데, 이 사건 공소사실에 의하더라도, 피고인은 네이버 등 인터넷 포털사이트에서 이미지 파일을 자신의 컴퓨터의 저장장치로 내려 받은 다음 포토샵 프로그램을 이용하여 이를 위작하였다는 것이므

로, 다운로드의 적법 여부는 별론으로 하되, 일단 피고인의 컴퓨터에 저장된 이상 피고인이 위작한 대상을 타인의 것이라고 하기는 어렵다. 이에 대하여 검사는 위와 같은 다운로드를 형법 제237조의2가 규정하는 복사와 같은 것이라고 주장하나, 위 조항은 "이 장의 죄에 있어서 전자복사기, 모사전송기 기타 이와 유사한 기구를 사용하여 복사한 문서 또는 도화의 사본도 문서 또는 도화로 본다."라고 명시하고 있고, 문서나 도화가 아닌 전자기록 등 특수매체기록은 달리 규정하고 있지 아니하므로, 검사의 위 주장은 피고인에게 불리한 유추해석이기에 받아들일 수 없다.

(3) 나아가 형법 제232조의2에서 말하는 '위작'이라 함은 권한 없이 또는 권한의 범위를 일탈하여 전자기록을 작성·변경하는 것을 의미하는데, 다운로드의 적법 여부는 별론으로 하되, 피고인이 일단 다운로드를 통해 자신의 컴퓨터에 저장된 이미지 파일을 변경하였다 하더라도, 이를 위작이라 하기는 어렵다.

(4) 가사 그렇지 않더라도, 형법 제232조의2에서 말하는 '전자기록 등 특수매체기록'이라 함은 그 자체로서 객관적·고정적 의미를 가지면서 독립적으로 쓰이는 것이 아니라, 개인 또는 법인이 전자적 방식에 의한 정보의 생성·처리·저장·출력을 목적으로 구축하여 설치·운영하는 시스템에서 쓰임으로써 예정된 증명적 기능을 수행하는 것을 의미한다(대법원 2005. 6. 9. 선고 2004도6132 판결, 대법원 2008. 4. 24. 선고 2008도294 판결 등 참조). 즉, 이는 정보처리에 이용되는 전자자료를 말한다. 그런데 피고인이 위작하였다는 이미지 파일은 정보처리시스템에서 쓰임으로써 예정된 증명적 기능을 수행하는 것이라 보기는 어렵다. 다시 말하여 피고인이 위와 같은 이미지 파일을 주식회사 넥슨에 보내어 위 회사의 운영자가 이것을 보고 피고인에게 임시 비밀번호를 부여하는지 여부를 결정하는 것일 뿐, 위 이미지 파일 자체가 주식회사 넥슨의 컴퓨터 시스템에 쓰여 어떠한 예정된 증명적 기능을 수행하는 것은 아니므로, 결국 위와 같은 이미지 파

일이 형법 제232조의2에서 말하는 '전자기록 등 특수매체기록'에 해당한다고 보기도 어렵다.

따라서 예비적 공소사실에 관한 검사의 주장도 이유 없다 {다만, 원심 판시 범죄일람표 4에는 범행방법이 모두 "넥슨" 고객센터로 이미지 파일을 보낸 것으로 기재되어 있으나, 원심이 허가한 공소장변경에 관한 신청서에는 각 그 범행방법이 순번 3의 범행은 "엠파스" 고객센터로, 순번 4의 범행은 "네이버" 고객센터로, 순번 5의 범행은 "프리챌" 고객센터로, 순번 6의 범행은 "네이트" 고객센터로, 순번 7의 범행은 "프리챌" 고객센터로 각 이미지 파일을 보낸 것으로 기재되어 있으므로(공판기록 61면 이하), 결국 위 범죄일람표 4의 각 해당 부분 기재는 착오로 인한 것으로 보인다}.

판례 7

타인명의 예금계좌 비밀번호 부정입력 행위에 대하여 사전자
기록 위작변작죄 불인정

형법 제232조의2에서 말하는 '전자기록 등 특수매체기록'이라
함은 그 자체로서 객관적·고정적 의미를 가지면서 독립적으로
쓰이는 것이 아니라, 개인 또는 법인이 전자적 방식에 의한 정
보의 생성·처리·저장·출력을 목적으로 구축하여 설치·운영하는
시스템에서 쓰임으로써 예정된 증명적 기능을 수행하는 것을
의미한다.(대법원 2008.6.12. 선고 2008도938 판결 참조)

【참조조문】

형법 제232조의2

제232조의2(사전자기록위작 · 변작)
사무처리를 그르치게 할 목적으로 권리 · 의무 또는 사실증명에
관한 타인의 전자기록등 특수매체기록을 위작 또는 변작한 자
는 5년 이하의 징역 또는 1천만원 이하의 벌금에 처한다.

【참조판례】

대법원 2005. 6. 9. 선고 2004도6132 판결(공2005하, 1191)
대법원 2008. 4. 24. 선고 2008도294 판결

사건사례 •

피고인은 부산 서구 동대신동 소재 동대신1동 새마을금고의 부장으로서 위 금고의 예금 및 입·출금 업무를 총괄하는 자인바, 2006. 8. 3. 위 금고 사무실에서 같은 달 2. 위 금고 상조복지회로부터 위 금고의 전 이사장인 공소외인에게 지급된 상조금 2,323,400원이 위 금고의 공소외인 명의 예금 계좌로 입금되자 위 금고가 공소외인에 대해 가지고 있던 대출금 및 손해 배상 채권의 실현을 담보하기 위해 그 정을 모르는 위 금고 여직원으로 하 여금 그곳에 설치된 컴퓨터를 이용하여 위 예금 관련 컴퓨터 프로그램에 접속하여 공소외인 명의의 예금계좌 출금 화면에 위 계좌 비밀번호를 임의 로 입력한 후 위 2,323,400원을 위 예금계좌로부터 위 금고의 가수금계정 으로 계좌이체 하는 내용을 입력하게 하여 사무처리를 그르치게 할 목적으 로 권한 없이 공소외인 명의의 위 금고 예금계좌 전자기록을 변작하고, 위 와 같이 변작된 위 예금계좌 전자기록을 비치하게 하여 이를 행사하였다.

해 설 •

형법 제232조의2는 "사무처리를 그르치게 할 목적으로 권리·의무 또는 사실증명에 관한 타인의 전자기록 등 특수매체기록을 위작 또는 변작한 자는 5년 이하의 징역 또는 1천만 원 이하의 벌금에 처한다"고 규정하고 있는데, 여기에서 전자기록은 그 자체로서 객관적·고정적 의미를 가지면서 독립적으로 쓰이는 것이 아니라 개인 또는 법인이 전자적 방식에 의한 정 보의 생성·처리·저장·출력을 목적으로 구축하여 설치·운영하는 시스템에서 쓰임으로써 예정된 증명적 기능을 수행하는 것이므로 "사무처리를 그르치 게 할 목적"이란 위작 또는 변작된 전자기록이 사용됨으로써 위와 같은 시스템을 설치·운영하는 주체의 사무처리를 잘못되게 하는 것을 말한다(대 법원 2005. 6. 9. 선고 2004도6132 판결, 대법원 2008. 4. 24. 선고 2008 도294 등 참조).

　그런데 원심이 인정한 사실관계와 기록에 의하면, 위 금고의 내부규정이
나 여신거래기본약관이 효율적인 채권관리를 위해 필요한 경우에는 채무
자의 예금을 그 채무자에 대한 채권과 상계하거나 상계에 앞서 일시적인
지급정지조치를 취할 수 있도록 규정하고 있음에 비추어, 채무자의 계좌에
입금된 돈을 그에 대한 채권확보를 위해 필요한 경우 채무자의 동의 없이
일시 위 금고의 가수금계좌로 이체할 수 있다 할 것이고, 피고인은 위 금
고의 예금 및 입·출금 업무를 총괄하는 지위에 있는 사람으로서 위 규정
에 의거 위 공소외인에 대한 기존의 채권확보를 위해 이사장의 결재를 받
는 등 내부적인 절차를 밟아 그의 예금계좌에 있는 돈을 위 금고의 가수
금계좌로 이체한 것임을 알 수 있으므로, 피고인의 행위는 위 금고의 업
무에 부합하는 것으로서 그 사무처리를 그르치게 할 목적이 있었다고 볼
수는 없고, 위 계좌이체 과정에 공소외인의 비밀번호를 사용한 잘못이 있
다 하여 달리 볼 것은 아니라 할 것이다. 따라서 이 부분 상고이유는 이
유 있어 나머지 상고이유로까지 나아가 살필 필요 없이 원심판결은 더 이
상 이를 유지할 수 없게 되었다.

판례 8

정당한 접근권한 없이 또는 허용된 접근권한을 넘어 정보통신
망에 침입한 사안

> 정보통신망 이용촉진 및 정보보호 등에 관한 법률 제48조
> 제1항 위반죄는, 정당한 접근권한 없이 또는 허용된 접근권한
> 을 넘어 정보통신망에 침입하면 성립한다.

사용이 정지되거나 사용할 수 없게 된 휴대전화를 '유심칩(USIM Chip) 읽기' 등을 통하여 다량의 문자메시지를 발송할 수 있는 상태로 조작하기 위한 목적으로 이동통신회사의 정보통신망에 접속한 사안에서, 피해자 회사의 위탁대리점 계약자가 피해자 회사의 전산망에 접속하여 '유심칩 읽기'를 할 수 있는 경우는 개통, 불통, 휴대폰개설자의 유심칩 변경 등 세 가지 경우로 한정되어 있으므로, 피고인의 행위는 허용된 접근권한을 초과하여 피해자 회사의 정보통신망에 침입한 것으로서 정보통신망 이용촉진 및 정보보호 등에 관한 법률 제48조 제1항 위반죄에 해당한다.

휴대전화 문자메시지를 발송하더라도 이용대금을 납부할 의사와 능력이 없는데도, 단독으로 또는 공범들과 함께 이용대금 미납 등의 사유로 사용이 정지되거나 유심칩(USIM Chip) 분실로 사용할 수 없게 된 휴대전화를 구입한 후 이른바 '대포폰'으로 유통시켜 사용하도록 하거나 유심칩 읽기를 통하여 해당 휴대전화의 문자발송제한(1일 500개)을 해제하고 광고성 문자를 대량 발송하는 방법으로 이동통신회사들로부터 이용대금 상당의 재산상 이득을 취득하였다는 내용으로 기소된 사안에서, 피고인이 이동통신 판매대리점의 컴퓨터를 이용하여 이동통신회사들의 전산망에 접속한 다음 전산상으로 사용정지 된 휴대전화를 사용할 수 있도록 하거나 유심칩 읽기를 통해 문자메시지 발송한도를 해제한 것은 전산상 자동으로 처

리된 것일 뿐 사기죄 구성요건인 '사람을 기망하여 재산상 이득을 취득한 경우'에 해당한다고 볼 수 없는데도, 이와 달리 보아 피고인에게 사기죄를 인정한 원심판단에 법리오해의 위법이 있다고 한 사례.

【참조조문】

정보통신망 이용촉진 및 정보보호 등에 관한 법률 제48조 제1항

> 제48조(정보통신망 침해행위 등의 금지)
> ① 누구든지 정당한 접근권한 없이 또는 허용된 접근권한을 넘어 정보통신망에 침입하여서는 아니 된다.

형법 제30조

> 제30조(공동정범)
> 2인 이상이 공동하여 죄를 범한 때에는 각자를 그 죄의 정범으로 처벌한다.

형법 제347조

> 제347조(사기)
> ① 사람을 기망하여 재물의 교부를 받거나 재산상의 이익을 취득한 자는 10년 이하의 징역 또는 2천만원 이하의 벌금에 처한다.
> 〈개정 1995.12.29〉
> ② 전항의 방법으로 제삼자로 하여금 재물의 교부를 받게 하거나 재산상의 이익을 취득하게 한 때에도 전항의 형과 같다.

【참조판례】

> 대법원 2005. 11. 25. 선고 2005도870 판결(공2006상, 71)
> 대법원 2010. 7. 22. 선고 2010도63 판결(공2010하, 1691)

해 설

정보통신망 이용촉진 및 정보보호 등에 관한 법률(이하 '정보통신망법' 이라 한다)제48조 제1항 위반죄는 정당한 접근권한 없이 또는 허용된 접 근권한을 넘어 정보통신망에 침입하면 성립한다(대법원 2010. 7. 22. 선고 2010도63 판결 등 참조).

원심은, 피해자 회사의 위탁대리점 계약자가 휴대전화 가입자들에 대한 서비스를 위하여 피해자 회사의 전산망에 접속하여 유심칩(USIM Chip) 읽기를 할 수 있는 경우는 개통, 불통, 휴대폰개설자의 유심칩 변경 등 세 가지 경우로 한정되는데, 피고인은 오직 요금수납 및 유심칩 읽기를 통하 여 휴대전화를 다량의 문자메시지 발송을 할 수 있는 상태로 조작하기 위 한 목적에서 피해자 회사의 정보통신망에 접속한 것이므로 이는 허용된 접근권한을 초과하여 피해자 회사의 정보통신망에 침입한 것으로서 정보 통신망법 제48조 제1항 위반죄에 해당한다고 판단하였다.

위 법리와 기록에 비추어 살펴보면, 원심의 판단은 정당하고, 거기에 상 고이유로 주장하는 바와 같은 정보통신망법 제48조 제1항에 관한 법리오 해 등의 위법이 없다. 사기죄는 사람을 기망하여 재물의 교부를 받거나 재산상의 이익을 취득하거나 제3자로 하여금 취득하게 하는 경우에 성립 한다(대법원 2003. 10. 10. 선고 2003도3516 판결, 대법원 2011. 4. 14. 선고 2011도769 판결 등 참조).

이 사건 사기의 점에 관한 공소사실의 요지는, 피고인이 휴대전화를 이 용하여 문자메시지를 발송하더라도 그 이용대금을 납부할 의사와 능력이 없음에도 불구하고, 단독으로 또는 공범들과 함께 이용대금 미납, 불법스 팸문자발송번호, 명의자의 사용정지신청 등의 사유로 사용이 정지되거나 유심칩이 분실되어 사용할 수 없게 된 휴대전화를 구입한 후 이동통신 판 매대리점에 있는 컴퓨터를 이용하여 그 사용대금을 ARS로 카드결제 하였 다가 곧바로 취소하는 절차(이 경우 요금결제 시부터 이동통신회사들이

제2장
정보
통신망
이용범죄

105

대금결제 취소 사실을 알고 재차 휴대폰 사용정지 조치를 취할 때까지 사이에 휴대전화 사용제한 조치가 일시 해제된다), 가입자해지 및 복구절차, 사용정지신청 해제절차, 유심칩 재등록절차 등을 통하여 해당 휴대전화를 사용할 수 있도록 한 다음, 그 휴대전화를 중고 휴대전화로 교체하여 이른바 대포폰으로 유통시켜 사용하도록 하거나 이동통신 판매대리점에 있는 유심칩 카드리더기가 연결된 컴퓨터를 이용하여 유심칩 읽기를 함으로써 해당 휴대전화의 문자발송제한(1일 500개)을 해제하고 광고성 문자를 대량 발송하는 방법으로 이동통신회사들로부터 그 이용대금 상당의 재산상 이득을 취득하였다는 것이다.

이에 대하여 원심은 휴대전화 사용제한 해제 프로그램이나 문자발송제한 해제 프로그램에는 이동통신회사 직원들의 의사가 화체되어 있으니 피고인의 위와 같은 단시간 내에 고의적 수납취소가 예정되어 있는 미납요금의 결제나 대량의 스팸문자메시지 발송을 위한 유심칩 읽기는 사기죄의 구성요건인 사람에 대한 기망행위에 해당한다고 보아 피고인에 대한 이 부분 공소사실을 유죄로 판단하였다.

그러나 원심이 인정한 사실과 기록에 의하면, 원심이 이 사건 공소사실 중 사기죄에서의 기망으로 본 행위 중 휴대전화 사용제한의 해제 과정에서의 이용대금 결제와 취소는 피고인 등이 이동통신 판매대리점의 컴퓨터를 이용하여 이동통신회사들의 전산망에 접속하여 휴대전화 번호와 신용카드 번호 등을 입력하면 전산상 자동적으로 처리되었고, 가입자해지 및 복구, 사용정지신청 해제, 유심칩 재등록도 피고인 등이 이동통신 판매대리점의 컴퓨터를 이용하여 이동통신회사인 주식회사 ☆☆의 전산망에 접속하여 휴대전화 명의자의 주민등록번호 등을 입력하면 전산상 자동적으로 처리되었으며, 문자발송제한 해제를 위한 유심칩 읽기 역시 유심칩 카드리더기가 연결된 이동통신 판매대리점의 컴퓨터를 통해 위 이동통신회사의 전산망에 접속한 다음 유심칩 소지 고객의 주민등록번호를 입력하여 그 전산망에 있는 해당 고객의 정보를 불러와 읽기 명령을 하면 전산상 자동적으로 처리되었다는 것일 뿐, 위와 같은 휴대전화의 사용정지를 해제하여 사용하게 된 일련의 과정에서 피고인이 이동통신회사들의 직원을 상대로 기망하는 언행을 한 것은 아님을 알 수 있다.

이를 앞서 본 법리에 비추어 살펴보면, 피고인이 컴퓨터를 이용하여 이동통신회사들의 전산망에 접속한 다음 전산상으로 사용정지 된 휴대전화를 사용할 수 있도록 하거나 유심칩 읽기를 통해 문자메시지 발송한도를 해제한 것을 두고 사기죄의 구성요건으로서의 사람을 기망하여 재산상 이득을 취득한 경우에 해당한다고 볼 수는 없다.

그럼에도 불구하고 원심은 이와 달리 피고인의 미납요금의 결제나 유심칩 읽기가 사람을 기망하여 재산상 이득을 취득한 경우에 해당한다고 보아 피고인에 대한 이 부분 공소사실을 유죄로 판단하였는바, 이러한 원심의 판단에는 사기죄에 관한 법리를 오해하여 판결에 영향을 미친 위법이 있다.

따라서 원심판결 중 각 사기죄에 관한 부분은 파기를 면할 수 없다. 피고인에 대한 나머지 죄는 위와 같이 파기되는 각 사기죄와 형법 제37조 전단의 경합범 관계에 있다는 이유로 원심에서 하나의 형이 선고되었으므로 역시 파기되어야 한다.

사건사례

피고인 3은 20○○. ○○. ○○. △△지방법원에서 전파법위반죄 등으로 징역 10월을 선고 받아 20○○. ○○. ○○. △△교도소에서 그 형의 집행을 종료하였다.

피고인 1, 2는 ○○시 ○○동 (이하 1 생략)에서 '□□□'라는 상호로 이동통신판매대리점을 운영하는 사람이다. 명불상 "공소외 1"은 휴대폰으로 광고성 문자발송을 업으로 하는 사람이고, 피고인 3, 4는 ○○시 ○○구 ○○동 (이하 2 생략), (이하 3 생략)에서 휴대폰으로 광고성 문자발송을 업으로 하는 사람이다.

1. 피고인 1, 2, 위 '공소외 1' 등의 공동범행

   피고인들은 위 '공소외 1'과 성명불상자들이 판매하는 휴대폰(일명 대포폰)을 매입한 후, 사실은 위 휴대폰으로 다량의 문자를 발송하

더라도 그 요금을 지급할 의사나 능력이 없을 뿐 아니라, 휴대폰 명의자 역시 그 요금을 지급할 능력이 되지 않음을 잘 알고 있음에도 불구하고 위와 같이 구입한 휴대폰으로 다량의 광고성 문자정보를 발송 하고 그 요금을 납부하지 않는 방법으로 문자이용요금 상당의 재산상 이익을 취득하기로 순차 공모하였다.

가. 피해자인 주식회사 ☆☆에서는 휴대폰 이용자가 1일 500개 이상의 문자를 발송할 경우 광고성문자로 간주하여 자동적으로 해당 휴대폰에 대하여 문자발송제한조치(최장 1개월)를 하고 있다. 피고인들은 위 '공소외 1' 등과 위와 같이 피해자가 해당 휴대폰의 문자발송기능을 제한하더라도 대리점에서 유심칩 리더기로 그 휴대폰의 유심칩을 읽어주면(유심칩 재등록) 피해자의 전산 상에는 위 제한조치가 남아있으나 교환기에서 위 제한조치가 해제되어 위 휴대폰으로 광고성 문자를 무제한 발송할 수 있게 된다는 점을 이용하여 대량으로 광고성 문자메시지를 발송하고 그 요금을 지급하지 않기로 공모하였다.

위 '공소외 1'은 20○○. ○○. ○○. 고액요금 미납으로 인하여 피해자에 의해 이용정지 된 공소외 2 명의의 휴대폰(전화번호 1 생략)에 장착된 유심칩과 위 공소외 2의 주민번호를 피고인 1에게 넘겨주고, 피고인 1은 20○○. ○○. ○○.경 장소를 알 수 없는 곳에서 △△카드 ARS로 미납요금을 납입하여 이용정지조치를 해제한 뒤, 다음 날인 ○○. 위 '□□□' 대리점에서, 컴퓨터에 직원인 공소외 3의 아이디와 비밀번호를 입력하고 피해자의 정보통신망(엔스텝)에 접속하여 위 공소외 2의 주민번호를 입력한 후 정보통신망(엔스텝)에 저장되어 있는 고객정보를 불러낸 다음 컴퓨터에 연결된 유심칩 리더기에 위 휴대폰의 유심칩을 장착하고 유심칩 읽기를 하는 방법으로 휴대폰 요금 수납 및 시스템 등의 업무를 담당하는 주식회사 ☆☆의 성명을 알 수 없는 직원을 기망하여 500건을 초과하여 문자메시지를 발송할 수 없도록 한 조치를 해제하고, 피고인 2는 피고인 1의 지시에 따라 고속버스 택배발송 등의 방법으로 위 '공소외 1'에게 해당 유심칩을 반환해 주었다.

위 '공소외 1'은 위 휴대폰을 이용하여 20○○. ○○. ○○.부터 같은 달 ○○.까지 불상의 장소에서, 광고성 문자 93,639개를 발송하고 그 이용요금 1,872,770원 상당을 내지 않아 동액 상당의 재산상 이익을 취득하였다.

피고인들은 위 '공소외 1'등과 공모하여 20○○. ○○. ○○.경부터 20○○. ○○. ○○.경까지 위와 같은 방법으로 별지 범죄일람표 1 기재와 같이 121회에 걸쳐 허용된 접근권한을 초과하여 주식회사 ○○의 정보통신망에 침입하고 광고성 문자 합계 16,210,259개 상당을 발송하여 그 이용요금 합계 324,205,170원 상당의 재산상 이익을 취하였다.

나. 피해자인 주식회사 ☆☆에서는 한국정보보호진흥원 산하 불법 스팸 대응센터에 불법스팸문자발송번호로 신고 되어 위 대응센터로부터 이용제한조치요청을 받은 휴대폰들에 대하여 이용정지조치를 하고 있다. 피고인들은 위 '공소외 1'등과 피해자가 위와 같이 이용정지조치를 하더라도, 그때까지의 미납요금을 결제하면서 피해자의 정보통신망 엔스텝에 접속하여 해당 휴대폰에 대해서 가입자해지 및 가입자 복구절차를 취하면 이용정지조치가 정보통신망에서 해제되어 문자발송이 가능하고 그 즉시 미납요금결제를 취소하더라도 피해자가 요금결제 취소사실을 알고 재차 휴대폰이용정지조치를 취할 때 까지 며칠간의 시간적 간격이 있다는 점을 이용하여 광고성 문자메시지를 발송하고 그 요금을 지급하지 않기로 공모하였다.

위 '공소외 1'은 20○○. ○○. ○○.경 불법스팸문자전송신고로 인해 이용정지가 된 공소외 4 명의의 휴대폰(전화번호 2 생략)의 유심칩과 위 공소외 4의 주민등록번호를 피고인 1에게 건네주고, 피고인 1은 20○○. ○○. ○○. '□□□' 대리점에서 피고인 2에게 공소외 5 명의의 △△카드번호(카드번호 생략)와 비밀번호를 알려주고 ARS로 위 휴대폰의 미납요금을 결제하게 한 후 컴퓨터에 피고인 2의 아이디와 비밀번호를 입력하고 피해자의 정보통신망 엔스텝에 접속하여 위 공소외 4의 주민등록번호를 입력하고 위 휴대폰 가입해지 및 해지 복구 작업을 하고 연이어 위 가항과 같은 방법으로 유심칩 읽기를 하는 방법으로 휴대폰 요금 수납 및 시스템 등의 업무를 담당하는 주식회사 ☆☆의 성명을 알 수 없는 직원을 기망하여 500건을 초과하여 문자메시지를 발송할 수 없도록 한 조치를 해제하고, 피고인 2는 피고인 1의 지시에 따라 ARS로 위 미납요금결제를 취소하고 고속버스 택배발송 등의 방법으로 위 '공소외 1'에게 해당 유심칩을 반환해주었다.

위 "공소외 1"은 위 휴대폰을 이용하여 20○○. ○○. ○○.부터 20○○. ○○. ○○.경까지 불상의 장소에서, 광고성 문자 238,399개를 발송하고 그 이용요금 4,767,980원 상당을 내지 않아 동액 상당의 재산상 이익을 취득하였다.

피고인들은 위 '공소외 1'등과 공모하여 20○○. ○○. ○○.경부터 20○○. ○○. ○○.까지 위와 같은 방법으로 별지 범죄일람표 2 기재와 같이 46회에 걸쳐 허용된 접근권한을 초과하여 주식회사 ☆☆의 정보통신망에 침입하고 광고성 문자 합계 3,906,172개 상당을 발송하여 그 이용요금 합계 78,123,440원 상당의 재산상 이익을 취하였다.

다. 피고인들은 위 '공소외 1'등과 요금미납 또는 명의자의 사용정지신청으로 인하여 '사용정지'된 휴대폰에 대하여 신용카드로 미납요금을 결제하면서 피해자의 정보통신망 엔스텝에 접속하여 해당 휴대폰에 대해서 정지복구절차를 하면 문자전송이 가능하고 그 즉시 미납요금결제를 취소하더라도 피해자가 요금결제 취소사실을 알고 재차 휴대폰이용정지조치를 취할 때까지 며칠간의 시간적 간격이 있다는 점을 이용하여 대량으로 광고성 문자메시지를 발송하고 그 요금을 지급하지 않기로 공모하였다.

위 '공소외 1'은 20○○. ○○. ○○.경 이용정지 된 공소외 6 명의의 휴대폰(전화번호 3 생략)의 유심칩과 위 공소외 6의 주민등록번호를 피고인 1에게 건네주고, 피고인 1은 '□□□' 대리점에서 피고인 2에

게 위 공소외 5 명의의 △△카드번호와 비밀번호를 알려주어 ARS로 위 휴대폰의 미납요금을 결제하게 한 후 컴퓨터에 피고인 2의 아이디와 비밀번호를 입력하고 피해자의 정보통신망 엔스텝에 접속하여 위 공소외 6의 주민등록번호를 입력하여 그의 정보를 불러온 뒤 위 휴대폰 정지복구작업을 하고 연이어 위 가항과 같이 유심칩 읽기를 하는 방법으로 휴대폰 요금 수납 및 시스템 등의 업무를 담당하는 주식회사 ☆☆의 성명을 알 수 없는 직원을 기망하여 500건을 초과하여 문자메시지를 발송할 수 없도록 한 조치를 해제하고, 피고인 2는 피고인 1의 지시에 따라 ARS로 위 미납요금결제를 취소하고 고속버스 택배발송 등의 방법으로 위 '공소외 1'에게 해당 유심칩을 반환해 주었다.

위 '공소외 1'은 위 휴대폰을 이용하여 20○○. ○○. ○○.부터 20○○. ○○. ○○.까지 불상의 장소에서, 광고성 문자 122,571개를 발송하고 그 이용요금 2,451,420원 상당을 내지 않아 동액 상당의 재산상 이익을 취득하였다.

피고인들은 위 '공소외 1'등과 공모하여 20○○. ○○. ○○.경부터 20○○. ○○. ○○.까지 위와 같은 방법으로 별지 범죄일람표 3 기재와 같이 18회에 걸쳐 허용된 접근권한을 초과하여 주식회사 ☆☆의 정보통신망에 침입하고 광고성 문자 합계 888,133개 상당을 발송하여 그 이용요금 합계 17,762,660원 상당의 재산상 이익을 취하였다.

라. 피고인들은 위 '공소외 1'등과 유심칩이 분실된 휴대폰에 대하여 유심칩을 교체 후 연이어 위 가.항과 같은 방법으로 유심칩 읽기를 통하여 무제한 문자 발송을 하기로 공모하였다.

20○○. ○○. ○○. '공소외 1'은 유심칩이 분실된 공소외 7 명의의 휴대폰(휴대번호 4 생략)의 전화번호 및 주민등록번호를 건네주고, 피고인 1은 20○○. ○○. ○○. 위 '□□□' 대리점에서 컴퓨터에 피고인 2의 아이디와 비밀번호를 입력하여 피해자의 정보통신망에 접속하여 위 공소외 7의 주민등록번호를 입력한 후 위 컴퓨터에 연결

된 유심칩 리더기에 새로운 유심칩을 장착하여 재등록하며, 피고인 2는 피고인 1의 지시에 따라 고속버스 택배 등의 방법으로 위 유심칩을 위 '공소외 1'에게 건네주고 위 '공소외 1'은 위 휴대폰을 이용하여 광고성문자를 대량으로 발송하고 피해자에 의해 문자발송제한 조치가 이루어지면 위 가항과 같은 방법으로 유심칩 읽기를 하는 방법으로 휴대폰 요금 수납 및 시스템 등의 업무를 담당하는 주식회사 ☆☆의 성명을 알 수 없는 직원을 기망하여 500건을 초과하여 문자 메시지를 발송할 수 없도록 한 조치를 해제하고 그 때부터 그때부터 20○○. ○○. ○○.까지 불상의 장소에서, 광고성 문자 75,312개 상당을 발송하고 그 이용요금 1,506,240원 상당을 내지 않아 동액 상당의 재산상 이익을 취득하였다.

피고인들은 위 '공소외 1'등과 공모하여 20○○. ○○. ○○.경부터 20○○. ○○. ○○.까지 위와 같은 방법으로 별지 범죄일람표 4 기재와 같이 41회에 걸쳐 허용된 접근권한을 초과하여 주식회사 ☆☆의 정보통신망에 침입하고 광고성 문자 합계 2,190,788개 상당을 발송하여 그 이용요금 합계 43,815,760원 상당의 재산상 이익을 취하였다.

2. 피고인 1, 2, 3, 4 등의 공동범행

피고인들은 성명불상자들이 판매하는 휴대폰(일명 대포폰)을 매입한 후, 사실은 위 휴대폰으로 다량의 문자를 발송하더라도 그 요금을 지급할 의사나 능력이 없을 뿐 아니라, 휴대폰 명의자 역시 그 요금을 지급할 능력이 되지 않음을 잘 알고 있음에도 불구하고 위와 같이 구입한 휴대폰으로 다량의 문자 발송을 하고 요금 납부를 하지 않는 방법으로 문자 이용요금 상당의 재산상 이익을 취득하기로 순차 공모하였다.

가. 피고인 3은 20○○. ○○. 중순경 문자대량발송으로 인하여 피해자에 의해 문자발송이 제한된 공소외 8 명의의 휴대폰(전화번호 5 생략)에 장착된 유심칩과 위 공소외 8의 주민등록번호를 피고인 1에게 넘겨주고, 피고인 1은 20○○. ○○. ○○.경 위 '□□□' 대리점에서 ARS로 위 휴대폰

의 미납요금을 납입하여 이용정지조치를 해제한 뒤, 제1의 가항과 같은 방법으로 피해자의 정보통신망(엔스텝)에 접속하여 유심칩 읽기를 하는 방법으로 휴대폰 요금 수납 및 시스템 등의 업무를 담당하는 주식회사 ☆☆의 성명을 알 수 없는 직원을 기망하여 500건을 초과하여 문자메시지를 발송할 수 없도록 한 조치를 해제하고, 피고인 2는 피고인 1의 지시에 따라 고속버스 택배발송 등의 방법으로 배송하고 피고인 4는 피고인 3의 지시에 따라 배송된 유심칩을 가져와 피고인 3에게 건네주었다.

피고인 3은 위 휴대폰을 이용하여 그 무렵부터 20○○. ○○. ○○.경까지 ○○시 ○○구 ○○동 (이하 2 생략)에 있는 □□오피스텔 ○○○호에서, 그곳에 설치된 컴퓨터에 휴대폰을 인식할 수 있는 모뎀장치 및 USB 드라이버를 설치하고 위 휴대폰을 연결한 후 문자발송프로그램인 Big SMS를 실행하여 '(정품)비아/(수입)씨알/약국납품용/특별할인가 후불제'등의 광고성 문자 272,294개를 발송하고 그 이용요금 5,445,880원 상당을 내지 않아 동액 상당의 재산상 이익을 취득하였다.

이로써, 피고인들은 공모하여 20○○. ○○. ○○.경부터 20○○. ○○. ○○.경까지 위와 같은 방법으로 별지 범죄일람표 5 기재와 같이 17회에 걸쳐 허용된 접근권한을 초과하여 주식회사 ☆☆의 정보통신망에 침입하고 광고성 문자 합계 1,056,330개 상당을 발송하여 그 이용요금 합계 21,126,600원 상당의 재산상 이익을 취하였다.

나. 피고인 3은 20○○. ○○. 중순경 불법스팸문자전송신고로 인해 이용정지가 된 공소외 2 명의의 휴대폰(전화번호 6 생략)의 유심칩과 위 공소외 2의 주민등록번호를 피고인 1에게 고속버스 택배로 보내고, 피고인 1은 20○○. ○○. ○○.경 위 '□□□'대리점에서 피고인 2에게 위 공소외 5 명의의 △△카드번호와 비밀번호를 알려주고 ARS로 위 휴대폰의 미납요금을 결제하게 한 후 피해자의 정보통신망 엔스텝 접속하여 제1의 나항과 같은 방법으로 위 휴대폰 가입해지 및 해지복구작업을 하고 연이어 제1의 가항과 같은 방법으로 유심칩 읽기를 하는 방법으로 휴대폰

요금 수납 및 시스템 등의 업무를 담당하는 주식회사 ☆☆의 성명을 알 수 없는 직원을 기망하여 500건을 초과하여 문자메시지를 발송할 수 없도록 한 조치를 해제하고, 피고인 2는 피고인 1의 지시에 따라 ARS로 위 미납요금결제를 취소하고 고속버스 택배발송 등의 방법으로 배송하고 피고인 4는 피고인 3의 지시에 따라 배송된 유심칩을 가져와 피고인 3에게 건네주었다.

피고인 3은 위 휴대폰을 이용하여 문자발송을 하고 1일 문자발송제한 500개를 초과하여 피해자에 의해 문자발송제한조치가 이루어지면 제1의 가항과 같은 방법으로 유심칩 읽기를 하는 방법으로 그 무렵부터 20○○. ○○. ○○.경까지 위 (이하 2 생략)에서, 광고성 문자 107,331개를 발송하고 그 이용요금 2,146,620원 상당을 내지 않아 동액 상당의 재산상 이익을 취득하였다.

피고인들은 공모하여 20○○. ○○. ○○.경부터 20○○. ○○. ○○.까지 위와 같은 방법으로 별지 범죄일람표 6 기재와 같이 17회에 걸쳐 허용된 접근권한을 초과하여 주식회사 ☆☆의 정보통신망에 침입하고 광고성 문자 합계 2,141,150개 상당을 발송하여 그 이용요금 합계 42,822,990원 상당의 재산상 이익을 취하였다.

다. 피고인들은 유심칩이 분실된 휴대폰에 대하여 제1의 라항과 같은 방법으로 유심칩 교체 및 유심칩 읽기를 통하여 광고성 문자를 대량으로 발송하기로 공모하였다.

피고인 3은 20○○. ○○. 초순경 유심칩이 분실된 공소외 9 명의의 휴대폰(전화번호 7 생략)의 전화번호 및 위 공소외 9의 주민등록번호를 피고인 1에게 건네주고, 피고인 1은 20○○. ○○. ○○.경 ○○시 ○○동 (이하 4 생략)에 있는 ◇◇◇◇◇◇◇텔레콤에서, 자신의 예전 종업원이던 공소외 10으로 하여금 제1의 라항과 같은 방법으로 피해자의 정보통신망에 접속하여 새로운 유심칩을 재등록하게 한 후 그 유심칩을 건네받으며, 피고인 2는 피고인 1의 지시에 따라 고속버스 택배 등의 방법으로 위 유심칩을 피고인 3에게 발송하고 피고인 4는 피고인 3에 지시에 따라 배송된 유심칩을 가져와 피고인 3에게 건네주었다.

피고인 3은 위 유심칩을 장착한 휴대폰을 이용하여 광고성 문자를 발송하다가 피해자에 의해 문자발송제한조치가 이루어지면 제1의 가항과 같은 방법으로 유심칩 읽기를 하는 방법으로 휴대폰 요금 수납 및 시스템 등의 업무를 담당하는 주식회사 ☆☆의 성명을 알 수 없는 직원을 기망하여 500건을 초과하여 문자메시지를 발송할 수 없도록 한 조치를 해제하고 그 무렵부터 20○○. ○○. ○○.경까지 위 (이하 2 생략)에서, 광고성 스팸 문자 96,673개를 발송하고 그 이용 요금 1,993,460원 상당을 내지 않아 동액 상당의 재산상 이익을 취득하였다.

피고인들은 공모하여 20○○. ○○. ○○.경부터 20○○. ○○. ○○.까지 위와 같은 방법으로 별지 범죄일람표 7(공소장 상 '6'은 오기임이 분명하다) 기재와 같이 4회에 걸쳐 허용된 접근권한을 초과하여 주식회사 ☆☆의 정보통신망에 침입하고 광고성 문자 합계 294,694개 상당을 발송하여 그 이용요금 합계 5,893,880원 상당의 재산상 이익을 취하였다.

판례 9

영리 목적으로 '숫자 등을 조합'하여 '전화번호 등을 자동
생성'하는 행위

핸드폰 가입자 유치 영업을 위하여 컴퓨터에 설치되어 있는
엑셀 프로그램으로 다량의 전화번호를 자동 생성한 다음, 수회
에 걸쳐 휴대폰 광고용 문자메세지를 전송한 행위가 구 정보
통신망 이용촉진 및 정보보호 등에 관한 법률(2007. 12. 21.
법률 제8778호로 개정되기 전의 것) 제50조 제6항 제2호 위
반죄에 해당한다고 한 사례.

　　구 정보통신망 이용촉진 및 정보보호 등에 관한 법률(2007. 12. 21. 법
률 제8778호로 개정되기 전의 것) 제65조 제1항 제4호, 제50조 제6항 제
2호의 규정은 영리를 목적으로 광고를 전송하는 자가 숫자·부호 또는 문
자를 조합하여 전화번호 등 수신자의 연락처를 자동으로 생성하는 조치를
한 경우를 처벌대상으로 삼고 있다. 이는 급증하는 스팸형 메일이나 문자
메시지 등을 통한 무차별적인 광고성 정보의 전송으로 인한 수신자의 사
생활 및 통신의 자유와 자기정보 관리통제권 등 침해 현상에 효과적으로
대처하기 위해 수신자의 의사에 반하는 대량의 광고성 정보 전송행위를
규제하기 위한 조치의 일환으로 신설되었다. 위 규정에서 말하는 '숫자 등
의 조합'이나 '전화번호 등의 자동생성' 등의 행위는, 반드시 그것만을 목
적으로 만들어진 전문 프로그램이 아닌, 일반 전산 혹은 정보용 프로그램
의 관련 기능을 이용하여 이루어진 경우라고 하여 그 규제대상에서 제외
되지 않는다. 나아가 위 규정의 입법 취지에 스팸메일 등의 규제를 통한
건전하고 안전한 정보통신환경의 조성도 들어 있는 이상, 위와 같은 방법
으로 생성한 다량의 전화번호 중 실제 사용되지 않는 결번이 일부 포함되
어 있다 하더라도 마찬가지이다.

【참조조문】

정보통신망 이용촉진 및 정보보호 등에 관한 법률 제74조 제1항 제4호

> 제74조(벌칙)
> ① 다음 각 호의 어느 하나에 해당하는 자는 1년 이하의 징역 또는 1천만원 이하의 벌금에 처한다. 〈개정 2012.2.17., 2014.5.28.〉
> 4. 제50조제5항을 위반하여 조치를 한 자

해 설

　영리를 목적으로 광고를 전송하는 자가 숫자·부호 또는 문자를 조합하여 전화번호 등 수신자의 연락처를 자동으로 생성하는 조치를 한 경우를 처벌대상으로 삼고 있는 '정보통신망 이용촉진 및 정보보호 등에 관한 법률' 제44조의7 제1항 제4호, 제50조 제5항 제2호의 규정은, 급증하는 스팸형 메일이나 문자메시지 등을 통한 무차별적인 광고성 정보의 전송으로 인한 수신자의 사생활 및 통신의 자유와 자기정보 관리통제권 등 침해 현상에 효과적으로 대처하기 위해 수신자의 의사에 반하는 대량의 광고성 정보 전송행위를 규제하기 위한 조치의 일환으로 2002. 12. 18.자 위 법률의 일부 개정시에 신설된 것이므로, 위 규정에서 말하는 '숫자 등의 조합'이나 '전화번호 등의 자동생성' 등의 행위는 반드시 그것만을 목적으로 만들어진 전문 프로그램이 아닌 일반 전산 혹은 정보용 프로그램의 관련 기능을 이용하여 이루어진 경우라 하여 그 규제대상에서 제외된다고 볼 것은 아니고, 나아가 위 규정의 입법 취지에 스팸메일 등의 규제를 통한 건전하고 안전한 정보통신환경의 조성도 들어 있는 이상(위 법률 제1조 참조), 위와 같은 방법으로 생성한 다량의 전화번호 중 실제 사용되지 않는 결번이 일부 포함되어 있다 하여 달리 볼 것도 아니라 할 것이다.

　원심은 피고인이 핸드폰 가입자 유치에 따른 수수료 수입을 위한 영리적 목적으로, 그 판시와 같이 사무실 내 컴퓨터에 설치되어 있는 엑셀프

로그램의 자동입력 등 기능을 이용하여 다량의 휴대폰 전화번호를 자동으로 생성한 다음 문자발송프로그램을 이용하여 약 142,750회에 걸쳐 위 핸드폰 광고용 문자메시지를 위 자동 생성한 휴대폰 전화번호로 전송함으로써 위 법률 제44조의7 제1항 제4호, 제50조 제5항 제2호를 위반하였다고 하는 이 사건 공소사실에 대하여, 피고인의 행위는 위 규정에서 말하는 '숫자 등을 조합하여 전화번호 등 수신자의 연락처를 자동으로 생성하는 조치'에 해당한다는 이유로, 피고인에게 유죄를 선고한 제1심판결을 그대로 유지하고 피고인의 항소를 기각하였다.

앞서 본 법리와 관련 법령의 해석 및 기록에 의하면, 위와 같은 원심의 판단은 정당하다 할 것이다.

판례 10

> 영상물과 광고내용에 차이가 있을 경우 사기의 기망행위에 해당하는지 여부

> 인터넷 사이트의 초기화면에 성인 동영상물에 대한 광고용 선전문구 및 영상을 게재하고 이를 통해 접속한 사람들을 유료 회원으로 가입시킨 사안에서, 위 광고내용이 구 정보통신망 이용촉진 및 정보보호 등에 관한 법률상 음란표현물에 해당하지 않고, 또한 실제 제공하는 영상물과 광고내용에 다소 차이가 있더라도 사기의 기망행위에 해당하지 않는다고 본 사례

【참조조문】

형법 제347조

> 제347조(사기)
> ① 사람을 기망하여 재물의 교부를 받거나 재산상의 이익을 취득한 자는 10년 이하의 징역 또는 2천만원 이하의 벌금에 처한다.
> ② 전항의 방법으로 제삼자로 하여금 재물의 교부를 받게 하거나 재산상의 이익을 취득하게 한 때에도 전항의 형과 같다.

정보통신망 이용촉진 및 정보보호 등에 관한 법률 제74조 제1항 제2호

> 제74조(벌칙)
> ① 다음 각 호의 어느 하나에 해당하는 자는 1년 이하의 징역 또는 1천만원 이하의 벌금에 처한다.
>   2. 제44조의7제1항제1호를 위반하여 음란한 부호·문언·음향·화상 또는 영상을 배포·판매·임대하거나 공공연하게 전시한 자

【참조판례】

> 대법원 2001.5.29. 선고 99다55601, 55618 판결(공2001하, 1449)

해 설

상품의 선전·광고에 있어서 거래의 중요한 사항에 관하여 구체적 사실을 신의성실의 의무에 비추어 비난받을 정도의 방법으로 허위로 고지한 경우에는 기망행위에 해당한다고 할 것이나, 그 선전·광고에 다소의 과장과 허위가 수반되는 것은 그것이 일반 상거래의 관행과 신의칙에 비추어 시인될 수 있는 한 기망성이 결여된다(대법원 2001. 5. 29. 선고 99다55601, 55618 판결 등 참조). 원심판결 이유를 위 법리와 기록에 비추어 살펴보면, 원심이 그 채택 증거를 종합하여 적법하게 인정한 바와 같이, 피고인이 이 사건 각 사이트의 초기화면에 게재한 성인 동영상물에 대한 광고용 선전문구 및 영상은 이 사건 각 사이트에서 유료회원에게 실제 제공하고 있는 영상물등급심의위원회 등급분류 심의를 거친 영상물의 선전문구나 영상에서 발췌한 그대로의 것으로서, 그 자체로도 상당한 정도로 저속하고 문란한 느낌을 주는 성적 표현물이기는 하지만, 남녀의 성기가 직접적·노골적으로 노출되지는 아니한 점에 있어서 그와 달리 남녀 성기 등이 노출된 영상을 초기화면에서부터 광고하는 성인사이트와는 분명한 차이가 있고, 이 사건 각 사이트의 경우 인터넷의 포털 사이트를 통한 두 차례의 성인인증절차를 거쳐 등록된 상호 및 사업자등록번호 등이 표기된 화면에 접속하여 회원으로 가입하도록 되어 있다고 하는 사실관계 하에서라면, 위 각 사이트의 초기화면에 게시된 광고내용을 보고 접속한 자들을 유료회원으로 가입시킨 피고인의 행위는, 가입 회원들에게 실제 제공하는 영상물의 선전·광고에 있어 일반 상거래의 관행상 용인될 수 있는 상술의 정도를 넘는 사기의 기망행위에 해당한다고 보기 어렵다 할 것이니, 같은 취지의 원심 판단은 정당한 것으로 수긍할 수 있다. 형사법이 도덕이나 윤리 문제에 함부로 관여하는 것은 바람직하지 않고, 특히 개인의 사생활 영역에 속하는 내밀한 성적 문제에 개입하는 것은 필요 최소한의 범위 내로 제한함으로써 개인의 성적 자기결정권 또는 행복추구권이 부당하게 제한되지 않도록 해야 한다는 점, 개인의 다양한 개성과 독창적인 가치 실현을 존중하는 오늘날 우리 사회에서의 음란물에 대한 규제 필요성은 사회의 성윤리나 성도덕의 보호라는 측면을 넘어서 미성년자 보호 또는 성인의 원하지 않는 음란물에 접하지 않을 자유의 측면을 더욱 중점적으로 고려하여야 한다는 점 등에 비추어 볼 때, 구 정보통신망 이용촉진 및 정보보호 등에 관한 법률(2007. 12. 21. 법률 제8778호로 개정되기 전의 것, 이하 '법'이라고 한다) 제65조 제1항 제2호에서 규정하고 있는 '음란'이라 함은 사회통념상 일반 보통인의 성욕을 자극하여 성적 흥분을 유발하고 정상적인 성적 수치심을 해하여 성적 도의관념에 반하는 것으로서, 표현물을 전체적으로 관찰·평가해 볼 때 단순히 저속하다거나 문란한 느낌을 준다는 정도를 넘어서서 존중·보호되어야 할 인격을 갖춘 존재인 사람의 존엄성과 가치를 심각하게 훼손·왜곡하고, 사회적으로 유해한 영향을 끼칠 위험성이 있다고 평가할 수 있을 정도로, 노골적인 방법에 의하여 성적 부위나 행위를 적나라하게 표현 또는 묘사한 것으로서, 사회통념에 비추어 전적으로 또는 지배적으로 성적 흥미에만 호소하고 하등의 문학적·예술적·사상적·과학적·의학적·교육적 가치를 지니지 아니하는 것을 뜻한다고 볼 것이고, 표현물의 음란 여부를 판단함에 있어서는 표현물 제작자의 주관적 의도가 아니라 그 사회의 평균인의 입장에서 그 시대의 건전한 사회통념에 따라 객관적이고 규범적으로 평가하여야 하며, 한편 비디오물의 내용의 전부 혹은 일부를 그대로 옮겨 제작한 화면 또는 동영상을 정보통신망을 통하여 제공하는 행위가 아동이나 청소년을 유해한 환경에 빠뜨릴 위험성이 상대적으로 크다 하더라도 이는 엄격한 성인인증절차를 마련하도록 요구·강제하는 등으로 대처해야 할 문제이지, 그러한 위험성만을 내세워 그 음란성 여부에 대하여 달리 판단할 수는 없다(대법원 2008. 3. 13. 선고

2006도3558 판결 등 참조).

원심은, 피고인이 운영한 이 사건 각 사이트의 초기화면 등에 게재한 공소사실 기재와 같은 내용의 문언과 영상이 위 법 제65조 제1항 제2호에서 규정하고 있는 '음란물'에 해당함을 전제로 하는 이 사건 음란물유포의 점에 대하여는 피고인이 이를 특별히 다투지 아니한다는 이유로 제1심의 유죄판단을 그대로 유지하고 있으나, 앞서 본 바와 같이 피고인이 이 사건 각 사이트의 초기화면에 게재한 성인 동영상물에 대한 광고용 선전문구 및 영상은 이 사건 각 사이트에서 유료회원에게 실제 제공하고 있는 영상물등급심의위원회 등급분류 심의를 거친 영상물의 선전문구나 영상에서 발췌한 그대로의 것으로서, 그 자체로도 상당한 정도의 성적 흥분 내지 수치심을 초래하는 것이기는 하지만, 남녀의 성기가 직접적·노골적으로 노출되지는 아니한 점에 있어서 그와 달리 남녀 성기 등이 노출된 영상을 초기화면에서부터 광고하는 성인사이트와는 분명한 차이가 있고, 이 사건 각 사이트의 경우 인터넷의 포털 사이트를 통한 두 차례의 성인인증절차를 거쳐 등록된 상호 및 사업자등록번호 등이 표기된 화면에 접속하여 회원으로 가입하도록 되어 있는 이상, 위에서 본 '음란물'의 개념에 관한 법리를 기초로 전체적으로 이를 관찰·평가해 보면, 위 광고내용이 상당히 저속하고 문란한 느낌을 주는 것은 분명하다 하더라도 이를 넘어서 형사법상 규제의 대상으로 삼을 만큼 사람의 존엄성과 가치를 심각하게 훼손·왜곡하고, 사회적으로 유해한 것으로까지 평가할 수 있을 정도로 성적 부위나 행위를 노골적이고 적나라하게 표현 또는 묘사한 것이라고 단정하기에는 부족한 것으로 보아야 할 것이다.

그럼에도 불구하고, 원심이 이 사건 광고내용이 위에서 본 음란성의 요건을 충족하는지를 살피지 아니한 채 공소사실에서 적시하고 있는 표현에만 초점을 맞추어 만연히 그 음란성을 인정한 제1심의 결론을 그대로 유지한 것은, 표현물의 음란성에 관한 법리를 오해하여 판결 결과에 영향을 미친 위법이 있다.

> 장기간에 걸쳐 불특정 다수로부터 회원가입비 명목의 금원을 편취할 목적으로 상당한 자금을 투자하여 성인사이트를 개설하고 직원까지 고용하여 사기행위를 영업으로 한 경우

상습사기에 있어서의 상습성은 반복하여 사기행위를 하는 습벽으로서 행위자의 속성을 말하고, 이러한 습벽의 유무를 판단함에 있어서는 사기의 전과가 중요한 판단자료가 되나 사기의 전과가 없다고 하더라도 범행의 횟수, 수단과 방법, 동기 등 제반 사정을 참작하여 사기의 습벽이 인정되는 경우에는 상습성을 인정하여야 하는 것이며, 특히 처음부터 장기간에 걸쳐 불특정 다수로부터 회원가입비 명목의 금원을 편취할 목적으로 상당한 자금을 투자하여 성인사이트를 개설하고 직원까지 고용하여 사기행위를 영업으로 한 경우에는 그 행위의 반복성이 영업이라는 면에서 행위 그 자체의 속성에서 나아가 행위자의 속성으로서 상습성을 내포하는 성질을 갖게 되고, 또한 이미 투자한 자금에 얽매여 그러한 사기행위를 쉽게 그만둘 수 없다는 자본적 또는 경제활동상의 의존성도 습벽의 내용이 될 수 있으므로 상습성을 인정할 수 있다.

【참조조문】

형법 제347조

> 제347조(사기)
> ① 사람을 기망하여 재물의 교부를 받거나 재산상의 이익을 취득한 자는 10년 이하의 징역 또는 2천만원 이하의 벌금에 처한다. <개정 1995.12.29>
> ② 전항의 방법으로 제삼자로 하여금 재물의 교부를 받게 하거나 재산상의 이익을 취득하게 한 때에도 전항의 형과 같다.

형법 제351조

제351조(상습범)
상습으로 제347조 내지 전조의 죄를 범한 자는 그 죄에 정한 형의 2분의 1까지 가중한다.

특정경제범죄 가중처벌 등에 관한 법률 제3조 제1항

제3조(특정재산범죄의 가중처벌)
① 「형법」 제347조(사기), 제350조(공갈), 제351조(제347조 및 제350조의 상습범만 해당한다), 제355조(횡령·배임) 또는 제356조(업무상의 횡령과 배임)의 죄를 범한 사람은 그 범죄행위로 인하여 취득하거나 제3자로 하여금 취득하게 한 재물 또는 재산상 이익의 가액(이하 이 조에서 "이득액"이라 한다)이 5억원 이상일 때에는 다음 각 호의 구분에 따라 가중처벌한다.
1. 이득액이 50억원 이상일 때: 무기 또는 5년 이상의 징역
2. 이득액이 5억원 이상 50억원 미만일 때: 3년 이상의 유기징역

【참조판례】

대법원 1986. 6. 10. 선고 86도778 판결(공1986, 904)
대법원 1995. 7. 11. 선고 95도955 판결(공1995하, 2846)
대법원 2001. 1. 19. 선고 2000도4870 판결
대법원 2005. 10. 28. 선고 2005도5774 판결

해 설

  기록에 의하면, 제1심판결에 대하여 피고인과 검사가 각각 양형부당만을 항소이유로 내세워 항소하였고, 원심은 그 중 검사의 항소를 받아들여 제1심판결을 파기하고 그보다 무거운 형을 선고하였음이 명백하므로, 이러한 경우 피고인으로서는 원심판결의 사실오인 또는 법리오해의 점을 상고이유로 삼을 수 없다.

  나아가 기록에 비추어 살펴보면, 피고인은 인터넷상에서 성인사이트를 운영하면서 사실은 영상물등급위원회의 심의를 받은 성인비디오물만을 제공할 뿐 무삭제 포르노 등 음란한 동영상을 보여 줄 의사나 능력이 없으면서도 음란한 글과 남녀의 노골적인 성행위 장면 등이 담긴 광고를 보여주면서 마치 회원으로 가입하면 광고내용과 같은 음란한 내용의 동영상을 보여줄 것처럼 기망하는 방법으로 불특정 다수인들로부터 회원가입비 명목의 돈을 편취하기로 마음먹고, 2004. 4.경부터 2005. 8.경까지 약 1년 4개월에 걸쳐 총 17개의 성인사이트를 순차로 개설한 후 위와 같은 허위광고를 반복함으로써 이에 속은 피해자들로부터 40,171회에 걸쳐 합계 982,794,000원의 회원가입비를 편취한 사실을 인정할 수 있는바, 상습사기에 있어서의 상습성이라 함은 반복하여 사기행위를 하는 습벽으로서 행위자의 속성을 말하고, 이러한 습벽의 유무를 판단함에 있어서는 사기의 전과가 중요한 판단자료가 되나 사기의 전과가 없다고 하더라도 범행의 횟수, 수단과 방법, 동기 등 제반 사정을 참작하여 사기의 습벽이 인정되는 경우에는 상습성을 인정하여야 하는 것이며(대법원 2001. 1. 19. 선고 2000도4870 판결 등 참조), 특히 이 사건과 같이 처음부터 장기간에 걸쳐 불특정 다수로부터 회원가입비 명목의 금원을 편취할 목적으로 상당한 자금을 투자하여 성인사이트를 개설하고 직원까지 고용하여 사기행위를 영업으로 한 경우에는 그 행위의 반복성이 영업이라는 면에서 행위 그 자체의 속성에서 나아가 행위자의 속성으로서 상습성을 내포하는 성질을 갖게 되고, 또한 이미 투자한 자금에 얽매여 그러한 사기행위를 쉽게 그만둘 수 없다는 자본적 또는 경제활동상의 의존성도 습벽의 내용이 될 수 있는 것이므로, 원심이 피고인에게 반복하여 사기행위를 하는 습벽이 있다고 판단한 것은 정당하고, 거기에 상고이유의 주장과 같이 상습성에 관한 법리를 오해한 위법이 없다.

그 밖의 상고이유를 살펴보아도, 원심이 피고인에 대하여 상습사기에 의한 특정경제범죄 가중처벌 등에 관한 법률 위반의 범죄사실을 유죄로 인정한 제1심판결을 그대로 유지한 조치는 기록에 비추어 정당한 것으로 수긍되고, 거기에 채증법칙 위반 또는 공소사실의 특정에 관한 법리오해 등의 위법이 없다.

국가정보원 사이버팀의 인터넷 댓글 게시 등 사건

국가정보원의 원장 피고인 甲, 3차장 피고인 乙, 심리전단장 피고인 丙이 심리전단 산하 사이버팀 직원들과 공모하여 인터넷 게시글과 댓글 작성, 찬반클릭, 트윗과 리트윗 행위 등의 사이버 활동을 함으로써 국가정보원 직원의 직위를 이용하여 정치활동에 관여함과 동시에 제18대 대통령선거와 관련하여 공무원의 지위를 이용한 선거운동을 하였다고 하여 구 국가정보원법 위반 및 구 공직선거법 위반으로 기소된 사안에서, 사이버팀 직원들이 한 사이버 활동 중 일부에 대하여 피고인들에게 구 국가정보원법 위반죄와 구 공직선거법 위반죄를 인정한 원심판단이 정당하다고 한 사례

해 설

[다수의견] 국가정보원의 원장 피고인 甲, 3차장 피고인 乙, 심리전단장 피고인 丙이 심리전단 산하 사이버팀 직원들과 공모하여 인터넷 게시글과 댓글 작성, 찬반클릭, 트윗과 리트윗 행위 등의 사이버 활동을 함으로써 국가정보원 직원의 직위를 이용하여 정치활동에 관여함과 동시에 제18대 대통령선거와 관련하여 공무원의 지위를 이용한 선거운동을 하였다고 하여 구 국가정보원법(2014. 1. 14. 법률 제12266호로 개정되기 전의 것, 이하 같다) 위반 및 구 공직선거법(2014. 2. 13. 법률 제12393호로 개정되기 전의 것, 이하 같다) 위반으로 기소된 사안에서, 국가정보원의 정보기관으로서의 조직, 역량과 상명하복에 의한 업무수행 체계, 사이버팀 직원들이 범행을 수행한 구체적인 방법과 모습, 피고인들이 각각 국가정보원의 원장과 3차장, 심리전단장으로서 사이버팀을 지휘·감독하던 지위와 역

할, 사이버 활동이 이루어질 당시 피고인들이 회의석상에서 직원들에게 한 발언 및 지시 내용 등 제반 사정을 종합하면, 사이버팀 직원들이 한 사이버 활동 중 일부는 구 국가정보원법상 국가정보원 직원의 직위를 이용한 정치활동 관여 행위 및 구 공직선거법상 공무원의 지위를 이용한 선거운동에 해당하며, 이러한 활동을 구 국가정보원법에 따른 직무범위 내의 정당한 행위로 볼 수 없고, 피고인들이 실행행위자인 사이버팀 직원들과 순차 공모하여 범행에 대한 기능적 행위지배를 함으로써 범행에 가담하였다는 등의 이유로, 피고인들에게 구 국가정보원법 위반죄와 구 공직선거법 위반죄를 인정한 원심판단이 정당하다고 한 사례.

[피고인 甲, 피고인 乙에 대한 구 공직선거법 위반의 점에 관한 대법관 김창석, 대법관 조희대의 반대의견] 위 사안에서, 국가정보원의 원장 피고인 甲과 3차장 피고인 乙의 경우, 심리전단장으로서 사이버팀 직원들의 업무에 직접 관여한 피고인 丙과는 달리 실행행위자인 사이버팀 직원들과 사이에 제18대 대통령선거와 관련하여 구체적으로 어떠한 내용의 업무지시 및 보고가 이루어졌는지 알 수 있는 객관적인 자료가 없고, 피고인 甲, 乙이 순차적·암묵적으로라도 사이버팀 직원들과 선거운동을 공모하였다는 점을 증명할 직접증거가 없으며, 다수의견이 제시한 여러 간접사실 내지 정황사실은 이를 인정하기 위한 증거로 부족하고, 합리적 의심을 불러일으키기에 충분한 다른 사정이 있다는 등의 이유로, 피고인 甲, 乙에게도 구 공직선거법 위반죄를 인정한 원심판단에 공모에 관한 분명한 증거 없이 유죄를 인정함으로써 증거재판주의 등을 위반한 위법이 있다고 한 사례.

컴퓨터등 사용사기

형법 제347조의2는 컴퓨터 등 정보처리장치에 허위의 정보 또는 부정한 명령을 입력하거나 권한 없이 정보를 입력·변경 하여 정보처리를 하게 함으로써 재산상의 이익을 취득하거나 제3자로 하여금 취득하게 하는 행위를 처벌하고 있다. 이는 재산변동에 관한 사무가 사람의 개입 없이 컴퓨터 등에 의하여 기계적·자동적으로 처리되는 경우가 증가함에 따라 이를 악용하여 불법적인 이익을 취하는 행위도 증가하였으나 이들 새로운 유형의 행위는 사람에 대한 기망행위나 상대방의 처분 행위 등을 수반하지 않아 기존 사기죄로는 처벌할 수 없다는 점 등을 고려하여 신설한 규정이다. 여기서 '정보처리'는 사기 죄에서 피해자의 처분행위에 상응하므로 입력된 허위의 정보 등에 의하여 계산이나 데이터의 처리가 이루어짐으로써 직접 적으로 재산처분의 결과를 초래하여야 하고, 행위자나 제3자 의 '재산상 이익 취득'은 사람의 처분행위가 개재됨이 없이 컴 퓨터 등에 의한 정보처리 과정에서 이루어져야 한다.

형법 제347조

제347조(사기)

①사람을 기망하여 재물의 교부를 받거나 재산상의 이익을 취득한 자는 10년 이하의 징역 또는 2천만원 이하의 벌금에 처한다. 〈개정 1995.12.29〉

②전항의 방법으로 제삼자로 하여금 재물의 교부를 받게 하거나 재 산상의 이익을 취득하게 한 때에도 전항의 형과 같다.

형법 제347조의2

> 제347조의2(컴퓨터등 사용사기) 컴퓨터등 정보처리장치에 허위의 정보 또는 부정한 명령을 입력하거나 권한 없이 정보를 입력·변경하여 정보처리를 하게 함으로써 재산상의 이익을 취득하거나 제3자로 하여금 취득하게 한 자는 10년 이하의 징역 또는 2천만원 이하의 벌금에 처한다.

해 설

원심은, 시설공사 발주처인 지방자치단체 등의 재무관 컴퓨터에는 암호화되기 직전 15개의 예비가격과 그 추첨번호를 해킹하여 볼 수 있는 악성프로그램을, 입찰자의 컴퓨터에는 입찰금액을 입력하면서 선택하는 2개의 예비가격 추첨번호가 미리 지정된 추첨번호 4개 중에서 선택되어 조달청 서버로 전송되도록 하는 악성프로그램을 각각 설치하여 낙찰하한가를 미리 알아낸 다음 특정 건설사에 낙찰이 가능한 입찰금액을 알려주어 그 건설사가 낙찰 받게 함으로써 낙찰금액 상당의 재산상 이익을 취득하게 하거나 미수에 그쳤다는 위 피고인들에 대한 컴퓨터등사용사기 또는 그 미수의 공소사실(무죄로 판단한 부분 제외)에 대하여, 사기죄의 기망행위와 피해자의 재산적 처분행위 사이에는 상당인과관계가 있는 것으로 족하고, 이는 컴퓨터 등 사용사기나 그 미수의 경우에도 마찬가지라고 전제한 다음, 비록 지방자치단체의 최종적 선정절차가 남아있더라도 상당인과관계가 부정되는 것은 아니라는 이유로 이 부분 공소사실을 유죄로 인정하였다.

그러나 원심의 판단은 다음과 같은 이유에서 수긍하기 어렵다.

원심판결 이유 및 기록에 의하면, 피고인 1, 2, 3, 4, 7이 관여한 각 시설공사의 전자입찰은 모두 적격심사를 거치게 되어 있는 사실, 적격심사 대상공사에 대한 전자입찰은 입찰공고, 예비가격 작성, 투찰, 개찰, 적격심사, 낙찰자 선정, 계약의 순서로 이루어지는데, ① 먼저 발주처의 재무관이 입찰공고를 한 다음, ② 개찰 전까지 인증된 재무관용 컴퓨터를 통하여 조달청 서버에서 공사기초금액의 ±3% 범위 내에서 15개의 예비가격을 생성하되, 각 예비가격과 이에 대응하는 추첨번호는 임의로 섞어 재무관의 인증서와 함께 암호화되어 조달청 서버에 전송·저장되고, ③ 입찰자는 입찰기간 중 인증된 입찰자용 컴퓨터를 이용하여 입찰금액을 입력한 다음 예비가격이 표시되지 않는 15개의 추첨번호 중 임의로 2개를 선택하여 조달청 서버에 그 값을 전송·저장하며, ④ 개찰시 시스템에서 자동으로 입찰자들이 선택한 예비가격 추첨번호 중 가장 많이 선택된 상위 4개의 번호에 대응하는 예비가격을 평균하여 공사예정금액을, 여기에 투찰율을 곱한 낙찰하한가를 산정하게 되고, ⑤ 재무관은 낙찰하한가 이상 공사예정가격 이하로서 낙찰하한가에 가장 근접한 입찰금액으로 투찰한 입찰자 순서대로 계약이행경험, 기술능력, 재무상태, 신인도 등을 종합적으로 심사하는 적격심사를 거쳐 일정 점수 이상인 자를 낙찰자로 결정하는 사실, 피고인 1 등은 공소사실 기재와 같은 악성프로그램을 운용하여 15개의 예비가격과 그 추첨번호를 미리 알아내고, 입찰자가 선택한 2개의 추첨번호가 미리 지정한 4개의 추첨번호 중에서 선택되어 저장되도록 함으로써 사전에 낙찰하한가를 알아내어 이를 토대로 특정 건설사에 낙찰가능성이 높은 입찰금액을 알려준 사실 등을 알 수 있다.

위와 같은 사실관계를 앞서 본 법리에 비추어 살펴보면, 적격심사를 거치게 되어 있는 이 사건 각 시설공사의 전자입찰에 있어서 특정 건설사가 낙찰하한가에 대한 정보를 사전에 알고 투찰할 경우 그 건설사가 낙찰자로 결정될 가능성이 높은 것은 사실이나, 낙찰하한가에 가장 근접한 금액으로 투찰한 건설사라고 하더라도 적격심사를 거쳐 일정 기준 이상이 되어야만 낙찰자로 결정될 수 있는 점 등을 감안할 때, 피고인 1 등이 조달청의 국가종합전자조달시스템에 입찰자들이 선택한 추첨번호가 변경되어 저장되도록 하는 등 권한 없이 정보를 변경하여 정보처리를 하게 함으로써 직접적으로 얻은 것은 낙찰하한가에 대한 정보일 뿐, 위와 같은 정보처리의 직접적인 결과 특정 건설사가 낙찰자로 결정되어 낙찰금액 상당의 재산상 이익을 얻게 되었다거나 그 낙찰자 결정이 사람의 처분행위가 개재됨이 없이 컴퓨터 등의 정보처리과정에서 이루어졌다고 보기 어렵다.

그럼에도 이 부분 공소사실이 컴퓨터등사용사기죄 또는 그 미수죄의 구성요건에 해당된다고 보아 이를 유죄로 인정한 원심판결에는 컴퓨터등사용사기죄의 구성요건에 관한 법리를 오해하여 판결 결과에 영향을 미친 위법이 있다. 이 점을 지적하는 상고이유 주장은 이유 있다. 그러므로 피고인 1, 3, 7의 나머지 상고이유에 대한 판단을 생략한 채 원심판결 중 피고인 1에 대한 유죄부분 및 피고인 2, 3, 4, 7에 대한 부분을 파기하고, 이 부분 사건을 다시 심리·판단하게 하기 위하여 원심법원에 환송하며, 검사의 상고를 기각하기로 하여, 관여 대법관의 일치된 의견으로 주문과 같이 판결한다.

■ 인터넷 쇼핑몰에서 구입한 물건을 반품하고 돈을 돌려받고 싶은데 어 떻게 해야 되나요? 사기죄가 되나요?

➡ 인터넷 거래에서 처음부터 물건을 판매할 생각이 없었거나, 판매할 능 력이 되지 않음에도 대금만 입금 받고 물건은 보내지 않았다면 사기죄 가 성립할 수 있습니다.

그러나 사이트가 정상적으로 운영되고 있는 상태에서 배송이 지연되거나 교 환, 환불 등의 문제가 발생한 경우에는 사기죄가 성립되기 어려우며, 이 경우 에는 ICT분쟁조정지원센터(http://www.ecmc.or.kr, 대표전화 1661-5714) 또 는 서울시 전자상거래센터(http://ecc.seoul.go.kr/, 02-2133-4891~6)를 통해 상담 및 조정을 받으시길 바랍니다.

■ 구매명령을 입력하는 행위를 반복함으로써 자신의 가상계좌로 구매 요청금 상당의 금액이 입금되게 한 경우 컴퓨터 등 사용사기죄가 성 립하는가요?

➡ 행위는 프로그램 자체에서 발생하는 오류를 적극적으로 이용하여 사 무처리의 목적에 비추어 정당하지 아니한 사무처리를 하게 한 행위로 서 '부정한 명령의 입력'에 해당한다고 할 것이므로 甲에게는 컴퓨 터 등 사용사기죄가 성립할 것입니다.

형법 제347조의2 는 컴퓨터 등 정보처리장치에 허위의 정보 또는 부정 한 명령을 입력하거나 권한 없이 정보를 입력·변경하여 정보처리를 하게 함으로써 재산상의 이익을 취득하거나 제3자로 하여금 취득하게 하는 행위를 처벌하고 있습니다. 여기서 '부정한 명령의 입력'은 당해 사무처리시스템에 예정되어 있는 사무처리의 목적에 비추어지시해서는 안 될 명령을 입력하는 것을 의미합니다. 따라서 설령 '허위의 정보'를 입력한 경우가 아니라고 하더라도, 당해 사무처리시스템의 프로그램을 구성하는 개개의 명령을 부정하게 변개·삭제하는 행위는 물론 프로그램 자체에서 발생하는 오류를 적극적으로 이용하여 그 사무처리의 목적에 비추어 정당하지 아니한 사무처리를 하게 하는 행위도 특별한 사정이 없는 한 위 '부정한 명령의 입력'에 해당한다고 보아야 합니다(대법원 2013. 11. 14. 선고 2011도4440 판결 참조). 따라서 甲의 행위는 프로그램 자체에서 발생하는 오류를 적극적으로 이용하여 사무처리의 목적에 비추어 정당하지 아니한 사무처리를 하게 한 행위로서 '부정한 명령의 입력'에 해당한다고 할 것이므로 甲에게는 컴퓨터 등 사용사기죄가 성립할 것입니다.

■ 인터넷 쇼핑몰에서 돈을 입금했는데 물건이 오지 않습니다.

➡ 배달사고인지 고의적인 사기행위인지를 먼저 파악해서 고의적인 사기행위라면 고소조치하고, 배달사고인 경우라면 판매자에게 시정조치를 요구할 수 있습니다.

처음부터 물건을 판매할 생각이 없었거나 물건을 판매할 능력이 되지 않음에도 불구하고 귀하로부터 물건 대금을 입금 받았다면 형법상 사기죄가 성립할 수 있습니다. 해당 업체에 대한 형사처벌을 원하시면 경찰에 신고해 주시기 바랍니다. 그러나 물건이 오지 않는 이유가 배달사고에 의한 것일 수도 있고 업체의 일시적 사정에 의한 것일 수도 있는데, 이 때에는 범죄가 성립하지 않습니다.

배달사고라면 해당업체에 재배달을 요구하시기 바라며, 배달이 지연되면 계속 기다릴 것인가 아니면 계약을 취소할 것인가를 스스로 판단하셔야 합니다. 먼저 ICT분쟁조정지원센터(http://www.ecmc.or.kr, 1661-5714) 또는 서울시 전자상거래센터(http://ecc.seoul.go.kr/, 02-2133-4891~6)를 통해 상담 및 조정을 받으시기 바랍니다.

또한 한국소비자원(http://www.kca.go.kr, 043-880-5500, 공정거래위원회 소비자상담센터-1372)에서 피해에 대한 도움을 받으실 수 있습니다.

■ **인터넷 쇼핑몰에서 경품을 준다고 해놓고는 아직까지 주지 않고 있을 때, 처벌이 가능한가요?**

➡ 경품은 홍보를 목적으로 하는 현상경품과 소비자 거래에 부수하여 제공하는 경품으로 나누어집니다. 일반적으로는 사업자는 경품을 지급하여야 할 당사자 간의 민사적인 책임관계로서 사법기관인 경찰이 개입하여 경품제공 약속을 이행토록 강제할 수는 없습니다.

범죄성립이 인정되는 예로는 최근 발생한 제세공과금 관련 경품사기처럼 경품을 제공한다는 말로 제세공과금을 입금토록 한 뒤 연락이 두절되는 경우와 고급 목걸이를 경품으로 준다며 실제 경품 값과 택배비 보다 많은 돈을 배송료로 받아 챙긴 경우 등으로, 사기죄는 위의 경우와 같이 '타인을 기망(속이는 행위)'하여 재물의 교부를 받거나 재산상의 이익을 취득함으로써 성립하는 범죄(형법 347조)'로서 쇼핑몰 사업자가 경품을 주기로 하였으나 나중에 경품을 주지 않는 단순 약속불이행을 기망행위로 보기는 어려우며 경품을 받기 위해 돈을 지불하는 등 별도의 교부행위로 인한 재산적 피해가 발생하지 않았다면 범죄가 성립하지 않습니다. 따라서 민원인이 경품을 받을 권리가 있다는 내용을 증명할 수 있는 자료(예 : 경품제공 광고)를 확보하여 사업자에게 경품인도를 요구하시고,

인터넷 쇼핑몰 사업자가 이에 응하지 않는다면, ICT분쟁조정지원센터 (http://www.ecmc.or.kr, 1661-5714) 또는 서울시 전자상거래센터 (http://ecc.seoul.go.kr/, 02-2133-4891~6)를 통해 상담 및 조정을 받으실 수 있으며, 대한법률구조공단 (http://www.klac.or.kr, 국번없이 132)을 통해 각종 소송관련 상담 및 지원을 받으실 수 있습니다.

또한, 경품 관련 행사를 진행하면서 개인정보를 요구하는 경우가 있으며, 이때 통장사본과 신분증 사본 등을 요구한다면 제 2, 3의 범죄에 노출될 수 있기 때문에 항상 주의하셔야 합니다.

■ **가입비를 내고 성인사이트에 가입했는데 광고와는 달리 볼만한 동영상이 하나도 없습니다. 운영자에 대해 신고가 가능한가요?**

➡ 어느 정도의 미화나 홍보는 적법한 상행위로 간주되기 때문에 사기죄의 성립을 인정하기 어렵습니다,

광고의 특성상 사회적으로 통용될 수 있는 정도의 미화나 홍보는 적법한 상행위로 민·형사상의 책임을 묻기 어려운 경우가 많습니다. 또한 성인사이트의 경우 하나의 홈페이지에서 여러 종류의 성인물을 서비스하기 때문에 광고와 달리 특정 성인물이 없다고 하더라도 다른 성인물이 정상적으로 서비스되고 있다면 사기죄의 성립을 인정하기 어렵습니다.

그러나 사실은 무삭제 포르노 등 음란한 동영상을 보여 줄 의사나 능력이 없으면서도 성인사이트를 운영하며, 음란한 글과 남녀의 노골적인 성행위 장면 등이 담긴 광고를 보여주어 마치 회원으로 가입하면 광고내용과 같은 음란한 내용의 동영상을 보여줄 것처럼 기망하는 방법으로 고객을 유치하고, 영상물등급위원회의 심의를 받은 성인 비디오물만 제공하는 방법으로 불특정 다수인들로부터 회원가입비 명목의 돈을 편취하기로 마음먹었다면 사기죄에 해당한다고 본 판례가 있습니다.(대법원 2006.9.8. 2006도 2860판결)

【판시】

　　상습사기에 있어 상습성의 판단 기준 및 처음부터 장기간에 걸쳐 불특정 다수로부터 회원가입비 명목의 금원을 편취할 목적으로 상당한 자금을 투자하여 성인사이트를 개설하고 직원까지 고용하여 사기행위를 영업으로 한 경우 상습성의 인정 여부

【요지】

　　상습사기에 있어서의 상습성은 반복하여 사기행위를 하는 습벽으로서 행위자의 속성을 말하고, 이러한 습벽의 유무를 판단함에 있어서는 사기의 전과가 중요한 판단자료가 되나 사기의 전과가 없다고 하더라도 범행의 횟수, 수단과 방법, 동기 등 제반 사정을 참작하여 사기의 습벽이 인정되는 경우에는 상습성을 인정하여야 하는 것이며, 특히 처음부터 장기간에 걸쳐 불특정 다수로부터 회원가입비 명목의 금원을 편취할 목적으로 상당한 자금을 투자하여 성인사이트를 개설하고 직원까지 고용하여 사기행위를 영업으로 한 경우에는 그 행위의 반복성이 영업이라는 면에서 행위 그 자체의 속성에서 나아가 행위자의 속성으로서 상습성을 내포하는 성질을 갖게 되고, 또한 이미 투자한 자금에 얽매여 그러한 사기행위를 쉽게 그만둘 수 없다는 자본적 또는 경제활동상의 의존성도 습벽의 내용이 될 수 있으므로 상습성을 인정할 수 있다.

【참조조문】

　　형법 제347조, 제351조
　　특정경제범죄 가중처벌 등에 관한 법률 제3조 제1항

【참조판례】

> 대법원 1986. 6. 10. 선고 86도778 판결(공1986, 904)
> 대법원 1995. 7. 11. 선고 95도955 판결(공1995하, 2846)
> 대법원 2001. 1. 19. 선고 2000도4870 판결
> 대법원 2005. 10. 28. 선고 2005도5774 판결

■ 인터넷 경매로 인한 피해를 예방하는 방법은 무엇인가요?

➡ 검증된 대형 경매 사이트를 이용하도록 하고 직거래를 피하는 것이 최상입니다.

먼저 경매 사이트가 '매매보호제도[에스크로(Escrow)제도]'를 운영하고 있는지, 개인정보보호대책을 웹사이트에 공시하고 있는지 등을 확인하시기 바랍니다. 매매보호제도는 전자상거래의 안전성을 보장하기 위해 낙찰자의 입금에서부터 판매자에 대한 송금까지 관리해 주며 반품이나 환불을 보장해 주는 서비스를 말합니다.

일부 오픈 마켓 운영자는 구매자와 판매자가 전자상거래를 하는 경우에 구매자의 결제대금을 일정기간 보관했다가 판매자로부터 물품배송 및 서비스 제공을 받은 사실을 확인한 후 판매자에게 대금을 지급하는 서비스인 결제대금예치제도(에스크로)를 실시하고 있습니다.

따라서 검증된 대형 사이트 및 에스크로 서비스가 제공되는 업체인지를 확인하고 거래하는 것이 좋습니다.

그리고 거래를 할 때에 꼭 필요한 경우가 아니라면 주민등록번호, 신용카드번호, 계좌번호 등 개인 신용정보를 알려주지 마시기 바랍니다.

■ 유료사이트에 회원으로 가입했으나 별로 도움이 될 것 같지 않아 가입비 반환을 약속을 받고 해지하였습니다. 그런데 1달이 넘도록 돈을 돌려주지 않고 있습니다. 사기죄로 고소할 수 있나요?

➡ 사기죄는 타인을 기망하여 재물이나 재산상의 이익을 취득한 경우에 성립하는데, 위 사안에서는 기망행위를 인정할 수 없기 때문에 민사상 채무불이행은 될지언정 형사적으로는 사기죄가 성립하지 않습니다.

상품의 선전·광고에 있어서 거래의 중요한 사항에 관하여 구체적 사실을 신의성실의 의무에 비추어 비난받을 정도의 방법으로 허위로 고지한 경우에는 기망행위에 해당한다고 할 것이나, 그 선전·광고에 다소의 과장과 허위가 수반되는 것은 그것이 일반 상거래의 관행과 신의칙에 비추어 시인될 수 있는 한 기망성이 결여됩니다(대법원 2001. 5. 29. 선고 99다 55601, 55618 판결 등 참조).

환불문제에 대해서는 ICT분쟁조정지원센터(http://www.ecmc.or.kr, 1661-5714) 또는 서울시 전자상거래센터(http://ecc.seoul.go.kr/, 02-2133-4891~6)를 통해 상담 및 조정을 받으실 수 있으며, 한국소비자원(http://www.kca.go.kr, 대표전화 043-880-5500, 공정거래위원회 소비자상담센터-1372)으로 문의하여 도움을 받으시기 바랍니다.

■ **경매에서 낙찰된 후 대금을 입금했는데, 물건이 아직 도착하지 않고 있습니다.**

➡ **해당 경매사이트에 경매취소 요청을 하시고, 환불을 요청하시면 됩니다.**

경매 사이트가 '매매보호제도[에스크로(Escrow)제도]'를 운영하고 있다면 해당 경매 사이트 관리자에게 연락하여 대금을 돌려받으시기 바랍니다. 매매보호제도는 전자상거래의 안전성을 보장하기 위해 낙찰자의 입금에서부터 판매자에 대한 송금까지 관리해 주며 반품이나 환불을 보장해 주는 서비스를 말합니다.

이와 관련, 판매자의 행위가 사기죄에 해당한다고 생각되어 형사처벌을 원하시면 사이버안전국에 신고(http://cyberbureau.police.go.kr, 전화 182)해 주시고, 피해회복을 위해서는 ICT분쟁조정지원센터(http://www.ecmc.or.kr, 전화 1661-5714) 또는 서울시 전자상거래센터(http://ecc.seoul.go.kr/, 전화 02-2133-4891~6)를 통해 상담 및 조정을 받으시기 바랍니다.

또한 한국소비자원(http://www.kca.go.kr, 043-880-5500, 공정거래위원회 소비자상담센터-1372)에서 피해에 대한 도움을 받으실 수 있습니다.

■ 돈 버는 사이트가 유행하고 있는데요. 불법이 아닌가요?

➡ 불법은 아닙니다.

광고를 보는 대가로 일정 금액을 적립해 주는 방식, 회원 가입시 일정 금액을 제공하고 추가로 확보할 경우 일정 비율로 금전을 지급해 주는 방식으로 운영되는 속칭 "뷰바"사이트는 피라미드 방식으로 회원을 모집하더라도 회원들에게 금전 납부 등을 요구하지 않았다면 금융 피라미드 영업행위로 보기 어렵습니다.

다만 처음부터 적립금을 입금해 줄 의사가 없음에도 돈 버는 사이트를 운영하여 재산상 이익을 얻었다면 구체적인 사안에 따라 사기죄가 성립할 수도 있을 것입니다.

■ **인터넷 카페 중고거래에서 미성년자에게 피해를 입었다면 배상의 책임이 있을까요?**

➡ 책임이 없습니다.

미성년자가 타인에게 손해를 가한 경우에 그 행위의 책임을 변식할 지능이 없는 때에는 배상의 책임이 없습니다.

따라서 이 경우에 해당한다면, 민법 제755조에 따라 미성년자를 감독할 법정의무가 있는 부모가 감독의무를 게을리 한 경우에 부모는 손해를 배상할 책임이 있습니다.

미성년자에게 책임을 변식할 지능이 있다고 보아 민법 제753조에 해당하지 않는다면, 부모를 상대로 민법 제750조에 따라 관리감독의무를 위반하였다고 하며 불법행위에 의한 손해배상을 청구하실 수 있습니다.

대법원에서도 책임능력이 있는 미성년자의 불법행위로 인하여 손해가 발생한 경우에는 그 손해와 미성년자에 대한 감독의무자의 의무위반과 사이에 상당인과관계가 있으면 감독의무자에게 민법 제750조에 의한 손해배상책임이 있다고 판시한 바 있습니다(대법원 1997. 3. 28. 선고 96다15374). 알려주신 사실관계만을 볼 때 미성년자녀에게 책임능력이 인정된다면 미성년자녀와 부모 모두에게 손해배상청구를 하실 수 있으나 현실적으로 미성년자녀는 경제력이 없을 것이므로 부모에게만 손해배상을 청구하시는 것도 생각해 보시기 바랍니다.

미성년자 혹은 부모를 상대로 법원에 손해배상청구소송을 제기하셔야 하며, 부모의 주소 등 인적사항을 알지 못하는 경우에는 법원에 소제기와 함께 사실조회신청도 하시면서 주민센터 등의 기관을 상대로 부모의 신상을 알려달라고 신청하실 수 있습니다.

■ 오늘 전화요금 납부 고지서를 받았는데 가족 중에는 전화결제를 한 사람이 없다고 하는데 누군가가 전화번호를 도용하여 전화 결제서비스 이용료가 부과되었습니다. 누구인지 알 수 있나요?

➡ 신분증을 소지하고 가까운 전화국을 방문하여 사용내역을 조회해서 주변 사람들과 비교해서 찾아보시면 됩니다.

060 등 전화결제 서비스는 온라인게임의 아이템 구매 및 사이버캐시(머니) 충전 등 최근 여러 결제수단으로 이용되고 있습니다.

예를 들면 온라인 게임사이트에서 전화를 이용하여 아이템을 구매하는 경우, 전화결제를 신청한 후 승인번호를 받고 결제승인번호를 선택한 전화번호로 이를 입력하는데 이는 요금이 청구되는 전화번호로만 입력이 가능합니다.

따라서 가족이나 주변 친인척 중에 사용한 사람이 있는지 먼저 확인하시되 숨기는 경우도 있으므로 신분증을 지참하시어 가까운 전화국을 방문, 발신 통화내역을 받아보신다면 보다 확실히 확인하실 수 있습니다. 또한 게임사이트상 채팅 등을 통해 아이템을 준다고 속여 아이템 수락번호를 가장하여 위와 같이 결제승인번호를 입력토록 하는 경우도 있으므로 주의하시기 바랍니다.

또한 이미 청구되거나 납부한 요금의 환불과 관련한 문제는 민사사안인바, 요금을 청구한 기간통신사업자 고객만족센터나 휴대폰/ARS 결제 중재센터(www.spayment.org)에서 도움을 받아 해결하시기 바랍니다.

■ 음원사이트에서 무료이벤트 중이라고 하여 회원가입을 하였을 뿐인데 몇 개월째 자동으로 휴대폰 소액결제가 되었습니다. 사이트 연락처로 전화했지만 연결이 되지 않고 있는데 환급받을 수 있을까요?

➡ 반환하는 것이 타당합니다.

사이트 운영자(콘텐츠제공사업자)는 소비자의 진정한 의사에 따른 결제가 있었다는 점을 입증해야합니다.

'콘텐츠이용자보호지침' 제30조에 따라 결제 전에 소비자에게 결재금액, 결제시기, 결제방법 등을 휴대폰문자(SMS) 등으로 고지해야 합니다.

따라서 사업자가 자동결제와 관련하여 아무런 고지를 하지 않았고, 2개월 이상 자동으로 요금이 청구되고 결제된 경우라면 인출대금을 반환하는 것이 타당합니다.

■ 인터넷 직거래 장터에서 구입한 물건이 처음에 거래하기로 한 것과 다른데 환불도 안 되고 교환도 안 해줍니다. 형사처벌이 가능한가요?

➡ 사기죄가 성립하는 경우는 처음부터 정상적인 물건을 인도할 의사나 능력이 없음에도 불구하고, 정상물건을 판매하는 것처럼 가장하여 대금을 지불받은 경우로, 인도받은 물건이 계약했던 물건과 약간의 차이나 하자가 있다고 하여 바로 범죄가 성립한다고 보기는 어렵습니다.

다만, 수리가 불가능하여 전혀 사용할 수 없거나 수리에 과도한 비용이 소요되는 물건임에도 그 점을 숨기고 판매한 경우 사기죄 또는 전자상거래 등에서의 소비자보호에 관한 법률 제43조 제2호 및 제13조 제2항 제11호(신원 및 거래조건에 대한 정보 제공) 위반으로 처벌이 가능할 수 있습니다.

제43조(벌칙)

다음 각 호의 어느 하나에 해당하는 자는 1천만원 이하의 벌금에 처한다.

2. 제13조제2항에 따른 거래조건에 관하여 거짓 정보를 제공한 자

[전문개정 2012.2.17]

제13조(신원 및 거래조건에 대한 정보의 제공)

② 통신판매업자는 소비자가 계약체결 전에 재화등에 대한 거래조건을 정확하게 이해하고 실수나 착오 없이 거래할 수 있도록 다음 각 호의 사항을 적절한 방법으로 표시·광고하거나 고지하여야 하며, 계약이 체결되면 계약자에게 다음 각 호의 사항이 기재된 계약내용에 관한 서면을 재화등을 공급할 때까지 교부하여야 한다. 다만, 계약자의 권리를 침해하지 아니하는 범위에서 대통령령으로 정하는 사유가 있는 경우에는 계약자를 갈음하여 재화등을 공급받는 자에게 계약내용에 관한 서면을 교부할 수 있다.

11. 그 밖에 소비자의 구매 여부 판단에 영향을 주는 거래조건 또는 소비자피해의 구제에 필요한 사항으로서 대통령령으로 정하는 사항

[전문개정 2012.2.17]

또한 형사처벌 외에, 환불이나 교환 등 민사적인 부분은 ICT분쟁조정지원센터(http://www.ecmc.or.kr, 1661-5714)나 서울시 전자상거래센터(http://ecc.seoul.go.kr/, 02-2133-4891~6)를 통해 상담 및 조정을 받으시기 바랍니다.

또한 한국소비자원(http://www.kca.go.kr, 043-880-5500, 공정거래위원회 소비자상담센터-1372)에서 피해에 대한 도움을 받으실 수 있습니다.

■ 홈페이지의 사이트 관리자를 사칭하면서 제 아이디(ID)와 비밀번호 (Password)를 알려 달라기에 말해 주었는데, 제 계정에 들어와 캐시를 훔쳐 갔습니다.

➡ 사이트관리자를 사칭한 것만으로는 형사처벌 할 수 있는 범죄가 성립 하지 않으며, 민원인이 직접 아이디(ID)와 비밀번호(Password)를 알려주어 상대방이 본인의 계정으로 접속하였다면 '정보통신망이용 촉진및정보보호등에관한법률'에서 규정하고 있는 정보통신망 침입행 위로 볼 수 없어 범죄가 성립한다고 하기는 어렵습니다.

또한 사이버캐시나 아바타, 아이템 등은 현행법상 재물이나 관리 가능한 동력이 아니며 소유권의 객체도 아니라는 판례의 태도입니다.

따라서 위와 같은 경우를 비롯하여 아이템 교환 약속을 지키지 않는 경 우, 아이템을 빌려간 후 돌려주지 않는 경우 등은 재산상 피해가 있다고 볼 수 없으므로 재물임을 전제로 하여 범죄가 성립하는 횡령죄, 절도죄 등으로 상대방을 처벌할 수 없습니다.

관련 업체에 신고하여 도난당한 사이버 캐시 등에 대한 사용정지 또는 재충전 요청 등의 도움을 받으시기 바라며, 모르는 사람이나 가까운 친 구 등에게 본인의 아이디(ID)와 비밀번호(Password)가 노출되지 않도록 관리를 철저히 하여 유사한 피해를 입지 않도록 하시기 바랍니다.

■ 인터넷 쇼핑몰 "○○○○○" 에서 사기를 당했습니다. 사이버수사팀에서 사기신고를 접수했고 ○○월 ○○일 쇼핑몰대표 '◎◎◎' 가 검거되었다는 소식을 들었습니다. 최종 처분까지는 수일이 소요될 수 있다고 합니다. 범죄피해로 인한 손해배상청구 방법과 피해금액을 돌려받을 수 있을까요? 합의가능여부도 알고 싶습니다.

➡ 손해부분은 민사소송을 통하여 배상을 구할 수 있습니다.

사기 범죄로 인하여 재산상 손해를 입으신 경우, 그 손해는 민사소송을 통하여 배상을 구할 수 있습니다. 이때 손해배상청구 소송을 제기하면서, 가해자에게 형사판결이 나온 경우, 피해자가 그 판결문을 교부 받아 증거로 제출할 수 있고, 그 밖에 형사재판에서 드러나지 않은 손해가 추가적으로 있는 경우 이를 입증할 자료를 증거로 추가하여 제출할 수 있습니다.

집행한 민사소송이 종결되고, 승소판결이 확정될 경우, 상대방이 임의로 피해금을 변제하지 않는다면, 위 판결문을 집행권원으로 하여 강제집행절차를 이행할 수 있습니다. 다만, 상대방에게 실효적인 재산이 없다면, 판결을 받아 놓고 하더라도 상대방에게 재산이 생길 때까지는 실질적으로 피해금을 보전 받는 것은 어렵습니다.

추가로 질문하신 합의문제에 대하여, 현재나 혹은 추후에 민사소송을 제기한 후에도 합의는 가능합니다. 가해자의 입장에서 자신이 피해금을 변제할 자력이 있다면, 현재 진행 중인 형사 사건에서 유리한 정상자료로 사용하기 위하여 합의를 시도하는 경우가 있고, 그 때 피해자는 피해금 전부 혹은 일부를 변제 받는 것을 조건으로 고소를 취하하는 내용의 합의가 이루어질 수 있습니다.

만약 가해자의 형사사건이 끝난 이후라고 하더라도, 민사소송이라는 절차에 앞서 혹은 민사소송 중이라도 당사자간의 합의가 가능합니다.

이러한 경우에는 일반적으로 피해금을 변제 받음을 조건으로 민사소송을 제기하지 않도록 하거나, 현재 진행중인 민사소송에서 소를 취하할 것을 내용으로 할 것입니다.

■ 인터넷강의를 일정금액에 공유한다는 글을 보고 판매자와 연락을 취해서 돈을 입금했습니다. 거래직후에 판매자에게 아이디와 비밀번호를 받고 로그인했을 때에는 강의를 들을 수 있었으나, 스마트기기로 인터넷강의 사이트에 접속하려니까 권한이 없다고 강의를 들을 수 없는 상황입니다. 판매자에게 연락했으나 번호 주인이 바뀌었다는 문자만 받았고 연락이 되지 않습니다. 사기죄가 성립이 되지 않으면 소액민사소송으로 절차를 밟아야 하나요?

➡ 인터넷강의를 대가를 지급받고 공유한 것 자체가 문제가 있으며 구체적인 사실관계에 따라서 결과가 달라질 수 있습니다.

우선 인터넷 강의를 일정금액, 대가를 지급받고 공유하는 것 자체가 저작권법 위반의 문제가 있습니다. 그렇다하더라도 이를 미끼로 사기범행을 하였다면 이 또한 처벌의 여지는 있을 것으로 생각됩니다.

다만 이것은 어디까지나 원론적인 답변이고 구체적인 사실관계에 따라 달라질 수 있습니다.

민사적으로 불법행위를 원인으로 한 손해배상청구를 할 수 있으나 인정된다 하더라도 과실상계로 인해 상당부분 감액될 수 있습니다. 불법행위의 사실관계를 확정하기 위해서라도 형사절차를 밟는 것이 유리하므로 먼저 경찰서에서 사기죄가 성립하지 않는다고 한 이유가 어떤 것인지 정확이 확인해보셔야 합니다.

■ **20○○년 대출을 해준다는 말을 믿고 계좌를 ○개를 보냈다가 제 계좌가 당시 보이스피싱에 이용되어 조사도 받고 진술을 하고 약식으로 진행되어 벌금도 다 내었는데 통장들을 해지하려고 보니 피해 입은 분들이 계좌로 걸어 놓은게 있어서 소송을 하는 수밖에 없다고 합니다. 소송을 해야 하나요? 일부 은행들은 이용도 안 되고 있습니다.**

➡ 통장을 압류한 사람을 상대로 소송을 해야 할 것으로 보입니다.

전자금융거래법 위반으로 조사를 받으신 것 같습니다. 통장으로 사기를 친 보이스피싱 범인이 다시 사용할 여지가 있어서 아무래도 질문자의 말씀대로 보이스피싱의 피해자들이 압류를 해 둔 것 같습니다. 압류가 된 통장은 해지를 할 수 없습니다. 압류된 통장을 해지하면 압류채권자의 권리가 침해되기 때문입니다.

통장압류를 풀기위해서는 채무부존재확인청구를 하시거나 청구이의 소 등을 제기하는 방법을 통해서 이 통장은 이 범죄와 관련이 없고 본인은 보이스피싱 범죄와는 관계없이 질문자도 속아서 통장을 양도한 것이라는 내용의 소장을 직접 작성하셔서 법원에 제출하시고 판결이 나야 비로소 해지가 가능할 것으로 보입니다. 소송의 상대방은 통장을 압류한 사람을 상대로 하여야 합니다.

■ **아이템이나 사이버머니 등을 매매하면 처벌을 받나요?**

➡ 직업적 또는 상습적으로 아이템 및 사이버머니 등을 환전 또는 환전 알선하거나 재매입을 업으로 하는 경우, 게임산업진흥에 관한 법률에 따라 5년 이하의 징역 또는 5천만원 이하 벌금에 처해질 수 있습니다.

게임아이템 등을 현금거래 했다는 이유만으로 형사처벌 대상이 되는 것은 아니지만, 대부분의 게임회사 등(이하, 서비스제공자)에 회원 가입시 동의하는 약관 내용에는 아이템 및 사이버머니 등에(이하, 게임아이템 등) 대해 현금 거래 등을 하지 않는다는 조항이 있으므로 이용자는 약관을 존중하여 게임아이템 등을 현금거래 하지 말아야 합니다.
그럼에도 불구하고 현금 거래할 경우, 약관의 규정을 근거로 서비스제공자가 계정압류 등 여러 가지 제한조치를 취할 수 있습니다.

■ **아는 사람인줄 알고 아이템을 건네주었는데 가지고 사라져 버렸습니다. 처벌이 가능한가요?**

➡ 거래 상대방에 대한 형사처벌을 원하시면 피해사실을 입증할 수 있는 자료(계좌이체내역 및 아이템거래의사 교환 채팅 내용, 통화내역 등)를 지참하시어 가까운 경찰서 민원실을 경유, 사이버범죄수사팀에 신고하시기 바랍니다.

법원은(서울지방법원 2003고단10839) "총 5회에 걸쳐 리니지게임 상의 게임 속 화폐인 아덴 및 아이템 시가 1,195,000원 상당을 교부받아 동액 상당의 재산상 이익을 취득하고…"이라며, 게임 아이템을 재물 또는 재산상 이익으로 보는지에 대한 직접적인 논증은 없으나, 판결이유를 통해

하급심 법원은 게임 아이템을 '재산상 이익'으로 본 것으로 추정되는 판결을 내리기도 하였습니다.

아직까지 게임 아이템 등에 대한 재물성 인정 여부에 대해서는 논란은 많으나, 재산상 이익을 취득한 사건의 경우 사기죄 검토가 가능합니다.

거래 상대방에 대한 형사처벌을 원하시면 피해사실을 입증할 수 있는 자료(계좌이체내역 및 아이템거래의사 교환 채팅 내용, 통화내역 등)를 지참하시어 가까운 경찰서 민원실을 경유, 사이버범죄수사팀에 신고하시기 바랍니다.

■ 아이템 거래(중계) 사이트에서 한 거래는 보호 받을 수 있나요?

➡ 중계사이트를 거친 것이라고 하여 안전하다거나 믿을 수 있다고 말할 수는 없습니다.

아이템 거래(중계) 사이트를 통하였다고 하여 보호를 받는 경우는 없으며, 게임사에서는 약관을 통해 아이템 현금 거래를 당사자간이든 아이템 중계(거래) 사이트를 통한 거래이든 원칙적으로 금지하고 있고 이에 대해 각종 제재를 가하고 있습니다.

또한 판례 역시 아이템 및 계정의 소유권 및 계정 접속 권한 등을 서비스제공자에게 있다고 보고 있습니다.

(대법원 2005. 11. 25. 선고 2005도 870판결) 따라서 계정 및 아이템의 소유권 및 접속권한을 가진 서비스제공자가 금지시킨 행위를 이용권한만 갖고 있는 사용자가 처분한 행위에 대해서는 당연히 보호받을 수 없고, 이가 중계사이트를 거친 것이라고 하여 안전하다거나 믿을 수 있다고 말할 수는 없습니다.

■ **어떤 사람이 제 아들에게 사이버머니(또는 상품권)을 준다고 하여 알려준 전화번호로 전화를 했는데 돈은 받지 못하고 060 전화결제 통신요금만 청구되었을 경우, 어떻게 해야 하나요?**

➡ 상대방을 속여 재산상의 이득을 취하거나 피해를 입힌 경우로 형법상 사기죄에 해당한다고 볼 수 있습니다.

사용하지 않거나 속아서 사용한 통신요금이 청구되었다면 먼저 요금 청구한 기간통신사업자 (시내사업업자 및 이동통신회사 등) 고객센터에 연락하시어 요금 청구된 해당 부가서비스 제공자 연락처, 이름 등 관련자료 회신 및 보관을 요청하신 후 피해사실을 입증할 수 있는 서류나 자료(요금청구서, 메신저 채팅 내용, 통화내역 등)를 지참하시어 가까운 경찰서 민원실을 경유, 사이버범죄수사팀에 신고하시기 바랍니다.

또한 이미 청구되거나 납부한 요금의 환불과 관련한 문제는 민사사안인바, 요금을 청구한 기간통신사업자 고객만족센터나 휴대폰/ARS 결제 중재센터(www.spayment.org)에서 도움을 받아 해결하시기 바랍니다.

■ **게임 아이템을 현금 거래하다가 사기를 당했습니다. 신고나 피해보상이 가능할까요?**

➡ 아이템을 사려고 현금을 입금했는데 상대방이 아이템을 넘겨주지 않았거나, 아이템을 팔려고 하다가 아이템만 넘겨주고 현금을 받지 못한 경우 모두 사기죄 검토가 가능합니다.

하급심 법원(예 : 서울지방법원 2003고단10839 (사기죄) 판결"총 5회에 걸쳐 리니지게임 상의 게임 속 화폐인 아덴 및 아이템 시가 1,195,000원 상당을 교부받아 동액 상당의 재산상 이익을 취득하고~~")에서는 게임 아이템을 재물 또는 재산상 이익으로 보는지에 대한 직접적인 논증은 없으나, 판결이유를 통해 하급심 법원은 게임 아이템을 '재산상 이익'으로 본 것으로 추정되는 판결을 내리기도 하였습니다.

따라서 두 경우 모두 사기죄로 성립이 가능할 수 있으며, 이 경우 거래 상대방에 대한 형사처벌을 원하시면 피해사실을 입증할 수 있는 자료(계좌이체내역 및 아이템거래의사 교환 채팅 내용, 통화내역 등)를 지참하시어 가까운 경찰서 민원실을 경유, 사이버범죄수사팀에 신고하시기 바랍니다.

또한 환불 또는 손해배상 등은 처벌여부와는 별개의 민사적인 문제이므로, 상대방과 원만히 해결하시거나 당사자간의 해결이 어려울 경우 전자거래분쟁조정위원회(www.ecmc.or.kr, 1661-5714)를 통해 필요한 도움을 받으시기 바랍니다.

Ⅳ. 범죄사실기재례

범죄사실기재례 ▶ 인터넷 물품 사기

피의자 ○○○는 ○○대학교에 재학 중이다.

피의자 ○○○는 컴퓨터범죄를 연구하고 프로그램을 분석하면서 정보통신망을 악용하여 피해자 □□□의 사용자번호와 패스워드를 해킹하였다. 피의자 ○○○는 또한 ○○○○사가 운영하는 웹사이트의 서비스에 접속하여 위 피해자 □□□의 전자우편을 도용해 위 ○○○○사의 웹사이트에서 해당 서비스의 가입자 ○○○여명에게 음란 DVD 목록을 제시하였다. 그리고 "신청하는 각 DVD 한 개당 ○만원이므로 무통장으로 입금 즉시 배송하겠다."는 허위내용의 전자메일을 발송한 후 입금여부를 확인하고 물품은 보내주지 않는 수법으로 합계 ○○○만원을 각 교부받아 이를 편취하였다.

범죄사실기재례 ▶ 허위 인터넷 쇼핑몰사기

피의자 ○○○는 20○○. ○○. 경 인터넷 웹사이트에 가짜 사이버 쇼핑몰(www.○○○.com)을 개설하고 '노트북을 특별할인가에 판매한다.'는 허위광고를 게재하였다. 그리고 물품 구입을 의뢰한 피해자 ○○○ 등 ○○명에게 자신의 은행계좌를 알려주고, ○○여 차례에 걸쳐 합계 ○○○여만원을 받고는 노트북을 보내주지 않고 이를 편취하였다.

피의자 ○○○는 20○○. ○○. 경 부터 같은 해 ○○.경까지 자신의 집에서 컴퓨터 통신을 이용해서 물품을 판매할 의사가 전혀 없으면서 인터넷 경매사이트(www.○○○○.com)에 "휴대전화를 싼 값 ○○만원에 팔겠다."는 글을 올렸다. 그 뒤, ○○은행을 통하여 피해자 ○○○ 등 ○○명에게 대금을 송금 받고, 며칠 후 다시 다른 ○○은행으로 계좌번호를 변경하는 등 동일한 수법으로 ○○차례에 걸쳐 전국의 10, 20대 ○○명으로부터 합계 금 ○○○만원을 편취하였다.

피의자는 위 경매사이트에 올릴 ○개의 휴대전화와 ○개의 예금계좌를 개설해 놓았고 피해자 ○○○ 등에게는 선불통화 번호이기 때문에 가입자를 알 수 없도록 하는 ○○○번대 전화번호를 알려준 뒤 대금이 입금되면 계좌번호를 바꾸는 수법을 사용했다.

피의자 ○○○, ○○○는 20○○. ○○경 서로 공모하여 카드빚 ○○○만원을 지불하기 위해 전자우편 추출 프로그램으로 수집한 ○만 여명의 전자우편과 ○○사이트 자유게시판 등 ○○○여 곳에 "위급한 산모를 살리기 위해 ○천만원이 필요하니 도와달라."는 허위 내용을 전송하였다. 그리고 ○백여 명으로부터 합계 금 ○○○여만원의 성금을 각 교부받아 이를 편취하였다.

제2절 사이버 저작권 침해

> 정보통신망(컴퓨터 시스템)을 통하여, 디지털 자료화된 저작물 또는
> 컴퓨터프로그램저작물에 대한 권리를 침해한 경우

Ⅰ. 개요

인터넷의 발달로 불법복제가 쉬워지면서 과거 불법복제되어 오프라인에서 거래되던 컴퓨터프로그램·영화·음반CD들이 최근에는 인터넷을 통해 파일 형태로 유포되거나 인터넷을 매개로 판매되는 등, 불법복제물의 유포 및 판매가 사이버범죄의 한 형태로 나타나고 있다.

특히 최근에는 자신의 컴퓨터에 관련 프로그램만 설치하면 동일한 프로그램을 사용하는 다른 사람의 컴퓨터에 보관되어 있는 자료를 공유할 수 있는 P2P(peer to peer) 방식의 인터넷 자료공유 서비스가 확산되면서 자료공유를 원하는 네티즌들 사이에 범죄의식 없이 불법 복제된 컴퓨터 프로그램이나 영화 및 음반들이 유포되고 있다.

판례 1

컴퓨터 프로그램의 영구적 복제권 및 일시적 복제권 침해 여부가 쟁점인 사건

[1] 저작재산권자로부터 컴퓨터프로그램의 설치에 의한 복제를 허락받은 자가 프로그램을 컴퓨터 하드디스크 드라이브(HDD) 등 보조기억장치에 설치하여 사용하는 것이 저작권법 제46조 제2항에 따른 저작물 이용에 해당하는지 여부(적극) 및 복제를 허락받은 사용자가 저작재산권자와 계약으로 정한 프로그램의 사용 방법이나 조건을 위반한 경우, 저작재산권자의 복제권을 침해한 것인지 여부(소극)

[2] 사용자가 컴퓨터 하드디스크 드라이브(HDD) 등의 보조기억장치에 설치된 컴퓨터프로그램을 실행하는 등의 과정에서 프로그램을 주기억장치인 램(RAM)에 적재하여 이용하는 것이 저작권법 제2조 제22호에서 말하는 '일시적 복제'에 해당하는지 여부(적극) / 저작권법 제2조 제22호에서 복제의 개념에 일시적 복제를 포함시키면서도 같은 법 제35조의2에서 일시적 복제에 관한 면책규정을 둔 취지 및 위 규정에 의하여 면책이 인정되는 일시적 복제의 범위

해 설

[1] 저작권법 제16조는 저작재산권을 이루는 개별적 권리의 하나로 저작물을 복제할 권리를 들고 있고, 제2조 제22호는 '복제'는 인쇄·사진촬

영·복사·녹음·녹화 그 밖의 방법으로 일시적 또는 영구적으로 유형물에 고정하거나 다시 제작하는 것을 말한다고 규정하고 있다. 컴퓨터프로그램을 컴퓨터 하드디스크 드라이브(HDD) 등 보조기억장치에 설치하는 것은 저작권법 제2조 제22호의 영구적 복제에 해당한다.

한편 저작권법 제46조 제2항은 저작재산권자로부터 저작물의 이용을 허락받은 자는 허락받은 이용 방법 및 조건의 범위 안에서 그 저작물을 이용할 수 있다고 규정하고 있다. 위 저작물의 이용 허락은 저작물을 복제할 권리 등 저작재산권을 이루는 개별적 권리에 대한 이용 허락을 가리킨다.

따라서 저작재산권자로부터 컴퓨터프로그램의 설치에 의한 복제를 허락받은 자가 위 프로그램을 컴퓨터 하드디스크 드라이브(HDD) 등 보조기억장치에 설치하여 사용하는 것은 저작물의 이용을 허락받은 자가 허락받은 이용 방법 및 조건의 범위 안에서 그 저작물을 이용하는 것에 해당한다. 위와 같이 복제를 허락받은 사용자가 저작재산권자와 계약으로 정한 프로그램의 사용 방법이나 조건을 위반하였다고 하더라도, 위 사용자가 계약 위반에 따른 채무불이행책임을 지는 것은 별론으로 하고 저작재산권자의 복제권을 침해하였다고 볼 수는 없다.

[2] 사용자가 컴퓨터 하드디스크 드라이브(HDD) 등의 보조기억장치에 설치된 컴퓨터프로그램을 실행하거나 인터넷으로 디지털화된 저작물을 검색, 열람 및 전송하는 등의 과정에서 컴퓨터 중앙처리장치(CPU)는 실행된 컴퓨터프로그램의 처리속도 향상 등을 위하여 컴퓨터프로그램을 주기억장치인 램(RAM)에 적재하여 이용하게 되는데, 이러한 과정에서 일어나는 컴퓨터프로그램의 복제는 전원이 꺼지면 복제된 컴퓨터프로그램의 내용이 모두 지워진다는 점에서 일시적 복제라고 할 수 있다.

한편 저작권법은 제2조 제22호에서 복제의 개념에 '일시적으로 유형물에 고정하거나 다시 제작하는 것'을 포함시키면서도, 제35조의2에서 "컴퓨터에서 저작물을 이용하는 경우에는 원활하고 효율적인 정보처리를 위하여 필요하다고 인정되는 범위 안에서 그 저작물을 그 컴퓨

터에 일시적으로 복제할 수 있다. 다만 그 저작물의 이용이 저작권을 침해하는 경우에는 그러하지 아니하다."라고 규정하여 일시적 복제에 관한 면책규정을 두고 있다. 그 취지는 새로운 저작물 이용환경에 맞추어 저작권자의 권리보호를 충실하게 만드는 한편, 이로 인하여 컴퓨터에서의 저작물 이용과 유통이 과도하게 제한되는 것을 방지함으로써 저작권의 보호와 저작물의 원활한 이용의 적절한 균형을 도모하는 데 있다. 이와 같은 입법 취지 등에 비추어 볼 때 여기에서 말하는 '원활하고 효율적인 정보처리를 위하여 필요하다고 인정되는 범위'에는 일시적 복제가 저작물의 이용 등에 불가피하게 수반되는 경우는 물론 안정성이나 효율성을 높이기 위해 이루어지는 경우도 포함된다고 볼 것이지만, 일시적 복제 자체가 독립한 경제적 가치를 가지는 경우는 제외되어야 한다.

판례 2

업무상배임 · 컴퓨터프로그램보호법위반

복제·개작 등에 의하여 컴퓨터프로그램저작권을 침해하는 컴퓨터프로그램을 만든 사람에 대하여 위 조항 위반으로 처벌할 수 있는지 여부

해 설

구 컴퓨터프로그램 보호법(2009. 4. 22. 법률 제9625호에 의해 2009. 7. 23. 폐지되기 전의 것, 이하 '구 프로그램보호법'이라 하고, 컴퓨터프로그램은 '프로그램'이라고만 한다) 제29조 제4항 제2호는, 프로그램의 사용행위 자체는 본래 프로그램저작권에 대한 침해행위 태양에 포함되지 않지만, 침해행위에 의하여 만들어져 유통되는 프로그램의 복제물을 그러한 사정을 알면서 취득하여 업무상 사용하는 것을 침해행위로 간주함으로써 프로그램저작권 보호의 실효성을 확보하기 위하여 마련된 규정이다.

이러한 구 프로그램보호법 제29조 제4항 제2호의 입법 취지와 규정의 문언에 비추어 보면, 복제·개작 등에 의하여 프로그램저작권을 침해하는 프로그램을 만든 사람은 위 조항이 규정하고 있는 침해행위에 의하여 만들어진 프로그램의 복제물을 취득한 사람에 해당한다고 볼 수 없다. 따라서 그에 대하여는 구 프로그램보호법 제29조 제1항 위반으로 처벌하면 족하고 제29조 제4항 제2호 위반으로 처벌할 것은 아니다.

판례 3

> 영상을 유튜브에 게시한 행위는 을과 병의 저작재산권 및 저작인격권을 침해하지 않는다고 한 사례

자동차 수리업 등을 영위하는 갑 주식회사의 근로자인 을이 병과, 갑 회사가 제작하는 차량의 홍보영상을 제작하였고, 갑 회사는 영상 촬영을 위하여 을과 병이 지출한 비용을 을에게 지급한 후 영상을 갑 회사가 운영하는 유튜브 채널에 게시하였는데, 을과 병이 갑 회사를 상대로 위 영상을 갑 회사의 유튜브 채널에 게시한 것이 을과 병의 저작권을 침해하는 행위라고 주장하며 저작권 침해금지 등을 구한 사안에서, 제반 사정에 비추어 갑 회사가 위 영상을 유튜브에 게시한 행위는 을과 병의 저작재산권 및 저작인격권을 침해하지 않는다고 한 사례

【참조조문】

저작권법 제9조

> 제9조(업무상저작물의 저작자)
> 법인등의 명의로 공표되는 업무상저작물의 저작자는 계약 또는 근무규칙 등에 다른 정함이 없는 때에는 그 법인등이 된다. 다만, 컴퓨터프로그램저작물(이하 "프로그램"이라 한다)의 우 공표될 것을 요하지 아니한다.

저작권법 제12조 제2항

> 제12조(성명표시권)
> ② 저작물을 이용하는 자는 그 저작자의 특별한 의사표시가 없는 때에는 저작자가 그의 실명 또는 이명을 표시한 바에 따라 이를 표시하여야 한다. 다만, 저작물의 성질이나 그 이용의 목적 및 형태 등에 비추어 부득이하다고 인정되는 경우에는 그러하지 아니하다.

저작권법 제46조

> 제46조(저작물의 이용허락)
> ① 저작재산권자는 다른 사람에게 그 저작물의 이용을 허락할 수 있다.
> ② 제1항의 규정에 따라 허락을 받은 자는 허락받은 이용 방법 및 조건의 범위 안에서 그 저작물을 이용할 수 있다.
> ③ 제1항의 규정에 따른 허락에 의하여 저작물을 이용할 수 있는 권리는 저작재산권자의 동의 없이 제3자에게 이를 양도할 수 없다.

해 설

자동차 수리업 등을 영위하는 갑 주식회사의 근로자인 을이 병과, 갑 회사가 제작하는 차량의 홍보영상을 제작하였고, 갑 회사는 영상 촬영을 위하여 을과 병이 지출한 비용을 을에게 지급한 후 영상을 갑 회사가 운영하는 유튜브 채널에 게시하였는데, 을과 병이 갑 회사를 상대로 위 영상을 갑 회사의 유튜브 채널에 게시한 것이 을과 병의 저작권을 침해하는 행위라고 주장하며 저작권 침해금지 등을 구한 사안이다.

을과 병이 갑 회사 제품의 홍보를 위하여 유튜브 등에 게시할 것을 목적으로 영상을 제작하였고 갑 회사도 그러한 목적에서 제작을 승인하고 제작비를 지급한 점 등에 비추어 보면, 을과 병이 갑 회사에 위 영상을 유튜브에 게시하여 이용하는 것을 허락하였다고 보는 것이 타당하므로 갑 회사가 위 영상을 유튜브에 게시한 행위는 을과 병의 저작재산권을 침해하지 않고, 갑 회사가 을과 병으로부터 받은 위 영상을 유튜브에 게시하면서 을과 병의 성명을 표시할 의무가 있다고 보기 어려우므로, 위 게시행위가 을과 병의 저작인격권을 침해하지도 않는다고 한 사례이다.

모바일 게임을 개발하여 출시한 경우 저작권을 침해한다는 이유로 침해행위 금지 등을 구한 사안

매치-3-게임(match-3-game) 형식의 모바일 게임을 개발하여 출시한 갑 외국회사가 을 주식회사를 상대로, 을 회사가 출시한 모바일 게임이 갑 회사의 저작권을 침해한다는 이유로 침해행위 금지 등을 구한 사안에서, 갑 회사의 게임물이 선행 게임물과 확연히 구별되는 창작적 개성을 갖추고 있으므로 저작물로서 보호 대상이 될 수 있고, 을 회사의 게임물은 갑 회사의 게임물의 창작적인 표현형식을 그대로 포함하고 있으므로 실질적으로 유사하다고 볼 수 있는데도, 이와 달리 본 원심판단에 법리오해 등의 잘못이 있다고 한 사례

【참조조문】

저작권법 제123조 제1항

제123조(침해의 정지 등 청구)
① 저작권 그 밖에 이 법에 따라 보호되는 권리(제25조·제31조·제75조·제76조·제76조의2·제82조·제83조 및 제83조의2의 규정에 따른 보상을 받을 권리를 제외한다. 이하 이 조에서 같다)를 가진 자는 그 권리를 침해하는 자에 대하여 침해의 정지를 청구할 수 있으며, 그 권리를 침해할 우려가 있는 자에 대하여 침해의 예방 또는 손해배상의 담보를 청구할 수 있다.

저작권법 제125조 제1항, 제4항

제125조(손해배상의 청구)

① 저작재산권 그 밖에 이 법에 따라 보호되는 권리(저작인격권 및 실연자의 인격권을 제외한다)를 가진 자(이하 "저작재산권자등"이라 한다)가 고의 또는 과실로 권리를 침해한 자에 대하여 그 침해행위에 의하여 자기가 받은 손해의 배상을 청구하는 경우에 그 권리를 침해한 자가 그 침해행위에 의하여 이익을 받은 때에는 그 이익의 액을 저작재산권자등이 받은 손해의 액으로 추정한다..

④ 등록되어 있는 저작권, 배타적발행권(제88조 및 제96조에 따라 준용되는 경우를 포함한다), 출판권, 저작인접권 또는 데이터베이스제작자의 권리를 침해한 자는 그 침해행위에 과실이 있는 것으로 추정한다.

해 설

매치-3-게임(match-3-game) 형식의 모바일 게임을 개발하여 출시한 갑 외국회사가 을 주식회사를 상대로, 을 회사가 출시한 모바일 게임이 갑 회사의 저작권을 침해한다는 이유로 침해행위 금지 등을 구한 사안에서, 갑 회사의 게임물은 개발자가 축적된 게임 개발 경험과 지식을 바탕으로 게임물의 성격에 비추어 필요하다고 판단된 요소들을 선택하여 나름대로의 제작 의도에 따라 배열·조합함으로써, 개별 구성요소의 창작성 인정 여부와 별개로 특정한 제작 의도와 시나리오에 따라 기술적으로 구현된 주요한 구성요소들이 선택·배열되고 유기적인 조합을 이루어 선행 게임물과 확연히 구별되는 창작적 개성을 갖추고 있으므로 저작물로서 보호 대상이 될 수 있고, 을 회사의 게임물은 갑 회사의 게임물 제작 의도와 시나리오가 기술적으로 구현된 주요한 구성요소들의 선택과 배열 및 유기적인 조합에 따른 창작적인 표현형식을 그대로 포함하고 있으므로, 양 게임물은 실질적으로 유사하다고 볼 수 있는데도, 이와 달리 본 원심판단에 법리오해 등의 잘못이 있다.

- **작년에 숙박업소를 인수 받아서 운영하고 있는데, 제가 몰랐던 불법 소프트웨어 프로그램을 누군가 불법으로 촬영하여 신고를 하였습니다. 불법 소프트웨어 프로그램이 설치된 컴퓨터의 사용료를 내야 하나요?**

➡ 저작권 침해로 인한 손해배상과 같은 경우는 법원의 판단을 받아 보아야 하는 경우가 많기 때문에 법원의 판단을 받아보시기 바랍니다.

현재의 상황을 정리해보자면 2016년 숙박업소를 인수하셨고 저작권자가 모 법무법인을 통해 그 숙박업소에 설치되어 있던 컴퓨터 PC에 저작권을 위반한 프로그램이 깔려 있는 것을 이유로 합의금을 요구하고 계시는 상황으로 생각되며 합의금을 지급하지 않으면 민사소송을 제기하겠다고 하는 상황으로 보입니다.

저작권자는 그의 저작물을 복제할 권리를 가지기 때문에(저작권법 제16조) 저작권자의 동의 없이 저작물을 복제 하는 것은 저작권자의 저작재산권을 침해하는 것으로서 위법합니다.

귀하가 숙박업소를 인수한 시점이 2016년이고 문제되는 프로그램이 위 PC들에 설치된 시점이 201*년인 점, 위 PC들이 공용장소에 설치되어 있어 그 사용자를 특정할 수 없는 점 등을 고려한다면 귀하에게 저작권 침해의 책임을 물을 수 있을지 의문이 듭니다.

이미 PC들을 타에 처분하여 보유하고 있지 않은 점까지 고려하여 본다면 설령 저작권 침해가 인정된다 하더라도 그로 인하여 발생한 손해액이 얼마인지는 상대방이 입증해야 하는 문제가 됩니다.

저작권 침해로 인한 손해배상과 같은 경우에는 실제로 법원의 판단을 받아 보아야 하는 경우가 많기 때문에 상대방이 요구하는 금액을 지급하지 마시고, 상대방의 소제기에 응하여 법원의 판단을 받아보시기 바랍니다.

■ 인터넷에서 쇼핑몰을 운영하고 있습니다. 그런데 쇼핑몰의 이미지를 도용하여서 SNS 등을 통해 이미지를 복사하여 판매를 하고 있는데 이를 어떻게 해야 하나요?

➡ 저작권 침해 정지를 청구할 수 있으며 손해배상의 담보를 청구할 수 있습니다.

귀하 쇼핑몰에서 직접 이미지컷을 제작하였다면 귀하께서는 해당 이미지컷의 저작권자라고 할 수 있습니다. 따라서 저작권자로서 저작물을 스스로 이용하거나 다른 사람이 이용할 수 있도록 허락함으로써 경제적 이익을 올릴 수 있는 재산권이 있습니다.

저작권 그 밖에 「저작권법」에 따라 보호되는 권리(저작물의 이용에 따른 보상을 받을 권리 제외)를 가진 자는 저작권 등을 침해하는 자에 대해 그 침해의 정지를 청구할 수 있으며, 그 권리를 침해할 우려가 있는 자에 대해 침해의 예방 또는 손해배상의 담보를 청구할 수 있습니다(「저작권법」 제123조 제1항). 또한 긴급한 조치가 필요할 경우 가처분을 신청하실 수도 있습니다.

상대방의 고의나 과실로 저작권이 침해되면 저작권자는 권리 자체의 교환가치 하락, 저작물 판매량의 감소, 저작물 가격의 저하, 신용훼손 등으로 재산적, 정신적 손해를 입게 됩니다. 이 경우 저작권자는 「민법」에 따라 손해배상을 청구할 수 있습니다.

저작재산권 그 밖에 「저작권법」에 따라 보호되는 재산적 권리(데이터베이스 제작자의 권리는 제외)를 복제, 공연, 공중송신, 전시, 배포, 대여, 2차적저작물 작성의 방법으로 침해한 경우에는 5년 이하의 징역 또는 5천만원 이하의 벌금에 처하거나 이를 병과할 수 있습니다(「저작권법」 제136조 제1항 제1호).

문화체육관광부장관은 온라인상에서 불법복제물이 전송되는 경우 저작권보호심의위원회의 심의를 거쳐 온라인서비스제공자에게 경고 또는 전송중단을 명할 수 있으며, 명령에도 불구하고 계속적으로 온라인 불법복제물이 전송되는 경우에는 온라인서비스제공자에게 게시판 정지를 명하거나 불법전송자에 대해 계정정지를 명할 수 있습니다(「저작권법」 제133조의2).

■ 제 홈페이지에 있는 글을 다른 사이트에서 허락도 없이 복사하여 올려 놓았습니다. 상대방을 처벌할 수 있나요?

➡ 당사자 간에 원만한 해결이 이루어지지 않는 경우에는 한국저작권위원회 [http://www.copyright.or.kr, 전화 (서울)02-2669-0010, (경상남도)055-792-0000]를 통해 홈페이지에 실린 글도 창작물로 볼 수 있는지 여부, 저작권의 권리 침해 및 구제 방안 등에 대해 자세한 상담을 받아 보시기 바랍니다.

상담결과 법적 보호가치가 있다고 판단이 되고 사법처벌을 원하는 경우에는 피해사실 및 저작권심의조정위원회 상담내용 등을 자세히 기재하여 신고해 주시기 바라며, 복사되어 올려진 게시글(물)의 화면갈무리 등 관련 증빙자료를 확보하여 사건담당자에게 제출하시기 바랍니다.

■ 인터넷 어플리케이션을 운영하면서 자기의 어플리케이션에서 타인의 어플리케이션으로 이동할 수 있도록 링크한 경우 저작권법에 위반되나요?

➡ 인터넷 어플리케이션의 경우에도 인터넷 사이트와 마찬가지로 타인의 어플리케이션으로 이동하도록 링크한 행위만으로는 저작권법에 위반하지 않는다고 보았습니다. 따라서 처벌되지는 않을 것으로 보입니다.

저작권법에서 '저작물'은 인간의 사상 또는 감정을 표현한 창작물을 말하고. 저작물의 '복제'는 '인쇄·사진촬영·복사·녹음·녹화 그 밖의 방법으로 일시적 또는 영구적으로 유형물에 고정하거나 다시 제작하는 것'을 말합니다(저작권법 제2조 2호, 22호). 한편, 원저작물을 번역·편곡·변형·각색·영상제작 그 밖의 방법으로 작성한 창작물을 2차적 저작물이라 하며 2차적 저작물 역시 저작권법에 의하여 독자적 저작물로서 보호됩니다(저작권법 제5조). 저작재산권, 그 밖에 이 법에 따라 보호되는 재산적 권리를 복제, 공연, 공중송신, 전시, 배포, 대여, 2차적 저작물 작성의 방법으로 침해한 자는 저작권법에 의하여 처벌됩니다(저작권법 제136조 1항 1호).

사안의 경우 모바일어플리케이션을 만들면서 타인이 만든 어플리케이션을 그대로 연결시키는 행위가 타인의 저작물을 복제, 전시한 것이라고 보거나, 타인의 저작물에 대해 2차적 저작물을 만든 것으로 볼 수 있는지가 문제됩니다. 대법원 판례는 어플리케이션이 아닌 인터넷 사이트의 경우 다른 사이트를 링크한 행위가 저작권법에 위반되지는 않는다고 판시한바 있습니다.

한편 사안과 유사한 사례에서 판례는 "인터넷 링크(Internet link)는 인터넷에서 링크하고자 하는 웹페이지나, 웹사이트 등의 서버에 저장된 개개의 저작물 등의 웹 위치 정보 내지 경로를 나타낸 것에 불과하여, 비록 인터넷 이용자가 링크 부분을 클릭함으로써 링크된 웹페이지나 개개의 저작물에 직접 연결한다 하더라도, 이는 저작권법 제2조 제22호에 규정된 '유형물에 고정하거나 유형물로 다시 제작하는 것'에 해당하지 아니하고, 같은 법 제19조에서 말하는 '유형물을 진열하거나 게시하는 것'에도 해당하지 아니한다(대법원 2010. 3. 11. 선고 2009다4343 판결 등 참조). 또한 위와 같은 인터넷 링크의 성질에 비추어 보면 인터넷 링크는 링크된 웹페이지나 개개의 저작물에 새로운 창작성을 인정할 수 있을 정도로 수정·증감을 가하는 것에 해당하지 아니하므로 2차적저작물 작성에도 해당하지 아니한다. 이러한 법리는 이른바 모바일 애플리케이션

(Mobile application)에서 인터넷 링크(Internet link)와 유사하게 제3자가 관리·운영하는 모바일 웹페이지로 이동하도록 연결하는 경우에도 마찬가지이다(대법원 2016. 5. 26. 선고 2015도16701 판결)."라고 판시하여 인터넷 어플리케이션의 경우에도 인터넷 사이트와 마찬가지로 타인의 어플리케이션으로 이동하도록 링크한 행위만으로는 저작권법에 위반하지 않는다고 보았습니다. 따라서 甲은 저작권법위반으로 처벌되지는 않을 것으로 보입니다.

■ **기존 대중음악을 컴퓨터용 음악으로 편곡한 2차 저작물을 무단 판매한 경우에도 저작권법위반으로 처벌되는지요?**

➡ **편곡된 컴퓨터 음악을 판매한 경우라 하더라도 2차적 저작물을 판매한 것으로 평가되므로 처벌될 것으로 보입니다.**

저작권법 제5조 제1항 은 원저작물을 번역·편곡·변형·각색·영상제작 그 밖의 방법으로 작성한 창작물(이하 '2차적 저작물'이라 한다)은 독자적인 저작물로서 보호된다고 규정하고 있습니다. 따라서 원 저작물인 기존 대중음악을 컴퓨터 음악으로 편곡한 乙의 저작물 또한 독자적인 2차적 저작물로 볼 수 있으므로 이를 판매한 甲의 행위가 저작권법에 위반된다고 쉽게 판단할 수 있는 것처럼 보입니다.

그러나 2차적 저작물로 보호를 받기 위하여는 원저작물을 기초로 하되 원저작물과 실질적 유사성을 유지하고, 이것에 사회통념상 새로운 저작물이 될 수 있을 정도의 수정·증감을 가하여 새로운 창작성이 부가되어야 하는 것이며, 원저작물에 다소의 수정·증감을 가한 데 불과하여 독창적인 저작물이라고 볼 수 없는 경우에는 저작권법에 의한 보호를 받을 수 없다는 것이 일반적인 학계의 견해 및 판례의 태도입니다. 그러므로 乙이 만든 컴퓨터 음악이 원 음악을 단순히 수정?증감한 것을 넘어 독창적인 저작물로 인정되는지에 따라 甲에 대한 처벌유무가 달라질 것입니다.

판례는 사안과 유사안 사례에서 "피해자가 이 사건 공소사실 별지목록 기재의 대중가요 184곡을 컴퓨터를 이용하여 연주할 수 있도록 컴퓨터용 음악으로 편곡{여기서 편곡이라 함은 컴퓨터를 이용하여 음악을 연주할 수 있도록 해 주는 컴퓨터 프로그램이 작동될 때 그 프로그램에 입력 인 자로 사용될 자료(data)를 미리 약속된 규칙 내에서 작성자의 취향에 따 라 다양하게 배열하여 만드는 일련의 과정을 말하는 의미로 사용하였다} 하였는데, 그러한 편곡을 위하여는 컴퓨터음악과 관련 컴퓨터 프로그램에 대한 높은 수준의 이해는 물론 시간적으로도 상당한 노력이 요구되고, 편곡자의 독특한 방법과 취향이 그 편곡된 컴퓨터음악에 반영되어 편곡 의 차별성과 독창성이 인정되므로 피해자가 편곡한 위 184곡은 원곡을 단순히 컴퓨터음악용 곡으로 기술적으로 변환한 정도를 넘어 고도의 창 작적 노력이 개입되어 작성된 것으로 저작권법에 의하여 보호될 가치가 있는 2차적 저작물에 해당한다(대법원 2002. 1. 25. 선고 99도863 판 결)."라고 판단하였습니다.

따라서 편곡된 컴퓨터 음악을 판매한 甲의 경우라 하더라도 2차적 저작 물을 판매한 것으로 평가되므로 저작권법에 위반되어 처벌될 것으로 보 입니다.

Ⅳ. 범죄사실기재례

범죄사실기재례 → 유사프로그램 제작

피의자 ○○○는 평소에 컴퓨터 프로그래밍에 관심이 있어 프로그래밍을 공부하면서 20○○. ○○. 경 시중에 판매되고 있는 ○○사의 ○○프로그램 소스를 분석하게 되었다. 그리하여 ○○사의 프로그램과 유사한 프로그램으로 개작하였다.

피의자가 제작한 ○○프로그램은 위 ○○프로그램과 매우 유사한 기능과 외형을 갖춘 것으로 위 ○○사의 저작재산권을 침해하였다.

범죄사실기재례 → 프로그램 불법복사

피의자 ○○○는 20○○. ○○. ○○. 경부터 20○○. ○○. ○○. 경까지 피의자의 집에서 컴퓨터 및 DVD 복제시설을 설치하였다. 그리고 이를 통해 피해자 ○○미디어 등 ○○개 업체의 상용 소프트웨어 ○○○개와 음란 DVD타이틀 ○○개를 위 ○○미디어 등 ○○개 업체의 허락을 받지 않고 임의로 복제하여 판매함으로써 위 ○○미디어 등 ○○개 업체의 저작재산권을 침해하였다.

범죄사실기재례 → 프로그램 무단유포

피의자 ○○○는 ○○시 ○○구 ○○길 ○○에 있는 ○○○○사가 운영하는 인터넷 공개자료실 게시판에 피해자 □□□□회사가 저작권자로서 개발한 상용 프로그램인 '☆☆☆☆☆'을 압축 파일로 압축하여 위 ☆☆☆☆☆프로그램에 대한 설명서과 함께 등록하였다.

□□□□회사는 ☆☆☆☆☆프로그램을 20○○. ○○. ○○.자로 한국컴퓨터프로그램보호협회에 등록(등록번호 20○○-123456)하였었고, 이에 20○○. ○○. ○○. ○○:○○에 □□□□회사가 ○○○○사의 위 게시판에서 ☆☆☆☆☆프로그램이 등록되어 있는 것을 발견하고 항의하는 글을 게시하자 같은 날 ○○:○○에 ○○○○사는 게시판을 폐쇄하는 조치를 취하였다. 그러나 프로그램 집계상 이미 ○○○○명의 이용자들이 ☆☆☆☆☆프로그램을 내려 받게 함으로 □□□□회사의 저작재산권을 침해하였다.

범죄사실기재례 → 미니홈피를 통해 음악저작권을 다운로드한 경우

피의자는 자신이 가입한 www.○○○○.com 사이트에서 미니홈피서비스를 사용하면서 20○○. ○. ○.부터 20○○. ○. ○.경까지 위 미니홈피에서 음악권자의 사용승인을 받지 않고 불특정 다수의 방문자들에게 정혜경 작사, 김○○ 작곡의 "남행열차" 등의 가요를 다운로드 하도록 하여 저작자의 저작재산권을 침해하였다.

범죄사실기재례 → 카세프테이프를 불법복제하여 판매한 경우

피의자는 20○○. ○. ○.경부터 20○○. ○. ○.경까지 사이에 같은 동 ○○번지에 있는 피의자의 집에서 카세트테이프의 복제시설을 설치해 놓고 가수 송○○이 취입한 대중가요 '○○' 외 5종 약 800개를 위 송○○의 허락을 받지 아니하고 임의로 복제하여 판매함으로써 위 송○○의 저작재산권을 침해하였다.

제3절 개인 · 위치정보 침해

> - 정보통신망(컴퓨터 시스템)을 통하여, 디지털 자료화되어 저장된 타인의 개인정보를 침해·도용·누설하는 범죄로,
> - 정보통신망(컴퓨터 시스템)을 통하여, 이용자의 동의를 받지 않거나 속이는 행위 등으로 다른 사람의 개인·위치정보를 불법적으로 수집·이용·제공한 경우도 포함한다.
> - 속이는 행위(피싱)로 타인의 개인정보를 수집한 경우에도 사기의 실행의 착수에 나아가지 않은 경우 개인정보침해에 해당한다.

Ⅰ. 개요

쇼핑·오락·교육·행정·금융업무 등 생활전반이 온라인을 통해 이루어짐에 따라 온라인에서 개인의 성명·주민등록번호·주소 및 전화번호 등과 같은 개인 정보의 중요성은 점점 커지고 있다. 개인정보침해 범죄의 심각성은 단순히 개인정보가 유출된 것으로 끝나는 것이 아니라 유출된 개인정보가 다른 범죄에 사용될 수 있다는 것에 있으며 이러한 개인정보는 범죄의 표적이 되고 있다. 개인정보는 재화로서의 가치를 갖고 유통되기도 하기 때문에 법에서는 정보통신서비스제공자가 이용자의 동의 없이 개인정보를 수집하는 경우나 개인정보를 취급하거나 취급하였던 자가 개인정보를 타인에게 누설하거나 제공하는 경우 등과 같은 조직적인 개인정보침해행위도 규제하고 있다.

또한, 개인정보침해로써 개인의 위치정보 침해가 있다. 이는 정보통신망(컴퓨터 시스템)을 통하여, 디지털 자료화되어 저장된 타인의 개인정보를 침해·도용·누설하는 범죄로, 정보통신망(컴퓨터 시스템)을 통하여 이용자의 동의를 받지 않거나 속이는 행위 등으로 다른 사람의 개인 위치정보를 불법적으로 수집·이용·제공한 경우도 포함한다. 아울러 속이는 행위(피싱)로 타인의 개인정보를 수집한 경우에도 사기의 실행의 착수에 나아가지 않은 경우 개인정보침해에 해당한다.

1. 개인정보보호법에서 개인정보를 수집·아용할 수 있는 경우는 다음과 같다.

① 정보주체의 동의를 받은 경우

② 법률에 특별한 규정이 있거나 법령상 의무를 준수하기 위하여 불가피한 경우

③ 공공기관이 법령 등에서 정하는 소관 업무의 수행을 위하여 불가피한 경우

④ 정보주체와의 계약의 체결 및 이행을 위하여 불가피하게 필요한 경우

⑤ 정보주체 또는 그 법정대리인이 의사표시를 할 수 없는 상태에 있거나 주소불명 등으로 사전 동의를 받을 수 없는 경우로서 명백히 정보주체 또는 제3자의 급박한 생명, 신체, 재산의 이익을 위하여 필요하다고 인정되는 경우

⑥ 개인정보처리자의 정당한 이익을 달성하기 위하여 필요한 경우로서 명백하게 정보주체의 권리보다 우선하는 경우. 이 경우 개인정보처리자의 정당한 이익과 상당한 관련이 있고 합리적인 범위를 초과하지 아니하는 경우에 한 한다.

2. 예방수칙

① 회원가입 또는 개인정보를 제공할 때에는 개인정보처리방침 및 약관을 꼼꼼히 확인

② 회원가입 시 비밀번호를 (타인이 유추하기 어렵도록) 영문/숫자/특수기호 등을 조합하여 8자리 이상으로 설정

③ 가입한 사이트에 (타인이 자신인 것처럼 로그인하기 어렵도록) 비밀번호를 주기적으로 변경

④ 가급적 안전성이 높은 주민번호 대체수단(아이핀:i-PIN)으로 회원가입을 하고, 꼭 필요하지 않은 개인정보는 입력 지양

※ 아이핀(i-PIN)은 인터넷상 개인식별번호로, 대면확인이 어려운 온라인에서 주민등록번호 대신 본인확인을 할 수 있는 수단임.

본인 확인 필요 시 식별 ID와 비밀번호 이용해 본인확인, 다수 본인확인

기관에서 사용 중

⑤ 명의도용확인 서비스를 이용해 가입정보 확인, 정보 도용 차단

　※ 엠세이퍼(www.msafer.or.kr)에서 가능하며, 크레딧뱅크
　　(www.creditbank.co.kr), 사이렌24(www.siren24.com),
　　마이크레딧(www.mycredit.com)등의 사이트에서도 가능

⑥ ID, 비밀번호, 주민번호 등 개인정보는 친구나 다른 사람에게 절대 알려
　주지 않을 것

⑦ P2P로 제공하는 공유폴더에 개인정보 파일이 저장되지 않도록 주의

⑧ 금융거래 시 신용카드와 같은 금융정보는 암호화 하여 저장하고, PC방
　등 공유PC 및 개방 환경에서 이용 지양

⑨ 출처가 불명확한 자료는 다운로드 금지

⑩ 개인정보가 유출된 경우 해당 사이트 관리자에게 삭제 요청, 적극적으로
　개인정보 침해 신고 활용

　※ 한국인터넷진흥원 개인정보침해신고센터(www.privacy.kisa.or.kr)활용

Ⅱ. 관련판례

판례 1

> 정보통신망 이용촉진 및 정보보호 등에 관한 법률 제49조에
> 정한 '타인의 비밀'의 의미

> 정보통신망 이용촉진 및 정보보호 등에 관한 법률 제49조에
> 서 말하는 타인의 비밀이란 일반적으로 알려져 있지 않은 사
> 실로서 이를 다른 사람에게 알리지 않는 것이 본인에게 이익
> 이 있는 것을 의미한다.

【참조조문】

정보통신망 이용촉진 및 정보보호 등에 관한 법률 제49조

> 제49조(비밀 등의 보호)
> 누구든지 정보통신망에 의하여 처리·보관 또는 전송되는 타인의
> 정보를 훼손하거나 타인의 비밀을 침해·도용 또는 누설하여서는
> 아니 된다.[전문개정 2008.6.13]

형법 제20조

> 제20조(정당행위)
> 법령에 의한 행위 또는 업무로 인한 행위 기타 사회상규에 위배
> 되지 아니하는 행위는 벌하지 아니한다.

【참조판례】

> 대법원 2006. 3. 24. 선고 2005도7309 판결(공2006상, 773)
> 대법원 2012. 1. 12. 선고 2010도2212 판결
> 대법원 2012. 12. 13. 선고 2010도10576 판결(공2013상, 199)

해 설

　정보통신망 이용촉진 및 정보보호 등에 관한 법률 제49조에서 말하는 타인의 비밀이란 일반적으로 알려져 있지 않은 사실로서 이를 다른 사람에게 알리지 않는 것이 본인에게 이익이 있는 것을 의미한다(대법원 2006. 3. 24. 선고 2005도7309 판결 참조).

　급여명세는 단순히 개인의 사생활의 비밀 내지 평온에 그치는 것이 아니라 이를 다른 사람에게 알리지 않는 것이 그들에게 이익이 있는 것으로서 급여명세서는 위 법에서 규정하는 타인의 비밀에 해당하고, 피고인이 위 급여명세서를 소송계속 중인 사건에 증거자료로 제출한 것은 비밀보유자 이외의 제3자에게 그 내용을 알려주는 것으로서 비밀의 누설에 해당하며, 비록 피고인이 위 급여명세서를 제출함에 있어 공소외인 등의 이름 및 소속 등을 일부 삭제하였다 하더라도 이는 제3자에 대하여 그 비밀보유자가 누구인지를 인식하기에 어렵게 하였을 뿐 그 비밀보유자의 의사에 반하여 급여명세서가 제출된 이상 그러한 자료의 가공이 비밀누설죄의 성립에 영향을 미치지 않는다고 판단하였는바, 앞서 본 법리와 기록에 비추어 살펴보면, 위와 같은 원심의 사실인정과 판단은 정당하고, 거기에 상고이유로 주장하는 바와 같은 타인의 비밀에 관한 법리오해의 위법이 없다.

　한편, 형법 제20조에 정하여진 '사회상규에 위배되지 아니하는 행위'라 함은, 법질서 전체의 정신이나 그 배후에 놓여 있는 사회윤리 내지 사회통념에 비추어 용인될 수 있는 행위를 말하므로, 어떤 행위가 정당행위에 해당하기 위해서는 그 행위의 동기나 목적의 정당성, 행위의 수단이나 방

법의 상당성, 보호법익과 침해법익과의 법익균형성, 긴급성, 그 행위 외에 다른 수단이나 방법이 없다는 보충성 등의 요건을 갖추어야 한다. 따라서 피고인이 공소외인 등의 급여번호와 비밀번호를 무단히 이용하여 학교법인의 정보통신망에 보관중인 급여명세서를 열람·출력하는 행위가 상당성이 있다고 보기 어려운 점, 피고인이 공소외인 등의 급여명세서를 위와 같은 방법으로 입수하여야 할 긴급한 상황에 있었다고 보기도 어려운 점, 다른 수단이나 방법에 의하더라도 피고인이 의도한 소송상의 입증목적을 충분히 달성할 수 있다고 보이는 점 등을 종합하여 보면, 피고인의 이 사건 비밀침해 및 누설행위가 사회상규에 반하지 않는 정당행위에 해당한다고 볼 수도 없다.

인터넷 사이트 카페에 있는 개인정보 파일 업로드

인터넷 사이트 카페에 개인정보가 담겨 있는 '특정 종교 교인 명단' 파일을 업로드 하여 다른 회원들로 하여금 다운로드 받아 볼 수 있게 함으로써 정보통신망에 의하여 처리·보관 또는 전송되는 타인의 비밀을 침해·도용 또는 누설하였다는 내용으로 기소된 사안에서, 피고인의 행위가 정보통신망 이용촉진 및 정보보호 등에 관한 법률 제49조에 규정된 타인의 비밀 누설 등에 해당하지 않는다는 이유로 무죄를 선고한 원심판단을 수긍한 사례

제2장
정보
통신망
이용범죄

구 정보통신망 이용촉진 등에 관한 법률(2001. 1. 16. 법률 제6360호로 전문 개정되기 전의 것) 제22조[현행 정보통신망 이용촉진 등에 관한 법률 제49조]에서 말하는 '타인의 비밀'이란 일반적으로 알려져 있지 않은 사실로서 이를 다른 사람에게 알리지 않는 것이 본인에게 이익이 있는 것을 의미한다.

【참조조문】

정보통신망 이용촉진 및 정보보호 등에 관한 법률 제49조

제49조(비밀 등의 보호)
누구든지 정보통신망에 의하여 처리·보관 또는 전송되는 타인의 정보를 훼손하거나 타인의 비밀을 침해·도용 또는 누설하여서는 아니 된다. [전문개정 2008.6.13]

【참조판례】

법원 2006. 3. 24. 선고 2005도7309 판결(공2006상, 773)
대법원 2012.12.13, 선고, 2010도10576, 판결

해 설

　　정보통신망 이용촉진 및 정보보호 등에 관한 법률(이하 '정보통신망법' 이라 한다)은 제49조(이하 '이 사건 조항'이라 한다)에서 "누구든지 정보 통신망에 의하여 처리·보관 또는 전송되는 타인의 정보를 훼손하거나 타 인의 비밀을 침해·도용 또는 누설하여서는 아니 된다."고 규정하는 한편, 제71조 제11호에서 '제49조를 위반하여 타인의 정보를 훼손하거나 타인의 비밀을 침해·도용 또는 누설한 자'를 5년 이하의 징역 또는 5천만 원 이 하의 벌금에 처하도록 규정하고 있다. 이 사건 조항에 규정된 '정보통신망 에 의하여 처리·보관 또는 전송되는 타인의 비밀 누설'이란 타인의 비밀에 관한 일체의 누설행위를 의미하는 것이 아니라, 정보통신망에 의하여 처 리·보관 또는 전송되는 타인의 비밀을 정보통신망에 침입하는 등의 부정 한 수단 또는 방법으로 취득한 사람이나, 그 비밀이 위와 같은 방법으로 취득된 것임을 알고 있는 사람이 그 비밀을 아직 알지 못하는 타인에게 이를 알려주는 행위만을 의미하는 것으로 제한하여 해석함이 타당하다. 이 러한 해석이 아래에서 살필 형벌법규의 해석 법리, 정보통신망법의 입법 목적과 규정 체제, 이 사건 조항의 입법 취지, 비밀 누설행위에 대한 형사 법의 전반적 규율 체계와의 균형 및 개인정보 누설행위에 대한 정보통신 망법 제28조의2 제1항과의 관계 등 여러 사정에 비추어 이 사건 조항의 본질적 내용에 가장 근접한 체계적·합리적 해석이기 때문이다.

가. 형벌법규는 문언에 따라 엄격하게 해석·적용하여야 하고 피고인에게 불리한 방향으로 지나치게 확장해석하거나 유추해석 하여서는 아니 되나, 형벌법규를 해석하면서 가능한 문언의 의미 내에서 해당 규정

의 입법 취지와 목적 등을 고려한 법률체계적 연관성에 따라 그 문언의 논리적 의미를 분명히 밝히는 체계적·논리적 해석방법은 그 규정의 본질적 내용에 가장 접근한 해석을 위한 것으로서 죄형법정주의 원칙에 부합한다(대법원 2007. 6. 14. 선고 2007도2162 판결, 대법원 2012. 9. 13. 선고 2010도17153 판결 등 참조).

나. 정보통신망법은 '정보통신망의 이용을 촉진하고 정보통신서비스를 이용하는 자의 개인정보를 보호함과 아울러 정보통신망을 건전하고 안전하게 이용할 수 있는 환경을 조성하여 국민 생활의 향상과 공공복리의 증진에 이바지함'을 입법 목적으로 하면서(제1조), 제2장과 제3장에 정보통신망의 이용촉진을 위한 규정들을, 제4장과 제5장에 정보통신서비스를 이용하는 자의 개인정보 보호를 위한 규정들을, 제6장에 정보통신망의 안정성과 정보의 신뢰성 확보를 위한 규정들을 두고 있다. 이 사건 조항은 제6장에 속해 있으므로 이 사건 조항을 해석할 때에도 정보통신망의 안정성과 정보의 신뢰성 확보라는 입법 취지를 충분히 고려하여야 한다. 따라서 정당한 방법으로 정보통신망을 이용한 결과 취득하게 된 타인의 비밀을 누설하였다 하더라도, 이는 이 사건 조항의 입법 취지인 정보통신망의 안정성과 정보의 신뢰성 확보와 무관하므로 이러한 행위까지 이 사건 조항의 처벌대상으로 삼는 것은 그 입법 취지에 비추어 처벌범위를 지나치게 넓히는 결과가 되어 부당하다.

다. 한편 비밀 누설행위에 대한 우리 형사법 전체의 규율 체계에 비추어 보아도, 이 사건 규정을 위와 같이 제한하여 해석함이 타당하다. 즉, 우리 형법은 제127조 공무상 비밀누설죄의 '공무원 또는 공무원이었던 자' 또는 제317조 업무상 비밀누설죄의 '의사, 한의사, 치과의사, 약제사, 약종상, 조산사, 변호사, 변리사, 공인회계사, 공증인, 대서업자나 그 직무상 보조자 또는 차등(此等)의 직에 있던 자'와 같이 제한된 범위의 행위 주체에게 특별히 비밀유지의무를 부과한 후 그 위반행위를 처벌하고 있을 뿐 일반적으로 타인의 비밀을 누설하는 행위를 처벌하지 않고 있다(정보통신망법 제66조, 전기통신사업법 제83조

제2항 등도 같은 방식으로 비밀 누설행위를 처벌하고 있다). 또한 형법 제316조 비밀침해죄에서는 이 사건 조항과 마찬가지로 행위 주체에게 특별히 비밀유지의무를 부과하고 있지는 않지만 사람의 편지, 문서, 도화 또는 전자기록 등 특수매체기록에 대한 '봉함 기타 비밀장치'의 효과를 제거하는 경우에만 비로소 형사처벌의 대상으로 삼고 있다. 그 밖에 우편물의 검열이나 전기통신의 감청 등을 금지하고 있는 통신비밀보호법 제3조 및 전기통신사업자가 취급 중인 통신의 비밀을 침해하거나 누설하는 행위를 금지하고 있는 전기통신사업법 제83조 제1항도 모두 부정한 수단이나 방법으로 취득한 타인의 비밀을 누설하는 행위를 처벌대상으로 삼고 있을 뿐, 통신 또는 대화의 당사자가 그 상대방으로부터 정당한 방법으로 취득한 타인의 비밀을 누설하는 행위를 처벌대상으로 삼고 있지 않다. 이처럼 우리 형사법이 정당한 방법으로 취득한 타인의 비밀을 누설하는 행위를 처벌하고 있지 않음에도, 유독 누설 대상 비밀이 정보통신망에 의하여 처리·보관 또는 전송되는 것이라는 이유만으로 정당한 방법으로 취득한 비밀에 대하여도 그 누설행위를 이 사건 규정의 처벌대상으로 삼아야 할 합리적 근거를 발견할 수 없다.

라. 또한 정보통신망법은 제28조의2 제1항에서 "이용자의 개인정보를 취급하고 있거나 취급하였던 자는 직무상 알게 된 개인정보를 훼손·침해 또는 누설하여서는 아니 된다."고 규정하는 한편, 제71조 제5호에서 '제28조의2 제1항을 위반하여 이용자의 개인정보를 훼손·침해 또는 누설한 자'를 이 사건 조항의 위반자에 대한 법정형과 마찬가지로 5년 이하의 징역 또는 5천만 원 이하의 벌금에 처하도록 규정하고 있다. 이처럼 개인정보의 누설행위에 대하여는 이 사건 조항의 비밀 누설행위와는 달리 '이용자의 개인정보를 취급하고 있거나 취급하였던 자'라는 제한된 범위의 행위 주체에게 특별히 개인정보에 대한 비밀유지의무를 부과한 후 비로소 그 위반행위를 처벌하고 있다. 그런데 이 사건 조항에 규정된 '타인의 비밀'이란 '일반적으로 알려지지 않은 사실로서 이를 다른 사람에게 알리지 않는 것이 본인에게 이익

이 있는 것'을 의미하므로(대법원 2006. 3. 24. 선고 2005도7309 판결 참조), 만약 이 사건 조항의 비밀 누설행위를 위와 같이 제한하여 해석하지 않는다면 정보통신망법 제28조의2 제1항이 개인정보 누설행위를 '이용자의 개인정보를 취급하고 있거나 취급하였던 자'에 한하여 처벌하도록 한 취지는 몰각되어 버린다.

피고인이 자신이 운영하는 인터넷 사이트의 카페에 개인정보가 담겨 있는 '○○○ 교인 명단'을 업로드하여 다른 회원들로 하여금 다운로드받아 볼 수 있게 함으로써 정보통신망에 의하여 처리·보관 또는 전송되는 타인의 비밀을 침해·도용 또는 누설하였다는 것이다.

이에 대하여 원심은, 정보통신망법 제49조에 규정된 '정보통신망에 의하여 처리·보관 또는 전송되는 타인의 비밀 침해·도용 또는 누설'이란 정보통신망을 침해하는 방법 등으로 정보통신망에 의하여 처리·보관 또는 전송되는 타인의 정보를 침해하거나 그렇게 침해된 정보를 도용 또는 누설하는 것을 의미한다고 전제한 다음, 이 사건 공소사실에는 위 명단의 작성자나 그 취득 경위가 적시되어 있지 않고, 위 명단은 피고인이 성명 불상의 대학동창으로부터 이메일로 전달받은 것일 뿐이며, 설령 위 명단이 타인의 비밀에 해당하여 보호를 받을 필요성이 인정된다 하더라도 위 명단이 원래 정보통신망에 의하여 처리·보관 또는 전송되던 것을 정보통신망을 침해하는 방법 등으로 이 사건 명단의 작성자나 관리자의 승낙 없이 취득한 것이라는 점을 인정할 증거가 없는 이상, 피고인의 행위가 정보통신망법 제49조에 규정된 정보통신망에 의하여 처리·보관 또는 전송되는 타인의 비밀을 침해·도용 또는 누설한 경우에 해당한다고 볼 수 없다는 이유로 피고인에게 무죄를 선고하였다.

원심판결 이유를 앞서 본 법리와 기록에 비추어 살펴보면, 원심의 위와 같은 판단은 수긍이 가고, 거기에 상고이유 주장과 같이 정보통신망법 제71조 제11호, 제49조 소정의 비밀누설죄에 관한 법리를 오해하는 등의 위법이 없다.

판례 3

개인정보 누설 등

정보통신서비스 제공자인 피고인들이 요금정산을 위하여 수집한 개인정보를 그와 다른 목적으로 이용하였다는 내용으로 기소된 사안에서, 이들이 '광고문자 전송'에 사용한 고객들의 휴대전화번호가 '요금정산'을 위해 수집한 전화번호라고 인정할 수 없다고 하여 무죄를 선고한 원심판단을 수긍한 사례

'요금정산을 위하여 이용자의 동의 없이 수집한 개인정보를 그와 다른 목적으로 이용하였다'는 공소사실을 '이용자의 동의를 얻어 수집한 개인정보를 그 동의 받은 목적과 다른 목적으로 이용하였다'는 범죄사실로 인정하는 경우 피고인의 방어권 행사에 실질적인 불이익을 초래할 염려가 있다는 이유로, 공소장 변경 없이 위 공소사실이 유죄로 인정되어야 한다는 취지의 검사의 상고이유 주장을 배척한 사례

【참조조문】

개인정보보호법 제15조 제2항

제22조(개인정보의 수집·이용 동의 등)
② 개인정보처리자는 제1항제1호에 따른 동의를 받을 때에는 다음 각 호의 사항을 정보주체에게 알려야 한다. 다음 각 호의 어느 하나의 사항을 변경하는 경우에도 이를 알리고 동의를 받아야 한다.
1. 개인정보의 수집·이용 목적
2. 수집하는 개인정보의 항목
3. 개인정보의 보유·이용 기간
4. 동의를 거부할 권리가 있다는 사실 및 동의 거부에 따른 불이익이 있는 경우에는 그 불이익의 내용

정보통신망 이용촉진 및 정보보호 등에 관한 법률 제75조

제75조(양벌규정)

법인의 대표자나 법인 또는 개인의 대리인, 사용인, 그 밖의 종업원이 그 법인 또는 개인의 업무에 관하여 제71조부터 제73조까지 또는 제74조제1항의 어느 하나에 해당하는 위반행위를 하면 그 행위자를 벌하는 외에 그 법인 또는 개인에게도 해당 조문의 벌금형을 과(科)한다. 다만, 법인 또는 개인이 그 위반행위를 방지하기 위하여 해당 업무에 관하여 상당한 주의와 감독을 게을리하지 아니한 경우에는 그러하지 아니하다.

형사소송법 제254조

제254조(공소제기의 방식과 공소장)

① 공소를 제기함에는 공소장을 관할법원에 제출하여야 한다.

② 공소장에는 피고인수에 상응한 부본을 첨부하여야 한다.

③ 공소장에는 다음 사항을 기재하여야 한다.

    1. 피고인의 성명 기타 피고인을 특정할 수 있는 사항

    2. 죄명

    3. 공소사실

    4. 적용법조

④ 공소사실의 기재는 범죄의 시일, 장소와 방법을 명시하여 사실을 특정할 수 있도록 하여야 한다.

⑤ 수개의 범죄사실과 적용법조를 예비적 또는 택일적으로 기재할 수 있다.

형사소송법 제307조

제307조(증거재판주의)

① 사실의 인정은 증거에 의하여야 한다.

② 범죄사실의 인정은 합리적인 의심이 없는 정도의 증명에 이르러야 한다.

형사소송법 제325조

> 제325조(무죄의 판결)
>   피고사건이 범죄로 되지 아니하거나 범죄사실의 증명이 없는 때
> 에는 판결로써 무죄를 선고하여야 한다.

형사소송법 제298조

> 제298조(공소장의 변경)
> ① 검사는 법원의 허가를 얻어 공소장에 기재한 공소사실 또는
>   적용법조의 추가, 철회 또는 변경을 할 수 있다. 이 경우에
>   법원은 공소사실의 동일성을 해하지 아니하는 한도에서 허
>   가하여야 한다.
> ② 법원은 심리의 경과에 비추어 상당하다고 인정할 때에는 공소
>   사실 또는 적용법조의 추가 또는 변경을 요구하여야 한다.
> ③ 법원은 공소사실 또는 적용법조의 추가, 철회 또는 변경이 있
>   을 때에는 그 사유를 신속히 피고인 또는 변호인에게 고지하여
>   야 한다.
> ④ 법원은 전3항의 규정에 의한 공소사실 또는 적용법조의 추가,
>   철회 또는 변경이 피고인의 불이익을 증가할 염려가 있다고 인
>   정한 때에는 직권 또는 피고인이나 변호인의 청구에 의하여 피
>   고인으로 하여금 필요한 방어의 준비를 하게 하기 위하여 결정
>   으로 필요한 기간 공판절차를 정지할 수 있다.

【참조판례】

> 대법원 2007. 12. 27. 선고 2007도4749 판결(공2008상, 176)
> 대법원 2010. 4. 29. 선고 2010도2414 판결(공2010상, 1087)

개인정보를 정보통신서비스이용자에게 고지하거나 정보통신서비스이용
약관에 명시한 범위를 넘어 이용하였다는 점에 관하여 보건대, 원심이 인
정한 사실관계에 의하면, 피고인 2 주식회사는 가입신청서 또는 개통확인
서에 포함된 안내문에서 고객만족프로그램(서비스 만족도 조사, 상품소개)
등의 목적으로 개인정보 수집에 관한 동의를 받거나 피고인 2 주식회사
약관을 통하여 법에 따라 서비스계약의 승낙 및 이행에 필요한 최소한의
고객 정보를 고객에게 요청할 수 있도록 하되 세부사항은 피고인 2 주식
회사 홈페이지에 게시한다는 점을 가입자에게 고지한 바 있고, 피고인 2
주식회사 인터넷 홈페이지에 개인정보 수집 및 활용 목적으로 '고객만족
프로그램(서비스 만족도 조사, 상품소개, ○○○○멤버스카드 소개 등)',
상품명 '○○○○멤버스카드 소개', 업체명 '공소외 1 주식회사'라는 내용
을 추가하여 기재함으로써 정보통신서비스이용자에게 위 사실을 고지하였
으며, 이에 근거하여 공소외 1 주식회사에게 고객만족프로그램의 일환으
로 멤버스카드의 소개 등을 위탁하였음을 알 수 있고, 멤버스카드가 단순
한 신용카드가 아니라 ○○TV, 전화 가입이나 요금 할인 등 피고인 2 주
식회사의 고객 혜택에 관련된 내용이 포함되어 있는 멤버십카드의 성격을
가지는 점을 감안하여 보면, 검사가 제출한 증거들만으로 피고인 2 주식
회사가 법 제22조와 제24조에 규정한 범위를 넘어 개인정보를 이용하였다
고 보기 어렵고, 달리 이를 인정할 증거가 없다.

또한, 개인정보를 제3자에게 제공하였다는 점에 관하여 보건대, 원심이
인정한 제반사정을 종합하면, 공소외 1 주식회사는 법 제24조에서 규정하
는 '제3자'가 아니라 피고인 2 주식회사를 위하여 피고인 2 주식회사의
일부 업무를 위탁받아 수행하는 '수탁자'로서의 지위를 가진다고 할 것이
고, 달리 검사가 제출하는 증거들만으로는 피고인 2 주식회사가 제3자에
게 개인정보를 제공하였다는 점을 인정할 증거가 없다.

(1) 개인정보를 정보통신서비스이용자에게 고지하거나 정보통신서비스이용
약관에 명시한 범위를 넘어 이용하였다는 점

살피건대, 앞서 인정한 사실관계에 의하여 인정되는 다음과 같은 사
정 즉, 피고인 2 주식회사는 가입신청서 또는 개통확인서에 포함된
안내문에서 '고객만족프로그램(서비스 만족도 조사, 상품소개 등)' 등
의 목적으로 개인정보를 수집 및 이용하겠다는 점을 기재하여 가입
고객들로부터 이에 대한 동의를 받았으나, 이후 공소외 2 은행과의
업무제휴계약에 대한 법률자문결과 '제공한 개인정보를 신용카드 회
원모집에 활용한다는 데에 대한 동의' 등이 추가로 필요하다는 것을
알게 되자, 비로소 피고인 2 주식회사 인터넷 홈페이지의 개인정보보
호방침에 개인정보 수집 및 활용목적으로 '고객만족프로그램(서비스
만족도 조사, 상품소개, ○○○○멤버스카드 소개 등)', 상품명 '○○
○○멤버스카드 소개', 업체명 '공소외 1 주식회사'라는 내용을 추가
하여 고지한 점, 멤버스카드에는 ○○TV, 전화 가입이나 요금 할인
등 피고인 2 주식회사의 고객 혜택에 관련된 내용이 포함되어 있으
나 기본적으로는 신용카드에 해당하여 당초의 개인정보 제공에 대한
동의 당시 고객들이 예상한 목적 범위를 넘어서는 것으로 보이는 점
등을 종합하여 볼 때, 피고인 2 주식회사가 ○○○○ 고객들로부터
가입 신청을 받을 당시 개인정보의 수집 및 이용목적으로 고지하거
나 정보통신서비스이용약관에 명시한 '고객만족프로그램'에 '○○○○
멤버스카드 소개'가 당연히 포함되는 것으로 보기 어렵고, 그렇다면
이 사건 공소사실 기재와 같이 고객들의 개인정보를 멤버스카드 회
원모집에 활용한 것은 법 제22조 제2항의 규정에 의한 고지의 범위
또는 정보통신서비스이용약관에 명시한 범위를 넘어 이용한 것에 해
당하므로, 원심의 이 부분 판단에는 법리를 오해하여 판결에 영향을
미친 위법이 있다고 할 것이고, 이 점을 지적하는 검사의 주장은 이
유 있다.

이에 대하여 피고인들은, 법 제24조 제1항 소정의 약관이란 개별고
객의 가입 당시의 약관에 한정되는 것이 아니라, 이후 변경된 약관을
당연히 포함하는 것이고, 정보통신산업은 현재 사회의 여러 산업들
중에서도 가장 변화가 빨리 이루어지는 분야로, 끊임없이 새로운 상

품이나 서비스가 개발되는 분야의 특성을 감안할 때, 가입자로부터 동의를 받는 시점에 향후 미래에 출시될 모든 상품이나 서비스 등을 예측하여 약관에 이를 일일이 열거하는 것이 불가능할 뿐만 아니라, 가입 시 고지되었던 약관의 내용에 변경이 생긴 경우 그 변경내용에 대하여 다시 개별적으로 고지하여 동의를 받도록 하는 것은 현실성이 없으므로, 사후 인터넷 홈페이지에 그와 같은 내용을 게시한 것만으로 충분하다는 취지로 주장한다.

그러나 법 제24조 제1항을 제22조 제1항, 제2항과 함께 문리적, 체계적으로 해석하면, 제24조 제1항은 정보통신서비스제공자가 당해 이용자의 동의(이는 제22조 제1항의 개인정보 수집에 대한 동의가 아니라 제22조 제2항의 규정에 의한 고지의 범위 또는 정보통신서비스이용약관의 명시 범위를 넘어 개인정보를 이용하거나 제3자에게 제공하는 것 자체에 대한 별도의 동의를 뜻한다) 없이, 또 같은 항 각호의 1에 해당하는 경우가 아님에도 제22조 제2항의 규정에 의하여 같은 조 제1항에 의한 동의를 얻기 위하여 '미리' 고지한 범위 또는 정보통신서비스이용약관에 명시한 범위를 넘어 개인정보를 이용하거나 제3자에게 제공하는 행위를 금지하는 취지로서, 피고인들의 주장과 같이 사후에 정보통신서비스이용약관이 변경된 경우에는 변경된 정보통신서비스이용약관을 기준으로 제24조 제1항의 위반 여부를 판단하여야 한다고 볼 수는 없고(현행 정보통신망 이용촉진 및 정보보호 등에 관한 법률 제22조 제1항 단서는 정보통신서비스 제공자가 개인정보의 수집·이용목적 등의 일정한 사항을 변경하려는 경우에도 그 사항을 이용자에게 알리고 동의를 받아야 한다고 명시하고 있을 뿐이지, 정보통신서비스이용약관의 변경만으로 개인정보의 수집·이용목적 등의 사항 변경이 가능하다고 규정하고 있지는 아니하다), 나아가 정보통신서비스이용약관에 범위를 명시하는 것이나 정보통신서비스이용약관의 변경에 대하여 개별적 동의를 받는 것이 현실적으로 곤란하다는 사정만으로 그러한 변경절차에 이용자들의 동의가 불필요하다고 볼 수도 없으므로, 위와 같은 피고인들의 주장은 이유 없다.

(2) 개인정보를 제3자에게 제공하였다는 점

살피건대, 이 사건 증거들을 기록에 비추어 면밀히 검토해 보면, 원심이 그 판시와 같은 이유를 들어 공소외 1 주식회사는 법 제24조에서 규정하는 '제3자'가 아니라 피고인 2 주식회사를 위하여 피고인 2 주식회사의 일부 업무를 위탁받아 수행하는 '수탁자'로서의 지위를 가진다고 판단한 조처는 정당한 것으로 수긍이 되고, 원심의 이 부분 판단에 법리를 오해하여 판결에 영향을 미친 위법이 있다고 보이지 않으므로, 이 점을 지적하는 검사의 주장은 이유 없다.

판례 4

택배업무 종사자의 개인정보 유추사안에서 법인의 책임

택배회사와 택배위수탁계약을 체결하고 위 회사로부터 위탁받은 택배화물을 고객들에게 운송하는 일을 담당한 공소외인이 위 회사가 관리하는 개인정보를 유출한 사안에서, 위 공소외인은 정보통신망 이용촉진 및 정보보호 등에 관한 법률 제66조에 정한 '법인의 사용인이 법인의 업무에 관하여' 위반행위를 한 것이고, 위 회사가 위 공소외인의 위반행위를 방지하기 위하여 당해 업무에 대하여 상당한 주의와 감독을 하였다고 보기 어려워 위 회사 역시 형사책임을 면할 수 없다고 한 사례

【참조조문】

개인정보보호법 제15조 제2항

제15조(개인정보의 수집·이용)

② 개인정보처리자는 제1항제1호에 따른 동의를 받을 때에는 다음 각 호의 사항을 정보주체에게 알려야 한다. 다음 각 호의 어느 하나의 사항을 변경하는 경우에도 이를 알리고 동의를 받아야 한다.

1. 개인정보의 수집·이용 목적
2. 수집하려는 개인정보의 항목
3. 개인정보의 보유 및 이용 기간
4. 동의를 거부할 권리가 있다는 사실 및 동의 거부에 따른 불이익이 있는 경우에는 그 불이익의 내용

정보통신망 이용촉진 및 정보보호 등에 관한 법률 제66조

제66조(비밀유지 등)

다음 각 호의 어느 하나에 해당하는 업무에 종사하는 자 또는 종사하였던 자는 그 직무상 알게 된 비밀을 타인에게 누설하거나 직무 외의 목적으로 사용하여서는 아니 된다. 다만, 다른 법률에 특별한 규정이 있는 경우에는 그러하지 아니하다.

1. 삭제 〈2011.3.29〉

2. 제47조에 따른 정보보호 관리체계 인증 업무

2의2. 삭제 〈2020.2.4〉

3. 제52조제3항제4호에 따른 정보보호시스템의 평가 업무

4. 삭제 〈2012.2.17.〉

5. 제44조의10에 따른 명예훼손 분쟁조정부의 분쟁조정 업무

사건사례

피고인은 화물운송업 등을 목적으로 설립된 법인인바, 20○○. ○○. ○○.경 ○○시(이하 주소 생략)에 있는 공소외 1 운영의 △△홈쇼핑 사무실에서, 피고인과 택배위수탁계약을 맺은 피고인의 사용인 공소외 2가 공소외 1과 택배계약을 체결하면서, 피고인이 제품의 배송을 위하여 정보통신서비스제공자인 주식회사(회사명 생략)로부터 제공받은 고객들의 전화번호, 주소 등 개인정보를 공소외 1의 홍삼음료 텔레마케팅 업무에 사용하도록 그에게 제공하는 대신 공소외 2는 공소외 1이 판매한 홍삼음료 배송을 독점적으로 맡기로 약정을 한 후, 20○○. ○○. ○○.경 ○○시 ○○구(이하 주소 생략)에 있는 피고인의 부평영업소 사무실에서 피고인의 통합택배정보시스템에 접속을 하여 약 10만명의 개인정보를 공소외 2의 컴퓨터에 다운로드 받아 CD에 저장한 후 그 CD를 공소외 1에게 제공한 것을 비롯하여, 20○○. ○○. 초순경, 20○○. ○○. 말경, 20○○. ○○. 경, 20○○. ○○. 중순경, 20○○. ○○. 중순경, 20○○. ○○. 초순경, 20○○. ○○. 중순경, 20○○. ○○. 초순경, 20○○. ○○. ○○.경 각 같

은 장소에서 같은 방법으로 각 약 10만명의 개인정보를 공소외 1에게 제공하는 등 총 10회에 걸쳐 이용자 약 100만명의 개인정보를 정보통신서비스제공자로부터 제공받은 목적 외의 용도로 공소외 1에게 제공하였다.

해 설 ●

(1) 공소외 2가 피고인의 사용자인지 여부에 관하여

양벌규정에 있어서 법인의 사용인 그 밖의 종업원에는 법인과 고용계약이 체결되어 근무하는 자 뿐만 아니라 법인의 사업경영과정에 있어서 직접 또는 간접적으로 법인의 통제, 감독하에 그 사업에 종사하는 자도 포함된다고 할 것이다(대법원 1987. 11. 10. 선고 87도1213 판결, 1993. 5. 14. 선고 93도344 판결, 2003. 6. 10. 선고 2001도2573 판결 등 참조).

이 사건에서 보건대, 앞서 본 바와 같이 피고인은 각 업체나 개인으로부터 물품배송의뢰를 받아 물품을 배송하는 전산업무 등을 총괄하고, 직접적인 물품배송업무는 전국에 있는 각 영업소가 택배위수탁계약에 따라 수행하며, 피고인이 공소외 2와 택배위수탁계약을 맺어 그에게 피고인 □□영업소 명칭 및 로고를 사용하게 하여 주었고, 통합택배정보시스템 전산망을 이용하여 피고인이 관리하는 모든 고객의 정보를 볼 수 있게 하고 그 정보를 이용하여 자신의 택배업무를 하도록 하였으며, 부분적으로 피고인의 콜센터 역할을 부여하였고, 그 외에 일정한 유지의무를 부과하고, 영업목표를 할당하고 영업실적을 월별로 관리하여 그에 따라 영업활동을 축소하거나 계약갱신을 거부하는 등 하여 왔다면, 비록 피고인과 공소외 2 사이에 고용계약이 체결되어 있지 아니하여 공소외 2가 형식상 피고인의 직원 혹은 종업원의 지위를 갖지 아니하고, 공소외 2가 피고인과는 독립된 사업자로 관할 세무서에 등록하고 세금을 납부하여 왔다고 하더라도, 공소외 2는 객관적 외형상으로 보아 피고인의 위임을 받아 피고인의 업무를 처리하는 자의 지위에 있고, 또한 피고인이 공소외 2를 자신의 업무에 사용하며 그를 직접, 간접적으로 통제하고 있었다고 할 것이므로, 공소외 2는 양벌규정에 있어서 피고인의 사용인에 해당한다고 봄이 상당하다.

(2) 업무관련성에 관하여

살피건대, 양벌규정에 있어서 법인의 업무라 함은 객관적 외형상으로 법인의 업무에 해당하는 행위이면 족하고, 그 행위가 법인 내부의 결재를 밟지 아니하였거나 그 행위의 동기가 행위자 혹은 제3자의 이익을 위한 것이라고 하더라도 무방하다고 할 것이며(대법원 1992. 8. 18. 선고 92도1395 판결, 2002. 1. 25. 선고 2001도5595 판결 등 참조), 위반행위가 업무행위 자체인 경우뿐만 아니라, 위반행위의 동기 또는 원인이 업무와 관련이 있는 경우까지 포함한다고 할 것인바, 이 사건의 경우, 앞서 본 바와 같이 공소외 2가 공소외 1로부터 그가 판매하는 물품의 배송을 독점적으로 맡을 경제적 목적하에 피고인이 관리하는 개인정보를 유출한 것이라면, 위반행위의 동기가 업무와 관련이 있는 경우라고 할 것이므로, 공소외 2가 '피고인의 업무에 관하여' 위반행위를 하였다고 봄이 상당하다.

(3) 면책사유에 관하여

법인의 사용인이 법인의 업무에 관하여 위반행위를 한 때에는 그 행위자를 처벌하는 외에 법인도 처벌하도록 한 규정은 엄격한 무과실책임은 아니라 하더라도 그 과실의 추정을 강하게 하는 한편, 그 입증책임도 법인에게 부과함으로써 양벌규정의 실효를 살리자는 데 그 목적이 있다고 할 것인바(대법원 1980. 3. 11. 선고 80도138 판결, 1992. 8. 18. 선고 92도1395 판결, 2002. 1. 25. 선고 2001도5595 판결 등 참조), 앞서 본 바와 같이 피고인이 공소외 2로 하여금 통합택배정보 시스템에 접근할 수 있는 권한을 부여하고, 배송업무와 관련하여 콜센터의 역할까지 하도록 한 이상 택배위수탁계약 체결시 공소외 2의 자격 등을 자체적으로 심사하였고, 위 계약상 고객의 정보 등에 대하여 비밀유지의무를 규정하였으며, 그에 대한 다짐과 각서를 받았다고 하더라도 그와 같은 일반적이고 추상적인 감독을 하였다거나, 공소외 2가 피고인에게 알리지 않고 혼자 위반행위를 하였다는 사정만으로는 피고인이 사용인의 위반행위를 방지하기 위하여 당해 업무에 대하여 상당한 주의와 감독을 한 것이 증명되었다고 할 수 없으므로, 피고인에게 형사책임을 지울 수 없다고도 할 수 없다.

판례 5

개인정보를 처리하는 자가 수집한 개인정보가 정보주체의 의사에 반하여 유출된 경우(1)

개인정보를 처리하는 자가 수집한 개인정보가 정보주체의 의사에 반하여 유출된 경우, 그로 인하여 정보주체에게 위자료로 배상할 만한 정신적 손해가 발생하였는지 판단하는 기준 및 불법행위로 입은 정신적 고통에 대한 위자료 액수의 산정이 사실심 법원의 재량 사항인지 여부(적극)

【참조조문】

민법 제751조

제751조(재산 이외의 손해의 배상)
① 타인의 신체, 자유 또는 명예를 해하거나 기타 정신상고통을 가한 자는 재산 이외의 손해에 대하여도 배상할 책임이 있다.
② 법원은 전항의 손해배상을 정기금채무로 지급할 것을 명할 수 있고 그 이행을 확보하기 위하여 상당한 담보의 제공을 명할 수 있다.

해 설

개인정보를 처리하는 자가 수집한 개인정보가 정보주체의 의사에 반하여 유출된 경우, 그로 인하여 정보주체에게 위자료로 배상할 만한 정신적 손해가 발생하였는지는 유출된 개인정보의 종류와 성격이 무엇인지, 개인정보 유출로 정보주체를 식별할 가능성이 발생하였는지, 제3자가 유출된 개인정보를 열람하였는지 또는 제3자의 열람 여부가 밝혀지지 않았다면 제3자의 열람 가능성이 있었거나 앞으로 열람 가능성이 있는지, 유출된 개인정보가 어느 범위까지 확산되었는지, 개인정보 유출로 추가적인 법익 침해 가능성이 발생하였는지, 개인정보를 처리하는 자가 개인정보를 관리해 온 실태와 개인정보가 유출된 구체적인 경위는 어떠한지, 개인정보 유출로 인한 피해 발생 및 확산을 방지하기 위하여 어떠한 조치가 취하여졌는지 등 여러 사정을 종합적으로 고려하여 구체적 사건에 따라 개별적으로 판단하여야 한다. 또한 불법행위로 입은 정신적 고통에 대한 위자료 액수에 관하여는 사실심 법원이 제반 사정을 참작하여 그 직권에 속하는 재량에 의하여 확정할 수 있다.

판례 6

> 개인정보를 처리하는 자가 수집한 개인정보가 정보주체의
> 의사에 반하여 유출된 경우(2)

> 개인정보를 처리하는 자가 수집한 개인정보가 정보주체의 의
> 사에 반하여 유출된 경우, 정보주체에게 위자료로 배상할 만한
> 정신적 손해가 발생하였는지 판단하는 기준

【참조조문】

민법 제751조

> 제751조(재산 이외의 손해의 배상)
> ① 타인의 신체, 자유 또는 명예를 해하거나 기타 정신상고통을
> 가한 자는 재산 이외의 손해에 대하여도 배상할 책임이 있다.
> ② 법원은 전항의 손해배상을 정기금채무로 지급할 것을 명
> 할 수 있고 그 이행을 확보하기 위하여 상당한 담보의 제
> 공을 명할 수 있다.

해 설

개인정보를 처리하는 자가 수집한 개인정보가 정보주체의 의사에 반하
여 유출된 경우, 그로 인하여 정보주체에게 위자료로 배상할 만한 정신적
손해가 발생하였는지는, 유출된 개인정보의 종류와 성격이 무엇인지, 개인
정보 유출로 정보주체를 식별할 가능성이 발생하였는지, 제3자가 유출된
개인정보를 열람하였는지 또는 제3자의 열람 여부가 밝혀지지 않았다면
제3자의 열람 가능성이 있었거나 앞으로 열람 가능성이 있는지, 유출된
개인정보가 어느 범위까지 확산되었는지, 개인정보 유출로 추가적인 법익
침해 가능성이 발생하였는지, 개인정보를 처리하는 자가 개인정보를 관리

해 온 실태와 개인정보가 유출된 구체적인 경위는 어떠한지, 개인정보 유출로 인한 피해 발생 및 확산을 방지하기 위하여 어떠한 조치가 취하여졌는지 등 여러 사정을 종합적으로 고려하여 구체적 사건에 따라 개별적으로 판단하여야 한다(대법원 2012. 12. 26. 선고 2011다59834, 59858, 59841 판결 등 참조). 또한 불법행위로 입은 정신적 고통에 대한 위자료 액수에 관하여는 사실심 법원이 여러 사정을 참작하여 그 직권에 속하는 재량에 의하여 확정할 수 있다.

판례 7

정보통신망 이용촉진 및 정보보호 등에 관한 법률 제48조 제
1항의 '정당한 접근권한'에 관한 판단 기준

[1] 구 정보통신망 이용촉진 및 정보보호 등에 관한 법률(2007. 1. 26. 법률
제8289호로 개정되기 전의 것) 제48조 제1항은 이용자의 신뢰 내지 그의
이익을 보호하기 위한 규정이 아니라 정보통신망 자체의 안정성과 그 정
보의 신뢰성을 보호하기 위한 것으로, 위 규정에서 접근권한을 부여하거
나 허용되는 범위를 설정하는 주체는 정보통신서비스 제공자라 할 것이
므로, 정보통신서비스 제공자로부터 권한을 부여받은 계정 명의자가 아닌
제3자가 정보통신망에 접속한 경우 그에게 위 접근권한이 있는지 여부는
정보통신서비스 제공자가 부여한 접근권한을 기준으로 판단하여야 한다

[2] 구 정보통신망 이용촉진 및 정보보호 등에 관한 법률(2007. 1. 26. 법률
제8289호로 개정되기 전의 것) 제48조 제1항, 제49조, 제62조 제6호의
규정 및 해석론에 따르면, '위 법 제49조의 규정을 위반하여 타인의 정보
를 훼손한 행위'에 해당하는지 여부를 판단할 때 그 전제가 되는 정보의
귀속은 정보통신서비스 제공자에 의하여 그 접근권한이 부여되거나 허용
된 자가 누구인지에 따라 정해져야 할 것이고, 이는 정보통신서비스 제공
자가 정한 인터넷온라인 게임 이용약관상 계정과 비밀번호 등의 관리책
임 및 그 양도나 변경의 가부, 그에 필요한 절차와 방법 및 그 준수 여
부, 이용약관에 따른 의무를 이행하지 않았을 경우 행해질 수 있는 조치
내용, 캐릭터 및 아이템 등 게임정보에 관한 이용약관상 소유관계 등 여
러 사정을 종합적으로 고려하여야 한다.

[3] 인터넷온라인 게임인 '○○○'의 이용자이자 계정 개설자 겸 명의자가 자
신의 계정을 양도한 이후 그 계정을 현재 사용 중인 전전양수인이 설정
해 둔 비밀번호를 변경하여 접속을 불가능하게 한 사안에서, 위 계정에
대한 구 정보통신망 이용촉진 및 정보보호 등에 관한 법률(2007. 1. 26.

법률 제8289호로 개정되기 전의 것)상 정당한 접근권한자가 누구인지를 밝혀 같은 법 제49조의 위반 여부를 판단하였어야 함에도 그 인정사실만으로 유죄라고 판단한 원심판결에 법리오해 및 심리미진의 위법이 있다고 한 사례.

【참조조문】

정보통신망 이용촉진 및 정보보호 등에 관한 법률 제48조 제1항

제48조(정보통신망 침해행위 등의 금지)
① 누구든지 정당한 접근권한 없이 또는 허용된 접근권한을 넘어 정보통신망에 침입하여서는 아니 된다.

정보통신망 이용촉진 및 정보보호 등에 관한 법률 제49조

제49조(비밀 등의 보호)
누구든지 정보통신망에 의하여 처리·보관 또는 전송되는 타인의 정보를 훼손하거나 타인의 비밀을 침해·도용 또는 누설하여서는 아니 된다. [전문개정 2008.6.13]

정보통신망 이용촉진 및 정보보호 등에 관한 법률 제71조 제11호

제71조(벌칙)
다음 각 호의 어느 하나에 해당하는 자는 5년 이하의 징역 또는 5천만원 이하의 벌금에 처한다.
11. 제49조를 위반하여 타인의 정보를 훼손하거나 타인의 비밀을 침해·도용 또는 누설한 자

【참조판례】

대법원 2005. 11. 25. 선고 2005도870 판결(공2006상, 71)

해 설

1. 구 정보통신망 이용촉진 및 정보보호 등에 관한 법률(2007. 1. 26. 법률 제8289호로 일부 개정되기 전의 것, 이하 '정보통신망법'이라고 한다) 제48조 제1항은 "누구든지 정당한 접근권한 없이 또는 허용된 접근권한을 초과하여 정보통신망에 침입하여서는 아니 된다"고 규정하고 있고, 정보통신망법 제49조는 "누구든지 정보통신망에 의하여 처리·보관 또는 전송되는 타인의 정보를 훼손하거나 타인의 비밀을 침해·도용 또는 누설하여서는 아니 된다"고 규정하고 있으며, 정보통신망법 제62조[현행법 제71조 제1항 제11호]는 "다음 각 호의 어느 하나에 해당하는 자는 5년 이하의 징역 또는 5천만 원 이하의 벌금에 처한다."고 하면서 제11호에서 "제49조를 위반하여 타인의 정보를 훼손하거나 타인의 비밀을 침해·도용 또는 누설한 자"를 규정하고 있다. 한편 정보통신망법 제48조 제1항은 이용자의 신뢰 내지 그의 이익을 보호하기 위한 규정이 아니라 정보통신망 자체의 안정성과 그 정보의 신뢰성을 보호하기 위한 것으로, 위 규정에서 접근권한을 부여하거나 허용되는 범위를 설정하는 주체는 정보통신서비스 제공자라 할 것이므로, 정보통신서비스 제공자로부터 권한을 부여받은 계정 명의자가 아닌 제3자가 정보통신망에 접속한 경우 그에게 위 접근권한이 있는지 여부는 정보통신서비스 제공자가 부여한 접근권한을 기준으로 판단하여야 한다(대법원 2005. 11. 25. 선고 2005도870 판결 참조).

위와 같은 관계 법령의 규정 및 해석론에 따르면, '정보통신망법 제49조의 규정을 위반하여 타인의 정보를 훼손한 행위'에 해당하는지 여부를 판단함에 있어 그 전제가 되는 정보의 귀속은 정보통신서비스 제공자에 의하여 그 접근권한이 부여되거나 허용된 자가 누구인지에 따라 정해져야 할 것이고, 이는 정보통신서비스 제공자가 정한 인터넷온라인 게임 이용약관상 계정과 비밀번호 등의 관리책임 및 그 양도나 변경의 가부, 그에 필요한 절차와 방법 및 그 준수 여부, 이용약관에 따른 의무를 이행하지 않았을 경우 행해질 수 있는 조치 내용, 캐릭터 및 아이템 등 게임정보에 관한 이용약관상 소유관계 등 여러 사정을 종합적으로 고려하여야 한다.

나아가 형벌법규 해석에 있어 법률문언의 통상적인 의미를 벗어나지 않는 한 그 법률의 입법취지와 목적, 입법연혁 등을 고려한 목적론적 해석이 배제되는 것은 아니지만, 형벌법규의 해석은 엄격하여야 하고 명문규정의 의미를 피고인에게 불리한 방향으로 지나치게 확장해석하거나 유추해석 하는 것은 죄형법정주의의 원칙에 어긋나는 것으로서 허용되지 않는 점도 그 해석에 있어 고려되어야 한다(대법원 2006. 5. 12. 선고 2005도6525 판결, 대법원 2009. 12. 10. 선고 2009도3053 판결 등 참조).

2. 원심판결 이유에 의하면, 원심은 그 판시와 같은 이유를 들어, 이 사건 인터넷온라인 게임의 이용자이자 계정 개설자 겸 명의자인 피고인이 자신의 계정을 양도한 이후 그 계정을 현재 사용 중인 전전양수인이 설정해 둔 비밀번호를 변경한 행위가 '정보통신망법 제49조의 규정을 위반하여 타인의 정보를 훼손한 행위'에 해당한다는 제1심판결을 그대로 유지하여 피고인의 항소를 기각하였다.

3. 그러나 원심의 이러한 판단은 위 법리에 비추어 그대로 수긍하기 어렵다. 원심판결 이유 및 기록에 의하면, 피고인이 20○○. ○○. ○○. 공소외 1에게 인터넷온라인 게임인 ○○○의 계정 및 캐릭터를 유상으로 양도하면서 계정포기각서를 작성하여 교부한 사실, 그 후 공소외 1은 공소외 2에게 이를 양도하였고, 공소외 2는 20○○. ○○. 중순경 공소외 3에게 다시 이를 유상으로 양도한 사실, 공소외 3은 위 양수 후 자신의 이메일로 비밀번호를 변경한 사실, 피고인은 20○○. ○○. ○○. 계정 설정 당시 사용하였던 신용카드를 사용하여 초기화한 다음 비밀번호를 변경하여 공소외 3의 접속을 불가능하게 한 사실을 알 수 있

다. 그러나 더 나아가 위 게임의 이용약관상 피고인의 이러한 유상 양도행위가 허용되는지 여부, 위 계정에 대한 정당한 접근권한이 피고인으로부터 공소외 3에게로 적법하게 이전되었는지 여부 등을 알 수 있는 자료는 없다.

그렇다면 원심으로서는 앞서 본 법리 및 관계 법령에 비추어 위 게임의 이용약관에 따른 계정의 변경가능 여부, 비밀번호의 관리책임 및 변경의 주체·방법, 이용자가 자신의 계정 및 캐릭터 등을 제3자에게 이용하게 하거나 양도하는 행위가 허용되어 있는지 여부, 이용자가 이용약관에 따른 의무를 이행하지 않았을 경우 행해질 수 있는 조치내용, 캐릭터 및 아이템 등 게임정보에 관한 소유관계 등을 면밀히 따져 본 다음, 그에 기초하여 위 계정에 대한 정보통신망법상 정당한 접근권한자가 누구인지를 밝혀 과연 피고인의 행위가 '정보통신망법 제49조의 규정을 위반하여 타인의 정보를 훼손한 행위'에 해당하는지 여부를 판단하였어야 할 것이다. 그럼에도 불구하고 그 인정 사실만으로 이 사건 공소사실이 유죄라고 판단한 원심판결에는 위 범죄구성요건에 관한 법리를 오해하여 범죄의 성립에 필요한 심리를 다하지 아니한 위법 등이 있다. 따라서 이를 지적하는 상고이유의 주장은 이유 있다.

> 정보통신망 이용촉진 및 정보보호 등에 관한 법률에서 말하는
> '비밀누설' 행위의 의미와 방법

> 　　자신의 뇌물수수 혐의에 대한 결백을 주장하기 위하여 제
> 3자로부터 사건 관련자들이 주고받은 이메일 출력물을 교부받
> 아 징계위원회에 제출한 사안에서, 이메일 출력물 그 자체는
> 정보통신망 이용촉진 및 정보보호 등에 관한 법률에서 말하는
> '정보통신망에 의하여 처리·보관 또는 전송되는' 타인의 비밀
> 에 해당하지 않지만, 이를 징계위원회에 제출하는 행위는 '정
> 보통신망에 의하여 처리·보관 또는 전송되는 타인의 비밀'인
> 이메일의 내용을 '누설하는 행위'에 해당한다고 본 사례

[1] 정보통신망 이용촉진 및 정보보호 등에 관한 법률에서 말하는 비밀
의 '누설'이란 비밀을 아직 알지 못하는 타인에게 이를 알려주는 행
위를 말하고, 그 방법에 제한이 있다고 볼 수 없으므로 구두의 고
지, 서면에 의한 통지 등 모든 방법이 가능하다.

[2] 구 정보통신망 이용촉진 및 정보보호 등에 관한 법률(2007. 12. 21.
법률 제8778호로 개정되기 전의 것) 제62조 제6호[현행법 제71조
제1항 제6호] 소정의 '타인의 비밀누설' 행위의 주체와 관련하여, 동
법 제1조는 "이 법은 정보통신망의 이용을 촉진하고 정보통신서비
스를 이용하는 자의 개인정보를 보호함과 아울러 정보통신망을 건
전하고 안전하게 이용할 수 있는 환경을 조성함으로써 국민생활의
향상과 공공복리의 증진에 이바지함을 목적으로 한다."고 규정하고
있는 점, 동법 제49조가 '누구든지'라고 규정하여 '타인의 비밀 누
설' 행위의 주체를 제한하고 있지 않고, 비밀의 침해행위와는 별도

로 도용, 누설행위를 금지하고 있는 점, 비밀의 '누설'이란 비밀을 아직 알지 못하는 타인에게 이를 알려주는 행위를 말하고, 그 방법에 제한이 없는 점 등에 비추어 보면, '정보통신망에 의하여 처리·보관 또는 전송되는 타인의 비밀'을 정보통신망으로부터 직접 취득하지 아니하고 제3자를 통하여 취득한 사람이라 하더라도 그 정을 알면서 그 비밀을 알지 못하는 제3자에게 이를 알려 준 경우에는 위 법 제49조, 제62조 제6호[현행법 제71조 제1항 제6호] 소정의 타인의 비밀누설죄가 성립한다.

[3] 자신의 뇌물수수 혐의에 대한 결백을 주장하기 위하여 제3자로부터 사건 관련자들이 주고받은 이메일 출력물을 교부받아 징계위원회에 제출한 사안에서, 이메일 출력물 그 자체는 정보통신망 이용촉진 및 정보보호 등에 관한 법률에서 말하는 '정보통신망에 의하여 처리·보관 또는 전송되는' 타인의 비밀에 해당하지 않지만, 이를 징계위원회에 제출하는 행위는 '정보통신망에 의하여 처리·보관 또는 전송되는 타인의 비밀'인 이메일의 내용을 '누설하는 행위'에 해당한다고 본 사례.

【참조조문】

정보통신망 이용촉진 및 정보보호 등에 관한 법률 제49조

제49조(비밀 등의 보호)
　　누구든지 정보통신망에 의하여 처리·보관 또는 전송되는 타인의 정보를 훼손하거나 타인의 비밀을 침해·도용 또는 누설하여서는 아니 된다.[전문개정 2008.6.13]

해 설 •

법 제49조는 "누구든지 정보통신망에 의하여 처리·보관 또는 전송되는 타인의 정보를 훼손하거나 타인의 비밀을 침해·도용 또는 누설하여서는 아니 된다."고 규정하고 있고, 제62조 제6호[현행법 제1항 제11호]에서는 "제49조를 위반하여 타인의 정보를 훼손하거나 타인의 비밀을 침해·도용 또는 누설한 자"를 5년 이하의 징역 또는 5천만 원 이하의 벌금에 처하도록 규정하고 있는바, 여기서 비밀의 '누설'이란 비밀을 아직 알지 못하는 타인에게 이를 알려 주는 행위를 말하고, 그 방법에 제한이 있다고 볼 수 없으므로 구두의 고지, 서면에 의한 통지 등 모든 방법이 가능하다.

위 법리 및 기록에 의하여 살펴보면, 이 사건 이메일 출력물이 법 제49조, 현행법 제1항 제11호 소정의 '정보통신망에 의하여 처리·보관 또는 전송되는 타인의 비밀'에 해당하지 아니함은 원심 판단과 같으나, 위 공소사실은 피고인 2가 피고인 1로부터 건네받은 이 사건 이메일 출력물을 위 징계위원회에 제출함으로써 정보통신망에 의하여 처리·보관 또는 전송되는 피해자의 비밀인 위 이메일 '협의(1)'의 내용을 누설하였다는 것으로서, 이 사건 이메일 출력물의 제출은 법 제49조, 현행법 제1항 제11호 소정의 '타인의 비밀'을 누설하는 방법에 불과하므로, 이 사건 이메일 출력물이 법 제49조, 현행법 제1항 제11호 소정의 '타인의 비밀'에 해당하지 않는다고 하여 피고인 2의 판시 행위가 법 제49조, 현행법 제1항 제11호 소정의 '정보통신망에 의하여 처리·보관 또는 전송되는 타인의 비밀'을 누설한 행위에 해당하지 않는다고 볼 수는 없고, 이러한 해석이 죄형법정주의 원칙에 반하는 확장해석이라고 보이지도 않는다.

한편, 원심이 피고인 2에 대하여는 위와 같은 이유로 무죄를 선고하면서도 그 행위태양이 동일한 피고인 1에 대하여는 유죄를 선고한 제1심판결을 그대로 유지한 점에 비추어, 원심의 위 판단을 '정보통신망에 의하여 처리·보관 또는 전송되는 타인의 비밀'을 정보통신망으로부터 직접 취득하지 아니하고 제3자를 통하여 취득한 자는 현행법 제71조 제1항 제11호 소정의 '타인의 비밀 누설' 행위의 주체가 될 수 없다는 취지로 선해할 여지가 있는바, 이에 관하여 살펴보면, 법 제1조는 "이 법은 정보통신망의 이용을 촉진하고 정보통신서비스를 이용하는 자의 개인정보를 보호함과 아울러 정보통신망을 건전하고 안전하게 이용할 수 있는 환경을 조성함으로써 국민생활의 향상과 공공복리의 증진에 이바지함을 목적으로 한다."고 규정하고 있는 점, 법 제49조가 '누구든지'라고 규정하여 '타인의 비밀 누설' 행위의 주체를 제한하고 있지 않고, 비밀의 침해행위와는 별도로 도용, 누설행위를 금지하고 있는 점, 비밀의 '누설'이란 비밀을 아직 알지 못하는 타인에게 이를 알려 주는 행위를 말하고, 그 방법에 제한이 없는 점 등에 비추어 보면, '정보통신망에 의하여 처리·보관 또는 전송되는 타인의 비밀'을 정보통신망으로부터 직접 취득하지 아니하고 제3자를 통하여 취득한 자라 하더라도 그 정을 알면서 그 비밀을 알지 못하는 제3자에게 이를 알려 준 경우에는 법 제49조, 현행법 제71조 제1항 제11호 소정의 타인의 비밀누설죄가 성립한다고 보아야 한다.

그런데도 원심은 판시와 같은 이유로 이 부분 공소사실이 죄가 되지 않는 경우에 해당한다고 속단하여 피고인 2에 대하여 무죄를 선고하였으니, 원심판결에는 법 제49조, 현행법 제71조 제1항 제11호 소정의 '정보통신망에 의하여 처리·보관 또는 전송되는 타인의 비밀을 누설한 자'에 관한 법리를 오해하여 판결에 영향을 미친 위법이 있고, 이를 지적하는 상고이유의 주장은 이유 있다.

판례 9

인터넷상에서 포털서비스사업을 하는 회사가 제공하는 온라인 서비스에 가입한 회원들의 개인정보가 해킹사고로 유출한 경우

인터넷상에서 포털서비스사업을 하는 갑 주식회사가 제공하는 온라인 서비스에 가입한 회원들의 개인정보가 해킹사고로 유출되었는데, 서비스 이용자인 을 등이 갑 회사를 상대로 손해배상을 구한 사안에서, 정보통신서비스 제공자가 정보처리시스템에 접속한 개인정보취급자로 하여금 작업 종료 후 로그아웃을 하도록 하는 것은 보호조치 의무에 해당하지만, 위와 같은 보호조치의 미이행과 해킹사고의 발생 사이에 상당인과관계가 인정되지 아니하여 갑 회사의 손해배상책임이 인정되지 않는다고 한 사례

【참조조문】

민법 제750조

제750조(불법행위의 내용)
고의 또는 과실로 인한 위법행위로 타인에게 손해를 가한 자는 그 손해를 배상할 책임이 있다.

해 설

인터넷상에서 포털서비스사업을 하는 갑 주식회사가 제공하는 온라인 서비스에 가입한 회원들의 개인정보가 해킹사고로 유출되었는데, 서비스 이용자인 을 등이 갑 회사를 상대로 손해배상을 구한 사안에서, 정보통신서비스 제공자가 정보처리시스템에 접속한 개인정보취급자로 하여금 작업 종료 후 로그아웃을 하도록 하는 것은, 비록 '개인정보의 기술적·관리적

보호조치 기준'(방송통신위원회 고시 제2011-1호)에서 정하고 있는 기술적·관리적 보호조치에는 해당하지 않으나, 정보통신서비스 제공자가 마땅히 준수해야 한다고 일반적으로 쉽게 예상할 수 있고 사회통념상으로도 합리적으로 기대 가능한 보호조치에 해당하므로, 정보통신서비스 제공자가 이러한 보호조치를 미이행하여 정보처리시스템에 접속권한이 없는 제3자가 손쉽게 시스템에 접속하여 개인정보의 도난 등의 행위를 할 수 있도록 하였다면 이는 불법행위에 도움을 주지 말아야 할 주의의무를 위반한 것으로써 이러한 방조행위와 피방조자의 불법행위 사이에 상당인과관계가 인정된다면 공동불법행위자로서 책임을 면할 수 없는데, 해킹사고 당시 해커가 이미 키로깅을 통하여 DB 서버 관리자의 아이디와 비밀번호를 획득한 상태였기 때문에 갑 회사의 DB 기술팀 소속 직원이 자신의 컴퓨터에서 로그아웃을 하였는지 여부와 무관하게 언제든지 게이트웨이 서버를 거쳐 DB 서버에 로그인을 할 수 있었던 것으로 보이므로, 위와 같은 보호조치의 미이행과 해킹사고의 발생 사이에 상당인과관계가 인정되지 아니하여 갑 회사의 손해배상책임이 인정되지 않는다.

직접 개인정보를 제공받지 아니하더라도 '개인정보를 제공받은 자'에 해당하는지 여부(적극)

개인정보를 처리하거나 처리하였던 자가 업무상 알게 된 개인정보를 누설하거나 권한 없이 다른 사람이 이용하도록 제공한 것이라는 사정을 알면서도 영리 또는 부정한 목적으로 개인정보를 제공받은 자라면, 개인정보를 처리하거나 처리하였던 자로부터 직접 개인정보를 제공받지 아니하더라도 개인정보보호법 제71조 제5호의 '개인정보를 제공받은 자'에 해당하는지 여부(적극)

【참조조문】

개인정보보호법 제59조

제59조(금지행위)

개인정보를 처리하거나 처리하였던 자는 다음 각 호의 어느 하나에 해당하는 행위를 하여서는 아니 된다.

1. 거짓이나 그 밖의 부정한 수단이나 방법으로 개인정보를 취득하거나 처리에 관한 동의를 받는 행위
2. 업무상 알게 된 개인정보를 누설하거나 권한 없이 다른 사람이 이용하도록 제공하는 행위
3. 정당한 권한 없이 또는 허용된 권한을 초과하여 다른 사람의 개인정보를 훼손, 멸실, 변경, 위조 또는 유출하는 행위

해 설

개인정보 보호법 제59조 제2호는 '개인정보를 처리하거나 처리하였던 자는 업무상 알게 된 개인정보를 누설하거나 권한 없이 다른 사람이 이용

하도록 제공하는 행위를 하여서는 아니 된다'고 규정하고 있고, 제71조 제5호는 '제59조 제2호를 위반하여 업무상 알게 된 개인정보를 누설하거나 권한 없이 다른 사람이 이용하도록 제공한 자 및 그 사정을 알면서도 영리 또는 부정한 목적으로 개인정보를 제공받은 자'를 처벌하는 것으로 규정하고 있다.

위에서 보듯이 개인정보 보호법 제71조 제5호 후단은 그 사정을 알면서도 영리 또는 부정한 목적으로 개인정보를 제공받은 자를 처벌하도록 규정하고 있을 뿐 개인정보를 제공하는 자가 누구인지에 관하여는 문언상 아무런 제한을 두지 않고 있는 점과 개인정보 보호법의 입법 목적 등을 고려할 때, 개인정보를 처리하거나 처리하였던 자가 업무상 알게 된 개인정보를 누설하거나 권한 없이 다른 사람이 이용하도록 제공한 것이라는 사정을 알면서도 영리 또는 부정한 목적으로 개인정보를 제공받은 자라면, 개인정보를 처리하거나 처리하였던 자로부터 직접 개인정보를 제공받지 아니하더라도 개인정보 보호법 제71조 제5호의 '개인정보를 제공받은 자'에 해당한다.

판례11

정보통신망 이용촉진 및 정보보호 등에 관한 법률 제49조 및 제71조 제1항 제6호의 '타인'에 이미 사망한 자가 포함되는지 여부

정보통신망에 의하여 처리·보관 또는 전송되는 타인의 정보를 훼손하거나 타인의 비밀을 침해·도용 또는 누설하는 행위를 금지·처벌하는 규정인 정보통신망 이용촉진 및 정보보호 등에 관한 법률 제49조 및 제71조 제1항 제6호의 '타인'에는 생존하는 개인뿐만 아니라 이미 사망한 자도 포함된다.

【참조조문】

정보통신망 이용촉진 및 정보보호 등에 관한 법률 제49조

> 제49조(비밀 등의 보호)
> 누구든지 정보통신망에 의하여 처리 · 보관 또는 전송되는 타인의 정보를 훼손하거나 타인의 비밀을 침해 · 도용 또는 누설하여서는 아니 된다.[전문개정 2008.6.13]

정보통신망 이용촉진 및 정보보호 등에 관한 법률 제71조 제1항 제11호

> 제71조(벌칙)
> ① 다음 각 호의 어느 하나에 해당하는 자는 5년 이하의 징역 또는 5천만원 이하의 벌금에 처한다.
> 11. 제49조를 위반하여 타인의 정보를 훼손하거나 타인의 비밀을 침해 · 도용 또는 누설한 자

제2장
정보
통신망
이용범죄

해 설

　형벌법규는 문언에 따라 엄격하게 해석·적용하여야 하고 피고인에게 불리한 방향으로 지나치게 확장해석하거나 유추해석 하여서는 아니 되나, 형벌법규의 해석에 있어서도 가능한 문언의 의미 내에서 당해 규정의 입법취지와 목적 등을 고려한 법률체계적 연관성에 따라 그 문언의 논리적 의미를 분명히 밝히는 체계적·논리적 해석방법은 그 규정의 본질적 내용에 가장 접근한 해석을 위한 것으로서 죄형법정주의의 원칙에 부합한다.

　정보통신망 이용촉진 및 정보보호 등에 관한 법률(이하 '법'이라고만 한다) 제49조는 "누구든지 정보통신망에 의하여 처리·보관 또는 전송되는 타인의 정보를 훼손하거나 타인의 비밀을 침해·도용 또는 누설하여서는 아니 된다."고 규정하고, 법 제71조 제1항 제11호에서는 "제49조의 규정을 위반하여 타인의 정보를 훼손하거나 타인의 비밀을 침해·도용 또는 누설한 자"를 5년 이하의 징역 또는 5천만 원 이하의 벌금에 처하도록 하고 있는바, 여기에서 말하는 '타인'에 이미 사망한 자가 포함되는지에 관하여 보건대, '정보통신망의 이용을 촉진하고 정보통신서비스를 이용하는 자의 개인정보를 보호함과 아울러 정보통신망을 건전하고 안전하게 이용할 수 있는 환경을 조성'(제1조)한다는 입법 취지에서 제정된 법은 정보통신망의 이용촉진(제2장) 및 개인정보의 보호(제4장)에 관한 규정과 별도로 정보통신망의 안정성과 정보의 신뢰성 확보를 위한 규정들을 두고 있는데(제6장) 그 중의 하나가 제49조인 점, 이미 사망한 자의 정보나 비밀이라고 하더라도 그것이 정보통신망에 의하여 처리·보관 또는 전송되는 중 다른 사람에 의하여 함부로 훼손되거나 침해·도용·누설되는 경우에는 정보통신망의 안정성 및 정보의 신뢰성을 해칠 우려가 있는 점, 법 제2조 제1항 제6호는 '개인정보'가 생존하는 개인에 관한 정보임을 명시하고 있으나 제49조에서는 이와 명백히 구분되는 '타인의 정보·비밀'이라는 문언을 사용하고 있는 점, 정보통신서비스 이용자의 '개인정보'에 관하여는 당해 이용자의 동의 없이 이를 주고받거나 직무상 알게 된 개인정보를 훼손·침해·누설하는 것을 금지하고 이에 위반하는 행위를 처벌하는 별도의 규정을 두고 있는 점(법 제24조, 제71조 제1항 제1호 내지 제3호), 형벌법규에서 '타인'이 반드시 생존하는 사람만을 의미하는 것은 아니며, 예컨대 문서의 진정에 대한 공공의 신용을 그 보호법익으로 하는 문서위조죄에 있어서 '타인의 문서'에는 이미 사망한 자의 명의로 작성된 문서도 포함되는 것으로 해석하고 있는 점(대법원 2005. 2. 24. 선고 2002도18 전원합의체 판결 참조) 등에 비추어 보면, 법 제49조 및 제71조 제1항 제6호 소정의 '타인'에는 생존하는 개인뿐만 아니라 이미 사망한 자도 포함된다고 보는 것이 체계적이고도 논리적인 해석이라 할 것이다.

그런데도 원심은, 피고인이 정보통신망에 의하여 보관되고 있는 특정 사고 사망자의 주민등록번호를 누설함으로써 법 제49조를 위반하였다는 이 사건 공소사실에 대하여 "위 법조 소정의 '타인'에는 이미 사망한 사람이 포함되지 않는다."는 이유로 무죄를 선고한 제1심판결을 그대로 유지하였으니, 이러한 원심판결에는 죄형법정주의에 관한 법리를 오해하여 형벌법규의 해석을 그르침으로써 판결 결과에 영향을 미친 위법이 있다. 이 점을 지적하는 검사의 상고논지는 이유 있다.

그러므로 원심판결을 파기하고 사건을 다시 심리·판단하게 하기 위하여 원심법원에 환송하기로 하여, 관여 대법관의 일치된 의견으로 주문과 같이 판결한다.

판례 12

정보통신망 이용촉진 및 정보보호 등에 관한 법률 제49조에
서 말하는 '타인의 비밀'의 의미

막연히 피해자의 이메일 출력물을 제3자에게 보여준 것이
타인의 비밀 누설행위에 해당한다는 취지로만 되어 있는 공소
사실이 심판의 대상과 피고인의 방어범위를 확정할 수 있을
정도로 특정되었다고 보기 어렵다고 한 사례

[1] 구 정보통신망 이용촉진 및 정보보호 등에 관한 법률(2002. 12.
18. 법률 제6797호로 개정되기 전의 것) 제49조가 정보와 비밀을
구분하여 정보의 경우에는 훼손행위를 금지하고 있는 반면, 비밀
의 경우에는 이보다는 정도가 약한 침해, 도용, 누설행위를 금지
하고 있는 점에 비추어 정보의 개념보다는 비밀의 개념을 좁게
보아야 하는 점, 같은 법 제48조는 타인의 비밀을 누설하는 행위
와는 별도로 정당한 접근권한 없이 정보통신망에 침입하는 행위
자체를 금지하고 있는데, 만약 개인의 사생활의 비밀 내지 평온
에 속하는 사항은 그 내용에 상관없이 모두 타인의 비밀에 해당
한다고 본다면 이는 결국, 개인의 이메일 등 정보통신망에 의하
여 보관되어 있는 모든 정보가 타인의 비밀에 해당한다는 것과
다름 아닌 결과가 되고, 따라서 타인의 이메일에 함부로 접속하
여 그 내용을 읽어보는 것 자체만으로도 정보통신망 침입죄뿐만
아니라 비밀 침해죄를 구성할 수 있는 등 정보통신망 침입행위와
비밀 침해·누설행위의 구분이 모호해지게 될 뿐만 아니라, 양자에
대하여 법정형에 차등을 두고 있는 법의 취지에도 반하게 되는
점 등에 비추어 보면, 같은 법 제49조에서 말하는 타인의 비밀이
란 일반적으로 알려져 있지 않은 사실로서 이를 다른 사람에게

알리지 않는 것이 본인에게 이익이 있는 것을 의미한다고 제한적으로 해석함이 상당하다.

[2] 막연히 피해자의 이메일 출력물을 제3자에게 보여준 것이 타인의 비밀 누설행위에 해당한다는 취지로만 되어 있는 공소사실이 심판의 대상과 피고인의 방어범위를 확정할 수 있을 정도로 특정되었다고 보기 어렵다고 한 사례.

【참조조문】

정보통신망 이용촉진 및 정보보호 등에 관한 법률 제48조

> 제48조(정보통신망 침해행위 등의 금지)
> ① 누구든지 정당한 접근권한 없이 또는 허용된 접근권한을 넘어 정보통신망에 침입하여서는 아니 된다.
> ② 누구든지 정당한 사유 없이 정보통신시스템, 데이터 또는 프로그램 등을 훼손·멸실·변경·위조하거나 그 운용을 방해할 수 있는 프로그램(이하 "악성프로그램"이라 한다)을 전달 또는 유포하여서는 아니 된다.
> ③ 누구든지 정보통신망의 안정적 운영을 방해할 목적으로 대량의 신호 또는 데이터를 보내거나 부정한 명령을 처리하도록 하는 등의 방법으로 정보통신망에 장애가 발생하게 하여서는 아니 된다. [전문개정 2008.6.13]

정보통신망 이용촉진 및 정보보호 등에 관한 법률 제49조

> 제49조(비밀 등의 보호)
> 누구든지 정보통신망에 의하여 처리·보관 또는 전송되는 타인의 정보를 훼손하거나 타인의 비밀을 침해·도용 또는 누설하여서는 아니 된다.[전문개정 2008.6.13]

형사소송법 제254조

> 제254조(공소제기의 방식과 공소장)
> ① 공소를 제기함에는 공소장을 관할법원에 제출하여야 한다.
> ② 공소장에는 피고인수에 상응한 부본을 첨부하여야 한다.
> ③ 공소장에는 다음 사항을 기재하여야 한다.
> > 1. 피고인의 성명 기타 피고인을 특정할 수 있는 사항
> > 2. 죄명
> > 3. 공소사실
> > 4. 적용법조
> ④ 공소사실의 기재는 범죄의 시일, 장소와 방법을 명시하여 사실을 특정할 수 있도록 하여야 한다.
> ⑤ 수개의 범죄사실과 적용법조를 예비적 또는 택일적으로 기재할 수 있다.

해 설

이 사건 공소사실 중 비밀 누설에 관한 정보통신망 이용촉진 및 정보보호 등에 관한 법률 위반의 점(이하 '이 부분 공소사실'이라고 한다)의 요지는, 피고인 1은 주식회사 (회사명 생략)(이하 '소외 회사'라고 한다)의 연구실 과장, 피고인 2는 소외 회사의 대표이사인바, 피고인 1은 20○○. ○○. ○○.경부터 같은 해 ○○. ○○.경까지 사이에 정당한 권한 없이 피해자 공소외 1의 이메일 계정에 침입하여 그곳에 보관되어 있던 이메일 내용을 프린터로 출력하여 피고인 2에게 보여줌으로써 타인의 비밀을 누설하고, 피고인 2는 20○○. ○○. 일자불상 경 피해자의 이메일 인쇄물을 공소외 2와 공소외 3에게 보여줌으로써 타인의 비밀을 누설하였다는 것이다.

가. 법 제49조는 '비밀 등의 보호'라는 제목 아래 누구든지 정보통신망에 의하여 처리·보관 또는 전송되는 타인의 정보를 훼손하거나 타인의 비밀을 침해·도용 또는 누설하여서는 아니 된다고 규정하고 있고, 법 제

2조 제2항은 법에서 사용하는 용어의 정의는 제1항에서 정하는 것을 제외하고는 정보화촉진기본법이 정하는 바에 의한다고 규정하고 있으며, 정보화촉진기본법 제2조 제1호는 '정보'라 함은 자연인 또는 법인이 특정 목적을 위하여 광 또는 전자적 방식으로 처리하여 부호·문자·음성·음향 및 영상 등으로 표현한 모든 종류의 자료 또는 지식을 말한다고 규정하고 있다. 또한 정보통신망법 제71조 제1항 제9호에서 본 바, 법 제48조 제1항은 정당한 접근권한 없이 또는 허용된 접근권한을 초과하여 정보통신망에 침입한 자를 5년 이하의 징역 또는 5천만 원 이하의 벌금에 처하도록 규정하고 있고, 법 제71조 제1항 제11호는 법 제49조에 위반하여 타인의 비밀을 누설한 자 등을 5년 이하의 징역 또는 5천만 원 이하의 벌금에 처하도록 규정하고 있다.

이와 같이, 법 제49조가 정보와 비밀을 구분하여 정보의 경우에는 훼손행위를 금지하고 있는 반면, 비밀의 경우에는 이보다는 정도가 약한 침해, 도용, 누설행위를 금지하고 있는 점에 비추어 정보의 개념보다는 비밀의 개념을 좁게 보아야 하는 점, 법 제48조는 타인의 비밀을 누설하는 행위와는 별도로 정당한 접근권한 없이 정보통신망에 침입하는 행위 자체를 금지하고 있는데, 만약 개인의 사생활의 비밀 내지 평온에 속하는 사항은 그 내용에 상관없이 모두 타인의 비밀에 해당한다고 본다면 이는 결국, 개인의 이메일 등 정보통신망에 의하여 보관되어 있는 모든 정보가 타인의 비밀에 해당한다는 것과 다름 아닌 결과가 되고, 따라서 타인의 이메일에 함부로 접속하여 그 내용을 읽어보는 것 자체만으로도 정보통신망 침입죄 뿐만 아니라 비밀 침해죄를 구성할 수 있는 등 정보통신망 침입행위와 비밀 침해·누설행위의 구분이 모호해지게 될 뿐만 아니라, 양자에 대하여 법정형에 차등을 두고 있는 법의 취지에도 반하게 되는 점 등에 비추어 보면, 법 제49조에서 말하는 타인의 비밀이란 일반적으로 알려져 있지 않은 사실로서 이를 다른 사람에게 알리지 않는 것이 본인에게 이익이 있는 것을 의미한다고 제한적으로 해석함이 상당하다.

나. 그런데 이 부분 공소사실은 막연히 피해자의 이메일 출력물을 보여준 것이 타인의 비밀을 누설한 행위에 해당한다는 취지로만 되어 있을 뿐, 그 이메일 출력물의 내용이나 제목 등에 관해서는 아무런 기재가 없고 기록상으로도 이를 알 수 있을 만한 자료가 없어 과연 위 이메일 출력물이 타인의 비밀에 해당하는 것인지 여부를 판단할 길이 없으므로, 이 부분 공소사실이 심판의 대상과 피고인의 방어범위를 확정할 수 있을 정도로 특정되어 있다고 보기는 어렵다.

또한 피고인들은 피해자의 이메일에 보관되어 있던 것 중 피고인 2나 공소외 2 등에게 출력하여 보여준 것은 소외 회사가 미국에 현지지사를 만들기 위하여 작성한 사업계획서(이하 '이 사건 사업계획서'라고 한다)뿐이라고 주장하고 있는바, 기록에 의하면 이 사건 사업계획서는 피해자가 작성한 것이 아니라 소외 회사의 대표이사인 피고인 2가 작성한 것이어서 피해자의 비밀이 아니라 소외 회사의 비밀에 속하는 것으로 볼 여지가 있고, 따라서 이 사건 공소사실에서 말하는 타인의 비밀이 이 사건 사업계획서를 지칭하는 것이라면 그것이 법 제49조에서 말하는 '타인'의 비밀에 해당하지 아니할 가능성이 상당하다고 할 것이다.

다. 그럼에도 불구하고, 피해자의 이메일에 보관되어 있던 내용을 함부로 출력하여 보여준 이상, 이는 법 제49조 소정의 타인의 비밀을 누설한 행위에 해당한다는 이유로 이 부분 공소사실을 유죄로 인정한 원심판결에는 필요한 심리를 다하지 아니하였거나 공소사실의 특정 및 법 제49조 소정의 타인의 비밀에 관한 법리를 오해하여 판결 결과에 영향을 미친 위법이 있다고 할 것이고, 이 점을 지적하는 상고이유의 주장은 이유가 있다.

> 정보통신망 이용촉진 및 정보보호 등에 관한 법률 제49조에서
> 정한 '정보'와 '훼손'의 의미

[1] 구 정보통신망 이용촉진 및 정보보호 등에 관한 법률(2007. 12. 21.
법률 제8778호로 개정되기 전의 것, 이하 '구 정보통신망법'이라고
한다) 제49조는 "누구든지 정보통신망에 의하여 처리·보관 또는 전
송되는 타인의 정보를 훼손하거나 타인의 비밀을 침해·도용 또는 누
설하여서는 아니 된다."고 규정하고 있다. 그런데 '정보'의 개념에
대하여 구 정보통신망법 제2조 제1항에서 정한 바가 없고, 같은 조
제2항에서 "이 법에서 사용하는 용어의 정의는 제1항에서 정하는
것을 제외하고는 정보화촉진기본법이 정하는 바에 의한다."고 규정
하고 있는데, 구 정보통신망법 시행 당시 구 정보화촉진기본법
(2009. 5. 22. 법률 제9705호 국가정보화 기본법으로 전부 개정되기
전의 것) 제2조 제1호는 "정보란 특정 목적을 위하여 광(光) 또는
전자적 방식으로 처리되어 부호·문자·음성·음향 및 영상 등으로 표현
한 모든 종류의 자료 또는 지식을 말한다."고 규정하고 있으므로 구
정보통신망법 제49조의 '정보'의 개념도 이와 마찬가지이다. 이와 같
이 정보는 특정 목적을 위하여 광 또는 전자적 방식에 의하여 부호
등으로 표현된 것이므로 비록 정보통신망을 통하여 정보가 처리·보
관 또는 전송되는 과정에 영향을 미치는 행위라고 하더라도 그 목
적을 해하지 아니하는 경우에는 이를 구 정보통신망법 제49조에서
정한 타인의 정보를 '훼손'하는 행위에 해당한다고 볼 수 없다.

[2] 형법 제314조 제2항에서 정한 '컴퓨터 등 장애 업무방해죄'는 피해
자의 업무를 보호객체로 삼고 있는데, 불특정 다수인이 업무처리를
위하여 사용하는 컴퓨터 등 정보처리장치 등을 대상으로 위 조항에
서 정한 범죄가 저질러진 경우에는 최소한 컴퓨터 등 정보처리장치

등을 이용한 업무 주체가 구체적으로 누구인지, 나아가 그 업무가 위 조항의 보호객체인 업무에 해당하는지를 심리·판단할 수 있을 정도로 특정되어야만 하고, 이에 이르지 못한 경우에는 공소사실로서 적법하게 특정되었다고 보기 어렵다.

[3] 피고인들이 불특정 다수 인터넷 이용자들의 컴퓨터에 자신들의 프로그램을 설치하여 경쟁업체 프로그램이 정상적으로 사용되거나 설치되지 못하도록 함으로써 인터넷 이용자들의 인터넷 이용에 관한 업무를 방해하였다고 하여 '컴퓨터 등 장애 업무방해'로 기소된 사안에서, 공소장의 기재만으로는 피해자인 인터넷 이용자들이 누구이고 몇 명인지 특정되지 않아 몇 개의 죄로 공소제기한 것인지 알 수 없고, 방해된 업무 내용이 구체적으로 무엇인지 알 수 없어 보호객체인 업무에 해당하는지를 심리·판단할 수 없다는 이유로, 공소사실이 특정되지 않았다고 본 원심판단을 정당하다고 한 사례.

【참조조문】

정보통신망 이용촉진 및 정보보호 등에 관한 법률 제2조 제2항

> 제2조(정의)
> ② 이 법에서 사용하는 용어의 뜻은 제1항에서 정하는 것 외에는 「국가정보화 기본법」에서 정하는 바에 따른다. 〈개정 2008.6.13., 2013.3.23.〉

정보통신망 이용촉진 및 정보보호 등에 관한 법률 제49조

> 제49조(비밀 등의 보호)
> 누구든지 정보통신망에 의하여 처리·보관 또는 전송되는 타인의 정보를 훼손하거나 타인의 비밀을 침해·도용 또는 누설하여서는 아니 된다. [전문개정 2008.6.13]

정보통신망 이용촉진 및 정보보호 등에 관한 법률 제71조 제1항 제11호

제71조(벌칙)
　　다음 각 호의 어느 하나에 해당하는 자는 5년 이하의 징역 또는
5천만원 이하의 벌금에 처한다.
　　11. 제49조를 위반하여 타인의 정보를 훼손하거나 타인의 비밀
　　　　을 침해·도용 또는 누설한 자

국가정보화 기본법 제3조 제1호

제3조(정의)
　　이 법에서 사용하는 용어의 뜻은 다음과 같다.
　　1. "정보"란 특정 목적을 위하여 광(光) 또는 전자적 방식으로
　　　　처리되어 부호, 문자, 음성, 음향 및 영상 등으로 표현된 모
　　　　든 종류의 자료 또는 지식을 말한다.

형법 제314조

제314조(업무방해)
　　① 제313조의 방법 또는 위력으로써 사람의 업무를 방해한 자
　　　　는 5년 이하의 징역 또는 1천500만원 이하의 벌금에 처한
　　　　다. 〈개정 1995.12.29〉
　　② 컴퓨터등 정보처리장치 또는 전자기록등 특수매체기록을
　　　　손괴하거나 정보처리장치에 허위의 정보 또는 부정한 명령
　　　　을 입력하거나 기타 방법으로 정보처리에 장애를 발생하게
　　　　하여 사람의 업무를 방해한 자도 제1항의 형과 같다.
　　　　〈신설 1995.12.29〉

형사소송법 제254조 제4항

제254조(공소제기의 방식과 공소장)
　　④ 공소사실의 기재는 범죄의 시일, 장소와 방법을 명시하여 사실
　　　　을 특정할 수 있도록 하여야 한다.

형사소송법 제327조 제2호

> 제327조(공소기각의 판결)
> 다음 경우에는 판결로써 공소기각의 선고를 하여야 한다.
> 2. 공소제기의 절차가 법률의 규정에 위반하여 무효인 때

【참조판례】

> 대법원 2011. 3. 10. 선고 2008도12119 판결
> 대법원 2009. 3. 12. 선고 2008도11187 판결

해 설

가. 플러그인 프로그램이 가공한 정보의 훼손으로 인한 피고인 1, 2, 피고인 5 주식회사의 정보통신망 이용촉진 및 정보보호 등에 관한 법률 위반의 점에 대하여 구 정보통신망법 제49조는 "누구든지 정보통신망에 의하여 처리·보관 또는 전송되는 타인의 정보를 훼손하거나 타인의 비밀을 침해·도용 또는 누설하여서는 아니 된다."고 규정하고 있다. 그런데 '정보'의 개념에 대하여 구 정보통신망법 제2조 제1항에서 정한 바가 없고, 같은 법 제2조 제2항은 "이 법에서 사용하는 용어의 정의는 제1항에서 정하는 것을 제외하고는 정보화촉진기본법이 정하는 바에 의한다."고 규정하고 있는바, 구 정보통신망법 시행 당시의 구 정보화촉진기본법(2009. 5. 22. 법률 제9705호 국가정보화 기본법으로 전부 개정되기 전의 것) 제2조 제1호는 "정보란 특정 목적을 위하여 광(光) 또는 전자적 방식으로 처리하여 부호·문자·음성·음향 및 영상 등으로 표현한 모든 종류의 자료 또는 지식을 말한다."고 규정하고 있으므로 구 정보통신망법 제49조의 '정보'의 개념도 이와 마찬가지이다. 이와 같이 정보는 특정 목적을 위하여 광(光) 또는 전자적 방식에

의하여 부호 등으로 표현된 것이므로 비록 정보통신망을 통하여 정보가 처리·보관 또는 전송되는 과정에 영향을 미치는 행위라고 하더라도 그 목적을 해하지 아니하는 경우에는 이를 구 정보통신망법 제49조 소정의 타인의 정보를 '훼손'하는 행위에 해당한다고 볼 수 없다(대법원 2011. 3. 10. 선고 2008도12119 판결 참조).

위 법리와 기록에 비추어 살펴보면, 공소외 1 주식회사 등 경쟁업체들의 플러그인 프로그램을 설치한 인터넷 이용자들이 웹브라우저의 주소 입력창에 한글단어를 입력할 경우 위 경쟁업체들의 플러그인 프로그램을 통하여 가공되는 인터넷 주소 형식의 질의어는 구 정보통신망법 제49조 소정의 정보에 해당한다고 볼 수 있지만, 이는 인터넷 이용자들이 웹사이트 검색을 위하여 자신의 컴퓨터에 설치한 플러그인 프로그램을 통하여 생성한 정보이므로 인터넷 이용자들이 지배·관리하는 인터넷 이용자들의 정보일 뿐 해당 플러그인 프로그램을 제작·배포한 경쟁업체의 정보로 볼 수는 없다.

나아가 인터넷 이용자들의 정보인 위 인터넷 주소 형식의 질의어에 포함된 도메인 이름에 대응하는 아이피[IP(Internet Protocol)] 주소를 변형한 위 피고인들의 행위가 인터넷 이용자들의 정보를 훼손하는 행위에 해당하는지 여부에 대하여 보더라도, 공소외 1 주식회사 등 경쟁업체들의 플러그인 프로그램을 설치한 인터넷 이용자들이 웹브라우저의 주소 입력창에 한글단어를 입력하는 목적은 그 한글단어에 대응하는 웹사이트가 위 플러그인 프로그램들을 제작·배포한 업체들의 키워드 네임 서버에 등록되어 있는 경우에는 해당 웹사이트로 직접 접속하고 등록되어 있지 않은 경우에는 그 한글단어에 관련된 웹사이트 검색결과 등을 얻고자 하는 것일 뿐 그 중 특정 업체의 플러그인 프로그램에 의하여 그 업체의 키워드 네임 서버를 통한 검색만을 목적으로 하고 있다고 볼 수 없을 뿐만 아니라 피고인 5 주식회사 플러그인 프로그램에 의하여 피고인 5 주식회사의 키워드 네임 서버를 통한 검색으로는 그 목적을 달성하지 못한다고 단정할 수도 없으므로, 위 피고인들의 행위는 위와 같은 인터넷 이용자들의 정보로써 달성하려는 목적을 해한다고 볼 수 없어 구 정보통신망법 제49조 소정의 타인의 정보를 훼손하는 행위에 해당한다고 보기 어렵다.

원심이 같은 취지에서 위 피고인들의 이 부분 공소사실에 대하여 무죄를 선고한 조치는 정당하고, 거기에 상고이유에서 주장하는 바와 같은 구 정보통신망법 제49조 소정의 타인의 정보를 훼손하는 행위에 관한 법리오해나 채증법칙 위반 등의 위법이 없다.

나. 피고인 1, 2, 3, 4의 컴퓨터 등 장애 업무방해의 점에 대하여

형법 제314조 제2항은 '컴퓨터 등 정보처리장치 또는 전자기록 등 특수매체기록을 손괴하거나 정보처리장치에 허위의 정보 또는 부정한 명령을 입력하거나 기타 방법으로 정보처리에 장애를 발생하게 하여 사람의 업무를 방해한 자'를 처벌하도록 규정함으로써, 피해자의 업무를 그 보호객체로 삼고 있는바, 불특정 다수인이 그 업무처리를 위하여 사용하는 컴퓨터 등 정보처리장치 등을 대상으로 하여 위 조항 소정의 범죄가 저질러진 경우에는 최소한 그 컴퓨터 등 정보처리장치 등을 이용한 업무의 주체가 구체적으로 누구인지, 나아가 그 업무가 위 조항의 보호객체인 업무에 해당하는지를 심리·판단할 수 있을 정도로 특정되어야만 하고, 이에 이르지 못한 경우에는 공소사실로서 적법하게 특정되었다고 보기 어렵다(대법원 2009. 3. 12. 선고 2008도11187 판결 참조).

위 법리와 기록에 비추어 살펴보면, 이 부분 컴퓨터 등 장애 업무방해의 점에 관한 공소사실은 그 기재만으로는 피해자인 인터넷 이용자들이 누구인지 그 숫자가 몇 명인지조차 특정되어 있지 않아 몇 개의 컴퓨터 등 장애 업무방해죄로 공소제기한 것인지를 알 수 없고, 또한 방해된 업무의 내용이 구체적으로 무엇인지 알 수가 없어 형법 제314조 제2항의 보호객체인 업무에 해당하는지를 심리·판단할 수 없으므로, 공소장에 구체적인 범죄사실의 기재가 없어 형사소송법 제327조

제2호에 의하여 '공소제기의 절차가 법률의 규정에 위반하여 무효인 때'에 해당한다. 원심이 같은 취지에서 이 부분 공소가 기각되어야 한다고 판단한 것은 정당하고, 거기에 상고이유에서 주장하는 바와 같은 공소사실의 특정에 관한 법리오해 등의 위법이 없다.

판례14

네이트·싸이월드 회원들의 개인정보 유출로 인한 손해배상 청구사건

인터넷상에서 포털서비스사업을 하는 甲 주식회사가 제공하는 온라인 서비스에 가입한 회원들의 개인정보가 해킹사고로 유출되었는데, 서비스 이용자인 乙 등이 甲 회사를 상대로 손해배상을 구한 사안에서, 정보통신서비스 제공자가 정보처리시스템에 접속한 개인정보취급자로 하여금 작업 종료 후 로그아웃을 하도록 하는 것은 보호조치 의무에 해당하지만, 위와 같은 보호조치의 미이행과 해킹사고의 발생 사이에 상당인과관계가 인정되지 아니하여 甲 회사의 손해배상책임이 인정되지 않는다고 한 사례

【참조조문】

구 정보통신망 이용촉진 및 정보보호 등에 관한 법률(2012. 2. 17. 법률 제11322호로 개정되기 전의 것) 제28조 제1항, 제32조, 구 정보통신망 이용촉진 및 정보보호 등에 관한 법률 시행령(2011. 8. 29. 대통령령 제23104호로 개정되기 전의 것) 제15조, 민법 제390조, 제750조, 제760조 제3항

해 설

인터넷상에서 포털서비스사업을 하는 甲 주식회사가 제공하는 온라인 서비스에 가입한 회원들의 개인정보가 해킹사고로 유출되었는데, 서비스 이용자인 乙 등이 甲 회사를 상대로 손해배상을 구한 사안에서, 정보통신서비스 제공자가 정보처리시스템에 접속한 개인정보취급자로 하여금 작업 종료 후 로그아웃을 하도록 하는 것은, 비록 '개인정보의 기술적·관리적

보호조치 기준'(방송통신위원회 고시 제2011-1호)에서 정하고 있는 기술적·관리적 보호조치에는 해당하지 않으나, 정보통신서비스 제공자가 마땅히 준수해야 한다고 일반적으로 쉽게 예상할 수 있고 사회통념상으로도 합리적으로 기대 가능한 보호조치에 해당하므로, 정보통신서비스 제공자가 이러한 보호조치를 미이행하여 정보처리시스템에 접속권한이 없는 제3자가 손쉽게 시스템에 접속하여 개인정보의 도난 등의 행위를 할 수 있도록 하였다면 이는 불법행위에 도움을 주지 말아야 할 주의의무를 위반한 것으로써 이러한 방조행위와 피방조자의 불법행위 사이에 상당인과관계가 인정된다면 공동불법행위자로서 책임을 면할 수 없는데, 해킹사고 당시 해커가 이미 키로깅을 통하여 DB 서버 관리자의 아이디와 비밀번호를 획득한 상태였기 때문에 甲 회사의 DB 기술팀 소속 직원이 자신의 컴퓨터에서 로그아웃을 하였는지 여부와 무관하게 언제든지 게이트웨이 서버를 거쳐 DB 서버에 로그인을 할 수 있었던 것으로 보이므로, 위와 같은 보호조치의 미이행과 해킹사고의 발생 사이에 상당인과관계가 인정되지 아니하여 甲 회사의 손해배상책임이 인정되지 않는다고 한 사례.

판례15

인터넷 사이트에서 개인정보를 수집하면서 적법한 동의를 받았는지 문제 된 사건

구 정보통신망 이용촉진 및 정보보호 등에 관한 법률에 따른 정보통신서비스 제공자인 甲 주식회사가 오픈마켓 등 웹사이트의 배너 및 이벤트 광고 팝업창을 통하여 개인정보 수집 항목 및 목적, 보유기간에 대한 안내 없이 '확인'을 선택하면 동의한 것으로 간주하는 방법으로 명시적인 동의를 받지 않고 이용자 개인정보를 수집하여 보험사 등에 제공하였다는 이유로 방송통신위원회가 甲 회사에 시정조치 등을 한 사안에서, 甲 회사가 이벤트 화면을 통하여 이용자의 개인정보 수집 등을 하면서 위 법률에 따른 개인정보의 수집·제3자 제공에 필요한 이용자의 적법한 동의를 받지 않았다고 본 원심판단이 정당하다고 한 사례

해 설

구 정보통신망 이용촉진 및 정보보호 등에 관한 법률(2013. 3. 23. 법률 제11690호로 개정되기 전의 것, 이하 '정보통신망법'이라 한다)에 따른 정보통신서비스 제공자인 甲 주식회사가 오픈마켓 등 웹사이트의 배너 및 이벤트 광고 팝업창을 통하여 개인정보 수집 항목 및 목적, 보유기간에 대한 안내 없이 '확인'을 선택하면 동의한 것으로 간주하는 방법으로 명시적인 동의를 받지 않고 이용자 개인정보를 수집하여 보험사 등에 제공하였다는 이유로 방송통신위원회가 甲 회사에 시정조치 등을 한 사안에서, 甲 회사가 이벤트 화면에서 법정 고지사항을 제일 하단에 배치한 것은 법정 고지사항을 미리 명확하게 인지·확인할 수 있게 배치한 것으로 볼 수

없는 점, 이벤트 화면에 스크롤바를 설치한 것만으로는 개인정보 수집·이용 및 제3자 제공에 관한 동의를 구하고 있고 화면 하단에 법정 고지사항이 존재한다는 점을 쉽게 인지하여 확인할 수 있는 형태라고 볼 수 없는 점, 이벤트에 참여하려면 일련의 팝업창이 뜨는데, 팝업창 문구 자체만으로는 수집·제공의 대상이 '개인정보'이고 제공처가 제3자인 보험회사라는 점을 쉽고 명확하게 밝힌 것으로 볼 수 없는데도 이용자가 팝업창에서 '확인' 버튼만 선택하면 개인정보 수집·제3자 제공에 동의한 것으로 간주되도록 한 점 등을 종합하면, 甲 회사가 이벤트 화면을 통하여 이용자의 개인정보 수집 등을 하면서 정보통신망법에 따른 개인정보의 수집·제3자 제공에 필요한 이용자의 적법한 동의를 받지 않았다고 본 원심판단이 정당하다고 한 사례.

판례16

> 위치정보 또는 개인위치정보의 수집으로 인하여 손해배상책임이 인정된다고 보기 어렵다고 한 사례

갑 외국법인은 휴대폰 등을 제조하여 판매하는 다국적 기업이고, 을 유한회사는 갑 법인이 제작한 휴대폰 등을 국내에 판매하고 사후관리 등을 하는 갑 법인의 자회사인데, 갑 법인이 출시한 휴대폰 등에서 사용자가 위치서비스 기능을 "끔"으로 설정하였음에도 갑 법인이 휴대폰 등의 위치정보와 사용자의 개인위치정보를 수집하는 버그가 발생하자, 갑 법인과 을 회사로부터 휴대폰 등을 구매한 후 이를 사용하는 병 등이 손해배상을 구한 사안에서, 갑 법인과 을 회사의 위치정보 또는 개인위치정보의 수집으로 인하여 병 등에 대한 손해배상책임이 인정된다고 보기 어렵다고 한 사례

【참조조문】

위치정보의 보호 및 이용 등에 관한 법률 제15조 제1항

제15조(위치정보의 수집 등의 금지)

① 누구든지 개인위치정보주체의 동의를 받지 아니하고 해당 개인위치정보를 수집·이용 또는 제공하여서는 아니 된다. 다만, 다음 각 호의 어느 하나에 해당하는 경우에는 그러하지 아니하다.

1. 제29조제1항에 따른 긴급구조기관의 긴급구조요청 또는 같은 조 제7항에 따른 경보발송요청이 있는 경우
2. 제29조제2항에 따른 경찰관서의 요청이 있는 경우
3. 다른 법률에 특별한 규정이 있는 경우

해 설

　갑 외국법인은 휴대폰 등을 제조하여 판매하는 다국적 기업이고, 을 유한회사는 갑 법인이 제작한 휴대폰 등을 국내에 판매하고 사후관리 등을 하는 갑 법인의 자회사인데, 갑 법인이 출시한 휴대폰 등에서 사용자가 위치서비스 기능을 "끔"으로 설정하였음에도 갑 법인이 휴대폰 등의 위치정보와 사용자의 개인위치정보를 수집하는 버그가 발생하자, 갑 법인과 을 회사로부터 휴대폰 등을 구매한 후 이를 사용하는 병 등이 손해배상을 구한 사안에서, 휴대폰 등으로부터 전송되는 정보만으로는 해당 통신기지국 등의 식별정보나 공인 아이피(IP)만 알 수 있을 뿐, 특정 기기나 사용자가 누구인지를 알 수는 없고, 휴대폰 등의 데이터베이스에 저장된 정보는 기기의 분실·도난·해킹 등이 발생하는 경우 외에는 외부로 유출될 가능성이 없는 점, 휴대폰 등의 사용자들은 갑 법인과 을 회사가 위치정보를 수집하여 위치서비스제공에 이용하는 것을 충분히 알 수 있었던 점, 위 버그가 갑 법인과 을 회사가 휴대폰 등의 위치정보나 사용자의 개인위치정보를 침해하기 위한 목적으로 이루어진 것으로 보이지 않는 점, 갑 법인은 버그가 존재한다는 사실이 알려지자 신속하게 새로운 운영체계를 개발하여 배포하는 등 그로 인한 피해 발생이나 확산을 막기 위해 노력한 점, 수집된 위치정보나 개인위치정보가 수집목적과 달리 이용되거나 제3자에게 유출된 것으로 보이지 않는 점에 비추어, 갑 법인과 을 회사의 위치정보 또는 개인위치정보의 수집으로 인하여 병 등에 대한 손해배상책임이 인정된다고 보기 어렵다.

판례17

'개인의 위치정보'의 의미 및 개인 등의 위치정보의
수집 등을 금지하고 위반 시 형사 처벌하도록 정한 취지

위치정보의 보호 및 이용 등에 관한 법률에서 정한 '개인의 위치정보'의 의미 및 구 위치정보의 보호 및 이용 등에 관한 법률이 개인 등의 위치정보의 수집 등을 금지하고 위반 시 형사처벌하도록 정한 취지 / 제3자가 정보주체의 동의를 얻지 아니하고 개인의 위치정보를 수집·이용 또는 제공한 경우, 그로 인하여 정보주체에게 위자료로 배상할 만한 정신적 손해가 발생하였는지 판단하는 기준

【참조조문】

위치정보의 보호 및 이용 등에 관한 법률 제15조 제1항

제15조(위치정보의 수집 등의 금지)

① 누구든지 개인위치정보주체의 동의를 받지 아니하고 해당 개인위치정보를 수집·이용 또는 제공하여서는 아니 된다. 다만, 다음 각 호의 어느 하나에 해당하는 경우에는 그러하지 아니하다.

1. 제29조제1항에 따른 긴급구조기관의 긴급구조요청 또는 같은 조 제7항에 따른 경보발송요청이 있는 경우
2. 제29조제2항에 따른 경찰관서의 요청이 있는 경우
3. 다른 법률에 특별한 규정이 있는 경우

해 설

'개인의 위치정보'는 특정 개인이 특정한 시간에 존재하거나 존재하였던 장소에 관한 정보로서 전기통신기본법 제2조 제2호 및 제3호의 규정에 따

른 전기통신설비 및 전기통신회선설비를 이용하여 수집된 것인데, 위치정보만으로는 특정 개인의 위치를 알 수 없는 경우에도 다른 정보와 용이하게 결합하여 특정 개인의 위치를 알 수 있는 것을 포함한다(위치정보의 보호 및 이용 등에 관한 법률 제2조 제1호, 제2호). 위치정보를 다른 정보와 종합적으로 분석하면 개인의 종교, 대인관계, 취미, 자주 가는 곳 등 주요한 사적 영역을 파악할 수 있어 위치정보가 유출 또는 오용·남용될 경우 사생활의 비밀 등이 침해될 우려가 매우 크다. 이에 구 위치정보의 보호 및 이용 등에 관한 법률(2015. 12. 1. 법률 제13540호로 개정되기 전의 것)은 누구든지 개인 또는 소유자의 동의를 얻지 아니하고 개인 또는 이동성이 있는 물건의 위치정보를 수집·이용 또는 제공하여서는 아니 된다고 정하고, 이를 위반한 경우에 형사처벌하고 있다(제15조 제1항, 제40조 참조).

한편 제3자가 정보주체의 동의를 얻지 아니하고 개인의 위치정보를 수집·이용 또는 제공한 경우, 그로 인하여 정보주체에게 위자료로 배상할 만한 정신적 손해가 발생하였는지는 위치정보 수집으로 정보주체를 식별할 가능성이 발생하였는지, 제3자가 수집된 위치정보를 열람 등 이용하였는지, 위치정보가 수집·이용된 기간이 장기간인지, 위치정보를 수집하게 된 경위와 수집한 정보를 관리해 온 실태는 어떠한지, 위치정보 수집·이용으로 인한 피해 발생 및 확산을 방지하기 위하여 어떠한 조치가 취하여졌는지 등 여러 사정을 종합적으로 고려하여 구체적 사건에 따라 개별적으로 판단하여야 한다.

판례18

자동차에 지피에스(GPS) 장치를 설치한 후 인터넷 중고차 판매 사이트를 통하여 판매한 후 휴대전화로 전송받아 수집한 경우

피고인들이 공모하여, 피고인 갑 소유의 자동차에 지피에스(GPS) 장치를 설치한 후 인터넷 중고차 판매 사이트를 통하여 을에게 자동차에 지피에스(GPS) 장치를 설치한 후 인터넷 중고차 판매 사이트를 통하여 다음, 을이 자동차 등록을 마치기 전에 을의 동의를 받지 않고 자동차의 위치정보를 피고인 갑의 휴대전화로 전송받아 수집하여 위치정보의 보호 및 이용 등에 관한 법률 위반으로 기소된 사안에서, 피고인들에게 유죄를 선고한 사례

【참조조문】

위치정보의 보호 및 이용 등에 관한 법률 제15조 제1항

제15조(위치정보의 수집 등의 금지)
① 누구든지 개인위치정보주체의 동의를 받지 아니하고 해당 개인위치정보를 수집·이용 또는 제공하여서는 아니 된다. 다만, 다음 각 호의 어느 하나에 해당하는 경우에는 그러하지 아니하다.
1. 제29조제1항에 따른 긴급구조기관의 긴급구조요청 또는 같은 조 제7항에 따른 경보발송요청이 있는 경우
2. 제29조제2항에 따른 경찰관서의 요청이 있는 경우
3. 다른 법률에 특별한 규정이 있는 경우

해 설 •

피고인들이 공모하여, 피고인 갑 소유의 자동차에 지피에스(GPS) 장치를 설치한 후 인터넷 중고차 판매 사이트를 통하여 을에게 자동차를 매도한 다음, 을이 자동차 등록을 마치기 전에 을의 동의를 받지 않고 자동차의 위치정보를 피고인 갑의 휴대전화로 전송받아 수집하여 위치정보의 보호 및 이용 등에 관한 법률(이하 '위치정보보호법'이라 한다) 위반으로 기소된 사안에서, 위치정보보호법의 입법 취지와 보호법익 및 같은 법 제15조 제1항의 문언을 종합적으로 해석하면, 개인의 위치정보를 수집·이용 또는 제공하기 위해서는 당해 개인의 동의를 얻어야 하고, 이동성 있는 물건의 위치정보를 수집하려는 경우 물건을 소지한 개인이나 물건의 소유자의 동의를 얻어야 하는데, 위 조항에서 '개인이나 소유자'의 동의를 얻도록 규정한 취지는 이동성 있는 물건을 보유한 개인이 물건의 소유자인 경우와 소유자가 아닌 경우를 포괄적으로 포섭하기 위한 것이므로, 개인이 제3자 소유의 이동성 있는 물건을 소지한 경우 물건의 소유자인 제3자가 동의하더라도 물건을 보유하고 있는 당해 개인의 동의를 얻지 아니하였다면 당해 개인 또는 이동성 있는 물건의 위치정보를 수집·이용 또는 제공하는 행위도 금지된다는 이유로, 피고인들에게 유죄를 선고한 사례.

제2장
정보
통신망
이용범죄

Ⅲ. 상담사례

■ 개인정보란 무엇인가요?

➡ '정보통신망이용촉진 및 정보보호에 관한 법률' 제2조제6호에 개인
정보의 정의가 규정되어 있습니다.

개인정보란 생존하는 개인에 관한 정보로서 성명, 주민등록번호 등에 의
하여 당해 개인을 알아볼 수 있는 부호·문자·음성·음향 및 영상 등의 정
보를 말하며, 당해 정보만으로는 특정 개인을 알아볼 수 없는 경우에도
다른 정보와 용이하게 결합하여 알아볼 수 있는 것도 개인정보에 포함됩
니다.

■ 미성년자인 아들이 온라인 게임사이트에 회원가입 후 유료서비스를 이용하여 그 요금이 청구되었습니다. 이 돈을 내야 하는가요?

➡ 부당하게 청구된 요금에 대해서는 방송통신위원회 통합민원센터(국번
없이 1335)에서 통신사와 해당 서비스업체와의 요금 중재를 하고
있으므로 도움을 받으시길 바랍니다.

주민등록번호가 도용되었을 경우 해당 사이트에 아이디 삭제를 요청할
권한이 있으며 삭제에 응하지 않을 경우 한국인터넷진흥원 개인정보침해
신고센터(국번 없이118)에서 도움을 받으실 수 있습니다사용하지도 않은
소액결제 혹은 콘텐츠 요금이 휴대폰, 일반전화, 인터넷 서비스 이용요금
으로 청구되었을 경우 해당 서비스업체에 문의하여 본인 및 주위의 지인
이 사용한 것인지를 확인한 후 신고해주시기 바랍니다.

부당하게 청구된 요금에 대해서는 방송통신위원회 통합민원센터(국번 없이 1335)에서 통신사와 해당 서비스업체와의 요금 중재를 하고 있으므로 도움을 받으시길 바랍니다.

■ **누군가 제 개인정보를 도용하여 여러 인터넷 사이트에 가입하여 사용 중인데, 이를 확인 할 방법은 없나요?**

➡ 침해된 개인정보에 대한 신고 및 상담은 한국인터넷진흥원 개인정보침해신고센터 (privacy.kisa.or.kr, 전화 118)에서 도움을 받으실 수 있습니다.

한국인터넷진흥원 e프라이버시클린서비스(eprivacy.go.kr)를 통해 주빈등록번호·I-PIN 이용내역 확인을 할 수 있습니다.
또한, 명의도용 피해 예방 목적의 대국민 무료 서비스인 엠세이퍼(www.msafer.or.kr)에 가입하시면 각종 통신서비스(이동전화, 초고속인터넷, 무선인터넷, 유선전화, 인터넷전화, 유료방송 등)에 가입하거나 명의변경을 통해 양도받은 정보를 본인 명의로 사용하고 있는 이동전화 회선을 통해 SMS로 받아보실 수 있습니다.
아울러, 침해된 개인정보에 대한 신고 및 상담은 한국인터넷진흥원 개인정보침해신고센터 (privacy.kisa.or.kr, 전화 118)에서 도움을 받으실 수 있습니다.

■ **개인정보를 도용한 사람이 개인정보를 도용한 사실을 인정할 경우에 그 사람에게 손해배상 청구소송을 할 수 있나요?**

➡ 소송을 할 수 있습니다.

개인정보를 허락 없이 도용하였다면 이를 이유로 한 위자료배상책임이 인정될 여지가 있습니다. 아울러 그 과정에서 가령 허락 없이 문서를 작성하였다면 사문서위조가 될 수 있고, 개인정보보호법 위반에 의한 범죄행위가 발생되었을 가능성도 있을 것입니다.
만약 그러한 형사책임이 상대방에게 인정된다면, 우선 형사고소를 진행하셔서 유죄판결을 기다려보시고, 유죄판결을 근거로 하여 위자료배상청구가 가능할 수 있습니다.

■ **회원탈퇴 신청을 했는데 계속 메일이 날아옵니다.**

➡ 이용자가 개인정보 수집·이용 등에 관한 동의를 철회하거나 수집된 개인정보의 열람 또는 정정을 요구하는 경우에 정보통신서비스제공자는 정보통신망 이용촉진 및 정보보호 등에 관한 법률에 따라 지체 없이 필요한 조치를 취해야 합니다.

이를 위반하면 과태료에 처할 수 있으므로 법적 제재를 원할 경우 한국인터넷진흥원 개인정보침해신고센터 (http://privacy.kisa.or.kr/, 전화 118)로 신고하시기 바랍니다.

■ **휴대폰으로 계속하여 광고메시지가 날아옵니다.**

➡ 영리를 목적으로 광고성 정보를 전송하는데 있어 수신거부 철회를 방해하거나 광고 전송 출처를 은폐하기 위한 각종 조치를 할 경우와 불법행위를 위한 광고성 정보를 전송할 경우에 형사처벌이 가능합니다.

그러나 수신자의 거부의사에 반하는 스팸광고 및 전송자 연락처, 수집출처 등 미표시 등의 경우는 과태료 부과사안으로 방송통신위원회(http://www.kcc.go.kr, 전화 02-500-9000) 소관업무입니다.

불법스팸에 대한 신고접수 및 과태료 부과에 대한 기본적인 사항에 대해서는 담당기관인 방송통신심의위원회(국번 없이 1377) 및 한국인터넷진흥원 불법스팸대응센터(국번 없이 118)에 신고해 주시기 바랍니다.

■ **법정 취급자 외의 제3자로부터 개인정보를 제공받은 경우, 「정보통신 망 이용촉진 및 정보보호 등에 관한 법률」 위반이 되는지요?**

➡ "정보통신서비스제공자"나 "개인정보처리자"에 해당하지 않으면 「정보통신망 이용촉진 및 정보보호 등에 관한 법률」 위반의 죄책을 지지 않을 것으로 보입니다.

「정보통신망 이용촉진 및 정보보호 등에 관한 법률」 제24조의2 제2항은 "제1항에 따라 정보통신서비스 제공자로부터 이용자의 개인정보를 제공받은 자는 그 이용자의 동의가 있거나 다른 법률에 특별한 규정이 있는 경우 외에는 개인정보를 제3자에게 제공하거나 제공받은 목적 외의 용도로 이용하여서는 아니 된다."라고 규정하고 있으며, 같은 법 제71조 제1항은 "다음 각 호의 어느 하나에 해당하는 자는 5년 이하의 징역 또는 5천만원 이하의 벌금에 처한다."고 하면서 제3호에서 "제24조, 제24조의2제1항 및 제2항 또는 제26조제3항(제67조에 따라 준용되는 경우를 포함한다)을 위반하여 개인정보를 이용하거나 제3자에게 제공한 자 및 그 사정을 알면서도 영리 또는 부정한 목적으로 개인정보를 제공받은 자"를 규정하고 있습니다.

이에 관하여 판례는 "정보통신망이용촉진및정보보호등에관한법률 제62조 제2호 전단(현행 정보통신망 이용촉진 및 정보보호 등에 관한 법률 제71조 제1항 제3호)은, 같은 법 제24조 제2항(현행 정보통신망 이용촉진 및 정보보호 등에 관한 법률 제24조의2 제2항)의 규정에 위반하여, 같은 법 제2조 제3호가 규정하는 "정보통신서비스제공자"나 같은 법 제58조(2011. 3. 29. 삭제, 개인정보보호법 제19조, 제71조 제2호 제정)가 규정하는 "재화 또는 용역을 제공하는 자"로부터 이용자의 개인정보를 제공받은 자(위와 같이 제58조가 삭제되고 개인정보보호법 제19조가 제정됨에 따라 "개인정보처리자"로부터 개인정보를 제공받은 자로 변경됨)가, 당해 이용자의 동의를 얻거나 법률의 특별한 규정에 근거함이 없이, 그 개인정보를, 제공받은 목적 외의 용도로 이용하거나 제3자에게 제공하는 것을 처벌하는 규정이므로, 이 죄가 성립하기 위해서는 먼저 그 행위자가 그 개인정보를, 같은 법 제2조 제3호에 규정된 "정보통신서비스제공자"나 같은 법 제58조에 규정된 "재화 또는 용역을 제공하는 자"로부터 제공받았어야 하고 이 점은 검사가 입증하여야 하며, 이에 해당하지 않는 사람으로부터 제공받은 개인정보를 이용하거나 제3자에게 제공한 것만으로는 위 조항에 의하여 처벌할 수 없다."라고 하였습니다(대법원 2003. 12. 26. 선고 2003도5791 판결 참조).

따라서 위 사안에서 甲이 운영하는 심부름센터의 인터넷 홈페이지를 보고 자진해서 개인정보를 제공해 주겠다고 제의한 후 실제로 대가를 받고 개인정보를 제공한 사람들이 「정보통신망 이용촉진 및 정보보호 등에 관한 법률」 제2조 제3호에 규정된 "정보통신서비스제공자"나 개인정보보호법 제2조 제5호에 규정된 "개인정보처리자"에 해당하지 않으면 甲은 「정보통신망 이용촉진 및 정보보호 등에 관한 법률」 위반의 죄책을 지지 않을 것으로 보입니다.

■ **성범죄 피해자의 개인정보를 피고인에게 넘겨준 경우 어떤 처벌을 받게 되나요?**

➡ 공무원은 이러한 사항을 위반한 경우에도 해당하는 것으로 보이나, 보다 중한 죄인 개인정보보호법 위반죄로만 처벌될 것으로 보입니다.

　개인정보보호법 제71조 1호에 따른 정보주체의 동의를 받지 아니하고 개인정보가 제공되는 점을 알고 그 개인정보를 제공받는 행위에 해당하거나 혹은 5호에 따라 업무상 알게 된 개인정보를 누설한 행위로서 5년 이하의 징역 또는 5천만원 이하의 벌금형에 처해질 수 있습니다. 한편, 성폭력범죄의 처벌 등에 관한 특례법 제24조 제1항에 따라 성폭력범죄의 수사 또는 재판을 담당하거나 이에 관여하는 공무원 또는 그 직에 있었던 사람은 피해자의 주소, 성명, 나이, 직업, 학교, 용모, 그 밖에 피해자를 특정하여 파악할 수 있게 하는 인적사항과 사진 등 또는 그 피해자의 사생활에 관한 비밀을 공개하거나 다른 사람에게 누설하여서는 아니 되는바, 공무원 甲은 이러한 사항을 위반한 경우에도 해당하는 것으로 보이나, 보다 중한 죄인 개인정보보호법 위반죄로만 처벌될 것으로 보입니다.

■ **아이디와 비밀번호 같은 것을 가르쳐주어서 누군가가 불법프로그램을 사용하게 되었습니다. 이로 인해 계정이 정지가 되었고 사용을 못하게 되었을 경우는 그 불법프로그램을 사용한 사람을 처벌할 수 있나요?**

➡ 청구할 수 있긴 하지만 질문자의 과실이 있다면 과실상계가 되어 금액이 한정될 수 있습니다.

재산상 손해를 입으신 부분이 있으면 해당 행위자에게 불법행위로 인한 손해배상 청구를 할 수 있습니다. 다만 질문자의 과실이 있다면 과실상계가 되어 금액이 한정될 수 있음을 참고하시기 바랍니다.

아이디와 비밀번호를 기망적 행위를 통하여 취득하고 이후 재산적 이득을 취했다면 사기죄로 고소하실 수 있습니다.

사이버상담을 하다보면 질문의 내용과 실제상황이 다른 경우가 있습니다. 당사자께서는 사소한 내용이라고 생각하시어 질문 내용에 적어주시지 않으셨으나 재판 등으로 이어진 경우에 그것이 크게 작용하여 재판의 결과가 달라지는 경우도 가끔 있습니다.

■ 홈페이지에서 회원들의 개인정보를 아무나 볼 수 있게 하였는데 이 사이트 관리자를 처벌 할 수 없나요?

➡ 이러한 행위가 고의에 의한 행위거나 해킹에 의한 행위가 아닐 경우, 서비스 제공자가 적절한 기술적·관리적 조치를 이행하지 않아 온라인으로 등록한 회원의 개인정보가 웹상에 공개되는 경우에는 방송통신위원회에 의해 3천만원 이하의 과태료가 부과될 수 있습니다.

인터넷 홈페이지 관리자가 관리 편의상 또는 서버 보안조치를 철저히 하지 않아 홈페이지의 특정 URL을 기입할 경우에 볼 수 있습니다. 주로 소규모 영세업체나 개인 홈페이지 등 보안조치가 취약한 곳에서 이러한 사례가 종종 발생합니다.

또한, 이로 인한 손해가 발생한 경우에는 민사상 손해배상청구도 가능하며 처리기관인 한국인터넷진흥원 개인정보침해신고센터 (http://privacy.kisa.or.kr), 국번 없이 118로 신고하시기 바랍니다.

■ **특정 사이트에 회원으로 가입하려는데 개인정보를 제3자에 제공한다는 것에 동의해야만 가입이 된다는 내용이 약관에 있던데, 이런 약관은 잘못된 약관 아닌가요?**

➡ 잘못된 약관은 아닙니다. 해당 서비스 제공자를 신뢰할 수 없다면 가입하지 않는 것이 좋습니다.

정보통신서비스제공자는 가입자의 동의를 받는 등 일정한 요건 하에 가입자의 개인정보를 제3자에게 제공할 수 있습니다. 가입자는 서비스제공자가 사전에 제시한 이용약관과 개인정보보호정책에 동의하여 계약을 체결하는 것이므로 그러한 약관이나 정책에 동의하지 않거나 해당 서비스제공자를 신뢰할 수 없다면 회원가입을 하지 않는 것이 좋습니다.
참고로 불공정 약관에 대한 심사는 공정거래위원회(http://www.ftc.go.kr, 전화 044-200-4010)에서 담당하고 있습니다.

■ **회원 탈퇴하였는데 제 개인정보를 파기치 않고 며칠이 지나도 사용하던 아이디로 로그인이 되고 있습니다. 어떻게 해야 제 개인정보를 삭제할 수 있나요?**

➡ 이용자가 개인정보 수집·이용 등에 관한 동의를 철회하거나 수집된 개인정보의 열람 또는 정정을 요구하는 경우에 정보통신서비스제공자는 정보통신망 이용촉진 및 정보보호 등에 관한 법률에 따라 지체 없이 필요한 조치를 취해야 합니다.

이를 위반하면 과태료에 처할 수 있으므로 법적 제재를 원할 경우 한국인터넷진흥원 개인정보침해신고센터(http://privacy.kisa.or.kr, 전화 118)로 신고하시기 바랍니다.

■ 이동 통신사에서 제 개인정보를 다른 사람에게 유출하였습니다. 처벌이 되나요?

➡ 처벌 대상이 됩니다.

정보통신망 이용촉진 및 정보보호 등에 관한 법률 제24조의2 제1항은 정보통신서비스 제공자는 이용자의 개인정보를 제3자에게 제공하는 경우 일정한 예외사항을 제외하고는 ①개인정보를 제공 받는 자 ②개인정보를 제공 받는 자의 개인정보 이용목적 ③제공하는 개인정보의 항목 ④개인정보를 제공받는 자의 개인정보 보유 및 이용기간을 이용자에게 알리고 동의를 받아야 한다고 규정하고 있습니다.

이를 위반하여 개인정보를 이용하거나 제3자에게 제공한자 및 그 사정을 알면서도 영리 또는 부정한 목적으로 개인정보를 제공 받은 자는 5년 이하의 징역 또는 5천만원 이하의 벌금에 처하게 됩니다.

■ **제가 모르는 곳에서 전화가 왔는데, 제 이름과 주소 등 개인정보를 알고 있었습니다. 어떻게 제 정보를 알고 광고전화를 하는지 궁금합니다.**

➡ 인터넷상에서 홈페이지 등에 가입을 하다보면 이용자가 개인정보수집·이용에 관한 동의를 하게 되어 있습니다. 이 경우 여러 회사의 약관이 같이 묶여져서 동의를 하여야만 홈페이지 가입이 진행되는 경우가 대부분인데 이 때 동의한 사항으로 사용자의 개인정보가 사용자가 가입하지 않은 사이트 또는 회사에 알려져서 모르는 곳에서 전화가 오는 경우가 있습니다.

정보통신망 이용촉진 및 정보보호 등에 관한 법률에 의하면 이용자는 언제든지 개인정보수집, 이용에 관한 동의를 철회할 수 있고, 정보통신서비스제공자는 개인정보 열람·수정·철회할 수 있는 이용자의 권리행사방법을 이용자에게 고지하거나 이용약관에 명시하도록 하고 있으며, 이를 위반할 때는 과태료 처분을 할 수 있도록 규정되어 있습니다.

모르는 곳에서 전화가 왔을 때, 어떤 경로로 본인의 정보를 알게 되었는지 확인하시고, 처음 가입하실 때 동의한 개인정보수집·이용에 관한 동의를 철회하시던가, 연결된 사이트의 탈퇴를 하시는 방법으로 진행하실 수 있고, 만약 탈퇴의 방법에 대한 고지가 이용자에게 고지되지 않았거나 이용약관에 명시되지 않았을 경우 한국 인터넷진흥원 개인정보침해신고센터(http://privacy.kisa.or.kr, 전화 118)로 신고하시는 방법으로 원하지 않는 곳에서의 개인정보 이용을 방지하실 수 있습니다.

■ **가입한 사이트에 회원 탈퇴란이 없어 탈퇴신청을 하지 못하고 있습니다.**

➡ 정보통신망 이용촉진 및 정보보호 등에 관한 법률에 의하면 이용자는 언제든지 개인정보 수집·이용에 관한 동의를 철회할 수 있고, 정보통신서비스제공자는 개인정보를 열람·수정·철회할 수 있는 이용자의 권리행사방법을 이용자에게 고지하거나 이용약관에 명시하도록 하고 있으며, 이를 위반할 때는 과태료 처분을 할 수 있도록 규정되어 있습니다.

일단 탈퇴가 어떤 방법과 절차로 가능한지 확인해 보시기 바라며, 탈퇴의 방법에 대해 이용자에게 고지하지 않거나 이용약관에 명시하지 않았을 경우 한국인터넷진흥원 개인정보침해신고센터(http://privacy.kisa.or.kr)로 신고하실 수 있습니다.

■ **개인정보의 침해유형은 어떠한 것들이 있나요?**

➡ 정보통신망 이용촉진 및 정보보호 등에 관한 법률 및 방송통신심의위원회에서 제시하고 있는 개인정보보호지침에서 규정한 개인정보 침해유형은 다음과 같습니다.

① 정보통신서비스제공자가 정보통신서비스제공에 필요치 않는 정보를 과다하게 요구하는 경우
② 정보통신서비스제공자가 이용자의 동의 없이 개인정보를 수집하는 경우
③ 정보통신서비스제공자가 이용자로부터 수집동의를 받고자 하는 경우, 다음사항을 이용자에게 고지하거나 이용약관에 명시하지 아니하는 경우
– 개인정보관리 책임자의 소속·성명 및 전화번호 기타 연락처
– 개인정보 수집목적 및 이용목적

- 개인정보를 제3자에게 제공하는 경우의 제공받는 자, 제공목적 및 제공할 정보의 내용
- 이용자의 권리 및 그 행사방법
- 수집하고자하는 개인정보 항목
- 개인 정보의 보유기간 및 이용기간

④ 정보통신서비스제공자가 안전성 확보조치 등을 강구하지 않고 개인정보를 취급하는 경우

⑤ 정보통신서비스제공자가 이용자의 동의를 받지 않고 이용자의 개인정보를 고지 또는 명시한 범위를 초과하여 이용하거나 제3자 에게 제공하는 경우

⑦ 정보통신서비스제공자 또는 정보통신서비스제공자로부터 개인정보를 제공받은 자가 개인정보를 수집목적 또는 제공받은 목적을 달성하였음에도 불구하고 지체 없이 파기하지 아니하는 경우

⑧ 정보통신서비스제공자가 개인정보관리책임자를 지정하지 않는 경우

⑨ 개인정보를 취급하거나 취급하였던 자가 개인정보를 타인에게 누설하거나 제공하는 경우

⑩ 정보통신서비스제공자가 이용자의 개인정보 열람요구에 대하여 필요한 조치를 취하지 않는 경우

⑪ 정보통신서비스제공자가 이용자의 개인정보 오류에 대한 정정요구에 대하여 필요한 조치를 취하지 않는 경우

⑫ 정보통신 서비스제공자가 이용자의 개인정보 삭제요구에 대해 필요한 조치를 취하지 않은 경우

⑬ 정보통신서비스제공자가 개인정보의 오류를 정정하지 않고 이를 이용하는 경우

⑭ 기타 타인의 정보를 훼손하거나 비밀을 침해·도용 또는 누설한 경우

■ 누군가가 제 주민등록번호를 이용해 유료 사이트에 가입하여, 요금이 저에게 청구되었습니다.

➡ 인터넷 상에서 타인의 주민등록번호를 단순하게 도용한 경우에도 처벌할 수 있습니다. 주민등록번호가 도용되었을 경우 해당 사이트에 아이디 삭제를 요청할 권한이 있으며 삭제에 응하지 않을 경우 한국인터넷진흥원 개인정보침해신고센터(국번 없이 118)에서 도움을 받으실 수 있습니다.

사용하지도 않은 소액결제 혹은 콘텐츠 요금이 휴대폰, 일반전화, 인터넷 서비스 이용요금으로 청구되었을 경우 해당 서비스업체에 문의하여 본인 및 주위의 지인이 사용한 것인지를 확인한 후 신고해주시기 바랍니다.
부당하게 청구된 요금에 대해서는 방송통신위원회 통합민원센터(국번 없이 1335)에서 통신사와 해당 서비스업체와의 요금 중재를 하고 있으므로 도움을 받으시길 바랍니다.

■ 남의 주민등록번호를 도용하거나 가짜 주민등록번호를 만들어 사용한 행위에 대한 처벌규정을 알고 싶습니다.

➡ 주민등록법 개정으로 회원 가입날짜 기준으로 2006년 9월 25일부터는 인터넷상에서 타인의 주민등록번호를 단순하게 도용한 경우에도 처벌할 수 있습니다. 해당사이트 운영자에 문의하시어 가입날짜를 확인하신 후 사이버안전국 (http://cyberbureau.police.go.kr) 인터넷상에 신고하시거나, 가까운 경찰관서에 피해내용을 증명할 수 있는 자료 등을 지참하여 신고하여 주시기 바랍니다.

주민등록번호가 도용되었을 경우 해당사이트에 아이디 삭제를 요청할 권한이 있으며 삭제에 응하지 않을 경우 한국인터넷진흥원 개인정보침해신고센터(국번 없이 118)에서 도움을 받으실 수 있습니다.

■ 사이버범죄 관련 형법상 비밀침해란 어떤 것인가요?

➡ 형법상 비밀침해행위란 봉함 기타 비밀장치한 사람의 편지, 문서, 도화, 또는 전자기록 등 특수매체기록을 기술적 수단을 이용하여 그 내용을 알아내는 것을 말합니다. 즉, 컴퓨터나 인터넷에서의 비밀침해란 타인의 비밀번호를 해킹프로그램이나 다른 방법을 이용하여 알아낸 다음 그 아이디로 접속하는 것이라든지 타인이 관리하는 서버에 권한이 없이 접속하는 것을 말합니다.

이러한 불법행위는 형법 제316조제2항에서 3년 이하의 징역이나 금고 또는 500만원 이하의 벌금에 처할 수 있도록 규정한 범죄입니다.

범죄사실기재례 ▸ 의사에 반한 상품구매 스팸메일 발송

피의자 ○○○는 ○○시 ○○구 ○○길 ○○에서 ☆☆☆☆☆라는 상호로 컴퓨터 부품의 판매업에 종사하고 있다.

피의자 ○○○은 전자우편 추출 프로그램을 사용해 ○○사가 운영하는 웹사이트의 게시판에 있는 피해자 ◎◎◎ 외 ○○여명의 전자우편 주소를 수집하였다. 그리하여 위 피해자 ◎◎◎가 상품을 구매할 의사가 없음을 밝혔음에도 불구하고 ◎◎◎의 정상적인 생활을 저해할 정도로 피의자의 상품을 구매하도록 여러 가지 컴퓨터 통신의 방법으로 피해자 ◎◎◎에게 강요하였다.

범죄사실기재례 ▸ 영리성 광고정보 전송

피의자 ○○○는 ○○정보통신 주식회사의 경영자이다.

○○○는 ○○○○. ○○. ○○.자로 제3자인 ○○시 ○○구 ○○길 ○○의 ○○통상에게 자신의 고객 ○○○ 명의 개인정보 중 전자우편 계정만을 제공하면서 각 정보주체로부터 동의를 받지 않았다. 그리고 위 ○○정보통신 주식회사로부터 전자우편 계정을 제공받은 ○○통상은 각 정보주체에게 영리성 광고정보를 전송하였다. 이에 피해자 ○○○ 등 ○○명은 위 영리성 광고정보를 수신하고 거부의사를 밝히는 전자우편을 전송했으나 ○○통상은 ○○○ 등 ○○명에게 영리성 광고정보를 재전송하였다.

범죄사실기재례 ▶ 개인정보 불법사용

피의자 ○○○는 ○○○사가 운영하는 웹사이트(사이트 주소 생략)에 회원으로 가입 등록하면서 누군가 자신의 개인정보를 해킹해 갈 수도 있기도 하고 ○○사가 보안시설을 제대로 갖추었는지를 알 수 없다는 의심이 들어 피의자 자신의 개인정보가 아닌 피해자 △△△의 개인정보를 도용하여 회원가입 할 때 등 부정하게 사용하였다.

범죄사실기재례 ▶ 개인정보 도용

피의자 ○○○는 ○○○사가 운영하는 성인 웹사이트(www.○○○○.com)에서 보내 온 광고메일을 보고 호기심이 일어 위 웹사이트에 접속해 보았다. 초기화면에 "19세 미만자는 입장불가입니다. 19세 이상인 경우 주민등록번호를 입력하여 성인인증을 받으면 입장할 수 있습니다."라는 문구가 있어 평소에 잘 아는 같은 학교 선배인 피해자 ○○○의 주민등록번호를 입력하여 접속에 성공한 후, 위 피해자 ○○○의 신용카드 번호와 패스워드를 기입하여 유료 서비스를 신청하는 등 개인정보를 도용하였다.

범죄사실기재례 ➡ 개인금융정보 도용

피의자 ○○○는 ○○시 ○○구 ○○길 ○○ '○○○○상가'에서 ○○○통신이라는 상호로 컴퓨터 ◇◇◇대리점에서 임시직으로 종사하고 있다.

피의자 ○○○는 ◇◇◇대리점의 쇼핑몰 웹사이트를 구축해 주고 관리해 오던 중 20○○. ○○. ○○.경 피해자 ◎◎◎ 외 ○○명의 개인정보인 주민등록번호와 이들이 위 쇼핑몰 웹사이트에서 자신의 신용카드로 결재한 자료를 유출하였다.

○○○는 피해자 ◎◎◎ 외 ○○명의 신용카드 발급회사와 계좌번호, 패스워드 등을 이용해 해당 카드회사에서 운영하는 웹사이트에 접속하여 피해자 ◎◎◎ 등 ○○명의 명의로 합계 금 ○○○○만원을 대출받아 자신의 통장으로 이체하였다.

범죄사실기재례 ➡ 직무상 비밀 누설

피의자 ○○○는 ○○지방병무청 전산과에 근무하고 있다

○○○는 현역입영대상자 명부 관리 등 업무를 담당하고 있는데, 업무와 관련하여 전산망에 보관하고 있는 입영대상자 약 ○○○명에 대한 개인정보를 유출하여 출력한 후, 병역브로커인 ○○○에게 알려 줌으로써 법령에 의한 직무상의 비밀을 누설하였다.

범죄사실기재례 ▸ 타인의 메일을 무단으로 열람한 경우

피의자 ○○○는 ○○대학교 ○학년 학생이다.

피의자 ○○○는 같은 학교에서 선후배이자 애인관계로 지내는 피해자 △△△와 인터넷 웹하드를 공유하여 같이 사용하면서 평소에 위 △△△가 '1234'라는 패스워드를 잘 사용하는 것을 기억하고 있다가, 피의자의 친구 ◎◎◎로부터 "○○. ○○.에 △△△를 만났었느냐? △△△가 얼마 전에 다른 남자와 함께 ○○극장에 들어가는 것을 보았다. 분명히 △△△가 맞다."는 말을 듣고 분개하여 피해자 △△△가 자주 사용하던 사용자번호와 패스워드를 추정해 피해자 △△△의 웹 메일함을 열어 △△△가 다른 사람들과 송·수신한 메일의 내용을 살펴보고 확인하였다.

범죄사실기재례 ▸ 타인의 게임아이템을 무단으로 취득한 경우

피의자 ○○○는 ○○대학교 ○학년 학생이다.

피의자 ○○○는 2000. ○○. ○○. ○○:○○경 ○○시 ○○구 ○○길 ○○에 있는 ○○○PC방에서 옆자리에 앉은 피해자 △△△와 네트워크로 연결된 인터넷 게임인 '☆☆☆'를 하다가 위 △△△가 게임을 중단하면서 "도저히 못 참겠다. 나 잠시 화장실에 다녀오겠다."라는 말을 남기고 사라진 틈을 이용해서 피해자 △△△가 보유하던 게임 아이템인 '투명망토'를 피의자의 계정으로 옮겨 타인의 정보를 침해하였다.

범죄사실기재례 ➤ 타인의 파일을 절취한 경우

피의자는 ○○시 ○○구 ○○길 ○○에 있는 ◎◎◎가 경영하는 원룸에 거주하고 있다.

피의자는 20○○. ○○. ○○. ○○:○○경 같은 원룸 ○층 ○○○호에 거주하는 친구 ○○○의 방에 놀러갔다가 나오는 길에 같은 층 ○○○ 호의 방에 사람이 없는 틈을 이용하여 안으로 들어갔다. 그리고 피해자 ○○○의 컴퓨터를 켜고 그 속에 저장된 법률관련 파일과 그 외 다수의 컴퓨터 음란파일들을 피해자의 외장형 하드디스크에 저장하고 피해자의 모니터 등과 함께 합계 ○○○만원 상당을 들고 나와 이를 절취하였다.

범죄사실기재례 ➤ 인터넷에서 정보를 취득하여 절취시도

피의자 ○○○는 20○○. ○○. ○○. 경 자신의 거주하는 집에서 컴퓨터로 인터넷 접속을 하던 중 우연히 피해자 ○○○의 사용자번호와 주민등록번호를 알게 되었다.

피의자 ○○○는 이를 이용해 패스워드까지 확인한 후 위 피해자 ○○○의 집주소를 웹사이트에서 열람하였다.

피의자 ○○○는 같은 해 ○○. ○○.까지 수차례에 걸쳐 ○○○의 집 근처를 배회하다가 같은 달 ○○. ○○:○○경 ○○시 ○○구 ○○길 ○○ 앞, 길에서 ○○○가 자기 집에서 나오는 것을 보았다. 그리고 ○○○를 뒤쫓아가 ○○○가 버스를 타고 가는 것을 보고나서 ○○○의 집으로 돌아와 ○○:○○경 ○○○의 집안으로 들어간 후 컴퓨터와 LED TV 등을 해체할 무렵에 정전이 되어서 컴퓨터 등을 가지고 나올 수가 없어 미수에 그치고 나오게 되었다.

범죄사실기재례 ▸ 아이디를 도용하여 아이템을 절취한 경우

피의자 ○○○와 ○○○는 ○○고등학교 선후배 사이인 학생들이다.

피의자들은 공동하여 평소에 자주 드나들던 ○○시 ○○구 ○○길 ○○의 □□□게임방에서 20○○. ○○. 경 위 □□□게임방을 경영하는 피해자 ◎◎◎로부터 "'○○○ 게임'을 실행할 때 속도가 너무 느리다. 접속도 잘 안되는데 게임을 진행하다보면 갑자기 다운되는 경우가 있고, 누군가 내 무기를 훔쳐가기도 했다. 너희가 한번 접속해봐서 문제가 있는지 살펴봐라"며 프로그램 실행에 오류가 있으면 수정해 달라는 부탁을 받았다. 피의자들은 이를 통하여 알게 된 ◎◎◎의 사용자번호와 패스워드를 이용해서 다른 ○○시 ○○구 ○○길 ○○의 ☆☆☆PC방으로 간 후, ◎◎◎의 위 사용자번호와 패스워드로 '○○○ 게임'에 접속하여 ◎◎◎가 보유해 놓은 시가 총 ○○만원 상당의 각종 아이템을 도용하여 ○○○ 등에게 금 ○○만원을 받고 아이템을 전자거래로 넘겨주었다.

범죄사실기재례 ▸ 사본을 절취한 경우

피의자 ○○○는 ○○○주식회사 직원이다.

피의자 ○○○는 20○○. ○○. ○○. ○○○주식회사의 CEO인 ○○○가 사망하여 20○○. ○○. ○○. ○○○의 책상 서랍을 정리하던 중 메모 형식으로 작성된 ○○○의 컴퓨터 패스워드를 발견하였다.

피의자 ○○○는 컴퓨터 폴더를 살펴보던 중 사본으로 저장해둔 회사 중역들에 대한 특별상여금 지급내역서 및 퇴직금 지급내역서, ○○제품에 대한 설계도 및 내역서 발견하여 이를 피의자가 가지고 있던 USB메모리에 사본으로 저장하여 가지고 나왔다.

범죄사실기재례 ▶ **개인정보 불법판매**

피의자 ○○○는 ○○시 ○○구 ○○길 ○○에 있는 ○○○사의 전산시스템에 네트워크로 접속하여 위 ○○○사가 관리하는 ○○만여 명의 회원 정보와 마케팅 자료를 컴퓨터 파일로 전송받았다. 그리고 이를 DVD로 제작하여 인터넷 전자게시판과 전자우편을 이용하여 개당 금 ○○만 원에 판매하려고 ○○여명에게 전자우편을 전송하였다.

제4절 사이버 스팸메일

I. 개요

정보통신망(컴퓨터 시스템)을 통하여, 법률에서 금지하는 재화 또는 서비스에 대한 광고성 정보를 전송하는 경우 및 이와 관련 허용되지 않는 기술적 조치 등을 행한 경우를 말하며, '속이는 행위(피싱)로 타인의 개인정보를 수집한 경우에도 사기의 실행의 착수에 나아가지 않은 경우 개인정보침해에 해당한다. 법률에서 금지하는 재화·서비스 전송의 경우이나, 이에 관련하여 허용되지 않는 기술적 조치에 대한 처벌 규정도 있는 점 감안하여, 불법 콘텐츠 범죄 항목이 아닌 정보통신망 이용 범죄로 포섭하였다.

※ 예방수칙

① 불필요하게 사이트, 게시판에 이메일 주소, 전화번호를 남기지 않는다.

② 이동통신사 또는 이메일 프로그램 또는 서비스에서 제공하는 다양한 차단 기능을 활용한다.

③ 불필요한 광고메일, 메시지 수신에 동의하지 않는다.

④ 광고메일은 열어보거나 응답하지 않고 바로 삭제한다.

⑤ 스팸 메시지에 포함된 URL은 접속하지 않는다.

⑥ 미성년자는 포탈의 청소년 계정을 이용한다.

판례 1

영리 목적으로 '숫자 등을 조합'하여 '전화번호 등을 자동생성'하는 행위를 금지하는 경우 판단방법

영리 목적으로 '숫자 등을 조합'하여 '전화번호 등을 자동생성'하는 행위를 금지하는 구 정보통신망 이용촉진 및 정보보호 등에 관한 법률 제50조 제6항 제2호, 제65조 제1항 제4호 규정의 신설 취지 및 이에 해당하는지 여부의 판단방법

【참조조문】
정보통신망 이용촉진 및 정보보호 등에 관한 법률 제74조 제1항

제74조(벌칙) ① 다음 각 호의 어느 하나에 해당하는 자는 1년 이하의 징역 또는 1천만원 이하의 벌금에 처한다.

1. 제8조제4항을 위반하여 비슷한 표시를 한 제품을 표시·판매 또는 판매할 목적으로 진열한 자

2. 제44조의7제1항제1호를 위반하여 음란한 부호·문언·음향·화상 또는 영상을 배포·판매·임대하거나 공공연하게 전시한 자

3. 제44조의7제1항제3호를 위반하여 공포심이나 불안감을 유발하는 부호·문언·음향·화상 또는 영상을 반복적으로 상대방에게 도달하게 한 자

4. 제50조제5항을 위반하여 조치를 한 자

해 설

　구 정보통신망 이용촉진 및 정보보호 등에 관한 법률(2007. 12. 21. 법률 제8778호로 개정되기 전의 것) 제65조 제1항 제4호, 제50조 제6항 제2호의 규정은 영리를 목적으로 광고를 전송하는 자가 숫자·부호 또는 문자를 조합하여 전화번호 등 수신자의 연락처를 자동으로 생성하는 조치를 한 경우를 처벌대상으로 삼고 있다. 이는 급증하는 스팸형 메일이나 문자 메시지 등을 통한 무차별적인 광고성 정보의 전송으로 인한 수신자의 사생활 및 통신의 자유와 자기정보 관리통제권 등 침해 현상에 효과적으로 대처하기 위해 수신자의 의사에 반하는 대량의 광고성 정보 전송행위를 규제하기 위한 조치의 일환으로 신설되었다. 위 규정에서 말하는 '숫자 등의 조합'이나 '전화번호 등의 자동생성' 등의 행위는, 반드시 그것만을 목적으로 만들어진 전문 프로그램이 아닌, 일반 전산 혹은 정보용 프로그램의 관련 기능을 이용하여 이루어진 경우라고 하여 그 규제대상에서 제외되지 않는다. 나아가 위 규정의 입법 취지에 스팸메일 등의 규제를 통한 건전하고 안전한 정보통신환경의 조성도 들어 있는 이상, 위와 같은 방법으로 생성한 다량의 전화번호 중 실제 사용되지 않는 결번이 일부 포함되어 있다 하더라도 마찬가지이다.

■ **광고라는 안내도 없고 수신거부가 되지 않는 스팸메일은 어떻게 신고
하면 되나요?**

➡ 한국인터넷진흥원 불법스팸대응센터(spamcop.or.kr, 전화118)로
신고하시면 됩니다.

광고성 메일을 보내면서 수신거부 기능이나 필터링 기능을 회피하기 위
해 '광고'라는 문구를 표시하지 않거나 '광*고', '광~~고' 등으로 변칙
표기하는 경우가 많습니다.
그런 경우 한국인터넷진흥원 불법스팸대응센터(spamcop.or.kr, 전화118)
로 신고하시면 됩니다.

■ **스팸메일을 걸러내는 방법을 알려주세요?**

➡ 한국인터넷진흥원 불법스팸대응센터(spamcop.or.kr, 전화118)에서
스팸차단 방법에 대한 안내를 받으시기 바랍니다.

메일 서비스 사이트에서 스팸신고 또는 스팸설정으로 차단할 수가 있으
나 각 메일 서비스 사이트마다 차단방법이 조금씩 상이 할 수 있으므로,
한국인터넷진흥원 불법스팸대응센터(spamcop.or.kr, 전화118)에서 스팸차
단 방법에 대한 안내를 받으시기 바랍니다.

■ **메일을 열어 보았더니 포르노 사이트를 광고하는 메일입니다. 어떻게 처리해야 되나요?**

➡ 한국인터넷진흥원 불법스팸대응센터(spamcop.or.kr, 전화118)를 통해서도 스팸차단을 도와드리고 있으니 신고하시면 됩니다.

수신자의 의사에 반한 영리목적의 광고성 정보의 전송, 즉 스팸메일 전송행위는 정보통신망이용촉진 및 정보보호 등에 관한 법률위반 제74조 제1항 제6호, 같은 법 제50조의8에 의거 1년 이하의 징역이나 또는 1천만원이하의 벌금에 처할 수 있습니다.
또한 한국인터넷진흥원 불법스팸대응센터(spamcop.or.kr, 118)를 통해서도 스팸차단을 도와드리고 있으니 신고하시면 됩니다.

■ **휴대폰으로 계속하여 광고메시지가 날아옵니다. 어찌해야 되나요?**

➡ 불법스팸에 대한 신고접수 및 과태료 부과에 대한 기본적인 사항에 대해서는 담당기관인 방송통신심의위원회(국번 없이 1377) 및 한국인터넷진흥원 불법스팸대응센터(국번 없이 118)에 신고해 주시기 바랍니다.

영리를 목적으로 광고성 정보를 전송하는데 있어 수신거부 철회를 방해하거나 광고 전송 출처를 은폐하기 위한 각종 조치를 할 경우와 불법행위를 위한 광고성 정보를 전송할 경우에 형사처벌이 가능합니다.
그러나 수신자의 거부의사에 반하는 스팸광고 및 전송자 연락처, 수집출처 등 미표시 등의 경우는 과태료 부과사안으로 방송통신위원회(kcc.go.kr, 전화 02-500-9000)의 소관업무입니다.

불법스팸에 대한 신고접수 및 과태료 부과에 대한 기본적인 사항에 대해서는 담당기관인 방송통신심의위원회(국번 없이 1377) 및 한국인터넷진흥원 불법스팸대응센터(국번 없이 118)에 신고해 주시기 바랍니다.

■ **회원탈퇴 신청을 했는데 계속 메일이 날아옵니다. 어떻게 처리해야 하나요?**

➡ 한국인터넷진흥원 불법스팸대응센터(국번 없이 118)에 신고해 주시기 바랍니다.

이용자가 개인정보 수집·이용 등에 관한 동의를 철회하거나 수집된 개인정보의 열람 또는 정정을 요구하는 경우에 정보통신서비스제공자는 정보통신망이용촉진및정보보호에관한법률에 따라 지체 없이 필요한 조치를 취해야 합니다.
이를 위반하면 과태료에 처할 수 있으므로 법적 제재를 원할 경우 한국인터넷진흥원 개인정보침해신고센터 (privacy.kisa.or.kr, 전화 118)로 신고하시기 바랍니다.

■ **스팸메일이 자꾸 옵니다. 어디로 신고해야 하나요?**

➡ 한국인터넷진흥원 불법스팸대응센터(국번 없이 118)에서 스팸과 관련한 차단 및 기술지원을 하고 있으니 신고하시면 됩니다.

수신자의 의사에 반한 영리목적의 광고성 정보의 전송, 이른바 스팸메일 전송행위는 정보통신망이용촉진 및 정보보호 등에 관한 법률위반 제74조 제1항 제6호, 같은 법 제50조의8에 의거 1년 이하의 징역이나 또는 1천만원 이하의 벌금에 처할 수 있습니다.

또한 한국인터넷진흥원 불법스팸대응센터(spamcop.or.kr, 전화118)에서 스팸과 관련한 차단 및 기술지원을 하고 있으니 신고하시면 됩니다.

■ **전자우편함에 폭탄성 메일이 많이 수신되어 작업에 방해를 받고 있습니다. 어떤 방법으로 처리해야 하나요?**

➡ 형사처벌을 원하시면 경찰에 신고(cyberbureau.police.go.kr) 하시기 바랍니다.

전자우편 폭탄이란 '대규모 전자우편을 특정 수신자에게 보내어 수신자 시스템의 정상적인 작동을 방해하는 것이며, 전자우편 폭탄에 대하여는 형법 제314조 제2항에서 컴퓨터 등 정보처리장치 또는 전자기록 등 특수매체기록을 손괴하거나 정보처리장치에 허위의 정보 또는 부정한 명령을 입력하거나 기타 방법으로 정보처리에 장애를 발생하게 하여 사람의 업무를 방해한 자에 대한 처벌규정을 두고 있으므로 형사처벌을 원하시면 경찰에 신고(cyberbureau.police.go.kr) 하시기 바랍니다.

■ **게시판 상세보기 메일을 읽은 후에 다른 프로그램을 실행하고 있는데 갑자기 광고창이 뜹니다. 지워도 지워지지가 않아요. 어떻게 해야 하나요?**

➡ 한국인터넷진흥원 불법스팸대응센터(spamcop.or.kr, 전화118)에서 신고접수 및 스팸차단 방법에 대한 안내를 하고 있으니 도움을 받으시기 바랍니다.

이런 종류의 스팸메일은, 단순히 태그 등을 이용하여 링크시킨 것이 아니라 메일을 열어봄과 동시에 실행프로그램을 컴퓨터에 설치하는 것입니다. 이 경우 설치된 프로그램을 찾아서 삭제해 주면 되며, 제어판에 있는 [프로그램추가/삭제] 기능에서 설치하지 않았거나 기존에 보지 못했던 프로그램이 실행중인 것을 찾아 삭제하시면 됩니다.

그리고 한국인터넷진흥원 불법스팸대응센터(spamcop.or.kr, 전화118)에서 신고접수 및 스팸차단 방법에 대한 안내를 하고 있으니 도움을 받으시기 바랍니다.

■ **컴퓨터를 사용하고 있으면 자동으로 팝업광고창이 생성되어 조금 있으면 다시 생겨나 귀찮습니다. 해결 방법 좀 알려주세요?**

➡ 한국인터넷진흥원 불법스팸대응센터(spamcop.or.kr, 전화118)에서 신고접수 및 스팸차단 방법에 대한 안내를 하고 있으니 도움을 받으시기 바랍니다.

영리목적 자동광고성 프로그램 설치에 대하여 정보통신망이용촉진 및 정보보호 등에 관한 법률 제50조의5(영리목적의 광고성 프로그램 등의 설치)에 의하면 정보통신 서비스제공자는 영리목적의 광고성 정보가 보이도록 하는 프로그램을 이용자의 컴퓨터 그 밖에 대통령령이 정하는 정보처리장치에 설치하고자 할 때에 이용자의 동의를 얻어야 합니다.

이 경우 해당 프로그램의 용도와 삭제할 수 있는 방법을 고지하여야 하며, 이를 위반할 경우 처벌로서는 동법 제76조에 과태료에 처할 수 있습니다. 이와 같은 경우 한국인터넷진흥원 불법스팸대응센터(spamcop.or.kr, 전화118)에서 신고접수 및 스팸차단 방법에 대한 안내를 하고 있으니 도움을 받으시기 바랍니다.

제5절 기타 정보통신망 이용형 범죄

Ⅰ. 개요

정보통신망(컴퓨터 시스템)을 이용하여 행하여진 범죄 구성요건의 본질적인 부분이 컴퓨터 시스템 또는 정보통신망(컴퓨터 시스템)에서 행해진 범죄 중, 사이버 사기, 전기통신금융사기, 개인·위치정보 침해, 사이버 저작권 침해, 스팸메일로 유형별로 분류되지 아니하는 경우의 범죄를 말한다

※ 기타 정보통신망 이용형 범죄의 예
  ① 컴퓨터 등 사용사기 (형법 제347조의2)
    정보통신망(컴퓨터 시스템)을 통하여, 컴퓨터 등 정보처리장치에 허위의 정보 또는 부정한 명령을 입력하여 정보처리를 하게함으로써, 재산상 이득 을 편취하는 경우의 범죄를 말한다.
  ② 전자화폐 등에 의한 거래 행위(전자금융거래법 제49조 제1항 제7호, 9호)
    정보통신망(컴퓨터 시스템)을 통하여, 다른 가맹점의 이름으로 전자화폐 등에 의한 거래를 한 경우와 정보통신망(컴퓨터 시스템)을 통하여, 가맹점이 아닌 자가 가맹점의 이름으로 전자화폐 등에 의한 거래를 한 경우의 범죄를 말한다.
  ③ 정보통신망 인증 관련 위반 행위(정통망법 제74조 제1항 제1호)
    정보통신망(컴퓨터 시스템)을 통하여, 정보통신망의 인증을 받지 아니한 자가 그 제품이 표준에 적합한 것임을 나타내는 표시와 비슷한 표시를 한 제품을 표시·판매·판매 목적으로 진열한 경우의 범죄를 말한다.

제3장

사이버금융범죄

제3장　　　사이버금융범죄

정보통신망을 이용하여 피해자의 계좌로부터 자금을 이체받거나, 소액결제가 되게 하는 신종 범죄를 말한다. 이 경우 전기통신금융사기 피해방지 및 피해금 환급에 관한 특별법에 의거하여 지급정지가 가능하다. 다만, 재화의 공급 또는 용역의 제공 등을 가장한 행위는 제외한다고 규정하고 있다.

제1절 피싱(Phishing)

Ⅰ. 개요

개인정보(Private data)와 낚시(Fishing)의 합성어로 금융기관을 가장한 이메일 발송을 말한다. 먼저 사용자로 하여금 이메일에서 안내하는 인터넷주소 클릭하게 만들어 가짜 은행사이트로 접속을 유도한다. 그리고 보안카드번호를 입력하도록 요구하는 등의 방법으로 금융정보를 탈취한다. 마지막으로 피해자로 하여금 자신의 계좌에서 범행계좌로 이체하도록 만든다.

1. 피싱의 유형
① 보이스피싱

　　유선전화 발신번호를 수사기관 등으로 조작하여 해당기관을 사칭하면서 자금을 편취하거나 자녀납치, 사고빙자 등 이용자 환경의 약점을 노려 자금을 편취하는 수법

② 문자피싱

　　스마트폰 환경에서 신뢰도가 높은 공공기관 및 금융회사의 전화번호를 도용하면서 정상 홈페이지와 유사한 URL로 접속토록 유도하여 개인정보나 금융정보를 편취하는 수법

③ 메신저피싱

SNS, 모바일(또는 PC) 기반 메신저 등 신규인터넷 서비스의 친구추가 기능을 악용하여 친구나 지인의 계정으로 접속한 후 금전 차용 등을 요구하는 수법

④ 피싱사이트

불특정 다수에게 문자, 이메일 등을 보내 정상 홈페이지와 유사한 가짜 홈페이지로 접속을 유도하여 개인정보 및 금융정보를 편취하는 수법

⑤ 스피어 피싱

1) 개념

고위 공직자, 유명인 등 특정 개인 및 회사를 대상으로 개인정보를 캐내거나 특정 정보 탈취 목적으로 하는 피싱 공격을 말한다.

2) 예방수칙

1. 이메일 발신자 정보 면밀히 확인 (아이디, 도메인 등)
   - 예) 경찰청 도메인 −or.kr(×)/ go.kr(○)
2. 메일 내 확인 되지 않은 첨부파일 다운로드 금지
   - 예) 해커들이 주로 PDF파일 안에 악성 파일을 숨기는 방법 자주 사용
3. 이중 확장자로 된 파일(예− doc.lnk 등)은 사기 가능성이 매우 크므로 열람 금지
4. 메일 본문 중 링크된 사이트 연결 지양
5. 개인정보 및 특정 정보 회신 요구하는 경우 반드시 해당 담당자와 전화 통화 확인
6. 온라인 상에 자신의 개인정보 노출 최소화
7. 주로 쓰는 문서 프로그램이나 윈도우 등 운영체제(OS) 등의 최신 보안 패치 설치

3) 피해 최소화 방법

최신 업데이트 백신으로 PC 바이러스 검사 및 치료

해당 메일 및 첨부파일 즉시 삭제

발신자 주소 및 도메인에 대해 "스팸 처리"기능 설정

판례 1

> 피고인 갑, 을이 공모하여, 피고인 갑 명의로 개설된 예금 계좌의 접근매체를 보이스피싱 조직원 병에게 양도함으로써 병의 정에 대한 전기통신금융사기 범행을 방조한 행위

> 피고인 갑, 을이 공모하여, 피고인 갑 명의로 개설된 예금 계좌의 접근매체를 보이스피싱 조직원 병에게 양도함으로써 병의 정에 대한 전기통신금융사기 범행을 방조하고, 사기피해자 정이 병에게 속아 위 계좌로 송금한 사기피해금 중 일부를 별도의 접근매체를 이용하여 임의로 인출함으로써 주위적으로는 병의 재물을, 예비적으로는 정의 재물을 횡령하였다는 내용으로 기소되었는데, 원심이 피고인들에 대한 사기방조 및 횡령의 공소사실을 모두 무죄로 판단한 사안에서, 피고인들에게 사기방조죄가 성립하지 않는 이상 사기피해금 중 일부를 임의로 인출한 행위는 사기피해자 정에 대한 횡령죄가 성립한다고 한 사례

【참조조문】

형법 제347조 제1항

> 제347조(사기)
> ① 사람을 기망하여 재물의 교부를 받거나 재산상의 이익을 취득한 자는 10년 이하의 징역 또는 2천만원 이하의 벌금에 처한다.

형법 제355조 제1항

제355조(횡령, 배임)
① 타인의 재물을 보관하는 자가 그 재물을 횡령하거나 그 반환을 거부한 때에는 5년 이하의 징역 또는 1천500만원 이하의 벌금에 처한다.

해 설

피고인 갑, 을이 공모하여, 피고인 갑 명의로 개설된 예금계좌의 접근매체를 보이스피싱 조직원 병에게 양도함으로써 병의 정에 대한 전기통신금융사기 범행을 방조하고, 사기피해자 정이 병에게 속아 위 계좌로 송금한 사기피해금 중 일부를 별도의 접근매체를 이용하여 임의로 인출함으로써 주위적으로는 병의 재물을, 예비적으로는 정의 재물을 횡령하였다는 내용으로 기소되었는데, 원심이 피고인들에 대한 사기방조 및 횡령의 공소사실을 모두 무죄로 판단한 사안에서, 피고인들에게 사기방조죄가 성립하지 않는 이상 사기피해금 중 일부를 임의로 인출한 행위는 사기피해자 정에 대한 횡령죄가 성립한다는 이유로, 원심이 공소사실 중 횡령의 점에 관하여 병을 피해자로 삼은 주위적 공소사실을 무죄로 판단한 것은 정당하나, 이와 달리 정을 피해자로 삼은 예비적 공소사실도 무죄로 판단한 데에는 횡령죄에서의 위탁관계 등에 관한 법리를 오해한 위법이 있다.

판례 2

보이스피싱 사기 조직을 구성하고 이에 가담하여 조직원으로 활동함으로써 범죄단체를 조직하거나 이에 가입·활동하였다는 내용으로 기소된 사안

피고인들이 불특정 다수의 피해자들에게 전화하여 금융기관 등을 사칭하면서 신용등급을 올려 낮은 이자로 대출을 해주겠다고 속여 신용관리비용 명목의 돈을 송금받아 편취할 목적으로 보이스피싱 사기 조직을 구성하고 이에 가담하여 조직원으로 활동함으로써 범죄단체를 조직하거나 이에 가입·활동하였다는 내용으로 기소된 사안에서, 위 보이스피싱 조직은 형법상의 범죄단체에 해당하고, 조직의 업무를 수행한 피고인들에게 범죄단체 가입 및 활동에 대한 고의가 인정되며, 피고인들의 사기범죄 행위가 범죄단체 활동에 해당한다고 본 원심판단을 수긍한 사례

【참조조문】

형법 제347조 제1항

제347조(사기)
① 사람을 기망하여 재물의 교부를 받거나 재산상의 이익을 취득한 자는 10년 이하의 징역 또는 2천만원 이하의 벌금에 처한다.

형법 제114조

제114조(범죄단체 등의 조직)
사형, 무기 또는 장기 4년 이상의 징역에 해당하는 범죄를 목적으로 하는 단체 또는 집단을 조직하거나 이에 가입 또는 그 구성원으로 활동한 사람은 그 목적한 죄에 정한 형으로 처벌한다. 다만, 형을 감경할 수 있다.

해 설 •

　피고인들이 불특정 다수의 피해자들에게 전화하여 금융기관 등을 사칭하면서 신용등급을 올려 낮은 이자로 대출을 해주겠다고 속여 신용관리비용 명목의 돈을 송금받아 편취할 목적으로 보이스피싱 사기 조직을 구성하고 이에 가담하여 조직원으로 활동함으로써 범죄단체를 조직하거나 이에 가입·활동하였다는 내용으로 기소된 사안에서, 위 보이스피싱 조직은 보이스피싱이라는 사기범죄를 목적으로 구성된 다수인의 계속적인 결합체로서 총책을 중심으로 간부급 조직원들과 상담원들, 현금인출책 등으로 구성되어 내부의 위계질서가 유지되고 조직원의 역할 분담이 이루어지는 최소한의 통솔체계를 갖춘 형법상의 범죄단체에 해당하고, 보이스피싱 조직의 업무를 수행한 피고인들에게 범죄단체 가입 및 활동에 대한 고의가 인정되며, 피고인들의 보이스피싱 조직에 의한 사기범죄 행위가 범죄단체 활동에 해당한다.

보이스피싱 범죄의 범인이 피해자를 기망하여 피해자의 자금을 사기이용계좌로 송금·이체받은 경우 횡령죄를 구성하는지 여부(소극)

전기통신금융사기(이른바 보이스피싱 범죄)의 범인이 피해자를 기망하여 피해자의 자금을 사기이용계좌로 송금·이체받은 후 사기이용계좌에서 현금을 인출한 행위가 사기의 피해자에 대하여 별도의 횡령죄를 구성하는지 여부(소극) 및 이러한 법리는 사기범행에 이용되리라는 사정을 알고서 자신 명의 계좌의 접근매체를 양도함으로써 사기범행을 방조한 종범이 사기이용계좌로 송금된 피해자의 자금을 임의로 인출한 경우에도 마찬가지로 적용되는지 여부(적극)

【참조조문】

형법 제347조

제347조(사기)
① 사람을 기망하여 재물의 교부를 받거나 재산상의 이익을 취득한 자는 10년 이하의 징역 또는 2천만원 이하의 벌금에 처한다.
② 전항의 방법으로 제삼자로 하여금 재물의 교부를 받게 하거나 재산상의 이익을 취득하게 한 때에도 전항의 형과 같다.

형법 제355조 제1항

제355조(횡령, 배임)
① 타인의 재물을 보관하는 자가 그 재물을 횡령하거나 그 반환을 거부한 때에는 5년 이하의 징역 또는 1천500만원 이하의 벌금에 처한다.

해 설

　　전기통신금융사기(이른바 보이스피싱 범죄)의 범인이 피해자를 기망하여 피해자의 자금을 사기이용계좌로 송금·이체받으면 사기죄는 기수에 이르고, 범인이 피해자의 자금을 점유하고 있다고 하여 피해자와의 어떠한 위탁관계나 신임관계가 존재한다고 볼 수 없을 뿐만 아니라, 그 후 범인이 사기이용계좌에서 현금을 인출하였더라도 이는 이미 성립한 사기범행이 예정하고 있던 행위에 지나지 아니하여 새로운 법익을 침해한다고 보기도 어려우므로, 위와 같은 인출행위는 사기의 피해자에 대하여 별도의 횡령죄를 구성하지 아니한다. 이러한 법리는 사기범행에 이용되리라는 사정을 알고서 자신 명의 계좌의 접근매체를 양도함으로써 사기범행을 방조한 종범이 사기이용계좌로 송금된 피해자의 자금을 임의로 인출한 경우에도 마찬가지로 적용된다.

금융거래정보 노출행위가 금융사고의 발생에 이용자의 '중대한 과실'이 있는 경우에 해당한다고 본 원심판단을 수긍한 사례

갑이 금융기관인 을 주식회사 등에서 금융거래를 하면서 인터넷뱅킹서비스를 이용했는데, 병이 전화금융사기를 통하여 갑에게서 취득한 금융거래정보를 이용하여 갑 명의의 공인인 증서를 재발급받아 다른 금융기관들로부터 대출서비스 등을 받은 사안에서, 갑의 금융거래정보 노출행위가 금융사고의 발생에 이용자의 '중대한 과실'이 있는 경우에 해당한다고 본 원심판단을 수긍한 사례

【참조조문】

전자금융거래법 제9조 제1항 제3호

제9조(금융회사 또는 전자금융업자의 책임)
① 금융회사 또는 전자금융업자는 다음 각 호의 어느 하나에 해당하는 사고로 인하여 이용자에게 손해가 발생한 경우에는 그 손해를 배상할 책임을 진다.
3. 전자금융거래를 위한 전자적 장치 또는 「정보통신망 이용촉진 및 정보보호 등에 관한 법률」 제2조제1항제1호에 따른 정보통신망에 침입하여 거짓이나 그 밖의 부정한 방법으로 획득한 접근매체의 이용으로 발생한 사고

해 설

　　갑이 금융기관인 을 주식회사 등에서 예금계좌를 개설하여 금융거래를
하면서 인터넷뱅킹서비스를 이용하여 왔는데, 병이 전화금융사기(이른바
보이스피싱)를 통하여 갑에게서 취득한 금융거래정보를 이용하여 갑 명의
의 공인인증서를 재발급받아 다른 금융기관들로부터 대출서비스 등을 받
은 사안에서, 갑이 제3자에게 접근매체인 공인인증서 발급에 필수적인 계
좌번호, 계좌비밀번호, 주민등록번호, 보안카드번호, 보안카드비밀번호를
모두 알려준 점 등 제반 사정에 비추어, 갑의 금융거래정보 노출행위가
전자금융거래법 등에서 정한 금융사고의 발생에 이용자의 '중대한 과실'이
있는 경우에 해당한다.

■ 메신저 피싱 피해를 입어 ○○월 ○○일자로 은행에 피해구제신청을
 해놓은 상황입니다. 은행 측에서는 해당 계좌에 돈은 남아있지만 다른
 피해자가 있다면 남아 있는 돈에서 보상을 하기 때문에 제 피해금액
 100%를 보상 받지 못 할 수도 있다고 합니다. 피해구제 절차는 2~3개
 월이 소요된다고 하는데요. 제가 계좌 주인에게 민사소송을 진행할 수
 있을까요? 있다면 언제까지 소송을 시작해야 하나요?

➡ 소를 제기하실 수 있습니다.

 보이스 피싱 사기를 당한 경우 전기통신 금융사기 피해방지 및 피해자환
 급에 따른 구제 절차와는 별도 통장 명의인을 상대로 부당이득금(잔존금
 액) 및 손해배상(인출된 금원) 청구의 소를 제기하실 수 있습니다.

■ 경찰 사칭전화를 걸어와 가짜 경찰청 사이트에 접속을 하게 하여 개인 정보를 빼가고 가짜은행 사이트를 만들어 제 공인인증서를 복사시켜 가서 제 계좌에서 돈을 계좌이체 시켜 갔습니다. 제가 속아서 은행 보안카드 번호를 몇 개 알려준 잘못은 있으나 가짜은행 사이트를 만들고 공인인증서를 복사시켜간 것은 은행의 관리측면에서 잘못이 있는 것 같습니다. 거래은행에 이번 피해에 대한 손해배상을 받고 싶은데 가능한가요?

➡ 어려울 것으로 보입니다,

사실관계만을 바탕으로 참고목적으로만 답변해드리도록 하겠습니다.

보이스피싱 사건의 경우 범죄행위자가 국내에 소재하지 않는 등으로 소재불명인 경우가 대부분이어서 입금계좌의 명의인을 상대로 부당이득반환 등 청구의 소를 제기하는 방식으로 진행하는 것이 일반적입니다.
다만 최근 실무상 상대계좌에 잔액이 없다면 패소하는 경우가 많습니다.
은행에 대해서 손해배상 청구를 할 수 있는지 여부는 구체적인 사정에 따라 달라지는 것으로 귀하께서 질문내용에 기재한 사실관계만으로는 답변드리기 어렵습니다.
다만 허위 은행 사이트를 만든 것은 특별한 사정이 없는 한 은행의 귀책사유와는 아무런 관련이 없고, 귀하께서 보안카드의 번호를 알려준 것은 은행 보다는 귀하의 귀책사유로 생각되며, 공인인증서 역시 이는 은행에서 관리하는 것이라고 보기 어려운 면이 있어서 다른 사정이 없는 한 은행을 상대로 손해배상을 청구하기는 어려울 것으로 보입니다.

■ 제 명의로 대포폰이 개설되었고 대포폰의 미납요금이 계좌에서 인출되니 빨리 본인이 알려주는 계좌로 예금을 이체시키라는 전화를 받았어요. 그래서 바로 그 계좌로 모든 예금을 이체했는데, 제 예금은 안전하겠죠?

➡ 그 당시 언급된 은행이나 기관 등 관련된 곳에 다시 전화를 하여 실제 상황인지 확인하는 것이 좋습니다.

◇ 보이스피싱을 당한 것 같군요.
보이스피싱과 같은 신종 전자금융범죄는 '대포폰', '미납요금' '자녀납치' 등과 같은 말로 피해자의 심리를 압박하는 것이 특징인데요. 이런 경우에는 그 당시 언급된 은행이나 기관 등 관련된 곳에 다시 전화를 하여 실제 상황인지 확인하는 것이 좋습니다.

◇ 피싱(Phishing) 대처방법
① 지급정지 및 피해금 환급 신청
피싱사기로 인해 금전적인 피해가 발생한 피해자는 신속히 경찰서나 금융회사 콜센터를 통해 지급정지 요청을 한 후, 해당 은행에 경찰이 발급한 '사건사고 사실확인원'을 제출하여 피해금 환급 신청을 합니다.
② 피싱사이트 신고하기
금융거래정보를 빼내기 위해 은행 등의 홈페이지를 모방하여 만든 가짜 홈페이지 즉, 피싱사이트로 의심되거나 확인된 경우에는 해당 사이트를 신고하여 추가적인 피해를 예방해야 합니다.

제2절 파밍(Pharming)

Ⅰ. 개요

악성코드에 감염된 피해자 PC를 조작하여 금융정보를 탈취하는 경우를 말한다. 먼저 피해자 PC가 악성코드에 감염되게 하고, 피해자로 하여금 정상 홈페이지에 접속하여도 피싱(가짜) 사이트에 들어가도록 유도한다. 그리고 보안카드번호 전부 입력 요구 등의 방법으로 금융정보를 탈취하며, 마지막으로 피해자 계좌에서 범행계좌로 이체하도록 만든다.

1. 예방수칙

① 사이트 주소가 정상인지 확인하고, 보안카드번호 전부는 절대 입력하지마세요
② 공인인증서, 보안카드 사진 등을 컴퓨터나 이메일에 저장하지 마세요
③ OTP(일회성 비밀번호생성기),보안토큰(비밀번호 복사방지)등을 사용하기를 권장하며, 공인인증서 PC지정 등 전자금융 사기 예방서비스에 가입하세요.
④ 스마트폰 문자메세지에 포함된 인터넷주소 클릭하지 마세요
⑤ 무료 다운로드 사이트의 이용을 자제하시고, 출처가 정확하지 않은 파일이나 이메일은 즉시 삭제 하세요.
⑥ 윈도우, 백신프로그램 등을 최신상태로 유지하세요.
⑦ 파밍 등이 의심될 때에는 신속히 경찰청 112센터가 금융기관 콜센터를 통해 지급정지를 요청하세요.

2. 파밍의 유형
① 가짜 은행사이트

악성프로그램에 감염된 피해자PC가 가짜 은행사이트로 접속, 보안승급이 필요하다고 하면서 보안카드번호 전체 입력 유도

② 팝업창

악성프로그램에 감염된 피해자PC가 가짜 은행사이트로 접속, 'OTP무료 이벤트' 팝업창이 뜨면서 계좌번호·보안카드번호 입력 요구

③ 가짜 쇼핑몰 결제창

인터넷 쇼핑몰에서 옷을 구매하면서 실시간 계좌이체 선택, 결제를 위해 '인터넷뱅킹'을 누르는 순간 악성프로그램에 감염된 피해자 PC가 피싱사이트로 유도, 보안카드번호 전체·계좌비밀번호 등 입력 요구

④ 이메일 첨부파일

신용카드 회사 명의로 된 이메일 명세서를 받고 첨부파일을 열람, 악성프로그램에 감염됨에 따라 주민번호와 보안카드번호 전부 입력 요구

⑤ 가짜 대법원 사이트

악성프로그램에 감염된 피해자PC가 가짜 대법원사이트로 접속, ⅰ) 계좌번호·보안카드번호 입력 요구, ⅱ) 납부화면에서 대법원이 사용하지 않는 방식인 계좌이체방식 사용, 또는 ⅱ) 가상계좌 이용 시 대법원이 지정하지 않은 예금주의 가상계좌로 납부 요구

　-〉 정상적인 대법원 가상계좌 예금주

　　: "대법원 전자소송", "OO공탁소"(예: 서울중앙공탁소·부산지방공탁소 등)

⑥ 웹하드 / 파일공유 사이트

파일공유 사이트에 게시된 최신 동영상을 내려 받자 피해자 PC가 악성프로그램에 감염, 인터넷뱅킹 이용 시 평소와는 다르게 계좌번호·공인인증서 비밀번호·보안카드번호를 전부 입력 요구

Ⅱ. 관련판례

판례 1

> 파밍(Pharming)을 통하여 획득한 계좌번호와 비밀번호,
> 보안카드 번호 등 금융거래정보를 이용하여 예금계좌에서
> 이체거래를 한 사안

> 갑 등이 을 은행 등에 예금계좌를 개설하고 인터넷 뱅킹 서
> 비스 등을 이용하여 왔는데, 병이 이른바 파밍(Pharming)을
> 통하여 획득한 갑 등의 계좌번호와 비밀번호, 보안카드 번호
> 등 금융거래정보를 이용하여 갑 등 명의의 공인인증서를 취득
> 한 후 갑 등의 예금계좌에서 이체거래를 한 사안에서, 갑 등
> 과 전자금융거래계약을 체결한 을 은행 등은 갑 등에게 발생
> 한 손해를 배상할 의무가 있는데, 갑 등에게 중대한 과실이
> 인정되므로 그 정도에 따라 갑 등도 책임의 전부 또는 일부를
> 부담하여야 한다고 본 사례

【참조조문】

전자금융거래법 제21조 제1항 제2항

> 제21조(안전성의 확보의무)
> ① 금융회사등은 전자금융거래가 안전하게 처리될 수 있도록 선량한
>   관리자로서의 주의를 다하여야 한다.
> ② 금융회사등은 전자금융거래의 안전성과 신뢰성을 확보할 수 있도
>   록 전자적 전송이나 처리를 위한 인력, 시설, 전자적 장치, 소요
>   경비 등의 정보기술부문, 전자금융업무 및 「전자서명법」에 의한
>   인증서의 사용 등 인증방법에 관하여 금융위원회가 정하는 기준을
>   준수하여야 한다.

갑 등이 을 은행 등에 예금계좌를 개설하고 인터넷 뱅킹 서비스 등을 이용하여 왔는데, 병이 이른바 파밍(Pharming)을 통하여 획득한 갑 등의 계좌번호와 비밀번호, 보안카드 번호 등 금융거래정보를 이용하여 갑 등 명의의 공인인증서를 취득한 후 갑 등의 예금계좌에서 이체거래를 한 사안에서, '공인인증서'와 '보안카드 등 일회용 비밀번호'는 전자금융거래법 제2조 제10호에서 정한 '접근매체'에 해당하고, 타인의 정보를 부정하게 이용하여 공인인증서를 발급 또는 재발급받은 경우 및 공인인증서를 불법 적으로 복제한 경우는 공인인증서의 위조에 해당하며, 권한 없는 자가 보안카드 번호 등을 입력한 경우도 보안카드의 위조에 해당하므로, 위 사고는 구 전자금융거래법(2013. 5. 22. 법률 제11814호로 개정되기 전의 것, 이하 '구 전자금융거래법'이라 한다) 제9조 제1항 전단의 '접근매체의 위조'로 발생한 사고로서, 갑 등과 전자금융거래계약을 체결한 을 은행 등은 갑 등에게 발생한 손해를 배상할 의무가 있는데, 보안카드 번호 전체를 입력한 갑 등에게 구 전자금융거래법 제9조 제2항 제1호 등에서 정한 '중대한 과실'이 인정되므로, 그 정도에 따라 이용자인 갑 등도 책임의 전부 또는 일부를 부담하여야 한다.

Ⅱ. 상담사례

■ ○○월 ○○일에 파밍 사기를 당한 후 얼마 전에 경찰로부터 대포통장 주의 조사가 끝났다고 연락을 받았습니다. 인터넷으로 알아보니 대포통장주 상대로 민사소송을 통해 50~70% 정도 손해배상금을 받을 수 있다고 들었습니다. 그럼 어떻게 해야 하는 건가요?

➡ 민사소송 진행이 가능할 것으로 보입니다.

통상적으로 보이스 피싱 사건의 경우 주범은 이미 도망간 경우가 많고, 단순 계좌양도자(대포통장주)에 대하여 공동불법행위책임을 물을 수 있는지 여부가 보이스피싱 사건의 주된 쟁점입니다.

이에 대하여는 견해의 대립도 많았지만, 실무상으로는 단순 계좌양도자에게도 공동불법행위책임을 물을 수 있다고 보는 판결이 많았습니다.

그런데 2015. 1. 15.자로 대법원에 의하여 위 쟁점에 대한 기준이 정립되었습니다.
자신의 계좌가 보이스피싱에 이용될 줄 몰랐던 단순 계좌양도자에게는 공동불법행위책임을 묻기 어렵고, 계좌양도자가 계좌가 보이스피싱에 이용될 줄 알았거나 충분히 예견이 가능했던 경우에는 공동불법행위책임을 물을 수 있습니다. 그러나 통상적으로 대포통장주는 주범에게 속아 통장을 넘겨준 경우가 많아 계좌양도시 보이스피싱에 이용될 것이라고 충분히 예견하였다고 보기 어려운 사례가 많으므로 위 대법원 판례의 기준은 질문자 분 사안에 불리하게 적용될 가능성이 많아 보입니다.

■ ○○월 ○○일, 스마트폰 ◎◎뱅킹 시도시 업데이트를 요청 및 기존어플 삭제를 확인 클릭하여 비밀번호, 인증서번호, 보안카드 등 전체입력을 하는 실수를 범하여 ○○○○만원 상당의 돈을 파밍당하였습니다. 경찰서에 신고된 상태이고, ◎◎은행을 상대로 민사소송을 하려합니다. 제 실수라는 점을 인지하고 있지만 ○○월 ○○일 금융사기예방서비스를 신청한 상태였기 때문에 1일 누계액이 300만원이 넘어갈 시에는 제 휴대폰에 승인요청이 들어와야 돈이 빠져나갈 수 있는데 승인허락 없이 돈이 다 빠져나갔습니다. 민사소송시 ◎◎은행으로부터 승산이 있을까요?

➡ 공단에서 처리했던 유사한 사례를 말씀드리겠습니다.

기초사실로는 의뢰인은 성명불상자로부터 '◎◎은행, 인터넷 개인정보 유출 관련 보안을 위하여 보안승급 요청 등'이라는 문자메세지를 받았습니다. 이에 의뢰인은 위 문자메세지에 나와 있는데로 위 사이트에 접속하여 원고 명의의 공인인증서 비밀번호, ◎◎은행 보안카드 일련번호, 보안카드번호 등 총 ○○개를 입력했습니다. 성명불상자는 이를 통해 ◎◎은행 인터넷뱅킹에 필요한 원고의 금융계좌정보를 알아내고, 위 금융계좌정보를 이용하여 원고명의의 공인인증서를 재발급 받은 다음 원고의 ◎◎은행계좌에서 피고 ○○○ 외 ○명과 ◎◎은행을 상대로 부당이득금반환청구의 소를 제기했습니다.

1심 재판 결과로는 피고 ○○○ 외 ○명에 대하여 피고의 손해배상의무를 인정하면서 원고의 과실 50%를 인정하는 원고일부승소판결을 합니다. 피고 ◎◎은행에 대하여 성명불상자가 원고의 개인정보를 불법적으로 획득하여 이를 이용하여 공인인증서를 재발급받은 행위도 전자금융거래법 제9조 제1항에 따라 원고에게 이 사고로 인하여 발생한 손해를 배상할 책임이 있고, 원고 역시 접근매체를 누설하거나 노출, 방치한 중대한 과실이 있기 때문에 피고의 책임비율을 30%로 제한하는 원고 일부승소의 판결을 합니다.

그동안 법원은 파밍에 속아 개인정보를 유출하면 고객에게 중과실이 있다고 봐서 금융기관의 책임을 면제하는 결정을 해왔습니다. 이번 판결은 고객의 중과실이 은행의 책임감경사유일뿐 면책사유가 아니라고 본 첫 판결이기 때문에 의미하는 바가 큽니다. 다만 피고 ◎◎은행이 항소하였으므로 상소심의 결과를 두고 봐야 합니다.

■ **남편에게 돈을 송금하려고 즐겨찾기에 등록되어 있는 은행사이트에 접속했더니 인터넷 뱅킹에 필요한 정보이니 개인정보(주민등록번호 등) 및 금융거래정보(계좌번호, 계좌비밀번호, 보안카드번호 전체 등)를 입력하라는 팝업창이 나타나더라고요. 저는 이미 즐겨찾기 되어 있는 은행사이트에 접속했으니, 안심하고 관련 정보를 입력해도 아무 문제없는 것이겠죠?**

➡ 아니요, 개인정보 및 금융거래정보를 입력하라는 창이 뜬다면 절대 입력하지 말고, 인터넷뱅킹 후에는 이체실행 결과를 확인하여 제대로 인터넷뱅킹이 실행되었는지 확인해야 합니다.

　◇ 평소 사용하는 컴퓨터에 등록해 놓은 즐겨찾기를 이용하여 은행 사이트에 접속하여도 피싱사이트로 연결되어 금융거래정보를 빼낸 후 예금을 탈취하는 파밍 사기 피해를 당하는 경우가 있습니다. 그러므로 개인정보 및 금융거래정보를 입력하라는 창이 뜬다면 절대 입력하지 말고, 인터넷

뱅킹 후에는 이체실행 결과를 확인하여 제대로 인터넷뱅킹이 실행되었는지 확인해야 합니다.

◇ 파밍(Pharming) 대처방법
① 지급정지 및 피해금 환급 신청
피싱사기로 인해 금전적인 피해가 발생한 피해자는 신속히 경찰서나 금융회사 콜센터를 통해 지급정지 요청을 한 후, 해당 은행에 경찰이 발급한 '사건사고 사실확인원'을 제출하여 피해금 환급 신청을 합니다.
② 악성프로그램에 감염된 PC 치료
악성프로그램에 감염된 PC는 백신프로그램, 한국인터넷진흥원 보호나라의 PC원격점검 서비스 또는 '파밍캅'프로그램을 다운로드받아 치료하는 것이 좋습니다.

제3절 스미싱(Smishing)

I. 개요

문자메시지(SMS)와 피싱(Phishing)의 합성어이다. 예를 들어, '무료쿠폰 제공' 등의 문자메시지 내 인터넷주소를 클릭하면 악성코드가 스마트폰에 설치되어 피해자가 모르는 사이에 소액결제 피해가 발생하거나 또는 개인 금융정보가 탈취되는 범죄이다.

1. 예방수칙
① 모바일 백신 설치 및 실시간 감시 기능 설정
② 스마트폰 운영 체제 최신 업데이트
③ 문자메세지 내 포함된 인터넷 주소(URL) 클릭하지 지양
④ 루팅, 탈옥 등 스마트폰 기본 운영 체제 변경 지양
  *루팅은 안도로이드 운영체제의 최고 권한 계정인 루트 권한을 획득하는 것을 말하며, 성능향상 등의 장점도 있으나, 시스템오류 및 보안에 취약해져 악성코드가 유입되는 등 단점도 상존
  *탈옥은 애플기기의 운영체제인 iOS에 규정된 제한을 풀어 여러방면으로 사용이 가능하도록 하는 것.
⑤ 스미싱 차단앱 설치
  ※ 이동통신사별로 스미싱 차단앱 기본설치 및 제공
⑥ 비밀번호 설정되지 않는 무선 공유기(WiFi)에 접속 지양
⑦ 앱 다운로드시, 공식 애플리케이션 마켓 이용

2. 피해 최소화 방법
① 휴대폰 공장 초기화*(휴대폰 제조사 A/S 센터 이용)
  * 휴대폰을 공장에서 출하될 때 상태로 초기화하는 것

② 악성 애플리케이션 삭제

③ 통신사에 소액결제 여부 확인 및 차단

④ 개인정보 도용 확인

 ※ 주민번호클린센터(www.eprivacy.go.kr), I-PIN(i-pin.kisa.or.kr), 명의도용
  방지서비스(www.msafer.or.kr) 등에서 확인 가능

Ⅱ. 관련판례

판례 2

서비스 이용자가 계약상 채무불이행에 따른 손해배상을 청구할 수 있는지 여부(적극)

정보통신서비스 제공자가 부담하는 개인정보보호의무의 내용 및 정보통신서비스 제공자가 개인정보보호에 실패하여 개인정보유출사고가 발생한 경우, 서비스 이용자가 계약상 채무불이행에 따른 손해배상을 청구할 수 있는지 여부(적극)

【참조조문】

민법 제390조

제390조(채무불이행과 손해배상)

채무자가 채무의 내용에 좇은 이행을 하지 아니한 때에는 채권자는 손해배상을 청구할 수 있다. 그러나 채무자의 고의나 과실없이 이행할 수 없게 된 때에는 그러하지 아니하다.

해 설

정보통신서비스 제공자는 구 정보통신망 이용촉진 및 정보보호 등에 관한 법률(2012. 2. 17. 법률 제11322호로 개정되기 전의 것, 이하 '구 정보통신망법'이라 한다) 및 구 정보통신망 이용촉진 및 정보보호 등에 관한 법률 시행령(2011. 8. 29. 대통령령 제23104호로 개정되기 전의 것) 등의 규정을 준수함으로써 이용자가 제공한 성명, 주민등록번호, 아이디, 비밀번호 등의 개인정보를 보호할 의무가 있다. 나아가 정보통신서비스 제공자가 서비스 이용약관을 통해 이용자로 하여금 개인정보를 필수적으로 제공하도록 요청하여 이를 수집하는 경우에는 위와 같이 수집한 이용자의 개

인정보가 유출되지 않도록 적절한 보안시스템을 구축하고, 개인정보의 취급과정에서 안정성 확보에 필요한 합리적인 수준의 기술적 및 관리적 대책을 수립·운영할 계약상의 의무를 부담한다.

　한편 서비스 이용자는 정보통신서비스 제공자 등이 구 정보통신망법상의 규정을 위반한 행위로 손해를 입으면 정보통신서비스 제공자 등에게 손해배상을 청구할 수 있고, 이 경우 해당 정보통신서비스 제공자 등은 고의 또는 과실이 없음을 입증하지 아니하면 책임을 면할 수 없으며(구 정보통신망법 제32조), 나아가 서비스 이용자는, 정보통신서비스 제공자가 개인정보보호에 실패하여 개인정보유출사고가 발생했을 경우 계약상 채무불이행에 따른 손해배상을 청구할 수 있고, 이 경우 이용자로서는 정보통신서비스 제공자가 기술적·관리적 보호조치의무를 위반한 사실을 주장·증명하여야 하며, 정보통신서비스 제공자로서는 통상의 채무불이행에 있어서와 마찬가지로 채무불이행에 관하여 자기에게 과실이 없음을 주장·증명하지 못하는 한 책임을 면할 수 없다.

Ⅲ. 상담사례

■ 결론적으로 저는 스미싱범죄로 인하여서 ○○만원의 금전적인 손해가 발생했습니다. 가해자는 ☆☆에서 물건 구입신청 후 □□□□에 소액결재 승인을 받았고 소액결제 취소 후 취소금액을 무통장입금신청으로 ☆☆무통장입금으로 가해자에게 ○○만원이 송금되었습니다. 현재는 두 회사가 서로에게 책임을 떠넘기고 있는 상태입니다. 제가 두 회사에 대해 피해구제를 받을 방법이 있는지 여부와 무통장환불로 제 피해금액이 흘러들어간게 분명한 대포통장에 남아있는 ○○○만원에 대해 제가 권리 행사를 할 방법이 있는지 여부입니다.

➡ 순서대로 답변해 드리겠습니다.

〈첫째로 □□□□, ☆☆ 두 회사에 대한 손해배상 청구〉

1. 관련조문[민법]

> 제2조(신의성실)
> ① 권리의 행사와 의무의 이행은 신의에 쫓아 성실히 하여야 한다.

> 제390조(채무불이행과 손해배상)
> 채무자가 채무의 내용에 좋은 이행을 하지 아니한 때에는 채권자는 손해배상을 청구할 수 있다. 그러나 채무자의 고의나 과실없이 이행할 수 없게 된 때에는 그러하지 아니하다.

제750조(불법행위의 내용)
　　고의 또는 과실로 인한 위법행위로 타인에게 손해를 가한 자는 그 손해를 배상할 책임이 있다.

귀하는 회사 □□□□에 대하여는 지난 몇 년 동안 차단되어 있던 소액 결제 시스템을 귀하의 스미싱 문자 클릭만으로 활성화 한 부분을, 그리고 회사 ☆☆에 대하여는 구입자, 결제자, 환불명의자를 달리 설정할 수 있도록 한 부분에 대하여 각 문제 제기를 하고 있는 것으로 보입니다.

그러나 제3자로 인한 범죄발생 사실만으로 위와 같은 회사의 운영정책에 대한 법적인 손해배상책임을 청구하는 것은 불가능합니다. 손해에 대한 책임은 채무불이행(제390조) 또는 불법행위(제750조)를 청구근거로 합니다. 회사의 운영정책은 향후 운영에 대한 방향 및 방법을 제시하는 것에 불과하므로 구체적인 사실행위로 볼 수 없습니다.

채무불이행에 기한 손해배상청구를 하기 위해서는 계약서상 고객의 손해 발생방지의무를 규정하고 있는지 확인해야 하며, 만일 이에 대한 규정이 없을 경우 신의칙상 보호의무(제2조)를 위반하였음을 근거로 할 수 있을 것으로 보입니다.

불법행위에 기한 손해배상청구를 하기 위해서는 고의 또는 과실, 책임능력, 위법성, 손해의 발생, 인과관계가 인정되어야 합니다.

□□□□, ☆☆은 귀하가 스미싱 문자 피해사실을 확인한 직후 수차례의 전화를 통하여 거래의 중단을 요청하였음에도 불구하고 고객의 손해발생방지의무를 해태하여 귀하에게 손해를 발생시킨바, 위 의무해태에 대하여 채무불이행 또는 불법행위에 기한 손해배상책임을 청구할 수 있을 것으로 보입니다. 다만, 이 경우 위 두 회사가 규정된 매뉴얼을 준수하였다면 고의 또는 과실이 부정될 수 있으므로 매뉴얼 준수 여부가 쟁점이 될 수 있습니다.

〈둘째로 대포통장 명의자에 대한 손해배상청구〉

1. 관련조문[민법]

> 제760조(공동불법행위자의 책임)
> ① 수인이 공동의 불법행위로 타인에게 손해를 가한 때에
> 는 연대하여 그 손해를 배상할 책임이 있다.
> ③ 교사자나 방조자는 공동행위자로 본다.

보이스피싱 또는 스미싱 문자 등과 같이 통장을 통해 피해금액을 이체 받는 사건의 경우 대포통장을 이용하는 것이 일반적이고, 이는 대부분의 국민들에게 익히 알려진 사실입니다.
자기명의 통장이 범죄에 악용될 것을 알았거나 알 수 있었음에도 불구하고 범죄자에게 자기명의 통장을 교부한 자는 위 스미싱 문자 범죄를 방조한 것에 해당합니다. 따라서 대포통장 명의자도 처벌받을 수 있습니다.

만일 대포통장 명의자가 스미싱 문자 범죄를 방조한 것으로 드러날 경우, 귀하는 위 명의자와 합의 또는 위 명의자를 상대로 손해배상청구를 할 수 있습니다. 합의금액 또는 손해배상액은 대포통장에 환불된 금액 내에서 결정하면 됩니다.

〈과실상계의 적용〉

1. 관련조문[민법]

> 제396조(과실상계)
> 채무불이행에 관하여 채권자에게 과실이 있는 때에는 법원
> 은 손해배상의 책임 및 그 금액을 정함에 이를 참작하여야 한
> 다.

제763조(준용규정)
　　제393조, 제394조, 제396조, 제399조의 규정은 불법
　　행위로 인한 손해배상에 준용한다.

대포통장 명의자에 대하여 손해배상청구를 하는 경우, 보이스피싱 관련
일부 지방법원의 판례에 따르면 보이스피싱의 위험성이 많이 인식되어
있음에도 보이스피싱 범죄로 인한 피해를 입은 것은 피해자의 상당한 과
실이 있었다고 인정하고 있습니다. 이는 피해금액 중 일부분만 배상받을
수 있다는 의미입니다. 스미싱 문자 범죄의 경우에도 위와 같은 과실상
계가 적용될 가능성이 매우 높습니다.

또한 □□□□ 및 ☆☆에 대한 손해배상청구의 경우에도, 귀하의 스미싱
문자 클릭으로 인하여 발생한 사건이므로 이 부분에 대하여 과실상계가
적용될 가능성이 매우 높습니다.

■ 문자메시지로 '돌잔치 초대장'을 받고, 해당 문자메시지에 포함된 인터넷 주소를 클릭했더니 제 전화번호부에 있던 지인들에게도 똑같은 초대장이 발송되었더라고요. 이게 어떻게 된 일이죠?

➡ 해당 결제대행사의 고객센터, 미래창조과학부 CS센터 또는 휴대전화/ARS결제 중재센터 등에 결제취소·환불 등을 적극적으로 요구해야 합니다.

◇ 스미싱 피해를 당한 것 같네요.

이처럼 '돌잔치 초대장', '모바일 청첩장' 등의 내용이 담긴 문자메시지를 보내서 이를 클릭하면 피해자가 모르는 사이에 소액결제가 이루어지거나, 피해자 스마트폰에 저장된 개인정보 등을 탈취하는 스미싱 피해가 발생하고 있습니다.

◇ 스미싱(Smishing) 대처방법

① 스미싱 등으로 의심되는 허위 문자를 받았다면 경찰청 사이버테러대응센터(☎182)로 신고하고, 해당 이동통신사의 고객센터에 소액결제서비스 차단을 신청하여 본인도 모르는 사이에 소액결제가 되지 않도록 해야 합니다.

② 휴대폰 소액결제로 인해 피해를 입은 이용자는 해당 결제대행사의 고객센터, 미래창조과학부 CS센터(☎1355) 또는 휴대전화/ARS결제 중재센터(☎1644-2367) 등에 결제취소·환불 등을 적극적으로 요구해야 합니다.

■ 제가 어쩌다가 T월드에 들어가서 실시간 요금을 보다가 소액결재내역을 들어가서 확인을 하였는데 제가 사용하지 않은 금액이 소액결제가 되어 나와 있더라구요 이상해서 SK플래닛에 고객센터에 전화를 해서 물어 봤더니 햄버거 등등 여러가지 음식관련 기프티콘이 결제 되어 있는 겁니다. 어떻게 해야 하나요?

➡ 만약, 본인의 과실없이 누군가 자신의 휴대폰번호와 결제정보 등을 도용하여 해당이용요금이 결제되었다면 제3자타인에 의한 결제도용 여부는 수사권한이 있는 관할 경찰서 사이버수사대 방문하여 별도 수사의뢰해보셔야 상세 확인이 가능할 것으로 사료됩니다.

현재 휴대폰전화결제 경우 인터넷상에서 휴대폰 명의자의 결제정보를 입력한 후 해당 휴대폰으로 전송된 승인번호를 3~4분 이내 결제 창에 입력해야 결제가 가능합니다.

만약, 본인의 과실없이 누군가 자신의 휴대폰번호와 결제정보 등을 도용하여 해당이용요금이 결제되었다면 제3자타인에 의한 결제도용 여부는 수사권한이 있는 관할 경찰서 사이버수사대 방문하여 별도 수사의뢰해보셔야 상세 확인이 가능할 것으로 사료됩니다.

만약 해당 요금이 악성코드를 은닉한 문자메시지를 수신하여 악성 앱(어플)을 다운받아 설치하면서 발생된 피해요금이라면 관련하여 판단 및 사실확인을 할 수 있는 기관은 수사에 대한 권한을 갖고 있는 수사기관만이 가능하므로 관할 경찰서 방문하여 사이버수사대로 수사의뢰하시고 청구요금 관련해서는 스미싱(SMS피싱)피해자임을 증거 할 수 있는 경찰서의 "사건사고사실 확인원" 발급받아 해당되는 통신사(SKT)로 제출하시면 관계사업자 (결제대행사/인터넷컨텐츠제공사업자)들의 검토과정을 거쳐 발생요금 취소 또는 환불가능여부 결정하여 최종 답변받으실 수 있습니다.

그간 휴대폰 소액결제가 통신서비스 가입시 자동 가입되는 기본 서비스로 제공됨에 따라, 이용자가 이용가능 여부나 한도를 인지하지 못한 채 피해를 입는 사례가 발생함에 따라 내려진 조치로 과학기술정보통신부는 이동통신 신규가입자가 명시적으로 동의한 경우에만 휴대폰 소액결제서비스가 제공됩니다.

각종 콘텐츠 제공 및 이용에 따른 여러 가지 피해에 대해서는 과학기술정보통신부와 각급 기관을 통하여 지속적인 모니터링이 이루어지고 있으며, 그에 따라 이용자보호를 위한 각종 대책을 마련시행하고 있습니다. 특히, 유료 디지털 컨텐츠 거래구매 시 요금부과와 관련된 내용을 결제창이나 홈페이지 등에 정확히 고지하고 이를 인지하기 쉽도록 할 것을 "사업자 가이드라인"으로 규정하여 위반 내용에 대해서는 수정권고 뿐만 아니라, 위반사항이 적발될 경우 결제중단, 과금차단, 계약해지 등의 조치를 취하여 보다 효율적으로 피해를 예방하고자 노력하고 있습니다.

또한, 2012년 8월 소비자들을 기만하여 결제를 유도하는 행위를 원천적으로 금지시키기 위해 개정시행된 「전자상거래 등에서의 소비자보호에 관한 법률」에 의거하여 "표준전자결제창" 도입을 의무화 하였습니다. 이는 휴대폰 결제과정에 있어 결제 표시기준(재화 등의 내용 및 종류, 가격, 제공기간 등)을 강화하고, 거래 안전을 위한 시스템을 구축하여 보다 안전한 결제를 위한 제도적인 장치를 마련한 것입니다.

이 외에도 결제가 이루어지는 경우 즉각적인 문자메시지(SMS) 안내로 결제된 내용을 통보하여 사용자가 인지하지 못하는 결제가 없도록 하는 등 서비스 보완을 통해 보다 나은 전화결제 환경을 조성하고자 노력하고 있습니다.

제4절 메모리해킹

Ⅰ. 개요

피해자 PC 메모리에 상주한 악성코드로 인하여 정상 은행사이트에서 보안카드번호 앞, 뒤 2자리만 입력해도 부당하게 인출되는 수법이다. 먼저 피해자 PC를 악성코드에 감염되게 만들고, 정상적인 인터넷 뱅킹 절차(보안카드 앞, 뒤 2자리) 이행 후 이체 클릭하게 만든다. 그리고 오류가 반복하여 발생하게 만들어(이체정보 미전송), 결국에는 일정시간 경과 후 범죄자가 동일한 보안카드 번호 입력하여 범행계좌로 이체한다.

1. 예방수칙
① 윈도우, 백신프로그램을 최신상태로 업데이트하시고, 실시간 감시상태 유지하세요.
② 영화.음란물 등 무료다운로드 사이트 이용을 자제 하시고 ,출처가 확인되지 않은 파일이나 이메일은 열람하지 말고 즉시 삭제 하세요
③ 컴퓨터, 이메일 등에 공인인증서, 보안카드 사진, 비밀번호는 저장하지 마시고,OTP(일회성 비밀번호생성기),보안토큰 (비밀번호 복사방지) 등을 사용하세요.
④ 전자금융사기 예방서비스에 가입하세요.

2. 악성프로그램에 감염된 PC 치료
메모리해킹은 악성프로그램에 감염된 피해자의 PC 상에서 은행을 상대로 허위 거래를 요청하거나 피해자에게 보안카드번호를 입력하게 하여 금융거래정보를 빼내는 등의 방법으로 사기 범행이 이루어지므로 악성프로그램을 삭제하여 PC를 치료해야 합니다.

3. 악성프로그램 치료방법

1. 백신프로그램을 이용하여 치료하거나 PC 포맷하기

2. PC 원격점검 서비스 이용하기

- 한국인터넷진흥원 보호나라(www.boho.or.kr)의 〈PC원격점검 서비스〉를
  통해 원격점검 서비스 받기

- 한국인터넷진흥원 상담센터 국번없이 ☎118

제5절 몸캠피싱

I. 개요

음란화상채팅(몸캠) 후, 영상을 유포하겠다고 협박하여 금전을 갈취하는 행위를 말한다. 먼저 타인의 사진을 도용하여 여성으로 가장한 범죄자가 랜덤채팅 어플 또는 모바일 메신저를 통해 피해자에게 접근한다. 그리고 범죄자는 미리 준비해둔 여성의 동영상을 보여주며, 상대방에게 얼굴이 나오도록 음란행위를 유도하며 화상채팅에 필요한 어플이라거나, 상대방의 목소리가 들리지 않는다는 등의 핑계로 특정파일의 설치를 요구한다. 이것은 다양한 명칭의 apk파일로, 스마트폰의 주소록이 범죄자에게 유출되게 한다. 결국 범죄자는 피해자의 지인의 명단을 보여주며, 상대방의 얼굴이 나오는 동영상을 유포한다며 금전을 요구한다.

1. 예방수칙

① 몸캠피싱 피해를 예방하는 방법

- 스마트폰의 '환경설정' 메뉴에서 '출처를 알 수 없는 어플의 설치를 차단' 해 둠으로써 스마트폰의 보안설정을 강화시킨다.

  ※ 보안설정 강화 방법 : 환경설정 → 보안 → 디바이스관리 → '알 수 없는 출처(소스)'에 체크 해제(스마트폰 제품에 따라 메뉴 명칭은 일부 상이)

- 특히, 출처 불명의 실행파일(*.apk)을 스마트폰에 다운받은 후 이를 스마트폰에 설치하는 행위는 절대 하지 말 것.

  ※ 출처 불명이란 : 공식 '앱 스토어'(구글 플레이 스토어, T스토어 등) 가 아닌, 문자·모바일 채팅 등을 통해 URL에 접속해서 내려받는 경우

- 「랜덤 채팅」에서 낯선 미모의 여성과 대화할 때, 언제든지 이러한 범죄의 표적이 될 수 있음을 유의해야 한다.

  ※ '랜덤 채팅'은 익명성 보장을 이유로 개인 정보와 채팅 내용을 저장

하지 않으므로, 몸캠피싱 외에 '조건 만남 계약금 사기'등 여러가지 범죄의 시발점이 됨

- 물론 그 전에 '음란채팅'을 하지 않는 것이 가장 중요하다.

② 만약 피해를 당했다면

- 범인들의 송금 요구에 절대 응하지 말아야 한다. 범인들은 돈을 받았다고 해서 약속을 지키지 않는다. 오히려 '돈 사람'이라 생각해서 추가로 더 돈을 요구하며 더 이상 돈을 보내지 않으면 결국 동영상을 배포해 버린다. 따라서 돈을 송금하는 것은 해결방안이 아니다.

- 협박 문자나 전화를 받은 즉시, 채팅 화면을 캡쳐하고 송금 내역등 증거자료를 준비한 후, 즉시 가까운 경찰서에 신고하는 것이 가장 현명한 방법이다.

  ※ 범죄자는 여러개의 채팅 계정과 대포 통장을 이용하기 때문에 적극적인 신고가 중요하다.

- 신고 후에는 추가 피해를 방지하기 위해 스마트폰을 초기화하시거나, 설치된 악성 프로그램(앱)을 삭제해야 한다.

- 또한, 악성 프로그램(앱)으로 인해 유출된 정보에는 주소록(전화번호)정보 이외에 피해자의 각종 개인정보가 포함되어 있을 수 있으므로, 스마트폰에 연동되어 있던 각종 계정은 탈퇴한 후 새롭게 개설하시고 아이디, 패스워드 등도 변경한다.

2. 특징

① 스카이프 등 스마트폰 채팅 어플을 통한 「몸캠피싱」은 ▲여성을 고용할 필요가 없고 ▲범죄 행위가 비교적 단기간에 종료되며 ▲주소록을 이용한 '음란한 사진·동영상 유출 협박 행위'의 실효성이 높아 범인들은 더 조직화되고 있다.

② 「랜덤 채팅」 어플은 대부분 익명성 보장을 이유로 개인 정보와 채팅 내용을 서버 등에 저장하지 않고 있으며, 대표적인 화상채팅 어플인 「스카이프」는 미국에 본사가 있어 범죄 수사에 어려움이 있다.

판례 1

성폭력범죄의 처벌 등에 관한 특례법 제14조 제1항 후단의 입법 취지 및 위 조항에서 '타인의 신체를 그 의사에 반하여 촬영한 촬영물'을 반포·판매·임대 또는 공연히 전시·상영한 자가 반드시 촬영물을 촬영한 자와 동일인이어야 하는지 여부(소극)

성폭력범죄의 처벌 등에 관한 특례법 제14조 제1항 후단의 문언 자체가 "촬영하거나 그 촬영물을 반포·판매·임대 또는 공연히 전시·상영한 자"라고 함으로써 촬영행위 또는 반포 등 유통행위를 선택적으로 규정하고 있을 뿐 아니라, 위 조항의 입법 취지는, 개정 전에는 카메라 등을 이용하여 성적 욕망 또는 수치심을 유발할 수 있는 타인의 신체를 그 의사에 반하여 촬영한 자만을 처벌하였으나, '타인의 신체를 그 의사에 반하여 촬영한 촬영물'(이하 '촬영물'이라 한다)이 인터넷 등 정보통신망을 통하여 급속도로 광범위하게 유포됨으로써 피해자에게 엄청난 피해와 고통을 초래하는 사회적 문제를 감안하여, 죄책이나 비난 가능성이 촬영행위 못지않게 크다고 할 수 있는 촬영물의 시중 유포 행위를 한 자에 대해서도 촬영자와 동일하게 처벌하기 위한 것인 점을 고려하면, 위 조항에서 촬영물을 반포·판매·임대 또는 공연히 전시·상영한 자는 반드시 촬영물을 촬영한 자와 동일인이어야 하는 것은 아니고, 행위의 대상이 되는 촬영물은 누가 촬영한 것인지를 묻지 아니한다.

　구 성폭력범죄의 처벌 및 피해자보호 등에 관한 법률(2006. 10. 27. 법률 제8059호로 개정되기 전의 것) 제14조의2는 "카메라 기타 이와 유사한 기능을 갖춘 기계장치를 이용하여 성적 욕망 또는 수치심을 유발할 수 있는 타인의 신체를 그 의사에 반하여 촬영한 자는 5년 이하의 징역 또는 1천만 원 이하의 벌금에 처한다."라고 규정하였으나, 2006. 10. 27. 법률 제8059호로 "카메라 기타 이와 유사한 기능을 갖춘 기계장치를 이용하여 성적 욕망 또는 수치심을 유발할 수 있는 타인의 신체를 그 의사에 반하여 촬영하거나 그 촬영물을 반포·판매·임대 또는 공연히 전시·상영한 자는 5년 이하의 징역 또는 1천만 원 이하의 벌금에 처한다."라고 후단 부분을 추가하는 것으로 개정되었고, 2010. 4. 15. 법률 제10258호로 성폭력범죄의 처벌 등에 관한 특례법이 제정되면서 그 규정 형식을 그대로 유지하여 같은 법 제13조 제1항으로 규정되었으며, 현행법인 성폭력범죄의 처벌 등에 관한 특례법(2012. 12. 18. 법률 제11556호로 전부 개정된 것, 이하 '성폭력처벌법'이라 한다) 제14조 제1항에도 그대로 규정되어 있다(이하 성폭력처벌법 제14조 제1항 후단 부분을 '이 사건 조항'이라 한다).

　이 사건 조항의 문언 자체가 "촬영하거나 그 촬영물을 반포·판매·임대 또는 공연히 전시·상영한 자"라고 함으로써 촬영행위 또는 반포 등 유통행위를 선택적으로 규정하고 있을 뿐 아니라, 이 사건 조항의 입법 취지는, 개정 전에는 카메라 등을 이용하여 성적 욕망 또는 수치심을 유발할 수 있는 타인의 신체를 그 의사에 반하여 촬영한 자만을 처벌하였으나, '타인의 신체를 그 의사에 반하여 촬영한 촬영물'(이하 '촬영물'이라 한다)이 인터넷 등 정보통신망을 통하여 급속도로 광범위하게 유포됨으로써 피해자에게 엄청난 피해와 고통을 초래하는 사회적 문제를 감안하여, 죄책이나 비난 가능성이 촬영행위 못지않게 크다고 할 수 있는 촬영물의 시중 유포 행위를 한 자에 대해서도 촬영자와 동일하게 처벌하기 위한 것인 점을 고려하면, 이 사건 조항에서 촬영물을 반포·판매·임대 또는 공연히 전시·상영한 자는 반드시 그 촬영물을 촬영한 자와 동일인이어야 하는 것은 아니고, 행위의 대상이 되는 촬영물은 누가 촬영한 것인지를 묻지 아니한다고 할 것이다.

    같은 취지에서 원심이 이 사건 조항에서 그 유통행위의 주체가 촬영자여야 하는 것은 아니므로 자신이 직접 촬영하지 않았다고 하더라도 타인의 신체를 그 의사에 반하여 촬영한 촬영물을 반포·판매·임대 또는 공연히 전시·상영한 경우에는 이 사건 조항의 위반죄가 성립한다고 판단한 것은 정당하고, 거기에 상고이유 주장과 같이 필요한 심리를 다하지 아니한 채 논리와 경험의 법칙을 위반하여 자유심증주의의 한계를 벗어나거나 성폭력처벌법위반(카메라등이용촬영)죄에 관한 법리를 오해한 위법이 없다.

【참조조문】

    형법 제234조

> 제234조(위조사문서등의 행사)
>   제231조 내지 제233조의 죄에 의하여 만들어진 문서, 도화 또는 전자기록등 특수매체기록을 행사한 자는 그 각 죄에 정한 형에 처한다.

사건사례

1. 성폭력범죄의 처벌 등에 관한 특례법 위반(카메라등이용촬영)

    피고인은 전처인 피해자 공소외 1(여, 33세)과 이혼한 후에도 계속 만나며 친밀한 관계를 유지하여 왔다. 그러던 중 피고인은 피해자에게 다른 남자가 생겨 피고인과의 관계를 끝내려고 하자 앙심을 품게 되었다. 이에 피고인은 피해자의 승낙을 받고 캠코더로 촬영해 두었던 피해자와의 성행위 장면을 CD로 만들어 배포하기로 마음먹었다. 피고인은 20○○. ○○. 초순경 ○○시 ○○동 (지번 생략)에 있는 피고인의 원룸에서, 위 성행위 장면을 복사한 동영상 CD 20여 장을 제작한 후 □□, ◇◇ 일대의 택시에 탑승하여 택시기사들에게 1장씩 나누어 주는 등 그때부터 같은 해 ○○. 말경까지 약 4회에 걸쳐 같은 방법으로 □□, ◇◇ 일대의 택시기사들에게 위 동영상 CD 100

여 장을 나누어 주었다.

이로써 피고인은 캠코더 카메라를 이용하여 성적 욕망 또는 수치심을 유발할 수 있는 피해자의 신체를 촬영한 촬영물을 반포하였다.

2. 정보통신망 이용촉진 및 정보보호 등에 관한 법률 위반

피고인은 20○○. ○○. ○○. ○○:○○경 ○○시 ○○동 소재 상호 ☆☆☆ 해장국집에서 피고인의 휴대폰을 이용하여 '니 년집에 불을 질러 다 죽여 버린다. 더러운 악마년'이라는 내용의 문자를 피해자의 휴대폰에 발송한 것을 비롯하여 별지 범죄일람표 기재 내용과 같이 20○○. ○○. ○○.경부터 20○○. ○○. ○○.경까지 총 33회에 걸쳐 같은 방법으로 공포심이나 불안을 유발하는 문자를 피해자의 휴대폰에 발송하였다.

이로써 피고인은 정보통신망을 통하여 공포심이나 불안을 유발하는 문언을 반복적으로 피해자에게 도발하게 하였다.

3. 명예훼손

피고인은 피해자 공소외 1과 첫키스를 하고 곧바로 여관에 간 사실이나 피해자와 같이 거제도에서 성관계를 가진 사실이 없었고, 또한 피해자 공소외 1의 동생인 피해자 공소외 2가 가게 돈을 횡령한 사실이나 남자문제로 아버지에게 혼난 사실도 없었다.

그럼에도 불구하고 피고인은 20○○. ○○. ○○.경 ○○시 ○○구 ○○동 소재 '○○○' 인쇄소에서 '공소외 1과 첫키스를 하고 곧바로 여관에 가서 성관계를 두 번이나 가졌고 거제도 모 여관에서도 성관계를 가졌다. 여동생 공소외 2는 가게돈을 삥땅치고 남자문제로 아버지에게 맞았다'는 등의 허위의 사실들이 기재된 전단지 약 2,500장을 제작하였다.

그 후 피고인은 20○○. ○○. ○○.경 ○○시 소재 우편집중국에서 ○○시 ○○암 일대에 있는 ○○아파트, □□아파트, △△아파트 등

의 동, 호수 등을 임의로 적은 다음 우편으로 위 전단지 약 700여
장을 발송하였다.

피고인은 계속하여 20○○. ○○. ○○. ○○:○○경부터 ○○:○○경
까지 ○○시 ○○읍 일대에서 위 전단지 700여 장을 가정집 현관문
에 붙이거나 손잡이에 끼워 넣고, 닫혀진 상가의 셔터 밑으로 밀어넣
는 방법으로 배포하였다.

이로써 피고인은 공연히 허위사실을 적시하여 피해자들의 명예를 동
시에 훼손하였다.

판례 2

카메라등 이용 촬영

피고인이 甲과 성관계하면서 합의하에 촬영한 동영상 파일 중 일부 장면 등을 찍은 사진 3장을 지인 명의의 휴대전화 문자메시지 기능을 이용하여 甲의 처 乙의 휴대전화로 발송함으로써, 촬영 당시 甲의 의사에 반하지 아니하였으나 사후에 그 의사에 반하여 '甲의 신체를 촬영한 촬영물'을 乙에게 제공하였다고 하여 성폭력범죄의 처벌 등에 관한 특례법 위반(카메라등이용촬영)으로 기소된 사안에서, 피고인이 성관계 동영상 파일을 컴퓨터로 재생한 후 모니터에 나타난 영상을 휴대전화 카메라로 촬영한 촬영물은 같은 법 제14조 제2항에서 규정한 촬영물에 해당하지 아니한다고 한 사례

【참조조문】

성폭력범죄의 처벌 등에 관한 특례법 제14조 제1항

제14조(카메라 등을 이용한 촬영)
 ① 카메라나 그 밖에 이와 유사한 기능을 갖춘 기계장치를 이용하여 성적 욕망 또는 수치심을 유발할 수 있는 다른 사람의 신체를 그 의사에 반하여 촬영하거나 그 촬영물을 반포·판매·임대·제공 또는 공공연하게 전시·상영한 자는 7년 이하의 징역 또는 5천만원 이하의 벌금에 처한다.

성폭력범죄의 처벌 등에 관한 특례법 제14조 제2항

제14조(카메라 등을 이용한 촬영)
② 제1항에 따른 촬영물 또는 복제물(복제물의 복제물을 포함한다. 이하 이 조에서 같다)을 반포·판매·임대·제공 또는 공공연하게 전시·상영(이하 "반포등"이라 한다)한 자 또는 제1항의 촬영이 촬영 당시에는 촬영대상자의 의사에 반하지 아니한 경우(자신의 신체를 직접 촬영한 경우를 포함한다)에도 사후에 그 촬영물 또는 복제물을 촬영대상자의 의사에 반하여 반포등을 한 자는 7년 이하의 징역 또는 5천만원 이하의 벌금에 처한다.

형사소송법 제325조

제325조(무죄의 판결)
피고사건이 범죄로 되지 아니하거나 범죄사실의 증명이 없는 때에는 판결로써 무죄를 선고하여야 한다.

해 설

성폭력범죄의 처벌 등에 관한 특례법 제14조 제1항은 "카메라나 그 밖에 이와 유사한 기능을 갖춘 기계장치를 이용하여 성적 욕망 또는 수치심을 유발할 수 있는 다른 사람의 신체를 그 의사에 반하여 촬영하거나 그 촬영물을 반포·판매·임대·제공 또는 공공연하게 전시·상영한 자는 5년 이하의 징역 또는 1천만 원 이하의 벌금에 처한다."라고 규정하고 있다. 위 조항이 촬영의 대상을 '다른 사람의 신체'로 규정하고 있으므로, 다른 사람의 신체 그 자체를 직접 촬영하는 행위만이 위 조항에서 규정하고 있는 '다른 사람의 신체를 촬영하는 행위'에 해당하고, 다른 사람의 신체 이미지가 담긴 영상을 촬영하는 행위는 이에 해당하지 않는다.

성폭력범죄의 처벌 등에 관한 특례법(이하 '성폭력처벌법'이라 한다) 제14조 제2항은 "제1항의 촬영이 촬영 당시에는 촬영대상자의 의사에 반하지 아니하는 경우에도 사후에 그 의사에 반하여 촬영물을 반포·판매·임대·제공 또는 공공연하게 전시·상영한 자는 3년 이하의 징역 또는 500만 원 이하의 벌금에 처한다."라고 규정하고 있다. 위 제2항은 촬영대상자의 의사에 반하지 아니하여 촬영한 촬영물을 사후에 그 의사에 반하여 반포하는 행위 등을 규율 대상으로 하면서 그 촬영의 대상과 관련해서는 '제1항의 촬영'이라고 규정하고 있다. 성폭력처벌법 제14조 제1항이 촬영의 대상을 '다른 사람의 신체'로 규정하고 있으므로, 위 제2항의 촬영물 또한 '다른 사람의 신체'를 촬영한 촬영물을 의미한다고 해석하여야 하는데, '다른 사람의 신체에 대한 촬영'의 의미를 해석할 때 위 제1항과 제2항의 경우를 달리 볼 근거가 없다. 따라서 다른 사람의 신체 그 자체를 직접 촬영한 촬영물만이 위 제2항에서 규정하고 있는 촬영물에 해당하고, 다른 사람의 신체 이미지가 담긴 영상을 촬영한 촬영물은 이에 해당하지 아니한다.

피고인이 甲과 성관계하면서 합의하에 촬영한 동영상 파일 중 피고인이 甲의 성기를 입으로 빨거나 손으로 잡고 있는 장면 등을 찍은 사진 3장을 지인 명의의 휴대전화 문자메시지 기능을 이용하여 甲의 처 乙의 휴대전화로 발송함으로써, 촬영 당시 甲의 의사에 반하지 아니하였으나 사후에 그 의사에 반하여 '甲의 신체를 촬영한 촬영물'을 乙에게 제공하였다고 하여 성폭력범죄의 처벌 등에 관한 특례법 위반(카메라등이용촬영)으로 기소된 사안에서, 피고인이 성관계 동영상 파일을 컴퓨터로 재생한 후 모니터에 나타난 영상을 휴대전화 카메라로 촬영하였더라도, 이는 甲의 신체 그 자체를 직접 촬영한 행위에 해당하지 아니하여, 그 촬영물은 같은 법 제14조 제2항에서 규정한 촬영물에 해당하지 아니한다는 이유로, 이와 달리 보아 피고인에게 유죄를 인정한 원심판단에 같은 법 제14조 제2항에 관한 법리를 오해한 잘못이 있다고 한 사례.

성폭력범죄의 처벌 등에 관한 특례법 위반(카메라등이용촬영)죄에서 규정한 '촬영'의 의미 / 성폭력범죄의 처벌 등에 관한 특례법 위반(카메라등이용촬영)죄에서 실행의 착수 시기

【참조조문】

성폭력범죄의 처벌 등에 관한 특례법 제14조 제1항

제14조(카메라 등을 이용한 촬영)

① 카메라나 그 밖에 이와 유사한 기능을 갖춘 기계장치를 이용하여 성적 욕망 또는 수치심을 유발할 수 있는 다른 사람의 신체를 그 의사에 반하여 촬영하거나 그 촬영물을 반포·판매·임대·제공 또는 공공연하게 전시·상영한 자는 7년 이하의 징역 또는 5천만원 이하의 벌금에 처한다.

해 설

1. 「성폭력범죄의 처벌 등에 관한 특례법」(이하 '성폭력처벌법'이라고 한다) 위반(카메라등이용촬영)죄는 카메라 등을 이용하여 성적 욕망 또는 수치심을 유발할 수 있는 타인의 신체를 그 의사에 반하여 촬영함으로써 성립하는 범죄이고, 여기서 '촬영'이란 카메라나 그 밖에 이와 유사한 기능을 갖춘 기계장치 속에 들어 있는 필름이나 저장장치에 피사체에 대한 영상정보를 입력하는 행위를 의미한다(대법원 2011. 6. 9. 선고 2010도10677 판결 참조). 따라서 범인이 피해자를 촬영하기 위하여 육안 또는 캠코더의 줌 기능을 이용하여 피해자가 있는지 여부를 탐색하다가 피해자를 발견하지 못하고 촬영을 포기한 경우에는 촬영을 위한 준비행위에 불과하여 성폭력처벌법 위반(카메라등이용촬영)죄의 실행에 착수한 것으로 볼 수 없다(대법원 2011. 11. 10. 선고 2011

도12415 판결 참조). 이에 반하여 범인이 카메라 기능이 설치된 휴대전화를 피해자의 치마 밑으로 들이밀거나, 피해자가 용변을 보고 있는 화장실 칸 밑 공간 사이로 집어넣는 등 카메라 등 이용 촬영 범행에 밀접한 행위를 개시한 경우에는 성폭력처벌법 위반(카메라등이용촬영)죄의 실행에 착수하였다고 볼 수 있다(대법원 2012. 6. 14. 선고 2012도4449 판결, 대법원 2014. 11. 13. 선고 2014도8385 판결 등 참조).

2. 원심은, 휴대전화를 든 피고인의 손이 피해자가 용변을 보고 있던 화장실 칸 너머로 넘어온 점, 카메라 기능이 켜진 위 휴대전화의 화면에 피해자의 모습이 보인 점 등에 비추어 보면, 피고인은 촬영대상을 피해자로 특정하고 휴대전화의 카메라 렌즈를 통하여 피해자에게 초점을 맞추는 등 휴대전화에 영상정보를 입력하기 위한 구체적이고 직접적인 행위를 개시함으로써 성폭력처벌법 위반(카메라등이용촬영)죄의 실행에 착수하였음이 인정된다는 이유로 위 죄의 미수로 기소된 이 사건 공소사실을 유죄로 판단한 제1심판결을 그대로 유지하였다.

3. 앞서 본 법리와 적법하게 채택한 증거에 비추어 살펴보면, 위와 같은 원심판단에 상고이유 주장과 같이 논리와 경험의 법칙을 위반하여 자유심증주의의 한계를 벗어나거나 성폭력처벌법 위반(카메라등이용촬영)죄에서 실행의 착수에 관한 법리를 오해한 잘못이 없다.

Ⅲ. 범죄사실기재례

범죄사실기재례 - 허락을 받지 않은 동영상 촬영 및 유포행위

(1) 피의자○○○(만 ○○세)은 평소에 약간의 관음증세를 가지고 있었다. 그러던 어느 날 사귀던 피해자 ○○○를 집으로 불러 들여 술을 마시고 성관계를 하였고 이를 피해자 ○○○ 몰래 디지털캠코더를 설치해 찍어 두는 행위를 하였다.

(2) 피의자 ○○○(만 ○○세)은 성인사이트 ○○을 운영하였다.
피의자 ○○○는 성인 포르노 웹사이트를 운영하면서 단순한 동영상으로는 회원유치가 어렵다는 점을 인식하고 몰래카메라를 가지고 여관이나 공원, 공공장소 등을 돌며 다른 사람들의 성행위장면과 여성들이 입은 속옷 등을 찍어 게시판에 등록하였다. 그리고 회원 또는 일반인들에게도 공지하여 셀프 또는 몰래 카메라로 찍은 동영상을 유료로 제공받아 이를 상영·판매하는 행위를 하였다.

(3) 피의자는 ○○시 ○○구 ○○동에 있는 ○○독서실에서 3년간 총무를 맡아왔다.
피의자는 20○○. ○. ○.경부터 동 독서실의 여자화장실 둘째칸 천장에 몰래카메라를 설치하여, 근 5개월 동안 화장실 이용자들의 수치심을 유발하는 모습을 촬영하고, 야간에 독서실 안에 있는 피의자의 방에서 동 촬영테이프를 보며 성적 욕망을 만족시켜왔다.

제6절 기타 전기통신금융사기

Ⅰ. 개요

피싱, 파밍, 스미싱, 메모리해킹, 몸캠피싱 유형 외에 포함되지 않는 유형 혹은 피해자의 컴퓨터, 스마트폰, 정보통신망을 통하여 피해자의 계좌로부터 자금을 이체 받거나, 소액결제가 발생한 경우(메신저 피싱 등)를 말한다.

※ 전기통신금융사기 피해 방지 및 피해금 환급에 관한 특별법

　제2조(정의)

　　2. "전기통신금융사기"란 「전기통신기본법」 제2조제1호에 따른 전기통신을 이용하여 타인을 기망(欺罔)·공갈(恐喝)함으로써 재산상의 이익을 취하거나 제3자에게 재산상의 이익을 취하게 하는 다음 각 목의 행위를 말한다. 다만, 재화의 공급 또는 용역의 제공 등을 가장한 행위는 제외하되, 대출의 제공·알선·중개를 가장한 행위는 포함한다.

　　가. 자금을 송금 · 이체하도록 하는 행위

　　나. 개인정보를 알아내어 자금을 송금 · 이체하는 행위

　제15조의2(벌칙) ① 전기통신금융사기를 목적으로 다음 각 호의 어느 하나에 해당하는 행위를 한 자는 10년 이하의 징역 또는 1억원 이하의 벌금에 처한다.

　　1. 타인으로 하여금 컴퓨터 등 정보처리장치에 정보 또는 명령을 입력하게 하는 행위

　　2. 취득한 타인의 정보를 이용하여 컴퓨터 등 정보처리장치에 정보 또는 명령을 입력하는 행위

　　* 피싱과 파밍은 특별법 제15조의 2 제1항 제1호에 의거하여 전기통신금융사기에 적용되므로, '지급정지'절차 활용이 가능하다

제 4 장

불법 컨텐츠 범죄

제4장　　불법 컨텐츠 범죄

정보통신망(컴퓨터 시스템)을 통하여, 법률에서 금지하는 재화, 서비스 또는 정보를 배포·판매·임대·전시하는 경우를 말한다.

이 경우는 정보통신망을 통하여 유통되는 '콘텐츠' 자체가 불법적인 경우이다(정보통망이용촉진 및 정보보호 등에 관한 법률 제44조의7의 용어 활용).

제1절 사이버성폭력

> 불법 성(性)영상물, 아동 성착취물, 불법 촬영물 유포

Ⅰ. 개요

정보통신망(컴퓨터 시스템)을 통하여, 음란한 부호·문언·음향·화상 또는 영상을 배포·판매·임대하거나 공공연하게 전시하는 경우를 말한다.

1. 불법 성(性)영상물

정보통신망(컴퓨터 시스템)을 통하여, 일반 보통인의 성욕을 자극하여 성적 흥분을 유발하고 정상적인 성적 수치심을 해하여 성적 도의 관념에 반하는 내용의 표현물을 배포·판매·임대·전시하는 경우를 말한다.

2. 아동 성착취물

정보통신망(컴퓨터 시스템)을 통하여, 아동·청소년 또는 아동·청소년으로 명백하게 인식될 수 있는 사람이나 표현물이 등장하여 성교 행위, 유사 성교 행위, 일반인의 성적 수치심이나 혐오감을 일으키는 행위, 자위 행위를 하거나

그 밖의 성적 행위를 하는 내용의 표현물을 배포·판매·임대·전시하는 경우를
말한다.

3. 불법 영상물 유포

카메라 등을 이용하여 성적 욕망 또는 수치심을 유발할 수 있는 사람의
신체를 촬영대상자의 의사에 반하여 촬영한 촬영물 또는 복제물을 영리목적
혹은 영리목적 없이 반포·판매·임대·제공 또는 공공연하게 전시·상영하거
나 촬영 당시에는 촬영대상자의 의사에 반하지 아니한 경우에도 사후에 그 촬
영물 또는 복제물을 촬영대상자의 의사에 반하여 반포 등을 하는 경우를 말한
다.

Ⅱ. 관련판례

판례 1

아동 · 청소년이 타인의 기망이나 왜곡된 신뢰관계의 이용에 의하여 외관상 성적 결정 또는 동의로 보이는 언동을 한 경우

아동·청소년이 타인의 기망이나 왜곡된 신뢰관계의 이용에 의하여 외관상 성적 결정 또는 동의로 보이는 언동을 한 경우, 이를 아동·청소년의 온전한 성적 자기결정권의 행사에 의한 것이라고 평가할 수 있는지 여부(소극)

【참조조문】

아동 · 청소년의 성보호에 관한 법률 제7조 제5항

제7조(아동 · 청소년에 대한 강간 · 강제추행 등)
⑤ 위계(僞計) 또는 위력으로써 아동 · 청소년을 간음하거나 아동 · 청소년을 추행한 자는 제1항부터 제3항까지의 예에 따른다.

해 설

아동·청소년을 보호하고자 하는 이유는, 아동·청소년은 사회적·문화적 제약 등으로 아직 온전한 자기결정권을 행사하기 어려울 뿐만 아니라, 인지적·심리적·관계적 자원의 부족으로 타인의 성적 침해 또는 착취행위로부터 자신을 방어하기 어려운 처지에 있기 때문이다. 또한 아동·청소년은 성적 가치관을 형성하고 성 건강을 완성해가는 과정에 있으므로 아동·청소년에 대한 성적 침해 또는 착취행위는 아동·청소년이 성과 관련한 정신적·신체

적 건강을 추구하고 자율적 인격을 형성·발전시키는 데에 심각하고 지속적인 부정적 영향을 미칠 수 있다. 따라서 아동·청소년이 외관상 성적 결정 또는 동의로 보이는 언동을 하였더라도, 그것이 타인의 기망이나 왜곡된 신뢰관계의 이용에 의한 것이라면, 이를 아동·청소년의 온전한 성적 자기결정권의 행사에 의한 것이라고 평가하기 어렵다.

성폭행 등의 피해자 진술의 증명력을 판단하는 방법

성폭행 등의 피해자 진술의 증명력을 판단하는 방법 / 피고인의 친딸로 가족관계에 있던 피해자가 '마땅히 그러한 반응을 보여야만 하는 피해자'로 보이지 않는다는 이유만으로 피해자 진술의 신빙성을 함부로 배척할 수 있는지 여부(소극) / 친족관계에 의한 성범죄를 당하였다는 피해자 진술의 신빙성을 판단할 때 특히 고려할 사항

【참조조문】

성폭력범죄의 처벌 등에 관한 특례법 제5조 제1항, 제4항

제5조(친족관계에 의한 강간 등)
① 친족관계인 사람이 폭행 또는 협박으로 사람을 강간한 경우에는 7년 이상의 유기징역에 처한다.
④ 제1항부터 제3항까지의 친족의 범위는 4촌 이내의 혈족·인척과 동거하는 친족으로 한다.

해 설

성폭행 피해자의 대처 양상은 피해자의 성정이나 가해자와의 관계 및 구체적인 상황에 따라 다르게 나타날 수밖에 없다. 따라서 개별적, 구체적인 사건에서 성폭행 등의 피해자가 처하여 있는 특별한 사정을 충분히 고려하지 않은 채 피해자 진술의 증명력을 가볍게 배척하는 것은 정의와 형평의 이념에 입각하여 논리와 경험의 법칙에 따른 증거판단이라고 볼 수 없다. 피고인의 친딸로 가족관계에 있던 피해자가 '마땅히 그러한 반응을 보여야만 하는 피해자'로 보이지 않는다는 이유만으로 피해자 진술의 신

빙성을 함부로 배척할 수 없다. 그리고 친족관계에 의한 성범죄를 당하였
다는 피해자의 진술은 피고인에 대한 이중적인 감정, 가족들의 계속되는
회유와 압박 등으로 인하여 번복되거나 불분명해질 수 있는 특수성이 있
다는 점을 고려해야 한다.

성적 수치심이나 혐오감을 반드시 실제로 느껴야 하는 것은 아니라는 이유로 공소사실을 유죄로 인정한 사례

피고인이 지하철 내에서 갑(여)의 등 뒤에 밀착하여 무릎을 굽힌 후 성기를 갑의 엉덩이 부분에 붙이고 앞으로 내미는 등 갑을 추행하였다고 하여 구 성폭력범죄의 처벌 등에 관한 특례법 위반(공중밀집장소에서의 추행)의 주위적 공소사실로 기소된 사안에서, 위 죄가 기수에 이르기 위하여 행위자의 행위로 말미암아 대상자가 성적 수치심이나 혐오감을 반드시 실제로 느껴야 하는 것은 아니라는 이유로 공소사실을 유죄로 인정한 사례

【참조조문】

성폭력범죄의 처벌 등에 관한 특례법 제11조

제11조(공중 밀집 장소에서의 추행)
대중교통수단, 공연·집회 장소, 그 밖에 공중(公衆)이 밀집하는 장소에서 사람을 추행한 사람은 3년 이하의 징역 또는 3천만원 이하의 벌금에 처한다.

해 설

피고인이 지하철 내에서 갑(여)의 등 뒤에 밀착하여 무릎을 굽힌 후 성기를 갑의 엉덩이 부분에 붙이고 앞으로 내미는 등 갑을 추행하였다고 하여 구 성폭력범죄의 처벌 등에 관한 특례법(2020. 5. 19. 법률 제17264호로 개정되기 전의 것) 위반(공중밀집장소에서의 추행)의 주위적 공소사실로 기소된 사안에서, 위 죄가 기수에 이르기 위해서는 객관적으로 일반인

에게 성적 수치심이나 혐오감을 일으키게 할 만한 행위로서 선량한 성적 도덕관념에 반하는 행위를 행위자가 대상자를 상대로 실행하는 것으로 충분하고, 행위자의 행위로 말미암아 대상자가 성적 수치심이나 혐오감을 반드시 실제로 느껴야 하는 것은 아니라는 이유로 공소사실을 유죄로 인정한 원심판단이 정당하다.

판례 4

'촬영물'에 다른 사람의 신체 그 자체를 직접 촬영한 촬영물만 해당하는지 여부(적극)

성폭력범죄의 처벌 등에 관한 특례법 제14조 제2항에서 규정한 '촬영물'에 다른 사람의 신체 그 자체를 직접 촬영한 촬영물만 해당하는지 여부(적극) 및 다른 사람의 신체 이미지가 담긴 영상을 촬영한 촬영물도 이에 해당하는지 여부(소극)

【참조조문】

성폭력범죄의 처벌 등에 관한 특례법 제14조 제1항, 제2항

제14조(카메라 등을 이용한 촬영)
① 카메라나 그 밖에 이와 유사한 기능을 갖춘 기계장치를 이용하여 성적 욕망 또는 수치심을 유발할 수 있는 사람의 신체를 촬영대상자의 의사에 반하여 촬영한 자는 7년 이하의 징역 또는 5천만원 이하의 벌금에 처한다.
② 제1항에 따른 촬영물 또는 복제물(복제물의 복제물을 포함한다. 이하 이 조에서 같다)을 반포·판매·임대·제공 또는 공공연하게 전시·상영(이하 "반포등"이라 한다)한 자 또는 제1항의 촬영이 촬영 당시에는 촬영대상자의 의사에 반하지 아니한 경우(자신의 신체를 직접 촬영한 경우를 포함한다)에도 사후에 그 촬영물 또는 복제물을 촬영대상자의 의사에 반하여 반포등을 한 자는 7년 이하의 징역 또는 5천만원 이하의 벌금에 처한다.

해 설

성폭력범죄의 처벌 등에 관한 특례법(이하 '성폭력처벌법'이라 한다) 제14조 제2항은 "제1항의 촬영이 촬영 당시에는 촬영대상자의 의사에 반하지 아니하는 경우에도 사후에 그 의사에 반하여 촬영물을 반포·판매·임대·제공 또는 공공연하게 전시·상영한 자는 3년 이하의 징역 또는 500만 원이하의 벌금에 처한다."라고 규정하고 있다. 위 제2항은 촬영대상자의 의사에 반하지 아니하여 촬영한 촬영물을 사후에 그 의사에 반하여 반포하는 행위 등을 규율 대상으로 하면서 그 촬영의 대상과 관련해서는 '제1항의 촬영'이라고 규정하고 있다. 성폭력처벌법 제14조 제1항이 촬영의 대상을 '다른 사람의 신체'로 규정하고 있으므로, 위 제2항의 촬영물 또한 '다른 사람의 신체'를 촬영한 촬영물을 의미한다고 해석하여야 하는데, '다른 사람의 신체에 대한 촬영'의 의미를 해석할 때 위 제1항과 제2항의 경우를 달리 볼 근거가 없다. 따라서 다른 사람의 신체 그 자체를 직접 촬영한 촬영물만이 위 제2항에서 규정하고 있는 촬영물에 해당하고, 다른 사람의 신체 이미지가 담긴 영상을 촬영한 촬영물은 이에 해당하지 아니한다.

촬영행위뿐만 아니라 촬영물을 반포·판매·임대·제공 또는 공공연하게 전시·상영하는 행위까지 처벌하는

성폭력범죄의 처벌 등에 관한 특례법 제14조 제1항에서 촬영행위뿐만 아니라 촬영물을 반포·판매·임대·제공 또는 공공연하게 전시·상영하는 행위까지 처벌하는 취지 / 위 조항에서 '반포'와 별도로 열거된 '제공'의 의미 및 촬영의 대상이 된 피해자 본인이 위 조항에서 말하는 '제공'의 상대방에 포함되는지 여부(소극) / 피해자 본인에게 촬영물을 교부하는 행위가 위 조항의 '제공'에 해당하는지 여부(원칙적 소극)

【참조조문】

성폭력범죄의 처벌 등에 관한 특례법 제14조 제1항

제14조(카메라 등을 이용한 촬영)
① 카메라나 그 밖에 이와 유사한 기능을 갖춘 기계장치를 이용하여 성적 욕망 또는 수치심을 유발할 수 있는 사람의 신체를 촬영대상자의 의사에 반하여 촬영한 자는 7년 이하의 징역 또는 5천만원 이하의 벌금에 처한다.

해 설

성폭력범죄의 처벌 등에 관한 특례법(이하 '성폭력처벌법'이라 한다) 제14조 제1항에서 촬영행위뿐만 아니라 촬영물을 반포·판매·임대·제공 또는 공공연하게 전시·상영하는 행위까지 처벌하는 것은, 성적 욕망 또는 수치심을 유발할 수 있는 타인의 신체를 촬영한 촬영물이 인터넷 등 정보통신망을 통하여 급속도로 광범위하게 유포됨으로써 피해자에게 엄청난 피해

와 고통을 초래하는 사회적 문제를 감안하여, 죄책이나 비난가능성이 촬영행위 못지않게 크다고 할 수 있는 촬영물의 유포행위를 한 자를 촬영자와 동일하게 처벌하기 위해서이다.

성폭력처벌법 제14조 제1항에서 '반포'와 별도로 열거된 '제공'은, '반포'에 이르지 아니하는 무상 교부행위로서 '반포'할 의사 없이 '특정한 1인 또는 소수의 사람'에게 무상으로 교부하는 것을 의미하는데, 성폭력처벌법 제14조 제1항에서 촬영행위뿐만 아니라 촬영물을 반포·판매·임대·제공 또는 공공연하게 전시·상영하는 행위까지 처벌하는 것이 촬영물의 유포행위를 방지함으로써 피해자를 보호하기 위한 것임에 비추어 볼 때, 촬영의 대상이 된 피해자 본인은 성폭력처벌법 제14조 제1항에서 말하는 '제공'의 상대방인 '특정한 1인 또는 소수의 사람'에 포함되지 않는다고 봄이 타당하다.

따라서 피해자 본인에게 촬영물을 교부하는 행위는 다른 특별한 사정이 없는 한 성폭력처벌법 제14조 제1항의 '제공'에 해당한다고 할 수 없다.

정보통신망 이용촉진 및 정보보호 등에 관한 법률 제74조 제 1항 제2호, 제44조의7 제1항 제1호에서 정한 '음란'의 의 미 및 형사처벌의 대상이 되는 '음란표현물'의 요건과 그 판단 기준

특정 표현물을 형사처벌의 대상이 될 음란표현물이라고 하기 위하여는 표현물이 단순히 성적인 흥미에 관련되어 저속하다거나 문란한 느낌을 준다는 정도만으로는 부족하고, 사회통념에 비추어 전적으로 또는 지배적으로 성적 흥미에만 호소할 뿐 하등의 문학 적·예술적·사상적·과학적·의학적·교육적 가치를 지니지 아니한 것으 로서, 과도하고도 노골적인 방법에 의하여 성적 부위나 행위를 적 나라하게 표현·묘사함으로써 존중·보호되어야 할 인격체로서 인간 의 존엄과 가치를 훼손·왜곡한다고 볼 정도로 평가되는 것을 뜻한 다고 할 것이고, 이를 판단할 때에는 표현물 제작자의 주관적 의 도가 아니라 사회 평균인의 입장에서 전체적인 내용을 관찰하여 건전한 사회통념에 따라 객관적이고 규범적으로 평가하여야 한다.

1) 공공연하게 전시한 것으로 볼 수 있는지 여부

피고인은 원하는 사람들은 누구든지 접근할 수 있는 자신의 블로그에 이 사건 게시물을 올린 사실을 인정할 수 있는바, 공공연한 전시란 불 특정 또는 다수인이 실제로 음란한 화상을 인식할 수 있는 상태에 두 는 것을 의미한다는 법리에 비추어 볼 때(대법원 2009. 5. 14. 선고 2008도10914 판결 등 참조), 피고인의 이러한 행위는 공공연히 전시한 행위로 넉넉히 인정된다 할 것이고, 피고인의 주관적 게시 목적이나 게 시기간, 심의과정에서 특정한 소수의 심의위원 등에게 공개된 바 있다 는 사정 등을 고려하여 달리 볼 바 아니다.

2) 범의를 인정할 수 있는지 여부

게시물의 음란성 여부나 공공연하게 전시한 것에 해당되는지 여부는 객관적으로 판단해야 할 것이고, 그 행위자의 주관적인 의사에 따라 좌

우되는 것은 아닌바(대법원 1996. 6. 11. 선고 96노980 판결 등 참조), 비록 피고인이 이 사건 게시물의 음란성을 인식하지 못하였고 공공연하게 전시한다는 인식 또한 없었다고 하더라도 피고인이 객관적으로 음란하다고 인정되는 게시물을 누구든지 접근할 수 있는 블로그에 게시하고 있다는 것을 인식하고 있었음을 인정할 수 있는 이상, 이 사건 음란물 전시에 관한 피고인의 고의를 인정하기에 족하다.

【참조조문】

정보통신망 이용촉진 및 정보보호 등에 관한 법률 제74조 제1항 제2호

> 제74조(벌칙)
> ① 다음 각 호의 어느 하나에 해당하는 자는 1년 이하의 징역 또는 1천만원 이하의 벌금에 처한다.
> 2. 제44조의7제1항 제1호를 위반하여 음란한 부호·문언·음향·화상 또는 영상을 배포·판매·임대하거나 공공연하게 전시한 자

정보통신망 이용촉진 및 정보보호 등에 관한 법률 제44조의7 제1항 제1호(음란물유포의 점)

> 제44조의7(불법정보의 유통금지 등)
> ① 누구든지 정보통신망을 통하여 다음 각 호의 어느 하나에 해당하는 정보를 유통하여서는 아니 된다.
> 1. 음란한 부호·문언·음향·화상 또는 영상을 배포·판매·임대하거나 공공연하게 전시하는 내용의 정보

해 설

1) 정보통신망 이용촉진 및 정보보호 등에 관한 법률상 '음란'의 판단 기준

정보통신망 이용촉진 및 정보보호 등에 관한 법률 제74조 제1항 제2호 및 제44조의7 제1항 제1호에서 규정하고 있는 '음란'이라 함은 사회통념상 일반 보통인의 성욕을 자극하여 성적 흥분을 유발하고 정상적인 성적 수치심을 해하여 성적 도의관념에 반하는 것을 말하는바, 음란성에 관한 논의는 자연스럽게 형성·발전되어 온 사회 일반의 성적 도덕관념이나 윤리관념 및 문화적 사조와 직결되고 아울러 개인의 사생활이나 행복추구권 및 다양성과도 깊이 연관되는 문제로서 국가 형벌권이 지나치게 적극적으로 개입하기에 적절한 분야가 아니라는 점을 고려할 때, 위 법리에 따라 특정 표현물을 형사처벌의 대상이 될 음란표현물이라고 하기 위하여는 그 표현물이 단순히 성적인 흥미에 관련되어 저속하다거나 문란한 느낌을 준다는 정도만으로는 부족하고, 사회통념에 비추어 전적으로 또는 지배적으로 성적 흥미에만 호소할 뿐 하등의 문학적·예술적·사상적·과학적·의학적·교육적 가치를 지니지 아니한 것으로서, 과도하고도 노골적인 방법에 의하여 성적 부위나 행위를 적나라하게 표현·묘사함으로써 존중·보호되어야 할 인격체로서의 인간의 존엄과 가치를 훼손·왜곡한다고 볼 정도로 평가되는 것을 뜻한다고 할 것이고, 이를 판단함에 있어서는 표현물 제작자의 주관적 의도가 아니라 사회 평균인의 입장에서 그 전체적인 내용을 관찰하여 건전한 사회통념에 따라 객관적이고 규범적

제4장
불법
컨텐츠
범죄

으로 평가하여야 한다(대법원 2008. 3. 13. 선고 2006도3558 판결,
대법원 2008. 6. 12. 선고 2007도3815 판결 등 참조).

사건사례

피고인은 20○○. ○○.경부터 20○○. ○○.경까지 (주거지 주소 생략)
에 있는 피고인의 주거지에서, 정보통신망을 통하여 음란한 부호·문언·음
향·화상 또는 영상을 배포·판매·임대하거나 공연히 전시하여서는 아니됨에
도 불구하고 인터넷사이트(홈페이지 주소생략)에서 닉네임 "○○○"로 "□
□□"이라는 카페를 개설하여 운영하면서 남녀 회원을 모집한 후 특별모
임을 빙자하여 집단으로 성행위(일명 스와핑)를 하고 이를 촬영하여 그
촬영물을 게시하거나 회원들이 그 사진을 게시하도록 하거나 그 경험을
적은 글을 모임후기라며 카페 게시판에 게재하게 하여 정보통신망을 통하
여 음란한 문언·화상을 공연히 전시하였다.

음란물유포

피고인 甲 주식회사의 대표이사 피고인 乙과 운영·관리자 피고인 丙, 丁이 공모하여, 甲 회사 사무실에서 대량문자메시지 발송사이트를 이용하여 불특정 다수의 휴대전화에 여성의 성기, 자위행위, 불특정 다수와의 성매매를 포함한 성행위 등을 저속하고 노골적으로 표현 또는 묘사하거나 이를 암시하는 문언이 기재된 문자메시지를 대량으로 전송함으로써 정보통신망을 통하여 음란한 문언을 배포하였다고 하여 정보통신망 이용촉진 및 정보보호 등에 관한 법률 위반(음란물 유포)으로 기소된 사안에서, 위 문자메시지가 '음란한 문언'에 해당한다고 한 사례

【참조조문】

정보통신망 이용촉진 및 정보보호 등에 관한 법률 제44조의7 제1항 제1호

제44조의7(불법정보의 유통금지 등)
① 누구든지 정보통신망을 통하여 다음 각 호의 어느 하나에 해당하는 정보를 유통하여서는 아니 된다. 〈개정 2011.9.15, 2016.3.22, 2018.6.12〉
1. 음란한 부호·문언·음향·화상 또는 영상을 배포·판매·임대하거나 공공연하게 전시하는 내용의 정보

정보통신망 이용촉진 및 정보보호 등에 관한 법률 제74조 제1항 제2호

제74조(벌칙)

① 다음 각 호의 어느 하나에 해당하는 자는 1년 이하의 징역 또는 1천만원 이하의 벌금에 처한다. 〈개정 2012.2.17, 2014.5.28〉

2. 제44조의7제1항제1호를 위반하여 음란한 부호·문언·음향·화상 또는 영상을 배포·판매·임대하거나 공공연하게 전시한 자

해 설

피고인 甲 주식회사의 대표이사 피고인 乙과 운영·관리자 피고인 丙, 丁이 공모하여, 甲 회사 사무실에서 대량문자메시지 발송사이트를 이용하여 불특정 다수의 휴대전화에 여성의 성기, 자위행위, 불특정 다수와의 성매매를 포함한 성행위 등을 저속하고 노골적으로 표현 또는 묘사하거나 이를 암시하는 문언이 기재된 31,342건의 문자메시지(이하 '문자메시지'라고 한다)를 전송함으로써 정보통신망을 통하여 음란한 문언을 배포하였다고 하여 정보통신망 이용촉진 및 정보보호 등에 관한 법률 위반(음란물 유포)으로 기소된 사안에서, 위 문언은 건전한 성의식을 저해하는 반사회적 성행위 등을 표현함에 있어 단순히 저속하다거나 문란한 느낌을 준다는 정도를 넘어서 사람의 존엄성과 가치를 심각하게 훼손·왜곡하였다고 평가할 수 있을 정도에 이른 점, 피고인 乙, 丙, 丁은 성인 폰팅업체를 운영하거나 관리하는 사람들로 문자메시지를 수신하는 불특정 다수로 하여금 자신들의 업체를 이용하도록 광고하기 위한 목적을 가지고 있었으며, 문자메시지의 내용은 사회통념상 일반 보통인의 성욕을 자극하여 성적 흥분을 유발하고 정상적인 성적 수치심을 해하여 성적 도의관념에 반하는 점, 피고인 乙, 丙, 丁이 문자메시지를 전송한 동기 및 그 내용에 비추어 위 문자메시지에서 하등의 문학적·예술적·사상적·과학적·의학적·교육적 가치를 발견할 수 없는 점을 종합하면 문자메시지는 '음란한 문언'에 해당한다는 이유로, 이와 달리 보아 공소사실을 무죄로 판단한 원심판결에 음란성에 관한 법리를 오해한 위법이 있다고 한 사례.

음란물 제작 · 배포 등

아동·청소년을 이용한 음란물 제작을 처벌하는 이유 및 아동·청소년의 동의가 있다거나 개인적인 소지·보관을 1차적 목적으로 제작하더라도 아동·청소년의 성보호에 관한 법률 제11조 제1항의 '아동·청소년이용음란물의 제작'에 해당한다. 그리고 직접 아동·청소년의 면전에서 촬영행위를 하지 않았더라도 아동·청소년이용음란물을 만드는 것을 기획하고 타인으로 하여금 촬영행위를 하게 하거나 만드는 과정에서 구체적인 지시를 한 경우에도 아동·청소년이용음란물 '제작'에 해당하고, 또한 아동·청소년으로 하여금 스스로 자신을 대상으로 하는 음란물을 촬영하게 한 경우에도 마찬가지이다.

【참조조문】

아동 · 청소년의 성보호에 관한 법률 제2조 제4호, 제5호

제2조(정의) 이 법에서 사용하는 용어의 뜻은 다음과 같다.

4. "아동 · 청소년의 성을 사는 행위"란 아동 · 청소년, 아동 · 청소년의 성(性)을 사는 행위를 알선한 자 또는 아동 · 청소년을 실질적으로 보호 · 감독하는 자 등에게 금품이나 그 밖의 재산상 이익, 직무 · 편의제공 등 대가를 제공하거나 약속하고 다음 각 목의 어느 하나에 해당하는 행위를 아동 · 청소년을 대상으로 하거나 아동 · 청소년으로 하여금 하게 하는 것을 말한다.

5. "아동 · 청소년성착취물"이란 아동 · 청소년 또는 아동 · 청소년으로 명백하게 인식될 수 있는 사람이나 표현물이 등장하여 제4호 각 목의 어느 하나에 해당하는 행위를 하거나 그 밖의 성적 행위를 하는 내용을 표현하는 것으로서 필름 · 비디오물 · 게임물 또는 컴퓨터나 그 밖의 통신매체를 통한 화상 · 영상 등의 형태로 된 것을 말한다.

해 설 •

아동·청소년의 성보호에 관한 법률(이하'청소년성보호법'이라 한다)의 입법목적은 아동·청소년을 대상으로 성적 행위를 한 자를 엄중하게 처벌함으로써 성적 학대나 착취로부터 아동·청소년을 보호하고 아동·청소년이 책임 있고 건강한 사회구성원으로 성장할 수 있도록 하려는 데 있다. 아동·청소년이용음란물은 직접 피해자인 아동·청소년에게는 치유하기 어려운 정신적 상처를 안겨줄 뿐만 아니라, 이를 시청하는 사람들에게까지 성에 대한 왜곡된 인식과 비정상적 가치관을 조장한다. 따라서 아동·청소년을 이용한 음란물 '제작'을 원천적으로 봉쇄하여 아동·청소년을 성적 대상으로 보는 데서 비롯되는 잠재적 성범죄로부터 아동·청소년을 보호할 필요가 있다. 특히 인터넷 등 정보통신매체의 발달로 음란물이 일단 제작되면 제작 후 제작자의 의도와 관계없이 언제라도 무분별하고 무차별적으로 유통에 제공될 가능성이 있다. 이러한 점에 아동·청소년을 이용한 음란물 제작을 처벌하는 이유가 있다. 그러므로 아동·청소년의 동의가 있다거나 개인적인 소지·보관을 1차적 목적으로 제작하더라도 청소년성보호법 제11조 제1항의 '아동·청소년이용음란물의 제작'에 해당한다고 보아야 한다.

피고인이 직접 아동·청소년의 면전에서 촬영행위를 하지 않았더라도 아동·청소년이용음란물을 만드는 것을 기획하고 타인으로 하여금 촬영행위를 하게 하거나 만드는 과정에서 구체적인 지시를 하였다면, 특별한 사정이 없는 한 아동·청소년이용음란물 '제작'에 해당한다. 이러한 촬영을 마쳐 재생이 가능한 형태로 저장이 된 때에 제작은 기수에 이르고 반드시 피고인이 그와 같이 제작된 아동·청소년이용음란물을 재생하거나 피고인의 기기로 재생할 수 있는 상태에 이르러야만 하는 것은 아니다. 이러한 법리는 피고인이 아동·청소년으로 하여금 스스로 자신을 대상으로 하는 음란물을 촬영하게 한 경우에도 마찬가지이다.

정보통신망 이용촉진 및 정보보호 등에 관한 법률에서 정한 '음란'의 개념 및 형사처벌의 대상이 되는 음란표현물인지 여부를 평가하는 방법

인터넷에 게재된 이른바 야설이 그 내용 및 표현방법에 비추어 구 정보통신망 이용촉진 및 정보보호 등에 관한 법률상 음란표현물에 해당한다고 판단하고, 이를 인터넷 서비스한 회사가 특정 통신사를 통한 음란성 유무에 관한 검수절차 및 청소년 접근 방지를 위한 성인인증절차 등의 조치를 취했다 하더라도 위 법률상 음란물유포죄가 성립한다고 한 사례

【참조조문】

정보통신망 이용촉진 및 정보보호 등에 관한 법률 제74조 제1항 제2호

제74조(벌칙)
① 다음 각 호의 어느 하나에 해당하는 자는 1년 이하의 징역 또는 1천만원 이하의 벌금에 처한다. <개정 2012. 2. 17., 2014. 5. 28.>
2. 제44조의7제1항제1호를 위반하여 음란한 부호·문언·음향·화상 또는 영상을 배포·판매·임대하거나 공공연하게 전시한 자

정보통신망 이용촉진 및 정보보호 등에 관한 법률 제75조

제75조(양벌규정)

법인의 대표자나 법인 또는 개인의 대리인, 사용인, 그 밖의 종업원이 그 법인 또는 개인의 업무에 관하여 제71조부터 제73조까지 또는 제74조제1항의 어느 하나에 해당하는 위반행위를 하면 그 행위자를 벌하는 외에 그 법인 또는 개인에게도 해당 조문의 벌금형을 과(科)한다. 다만, 법인 또는 개인이 그 위반행위를 방지하기 위하여 해당 업무에 관하여 상당한 주의와 감독을 게을리하지 아니한 경우에는 그러하지 아니하다.

[전문개정 2010.3.17]

【참조판례】

대법원 2006. 4. 28. 선고 2003도4128 판결(공2006상, 997)
대법원 2008. 3. 13. 선고 2006도3558 판결(공2008상, 537)

해 설

1. 구 정보통신망 이용촉진 및 정보보호 등에 관한 법률(2007. 1. 26. 법률 제8289호로 개정되기 전의 것, 이하 '구법'이라고 한다) 제65조 제1항 제2호[현행법 제74조 제1항 제2호]에서 규정하고 있는 '음란'이라 함은 사회통념상 일반 보통인의 성욕을 자극하여 성적 흥분을 유발하고 정상적인 성적 수치심을 해하여 성적 도의관념에 반하는 것을 말하는바 (대법원 2006. 4. 28. 선고 2003도4128 판결 등 참조), 음란성에 관한 논의는 자연스럽게 형성·발전되어 온 사회 일반의 성적 도덕관념이나 윤리관념 및 문화적 사조와 직결되고 아울러 개인의 사생활이나 행복추구권 및 다양성과도 깊이 연관되는 문제로서 국가 형벌권이 지나치게 적극적으로 개입하기에 적절한 분야가 아니라는 점을 고려할 때, 위 법리에 따라 특정 표현물을 형사처벌의 대상이 될 음란표현물이라고 하기 위하여는 그 표현물이 단순히 성적인 흥미에 관련되어 저속

하다거나 문란한 느낌을 준다는 정도만으로는 부족하고, 사회통념에 비추어 전적으로 또는 지배적으로 성적 흥미에만 호소할 뿐 하등의 문학적·예술적·사상적·과학적·의학적·교육적 가치를 지니지 아니한 것으로서, 과도하고도 노골적인 방법에 의하여 성적 부위나 행위를 적나라하게 표현·묘사함으로써 존중·보호되어야 할 인격체로서의 인간의 존엄과 가치를 훼손·왜곡한다고 볼 정도로 평가되는 것을 뜻한다고 할 것이고, 이를 판단함에 있어서는 표현물 제작자의 주관적 의도가 아니라 사회 평균인의 입장에서 그 전체적인 내용을 관찰하여 건전한 사회통념에 따라 객관적이고 규범적으로 평가하여야 한다(대법원 2008. 3. 13. 선고 2006도3558 판결 등 참조).

기록에 의하면, 이 사건 이른바 야설의 내용은 비정상적인 남녀관계를 설정하여 그들 사이의 성행위를 저속하고 천박한 느낌을 주는 의성어·의태어 등을 동원하여 지나치게 노골적·사실적·집중적으로 묘사하거나 등장하는 남녀의 나신을 선정적·자극적으로 묘사하고 있고, 이를 앞서 본 법리에 비추어 전체적으로 관찰할 때, 오로지 독자의 성적 흥미에만 호소하여 남녀의 신체와 성 정체성, 성행위 등을 성적 쾌락의 대상과 수단에 불과한 것처럼 비하적으로 표현함으로써 인격체로서의 인간의 존엄과 가치를 훼손·왜곡하고 성적 도의관념에 반하여 사회평균인의 입장에서 불쾌감을 느낄 정도에 이르렀고, 거기에 어떤 문학적·예술적·사상적·과학적·의학적·교육적 가치가 있는 등으로 성적 자극을 감소·완화시키는 요소를 전혀 발견할 수 없으므로, 이는 구법 제65조 제1항 제2호[현행법 제74조 제1항 제2호]에서 규정하는 '음란한 문언'에 해당한다고 봄이 상당하다고 할 것이다.

같은 취지의 원심 판단은 정당하고, 거기에 상고이유로 주장하는 바와 같은 법리오해 또는 채증법칙 위반 등의 위법이 있다고 할 수 없다.

2. '음란'이라는 개념이 사회와 시대적 변화에 따라 변동하는 상대적이고도 유동적인 것이고, 그 시대에 있어서 사회의 풍속, 윤리, 종교 등과도 밀접한 관계를 가지는 추상적인 것이어서, 구체적인 판단에 있어서

는 사회통념상 일반 보통인의 정서를 그 판단의 규준으로 삼을 수밖에 없다고 할지라도, 이는 일정한 가치판단에 기초하여 정립할 수 있는 규범적인 개념이므로, '음란'이라는 개념을 정립하는 것은 물론, 구체적인 표현물의 음란성 여부도 종국적으로는 법원이 이를 판단하여야 하는 것이다(대법원 1995. 2. 10. 선고 94도2266 판결 등 참조).

피고인들이 이 사건 이른바 야설의 음란 여부에 대하여 한국간행물윤리위원회의 성인소설 심의기준에 따라 자체적으로 심사를 하고, (통신사) ○○○○ ○○○ 또는 ○○ ○○○의 검수를 받았으며, 이용자들에게 서비스를 제공함에 있어 성인인증절차를 거치도록 함으로써 청소년의 접근을 막기 위한 조치를 취하였다는 등의 사정이 있다고 하더라도, 그러한 사정으로 인하여 이 사건 이른바 야설의 음란성 여부에 대한 판단이 달라져야 한다거나 피고인들의 행위가 정당화되는 것은 아니라고 할 것이다.

판례 10

정보통신망 이용촉진 및 정보보호 등에 관한 법률 제74조에서 규정하고 있는 '음란'의 의미 및 그 판단 기준

인터넷 폰팅광고 및 연예인 누드광고 사이트에 전라의 여성 사진, 남녀의 성행위 장면을 묘사한 만화 등을 게시한 사안에서, 그 게시물의 내용이 형사적 규제의 대상으로 삼을 만큼 사람의 존엄성과 가치를 심각하게 훼손·왜곡하였다고 평가할 정도는 아니어서, 정보통신망 이용촉진 및 정보보호 등에 관한 법률 제74조 제1항에서 규정한 '음란' 개념에 해당하지 않는다고 한 사례

【참조조문】

정보통신망 이용촉진 및 정보보호 등에 관한 법률 제74조 제1항 제2호

제74조(벌칙)
① 다음 각 호의 어느 하나에 해당하는 자는 1년 이하의 징역 또는 1천만원 이하의 벌금에 처한다.
〈개정 2012.2. 17., 2014. 5. 28.〉
2. 제44조의7제1항제1호를 위반하여 음란한 부호·문언·음향·화상 또는 영상을 배포·판매·임대하거나 공공연하게 전시한 자

【참조판례】

대법원 2006. 4. 28. 선고 2003도4128 판결(공2006상, 997)
대법원 2008. 3. 13. 선고 2006도3558 판결(공2008상, 537)

제4장 불법 컨텐츠 범죄

해 설

이 사건 공소사실의 요지는, "피고인은 인터넷사이트를 운영하는 자인바, 20○○. ○○.경부터 20○○. ○○. ○○.까지 사이에 ○○시 ○○동 ○○○ 소재 피고인의 사무실에서 피고인 운영의 인터넷 폰팅광고 및 연예인 누드광고 사이트(사이트 주소 생략함)에 '서양누드', '판타지누드', '몰카누드', '스타누드', '라이브누드', '페티시누드' 등의 제목으로 메뉴를 만든 다음, 각 메뉴에 전라의 여성 및 여성의 치마 속 등을 몰래 촬영한 사진, 남녀가 성행위를 하는 만화사진 등 ○○○여 점을 각 게시한 다음, 일반인으로 하여금 이를 감상하게 하여, 광고수익금 명목으로 월평균 ○○만 원의 수익을 올리는 등 정보통신망을 통하여 음란한 화상 또는 영상을 배포·공연히 전시하였다"는 것이다.

구 정보통신망 이용촉진 및 정보보호 등에 관한 법률(2007. 12. 21. 법률 제8778호로 개정되기 전의 것) 제65조 제1항 제2호[현행법 제74조 제1항 제2호]에서 규정하고 있는 '음란'이라 함은 사회통념상 일반 보통인의 성욕을 자극하여 성적 흥분을 유발하고 정상적인 성적 수치심을 해하여 성적 도의관념에 반하는 것으로서, 표현물을 전체적으로 관찰·평가해 볼 때 단순히 저속하다거나 문란한 느낌을 준다는 정도를 넘어서서 존중·보호되어야 할 인격을 갖춘 존재인 사람의 존엄성과 가치를 심각하게 훼손·왜곡하였다고 평가할 수 있을 정도로, 노골적인 방법에 의하여 성적 부위나 행위를 적나라하게 표현 또는 묘사한 것으로서, 사회통념에 비추어 전적으로 또는 지배적으로 성적 흥미에만 호소하고 하등의 문학적·예술적·사상적·과학적·의학적·교육적 가치를 지니지 아니하는 것을 뜻한다고 볼 것이고, 표현물의 음란 여부를 판단함에 있어서는 표현물 제작자의 주관적 의도가 아니라 그 사회의 평균인의 입장에서 그 시대의 건전한 사회통념에 따라 객관적이고 규범적으로 평가하여야 한다(대법원 2008. 3. 13. 선고 2006도3558 판결 등 참조).

기록에 의하면, 피고인이 자신이 운영하는 인터넷 폰팅광고 및 연예인 누드광고 사이트에 게시한 것은 주로 전라의 여성 및 여성의 치마 속 등을 촬영한 사진이나 남녀의 성행위 장면을 묘사한 만화 등인데, 그 중 사진은 주로 전라 또는 반라의 여성이 혼자 포즈를 취하고 있는 것으로서 그 자체만으로 남녀 간의 성행위를 연상하게 하는 것도 아니고, 남녀 간의 성행위를 묘사하고 있는 만화 역시 남성이 여성의 가슴을 뒤에서 만지거나 앞에서 애무하는 장면을 그 상반신만 표현한 것으로서, 어느 것이나 남녀의 성기나 음모의 직접적인 노출은 전혀 없는 것임을 알 수 있는바, 그렇다면 앞서 본 법리에 비추어 이러한 사진이나 만화를 전체적으로 관찰·평가해 볼 때 그 내용이 상당히 저속하고 문란한 느낌을 주는 것은 사실이라고 할지라도 이를 넘어서서 형사법상 규제의 대상으로 삼을 만큼 사람의 존엄성과 가치를 심각하게 훼손·왜곡하였다고 평가할 수 있을 정도로, 노골적인 방법에 의하여 성적 부위나 행위를 적나라하게 표현 또는 묘사한 것이라고 단정할 수는 없다고 할 것이다.

그럼에도 불구하고, 원심은 그 판시와 같은 이유로 위 사진 등을 음란하다고 판단하여 이 사건 공소사실을 유죄로 인정하였으니, 원심판결에는 표현물의 음란성에 관한 법리를 오해한 위법이 있다고 할 것이고, 이러한 위법은 판결에 영향을 미쳤음이 분명하다.

판례 11

정보통신망 이용촉진 및 정보보호 등에 관한 법률 제74조 제1항 제2호에서 정한 '공연히 전시'한다는 것의 의미

PC방 운영자가 자신의 PC방 컴퓨터의 바탕화면 중앙에 음란한 영상을 전문적으로 제공하는 웹사이트로 연결되는 바로가기 아이콘을 설치하고 접속에 필요한 성인인증까지 미리 받아둠으로써, PC방을 이용하는 불특정·다수인이 아무런 제한 없이 위 웹사이트의 음란한 영상을 접할 수 있는 상태를 조성한 경우, 음란한 영상을 공연히 전시한다는 구 전기통신망 이용촉진 및 정보보호 등에 관한 법률 제65조 제1항 제2호[현행법 제74조 제1항 제2호]의 구성요건을 충족한다고 한 사례

【참조조문】

정보통신망 이용촉진 및 정보보호 등에 관한 법률 제74조 제1항 제2호

제74조(벌칙)

① 다음 각 호의 어느 하나에 해당하는 자는 1년 이하의 징역 또는 1천만원 이하의 벌금에 처한다. <개정 2012. 2. 17., 2014. 5. 28.>

2. 제44조의7제1항제1호를 위반하여 음란한 부호·문언·음향·화상 또는 영상을 배포·판매·임대하거나 공공연하게 전시한 자

【참조판례】

대법원 2003. 7. 8. 선고 2001도1335 판결(공2003하, 1739)

　구 정보통신망 이용촉진 및 정보보호 등에 관한 법률(2007. 1. 26. 법률 제8289호로 개정되기 전의 것) 제65조 제1항 제2호(이하 '이 사건 법률 규정'이라 한다)[현행법 제74조 제1항 제2호]는 정보통신망을 통하여 음란한 부호·문언·음향·화상 또는 영상을 배포·판매·임대하거나 공연히 전시한 자를 처벌하도록 규정하고 있는바, 이 사건 법률 규정은 초고속 정보통신망의 광범위한 구축과 그 이용촉진 등에 따른 음란물의 폐해를 막기 위하여 마련된 것이고, 여기서 '공연히 전시'한다고 함은 불특정·다수인이 실제로 음란한 부호·문언·음향 또는 영상을 인식할 수 있는 상태에 두는 것을 의미한다(대법원 2003. 7. 8. 선고 2001도1335 판결 참조). 기록에 의하면, 피고인은 속칭 PC방을 운영하는 피고인이 자신의 PC방 컴퓨터 바탕화면 중앙에 음란한 영상을 전문적으로 제공하는 웹사이트로 연결되는 바로가기 아이콘들을 집중적으로 설치하는 한편, 미리 위 웹사이트의 접속에 필요한 성인인증을 받아 두어 PC방 이용자가 위 아이콘을 클릭하기만 하면 별도의 성인인증절차 없이 위 웹사이트에 바로 들어가 그곳에 전시된 음란한 영상을 볼 수 있도록 하였다면, 그와 같이 바로가기 아이콘을 설치하는 등의 방법으로 위 웹사이트를 사실상 지배·이용한 셈이어서 이는 그 실질에 있어 위 웹사이트의 음란한 영상을 피고인이 직접 전시한 것과 다를 바 없고, 이에 따라 PC방을 이용하는 불특정·다수인이 이러한 바로가기 아이콘을 클릭함으로써 정보통신망을 통하여 아무런 제한 없이 위 웹사이트의 음란한 영상을 바로 접할 수 있는 상태가 실제 조성되었으므로, 피고인의 위와 같은 행위는 전체로 보아 음란한 영상을 공연히 전시한다는 이 사건 법률 규정의 구성요건을 충족한다고 봄이 상당하다. 그리고 이러한 해석은 앞서 본 이 사건 법률 규정의 입법 취지에 부합하는 것으로서 죄형법정주의에 반하지 않는다. 같은 취지에서, 원심이 이 사건 범죄사실을 이 사건 법률 규정으로 의율 하여 유죄로 인정한 조치는 정당하고, 거기에 상고이유에서 주장하는 바와 같은 법리오해 등의 위법이 없다.

판례 12

> 비디오물에 대한 음란성 판단의 최종적인 주체와 같은 내용의 동영상을 비디오물로 제작·출시하는 경우와 정보통신망을 통하여 제공하는 경우의 음란성 판단 기준의 차이

> 영상물등급위원회가 등급분류 과정에서 음란성 여부에 관한 판단을 하였다 하더라도 영상물등급위원회의 등급분류 또는 등급분류 보류에 관한 결정에 대하여 이의를 신청하거나 행정소송을 제기할 수 있는 점에 비추어 그 판단은 중간적인 것에 불과하고, 음란성 판단의 최종적인 주체는 어디까지나 당해 사건을 담당하는 법관이라 할 것이므로, 음반·비디오물 및 게임물에 관한 법률상 영상물등급위원회가 18세 관람가로 등급분류를 하였다 하여 무조건 음란성이 부정되는 것은 아니고, 법관은 음란성을 별도로 판단할 수 있다.

영상물등급위원회의 심사를 받아 비디오물로 제작·출시하는 것은 일정한 연령대에 속해 있는 사람들을 대상으로 시청을 제한하는 것이 가능하기 때문에 영상물등급위원회의 심사결과를 존중하여 음란성 인정에 보다 신중을 기하여야 할 것이나, 인터넷을 통하여 유포하는 것은 그 시청자의 범위를 제한하는 것이 용이하지 아니하므로, 같은 내용의 동영상이라 하더라도 제한된 연령대의 사람만 시청이 가능하도록 비디오로 제작·출시하느냐, 혹은 연령에 제한 없이 비교적 자유로운 시청이 가능하도록 인터넷에 공개하느냐에 따라 음란성의 판단 기준을 달리 할 수 있는 것이다.

일본 성인영화의 판권을 소유하는 회사의 대표가 인터넷 포털사이트의 VOD관에 성인영화의 동영상을 제공한 사안에서, 위 동영상이 DVD용으로 이미 영상물등급위원회에서 18세 관람가로 등급분류를 받았다 하더라도 음란성이 인정된다고 한 사례.

【참조조문】

정보통신망 이용촉진 및 정보보호 등에 관한 법률 제74조 제1항 제2호

제74조(벌칙)
① 다음 각 호의 어느 하나에 해당하는 자는 1년 이하의 징역 또는 1천만원 이하의 벌금에 처한다. 〈개정 2012. 2. 17., 2014. 5. 28.〉
2. 제44조의7제1항제1호를 위반하여 음란한 부호·문언·음향·화상 또는 영상을 배포·판매·임대하거나 공공연하게 전시한 자

해 설

원심이 적법하게 조사하여 채택한 증거들에 의하면, 공소외 1 운영의 공소외 2 주식회사가 일본에서 제작한 성인영화 등을 수입·배급하면서 피고인 운영의 공소외 3 주식회사와의 사이에 공소외 2 주식회사 소유의 극장판권을 제외한 인터넷 등 모든 판권을 공동소유로 하여 공소외 3 주식회사가 모든 권한을 위임받아 일본을 제외한 전 세계에 판권을 판매하는 등 사업을 진행하기로 한 사실, 이에 따라 공소외 1은 영상물등급위원회에 이 사건 동영상 중 별지 범죄일람표 기재 순번 6, 11 동영상에 대하여는 DVD용으로서 각 등급분류를 신청하여 모두 '18세 관람가' 등급분류를 받은 사실, 한편 피고인은 공소외 4 주식회사 및 공소외 5 주식회사 운영의 인터넷 포털사이트인(인터넷 주소 생략) 및 (인터넷 주소 생략)의 각 VOD관에 VOD서비스를 위한 컨텐츠로서 이 사건 동영상을 제공하여 VOD관 이용자로 하여금 회원가입절차 또는 성인인증절차를 거쳐 이를 볼 수 있도록 한 사실, 이 사건 동영상은 각기 다른 시간적, 장소적 배경 및 다양한 직업을 가진 주인공을 등장시켜 남녀 간의 성교장면, 여성의 자위장면이나 여성에 대한 애무장면 등을 옴니버스 형식으로 편집한 것으로서, 별다른 내용 없이 남자 1명과 여자 1명이 등장하여 그들이 서로 애

무하거나 성교하는 장면들로 채워져 있는데, 남녀 성기나 음모의 직접적인 노출은 없지만 여자의 가슴을 애무하거나 팬티 안이나 팬티 위로 성기를 자극하는 장면을 클로즈업하여 보여주는 것이 대부분이고, 위와 같은 등장인물들 사이에 대화는 거의 없고 다만, 성행위를 이끌어 내거나 성행위 상황을 설정하기 위하여 필요한 것에 불과하며, 신음소리만 계속적으로 반복되고 있는 사실을 인정할 수 있다.

음반·비디오물 및 게임물에 관한 법률(이하 '음비게법'이라 한다)은, 음반·비디오물·게임물의 질적 향상을 도모하고 관련 산업의 진흥을 촉진함으로써 국민의 문화적 삶의 질을 높이고 국민경제의 발전에 이바지함을 목적으로 한다(제1조). "비디오물"이라 함은 연속적인 영상이 유형물에 고정되어 재생하여 볼 수 있거나 보고 들을 수 있도록 제작된 것을 말한다(제2조 제2호). 영화·음반·비디오물·게임물 및 공연물과 그 광고·선전물의 윤리성 및 공공성을 확보하고 청소년을 보호하기 위하여 영상물등급위원회(이하 '위원회'라 한다)를 둔다(제5조). 비디오물을 유통하거나 시청 또는 이용제공의 목적으로 제작 또는 배급하고자 하는 자는 미리 당해 비디오물의 내용에 관하여 위원회에 등급분류를 신청하여 등급분류를 받아야 한다(제20조 제1항). 비디오물의 등급은 전체 관람가, 12세 관람가, 15세 관람가, 18세 관람가(청소년은 관람할 수 없는 것)로 한다(제20조 제3항 제1호). 위원회는 등급분류를 함에 있어서 비디오물의 내용이 폭력·음란 등의 과도한 묘사로 미풍양속을 해치거나 사회질서를 문란하게 할 우려가 있는 것에 해당된다고 인정하는 경우에는 등급분류를 보류할 수 있다(제20조 제5항, 제35조 제2항 제2호), 등급분류를 받지 아니한 비디오물을 제작·유통·시청 또는 이용에 제공한 자는 2년 이하의 징역 또는 2천만 원 이하의 벌금에 처한다(제50조 제1의2호, 제21조 제1항), 등급분류를 받은 비디오물을 등급구분에 위반하여 시청 또는 이용에 제공한 자는 5천만 원 이하의 과태료에 처한다(제52조 제1항 제1호, 제21조 제2항)고 규정하고 있다.

한편, 정보통신망 이용촉진 및 정보보호 등에 관한 법률(이하 '정보통신망법'이라 한다)은, 정보통신망의 이용을 촉진하고 정보통신서비스를 이용하는 자의 개인정보를 보호함과 아울러 정보통신망을 건전하고 안전하게 이용할 수 있는 환경을 조성함으로써 국민생활의 향상과 공공복리의 증진에 이바지함을 목적으로 한다(제1조). 정보통신망을 통하여 음란한 부호·문언·음향·화상 또는 영상을 배포·판매·임대하거나 공연히 전시한 자는 1년 이하의 징역 또는 1천만 원 이하의 벌금에 처한다(현행법 제74조 제1항 제2호)고 규정하고 있다.

"음란"이라 함은 사회통념상 일반 보통인의 성욕을 자극하여 성적 흥분을 유발하고 정상적인 성적 수치심을 해하여 성적 도의관념에 반하는 것을 말한다. 그리고 영상물등급위원회(이하 '영등위'라 한다)가 등급분류 과정에서 음란성 여부에 관한 판단을 하였다 하더라도 영등위의 등급분류 또는 등급분류 보류에 관한 결정에 대하여 이의를 신청하거나 행정소송을 제기할 수 있는 점에 비추어 그 판단은 중간적인 것에 불과하고, 음란성 판단의 최종적인 주체는 어디까지나 당해 사건을 담당하는 법관이라 할 것이므로, 음비게법상 영등위가 18세 관람가로 등급분류를 하였다 하여 무조건 음란성이 부정되는 것은 아니고, 법관은 음란성을 별도로 판단할 수 있는 것이다.

그런데 이 사건 동영상이 유형물에 고정된 비디오물로 제작되어 청소년이 아닌 자에게 제공되었다면 음비게법상 영등위의 심사결과를 존중하여 음란성을 부정할 여지가 있으나(청소년에게 제공하면 음비게법상 5천만 원 이하의 과태료에 해당한다), 정보통신망에 배포·공연전시하는 행위는 정보통신망을 건전하게 이용할 수 있는 환경을 침해한 것으로서 정보통신망법의 목적에 반하기 때문에(성인인증절차를 요구하더라도 성인의 주민등록번호만 알면 쉽게 접속할 수 있으므로, 아동이나 청소년을 유해한 환경에 빠드릴 위험성이 크다), 비디오물로 제공하는 것과 달리 정보통신망을 통하여 제공하는 것은 그 시청환경을 감안하여 보다 엄격한 기준에 의하여 음란성 여부를 판단하여야 할 것이다.

다시 말하면, 영등위의 심사를 받아 비디오물로 제작·출시하는 것은 일정한 연령대에 속해 있는 사람들을 대상으로 시청을 제한하는 것이 가능하기 때문에 영등위의 심사결과를 존중하여 음란성 인정에 보다 신중을 기하여야 할 것이나, 인터넷을 통하여 유포하는 것은 그 시청자의 범위를 제한하는 것이 용이하지 아니하므로, 같은 내용의 동영상이라 하더라도 제한된 연령대의 사람만 시청이 가능하도록 비디오로 제작·출시하느냐, 혹은 연령에 제한 없이 비교적 자유로운 시청이 가능하도록 인터넷에 공개하느냐에 따라 음란성의 판단 기준을 달리 할 수 있는 것이다.

그런데 이 사건 동영상은 주로 호색적 흥미를 돋우기 위한 것으로 보일 뿐 예술로서의 성격을 전혀 가지고 있지 아니하여 예술성에 의하여 음란성이 완화된다고 보기 어렵고, 인터넷에 공연전시되는 경우 사회통념상 일반 보통인의 성욕을 자극하여 성적 흥분을 유발하고 정상적인 성적 수치심을 해하여 성적 도의관념에 반할 뿐만 아니라, 성적으로 미숙한 아동과 청소년이 시청하는 경우 건전한 성도덕을 크게 해칠 것으로 여겨지므로, 음란성을 부정할 수 없다.

자신들이 개설한 인터넷 사이트를 통해 회원들에게 음란한 영상의 배포, 전시가 이루어진 경우

피고인들이, 자신들이 개설한 인터넷 사이트를 통해 회원들로 하여금 음란한 동영상을 게시하도록 하고, 다른 회원들로 하여금 이를 다운받을 수 있도록 하는 방법으로 정보통신망을 통한 음란한 영상의 배포, 전시를 방조한 행위가 단일하고 계속된 범의 아래 일정기간 계속하여 이루어졌고 피해 법익도 동일한 경우, 포괄일죄의 관계에 있다고 본 원심판결을 수긍한 사례

【참조조문】

형법 제32조

제32조(종범)
① 타인의 범죄를 방조한 자는 종범으로 처벌한다.
② 종범의 형은 정범의 형보다 감경한다.

해 설

동일 죄명에 해당하는 수개의 행위를 단일하고 계속된 범의 아래 일정기간 계속하여 행하고 그 피해법익도 동일한 경우에는 이들 각 행위를 통틀어 포괄일죄로 처단하여야 할 것이고(대법원 1995. 9. 5. 선고 95도1269 판결, 대법원 2007. 3. 29. 선고 2007도595 판결, 대법원 2009. 8. 20. 선고 2009도4684 판결 등 참조), 이는 방조범의 경우에도 마찬가지이다.

제1심은, 이 사건 각 공소사실과 피고인들에 대하여 확정된 2008. 7. 29.자 약식명령의 범죄사실은 모두 피고인들이 개설한 ◎◎◎◎(사이트 주소 생략) 사이트 회원들이 음란한 동영상을 위 사이트에 업로드 하여 게

시하도록 하고, 다른 회원들로 하여금 위 동영상을 다운받을 수 있도록 하는 방법으로 정보통신망을 통하여 음란한 영상을 배포, 전시하는 것을 용이하게 하여 이를 방조하였다는 것으로서 단일하고 계속된 범의 아래 일정기간 계속하여 행하고 그 피해법익도 동일한 경우에 해당하므로 포괄일죄의 관계에 있다고 보아 위 확정된 약식명령의 발령 전에 이루어진 피고인들의 이 사건 범죄사실에 각 면소를 선고하였고, 원심은 이를 그대로 유지하고 있다.

위 법리와 기록에 비추어 살펴보면, 원심의 판단은 정당하고, 거기에 상고이유로 주장하는 바와 같은 포괄일죄에 관한 법리오해 등의 위법이 없다.

음란동영상을 재차 제공한 경우 포괄일죄 구성여부

컴퓨터로 음란 동영상을 제공한 제1범죄행위로 서버컴퓨터가 압수된 이후 다시 장비를 갖추어 동종의 제2범죄행위를 하고 제2범죄행위로 인하여 약식명령을 받아 확정된 사안에서, 피고인에게 범의의 갱신이 있어 제1범죄행위는 약식명령이 확정된 제2범죄행위와 실체적 경합관계에 있다고 보아야 할 것이라는 이유로, 포괄일죄를 구성한다고 판단한 원심판결을 파기한 사례

【참조조문】

형법 제37조

제37조(경합범)
판결이 확정되지 아니한 수개의 죄 또는 금고 이상의 형에 처한 판결이 확정된 죄와 그 판결확정 전에 범한 죄를 경합범으로 한다. 〈개정 2004.1.20〉

해 설

원심은 "피고인이 20○○. ○○. 중순경부터 20○○. ○○. ○○.경까지 사이에 ○○시 ○○구 (상세 주소 생략) 소재 '24시 △△△클럽 성인PC방'에서, 음란물이 저장된 서버 컴퓨터 2대 등 컴퓨터 18대, 위 컴퓨터를 서로 연결하여 놓은 통신망 등을 설치한 다음, 위 서버 컴퓨터에 인터넷 음란사이트로부터 내려 받은 남녀 간의 성관계가 노골적으로 표현된 속칭 '포르노물'인 음란한 동영상파일 ○○,○○○개를 저장하여 놓고, 손님들에게 시간당 ○,○○○원을 받고 컴퓨터의 바탕화면에 있는 '즐겨찾기'라는 아

이콘을 통하여 음란한 동영상을 볼 수 있도록 함으로써 정보통신망을 통하여 음란한 영상을 공연히 전시하였다."라는 아동·청소년의 성보호에 관한 법률(이하 '청소년성보호법률'이라 한다) 위반 및 정보통신망 이용촉진 및 정보보호 등에 관한 법률(이하 '정보통신망보호법률'이라 한다) 위반의 이 사건 공소사실에 대하여, 이 사건 공소제기 후인 20○○. ○○. ○○. "피고인은 20○○. ○○. ○○.경부터 ○○시 ○○구 (상세 주소 생략)에서 약 ○○평 규모에 컴퓨터 18대, 냉장고, 텔레비전, 에어컨, 정수기 등의 시설을 갖추고 △△△클럽이라는 상호의 PC방을 운영하는 자로, 정보통신망을 이용해서 음란한 화상 또는 영상을 배포, 판매, 임대하거나 공연히 전시하여서는 아니 됨에도 불구하고, 20○○. ○○. ○○. ○○:○○경 자신이 운영하는 위 PC방내에서, 컴퓨터를 이용 인터넷 사이트 ◎◎◎에 올려져 있는 남녀 간의 성행위 영상물을 다운받아 입력시킨 후, PC방을 찾아오는 불특정 손님들에게 1시간당 ○,000원의 수수료를 받고 위 영상물을 시청토록 한 것이다."라는 내용의 정보통신망보호법률 위반의 범죄사실로 벌금 ○00만 원의 약식명령을 발령받아 확정된 사실을 인정한 후, 위 확정된 약식명령의 범죄사실은 이 사건 공소사실 중 정보통신망보호법률 위반의 공소사실과 동일한 내용으로, 피고인이 이 사건 공소가 제기된 이후에도 계속하여 같은 장소에서 같은 업을 하다가 다시 적발되어 위 약식명령을 고지 받은 것으로 보여 피고인이 업으로 위와 같이 성인PC방을 운영한 것임을 알 수 있고, 따라서 이 사건 공소사실 중 정보통신망보호법률 위반의 점과 위 확정된 약식명령의 범죄사실은 그 범행수법, 범행장소, 피해법익, 영업의 태양 등에 비추어 볼 때 피고인이 단일하고 계속된 범의하에 영업으로 동종의 범행을 동일하거나 유사한 방법으로 일정기간 반복하여 행하고 그 피해법익도 동일한 경우에 해당하므로, 모두 포괄하여 정보통신망보호법률 제71조 제1항 제2호 위반의 일죄를 구성한다고 봄이 상당하고, 위 확정된 약식명령의 기판력은 그와 포괄일죄의 관계에 있는 이 부분 공소사실에 미친다고 판단하였다.

동일 죄명에 해당하는 수개의 행위 혹은 연속된 행위를 단일하고 계속된 범의하에 일정 기간 계속하여 행하고 그 피해법익도 동일한 경우에는 이들 각 행위를 통틀어 포괄일죄로 처단하여야 할 것이나, 범의의 단일성과 계속성이 인정되지 아니하거나 범행방법이 동일하지 않은 경우에는 각 범행은 실체적 경합범에 해당한다(대법원 1989. 11. 28. 선고 89도1309 판결, 2004. 5. 14. 선고 2004도1034 판결, 2005. 5. 13. 선고 2005도278 판결 등 참조).

  기록에 의하면, 피고인은 20○○. ○○. ○○. 이 사건 정보통신망보호법률 위반 행위로 인하여 음란 동영상이 저장되어 있던 서버 컴퓨터 2대를 압수당한 후 다시 영업을 재개한 행위로 인하여 위 약식명령에 의한 처벌을 받았는바, 피고인이 위 범행에 가장 필요한 서버 컴퓨터를 압수당한 이후 새로운 장비와 프로그램을 갖추어 다시 범행을 저지른 이상 범의의 갱신이 있었다고 봄이 상당하고, 따라서 이 부분 공소사실은 확정된 위 약식명령의 범죄사실과 실체적 경합관계에 있다고 할 것이므로, 그 약식명령의 효력은 이 사건 정보통신망보호법률 위반의 점에 대하여 미치지 아니하는 것이다.

  그럼에도 불구하고, 확정된 위 약식명령의 범죄사실이 정보통신망보호법률 위반의 이 사건 공소사실과 포괄일죄의 관계에 있어 그 효력이 미친다고 한 원심의 판단은 포괄일죄에 관한 법리를 오해하여 판결에 영향을 미친 위법을 저지른 것이라 할 것이다.

판례 15

음란 동영상파일이 저장되어 있는 서버 컴퓨터 내 하드디스크가 영화 및 비디오물의 진흥에 관한 법률(영화비디오법)상의 비디오물에 해당하는지 여부

【참조조문】

영화 및 비디오물의 진흥에 관한 법률 제2조 제12호

제2조(정의)

이 법에서 사용하는 용어의 정의는 다음과 같다.

〈개정 2008.2.29., 2008.6.5., 2009.5.8., 2012.2.17., 2015.5.18.〉

12. "비디오물"이라 함은 연속적인 영상이 테이프 또는 디스크 등의 디지털 매체나 장치에 담긴 저작물로서 기계·전기·전자 또는 통신장치에 의하여 재생되어 볼 수 있거나 보고 들을 수 있도록 제작된 것을 말한다. 다만, 다음 각 목의 어느 하나에 해당하는 것을 제외한다.

가. 「게임산업진흥에 관한 법률」제2조제1호의 규정에 의한 게임물

나. 컴퓨터프로그램에 의한 것(영화가 수록되어 있지 아니한 것에 한한다)

해 설

1. 영화 및 비디오물의 진흥에 관한 법률 제2조 제12호가 "비디오물이라 함은 연속적인 영상(음의 수반여부는 가리지 아니한다)이 유형물에 고정되어 재생하여 볼 수 있거나 보고 들을 수 있도록 제작된 것을 말한다. 다만, 게임물과 컴퓨터프로그램에 의한 것(영화·음악 등의 내용물이 수록되어 있지 아니한 것에 한한다)을 제외한다."고 규정하고 있는 바, 원심판결 이유 및 기록에 의하면, 피고인은 성인PC방 체인사업자

인 공소외인으로부터 음란 동영상파일이 하드디스크에 저장된 서버 컴퓨터를 매수하여 이를 자신이 운영하는 성인PC방에 설치하고 그 곳을 찾은 불특정다수의 손님으로 하여금 서버 컴퓨터와 공유된 각 컴퓨터를 통하여 음란 동영상파일을 시청하게 하였음을 알 수 있으므로, 이러한 음란 동영상파일이 저장되어 있는 서버 컴퓨터 내 하드디스크는 연속적인 영상이 유형물에 고정되어 재생하여 볼 수 있거나 보고 들을 수 있도록 제작된 것인 이상, 이는 같은 법 소정의 비디오물에 해당한다고 할 것이다. 같은 취지의 원심의 판단은 정당하고, 거기에 상고이유에서 주장하는 바와 같은 영화 및 비디오물의 진흥에 관한 법률 소정의 비디오물에 관한 법리오해 등의 위법이 있다고 할 수 없다.

2. 이 사건 공소사실 중 음반·비디오물 및 게임물에 관한 법률 위반의 점에 대한 형이 폐지되었다는 주장에 대하여

가. 일반적으로 어떤 행위에 대한 형벌규정이 폐지된 경우에 그것이 법률이념의 변경에 따라 종전에 그 행위를 처벌대상으로 삼은 것이 부당하다는 반성적 고려에서 폐지된 것이라면 이는 형사소송법 제326조 제4호 소정의 범죄 후 법령의 개폐로 형이 폐지된 경우에 해당하지만, 이와 달리 다만 형벌규정 제정당시의 사회적, 경제적 사정의 변경에 따라 형벌규정이 폐지되거나 또는 처벌법규의 체계를 정리하기 위하여 발전적으로 폐지된 것이라면 위 경우에 해당하지 않는다 고 할 것이다(대법원 1985. 5. 14. 선고 85도529 판결 참조).

나. 그런데 위 공소사실의 범행 당시 시행되던 구 음반·비디오물 및 게임물에 관한 법률(2004. 1. 29. 법률 제7131호로 개정되기 전의 것) 제20조 제1항 본문은 비디오물 및 게임물을 유통하거나 시청 또는 이용제공의 목적으로 제작 또는 수입하고자 하는 자는 미리 당해 비디오물 또는 게임물의 내용에 관하여 위원회에 등급분류를 신청하여 등급분류를 받도록 규정하고 있고, 제21조 제1항은 누구든지 제20조 제1항의 규정에 의하여 등급분류를 받지 아니한 비디

오물 또는 게임물이나 등급분류를 받은 비디오물 또는 게임물과 다른 내용의 것을 제작·유통·시청 또는 이용에 제공하여서는 아니 되는 것으로 규정하고 있으며, 제42조 제3항 제3호는 문화관광부장관 또는 시장·군수·구청장은 제21조 제1항의 규정에 의한 등급분류를 받지 아니하거나 등급분류를 받은 것과 다른 내용의 비디오물 또는 게임물을 발견한 때에는 관계공무원으로 하여금 이를 수거하여 폐기하게 할 수 있도록 규정하고 있는데, 제50조 제7호는 제42조 제3항 제3호의 규정에 해당하는 비디오물·게임물을 제작·유통·시청 또는 이용에 제공한 자를 처벌하도록 규정하고 있으므로, 위 규정들을 종합하면 제21조 제1항의 규정에 의한 등급분류를 받지 아니하거나 등급분류를 받은 것과 다른 내용의 비디오물 또는 게임물을 제작·유통·시청 또는 이용에 제공한 자는 제50조 제7호에 의하여 처벌받도록 되어 있었는데, 개정된 음반·비디오물 및 게임물에 관한 법률에서는 제21조 제1항, 제42조 제3항 제3호를 개정하지 아니하고 그대로 둔 채 제50조 제1호의2에서 제21조 제1항의 규정에 위반한 자를 처벌하는 규정을 신설하는 대신 같은 조 제8호(개정 전의 제50조 제7호에 해당하는 조문임)에서 제42조 제3항 제3호를 삭제하였다.

위와 같은 개정 전후의 각 규정내용을 검토하여 보면, 개정된 음반·비디오물 및 게임물에 관한 법률 제50조 제8호에서 제42조 제3항 제3호를 삭제한 것은 종전에 구 음반·비디오물 및 게임물에 관한 법률에서 제21조 제1항의 위반행위에 대한 직접적인 처벌규정을 두지 아니한 채 제50조 제7호에서 제42조 제3항 제3호의 규정을 인용하는 방법으로 제21조 제1항의 위반행위에 대한 처벌규정을 두고 있었던 것을 시정하여 제21조 제1항의 위반행위에 대한 직접적이고 명시적인 처벌규정을 신설하는 방법으로 처벌법규의 체계를 정리함으로써 발전적으로 폐지한 것에 불과하므로, 개정된 음반·비디오물 및 게임물에 관한 법률 제50조 제8호에서 제42조

제3항 제3호를 삭제한 점만을 들어 피고인의 행위가 범죄 후의 법령개폐로 형이 폐지된 경우에 해당한다고 할 수는 없다.

다. 따라서 구 음반·비디오물 및 게임물에 관한 법률 제21조 제1항의 규정에 의한 등급분류를 받지 아니한 비디오물을 이용에 제공한 피고인의 행위가 범죄 후의 법령개폐로 형이 폐지된 경우에 해당한다는 상고이유의 주장은 받아들일 수 없다.

피고인은 상고이유에서, 제1심이 이 사건 공소사실 중 청소년의 성보호에 관한 법률위반(청소년이용음란물제작·배포등) 및 정보통신망이용촉진및정보보호등에관한법률위반(음란물유포등)의 점에 대하여는 유죄를 인정하여 피고인에게 징역 8월에 집행유예 2년을, 음반·비디오물 및 게임물에 관한 법률 위반의 점에 대하여는 무죄를 선고하였는데, 피고인은 유죄부분에 대하여 사실오인·양형부당 등을 이유로, 검사는 무죄부분에 대하여 법리오해를 이유로 각 항소한 이 사건에서, 원심으로서는 검사가 양형부당을 이유로는 항소한 바 없으므로 이 사건 공소사실 전부에 대하여 유죄를 인정하더라도 제1심판결의 형보다 중한 형을 선고할 수 없음에도, 원심이 이 사건 공소사실 전부에 대하여 유죄를 인정하면서 피고인에게 징역 8월에 집행유예 2년, 80시간의 사회봉사명령을 선고한 것은 불이익변경금지의 원칙을 위배한 것이라고 주장하나, 피고인과 검사 쌍방이 항소한 경우에는 검사의 항소가 기각되지 않는 한 형사소송법 제368조 소정의 불이익변경금지의 원칙이 적용되지 않는다고 할 것이므로, 피고인과 검사 쌍방이 항소하여 검사의 항소가 인용된 이 사건에 불이익변경금지의 원칙이 적용됨을 전제로 한 이 부분 상고이유의 주장은 나아가 살펴 볼 필요도 없이 이유 없다.

판례 16

> 인터넷 포털 사이트를 운영하는 회사와 그 대표이사에게 정보제
> 공업체들이 음란한 정보를 반포·판매하지 않도록 통제하거나
> 저지하여야 할 조리상의 의무를 부담한다고 한 사례

【참조조문】

형법 제18조

> 제18조(부작위범)
> 위험의 발생을 방지할 의무가 있거나 자기의 행위로 인하여
> 위험발생의 원인을 야기한 자가 그 위험발생을 방지하지 아니
> 한 때에는 그 발생된 결과에 의하여 처벌한다.

해 설

1. 원심은, 인터넷 포털서비스 사이트 (사이트 1 이름 및 인터넷주소 생략)
   를 운영하는 피고인 2 주식회사와 그 업무총괄담당임원 및 대표이사로
   근무하던 피고인 1이 위 (사이트 1 이름 생략) 사이트 내에 '(사이트 2
   이름 생략)'이라는 사이트를 개설한 후 (업체명 생략) 등 14개 정보제
   공업체에 서버에 대한 이용권한을 주어 위 정보제공업체들이 (사이트 2
   이름 생략) 사이트에 게재한 음란한 내용의 만화 등을 (사이트 1 이름
   생략) 사이트의 가입자들이 이용할 수 있도록 함으로써 전기통신역무를
   이용하여 음란한 부호, 문언, 음향, 영상을 반포, 판매하였다는 이 사건
   공소사실에 대하여, 피고인들이 음란한 정보의 반포·판매를 통제하거나
   저지하여야 할 작위의무를 지고 있다고 보기 어렵다는 이유로, 피고인
   들에 대하여 무죄를 선고한 제1심 판결을 유지하였다.

2. 기록에 의하면, 피고인 2 주식회사가 이 사건 (사이트 2 이름 생략) 사
   이트를 개설하게 된 것은 주로 영업이익을 창출하기 위한 것으로서 그

이용요금의 40%를 갖게 되는 등 위 사이트의 운영 및 이용정도에 상당한 이해관계가 있었고, 위 (사이트 2 이름 생략) 사이트는 (사이트 1 이름 생략) 사이트의 일부를 구성하고 있었으며, 그 이용자도 위 (사이트 1 이름 생략) 사이트의 회원들인 사실, 피고인 2 주식회사는 정보제공업체들이 제공하는 정보의 배치를 정하고 정보제공업체에 일부 불건전한 정보의 삭제를 요구하는 등 (사이트 2 이름 생략) 사이트의 운영에 사실상 상당한 관여를 하여 왔고, 음란정보를 직접 삭제할 수는 없었다고 하더라도 정보제공업체에게 제공한 웹서버의 공간을 폐쇄하는 방법으로 음란정보의 제공을 막을 수도 있었던 사실, 피고인 2 주식회사나 그 직원들이 정보제공업체가 제공하는 정보의 내용을 일일이 알지는 못하였다고 하더라도 정보제공업체가 제출한 운영계획과 직원들의 모니터링을 통하여 정보의 내용을 대략이나마 파악하고 있었고, 정보제공업체가 제공하는 정보에 접근하는 데 별다른 어려움이 없었던 사실, 피고인 1은 가끔 이 사건 (사이트 2 이름 생략) 사이트에 접속하여 들어가서 음란한 만화 등이 게재되어 있음을 알면서도 담당 직원과 팀장에게 저속한 내용을 삭제하라고 지시하지 않고 회사의 영업이익을 위하여 계속적인 운영을 묵인하여 준 사실을 알 수 있고, 이와 같은 사실관계에다가 성인정보를 제공하는 경우 정보제공업체가 음란한 정보를 제공하게 될 위험성이 크므로 웹서버의 공간을 제공하는 포털사이트의 운영자로서는 이를 방지하기 위하여 각별한 주의를 기울여야 하는 점을 아울러 참작하여 보면, (사이트 1 이름 생략) 사이트를 운영하는 피고인들은 위 사이트의 일부를 할당받아 유료로 정보를 제공하는 정보제공업체들이 음란한 정보를 반포·판매하지 않도록 이를 통제하거나 저지하여야 할 조리상의 의무를 부담한다고 할 것이기는 하다.

그러나 구 전기통신기본법(2001. 1. 16. 법률 제6360호로 개정되기 전의 것) 제48조의2 위반죄는 전기통신역무를 이용하여 음란한 부호·문언·음향 또는 영상을 반포·판매 또는 임대하거나 공연히 전시한 경우에 성립하는 것으로서 그 규정형식으로 보아 작위범이고, 이와 같이 작위를 내용으로 하는 범죄를 부작위에 의하여 범하는 부진정부작위범이 성립하기 위하여는 부작위를 실행행위로서의 작위와 동일시할 수 있어야 하는데, 이 사건에서 음란한 정보를 반포·판매한 것은 정보제공업체이므로, 위와 같은 작위의무에 위배하여 그 반포·판매를 방치하였다는 것만으로는 음란한 정보를 반포·판매하였다는 것과 동일시할 수는 없고, 따라서 피고인들이 정보제공업체들의 전기통신기본법 위반 범행을 방조하였다고 볼 수 있음은 별론으로 하고 위와 같은 작위의무 위배만으로는 피고인들을 전기통신기본법 위반죄의 정범에 해당한다고 할 수는 없다.

또한, 검사가 피고인들을 작위범으로 공소제기한 것으로 본다고 하더라도, 피고인들이 정보제공업체들이 음란한 부호 등을 제공하리라는 것을 인식하면서도 이를 의욕 내지 묵인하는 의사 아래 서버 이용권한을 주어 음란한 부호 등을 반포·판매하였다고 볼 만한 아무런 증거가 없으므로, 결국 이 사건 공소사실은 범죄의 증명이 없는 때에 해당한다고 할 것이다.

이와 결론을 같이 한 원심의 판단은 다소 미흡한 설시가 있기는 하나 이 사건 공소사실을 무죄로 본 결론에 있어서는 정당하여, 거기에 상고이유로 주장하는 바와 같은 판결 결과에 영향을 미친 채증법칙 위배로 인한 사실오인, 전기통신사업자의 책임범위에 관한 법리오해 등의 위법이 없다.

음란한 부호 등이 전시된 웹페이지에 대한 링크(link)행위가 그 음란한 부호 등의 전시에 해당하는지 여부

[1] 구 전기통신기본법 제48조의2(2001. 1. 16. 법률 제6360호 부칙 제5조 제1항에 의하여 삭제, 현행 정보통신망이용촉진및정보보호등에관한법률 제74조 제1항 제2호 참조) 소정의 '공연히 전시'한다고 함은, 불특정·다수인이 실제로 음란한 부호·문언·음향 또는 영상을 인식할 수 있는 상태에 두는 것을 의미한다.

[2] 음란한 부호 등으로 링크를 해 놓는 행위자의 의사의 내용, 그 행위자가 운영하는 웹사이트의 성격 및 사용된 링크기술의 구체적인 방식, 음란한 부호 등이 담겨져 있는 다른 웹사이트의 성격 및 다른 웹사이트 등이 음란한 부호 등을 실제로 전시한 방법 등 모든 사정을 종합하여 볼 때, 링크를 포함한 일련의 행위 및 범의가 다른 웹사이트 등을 단순히 소개·연결할 뿐이거나 또는 다른 웹사이트 운영자의 실행행위를 방조하는 정도를 넘어, 이미 음란한 부호 등이 불특정·다수인에 의하여 인식될 수 있는 상태에 놓여 있는 다른 웹사이트를 링크의 수법으로 사실상 지배·이용함으로써 그 실질에 있어서 음란한 부호 등을 직접 전시하는 것과 다를 바 없다고 평가되고, 이에 따라 불특정·다수인이 이러한 링크를 이용하여 별다른 제한 없이 음란한 부호 등에 바로 접할 수 있는 상태가 실제로 조성되었다면, 그러한 행위는 전체로 보아 음란한 부호 등을 공연히 전시한다는 구성요건을 충족한다고 봄이 상당하며, 이러한 해석은 죄형법정주의에 반하는 것이 아니라, 오히려 링크기술의 활용과 효과를 극대화하는 초고속정보통신망 제도를 전제로 하여 신설된 구 전기통신기본법 제48조의2(2001. 1. 16. 법률 제6360호 부칙 제5조 제1항에 의하여 삭제, 현행 정보통신망이용촉진및정보보호등에관한법률 제74조 제1항 제2호 참조) 규정의 입법 취지에 부합하는 것이라고 보아야 한다.

【참조조문】

정보통신망 이용촉진 및 정보보호 등에 관한 법률 제74조 제1항 제2호

> 제74조(벌칙)
> ① 다음 각 호의 어느 하나에 해당하는 자는 1년 이하의 징
> 역 또는 1천만원 이하의 벌금에 처한다. 〈개정 2012.2.17.,
> 2014.5.28.〉
> 2. 제44조의7제1항제1호를 위반하여 음란한 부호·문언·음
> 향·화상 또는 영상을 배포·판매·임대하거나 공공연하
> 게 전시한 자

【참조판례】

> 대법원 2003. 6. 13. 선고 2002도5381 판결

해 설

가. 피고인 1에 대한 이 사건 공소사실의 요지는, 위 피고인이 1998. 5.
8.경부터 1998. 6. 23.경까지 사이에 인터넷 서비스업체인 아이뉴스
(Inews)상에 개설한 인터넷 신문인 '팬티신문'에, 원심 공동피고인, 피
고인 2가 개설한 각 홈페이지들 및 공소외 1이 미국 인터넷 서비스업
체 지오시티스(geocities)상에 개설하여 수십 개의 음란소설을 게재한
홈페이지에 바로 연결될 수 있는 링크사이트를 만들고, 이를 통해 위
원심 공동피고인, 피고인 2, 공소외 1이 음란사진과 음란소설을 게재
하고 있는 사이트에 바로 접속되도록 하여 위 '팬티신문'에 접속한 불
특정 다수의 인터넷 이용자들이 이를 컴퓨터 화면을 통해 볼 수 있도
록 함으로써, 전기통신역무를 이용하여 음란한 영상 및 문언을 공연히
전시하였다는 것이다.

나. 이에 대하여 원심은, 인터넷에서 사용되는 이른바 '링크(link)'의 방식에는, 다른 웹사이트의 초기화면에 링크하는 방식과 다른 웹사이트에 속하는 개개의 문서나 파일에 링크하는 방식이 있고, 다른 웹사이트의 초기화면에 링크한 경우에는 그 링크 부분을 마우스로 클릭하면 링크된 웹사이트의 초기화면으로 이동하면서 이동된 웹사이트의 서버로 연결되고 새로운 도메인 이름이 화면에 표시되는 반면, 다른 웹사이트에 속하는 개개의 문서나 파일에 링크한 경우에는 링크 부분의 마우스 클릭시에 해당 웹사이트의 주소나 도메인 이름이 변하지 않은 채 링크된 다른 웹사이트의 문서나 파일에 직접 접속할 수 있는데, 이 사건에서 피고인 1은 자신이 개설한 인터넷 신문에다가 음란한 부호 등이 게재되거나 음란한 부호 등이 수록된 파일들이 존재하는 웹사이트의 초기화면을 링크하여 두었을 뿐이므로, 이는 위 웹사이트의 주소를 전시하거나 알려준 것에 불과하여, 이를 들어 구 전기통신기본법 제48조의2(정보통신망이용촉진및정보보호등에관한법률에 의하여 2001. 1. 16. 삭제)에서 말하는 음란한 부호 등을 공연히 전시한 것에 해당한다고 볼 수 없고, 음란한 부호 등이 게재되거나 음란한 부호 등이 수록된 파일들이 존재하는 웹사이트의 주소를 전시하는 것까지 음란한 부호 등을 전시하는 것으로 본다면, 음란한 부호 등을 전시하는 것뿐만 아니라 음란한 부호 등이 위치하고 있는 주소를 전시하는 것도 처벌하게 되는 결과 그 처벌범위가 지나치게 확대되어 죄형법정주의에 반한다는 이유로, 위 피고인의 행위는 죄가 되지 않는다고 판단하였다.

다. 그러나 원심의 위와 같은 판단은 다음과 같은 이유에서 수긍할 수 없다.
  (1) 구 전기통신기본법 제48조의2(2001. 1. 16. 법률 제6360호 부칙 제5조 제1항에 의하여 삭제되기 전의 규정이며, 현행 정보통신망이용촉진및정보보호등에관한법률 제74조 제1항 제2호에 해당한다)는 "전기통신역무를 이용하여 음란한 부호·문언·음향 또는 영상을 반포·판매 또는 임대하거나 공연히 전시(展示)한 자는 1년 이하의

징역 또는 1천만 원 이하의 벌금에 처한다."라고 규정하고 있는바, 위 규정은 정보화시대의 핵심기반구조인 초고속정보통신망 구축을 촉진하기 위한 제도를 마련한다는 취지에서 구 전기통신기본법이 1996. 12. 30. 법률 제5219호로 개정되는 기회에 초고속정보통신망의 구축에 따른 음란물 폐해를 막기 위한 취지에서 신설된 것이고, 여기에서 '공연히 전시'한다고 함은, 불특정·다수인이 실제로 음란한 부호·문언·음향 또는 영상(이하 '부호 등'이라 한다)을 인식할 수 있는 상태에 두는 것을 의미하는 것이다. 따라서 음란한 부호 등이 담겨져 있는 웹사이트를 인터넷에 직접 개설하는 행위는 당연히 위 규정의 위반행위에 해당하고, 다만 이 사건에서는 음란한 부호 등이 담겨져 있는 다른 웹사이트나 웹페이지 또는 음란한 부호 등으로의 링크(link)를 포함한 일련의 연결수단부여행위가 음란한 부호 등을 전시한 경우와 같게 볼 수 있는지 여부가 문제된다.

(2) 형식적으로 보면, 인터넷상의 링크는 링크된 웹사이트나 파일의 인터넷 주소 또는 경로를 나타내는 것에 불과하여 그 링크에 의하여 연결된 웹사이트나 파일의 음란한 부호 등을 전시하는 행위 자체에 해당하지 않는다고 볼 여지가 없지 아니하나, 인터넷상의 링크란 하나의 웹페이지 내의 여러 문서와 파일들을 상호 연결하거나 인터넷상에 존재하는 수많은 웹페이지들을 상호 연결해 주면서, 인터넷 이용자가 '마우스 클릭(mouse click)'이라는 간단한 방법만으로 다른 문서나 웹페이지에 손쉽게 접근 검색할 수 있게 해주는 것(다른 웹페이지의 정보를 검색하기 위하여 특별한 명령어를 키보드로 입력하는 것과 같은 조치를 별도로 취할 필요가 없게 해준다.)으로서, 초고속정보통신망의 발달에 따라 그 마우스 클릭행위에 의하여 다른 웹사이트로부터 정보가 전송되어 오는 데 걸리는 시간이 매우 짧기 때문에, 인터넷 이용자로서는 자신이 클릭함에 의하여 접하게 되는 정보가 링크를 설정해 놓은 웹페이지가 아니라 링크된 다른 웹사이트로부터 전송되는 것임을 인식하기조차 어렵고, 점점 더 초

고속화하고 있는 인터넷의 사용환경에서 링크는 다른 문서나 웹페이지들을 단순히 연결하여 주는 기능을 넘어서 실질적으로 링크된 웹페이지의 내용을 이용자에게 직접 전달하는 것과 마찬가지의 기능을 수행하고 있다고 하지 않을 수 없다.

(3) 따라서 음란한 부호 등으로 링크를 해 놓는 행위자의 의사의 내용, 그 행위자가 운영하는 웹사이트의 성격 및 사용된 링크기술의 구체적인 방식, 음란한 부호 등이 담겨져 있는 다른 웹사이트의 성격 및 다른 웹사이트 등이 음란한 부호 등을 실제로 전시한 방법 등 모든 사정을 종합하여 볼 때, 링크를 포함한 일련의 행위 및 범의가 다른 웹사이트 등을 단순히 소개·연결할 뿐이거나 또는 다른 웹사이트 운영자의 실행행위를 방조하는 정도를 넘어, 이미 음란한 부호 등이 불특정·다수인에 의하여 인식될 수 있는 상태에 놓여 있는 다른 웹사이트를 링크의 수법으로 사실상 지배·이용함으로써 그 실질에 있어서 음란한 부호 등을 직접 전시하는 것과 다를 바 없다고 평가되고, 이에 따라 불특정·다수인이 이러한 링크를 이용하여 별다른 제한 없이 음란한 부호 등에 바로 접할 수 있는 상태가 실제로 조성되었다면, 그러한 행위는 전체로 보아 음란한 부호 등을 공연히 전시한다는 구성요건을 충족한다고 봄이 상당하며, 이러한 해석은 죄형법정주의에 반하는 것이 아니라, 오히려 링크기술의 활용과 효과를 극대화하는 초고속정보통신망 제도를 전제로 하여 신설된 위 처벌규정의 입법 취지에 부합하는 것이라고 보아야 한다.

(4) 그런데 기록에 의하면, 피고인 1은 '팬티신문'이라는 웹사이트를 직접 운영하면서 자신의 웹사이트에 접속하는 사람들의 수가 많아야 팬티회사로부터 많은 광고료를 받을 수 있다는 계산 아래, 음란한 부호 등을 미끼로 내세워 이용자들의 접속을 유도하기 위하여 그 초기화면의 좌측 하단에다가 "관련 사이트" 항목을 별도로 만든 다음, 거기에다가 'free photo', 'nippon', 'sixnine 주식회사', '섹스룰렛', '야한 박물관', '야설' 등

의 링크 표지를 집중적으로 나열해 놓은 사실, 그런데 ① 이용자가 위 'free photo' 표지를 클릭하면 곧바로 'persiankitty'라는 외국의 웹사이트 초기화면이 나오고, 그 초기화면에는 서양여성의 음부가 드러난 음란영상과 함께 일부의 음란영상을 무료로 더 볼 수 있다는 취지가 기재되어 있는 관계로, 피고인 1은 이 부분 링크 표지의 이름을 위와 같이 무료영상의 의미를 가진 'free photo'라고 붙여 놓았던 사실, ② 또 이용자가 위 'nippon' 표지를 클릭하면 원심 공동피고인가 운영하는 웹사이트 중 일본여성 등이 나오는 음란영상들을 모아놓은 웹페이지에 바로 연결되는 관계로, 피고인 1은 이 부분 링크 표지의 이름을 위와 같이 일본의 의미를 가진 'nippon'이라고 붙여 놓았던 것이고, ③ 이용자가 위 'sixnine 주식회사' 표지를 클릭하면 피고인 2가 운영하는 웹사이트 중 151개의 음란소설을 모아놓은 웹페이지에 연결되는데, 위 음란소설 등은 원래 'sixnine adult 주식회사'라는 명칭 아래 유포되었던 관계로, 피고인 1은 이 부분 링크 표지의 이름을 위와 같이 'sixnine 주식회사'로 붙여 놓았던 것이며, ④ 이용자가 위 '야설' 표지를 클릭하면 공소외 1이 운영하는 웹사이트 중 54개의 음란소설을 모아놓은 웹페이지에 연결되는데 음란소설을 속칭 야설이라고 하므로, 피고인 1은 이 부분 링크 표지의 이름을 위와 같이 '야설'이라고 붙여 놓았던 사실, 그리고 위와 같이 링크된 웹사이트들은 실제로 불특정·다수인이 위 링크를 이용하여 아무런 제한 없이 음란한 부호 등에 바로 접할 수 있는 상태에 있었던 사실 등을 알 수 있다. 사정이 이러하다면, 피고인 1은 불특정·다수인이 자신의 웹사이트를 이용하여 아무런 제한 없이 자족적으로 음란한 부호 등을 접할 수 있는 조직적 장치를 링크 등의 수법에 의하여 마련한 것이고, 여기에다가 앞서 본 법리를 종합하여 보면, 위와 같은 링크를 포함한 피고인 1의 일련의 행위 및 범의는 다른 웹사이트 등을 소개·연결할 뿐이거나 또는 다른 웹사이트 운영자의 실행행위를 방조하는 정도를 넘어, 음란한 부호 등이 공연히 전시되어 있는 다른 웹사이트를 링크의 수법으로 사실상 지배·이용함으로써 그 실질에 있어서 음란한 부호 등을 직접 전시하는 것과 다를 바 없다고 평가되고, 이에 따라 불특정·다수인이 이러한 링크를 이용하여 별다른 제한 없이 음란한 부호 등에 바로 접할 수 있는 상태가 실제로 야기되었다고 할 것이므로, 피고인 1의 위와 같은 행위는 전체로 보아 음란한 부호 등을 공연히 전시한다는 구성요건을 충족한다고 보아야 한다.

(5) 그럼에도 불구하고, 원심은 앞서 본 이유만으로 피고인 1의 행위가 무죄라고 단정하였으니, 거기에는 음란한 부호 등의 전시에 관한 법리를 오해하여 판결에 영향을 미친 위법이 있다고 아니할 수 없고, 이 점을 지적하는 상고이유의 주장은 이유 있다.

원심이 인용한 제1심판결 명시의 증거들을 기록과 대조하여 살펴보면, 피고인 2가 인터넷 네트워크를 이용하여 웹페이지를 개설한 후 음란소설을 게재하여 위 웹페이지에 접속한 불특정 다수의 인터넷 이용자들이 이를 볼 수 있게 함으로써 전기통신역무를 이용하여 음란한 문언을 공연히 전시한 사실을 인정한 다음 위 피고인을 유죄로 처단한 원심의 조치는 정당하고, 거기에 상고이유의 주장과 같은 채증법칙 위배, 법리오해, 이유불비, 심리미진 등의 위법이 없다.

제4장
불법
컨텐츠
범죄

판례 18

미술교사가 자신의 인터넷 홈페이지에 게시한 자신의 미술작품,
사진 및 동영상의 일부에 대하여 음란성이 인정된다고 한 사례

> 표현물을 전체로서 보았을 때 주로 그 표현물을 보는 사
> 람들의 호색적 흥미를 돋우느냐의 여부 등 여러 점을 고려하
> 여야 하며, 사회의 평균인의 입장에서 그 시대의 건전한 사회
> 통념에 따라 객관적이고 규범적으로 평가하여야 한다. 예술성
> 과 음란성은 차원을 달리하는 관념이고 어느 예술작품에 예술
> 성이 있다고 하여 그 작품의 음란성이 당연히 부정되는 것은
> 아니라 할 것이며, 다만 그 작품의 예술적 가치, 주제와 성적
> 표현의 관련성 정도 등에 따라서는 그 음란성이 완화되어 결
> 국은 처벌대상으로 삼을 수 없게 되는 경우가 있을 뿐이다.

　구 전기통신기본법 제48조의2(2001. 1. 16. 법률 제6360호 부칙 제5조
제1항에 의하여 삭제, 현행 정보통신망 이용촉진 및 정보보호 등에 관한
법률 제74조 제1항 제2호 참조)에서 규정하고 있는 '음란'이라 함은, 일반
보통인의 성욕을 자극하여 성적 흥분을 유발하고 정상적인 성적 수치심을
해하여 성적 도의 관념에 반하는 것을 말하고, 표현물의 음란 여부를 판
단함에 있어서는 당해 표현물의 성에 관한 노골적이고 상세한 묘사·서술
의 정도와 그 수법, 묘사·서술이 그 표현물 전체에서 차지하는 비중, 거기
에 표현된 사상 등과 묘사·서술의 관련성, 표현물의 구성이나 전개 또는
예술성·사상성 등에 의한 성적 자극의 완화 정도, 이들의 관점으로부터 당
해 표현물을 전체로서 보았을 때 주로 그 표현물을 보는 사람들의 호색적
흥미를 돋우느냐의 여부 등 여러 점을 고려하여야 하며, 표현물 제작자의
주관적 의도가 아니라 그 사회의 평균인의 입장에서 그 시대의 건전한 사
회 통념에 따라 객관적이고 규범적으로 평가하여야 한다.

예술성과 음란성은 차원을 달리하는 관념이고 어느 예술작품에 예술성이 있다고 하여 그 작품의 음란성이 당연히 부정되는 것은 아니라 할 것이며, 다만 그 작품의 예술적 가치, 주제와 성적 표현의 관련성 정도 등에 따라서는 그 음란성이 완화되어 결국은 처벌대상으로 삼을 수 없게 되는 경우가 있을 뿐이다.

【참조조문】

정보통신망 이용촉진 및 정보보호 등에 관한 법률 제74조 제1항 제2호

> 제74조(벌칙)
> ① 다음 각 호의 어느 하나에 해당하는 자는 1년 이하의 징역 또는 1천만원 이하의 벌금에 처한다. 〈개정 2012.2.17., 2014.5.28.〉
> 2. 제44조의7제1항제1호를 위반하여 음란한 부호·문언·음향·화상 또는 영상을 배포·판매·임대하거나 공공연하게 전시한 자

【참조판례】

> 대법원 2000. 10. 27. 선고 98도679 판결(공2000하, 2476) /[1] 대법원 1995. 6. 16. 선고 94도2413 판결(공1995하, 2673)
> 대법원 1997. 8. 22. 선고 97도937 판결(공1997하, 2968)
> 대법원 2002. 8. 23. 선고 2002도2889 판결(공2002하, 2273)

┌─────────┐
│   해 설 ●│
└─────────┘

1. 구 전기통신기본법 제48조의2(2001. 1. 16. 법률 제6360호 부칙 제5조 제1항에 의하여 삭제되기 전의 규정이며 현행 정보통신망이용촉진및정보보호등에관한법률 제74조 제1항 제2호에 해당한다)에서 규정하고 있는 '음란'이라 함은, 일반 보통인의 성욕을 자극하여 성적 흥분을 유발하고 정상적인 성적 수치심을 해하여 성적 도의 관념에 반하는 것을 말하고, 표현물의 음란 여부를 판단함에 있어서는 당해 표현물의 성에 관한 노골적이고 상세한 묘사·서술의 정도와 그 수법, 묘사·서술이 그 표현물 전체에서 차지하는 비중, 거기에 표현된 사상 등과 묘사·서술의 관련성, 표현물의 구성이나 전개 또는 예술성·사상성 등에 의한 성적 자극의 완화 정도, 이들의 관점으로부터 당해 표현물을 전체로서 보았을 때 주로 그 표현물을 보는 사람들의 호색적 흥미를 돋우느냐의 여부 등 여러 점을 고려하여야 하며, 표현물 제작자의 주관적 의도가 아니라 그 사회의 평균인의 입장에서 그 시대의 건전한 사회 통념에 따라 객관적이고 규범적으로 평가하여야 한다(대법원 1995. 6. 16. 선고 94도2413 판결, 1997. 8. 27. 선고 97도937 판결, 2000. 10. 27. 선고 98도679 판결 등 참조).

2. 공소사실 제2항, 제4항, 제6항에 관한 판단
   이 사건 공소사실 제2항, 제4항, 제6항 기재 그림과 동영상은 미술교사인 피고인이 교사생활 틈틈이 제작하였다가 자신의 홈페이지를 개설하면서 거기에 게시한 자신의 미술작품과 사진, 동영상의 일부인데, (1) 그 중 '무제'라는 작품(공소사실 제2항)은 진한 남색의 플라스틱제 환자용 변기 바닥의 한 가운데에 남자의 성기가 자리 잡은 모습(발기되지 않은 모습)을 그린 것으로서 그림 전체에서 성기가 차지하는 비중이 매우 작고 그 성기가 두드러져 보이지도 아니하여 언뜻 보기에는 남자의 성기로 보이지 아니할 정도인 점, 그림을 전체적으로 보면 성기가 환자용 변기에 압도되어 있어 성기보다는 환자용 변기의 이미지를 먼저 갖게 될 가능성이 높아 보통 사람으로 하여금 성적 흥분이나 수치심을 불러일으킨다고 보기는 어려운 점, (2) 다음, '남자라면'이라는 작품(공소사실 제4항)은, 소년으로 보이는 근육질의 남자 주인공이 자신의 힘을 자랑하는 듯이 서있고, 그 소년의 성기가 바지 바깥쪽으로 발기된 채 노출되어 다소 크게 그려져 있는 것인데, 이 그림은 자체가 만화로서 그 주인공의 근육질과 성기가 매우 과장되게 묘사되어 있어 현실감이 떨어지고 사실적이라기보다는 그 설명과 함께 공상적이라는 느낌을 쉽게 주는 점, (3) 그리고 '포르노나 볼까'라는 동영상(공소사실 제6항)은 여자의 음부 주변의 일부분, 둔부, 성적 감정에 도취된 듯 한 얼굴 일부, 신체의 일부분 등을 찍은 사진 일곱 장과 하얀 여백을 매우 빨리 움직이게 한 것으로서 이를 자세히 보려고 하면 할수록 아무런 내용도 파악할 수 없게 되어 있고, 영상의 하단 부분에 '헉헉'이라는 문자가 빠른 속도로 지나가도록 함으로써 포르노가 아닌가 하는 상상을 하게 하지만 정작 이 동영상을 자세히 보면 포르노를 보려는 사람이 통상 기대하는 장면은 전혀 등장하지 아니하는 점, (4) 공소사실 제2항, 제4항, 제6항 기재 그림이나 동영상의 전반적인 인상이 선정적이라고 보기는 어려운 점, 나아가 위 그림이나 동영상과 피고인의 홈페이지에 게시된 다른 미술작품, 피고인의 홈페이지의 전체적인 구성, 피고인의 홈페이지의 독특한 전개 방식 등을 종합하여 보면, 공소사실 제2항, 제4항, 제6항 기재의 그림 또는 동영상이 전체적으로 보았을 때 일반 보통인의 성욕을 자극하여 성적 흥분을 유발하고 정상적인 성적 수치심을 해하여 성적 도의 관념에 반하는 것이라고 보기 어렵다.

원심이 같은 취지에서 공소사실 제2항, 제4항, 제6항 기재 그림과 동영상을 음란한 것으로 볼 수 없다고 판단한 것은 정당하고 거기에 음란성에 관한 법리를 오해한 위법이 없다.

우선 '그대 행복한가'라는 작품(공소사실 제1항)에 관하여 보건대, 이 작품은 여자가 양 다리를 크게 벌리고 누워서 그 성기를 노골적으로 드러 낸 모습을 그 성기의 정면에 바짝 근접하여 묘사한 그림으로서 그 묘사 가 매우 정밀하고 색채도 사실적인 점, 그 그림에 '그대 행복한가'라는 문구 외에는 여자의 성기만 전체 화면에 크게 그려져 있어 여성의 성기 로부터 받는 이미지가 그림 전체를 압도·지배하고 있고, 보통 사람들의 경우 그 그림을 보았을 때, 피고인이 내세운 작가적 의도보다는 성적 수치심을 느끼거나 호색적 흥미를 갖게 되기가 쉬운 점, 피고인은 '그대 행복한가'라는 문구에 의하여 보통 사람을 철학적 사유로 이끌어 당혹스 럽게 한다고 주장하지만 그 문구가 피고인의 의도와 달리 그림의 이미 지와 함께 성적으로 읽힐 수도 있는 점, 비록 그 그림이 '그러나 그것 (앞의 글에 의하면 붓을 든 것, 즉 그림 그리기 내지는 예술적 작업을 가리키는 것으로 보임)도 안식처가 되지 못했다. 나의 작업은 다시 육신 에서 출발되었다. 충동된 욕망을 어찌하지 못하는.....'이라는 설명이 붙 은 '육신1-1996'이라는 카테고리의 일부로서 게시되어 있기는 하나, 그 그림은 피고인이 작품 활동을 한 시기의 순서에 따라 배치된 것일 뿐 앞뒤의 그림과 결합하여 일정한 메시지를 전달하려는 일련의 그림 중 하나로서 게시된 것이라고 보기는 어렵고, 또 그 그림이 게시된 화면에 는 '견디기 어려운 나의 육신의 덩어리 일부가 나의 그림이다'라는 글 외에는 그 그림이 나타내고자 하는 바에 관하여 별다른 설명이 없어서 보통 사람으로서는 작품의 예술성이나 작가인 피고인의 예술적 의도를 간파하기가 쉽지 아니하므로, 예술성에 의하여 음란성이 완화된다고 보 기도 어려운 점 등을 종합하여 보면, 이 그림은 피고인이 주장하고 있 는 바와 같은 표현의도와 오늘날 우리 사회의 개방된 성관념을 아울러 고려하여 보더라도 음란하다고 보지 않을 수 없다.

다음, '우리부부'라는 제목의 사진(공소사실 제3항)에 관하여 보건대, 이 사진은 임신하여 만삭인 피고인의 처와 피고인이 벌거벗은 몸으로 나 란히 서있는 모습을 정면 가까이에서 촬영한 것인데 두 사람의 벌거벗 은 모습이 화면에 정면으로 가득하게 자리 잡고 있어 피고인의 처의 유방과 만삭의 복부와 음부와 음모, 피고인의 성기와 음모가 뚜렷하게 드러나 있는 점, 사진의 전체적인 구도를 볼 때 피고인과 그의 처의 벌거벗은 몸 외에 별다른 배경이 없어, 사진을 보는 사람이, 두 나신의 사진이 바로 현직교사요 홈페이지 개설자인 피고인과 그 처 본인의 것임을 인식하면서 그 벌거벗은 남녀의 모습에 집중하게 되어 있는 점, 비록 이 사진이 '나체1'부터 '나체7'까지 전개되는 형식으로 표현된 '나체미학'이라는 카테고리의 마지막에 '나체7'로서 게시되어 있고, 피고인이 '나체1'부터 '나체6'까지에 부가된 설명을 통해 그동안 예술이나 사진이 인간의 신체적 아름다움을 특정한 시각적인 규격으로 고정시켰으며 그로 인해 그에 이르지 못한 보통사람들은 자신의 신체를 추한 것으로 여겨 자신의 몸에 대해 억압적인 태도를 갖게 되었다는 자신의 입장을 표명한 다음 이어서 신체의 아름다움은 단지 외형이 아니라 그에 얽힌 역사, 경험, 삶의 흔적이며 그것들을 바라보는 순간 아름다움을 체험할 수 있으므로 있는 그대로의 신체의 아름다움을 느끼자는 주장과 함께 '나체7'로서 위 사진을 게시한 것이기는 하지만, 그러한 제작의도였다고 해서 꼭 홈페이지 개설자 본인 부부의 나신을 그렇게 적나라하게(얼굴이나 성기 부분 등을 적당히 가리지도 않은 채) 드러내 보여야 할 논리적 필요나 제작기법상의 필연성이 있다고 보기 어렵고 '나체미학'이라는 일련의 작품의 예술성으로 인하여 위 사진을 처벌대상으로 삼을 수 없을 정도로 그 음란성이 완화되었다고 보기는 어려운 점, 위와 같은 피고인의 의도에도 불구하고 피고인의 홈페이지에 접속한 사람들은 '나체1'부터 '나체6'까지를 보지 않거나 그에 부가된 글을 읽지 않은 채 곧바로 '나체7'로 표시된 위 사진을 볼 수 있도록 구성되어 있는데, 보통 사람들이 '나체1'부터 '나체6'까지의 그림이나 사진 및 그에 부가된 글을 자세히 읽지 않고 '나체7'의 위 사진을 보았을 경우, 작가의 의도와는 달리 오히려 성적 수치심을 느끼거나 도색적 흥미를 갖게 되기가 쉽게 되어 있는 점 등을 종합하여 보면, 이 사진은 피고인이 주장하고 있는 바와 같은 표현의도와 예술성, 그리고 오늘날 우리 사회의 다분히 개방된 성관념에 비추어 보더라도, 음란하다고 보지 않을 수 없다.

나아가, '남근주의'라는 작품(공소사실 제5항)에 관하여 보건대, 이 작품은 발기되어 있는 남성의 성기 및 분출되는 정액을 마치 사진을 보는 듯 매우 세밀하게 묘사하고 있는 그림인데, 그림 전체가 팽창된 채 우뚝 서있는 남자의 성기와 분출된 정액으로 채워져 있어 성적인 이미지가 그림 전체를 지배하고, 그리하여 보통 사람들의 경우 성적 상상을 하거나 수치심을 느끼는 외에 다른 사고를 할 여백이 그다지 크지 않은 점, 성기의 묘사가 고도로 정밀할 뿐만 아니라 색채도 사실적인 점, 발기된 성기 중 귀두부를 정면으로 하여 세워둔 점, 비록 그 그림이 피고인의 홈페이지 중 '거기에서 힘에의 의지를 느꼈지만'이라는 설명이 부가된 '육신2-1997'이라는 카테고리 아래에 게시되어 있기는 하나, 그 그림은 피고인이 작품 활동을 한 시기적 순서에 따라 배치된 것일 뿐 앞뒤의 그림과 합하여 일정한 메시지를 전달하려는 일련의 그림 중 하나로서 게시된 것이라고는 보기 어렵고, 또 그 그림이 게시된 화면에는 그 그림으로 표현하고자 하는 바에 관하여 별다른 설명이 없어 보통 사람으로서는 작품의 예술성이나 작가인 피고인의 예술적 의도를 간파하기도 쉽지 아니하며, 그리하여 위 작품의 예술성에 의하여 음란성이 완화된다고 보기도 어려운 점 등을 종합하여 보면, 이 그림은 피고인이 주장하고 있는 바와 같은 주제를 고려하더라도, 그리고 오늘날 우리 사회의 보다 개방된 성관념에 비추어 보더라도 음란하다고 보지 않을 수 없다.

한편, 예술성과 음란성은 차원을 달리하는 관념이고 어느 예술작품에 예술성이 있다고 하여 그 작품의 음란성이 당연히 부정되는 것은 아니라 할 것이며, 다만 그 작품의 예술적 가치, 주제와 성적 표현의 관련성 정도 등에 따라서는 그 음란성이 완화되어 결국은 처벌대상으로 삼을 수 없게 되는 경우가 있을 뿐이므로(대법원 2000. 10. 27. 선고 98도679 판결 참조), 피고인의 위 작품들에 예술성이 있다고 하여 그 이유만으로 위 작품들의 음란성이 당연히 부정된다고 볼 수는 없다.

그럼에도 불구하고, 원심이 위 사진과 두 그림이 전체적으로 보았을 때 사회통념상 허용 범위를 벗어날 정도로 주로 호색적 흥미를 돋우기 위한 것이라거나 공연히 성욕을 흥분 또는 자극시키고 또한 보통인의 정상적 수치심을 해하고 선량한 성적 도의관념에 반하는 것임을 인정하기 어렵다고 보아 피고인에 대하여 무죄를 선고한 것은 음란성에 관한 법리를 오해하여 판결에 영향을 미친 위법이 있다고 할 것이고, 이를 지적하는 검사의 상고이유의 주장은 이 범위 내에서 이유 있다.

Ⅲ. 상담사례

- ○○월 ○○일 ○○○○○ 개인 인터넷 방송을 보다가 ○○ BJ분이 본인의 메신저톡 아이디를 알려주시면서 얼굴 사진을 보내면 본인이 평가해 준다고 하여서 재미로 음란물 사진 한 장을 보냈습니다. 그런데 그 분이 채팅창으로 당장 사과하지 않으면 경찰서에 고소 절차를 진행하겠다하여서 메신저로 죄송하다고 사과를 드렸습니다(당시 채팅 금지 당한 상태). 그런데 그분이 저를 블랙리스트에 추가하는 바람에 방송 채팅 금지가 풀렸지만 채팅창으로 사과하지 못하고 메신저로만 사과의 글을 드렸습니다. 제가 미성년자인데 고소를 하게 되면 부모님께로 오게 되나요? 어떤 처벌을 받게 되는지 알려주세요.

➡ 상대방과 사과를 통해 원만히 해결되시길 바랍니다.

인터넷 방송을 진행하고 있는 상대방에게 음란물을 전송하셨고, 상대방에게 사과를 하려고 했는데 상대방이 사과할 방법을 모두 차단해버린 상황이신 것 같습니다.

〈관련법령〉

정보통신망 이용촉진 및 정보보호 등에 관한 법률

> 제44조의7(불법정보의 유통금지 등)
> ① 누구든지 정보통신망을 통하여 다음 각 호의 어느 하나에 해당하는 정보를 유통하여서는 아니 된다.
> 1. 음란한 부호 · 문언 · 음향 · 화상 또는 영상을 배포 · 판매 · 임대하거나 공공연하게 전시하는 내용의 정보

제74조(벌칙)

① 다음 각 호의 어느 하나에 해당하는 자는 1년 이하의 징역 또는 1천만원 이하의 벌금에 처한다.

2. 제44조의7 제1항 제1호를 위반하여 음란한 부호·문언·음향·화상 또는 영상을 배포·판매·임대하거나 공공연하게 전시한 자

참고로 말씀드리면 전송한 사진이 미성년자가 대상인 음란물이라면 적용법조가 달라집니다.

원칙적으로 1년 이하의 징역이나 1천만원 이하의 벌금에 처해지게 되어 있습니다. 그러나 귀하께서는 아직 미성년자이고, 사진을 전송한 의도 등을 고려해볼 때, 실제로 형사처벌을 받게 될 가능성은 낮다고 볼 수 있습니다.

하지만 상대방이 고소를 하게 되는 경우에는 처벌은 받지 않더라도 경찰서에 출석하셔서 조사를 받아야할 경우가 생기므로 가능한 상대방에게 사과하셔서 고소를 하지 않도록 하는 것이 좋을 것 같습니다.

■ 제가 음란물 포인트를 받기 위해서 음란물을 올렸는데 불법인지 몰랐습니다. 정말 실수고 처음 조사를 받는 것이라 이런 일이 반복되지 않으려고 사이트도 탈퇴한 상태입니다. 피해를 받을 최소화 방법이 있을까요? 벌금형을 받게 되면 신상정보에도 문제가 있는지 궁금합니다.

➡ 피해를 최소화로 받을 수 있는 방법과 신상정보 공개 여부에 대해서 제공해주신 사실관계만을 토대로 하여 답변 드리겠습니다.

우선 피해를 최소화로 받을 수 있는 방법에 대해서 살펴보겠습니다.
참고로, 음화반포죄의 구성요건과 형량에 대해 살펴보겠습니다.

형법 제243조(음화반포등)에서는 "음란한 문서, 도화, 필름 기타 물건을 반포, 판매 또는 임대하거나 공연히 전시 또는 상영한 자는 1년 이하의 징역 또는 500만원 이하의 벌금에 처한다."라고 규정하고 있습니다.

귀하의 사안으로는 구체적인 사실관계를 파악할 수 없으나, 적시하신 것에 국한하여 봤을 때, 귀하께서 초범에 해당 되시고, 불법인줄은 몰랐다는 점과 반성하는 점 등 양형에 있어서 유리한 자료들을 준비하시거나 수사를 받으실 때 진술하신다면 반드시 일률적이지는 않으나 기소유예 등의 처분이 나올 수도 있을 것으로 보입니다. 수사를 받으실 때 이를 참고하시기 바랍니다.

다음으로 신상정보 공개 여부에 대해서 살펴보겠습니다.
성폭력범죄의 처벌 등에 관한 특례법에서는 형법상 음화반포죄를 규율하는 법조문을 두고 있습니다.

제2조(정의)

① 이 법에서 "성폭력범죄"란 다음 각 호의 어느 하나에 해당하는 죄를 말한다.

1. 「형법」 제2편제22장 성풍속에 관한 죄 중 제242조(음행매개), 제243조(음화반포등), 제244조(음화제조등) 및 제245조(공연음란)의 죄

또한 성폭력범죄의 처벌 등에 관한 특례법에서는 다음과 같이 신상정보 공개 명령의 대상에 대해 규정하고 있습니다.

제42조(신상정보 등록대상자)

① 제2조제1항제3호·제4호, 같은 조 제2항(제1항제3호·제4호에 한정한다), 제3조부터 제15조까지의 범죄 및 「아동·청소년의 성보호에 관한 법률」 제2조제2호 가목·라목의 범죄(이하 "등록대상 성범죄"라 한다)로 유죄판결이나 약식명령이 확정된 자 또는 같은 법 제49조제1항제4호에 따라 공개명령이 확정된 자는 신상정보 등록대상자(이하 "등록대상자"라 한다)가 된다. 다만, 제12조·제13조의 범죄 및 「아동·청소년의 성보호에 관한 법률」 제11조제3항 및 제5항의 범죄로 벌금형을 선고받은 자는 제외한다.

위 법조문을 보면 제2조 제1항 제3호 및 제4호에 대해서만 신상정보 등록대상자로 규정하고 있음을 보아 귀하의 경우처럼 성폭력범죄의 처벌 등에 관한 특례법 제2조 제1항 제1호에 해당하는 경우는 신상정보 등록대상자로 규정하고 있지 않아 해당되지 않으실 것으로 보입니다.

■ 성인물과 음란물의 차이는 무엇인가?

➡ 성인물과 음란물의 구분기준은 방송통신심의위원회 심의세칙 제7조에 자세한 기준이 제시되어 있는데, 그 내용은 다음과 같습니다.

음란물에 관한 기준

1. 신체노출
   가. 남녀의 성기, 국부, 음모 또는 항문(이하 "남녀의 성기 등"이라 한다)이 노출되거나 투명한 의상 등을 통해 비치는 내용
   나. 착의상태라도 남녀의 성기 등이 지나치게 강조되거나 근접 촬영되어 윤곽 또는 굴곡이 드러난 내용

2. 성행위
   가. 이성 또는 동성간의 정사, 구강성교, 성기애무 등 성행위를 직접적으로 묘사한 내용
   나. 신체의 일부 또는 성기구를 이용한 자위행위 묘사 행위
   다. 성행위시 기성을 수반한 신음소리를 묘사한 내용
   라. 수간, 혼음, 성고문 등 변태성욕을 묘사한 내용
   마. 성폭력, 강간, 윤간 등 성범죄를 구체적·사실적으로 묘사하거나 미화한 내용

3. 기타
   가. 어린이 또는 청소년을 성 유희의 대상으로 묘사한 내용
   나. 남녀의 성기를 저속하게 표현한 내용
   다. 불륜관계, 근친상간 등 패륜적·반인륜적 성행위를 자세하게 소개하거나 흥미위주로 묘사한 내용

라. 매춘 등 불법 성행위를 정당하게 묘사한 내용

마. 신체부위에 과도한 문신·낙인, 변태적 복장·장신구 등을 부착하여 혐오감을 주는 내용

바. 방뇨·배설시의 오물, 인체에 부착된 오물, 정액 및 여성 생리 등을 묘사하여 혐오감을 주는 내용

사. 출산상황을 저속·흥미 위주로 묘사하여 혐오감을 주는 내용

아. 매춘, 사이버섹스, 노골적인 성적대화 등 성적 유희대상을 찾거나 매개하는 내용

자. 음란정보 또는 퇴폐업소가 있는 장소를 안내하거나 매개하는 내용

성인물 : 청소년에게 유해하다고 인정되는 내용

1. 신체노출

가. 남녀의 둔부 또는 여성의 가슴이 노출되거나 투명한 의상 등을 통해 비치는 내용

나. 착의상태라도 지나친 다리 벌림, 여성의 둔부를 강조하는 자태, 흥분상태의 표정 등 성욕을 자극시키는 내용

다. 상식적으로 노출을 금하고 있는 공공장소에서 신체부위를 과잉 노출한 내용

2. 성행위

가. 전라의 뒤엉킨 장면은 물론 반라, 착의의 경우라도 하반신이 얽혀 있는 체위를 구체적으로 묘사한 행위

나. 착의상태라도 포옹, 애무 장면을 지나치게 선정적으로 묘사한 내용

3. 기타

가. 성행위에 이르기까지 방법, 과정, 작업, 감정을 구체적으로 음란하게 묘사한 내용

나. 남녀의 성기 등을 편집처리로 가린 내용

다. 일반작품은 물론 예술작품이라도 극도로 선정적인 내용

라. 결혼 및 가정생활의 상식적인 관례를 벗어나는 행동을 묘사한 내용

마. 성폭력 사건 등을 구체적·흥미 위주로 묘사한 내용

바. 성교육 등을 위해 필요한 경우라도 성관련 정보를 지나치게 흥미 위주로 묘사한 내용

■ **음란한 내용과 사진이 제 홈페이지에 게시되고 있는데 처벌이 가능한가요?**

➡ 정보통신망 이용촉진 및 정보보호 등에 관한 법률 제44조의7 제1항 제1호, 제74조 제1항 제2호 에 의거하여 「정보통신망을 통하여 음란한 부호 · 문언 · 음향 · 화상 또는 영상을 배포 · 판매 · 임대하거나 공연히 전시한 자는 1년 이하의 징역 또는 1천만 원 이하의 벌금에 처한다」고 규정하고 있으므로 형사처벌 대상이 됩니다.

■ **누군가가 저에게 음란한 메일을 보내 정신적인 고통을 주고 있는데, 이 사람의 신상을 알아내서 처벌할 수 있는 방법은 없을까요?**

➡ 메일주소 및 메일 내용을 캡쳐하셔서 사이버범죄수사대 등에 신고하면 신상파악하여 처벌이 가능합니다.

정보통신망 이용촉진 및 정보보호 등에 관한 법률 제44조의7제1항 제1호, 제74조 제1항 제2호 에 의거하여 「정보통신망을 통하여 음란한 부호·문언·음향·화상 또는 영상을 배포·판매·임대하거나 공연히 전시한 자는 1년 이하의 징역 또는 1천만원 이하의 벌금에 처한다」고 규정하고 있으

므로 형사처벌 대상이 됩니다.

형사처벌을 원하면 사이버안전국에 신고(http://cyberbureau.police.go.kr, 전화 182)를 하시기 바랍니다.

■ **애인과 모텔에서 성관계하는 장면을 누군가가 몰래 촬영하여 인터넷에 올려놓았습니다. 이것을 삭제하려면?**

➡ 정보통신서비스제공자는 정보 삭제 등의 요청을 받은 경우 지체 없이 필요한 조치를 취하고 이를 즉시 신청인에게 통지하도록 `정보통신망 이용촉진 및 정보보호 등에 관한 법률`에 규정하고 있습니다. 대법원은 인터넷 종합정보제공 사업자의 명예훼손 게시물에 대한 삭제 및 차단의무가 있고, 손해배상 책임을 인정하고 있습니다(대법원 2009.4.16., 선고2008다53812).

그리고 '카메라 기타 이와 유사한 기능을 갖춘 기계장치를 이용하여 성적 욕망 또는 수치심을 유발할 수 있는 타인의 신체를 그 의사에 반하여 촬영한 행위'는 '성폭력범죄의 처벌 등에 관한 특례법'에서 규정하고 있는 위법행위로서 본인의 고소 없이도 처벌할 수 있습니다.

다만, 모자이크 처리, 옆·뒷모습 촬영 등 특정인이라고 판단하기 곤란하거나 통상의 성인물이라고 판단되는 경우에는 인터넷 사이트 운영자에게 게시물을 삭제토록 사법기관이 강제하는데 에는 한계가 있으므로, 방송통신심의위원회 불법유해정보신고센터 (http://www.kocsc.or.kr, 전화번호: 1377)에 문의하여 게시물 삭제 도움을 받으시기 바랍니다.

■ **제가 성관계하는 장면이 몰래카메라에 찍혀 해외 성인사이트에서 서비스 운영되고 있습니다. 사이트운영자를 처벌할 수 있나요?**

➡ 여관이나 PC방, 화장실 등에 몰래카메라를 설치하여 촬영된 영상을 인터넷에 올려 개인의 사생활이 침해되는 사례가 발생하고 있으며, 사이트의 운영자나 관련자가 한국 국적을 가진 사람이라면 법적 측면에서 다음과 같은 대처가 가능합니다.

첫째, 몰래카메라는 성폭력범죄의 처벌 등에 관한 특례법 제13조(카메라 등을 이용한 촬영) 의해 처벌될 수 있습니다. 즉, 카메라 기타 이와 유사한 기능을 갖춘 기계장치를 이용하여 성적 욕망 또는 수치심을 유발할 수 있는 타인의 신체를 그 의사에 반하여 촬영한 자는 5년 이하의 징역 또는 1천만 원 이하의 벌금에 처할 수 있습니다(제14조의2).

둘째, '정보통신망 이용촉진 및 정보보호 등에 관한 법률' 제74조 제1항 제2호에 의해 처벌이 가능합니다. 즉 "정보통신망을 통하여 음란한 부호·문언·음향·화상 또는 영상을 배포·판매·임대하거나 공연히 전시한 자"는 1년 이하의 징역 또는 1천만 원 이하의 벌금에 처하도록 규정하고 있습니다.

형사재판의 결과 유죄판결이 난다면 동영상물을 몰수하거나 폐기(형법 제48조, 제49조)할 수 있지만 운영자가 한국인이 아니라면 국내 법률이 해당 사이트에 그대로 적용되지는 않습니다.

이러한 경우에는 범죄인 인도조약에 의해 처벌할 수 있는 가능성이 이론적으로는 있으나 정보통신망의 음란정보에 대해서는 아직 이루어지지 않고 있습니다. 이는 각 나라마다 음란물에 대한 정책과 법률이 다르기 때문입니다. 따라서 이 경우에는 각 나라의 규제기관간의 협조를 통해 문제를 해결하고 있습니다.

■ 성폭력범죄의 처벌 등에 관한 특례법상 카메라 등을 이용한 촬영에 해당하는지요?

➡ 대법원 판결의 취지에 따르면, 사안과 같은 경우의 행위는 성폭력범죄의 처벌 등에 관한 특례법 제14조 제1항에 의해서는 처벌되기 어려울 것으로 보입니다.

성폭력범죄의 처벌 등에 관한 특례법 제14조 제1항은 "카메라나 그 밖에 이와 유사한 기능을 갖춘 기계장치를 이용하여 성적 욕망 또는 수치심을 유발할 수 있는 다른 사람의 신체를 그 의사에 반하여 촬영하거나 그 촬영물을 반포·판매·임대·제공 또는 공공연하게 전시·상영한 자는 5년 이하의 징역 또는 1천만원 이하의 벌금에 처한다."라고 규정하고 있습니다.

위 사안의 경우 甲은 피해자와 화상채팅을 하던 중 피해자의 신체 부위가 컴퓨터 화면에 나타나자 이를 자신의 휴대전화 카메라로 동영상 촬영한 것입니다. 이러한 행위를 위 조항에서 처벌하는 카메라 등을 이용한 촬영행위로 볼 수 있는지가 문제됩니다.

이에 관하여 대법원은 위 사안과 같은 경우 위 규정에 따라 처벌할 수 없다는 원심 판결을 정당하다고 보면서, 원심이 "카메라나 그 밖에 이와 유사한 기능을 갖춘 기계장치를 이용하여 성적 욕망 또는 수치심을 유발할 수 있는 다른 사람의 신체를 그 의사에 반하여 촬영"하는 행위를 처벌 대상으로 삼고 있는데, "촬영"의 사전적·통상적 의미는 "사람, 사물, 풍경 따위를 사진이나 영화로 찍음"이라고 할 것이고, 위 촬영의 대상은 "성적 욕망 또는 수치심을 유발할 수 있는 다른 사람의 신체"라고 보아야 함이 문언상 명백하므로 위 규정의 처벌 대상은 '다른 사람의 신체 그 자체'를 카메라 등 기계장치를 이용해서 '직접' 촬영하는 경우에 한정된다고 해석함이 타당하다고 전제한 다음, 이 사건의 경우 피해자는 스스로 자신의 신체 부위를 화상카메라에 비추었고 카메라 렌즈를 통과한 상의 정보가 디지털화되어 피고인의 컴퓨터에 전송되었으며, 피고인은 수신된 정보가 영상으로 변환된 것을 휴대전화 내장 카메라를 통해 동영상 파일로 저장하였으므로 피고인이 촬영한 대상은 피해자의 신체 이미지가 담긴 영상일 뿐 피해자의 신체 그 자체는 아니라고 할 것이어서 법 제13조 제1항의 구성요건에 해당하지 않으며, 검사가 주장하는 형벌법규의 목적론적 해석도 해당 법률문언의 통상적인 의미 내에서만 가능한 것으로, 다른 사람의 신체 이미지가 담긴 영상도 위 규정의 "다른 사람의 신체"에 포함된다고 해석하는 것은 법률문언의 통상적인 의미를 벗어나는 것이므로 죄형법정주의 원칙상 허용될 수 없다는 이유로 이 부분 공소사실에 대하여 범죄가 되지 않는 경우에 해당한다."라고 본 것은 정당하다고 판시하였습니다(대법원 2013. 6. 27. 선고 2013도4279 판결).

따라서 위 대법원 판결의 취지에 따르면, 사안과 같은 경우 甲의 행위는 성폭력범죄의 처벌 등에 관한 특례법 제14조 제1항에 의해서는 처벌되기 어려울 것으로 보입니다.

■ **도촬사진의 유통업자도 성폭력범죄의처벌등에관한특례법위반(카메라 등이용촬영)죄로 처벌받게 되는지요?**

➡ 도촬 사진을 유통한 자도 처벌됩니다.

성폭력범죄의 처벌등에 관한 특례법 위반(카메라 등 이용촬영)죄는 타인의 신체를 그 의사에 반하여 촬영한 촬영물을 반포·판매·임대 또는 공연히 전시·상영한 경우` 처벌한다고 되어 있습니다. 그 문언에 의할 때 반드시 소외 `도촬사진`을 촬영한 자가 반포, 판매, 임대한 경우를 전제로 하지 않고 있음을 알 수 있습니다. 또한 도촬된 사진의 경우 단순히

촬영된 경우보다 인터넷 등에 유포된 경우 더 큰 피해가 발생합니다. 따라서 갑의 경우 직접 도촬사진을 촬영하지 않았더라도 성폭력범죄의처벌등에관한특례법위반(카메라등이용촬영)죄로 처벌받게 될 것으로 보입니다.

판례도 "성폭력범죄의 처벌 등에 관한 특례법 제14조 제1항 후단 의 문언 자체가 '촬영하거나 그 촬영물을 반포·판매·임대 또는 공연히 전시·상영한 자"라고 함으로써 촬영행위 또는 반포 등 유통행위를 선택적으로 규정하고 있을 뿐 아니라, 위 조항의 입법 취지는, 개정 전에는 카메라 등을 이용하여 성적 욕망 또는 수치심을 유발할 수 있는 타인의 신체를 그 의사에 반하여 촬영한 자만을 처벌하였으나, '타인의 신체를 그 의사에 반하여 촬영한 촬영물'(이하 '촬영물'이라 한다)이 인터넷 등 정보통신망을 통하여 급속도로 광범위하게 유포됨으로써 피해자에게 엄청난 피해와 고통을 초래하는 사회적 문제를 감안하여, 죄책이나 비난 가능성이 촬영행위 못지않게 크다고 할 수 있는 촬영물의 시중 유포 행위를 한 자에 대해서도 촬영자와 동일하게 처벌하기 위한 것인 점을 고려하면, 위 조항에서 촬영물을 반포·판매·임대 또는 공연히 전시·상영한 자는 반드시 촬영물을 촬영한 자와 동일인이어야 하는 것은 아니고, 행위의 대상이 되는 촬영물은 누가 촬영한 것인지를 묻지 아니한다(대법원 2016. 10. 13. 선고 2016도6172 판결)."라고 판시하여 도촬 사진을 유통한자도 처벌된다는 점을 명확히 하였습니다.

■ 타인의 승낙을 받아 촬영한 영상물을 반포한 경우 카메라등이용촬영죄가 성립할 수 있는지요?

➡ 사안의 경우 甲의 죄책은 반포 시점에 그 행위가 乙의 의사에 반하는 것인지 여부에 따라 결정된다고 할 것입니다.

　구 「성폭력범죄의 처벌 및 피해자보호 등에 관한 법률(2010. 4. 15. 법률 제10261호로 폐지되기 전의 것)」 제14조 제1항은 "카메라 기타 이와 유사한 기능을 갖춘 기계장치를 이용하여 성적 욕망 또는 수치심을 유발할 수 있는 타인의 신체를 그 의사에 반하여 촬영하거나 그 촬영물을 반포·판매·임대 또는 공연히 전시·상영한 자는 5년 이하의 징역 또는 1천만원 이하의 벌금에 처한다."라고 규정하고 있었습니다. 따라서 여기서의 '그 촬영물'이 타인의 의사에 반하여 촬영된 영상물로 한정되는 것인지, 아니면 타인의 의사에 반하는지 여부와 무관하게 타인의 신체를 촬영한 영상물 전부를 포함하는 것인지가 문제되었습니다.

　그런데 이에 관하여 판례가 "성폭력범죄의 처벌 및 피해자보호 등에 관한 법률 제14조의2 제1항(현행 성폭력범죄의 처벌 등에 관한 특례법 제14조 제1항)은 "카메라 기타 이와 유사한 기능을 갖춘 기계장치를 이용하여 성적 욕망 또는 수치심을 유발할 수 있는 타인의 신체를 그 의사에 반하여 촬영하거나 그 촬영물을 반포?판매?임대 또는 공연히 전시?상영한 자"를 처벌하도록 규정하고 있는바, 위 규정의 문언과 그 입법 취지 및 연혁, 보호법익 등에 비추어, 위 규정에서 말하는 '그 촬영물'이란 성적 욕망 또는 수치심을 유발할 수 있는 타인의 신체를 그 의사에 반하여 촬영한 영상물을 의미하고, 타인의 승낙을 받아 촬영한 영상물은 포함되지 않는다고 해석된다."라고 함으로써(대법원 2009. 10. 29. 선고 2009도7973 판결) 타인의 승낙을 받은 촬영물을 반포하는 행위는 성폭력범죄의 처벌 및 피해자보호 등에 관한 법률 위반(카메라등이용촬영)죄에 해당하지 아니하는 것으로 판단되었으며, 「성폭력범죄의 처벌 및 피해자보호 등에 관한 법률」이 폐지되고 「성폭력범죄의 처벌 등에 관한 특례법」이 제정된 이후에도 위와 같은 규정은 동일하게 유지되었습니다.

그러나 촬영 시점에 타인의 의사에 반하여 촬영된 영상물뿐만 아니라 반포 등 시점에 타인의 의사에 반하여 반포 등이 이루어지는 영상물 역시 규제되어야 한다는 비판이 지속적으로 제기됨에 따라, 2012. 12. 18. 법률 제11556호로 전부 개정된 「성폭력범죄의 처벌 등에 관한 특례법」은 제14조 제2항에서 "제1항의 촬영이 촬영 당시에는 촬영대상자의 의사에 반하지 아니하는 경우에도 사후에 그 의사에 반하여 촬영물을 반포?판매?임대?제공 또는 공공연하게 전시?상영한 자는 3년 이하의 징역 또는 500만원 이하의 벌금에 처한다."라고 규정함으로써, 타인의 승낙을 받은 촬영물이더라도 사후에 그 의사에 반하여 반포된 경우에는 마찬가지로 성폭력범죄의 처벌 등에 관한 특례법 위반(카메라등이용촬영)죄에 해당하는 것으로 규정하였습니다. 현행 「성폭력범죄의 처벌 등에 관한 특례법」 역시 위와 동일하게 규정하고 있으므로, 사안의 경우 甲의 죄책은 반포 시점에 그 행위가 乙의 의사에 반하는 것인지 여부에 따라 결정된다고 할 것입니다.

Ⅳ. 범죄사실기재례

범죄사실기재례 ▶ 사이버 성폭력1

(1) 피의자는 20○○. ○○. ○○.경 ○○시 ○○동에 있는 ○○PC방에서 인터넷 채팅을 하다가 피해자 △△△(당시 ○○세)를 만나 사귀면서 같은 달 ○○. ○○:○○경 같이 술을 마신 뒤 □□여관에 들어갔다. 피의자 ◎◎◎는 피해자 △△△의 어깨를 감싸고 침대에 앉아 텔레비전을 보다가 피곤하여 먼저 침대에 누워 잠을 잤다. 피해자 △△△는 피의자 ◎◎◎가 잠든 뒤에 그 옆에 엎드려 잠을 잤다. 피의자 ◎◎◎는 아침에 깨어 보니 피해자 △△△가 옆에서 잠을 자고 있어서 순간적으로 욕정을 느껴 피해자 △△△의 옷을 벗기고 성교하려고 하였다. 그러던 중 피해자 △△△가 잠에서 깨어나 하지 말라고 하면서 몸을 좌, 우로 흔드는 등 거부하였으나 주먹으로 그녀의 얼굴을 때리는 등 폭행하여 반항을 못하게 하고 강제로 간음하여 강간하였다.

(2) 피의자는 20○○. ○○. ○○. ○○:○○경 피해자 장○○(당시 ○○세)와 인터넷 대화방에서 화상채팅을 하고 있었다. 채팅을 하다가 장○○가 나가버리려고 하자 피의자는 장○○에게 "네가 얼마 전에 채팅 중하면서 보여준 상반신 누드 사진을 가지고 있다. 네가 그냥 나가버릴 경우 이 사진을 친구들에게 공개하겠다!"고 협박을 하여 위력으로써 간음하였다.

(3) 피의자는 평소에 자신의 집 근처에 있는 ○○PC방을 자주 찾았는데, 20○○. ○○. ○○. ○○:○○경 옆자리에 앉은 피해자 이○○(당시 ○○세)가 게임방법을 물어오자, 이를 자세히 알려주었다. 그리고 온라인에서 게임 상대가 되어 각종 치트키 사용방법을 알려주는 등 친해지게 되었다. 같은 달 ○○. ○○:○○경에 피의자는 이○○가 자신을 잘 따르는 점을 이용해서 □□호텔 근처의 ○○PC방에서 함께 게임을 하였다. 그리고 게임 주인공의 키조작 방법을 시연해주겠다며

위 □□호텔로 유인한 뒤 추행 등으로 인하여 이○○에게 약 2주일간의 치료를 요하는 외음부찰과상을 입게 하였다.

(4) 피의자는 ○○시 ○○구 ○○길 ○○에 있는 ○○정보통신회사(주)를 경영하고 있다. 피의자는 사설게시판을 개설한 뒤 유료회원으로 가입한 자에 한해 포르노 동영상 파일을 실시간으로 볼 수 있게 하고 이를 감상할 수 없는 회원은 별도로 다운로드 해서 볼 수 있도록 시스템을 운영하였다. 그리고 국외의 음란사이트 운영회사인 □□사와 회원 ID 1개에 금 ○○달러의 로열티를 주는 조건으로 계약을 한 뒤 국내 인터넷 이용자 ○○명에게 금 ○○만원씩 받고 회원권을 팔아 금 ○○만원의 부당이득을 챙겼다.

(5) 피의자는 ○○○○. ○○. ○○.경 ○○회사가 운영하는 온라인 대화방에 회원으로 가입하여 회원들끼리 서로 대화를 하면서 포르노 동영상, 야한 사진들을 주고받았다. 그리고 여기서 모은 것을 가지고 자신의 웹사이트에 상영하기로 마음먹고 수일에 걸쳐 ○○○기가바이트(GB) 용량의 컴퓨터 파일들을 모아서 'DVD 리스트'를 작성하고 자신의 연락처인 전화번호와 이메일을 같이 첨부파일로 하여 광고메일을 전송하였다. 그러던 중 피해자 구○○(당시 ○○세)으로부터 은행계좌로 들어온 금 ○○만원을 입금확인 후 위 구○○에게 물건을 배달하여 판매하였다.

제4장
불법
컨텐츠
범죄

범죄사실기재례 → 사이버 성폭력2

피의자 ○○○는 회사원으로, 부인 △△△과 이혼소송 중에 있었다. 피의자는 20○○년 ○○월 ○○일 경, 인터넷 채팅방에서 ID가 '☆☆☆☆'인 여자상대와 대화를 나누게 되었다. 서로 몇 마디의 인사말을 건넸을 때 느낌이 통한다고 생각한 피의자 ○○○는 '☆☆☆☆'에게 만나줄 것을 제안하자 ☆☆☆☆는 흔쾌히 승낙하였다. 약속장소로 나간 피의자 ○○○는 '☆☆☆☆'가 바로 자신의 아내인 것을 알게 되었고 부인 △△△가 인터넷 채팅으로 다른 상대를 만나려고 한 것에 화가 난 피의자 ○○○는 부인 △△△을 집으로 데려와 강제로 성교하였다.

범죄사실기재례 → 휴대전화의 문자메세지를 통해 음란문자 발송

피의자 ○○○는 20○○. ○○. ○○.경 자신의 휴대전화의 문자메세지 기능을 통해 피해자 △△△(당시 ○○세)에게 채팅을 권유하는 메시지를 띄웠다. 그러나 피해자 △△△로부터 아무런 연락이 없자 피의자는 "야! 너도 섹스 좋아하지? 나도 좋아해. 우리 한판 해보자. ○○공원에서 기다릴게"라고 음란한 글과 이모티콘, 음란한 사진 ○○장을 첨부파일로 피해자 △△△의 휴대전화로 지속적인 메시지를 보냈다.

범죄사실기재례 → 상대방의 이름 등을 홈페이지에 게시한 경우

피의자는 ○○○는 ○○시 ○○구 ○○길 ○○에서 ○○라는 상호로 컴퓨터제조업을 운영하고 있다.

○○○○. ○○. ○○.부터 같은 해 ○○. ○○. 사이에 인터넷 대화방에서 알게 된 피해자 △△△(○○세)을 채팅을 통해서 가까워지자 직접 수차례 만나며 사귀어 오던 중, 같은 해 ○○.경 위 피해자 △△△가 피의자의 데이트를 거절하기 시작하였다. 그러자 피의자는 알고 있던 △△△의 연락처인 휴대전화, 전자우편을 웹사이트(사이트 주소 생략)에 게시하고 "용돈을 많이 줄 분 찾습니다. 난 좀 밝히는 편인데 즐기고 싶은 사람은 언제든지 연락하세요." "○○살의 섹시한 공주. 키 165㎝, 몸무게 48㎏입니다. 섹스 잘하는 남성 꼭 연락주세요."등의 문구를 등록해 놓았다. 그리고 같은 사이트에 피해자 △△△의 얼굴을 음란한 사진과 합성해 게시하고 △△△의 이름을 거론하며 "넌 나를 배신했다. 가만두지 않겠다. 세상 끝날 때까지 쫓아다니겠다."라고 피해자를 협박하였다.

범죄사실기재례 → 강제추행

피의자 ○○○는 ○○시 ○○구 ○○길 ○○에서 ◎◎마트라는 상호의 상점을 경영하고 있다.

피의자 ○○○는 평소 짝사랑하고 있던 피해자 △△△(당시 ○○세)에게 "좋아한다. 결혼해 달라."며 ○○○○. ○○. ○○. 이후로 매일 수십 차례 전화를 걸었으나 위 피해자 △△△은 이에 응하지 않고 거부하였다. 그러자 피의자 ○○○는 일방적으로 피해자 △△△가 근무하는 ○○시 ○○구 ○○길 ○○회사의 사무실로 찾아가 △△△를 끌어안고 가슴을 만지는 등 추행을 하였다.

[범죄사실기재례 →] 미성년자 강제추행

피의자는 ○○시 ○○동 ○○번지에 있는 ○○속셈학원 선생이다.

피의자는 20○○. ○. ○. 15 : 40경 위 속셈학원 ○○호 교실에 피해자 유○○(당○○세)가 혼자 있는 것을 보고 갑자기 욕정을 일으켜 그녀의 손목을 잡고 시원한 음료수를 마시자고 하며 자기방으로 유인하였다. 그리고 그녀를 자기 의자에 앉히고 그녀의 팬티를 발목까지 걷어내려 음부를 손가락으로 후비고 피의자의 음경을 꺼내어 그녀의 음부나 복부에 비벼대는 등 강제로 추행하였다.

[범죄사실기재례 →] 강간강취

피의자는 20○○. ○. ○. 23 : 20경 ○○시 ○○동 ○○번지의 골목길에서 집으로 가려고 그 곳을 지나가던 피해자 배○○(당○○세)에게 간음할 목적으로 다가가 갑자기 뒤에서 그녀의 목을 조르고 그 옆 공원의 화장실 뒤로 끌고가 주먹으로 그녀의 얼굴과 배를 때리는 등 폭행하여 반항을 못하게 하였다. 그리고 그 곳에서 그녀를 강제로 간음하여 강간하고, 즉석에서 무서워 떨고 있는 그녀의 지갑에 있던 그녀 소유인 돈 30만원을 강취하였다.

[범죄사실기재례 →] 연예인 이름을 성인사이트로 연결되도록 한 경우

피의자 ○○○은 20○○년 ○○월부터 유명 여성연예인과 기업체 명의로 된 도메인주소를 확보하여 국내의 ○○여개 음란사이트로 링크(연결)시켰다. 네티즌들이 피의자들이 확보하여 개설한 도메인으로 접속을 하면 음란사이트로 바로 연결되었다. 이렇게 음란사이트에 접속한 네티즌은 ○만여 명이다. 호기심으로 웹사이트를 둘러보다가 음란사이트 회원으로 가입하게 되면 음란사이트 운영자는 피의자 ○○○에게 회원가입비의 30 ~ 40%를 수수료로 주었고, ○○○은 이를 통하여 약 ○억원의 부당이득을 취하였다.

범죄사실기재례 → **음란사이트 개설**

피의자 ○○○(만 ○○세)은 ○○○○ 사이트의 운영자이다.

피의자는 20○○년 ○○월부터 한국통신으로부터 전용망을 임차하여 통신서버를 구축한 후 세무서에 부가통신사업자로 등록하고 나서 음란사이트를 개설하였다. 그리고 개설한 사이트에 노골적인 성행위를 묘사한 음란사진을 저장해서 불특정 통신이용자에게 인터넷을 통하여 관람하게 하고, 온라인으로 회원가입비를 받아 음화, 동영상 등을 판매하는 행위를 통해 ○○개월에 걸쳐 ○○억원의 돈을 받았다.

범죄사실기재례 → **포르노 동영상을 컴퓨터 통신망으로 전송하여 판매**

피의자 ○○○은 주식회사 ○○○○○○회사를 설립하여 사설게시판을 개설한 뒤, 유료회원으로 가입한 자에 한해 포르노 동영상 파일을 실시간으로 볼 수 있게 하였다. 그리고 이를 감상할 수 없는 회원은 별도로 다운로드 할 수 있도록 시스템을 운영하는 등 음란물을 유통하였다.

피의자 ○○○는 외국의 음란사이트 운영회사와 회원 ID 1개에 ○○달러의 로열티를 주는 조건으로 계약을 한 뒤 국내 인터넷 이용자 ○000여명에게 ○만원씩 받고 '○○사이트'에서 회원가입을 유도하여 ○000여만 원의 부당이득을 챙겼다.

범죄사실기재례 ▶ 포르노 사진과 동영상을 주고받거나 판매

피의자 ○○○은 온라인 대화방에 가입하여 다른 회원들과 대화를 하면서 포르노 동영상, 야한 사진들을 주고받게 되었다. 여기서 모은 것을 가지고 자신의 웹사이트에 상영하기로 마음먹고 며칠에 걸쳐 ○○○기가바이트(GB)의 파일들을 모았다.

피의자 ○○○은 '포르노 동영상 리스트'를 작성하고 자신의 연락처(전화번호, 이메일)와 함께 첨부파일로 하여 광고메일을 전송하였다. 포르노 동영상 리스트에는 불법으로 복사한 각종 프로그램과 음란물 동영상의 '목록'이 담겨 있었다.

광고메일을 받은 △△△(여, ○○세)는 ○○○에게 연락하여 목록('포르노 동영상 리스트')을 신청하고 은행계좌로 입금 후 피의자 ○○○에게 연락하자 피의자 ○○○은 택배로 구매자에게 물건을 배달해 주었다.

범죄사실기재례 ▶ 음란사이트 팝업게시

피의자 ○○○는 20○○. ○○. ○○. 경 'www.○○○○.com'이라는 ○○○ 웹사이트를 개설하여 성인광고를 팝업메뉴로 띄우면서 시중에 판매되고 있는 ○○○, ○○○○ 등 유명 상용 소프트웨어 ○○종을 링크형식으로 게시하여 1일 방문객수 ○천여 명이 다운로드할 수 있도록 하였다.

피의자는 ○○사가 운영하는 음란성 웹사이트로 연결되도록 팝업창으로 뜨는 '성인포르노 가입권유'라는 내용의 광고를 월 금 ○○만원에 유치하였고, 더 많은 이용자들을 확보하기 위해 음란물 ○○○여개를 등록하여 부정한 행위를 하여 이익을 취하였다.

제2절 사이버도박

> 스포츠토토, 경마·경륜·경정, 기타 인터넷 도박

Ⅰ. 개요

정보통신망(컴퓨터 시스템)을 통하여, 도박사이트를 개설하거나 도박행위 또는 사행행위를 한 경우를 말한다.

1. 스포츠토토

정보통신망(컴퓨터 시스템)을 통하여, 체육진흥투표권이나 이와 비슷한 것을 발행하는 시스템을 이용하여 도박을 하게 하는 경우를 말한다.

2. 경마·경륜·경정

정보통신망(컴퓨터 시스템)을 통하여, 경마·경륜·경정 등의 경주를 이용하여 도박을 하게 하는 경우를 말한다.

3. 기타 인터넷 도박

정보통신망(컴퓨터 시스템)을 통하여, 위와 같은 방법 이외의 방법으로 영리의 목적으로 도박사이트를 개설하여 도박을 하게 하는 경우를 말한다.

Ⅱ. 관련판례

판례 1

> 불법 인터넷 도박 사이트를 개설하여 운영하는 데 이용될 대포통장을 제공한 경우

갑 등과 도박 사이트의 운영에 필요한 대포통장을 제공하는 역할을 하는 피고인이, 소위 총책인 을과 병 등이 불법 인터넷 도박 사이트를 개설하여 운영하는 데 이용될 대포통장을 제공하였는데, 이로써 피고인이 갑 및 위 도박 사이트 운영자들과 공모하여 국민체육진흥법 위반(도박개장등) 등의 범행을 저질렀다는 내용으로 기소되어 유죄로 인정된 사안에서, 제반 사정에 비추어 갑이 대포통장 제공의 대가로 얻은 수익은 피고인 등이 도박 사이트 운영자들과 공동으로 국민체육진흥법 위반(도박개장등) 범행을 저지른 뒤 이익을 분배받은 것으로 보기는 어려우므로, 피고인으로부터 국민체육진흥법 제51조 제3항, 제1항에 따른 추징은 허용되지 않는다고 한 사례

【참조조문】

국민체육진흥법 제26조 제1항

> 제26조(유사행위의 금지 등)
> ① 서울올림픽기념국민체육진흥공단과 수탁사업자가 아닌 자는 체육진흥투표권 또는 이와 비슷한 것을 발행(정보통신망에 의한 발행을 포함한다)하여 결과를 적중시킨 자에게 재물이나 재산상의 이익을 제공하는 행위(이하 "유사행위"라 한다)를 하여서는 아니 된다.

해 설 •

갑 등과 도박 사이트의 운영에 필요한 대포통장을 제공하는 역할을 하는 피고인이, 소위 총책인 을과 병 등이 불법 인터넷 도박 사이트를 개설하여 운영하는 데 이용될 대포통장을 제공하였는데, 이로써 피고인이 갑 및 위 도박 사이트 운영자들과 공모하여 국민체육진흥법 위반(도박개장등) 등의 범행을 저질렀다는 내용으로 기소되어 유죄로 인정된 사안에서, 제반 사정에 비추어 갑이 대포통장 제공의 대가로 얻은 수익은 피고인과 갑 등이 도박 사이트 운영자들에게 접근매체를 양도한 뒤 접근매체 수에 일정 금액을 곱한 비율로 받은 것으로 보이며, 이는 도박 사이트 운영자들이 범행을 위해 지출한 비용이자 피고인 등이 전자금융거래법 위반 행위로 얻은 이익으로 봄이 타당하고, 피고인 등이 도박 사이트 운영자들과 공동으로 국민체육진흥법 위반(도박개장등) 범행을 저지른 뒤 이익을 분배받은 것으로 보기는 어려우므로, 결국 피고인으로부터 국민체육진흥법 제51조 제3항, 제1항에 따른 추징은 허용되지 않는데도, 이와 달리 위 조항을 근거로 피고인으로부터 추징한 것이 정당하다고 본 원심판단에 추징 및 추징액 산정에 관한 법리오해 등의 잘못이 있다.

판례 2

> 회원들로 하여금 중계사이트를 통해 해외 베팅사이트에서
> 제공하는 각종 스포츠 경기의 승부에 베팅을 하게 한 경우

피고인들이 갑 등과 공모하여, 해외 베팅사이트의 운영업체와 중계계약을 체결하여 중계사이트를 개설한 후 불특정 다수의 내국인들을 회원으로 모집하고 회원들로 하여금 중계사이트를 통해 해외 베팅사이트에서 제공하는 각종 스포츠 경기의 승부에 베팅을 하게 하여 베팅이 적중할 경우 미리 정해진 비율에 따라 환전을 해주고, 적중하지 못하면 베팅금을 자신들이 취득하는 방법으로 중계사이트를 운영함으로써 국민체육진흥법을 위반하였다는 내용으로 기소된 사안에서, 피고인들의 행위가 같은 법 제26조 제2항 제1호에서 규정하는 '정보통신망을 이용하여 체육진흥투표권 등을 발행하는 시스템을 공중이 이용할 수 있도록 제공하는 행위'에 해당한다고 한 사례

【참조조문】

국민체육진흥법 제26조 제2항 제1호

> 제26조(유사행위의 금지 등)
> ② 누구든지 다음 각 호의 어느 하나에 해당하는 행위를 하여서는 아니 된다.
> 1. 「정보통신망 이용촉진 및 정보보호 등에 관한 법률」 제2조제1항제1호에 따른 정보통신망을 이용하여 체육진흥투표권이나 이와 비슷한 것을 발행하는 시스템을 설계·제작·유통 또는 공중이 이용할 수 있도록 제공하는 행위

피고인들이 갑 등과 공모하여, 여러 해외 베팅사이트의 운영업체와 중계 계약을 체결하여 16개가량의 중계사이트를 개설한 후 불특정 다수의 내국인들을 회원으로 모집하고 회원들로 하여금 중계사이트를 통해 해외 베팅사이트에서 제공하는 각종 스포츠 경기의 승부에 베팅을 하게 하여 베팅이 적중할 경우 미리 정해진 비율에 따라 환전을 해주고, 적중하지 못하면 베팅금을 자신들이 취득하는 방법으로 중계사이트를 운영함으로써 국민체육진흥법을 위반하였다는 내용으로 기소된 사안에서,

피고인들은 해외 베팅사이트 운영자들과 계약을 체결한 후 링크를 통한 해외 베팅사이트에의 연결, 해외 베팅사이트에서 사용하는 데 필요한 게임머니 충전 및 게임머니의 한화로의 환전 등을 할 수 있는 중계사이트를 운영하였는데, 특히 해외 베팅사이트에서 발행하는 체육진흥투표권 등을 구매하기 위해 필요한 게임머니 충전은 해외 베팅사이트 이용에 없어서는 안 되는 필수적인 기능이고, 환전은 해외 베팅사이트를 이용하는 데 결정적인 동기나 유인이 되며,

아울러 피고인들은 중계사이트를 통해 해외 베팅사이트를 이용한 회원들의 도박 결과에 따른 이익과 손실의 귀속주체였으므로, 이러한 관점에서 피고인들의 행위는 전체적으로 국민체육진흥법 제26조 제2항 제1호 행위 중 '정보통신망을 이용하여 체육진흥투표권 등을 발행하는 시스템을 공중이 이용할 수 있도록 제공하는 행위'로 보기에 충분한 점, 위 제1호 행위 중 다른 유형의 행위와 비교해 보아도 피고인들이 해외 베팅사이트에의 연결, 게임머니 충전 및 환전이 가능한 별도의 사이트(중계사이트)를 운영한 행위는 불법성의 정도에서 '정보통신망을 이용하여 체육진흥투표권 등을 발행하는 시스템을 설계·제작·유통하는 행위'와 차이가 없거나 오히려

더 크고, 또한 피고인들의 행위를 위 제1호 행위에 비해 불법성의 정도와 법정형이 훨씬 가벼운 같은 항 제3호 행위 중 '체육진흥투표권 등의 구매를 중개 또는 알선하는 행위'에 불과하다고 볼 수 없는 점 등을 종합하면, 피고인들의 행위는 위 제1호에서 규정하는 '정보통신망을 이용하여 체육진흥투표권 등을 발행하는 시스템을 공중이 이용할 수 있도록 제공하는 행위'에 해당한다.

유사 체육진흥투표권을 발행·판매하는 사설 스포츠 도박 인터넷사이트를 개설·운영한 경우

피고인 등이 공모하여 유사 체육진흥투표권을 발행·판매하는 사설 스포츠 도박 인터넷사이트를 개설·운영하면서 매출액을 관할 세무서에 신고하지 않는 방법으로 부가가치세를 포탈하였다고 하여 특정범죄 가중처벌 등에 관한 법률 위반으로 기소된 사안에서, 피고인은 유사 체육진흥투표권을 발행·판매함으로써 구매자들에게 당첨금을 지급받을 수 있는 기회를 부여하고 그에 대한 대가를 지급받은 것이므로 부가가치세 과세대상 거래에 해당한다고 한 사례

【참조조문】

특정범죄 가중처벌 등에 관한 법률 제8조 제1항 제1호, 제2항

제8조(조세 포탈의 가중처벌)

① 「조세범 처벌법」 제3조제1항, 제4조 및 제5조, 「지방세기본법」 제102조제1항에 규정된 죄를 범한 사람은 다음 각 호의 구분에 따라 가중처벌한다.〈개정 2011.12.31, 2016.12.27〉

1. 포탈하거나 환급받은 세액 또는 징수하지 아니하거나 납부하지 아니한 세액(이하 "포탈세액등"이라 한다)이 연간 10억원 이상인 경우에는 무기 또는 5년 이상의 징역에 처한다.

② 제1항의 경우에는 그 포탈세액등의 2배 이상 5배 이하에 상당하는 벌금을 병과한다.

해 설 ●

피고인 등이 공모하여 유사 체육진흥투표권을 발행·판매하는 사설 스포츠 도박 인터넷사이트를 개설·운영하면서 매출액을 관할 세무서에 신고하지 않는 방법으로 부가가치세를 포탈하였다고 하여 특정범죄 가중처벌 등에 관한 법률 위반으로 기소된 사안에서, 피고인은 유사 체육진흥투표권을 발행·판매하고, 판매대금 중 일부를 재원으로 운동경기 결과를 맞춘 이들에게 당첨금을 지급하는 방식으로 인터넷사이트를 운영한 점, 유사 체육진흥투표권을 구매한 사람들과 사이에 직접 재물을 걸고 도박에 참여한 것이 아니라 유사 체육진흥투표권을 발행·판매하면서 이에 대한 대가를 지급받았을 뿐이고, 유사 체육진흥투표권을 구매한 사람들 사이에서만 운동경기 결과라는 우연에 의하여 재물의 득실이 결정된 점 등에 비추어 보면, 피고인은 유사 체육진흥투표권을 발행·판매함으로써 구매자들에게 당첨금을 지급받을 수 있는 기회를 부여하고 그에 대한 대가를 지급받은 것이므로 부가가치세 과세대상 거래에 해당한다.

판례 4

사기도박을 숨기기 위하여 얼마간 정상적인 도박을 하였 더라도 이는 사기죄의 실행행위에 포함하는지 여부

피고인 등이 사기도박에 필요한 준비를 갖추고 그 실행에 착 수한 후에 사기도박을 숨기기 위하여 얼마간 정상적인 도박을 하였더라도 이는 사기죄의 실행행위에 포함되는 것이어서, 피 고인에 대하여는 피해자들에 대한 사기죄만이 성립하고 도박죄 는 따로 성립하지 아니한다고 한 사례

【참조조문】

형법 제246조 제1항, 제347조 제1항

제246조(도박, 상습도박)
　① 도박을 한 사람은 1천만원 이하의 벌금에 처한다. 다만, 일시 오락 정도에 불과한 경우에는 예외로 한다.
제347조(사기)
　① 사람을 기망하여 재물의 교부를 받거나 재산상의 이익을 취득한 자는 10년 이하의 징역 또는 2천만원 이하의 벌금에 처한다.

해 설

피고인 등이 사기도박에 필요한 준비를 갖추고 그러한 의도로 피해자들 에게 도박에 참가하도록 권유한 때 또는 늦어도 그 정을 알지 못하는 피 해자들이 도박에 참가한 때에는 이미 사기죄의 실행에 착수하였다고 할 것이므로, 피고인 등이 그 후에 사기도박을 숨기기 위하여 얼마간 정상적 인 도박을 하였더라도 이는 사기죄의 실행행위에 포함되는 것이어서 피고 인에 대하여는 피해자들에 대한 사기죄만이 성립하고 도박죄는 따로 성립 하지 아니함에도, 이와 달리 피해자들에 대한 사기죄 외에 도박죄가 별도

로 성립하는 것으로 판단하고 이를 유죄로 인정한 원심판결에 사기도박에 있어서의 실행의 착수시기 등에 관한 법리오해의 위법이 있다.

판례 5

> 사기도박에서 실행의 착수 시기(=사기도박을 위한 기망행위를 개시한 때)

> 사기도박에서 실행의 착수 시기(=사기도박을 위한 기망행위를 개시한 때) 및 실행의 착수 후에 사기도박을 숨기기 위하여 한 정상적인 도박이 사기죄의 실행행위에 포함되는지 여부(적극)

【참조조문】

형법 제246조 제1항, 제347조 제1항

제246조(도박, 상습도박)
① 도박을 한 사람은 1천만원 이하의 벌금에 처한다. 다만, 일시 오락 정도에 불과한 경우에는 예외로 한다.
제347조(사기)
① 사람을 기망하여 재물의 교부를 받거나 재산상의 이익을 취득한 자는 10년 이하의 징역 또는 2천만원 이하의 벌금에 처한다.

해 설

사기죄는 편취의 의사로 기망행위를 개시한 때에 실행에 착수한 것으로 보아야 하므로, 사기도박에서도 사기적인 방법으로 도금을 편취하려고 하는 자가 상대방에게 도박에 참가할 것을 권유하는 등 기망행위를 개시한 때에 실행의 착수가 있는 것으로 보아야 하고, 그 후에 사기도박을 숨기기 위하여 정상적인 도박을 하였더라도 이는 사기죄의 실행행위에 포함된다(대법원 2011. 1. 13. 선고 2010도9330 판결 참조). 한편 사기죄에서 동일한 피해자에 대하여 수회에 걸쳐 기망행위를 하여 금원을 편취한 경우에 그 범의가 단일하고 범행 방법이 동일하다면 사기죄의 포괄일죄만이 성립한다(대법원 2002. 7. 12. 선고 2002도2029 판결, 대법원 2006. 2. 23. 선고 2005도8645 판결 등 참조). 따라서 피해자의 도박이 피고인들의 기망행위에 의하여 이루어졌다면 그로써 사기죄는 성립하며, 이로 인하여 피고인들이 취득한 재물이나 재산상 이익은 도박 당일 피해자가 잃은 도금 상당액이라 할 것이다.

그리고 범죄사실의 인정은 합리적인 의심이 없는 정도의 증명에 이르러야 하나(형사소송법 제307조 제2항), 사실인정의 전제로 행하여지는 증거의 취사선택 및 증명력은 사실심 법원의 자유판단에 속한다(형사소송법 제308조).

제4장
불법
컨텐츠
범죄

Ⅲ. 범죄사실기재례

범죄사실기재례 ▸ **불법도박사이트 온영**

피의자 ○○○는 ○○카지노(www.○○○○○○○○.com) 등 외국 유명 사이버 카지노 업체와 파트너십 계약을 맺고 특수 프로그램을 제공받아 사이버 카지노 웹사이트 2곳을 개설하였다. 여기에서 룰렛, 블랙잭, 슬롯머신, 포커 도박판을 운영해 수익금의 15~20%를 외국 업체로부터 배분받았다.

피의자 ○○○가 개설한 사이버 카지노 2곳은 20○○. ○○. 부터 20○○. ○○. 까지 금 ○억원여(미화 ○○만 달러)의 운영이익을 냈고, 그 중 금 ○억원은 외국의 파트너 업체가, 나머지 금 ○억만원은 피의자가 이익을 취득하였다.

제3절 사이버 명예훼손·모욕

Ⅰ. 개요

사이버 명예훼손이란 정보통신망(컴퓨터 시스템)을 통하여, 다른 사람의 명예를 훼손하는 경우를 말하며, 모욕이란 정보통신망(컴퓨터 시스템)을 통하여, 공연히 사람을 모욕하는 경우를 말한다.

인터넷 게시판에 타인의 명예를 훼손하는 글·사진 등을 게시하거나 전자우편 등을 통해 유포하는 것을 말한다. 불특정 다수인의 무제한 접근이 가능한 인터넷의 특성상 인터넷 게시판 등에 해당 내용이 일단 게재되면 시간이나 공간의 제한 없이 단시간내에 급속도로 유포될 수 있기 때문에 그로 인한 피해가 심각하다. 이러한 이유로 정보통신망이용촉진및정보보호등에관한법률에서는 사이버 명예훼손죄를 일반 명예훼손죄보다 더 무겁게 처벌하도록 규정하고 있다.

Ⅱ. 관련판례

판례 1

> 형법 제307조 제2항의 '허위사실 적시에 의한 명예훼손죄'에서 적시된 사실이 허위인지, 행위자가 그 허위성을 인식하였는지 판단하는 기준

형법 제307조 제2항의 허위사실 적시에 의한 명예훼손죄에서 적시된 사실이 허위인지 여부를 판단함에 있어서는 적시된 사실의 내용 전체의 취지를 살펴볼 때 세부적인 내용에서 진실과 약간 차이가 나거나 다소 과장된 표현이 있는 정도에 불과하다면 이를 허위라고 볼 수 없으나, 중요한 부분이 객관적 사실과 합치하지 않는다면 이를 허위라고 보아야 한다. 나아가 행위자가 그 사항이 허위라는 것을 인식하였는지 여부는 성질상 외부에서 이를 알거나 증명하기 어려우므로, 공표된 사실의 내용과 구체성, 소명자료의 존재 및 내용, 피고인이 밝히는 사실의 출처 및 인지 경위 등을 토대로 피고인의 학력, 경력, 사회적 지위, 공표 경위, 시점 및 그로 말미암아 예상되는 파급효과 등의 여러 객관적 사정을 종합하여 판단할 수밖에 없으며, 범죄의 고의는 확정적 고의뿐만 아니라 결과 발생에 대한 인식이 있고 그를 용인하는 의사인 이른바 미필적 고의도 포함하므로 허위사실 적시에 의한 명예훼손죄 역시 미필적 고의에 의하여도 성립하고, 위와 같은 법리는 형법 제308조의 사자명예훼손죄의 판단에서도 마찬가지로 적용된다.

피고인은 20○○. ○○. ○○. 10:00경 서울시 ○○구 ○○길 20 소재 서울지방경찰청 2층 대강당에서, 서울지방경찰청장으로서 서울지방경찰청 소속 5개 기동단 팀장급 398명을 상대로 기동부대 지휘요원 특별교양을

실시하던 중, 사실은 20○○. ○○. ○○. 사망한 피해자 공소외 1 전 대통령과 관련한 거액이 들어 있는 차명계좌가 그 무렵 검찰수사 중에 발견된 사실이 없어 공소외 1 전 대통령이 그로 인해 자살한 것이 아니고 공소외 1 전 대통령의 배우자인 피해자 공소외 2가 이러한 차명계좌가 드러나는 것을 막기 위해 ○○당에 공소외 1 전 대통령의 죽음과 관련한 특검을 하지 못하게 요청한 사실이 없음에도, "작년, 공소외 1 전 대통령 ○○월 ○○일 ○○○사건 때 막 또 그 뒤로 뛰쳐나왔지 않습니까. 그런데 여러분들, 공소외 1 전 대통령 뭐 때문에 사망했습니까? 뭐 때문에 뛰어내렸습니까? 뛰어버린 바로 전날 계좌가 발견됐지 않습니까, 차명계좌가. 10만 원짜리 수표가 타인으로, 거액의 차명계좌가 발표돼, 발견이 됐는데 그거 가지고 아무리 변명해도 이제 변명이 안 되지 않습니까? 그거 때문에 ○○바위에서 뛰어내린 겁니다.", "그래서 특검 이야기가 나왔지 않습니까. 특검 이야기가 나와서 특검하려고 그러니까 공소외 2 여사가 ○○당에 이야기를 해서 특검을 못하게 한 겁니다. 그 해봐야 다 드러나게 되니까"라고 말하여 공연히 허위사실을 적시하여 피해자들의 명예를 훼손하였다.

【참조조문】

형법 제307조 제2항

제307조(명예훼손)
② 공연히 허위의 사실을 적시하여 사람의 명예를 훼손한 자는 5년 이하의 징역, 10년 이하의 자격정지 또는 1천만원 이하의 벌금에 처한다.

해 설

가. 원심은 다음과 같은 이유로 피고인이 이 사건 발언이 허위인 점을 인식하고 있었다고 보았다.

① 피고인은 20○○. ○○. 서울지방경찰청장 취임 후에 공소외 17을 다

른 사람들과 같이 2번 만났고, 이 사건 발언 전 3번째로 단둘이 만났다고 진술하고 있는데, 공소외 17은 이 사건 발언 전 피고인을 만난 사실이나 피고인에게 이 사건 발언과 같은 내용을 말해 준 사실이 없다고 증언하고 있다.

② 피고인 주장대로 이 사건 발언 전 만난 것까지 공소외 17을 3번 정도 만난 사이이고, 단둘이 만난 것은 이 사건 발언 직전이 처음인데, 만난 지 몇 번 되지도 않은 사람에게 그러한 이야기를 하였고 또 이를 그대로 믿었다는 것은 납득하기 어렵다.

③ 당시 공소외 17의 지위(▽▽▽▽▽▽연구소 이사장)에 비추어 볼 때 공소외 17이 공소외 1 전 대통령에 대한 대검찰청 중앙수사부의 수사상황을 알 수 있는 지위에 있지 않았던 것으로 보이고, 피고인 역시 민감한 사회·정치적 현안에 관하여 많은 정보를 접하는 서울지방경찰청장이었다는 점에서 공소외 17이 피고인보다 고급정보를 더 쉽게 접할 수 있는 지위에 있었기 때문에 공소외 17로부터 들은 내용이 사실이라고 믿었다는 피고인의 주장은 선뜻 이해하기 어렵다.

④ 피고인이 이 사건 발언에서 한 내용은 '차명계좌가, 10만 원짜리 수표가 타인으로, 거액의 차명계좌가 발표돼, 발견이 됐는데…'로 매우 단편적으로 추상적임에도, 이 사건 발언이 문제 된 후 공소외 17에게 '10만 원짜리 수표가 입금된 거액의 차명계좌'가 무엇인지, 그 사실의 진위에 관하여 물어본 일이 없고, 심지어 그 후 공소외 17을 만난 자리에서도 이에 관하여 언급한 일이 없다.

⑤ 피고인은 공소외 17로부터 들은 이야기의 진위에 관하여 다른 경로 등을 통하여 확인할 수 있었던 지위에 있었음에도 달리 이를 확인한 바 없다.

나. 앞서 본 법리와 원심과 제1심이 적법하게 채택한 증거에 비추어 살펴보면, 원심의 위와 같은 판단은 정당한 것으로 수긍할 수 있고, 거기에 논리와 경험의 법칙에 반하여 자유심증주의의 한계를 벗어나거나 증명책임, 명예훼손죄의 주관적 구성요건에 관한 법리오해 등의 잘못이 없다.

사이버 명예훼손 1

사건사례

피고인은 제○○회 전국동시지방선거에서 ○○군수로 당선된 공소외 1 후보의 운전기사였던 공소외 2가 공직선거법위반죄로 구속되었다는 소문을 듣게 된 것을 기화로, 사실은 공소외 2가 공소외 1의 보좌관이 아니고, ○○지방검찰청 △△지청장 또는 △△지청 구성원이 기자들에게 문자를 보내는 방법으로 공소외 2에 대한 수사상황이나 피의사실을 공표한 사실이 전혀 없음에도, 공소외 1을 비방하는 내용의 문자를 △△지청에서 발신하는 것처럼 가장하여 보내기로 마음먹고, 20○○. ○○. ○○. 15:18경 ○○도 (이하 1 생략)에 있는 피고인의 주거지에서, 컴퓨터를 이용하여 공소외 38 주식회사에서 운영하는 문자메시지 대량발송이 가능한 통합메시지서비스인 ◇◇◇◇◇사이트(인터넷 주소 생략)를 통해 ☆☆일보 기자인 공소외 3 등 8명의 기자들에게 발신번호가 △△지청(지청장실 : (전화번호 1 생략))인 것처럼 허위의 발신번호를 게재하여 마치 △△지청장 또는 △△지청 구성원이 공소외 2에 대한 수사상황과 피의사실을 미리 알려주는 것처럼 '발신번호 : (전화번호 2 생략)/11. 20. △△지청, ○○군수 보좌관 공소외 2 멸치 ○○○포 살포혐의구속, ○○○군수 집중 조사 중'이라는 허위 내용의 문자를 발송함으로써 공연히 허위의 사실을 적시하여 피해자인 ○○지방검찰청 △△지청장 또는 △△지청 구성원의 명예를 훼손하였다.

해 설

명예훼손죄의 구성요건인 '공연성'은 불특정 또는 다수인이 인식할 수 있는 상태를 말하는바, 기록에 의하여 인정되는 다음과 같은 사정, 즉 일반적으로 기자라는 직업은 사실 보도가 본업이기 때문에 어떠한 사실을 청취하게 되면 그만큼 전파가능성이 높은 것으로 보아야 하는 점, 실제로 피고인으로부터 문자메시지를 받은 ☆☆일보의 공소외 3 기자는 친구에게 그 문자메시지 내용을 보여주었고, 지인에게 동일한 내용의 문자메시지를 받은 사실이 있는지 확인하였으며, ○○방송의 공소외 32 기자는 지인인 취재원들에게 사실여부를 확인해 보았고, ◎◎신문의 공소외 33 기자는 당일 ○○군청 홍보계장에게 전화하여 사실여부를 문의한 점 등에 비추어 보면, 피고인이 다수인인 공소외 3 등 8명의 기자들에게 문자메시지를 보낸 행위는 비록 피고인이 특정인인 기자들에게 문자메시지를 개별적으로 발송하였고, 기자들이 그러한 내용을 취재하여 기사화하거나 보도하지 않았다고 하더라도 공연성의 요건은 충족된 것이라고 할 것이다.

명예훼손에 의한 불법행위가 성립하려면 피해자가 특정되어 있어야 하지만 그 특정을 위하여 반드시 사람의 성명을 명시하여야만 하는 것은 아니고, 성명을 명시하지 않은 경우라도 그 표현의 내용을 주위 사정과 종합하여 볼 때 그 표시가 누구를 지목하는가를 알아차릴 수 있을 정도라면 피해자가 특정되었다고 볼 수 있고(대법원 2002. 5. 10. 선고 2000다68306 판결 등 참조), 이른바 집단표시에 의한 명예훼손은 예외적으로 그 구성원 개개인에 대하여 언급하는 것처럼 여겨질 정도로 구성원 수가 적거나 당시의 주위 정황 등으로 보아 집단 내 개별구성원을 지칭하는 것으로 여겨질 수 있는 때에는 집단 내 개별구성원이 피해자로서 특정된다고 보아야 하는바(대법원 2003. 9. 2. 선고 2002다63558 판결 등 참조), 기록에 의하여 인정되는 다음과 같은 사정, 즉 피고인은 △△지청장실의 전화번호와 유사한 번호를 발신번호로 표시하고, 그 옆에 '△△지청'이라는 문구까지 게재하여 문자메시지를 보낸 점, 그 내용이 공소외 2에 대한 수사상황과 피의사실을 알리는 것으로서 이는 △△지청의 업무 영역에 포함되고, 더구나 그 상대방이 기자들인 점, △△지청은 소속 검사가 3명, 직원은 26명으로서 그 구성원 수가 적고, △△지청의 대외적 공보업무는 △△지청장이 담당하는 점 등에 비추어 보면, ○○지방검찰청 △△지청장 또는 △△지청 구성원이 피해자로 특정되었다고 할 것이다.

명예훼손죄의 구성요건인 '사실의 적시'는 사람의 인격적 가치에 대한 사회적 평가를 저하시킬만한 성질의 사실을 지적·표시하는 것을 말하는바, 기록에 의하여 알 수 있는 다음과 같은 사정, 즉, 검찰은 수사공보준칙을 제정하여 원칙적으로는 기소 전에 수사상황이나 보도 자료의 배포를 금지하고 있고, 언론의 중대한 오보, 범죄 피해의 확산, 공공안전에 대한 급박한 위험, 범인검거를 위한 국민의 협조가 필수적인 경우 등 극히 예외적인 경우에만 언론 보도를 통한 공보를 실시하고 있는 점, 현재 수사기관의 피의사실 공표는 피의자 등에 대한 인권침해 등 문제시 되었던 과거의 관행에서 벗어나 위와 같이 철저한 내부통제를 거친 보도 자료만을 공개하고 있는 점, 공소외 2에 대한 수사상황과 피의사실은 위 예외사유에 해당하지 아니하여 기소 전에는 이를 공표할 수 없는 점 등에 비추어 보면, 피고인이 기자들에게 마치 △△지청장 또는 △△지청 구성원이 공소외 2에 대한 수사상황과 피의사실을 미리 알려 주는 것처럼 하여 문자메시지를 발송한 행위는 △△지청장 또는 △△지청 구성원이 아직도 인권보호에 역행하고, 형법상 금지된 피의사실을 공표하는 듯 한 이미지를 주어 △△지청장 또는 △△지청 구성원의 인격적 가치에 대한 사회적 평가를 저하시킬만한 성질의 사실을 적시한 것이라고 할 것이다.

판례 3

사이버 명예훼손2

정보통신망 이용촉진 및 정보보호 등에 관한 법률 제44조의7 제1항 제2호의 '사람을 비방할 목적'의 의미 및 그 판단 방법과 '거짓의 사실을 드러내어 타인의 명예훼손죄'의 성립 요건 및 '거짓의 사실' 해당 여부의 판단 기준

【참조조문】

정보통신망 이용촉진 및 정보보호 등에 관한 법률 제70조 제1항,제2항

제70조(벌칙)

① 사람을 비방할 목적으로 정보통신망을 통하여 공공연하게 사실을 드러내어 다른 사람의 명예를 훼손한 자는 3년 이하의 징역 또는 3천만원 이하의 벌금에 처한다.

② 사람을 비방할 목적으로 정보통신망을 통하여 공공연하게 거짓의 사실을 드러내어 다른 사람의 명예를 훼손한 자는 7년 이하의 징역, 10년 이하의 자격정지 또는 5천만원 이하의 벌금에 처한다.

【참조판례】

대법원 1998. 10. 9. 선고 97도158 판결(공1998하, 2715), 대법원 2005. 10. 14. 선고 2005도5068 판결, 대법원 2006. 10. 26. 선고 2004도5288 판결, 대법원 1999. 10. 22. 선고 99도3213 판결(공1999하, 2451), 대법원 2000. 2. 25. 선고 99도4757 판결(공2000상, 906), 대법원 2001. 10. 9. 선고 2001도3594 판결(공2001하, 2501)

사건사례 ●

피의자는 청와대 인터넷 신문고 사이트에 구리시장인 피해자 ○○○을 비방할 목적으로 "학교장도 반대하는 통학로 차량통행 공사로 1500명 어린 초등생..."이라는 제목 하에 "구리시장이 직무유기를 하였다. 개발제한구역에 위치한 구리시장 개인 땅의 해제를 위하여 개발제한구역 변경안이 추진되었다. 구리시장은 이 일대의 개발제한구역 해제를 위하여 무리하게 공사를 강행하고 있다."라고 공연히 허위의 사실을 적시하여 피해자의 명예를 훼손하였다.

해 설 ●

(1) 정보통신망 이용촉진 및 정보보호 등에 관한 법률(이하 '법'이라고만 한다) 제44조의7 제1항 제2호의 '사람을 비방할 목적'이라 함은 가해의 의사 내지 목적을 요하는 것으로서 공공의 이익을 위한 것과는 행위자의 주관적 의도의 방향에 있어 서로 상반되는 관계에 있다고 할 것이므로, 적시한 사실이 공공의 이익에 관한 것인 경우에는 특별한 사정이 없는 한 비방할 목적은 부인된다고 봄이 상당하고, 여기에서 '적시한 사실이 공공의 이익에 관한 경우'라 함은 적시된 사실이 객관적으로 볼 때 공공의 이익에 관한 것으로서 행위자도 주관적으로 공공의 이익을 위하여 그 사실을 적시한 것이어야 하는데, 공공의 이익에 관한 것에는 널리 국가·사회 기타 일반 다수인의 이익에 관한 것뿐만 아니라 특정한 사회집단이나 그 구성원 전체의 관심과 이익에 관한 것도 포함하는 것이며, 적시한 사실이 공공의 이익에 관한 것인지 여부는 당해 명예훼손적 표현으로 인한 피해자가 공무원 내지 공적 인물과 같은 공인(公人)인지 아니면 사인(私人)에 불과한지 여부, 그 표현이 객관적으로 국민이 알아야 할 공공성·사회성을 갖춘 공적 관심 사안에 관한 것으로 사회의 여론형성 내지 공개토론에 기여하는

것인지 아니면 순수한 사적인 영역에 속하는 것인지 여부, 피해자가 그와 같은 명예훼손적 표현의 위험을 자초한 것인지 여부, 그리고 그 표현에 의하여 훼손되는 명예의 성격과 그 침해의 정도, 그 표현의 방법과 동기 등 제반 사정을 고려하여 판단하여야 할 것이다(대법원 1998. 10. 9. 선고 97도158 판결, 2005. 10. 14. 선고 2005도5068 판결 등 참조).

위와 같은 법리에 비추어 기록을 살피건대, 피고인은 청와대 인터넷 신문고 사이트에 "학교장도 반대하는 통학로 차량통행 공사로 1500명 어린 초등생..."이라는 제목의 이 사건 민원을 게재하였는데, 그 중 이 사건에서 명예훼손이 문제되는 내용은 "차량통행을 위한 공사로 인하여 △△초등학교 학생 1,500명에게 교통사고가 발생할 위험이 있는데, △△초등학교뿐만 아니라 □□중학교도 반대함에도 불구하고 ○○시는 공사를 강행하고 있다. 협의절차를 무시한 도시과와 ○○시장을 직무유기로 고발한다. 학교부지로서는 최악의 조건인 개발제한구역 내 토지가 학교부지로 선정되었는데, 그 부근에 피해자 소유의 땅이 있어 자신의 땅을 해제하기 위한 개발제한구역 변경안이 아니었냐는 의혹을 시민들이 가지고 있다. ○○시가 차량통행을 하게 하겠다는 길이 위 학교부지의 진입로로 사용하려고 한 도로인데, ○○시는 그 일대의 개발제한구역 해제를 위하여 무리하게 공사를 하고 있다."는 것인바, 피해자는 ○○시장으로서 공인이라고 할 것이고, △△초등학교 학생들의 통학로의 안전 문제는 공공성·사회성을 갖춘 공적 관심 사안에 관한 것일 뿐만 아니라, 이 사건 민원에서 문제되는 부분의 표현이 단정적인 표현에 해당한다고 보기 어려운 점, ○○시청이 △△초등학교 학생들의 통학로로 이용되는 이 사건 도로에 차량통행을 위한 공사를 시행하자, △△초등학교 학부모들은 피고인(피고인의 자녀 2인이 △△초등학교에 재학 중이었다)을 위원장으로 하는 대책위원회를 결성하여 ○○시장인 피해자 및 부시장 등을 면담하면서 보도의 폭을 4m로 확장해 줄 것 등을 요구하였으나 위와 같은 요구가 받아들여지지 않자, 피고인이 청와대 인터넷 신문고 사이트에 이 사건 민원을 게재하기에 이른 점 등에 비추어, 피고인이 적시한 위 사실은 공공의 이익에 관한 것으로 보아야 할 것이고, 달리 피고인에 게 피해자를 비방할 목적이 있었다고 보기 어렵다.

(2) 법 제44조의7 제1항 제2호가 정하는 허위사실 적시에 의한 명예훼손 죄가 성립하기 위하여는 범인이 공연히 사실의 적시를 하여야 하고, 그 적시한 사실이 사람의 사회적 평가를 저하시키는 것으로서 허위이 어야 하며, 범인이 그와 같은 사실이 허위라고 인식하였어야 하는데, 그 적시된 사실이 허위의 사실인지 여부를 판단함에 있어서는 적시된 사실의 내용 전체의 취지를 살펴볼 때 중요한 부분이 객관적 사실과 합치되는 경우에는 세부(細部)에 있어서 진실과 약간 차이가 나거나 다소 과장된 표현이 있다 하더라도 이를 허위의 사실이라고 볼 수는 없다(대법원 2000. 2. 25. 선고 99도4757 판결 등 참조).

위와 같은 법리에 비추어 기록을 살펴보면, ○○시청이 인근 학교의 반대에도 불구하고 이 사건 도로에 차량통행을 위한 공사를 진행한 점, 학교부지의 선정 및 위 공사로 인하여 경제적 이익이 발생될 것으 로 보이는 개발제한구역 내에 피해자 소유의 토지가 위치하고 있는 점 등 이 사건 민원의 중요 내용이 객관적 사실에 합치된다고 보이고, 그 로 인하여 주민들 사이에 학교부지의 선정에 의혹이 있다거나 ○○시 가 무리하게 위 공사를 하고 있다는 부분에 다소 과장된 표현이 있다 고 하더라도 이를 허위의 사실을 적시한 것이라고도 볼 수 없다.

(3) 결국, 피고인이 이 사건 민원을 게재함에 있어 법 제44조의7 제1항 제2호에서 정한 '비방할 목적'이나 '거짓의 사실'이 모두 인정되지 않 는다고 할 것임에도 불구하고, 원심은 피고인에 대한 이 부분 공소사 실을 유죄로 인정하였으니, 원심판결에는 법 제44조의7 제1항 제2호 소정의 허위사실 적시에 의한 명예훼손죄에 있어서의 비방의 목적에 관한 법리를 오해하고 채증법칙을 위반하여 사실을 오인하여 판결에 영향을 미친 위법이 있다고 할 것이고, 이 점을 지적하는 상고이유의 주장은 이유 있다.

판례 4

> 모욕적인 표현을 사용하여 댓글을 달거나 허위사실을 적시한 행위

> 특정 인터넷 홈페이지에 甲이 게시한 글을 乙로이 운영하는 인터넷 카페 게시판에 퍼온 뒤, 甲 을 지칭하면서 모욕적인 표현을 사용하여 댓글을 달거나 허위사실을 적시한 행위는, 사회상규에 위배되지 않는 정당행위로 볼 수 없다고 한 사례

【참조조문】

정보통신망 이용촉진 및 정보보호 등에 관한 법률 제44조

> 제44조(정보통신망에서의 권리보호)
> ① 이용자는 사생활 침해 또는 명예훼손 등 타인의 권리를 침해하는 정보를 정보통신망에 유통시켜서는 아니 된다.
> ② 정보통신서비스 제공자는 자신이 운영·관리하는 정보통신망에 제1항에 따른 정보가 유통되지 아니하도록 노력하여야 한다.
> ③ 방송통신위원회는 정보통신망에 유통되는 정보로 인한 사생활 침해 또는 명예훼손 등 타인에 대한 권리침해를 방지하기 위하여 기술개발·교육·홍보 등에 대한 시책을 마련하고 이를 정보통신서비스 제공자에게 권고할 수 있다.

형법 제20조

> 제20조(정당행위)
> 법령에 의한 행위 또는 업무로 인한 행위 기타 사회상규에 위배되지 아니하는 행위는 벌하지 아니한다.

피고인은 심천사혈요법 피해대책위원회 운영위원으로 활동하고 있는 피해자 공소외 1에게 불만을 품고, 피해자가 운영하는 '(명칭 생략)' 홈페이지에 피해자가 게시한 글들을 공소외 2가 운영하는 인터넷 다음 카페 '(명칭 생략)' 게시판에 퍼온 뒤, 이에 대하여 '호로 XX', '견 같은 새끼' 등의 피해자의 사회적 평가를 저하시키기에 충분한 모욕적인 표현을 사용하여 댓글을 달거나, '피해자가 심천사혈요법학회를 마음대로 주물럭거리고, 부당한 이익금을 챙기며, 심천의 지회체계를 무너뜨리려고 하였다'거나 '당시 피해자가 심천에 충성을 다할 것을 맹세하였다'는 등의 취지의 허위사실을 적시하였는데, 위 인터넷 다음 카페 '(명칭 생략)'은 심천 동호인들이 주된 회원이나, 일반인들도 누구나 접속하여 글을 볼 수 있도록 공개된 사이트이며, 피고인이 '유XX' 또는 '유X근'이라고 지칭한 경우에도 위 사이트의 공지사항에 '공소외 1의 정보를 수집한다.'고 되어 있어 이 사이트를 이용하는 대부분의 사람들은 그것이 피해자를 가리키는 것임을 충분히 알 수 있는 점 등을 종합하여 보면, 비록 피고인이 이 사건 댓글을 게재한 경위에 다소 참작할 만한 사정이 있다 하더라도 이를 사회상규에 위배되지 않는 정당행위로 평가할 수 없다고 판단하였는바, 관련 법리와 기록에 비추어 보면 이러한 원심의 조치는 정당하고 거기에 상고이유 주장과 같은 법리오해 등의 위법이 없다. [대법원 2009.10.29, 선고, 2009도4783, 판결]

판례 5

정보통신망 이용촉진 및 정보보호 등에 관한 법률 제61조 제1항 위반죄 성립에 필요한 사실 적시의 정도

정보통신망 이용촉진 및 정보보호 등에 관한 법률 제61조 제1항[현행법 제70조 제1항] 위반죄가 성립하기 위하여는 사실의 적시가 있어야 하며 적시된 사실은 이로써 특정인의 사회적 가치 내지 평가가 침해될 가능성이 있을 정도로 구체성을 띠어야 한다.

정보통신망을 통하여 게시된 어떠한 표현행위가 위 죄와 관련하여 문제가 되는 경우 그 표현이 사실을 적시하는 것인가, 아니면 단순히 의견 또는 논평을 표명하는 것인가, 또는 의견 또는 논평을 표명하는 것이라면 그와 동시에 묵시적으로라도 그 전제가 되는 사실을 적시하고 있는 것인가 그렇지 아니한가의 구별은, 당해 게시물의 객관적인 내용과 아울러 일반의 독자가 보통의 주의로 게시물을 접하는 방법을 전제로 게시물에 사용된 어휘의 통상적인 의미, 게시물의 전체적인 흐름, 문구의 연결 방법 등을 기준으로 판단하여야 하고, 여기에다가 당해 게시물이 게재된 보다 넓은 문맥이나 배경이 되는 사회적 흐름 등도 함께 고려하여야 한다.

【참조조문】

정보통신망 이용촉진 및 정보보호 등에 관한 법률 제70조 제1항

제70조(벌칙)
① 사람을 비방할 목적으로 정보통신망을 통하여 공공연하게 사실을 드러내어 다른 사람의 명예를 훼손한 자는 3년 이하의 징역이나 금고 또는 3천만원 이하의 벌금에 처한다.

해 설

정보통신망이용촉진및정보보호등에관한법률 제61조 제1항[현행법 제70조 제1항] 위반죄가 성립하기 위하여는 사실의 적시가 있어야 하며 적시된 사실은 이로써 특정인의 사회적 가치 내지 평가가 침해될 가능성이 있을 정도로 구체성을 띠어야 할 것이고, 정보통신망을 통하여 게시된 어떠한 표현행위가 위 죄와 관련하여 문제가 되는 경우 그 표현이 사실을 적시하는 것인가, 아니면 단순히 의견 또는 논평을 표명하는 것인가, 또는 의견 또는 논평을 표명하는 것이라면 그와 동시에 묵시적으로라도 그 전제가 되는 사실을 적시하고 있는 것인가 그렇지 아니한가의 구별은, 당해 게시물의 객관적인 내용과 아울러 일반의 독자가 보통의 주의로 게시물을 접하는 방법을 전제로 게시물에 사용된 어휘의 통상적인 의미, 게시물의 전체적인 흐름, 문구의 연결 방법 등을 기준으로 판단하여야 하고, 여기에다가 당해 게시물이 게재된 보다 넓은 문맥이나 배경이 되는 사회적 흐름 등도 함께 고려하여야 하는 것이다 (대법원 1994. 10. 25. 선고 94도1770 판결, 1999. 2. 9. 선고 98다31356 판결, 2000. 2. 25. 선고 98도2188 판결 등 참조).

원심판결 이유에 의하면, 피고인은 강원 제1군청 제2면장으로 근무하는 자로서, 2001. 9. 20. 04:00경 강원 제1읍 (이하 생략) 상동 361-28 피고인의 집에서 제1군의회 의장인 피해자를 비방할 목적으로 컴퓨터를 이용하여 제1군청 홈페이지 게시판 소리샘에 접속한 후 '안하무인의 피해자 의장 축사 등 작태'라는 제목으로 "피해자 의장의 축사가 꼴불견이었다. 먼저 '제1군민의 대표이신 공소외 인제1군수님이 여러분께 서 계신 것이 불편하실테니 앉으시라는 선물을 주셨으니 나도 여러분들에게 선물을 드리겠습니다. 이 세상에서 제일 편한 자세인 누워서 들으십시오.'라고 하였는데, 이러한 언행이 제1군의회의 대표인 의장의 축사인가? 정말 되고 말고 식의 피해자 의장의 작태다. 마을의 대표가 모두 모인 뜻깊은 자리이기에 자중하고 겸손했어야 하는데 어찌 안하무인으로 마을의 대표들을 유치원 원생 다루는 식으로 할 수 있는가. 앞으로는 군민 앞에서 되고 말고 식의 껍데기 연설은 하지 말고 진정 깊이 있고 주민이 공감할 수 있는 연설문을 작성하여(공부하고) 연설할 것을 충고한다."라는 글을 게재하였다는 것이다.

게시물의 내용 중 피고인이 피해자의 연설내용을 적시한 부분은 객관적인 사실에 부합하는 것으로 그 내용이 그 자체로써 피해자의 사회적 가치 내지 평가가 침해될 가능성이 있을 정도로 구체성이 있는 것이라고 할 수 없고, 관련 사실과 연결되면 명예훼손적 사실이 될 수 있는 특별한 사정이 보이지도 아니한다. 또 게시물의 내용 중 피고인의 의견을 표명한 부분은 의견의 기초가 되는 사실을 함께 기술하면서 의견을 표명한 것으로서 간접적으로 증거에 의하여 그 진위를 결정하는 것이 가능한 타인에 관한 특정의 사항을 주장하는 경우에 해당하지 아니하는 순수한 의견 또는 논평이라고 할 것이므로 그 부분에 간접적이고 우회적인 표현에 의한 사실의 적시가 있었다고 볼 수도 없다.

원심이 피고인에 대한 위 공소사실에 관하여 무죄를 선고한 것은 앞서 본 법리에 따른 것으로 정당하고, 거기에 상고이유의 주장과 같은 사실의 적시에 관한 법리오해 등의 위법이 없다.

판례 6

명예훼손죄 성립요건인 '허위의 인식'과 이에 대한 증명책임의 소재

【참조조문】

정보통신망 이용촉진 및 정보보호 등에 관한 법률 제70조 제2항

제70조(벌칙)
② 사람을 비방할 목적으로 정보통신망을 통하여 공공연하게 거짓의 사실을 드러내어 다른 사람의 명예를 훼손한 자는 7년 이하의 징역, 10년 이하의 자격정지 또는 5천만원 이하의 벌금에 처한다.

형법 제307조 제2항

제307조(명예훼손)
② 공연히 허위의 사실을 적시하여 사람의 명예를 훼손한 자는 5년 이하의 징역, 10년 이하의 자격정지 또는 1천만원 이하의 벌금에 처한다.

형법 제309조 제1항

제309조(출판물등에 의한 명예훼손)
① 사람을 비방할 목적으로 신문, 잡지 또는 라디오 기타 출판물에 의하여 제307조제1항의 죄를 범한 자는 3년 이하의 징역이나 금고 또는 700만원 이하의 벌금에 처한다.

형사소송법 제303조

제303조(피고인의 최후진술)
재판장은 검사의 의견을 들은 후 피고인과 변호인에게 최종의 의견을 진술할 기회를 주어야 한다.

【참조판례】

> 대법원 2010. 11. 25. 선고 2009도12132 판결(공2011상, 70)
> 대법원 2009. 1. 30. 선고 2007도5836 판결
> 대법원 2010. 10. 28. 선고 2009도4949 판결(공2010하, 2219)
> 대법원 2005. 4. 29. 선고 2003도2137 판결(공2005상, 882)
> 대법원 2009. 2. 12. 선고 2008도8310 판결
> 대법원 2007. 7. 13. 선고 2006도6322 판결
> 대법원 2005. 10. 14. 선고 2005도5068 판결
> 대법원 2008. 11. 13. 선고 2006도7915 판결

해 설

　　정보통신망 이용촉진 및 정보보호 등에 관한 법률 제70조 제2항은 "사람을 비방할 목적으로 정보통신망을 통하여 공공연하게 거짓의 사실을 드러내어 다른 사람의 명예를 훼손한 자"라고 규정하고 있고, 같은 조 제1항은 "사람을 비방할 목적으로 정보통신망을 통하여 공공연하게 사실을 드러내어 다른 사람의 명예를 훼손한 자"라고 규정하고 있으므로, 피고인이 정보통신망에 게시한 내용이 '거짓의 사실'인지 또는 '사실'인지는 위 조문의 어느 항이 적용될 것인지를 결정짓는 구성요건요소이다. 따라서 피고인이 위 조문의 제2항으로 기소된 경우에 법원으로서는 피고인이 정보통신망에 게시한 내용이 '거짓의 사실'인지를 먼저 밝혀 보아야 할 것이다.

　　한편, 구 정보통신망 이용촉진 및 정보보호 등에 관한 법률(2007. 12. 21. 법률 제8778호로 개정되기 전의 것, 이하 같다) 제61조 제2항의 정보통신망을 통한 허위사실 적시에 의한 명예훼손죄, 형법 제307조 제2항의 허위사실 적시에 의한 명예훼손죄가 성립하려면 그 적시하는 사실이 허위이어야 할 뿐 아니라, 피고인이 그와 같은 사실을 적시함에 있어 적시사

실이 허위임을 인식하여야 하고, 이러한 허위의 점에 대한 인식 즉 범의에 대한 입증책임은 검사에게 있다 (대법원 2009. 1. 30. 선고 2007도5836 판결, 대법원 2010. 10. 28. 선고 2009도4949 판결 등 참조). 또한, 위 구 정보통신망 이용촉진 및 정보보호 등에 관한 법률 제61조 제2항에 규정된 죄에서 '사실의 적시'란 가치판단이나 평가를 내용으로 하는 의견표현에 대치되는 개념으로서 시간과 공간적으로 구체적인 과거 또는 현재의 사실관계에 관한 보고 내지 진술을 의미하는 것이고, 적시된 사실의 중요한 부분이 객관적 사실과 합치되는 경우에는 세부에 있어서 진실과 약간 차이가 나거나 다소 과장된 표현이 있다 하더라도 이를 거짓의 사실이라고 볼 수는 없으나, 거짓의 사실인지 여부를 판단함에 있어서는 그 적시된 사실의 내용 전체의 취지를 살펴 객관적 사실과 합치하지 않는 부분이 중요한 부분인지 여부를 결정하여야 한다(대법원 2009. 2. 12. 선고 2008도8310 판결 등 참조).

　원심판결 이유와 제1심 및 원심이 적법하게 채택한 증거들에 의하면, 피해자는 사실은 공소외 주식회사(이하 '○○일보'라 한다)의 대표이사로 재직한 사실이 없음에도 "○○일보 대표이사/부회장"이라고 기재된 명함을 가지고 다니면서 피고인 등에게 자신을 ○○일보의 대표이사로 소개한 사실, 이에 피해자가 ○○일보 대표이사인 것으로 잘못 알고 피해자를 △△△△△△△△ 시민연대(이하 '이 사건 단체'라 한다)의 공동대표로 추천하고 그 상임대표로 취임하도록 한 피고인이, 피해자가 ○○일보의 대표이사가 아니라는 사실을 뒤늦게 알게 되어 이를 구체적으로 적시하지는 않은 채 피해자가 이 사건 단체에서 제명되었다는 취지의 글을 게시하면서 "사유: 허위사실 유포"라고 기재한 사실, 피해자는 이 사건 제1심 법정에서도 자신이 ○○일보의 법인 등기부에 기재된 적이 있는 대표이사라고 증언하였으나, 사실은 ○○일보의 법인 등기부에 대표이사로 기재된 적은 없고, 다만 수년 전에 비상근 '부회장'(명예직)의 직함을 가지고 있었을 뿐인 사실 등을 알 수 있다.

　앞서 본 법리에 위 사실관계를 비추어 살펴보면, 피해자가 ○○일보의

대표이사로 재직한 적이 없음에도 ○○일보 대표이사라는 사회적 지위에 관한 허위사실을 적극적으로 고지하고 다닌 이상, 피고인이 이를 염두에 두고서 "허위사실 유포"라는 사실을 적시하였다고 하여, 그것을 위 조문 제2항의 '거짓의 사실'에 해당한다고 볼 수 없을 뿐만 아니라, 기록을 살펴보아도 검사가 그 행위 당시에 피고인에게 위와 같이 적시된 사실이 허위라는 인식이 있었음을 입증하였다고 보기도 어렵다.

또한, 검사는 '제명처분을 하였다'는 취지의 기재는 정관에 규정된 적정한 절차를 거치지 않아서 제명의 효력이 없으므로 거짓의 사실이라는 취지의 주장을 하나, 이 부분 상고이유의 요지는 결국, 정관에 규정된 적정한 절차를 거쳤는지에 관한 것으로서 이는 사실심인 원심의 전권에 속하는 증거의 취사선택과 사실의 인정을 비난하는 것에 불과하므로, 적법한 상고이유가 되지 못한다.

구 정보통신망 이용촉진 및 정보보호 등에 관한 법률(2007. 12. 21. 법률 제8778호로 개정되기 전의 것) 제61조 제2항의 '사람을 비방할 목적'이란 형법 제309조 제1항의 '사람을 비방할 목적'과 마찬가지로 가해의 의사 내지 목적을 요하는 것으로서 공공의 이익을 위한 것과는 행위자의 주관적 의도의 방향에 있어 서로 상반되는 관계에 있다고 할 것이므로, 적시한 사실이 공공의 이익에 관한 것인 경우에는 특별한 사정이 없는 한 비방할 목적은 부인된다고 봄이 상당하고, 여기에서 '적시한 사실이 공공의 이익에 관한 경우'라 함은 적시된 사실이 객관적으로 볼 때 공공의 이익에 관한 것으로서 행위자도 주관적으로 공공의 이익을 위하여 그 사실을 적시한 것이어야 하는데, 공공의 이익에 관한 것에는 널리 국가·사회 기타 일반 다수인의 이익에 관한 것뿐만 아니라 특정한 사회집단이나 그 구성원 전체의 관심과 이익에 관한 것도 포함하는 것이며, 적시한 사실이 공공의 이익에 관한 것인지 여부는 당해 명예훼손적 표현으로 인한 피해자가 공무원 내지 공적 인물과 같은 공인(公人)인지 아니면 사인(私人)에 불과한지 여부, 그 표현이 객관적으로 국민이 알아야 할 공공성·사회성을 갖춘 공적 관심 사안에 관한 것으로 사회의 여론형성 내지 공개토론에 기여하는 것인지 아니면 순수한 사적인 영역에 속하는 것인지 여부, 피해자가 그와 같은 명예훼손적 표현의 위험을 자초한 것인지 여부, 그리고 그 표현에 의하여 훼손되는 명예의 성격과 그 침해의 정도, 그 표현의 방법과 동기 등 제반 사정을 고려하여 판단하여야 할 것이다 (대법원 2009. 2. 12. 선고 2008도8310 판결 등 참조).

원심판결 이유와 제1심 및 원심이 적법하게 채택한 증거들에 의하여 인정되는 다음의 사정, 즉 피고인은 피해자가 ○○일보 대표이사인 것으로 알고 피해자를 이 사건 단체의 공동대표로 추천하고 또한 그 상임대표로 취임하도록 하였는데, 이 사건 단체는 환경단체이므로 피고인에게 있어서 피해자가 ○○일보 대표이사인지 여부가 피해자를 이 사건 단체의 공동대표 및 상임대표로 추천하는 데에 결정적인 요소로 작용한 것으로 보이는 점, 그런데 피해자가 ○○일보 대표이사가 아님에도 그 대표이사로 기재된 명함을 돌림으로써 '허위사실을 유포'하였다면, 그 사실은 환경단체인 이 사건 단체 및 그 회원들 전체의 관심과 이익에 관한 것이라고 볼 것인 점, 피해자는 ○○일보의 대표이사가 아님에도 그 대표이사로 기재된 명함을 돌리는 등 명예훼손적 표현의 위험을 자초한 측면이 있는 점, 피고인은 이 사건 단체 회원들을 대상으로 하여 이 사건 글을 게시한 것이므로 사실의 공표가 이루어진 상대방의 범위가 넓지는 않은 점, 피고인이 적시한 사실인 "허위사실 유포"는 '거짓의 사실'을 드러낸 것으로 볼 수 없고, 또한 피고인이 피해자가 '○○일보의 대표이사가 아니면서 그 대표이사로 행세하였다'는 취지로 구체적으로 적시하지도 않았으므로, 사실 적시를 이유로 한 피해자의 명예에 대한 침해의 정도가 크다고 할 수도 없는 점, 피고인이 피해자의 인격을 직접 비난하거나 비하하는 표현을 사용하지 않은 점 등을 위 법리에 비추어 보면, 피고인이 적시한 "허위사실 유포"라는 사실은 이 사건 단체 및 그 구성원들의 공공의 이익에 관한 것으로서 피고인에게는 피해자를 비방할 목적이 없었다고 봄이 상당하다.

결국, 원심이 "허위사실 유포"는 제명 사유의 존부 문제일 뿐 이 사건 명예훼손에 있어서 거짓의 사실이라고 할 수 없다고 단정하여 이 부분에 관한 판단을 누락한 잘못은 있으나, 위에서 본 바와 같이 그와 같은 판단 누락은 이 사건 판결에 영향을 미친 법령위배로 볼 수 없고, 원심판결에 상고이유에서 주장하는 바와 같은 명예훼손죄에 있어서의 비방의 목적에 관한 법리를 오해한 위법이 없다.

한편, 원심은 '피해자를 제명하였다'는 취지의 사실을 적시한 부분에 대하여 그 판시와 같은 사정을 인정한 다음, 그 적시된 사실은 이 사건 단체의 적정한 운영이라는 공공의 이익에 관한 것으로서 피고인에게 피해자를 비방할 목적이 있었다고는 보이지 않으며, 달리 이를 인정할 증거가 없다고 판단하였다.

원심판결 이유를 앞서 본 법리에 비추어 살펴보면, '피해자를 제명하였다'는 취지의 사실을 적시한 부분에 관한 원심의 위와 같은 판단은 정당한 것으로 수긍할 수 있고, 거기에 상고이유로 주장하는 바와 같은 명예훼손죄에 있어서의 비방의 목적에 관한 법리를 오해한 위법이 없다.

인터넷 게임 채팅창에서 허위사실을 적시하여 명예를 훼손한 경우

신체적 특징을 묘사하는 표현도 명예훼손죄로 의율 될 수 있는 경우가 있으나 '대머리'는 머리털이 많이 빠져 벗어진 머리, 또는 그런 사람을 뜻하는 표준어이고 단어 자체에 어떤 경멸이나 비하의 뜻이 있다고 보기 어려운 점, 어떠한 신체적 특징이든 개인의 취향과 선호도, 유행 등에 따라 호불호가 갈리는 경우가 많은 점, 이를 유죄로 인정할 경우 형사처벌의 무분별한 확장을 가져올 우려가 있는 점 등을 고려할 때 이를 명예훼손이라고 단정할 수는 없다는 이유로 무죄를 선고한 사례.

피고인이 甲을 비방할 목적으로 인터넷온라인 게임인 △△△에 접속하여 불특정 다수인이 볼 수 있는 채팅창에 "촉 뻐꺼, 대머리"라는 글을 올려 거짓의 사실을 드러내어 甲의 명예를 훼손하였다는 내용의 정보통신망 이용촉진 및 정보보호 등에 관한 법률 위반(명예훼손) 공소사실에 대하여, 위 글의 내용 중 '촉'은 甲의 게임상 닉네임이고, '뻐꺼'는 '(머리가) 벗겨졌다'는 뜻의 속어인데, 피고인이 甲을 '대머리'라고 불렀더라도 이는 신체적 특징을 묘사한 말일 뿐 객관적으로 피해자의 사회적 가치 내지 평가를 떨어뜨리는 사실이라고 보기 어렵고 피해자가 실제로는 대머리가 아니라 하더라도 마찬가지이며, 물론 신체적 특징을 묘사하는 표현도 명예훼손죄로 의율 될 수 있는 경우가 있으나 '대머리'는 머리털이 많이 빠져 벗어진 머리, 또는 그런 사람을 뜻하는 표준어이고 단어 자체에 어떤 경멸이나 비하의 뜻이 있다고 보기 어려운 점, 어떠한 신체적 특징이든 개인의 취향과 선호도, 유행 등에 따라 호불호가 갈리는 경우가 많은 점, 이를 유죄로 인정할 경우 형사처벌의 무분별한 확장을 가져올 우려가 있는 점 등을

고려할 때 이를 명예훼손이라고 단정할 수는 없다는 이유로 무죄를 선고한 사례.

【참조조문】

정보통신망 이용촉진 및 정보보호 등에 관한 법률 제70조

제70조(벌칙)
① 사람을 비방할 목적으로 정보통신망을 통하여 공공연하게 사실을 드러내어 다른 사람의 명예를 훼손한 자는 3년 이하의 징역 또는 3천만원 이하의 벌금에 처한다.
② 사람을 비방할 목적으로 정보통신망을 통하여 공공연하게 거짓의 사실을 드러내어 다른 사람의 명예를 훼손한 자는 7년 이하의 징역, 10년 이하의 자격정지 또는 5천만원 이하의 벌금에 처한다.
③ 제1항과 제2항의 죄는 피해자가 구체적으로 밝힌 의사에 반하여 공소를 제기할 수 없다.

사건사례

피고인은 인터넷온라인 게임인 '△△△'에서 닉네임 '귀걸이'를 사용하는 사람이다. 누구든지 사람을 비방할 목적으로 정보통신망을 통하여 공공연하게 거짓의 사실을 드러내어 다른 사람의 명예를 훼손하여서는 아니 된다. 그럼에도 불구하고, 피고인은 평소 위 △△△ 게임상에서 닉네임 '촉'을 사용하는 피해자 공소외인과 감정이 좋지 않다는 이유로, 피해자를 비방할 목적으로 20○○. ○○. ○○.경 ○○시 ○○○구(이하 생략)에 있는 ○○○○○호텔 프런트에서 △△△ 게임에 접속하여 게임을 하는 불특정 다수인이 볼 수 있는 채팅창에 "촉 뼈꺼, 대머리"라는 내용의 글을 올려 정보통신망을 통하여 공공연하게 거짓의 사실을 드러내어 피해자의 명예를 훼손하였다.

피고인은 위 공소사실 기재와 같이 게임 중 채팅창에 피해자 공소외인을 가리켜 '촉 뻐꺼, 대머리'라는 내용의 글을 올린 사실을 인정하고 있고, 이 사건 기록 및 피고인의 법정 진술에 의하면 '촉'은 피해자의 게임상 닉네임이고, '뻐꺼'는 '(머리가) 벗겨졌다'는 속어인 사실을 인정할 수 있다.

그러나 위 글의 내용이 과연 피해자의 명예를 훼손하는 것인지에 관하여 살피건대, 피해자를 대머리라고 불렀다고 하더라도 이는 신체적 특징을 묘사한 말일 뿐 객관적으로 피해자의 사회적 가치 내지 평가를 떨어뜨리는 사실이라고 보기 어렵고, 피해자가 실제로는 대머리가 아니라 하더라도 마찬가지이다.

물론 신체적 특징을 묘사하는 말도 명예훼손죄로 의율 될 수 있는 경우가 있으나, 대머리는 머리털이 많이 빠져 벗어진 머리, 또는 그런 사람을 뜻하는 표준어이고 그 단어 자체에 어떤 경멸이나 비하의 뜻을 담고 있다고 보기 어려운 점, 어떠한 신체적 특징이든 개인의 취향과 선호도, 유행 등에 따라 호불호가 갈리는 경우가 많은 점, 본 건과 같은 경우를 유죄로 인정한다면 처벌의 무분별한 확장을 가져올 우려가 있는 점 등을 고려하면, 이를 명예훼손이라고 단정할 수는 없을 것이다.

그렇다면 이 사건 공소사실은 범죄로 되지 아니하는 경우에 해당하여 형사소송법 제325조 전단에 따라 무죄를 선고한다.

판례 8

명예훼손

피고인이 온라인 강의 업체 유명강사인 甲이 과거 허위학력 논란에 대한 사과나 해명 없이 강사활동을 계속하는 것은 기회주의적인 행태라는 취지의 비난 글을 인터넷 블로그에 올림으로써, 甲을 비방할 목적으로 정보통신망을 이용하여 공공연하게 거짓의 사실을 드러내어 그 명예를 훼손하였다는 내용으로 기소된 사안에서, 위 공소사실을 유죄로 인정한 원심판결에 사실오인 또는 법리오해의 위법이 있다는 이유로 파기하고 무죄를 선고한 사례

피고인이 수험생들 사이에서 인지도가 매우 높은 온라인 강의 업체 유명강사인 甲이 과거 허위학력 논란에 대한 사과나 해명 없이 강사활동을 계속하는 것은 기회주의적인 행태라는 취지의 비난 글을 사진과 함께 실명을 거론하면서 2회에 걸쳐 인터넷 블로그에 올림으로써, 甲을 비방할 목적으로 정보통신망을 이용하여 공공연하게 거짓의 사실을 드러내어 그 명예를 훼손하였다는 내용으로 기소된 사안에서, 피고인이 위 글을 게시하게 된 동기나 그 경위 및 배경, 위 글의 전체적인 구성, 글 표현의 정도와 수법 등에 비추어 보면, 피고인이 위 글을 게시한 것은 그 주요한 동기 내지 목적이 공공의 이익을 위한 것으로 볼 수 있고, 비록 위 글에 일부 객관적인 사실과 다른 부분이 있으며 드러낸 내용으로 침해되는 甲의 개인적 법익이 가볍지 않고 피고인이 블로거(blogger)로서 온라인상에서 인기와 심리적 만족감을 얻고자 하는 동기가 일부 있었더라도 그것은 부수적인 목적·동기에 그친다고 보여 결국 공공의 이익을 위한 것이라는 점을 부정하기는 어려울 뿐만 아니라, 글의 전체적인 취지를 살펴볼 때 중요한 부분이 객관적 사실과 합치되므로 일부 사실과 다른 부분이 있다 하여 이

를 거짓의 사실을 드러낸 것으로 볼 수 없고, 피고인이 일부 사실과 다른 부분이 있음을 인식하였다고 보기도 어려운데도, 위 공소사실을 유죄로 인정한 원심판결에 사실오인 또는 법리오해의 위법이 있다는 이유로 파기하고 무죄를 선고한 사례.

【참조조문】

정보통신망 이용촉진 및 정보보호 등에 관한 법률 제70조 제2항

> 제70조(벌칙)
> ② 사람을 비방할 목적으로 정보통신망을 통하여 공공연하게 거짓의 사실을 드러내어 다른 사람의 명예를 훼손한 자는 7년 이하의 징역, 10년 이하의 자격정지 또는 5천만원 이하의 벌금에 처한다.

형사소송법 제325조

> 제325조(무죄의 판결)
> 피고사건이 범죄로 되지 아니하거나 범죄사실의 증명이 없는 때에는 판결로써 무죄를 선고하여야 한다.

【참조판례】

> 대법원 2000. 2. 25. 선고 99도4757 판결
> 대법원 2007. 6. 1. 선고 2006도1538 판결
> 대법원 2008. 10. 9. 선고 2007도1220 판결(공2008하, 1561)
> 대법원 2009. 5. 28. 선고 2008도8812 판결(공2009하, 1056)
> 대법원 2010. 11. 25. 선고 2009도12132 판결(공2011상, 70)

사건사례 -

피고인은 고등학교에 재학 중이던 20○○. ○○. ○○.경 △△닷컴 인터넷 기사에서 '◎◎◎ 수능강사 학력 허위논란'이라는 제목으로 피해자 공소외인이 학력을 속여 ◎◎◎에 입사하였다는 의혹이 있다는 취지의 글이 게재된 이후에도 위 피해자 ○○○가 이에 대하여 명확한 답변을 하지 않고 반성을 하지 않은 채 학생들을 대상으로 강의를 하는 것은 옳지 않은 태도라고 생각하여 인터넷 사이트에 피해자 ○○○를 비방하는 글을 게재하기로 마음먹었다.

(1) 피고인은 20○○. ○○. ○○. ○○:○○경 정보통신망인 인터넷 사이트 □□□□ 블로그(http://■■■■■■■■■.□□□□.com)에 "어떤 학생이 댓글로 왜 △△ 이야기는 안하냐고 해서 쓰는 △△ 관련 포스팅"이라는 제목으로 피해자 공소외인(여, 35세, 일명 △△)의 사진을 게재하고 실명을 거론하면서 "공소외인이 20○○년 당시 학력을 속여 ◎◎◎에서 퇴출이 되었고, 그녀에 대하여 비난을 하는 이유는 학력을 속인 것에 대하여 일언반구의 사과도 없고, 해명글도 올리지 않고 아무렇지도 않게 계속 학원계에 얼굴을 내미는 행위는 아무리 봐도 기회주의적인 행태에 지나지 않습니다."라는 취지의 거짓의 사실을 적시하였다.
그러나 사실은 허위 학력으로 ◎◎◎에서 퇴출된 사실이 없고, 또한 현재는 학력을 속인 사실도 없으며, 신문 등에 피해자의 학력을 공개하였음에도 불구하고, 위와 같은 피해자에 대한 학력논란이 있던 20○○년경으로부터 ○년여 기간이 지난 시점에 위와 같은 글을 게재한 것이다.

(2) 피고인은 20○○. ○○. ○○. ○○:○○경 위 사이트에 "(재포스팅) △△ 학력 관련 이야기"라는 제목으로 전항과 같은 내용의 글을 또 다시 게재하였다.
결국, 피고인은 위와 같이 2회에 걸쳐 사람을 비방할 목적으로 정보통신망을 이용하여 공공연하게 거짓의 사실을 드러내어 피해자의 명예를 각각 훼손하였다.

해 설 •

　정보통신망 이용촉진 및 정보보호 등에 관한 법률 제70조 제2항의 '사람을 비방할 목적'이라 함은 가해의 의사 내지 목적을 요하는 것으로서 공공의 이익을 위한 것과는 행위자의 주관적 의도의 방향에 있어 서로 상반되는 관계에 있다고 할 것이므로, 드러낸 사실이 공공의 이익에 관한 것인 경우에는 특별한 사정이 없는 한 비방할 목적은 부인된다고 봄이 상당하고, 여기에서 '드러낸 사실이 공공의 이익에 관한 경우'라 함은 드러낸 사실이 객관적으로 볼 때 공공의 이익에 관한 것으로서 행위자도 주관적으로 공공의 이익을 위하여 그 사실을 드러낸 것이어야 하는데, 공공의 이익에 관한 것에는 널리 국가·사회 기타 일반 다수인의 이익에 관한 것뿐만 아니라 특정한 사회집단이나 그 구성원 전체의 관심과 이익에 관한 것도 포함하는 것이며, 드러낸 사실이 공공의 이익에 관한 것인지 여부는 당해 명예훼손적 표현으로 인한 피해자가 공무원 내지 공적 인물과 같은 공인(公人)인지 아니면 사인(私人)에 불과한지 여부, 그 표현이 객관적으로 국민이 알아야 할 공공성·사회성을 갖춘 공적 관심 사안에 관한 것으로 사회의 여론형성 내지 공개토론에 기여하는 것인지 아니면 순수한 사적인 영역에 속하는 것인지 여부, 피해자가 그와 같은 명예훼손적 표현의 위험을 자초한 것인지 여부, 그리고 그 표현에 의하여 훼손되는 명예의 성격과 그 침해의 정도, 그 표현의 방법과 동기 등 제반 사정을 고려하여 판단하여야 할 것이다.

　또한 허위사실 적시에 의한 명예훼손죄에 있어서 그 죄가 성립하기 위하여는 범인이 공연히 사실의 적시를 하여야 하고, 그 적시한 사실이 사람의 사회적 평가를 저하시키는 것으로서 허위이어야 하며, 범인이 그와 같은 사실이 허위라고 인식하였어야 하는데, 그 적시된 사실이 허위의 사실인지 여부를 판단함에 있어서는 적시된 사실의 내용 전체의 취지를 살펴볼 때 중요한 부분이 객관적 사실과 합치되는 경우에는 세부에 있어서

제4장
불법
컨텐츠
범죄

진실과 약간 차이가 나거나 다소 과장된 표현이 있다 하더라도 이를 허위의 사실이라고 볼 수는 없다(대법원 2007. 6. 1. 선고 2006도1538 판결 등 참조)고 할 것인바, 이러한 법리는 이 사건 공소사실인 사람을 비방할 목적으로 정보통신망을 통하여 공공연하게 '거짓의 사실을 드러내어' 다른 사람의 명예를 훼손한 죄의 경우에도 마찬가지라 할 것이다.

이 사건에서 보건대, 원심이 적법하게 채택하여 조사한 증거들에 의하여 인정되는 다음과 같은 사정, 즉 ①우선 이 사건 글의 주요 내용과 취지는 피해자가 온라인 강의 업체인 ○○스터디의 외국어영역 매출 1위의 강사이고, 학사 이상의 학력임에도 다른 유명강사들과 달리 이에 대한 언급이 없으며, 허위학력 논란으로 ◎◎◎에서 퇴출되었음에도 여전히 ○○스터디에서 온라인 강의를 하고 있으므로, 이에 대한 피해자의 해명과 사과가 필요하다는 것인바, 피해자는 수험생들 사이에서 인지도가 매우 높은 온라인 강의 업체인 ○○스터디의 유명강사로 연매출액이 90억 원, 연 수입이 30억 원, 월평균 2,000여 명 이상의 수험생이 피해자의 수업을 듣는 등 공인(公人)의 위치에 있고, 유명강사의 학력에 대한 정보와 이에 대한 검증은 수험생과 그 학부모 등 사회 공공의 관심 사안으로서, 명백하게 악의적이고 근거 없이 음해하는 내용이 아닌 한 그에 대한 공개적인 문제제기나 비판은 원칙적으로 허용되어야 할 것이며, 특히 20○○년경 피해자에 대하여 허위학력 논란이 있었던 사실을 보태어 보면, 이 사건에서 드러낸 사실은 공인의 공적활동과 밀접하게 관련된 것으로 이는 수험생 등의 공적 관심 사안일 뿐만 아니라 우리 사회에 존재하는 학력 과장에 대한 비판 등 의견형성에도 기여하는 것으로 보이는 점, ②피해자에 대한 허위학력 논란이 있은 후 ○년이 경과하였고, 피해자의 학력이 특별한 사회적 이슈가 되지 않음에도 피고인이 이 사건 글을 게재한 사실은 인정되나, 피고인은 이 사건 글을 게시하기 이전인 20○○. ○○.경 'Teach me, 그리고 인터넷 무료강의의 결말'이란 제목으로 학원 강사들의 실명을 거론하며 인터넷 무료강의의 문제점에 대하여 글을 쓴 바도 있고, 이 사건 글도 성명불상의 네티즌이 요구를 하여 올리게 된 것으로 보이는 점, ③

이 사건 글은 피고인이 직접 체험한 사실이나 피해자에 대한 허위학력 논란을 게재한 인터넷 기사 등을 근거로 하고 있는 것으로 보이는 점, ④피고인은 이 사건 글에 피해자가 학력논란으로 ◎◎◎에서 퇴출되었다고 단정적으로 표현하였는바, 20○○년경 피해자의 허위학력 논란에 대하여 보도한 ☆☆닷컴 인터넷 기사에서는 "◎◎◎ 측은 '피해자에 대한 허위학력 얘기는 들었다'면서 '실력이 아무리 뛰어나도 교사로서의 도덕성에 문제가 있다면 강사 채용을 재고해 볼 수밖에 없는 게 아니냐. 현재 어떻게 조치할지 고심 중'이라고 말했다."고 되어 있었고, 그 무렵 ◎◎◎ 홈페이지에 피해자의 강의가 업데이트되지 않았으며, 그러한 논란이 있은 후 피해자와 ◎◎◎ 측으로부터 별다른 해명이나 반박이 없었던 점 등 피고인으로서는 ◎◎◎ 측에서 피해자의 허위학력 논란에 관하여 조사를 하고 그에 따른 조치를 취하였다고 오신할 수 있는 나름대로의 근거가 있다고 보이고, 위와 같은 표현이 이 사건 글의 전체에서 차지하는 비중이 크지 않을 뿐만 아니라 피해자의 학력이 논란이 되었고 이에 대하여 해명과 사과가 필요하다는 이 사건 글의 전체적인 내용에서도 크게 벗어나지 아니한 점, ⑤이 사건 글 중 '그녀에 대하여 비난을 하는 이유는 학력을 속인 것에 대하여 일언반구의 사과도 없고, 해명글도 올리지 않고 아무렇지도 않게 계속 학원계에 얼굴을 내미는 행위는 아무리 봐도 기회주의적인 행태에 지나지 않습니다.'라는 내용이 포함되어 있는 등 표현의 정도가 다소 감정적인 부분이 있으나 그 표현의 정도가 일상적으로 사용되는 경미한 수준의 것으로 과도하게 감정적이거나 모멸적인 정도에까지 이르렀다고는 보이지 않는 점, ⑥원심은 피고인에게 비방의 목적이 있음을 판단하는 데 있어 피고인이 피해자로부터 이 사건 글의 삭제 요청을 받게 되자 그러한 내용까지도 정보통신망에 올려 공개하고 다시 이 사건 글을 올리게 된 점을 지적하나, 피고인이 그와 같이 대응하였다고 하여 피고인에게 비방의 목적이 있다고 단정할 수 없는 점, ⑦20○○년경 피해자에 대한 학력논란이 있었음에도 그에 대하여 피해자가 명시적으로 해명을 하거나 사과를 한 흔적을 찾아볼 수 없는바, 그렇다면 피해자 스스로 명예훼손적 표현의 위험을 일부 유발한 측면이 없다고 볼 수 없는 점, ⑧달리 피고인이 피해자에 대하여 개인적인 감정이 있는 등 피해자를 비방할 만한 동기도 찾아볼 수 없는 점 등 피고인이 위 글을 게시하게 된 동기나 그 경위 및 배경, 위 글의 전체적인 구성, 글 표현의 정도와 수법 등에 비추어 보면, 피고인이 이 사건 글을 게시한 것은 그 주요한 동기 내지 목적이 공공의 이익을 위한 것으로 볼 수 있고, 비록 이 사건 글에 일부 객관적인 사실과 다른 부분이 있으며 적시한 내용으로 침해되는 피해자의 개인적 법익이 가볍지 않고 피고인이 블로거(blogger)로서 온라인상에서 인기를 얻고 심리적 만족감을 얻고자 하는 동기가 일부 있었다고 하여도 그것은 부수적인 목적이나 동기에 그친다고 보여 결국 공공의 이익을 위한 것이라는 점을 부정하기는 어려울 뿐만 아니라, 글의 전체적인 취지를 살펴볼 때 중요한 부분이 객관적 사실과 합치되므로 일부 사실과 다른 부분이 있다 하여 이를 거짓의 사실을 드러낸 것으로 볼 수 없고, 피고인이 일부 사실과 다른 부분이 있음을 인식하였다고 보기도 어렵다.

정보통신망을 통한 명예훼손죄에서 '허위의 인식' 등에 관한 증명책임의 소재(=검사) 및 그 증명 여부의 판단 기준

적시한 사실이 공공의 이익에 관한 것인 경우에는 특별한 사정이 없는 한 비방할 목적은 부인된다고 보아야 하고, 공공의 이익에 관한 것에는 널리 국가·사회 기타 일반 다수인의 이익에 관한 것뿐만 아니라 특정한 사회집단이나 그 구성원 전체의 관심과 이익에 관한 것도 포함하는 것이고, 행위자의 주요한 동기 내지 목적이 공공의 이익을 위한 것이라면 부수적으로 다른 사익적 목적이나 동기가 내포되어 있더라도 비방할 목적이 있다고 보기는 어렵다.

형사재판에서 공소가 제기된 범죄의 구성요건을 이루는 사실은 그것이 주관적 요건이든 객관적 요건이든 그 증명책임이 검사에게 있으므로, 구 정보통신망 이용촉진 및 정보보호 등에 관한 법률(2008. 6. 13. 법률 제9119호로 개정되기 전의 것) 제70조 제2항의 허위사실 적시 정보통신망을 통한 명예훼손죄로 기소된 사건에서 사람의 사회적 평가를 떨어뜨리는 사실이 적시되었다는 점, 그 적시된 사실이 객관적으로 진실에 부합하지 아니하여 허위일 뿐만 아니라 그 적시된 사실이 허위라는 것을 피고인이 인식하고서 이를 적시하였다는 점은 모두 검사가 증명하여야 한다. 그런데 위 증명책임을 다하였는지 여부를 결정할 때에는, 어느 사실이 적극적으로 존재한다는 것의 증명은 물론, 그 사실의 부존재의 증명이라도 특정 기간과 특정 장소에서의 특정행위의 부존재에 관한 것이라면 적극적 당사자인 검사가 이를 합리적 의심의 여지가 없이 증명하여야 할 것이지만, 특정되지 아니한 기간과 공간에서의 구체화되지 아니한 사실의 부존재를 증명한다는 것은 사회통념상 불가능한 반면 그 사실이 존재한다고 주장·증명하

는 것이 보다 용이하므로 이러한 사정은 검사가 그 증명책임을 다하였는지를 판단할 때에 고려되면 된다.

피고인이 인터넷 게시판에 허위 사실을 적시하여 甲 유학원 및 그 대표 乙의 명예를 훼손하였다는 구 정보통신망 이용촉진 및 정보보호 등에 관한 법률(2008. 6. 13. 법률 제9119호로 개정되기 전의 것) 위반의 공소사실에 대하여, 원심이 유죄 인정의 근거로 들고 있는 증거들만으로는 위 사실들이 허위이고 피고인이 그와 같은 사실이 허위임을 인식하였다는 점이 합리적인 의심을 할 여지가 없을 정도로 증명되었다고 보기 어려운데도, 피고인이 진실이라는 점을 소명할 구체적이고 객관적인 자료를 전혀 제시하지 못하였다는 이유만으로 위 사실들이 허위이고, 피고인이 이러한 사실들이 허위라고 인식하고 있었다고 판단하여 이를 유죄로 인정한 원심 판단에 증명책임에 관한 법리오해 또는 채증법칙 위반의 위법이 있다고 한 사례.

구 정보통신망 이용촉진 및 정보보호 등에 관한 법률(2008. 6. 13. 법률 제9119호로 개정되기 전의 것) 제70조 제1, 2항에서 정한 '사람을 비방할 목적'이란 가해의 의사 내지 목적을 요하는 것으로서, 사람을 비방할 목적이 있는지 여부는 당해 적시 사실의 내용과 성질, 당해 사실의 공표가 이루어진 상대방의 범위, 그 표현의 방법 등 그 표현 자체에 관한 제반 사정을 감안함과 동시에 그 표현에 의하여 훼손되거나 훼손될 수 있는 명예의 침해 정도 등을 비교, 고려하여 결정하여야 하는데, 공공의 이익을 위한 것과는 행위자의 주관적 의도의 방향에 있어 서로 상반되는 관계에 있으므로, 적시한 사실이 공공의 이익에 관한 것인 경우에는 특별한 사정이 없는 한 비방할 목적은 부인된다고 보아야 하고, 공공의 이익에 관한 것에는 널리 국가·사회 기타 일반 다수인의 이익에 관한 것뿐만 아니라 특정한 사회집단이나 그 구성원 전체의 관심과 이익에 관한 것도 포함하는 것이고, 행위자의 주요한 동기 내지 목적이 공공의 이익을 위한 것이라면 부수적으로 다른 사익적 목적이나 동기가 내포되어 있더라도 비방할 목적이 있다고 보기는 어렵다.

【참조조문】

정보통신망 이용촉진 및 정보보호 등에 관한 법률 제70조 제1항, 제2항

> **제70조(벌칙)**
> ① 사람을 비방할 목적으로 정보통신망을 통하여 공공연하게 사실을 드러내어 다른 사람의 명예를 훼손한 자는 3년 이하의 징역 또는 3천만원 이하의 벌금에 처한다.
> ② 사람을 비방할 목적으로 정보통신망을 통하여 공공연하게 거짓의 사실을 드러내어 다른 사람의 명예를 훼손한 자는 7년 이하의 징역, 10년 이하의 자격정지 또는 5천만원 이하의 벌금에 처한다.

형사소송법 제308조

> **제308조(자유심증주의)**
> 증거의 증명력은 법관의 자유판단에 의한다.

【참조판례】

> 대법원 2006. 4. 14. 선고 2004도207 판결
> 대법원 2004. 2. 26. 선고 99도5190 판결
> 대법원 2005. 7. 22. 선고 2005도2627 판결(공2005하, 1462)
> 대법원 2008. 6. 12. 선고 2008도1421 판결
> 대법원 2008. 11. 13. 선고 2006도7915 판결
> 대법원 2009. 1. 30. 선고 2007도5836 판결
> 대법원 2010. 10. 28. 선고 2009도4949 판결(공2010하, 2219)
> 대법원 2007. 6. 1. 선고 2006도1538 판결
> 대법원 2008. 9. 25. 선고 2008도4740 판결(공2008하, 1504)
> 대법원 2009. 5. 28. 선고 2008도8812 판결(공2009하, 1056)

원심은 그 채용 증거들을 종합하여 그 판시와 같은 사실을 인정한 다음, 이 사건 공소사실 제1항의 구 정보통신망 이용촉진 및 정보보호 등에 관한 법률(2008. 6. 13. 법률 제9119호로 개정되기 전의 것, 이하 '구법'이라고 한다) 제70조 제2항의 허위사실 적시 정보통신망을 통한 명예훼손의 점에 관하여, 피고인이 "지난 11월에 지인이 **에듀 설명회를 참석하였는데 그 이후 **에듀는 돈부터 입금하라는 독촉이 있었다, 우리 아이를 맡긴 DR**에듀는 운영이 잘 안 되다 보니까 실무책임자들과 직원들이 2년 사이에 100%라고 할 정도로 바뀌었고, 더더욱 학부모들의 큰소리도 끊이지 않았었다, 유학원 대표가 미국이나 캐나다에 살다가 한국에 나와서 유학 사업을 하는 경우가 있다, 그들은 사고가 나면 바로 도망 갈 가능성이 농후하다."고 주장하면서도 이러한 주장이 진실임을 소명할 구체적이고 객관적인 자료를 전혀 제시하지 못하고 있으므로 피고인이 인터넷에 게시한 위 글에서 적시한 내용은 허위라고 봄이 상당하다고 판단하였다.

그러나 원심의 이러한 판단은 다음과 같은 이유로 수긍하기 어렵다.

형사재판에서 공소가 제기된 범죄의 구성요건을 이루는 사실은 그것이 주관적 요건이든 객관적 요건이든 그 입증책임이 검사에게 있으므로, 구법 제70조 제2항의 허위사실 적시 정보통신망을 통한 명예훼손죄로 기소된 사건에서 사람의 사회적 평가를 떨어뜨리는 사실이 적시되었다는 점, 그 적시된 사실이 객관적으로 진실에 부합하지 아니하여 허위일 뿐만 아니라 그 적시된 사실이 허위라는 것을 피고인이 인식하고서 이를 적시하였다는 점은 모두 검사가 입증하여야 한다(대법원 2008. 6. 12. 선고 2008도1421 판결, 대법원 2009. 1. 30. 선고 2007도5836 판결 등 참조).

그런데 위 입증책임을 다하였는지 여부를 결정함에 있어서는, 어느 사실이 적극적으로 존재한다는 것의 증명은 물론, 그 사실의 부존재의 증명이라도 특정 기간과 특정 장소에서의 특정행위의 부존재에 관한 것이라면

적극적 당사자인 검사가 이를 합리적 의심의 여지가 없이 증명하여야 할 것이지만, 특정되지 아니한 기간과 공간에서의 구체화되지 아니한 사실의 부존재를 증명한다는 것은 사회통념상 불가능한 반면 그 사실이 존재한다고 주장·증명하는 것이 보다 용이하므로 이러한 사정은 검사가 그 입증책임을 다하였는지를 판단함에 있어 고려되면 된다(대법원 2008. 11. 13. 선고 2006도7915 판결 등 참조).

위 법리 및 기록에 비추어 살펴보면, 피고인이 적시한 공소사실 제1항의 각 사실들은 특정 기간과 특정 장소에서의 특정행위로 봄이 상당하므로 위 각 사실들이 허위라는 점 및 피고인이 그 허위를 인식하고 있었다는 점에 대한 입증책임은 검사에게 있다고 할 것인데, 원심이 유죄 인정의 근거로 들고 있는 증거들, 즉 "제1심 공판조서 중 증인 공소외 1, 2의 각 법정 진술기재, 화면캡쳐자료"만으로는 피고인이 적시한 공소사실 제1항 기재의 각 사실들이 허위이고 나아가 피고인이 그와 같은 사실이 허위임을 인식하였다는 점이 합리적인 의심을 할 여지가 없을 정도로 입증되었다고 보기 어렵고, 달리 이를 인정할 증거가 없다.

그럼에도 불구하고 원심은 피고인이 공소사실 제1항의 각 사실들이 진실이라는 점을 소명할 구체적이고 객관적인 자료를 전혀 제시하지 못하였다는 이유만으로 위 각 사실들이 허위이고, 피고인이 이러한 사실들이 허위라고 인식하고 있었다고 판단하여 이 사건 공소사실 제1항의 허위사실 적시 정보통신망을 통한 명예훼손의 점을 유죄로 인정하고 말았으니, 원심판결에는 위 명예훼손죄에 관한 입증책임에 관한 법리를 오해하였거나 채증법칙을 위반하여 판결 결과에 영향을 미친 위법이 있다. 이를 지적하는 상고이유의 주장은 이유 있다.

구법 제70조 제1, 2항에서 정한 '사람을 비방할 목적'이란 가해의 의사 내지 목적을 요하는 것으로서, 사람을 비방할 목적이 있는지 여부는 당해 적시 사실의 내용과 성질, 당해 사실의 공표가 이루어진 상대방의 범위, 그 표현의 방법 등 그 표현 자체에 관한 제반 사정을 감안함과 동시에 그 표현에 의하여 훼손되거나 훼손될 수 있는 명예의 침해 정도 등을 비교,

고려하여 결정하여야 하는데, 공공의 이익을 위한 것과는 행위자의 주관적 의도의 방향에 있어 서로 상반되는 관계에 있으므로, 적시한 사실이 공공의 이익에 관한 것인 경우에는 특별한 사정이 없는 한 비방할 목적은 부인된다고 봄이 상당하고, 공공의 이익에 관한 것에는 널리 국가·사회 기타 일반 다수인의 이익에 관한 것뿐만 아니라 특정한 사회집단이나 그 구성원 전체의 관심과 이익에 관한 것도 포함하는 것이고, 행위자의 주요한 동기 내지 목적이 공공의 이익을 위한 것이라면 부수적으로 다른 사익적 목적이나 동기가 내포되어 있더라도 비방할 목적이 있다고 보기는 어렵다 (대법원 2009. 5. 28. 선고 2008도8812 판결 등 참조).

위 법리 및 기록에 비추어 살펴보면, 원심이 그 채택 증거를 종합하여 판시와 같은 사실을 인정한 다음, 피고인이 ○○○○ 유학원 및 위 유학원의 대표 공소외 3을 비방할 목적으로 공소사실 제1, 2항 기재의 각 글을 피고인 개인 블로그 등에 게시하였고, 공소외 4는 유학원의 실수로 다시 캐나다로 유학을 간 것이 아닌 점에 비추어 피고인이 공소사실 제2항 기재 글에서 적시한 내용은 허위이고, 위 글이 허위임을 피고인이 인식하고 있었다고 판단한 것은 정당하고, 거기에 상고이유에서 주장하는 바와 같은 채증법칙 위반이나 법리오해 등의 위법이 없다.

판례10

형법 제310조의 규정이 구 정보통신망 이용촉진 및 정보보호 등에 관한 법률 제61조 제2항[현행법 제44조의7 제1항 제2호] 위반죄에도 적용되는지 여부

【참조조문】

형법 제307조 제1항

제307조(명예훼손)
① 공연히 사실을 적시하여 사람의 명예를 훼손한 자는 2년 이하의 징역이나 금고 또는 500만원 이하의 벌금에 처한다.

형법 제310조

제310조(위법성의 조각)
제307조제1항의 행위가 진실한 사실로서 오로지 공공의 이익에 관한 때에는 처벌하지 아니한다.

해 설

구 정보통신망이용촉진 및 정보보호 등에 관한 법률(2007. 12. 21. 법률 제8778호로 개정되기 전의 것) 제61조 제2항[제44조의7 제1항 제2호] 소정의 '사람을 비방할 목적'이란 가해의 의사 내지 목적을 요하는 것으로서, 공공의 이익을 위한 것과는 행위자의 주관적 의도의 방향에 있어 서로 상반되는 관계에 있다고 할 것이므로, 형법 제310조의 공공의 이익에 관한 때에는 처벌하지 아니한다는 규정은 사람을 비방할 목적이 있어야 하는 구 정보통신망이용촉진 및 정보보호 등에 관한 법률 제61조 제2항 [제44조의7 제1항 제2호] 소정의 행위에 대하여는 적용되지 아니 한다 고

할 것인바, 앞서 본 바와 같이 피고인에게 피해자를 비방하고자 하는 목적이 있었다는 원심의 판단이 정당한 이상, 이 부분에 관한 상고이유의 주장은 받아들일 수 없다.

한편, 형법 제20조 소정의 '사회상규에 위배되지 아니하는 행위'라 함은 법질서 전체의 정신이나 그 배후에 놓여 있는 사회윤리 내지 사회통념에 비추어 용인될 수 있는 행위를 말하고, 어떠한 행위가 사회상규에 위배되지 아니하는 정당한 행위로서 위법성이 조각되는 것인지는 구체적인 사정 아래서 합목적적, 합리적으로 고찰하여 개별적으로 판단되어야 하므로, 이와 같은 정당행위를 인정하려면 첫째 그 행위의 동기나 목적의 정당성, 둘째 행위의 수단이나 방법의 상당성, 셋째 보호이익과 침해이익과의 법익균형성, 넷째 긴급성, 다섯째 그 행위 외에 다른 수단이나 방법이 없다는 보충성 등의 요건을 갖추어야 하는바(대법원 2003. 9. 26. 선고 2003도3000 판결 참조), 기록에 의하면, 피고인이 제1심 범죄사실 기재와 같은 글에는 피해자가 주민을 기만하고, 또 주민에 거짓말을 하였다는 등으로 피해자를 비방하는 내용으로 일관하고 있어 행위의 목적이나 수단이 정당하다고 할 수 없다.

구 정보통신망 이용촉진 및 정보보호 등에 관한 법률 제61조 제2항[현행법 제70조 제2항]의 명예훼손죄가 성립하기 위한 '사실의 적시'의 정도

【참조조문】

정보통신망 이용촉진 및 정보보호 등에 관한 법률 제70조 제2항

제70조(벌칙)
② 사람을 비방할 목적으로 정보통신망을 통하여 공공연하게 거짓의 사실을 드러내어 다른 사람의 명예를 훼손한 자는 7년 이하의 징역, 10년 이하의 자격정지 또는 5천만원 이하의 벌금에 처한다.

형법 제307조 제2항

제307조(명예훼손)
② 공연히 허위의 사실을 적시하여 사람의 명예를 훼손한 자는 5년 이하의 징역, 10년 이하의 자격정지 또는 1천만원 이하의 벌금에 처한다.

【참조판례】

대법원 2003. 1. 24. 선고 2000다37647 판결(공2003상, 688)
대법원 2006. 8. 25. 선고 2006도648 판결
대법원 2004. 6. 25. 선고 2003도4934 판결
대법원 2008. 2. 14. 선고 2007도8155 판결(공2008상, 413)

해 설

비방할 목적이 있는지 여부는 당해 적시 사실의 내용과 성질, 상대방의 범위, 그 표현의 방법 등 그 표현 자체에 관한 제반 사정을 감안함과 동시에 훼손되거나 훼손될 수 있는 명예의 침해 정도 등을 비교, 고려하여 결정하여야 할 것이고, 적시한 사실이 공공의 이익에 관한 것인 경우에는 특별한 사정이 없는 한 비방할 목적은 부인된다고 봄이 상당하며, '적시한 사실이 공공의 이익에 관한 경우'라 함은 이익의 내용, 피해자의 성격, 피해 영역, 훼손되는 명예의 성격과 그 침해의 정도, 그 표현의 방법과 동기 등 제반 사정을 고려하여 판단하여야 할 것이다(대법원 2005. 10. 14. 선고 2005도5068 판결 등 참조).

한편, 정보통신망을 통한 허위사실 적시 명예훼손행위에 대하여는 형법 제310조의 적용이 없다(대법원 2006. 9. 8. 선고 2006도4199 판결 등 참조). 피고인은, 자신이 인터넷 포털사이트 ☆☆ 뉴스(이하 URL 생략)의 피해자에 대한 기사란에 '□□'라는 닉네임으로 게시한 댓글은 떠도는 소문에 대한 의문제기 정도에 지나지 않아 구체적인 사실을 적시한 경우에 해당하지 아니한다고 주장한다.

그러나 상고심은 항소법원 판결에 대한 사후심이므로 항소심에서 심판대상이 되지 않은 사항은 상고심의 심판범위에 들지 않는 것이어서, 피고인이 항소심에서 항소이유로 주장하지 아니하거나 항소심이 직권으로 심판대상으로 삼은 사항 이외의 사유에 대하여 이를 상고이유로 삼을 수는 없는 것인데(대법원 2006. 6. 30. 선고 2006도2104 판결, 대법원 2007. 11. 15. 선고 2007도5970 판결 등 참조), 기록에 의하면, 피고인은 제1심 판결에 대하여 항소하면서 위와 같은 사유를 항소이유로 삼은 바 없음이 명백하고, 원심판결이 위 상고이유에 관하여 직권으로 심판대상으로 삼은 바도 없으므로, 피고인이 상고이유로 내세우는 위 주장은 적법한 상고이유가 될 수 없다.

나아가 직권으로 살펴보더라도 구 정보통신망 이용촉진 및 정보보호 등에 관한 법률(2007. 12. 21. 법률 제8778호로 개정되기 전의 것, 이하 '구법'이라고만 한다) 제61조 제2항[현행법 제70조 제2항]에 규정된 정보통신망을 이용한 명예훼손죄에 있어서의 사실의 적시란 반드시 사실을 직접적으로 표현한 경우에 한정할 것은 아니고, 간접적이고 우회적인 표현에 의하더라도 그 표현의 전 취지에 비추어 그와 같은 사실의 존재를 암시하고, 또 이로써 특정인의 사회적 가치 내지 평가가 침해될 가능성이 있을 정도의 구체성이 있으면 족한 것인데 (대법원 1991. 5. 14. 선고 91도420 판결, 대법원 2003. 1. 24. 선고 2000다37647 판결 등 참조), 원심판결 이유와 원심이 인용한 제1심판결의 채용 증거들에 의하면, 피고인은 인터넷 포털사이트의 피해자에 대한 기사란에 그녀가 재벌과 사이에 아이를 낳거나 아이를 낳아준 대가로 수십억 원을 받은 사실이 없음에도 불구하고, 그러한 사실이 있는 것처럼 댓글이 붙어 있던 상황에서, 추가로 "지고 지순이 뜻이 뭔지나 아니? 모 재벌님하고의 관계는 끝났나?"라는 내용의 댓글을 게시하였다는 것인바, 위와 같은 댓글이 이루어진 장소, 시기와 상황, 그 표현의 전 취지 등을 위 법리에 비추어 보면, 피고인의 위와 같은 행위는 간접적이고 우회적인 표현을 통하여 위와 같은 허위 사실의 존재를 구체적으로 암시하는 방법으로 사실을 적시한 경우에 해당한다고 하지 않을 수 없으므로, 피고인의 위 주장은 받아들여질 수 없는 것이다.

피고인은 자신이 게시한 내용은 연예정보를 다루는 모든 방송, 신문, 잡지 등에서 다루어진 내용이기에 공연성이 없는 것이라고도 주장하나, 피고인의 위 주장 또한 피고인이 제1심판결에 대하여 항소하면서 그와 같은 사유를 항소이유로 삼은 바 없음이 기록상 명백하고, 원심판결이 위 상고이유에 관하여 직권으로 심판대상으로 삼은 바도 없으므로 앞서 본 법리에 비추어 적법한 상고이유가 될 수 없다.

나아가 직권으로 살펴보더라도, 구 법 제61조 제2항[현행법 제70조 제2항] 위반죄에 있어서 공연성이란 불특정 또는 다수인이 인식할 수 있는 상태를 의미하는 것인바 (대법원 2004. 6. 25. 선고 2003도4934 판결, 대법원 2008. 2. 14. 선고 2007도8155 판결 등 참조), 적시된 사실이 이미 사회의 일부에서 다루어진 소문이라고 하더라도 이를 적시하여 사람의 사회적 평가를 저하시킬 만한 행위를 한 때에는 명예훼손에 해당한다 할 것이고(대법원 1994. 4. 12. 선고 93도3535 판결 참조), 원심판결 이유와 원심이 인용한 제1심판결의 채용 증거들에 의하면, 피고인이 게시한 댓글은 해당 인터넷 포털사이트를 이용하는 불특정 다수의 이용자들이 쉽게 그 내용을 확인할 수 있는 것이었음을 알 수 있으므로, 피고인이 위와 같이 인터넷 포털사이트의 기사란에 댓글을 게재한 행위는 당연히 공연성이 있는 것이라고 할 것이다. 따라서 피고인의 위 주장 또한 받아들여질 수 없는 것이다.

구 법 제61조 제2항[현행법 제70조 제2항] 위반죄에 규정된 '사람을 비방할 목적'이란 가해의 의사 내지 목적을 요하는 것으로서 사람을 비방할 목적이 있는지 여부는 당해 적시 사실의 내용과 성질, 당해 사실의 공표가 이루어진 상대방의 범위, 그 표현의 방법 등 그 표현 자체에 관한 제반 사정을 감안함과 동시에 그 표현에 의하여 훼손되거나 훼손될 수 있는 명예의 침해 정도 등을 비교, 고려하여 결정하여야 하는 것이고 (대법원 2003. 12. 26. 선고 2003도6036 판결, 대법원 2006. 8. 25. 선고 2006도648 판결 등 참조). 한편, 피고인이 범의를 부인하고 있는 경우에는 사물의 성질상 고의와 상당한 관련성이 있는 간접 사실을 증명하는 방법에 의하여 입증할 수밖에 없고, 무엇이 상당한 관련성이 있는 간접사실에 해당할 것인가는 정상적인 경험칙에 바탕을 두고 치밀한 관찰력이나 분석력에 의하여 사실의 연결 상태를 합리적으로 판단하는 방법에 의하여야 할 것인바(대법원 2002. 8. 23. 선고 2000도329 판결, 대법원 2002. 12. 10. 선고 2001도7095 판결 등 참조), 원심이 인용한 제1심판결의 채용 증거들을 위 법리에 비추어 살펴보면, 피고인이 떠도는 소문만 듣고 그 진위를 확인하지도 아니한 채 앞서 본 바와 같이 인터넷을 통하여 피해자의 명예를 심각하게 훼손하는 내용의 댓글을 단 이상, 피고인에게 비방의 목적이나 명예훼손의 고의가 없었다고 할 수는 없다 할 것이므로, 이와 같은 취지의 원심 판단은 정당하고, 거기에 채증법칙을 위반하거나 위 죄의 성립에 관한 법리를 오해한 위법이 있다고 할 수 없다.

명예훼손죄에 있어서 '공연성'의 의미

> 명예훼손죄의 구성요건인 공연성은 불특정 또는 다수인이 인식할 수 있는 상태를 의미하므로, 비록 개별적으로 한 사람에 대하여 사실을 유포하였다 하더라도 그로부터 불특정 또는 다수인에게 전파될 가능성이 있다면 공연성의 요건을 충족한다.

개인 블로그의 비공개 대화방에서 상대방으로부터 비밀을 지키겠다는 말을 듣고 일대일로 대화하였다고 하더라도, 그 사정만으로 대화 상대방이 대화내용을 불특정 또는 다수에게 전파할 가능성이 없다고 할 수 없으므로, 명예훼손죄의 요건인 공연성을 인정할 여지가 있다고 본 사례.

제4장
불법
컨텐츠
범죄

【참조조문】

정보통신망 이용촉진 및 정보보호 등에 관한 법률 제70조 제2항

> 제70조(벌칙)
> ② 사람을 비방할 목적으로 정보통신망을 통하여 공공연하게 거짓의 사실을 드러내어 다른 사람의 명예를 훼손한 자는 7년 이하의 징역, 10년 이하의 자격정지 또는 5천만원 이하의 벌금에 처한다.

형법 제307조

> 제307조(명예훼손)
> ① 공연히 사실을 적시하여 사람의 명예를 훼손한 자는 2년 이하의 징역이나 금고 또는 500만원 이하의 벌금에 처한다. 〈개정 1995.12.29〉
> ② 공연히 허위의 사실을 적시하여 사람의 명예를 훼손한 자는 5년 이하의 징역, 10년 이하의 자격정지 또는 1천만원 이하의 벌금에 처한다.

【참조판례】

> 대법원 1985. 4. 23. 선고 85도431 판결(공1985, 817)
> 대법원 1990. 7. 24. 선고 90도1167 판결(공1990, 1834)
> 대법원 2006. 8. 25. 선고 2006도648 판결

해 설

　원심은, 피고인이 ○○이라는 아이디를 사용하는 자(이하 '○○'이라고 한다)와 사이에 나눈 공소사실과 같은 대화는 피고인의 인터넷 블로그(http: 이하 URL 생략)에서 이루어진 일대일 비밀대화로서 공연성이 없으므로 정보통신망 이용촉진 및 정보보호 등에 관한 법률상의 정보통신망을 통하여 공연히 허위의 사실을 적시하여 타인의 명예를 훼손한 경우에 해당하지 아니한다고 판단하였다.

　그러나 명예훼손죄의 구성요건인 공연성은 불특정 또는 다수인이 인식할 수 있는 상태를 의미하므로 비록 개별적으로 한 사람에 대하여 사실을 유포하였다 하더라도 그로부터 불특정 또는 다수인에게 전파될 가능성이 있다면 공연성의 요건을 충족한다 할 것이다(대법원 1985. 4. 23. 선고 85도431 판결, 대법원 1990. 7. 24. 선고 90도1167 판결 등 참조).

　그런데 원심판결 이유와 원심이 적법하게 조사하여 채택한 증거에 의하면, 원심이 판시한 위 일대일 비밀대화란 피고인이 ○○의 인터넷 블로그의 비공개 대화방에서 ○○과 사이에 일대일로 대화하면서 그로부터 비밀을 지키겠다는 말을 듣고 한 대화를 일컫는 것으로 보이는데, 위 대화가 인터넷을 통하여 일대일로 이루어졌다는 사정만으로 그 대화 상대방이 대화내용을 불특정 또는 다수인에게 전파할 가능성이 없다고 할 수는 없는 것이고, 또 ○○이 비밀을 지키겠다고 말하였다고 하여 그가 당연히 대화내용을 불특정 또는 다수인에게 전파할 가능성이 없다고 할 수도 없는 것이므로, 원심이 판시한 위와 같은 사정만으로 위 대화가 공연성이 없다고

할 수는 없다.

그러므로 원심으로서는 피고인과 ○○이 위 대화를 하게 된 경위, ○○ 과 피고인 및 피해자 사이의 관계, 그 대화 당시의 상황, 위 대화 이후 ○ ○의 태도 등 제반 사정에 관하여 나아가 심리한 다음, 과연 ○○이 피고 인으로부터 들은 내용을 불특정 또는 다수인에게 전파할 가능성이 있는지 여부에 대하여 검토하여 공연성의 존부를 판단하였어야 할 것이다.

그럼에도 불구하고, 원심은 위와 같은 조치를 취하지 아니한 채 피고인 의 공소사실과 같은 대화가 인터넷 블로그에서 이루어진 일대일 비밀대화 라는 이유만으로 공연성이 없다고 판단하였는바, 원심의 위와 같은 판단에 는 공연성에 관한 법리를 오해하여 판결 결과에 영향을 미친 잘못이 있다 고 할 것이다.

판례13

피해자가 동성애자라는 내용의 글을 인터넷사이트에 게시한 행위가 명예훼손에 해당한다고 한 사례

명예훼손죄가 성립하기 위하여는 특정인의 사회적 가치 내지 평가가 침해될 가능성이 있는 구체적인 사실을 적시하여야 하는바(대법원 2000. 2. 25. 선고 98도2188 판결 등 참조), 어떤 표현이 명예훼손적인지 여부는 그 표현에 대한 사회 통념에 따른 객관적 평가에 의하여 판단하여야 한다. 따라서 가치중립적인 표현을 사용하였다 하더라도 사회 통념상 그로 인하여 특정인의 사회적 평가가 저하되었다고 판단된다면 명예훼손죄가 성립할 수 있다.

【참조조문】

형법 제307조

제307조(명예훼손)

① 공연히 사실을 적시하여 사람의 명예를 훼손한 자는 2년 이하의 징역이나 금고 또는 500만원 이하의 벌금에 처한다.

② 공연히 허위의 사실을 적시하여 사람의 명예를 훼손한 자는 5년 이하의 징역, 10년 이하의 자격정지 또는 1천만원 이하의 벌금에 처한다.

정보통신망 이용촉진 및 정보보호 등에 관한 법률 제70조

제70조(벌칙)

① 사람을 비방할 목적으로 정보통신망을 통하여 공공연하게 사실을 드러내어 다른 사람의 명예를 훼손한 자는 3년 이하의 징역 또는 3천만원 이하의 벌금에 처한다.

② 사람을 비방할 목적으로 정보통신망을 통하여 공공연하게 거짓의 사실을 드러내어 다른 사람의 명예를 훼손한 자는 7년 이하의 징역, 10년 이하의 자격정지 또는 5천만원 이하의 벌금에 처한다.

③ 제1항과 제2항의 죄는 피해자가 구체적으로 밝힌 의사에 반하여 공소를 제기할 수 없다.

【참조판례】

대법원 1994. 6. 28. 선고 93도696 판결(공1994하, 2145)
대법원 1994. 10. 25. 선고 94도1770 판결(공1994하, 3166)
대법원 2000. 2. 25. 선고 98도2188 판결(공2000상, 885)

해 설

원심판결의 이유에 의하면, 원심은 그 설시의 증거를 종합하여, 사실은 피해자가 동성애자가 아님에도 불구하고 피고인은 인터넷사이트 ◎◎◎◎에 7회에 걸쳐 피해자가 동성애자라는 내용의 글을 게재한 사실을 인정한 다음, 현재 우리사회에서 자신이 스스로 동성애자라고 공개적으로 밝히는 경우 사회적으로 상당한 주목을 받는 점, 피고인이 피해자를 괴롭히기 위하여 이 사건 글을 게재한 점 등 그 판시의 사정에 비추어 볼 때, 피고인이 위와 같은 글을 게시한 행위는 피해자의 명예를 훼손한 행위에 해당한다고 하여 피고인을 유죄로 인정한 제1심판결을 유지하였는바, 위의 법리

및 기록에 비추어 이러한 원심의 판단은 옳고, 거기에 상고이유의 주장과 같이 채증법칙 위배, 심리미진 또는 명예훼손죄에 관한 법리오해 등의 위법이 있다고 볼 수 없다.

판례14

정보통신망 이용촉진 및 정보보호 등에 관한 법률 제44조의7 제1항 제2호에 정한 '사람을 비방할 목적'의 의미 및 그 판단 방법

정보통신망 이용촉진 및 정보보호 등에 관한 법률 제44조의7 제1항 제2호에 규정된 '사람을 비방할 목적'이라 함은 가해의 의사 내지 목적을 요하는 것으로서, 사람을 비방할 목적이 있는지 여부는 당해 적시 사실의 내용과 성질, 당해 사실의 공표가 이루어진 상대방의 범위, 그 표현의 방법 등 그 표현 자체에 관한 제반 사정을 감안함과 동시에 그 표현에 의하여 훼손되거나 훼손될 수 있는 명예의 침해 정도 등을 비교, 고려하여 결정해야 한다.

【참조조문】

정보통신망 이용촉진 및 정보보호 등에 관한 법률 제70조 제1항

제70조(벌칙)
① 사람을 비방할 목적으로 정보통신망을 통하여 공공연하게 사실을 드러내어 다른 사람의 명예를 훼손한 자는 3년 이하의 징역 또는 3천만원 이하의 벌금에 처한다.

대법원 2003. 12. 26. 선고 2003도6036 판결(공2004상, 317)
대법원 2007. 6. 1. 선고 2006도1538 판결

해 설

1. 정보통신망 이용촉진 및 정보보호 등에 관한 법률(이하 '법'이라고 한다) 제61조[현행법 제70조]에 규정된 '사람을 비방할 목적'이라 함은 가해의 의사 내지 목적을 요하는 것으로서 사람을 비방할 목적이 있는지 여부는 당해 적시 사실의 내용과 성질, 당해 사실의 공표가 이루어진 상대방의 범위, 그 표현의 방법 등 그 표현 자체에 관한 제반 사정을 감안함과 동시에 그 표현에 의하여 훼손되거나 훼손될 수 있는 명예의 침해 정도 등을 비교, 고려하여 결정해야 한다(대법원 2002.8. 23.선고 2000 도329 판결, 대법원 2007.6.1.선고 2006도1538 판결 등 참조).

원심은, 피고인이 정보통신망인 인터넷 이주노동자방송국 홈페이지에 피해자와의 면담내용을 편집한 녹취파일을 첨부한 게시글을 올린 경위와 과정, 그 필요성 등 그 판시와 같은 사정에 비추어 보면 피고인에게 비방의 목적이 있었다고 인정할 수 있다는 취지로 판단하고 있는바, 앞서 본 법리에 원심이 인용한 제1심이 적법하게 채택하여 조사한 증거를 종합하여 보면, 원심의 위와 같은 판단은 정당하고, 거기에 상고이유와 같이 채증법칙을 위배하거나 법리를 오해한 위법이 있다고 할 수 없다.

2. 피고인이 적시한 사실이 허위인지에 관한 상고이유에 대하여 판단하기에 앞서 직권으로 본다.

제1심법원이 공소사실의 동일성이 인정되는 범위 내에서 공소가 제기된 범죄사실에 포함된 보다 가벼운 범죄사실을 유죄로 인정하면서 법정형이 보다 가벼운 다른 법조를 적용하여 피고인을 처벌하고, 유죄로

인정된 부분을 제외한 나머지 부분에 대하여는 범죄의 증명이 없다는 이유로 판결 이유에서 무죄로 판단한 경우, 그에 대하여 피고인만이 유죄 부분에 대하여 항소하고 검사는 무죄로 판단된 부분에 대하여 항소하지 아니하였다면, 비록 그 죄 전부가 피고인의 항소와 상소불가분의 원칙으로 인하여 항소심에 이심되었다고 하더라도 무죄 부분은 심판대상이 되지 아니하여, 그 부분에 관한 제1심판결의 위법은 형사소송법 제361조의4 제1항 단서의 '직권조사사유' 또는 같은 법 제364조 제2항에 정한 '항소법원은 판결에 영향을 미친 사유에 관하여는 항소이유서에 포함되지 아니한 경우에도 직권으로 심판할 수 있다'는 경우에 해당되지 않는다고 볼 것이므로, 항소심법원이 직권으로 심판대상이 아닌 무죄 부분까지 심리한 후 이를 유죄로 인정하여 법정형이 보다 무거운 법조를 적용하여 처벌하는 것은 피고인의 방어권 행사에 불이익을 초래하는 것으로서 허용되지 않는 것이고(대법원 2006. 6. 15. 선고 2004도7260 판결 참조), 이는 제1심판결에 무죄로 판단된 부분에 대한 이유를 누락한 잘못이 있다고 하여 달라지는 것이 아니다.

기록에 의하면, 피고인은 정보통신망을 통하여 공연히 허위의 사실을 적시하여 타인의 명예를 훼손하였다는 요지의 공소사실에 의해 법 제61조 제2항[현행법 제70조] 위반죄로 공소제기 되었는데, 제1심은 피고인이 정보통신망을 통하여 공연히 사실을 적시하여 타인의 명예를 훼손한 것으로 보아 법 제61조 제1항[현행법 제70조] 위반의 점만을 유죄로 인정하여 벌금형을 선고하면서, 나머지 허위사실 적시에 의한 명예훼손의 점, 즉 법 제61조 제2항[현행법 제70조] 위반죄 부분에 대하여는 판결에 아무 이유를 기재하지 아니하였고, 이는 필경 제1심이 허위사실 적시에 의한 명예훼손 부분을 무죄로 판단하면서도 판결 이유에서 그 부분의 설시를 누락한 것으로 보이는바, 이에 대해 피고인만이 유죄 부분에 대하여 항소하고 검사는 위 무죄 부분에 대하여 항소하지 아니하였으므로 결국, 무죄로 판단된 법 제61조 제2항 위반죄 부분은 항소심의 심판대상에서 벗어났다고 할 것임에도, 원심은 제1심이 위 무죄 부분에 대하여 판결 이유에서 무죄 사유를 기재하지 아니한 잘못이 있다는 이유만으로 위 무죄 부분을 포함한 제1심판결 전체를 직권 파기한 다음, 위 무죄 부분에 대하여도 유죄로 인정하면서 법 제61조 제2항[현행법 제70조]을 적용하여 피고인을 처벌하고 있음을 알 수 있는바, 앞서 본 법리에 비추어 보면, 원심의 위와 같은 판단은 직권조사사항 또는 직권심판대상에 관한 법리를 오해하여 판결 결과에 영향을 미친 위법이 있다고 할 것이다.

판례15

> 정보통신망 이용촉진 및 정보보호 등에 관한 법률 제70조 제1항에 있어서 '사람을 비방할 목적'의 의미 및 그 판단 방법

【참조조문】

형법 제309조 제1항

> 제309조(출판물 등에 의한 명예훼손)
> ① 사람을 비방할 목적으로 신문, 잡지 또는 라디오 기타 출판물에 의하여 제307조제1항의 죄를 범한 자는 3년 이하의 징역이나 금고 또는 700만원 이하의 벌금에 처한다.
> 〈개정 1995.12.29〉

정보통신망 이용촉진 및 정보보호 등에 관한 법률 제70조 제1항

> 제70조(벌칙)
> ① 사람을 비방할 목적으로 정보통신망을 통하여 공공연하게 사실을 드러내어 다른 사람의 명예를 훼손한 자는 3년 이하의 징역 또는 3천만원 이하의 벌금에 처한다.

【참조판례】

> 대법원 2005. 4. 29. 선고 2003도2137 판결(공2005상, 882)

해 설

정보통신망 이용촉진 및 정보보호 등에 관한 법률 제61조 제1항[현행법 제70조 제1항]의 사람을 비방할 목적이란 형법 제309조 제1항의 사람을 비방할 목적과 마찬가지로 가해의 의사 내지 목적을 요하는 것으로서 공

공의 이익을 위한 것과는 행위자의 주관적 의도의 방향에 있어 서로 상반되는 관계에 있다고 할 것이므로, 적시된 사실이 공공의 이익에 관한 것인 경우에는 특별한 사정이 없는 한 비방할 목적은 부인된다고 봄이 상당하다. 한편, 적시된 사실이 공공의 이익에 관한 것인지 여부는 당해 명예훼손적 표현으로 인한 피해자가 공무원 내지 공적 인물과 같은 공인(公人)인지 아니면 사인(私人)에 불과한지 여부, 그 표현이 객관적으로 국민이 알아야 할 공공성, 사회성을 갖춘 공적 관심 사안에 관한 것으로 사회의 여론형성 내지 공개토론에 기여하는 것인지 아니면 순수한 사적인 영역에 속하는 것인지 여부, 피해자가 그와 같은 명예훼손적 표현의 위험을 자초한 것인지 여부, 그리고 그 표현에 의하여 훼손되는 명예의 성격과 그 침해의 정도, 그 표현의 방법과 동기 등 제반 사정을 고려하여 판단하여야 할 것이고, 특히 공인의 공적 활동과 밀접한 관련이 있는 사안에 관하여 진실을 공표한 경우에는 원칙적으로 공공의 이익에 관한 것이라는 증명이 있는 것으로 보아야 할 것이며, 행위자의 주요한 동기 내지 목적이 공공의 이익을 위한 것인 이상 부수적으로 다른 개인적인 목적이나 동기가 내포되어 있더라도 공공의 이익에 관한 것으로 봄이 상당하다(대법원 2005. 4. 29. 선고 2003도2137 판결 참조).

이 사건 공소사실은 인터넷신문(명칭 생략) 기자인 피고인이 비방할 목적으로 △△시의회의원인 고소인이 시청공무원에게 욕설 등 폭언을 하며 질책하였다는 내용의 기사를 작성 보도하였다는 것인바, 원심은 이에 정보통신망 이용촉진 및 정보보호 등에 관한 법률 제61조 제1항[현행법 제70조 제1항]을 적용하여 유죄로 인정하였다. 그러나 피고인에게 비방할 목적이 인정된다고 판단한 원심은 그대로 수긍할 수 없다.

기록에 의하면, 고소인은 △△시의회(직위명 생략)인 3선의 시의회의원으로 같은 당 소속 시장이 취임함에 따라 상당한 영향력을 가진 인물로 평가되고 있었던 사실, 고소인은 사회복지위원회에서 심의 중이던 복지회관 관련 조례 개정안에 반대하는 입장이었는데 △△시 여성복지과장의 조례 개정안 설명 직후 이루어진 표결에서 조례 개정안이 가결되자, 고소인은 시청 문화복지국장실로 여성복지과장을 불러 조례 개정안에 대한 설명이 부적절하고 무성의하였다면서 욕설과 함께 반말로 질책한 사실, 인터넷 신문인(명칭 생략) 기자인 피고인은 위 질책 현장을 목격한 사람으로부터 제보를 받은 뒤 전화로 여성복지과장에게 사실 여부를 확인한바, 여성복지과장은 사실 관계를 부인하지는 않고 기사화하지 말라는 취지로 대답한 사실, 이에 평소 시청공무원들이 시의회의원들의 고압적 태도와 언행에 대해 상당한 불만을 가지고 있다는 것을 알고 있던 피고인은 고소인의 위 행위를 지적·비판함으로써 시의회의원들로 하여금 공직자로서 적절하지 못한 언행을 시정토록 할 필요가 있다는 생각에서 "야 이 XXX야! 너 때문에 망쳤다!" 시의회 ○○○의원 시 ○○○과장 불러세워 '욕설' 추태라는 제목으로 고소인의 욕설 및 폭언에 관하여 사실 그대로 소개하고 조례 개정안 심의 과정에서 자신의 의사가 관철되지 않았다고 하여 감정을 통제하지 못하고 욕설 등 폭언을 한 것은 공직자로서 부적절한 언행이라는 취지의 기사를 작성하여 게시한 사실을 알 수 있다.

이에 의하면, 피고인이 작성한 기사는 시의회의원인 고소인이 시의회의 조례 개정안 심의와 관련하여 시청공무원인 여성복지과장의 설명이 부적절하다는 등의 이유로 공공장소인 시청 복지국장실에서 질책하는 과정에서 욕설 등 폭언을 하였다는 것으로 공직자의 공적 활동과 밀접한 관련이 있는 사안에 대한 것이고, 고소인이 공공장소에서 시청공무원에게 욕설 등 폭언을 한 것이 원인이 되어 이루어진 것이어서 고소인 스스로 명예훼손적 표현의 위험을 유발하였다고 볼 수 있을 뿐 아니라, 기사의 내용도 모두 사실을 그대로 적시한 것으로, 달리 피고인이 고소인에 대하여 개인적인 감정이 있는 등 고소인을 비방할 만한 동기도 찾아볼 수 없다. 그렇다면 공직자의 공적 활동과 밀접한 관련이 있는 사안에 관하여 진실을 공표한 기사를 작성한 피고인의 행위는 특별한 사정이 없는 한 공공의 이익에 관한 것으로 보아야 할 것이므로 피고인에게 고소인을 비방할 목적이 있었다고 인정하기는 어렵다.

원심은 피고인에게 비방할 목적이 인정되는 이유로 기사 중 일부 표현

이 감정적이고 원색적이라고 지적하고 있으나, 피고인이 고소인의 폭언 중 일부를 그대로 인용하는 형식을 취한 것은 기사의 정확성을 기하기 위한 것으로 보이므로 이를 문제 삼는 것은 적절하지 않은 것으로 보이고(피고인은 고소인의 욕설 부분은 그대로 옮겨 싣지 않고 "야, 이 XXX야"라는 표현으로 순화시키기도 하였다), 고소인의 언행이 부적절하였음을 지적한 부분에서 언급된 "분을 삭이지 못했다", "괘씸죄에 해당", "감정을 추스르지 못한" 등의 표현 역시 기사의 주요한 동기 내지 목적이 고소인의 욕설 등 부적절한 언행을 지적·비판함으로써 시의회의원들로 하여금 공직자로서 적절하지 못한 언행을 시정토록 하기 위한 데 있었다는 점을 고려하면 위와 같은 수준의 표현을 문제 삼아 공공의 이익을 도모한다는 의사를 부정하고 피고인에게 고소인을 비방할 목적이 있었다고 판단하는 것은 공직자의 공적 활동과 관련된 언행에 대한 언론의 감시·비판 기능을 지나치게 위축시키는 것으로 적절하지 않다.

결국, 피고인에게 고소인을 비방할 목적이 인정된다고 판단한 원심은 비방할 목적의 의미에 관한 법리오해 또는 채증법칙 위반의 잘못이 있어 그대로 유지될 수 없다.

판례16

시청홈페이지 게시판에 교통위반 고발취지를 게재한 행위가 명예훼손이 되는지 여부

시민들이 시정에 관한 의견을 개진하는 데 주로 이용되는 시청 홈페이지 전자게시판에 상습적으로 교통법규를 위반하여 위험한 운전을 하는 사람을 목격하였으니 이를 고발하는 한편 적절한 조치를 취하여 줄 것을 요구한다는 취지의 글을 게재한 행위가 정보통신망 이용촉진 및 정보보호 등에 관한 법률 제61조 제1항[현행법 제70조 제1항] 소정의 '사람을 비방할 목적'을 가진 명예훼손행위에 해당한다고 보기 어렵다고 한 사례

【참조조문】

정보통신망 이용촉진 및 정보보호 등에 관한 법률 제70조 제1항

제70조(벌칙)
① 사람을 비방할 목적으로 정보통신망을 통하여 공공연하게 사실을 드러내어 다른 사람의 명예를 훼손한 자는 3년 이하의 징역 또는 3천만원 이하의 벌금에 처한다.

형법 제309조

제309조(출판물 등에 의한 명예훼손)
① 사람을 비방할 목적으로 신문, 잡지 또는 라디오 기타 출판물에 의하여 제307조제1항의 죄를 범한 자는 3년 이하의 징역이나 금고 또는 700만원 이하의 벌금에 처한다.
② 제1항의 방법으로 제307조제2항의 죄를 범한 자는 7년 이하의 징역, 10년 이하의 자격정지 또는 1천500만원 이하의 벌금에 처한다.

【참조판례】

대법원 2000. 2. 25. 선고 98도2188 판결(공2000상, 885)

대법원 2002. 6. 28. 선고 2000도3045 판결(공2002하, 1874)

대법원 2002. 8. 23. 선고 2000도329 판결(공2002하, 2248)

대법원 2002. 12. 10. 선고 2002도3744 판결

해 설

○○시 홈페이지에 개설된 전자게시판에 게시한 글의 주된 취지는 일반 운전자들의 교통질서와 교통안전의 확립이라는 공공의 이익에 관한 것이고, 적시된 사실은 중요한 부분에서 객관적 사실과 합치하며, 아울러 피고인들이 위와 같은 글을 게재하게 된 동기나 경위 등에 비추어 피고인들에게는 피해자의 명예를 훼손할 의도나 피해자를 비방할 목적이 없었음에도 불구하고, 피고인들을 유죄로 인정한 원심판결에는 사실을 오인하거나 법리를 오해하여 판결에 영향을 미친 위법이 있다.

가. 정보통신망 이용촉진 및 정보보호 등에 관한 법률 제61조 제1항[현행법 제70조 제1항]은 '사람을 비방할 목적으로 정보통신망을 통하여 공연히 사실을 적시하여 타인의 명예를 훼손하는 행위'를 처벌의 대상으로 삼으면서 정보통신망을 이용하여 타인의 명예를 훼손하는 행위를 한 경우 그 적시된 사실이 진실한 사실인지 여부를 불문하고 이를 처벌하기 위하여 '사람을 비방할 목적'이라는 주관적인 요건을 특별히 요구하고 있는데, 여기서 '사람을 비방할 목적'이란 결국 형법 제309조 등에 규정된 '사람을 비방할 목적'의 의미와 다르지 않은 것으로 해석되는바, 이는 가해의 의사 내지 목적을 요하는 것으로서 사람을 비방할 목적이 있는지 여부는 당해 적시 사실의 내용과 성질, 당해 사실의 공표가 이루어진 상대방의 범위, 그 표현의 방법 등 그 표

현 자체에 관한 제반 사정을 감안함과 동시에 그 표현에 의하여 훼손되거나 훼손될 수 있는 명예의 침해 정도 등을 비교, 고려하여 결정하여야 하고(대법원 2002. 6. 28. 선고 2000도3045 판결, 대법원 2002. 8. 23. 선고 2000도329 판결 등 참조), 한편 적시한 사실이 공공의 이익에 관한 것인 때에는 특별한 사정이 없는 한 비방의 목적은 부인되며, 공공의 이익에는 널리 국가·사회 기타 일반 다수인의 이익에 관한 것뿐 아니라 특정한 사회집단이나 그 구성원 전체의 관심과 이익에 관한 것도 포함된다고 할 것이고(대법원 2000. 2. 25. 선고 98도2188 판결, 대법원 2002. 12. 10. 선고 2002도3744 판결 등 참조), 또한 위와 같이 인터넷 사이트 등의 정보통신망을 이용하여 게시된 글의 경우에는 그 게시의 목적과 내용, 표현의 수단과 방법, 게시의 횟수와 기간, 게시자와 피해자와의 관계, 그로 인한 피해의 정도, 반론 또는 삭제요구의 유무 등과 함께 당해 사이트의 성격과 규모, 영리 목적의 유무, 개방 정도 등도 참작하여 그것이 사람을 비방할 목적으로 게시된 것인지 여부를 가려야 할 것이다.

나. 피고인들이 ○○시청 홈페이지에 개설된 판시 '○○시에 바란다' 사이트에 게재한 이 사건 게시물의 내용을 보면, 피고인 1의 경우 '☆☆☆'이라는 아이디로 '공포와 엽기적인 ○○(차종 및 지역)'라는 제목 하에 "…이야기의 주인공 : ○○ ○○○○○에 살고, 늘 애들 둘을 태워서 출근하는 ○○시청 내에 근무하는 대략 30대 중반의 아줌마(아마, 카레이서 자격증이 있을 거라고 예상됨). 엽기행적 : 1. 상기 코스의 대부분의 신호는 최대한 무시(물론 애들이 함께 타고 있음). 2. 좌회전 및 유턴 차선에서 비상등 켜고 적색신호 무시하고 직진 통과. 3. 가장 우측 우회전 차선이 빈 것을 노리고 일단 가장 앞으로 진행해서는, 3차선 맨 앞에 비상등 켜고 꽂고 기다리다가 신호 바뀌는 순간 모든 차선 무시하고 좌회전. 4. 빈 좌회전 차선 가장 앞에서 기다리다가 1차선 끼어들기. 의견 : 이게 어디 애를 태운 아줌마가 정상적

인 정신으로 할 수 있는 행동입니까? 아마, 저 말고도 많은 운전자들이 목격을 했을 겁니다. 제가 오늘 ○○시청 홈에 이 글을 올리는 이유는, 그래도 그 여자가 ○○시청 내에 근무를 하는 것 같기에, 이 차를 찾아서 애들의 안전을 위해서, 그리고 그 여자의 생명을 위해서, 나아가 ○○시의 교통질서를 바로잡기 위해서 꼭 지적을 해 주십사 하는 맘에서 입니다." 등의 내용을 게시하였고, 피고인 2의 경우 '◎◎◎◎'라는 아이디로 '엽기○○ ○○(차종 생략) 고발해요', '엽기○○ ○○(차종 생략) 보세요. …' 또는 '교통경찰관님 보세요.'라는 제목 하에 "거의 매일 아침에 무적의 ○○(차종 생략)를 봅니다. 두 달여에 걸쳐 목격한 무적의 ○○(차종 생략)을 고발합니다. 많은 생각 끝에 올립니다. 운전하는 아줌마를 위해서, 그 차에 탄 애를 위해서, ○○시민을 위해서.. ○○시청 직원인가? 시의회 직원인가? 그럼 지금부터 ○○(차종 생략)의 엽기적인 행각을 하나씩 알려드립니다. …", "…저는 당신의 처벌을 바라기 때문에 글을 올린 것이 아닙니다. 같은 운전자의 입장에서 너무 위험하다고 생각되었기 때문에 조심하라는 경종을 울리고 싶었기 때문입니다. …", "…제가 앞에서 이야기했지만 두 달여에 걸쳐서 본 내용을 알려드린 겁니다. 저 말고도 아마 아주 많은 운전자 여러분이 그 엽기○○(차종 생략)의 행각에 불편한 심기를 느꼈을 거라 생각되어 제가 글을 올린 거고요. …" 등의 내용을 게시하였는바, 피고인들이 위와 같은 글들을 게시함에 있어 과연 피해자를 비방할 목적이 있었는지에 관하여 살펴본다.

다. 원심이 인용한 피고인들의 법정 및 수사기관에서의 각 진술, 피해자의 수사기관에서의 진술, ○○시청 홈페이지 게시물 목록 및 '○○시에 바란다.' 사이트 게시물의 각 기재내용에 피고인들이 제출한 ○○시장 발행의 정보공개결정통지서 및 정보공개내용, 게시판 관련 글 목록 등을 종합하여 보면, 피고인들은 모두 이 사건 이전에는 피해자와는 아무런 안면이 없는 사람들이었는데, 피고인들이 출근하는 길에서 피해자가 교통법규를 위반하여 위험한 운전을 하는 사실을 자주 목격하면서 피해자가 ○○시청으로 출근하는 등의 사실을 알게 되었고, 위와 같은 일이 두 달 가량 계속 반복되자 결국 피해자가 근무하는 ○○시청 측에 이를 지적하여 시정조치하여 줄 것을 요구하려는 의도 하에 ○○시 홈페이지에 개설된 판시 사이트에 위와 같은 글들을 게재하게 되었는데, 피고인 1은 20○○. ○○. ○○. ○○:○○경 '공포와 엽기적인 ○○(차종 생략)'라는 제목으로 처음 위 사이트에 피해자의 상습적인 교통법규 위반행위를 고발하는 취지의 글을 게재하고, 이 글이 홈페이지 운영자에 의하여 삭제되자 같은 달 ○○. ○○:○○경과 ○○:○○경, ○○:○○경 위 글을 삭제하지 말아줄 것과 비민원 사항으로 방치하지 말아줄 것을 요구하는 취지의 글을 덧붙였으며, 같은 달 ○○. ○○:○○경에는 '교통경찰관님 공포의 ○○(차종 생략)을 보고 싶나요?'라는 제목으로 피해자의 차량이 자주 나타나는 장소를 지적하는 짧은 글을 남긴 사실, 피고인 2는 20○○. ○○. ○○. ○○:○○경 '엽기○○ ○○(차종 생략) 고발해요'라는 제목으로 피해자의 교통법규 위반행위를 구체적으로 지적하고 피해자의 인적사항에 관하여 피고인 나름대로 추측한 내용 등을 기재한 글을 게재하고, 같은 날 ○○:○○경 '엽기○○ ○○(차종 생략) 보세요!'라는 제목으로 피해자에게 안전운전을 당부하는 취지의 글을 게재하였으며, 같은 달 ○○. '교통경찰관님 보세요.'라는 제목으로, 같은 달 ○○. '인터넷의 힘. ○○(차종 생략)님 감사합니다'라는 제목으로 각 앞선 피고인의 글에 대하여 올라온 문의 글에 대한 답변의 글을 게재한 사실, 이후 피고인들의 위 글을 조회하여 본 사람들이 이에 동조하는 글이나 자신도 피해자의 교통법규 위반행위를 목격한 적이 있다는 취지의 글, ○○시가 적절한 조치를 취하여 줄 것을 요구하는 취지의 글 등이 여러 차례 게재되기도 한 사실, 피고인들은 당시 같은 사무실에 근무하고 있었으나 처음 위 각 글들을 게재하면서 서로 상의하거나 의사연락이 된 바는 없었던 사실, 피고인들이 게시한 피해자의 교통법규 위반행위의 내용은 이를 피해자도 대체로 시인하고 있어 객관적인 사실에도 부합한다고 볼 수 있는 사실 등을 인정할 수 있는 바, 이와 같이 피고인들의 글이 게시된 판시 사이트가 ○○시가 운영하는 공공의 사이트이고 주로 시정과 관련한 문의나 건의사항 등을 개진하기 위하여 개설된 사이트로서 시청 직원들 및 일반 시민들이 널리 열람할 수 있는 점에서 피고인들이 게재한 바와 같은 내용의 글이 게시되는 것은 부적절한 면이 있고, 위 글에는 피해자의 차량번호와 함께 피해자의 인적 사항을 추측할 수 있는 내용들이 기재되어 있으며, 피해자의 행위가 엽기적이라는 등으로 일반인들의 호기심을 부추기고 이를 비꼬는 듯 한 투의 표현이 다소 사용된 것이 사실이나, 이러한 사정들을 감안하여 보더라도 피고인들이 게시한 위 글들의 전체적인 주된 취지는 ○○시청 측에서 적절한 수단을 동원하여 시청 직원인 피해자가 위와 같이 상습적으로 교통법규를 위반하여 위험한 운전을 하는 것을 막아달라는 것으로서 객관적으로 볼 때에도 일반시민들의 교통질서의 확립과 교통안전의 확보라는 공공의 이익에 관한 것으로 볼 수 있는 점, 피고인들은 피해자와는 전혀 안면이 없던 사람들로서 위와 같은 글을 게시하기에 이르게 된 경위에 앞서 본 바와 같은 의도 외에 별다른 사적인 목적이나 감정이 개입되었을 것으로 보기 어려운 점, 피고인들이 피해자의 교통법규 위반행위에 관하여 게재한 글들의 내용은 대체로 객관적인 사실에 부합하는 내용인 데다가 피해자에게 안전운전을 촉구하고 ○○시에 대하여 적절한 조치를 요구하는 취지가 그 주조를 이루고 있는 점, 그 표현의 수단과 방법의 측면에서도 피해자를 비난하거나 욕하는 등의 표현을 비교적 자제하는 대신 "많은 생각 끝에 올리는 것이다.", "피해자와 시민들의 안전을 위해서, ○○시의 교통질서를 바로잡기 위해서 올리는 것이다."는 등으로 그 게시의 목적을 직접 언급하고 있는 점, 위와 같은 글이 게재됨으로 인하여 피해자가 입는 명예의 침해 정도와 교통질서와 안전의 확보라는 공익을 비교하여 보더라도 후자의 공익성이 전자에 비하여 결코 가볍게 취급될 수 없는 중요한 이익이라고 볼 수 있는 점 등의 사정들에 비추어 보면, 피고인들이 게재한 위 글들은 인터넷 사이트 등 정보통신망을 이용하는 건전한 일반인의 사회통념을 기준으로 볼 때 정보통신망 이용촉진 및 정보보호 등에 관한 법률이 처벌의 대상으로 삼고 있는 사람을 비방할 목적의 글로 보기는 어렵다고 할 것이고, 달리 피고인들에게 피해자를 비방할 목적이 있었다고 인정할 만한 증거가 없다.

허위사실 적시에 의한 명예훼손죄의 성립요건인 '허위의 인식'과 이에 대한 증명책임의 소재 및 허위사실 유포 기타 위계에 의한 업무방해죄에도 동일한 법리가 적용되는지 여부

甲 회사와 乙의 공유인 특허발명에 대해 특허심판원의 무효 심결이 내려진 후 확정되기 전에 甲 회사의 대표인 피고인이 '丙이 생산·판매한 제품은 위 특허권을 침해한 제품이다'라는 사실을 인터넷을 통하여 적시하고, 또한 丙의 거래처들에 같은 내용의 내용증명을 발송하였다는 내용으로 기소된 사안에서, 피고인에게 위와 같이 적시된 사실이 '허위'라는 인식이 있었다고 보기 어렵다고 한 사례

제4장
불법
컨텐츠
범죄

해 설

구 정보통신망 이용촉진 및 정보보호 등에 관한 법률(2007. 12. 21. 법률 제8778호로 개정되기 전의 것) 제61조 제2항[현행법 제70조 제2항]의 정보통신망을 통한 허위사실 적시에 의한 명예훼손죄, 형법 제307조 제2항의 허위사실 적시에 의한 명예훼손죄가 성립하려면 그 적시하는 사실이 허위이어야 할 뿐 아니라, 피고인이 그와 같은 사실을 적시할 때에 적시사실이 허위임을 인식하여야 하고, 이러한 허위의 점에 대한 인식 즉 범의에 대한 입증책임은 검사에게 있다. 위와 같은 법리는 허위사실을 적시한 행위가 형법 제314조 제1항의 허위사실 유포 기타 위계에 의한 업무방해죄에 해당하는지 여부를 판단할 때에도 마찬가지이다.

甲 회사와 乙의 공유인 특허발명이 그 진보성이 부정된다는 이유로 특허심판원의 무효 심결이 내려진 후 확정되기 전에 甲 회사의 대표인 피고인이 '丙이 생산·판매한 제품은 위 특허권을 침해한 제품이다'라는 사실을

인터넷을 통하여 적시하고, 또한 丙의 거래처들에 같은 내용의 내용증명을 발송하였다는 내용으로 기소된 사안에서, 범행 당시 이미 위 특허발명에 대한 무효 심결이 있었다는 사유만으로 위 심결이 확정되지도 않은 상태에서 그 무효사유가 있음을 알고 있었다고 단정하기는 어렵고, 더욱이 丙의 제품이 위 특허발명의 특징적 구성을 가지고 있어 특허권을 침해하는 것이라고 판단할 여지가 없지 않은 사정들에 비추어, 위 각 범행일시에 피고인에게 위와 같이 적시된 사실이 허위라는 인식이 있었다고 보기 어려운데도, 이와 달리 본 원심판단에 허위사실 적시 명예훼손죄와 허위사실 유포 기타 위계에 의한 업무방해죄의 '범의'에 관한 법리오해의 위법이 있다고 한 사례.

【참조조문】

형법 제307조 제2항

> 제307조(명예훼손)
> ② 공연히 허위의 사실을 적시하여 사람의 명예를 훼손한 자는 5년 이하의 징역, 10년 이하의 자격정지 또는 1천만원 이하의 벌금에 처한다.

형법 제314조 제1항

> 제314조(업무방해)
> ① 제313조의 방법 또는 위력으로써 사람의 업무를 방해한 자는 5년 이하의 징역 또는 1천500만원 이하의 벌금에 처한다.

형사소송법 제308조

> 제308조(자유심증주의)
> 증거의 증명력은 법관의 자유판단에 의한다.

정보통신망 이용촉진 및 정보보호 등에 관한 법률 제70조 제2항

제70조(벌칙)
② 사람을 비방할 목적으로 정보통신망을 통하여 공공연하게 거짓의 사실을 드러내어 다른 사람의 명예를 훼손한 자는 7년 이하의 징역, 10년 이하의 자격정지 또는 5천만원 이하의 벌금에 처한다.

특허법 제133조 제3항

제133조(특허의 무효심판)
③ 특허를 무효로 한다는 심결이 확정된 때에는 그 특허권은 처음부터 없었던 것으로 본다. 다만, 제1항제4호의 규정에 의하여 특허를 무효로 한다는 심결이 확정된 때에는 특허권은 그 특허가 동호에 해당하게 된 때부터 없었던 것으로 본다.

제4장
불법
컨텐츠
범죄

【참조판례】

대법원 1994. 10. 28. 선고 94도2186 판결(공1994하, 3171)
대법원 1997. 2. 14. 선고 96도2234 판결(공1997상, 841)
대법원 2000. 2. 25. 선고 99도4757 판결(공2000상, 906)
대법원 2009. 1. 30. 선고 2007도5836 판결

해 설

구 정보통신망 이용촉진 및 정보보호 등에 관한 법률(2007. 12. 21. 법률 제8778호로 개정되기 전의 것, 이하 같다) 제61조 제2항[현행법 제70조 제2항]의 정보통신망을 통한 허위사실 적시에 의한 명예훼손죄, 형법 제307조 제2항의 허위사실 적시에 의한 명예훼손죄가 성립하려면 그 적시하는 사실이 허위이어야 할 뿐 아니라, 피고인이 그와 같은 사실을 적시함에 있어 적시사실이 허위임을 인식하여야 하고, 이러한 허위의 점에 대한 인식 즉 범의에 대한 입증책임은 검사에게 있다 할 것이며 (대법원

1994. 10. 28. 선고 94도2186 판결, 대법원 2009. 1. 30. 선고 2007도 5836 판결 등 참조), 위와 같은 법리는 허위사실을 적시한 행위가 형법 제314조 제1항의 허위사실 유포 기타 위계에 의한 업무방해죄에 해당하는 지 여부를 판단함에 있어서도 마찬가지라고 할 것이다.

기록 및 원심이 인용한 제1심이 적법하게 채택한 증거에 의하면, 현대 환경에너지 주식회사(이하 '현대 환경에너지'라 한다)와 공소외 2의 공유 이던 이 사건 특허발명에 대하여는 2007. 5. 1. 특허심판원 2006당3189 호로 그 발명이 속하는 기술 분야에서 통상의 지식을 가진 자(이하 '통상 의 기술자'라 한다)가 그 원출원일 전에 반포된 등록번호 제274412호 또 는 제323440호의 각 등록실용신안공보에 게재된 발명(이하 각각 '선행발 명 1', '선행발명 2'로 부른다)에 의하여 용이하게 발명할 수 있는 것이어 서 진보성이 부정된다는 이유로 그 특허를 무효로 하는 심결이 내려졌고, 위 무효심결을 유지한 특허법원 2007. 11. 22. 선고 2007허4724 판결에 대한 상고를 심리불속행으로 기각한 대법원 2008. 3. 27.자 2007후5147 판결이 같은 달 31일 현대 환경에너지에 송달됨으로써 위 무효 심결이 확 정된 사실, 그런데 현대 환경에너지를 운영하던 피고인은 위 특허무효 심 결이 내려진 후 확정되기 전인 원심 판시 이 사건 각 범행일시에 그 판시 와 같은 방법으로 '피해자의 ○○○○○는 이 사건 특허권을 침해한 제품 이다'라는 사실을 인터넷을 통하여 적시하고, 또한 피해자의 거래처들에 같은 내용의 내용증명을 발송한 사실을 알 수 있다.

위 사실관계를 앞에서 본 법리에 비추어 살펴보면, 특허권은 국가기관인 특허청의 심사와 등록을 통하여 부여되는 권리이고, 특허법은 특허가 일정 한 사유에 해당하는 경우에 별도로 마련한 특허의 무효심판절차를 거쳐 무효로 할 수 있도록 규정하고 있으므로, 특단의 사정이 없는 한 특허권 자로서는 자신의 권리가 적법·유효한 것으로 믿고 이를 행사하는 것이 보 통이라 할 것인데, 기록에 의하면 이 사건 특허발명은 '지지대에 회전익과 고정익에 형성된 나선형의 곡면과 동일 방향으로 유도면이 형성된 구성' 을 채택한 점에 기술적 특징이 있고, 그와 같은 구성을 채택한 결과 발생된 와류를 엔진의 연소실 속으로 저항 없이 밀어 넣는 역할을 하여 효율적인 연비개선을 달성하는 효과가 있는 반면에, 위와 같은 선행발명들의 지지대에는 이 사건 특허발명의 유도면에 대응되는 구성이 형성되어 있지는 않은 사실을 알 수 있으므로, 비록 선행발명 2의 명세서에 '회전체의 전방단부 및 회전체 후방 고정구를 유선형으로, 지지대를 세장형(細長型)으로 형성하는 구성'이 나타나 있어, 선행발명들의 지지대에도 공기저항을 줄이기 위하여 유선형의 유도면을 형성하는 것은 통상의 기술자라면 별다른 어려움 없이 도출해 낼 수 있는 구성이고, 이 사건 특허발명의 위 효과 역시 통상의 기술자가 선행발명들로부터 예측할 수 있는 정도에 불과하여 결국 이 사건 특허발명의 진보성이 부정된다고 할지라도, 통상의 기술자가 아닌 피고인으로서는 이 사건 각 범죄일시 당시 이미 이 사건 특허발명에 대한 무효심결이 있었다는 사유만으로 위 심결이 확정되지도 않은 상태에서 이 사건 특허발명에 무효사유가 있음을 알고 있었다고 단정하기는 어렵다. 더욱이 기록에 의하면 피해자가 운영하는 주식회사 ◎◎◎◎◎(이하 '◎◎◎◎◎'라 한다)는 이 사건 특허발명의 최초 특허권자인 공소외 3에게 2002년경부터 2004, 2005년경까지 내연기관용 와류기를 납품한 바도 있고, 한편 ◎◎◎◎◎는 이 사건 특허발명의 원출원일 이후 '리브가 와류 팬의 휘어진 각도와 동일한 각도로 기울어지면서 공기의 유입방향에 대하여 점점 작아지는 면적을 갖는 삼각체 형상을 취하는 것을 특징으로 하는 내연기관용 와류기'에 관하여 실용신안등록출원을 하여 2005. 9. 28. 등록번호 제397631호로 설정등록을 하였지만, 위 등록고안은 이 사건 각 범행일시 전인 2007. 6. 1. 그 기술평가절차에서 등록취소 결정 되었음을 알 수 있으므로, 피고인으로서는 피해자의 ○○○○○ 제품이 이 사건 특허발명의 특징적 구성인 '지지대에 유도면 내지 빗각이 형성된 구성'을 가지고 있어 이 사건 특허권을 침해하는 것이라고 판단할 여지가 없지 않다고 할 것이다. 위와 같은 사정들에 비추어 보면, 원심 판시와 같은 사유만으로 이 사건 각 범행일시에 피고인에게 위와 같이 적시된 사실이 허위라는 인식이 있었다고 보기 어렵다.

그럼에도 이와 달리 피고인에게 허위의 점에 대한 인식이 있다고 단정한 원심판결에는 구 정보통신망 이용촉진 및 정보보호 등에 관한 법률 제61조 제2항[현행법 제70조 제2항] 및 형법 제307조 제2항의 허위사실 적시 명예훼손죄와 형법 제314조의 허위사실 유포 기타 위계에 의한 업무방해죄의 범의에 관한 법리를 오해하여 판결에 영향을 미친 위법이 있고, 이 점을 지적하는 상고이유의 주장은 이유 있다.

정보통신망을 이용한 명예훼손의 경우 범죄행위의 종료시기

【참조조문】

정보통신망 이용촉진 및 정보보호 등에 관한 법률 제70조 제2항

제70조(벌칙)

① 사람을 비방할 목적으로 정보통신망을 통하여 공공연하게 사실을 드러내어 다른 사람의 명예를 훼손한 자는 3년 이하의 징역 또는 3천만원 이하의 벌금에 처한다.

② 사람을 비방할 목적으로 정보통신망을 통하여 공공연하게 거짓의 사실을 드러내어 다른 사람의 명예를 훼손한 자는 7년 이하의 징역, 10년 이하의 자격정지 또는 5천만원 이하의 벌금에 처한다.

③ 제1항과 제2항의 죄는 피해자가 구체적으로 밝힌 의사에 반하여 공소를 제기할 수 없다.

해 설

정보통신망을 이용한 명예훼손의 경우에도 게재행위의 종료만으로 범죄행위가 종료하는 것이 아니고 원래 게시물이 삭제되어 정보의 송수신이 불가능해지는 시점을 범죄의 종료시기로 보아서 이때부터 공소시효를 기산하여야 한다는 검사의 주장을 배척하고, 이 경우도 게재행위 즉시 범죄가 성립하고 종료한다고 판단하였다.

살피건대, 서적·신문 등 기존의 매체에 명예훼손적 내용의 글을 게시하는 경우에 그 게시행위로써 명예훼손의 범행은 종료하는 것이며 그 서적이나 신문을 회수하지 않는 동안 범행이 계속된다고 보지는 않는다는 점을 고려해 보면, 정보통신망을 이용한 명예훼손의 경우에, 게시행위 후에

도 독자의 접근가능성이 기존의 매체에 비하여 좀 더 높다고 볼 여지가 있다 하더라도 그러한 정도의 차이만으로 정보통신망을 이용한 명예훼손의 경우에 범죄의 종료시기가 달라진다고 볼 수는 없다.

판례19

정보통신망 이용촉진 및 정보보호 등에 관한 법률에서 출판물에 의한 명예훼손 · 공직선거법 위반

공직선거법 제250조 제2항의 행위태양인 "공표"라고 함은 그 수단이나 방법의 여하를 불문하고 불특정 또는 다수인에게 허위사실을 알리는 것을 의미하고(대법원 2003. 11. 28. 선고 2003도5279 판결 등 참조), 비록 개별적으로 한 사람에 대하여 사실을 유포하더라도 이로부터 불특정 또는 다수인에게 전파될 가능성이 있다면 이 요건을 충족한다고 할 것이다(대법원 1999. 12. 10. 선고 99도3930 판결, 1998. 9. 22. 선고 98도1992 판결 등 참조).

해 설

원심 및 당심이 적법하게 조사·채택한 여러 증거에 의하면, 비록 이 사건 당시에 피고인이 공소외 2 기자 1명에게 이 부분 공소사실 기재와 같은 이야기를 한 사실은 인정되나, 한편 피고인은 20○○. ○○.경 구성된 '○○○ 주가조작 의혹사건 진실규명 대책단(이하'이 사건 대책단'이라고 한다)의 공동단장으로 제○○대 대통령선거에서 ○○○당의 대통령후보자로 출마한 ○○○ 후보자가 공소외 1(대법원판결의 공소외인)의 공소외 4 주식회사 주가의 조작, 공소외 4 주식회사 자금의 횡령 등 범행의 공범일 뿐만 아니라 공소외 5 주식회사에 거액의 자금을 투자한 공소외 6 주식회사와 공소외 5 주식회사의 실소유자임에도 이를 숨기고 있다는 의혹(이하

'이 사건 의혹'이라고 한다)을 주도적으로 지적하고 조사하는 지위에 있었으며, 피고인이 이 사건 당시 언급한 내용은 그 직전에 국내 언론에 보도된 공소외 3 변호사가 직접 밝힌 사임 이유인 일반 조세사건으로 수임하였으나 사안이 성격이 그와 달라 사임을 하였다는 취지와 달리 ○○○ 후보자가 공소외 1과 이 사건 의혹에 대한 공범으로 처벌받을 가능성이 크다는 언급으로 그 내용에 비추어 일반 국민에게 전파될 가능성이 상당히 컸던 것으로 인정될 뿐만 아니라 피고인으로부터 이 부분 공소사실 기재와 같은 내용을 들은 상대방이 현직 기자였으므로, 기자가 자신이 취재한 내용을 언론에 보도하는 것은 일반적인 일이라고 할 것인 점 및 실제로 공소외 2 기재가 피고인으로부터 들은 내용을 그대로 보도하였던 점 등을 종합하면, 이 사건에서 피고인의 이 부분 행위는 공직선거법 제250조 제2항에서 정한 공표에 해당한다고 할 것임과 아울러 피고인에게는 자신이 언급한 내용이 상대방인 공소외 2 기자를 통하여 언론을 통하여 보도되리라는 사정을 미필적으로라도 인식하고 있었다고 할 것이므로, 피고인의 이 부분 주장은 이유 없다.

민주주의 정치제도 하에서 언론의 자유는 가장 기초적인 기본권인바 그것은 선거과정에서도 충분히 보장되어야 하고, 공직선거에 있어서 후보자를 검증하는 것은 필요하고도 중요한 일이므로 후보자의 공직 적격성을 의심케 하는 사정이 있는 경우 이에 대한 문제 제기가 쉽게 봉쇄되어서는 안 된다고 할 것이므로, 후보자에 관한 의혹 제기가 진실인 것으로 믿을 만한 상당한 이유가 있는 근거에 기초하여 이루어진 경우에는 비록 사후에 그 의혹이 진실이 아닌 것으로 밝혀지더라도 표현의 자유 보장을 위하여 이를 벌할 수 없다고 할 것인데(대법원 2003. 2. 20. 선고 2001도6138 전원합의체 판결, 대법원 2007. 7. 13. 선고 2007도2879 판결 등 참조), 어떠한 사실을 공표한 사람이 그 내용이 진실이라고 믿을 만한 상당한 이유가 있는가의 여부는 공표행위를 한 자가 누구인지, 공표행위의 성격, 자료를 제공한 정보원의 신빙성, 사실 진위 확인의 용이성, 사실 공표의 목적, 표현 방법, 공표로 인한 피해자의 피해 정도 등 여러 사정을 종합하여 ① 공표 내용의 진위 여부를 확인하기 위한 적절하고도 충분한 조사를 다하였는지, ② 그 진실성이 객관적이고도 합리적인 자료나 근거에 의하여 뒷받침되는지 여부, ③ 그 조사결과에서 결론에 이르는 추론 과정이 합리적인지 등을 고려하여 판단할 것이고, 공표한 내용이 진실이라고 믿을 만한 상당성을 인정할 수 있을지에 관하여는 행위자의 주관적인 기준에 의할 것이 아니라 공표 내용이 진실이라고 믿은 것이 건전한 상식에 비추어 상당하다고 인정될 정도로 객관적 상황이 있는 경우 내지 건전한 상식에 비추어 합리적으로 수긍할 수 있을 정도의 객관적인 자료 내지 정황이 있는 경우에만 상당성을 인정할 수 있다고 할 것이며, 한편 공표한 내용의 진실성에 관한 오신에 상당성이 있는지 여부는 공표 당시의 시점에서 판단되어야 하지만 공표 당시의 시점에서 판단한다고 하더라도 그 전후의 수사과정과 밝혀진 사실들을 참고하여야 공표시점에서의 상당성 여부를 가릴 수 있는 것이므로, 공표 후에 수집된 증거자료도 상당성 인정의 증거로 사용할 수 있다.

나아가 공직선거에 있어서 후보자의 공직담당적격을 검증하는 것은 필요하고도 중요한 일이므로 그 적격검증을 위한 의혹 제기의 자유도 보장되어야 하고, 이를 위하여 후보자에게 위법이나 부도덕함을 의심케 하는 정당한 사정이 있는 경우에는 이에 대한 문제 제기가 허용되어야 하며, 공적 판단이 내려지기 전이라 하여 그에 대한 의혹의 제기가 쉽게 봉쇄되어서는 아니 되나, 여기서 정당한 의심인지의 여부는 의심이 있게 하는 정황의 정도와 그 의심 제기에 관련된 공익성의 형량에서 정해질 것이며, 그 의혹에 대하여 공적인 조사가 행해진 결과 의혹을 밝힐 증거가 없음이 밝혀졌는데도 불구하고, 그 후 새로운 정황이나 증거 없이 계속하여 의혹을 제기하는 것은 상당성이 없는 것으로 평가하여야 함은 물론, 이미 이루어진 공적인 조사에 문제가 있음이 명백한 경우가 아니라면 단순히 새로운 정황이나 증거의 발견을 이유로 동일한 의혹의 제기를 계속적으로 허용한다면, 비록 나중에 그 의혹이 사실이 아닌 것으로 밝혀지더라도 의혹을 받은 후보자의 명예가 공적인 조사결과에도 불구하고 크게 훼손됨은 물론 특히 임박한 선거에서 유권자들의 선택을 오도하는 중대한 결과가 야기되고 이는 오히려 공익에 현저히 반하는 결과가 되므로 후보자의 비리 등에 관한 의혹의 제기는 비록 그것이 공직에 대한 적격성 여부의 검증을 위한 것이라 하더라도 무제한 허용될 수는 없다고 할 것이다.

특히, 특정한 공직 후보자의 범죄 혐의 등과 관련한 의혹의 제기는 원칙적으로 수사 및 재판의 책임과 권한을 부여받은 공적 기관의 보완적 역할에 그쳐야 하고, 특별한 사정이 없는 한 구체적인 사건에 있어서 공적 기관의 판단은 우선적으로 존중되어야 할 것인데, 이는 일반적으로 인적, 물적 규모나 전문성에 있어 수사나 재판을 담당하는 공적 기관 이외의 기관이나 개인이 수사기관보다 우월하다고 볼 수 없고, 구체적인 사건에 있어서 주관적인 의혹에 기초하여 공적 기관의 판단을 부정한다면 수사나 재판을 담당한 공적 기관에 대한 국민의 불신은 증폭되어 범죄수사 및 재판과 관련된 제도의 존립 자체가 위협받을 가능성이 있을 뿐만 아니라, 심한 경우에는 의혹을 제기하는 기관이나 개인의 이해관계로 인하여 실체적 진실이 왜곡되는 결과가 발생할 가능성도 배제할 수 없기 때문이다.

따라서 어떠한 단체나 개인이 수사기관이나 이에 준하는 국가기관 등의 조사결과 이미 완결된 구체적 사건에 관하여 공적 기관의 판단과 다른 견해를 표명하기 위하여는 그러한 공적인 조사결과가 나오기 이전에 제기하는 의혹에 비하여 보다 신중을 기할 필요가 있고, 나중에 그와 같은 공표 내용이 진실이 아닌 것으로 판명된 경우에는 위법성 조각사유로서의 상당성을 판단함에 있어서도 위와 같은 공적 결과가 나오기 이전에 제기하는 것에 비하여 한층 엄격한 기준을 적용하여야 할 것이며, 특히 국회의원 등 공적인 기관이 일반 국민이 많은 관심을 가지고 있는 내용에 대하여 수사기관이나 이에 준하는 국가기관 등에 의하여 수사 또는 조사를 하였거나 조사가 진행 중인 공직선거 후보자에 대한 범죄혐의 사실 등에 관한 것일 경우, 일반 국민으로서는 공표된 범죄혐의 사실의 진실 여부를 확인할 수 있는 별다른 방도가 없을 뿐만 아니라 공적인 기관이 가지는 권위와 그에 대한 신뢰에 기하여 공표 내용을 그대로 진실로 받아들이는 경향

이 있고, 무죄추정의 원칙에 입각하여 공표의 형식 여하를 불문하고 범죄
혐의에 불과한 사실에 대하여 유죄를 암시하거나 선거인으로 하여금 유죄
의 인상을 줄 우려가 있는 용어나 표현의 사용은 매우 신중하게 하여야
할 것이며, 비록 국회의원의 경우에는 정치활동의 자유가 보장되고, 공직
선거에서 소속 정당 후보자나 국회의원 자신의 당선을 위한 선거운동 내
지 정당 활동을 보장할 필요가 있다고 하더라도, 일반 국민에 비하여 좀
더 광범위한 사실조사가 가능하고, 공무원으로서 성실의무 내지 법령준수
의무가 있는 점을 고려한다면, 사적인 단체나 개인의 행위에 의한 경우보
다는 엄격한 기준이 요구된다 할 것이다.

　돌이켜 이 사건에 관하여 보건대, 앞서 본 증거들에 의하면, 이 사건 의
혹에 대하여 ○○○ 후보자와의 관련성을 밝히지 못한 금융감독원의 조사
와 검찰에서의 200○. ○○. ○○. 이전의 수사결과에 대하여 피고인이나
○○○당 및 일부 언론은 계속적으로 의혹을 제기하였고, ○○○당의 대통
령 후보자 선출을 위한 당내경선 과정에서도 상대 후보자 측에서 이 사건
의혹에 대하여 문제를 제기하였던 사실, 이에 대하여 ○○○ 후보자나 ○
○○당 측에서는 보도자료나 대변인 브리핑을 통하여 ○○○ 후보자는 이
사건 의혹과 무관하다는 내용으로 여러 차례에 걸쳐 해명을 하였던 사실,
피고인은 이 사건 공표행위 이전부터 국회의 대정부 질문이나 국정감사
등의 기회에 이 사건 의혹에 대하여 언급을 하였던 사실, 피고인의 이 사
건 각 공표내용은 이 사건 의혹에 대한 검찰이나 금융감독원의 수사결과
등에 대한 문제점이나 ○○○ 후보자나 ○○○당의 해명에 대한 모순점
등을 지적하는데 그치지 않고, 피고인이 공소외 1 변호인의 사임이유에
관하여 기자와 전화통화를 하면서 피고인의 주관적 판단에 기초하여 ○○
○ 후보자에 대하여 '기소', '구속' 등 형사처벌의 가능성을 직접적으로 언
급하거나 피고인이 새로이 입수한 자료에 터잡아 피고인의 추측을 근거로
○○○ 후보자나 ○○○당의 해명은 거짓이고, 공소외 5 주식회사는 ○○
○ 후보자의 소유가 맞으며, ○○○ 후보자가 이 사건 의혹으로 구속될
수도 있다는 내용으로 단정적인 표현을 사용하는 방법으로 이 사건 공표

행위를 계속적으로 하였던 사실, 피고인이 이 사건 공표내용이 진실이라는 자료로 제출한 소명자료는 이 사건 공표행위 이전의 공적인 조사결과가 명백히 부당한 결론이라는 점을 인정할 정도로 ○○○ 후보자가 이 사건 의혹에 관련되어 있음을 인정할 수 있는 직접적인 자료로 인정하기 부족하고, 앞서 살핀 바와 같이 이 사건 대책단에서 그 자료들의 작성 과정 등에 대한 조사·확인도 충분히 하지 않았던 것으로 보이며, 피고인이 원심 및 당심에서 제출한 자료들에 기초한 ○○○ 후보자와 이 사건 의혹과의 관련성에 대한 피고인의 추론도 기존의 공적인 조사결과나 ○○○ 후보자 측의 반박을 고려하지 아니한 피고인 측의 일방적인 주장으로 보이는 사실, 이 사건 의혹에 대한 20○○. ○○. ○○.자 특별검사의 수사결과에 비추어 보면, 이 사건 의혹에 대한 검찰 등의 수사결과가 명백하게 부당한 결론을 내린 것이라고는 보이지 아니한 사실, 비록 당심 증인 공소외 46은 당심 법정에서 ○○○ 후보자가 공소외 1과 언쟁을 한 다음에 사무실에 출근하지 않았고, 그 시기는 조금 이르기는 하지만 여름이라는 취지로 진술하여 ○○○ 후보자가 20○○. ○○. ○○.경에 공소외 1과 결별을 하였다는 해명과는 시기적으로 상이한 것으로 볼 여지가 있으나, 공소외 46의 진술에 의하더라도 ○○○ 후보자가 20○○. 여름 이전에는 공소외 1과 동업 관계를 중단한 것으로 인정할 수 있어, ○○○ 후보자의 해명이 완전히 허구라고 볼 수는 없고, 공소외 46도 검사의 반대신문시에는 자신의 기억력의 한계로 인하여 시기에 관한 진술이 사실과 다를 수 있다는 점은 인정하였던 점 등에 비추어 보면, 공소외 46의 당심 진술만으로는 피고인이 공표내용을 진실이라고 믿을 만한 상당한 이유가 있는 것이라고 인정할 수는 없다.

따라서 위와 같은 사정에 비추어 보면, 이 사건 공표내용은 앞서 인정한 바와 같은 이유로 진실이라고 할 수 없고, 이 사건 공표로 인한 파급효과가 상당히 컸던 점에 비추어 보면, 비록 피고인이 이 사건 대책단의 단장으로 이 사건 의혹의 진상을 규명하기 위하여 상당 기간 자료를 수집하거나 관련자를 접촉하는 등의 방법으로 취득한 정보에 기초하여 이 사건 의혹에 대한 ○○○ 후보자의 해명을 반박하는 등으로 이 사건 공표행위를 하고, 그에 따라 검찰이 공소외 1의 송환에 따라 광범위한 조사에 이르게 된 사정이 있었더라도, 피고인이 이 사건 의혹에 대한 ○○○ 후보자나 ○○○당의 해명에 대하여 일부 모순점이나 의문점 등이 있다는 사정만을 들어 검찰 등 기존의 조사결과를 명백히 배척할 수 있는 객관적이고 합리적인 자료를 기초로 하지 않고, 피고인이 공표할 내용의 진위를 확인하기 위한 적절하고도 충분한 조사를 다하지 아니한 채 피고인의 추측만으로 단정적인 표현을 사용하여 ○○○ 후보자가 이 사건 의혹에 관여되었다는 의미로 이해될 수 있는 공표행위를 계속한 피고인에게는 자신이 공표한 내용이 진실이라고 믿을 만한 상당한 이유가 있었다고 볼 수 없다.

판례20

특정 일간신문에 반대하는 시민모임의 홈페이지나 유인물 등에 실린 게시물의 내용이 단순한 의견이나 논평에 불과한 것이 아니라 구체적 사실의 적시에 해당하고, 피해자인 위 일간신문을 비방할 목적도 인정된다고 한 사례

【참조조문】

형법 제307조

> 제307조(명예훼손)
> ① 공연히 사실을 적시하여 사람의 명예를 훼손한 자는 2년 이하의 징역이나 금고 또는 500만원 이하의 벌금에 처한다.
> ② 공연히 허위의 사실을 적시하여 사람의 명예를 훼손한 자는 5년 이하의 징역, 10년 이하의 자격정지 또는 1천만원 이하의 벌금에 처한다.

형법 제309조

> 제309조(출판물 등에 의한 명예훼손)
> ① 사람을 비방할 목적으로 신문, 잡지 또는 라디오 기타 출판물에 의하여 제307조제1항의 죄를 범한 자는 3년 이하의 징역이나 금고 또는 700만원 이하의 벌금에 처한다.
> ② 제1항의 방법으로 제307조제2항의 죄를 범한 자는 7년 이하의 징역, 10년 이하의 자격정지 또는 1천500만원 이하의 벌금에 처한다.

형법 제310조

제310조(위법성의 조각)
제307조제1항의 행위가 진실한 사실로서 오로지 공공의 이익에 관한 때에는 처벌하지 아니한다.

정보통신망 이용촉진 및 정보보호 등에 관한 법률 제70조

제70조(벌칙)
① 사람을 비방할 목적으로 정보통신망을 통하여 공공연하게 사실을 드러내어 다른 사람의 명예를 훼손한 자는 3년 이하의 징역 또는 3천만원 이하의 벌금에 처한다.
② 사람을 비방할 목적으로 정보통신망을 통하여 공공연하게 거짓의 사실을 드러내어 다른 사람의 명예를 훼손한 자는 7년 이하의 징역, 10년 이하의 자격정지 또는 5천만원 이하의 벌금에 처한다.
③ 제1항과 제2항의 죄는 피해자가 구체적으로 밝힌 의사에 반하여 공소를 제기할 수 없다.

【참조판례】

대법원 2000. 2. 25. 선고 98도2188 판결(공2000상, 885)
대법원 2003. 6. 24. 선고 2003도1868 판결(공2003하, 1655)
대법원 2003. 12. 26. 선고 2003도6036 판결(공2004상, 317)
대법원 2005. 10. 14. 선고 2005도5068 판결
대법원 2003. 5. 16. 선고 2003도601, 2003감도9 판결
대법원 2005. 2. 17. 선고 2004도8484 판결
대법원 1998. 10. 9. 선고 97도158 판결(공1998하, 2715)
대법원 2006. 3. 23. 선고 2003다52142 판결(공2006상, 713)

해 설

어떠한 표현행위가 명예훼손과 관련하여 문제가 되는 경우 그 표현이 사실을 적시하는 것인가, 아니면 단순히 의견 또는 논평을 표명하는 것인가, 또는 의견 또는 논평을 표명하는 것이라면 그와 동시에 묵시적으로라도 그 전제가 되는 사실을 적시하고 있는 것인가 그렇지 아니한가의 구별은, 당해 표현의 객관적인 내용과 아울러 일반의 독자가 보통의 주의로 표현을 접하는 방법을 전제로 표현에 사용된 어휘의 통상적인 의미, 표현의 전체적인 흐름, 문구의 연결 방법 등을 기준으로 판단하여야 하고, 여기에다가 당해 표현이 게재된 보다 넓은 문맥이나 배경이 되는 사회적 흐름 등도 함께 고려하여야 한다(대법원 2000. 2. 25. 선고 98도2188 판결, 2003. 6. 24. 선고 2003도1868 판결 등 참조).

또한 정보통신망 이용촉진 및 정보보호 등에 관한 법률 제61조 제2항[현행법 제70조 제2항]이나 형법 제309조 제2항 소정의 '사람을 비방할 목적'이란 가해의 의사 내지 목적을 요하는 것으로서, 사람을 비방할 목적이 있는지 여부는 당해 적시 사실의 내용과 성질, 당해 사실의 공표가 이루어진 상대방의 범위, 그 표현의 방법 등 그 표현 자체에 관한 제반 사정을 감안함과 동시에 그 표현에 의하여 훼손되거나 훼손될 수 있는 명예의 침해 정도 등을 비교, 고려하여 결정하여야 한다(대법원 2003. 12. 26. 선고 2003도6036 판결, 2005. 10. 14. 선고 2005도5068 판결 등 참조).

원심은, 그 채용증거들에 의하여 그 판시와 같은 사실을 인정한 다음, 피고인 등이 '조선일보 없는 아름다운 세상을 만드는 시민모임(약칭 조아세, 이하 '조아세'라고 한다)' 홈페이지나 유인물 등에 게재한 게시물의 내용은 단순한 의견이나 논평에 불과한 것이 아니라 구체적 사실의 적시에 해당하고, 피해자인 조선일보를 비방할 목적도 인정된다는 이유로 피고인에 대한 정보통신망을 통한 명예훼손 및 출판물에 의한 허위사실적시 명예훼손의 범죄사실을 모두 유죄로 인정하였는바, 원심판결의 이유를 기록과 위 법리에 비추어 살펴보면, 원심의 위와 같은 사실인정 및 판단은 모두 정당한 것으로 수긍이 가고, 거기에 채증법칙 위배로 인한 사실오인이나 명예훼손죄에 있어서의 사실의 적시나 비방 목적에 관한 법리오해 등의 위법이 없다.

그리고 정보통신망을 통한 명예훼손이나 허위사실적시 명예훼손 행위에는 위법성 조각에 관한 형법 제310조가 적용될 수 없을 뿐만 아니라 (대법원 2003. 5. 16. 선고 2003도601, 2003감도9 판결, 2005. 2. 17. 선고 2004도8484 판결 등 참조), 기록에 비추어 살펴보면, 피고인이 위 게시물의 내용을 진실로 믿었다거나 그와 같이 믿은 데에 정당한 이유가 있다고 보기도 어렵다. 이를 탓하는 상고이유의 주장은 모두 받아들일 수 없다.

허위보도로 인한 명예훼손

> 객관적으로 피해자의 사회적 평가를 저하시키는 사실에 관한 보도내용이 소문이나 제3자의 말, 보도를 인용하는 방법으로 단정적인 표현이 아닌 전문 또는 추측한 것을 기사화한 형태로 표현하였지만, 그 표현 전체의 취지로 보아 그 사실이 존재할 수 있다는 것을 암시하는 방식으로 이루어진 경우에는 사실을 적시한 것으로 보아야 한다.

그리고 이러한 보도내용으로 인한 형법 제307조 제1항, 제2항과 구 정보통신망 이용촉진 및 정보보호 등에 관한 법률(2007. 12. 21. 법률 제8778호로 개정되기 전의 것) 제61조 제1항, 제2항[현행법 제70조] 등에 의한 명예훼손죄의 성립 여부나 형법 제310조의 위법성조각사유의 존부 등을 판단할 때, 객관적으로 피해자의 명예를 훼손하는 보도내용에 해당하는지, 그 내용이 진실한지, 거기에 피해자를 비방할 목적이 있는지, 보도내용이 공공의 이익에 관한 것인지 여부 등은 원칙적으로 그 보도내용의 주된 부분인 암시된 사실 자체를 기준으로 살펴보아야 한다. 그 보도내용에 인용된 소문 등의 내용이나 표현방식, 그 신빙성 등에 비추어 암시된 사실이 무엇이고, 그것이 진실인지 여부 등에 대해 구체적으로 심리·판단하지 아니한 채 그러한 소문, 제3자의 말 등의 존부에 대한 심리·판단만으로 바로 이를 판단해서는 안 된다.

【참조조문】

형법 제307조

> 제307조(명예훼손)
> ① 공연히 사실을 적시하여 사람의 명예를 훼손한 자는 2년 이하의 징역이나 금고 또는 500만원 이하의 벌금에 처한다.
> ② 공연히 허위의 사실을 적시하여 사람의 명예를 훼손한 자는 5년 이하의 징역, 10년 이하의 자격정지 또는 1천만원 이하의 벌금에 처한다.

형법 제310조

> 제310조(위법성의 조각)
> 제307조제1항의 행위가 진실한 사실로서 오로지 공공의 이익에 관한 때에는 처벌하지 아니한다.

정보통신망 이용촉진 및 정보보호 등에 관한 법률 제70조

> 제70조(벌칙)
> ① 사람을 비방할 목적으로 정보통신망을 통하여 공공연하게 사실을 드러내어 다른 사람의 명예를 훼손한 자는 3년 이하의 징역 또는 3천만원 이하의 벌금에 처한다.
> ② 사람을 비방할 목적으로 정보통신망을 통하여 공공연하게 거짓의 사실을 드러내어 다른 사람의 명예를 훼손한 자는 7년 이하의 징역, 10년 이하의 자격정지 또는 5천만원 이하의 벌금에 처한다.

가. 언론매체가 사실을 적시하여 타인의 명예를 훼손하는 행위를 한 경우에도 그것이 공공의 이해에 관한 사항으로서 그 목적이 오로지 공공의 이익을 위한 것일 때에는 적시된 사실이 진실이라는 증명이 있거나, 그 증명이 없다 하더라도 행위자가 그것을 진실이라고 믿었고 또 그렇게 믿을 상당한 이유가 있으면 위법성이 없다고 보아야 할 것인바, 여기서 '그 목적이 오로지 공공의 이익을 위한 것일 때'라 함은 적시된 사실이 객관적으로 볼 때 공공의 이익에 관한 것으로서 행위자도 공공의 이익을 위하여 그 사실을 적시한 것을 의미하는데, 행위자의 주요한 목적이나 동기가 공공의 이익을 위한 것이라면 부수적으로 다른 사익적 목적이나 동기가 내포되어 있더라도 무방하고, 여기서 '진실한 사실'이라고 함은 그 내용 전체의 취지를 살펴볼 때 중요한 부분이 객관적 사실과 합치되는 사실이라는 의미로서, 세부에 있어 진실과 약간 차이가 나거나 다소 과장된 표현이 있더라도 무방하며, 언론·출판의 자유와 명예보호 사이의 한계를 설정함에 있어서는 당해 표현으로 인하여 명예를 훼손당하게 되는 피해자가 공적인 존재인지 사적인 존재인지, 그 표현이 공적인 관심 사안에 관한 것인지 순수한 사적인 영역에 속하는 사안에 관한 것인지 등에 따라 그 심사기준에 차이를 두어 공공적·사회적인 의미를 가진 사안에 관한 표현의 경우에는 언론의 자유에 대한 제한이 완화되어야 하고, 공적인 존재나 공적인 관심 사안에 대한 감시와 비판 기능은 그것이 악의적이거나 현저히 상당성을 잃은 공격이 아닌 한 쉽게 제한되어서는 아니된다(대법원 2006. 3. 23. 선고 2003다52142 판결, 대법원 2008. 2. 1. 선고 2005다8262 판결, 대법원 2008. 4. 24. 선고 2006다53214 판결 등 참조).

한편, '사람을 비방할 목적'이란 가해의 의사 내지 목적을 요하는 것으로서 그 인정 여부는 당해 적시 사실의 내용과 성질, 당해 사실의 공표가 이루어진 상대방의 범위, 그 표현의 방법 등 그 표현 자체에 관한 제반 사정을 감안함과 동시에 그 표현에 의하여 훼손되거나 훼손될 수 있는 명예의 침해 정도 등을 비교, 고려하여 결정하여야 하고(대법원 2002. 8. 23. 선고 2000도329 판결 등 참조), '사람을 비방할 목적'은 공공의 이익을 위한 것과는 행위자의 주관적 의도의 방향에 있어 서로 상반되는 관계에 있다고 할 것이므로, 적시한 사실이 공공의 이익에 관한 것인 경우에는 특별한 사정이 없는 한 비방할 목적은 부인된다고 봄이 상당하지만(대법원 1998. 10. 9. 선고 97도158 판결, 대법원 2005. 10. 14. 선고 2005도5068 판결, 대법원 2007. 4. 26. 선고 2007도1525 판결 등 참조), 독자, 시청자, 청취자 등은 언론매체의 보도내용을 진실로 신뢰하는 경향이 있고, 언론매체는 이러한 신뢰를 기반으로 사회에 대한 비판·감시기능을 수행하는 것이라는 점 등을 고려하면, 언론매체가 피해자의 명예를 현저하게 훼손할 수 있는 보도내용의 주된 부분이 허위임을 충분히 인식하면서도 이를 보도하였다면 특별한 사정이 없는 한 거기에는 사람을 비방할 목적이 있다고 볼 것이고, 이 경우에는 위와 같은 법리에 의하여 위법성이 조각될 여지가 없는 것이다.

그리고 객관적으로 피해자의 사회적 평가를 저하시키는 사실에 관한 보도내용이 소문이나 제3자의 말, 보도를 인용하는 방법으로 단정적인 표현이 아닌 전문 또는 추측한 것을 기사화한 형태로 표현되었지만, 그 표현 전체의 취지로 보아 그 사실이 존재할 수 있다는 것을 암시하는 이상, 형법 제307조 제1항, 제2항과 구 정보통신망 이용촉진 및 정보보호 등에 관한 법률(2007. 12. 21. 법률 제8778호로 개정되기 전의 것, 이하 '구 정보통신망법'이라 한다) 제61조 제1항, 제2항[현행법 제70조]에서 규정하는 '사실의 적시'가 있는 것이고, 이러한 경우 특별한 사정이 없는 한 보도내용에 적시된 사실의 주된 부분은 암시된 사실 자체라고 보아야 하므로, 암시된 사실 자체가 허위라면 그에 관한 소문 등이 있다는 사실 자체는 진실이라 하더라도 허위의 사실을 적시한 것으로 보아야 할 것이다(대법원 2002. 4. 10.자 2001모193 결정, 대법원 2005. 7. 14. 선고 2004다64487 판결 등 참조). 따라서 위와 같은 보도내용으로 인한 위 각 법 규정에 의한 명예훼손죄의 성립 여부나 형법 제310조의 위법성조각사유의 존부 등을 판단함에 있어서, 객관적으로 피해자의 명예를 훼손하는 보도내용에 해당하는지, 그 내용이 진실한지, 거기에 피해자를 비방할 목적이 있는지, 보도내용이 공공의 이익에 관한 것인지 여부 등은 원칙적으로 그 보도내용의 주된 부분인 암시된 사실 자체를 기준으로 살펴보아야 하고, 그 보도내용에 인용된 소문 등의 내용이나 표현방식, 그 신빙성 등에 비추어 암시된 사실이 무엇이고, 그것이 진실인지 여부 등에 대해 구체적으로 심리·판단하지 아니한 채 그러한 소문, 제3자의 말 등의 존부에 대한 심리·판단만으로 바로 위 보도로 인한 위 각 법 규정의 명예훼손죄의 성립 여부나 위법성조각사유의 존부 등을 판단할 수는 없다.

나. 이 사건 공소사실의 요지는 "위 피고인이 피해자 공소외 1을 비방할 목적으로, ① 20○○. ○○. ○○. ○○:○○경 ○○시 ○○구 ○○동 소재 (상호 생략) 호텔 지하 1층에 있는 공소외 2가 운영하는 '◎◎◎' 바에서, 전날 밤 ○○고등검찰청과 ○○지방검찰청에 대한 국회 국정감사가 끝난 후 국회 법제사법위원회(이하 '법사위원회'라고 한다) 소속 국회의원인 피해자가 같은 위원회 소속 국회의원들 및 ○○지방검찰청 소속 검사들과 위 바에서 술을 마시면서 공소외 2 등에게 욕설을 하였다는 제보를 받고 ☆☆신문, ☆☆뉴스 등 다른 언론매체의 기자들과 함께 공소외 2를 인터뷰하면서, 사실은 공소외 2로부터 단순히 '피해자가 심한 욕설을 하여 모욕감을 느꼈다'는 취지의 말을 들은 사실이 있을 뿐, '피해자가 여성 성기를 비유한 욕설을 하여 성희롱을 당하고 성적 모욕감을 느꼈다'는 취지의 말은 들은 사실이 없

음에도 불구하고, 같은 날 ○○:○○경 (상호 생략) 호텔 건너편에 있는 상호불상 PC방에서, ☆☆뉴스의 '기사쓰기'란에 「칵테일바 여사장 H씨(여)는 ○○일 ☆☆뉴스 기자와 만나 '주의원이 술을 마시는 도중 계속적으로 여성 성기를 비유한 욕설을 하면서 추태를 부렸다.'면서 '차마 말로 옮기지 못할 정도로 심한 성적 모욕감을 느꼈다.'고 주장했다」는 내용의 기사를 게재하여 위 기사가 ☆☆뉴스(사이트 주소는 생략)의 메인화면에 게재되고 불특정 다수의 사람들이 볼 수 있게 함으로써, 마치 피해자가 단순히 욕설을 하는 차원을 넘어 여성에 대하여 성희롱을 가하고 성적 모욕감을 느끼게 하는 행위를 한 것처럼 인식될 소지가 있도록 공연히 허위의 사실을 적시하여 피해자의 명예를 훼손하고, ② 200○. ○○. ○○. ○○:○○경 공소외 2와 전화통화를 하면서 사실은 위 가항 기재 기사의 내용에 대하여 항의를 받았을 뿐, 공소외 2가 위 기사의 내용처럼 '피해자가 여성 성기를 비유한 욕설 등 성적 폭언을 한 것이 맞다'는 취지로 그 내용을 확인해 준 사실이 전혀 없음에도 불구하고, 200○. ○○. ○○. ○○:○○경 (상호 생략) 호텔 부근에 있는 상호불상 모텔 객실에서, ☆☆뉴스 '기사쓰기'란에 「○○일 밤 '술자리 추태' 사건이 벌어졌던 ○○시 모 호텔 지하 L 칵테일바의 H사장(여)은 이번 사건의 발단이 됐던 공소외 1 ○○○당 의원의 추태가 사실이라고 재확인했다. H사장은 ○○일 기자와 만나 "주의원이 술을 마시는 도중 계속적으로 여성 성기를 비유한 욕설을 하면서 추태를 부렸다."면서 "차마 말로 옮기지도 못할 정도로 성적 모욕감을 느꼈다."고 주장했고 ☆☆뉴스는 이를 가감 없이 보도했다. … H사장은 ○○일 밤 ○○시 ○○분경 ☆☆뉴스 기자에게 전화를 걸어와 이같이 밝혔다. … H사장이 전화를 걸어와 밝힌 이 같은 내용은 '진실 논란'이 일었던 공소외 1 의원의 '성적 폭언'이 사실이었음을 재확인하는 한편 …」이라는 내용의 기사를 게재하여 위 기사가 ☆☆뉴스 메인화면에 게재되고 불특정 다수의 사람들이 볼 수 있게 함으로써, 위 가항과 같은 취지로 공연히 허위의 사실을 적시하여 피해자의 명예를 훼손하였다"는 것이다.

원심은 그 판시와 같은 공소외 2의 인터뷰 및 전화통화 내용 등의 사실을 인정한 다음, 피해자가 술자리에서 욕설만 했는지 아니면 실제로 여성 성기를 비유한 욕설을 했고, 이로 인하여 공소외 2가 성적 모욕감을 느꼈는지를 살펴볼 필요도 없이, 위 피고인이 이 사건 각 기사에서 공소외 2가 주장 또는 확인해 주었다고 게재한 내용이 실제로는 위 피고인이 공소외 2와 인터뷰하거나 전화통화를 하면서 들은 것과는 다름이 분명하므로 이 사건 각 기사는 허위이고, 위 피고인이 이를 진실이라고 믿은 데 상당한 이유가 있다고 볼 수도 없다고 보아 위 피고인에게 형법 제307조 제2항 소정의 허위사실 적시로 인한 명예훼손죄의 죄책이 있다고 판단하고, 나아가 위 피고인은 공소외 2와의 인터뷰 내용, 전화통화 내용을 그대로 전달하지 아니하고 피해자가 위 술자리에서 성과 어떤 연관이 있는 행위를 하였다는 취지로 이해되도록 할 목적으로 이 사건 각 기사를 작성·게재하였던 것으로 보이기는 하나, 반면에 피해자가 국정감사업무를 마친 뒤 법사위원회 소속 여러 의원들과 피감기관인 ○○지검 검사들과 술자리를 같이 하였고, 그 과정에서 술집 주인 및 종업원들에게 심한 욕설을 하면서 소란을 피웠으며, 그로 인하여 공소외 2가 모욕감을 느낀 사실은 공소외 2의 인터뷰에 의해 확인되는 것인바, 이 사건 각 기사가 완전히 허구의 내용을 가공하여 작성한 것이 아니라 실제 있었던 사실에 어느 정도의 허위 사실을 덧붙인 정도의 것인 점, 국회의원들이 국정감사를 마친 그날 피감기관의 공무원들과 함께 술자리를 가지는 것이나 술자리에서의 국회의원의 부적절한 언행에 대하여는 선거권을 가진 국민들에게 널리 알려서 그 행위자에 대한 판단의 자료로 삼도록 할 필요성이 일반인들에 비하여 훨씬 높다고 보이는 점, 실제로 이 사건 각 기사의 내용을 보면 국정감사기간에 피감기관 검사들과 술자리를 가진 점이 부적절하다는 점을 지적하고 있기도 한 점 등에 비추어, 위 피고인이 이 사건 각 기사를 작성·게재함에 있어 피해자를 비방할 목적이 있었다고 인정하기는 어렵다고 보아 구 정보통신망법 제61조 제2항[현행법 제70조 제2항] 소정의 명예훼손죄에 대해서는 이유에서 무죄라고 판단하였다.

다. 그러나 원심의 판단은 다음과 같은 이유에서 그대로 수긍할 수 없다.

앞서 본 바와 같이, 이 사건 각 기사의 내용은 위 각 보도내용의 요지는 '공소외 2가 국회의원인 피해자로부터 여성 성기를 비유한 욕설을 들었고, 이에 심한 성적 모욕감을 느꼈다고 말하였다'라는 취지로서, 위 각 기사의 주요 부분은 공소외 2가 위와 같이 말하였다는 사실이 아니라 위 각 기사에서 암시된 '국회의원인 피해자가 공소외 2에게 여성 성기를 비유한 욕설을 하고, 이에 공소외 2가 심한 성적 모욕감을 느꼈다'는 사실(이하 '이 사건 적시사실'이라 한다)이라고 보아야 하고, 이 사건 공소사실도 이 사건 각 기사가 피해자를 비방할 목적으로 허위보도를 하였다는 것으로서, 이로 인하여 공소외 2를 피해자로 하는 명예훼손죄가 성립한다는 취지가 아님은 분명하다.

한편, 이 사건 적시사실은 객관적으로 보아 피해자의 명예를 현저하게 저하시키는 내용이므로, 앞서 본 법리에 비추어 볼 때, 이 사건 각 기사를 언론매체를 통하여 공표한 위 피고인의 행위가 구 정보통신망법 제61조 제2항[현행법 제70조 제2항] 소정의 명예훼손죄에 해당하는지 여부 등을 판단함에 있어서는 원칙적으로 이 사건 적시사실 자체가 진실한 것인지를 살펴보아야 할 것이고, 이 사건 기사에 인용된 공소외 2의 발언내용이 실제 발언내용과 일치하는지 여부만으로 이를 판단할 것은 아니다.

그럼에도 불구하고, 원심은 공소외 2가 위 피고인에게 한 진술의 사실 여부 또는 그 신빙성 등에 대해 구체적으로 심리·판단하지 아니한 채, 위 피고인이 공소외 2와 인터뷰하거나 전화통화를 하면서 들은 것과는 다른 내용으로 보도하였다는 사실만을 토대로 하여 이 사건 각 기사는 허위이고, 위 피고인이 이를 진실이라고 믿은 데에 상당한 이유가 있다고 볼 수도 없어 위법성이 조각되지 않는다고 판단하면서, 정작 이 사건 적시사실이 진실에 해당하는지 여부나 위 피고인이 이 사건 적시사실을 진실이라고 믿었거나 그렇게 믿은 데에 상당한 이유가 있는지 여부 등에 대해서는 아무런 심리·판단을 하지 아니하였다.

앞서 본 법리에 비추어 살펴보면, 만약 위와 같이 피해자의 명예를 현저하게 훼손할 수 있는 이 사건 적시사실 자체가 허위이고 위 피고인이 위 적시사실의 주요 부분이 허위임을 충분히 인식하였다면, 특별한 사정이 없는 한 거기에는 피해자를 비방할 목적이 있다고 볼 것이고, 이 경우에는 형법 제310조 및 거기에서 파생된 법리에 의하여 위법성이 조각될 여지가 없는 것이므로, 피고인의 행위는 구 정보통신망법 제61조 제2항[현행법 제70조 제2항] 소정의 명예훼손죄에 해당한다고 보아야 할 것이다. 반면에, 이 사건 적시사실이 진실이거나 위 피고인에게 위 적시사실의 허위성에 대한 인식이 없었다면 구 정보통신망법 제61조 제2항[현행법 제70조 제2항] 소정의 명예훼손죄는 물론, 원심이 유죄로 인정한 형법 제307조 제2항 소정의 명예훼손죄도 성립되지 않는 것이며, 나아가 원심이 구 정보통신망법 제61조 제2항[현행법 제70조 제2항] 소정의 명예훼손죄에 대하여 이유에서 무죄로 판단하면서 든 여러 사정들을 고려할 때 구 정보통신망법 제61조 제1항[현행법 제70조 제2항]의 명예훼손죄의 구성요건요소인 '비방의 목적'이나 형법 제307조 제1항 소정의 명예훼손죄의 위법성 역시 부정된다고 볼 여지가 없지 않다고 할 것이다.

판례22

정보통신망이용촉진 및 정보보호 등에 관한 법률상의 명예훼손죄에 있어서 '고의', '비방의 목적' 및 '사실의 적시'의 의미

【참조조문】

정보통신망 이용촉진 및 정보보호 등에 관한 법률 제70조

제70조(벌칙)

① 사람을 비방할 목적으로 정보통신망을 통하여 공공연하게 사실을 드러내어 다른 사람의 명예를 훼손한 자는 3년 이하의 징역 또는 3천만원 이하의 벌금에 처한다.

② 사람을 비방할 목적으로 정보통신망을 통하여 공공연하게 거짓의 사실을 드러내어 다른 사람의 명예를 훼손한 자는 7년 이하의 징역, 10년 이하의 자격정지 또는 5천만원 이하의 벌금에 처한다.

③ 제1항과 제2항의 죄는 피해자가 구체적으로 밝힌 의사에 반하여 공소를 제기할 수 없다.

해 설

(1) 정보통신망이용촉진 및 정보보호 등에 관한 법률상의 명예훼손죄에 있어서 '고의'는 타인의 사회적 평가를 저하시킬 사실의 인식과 그 의사를 말하고, '비방의 목적'은 가해의 의사 내지 목적을 요하며, '사실의 적시'는 사실관계에 관한 보고 내지 진술로서 가치판단이나 평가를 내용으로 하는 의견표현에 대치되는 개념으로 시간과 공간적으로 과거 또는 현재의 사실관계에 관한 보고 내지 진술을 의미한다.

원심이 유지한 제1심법원이 적법하게 채택한 증거에 의하여 인정되는 사실관계를 앞서 본 법리에 비추어 살펴보면, 원심이 피고인 2

가 정보통신망을 통하여 사실을 적시하여 피고인 1 및 공소외 2 주식회사의 명예를 훼손함에 있어 고의와 비방의 목적이 인정된다고 판단한 것은 정당한 것으로 수긍이 가고, 거기에 상고이유에서 주장하는 바와 같은 정보통신망이용촉진 및 정보보호 등에 관한 법률 위반죄에 관한 법리오해나 심리미진의 위법이 없다.

(2) 형법 제20조 소정의 '사회상규에 위배되지 아니하는 행위'라 함은 법질서 전체의 정신이나 그 배후에 놓여 있는 사회윤리 내지 사회통념에 비추어 용인될 수 있는 행위를 말하고, 어떠한 행위가 사회상규에 위배되지 아니하는 정당한 행위로서 위법성이 조각되는 것인지는 구체적인 사정 아래서 합목적적, 합리적으로 고찰하여 개별적으로 판단되어야 하므로, 이와 같은 정당행위를 인정하려면 첫째 그 행위의 동기나 목적의 정당성, 둘째 행위의 수단이나 방법의 상당성, 셋째 보호이익과 침해이익과의 법익균형성, 넷째 긴급성, 다섯째 그 행위 외에 다른 수단이나 방법이 없다는 보충성 등의 요건을 갖추어야 한다(대법원 2003. 9. 26. 선고 2003도3000 판결 참조).

앞서 본 증거에 의하면, 피고인 2가 판시 정보통신망에 게시한 글에는 상표권침해 관련 소송을 제기한 피고인 1을 비방하는 내용으로 일관하고 있어 행위의 목적이나 수단이 정당하다고 할 수 없다 할 것인바, 피고인 2의 판시 행위는 정당행위에 해당하지 아니한다 할 것이니 이에 관한 피고인 2의 정당행위 관련 상고이유 주장 또한 이유 없다.

원심판결에 의하면, 피고인 1은 당초 20○○. ○○. ○○.자 및 20○○. ○○. ○○.자 출판물에 의한 각 명예훼손죄, 대기환경보전법위반죄로 기소되어 제1심에서 20○○. ○○. ○○.자 출판물에 의한 명예훼손 부분에 대해서는 무죄, 나머지 부분에 대해서는 유죄를 각 선고하였고, 위 판결에 대하여 피고인 1은 항소하지 않고, 검사만이 무죄 부분에 대해서 항소를 제기하였는데, 원심은 검사의 항소를 받아들여 20○○. ○○. ○○.자 출판물에 의한 명예훼손죄를 유죄로 인정한 후 이 죄와 나머지 죄는 형법 제37조 전단의 경합범관계에 있어 이에 대하여 단일한 형을 선고하여야 한다는 이유로 제1심판결 전부를 파기하여 피고인 1에 대하여 벌금 ○○만 원을 선고한 사실을 알 수 있다.

형법 제37조 전단의 경합범으로 같은 법 제38조 제1항 제2호에 해당하는 경우 하나의 형으로 처벌하여야 함은 물론이지만 위 규정은 이를 동시에 심판하는 경우에 관한 규정이다. 그런데 경합범으로 동시에 기소된 사건에 대하여 일부 유죄, 일부 무죄의 선고를 하거나 일부의 죄에 대하여 징역형을, 다른 죄에 대하여 벌금형을 선고하는 등 판결주문이 수개일 때에는 그 1개의 주문에 포함된 부분을 다른 부분과 분리하여 일부 상소를 할 수 있는 것이고 당사자 쌍방이 상소하지 아니한 부분은 분리 확정된다고 볼 것이므로, 경합범 중 일부에 대하여 무죄, 일부에 대하여 유죄를 선고한 제1심판결에 대하여 검사만이 무죄 부분에 대하여 항소를 한 경우 피고인 ○○○와 검사가 항소하지 아니한 유죄판결 부분은 항소기간이 지남으로써 확정되어 항소심에 계속된 사건은 무죄판결 부분에 대한 공소뿐이라 할 것이고, 그에 따라 항소심에서 이를 파기할 때에는 무죄 부분만을 파기할 수밖에 없다 할 것이다.

따라서 제1심판결의 유죄 부분인 20○○. ○○. ○○.자 출판물에 의한 명예훼손죄 및 대기환경보전법 위반죄에 대해서 피고인 1은 항소하지 아니하고 무죄 부분인 20○○. ○○. ○○.자 출판물에 의한 명예훼손죄에 대한 검사의 항소만 있는 이 사건에 있어서, 위 유죄 부분은 확정되고 무죄 부분만이 원심에 계속되게 되었으므로 원심으로서는 위 무죄 부분만을 심리·판단하여야 할 것임에도 이미 유죄로 확정된 부분까지 다시 심리하여 확정되지 않은 죄와 경합범으로 하여 형을 선고하였으니, 이는 심리의 범위에 관한 법리를 오해하여 판결 결과에 영향을 미친 위법을 저질렀다 할 것이므로, 원심판결 중 피고인 1에 대한 부분은 이 점에서 파기를 면하지 못한다고 할 것이다.

정보통신망법에서 정한 '허위사실 적시에 의한 명예훼손죄'가 성립하기 위한 요건

정보통신망 이용촉진 및 정보보호 등에 관한 법률 제70조 제2항에서 정한 '허위사실 적시에 의한 명예훼손죄' 또는 형법 제309조 제2항에서 정한 '허위사실 적시 출판물에 의한 명예훼손죄'가 성립하기 위한 요건

【참조조문】

정보통신망 이용촉진 및 정보보호 등에 관한 법률 제70조 제2항

제70조(벌칙)

② 사람을 비방할 목적으로 정보통신망을 통하여 공공연하게 거짓의 사실을 드러내어 다른 사람의 명예를 훼손한 자는 7년 이하의 징역, 10년 이하의 자격정지 또는 5천만원 이하의 벌금에 처한다.

해 설

정보통신망 이용촉진 및 정보보호 등에 관한 법률(이하 '정보통신망법'이라 한다) 제70조 제2항이 정한 '허위사실 적시에 의한 명예훼손죄' 또는 형법 제309조 제2항, 제1항이 정한 '허위사실 적시 출판물에 의한 명예훼손죄'가 성립하려면 피고인이 적시하는 사실이 허위이고 그 사실이 허위임을 인식하여야 하며, 이러한 허위의 인식에 대한 증명책임은 검사에게 있다. 여기에서 사실의 적시는 가치판단이나 평가를 내용으로 하는 의견표현에 대치되는 개념으로서 시간적으로나 공간적으로 구체적인 과거 또는 현재의 사실관계에 관한 보고나 진술을 뜻한다. 적시된 사실의 중요한 부분이 객관적 사실과 합치되는 경우에는 세부적으로 진실과 약간 차이가

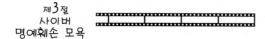

나거나 다소 과장된 표현이 있더라도 이를 거짓의 사실이라고 볼 수 없다. 거짓의 사실인지를 판단할 때에는 적시된 사실 내용 전체의 취지를 살펴 객관적 사실과 합치하지 않는 부분이 중요한 부분인지 여부를 결정하여야 한다.

판례24

모욕죄의 보호법익(=외부적 명예) 및 모욕죄에서 말하는 '모욕'의 의미

모욕죄의 보호법익(=외부적 명예) 및 모욕죄에서 말하는 '모욕'의 의미 / 상대방의 인격적 가치에 대한 사회적 평가를 저하시킬 만한 것이 아닌 표현이 다소 무례한 방법으로 표시된 경우, 모욕죄의 구성요건에 해당하는지 여부(소극)

【참조조문】

형법 제311조

제311조(모욕)

공연히 사람을 모욕한 자는 1년 이하의 징역이나 금고 또는 200만원 이하의 벌금에 처한다.

해 설

형법 제311조의 모욕죄는 사람의 가치에 대한 사회적 평가를 의미하는 외부적 명예를 보호법익으로 하는 범죄로서, 모욕죄에서 말하는 모욕이란 사실을 적시하지 아니하고 사람의 사회적 평가를 저하시킬 만한 추상적 판단이나 경멸적 감정을 표현하는 것을 의미한다. 따라서 어떠한 표현이 상대방의 인격적 가치에 대한 사회적 평가를 저하시킬 만한 것이 아니라면 설령 그 표현이 다소 무례한 방법으로 표시되었다 하더라도 이를 두고 모욕죄의 구성요건에 해당한다고 볼 수 없다.

모욕죄가 성립하기 위하여 피해자의 외부적 명예가 현실적으로 침해되거나 구체적·현실적으로 침해될 위험이 발생하여야 하는지 여부(소극)

【참조조문】

형법 제311조

제311조(모욕)
공연히 사람을 모욕한 자는 1년 이하의 징역이나 금고 또는 200만원 이하의 벌금에 처한다.

해 설 ·

모욕죄는 공연히 사람을 모욕하는 경우에 성립하는 범죄로서(형법 제311조), 사람의 가치에 대한 사회적 평가를 의미하는 외부적 명예를 보호법익으로 하고, 여기에서 '모욕'이란 사실을 적시하지 아니하고 사람의 사회적 평가를 저하시킬 만한 추상적 판단이나 경멸적 감정을 표현하는 것을 의미한다. 그리고 모욕죄는 피해자의 외부적 명예를 저하시킬 만한 추상적 판단이나 경멸적 감정을 공연히 표시함으로써 성립하므로, 피해자의 외부적 명예가 현실적으로 침해되거나 구체적·현실적으로 침해될 위험이 발생하여야 하는 것도 아니다.

제3절
사이버
명예훼손 모욕

판례26

상대방의 인격적 가치에 대한 사회적 평가를 저하시킬 만한 것이 아닌 표현이 다소 무례하고 저속한 방법으로 표시된 경우, 모욕죄의 구성요건에 해당하는지 여부(소극)

【참조조문】

형법 제311조

> 제311조(모욕)
> 공연히 사람을 모욕한 자는 1년 이하의 징역이나 금고 또는 200만원 이하의 벌금에 처한다.

해 설

　　형법 제311조의 모욕죄는 사람의 가치에 대한 사회적 평가를 의미하는 외부적 명예를 보호법익으로 하는 범죄로서, 모욕죄에서 말하는 모욕이란 사실을 적시하지 아니하고 사람의 사회적 평가를 저하시킬 만한 추상적 판단이나 경멸적 감정을 표현하는 것을 의미한다(대법원 1987. 5. 12. 선고 87도739 판결, 대법원 2003. 11. 28. 선고 2003도3972 판결 참조). 그런데 언어는 인간의 가장 기본적인 표현수단이고 사람마다 언어습관이 다를 수 있으므로 그 표현이 다소 무례하고 저속하다는 이유로 모두 형법상 모욕죄로 처벌할 수는 없다. 따라서 어떠한 표현이 상대방의 인격적 가치에 대한 사회적 평가를 저하시킬 만한 것이 아니라면 설령 그 표현이 다소 무례하고 저속한 방법으로 표시되었다 하더라도 이를 모욕죄의 구성요건에 해당한다고 볼 수 없다.

인터넷 아이디(ID)만 알 수 있을 뿐 그와 같은 아이디를 가진 사람이 누구인지 추지할 자료가 없는 피해자에 대해 허위사실을 적시한 경우, 명예훼손죄가 성립하는지 여부(소극)

【참조조문】

형법 제311조

> 제311조(모욕)
> 공연히 사람을 모욕한 자는 1년 이하의 징역이나 금고 또는 200만원 이하의 벌금에 처한다.

해 설

　명예훼손죄와 모욕죄의 보호법익은 다 같이 사람의 가치에 대한 사회적 평가인 이른바 외부적 명예인 점에서는 차이가 없고, 명예의 주체인 사람은 특정한 자임을 요하지만 반드시 사람의 성명을 명시하여 허위의 사실을 적시하여야만 하는 것은 아니므로 사람의 성명을 명시한 바 없는 허위사실의 적시행위도 표현의 내용을 주위사정과 종합 판단하여 그것이 어느 특정인을 지목하는 것인가를 알아차릴 수 있는 경우에는 특정인에 대한 명예훼손죄를 구성한다. 그러나 피해자의 인터넷 아이디(ID)만을 알 수 있을 뿐 그 밖의 주위사정을 종합해 보더라도 그와 같은 인터넷 아이디(ID)를 가진 사람이 누구인지를 알아차리기 어렵고 달리 이를 추지할 수 있을 만한 아무런 자료가 없는 경우에 있어서는, 외부적 명예를 보호법익으로 하는 명예훼손죄 또는 모욕죄의 피해자가 특정되었다고 볼 수 없으므로, 특정인에 대한 명예훼손죄가 성립하지 아니한다.

Ⅲ. 상담사례

■ 사이버 명예훼손이란 무엇인가요?

➡ 형법 제307조는 명예훼손에 대한 일반규정으로서 '공연히 사실이나 허위사실을 적시(摘示)하여 사람의 명예를 훼손함으로써 성립하는 범죄'라고 규정하고 있으며, '정보통신망이용촉진및정보보오등에관한법률' 제70조에서 형법상 명예훼손죄에 대한 특칙으로 정보통신망에서의 명예훼손 관련 규정을 두고 있습니다. 형법이나 '정보통신망이용촉진및정보보오등에관한법률' 모두 피해자의 명시적인 의사에 반하여 공소를 제기할 수 없으며 관련 법률에 따라 해당내용의 삭제를 요청할 수 있습니다.

여기에서 '명예'란 외부적 명예, 즉 사람의 인격에 대한 사회적 평가를 말하는 것이며, 명예의 주체에는 자연인·법인뿐만 아니라, 기타 단체도 포함됩니다. 또한 '공연히'라 함은 불특정 또는 다수인이 인식할 수 있는 상태를 말하며, '훼손'은 반드시 현실로 명예를 침해함을 요하지 아니하고 사회적 평가를 저하시킬 위험상태를 발생시키는 것으로 판례는 해석하고 있습니다.

명예의 개념은 사람의 인격에 대해 외부적으로 주어지는 명성이나 사회적 평가(외적 명예), 사람의 고유한 내면적 인격가치(내적 명예), 자신에 대한 주관적 평가(명예감정) 등으로 나눌 수 있는데 일반적으로 사이버명예훼손의 보호대상은 외적명예를 말합니다.(통설, 대법원판례)

이렇게 자기의 인격적 가치에 대한 자기 자신의 주관적인 평가 즉 명예의식 또는 명예감정을 침해하는 행위(욕설, 비하하는 내용)는 모욕(侮辱)이라고 하여 별도로 모욕죄로 의율하고 있습니다.

■ 최근 SNS를 이용하면서 데이트앱에 사진이 도용된 것을 확인하였고 모욕감을 느끼는 메시지까지 사용 된 부분에 있어서 처벌할 수 있을까요?

➡ 사진 도용의 경우 초상권 등으로 문제될 수 있을 것으로 보이며 손해배상 책임 성립이 가능할 것으로 보입니다.

초상권 등으로 사진의 도용이 문제가 될 수 있을 것으로 보입니다. 또한 당해 사이트에서 일회성만남을 추구하는 데이트앱에 당사자 본인의 동의를 구하지 않고서 함부로 사진을 게시하였다면 불법행위로서 손해배상 책임 등이 문제가 될 수 있을 것으로 보입니다.

이 경우, "오늘 밤 당신의 메시지를 기다릴게요."라는 식의 내용은 손해배상 책임 성립이 가능할 것으로 보입니다.

그러나 구체적인 사안은 사진의 객관적인 상황, 문구, 사진의 도용 정도 등을 파악하여야 가능할 것으로 보이기 때문에 사진 등을 첨부하여서 법률구조공단 사무실을 방문하여 상담을 받으시는 것이 타당할 것으로 보입니다.

■ 인터넷상 모욕/명예훼손 같은 사항으로 손해배상이 청구된 상태입니다. 2주 이내에 이의제기를 하지 않으면 자동패소라고 들었고, 판결이 날 것이라고 들었습니다. 불리한 상황이라 손을 쓰지 않고 얼른 정리하는 방향으로 있었는데 '변론기일 통지서' 가 우편으로 왔습니다. 제가 이의제기를 하지 않아도 변론기일이 잡히는 건가요?

➡ 변론기일을 열 수 있습니다,

현재 모욕 또는 명예훼손으로 민사소송의 상대방, 즉 피고가 되신 상태인 것 같습니다. 이를 기초로 답변해드리자면, 민사소송법 제256조 제1항에 따르면 '피고가 원고의 청구를 다투는 경우에는 소장의 부본을 송달받은 날부터 30일 이내에 답변서를 제출하여야 한다.'라고 규정되어 있고, 동법 제257조 제1항에 따르면 '법원은 피고가 제256조 제1항의 답변서를 제출하지 아니한 때에는 청구의 원인이 된 사실을 자백한 것으로 보고 변론 없이 판결할 수 있다. 다만, 직권으로 조사할 사항이 있거나 판결이 선고되기까지 피고가 원고의 청구를 다투는 취지의 답변서를 제출한 경우에는 그러하지 아니하다.'라고 규정되어 있습니다.

즉, 소송의 상대방이 되었음에도 답변서를 제출하지 않은 경우에는 변론 없이 바로 판결을 할 수 있는 것이지 반드시 하여야 하는 것은 아니고 판사님께서 조사가 필요하다고 판단하신 부분을 조사하기 위하여 변론기일을 열 수도 있습니다.

다툴 사실이 없다고 하신다면 기일에 참석하셔서 상대방(원고)의 주장을 모두 인용하셔도 되고, 만약 참석하지 않으신다 하더라도 이 또한 민사소송법 제150조 제3항에 따라 자백으로 간주되므로 유리한데로 하시면 되겠습니다.

■ 제가 사용하는 제 명의의 개인 블로그에서 제가 작성한 게시물에 모르시는 분이 저에게 '싸이코'라며 저를 매도하였고 불특정 다수가 저에게 편협한 시각을 가지게 되었습니다. 몇몇 분은 제 게시물을 지우라고 요구하며 명예훼손죄를 거론하여 협박을 하였고 어느 한분은 저를 명예훼손죄로 고발하였으며 지속적으로 저를 조롱하는 댓글을 달고 있습니다. 이 경우 그분들을 모욕죄로 신고가 가능할까요?

➡ '싸이코'라고 한 부분은 모욕죄에 해당할 가능성이 있지만 조롱하는 댓글의 경우 구체적인 내용에 따라 모욕죄 성립여부가 달라집니다.

판례에 의하면 형법 제311조의 모욕죄는 사람의 가치에 대한 사회적 평가를 의미하는 외부적 명예를 보호법익으로 하는 범죄로서, 모욕죄에서 말하는 모욕이란 사실을 적시하지 아니하고 사람의 사회적 평가를 저하시킬 만한 추상적 판단이나 경멸적 감정을 표현하는 것을 의미합니다. 따라서 어떠한 표현이 상대방의 인격적 가치에 대한 사회적 평가를 저하시킬 만한 것이 아니라면 표현이 다소 무례한 방법으로 표시되었다 하더라도 모욕죄의 구성요건에 해당한다고 볼 수 없다고 봅니다.

귀하에게 '싸이코'라고 한 경우 모욕죄에 해당할 가능성이 있지만 조롱하는 댓글의 경우 구체적인 내용에 따라 모욕죄 성립 여부가 달라집니다.

■ SNS를 자주 이용하는 대학생입니다. SNS를 하다보면 대화내용을 스크린샷 한 게시글이 자주 눈에 띕니다. 상대의 허락없이 무단으로 캡쳐해서 올린 게시글이 대부분입니다. 허락없이 올린 ○○을 대화상대인 ☆☆이 명예훼손으로 고발할 수 있나요? 그리고 가능하다면 프로필사진, 이름을 다 가린 경우, 프로필사진이나 이름 둘 중 하나라도 가린 경우, 프로필사진 이름 둘 다 가리지 않은 경우는 다 다른가요?

➡ 경우에 따라 명예훼손죄의 성립여부가 달라질 것으로 생각됩니다.

명예훼손에 관하여는 형법 제307조(명예훼손)를 보면 "공연히 사실을 적시하여 사람의 명예를 훼손한 자는 2년 이하의 징역이나 금고 또는 500만원 이하의 벌금에 처한다."라고 규정되어 있으며 정보통신을 통한 명예훼손에 관하여는 정보통신망 이용촉진 및 정보보호 등에 관한 법률 제70조(벌칙)를 보면 "사람을 비방할 목적으로 정보통신망을 통하여 공공연하게 사실을 드러내어 다른 사람의 명예를 훼손한 자는 3년 이하의 징역 또는 3천만원 이하의 벌금에 처한다."라고 규정되어 있습니다.

위 명예훼손죄가 성립하기 위해서는 공연성을 요건으로 하고 있으며, 통설과 판례는 공연성에 대하여 불특정 다수인이 인식할 수 있는 상태라고 보고 있습니다.

또한 불특정 다수인에게 전파하는 경우가 아니라 하더라도 특정인이나 소수인에게 전달하였다 하더라도, 불특정 다수인에게 전파될 가능성인 전파가능성이 있다면 공연성이 있다고 판례는 보고 있습니다.

그러므로 스크린샷을 올리는 행위가 특정인, 소수인, 불특정 다수인에 대한 행위인지 여부와 또한 나눠주신 세가지의 경우의 각 행위에 있어 전파가능성이 있는지 여부, 불특정다수인에 대한 공연성이 있는지 여부에 따라 명예훼손죄의 성립여부가 달라질 것으로 생각됩니다.

■ '일제시대는 한국에게 커다란 행운이었다'는 등 한국을 비하하고 일본을 찬양하는 내용의 카페가 운영되고 있습니다. 이런 사람들을 처벌할 수는 없나요?

➡ 사이버 명예훼손죄가 성립되기 위해서는 타인의 인격에 대한 사회적 평가를 저하시킬 만한 성질의 사실 또는 허위 사실의 적시가 있어야 합니다. 이때 주의할 것은 적시된 사실이 진실인지의 여부는 명예훼손죄의 성립에 영향을 주지는 않으며 다만 형벌이 가중될 뿐입니다.

그러나 '한국 사람들은 식민지근성을 가지고 있어서 민주주의의 실현과 진정한 자주독립의식이 결여되어 있다', '중국 사람은 오랑캐이며 서양인에게는 역겨운 노린내가 난다'라는 식의 주장은 어느 나라 또는 지방에 대하여 막연히 명예를 훼손하는 말이지만 그 의미가 특정된 구성원 개개인을 포함하는 것이 아니고 널리 예외가 인정되는 사항이므로 사실의 적시라 보기는 어렵습니다.

이렇게 역사에 대한 개개인의 인식, 사상 및 의견이나 평가에 대해 사이버명예훼손죄 등으로 형사처벌하기는 곤란합니다.

다만 역사적 특정 인물에 관한 허위사실을 적시하는 등의 경우에는 형법 제308조 '사자(死者) 명예훼손죄'가 성립하며 위 범죄는 친고죄이므로 '사자의 가족 또는 자손'의 고소가 있어야만 합니다.

■ **제 개인메일에 허위의 내용으로 비방하는 메일을 보내고 있는데, 이를 명예훼손으로 고소할 수 있나요?**

➡ 개인메일은 극히 사적인 비밀이 보장되는 장소로 공연성이 없는 것으로 판단되어 명예훼손죄를 구성하기가 어렵습니다.

명예훼손이란 ①공연히 사실을 적시하여 사람의 명예를 훼손하거나, ②공연히 허위의 사실을 적시하여 사람의 명예를 훼손한 자를 말하며 여기에서 '공연히'라는 의미는 불특정 다수가 확인 할 수 있는 공개된 장소를 말합니다.

다만 민원인을 비방하는 허위의 내용을 적시한 동일한 메일을 여러 사람들에게 보낸 것이 확인 된다면, 그러한 사실을 확인하여 내용 첨부할 경우 메일발송자에 대하여 명예훼손으로 처벌 할 수도 있습니다.

■ 특정단체에 대해 인터넷 게시판에 비방 · 허위사실을 유포하면, 명예훼손으로 처벌이 가능한가요?

➡ 명예훼손죄에 있어서 명예의 주체에는 자연인과 법인이 모두 포함되므로 특정단체에 대한 명예를 훼손한 경우에도 처벌이 가능합니다.

이를 자세히 설명 드리면 다음과 같습니다. 자연인과 사자(死者) 모든 자연인은 명예의 주체가 됩니다. 그리고 사자(死者)에 대한 명예훼손죄 성립도 가능한데 형법에서는 제308조에서 '사자(死者)의 명예훼손죄' 규정을 따로 두고 있으며, 위 범죄는 친고죄이므로 '사자의 가족 또는 자손'의 고소가 있어야만 합니다.

법인 기타 단체 법인의 경우에는 설립 후 청산 종료 시까지 명예의 주체가 됩니다. 법인격 없는 단체는 통일된 의사를 가지고 대외적으로 활동하고 있다면 명예의 주체가 됩니다(단, 사교단체·가족 등은 명예의 주체가 되지 않습니다).
정보통신망 이용촉진 및 정보보호 등에 관한 법률 제61조에는 '사람을 비방할 목적으로 정보통신망을 통하여 공연히 사실 또는 허위의 사실을 적시하여 타인의 명예를 훼손하는 행위'를 처벌하는 규정을 두고 있으며 해당내용의 삭제를 요청할 수 있습니다.
인터넷을 통해 위와 같은 피해를 당한 경우에는 관련 사이트 관리자에게 접속기록 보존토록 조치하고 관련 게시 글이 삭제되기 전에 반드시 화면 갈무리하여 증빙자료로 제출하셔야 합니다. 다만, 게시자에 대한 인증절차 없이 누구나 게시글을 작성할 수 있고 접속기록도 남기지 않는 경우에는 추적수사에 한계가 있습니다.

■ **인터넷 자유게시판에 특정지역 사람들을 비하하면서 지역감정을 조장하는 글이 게시되어 있습니다. 게시자를 명예훼손죄로 처벌해 주세요.**

➡ 어느 지방에 대하여 막연히 명예를 훼손하는 말이지만 그 의미가 특정 구성원 개개인을 포함하는 것이 아니고 널리 예외가 인정되는 사항인 경우에는 사실의 적시라 보기는 어려우며, 명예훼손죄가 성립하려면 피해자가 특정되어야 하므로 개개인의 인식, 사상 및 의견이나 평가, 특정지역민을 비하하거나 지역감정을 조장하는 글을 게시한 것만으로는 형사처벌이 어렵습니다.

다만 글의 내용 중에 특정인물이나 단체에 대한 허위사실이나 근거 없는 비난내용이 포함되어 있는 경우에는 명예훼손죄가 성립할 수 있습니다.

또한 위와 같은 글이 형사처벌의 대상이 되지는 않을지라도 인터넷상 불건전 정보에 해당되므로 방송통신심의위원회(http://www.kocsc.or.kr, 전화 1337)에 문의하시기 바랍니다.

■ **인터넷에 악성댓글을 게재한 경우 명예훼손죄가 성립되는지요?**

➡ 떠도는 소문만 듣고 그 진위를 확인하지도 아니한 채 인터넷을 통하여 피해자의 명예를 심각하게 훼손하는 내용의 댓글을 단 이상, 비방의 목적이나 명예훼손의 고의가 있다고 할 수 있습니다.

「정보통신망 이용촉진 및 정보보호 등에 관한 법률」 제70조 제2항은 사람을 비방할 목적으로 정보통신망을 통하여 공공연하게 거짓의 사실을 드러내어 다른 사람의 명예를 훼손한 자는 7년 이하의 징역, 10년 이하의 자격정지

또는 5천만원 이하의 벌금에 처한다고 규정하고 있습니다.

정보통신망 이용촉진 및 정보보호 등에 관한 법률 제70조 제2항에 규정된 정보통신망을 이용한 명예훼손죄에 있어서의 사실의 적시란 반드시 사실을 직접적으로 표현한 경우에 한정할 것은 아니고, 간접적이고 우회적인 표현에 의하더라도 그 표현의 전 취지에 비추어 그와 같은 사실의 존재를 암시하고, 또 이로써 특정인의 사회적 가치 내지 평가가 침해될 가능성이 있을 정도의 구체성이 있으면 족한 것인데(대법원 1991. 5. 14. 선고 91도420 판결, 대법원 2003. 1. 24. 선고 2000다37647 판결), 위와 같은 댓글이 이루어진 장소, 시기와 상황, 그 표현의 전 취지 등을 위 법리에 비추어 보면, 귀하의 위와 같은 행위는 간접적이고 우회적인 표현을 통하여 위와 같은 허위 사실의 존재를 구체적으로 암시하는 방법으로 사실을 적시한 경우에 해당합니다.

그리고 정보통신망 이용촉진 및 정보보호 등에 관한 법률 제70조 제2항 위반죄에 있어서 공연성이란 불특정 또는 다수인이 인식할 수 있는 상태를 의미하는 것인바(대법원 2004. 6. 25. 선고 2003도4934 판결, 대법원 2008. 2. 14. 선고 2007도8155 판결), 적시된 사실이 이미 사회의 일부에서 다루어진 소문이라고 하더라도 이를 적시하여 사람의 사회적 평가를 저하시킬 만한 행위를 한 때에는 명예훼손에 해당한다 할 것이고(대법원 1994. 4. 12. 선고 93도3535 판결), 귀하가 게시한 댓글은 해당 인터넷 포탈사이트를 이용하는 불특정 다수의 이용자들이 쉽게 그 내용을 확인할 수 있는 것이었음을 알 수 있으므로, 귀하가 위와 같이 인터넷 포탈사이트의 기사란에 댓글을 게재한 행위는 당연히 공연성이 있다고 볼 수 있습니다.

또한 정보통신망 이용촉진 및 정보보호 등에 관한 법률 제70조 제2항 위반죄에 규정된 '사람을 비방할 목적'이란 가해의 의사 내지 목적을 요하는 것으로서, 사람을 비방할 목적이 있는지 여부는 당해 적시 사실의 내용과 성질, 당해 사실의 공표가 이루어진 상대방의 범위, 그 표현의 방법 등 그 표현 자체에 관한 제반 사정을 감안함과 동시에 그 표현에 의하여 훼손되거나 훼손될 수 있는 명예의 침해 정도 등을 비교, 고려하여 결정하여야 하는 것이고(대법원 2003. 12. 26. 선고 2003도6036 판결, 대법원 2006. 8. 25. 선고

2006도648 판결), 귀하가 떠도는 소문만 듣고 그 진위를 확인하지도 아니한 채 앞서 본 바와 같이 인터넷을 통하여 피해자의 명예를 심각하게 훼손하는 내용의 댓글을 단 이상, 귀하에게 비방의 목적이나 명예훼손의 고의가 없었다고 할 수는 없습니다(대법원 2008. 7. 10. 선고 2008도2422 판결).

■ 인터넷에 허위사실을 게시한 경우 명예훼손죄가 성립되나요?

➡ 댓글만으로 특정한 사람에 대하여 외부적 명예를 보호법익으로 하는 명예훼손죄가 성립한다고 보기 어렵습니다.

명예훼손죄와 모욕죄의 보호법익은 다 같이 사람의 가치에 대한 사회적 평가인 이른바 외부적 명예인 점에서는 차이가 없고, 명예의 주체인 사람은 특정한 자임을 요하지만 반드시 사람의 성명을 명시하여 허위의 사실을 적시하여야만 하는 것은 아니므로 사람의 성명을 명시한 바 없는 허위사실의 적시 행위도 그 표현의 내용을 주위사정과 종합 판단하여 그것이 어느 특정인을 지목하는 것인가를 알아차릴 수 있는 경우에는 그 특정인에 대한 명예훼손죄를 구성합니다(대법원 2002. 5. 10. 선고 2000다50213 판결).

그러나 피해자의 인터넷 아이디(ID)만을 알 수 있을 뿐 그 밖의 주위사정을 종합해 보더라도 그와 같은 인터넷 아이디(ID)를 가진 사람이 누구인지를 알아차리기 어렵고 달리 이를 추지할 수 있을 만한 아무런 자료가 없는 경우에 있어서는, 외부적 명예를 보호법익으로 하는 명예훼손죄 또는 모욕죄의 피해자가 특정되었다고 볼 수 없으므로, 특정인에 대한 명예훼손죄가 성립하지 아니합니다(헌법재판소 2008.6.26. 선고 2007헌마461 전원재판부 결정).

따라서 위 사안에서도 ① 인터넷 카페 회원수가 많고, 카페 내에서는 실명이 아닌 별명을 사용하도록 되어 있는 점, ② 피해자 乙은 카페 내에서 '甲'이라는 이름으로만 글을 올려 왔을 뿐 '甲'이 '乙'이라는 사람임을 알 수 있는 어떠한 정보도 게시되어 있지 않은 점, ③ 피해자 乙 역시 귀하를 고소하면서 귀하의 아이디만을 기재하였을 뿐, 구체적인 정보에 대해서는 서로 알지 못했고, 귀하 역시 '乙'이 어떤 실체적 인물인지에 대해서는 알지 못했던 것으로 보이는 점, ④ 이 사건 카페의 주 목적이 친목 도모이고, 피해자 乙이 카페 내 번개 모임에 참석한 적도 있는 것으로 보이나, 이를 통해서 피해자 乙이 자신이 '乙'임을 밝히거나, '甲'이 '乙'이라는 사람임이 외부적으로 특정되었다고 볼 수 없는 점 등에 비추어 보면, '甲'에 대한 댓글만으로 특정한 사람인 '乙'에 대하여 외부적 명예를 보호법익으로 하는 명예훼손죄가 성립한다고 보기 어렵습니다(의정부지법 2014.10.23.선고 2014고정1619 판결).

■ **인터넷에 타인에 대한 의견을 게시한 경우에도 명예훼손죄가 성립되는지요?**

➡ 정보통신망이용촉진및정보보호등에관한법률위반(명예훼손)죄는 성립하지 않는다고 할 것입니다.

'사실의 적시'라 함은 가치판단이나 평가를 내용으로 하는 의견표현에 대치되는 개념으로서 시간과 공간적으로 구체적인 과거 또는 현재의 사실관계에 관한 보고 내지 진술을 의미하는 것이며 그 표현 내용이 증거에 의한 입증이 가능한 것을 말한다 할 것인바(대법원 2004. 3. 11. 선고 2003도4023 판결), 귀하가 인터넷카페에 甲의 관상에 관하여 게시한 글은 구체적인 과거 또는 현재의 사실관계에 관한 보고 내지 진술이 아니라 甲의 얼굴에 관한 귀하의 관상학적 의견으로, 위 게시글을 읽는 사람들도 위 내용을 '사실의 적시'라고 받아들이기보다는 甲의 얼굴에 관한 귀하의 관상학적 의견으로 받아들일 것으로 보이므로, 이 사건 공소사실 기재의 글은 귀하의 가치판단 내지 평가를 내용으로 하는 의견표현에 해당된다 할 것입니다. 따라서 정보통신망이용촉진및정보보호등에관한법률위반(명예훼손)죄는 성립하지 않는다고 할 것입니다(의정부지방법원 2013. 2. 14. 선고 2011고정2127, 2012초기1065 판결).

■ **인터넷 게임 채팅창에 외모 비하 발언을 한 경우 명예훼손죄가 성립 되는지요?**

➡ 정보통신망이용촉진및정보보호등에관한법률위반(명예훼손)죄는 성립하지 않는다고 할 것입니다.

　귀하가 乙을 대머리라고 불렀다고 하더라도 이는 신체적 특징을 묘사한 말 일 뿐 객관적으로 乙의 사회적 가치 내지 평가를 떨어뜨리는 사실이라고 보기 어렵고, 乙이 실제로는 대머리가 아니라 하더라도 마찬가지입니다. 물론 신체적 특징을 묘사하는 말도 명예훼손죄로 의율될 수 있는 경우가 있으나, 대머리는 머리털이 많이 빠져 벗어진 머리, 또는 그런 사람을 뜻하는 표준어 이고 그 단어 자체에 어떤 경멸이나 비하의 뜻을 담고 있다고 보기 어려운 점, 어떠한 신체적 특징이든 개인의 취향과 선호도, 유행 등에 따라 호불호가 갈리는 경우가 많은 점, 본건과 같은 경우를 유죄로 인정한다면 처벌의 무분 별한 확장을 가져올 우려가 있는 점 등을 고려하면, 정보통신망이용촉진및정 보보호등에관한법률위반(명예훼손)죄는 성립하지 않는다고 할 것입니다(수원 지법 2011. 1. 13. 선고 2010고정3887 판결).

■ 온라인 게임상에서 자꾸 욕설을 하며 따라다니면서 괴롭힙니다. 어떻게 해야 하나요?

➡ 상대방에게 욕설을 하는 경우 모욕죄(형법 제311조)로 처벌될 수 잇습니다.

　범죄 과정에서 범인이 피해자의 실명을 직접 거론하지 않았더라도 범인이 표현한 전체적인 내용을 통해 피해자가 누구인지 특정할 수 있고, 다른 사람도 범인이 모욕하려는 대상자가 피해자임을 알 수 있는 경우에는 그 죄책을 물을 수 있습니다.
　다만, 형법상 모욕죄는 '공연히 사람을 모욕한 자'를 처벌하고 있으므로, 게임에서 1:1 대화에서는 공연성의 요건을 충족하지 못해 모욕죄가 성립하기 어렵습니다.
　이런 경우는 게임사에 신고를 해서 상대방 계정을 정지시키는 등의 조치를 취하시기 바랍니다.

■ **누군가가 이메일로 저를 협박하고 있습니다. 메일을 보낸 사람을 처벌할 수 있나요?**

➡ 이메일을 이용한 협박도 일반적인 협박과 마찬가지로 형법 제283조 협박죄를 적용하여 처벌할 수 있으며 피해자의 명시한 의사에 반하여 공소를 제기할 수 없는 반의사불벌죄(反意思不罰罪)입니다.

협박죄는 공포심을 일으키게 할 목적으로 해악을 가할 것을 통고하는 일체의 행위로서 해악의 통고자는 자신이 누구인지를 상대방에게 알릴 필요가 없고 또한 상대방은 통고자가 누구인지를 알 필요도 없습니다.

해악의 내용은 제한된 바가 없으므로 생명·신체·자유·명예·재산, 그 밖의 모든 것이 포함될 수 있고 길흉화복을 통고하는 것은 단순한 미신에 속하므로 협박이 되지 않고 단순한 경고에 지나지 않는다고 보는 것이 통설입니다.

따라서, 형법상 협박죄의 성립요건과 일반인들이 알고 있는 협박과는 상당한 차이가 있을 수 있으므로 먼저 서비스업체에 연락하여 접속기록 보존유무 확인 후 관련 접속기록 보존 및 관련 E-mail 내용 보존 등 피해사실을 입증할 수 있는 자료를 확보하여 경찰청사이버안전국(cyberbureau.police.go.kr)에 문의하여 상담을 받아 보시기 바랍니다.

■ 아이템 거래 중 상대방으로부터 공갈 협박을 받았을 경우 처벌할 수 있나요?

➡ 형사처벌을 원하시면 피해사실을 입증할 수 있는 자료(협박을 받은 채팅내용 및 통화기록, 녹취서 등)를 지참하시어 가까운 경찰서 민원실을 통해 고소하실 수 있습니다.

협박죄는 상대방이 현실적으로 공포심을 느낄 수 있을 정도의 해악을 고지할 경우 성립하며 공포심의 기준은 일반인을 기준으로 합니다.

따라서 협박을 통해 해악의 고지가 있다 하더라도 그것이 사회관습이나 윤리관념 등에 비추어 볼 때 사회통념상 용인할 수 있을 정도의 것이라면 협박죄는 성립하지 않으나, 위에서 말하는 협박의 정도에 해당된다고 판단되고 이에 대한 형사처벌을 원하시면 피해사실을 입증할 수 있는 자료(협박을 받은 채팅내용 및 통화기록, 녹취서 등)를 지참하시어 가까운 경찰서 민원실을 통해 고소하실 수 있습니다.

■ "만나주지 않으면 죽여 버리겠다!" 는 내용의 협박 메일을 받았습니다. 어찌 해야 하나요?

➡ 메일 송신자에 대한 형사처벌을 원할 경우 경찰에 고소할 수 있습니다. 참고로 협박죄는 3년 이하의 징역 또는 500만원 이하의 벌금, 구류, 과료에 처할 수 있는 범죄입니다.

■ **인터넷에서 표현의 자유는 어디까지 허용되며, 그 기준은 어떻게 되는 가요?**

➡ 사안에 따라 민·형사상 제재의 대상이 되거나 불건전 정보로서 방송통신심의위원회의 심의대상이 될 수 있습니다.

인터넷 등 통신공간에서도 현실공간에서와 같이 표현의 자유가 허용되지만 그 내용이 공공복리와 사회질서를 해할 우려가 있을 때 또는 사회윤리에 배치될 때에는 일정한 제한을 받게 됩니다.

사이버 공간이라 할지라도 반국가적인 내용, 범죄행위와 관련되는 내용, 개인의 명예와 신용을 해하는 내용인 경우 규제대상이 됩니다.

표현의 자유의 제한에 관한 획일적인 기준은 없으며, 사안에 따라 민·형사상 제재의 대상이 되거나 불건전 정보로서 방송통신심의위원회의 심의대상이 될 수 있습니다.

범죄사실기재례 → 게시판을 통한 명예훼손

피의자 ○○○는 ○○지역의 주간지 ○○의 기자로 근무하고 있다.

○○○는 같은 지역에 있는 ○○구청과 중앙선관위원회 웹사이트에 ○○○○. ○○. ○○.자로 "○○지역 ○○당은 선거운동 하지마라!"는 제목의 허위사실을 게재하면서 "○○지역 ○○당 일부 당원들이 입당원서를 받으면서 1인당 금 ○○만원을 나눠 주었고 당원교육 때 김밥 값을 ○○지역 기초의원들에게 부담시켰다"는 등의 글을 실어 ○○○○당의 명예를 훼손하였다.

범죄사실기재례 → 허위사실 유포와 지역감정을 이용한 명예훼손

피의자○○○는 웹사이트 게시판(사이트 주소 생략)을 통해 ○○○당의 대통령 경선에 임하고 있는 후보 ○○○에 대하여 위 후보 ○○○의 출신과 관련하여 ○○○○. ○○. ○○.자로 "○○도 ○○출신인 후보자가 ○○도 ○○출신이라고 주장하는 것은 호적세탁"이라는 글을 올리는 등 ○○차례에 걸쳐 허위사실을 유포하였다. 그리고 피의자 여자친구인 ◇◇◇의 부친 사용자번호를 이용해 ○○사에 접속하여 위 ○○사의 게시판에 '후보 ○○○씨는 ○○○의 하수인' 또는 '○○시 촌x인 ○○○가 ○○출신을 사칭해 ○○여성의 얼굴에 x칠'이라는 등 지역감정적인 비방으로 명예를 훼손하였다.

범죄사실기재례 - 게임상의 명예훼손

피의자 ○○○은 ○○○○. ○○. ○○. ○○:○○경 ○○구 ○○에 있는 ○○게임방에서 피해자 □□□ 외 ○명과 편을 나눠 온라인 네트워크 게임을 하였다. 그러다 상대진영의 위 □□□ 외 ○명이 게임에서 패색이 짙자 일방적으로 대화를 중단하고 나가려 하는 것을 보고, "○○○! 야, 이 치졸한 새끼, 자기가 불리하니까 꼬리를 감추려 하네, ○○○ ○!", "그러고도 네가 프로게이머냐?"라고 하며 다른 ○명의 사람들이 보는 모니터를 통해 공공연히 모욕하였다.

범죄사실기재례 - 반복된 명예훼손

피의자 ○○○는 가정주부이다.

피의자 ○○○는 ○○○○. ○○. ○○.경 ○○지법 민원실에서 다른 공무원들과 민원인들이 지켜보는 중에 공무를 수행하고 있는 피해자 △△△에게 "다른 사람과 짜고 우리 집 재산을 모두 해쳐 먹었다."라고 아무런 확증이 없는 확인되지 않은 말을 하였다.

피의자 ○○○는 그리고 나서 같은 해 ○○. ○○.경 같은 지역 ○○시청에서 운영하는 인터넷 신문고에 자신의 남편 명의로 등기돼 있는 토지와 건물 등기부등본을 위 ○○지법 공무원들이 위조했다는 내용으로 해당 공무원들의 실명을 적시하는 등 인터넷 통신망을 통해 모두 ○○차례에 걸쳐 확인되지 않은 사실을 유포하여 명예를 훼손하였다.

피의자 ○○○는 ○○시 ○○구 ○○길 ○○에 있는 ○○관리공단의 직원이다. 피의자는 같은 직장의 피해자 △△△에 대하여 직장 전산망에 설치된 전자게시판에 "△△△ 직원은 ○○공단과 직접 관계된 소송사건에서 ○○공단이 신청한 증인으로 법정에 나와 양심에 따라 사실대로 증언할 것을 선서하였음에도 불구하고 거짓을 사실로 증언을 하였고 그에 따라 위증죄로 고소를 당하여 결국 검찰로부터 기소유예처분을 결정한 바 있습니다. 그럼에도 불구하고 또 다시 자신의 양심을 저버리고는 검찰의 기소유예처분이 마치 헌법상 보장된 기본권을 침해한 것인 양 주장하면서 헌법재판소에 헌법소원을 제기하였지만 얼마 전에 결국 기각당하고 말았습니다. 이러한 제반 사실은 공직자로서의 품위를 손상시킨 행위인 바, 공단은 마땅히 그에 상응하는 인사조치를 취하여야 할 것으로 판단되어 여론광장을 통하여 의견을 개진합니다."라는 내용의 글을 게재하였다. 실제로 위 △△△은 위 글의 내용과 같이 각 처분을 받았었으나 공연히 사실을 적시하여 피해자 △△△의 명예를 훼손하였다.

범죄사실기재례 → 허위사실을 기사화하여 명예훼손

피의자 ○○○는 ○○신문사의 발행인 겸 편집인이다.

피의자 ○○○는 ○○○○. ○○. ○○.경 ○○○, ○○○ 등 인터넷게시판과 같은 해 ○○. ○○.자로 발행된 신문의 사건소식란에 피해자 □□□에 관하여 "모 여성 앵커, 이혼한 배경"이란 제목으로 시중에 떠도는 말을 인용하여 "여성 앵커가 낳은 아이가 남편도 닮지 않고 어머니도 닮지 않아 남편이 각종 과학적 조사를 통해 자신의 아이가 아닌 것으로 판명돼 이혼한 것이고 아이는 모 방송국 고위인사의 아이라는 설이 파다하다"고 글을 게재하였다.

피의자 ○○○는 그 외에도 "여성 앵커, 통신 기사에 항의(같은 해 ○○. ○○.)", "유명 앵커, 문제를 취급한 이유(같은 달 ○○.)", "여성 앵커를 울린 남자는(○○.○○)", "앵커의 남편은 왜 침묵하나"(같은 달 ○○.) 등의 글을 잇따라 ○○ 게시판에 올려 공연히 허위의 사실을 적시하여 위 피해자 □□□의 명예를 훼손하였다.

범죄사실기재례 → 채팅 중 명예훼손

피의자 ○○○는 ○○○○. ○○. ○○. ○○:○○경 인터넷 화상채팅 사이트(사이트 주소 생략)에서 만난 피해자 ◎◎◎에게 음란한 대화로 만남을 요구하던 중, 위 ◎◎◎가 "레스토랑에서 웨이터로 근무하고 있는 남자친구와 그 친구들이 왔다. 채팅 그만하자"라고 하자 질투심을 느꼈다. 그래서 "야, 이 년아, 나랑 같이 모텔가기로 해 놓고 남자 친구 왔다고 맘 바꾸기냐? 정말 남자친구가 왔냐? 어디 네 남자친구의 얼굴이나 보자. 이 쌍년아!"라며 컴퓨터 모니터를 통하여 실제로 피해자 ◎◎◎의 남자친구 □□□와 친구들이 보는 앞에서 피해자 ◎◎◎를 모욕하였다.

범죄사실기재례 ► **허위기사로 인한 명예훼손**

피의자 ○○○는 ○○연예 기자이다.

○○○는 모 인기 있는 연예인의 사생활을 인터넷 사이트에 '○○○ 연예인의 사생활'는 제목의 허위사실을 게재하면서 '○○드라마에 출현하고 있는 인기 배우 ○○○가 현재 ○○○와 만나고 있는 중이다. 얼마 전 배우 ○○○는 ○○○와 밀월여행을 다녀왔다. ○○드라마 촬영 중인 배우 ○○○는 평소 까탈스럽기로 유명한데 ○○○가 배우 ○○○를 잘 맞춰주고 있다. ○○개월간 만난 사이다.'는 등의 허위 글을 실어 피해자 ○○○의 명예훼손을 하였다.

범죄사실기재례 ► **이메일에 허위사실을 올려 모욕**

피의자는 인터넷 사이트에 20○○. ○. ○. 19 : 00경 ○○동 ○○번지에 있는 하○○(여, ○○세)가 경영하는 가게에서 평소 피해자가 피의자에게 외상을 해주지 않는다는 이유로 사건외 박○○, 김○○ 등 마을사람 10여 명에게 이메일로 "하○○는 돼지같은 년, 혼자 잔뜩 처 먹어 똥배가 잔득 나왔다"라고 허위 글을 올려 공연히 그 녀를 모욕하였다.

제4절 사이버스토킹

-정보통신망(컴퓨터 시스템)을 통하여, 공포심이나 불안감을 유발하는 부호·문언·음향·화상 또는 영상을 반복적으로 상대방에게 도달하도록 하는 경우

Ⅰ. 개요

인터넷 게시판, 이메일, SNS 등 정보통신망을 통하여 상대방이 원하지 않는 접속을 지속적으로 시도하거나 욕설, 협박 내용을 담고 있는 메일 송신 행위를 지속하는 것을 말한다.

외국에서는 사이버 스토킹을 독립된 하나의 범죄로 중요하게 취급하고 있으며 우리나라도 인터넷 등 정보통신망을 이용한 사이버 스토킹에 대해서 정보통신망 이용 촉진 및 정보보호 등에 관한 법률에 처벌조항을 두어 규제하고 있다. 즉, 동법 제44조의7 제1항 3호를 통하여 누구든지 정보통신망을 통하여 '공포심이나 불안감을 유발하는 부호·문언·음향·화상 또는 영상을 반복적으로 상대방에게 도달하도록 하는 내용의 정보를 유통하여서는 아니 된다.'고 규정하고 있으며, 이에 위반하여 공포심이나 불안감을 유발하는 부호·문언·음향·화상 또는 영상을 반복적으로 상대방에게 도달하게 한 자는 1년 이하의 징역 또는 1천만원 이하의 벌금에 처하도록 규정하고 있다(동법 제74조 제1항 3호).

1. 예방수칙

① 지인이라도 되도록 개인정보를 주는 것 자제하되, 꼭 필요한 사람에게는 필요 최소한의 정도만 알려줄 것

② 온라인 상에서 자신의 사적정보(성별, 나이, 직업 등) 비공개 설정

③ 모르는 사람의 쪽지 또는 대화신청은 가급적 답변하지 말기

④ 상대방이 계속적으로 불안감을 조성하는 행동을 보인다면 거부의사를 분명하게 밝힐 것

※ 이때 단호하게 거부의사를 밝혀야 하며, 자칫 상대방과 대화를 시도하여
  중지하려고 하면 관심의 표현으로 오해를 할 수 있음
⑤ 피해 발생이 예상되는 경우, 통화 녹취 및 채팅 대화 캡쳐 등 증거자료를
  확보하여 수사기관 신고

제4장
불법
컨텐츠
범죄

Ⅱ. 관련판례

판례 1

> 정보통신망 이용촉진 및 정보보호 등에 관한 법률 제74조 제
> 1항 제3호 등 위헌소원

> 가. '정보통신망 이용촉진 및 정보보호 등에 관한 법
> 률'(2008. 6. 13. 법률 제9119호로 개정된 것) 제74조 제1항
> 제3호 중 '제44조의7 제1항 제3호를 위반하여 공포심이나 불
> 안감을 유발하는 문언을 반복적으로 상대방에게 도달하게 한
> 자' 부분 및 제44조의7 제1항 제3호 중 '공포심이나 불안감을
> 유발하는 문언을 반복적으로 상대방에게 도달하도록 하는 내용
> 의 정보' 부분(이하, 위 두 조항을 합하여 '심판대상조항'이라
> 한다)이 죄형법정주의의 명확성원칙에 위배되는지 여부(소극)
> 나. 심판대상조항이 표현의 자유를 침해하는지 여부(소극)

해 설

가. 심판대상조항의 문언 및 입법목적, 법원의 해석 등을 종합하여 보면,
'공포심이나 불안감을 유발하는 문언을 반복적으로 도달하게 한 행위'
란 '사회통념상 일반인에게 두려워하고 무서워하는 마음, 마음이 편하
지 아니하고 조마조마한 느낌을 일으킬 수 있는 내용의 문언을 되풀이
하여 전송하는 일련의 행위'를 의미하는 것으로 풀이할 수 있다. 건전
한 상식과 통상적인 법감정을 가진 수범자는 심판대상조항에 의하여
금지되는 행위가 어떠한 것인지 충분히 알 수 있고, 법관의 보충적인
해석을 통하여 그 의미가 확정될 수 있으므로, 심판대상조항은 명확성
원칙에 위배되지 않는다.

나. 심판대상조항은 불건전한 정보통신망이용으로부터 개인의 사생활의 평온을 보호함과 아울러 정보의 건전한 이용풍토를 조성하기 위한 것이다. 형법상 협박죄는 해악의 고지를 그 요건으로 하고 있어서, 해악의 고지는 없으나 반복적인 음향이나 문언 전송 등의 다양한 방법으로 상대방에게 공포심이나 불안감을 유발하는 소위 '사이버스토킹'을 규제하기는 불충분한 반면, 현대정보사회에서 정보통신망을 이용한 불법행위가 급증하는 추세에 있고, 오프라인 공간에서 발생하는 불법행위에 비해 행위유형이 비정형적이고 다양하여 피해자에게 주는 고통이 더욱 클 수도 있어서 규제의 필요성은 매우 크다.

한편, 심판대상조항은 일정 행위의 반복을 구성요건요소로 하고 있어서 적용범위를 제한하고 있고, 법정형도 1년 이하의 징역 또는 1,000만 원 이하의 벌금으로 형벌규정 중 상대적으로 가볍다. 이러한 사정을 종합하면 심판대상조항은 침해의 최소성에 반한다고 할 수 없다. 심판대상조항으로 인하여 개인은 정보통신망을 통한 표현에 일정한 제약을 받게 되나, 수신인인 피해자의 사생활의 평온 보호 및 정보의 건전한 이용풍토 조성이라고 하는 공익이 침해되는 사익보다 크다고 할 것이어서 심판대상조항은 법익균형성의 요건도 충족하였다. 따라서 심판대상조항은 표현의 자유를 침해하지 아니한다.

따라서 '정보통신망 이용촉진 및 정보보호 등에 관한 법률'(2008. 6. 13. 법률 제9119호로 개정된 것) 제74조 제1항 제3호 중 '제44조의7 제1항 제3호를 위반하여 공포심이나 불안감을 유발하는 문언을 반복적으로 상대방에게 도달하게 한 자' 부분 및 제44조의7 제1항 제3호 중 '공포심이나 불안감을 유발하는 문언을 반복적으로 상대방에게 도달하도록 하는 내용의 정보' 부분은 헌법에 위반되지 아니한다. 이는 사이버스토킹에 대한 처벌 가능성을 열어준 판결이다.

Ⅲ. 범죄사실기재례

범죄사실기재례 - 음란한 전자우편을 보내는 등 스토킹 행위

피의자 ○○○는 ○○○○. ○○. ○○.경 피해자 △△△(○○세)가 같은 아파트의 옆 동인 ○○○동 ○○○○호로 이사 오는 것을 확인하고 같은 달 ○○. ○○:○○경 위 피해자 △△△가 남자친구 □□□와 위 아파트에 들어서는 것을 발견하였다. 이를 보고 질투심이 일어 △△△의 위 주소로 오물과 칼 등을 소포로 보냈다. 그리고 △△△의 문 앞 우편물을 통하여 △△△의 전자우편 주소를 알아내서 음란한 사진 ○○장을 첨부하여 전자우편으로 보내는 등 △△△를 수차례에 걸쳐 스토킹하였다.

제5절 기타 불법 콘텐츠 범죄

Ⅰ. 개요

정보통신망(컴퓨터 시스템)을 통하여, 법률에서 금지하는 재화, 서비스 또는 정보를 배포·판매·임대·전시하여 성립하는 범죄 중 위의 사이버 음란물, 사이버 명예훼손·모욕, 사이버 스토킹, 사이버 도박의 유형별 분류되지 아니하는 경우를 말한다.

1. 기타 불법 콘텐츠 범죄의 예

① 청소년유해매체물 미표시, 영리목적 제공, 청소년유해매체물 광고, 공개 전시(정보통신망이용촉진 및 정보보호 등에 관한 법률 제73조 제2, 3호) 정보통신망(컴퓨터 시스템)을 통하여 유통되는 매체물 중에서, 청소년 유해 매체물 미표시, 영리목적 제공 또는 광고, 공개 전시하는 경우

② 허위주민번호 생성, 이익을 위해 사용(주민등록법 제37조 제1호) 정보통신망(컴퓨터 시스템)을 통하여, 거짓의 주민등록번호를 만들어 자기 또는 다른 사람의 재물이나 재산상 이익을 위하여 사용한 경우

③ 허위주민번호 생성 프로그램 타인 전달·유포(주민등록법 제37조 제4호) 정보통신망(컴퓨터 시스템)을 통하여, 거짓의 주민등록번호를 만드는 프로그램을 다른 사람에게 전달하거나 유포하는 경우

2. 불법 콘텐츠 범죄의 개념 관련 참고 자료

① 대분류 제목(불법 콘텐츠)은, 정보통신망이용촉진 및 정보보호 등에 관한 법률 제44조의7에서 사용한 용어(불법 정보) 활용

  1. 기본 : 정보통신망이용촉진 및 정보보호 등에 관한 법률상 불법정보 유통에 대한 벌칙규정이 있는 범죄는 사이버범죄로 포함

  2. 추가 : 사이버도박 등은 심각한 사회적 문제시되는 현실을 감안, 정책적 고려에 따라 사이버범죄로 추가

② 정보통신망이용촉진 및 정보보호 등에 관한 법률 제44조의7(불법정보의 유통금지 등) 제1항

　　1. 제44조의7 제1항 제1호 사이버 음란물 ⇒ 벌칙조항 제74조 제1항 제2호

　　2. 제44조의7 제1항 제2호 사이버 명예훼손 ⇒ 벌칙조항 제70조 제1항, 제2항

　　3. 제44조의7 제1항 제3호 사이버 스토킹 ⇒ 벌칙조항 제74조 제1항 제3호

　　4. 제44조의7 제1항 제5호 청소년유해매체물 ⇒ 정통망법에 처벌조항 없음 (청소년보호법에 처벌 조항)

　　5. 제44조의7 제1항 제6호 사이버 도박 ⇒ 정통망법에 처벌조항 없음 (형법, 여러 특별법에 처벌 조항)

③ EU 사이버범죄 협약의 사이버범죄 유형 중, Content-realted offences 항목에 '아동성착취물' 포함

④ UNODC의 보고서 중, Content-realted acts 항목에 "hate speech, 아동성착취물 등"이 포함

제5장

기타 사이버 유사범죄

제5장 기타 사이버 유사범죄

제1절 협박·공갈

이메일, 홈페이지, SNS(Social Networking Service) 등을 통하여 협박이나
공갈 행위 등

I. 관련판례

판례 1

정보통신망 이용촉진 및 정보보호 등에 관한 법률 제44조의
7 제1항 제3호에서 말하는 '공포심' 및 '불안감'의 의미

정보통신망 이용촉진 및 정보보호 등에 관한 법률 제44조의
7 제1항 제3호는 '정보통신망을 통하여 공포심이나 불안감을
유발하는 부호, 문언, 음향, 화상 또는 영상을 반복적으로 상
대방에게 도달하게 한 자'를 처벌하고 있는데, 사전적으로 공
포심은 '두려워하고 무서워하는 마음'으로, 불안감은 '마음이
편하지 아니하고 조마조마한 느낌'으로 풀이되고 있다.

사건사례

피의자 ○○○은 2016. 1. 초순경 대구시 △△구 △△동에 있는'○○ △
△학원'의 강사로 일하면서 사교춤을 배우러 온 피해자 △△△(여, 41세)
를 알게 되어 그녀와 4회 가량 성관계를 갖고 난 후, 이를 미끼로 금품을
갈취하기로 마음을 먹었다.

피의자 ○○○은 2016. 3. 초순경 대구시 △△구 △△동에 있는 피해자
의 집 앞에서 1,500만 원을 빌려달라고 하였다. 그러나 피해자가 돈이 없

다며 빌려주지 않자 피해자에게 "젊은 놈을 가지고 놀았으면 그 대가를 치러야지, 남편에게 알리겠다."고 협박하여 금품을 갈취하려 하였다. 그러나 피해자가 경찰에 신고하겠다고 하면서 피고인의 요구에 응하지 아니하는 바람에 그 뜻을 이루지 못하고 미수에 그쳤다.

피의자 ○○○은 2016. 8. 15. 18:31경 대전시 ○○구 ○○동 ○번지에서 컴퓨터에 접속하여 피해자 △△△의 휴대폰으로 '남편은 좆 빠지게 일하고 있는데 여자는 바람이나 피우고 있는 것이 안타깝다. 오르가즘을 느끼고 흥분하면서 혼전관계가 있었다고 고백하는 △△△, 춤바람이 나서 젊은 남자와 지내고 있는 것을 모르고 있는 것이 불쌍하군요.'라는 내용의 휴대폰 문자메시지를 보냈다.

피의자 ○○○은 그때부터 같은 날 21:46경까지 별지 범죄일람표 기재와 같이 총 3회에 걸쳐 피해자에게 문자메시지를 보내 피해자에게 공포심이나 불안감을 유발하는 글을 반복적으로 피해자에게 도달하게 하였다.

정보통신망을 이용한 불안감 조성행위가 구 정보통신망 이용촉진 및 정보보호 등에 관한 법률 제65조 제1항 제3호(현행법 제44조의7 제1항 제3호) 위반죄에 해당하기 위한 요건

구 정보통신망 이용촉진 및 정보보호 등에 관한 법률(2005. 12. 30. 법률 제7812호로 개정되기 전의 것) 제65조 제1항 제3호(현행법 제44조의7 제1항 제3호) 위반죄는 구성요건상 정보통신망을 이용하여 상대방의 불안감 등을 조성하는 일정 행위의 반복을 필수적인 요건으로 삼고 있을 뿐만 아니라, 그 입법 취지에 비추어 정보통신망을 이용한 일련의 불안감 조성행위가 이에 해당한다고 하기 위하여는 각 행위 상호간에 일시·장소의 근접, 방법의 유사성, 기회의 동일, 범의의 계속 등 밀접한 관계가 있어 그 전체를 일련의 반복적인 행위로 평가할 수 있어야 한다. 그와 같이 평가될 수 없는 일회성 내지 비연속적인 단발성 행위가 수차 이루어진 것에 불과한 경우에는 그 문언의 구체적 내용 및 정도에 따라 협박죄나 경범죄처벌법상 불안감 조성행위 등 별개의 범죄로 처벌함은 별론으로 하더라도 위 법 위반죄로 처벌할 수는 없다.

【참조조문】

정보통신망 이용촉진 및 정보보호 등에 관한 법률 제74조 제1항 제3호

제74조(벌칙)

① 다음 각 호의 어느 하나에 해당하는 자는 1년 이하의 징역 또는 1천만원 이하의 벌금에 처한다.

3. 제44조의7제1항제3호를 위반하여 공포심이나 불안감을 유발하는 부호·문언·음향·화상 또는 영상을 반복적으로 상대방에게 도달하게 한 자

해 설

  구 정보통신망 이용촉진 및 정보보호 등에 관한 법률(2005. 12. 30. 법률 제7812호로 개정되기 전의 것) 제65조 제1항 제3호는 "정보통신망을 통하여 공포심이나 불안감을 유발하는 문언을 반복적으로 상대방에게 도달하게 한 자"를 처벌하고 있는바, 이 범죄는 구성요건상 위 조항에서 정한 정보통신망을 이용하여 상대방의 불안감 등을 조성하는 일정 행위의 반복을 필수적인 요건으로 삼고 있을 뿐만 아니라 그 입법 취지에 비추어 보더라도 위 정보통신망을 이용한 일련의 불안감 조성행위가 이에 해당한다고 하기 위해서는 각 행위 상호간에 일시·장소의 근접, 방법의 유사성, 기회의 동일, 범의의 계속 등 밀접한 관계가 있어 그 전체를 일련의 반복적인 행위로 평가할 수 있는 경우라야 이에 해당하고, 그와 같이 평가될 수 없는 일회성 내지 비연속적인 단발성 행위가 수차 이루어진 것에 불과한 경우에는 그 문언의 구체적 내용 및 정도에 따라 협박죄나 경범죄처벌법상 불안감 조성행위 등 별개의 범죄로 처벌함은 별론으로 하더라도 위 법 위반죄로 처벌할 수는 없다.

  원심은 피고인이 사채업자인 피해자로부터 돈을 빌렸다가 갚지 못하여 피고인 소유의 그 판시 부동산에 설정하여 준 근저당권에 기한 임의경매 절차의 개시 및 가등기말소청구소송 등의 분쟁이 벌어지고 피고인이 피해자를 부당이득 등의 죄명으로 고소하여 조사받는 과정에서 각 피해자의 핸드폰으로 20○○. ○○. ○○. ○○:○○경 "전화 받아 새끼야. 내가 널 조사할 거야"라는 내용으로, 20○○. ○○. ○○. ○○:○○경 및 ○○:○○경 각 "○○. ○○. 조금만 더 기다려 주세요. 당신에게 행운이 갈 거니까요", "니 놈의 종말이 올 걸세. 조금만 기다려봐"라는 내용으로, 20○○. ○○. ○○. ○○:○○경 "개새끼야"라는 내용으로 발송한 문자메시지가 그 내용에 있어 위 법에서 정한 공포심이나 불안감을 조성하는 글에 해당한다는 이유만을 들어 제1심의 유죄판단을 그대로 유지하였다.

그러나 공소사실에 기재된 바와 같이 총 7개월 동안 약 3, 4개월 간격으로 3회(20○○. ○○. ○○.자 2회의 문자메시지는 그 시간적 간격 및 내용에 비추어 사실상 단일한 내용의 것으로 평가된다)의 문자메시지를 보낸 것만으로는 일련의 반복적인 행위라고 보기 어려운 측면이 있을 뿐만 아니라, 기록에 나타나는 바와 같이 위 문자메시지 발송 도중이나 그 전후에 걸쳐 피고인측에 의한 가등기말소청구소송 및 가등기상권리의 처분금지가처분신청, 탈세·대부업법위반·부당이득 혐의의 고소·고발 등의 조치와 피해자측의 위 임의경매신청, 소송사기미수 혐의의 고소 등의 조치 등 상호 법적 공방이 교차되어 온 점, 피해자는 당초 피고인으로부터 위 부당이득 등으로 고소를 당해 조사를 받던 중에 피고인의 문자메시지 발송행위를 모욕죄로 고소하였다가 공연성이 없다는 경찰의 지적을 받고 고소죄명을 변경하였는데, 그 조사과정에서 피해자는 위 각 문자메시지에 대하여 "겁을 먹지는 않았고 귀찮게 생각을 했고 다만, 협박성 문자를 보내기에 처벌해 달라고 고소를 했다"라고 진술한 점, 위 가등기권자인 공소외인의 제1심 증언에 의하면 피고인의 신청에 기한 위 처분금지가처분 당시 피해자가 피고인에게 전화를 하여 심한 욕설을 한 적이 여러 번 있었다고 하는 점 등의 경위 및 사정을 종합하여 보면, 피고인의 위 문자메시지 발송행위가 피해자의 공포심이나 불안감을 유발하는 문언의 반복행위에 해당한다고 인정하기에 충분하지 않다고 보아야 할 것이다.

그럼에도 불구하고, 원심이 이 사건 문자메시지 발송행위가 위 법에서 정한 반복성에 관한 구성요건을 충족하는지를 살피지 아니한 채 그 내용에만 초점을 맞추어 만연히 제1심의 유죄판단을 그대로 유지한 것은, 정보통신망 이용촉진 및 정보보호 등에 관한 법률 위반죄에 관한 법리를 오해하여 판결 결과에 영향을 미친 위법이 있다.

제5장
기타
사이버
유사범죄

사건사례 -

피고인은 무역업에 종사하는 사람인바,

1. 사실은 피고인이 20○○. ○○. ○○. 공소외 2로부터 차용한 원리금 140,000,000원의 변제기가 임박하고, 피고인으로부터 약 200,000,000원을 투자받은 공소외 3이 행방불명되어 공소외 2에 대한 채무변제가 곤란해지자, 같은 해 ○○. ○○. ○○시 ○○구 ○○동에 있는 '공소외 4 법무사' 사무실에서 공소외 1에게 피고인 소유의 ○○시 ○○읍 ○○리 (지번1 생략) 답 2,142㎡, 같은 리 (지번2 생략) 답 2,083㎡를 매도하는 계약을 체결하면서 피고인이 공소외 2에 대하여 부담하고 있던 위 각 부동산에 설정된 근저당권부 채무 140,000,000원, 새마을금고에 부담하고 있던 위 각 부동산에 설정된 근저당권부 채무 200,000,000원을 공소외 1이 인수하고, 공소외 1이 피고인에게 40,000,000원을 추가로 교부하기로 하여 매도대금 380,000,000원으로 약정하였고, 같은 달 ○○. 위 약정에 따라 자발적으로 공소외 1에게 위 각 부동산에 대하여 위와 같은 매매예약을 원인으로 한 소유권이전등기청구권 가등기를 경료하여 주었음에도 불구하고, 그 후 위 각 부동산의 시가가 상승하는 상황에서 공소외 1로부터 위 가등기에 기한 본등기절차이행을 요구받고, 공소외 2가 20○○. ○○.경 공소외 1에 대한 채권을 근거로 위 각 부동산에 대하여 임의경매신청을 하여 같은 해 ○○. ○○. 임의경매개시결정이 이루어지고, 피고인이 공소외 1을 상대로 위 매매예약은 공소외 2에 의한 사기, 강박에 의한 것으로서 그에 기한 가등기설정등기는 효력이 없다고 주장하며 제기한 가등기말소청구소송의 1심에서 20○○. ○○. ○○. 패소하게 되자, 공소외 2로 하여금 형사처분을 받게 할

목적으로 20○○. ○○. ○○. ○○시 ○○구 ○○동 1501에 있는 ○○ 지방검찰청 민원실에서, "피고소인 공소외 2는 고소인에게 '부동산이 경매에 들어가면 너도 죽고 나도 죽는다. 새마을금고 이자는 내가 막아주

겠다. 가등기의「가」자는 거짓「가」자이니 우선 공소외 1 앞으로 형식적으로 가등기만 해 놓고 부동산을 팔아 너와 내가 나누어 가지자'고 강요, 협박하여 고소인의 의사에 반하여 공소외 1에게 가등기를 경료하여 주었다."는 내용의 허위의 고소장을 작성한 다음, 즉석에서 위 민원실 소속 담당공무원에게 위 고소장을 제출하여 공소외 2를 무고하고

2. 가. 20○○. ○○. ○○. ○○:○○경 불상의 장소에서, 위 피해자 공소외 2의 핸드폰으로 "전화 받어 새끼야. 내가 널 조사할 껴"라는 내용의 문자메세지를 보내고,

나. 같은 해 ○○. ○○. ○○:○○경 불상의 장소에서, 위 피해자 공소외 2의 핸드폰으로 "○○. ○○. 조금만 더 기다려주세요. 당신에게 행운이 갈거니까요"라는 내용의 문자메세지를 보내고,

다. 같은 날 ○○:○○경 불상의 장소에서, 위 피해자 공소외 2의 핸드폰으로 "니 놈의 종말이 올 걸세. 조금만 기다려봐"라는 내용의 문자메세지를 보내고,

라. 같은 해 ○○. ○○. ○○:○○경 불상의 장소에서, 위 피해자 공소외 2의 핸드폰으로 "개새끼야"라는 내용의 문자메세지를 보내어 모두 ○회에 걸쳐 정보통신망을 통하여 공포심이나 불안감을 유발하는 말, 음향, 글, 화상 또는 영상을 반복적으로 상대방에게 도달하게 하였다.

판례 3

정보통신망을 이용한 불안감 조성행위가 정보통신망 이용
촉진 및 정보보호 등에 관한 법률 제74조 제1항 제3호
위반죄에 해당하기 위한 요건

정보통신망 이용촉진 및 정보보호 등에 관한 법률 제74조
제1항 제3호, 제44조의7 제1항 제3호는 '정보통신망을 통하여
공포심이나 불안감을 유발하는 문언을 반복적으로 상대방에게
도달하게 한 자'를 처벌하고 있다. 이 범죄는 구성요건상 위
조항에서 정한 정보통신망을 이용하여 상대방의 불안감 등을
조성하는 일정 행위의 반복을 필수적인 요건으로 삼고 있을
뿐만 아니라, 그 입법 취지에 비추어 보더라도 위 정보통신망
을 이용한 일련의 불안감 조성행위가 이에 해당한다고 하기
위해서는 각 행위 상호간에 일시·장소의 근접, 방법의 유사성,
기회의 동일, 범의의 계속 등 밀접한 관계가 있어 그 전체를
일련의 반복적인 행위로 평가할 수 있는 경우라야 한다. 따라
서 그와 같이 평가될 수 없는 일회성 내지 비연속적인 단발성
행위가 수차 이루어진 것에 불과한 경우에는 그 문언의 구체
적 내용 및 정도에 따라 협박죄나 경범죄처벌법상 불안감 조
성행위 등 별개의 범죄로 처벌함은 별론으로 하더라도 위 법
위반죄로 처벌할 수는 없다.

투자금 반환과 관련하여 乙로부터 지속적인 변제독촉을 받아오던 甲이
乙의 핸드폰으로 하루 간격으로 2번 문자메시지를 발송한 행위는 일련의
반복적인 행위라고 단정할 수 없을 뿐만 아니라, 그 경위도 피해자의 불
법적인 모욕행위에 격분하여 그러한 행위의 중단을 촉구하는 차원에서 일
시적·충동적으로 다소 과격한 표현의 경고성 문구를 발송한 것이어서, '정

보통신망 이용촉진 및 정보보호 등에 관한 법률' 제74조 제1항 제3호에 정한 '공포심이나 불안감을 유발하는 문언을 반복적으로 도달하게 한 행위'에 해당하지 않는다고 한 사례.

【참조조문】

정보통신망 이용촉진 및 정보보호 등에 관한 법률 제44조의7 제1항 제3호

제44조의7(불법정보의 유통금지 등)
① 누구든지 정보통신망을 통하여 다음 각 호의 어느 하나에 해당하는 정보를 유통하여서는 아니 된다. 〈개정 2011.9.15., 2016.3.22.〉
3. 공포심이나 불안감을 유발하는 부호 · 문언 · 음향 · 화상 또는 영상을 반복적으로 상대방에게 도달하도록 하는 내용의 정보

제5장
기타
사이버
유사범죄

정보통신망 이용촉진 및 정보보호 등에 관한 법률 제74조 제1항 제3호

제74조(벌칙)
① 다음 각 호의 어느 하나에 해당하는 자는 1년 이하의 징역 또는 1천만원 이하의 벌금에 처한다. 〈개정 2012.2.17., 2014.5.28.〉
3. 제44조의7제1항제3호를 위반하여 공포심이나 불안감을 유발하는 부호 · 문언 · 음향 · 화상 또는 영상을 반복적으로 상대방에게 도달하게 한 자

【참조판례】

대법원 2008. 8. 21. 선고 2008도4351 판결(공2008하, 1322), 대법원 2009. 1. 15. 선고 2008도10506 판결

해 설

   증거의 취사선택과 사실인정은 논리와 경험칙에 반하지 않는 한 사실심의 전권에 속한다 할 것이다.

   정보통신망 이용촉진 및 정보보호 등에 관한 법률 제74조 제1항 제3호, 제44조의7 제1항 제3호는 "정보통신망을 통하여 공포심이나 불안감을 유발하는 문언을 반복적으로 상대방에게 도달하게 한 자"를 처벌하고 있는 바, 이 범죄는 구성요건상 위 조항에서 정한 정보통신망을 이용하여 상대방의 불안감 등을 조성하는 일정 행위의 반복을 필수적인 요건으로 삼고 있을 뿐만 아니라, 그 입법 취지에 비추어 보더라도 위 정보통신망을 이용한 일련의 불안감 조성행위가 이에 해당한다고 하기 위해서는 각 행위 상호간에 일시·장소의 근접, 방법의 유사성, 기회의 동일, 범의의 계속 등 밀접한 관계가 있어 그 전체를 일련의 반복적인 행위로 평가할 수 있는 경우라야 이에 해당하고, 그와 같이 평가될 수 없는 일회성 내지 비연속적인 단발성 행위가 수차 이루어진 것에 불과한 경우에는 그 문언의 구체적 내용 및 정도에 따라 협박죄나 경범죄처벌법상 불안감 조성행위 등 별개의 범죄로 처벌함은 별론으로 하더라도 위 법 위반죄로 처벌할 수는 없다(대법원 2008. 8. 21. 선고 2008도4351 판결, 대법원 2009. 1. 15. 선고 2008도10506 판결 등 참조).

   생명보험회사 보험설계사로 근무하면서 피해자 ○○○로부터 투자금 명목으로 받은 금원을 변제하지 못해 피해자 ○○○로부터 지속적으로 변제 독촉을 받아 오던 피고인이 피해자의 핸드폰으로 20○○. ○○. ○○. ○○:○○경 "너 어디야 기다리고 있다. 칼로 쑤셔줄 테니까 빨리 와. 내 자식들한테 뭐라구? 내 목숨 같은 딸들이다."라는 내용으로, 같은 달 ○○. ○○:○○경 "당신 그 날 나 안 만난 것 잘했어. 진짜 칼 가지고 있었어. 내 자식들 얘기 잘못하면 당신은 내 손에 죽어. 장난 아냐. 명심해요. 나 자식 위해서 감옥 가는 것 하나도 안 무서워. 알았어."라는 내용으로 각 발송한 문자메시지가 그 내용에 있어 위 법에서 정한 공포심이나 불안감

을 조성하는 글에 해당한다는 이유를 들어, 위 범죄의 성립을 다투는 피고인의 주장을 배척하고 제1심의 유죄판단을 그대로 유지하였다.

그러나 공소사실에 기재된 바와 같이 하루 간격으로 피해자에게 단 두 번 문자메시지를 보낸 것만으로는 일련의 반복적인 행위라고 단정하기 쉽지 아니할 뿐만 아니라(위 대법원 2008도10506 판결 참조), 위 각 문자메시지의 발송 경위와 관련하여 원심의 채택 증거에서 알 수 있는 다음과 같은 사정들, 즉 위 문자메시지 발송 이전에 피해자가 피고인에게 보낸 문자메시지 중 보관되어 있는 자료를 보면, "너는 사기꾼, 마누라는 너랑 짜고 노는 몽골도둑년, 그럼 니 딸들이 커서 이다음에 뭐가 되겠냐?"라는 내용으로 몽고 출신인 피고인의 처 등 피고인의 가족에 대한 인신모독적·인종차별적인 험구로 일관되어 있는 점, 피고인의 진술로는 위 남아 있는 문자메시지보다 훨씬 심한 내용의 문자메시지를 피해자가 계속해서 피고인에게 보내기에 화가 나서 이 사건 각 문자메시지를 발송한 것이라고 하는바, 피해자도 경찰 진술에서 피고인의 이 사건 문자발송 직전에 피고인에게 전화를 하여 '감정적인 몇 마디를 한 사실'을 시인한 바 있고, 피고인으로부터 위 투자금을 돌려받기 위해 수시로 피고인 근무 회사에 찾아가 고성으로 거칠게 항의하는 과정에서 근거도 없이 피고인 사무실의 비서에게 피고인과 불륜관계가 아니냐고 말하기도 하였다는 것이어서, 이 사건 각 문자메시지의 발송 경위에 관한 피고인의 위 진술은 대체로 신빙성이 있어 보이는 점, 그와 같은 경위에 비추어 2회에 걸쳐 발송한 이 사건 각 문자메시지의 전체적인 의미는, '내 가족에게 참을 수 없는 모욕행위를 그만두지 않으면 그에 대한 보복으로 나도 위해를 가하겠다.'라는 취지로 해석될 수 있다는 점 등의 사정들을 종합하여 보면, 이 사건 각 문자메시지는 그에 앞서 있은 피해자의 피고인 가족에 대한 불법적인 모욕행위에 격분한 피고인이 피해자에게 그러한 행위의 중단을 촉구하는 차원에서 일시적·충동적으로 다소 과격한 표현의 경고성 문구를 발송한 것으로 볼 여지가 많고, 피해자 또한 전후 사정상 이를 알았다고 보아야 할 것이니, 이러한 피고인의 행위는 정보통신망을 이용하여 상대방의 불안감 등을 조성하기 위한 일련의 반복적인 행위에 해당한다고 인정하기에 충분하지 않다 할 것이다.

판례 4

문자를 이용한 불안감조성

형법 제20조 소정의 '사회상규에 위배되지 아니하는 행위'라 함은 법질서 전체의 정신이나 그 배후에 놓여 있는 사회윤리 내지 사회통념에 비추어 용인될 수 있는 행위를 말하고, 어떠한 행위가 사회상규에 위배되지 아니하는 정당한 행위로서 위법성이 조각되는 것인지는 구체적인 사정 아래서 합목적적, 합리적으로 고찰하여 개별적으로 판단되어야 한다.

사건사례

피고인은 피해자 공소외 1(59세)이 피고인이 매매를 알선한 ○○도 ○○군 ○○읍 ○○리 (지번 생략) 임야 ○○○평의 전망이 좋지 않아 매수하지 않겠다고 하자 이에 앙심을 품고, 20○○. ○○. ○○. 14:27경 ○○시 ○○면 ○○리 (이하 생략)○○부동산 사무실에서 피고인의 휴대전화를 이용하여 피해자의 휴대전화(번호 1 생략)로 '소글고 나와는 시마이입니다. 저 성질이 안 좋거든 건들지 말고 알아서 하소'라는 문자메시지를 발송한 것을 비롯하여 위 일시경부터 20○○. ○○. ○○. 11:45경까지 같은 장소에서 범죄일람표(1) 기재와 같이 11회에 걸쳐 위 피해자와 위 피해자의 동생인 피해자 공소외 2의 휴대전화(번호2 생략)로 문자메시지를 발송하여 정보통신망을 통하여 불안감을 유발하는 문언을 반복적으로 피해자들에게 도달하도록 하였다.

【참조조문】

형법 제20조

제20조(정당행위)
 법령에 의한 행위 또는 업무로 인한 행위 기타 사회상규에 위배
되지 아니하는 행위는 벌하지 아니한다.

해 설

형법 제20조 소정의 '사회상규에 위배되지 아니하는 행위'라 함은 법질
서 전체의 정신이나 그 배후에 놓여 있는 사회윤리 내지 사회통념에 비추
어 용인될 수 있는 행위를 말하고, 어떠한 행위가 사회상규에 위배되지 아
니하는 정당한 행위로서 위법성이 조각되는 것인지는 구체적인 사정 아래
서 합목적적, 합리적으로 고찰하여 개별적으로 판단되어야 하므로, 이와 같
은 정당행위를 인정하려면 첫째 그 행위의 동기나 목적의 정당성, 둘째 행
위의 수단이나 방법의 상당성, 셋째 보호이익과 침해이익과의 법익 균형성,
넷째 긴급성, 다섯째 그 행위 외에 다른 수단이나 방법이 없다는 보충성
등의 요건을 갖추어야 하고(대법원 2003. 9. 26. 선고 2003도3000 판결,
대법원 2008. 10. 23. 선고 2008도6999 판결 등 참조), 형법 제21조 소정
의 정당방위가 성립하려면 침해행위에 의하여 침해되는 법익의 종류, 정도,
침해의 방법, 침해행위의 완급과 방위행위에 의하여 침해될 법익의 종류,
정도 등 일체의 구체적 사정들을 참작하여 방위행위가 사회적으로 상당한
것이어야 한다(대법원 1992. 12. 22. 선고 92도2540 판결, 대법원 2007.
3. 29. 선고 2006도9307 판결 등 참조). 앞서 본 법리와 기록에 비추어 살
펴보면, 피고인이 원심 판시와 같이 불안감을 유발하는 문언이 포함된 문
자메시지를 반복적으로 피해자들에게 도달하게 한 것은 그 행위의 목적이
정당하다고 할 수 없을 뿐만 아니라 그 행위의 수단 역시 상당한 범위를
벗어났다고 할 것이므로, 피고인의 위와 같은 행위가 정당방위 또는 정당
행위로서 위법성이 없다는 이 부분 상고이유의 주장은 받아들일 수 없다.

판례 5

정보통신망을 이용한 불안감 조성행위가 '정보통신망 이용촉
진 및 정보보호 등에 관한 법률' 제74조 제1항 제3호, 제
44조의7 제1항 제3호 위반죄에 해당하기 위한 요건

피고인이 약 3개월 동안 7회에 걸쳐 甲에게 휴대전화로
욕설 등이 담긴 문자메시지를 보냄으로써 공포심이나 불안감
을 유발하는 문자를 반복적으로 도달하게 하였다는 내용으로
기소된 사안에서, 위 정보통신망 이용촉진 및 정보보호 등에
관한 법률 위반의 공소사실을 유죄로 인정한 원심판결에 사실
오인 또는 법리오해의 위법이 있다고 한 사례

정보통신망 이용촉진 및 정보보호 등에 관한 법률 제74조 제1항 제3호,
제44조의7 제1항 제3호는 '정보통신망을 통하여 공포심이나 불안감을 유발
하는 부호, 문언, 음향, 화상 또는 영상을 반복적으로 상대방에게 도달하게
하는 자'를 벌하고 있는바, 공포심이나 불안감을 유발하는 문언 등을 반복
적으로 상대방에게 도달하게 하였는지 여부는 단순히 발송된 문자메시지의
내용만을 기초로 판단할 것이 아니라 그와 더불어 그와 같은 문자메시지를
보내게 된 경위, 피고인과 피해자 사이의 관계, 피고인이 문자메시지를 보
내기 전후의 피해자가 처한 상황 등을 종합적으로 고려해서 판단하여야 한
다. 또한 이 범죄는 구성요건상 위 조항에서 정한 정보통신망을 이용하여
상대방의 불안감 등을 조성하는 일정 행위의 반복을 필수적인 요건으로 삼
고 있을 뿐만 아니라 그 입법 취지에 비추어 보더라도 위 정보통신망을 이
용한 일련의 불안감 조성행위가 이에 해당한다고 하기 위해서는 각 행위
상호간에 일시·장소의 근접, 방법의 유사성, 기회의 동일, 범의의 계속 등
밀접한 관계가 있어 그 전체를 일련의 반복적인 행위로 평가할 수 있는 경
우라야 하고, 그와 같이 평가될 수 없는 일회성 내지 비연속적인 단발성

행위가 수차 이루어진 것에 불과한 경우에는 그 문언의 구체적 내용 및 정도에 따라 협박죄나 경범죄처벌법상 불안감 조성행위 등 별개의 범죄로 처벌함은 별론으로 하더라도 위 법 위반죄로 처벌할 수 없다.

피고인이 스포츠센터 상가 관리단에서 회장이란 직책으로 상가를 운영하던 중 위 상가 관리단 부회장인 甲이 자신을 수사기관에 고발하여 조사받게 하였다는 이유로 격분하여 약 3개월 동안 7회에 걸쳐 甲에게 휴대전화로 욕설 등이 담긴 문자메시지를 보냄으로써 공포심이나 불안감을 유발하는 문자를 반복적으로 도달하게 하였다는 내용으로 기소된 사안에서, 甲이 피고인의 직무수행에 대해 문제제기를 하면서 피고인을 형사고소하거나 민사소송을 제기하고, 그에 대응하여 피고인도 甲을 형사고소 함에 따라 피고인과 甲이 서로 감정싸움을 하는 과정에서 자신의 감정을 주체하지 못하고 위 문자메시지를 보낸 것으로 보일 뿐, 검사 제출의 증거만으로는 피고인이 甲의 휴대전화에 보낸 문자메시지가 공포심이나 불안감을 유발하는 문언에 해당한다거나 피고인이 공포심이나 불안감을 유발하는 문언을 甲에게 반복적으로 도달하게 하였다고 인정하기 어렵고, 달리 이를 인정할 만한 증거가 없다는 이유로, 위 '정보통신망 이용촉진 및 정보보호 등에 관한 법률' 위반의 공소사실을 유죄로 인정한 원심판결에 사실오인 또는 법리오해의 위법이 있다고 한 사례.

【참조조문】

정보통신망 이용촉진 및 정보보호 등에 관한 법률 제44조의7 제1항 제3호

제44조의7(불법정보의 유통금지 등)
① 누구든지 정보통신망을 통하여 다음 각 호의 어느 하나에 해당하는 정보를 유통하여서는 아니 된다. 〈개정 2011.9.15., 2016.3.22.〉
3. 공포심이나 불안감을 유발하는 부호·문언·음향·화상 또는 영상을 반복적으로 상대방에게 도달하도록 하는 내용의 정보

정보통신망 이용촉진 및 정보보호 등에 관한 법률 제74조 제1항 제3호

제74조(벌칙)

① 다음 각 호의 어느 하나에 해당하는 자는 1년 이하의
징역 또는 1천만원 이하의 벌금에 처한다.

3. 제44조의7제1항제3호를 위반하여 공포심이나 불안감
을 유발하는 부호 · 문언 · 음향 · 화상 또는 영상을 반
복적으로 상대방에게 도달하게 한 자

형사소송법 제307조

제307조(증거재판주의)

① 사실의 인정은 증거에 의하여야 한다.
② 범죄사실의 인정은 합리적인 의심이 없는 정도의 증명에
이르러야 한다.

【참조판례】

대법원 2008. 8. 21. 선고 2008도4351 판결(공2008하, 1322)
대법원 2009. 1. 15. 선고 2008도10506 판결
대법원 2009. 4. 23. 선고 2008도11595 판결(공2009상, 792)

해 설

정보통신망 이용촉진 및 정보보호 등에 관한 법률 제74조 제1항 제3
호, 제44조의7 제1항 제3호는 '정보통신망을 통하여 공포심이나 불안감을
유발하는 문언 등을 반복적으로 상대방에게 도달하게 하는 자'를 벌하고
있는바, 공포심이나 불안감을 유발하는 문언 등을 반복적으로 상대방에게
도달하게 하였는지 여부는 단순히 발송된 문자메시지의 내용만을 기초로

판단할 것이 아니라 그와 더불어 그와 같은 문자메시지를 보내게 된 경위, 피고인과 피해자 사이의 관계, 피고인이 문자메시지를 보내기 전후의 피해자가 처한 상황 등을 종합적으로 고려해서 판단하여야 할 것이다. 또한 이 범죄는 구성요건상 위 조항에서 정한 정보통신망을 이용하여 상대방의 불안감 등을 조성하는 일정 행위의 반복을 필수적인 요건으로 삼고 있을 뿐만 아니라 그 입법 취지에 비추어 보더라도 위 정보통신망을 이용한 일련의 불안감 조성행위가 이에 해당한다고 하기 위해서는 각 행위 상호간에 일시·장소의 근접, 방법의 유사성, 기회의 동일, 범의의 계속 등 밀접한 관계가 있어 그 전체를 일련의 반복적인 행위로 평가할 수 있는 경우라야 하고, 그와 같이 평가될 수 없는 일회성 내지 비연속적인 단발성 행위가 수차 이루어진 것에 불과한 경우에는 그 문언의 구체적 내용 및 정도에 따라 협박죄나 경범죄처벌법상 불안감 조성행위 등 별개의 범죄로 처벌함은 별론으로 하더라도 위 법 위반죄로 처벌할 수 없다(대법원 2008. 8. 21. 선고 2008도4351 판결, 대법원 2009. 1. 15. 선고 2008도10506 판결 등 참조).

이 사건 기록에 의하여 인정되는 다음과 같은 사실 또는 사정들, 즉 ① 피해자는 20○○년경부터 20○○년경까지 이 사건 스포츠센터의 상가 번영회 부회장으로 활동하다가 20○○년 말경 이 사건 스포츠센터에 상가 관리단이 구성됨에 따라 피고인이 회장으로, 피해자가 부회장으로 각 활동하게 된 점[20○○. ○○. ○○.경 피고인이 피해자에게 상가 관리단의 회장으로서의 권한을 위임하였다(증거기록 제119면)], ②피해자는 20○○년경, 피고인이 상가 관리단의 결의 없이 임의로 이 사건 스포츠센터 3층에 위치한 휘트니스 클럽의 미납 관리비 합계 약 2억 2,200만 원을 7,000만 원으로 탕감하여 줌으로써 상가 관리단 회원들에게 손해를 입혔을 뿐만 아니라 상가 관리단이 관리하는 주차장 및 컨테이너 3개의 임대료 입출금 내역을 상가 관리단 회원들에게 보고하지 않음으로써 그 의무를 해태하였고, 피고인이 소유하고 있는 점포의 관리비를 2개월 이상 연체함으로써 상가 관리단의 대표자 자격을 상실하였다는 등으로 주장하면서 이 사건 스포츠센터의 점포소유자나 임차인들을 상대로 피고인의 상가 관리단 대표자로서의 자격을 문제 삼으면서 본격적으로 피고인과 피해자 사이에 다툼이 시작된 점, ③그 후 피고인이 피해자를 업무방해, 명예훼손, 업무상횡령으로 고소하였고(증거기록 제80면, 피해자는 명예훼손, 업무상횡령 부분에 대하여는 증거불충분으로 인한 혐의 없음 처분을 받았고, 업무방해 부분에 대하여는 약식기소 되었다), 20○○. ○○. ○○. ○○:○○경 피해자의 휴대전화로 위 공소사실 제1항과 같은 내용의 문자메시지를 보낸 점, ④피해자가 20○○. ○○. ○○.경 위 ②항과 같은 내용이 기재되어 있는 유인물을 작성하여 이를 이 사건 스포츠센터의 점포소유자나 임차인들에게 배포하자(증거기록 제120면), 그 다음날인 20○○. ○○. ○○. ○○:○○경 피고인이 피해자의 휴대전화로 위 공소사실 제2항과 같이 "공소외 1씨, 치사한 짓 그만하지 그래? 쪽~ 팔리지 않니? 유인물 잘 썼더라."라는 내용의 문자메시지를 보낸 점, ⑤피해자는 이 사건 스포츠센터 ○○○호 점포의 소유자인 공소외 2와 함께 20○○. ○○. ○○.경 피고인을 상대로 ○○지방법원 2009카합1736호로 대표자(회장)직무집행정지가처분 신청을 하였고, 20○○. ○○. ○○.경 ○○지방법원 2009가합13237호로 피고인 및 ○○○○ 관리단을 상대로 관리단대표자회장선임결의부존재확인의 소를 제기하였으며, 20○○. ○○.경 인천연수경찰서에 피고인을 직무유기 및 배임으로 고소한 점(증거기록 제8, 21-49, 81-84, 102면), ⑥이에 피고인은 20○○. ○○. ○○. ○○:○○경 피해자의 휴대전화로 위 공소사실 제3항과 같은 내용의 문자메시지를 보냈고, 이에 대하여 피해자가 20○○. ○○. ○○. ○○:○○경 및 같은 날 ○○:○○경 2회에 걸쳐 피고인의 휴대전화(전화번호 2 생략)로 "너는 어미, 애비도 없냐?"라는 취지의 문자메시지를 보냈으며, 다시 피고인이 같은 날 ○○:○○경 피해자의 휴대전화로 위 공소사실 제4항과 같은 내용의 문자메시지를 보내자 피해자가 그 직후인 같은 날 ○○:○○경 피고인의 휴대전화로 문자메시지를 보냄으로써 피고인과 피해자가 서로 문자메시지를 주고받게 된 점(공판기록 제36, 50면), ⑦그 후 피고인이 20○○. ○○. ○○. 위 대표자(회장)직무집행정지가처분 신청사건에서 피해자와 조정절차를 끝내고 다시 인천연수경찰서에서 피해자의 고소로 인한 직무유기 및 배임사건으로 조사를 받고 집으로 돌아가던 중 같은 날 ○○:○○경 피해자의 휴대전화로 위 공소사실 제5항과 같은 내용의 문자메시지를 보내게 되었고, 이에 대하여 피해자가 같은 날 ○○:○○경 피고인의 위 휴대전화로 문자메시지를 보내자 다시 같은 날 ○○:○○경 피해자의 휴대전화로 위 공소사실 제6항과 같은 내용의 문자메시지를 보냈으며, 그 직후인 같은 날 ○○:○○경 다시 피해자로부터 문자메시지를 받고는 같은 날 ○○:○○경 피해자의 휴대전화로 위 공소사실 제7항과 같은 내용의 문자메시지를 보냄으로써 피고인과 피해자가 서로 문자메시지를 주고받은 점(공판기록 제36면, 증거기록 제54, 104-107면), ⑧피해자는 피고인을 위 직무유기 및 배임 이외에도 업무상배임, 횡령, 업무상횡령, 무고 등으로 여러 차례 고소하였던 점(이에 대하여 피고인은 모두 증거불충분으로 인한 혐의없음 처분을 받았다) 등을 위 법리에 비추어 보면, 피고인이 약 3개월 동안 7회에 걸쳐 피해자에게 위 공소사실과 같은 내용의 문자메시지를 보낸 것은, 피해자가 피고인의 상가 관리단 회장으로서의 직무수행에 관하여 문제제기를 하면서 피고인을 형사고소하거나 민사소송을 제기하고, 그에 대응하여 피고인도 피해자를 형사고소함에 따라 피고인과 피해자가 서로 감정싸움을 하는 과정에서 자신의 감정을 주체하지 못하고 욕설 등이 담긴 문자메시지를 보낸 것으로 보일 뿐이고, 검사가 제출한 증거만으로는 피고인이 피해자의 휴대전화에 보낸 문자메시지가 공포심이나 불안감을 유발하는 문언에 해당한다거나 피고인이 공포심이나 불안감을 유발하는 문언을 피해자에게 반복적으로 도달하게 하였다고 인정하기 어려우며, 달리 이를 인정할 만한 증거가 없다.

따라서 이 사건 공소사실은 범죄의 증명이 없는 경우에 해당하므로 원심은 형사소송법 제325조 후단에 의하여 피고인에게 무죄를 선고하였어야 할 것임에도 이 사건 공소사실을 유죄로 인정하였으니, 원심판결에는 사실을 오인하거나 법리를 오해하여 판결에 영향을 미친 위법이 있다. 피고인의 위 주장은 이유 있다.

판례 6

정보통신망을 통한 공포심이나 불안감 조성

사건사례

피고인은 20○○. ○○.경 인터넷 동회회인 '○○○ ○○' 사이트에서 피해자 공소외인을 알게 되어 20○○. ○○.경 2차례에 걸쳐 피해자와 성관계를 가진 사이였다.

피고인은 20○○. ○○. ○○. ○○:○○경 ○○시 ○○○구 ○○동 (지번 생략) 피고인의 집에서 피해자의 휴대폰(번호 생략)으로 "하하 까발겨. 제발 부탁 한다. 내가 너한테 받으면 받았지 널 준다면 나도 너처럼 싸이코패스지. 정신 차려 사람 좀 되라. 니 집 전번 가르쳐줘 남편이 나를 만난다니 내가 전화할게 부탁 한다 참는 것도 한계가 있다"라는 내용의 문자메세지를 발송하는 등 별지 범죄일람표와 같이 총 4회에 걸쳐 피해자에게 문자메세지를 발송하였다.

피고인은 위와 같이 정보통신망을 통하여 공포심이나 불안감을 유발하는 문언을 반복적으로 피해자에게 도달하게 하였다.

해 설

정보통신망 이용촉진 및 정보보호 등에 관한 법률 제74조 제1항 제3호, 제44조의7 제1항 제3호의 범죄는 구성요건상 정보통신망을 이용하여 상대방의 불안감 등을 조성하는 일정 행위의 반복을 필수적인 요건으로 삼고 있고, 위 정보통신망을 이용한 일련의 불안감 조성행위가 각 행위 상호간에 일시·장소의 근접, 방법의 유사성, 기회의 동일, 범의의 계속 등 밀접한 관계가 있어 그 전체를 일련의 반복적인 행위로 평가할 수 있는 경우 이를 포괄일죄로 처벌하여야 하는데, 이 사건은 피고인이 유부녀인 피해자와 성관계를 가진 것을 빌미로 20○○. ○○. ○○. ○○:○○경 피해자의 휴대폰으로 "하하 까발겨. 제발 부탁 한다 내가 너한테 받으면 받았지 널 준다면 나도 너처럼 싸이코패스지 정신 차려 사람 좀 되라. 니 집 전번 가르쳐줘 남편이 나를 만난다니 내가 전화할게 부탁 한다 참는 것도 한계가 있다"라는 내용의 문자메세지를 발송하는 등 별지 범죄일람표와 같이 20○○. ○○. ○○. 2회, 20○○. ○○. ○○. 2회 문자메세지를 발송하여 피해자에게 도달하게 하였는바, 각 행위 전체를 일련의 반복적인 행위로 평가할 수 있어 포괄일죄에 해당함에도 원심은 각 문자메세지 발송행위를 각각 별개의 범죄로 보고 이를 경합범으로 처리한 위법을 범하였고, 이러한 위법은 판결에 영향을 미쳤다고 할 것이므로, 이 점에서 원심판결은 더 이상 유지될 수 없게 되었다.

판례 7

정보통신망 이용촉진 및 정보보호 등에 관한 법률 제74조 제1항 제3호에 정한 공포심이나 불안감을 유발하는 '문언'에 '말'도 포함되는지 여부

휴대전화를 이용하여 7회에 걸쳐 피해자의 휴대전화로 공포심이나 불안감을 유발하는 말이나 음성메시지를 반복적으로 도달하게 한 행위가, 정보통신망 이용촉진 및 정보보호 등에 관한 법률 제74조 제1항 제3호 위반죄에 해당한다고 한 사례

정보통신망을 이용한 신규서비스의 보급 및 이용 확산 등 정보통신 환경의 변화에 맞추어 2007. 1. 26. 정보통신망 이용촉진 및 정보보호 등에 관한 법률을 개정하여 정보통신망을 통하여 공포심이나 불안감을 유발하는 '부호'를 반복적으로 상대방에게 도달하게 한 행위를 새롭게 처벌대상에 포함시키되, 기존의 '말, 글'을 이용한 침해행위도 '문언'을 이용한 침해행위에 포섭시켜 기존대로 처벌하기로 한 것이었다고 봄이 개정 취지와 목적에도 부합하는 점, '말'이 '문언'에 포함된다고 해석하는 것이 그 문언의 통상적인 의미를 벗어나는 것이라고 할 수도 없는 점 등에 비추어 볼 때, 위 법 제74조 제1항 제3호에 정한 정보통신망을 이용하여 공포심이나 불안감을 유발하는 '문언'을 반복적으로 상대방에게 도달하게 하는 행위에는 정보통신망을 이용하여 '말'을 도달하게 하는 행위도 포함된다고 보는 것이 상당하며, 이러한 해석이 형벌법규의 명확성의 원칙에 반하는 것이거나 죄형법정주의에 의하여 금지되는 확장해석이나 유추해석에 해당한다고 할 수도 없다.

【참조조문】

정보통신망 이용촉진 및 정보보호 등에 관한 법률 제44조의7 제1항 제3호

> 제44조의7(불법정보의 유통금지 등)
> ① 누구든지 정보통신망을 통하여 다음 각 호의 어느 하나에 해당하는 정보를 유통하여서는 아니 된다. <개정 2011. 9.15>
> 3. 공포심이나 불안감을 유발하는 부호·문언·음향·화상 또는 영상을 반복적으로 상대방에게 도달하도록 하는 내용의 정보

정보통신망 이용촉진 및 정보보호 등에 관한 법률 제74조 제1항 제3호

> 제74조(벌칙)
> ① 다음 각 호의 어느 하나에 해당하는 자는 1년 이하의 징역 또는 1천만원 이하의 벌금에 처한다. <개정 2012.2.17., 2014.5.28.>
> 3. 제44조의7제1항제3호를 위반하여 공포심이나 불안감을 유발하는 부호·문언·음향·화상 또는 영상을 반복적으로 상대방에게 도달하게 한 자

정보통신망 이용촉진 및 정보보호 등에 관한 법률(이하 '정보통신망법'이라 한다) 제74조 제1항 제3호(이하 '이 사건 규정'이라 한다)에서 유통이 금지된 '부호·문언·음향·화상 또는 영상'에는 '타인에게 전화를 걸어 하는 말'이나 '음성메세지'도 포함된다고 보아야 함에도 불구하고 이 사건 규정에 '말'이 포함된다고 해석하기는 어렵다는 이유로 이 사건 공소사실 중 정보통신망 이용촉진 및 정보보호 등에 관한 법률 위반의 점을 무죄로 인정한 원심판결에는 사실오인 내지 법리오해로 인하여 판결 결과에 영향을 미친 위법이 있다.

사건사례

    피고인은 20○○. ○○. ○○. ○○:○○경 ○○시(상세 주소 생략) 피고인의 주거지에서 처와의 이혼소송 문제로 화가 나 휴대전화를 이용하여 처남인 피해자 ◎◎◎의 휴대전화에 전화를 걸어 "…씨발 너는 뒤져야 돼, 이 개새끼야…"라고 말하고, 같은 날 ○○:○○경 피해자 ◎◎◎에게 전화를 걸어 "…너 이 새끼야, 내일 아침에 어떤 현상이 일어나는가 딱 봐라 씨발놈아…"라고 말하고, 같은 날 ○○:○○경 피해자에게 전화를 걸어 "…그래서 내가 너한테 꼭 한마디 마지막으로 선물을 하나 주는데 뭐를 주고 싶은가 하면, 집에 자빠져 있지 말고 맨날천날 기다려 씨발놈아…"라고 말하는 방법으로 정보통신망인 휴대전화를 통하여 공포심이나 불안감을 유발하는 정보를 피해자 ◎◎◎에게 도달하게 하고, 20○○. ○○. ○○. ○○:○○경 ○○시(상세 주소 생략) 피고인의 주거지에서 휴대전화를 이용하여 처남인 피해자 ◎◎◎의 휴대전화에 전화를 걸어, "…자네들 식구들끼리 상의를 잘 해가지고 한 5~6년 동안에 한번 잘 끌어보자…"라는 내용의 음성메세지를 남긴 것을 포함하여 별지 범죄일람표 기재와 같이 합계 7회에 걸쳐 피해자의 휴대전화에 전화통화를 하거나 음성메세지를 도달하게 하는 방법으로 정보통신망인 휴대전화를 통하여 공포심이나 불안감을 유발하는 정보를 피해자에게 도달하게 하였다.

해 설 •

(1) '말'이 그 내용과 성질상 이 사건 규정상의 '부호, 화상, 영상'에 해당
하지 아니함은 분명하다. 그렇다면 이것이 문언 또는 음향에 해당하
는지 여부가 문제인데 '문언'의 사전적인 의미는 '문장이나 편지의 어
구'로서 '글'이라는 의미를 가지고 있을 뿐이고, '음향' 또한 '물체에서
나는 소리나 그 울림'을 의미할 뿐이어서 사람의 말이 문언 또는 음
향에 포함된다고 보기는 어렵다.

검사는 이 사건 규정상의 '문언'이 '말과 글'을 일괄하여 지칭한 표현
이라고 주장하나, 이러한 주장은 '문언'이란 표현이 통상적으로 글의
의미만으로 사용되는 점에 비추어 보면 이례적인 해석이라 받아들이
기 어렵다.

(2) 그 외에도 넓은 의미의 '음향'에 사람의 말이 포함된다는 주장이 있을
수 있으나, 이 사건 규정이 2007. 1. 26. 법률 제8289호로 개정되기
전에는 말과 음향을 별도의 독립된 구성요건으로 규정하고 있었던 점
에 비추어 보면, 음향이라는 표현 안에 말이라는 의미가 포함되어 있
다는 주장은 무리라고 보인다.

(3) 또한 정보통신망법 제74조 제1항 제2호는 "제44조의7 제1항 제1호를
위반하여 음란한 부호·문언·음향·화상 또는 영상을 배포·판매·임대하거
나 공공연하게 전시한 자"를 처벌한다고 규정하여 음란한 부호 등을
배포·판매·임대·전시하는 행위를 금지하고 있는데, 위 배포·판매·임대·
전시라는 표현의 내용과 성질상 그 대상과 목적물에는 말이 포함될
수 없으므로 이 사건 규정상의 부호·문언·음향·화상 또는 영상에도 말
이 포함되지 않는 것으로 봄이 상당하다.

(4) 설령 이 사건 조항의 개정 이유나 목적이 사람의 말을 처벌 대상에서
제외하기 위함이 아니라 단순한 자구수정을 위한 것이라고 할지라도
이 사건 조항의 현재 문언 내용만으로는 부호·문언·음향·화상 또는 영

상에 말이 포함된다고 해석하기 어렵고, 법원으로서는 그 법률규정의
문언 그대로를 엄격하게 해석하여 판단할 수밖에 없다. 이는 해당 행
위의 처벌이 필요하다거나 그 필요성이 강하다고 하여 다르지 않다.

　정보통신망법 제44조의7 제1항 제3호는 "정보통신망을 통하여 공포심이
나 불안감을 유발하는 부호·문언·음향·화상 또는 영상을 반복적으로 상대
방에게 도달하게 하는 내용의 정보를 유통하여서는 아니 된다"고 규정하
고, 제74조 제1항 제3호는 "제44조의7 제1항 제3호를 위반하여 공포심이
나 불안감을 유발하는 부호·문언·음향·화상 또는 영상을 반복적으로 상대
방에게 도달하게 한 자"를 1년 이하의 징역 또는 1,000만 원 이하의 벌금
으로 처벌하고 있는데, 구 정보통신망법(2007. 1. 26. 법률 제8289호로
개정되기 전의 것, 이하 같다)은 별다른 금지규정을 두지 않고, 제65조 제
1항 제3호에서 "정보통신망을 통하여 공포심이나 불안감을 유발하는 말,
음향, 글, 화상 또는 영상을 반복적으로 상대방에게 도달하게 한 자"를 1
년 이하의 징역 또는 1,000만원 이하의 벌금으로 처벌한다는 내용으로 규
정되어 있었다.
　이 사건 공소사실은 피고인이 휴대전화를 이용하여 피해자의 휴대전화
에 전화를 걸어 공포심이나 불안감을 유발하는 말이나 음성메세지를 반복
적으로 도달하게 하였다는 것으로, 피고인의 행위가 구 정보통신망법 제
65조 제1항 제3호의 '공포심이나 불안감을 유발하는 말을 상대방에게 도
달하게 한 경우'에 해당할 수 있었음은 명백하나, 개정 후 이 사건 규정상
의 '문언 또는 음향을 상대방에게 도달하게 한 경우'에도 해당할 수 있는
지 여부가 이 사건의 쟁점이라 할 것이다.
　①구 정보통신망법의 처벌 규정이 정보통신망을 통하여 공포심이나 불
안감을 유발하는 '말' 또는 '글'을 상대방에게 도달하게 하는 행위를 처벌
하다가 이후 법률개정으로 '말', '글'이라는 표현이 삭제되고, '문언'이라는
표현으로 대체된 경위, ②구 정보통신법상 처벌 대상으로 삼았던 공포심이
나 불안감을 유발하는 '말'을 도달하게 하는 행위를 처벌대상에서 제외시

키려는 의도로 위와 같은 법률개정이 있었다고 한다면 개정법률안 제안서 및 개정이유에서 이를 명시하였을 터인데 개정법률안 제안서 및 개정이유를 살펴보아도 위와 같이 개정된 이유에 대한 특별한 언급이 없는 점, ③ 이 사건 규정의 제정 취지와 목적은 누구든지 정보통신망을 통하여 불법정보를 유통하지 못하도록 하는데 있는바, 정보통신망을 이용하여 공포심이나 불안감을 유발하는 '말'을 도달하게 하는 행위가 '부호·음향·화상·영상'을 도달하게 하는 행위에 비하여 법익침해의 정도가 결코 적다고 볼 수 없어 마찬가지로 처벌의 필요성이 큼에도 불구하고 법률개정으로 처벌대상에서 이를 제외하였다고 볼 만한 특별한 사정을 발견하기 어려운 점, ④오히려, 정보통신망을 이용한 신규서비스의 보급 및 이용 확산 등 정보통신환경의 변화에 맞추어 2007. 1. 26. 법률개정으로 정보통신망을 통하여 공포심이나 불안감을 유발하는 '부호'를 반복적으로 상대방에게 도달하게 행위를 새롭게 처벌대상에 포함시키되, 기존의 '말, 글'을 이용한 침해행위는 '문언'을 이용한 침해행위에 포섭시켜 기존대로 처벌하기로 한 것이었다고 봄이 위 법 규정의 개정 취지와 목적에도 부합하는 점, ⑤나아가 '말'이 '문언'에 포함된다고 해석하는 것이 그 문언의 통상적인 의미를 벗어나는 것이라고 할 수도 없는 점 등을 종합하여 보면, 정보통신망을 이용하여 공포심이나 불안감을 유발하는 '문언'을 반복적으로 상대방에게 도달하게 하는 행위에는 정보통신망을 이용하여 '말'을 도달하게 하는 행위도 포함된다고 보는 것이 상당하며, 이러한 해석이 형벌법규의 명확성의 원칙에 반하는 것이거나 죄형법정주의에 의하여 금지되는 확장해석이나 유추해석에 해당한다고 할 수도 없다.

판례 8

상대방에게 전화를 걸 때 상대방 전화기에서 울리는 '전화기의 벨소리'가 정보통신망 이용촉진 및 정보보호 등에 관한 법률 제74조 제1항 제3호에 정한 '음향'에 해당하는지 여부

정보통신망 이용촉진 및 정보보호 등에 관한 법률 제65조 제1항 제3호[현행법 제74조 제1항 제3호]에서 '정보통신망을 통하여 공포심이나 불안감을 유발하는 음향을 반복적으로 상대방에게 도달하게 한다는 것'은 상대방에게 전화를 걸어 반복적으로 음향을 보냄(송신)으로써 이를 받는(수신) 상대방으로 하여금 공포심이나 불안감을 유발케 하는 것으로 해석되고, 상대방에게 전화를 걸 때 상대방 전화기에서 울리는 '전화기의 벨소리'는 정보통신망을 통하여 상대방에게 송신된 음향이 아니므로, 반복된 전화기의 벨소리로 상대방에게 공포심이나 불안감을 유발케 하더라도 이는 같은 법 제65조 제1항 제3호[현행법 제74조 제1항 제3조] 위반이 될 수 없다.

【참조조문】

정보통신망 이용촉진 및 정보보호 등에 관한 법률 제74조 제1항 제3호

제74조(벌칙)
① 다음 각 호의 어느 하나에 해당하는 자는 1년 이하의 징역 또는 1천만원 이하의 벌금에 처한다. 〈개정 2012. 2. 17., 2014. 5. 28.〉
3. 제44조의7제1항제3호를 위반하여 공포심이나 불안감을 유발하는 부호·문언·음향·화상 또는 영상을 반복적으로 상대방에게 도달하게 한 자

정보통신망 이용촉진 및 정보보호 등에 관한 법률(2004. 1. 29. 법률 제 7142호로 개정되기 전의 것, 이하 '법'이라 한다) 제65조 제1항 제3호[현행법 제74조 제1항 제3호]는 정보통신망을 통하여 공포심이나 불안감을 유발하는 말, 음향, 글, 화상 또는 영상을 반복적으로 상대방에게 도달하게 한 자를 형사처벌 하도록 규정하고 있는바, 여기의 '정보통신망'을 이 사건에서 문제된 전화기의 벨소리와 관련하여 풀이하면, 전기통신설비(전화시설)를 이용하여 음향을 송신 또는 수신하는 정보통신체계를 의미하는 것(법 제2조 제1항 제1호)이라 할 수 있으므로, 위 조항의 '정보통신망을 통하여 공포심이나 불안감을 유발하는 음향을 반복적으로 상대방에게 도달하게 한다는 것'은 상대방에게 전화를 걸어 반복적으로 음향을 보냄(송신)으로써 이를 받는(수신) 상대방으로 하여금 공포심이나 불안감을 유발케 하는 것으로 해석된다. 따라서 상대방에게 전화를 걸 때 상대방 전화기에서 울리는 '전화기의 벨소리'는 정보통신망을 통하여 상대방에게 송신된 음향이 아니므로, 반복된 전화기의 벨소리로 상대방에게 공포심이나 불안감을 유발케 하더라도 이는 법 제65조 제1항 제3호[현행법 제74조 제1항 제3호] 위반이 될 수 없다 할 것이다 .

원심이 그 이유설시에 있어 부적절한 부분이 있으나, 상대방에게 전화를 걸 때 상대방 전화기에서 울리는 '벨소리'는 위 법조 소정의 '음향'에 해당하지 아니한다고 보아 피고인에게 무죄를 선고한 조치는 정당하고, 거기에 판결 결과에 영향을 미친 법리오해의 위법이 있다고 할 수 없다. 상고이유의 주장은 받아들일 수 없다.

Ⅱ. 상담사례

■ **아이템 거래 중 상대방으로부터 공갈 협박을 받았을 경우 처벌할 수 있나요?**

➡ 협박죄는 상대방이 현실적으로 공포심을 느낄 수 있을 정도의 해악을 고지할 경우 성립하며 공포심의 기준은 일반인을 기준으로 합니다. 따라서 협박을 통해 해악의 고지가 있다 하더라도 그것이 사회관습이나 윤리관념 등에 비추어 볼 때 사회통념상 용인할 수 있을 정도의 것이라면 협박죄는 성립하지 않습니다.

위에서 말하는 협박의 정도에 해당된다고 판단되고 이에 대한 형사처벌을 원하시면 피해사실을 입증할 수 있는 자료(협박을 받은 채팅내용 및 통화기록, 녹취서 등)를 지참하시어 가까운 경찰서 민원실을 통해 고소하실 수 있습니다.

■ 누군가가 이메일로 저를 협박하고 있습니다. 메일을 보낸 사람을 처벌할 수 있나요?

➡ 이메일을 이용한 협박도 일반적인 협박과 마찬가지로 형법 제283조 협박죄를 적용하여 처벌할 수 있으며 피해자의 명시한 의사에 반하여 공소를 제기할 수 없는 반의사불벌죄(反意思不罰罪)입니다.

협박죄는 공포심을 일으키게 할 목적으로 해악을 가할 것을 통고하는 일체의 행위로서 해악의 통고자는 자신이 누구인지를 상대방에게 알릴 필요가 없고 또한 상대방은 통고자가 누구인지를 알 필요도 없습니다.

해악의 내용은 제한된 바가 없으므로 생명·신체·자유·명예·재산, 그 밖의 모든 것이 포함될 수 있고 길흉화복을 통고하는 것은 단순한 미신에 속하므로 협박이 되지 않고 단순한 경고에 지나지 않는다고 보는 것이 통설입니다.

따라서 형법상 협박죄의 성립요건과 일반인들이 알고 있는 협박과는 상당한 차이가 있을 수 있으므로 먼저 서비스업체에 연락하여 접속기록 보존유무 확인 후 관련 접속기록 보존 및 관련 E-mail 내용 보존 등 피해사실을 입증할 수 있는 자료를 확보하여 사이버안전국에 신고(http://cyberbureau.police.go.kr, 전화 182)에 문의하여 상담을 받아 보시기 바랍니다.

■ **"만나주지 않으면 죽여 버리겠다!" 는 내용의 협박 메일을 받았습니다. 어떻게 대처해야 하는지요?**

➡ 메일에 기재된 구체적인 내용을 검토하여야 형법상 협박죄의 성립 가능성을 판단할 수 있습니다. 메일 송신자에 대한 형사처벌을 원할 경우 경찰에 고소할 수 있습니다.

참고로 협박죄는 3년 이하의 징역 또는 500만원 이하의 벌금, 구류, 과료에 처할 수 있는 범죄입니다.

Ⅲ. 범죄사실기재례

범죄사실기재례 -▶ 화상채팅 중 대화방을 못 나가도록 협박

피의자 ○○○는 피해자 △△△와 인터넷 대화방에서 화상채팅을 하였다. 피의자 ○○○은 채팅을 하던 중 피해자 △△△이 나가버리려고 하자, 그 전에 피해자 △△△와 채팅 중 자신이 저장해 두었던 △△△의 상반신 누드를 파일로 전송하면서 그냥 나가버릴 경우 이 사진을 친구들에게 공개하겠다고 하면서 △△△이 접속을 끊을 수가 없도록 하는 등 협박을 하였다.

제2절 불법·유해사이트

음란물유포사이트, 마약거래사이트, 폭발물정보 등의 불법공유사이트,
자살사이트 등

I. 개요

공공의 안녕·질서 또는 미풍양속을 해하는 등 반사회적 내용을 담고 있는
사이트로 개설목적 자체가 법률에 위반되거나 범죄수단으로 사용되는 위법
사이트를 포함한다. 접근의 제한이나 이용의 제약이 없는 인터넷을 이용하
여 각종 불법행위에 대한 정보교환 등이 이루어지고 있으며 특히 자살사이
트나 마약거래를 위한 사이트는 물론이고 최근에는 청부살인이나 폭력을 의
뢰하는 심부름센터 사이트까지 생겨나 인터넷으로 정보를 주고받음으로써
오프라인 범죄의 모태가 되기도 한다. 누구나 접근할 수 있는 사이버공간에
이러한 유해정보를 제공하는 것은 청소년이나 기타 일반 네티즌 등에게 범
죄의 유혹을 제공함으로써 사회적으로도 큰 물의를 빚게 된다.

Ⅱ. 관련판례

판례 1

> 음란사이트로 인식될 수 있는 인터넷 사이트의 운영자들
> 이 유명 연예인의 예명을 무단으로 도메인 이름을 사용한
> 경우

> 인터넷 이용자들에게 음란사이트로 인식될 수 있는 인터넷 사
> 이트의 운영자들이 유명 연예인의 예명을 무단으로 도메인 이름
> 과 웹페이지의 광고문구로 이용하고 그 예명을 검색어로 인터넷
> 검색이 되게 한 행위가 위 연예인의 명예, 성명권 등의 인격권을
> 침해한 불법행위라고 한 사례

【참조조문】

민법 제751조

> 제751조(재산 이외의 손해의 배상)
> ① 타인의 신체, 자유 또는 명예를 해하거나 기타 정신상 고통을
> 가한 자는 재산 이외의 손해에 대하여도 배상할 책임이 있다.
> ② 법원은 전항의 손해배상을 정기금채무로 지급할 것을 명할 수
> 있고 그 이행을 확보하기 위하여 상당한 담보의 제공을 명할
> 수 있다.

해 설

　실제로 음란물을 제공하는지 여부와 관계없이 웹페이지의 사진, 문구 등의
내용으로부터 인터넷 이용자들에게 음란물을 제공하거나 안내하는 음란사이트
로 인식되는 인터넷 사이트의 운영자들이 유명 연예인의 예명인 '트위스트 김'
을 무단으로 도메인 이름 및 웹페이지의 광고문구로 이용하고 '트위스트 김'이
란 검색어로 인터넷 검색이 되게 한 행위가 위 연예인이 음란사이트의 운영자

이거나 음란물과 관련이 있는 것을 암시할 뿐만 아니라 위 예명으로부터 음란
사이트를 연상하게 함으로써 위 연예인의 사회적 가치 내지 평가가 저해될 가
능성이 있으므로, 위 연예인의 명예, 성명권 등의 인격권을 침해하는 불법행위
라고 한 사례.

Ⅲ. 상담사례

■ **불법 · 유해사이트란 어떤 사이트를 말하는 것인가요?**

➡ 불법사이트나 유해사이트는 사회적으로 불리는 용어로서 법률에 정의
된 용어는 아닙니다. 불법사이트란 사이트에 담겨 있는 내용물 자체가
불법한 사이트를 말하며, 유해사이트란 불법의 정도에는 이르지 않지
만 불건전한 내용을 담고 있는 사이트를 말합니다.

대표적인 예를 들면 음란 동영상을 올려놓은 포르노사이트는 불법사이트이
며, 자살하는 방법을 알려주는 이른바 자살 관련 사이트는 유해사이트로 볼
수 있습니다. 불법사이트는 사법처리 대상으로 경찰기관에 신고할 수 있으
며, 유해사이트는 그 내용이 불건전한 정보에 해당하는지를 심의하여 차단이
가능하므로 심의 권한을 가진 방송통신심의위원회(http://www. kocsc.or.kr,
전화 1377)로 신고해 주시기 바랍니다.

제 6 장

사이버범죄 관련 법률

1. 정보통신망 이용촉진 및 정보보호 등에 관한 법률
2. 형법
3. 전기통신기본법
4. 전기통신금융사기 피해방지 및 피해금환급에 관한 특별법
5. 성폭력범죄의 처벌 등에 관한 특례법
6. 전파법
7. 신용정보의 이용 및 보호에 관한 법률
8. 위치정보의 보호 및 이용 등에 관한 법률
9. 게임산업진흥에 관한 법률
10. 전기통신사업법
11. 정보통신기반 보호법
12. 전자서명법
13. 통신비밀보호법
14. 사행행위 등 규제 및 처벌특례법
15. 청소년보호법
16. 저작권법
17. 주민등록법
18. 반도체집적회로의 배치설계에 관한 법률

제6장　　　사이버범죄 관련법률

1. 정보통신망 이용촉진 및 정보보호 등에 관한 법률

(1) 제70조 제1항 사이버 명예훼손 (사실 유포)

> 제70조(벌칙)
> ① 사람을 비방할 목적으로 정보통신망을 통하여 공공연하게 사실을 드러내어 다른 사람의 명예를 훼손한 자는 3년 이하의 징역 또는 3천만원 이하의 벌금에 처한다.

(2) 제70조 제2항 사이버 명예훼손 (허위사실 유포)

> 제70조(벌칙)
> ② 사람을 비방할 목적으로 정보통신망을 통하여 공공연하게 거짓의 사실을 드러내어 다른 사람의 명예를 훼손한 자는 7년 이하의 징역, 10년 이하의 자격정지 또는 5천만원 이하의 벌금에 처한다.
> ③ 제1항과 제2항의 죄는 피해자가 구체적으로 밝힌 의사에 반하여 공소를 제기할 수 없다.

(3) 제71조 제9호 악성프로그램(바이러스) 유포

> 제71조(벌칙) - 5년 이하의 징역 또는 5천만원 이하의 벌금
> 　9. 제48조제2항을 위반하여 악성프로그램을 전달 또는 유포한 자
> 제70조의2(벌칙) - 제48조제2항을 위반하여 악성프로그램을 전달 또는 유포하는 자는 7년 이하의 징역 또는 7천만원 이하의 벌금에 처한다.

(4) 제71조 제10호 정보통신망 장애발생

> 제71조(벌칙) – 5년 이하의 징역 또는 5천만원 이하의 벌금
> 　　10. 제48조제3항을 위반하여 정보통신망에 장애가 발생
> 　　　　하게 한 자

(5) 제71조 제11호 타인정보 훼손 및 타인비밀 침해·도용·누설

> 제71조(벌칙) – 5년 이하의 징역 또는 5천만원 이하의 벌금
> 　　11. 제49조를 위반하여 타인의 정보를 훼손하거나 타인의
> 　　　　비밀을 침해·도용 또는 누설한 자

(6) 제72조 제1항 제3호 등록하지 아니하고 업무 수행

> 제72조(벌칙)
> 　　① 다음 각 호의 어느 하나에 해당하는 자는 3년 이하의
> 　　　　징역 또는 3천만원 이하의 벌금에 처한다.
> 　　　　3. 제53조제1항에 따른 등록을 하지 아니하고 그 업무
> 　　　　　　를 수행한 자

(7) 제72조 제1항 제5호 직무상 비밀 누설 및 목적외 사용

> 제72조(벌칙)
> 　　① 다음 각 호의 어느 하나에 해당하는 자는 3년 이하의
> 　　　　징역 또는 3천만원 이하의 벌금에 처한다.
> 　　　　5. 제66조를 위반하여 직무상 알게 된 비밀을 타인에게
> 　　　　　　누설하거나 직무 외의 목적으로 사용한 자

(8) 제72조 제1항 제2호 속이는 행위에 의한 개인정보수집

제72조(벌칙)
① 다음 각 호의 어느 하나에 해당하는 자는 3년 이하의 징역 또는 3천만원 이하의 벌금에 처한다.
2. 제49조의2제1항을 위반하여 다른 사람의 개인정보를 수집한 자

(9) 제73조 제2호 영리목적 청소년유해매체물 미표시

제73조(벌칙)
다음 각 호의 어느 하나에 해당하는 자는 2년 이하의 징역 또는 2천만원 이하의 벌금에 처한다.
2. 제42조를 위반하여 청소년유해매체물임을 표시하지 아니하고 영리를 목적으로 제공한 자

(10) 제73조 제3호 청소년유해매체물 광고 청소년에게 전송

제73조(벌칙)
다음 각 호의 어느 하나에 해당하는 자는 2년 이하의 징역 또는 2천만원 이하의 벌금에 처한다.
3. 제42조의2를 위반하여 청소년유해매체물을 광고하는 내용의 정보를 청소년에게 전송하거나 청소년 접근을 제한하는 조치 없이 공개적으로 전시한 자

(11) 제74조 제1항 제1호 인증기관 인증표시 무단 표시·판매·진열

제74조(벌칙) 〈개정 2012.2.17., 2014.5.28〉
① 다음 각 호의 어느 하나에 해당하는 자는 1년 이하의 징역 또는 1천만원 이하의 벌금에 처한다.
1. 제8조제4항을 위반하여 비슷한 표시를 한 제품을 표시·판매 또는 판매할 목적으로 진열한 자

(12) 제74조 제1항 제2호 음란문언·음향·영상 등 배포·판매·전시

제74조(벌칙) 〈개정 2012.2.17., 2014.5.28〉

① 다음 각 호의 어느 하나에 해당하는 자는 1년 이하의 징역 또는 1천만원 이하의 벌금에 처한다.

2. 제44조의7제1항제1호를 위반하여 음란한 부호·문언·음향·화상 또는 영상을 배포·판매·임대하거나 공공연하게 전시한 자

(13) 제74조 제1항 제3호 사이버 스토킹(공포불안 말·음향 등 반복 행위)

제74조(벌칙) 〈개정 2012.2.17., 2014.5.28〉

① 다음 각 호의 어느 하나에 해당하는 자는 1년 이하의 징역 또는 1천만원 이하의 벌금에 처한다.

3. 제44조의7 제1항 제3호를 위반하여 공포심이나 불안감을 유발하는 부호·문언·음향·화상 또는 영상을 반복적으로 상대방에게 도달하게 한 자

(14) 제74조 제1항 제4호 스팸메일 수신거부 회피 관련 기술조치 행위

제74조(벌칙) 〈개정 2012.2.17., 2014.5.28〉

① 다음 각 호의 어느 하나에 해당하는 자는 1년 이하의 징역 또는 1천만원 이하의 벌금에 처한다.

4. 제50조제5항을 위반하여 조치를 한 자

(15) 제74조 제1항 제6호 불법행위를 위한 광고성 정보 전송

제74조(벌칙) 〈개정 2012.2.17., 2014.5.28〉

① 다음 각 호의 어느 하나에 해당하는 자는 1년 이하의 징역 또는 1천만원 이하의 벌금에 처한다.

6. 제50조의8을 위반하여 광고성 정보를 전송한 자

2. 형법

이하에서는 사이버범죄와 관련된 형법 조항을 살펴보고, 해당 범죄의 이해를 돕기 위한 범위에서 해당 범죄 및 관련 범죄의 구성요건 및 관련 판례, 수사 실무에 대한 내용 등을 설명하기로 한다.

(1) 제140조 제3항 공무상 비밀장치된 전자기록 등 탐지

> 제140조(공무상비밀표시무효)
> ① 공무원이 그 직무에 관하여 실시한 봉인 또는 압류 기타 강제처분의 표시를 손상 또는 은닉하거나 기타 방법으로 그 효용을 해한 자는 5년 이하의 징역 또는 700만원 이하의 벌금에 처한다. 〈개정 1995.12.29〉
> ② 공무원이 그 직무에 관하여 봉함 기타 비밀장치한 문서 또는 도화를 개봉한 자도 제1항의 형과 같다. 〈개정 1995.12.29〉
> ③ 공무원이 그 직무에 관하여 봉함 기타 비밀장치한 문서, 도화 또는 전자기록등 특수매체기록을 기술적 수단을 이용하여 그 내용을 알아낸 자도 제1항의 형과 같다. 〈신설 1995.12.29〉

[봉인]민집 189, 국세징39, [강제처분의표시]민집 189① · 709, [미수]143, [공소시효]형소249① : 7년

○ 이 조는 공무원이 특정직무를 행함에 있어서, 그 직무후 발생할 효력을 저해하는 행위를 처벌하려는데 그 취지를 두고 있다.

형법상 해설 •

1. 구성요건

(1) 객관적 구성요건

1) 주체

이 죄의 주체에는 제한이 없으므로 공무원도 주체가 될 수 있다.

2) 행위의 객체

공무원이 그 직무에 관하여 실시한 봉인 또는 압류 기타 강제처분의 표시이다.

① 봉인이란 어떤 물건에 대해 임의로 처분하지 못하도록 봉함 등의 설비를 해놓은 것을 말한다. 봉인은 인영을 사용한 것에 한하지 않아서 물건명·연월일·집행관의 성명 및 소속법원 등을 기입한 종이를 감아두는 것도 봉인이 되지만 그 물건에 원래 달려있던 자물통을 잠그는 것만으로는 봉인이 되지 않는다. 일단 봉인이 되면 물건의 점유는 공무원에게 이전된다.

② 압류란 공무원이 그 직무상 보관할 물건을 자기의 점유로 옮기는 강제처분을 말한다. 민사소송법에 의한 유체동산의 압류처분은 물론 가압류·가처분 및 다른 법률에서 규정하는 이와 동일한 성질을 가진 처분을 포함한다.

> **■ 관련판례 ■**
>
> 공무상표시무효죄가 성립하기 위하여는 <u>행위 당시에 강제처분의 표시가 현존할 것</u>을 요한다(대판1997.3.11, 96도2801).

③ 강제처분의 유효성 : 강제처분의 표시는 강제처분이 유효할 것을 전제로 한다. 그 유효성이 인정되는 한 그 결정의 정당·부당은 불문한다.

④ 강제처분의 적법성 : 봉인·압류 기타 강제처분의 표시는 적법해야 한다. 그러나 공무집행절차상의 하자는 공무상비밀표시무효죄의 성립에 영향이 없다는 것이 판례의 태도이다 (2000도1757).

> **■ 관련판례 ■**
>
> <u>공무원이 그 직권을 남용하여 위법하게 실시한 봉인 또는 압류 기타 강제처분의 표시임이 명백하여 법률상 당연무</u>

> 효 또는 부존재라고 볼 수 있는 경우에는 그 봉인 등의 표
> 시는 공무상표시무효죄의 객체가 되지 아니하여 이를 손상
> 또는 은닉하거나 기타 방법으로 그 효용을 해한다 하더라도
> 공무상표시무효죄가 성립하지 아니한다 할 것이지만 공무원
> 이 실시한 봉인 등의 표시에 절차상 또는 실체상의 하자가
> 있다고 하더라도 객관적·일반적으로 그것이 공무원이 그
> 직무에 관하여 실시한 봉인 등으로 인정할 수 있는 상태에
> 있다면 적법한 절차에 의하여 취소되지 아니하는 한 공무상
> 표시무효죄의 객체로 된다(대판2001.1.16,2000도1757).

3) 행 위

이 죄의 행위는 봉인 또는 압류 기타 강제처분의 표시를 손상하거
나 은닉, 기타 방법으로 효용을 해하는 것이다.

① 손상은 표시를 물리적으로 파괴하여 그 효용을 상실하게 하는
것이다.

② 은닉이란 그 소재를 알기 어렵게 하는 것을 말한다.

③ 기타 방법이란 손상·은닉 이외의 방법으로 표시의 효용을 해하
게 하는 일체의 행위를 의미한다.

④ 효용을 해한다는 것은 압류 등의 법률상의 효력을 상실시키는
것은 아니다.

(2) 주관적 구성요건

앞의 객체에 대해 앞의 행위를 한다는 인식(고의)이 있어야 한다. 강
제처분의 유효성과 적법성에 대한 인식이 필요한가에 대하여는 필요
설(이재상, 김일수)과 불요설(배종대)의 견해대립이 있다.

[공무상비밀침해죄(제140조 2항, 3항)]

본죄는 공무원이 그 직무에 관하여 봉함 기타 비밀장치한 문서 또는 도화

를 개봉하거나, 공무원이 그 직무에 관하여 봉함 기타 비밀장치한 문서, 도화 또는 전자기록 등 특수매체기록을 기술적 수단을 이용하여 그 내용을 알아냄으로써 성립하는 범죄이다. 이러한 공무상비밀침해죄는 행위객체로 인하여 형법 제316조의 비밀침해죄보다 불법이 가중된 가중적 구성요건이다.

2. 판례

❶ 형법 제140조 제1항의 공무상표시무효죄 중 '공무원이 그 직무에 관하여 실시한 압류 기타 강제처분의 표시를 기타 방법으로 그 효용을 해하는 것'의 의미

형법 제140조 제1항 규정의 공무상표시무효죄 중 '공무원이 그 직무에 관하여 실시한 압류 기타 강제처분의 표시를 기타 방법으로 그 효용을 해하는 것'이라 함은 손상 또는 은닉 이외의 방법으로 그 표시 자체의 효력을 사실상으로 감살 또는 멸각시키는 것을 의미한다(대법원 2004. 10. 28. 선고 2003도8238 판결 등 참조). 한편, 2인 이상이 범죄에 공동 가공하는 공범관계에서 공모는 법률상 어떤 정형을 요구하는 것이 아니고 2인 이상이 공모하여 어느 범죄에 공동 가공하여 그 범죄를 실현하려는 의사의 결합만 있으면 되는 것으로서, 비록 전체의 모의과정이 없었다고 하더라도 수인 사이에 순차적으로 또는 암묵적으로 상통하여 그 의사의 결합이 이루어지면 공모관계가 성립하고, 이러한 공모가 이루어진 이상 실행행위에 직접 관여하지 아니한 자라도 다른 공모자의 행위에 대하여 공동정범으로서의 형사책임을 지고(대법원 1994. 3. 8. 선고 93도3154 판결, 대법원 2000. 11. 10. 선고 2000도3483 판결 등 참조), 피고인이 공모의 점과 함께 범의를 부인하는 경우에는, 이러한 주관적 요소로 되는 사실은 사물의 성질상 범의와 상당한 관련성이 있는 간접사실 또는 정황사실을 증명하는 방법에 의하여 이를 입증할 수밖에 없으며, 이 때 무엇이 상당한 관련성이 있는 간접사실에 해당할 것인가는 정상적인 경험칙에 바탕을 두고 치밀한 관찰력이나 분석력에 의하여 사실의 연결 상태를 합리적으로 판단하는 방법에 의하여야 한다(대법원 2003. 1. 24. 선고 2002도6103 판결, 대법원 2006. 2. 23. 선고 2005도8645 판결 등 참조)(대법원 2007. 7. 27. 선고 2007도4378 판결).

❷ 채무자가 불가피한 사정으로 채권자의 승낙을 얻어 압류물을 이동시켰으나 집행관의 승인은 얻지 못한 경우, 공무상표시무효죄의 성립 여부(소극)

(1) 사실관계

> 피고인 A는 당초 그가 경영하는 자동차용품점 내에서 집행관이 압류하고 그 뜻을 기재한 후 피고인에게 보관을 맡긴 이 사건 압류물을 보관하던 중 오산시장으로부터 2002. 3. 21. 위 자동차용품점 부지 일대는 교통체계개선사업으로 인한 도로확장예정지로 선정되어 2002. 4. 15.부터 2002. 12.경까지 도로공사를 시행하게 되니 위 가게를 이전하여 달라는 공문을 받고, 압류채권자인 B에게 도로공사로 인하여 위 가게를 용인시 기흥읍 소재 기흥초등학교 앞으로 이전하게 될 것이라는 사정을 말하였고, 이에 대하여 B가 이의를 제기하지 아니하자 피고인은 2002. 4. 15.경 위 가게를 기흥초등학교 앞으로 이전하면서 가게 안에서 보관하고 있던 이 사건 압류물을 같이 이동시켰다. 그 후 피고인은 2002. 5. 7.경 B를 만나 이전한 가게의 전화번호를 알려 주었고, 피고인 A와 B는 위 가게의 이전 전후로 계속하여 연락을 취하고 있었다.

(2) 판결요지

집행관이 그 점유를 옮기고 압류표시를 한 다음 채무자에게 보관을 명한 유체동산에 관하여 채무자가 이를 다른 장소로 이동시켜야 할 특별한 사정이 있고, 그 이동에 앞서 채권자에게 이동사실 및 이동장소를 소지하여 승낙을 얻은 때에는 비록 집행관의 승인을 얻지 못한 채 압류물을 이동시켰다 하더라도 형법 제140조 제1항 소정의 '기타의 방법으로 그 효용을 해한' 경우에 해당한다고 할 수 없다(대법원 2004. 7. 9. 선고 2004도3029 판결).

❸ 공무원이 실시한 봉인 등의 표시에 절차상 또는 실체상의 하자가 있으나 객관적·일반적으로 그것이 공무원이 그 직무에 관하여 실시한 봉인 등으로 인정할 수 있는 상태에 있는 경우, 공무상표시무효죄의 객체가 되는지 여부(적극)

[1] 공무원이 그 직권을 남용하여 위법하게 실시한 봉인 또는 압류 기타 강제처분의 표시임이 명백하여 법률상 당연무효 또는 부존재라고 볼 수 있는 경우에는 그 봉인 등의 표시는 공무상표시무효죄의 객체가 되지 아니하여 이를 손상 또는 은닉하거나 기타 방법으로 그 효용을 해한다 하더라도 공무상표시무효죄가 성립하지 아니한다 할 것이지만 공무원이 실시한 봉인 등의 표시에 절차상 또는 실체상의 하자가 있다고 하더라도 객관적·일반적으로 그것이 공무원이 그 직무에 관하여 실시한 봉인 등으로 인정할 수 있는 상태에 있다면 적법한 절차에 의하여 취소되지 아니하는 한 공무상표시무효죄의 객체로 된다.

[2] 유체동산의 가압류집행에 있어 그 가압류공시서의 기재에 다소의 흠이 있으나 그 기재 내용을 전체적으로 보면 그 가압류목적물이 특정되었다고 인정할 수 있어 그 가압류가 유효하다고 본 사례(대법원 2001. 1. 16. 선고 2000도1757 판결).

❹ 건물명도 집행이 완료된 후 채무자가 동건물에 침입한 경우, 공무상 표시 무효죄의 성부

집달관이 채무자 겸 소유자의 건물에 대한 점유를 해제하고 이를 채권자에게 인도한 후 채무자의 출입을 봉쇄하기 위하여 출입문을 판자로 막아둔 것을 채무자가 이를 뜯어내고 그 건물에 들어갔다 하더라도 이는 강제집행이 완결된 후의 행위로서 채권자들의 점유를 침범하는 것은 별론으로 하고 공무상 표시무효죄에 해당하지는 않는다(대법원 1985.7.23. 선고 85도1092 판결).

❺ 압류물을 원래의 보관장소로부터 다른 장소로 이동시킨 경우, 공무상 비
밀표시무효죄의 성부

(1) 사실관계

> 집달관이 서울 영등포구 영등포동 2가 94의 212에 있는 샘여
> 관에서 압류집행을 하고 그 표시를 한 칼라텔레비젼 1대와 브
> 이.티.알(V.T.R) 녹화기1대를 피고인이 서울 강서구 공항동
> 210에 있는 에어포트여관으로 옮김으로서 그뒤 위 압류물의 소
> 재불명으로 경매의 집행을 불능케 하였다.

(2) 판결요지

<u>압류물을 채권자나 집달관 몰래 원래의 보관장소로부터 상당한 거리
에 있는 다른 장소로 이동시킨 경우에는 설사 그것이 집행을 면탈할
목적으로 한 것이 아니라 하여도 객관적으로 집행을 현저히 곤란하
게 한 것이 되어 형법 제140조 제1항 소정의 "기타의 방법으로 그
효용을 해한"</u> 경우에 해당된다(대법원 1986.3.25. 선고 86도69 판결).

❻ 건물의 점유이전금지가처분 채무자가 그 가처분의 집행 취지가 기재된
고시문이 그 가처분 목적물에 부착된 이후 제3자로 하여금 그 건물 중
일부에서 영업을 할 수 있도록 한 경우, 공무상표시무효죄의 성립 여부
(적극)

형법 제140조 제1항 규정의 공무상표시무효죄 중 '공무원이 그 직무에
관하여 실시한 압류 기타 강제처분의 표시를 기타 방법으로 그 효용을
해하는 것'이라 함은 손상 또는 은닉 이외의 방법으로 그 표시 자체의
효력을 사실상으로 감살 또는 멸각시키는 것을 의미하는 것이지, 그 표
시의 근거인 처분의 법률상의 효력까지 상실케 한다는 의미는 아니라
할 것이다.
이 사건 점유이전금지가처분 채무자인 피고인은 <u>집행관이 이 사건 건물
에 관하여 가처분을 집행하면서 '채무자는 점유를 타에 이전하거나 또
는 점유명의를 변경하여서는 아니된다.'는 등의 집행 취지가 기재되어
있는 고시문을 이 사건 건물에 부착한 이후에 제3자로 하여금 이 사건</u>

건물 중 3층에서 카페 영업을 할 수 있도록 이를 무상으로 사용케 하였다는 것인바, 이러한 피고인의 행위는 위 고시문의 효력을 사실상 멸각시키는 행위라 할 것이고, 가족, 고용인 기타 동거자 등 가처분 채무자에게 부수하는 사람을 거주시키는 것과 같이 가처분 채무자가 그 목적물을 사용하는 하나의 태양에 지나지 아니하는 행위라고 보기는 어려우므로 형법 제140조 제1항 소정의 공무상표시무효죄에 해당한다 할 것이고, 비록 점유이전금지가처분 채권자가 가처분이 가지는 당사자항정효로 인하여 가처분 채무자로부터 점유를 이전받은 제3자를 상대로 본안판결에 대한 승계집행문을 부여받아 가처분의 피보전권리를 실현할 수 있다 하더라도 달리 볼 것은 아니다(대법원 2004. 10. 28. 선고 2003도8238 판결).

❼ 제3자가 건축주를 상대로 건축공사중지가처분집행을 한 후에 건축허가 명의를 피고인이 자기가 대표이사로 있는 "을"회사로 변경하여 건축공사를 계속한 경우에 압류표시의 효용을 해한 것으로 되는지 여부

(1) 사실관계

> 피고인이 대표이사로 있는 A주식회사가 1971.9.7 B주식회사로부터 본건 건물신축공사를 수급하여 시공중 공소외 이○○이 위 B주식회사를 상대로하여 대구지방법원에 공작물설치 공사정지 가처분신청을 하여 1972.6.2 "법원으로부터 피신청인은 대구시 중구 동문동 26의1 대 633평8홉지상에 시공중인 건물 기타 공작물의 건축공사를 중지하여야 한다. 집달리는 위 명령의 실효를 거두기 위하여 적당한 패말조치를 하여야 한다"라는 가처분판결을 받아 그 해 7.1 집달리로 하여금 공사현장에 위 가처분내용을 패말로서 고시하게 하여 그 집행을 하였는 바 그후 피고인이 대표이사로 있는 위 A주식회사는 건축주인 위 B주식회사에 대한 공사보수금채권의 지급확보를 위하여 본건 시공중인 건물에 대한 건축허가명의를 위 A주식회사로 변경한 다음 같은해 7.21부터 25까지 사이에 위 가처분집행으로서 설치한 표말을 그대로 둔 채 위 건축공사를 진행하였다.

(2) 판결요지

제3자가 법원으로부터 받은 건축공사중지명령의 가처분집행은어디까지나 "갑"회사에 대하여 부작위 명령을 집행한데 불과한 것이므로 위 가처분집행이 완료된 뒤 피고인이 본건 시공중인 건축허가 명의를 자기가 대표이사로 있는 "을"회사로 변경하여 위 가처분집행을 그대로 둔 채 그 건축공사를 계속하였다는 사실자체만으로는 위와 같은 내용의 가처분집행표시의 효용을 해한 것이라고는 할 수 없으므로 형법 140조 1항 소정 공무상표시무효죄가 성립하지 아니한다(대법원 1976.7.27. 선고 74도1896 판결).

❽ 형법 제140조 제1항의 공무상표시무효죄 중 '공무원이 그 직무에 관하여 실시한 압류 기타 강제처분의 표시를 기타 방법으로 그 효용을 해하는 것'의 의미

형법 제140조 제1항이 정한 공무상표시무효죄 중 '공무원이 그 직무에 관하여 실시한 압류 기타 강제처분의 표시를 기타 방법으로 그 효용을 해하는 것'이라 함은 손상 또는 은닉 이외의 방법으로 그 표시 자체의 효력을 사실상으로 감쇄 또는 멸각시키는 것을 의미하는 것이지, 그 표시의 근거인 처분의 법률상 효력까지 상실케 한다는 의미는 아니다(대법원 2004. 10. 28. 선고 2003도8238 판결 참조).

한편 집행관이 유체동산을 가압류하면서 이를 채무자에게 보관하도록 한 경우 그 가압류의 효력은 압류된 물건의 처분행위를 금지하는 효력이 있으므로(대법원 2008. 12. 24. 선고 2008도7407 판결 참조), 채무자가 가압류된 유체동산을 제3자에게 양도하고 그 점유를 이전한 경우, 이는 가압류집행이 금지하는 처분행위로서, 특별한 사정이 없는 한 가압류표시 자체의 효력을 사실상으로 감쇄 또는 멸각시키는 행위에 해당한다. 이는 채무자와 양수인이 가압류된 유체동산을 원래 있던 장소에 그대로 두었다고 하더라도 마찬가지이다.대법원 2018. 7. 11., 선고, 2015도5403 판결).

➡ 수사실무

1. 수사포인트
   (1) 적법한 직무에 의한 봉인, 압류, 기타의 강제처분인지를 확인한다.
   (2) 표시에 대한 적법성 인식의 착오유무와 함께 동기의 고의성을 밝힌다.
   (3) 표시의 효용을 해하게 한 방법과 손실상태를 조사한다.

2. 피의자신문례
   (1) 피의자는 고소인 ○○○을 알고 있는가요
   (2) 고소인에게 돈을 빌려 사용한 일이 있는가요
   (3) 이와 관련하여 공정증서를 작성한 일이 있는가요
   (4) 법원으로부터 피의자의 유체동산에 대한 가압류집행을 당한 적이 있는가요
   (5) 언제, 누가 이러한 가압류를 하였나요
   (6) 가압류한 물건은 무엇인가요
   (7) 그 때 가압류한 물건이 이것이 맞는가요
   (8) 가압류한 물건에 집행관이 어떤 표시를 하였는가요
   (9) 이 가압류한 물건을 어떻게 하였는가요
   (10) 언제, 어디에서, 어떻게 처분하였는가요
   (11) 왜 이러한 행위를 한 것 인가요

3. 범죄사실 기재례

범죄사실기재례 ▶

(1) 피의자는 ××××. ×. ×. 14:00경 서울 용산구 이태원동 222에 있는 피의자의 집에서 서울중앙지방법원 소속 집행관 박○○가 피의자 소유의 냉장고 1대 등 20점 시가 500만원 상당을 압류하고 그 물건에 부착한 압류표시를 자기마음대로 제거함으로써 그 효용을 해하였다.

이 압류표시는 채권자 김○○(123-4567)의 집행위임을 받아 위 법원 20051234호 유체동산압류결정정본에 의하여 압류하였던 것이다.

(2) 피의자는 ××××. ×. ×. 14:00경 서울 ○○구 ○○동 123번지 피의자 집에서 서울중앙지방법원 소속 집행관 이○○이 채권자 김○○(123-4567)의 위임을 받아 공증인가 △△합동법률사무소 작성 2005증4321호 집행력 있는 정본에 의하여 피의자 소유인 프로젝션텔레비젼 등 별지와 같이 8점의 동산을 가압류하고 그 뜻을 기재한 표시를 하였다. 그리고 피의자에게 보관시킨 것을 같은 해 3. 4.경 서울 ○○구 ○○동 456번지 피의자의 동생 건외 이△△의 집으로 가압류 동산을 옮겨 은닉함으로서 가압류표시의 효용을 해하였다.

(3) 피의자는 ××××. ×. ×. △△은행에서 2년을 기한으로 1억원을 대출받아 사용하였으나 이를 변제치 못하였다. 이에 따라 위 은행에서 ○○법원에 경매신청하여, ××××. ×. ×. 건외 최○○가 이를 낙찰 받아 같은 해 ×. ×. 소유권이전과 동시에 위 최○○에게 명도되었다. 그러나 이사비용 300만원을 요구하여 이를 받지 못했다는 이유로 위 부동산 입구를 장롱 등을 쌓는 방법으로 막아 강제집행의 효용을 해하였다.

4. 적용실례

(1) 가압류 물건을 은닉한 경우

가압류해 놓은 물건을 임의로 다른 곳으로 옮겨 은닉한 경우.

➡ 강제집행면탈죄로 의율할 수도 있으나 공무상표시무효죄로 의율하는 것이 타당하다.

(2) 고소인과 합의하여 압류물건을 처분한 경우

전자제품 판매점을 경영하던 성○○는 채권자인 김○○의 고소로 전자제품 점포에 있던 상품들을 모두 압류 당했다. 그 후 김○○와 합의한 결과 물건들을 처분하기로 하고, 압류를 해제하지 않은 상태에서 위 압류물건들을 팔아서 처분해 버렸다.

➡ 고소인과 합의하에 처분한 것이라는 이유로 무혐의로 할 수는 없다. 원래 공무상표시무효죄는 압류, 가압류, 가처분 등 국가 사법작용의 침해를 방지하는 것을 목적으로 하기 때문에 적법한 압류해제절차를 거치지 않은 위 행위는 비록 압류신청인과의 합의에 의한 것이라고 해도 범죄가 성립되는 것이다.

(3) 직접점유자가 간접점유자에게 목적물의 점유를 이전한 경우

직접점유자에 대해 점유이전금지 가처분결정이 집행된 후 그 피신청인인 직접점유자가 목적물의 간접점유자에게 그 점유를 이전한 경우.

➡ 이 경우에도 역시 가처분표시의 효용을 해한 혐의를 면할 수 없다.

(4) 집행관과 채권자가 알지 못하는 사이에 압류물건을 옮긴 경우

집행관이 물건의 점유를 옮기고 압류표시를 한 다음 피고인 서○○에게 보관을 명했고, 서○○는 그 물건들을 집행관과 채권자가 알지 못하는 사이에 몰래 원래의 장소에서 좀 떨어져 있는 다른 장소로 옮겼다.

➡ 이 경우 피고인이 집행을 면탈케 하기 위해 옮긴 것이 아니라 할지라도 객관적으로 볼 때 집행을 현저히 곤란하게 한 경우에 해당하므로 본조 제1항의 "……기타 방법으로 그 효용을 해한 자"에 적용할 수 있다.

(2) 제141조 제1항 공용 전자기록 등 손상·은닉 등

> 제141조(공용서류 등의 무효, 공용물의 파괴)
> ① 공무소에서 사용하는 서류 기타 물건 또는 전자기록등
> 특수매체기록을 손상 또는 은닉하거나 기타 방법으로
> 그 효용을 해한 자는 7년 이하의 징역 또는 1천만원
> 이하의 벌금에 처한다. 〈개정 1995.12.29〉

[공무소]142 · 156 · 225 · 226 · 230 · 238, [손괴의죄]366 · 367, [군법]군
형66, 68

[공소시효]249① : 7년(1항), 10년(2항)

○ 이 죄는 공무소에서 사용하는 서류나 물건, 전자기록 등 특수매체기
록을 손상·은닉하는 등의 방법으로 그 효용을 해함으로써 성립하는
범죄이다. 이것은 원래 손괴죄의 일종으로 파악되던 범죄였으나 소유
권과는 관계없이 공무를 보호하기 위한 공무방해죄의 일종으로 구성
되어 있다는 점에서 그 특색을 찾을 수 있다.

형법상 해설

I. 이론

1. 구성요건

(1) 객관적 구성요건

1) 주체

제한이 없다.

2) 객체

이 죄의 객체는 공무소에서 사용하는 서류, 기타 물건 및 전자
기록 등의 특수매체기록이다.

① 공무소란 공무원이 직무를 집행하는 곳을 의미한다. 유형적
장소나 건조물을 의미하는 것이 아니라 제도로서의 관공서
기타 조직체를 뜻하는 것이다.

② '사용하는'이란 공무소에서 공무수행상 비치, 보관, 점유, 이

용하는 것을 의미한다.

③ 서류는 공문서나 사문서를 불문하며, 정식절차를 밟아 작성되었는지도 묻지 않는다. 아직 완성되지 않은 피의자신문조서의 경우도 공용서류무효죄의 객체라는 것이 판례이다(86도2799).

■ 관련판례 ■

　　형법 제141조 제1항이 규정한 공용서류무효죄에 있어서의 범의란 피고인에게 공무소에서 사용하는 서류라는 사실과 이를 손상 또는 은닉하거나 기타 방법으로 그 효용을 해한다는 사실의 인식이 있음으로써 족하고 경찰이 작성한 진술서가 미완성의 문서라 해서 공무소에서 사용하는 서류가 아니라고 할 수 없으며 피고인과 경찰관 사이의 공모관계의 유무나 피고인의 강제력행사의 유무가 서류의 효용을 해한다는 인식에 지장을 주는 사유가 되지도 아니한다(대법원 1987.4.14. 선고 86도2799 판결).

---

④ 기타 물건이란 서류를 제외한 일체의 물건을 의미한다.

⑤ 전자기록 등 특수매체기록이란 전자적 기록, 자기적 기록, 레이저 기술 등을 이용한 기록을 말한다.

3) 행위

이 죄의 행위는 손상·은닉 기타 방법으로 물건의 효용을 해하는 것이다.

(2) 주관적 구성요건

이 죄가 성립하려면 공무소에서 사용하는 서류 또는 물건이라는 사실과 이를 손상·은닉하는 등의 방법으로 그 효용을 해한다는 인식이 있어야 한다.

II. 판례

❶. 공문서 작성권자와 공용서류무효죄

(1) 사실관계

> 피고인 A는 교통사고에 대한 현장검증을 실시한 다음 위 현장검증을 한 결과를 토대로 "위 B 운전의 자전거가 자기 차선으로 진행하다가 사고 지점에 거의 와서 갑자기 중앙선을 넘어 위 트럭에 충격되었다"는 내용으로 작성된 현장약도를 첨부한 교통사고보고 2(실황조사서)를 피고인 C에게 제출하자, 피고인 C가 "위 도면대로 하면 피해자가 보험혜택을 받지 못하고 보험회사에서 면책을 받게되면 치료를 할 수 없으니까 피해자가 보험혜택을 받을 수 있도록 위 B의 자전거가 사고지점에서 약 8.8m 전방에 있는 공산중학교 입구에서부터 중앙선을 넘어 온 것으로 현장약도를 다시 작성하라"고 지시하여 그에 따라 위 실황조사서를 변경하였다. 그리고 피고인 C도 피고인 A가 최초로 작성한 실황조사서대로 하면 피해자가 보험처리를 받는데 불리할 것 같아서 좋은 마음에 피해자들이 보험혜택을 받을 수 있도록 좀 좋게 해 주어라고 하면서 위와 같이 그 변경을 지시했다.

(2) 판결요지

형법 제141조 제1항이 규정한 <u>공용서류무효죄는</u> 정당한 권한 없이 공무소에서 사용하는 서류의 효용을 해함으로써 성립하는 죄이므로 <u>권한 있는 자의 정당한 처분에 의한 공용서류의 파기에는 적용의 여지가 없고</u>, 또 공무원이 작성하는 공문서는 그것이 작성자의 지배를 떠나 작성자로서도 그 변경 삭제가 불가능한 단계에 이르렀다면 모르되 그렇지 않고 <u>상사가 결재하는 단계에 있어서는</u> 작성자는 결재자인 상사와 상의하여 언제든지 그 내용을 변경 또는 일부 삭제할 수 있는 것이며 그 내용을 정당하게 변경하는 경우는 물론 내용을 허위로 변경하였다 하여도 그 행위가 허위공문서작성죄에 해당할지언정 따로 형법 제141조 소정의 <u>공용서류의 효용을 해하는 행위에 해당한다고는 할 수 없다</u>(대법원 1995. 11. 10. 선고 95도1395 판결).

❷. 공용서류무효죄의 객체

공용서류무효죄에 있어서의 객체는 그것이 <u>공무소에서 사용하는 서류인 이상 공문서이거나 사문서이거나 또는 정식절차를 밟아 접수 또는 작성된 것이거나 완성된 것이거나를 묻지 않는다</u>고 할 것이므로 세무공무원이 상속세신고서 및 세무서 작성의 부과결정서 등을 임의로 반환할 경우에는 위 죄에 해당한다(대법원 1981. 8. 25. 선고 81도1830 판결).

❸ 공용서류무효죄의 객체 및 형사사건을 조사하던 경찰관이 스스로의 판단하에 자신이 보관하던 진술서를 임의로 피고인에게 넘겨준 경우 그 진술서가 공용서류에 해당하는지 여부

형법 제141조 제1항에 규정한 공용서류무효죄는 <u>공문서나 사문서를 묻지 아니하고 공무소에서 사용 중이거나 사용할 목적으로 보관하는 서류 기타 물건을 그 객체로 하므로, 형사사건을 조사하던 경찰관이 스스로의 판단에 따라 자신이 보관하던 진술서를 임의로 피고인에게 넘겨준 것이라면</u>, 위 진술서의 보관책임자인 경찰관은 장차 이를 공무소에서 사용하지 아니하고 폐기할 의도하에 처분한 것이라고 보아야 할 것이므로, 위 진술서는 더 이상 공무소에서 사용하거나 보관하는 문서가 아닌 것이 되어 <u>공용서류로서의 성질을 상실하였다고 보아야 한다</u>(대법원 1999. 2. 24. 선고 98도4350 판결).

❹ 공용서류은닉죄에 있어서 범의 및 경찰 작성의 진술조서가 미완성이고 작성자와 진술자가 서명·날인 또는 무인한 것이 아니어서 공문서로서의 효력이 없는 경우 '공무소에서 사용하는 서류'로 볼 수 있는지 여부(적극)

형법 제141조 제1항이 규정하고 있는 공용서류은닉죄에 있어서의 범의란 피고인에게 공무소에서 사용하는 서류라는 사실과 이를 은닉하는 방법으로 그 효용을 해한다는 사실의 인식이 있음으로써 족하고, 경찰이 작성한 진술조서가 미완성이고 작성자와 진술자가 서명 · 날인 또는 무인한 것이 아니어서 공문서로서의 효력이 없다고 하더라도 공무소에서 사용하는 서류가 아니라고 할 수는 없다(대법원 2006.5.25, 선고, 2003도3945, 판결).

❺ 형법 제141조 제1항의 공용서류는 정부공문서 규정에 따라 접수되고 결제된 것에 한하는지 여부

형법 제141조 제1항의 공용서류는 정부공문서규정에 따라 접수되고 결재된 것에 한하지 않는다(대법원 1971. 3. 30. 선고 71도324 판결).

❻ 공문서(전자공문서 포함)는 결재권자가 서명 등의 방법으로 결재함으로써 성립하는지 여부(적극) 및 여기서 '결재'의 의미와 결재권자의 결재가 있었는지 판단하는 기준

구 전자정부법(2010. 2. 4. 법률 제10012호로 전부 개정되기 전의 것) 제17조 제1항은 "전자공문서는 당해 문서에 대한 결재(국회규칙·대법원규칙·헌법재판소규칙·중앙선거관리위원회규칙 및 대통령령으로 정하는 전자적인 수단에 의한 결재를 말한다)가 있음으로써 성립한다."라고 규정하고 있다. 구 사무관리규정(2008. 9. 2. 대통령령 제20982호로 개정되기 전의 것, 이하 '구 사무관리규정'이라 한다) 제6조의3 제4항은 "문서관리카드는 당해 문서관리카드에 대한 결재권자의 전자문자서명 및 처리일자의 표시에 의한 결재가 있음으로써 공문서로 성립한다."라고, 제8조 제1항은 "공문서는 당해 문서에 대한 서명(전자문자서명·전자이미지서명 및 행정전자서명을 포함한다. 이하 같다)에 의한 결재가 있음으로써 성립한다."라고 규정하고 있다. 또한 구 사무관리규정이 전부 개정된 이후 그 명칭이 변경된 현행 '행정 효율과 협업 촉진에 관한 규정' 제6조 제1항은 "공문서는 결재권자가 해당 문서에 서명의 방식으로 결재함으로써 성립한다."라고 규정하고 있다.

위 규정들을 종합하여 보면, 공문서(전자공문서 포함)는 결재권자가 서명 등의 방법으로 결재함으로써 성립된다. 여기서 '결재'란 문서의 내용을 승인하여 문서로서 성립시킨다는 의사를 서명 등을 통해 외부에 표시하는 행위이다. 결재권자의 결재가 있었는지 여부는 결재권자가 서명을 하였는지뿐만 아니라 문서에 대한 결재권자의 지시 사항, 결재의 대상이 된 문서의 종류와 특성, 관련 법령의 규정 및 업무 절차 등을 종합적으로 고려하여야 한다.(대법원 2020. 12. 10., 선고, 2015도19296, 판결).

➡ 수사실무

1. 피의자 신문례

(1) 피의자는 운전하다가 차선위반으로 단속당한 일이 있나요

(2) 언제, 어디에서 단속을 당하였나요

(3) 어떠한 사항을 위반한 것인가요

(4) 단속경찰관으로부터 범칙금적발보고서를 발부 받았는가요

(5) 범칙금적발보고서에 서명 날은 하였나요

(6) 적발보고서를 찢어버렸나요

(7) 그 이유는 무엇인가요

(8) 그 범칙금적발보고서가 공용서류인지 알고 있는가요

2. 범죄사실 기재례

범죄사실기재례

(1) 피의자는 ○○운수에 소속되어 택시운전업무에 종사하고 있다.
피의자는 ××××. ×. ×. 19:00경 ○○시 ○○동 ○○로에서
"○○33녀 ××××호" 피의자의 작업택시를 운전하고 가다가
신호를 위반하여 그곳 근무자였던 교통순경 나○○에게 적발되
었다. 그리고 ○○경찰서 ○○순찰지구대에 연행되어 신호를 위
반하지 않았다며 위 순경과 시비하다가 위 순찰지구대 책상 위
에 있던 전화통과 서류함을 집어던져 깨뜨리는 등 공무소에서
사용하는 물건을 손상하여 그 효용을 해하였다.

(2) 피의자는 2000. 4. 3. 11시경 ○○앞길에서 술에 만취되어 그 곳
을 지나가는 대학생 김○○(여, 24세)에게 추태를 부리다가 순찰
중이던 ○○경찰서 ○○지구대 경사 김○○에게 적발되어 위 지
구대로 연행되었다.
피의자는 연행된 후에 위 범행에 대하여 추궁당하자 "내가 무엇을

잘못하였는데 나를 붙잡아 조사를 하느냐"면서 지구대 출입문을 발로 차 유리를 깨뜨리고 문기둥을 넘어뜨려서 공무소에서 사용하는 건조물을 파괴하였다.

3. 적용실례

(1) 방범초소의 물건을 고의로 손괴한 경우

경찰 방범초소에서 소란을 피우다가 고의로 유리창 2장과 전화기 1대를 손괴한 경우.

➡ 건조물의 유리창을 손괴했으므로 공용건조물파괴죄로 의율할 수도 있으나, 유리창 2장과 전화기 1대는 건조물의 일부일 뿐, 주요부분이 아니기 때문에 공용물건손상으로 의율하는 것이 타당하다.

(2) 경찰관이 사건관련서류를 손괴한 경우

○○경찰서에서 근무하는 경찰관 장○○는 경찰서 근처 주택에서 발생한 절도사건을 수사하던 중 피해자로부터 도둑맞았던 물건과 돈을 돌려받았으니 사건을 무마해 달라는 청탁을 받고, 이미 작성한 피해자에 대한 진술조서 등 사건관련서류를 찢고, 그 상태로 사건을 종결하였다.

➡ 경찰관 장○○에 대해서 공용서류손상죄와 직무유기죄를 함께 적용할 수 있다.

(3) 피의자가 피해자 진술조서를 찢고 사건수사를 방해한 경우

경찰서에서 조사를 받던 피의자가 자기에게는 죄가 없다고 하며 경찰관이 작성한 피해자 진술조서를 찢고, 이를 제지하는 경찰관을 신발로 때리며 어깨를 미는 등 사건수사를 방해한 경우.

➡ 이런 경우를 특수공용서류손상으로 의율한 사례도 있으나, 여기서는 피의자가 피해자 진술조서를 찢은 사실만이 인정

되어 단체 또는 다중의 위력을 보이거나 위험한 물건의 휴대를 요하는 특수공용서류손상죄의 구성요건에는 모자람이 있다. 따라서 위 피의자의 행위에 대해서는 공용서류손상죄와 공무집행방해죄를 함께 적용하는 것이 타당하다고 하겠다.

(4) 순찰지구대에서 전화기 등을 손괴한 경우

피의자가 야간에 주점에서 사람들에게 폭행을 가하고, 바로 순찰지구대로 임의동행되어 조사를 받던 중 그곳에 있는 전화기와 꽃병 등을 집어 던져 손괴한 경우.

➡ 이에 대하여 폭력행위등처벌에관한법률 위반 및 공용물건손상으로 의율할 수 있다.

(5) 공공운동장의 물건을 두들겨 파손한 경우

김○○와 조○○는 서울○○운동장에서 프로야구를 관전하다가 자신들이 응원하던 ○○팀이 패하자 함께 응원하던 이름도 모르는 다른 관중들과 함께 돌과 쇠파이프로 운동장의 유리 등을 두들겨 파손하였다.

➡ 서울○○운동장은 시에서 관리하는 공용물이므로 위 행동에 대해서는 공용물건손상죄를 적용해야 한다.

(3) 제227조의2 공무소 · 공무원의 전자기록 등 위변작

> 제227조의2(공전자기록위작·변작)
> 　사무처리를 그르치게 할 목적으로 공무원 또는 공무소의 전자기록등 특수매체기록을 위작 또는 변작한 자는 10년 이하의 징역에 처한다.

[공소시효]형소249① : 10년

○ "공무원 또는 공무소의 전자기록 등"이란 주민등록이나 자동등록의 파일 등과 같이 공무원 또는 공무소의 직무수행상 만들어지도록 되어 있거나 이미 만들어진 전자기록 등 특수매체기록을 말한다.

○ 위작이란 처음부터 허위의 전자기록을 만드는 것을 말하고 변작이란 기존의 기록을 부분적으로 고치거나 말소하여 기록의 내용을 변경하는 것을 말한다.

○ 전자기록 등을 위작한 후 이를 출력하여 별도로 공문서를 위조하면 양죄는 경합범이 된다.

형법상 해설

Ⅰ. 이론

1. 구성요건

(1) 객관적 구성요건

1) 객체

공무원 또는 공무소의 전자기록 등 특수매체기록이다.

① 전자기록이란 전자적 방식과 자기적 방식에 의하여 만들어진 기록을 의미한다.

② 특수매체기록이란 사람의 지각으로는 인식할 수 없는 방법에 의하여 만들어진 기록을 의미한다.

2) 행위

위작 또는 변작이다. 위작·변작의 개념 속에 유형위조(권한이 없는 자가 명의를 사칭하는 것) 이외에 무형위조(권한이 있는 자가 허위내용을 작성하는 것)가 포함되는가에 대해서 견해가 대립하는데, 대법원은 긍정설의 태도이다(2004도6132).

◼ 이견있는 형사사건의 법원판단 ◼

[위작·변작의 개념에 허위작성이 포함되는지 여부]
1. 문제점 : 위작·변작의 개념 속에 유형위조(권한이 없는 자가 명의를 사칭하는 것) 이외에 무형위조(권한이 있는 자가 허위내용을 작성하는 것)가 포함되는가에 대해서 견해가 대립한다.
2. 학설
(1) 긍정설 : 공문서의 경우에는 유형위조와 무형위조를 모두 처벌하므로 공전자기록의 경우에도 유형위조 이외에 무형위조도 포함하는 것으로 보아야 한다는 견해
(2) 부정설 : 문서의 위조·변조개념과의 관계에 비추어 볼 때 본죄의 위작·변작의 개념은 유형위조만을 의미한다는 견해
3. 판례 : 긍정설의 태도
권한이 없는 사람이 전자기록을 작출하거나 전자기록의 생성에 필요한 단위 정보의 입력을 하는 경우는 물론 시스템의 설치·운영 주체로부터 각자의 직무 범위에서 개개의 단위정보의 입력 권한을 부여받은 사람이 그 권한을 남용하여 허위의 정보를 입력함으로써 시스템 설치·운영 주체의 의사에 반하는 전자기록을 생성하는 경우도 형법 제227조의2에서 말하는 전자기록의 '위작'에 포함된다(대법원 2005. 6. 9. 선고 2004도6132 판결).

---

(2) 주관적 구성요건
고의 뿐만 아니라 사무처리를 그르치게 할 목적이 요구된다.

II. 판례

❶ 공전자기록등위작죄에서 '위작' 및 '허위의 정보'의 의미

형법 제227조의2에서 정하는 전자기록의 '위작'이란 전자기록에 관한 시스템을 설치·운영하는 주체와의 관계에서 전자기록의 생성에 관여할 권한이 없는 사람이 전자기록을 작출하거나 전자기록의 생성에 필요한 단위 정보의 입력을 하는 경우는 물론이고, 시스템의 설치·운영 주체로부터 각자의 직무 범위에서 개개의 단위 정보의 입력 권한을 부여받은 사람이 그 권한을 남용하여 허위의 정보를 입력함으로써 시스템 설치·운영 주체의 의사에 반하는 전자기록을 생성하는 경우도 포함한다. 이 때 '허위의 정보'라 함은 진실에 반하는 내용을 의미하는 것으로서, 관계 법령에 의하여 요구되는 자격을 갖추지 못하였음에도 불구하고 고의로 이를 갖춘 것처럼 단위 정보를 입력하였다고 하더라도 그 전제 또는 관련된 사실관계에 대한 내용에 거짓이 없다면 허위의 정보를 입력하였다고 볼 수 없다(대법원 2011.5.13. 선고, 2011도1415, 판결).

❷ 공전자기록위작죄에서의 '위작'의 의미

(1) 사실관계

○○경찰서 조사계 소속 경찰관인 피고인이 2002. 7. 31.경 위경찰서 조사계에서 사무처리를 그르칠 목적으로, 사실은 공소외 1에 대한 고소사건을 처리하지 아니하였음에도 불구하고, 조사계 소속 일용직으로서 그 정을 모르는 공소외 2를 통하여 경찰범죄정보시스템에 같은 사건을 같은 날 검찰에 송치한 것으로 허위사실을 입력하여 공무소의 전자기록인 경찰범죄정보기록을 위작한 것을 비롯하여, 그 때부터 2003. 4. 4.경까지 총 7회에 걸쳐 같은 방법으로 경찰범죄정보시스템에 허위사실을 입력하여 공무소의 전자기록인 경찰범죄정보기록을 위작하였다.

(2) 판결요지

[1] 형법 제227조의2에서 위작의 객체로 규정한 전자기록은, 그 자체로는 물적 실체를 가진 것이 아니어서 별도의 표시·출력장치를 통하지 아니하고는 보거나 읽을 수 없고, 그 생성 과정에 여러 사람의 의사나 행위가 개재됨은 물론 추가 입력한 정보가

프로그램에 의하여 자동으로 기존의 정보와 결합하여 새로운 전자기록을 작출하는 경우도 적지 않으며, 그 이용 과정을 보아도 그 자체로서 객관적·고정적 의미를 가지면서 독립적으로 쓰이는 것이 아니라 개인 또는 법인이 전자적 방식에 의한 정보의 생성·처리·저장·출력을 목적으로 구축하여 설치·운영하는 시스템에서 쓰임으로써 예정된 증명적 기능을 수행하는 것이므로, 위와 같은 시스템을 설치·운영하는 주체와의 관계에서 <u>전자기록의 생성에 관여할 권한이 없는 사람이 전자기록을 작출하거나 전자기록의 생성에 필요한 단위 정보의 입력을 하는 경우</u>는 물론 시스템의 설치·운영 주체로부터 각자의 직무 범위에서 개개의 단위정보의 입력 <u>권한을 부여받은 사람이 그 권한을 남용하여 허위의 정보를 입력함으로써 시스템 설치·운영 주체의 의사에 반하는 전자기록을 생성하는 경우</u>도 형법 제227조의2에서 말하는 <u>전자기록의 '위작'에 포함된다.</u>

[2] 경찰관이 고소사건을 처리하지 아니하였음에도 경찰범죄정보시스템에 그 사건을 검찰에 송치한 것으로 허위사실을 입력한 행위가 공전자기록위작죄에서 말하는 위작에 해당한다고 한 사례 (대법원 2005. 6. 9. 선고 2004도6132 판결).

❸ 형법 제227조의2에서 정한 전자기록의 '위작' 및 '사무처리를 그르치게 할 목적'의 의미

형법 제227조의2는 "사무처리를 그르치게 할 목적으로 공무원 또는 공무소의 전자기록 등 특수매체기록을 위작 또는 변작한 자는 10년 이하의 징역에 처한다."고 규정하고 있는데, 여기에서 정하는 전자기록의 "위작"이란 전자기록에 관한 시스템을 설치·운영하는 주체와의 관계에서 전자기록의 생성에 관여할 권한이 없는 사람이 전자기록을 작출하거나 전자기록의 생성에 필요한 단위 정보의 입력을 하는 경우는 물론이고, 시스템의 설치·운영 주체로부터 각자의 직무 범위에서 개개의 단위 정보의 입력 권한을 부여받은 사람이 그 권한을 남용하여 허위의 정보를 입력함으로써 시스템 설치·운영 주체의 의사에 반하는 전자기록을 생성하는 경우도 포함하는데, 여기서 '허위의 정보'라고 함은 진실에 반하는 내용을 의미하며, "사무처리를 그르치게 할 목적"이란 위작 또는 변작된 전자기록이 사용됨으로써 시스템을 설치·운용하는 주체의 사무처리를 잘못되게 하는 것을 말한다(대법원 2013. 11. 28., 선고, 2013도9003, 판결).

(4) 제228조 공전자기록 등 불실 기재·기록

제228조(공정증서원본등의 부실기재)
① 공무원에 대하여 허위신고를 하여 공정증서원본 또는 이와 동일한 전자기록등 특수매체에 부실의 사실을 기재 또는 기록하게 한 자는 5년 이하의 징역 또는 1천만원 이하의 벌금에 처한다
② 공무원에 대하여 허위신고를 하여 면허증, 허가증, 등록증 또는 여권에 부실의 사실을 기재하게 한 자는 3년 이하의 징역 또는 700만원 이하의 벌금에 처한다.

[외국인의국외범]5, [공정증서원본]부등 14-26, [미수범]235, [특별규정]상 625, 선박34, [공소시효] : 7년(1항), 5년(2항)

○ 이 죄는 공무원에 대하여 허위신고를 하여 공정증서원본 또는 이에 준하는 신빙성이 인정되는 공문서에 불실의 사실을 기재하게 함으로써 성립하는 범죄이다. 허위공문서작성죄에 의한 처벌의 결함을 보충하기 위한 규정이기도 하다.

형법상 해설 •

I. 이론

1. 구성요건

(1) 객관적 구성요건

1) 주체

행위의 주체는 작성권한 있는 공무원에 대하여 그 작성을 신청하는 자이다. 그 신분은 제한이 없으므로 공무원도 주체가 될 수 있지만 신청을 받은 공무원은 이 죄의 주체가 되지 못한다.

2) 객체

공정증서원본 또는 이와 동일한 전자기록 등 특수매체기록, 면허증, 허가증, 등록증, 여권이다.

① 공정증서원본

공정증서란 공무원이 직무상 작성하는 문서로 권리의무에 관한 사실을 증명하는 효력을 가진 것을 의미한다. 여기의 권리의무는 재산상의 권리의무에 한하지 않고 신분상의 그것도 포함한다. 예컨대 가족관계등록부, 부동산등기부, 상업등기부 또는 화해조서 등이 해당한다. 그러나 주민등록부나 인감대장, 토지대장 또는 가옥대장은 공정증서가 아니며(대법원 1969. 3. 25. 선고 69도163 판결, 대법원 1988. 5. 24. 선고 87도2696 판결, 대법원 1971. 8. 23. 선고 74도2715 판결), 공증인이 인증한 사서증서는 사실을 증명하는 것에 불과하여 공정증서라 할 수 없다(대법원 1984. 10.23. 선고 84도1217 판결). 공정증서원본임을 요하므로 등본·사본 또는 초본은 여기에 해당되지 않는다.

② 면허증

면허증이란 특정인에게 특정된 기능을 부여하기 위하여 공무원이 작성하는 증서를 말한다. 의사면허증, 자동차운전면허증, 수렵면허증 또는 침사(鍼師)자격증이 여기에 해당한다. 이에 반하여 단순히 일정한 자격을 표시함에 불과한 시험합격증이나 고시자격증은 면허증이 아니다.

③ 허가증

허가증이란 일정한 영업 또는 업무를 허가하였다는 사실을 증명하는 공무소의 증서를 말한다. 고물상 또는 주류판매의 영업허가증이 여기에 해당한다.

④ 등록증

등록증이란 일정한 자격을 취득한 자에게 그 활동에 상응한 권능을 부여하기 위하여 공무원 또는 공무소가 작성하는 증서를 말한다. 변호사·공인회계사·법무사 등록증이 이에 해당한다.

형법 제228조는 공무원이 아닌 자가 그 정을 모르는 공무원을 이용하여 공문서에 허위의 사실을 기재하게 하는 이른바 간접적 무형위조를 처벌하면서 모든 공문서를 객체로 하지 않고 '공정증서원본 또는 이와 동일한 전자기록 등 특수매체기록'(제1항), '면허증, 허가증, 등록증 또는 여권'(제2항)으로 그 객체를 제한하고 있는바, 그 취지는 공문서 중 일반사회생활에 있어서 특별한 신빙성을 요하는 공문서에 대한 공공의 신용을 보장하고자 하는 것이므로 위 형법 제228조 제2항의 '등록증'은 공무원이 작성한 모든 등록증을 말하는 것이 아니라, 일정한 자격이나 요건을 갖춘 자에게 그 자격이나 요건에 상응한 활동을 할 수 있는 권능 등을 인정하기 위하여 공무원이 작성한 증서를 말한다(대법원 2005. 7. 15. 선고 2003도6934 판결).

⑤ 여권

공무소가 여행자에게 발행하는 허가증을 말한다. 허위사실을 기재한 여권신청서에 의하여 여권을 발급받은 때에는 이 죄와 여권법위반죄의 상상적 경합이 된다(대법원 1974. 4. 9. 선고 73도2334 판결).

3) 행위

이 죄의 행위는 공무원에게 허위신고를 하여 불실의 사실을 기재하게 하는 것이다.

① 착수시기는 허위신고시이며, 허위신고에 의하여 공정증서원본 등에 불실의 기재가 된 때에 기수가 된다. 따라서 허위신고를 했지만 기재되지 않았을 때에는 이 죄의 미수에 해당한다. 불실의 기재를 하면 족하며 이로 인하여 실해가 발생했을 것을 요하는 것은 아니다. 사후에 기재내용이 객관적 권리관계와

일치하게 되었더라도 본 죄의 성립에는 영향이 없다.

② 만일 공무원에게 신고내용이 허위라는 것을 알리고 불실기재를 하게 했다면, 기재를 한 공무원에게는 허위공문서작성죄가 성립하고 신고인은 정황에 따라 공동정범, 교사 또는 방조행위가 성립한다.

(2) 주관적 구성요건

불실의 사실을 기재한다는 것에 대한 고의가 있어야 한다.

Ⅱ. 판례

❶ 공정증서원본 등에 기재된 사항이 부존재하거나 외관상 존재한다고 하더라도 무효에 해당하는 하자가 있는 경우, 공정증서원본불실기재죄의 성립 여부

형법 제228조 제1항의 공정증서원본불실기재죄는 특별한 신빙성이 인정되는 공문서에 대한 공공의 신용을 보장함을 보호법익으로 하는 범죄로서 공무원에 대하여 진실에 반하는 허위신고를 하여 공정증서원본 또는 이와 동일한 전자기록 등 특수매체기록에 실체관계에 부합하지 아니하는 불실의 사실을 기재 또는 등록하게 함으로써 성립하는 것이므로, <u>공정증서원본 등에 기재된 사항이 존재하지 아니하거나 외관상 존재한다고 하더라도 무효에 해당하는 하자가 있다면 그 기재는 불실기재에 해당한다</u>(대법원 : 2007. 5. 31. 선고 2007도2714판결).

❷ 공정증서원본 기재사항에 취소사유에 해당하는 하자가 있는 경우 공정증서원본불실기재죄의 성부(소극)

(1) 사실관계

> 피고인A의 시조부인 B가 그 소유인 판시 토지(이하 '이 사건 토지'라 한다)를 동생인 C에게 증여하고, C는 이를 D에게 매도하였으나 아직 그 소유권이전등기가 경료되지 아니한 상태에서 B가 사망하였는데, 피고인은 2003. 2. 28.경 B의 공동상속인들 중 위

증여 및 매도사실을 모르는 E, F, G, H, I, J, K를 기망하여 그들의 각 상속지분을 피고인에게 증여한다는 증여계약서 및 그에 기한 토지소유권이전등기신청서를 작성하게 하여 판시 등기소 등기공무원에게 제출함으로써 이 사건 토지의 등기부에 위 상속권자들의 지분 286분의 182를 피고인 앞으로 소유권이전등기가 경료되게 하여 공정증서원본에 불실의 사실을 기재하고, 그 등기부를 위 등기소에 비치하게 하여 이를 행사하였다.

(2) 판결요지

[1] 공정증서원본불실기재죄는 공무원에 대하여 허위신고를 함으로써 공정증서원본에 불실의 사실을 기재하게 하는 경우에 성립하는바, 공정증서원본에 기재된 사항이 부존재하거나 외관상 존재한다고 하더라도 무효에 해당되는 하자가 있다면 그 기재는 불실기재에 해당하는 것이나, 기재된 사항이나 그 원인된 법률행위가 객관적으로 존재하고 다만 거기에 취소사유인 하자가 있을 뿐인 경우 취소되기 전에 공정증서원본에 기재된 이상 그 기재는 공정증서원본의 불실기재에 해당하지는 않는다(대법원 1993. 9. 10. 선고 93도698 판결, 1996. 6. 11. 선고 96도233 판결, 1997. 1. 24 선고 95도448 판결 등 참조).

[2] 상속권자들의 지분 286분의 182에 관한 피고인 명의의 소유권이전등기의 원인행위인 증여계약은 객관적으로 존재하는 것이므로, 설사 거기에 취소사유에 해당되는 위와 같은 기망이라는 하자가 있다고 하더라도 이를 이유로 그 증여계약이 취소되지 아니한 이상 피고인이 등기공무원에게 허위의 사실을 신고하여 등기부에 불실의 사실을 기재하게 한 것이라고 할 수 없다(대법원 2004. 9. 24. 선고 2004도4012 판결).

❸ 집행수락부 약속어음 공정증서가 공정증서 원본에 해당하는지 여부

피고인이 위조하여 작성된 집행수락부 약속어음 공정증서는 형법 제228조 제1항에서 정하는 공정증서의 원본에 해당한다(대법원 2003. 3. 28. 선고 2002도3954판결, 2003. 7. 25. 선고 2005도638 판결 등 참조).

❹ 형법 제228조 제2항에 정한 '등록증'의 의미

형법 제228조는 공무원이 아닌 자가 그 정을 모르는 공무원을 이용하여 공문서에 허위의 사실을 기재하게 하는 이른바 간접적 무형위조를 처벌하면서 모든 공문서를 객체로 하지 않고 '공정증서원본 또는 이와 동일한 전자기록 등 특수매체기록'(제1항), '면허증, 허가증, 등록증 또는 여권'(제2항)으로 그 객체를 제한하고 있는바, 그 취지는 공문서 중 일반사회생활에 있어서 특별한 신빙성을 요하는 공문서에 대한 공공의 신용을 보장하고자 하는 것이므로 위 형법 제228조 제2항의 '등록증'은 공무원이 작성한 모든 등록증을 말하는 것이 아니라, 일정한 자격이나 요건을 갖춘 자에게 그 자격이나 요건에 상응한 활동을 할 수 있는 권능 등을 인정하기 위하여 공무원이 작성한 증서를 말한다(대법원 2005. 7. 15. 선고 2003도6934 판결).

❺ 소유권이전등기나 보존등기에 절차상 하자가 있거나 등기원인이 실제와 다르다 하더라도 그 등기가 실체적 권리관계에 부합하는 유효한 등기인 경우, 공정증서원본불실기재 및 동행사죄의 성립 여부(소극) 및 위와 같은 죄로 공소가 제기된 경우, 당해 등기가 실체적 권리관계에 부합하는 유효한 등기라는 주장의 소송상 의미

부동산에 관하여 경료된 소유권이전등기나 보존등기가 절차상 하자가 있거나 등기원인이 실제와 다르다 하더라도 그 등기가 실체적 권리관계에 부합하는 유효한 등기인 경우에는 공정증서원본불실기재, 동행사죄의 구성요건 해당성이 없게 되고, 그와 같은 죄로 공소가 제기된 경우 피고인이 당해 등기가 실체적 권리관계에 부합하는 유효한 등기라고 주장하는 것은 공소사실에 대한 적극부인에 해당한다(대법원 2000. 3. 24. 선고 98도105 판결).

❻ 정관에 정한 절차에 따라 대표이사의 해임을 결의하고 이를 등기부에 등재함에 있어 법무사의 조언에 따라 등기사유를 달리 하여 퇴임으로 변경등기한 것에 공정증서원본불실기재의 범의가 없다고 본 원심판결을 수긍한 사례
정관에 정한 절차에 따라 임시주주총회를 개최하여 당시 임기가 만료되지 아니한 대표이사의 해임을 결의하고, 정관해석에 관하여 "전임자의 잔임기간 경과로 대표이사의 임기가 만료되었으니 해임등기보다 임기만

료로 인한 퇴임등기를 하는 편이 낫다"는 법무사의 조언에 따라 그와 같은 내용의 임시주주총회의 회록을 작성하여 등기부상 퇴임사유를 임기 만료로 인한 퇴임으로 변경등기한 것에 공정증서원본불실기재의 범의가 없다고 본 원심판결을 수긍한 사례(대법원 1994. 11. 4. 선고 93도1033 판결).

❼ 형법 제228조에서 말하는 공정증서의 의의

형법 제228조에서 말하는 공정증서란 권리의무에 관한 공정증서만을 가르키는 것이고 사실증명에 관한 것은 이에 포함되지 아니하므로 권리 의무에 변동을 주는 효력이 없는 토지대장은 위에서 말하는 공정증서에 해당하지 아니한다(대법원 1988.5.24. 선고 87도2696 판결).

❽ 신주발행이 판결로써 무효로 확정되기 이전에 그 신주발행사실을 담 당 공무원에게 신고하여 법인등기부에 기재하게 한 경우, 공정증서 원본불실기재죄에 해당하는지 여부(소극)

주식회사의 신주발행의 경우 신주발행에 법률상 무효사유가 존재한다고 하더라도 그 무효는 신주발행무효의 소에 의해서만 주장할 수 있고, 신 주발행무효의 판결이 확정되더라도 그 판결은 장래에 대하여만 효력이 있으므로(상법 제429조, 제431조 제1항), 그 신주발행이 판결로써 무 효로 확정되기 이전에 그 신주발행사실을 담당 공무원에게 신고하여 공 정증서인 법인등기부에 기재하게 하였다고 하여 그 행위가 공무원에 대 하여 허위신고를 한 것이라거나 그 기재가 불실기재에 해당하는 것이라 고 할 수는 없다(대법원 2007.5.31. 선고 2006도8488 판결).

❾ 공정증서원본불실기재죄 또는 공전자기록등불실기재죄에서 '부실(不實)의 사실'의 의미

형법 제228조 제1항이 규정하는 공정증서원본불실기재죄나 공전자기록등 불실기재죄는 특별한 신빙성이 인정되는 권리의무에 관한 공문서에 대한 공공의 신용을 보장함을 보호법익으로 하는 범죄로서 공무원에 대하여 진 실에 반하는 허위신고를 하여 공정증서원본 또는 이와 동일한 전자기록 등 특수매체기록에 그 증명하는 사항에 관하여 실체관계에 부합하지 아니하는 '부실(不實)의 사실'을 기재 또는 기록하게 함으로써 성립하므로, 여기 서 '부실의 사실'이란 권리의무관계에 중요한 의미를 갖는 사항이 객관 적인 진실에 반하는 것을 말한다(대법원 2013.1.24, 선고, 2012도12363, 판결).

❿ 민사조정법상의 조정절차에서 작성되는 '조정조서'가 공정증서원본 불실기재죄의 객체인 '공정증서원본'에 해당하는지 여부(소극)

형법 제228조 제1항이 규정하는 공정증서원본 불실기재죄는 공무원에 대하여 진실에 반하는 허위신고를 하여 공정증서원본에 그 증명하는 사항에 관하여 실체관계에 부합하지 아니하는 불실의 사실을 기재하게 함으로써 성립하는 범죄로서, 위 죄의 객체인 공정증서원본은 그 성질상 허위신고에 의해 불실한 사실이 그대로 기재될 수 있는 공문서이어야 한다고 할 것인바, 민사조정법상 조정신청에 의한 조정제도는 원칙적으로 조정신청인의 신청 취지에 구애됨이 없이 조정담당판사 등이 제반 사정을 고려하여 당사자들에게 상호 양보하여 합의하도록 권유·주선함으로써 화해에 이르게 하는 제도인 점에 비추어, 그 조정절차에서 작성되는 조정조서는 그 성질상 허위신고에 의해 불실한 사실이 그대로 기재될 수 있는 공문서로 볼 수 없어 공정증서원본에 해당하는 것으로 볼 수 없다(대법원 2010.6.10, 선고, 2010도3232, 판결).

⓫ 매매계약에 따른 잔금을 모두 지급하기 전에 소유권이전등기신청을 위임받은 법무사를 기망하여 소유권이전등기를 경료한 경우 공정증서원본불실기재죄의 성부(소극)

(1) 사실관계

피고인이 1994. 2. 14. 15 : 00경 경기 용인군 기흥읍 신갈리 71의 8 심재은 법무사 사무실에서 서○○과 동인 소유의 같은 읍 서천리 63 전 988㎡를 매매대금 63,000,000원에 매매계약을 체결하고, 즉석에서 계약금으로 10,000,000원, 1994. 2. 17. 중도금으로 30,000,000원을 각 교부하고, 1994. 3. 21. 11 : 00경 위 법무사 사무실에서 잔금 중 10,000,000원을 교부하고, 나머지 잔금 13,000,000원에 대하여는 위 서○○이 부동산소유권이전등기에 필요한 서류 일체를 위 심○○ 법무사에게 맡겨 놓고 위 잔금을 지불한 후에 위 서류들을 찾아서 피고인 앞으로 소유권이전등기를 마치도록 하였음에도, 1994. 3. 22. 10 : 00경 위 심○○에 대하여 위 서○○에게 위 잔금을 모두 지불하였다고 거짓말하

여 그 무렵 위 심○○으로 하여금 수원지방법원 용인등기소에서
성명불상 등기공무원에게 위 등기서류들을 제출하게 하여 피고인
앞으로 소유권이전등기를 경료케 하였다.

(2) 판결요지

피고인과 매도인과의 사이에 매매계약이 이루어졌고 그 계약금과 대부분
의 중도금이 지급되었으며 매도인이 법무사에게 소유권이전등기에 필요
한 서류 일체를 맡기고 나중에 잔금지급이 되면 그 등기신청을 하도록
위임하였는데, 피고인이 법무사를 기망하였고 그가 피고인에게 기망당하
여 잔금이 모두 지급된 것으로 잘못 알고 등기신청을 하여 그 소유권이
전등기를 경료한 것이라면 위 법무사의 등기신청 행위에 하자가 있다고
할 수는 있으나(위 신청이 무효라고는 할 수 없다), 위 소유권이전등기
의 원인이 되는 법률관계인 매매 내지는 물권적 합의가 객관적으로 존재
하지 아니하는 것이라고는 할 수 없으니, 피고인이 위 법무사를 통하여
등기공무원에게 허위의 사실을 신고하여 등기부에 불실의 사실을 기재하
게 한 것이라고는 할 수 없다(대법원 1996. 6. 11. 선고 96도233 판결).

❷ 토지거래 허가구역 안의 토지에 관하여 실제로는 매매계약을 체결하
고서도 처음부터 토지거래허가를 잠탈하려는 목적으로 등기원인을
'증여'로 하여 소유권이전등기를 경료한 경우, 공정증서원본불실기재
죄에 해당한다고 한 사례

토지거래 허가구역 안의 토지에 관하여 실제로는 매매계약을 체결하
고서도 처음부터 토지거래허가를 잠탈하려는 목적으로 등기원인을 '증
여'로 하여 소유권이전등기를 경료한 경우, 비록 매도인과 매수인 사
이에 실제의 원인과 달리 '증여'를 원인으로 한 소유권이전등기를 경
료할 의사의 합치가 있더라도, 허위신고를 하여 공정증서원본에 불실의
사실을 기재하게 한 때에 해당한다고 한 사례(대법원 2007.11.30. 선고
2005도9922 판결).

❸ 1인회사에서 1인주주가 임원의 의사에 기하지 아니하고 "사임서"를
작성하거나 이에 기한 등기부의 기재를 한 경우, 사문서위조죄 및

공정증서원본불실기재죄의 성부(적극)

이른바 1인회사에 있어서 1인주주의 의사는 바로 주주총회나 이사회의 의사와 같은 것이어서 가사 주주총회나 이사회의 결의나 그에 의한 임원변경등기가 불법하게 되었다 하더라도 그것이 1인주주의 의사에 합치되는 이상 이를 가리켜 의사록을 위조하거나 불실의 등기를 한 것이라고는 볼 수 없다 하겠으나 한편 임원의 사임서나 이에 따른 이사사임 등기는 위와 같은 주주총회나 이사회의 결의 또는 1인주주의 의사와는 무관하고 오로지 당해 임원의 의사에 따라야 하는 것이므로 <u>당해 임원의 의사에 기하지 아니한 사임서의 작성이나 이에 기한 등기부의 기재를 하였다면 이는 사문서위조 및 공정증서원본불실기재의 죄책</u>을 면할 수 없다(대법원 1992.9.14. 선고 92도1564 판결).

❹ 1인주주회사에 있어서 1인주주가 이사를 상법 소정의 형식적 절차를 거치지 않고 "해임"하였다는 내용을 법인등기부에 기재케 한 경우 공정증서원본불실기재죄의 성부

1인주주회사에 있어서는 그 1인주주의 의사가 바로 주주총회 및 이사회의 결의로서 1인주주는 타인을 이사 등으로 선임하였다 하더라도 언제든지 해임할 수 있으므로, <u>1인주주인 피고인이 특정인과의 합의가 없이 주주총회의 소집 등 상법 소정의 형식적인 절차도 거치지 않고 특정인을 이사의 지위에서 해임하였다는 내용을 법인등기부에 기재하게 하였다고 하더라도 공정증서원본에 불실의 사항을 기재케 한 것이라고 할 수는 없다</u>(대법원 1996. 6. 11. 선고 95도2817 판결).

❺ 사문서위조죄나 공정증서원본불실기재죄가 성립한 후 피해자의 동의 또는 추인이 있는 경우, 이미 성립한 범죄에 영향이 있는지 여부(소극)

<u>사문서위조나 공정증서원본 불실기재가 성립한 후, 사후에 피해자의 동의 또는 추인 등의 사정으로 문서에 기재된 대로 효과의 승인을 받거나, 등기가 실체적 권리관계에 부합하게 되었다 하더라도, 이미 성립한 범죄에는 아무런 영향이 없다</u>(대법원 1999. 5. 14. 선고 99도202 판결).

⓰ 공정증서원본 불실기재죄 또는 공전자기록 등 불실기재죄에서 '불실의 사실'의 의미

　　형법 제228조 제1항이 규정하는 공정증서원본 불실기재죄나 공전자기록 등 불실기재죄는 특별한 신빙성이 인정되는 권리의무에 관한 공문서에 대한 공공의 신용을 보장함을 보호법익으로 하는 범죄로서 공무원에 대하여 진실에 반하는 허위신고를 하여 공정증서원본 또는 이와 동일한 전자기록 등 특수매체기록에 그 증명하는 사항에 관하여 실체관계에 부합하지 아니하는 '불실의 사실'을 기재 또는 기록하게 함으로써 성립하고, 여기서 '불실의 사실'이라 함은 권리의무관계에 중요한 의미를 갖는 사항이 객관적인 진실에 반하는 것을 말한다(대법원 2013. 1. 24. 선고 2012도12363 판결 참조). 따라서 피고인 소유의 자동차를 타인에게 명의신탁 하기 위한 것이거나 이른바 권리 이전 과정이 생략된 중간생략의 소유권 이전등록이라도 그러한 소유권 이전등록이 실체적 권리관계에 부합하는 유효한 등록이라면 이를 불실의 사실을 기록하게 하였다고 할 수 없다.(대법원 2020. 11. 5., 선고, 2019도12042 판결).

➡ 수사실무

1. 수사포인트

　(1) 허위신고의 방법과 내용을 밝혀둔다.

　　→ 신고서를 압수하고, 불실기재된 공문서원본의 본을 마련한다.

　(2) 행사할 때 진정한 문서로 믿게 하려고 한 고의가 있었는가를 명백히 한다.

　(3) 그 행사로 인해 실제로 피해가 있었는가를 조사한다.

2. 범죄사실 기재례

범죄사실기재례 -

　(1) 피의자는 ○○시 ○○동 ○○번지에 사는 김○○(××세)에게 두차례에 걸쳐 청혼하였으나 거절당했다. 그러자 그녀 몰래 혼인신고를 하

기로 계획하고, 행사할 목적으로 피의자의 본적지인 ○○구청 ○○계에서 ××××. ×. ×. 10:00경 위 김○○와 혼인한 것처럼 혼인신고서의 각란을 마음대로 기재한 다음 미리 김○○라고 새겨놓은 도장을 찍어 위 김○○ 명의의 혼인신고서 1통을 위조하였다. 그리고 즉시 그곳에서 앞서 발급받아 가지고 있던 그녀의 가족관계증명서를 붙여서 그 정을 모르는 위 ○○구청 ○○계 직원 이○○에게 위 허위의 혼인신고서를 제출하여 행사하고, 위 직원으로 하여금 가족관계등록부원본에 위 허위의 혼인신고서 내용을 불실기재하게 하고 이를 같은 구청 ○○계 내에 비치하게 하여 행사하였다.

(2) 피의자는 피의자의 부친 김○○ 소유의 부동산을 임의로 처분하는데 사용할 목적으로 ××××. ×. ×. 경 ○○동 소재 법무사 조○○사무소에서 위 김○○을 대리하여 그 소유의 부동산을 처분할 권한이 있는 것처럼 가장 하였다. 그리고 그 정을 모르는 위 조○○로 하여금 등기신청에 관한 행위를 위임한다는 취지가 인쇄된 위임장과 매도증서 용지의 "부동산표시란에 ○○동 소재 전 2,000평방미터, 등기목적 소유권이전 매도인 ○○시 ○○동 123번지 김○○, 매수인 △△시 △△동 456번지 이○○"이라고 검정색 볼펜을 기재한 후 피의자가 미리 절취하여 가지고 있던 위 김○○의 인장을 그 이름 옆에 함부로 각 날인하여 권리의무에 관한 사문서인 위 김○○ 명의의 위임장 및 매도증서 각 1통을 위조하였다.

피의자는 같은 달 ○. 11:00경 ○○동 소재 ○○등기소에서 그 정을 모르는 위 김○○으로 하여금 위와 같이 위조한 위임장, 매도증서를 성명을 모르는 등기공무원에게 제출하게 하여 이를 행사하였다.

피의자는 같은 달 ○. 11:00경 ○○동 소재 ○○등기소에서 시장소에서 위와 같이 허위사실을 신고하여 그 정을 모르는 등기공무원으로 하여금 등기부원본에 위 부동산에 대하여 이○○ 앞으로 매매를 원인으로 한 소유권이전등기를 경료하게 함으로써 공정증서원본에 불실의 사실을 기재하게 하고, 이를 즉시 그곳에 비치하게 하여 행사하였다.

3. 적용실례

(1) 사망자 명의로 소유권이전등기를 기재한 경우

부동산등기부에 사망한 사람 명의로 소유권이전등기의 사유를 기재하도록 한 경우.

➡ 사망한 사람은 권리의무의 주체가 될 수 없고 따라서 사망자 앞으로 소유권이전등기를 하는 것은 실체관계에 부합하는 유효한 등기로 볼 수 없으므로 위 행위는 공정증서원본불실기재죄를 구성한다.

(2) 국유지를 자신의 명의로 이전했을 경우

장○○는 국유지로서 누구에게도 농지분배된 사실이 없는 토지를 부정한 방법으로 김○○이 분배받은 것같이 하여 소유권이전등기를 거친 후 그 부정을 은폐할 목적으로 자기 명의로 등기하였다.

➡ 위 등기가 비록 김○○의 의사에 따른 것이라 하더라도 김○○은 이 토지의 소유권자가 아니고 동인 명의의 등기는 원인무효의 등기이며 그러한 정을 알면서 장○○ 명의로 이전등기를 한 것이므로 그의 행위는 본조의 죄에 해당한다.

(3) 위장혼인을 하여 혼인신고한 경우

해외이주의 목적으로 위장혼인을 하고 혼인신고를 하여 그 사실이 가족관계등록부에 기재되었다면.

➡ 공정증서원본불실기재죄를 구성한다.

(4) 허위의 보증서를 작성하여 제출한 경우

허○○는 허위의 보증서를 작성하여 ○○지방법원 ○○등기소에 제출. 담당공무원으로 하여금 이를 믿게 하고 그 명의로 소유권이전등기를 하게 하였다. 허○○의 죄책은?

➡ 사기죄 외에 공정증서원본불실기재, 불실기재공정증서원본행사죄로도 의율해야 한다.

(5) 남의 주민등록증 사진을 떼어 여권을 발급받은 경우
   박○○와 문○○가 공모하여 여○○의 주민등록증에 붙은 그의
   사진을 떼어내고 문○○의 사진을 붙여 문○○가 마치 피해자인
   것처럼 가장하고 여권을 발급받은 경우.
   ➡ ① 주민등록증에 붙은 사진을 떼어내고 다른 사람의 사진을
        붙이는 것은 중요부분의 변경에 해당되어 공문서위조죄로
        의율해야 하고,
     ② 여권에 불실의 사실을 기재하는 것은 여권불실기재에 해당
        하고 공정증서원본불실기재로 의율하지 말아야 한다.

(6) 일부를 매수하고 전부를 매수한 것처럼 소유권이전등기를 한 경우
   임○○는 대지 200평중 120평만 매수했으면서 전부(200평)를 매
   수한 것처럼 소유권이전등기를 마치고 등기부에 등재하여 등기소
   에 비치하도록 하였다.
   ➡ 공정증서원본불실기재죄와 함께 동 행사죄를 의율해야 하며,
     양죄는 실체적 경합(형법 제37·38조)이 된다.

(7) 건물관계서류를 위조한 경우
   피의자가 자기 소유의 건물을 관계서류를 위조하여 피의자 소유
   명의로 등기를 경료한 경우.
   ➡ 위 경우에 대해 사기죄로 의율할 수도 있으나, 등기사무원에
     게는 부동산의 소유권에 대한 처분권한이 없으므로 기망에 의
     한 처분행위가 있어야 하는 사기죄의 구성요건에 해당하지 않
     고 위 행위는 공정증서원본불실기재 불실기재공정증서원본행
     사죄와 구성요건에 해당하므로 공정증서원본불실기재죄 및 불
     실기재공정증서원본행사죄로 의율해야 한다.

● **수사사례**

- 등기부에 허위 근저당 설정 등기부에 허위의 근저당을 설정하여 등기부를 비치케 하였다면 공정증서원본부실기재와 불실기재 공정증서원본 행사 성립.

- 허위의 보증서 작성 제출 허위의 보증서를 작성하여 등기소에 제출하여 이를 받은 담당공무원이 피의자명의로 소유권이전등 기케 하였다면 사기죄, 공정증서원본불실기재, 동행사죄가 성립.

- 여권허위 발급 여권발급신청서류에 허위사실을 기재하여 허위내용의 상용여권을 발급받은 경우 여권불실 기재가 성립.

- 허위신고 사업자등록증 교부 주민등록증을 위조하여 자신의 신분을 허위로 대고 그 정을 모르는 공무원으로부터 사업자 등록증을 발부받았다면 공정증서원본불실기재죄에 해당.

- 허위혼인신고 피해자 모르게 혼인신고서류를 위조한 다음 일방적으로 혼인신고를 한 경우 사문서위조 및 위조사 문서행사, 공정증서원본불실기재, 불실공정증서원본 행사등에 해당

- 허위사망신고 타인 명의의 인감증명서를 위조하여 이를 사망신고서에 첨부하여 그 정을 모르는 호적계원 에게 제출하여 동인으로 하여금 호적부에 허위의 사실을 기재하여 비치하게 한 경우 사문 서위조, 위조사 문서행사, 공정증서원본불실기재, 불실공정증서원본행사죄 성립

(5) 제229조 위변작 등 공전자기록 행사

> 제229조(위조등 공문서의 행사)
> 제225조 내지 제228조의 죄에 의하여 만들어진 문서, 도화, 전자기록등 특수매체기록, 공정증서원본, 면허증, 허가증, 등록증 또는 여권을 행사한 자는 그 각 죄에 정한 형에 처한다.

[미수범]235, [외국인의국외범]5, [공소시효] : 10년

○ 위·변조한 공문서를 행사한 경우 → 가항 공문서위조 나항 위조공문서행사죄 등에 대한 경합범으로 항목을 반드시 나누어 줄 것. 그외 공문서를 위조하고 나서 이를 행사하여 금원을 사취했다면 다항 사기죄로 의율함.

형법상 해설 ●

Ⅰ. 이론

1. 구성요건

(1) 객관적 구성요건

1) 주체

제한이 없다.

2) 객체

공문서 위조·변조죄(제225조), 자격모용에 의한 공문서 작성죄(제226조), 허위공문서 작성죄(제227조), 공전자기록 위작·변작죄(제227조의2), 공정증서원본 부실기재죄(제228조)에 의하여 만들어진 문서, 도화, 전자기록 등 특수매체기록, 공정증서원본, 면허증, 허가증, 등록증 또는 여권이다.

3) 행위

행사하는 것이다.

① 위조·변조·허위작성·불실기재된 문서, 도화, 공정증서원본 등을 진정한 문서 또는 내용이 진실한 문서인 것처럼 사용하는 것을 말한다.

② 행사는 상대방에게 제시, 교부하거나 일정한 장소에 비치하는 등의 방법으로 그 내용을 인식하거나 인식할 수 있는 상태에 두는 것으로도 충분하다(예컨대, 등기부는 등기소에 비치, 영업허가증은 가게 내에 걸어두고 영업한 것으로 기수가 된다).

③ 타인의 청탁에 따라 허위문서를 작성교부한 자는 그 문서가 행사된 경우 행사죄의 죄책도 함께 부담한다(판례).

④ 위조문서인 사실을 알고 있는 위조문서의 공범자나 대리인 또는 사용자에게 위조문서를 교부한 행위는 행사죄가 되지 않는다(판례). 수사기관에 제출하는 것도 행사가 된다.

(2) 주관적 구성요건

고의가 있어야 한다.

Ⅱ. 판례

❶ 발행인과 수취인이 통모하여 진정한 어음채무 부담이나 어음채권 취득 의사 없이 단지 발행인의 채권자에게서 채권 추심이나 강제집행을 받는 것을 회피하기 위하여 형식적으로만 약속어음의 발행을 가장한 후 공증인에게 마치 진정한 어음발행행위가 있는 것처럼 허위로 신고하여 어음공정증서원본을 작성·비치하게 한 경우, 공정증서원본불실기재 및 동행사죄가 성립하는지 여부(적극)

형법 제228조 제1항의 공정증서원본불실기재죄는 공무원에 대하여 진실에 반하는 허위신고를 하여 공정증서원본 또는 이와 동일한 전자기록 등 특수매체기록에 실체관계에 부합하지 않는 불실의 사실을 기재 또는 기록하게 함으로써 성립한다. 그런데 발행인과 수취인이 통모하여 진정한 어음채무 부담이나 어음채권 취득에 관한 의사 없이 단지 발행인의 채권자에게서 채권 추심이나 강제집행을 받는 것을 회피하기 위하여 형식적으로만 약속어음의 발행을 가장한 경우 이러한 어음발행행위는 통정허위표시로서 무효이므로, 이와 같이 발행인과 수취인 사이에 통정허위표시로서 무효인 어음발행행위를 공증인에게는 마치 진정한 어음발행행위가 있는 것처럼 허위로 신고함으로써 공증인으로 하여금 어음발행행위에 대하여 집행력 있는 어음공정증서원본을 작성케 하고 이를 비치하게 하였다면, 이러한 행위는 공정증서원본불실기재 및 불실기재공정증서원본행사죄에 해당한다고 보아야 한다(대법원 2012.4.26. 선고, 2009도5786, 판결).

❷ 적법하게 취득된 토지인 것으로 알고 실체관계에 부합하게 하기 위하여 소유권보존등기를 경료한 경우 공정증서원본부실기재 및 동 행사죄가 성립하지 않는다고 한 사례

피고인이 자신의 부친이 적법하게 취득한 토지인 것으로 알고 실체관계에 부합하게 하기 위하여 소유권보존등기를 경료한 경우 등기 당시 불실기재의 점에 대한 고의 내지는 인식이 없었다고 보아 공정증서원본불실기재 및 동 행사죄가 성립하지 않는다(대법원 1996. 4. 26. 선고 95도2468 판결).

❸ 피고인이 등기사항전부증명서의 열람 일시를 삭제하여 복사한 행위는 등기사항전부증명서가 나타내는 권리·사실관계와 다른 새로운 증명력을 가진 문서를 만든 것에 해당하고 그로 인하여 공공적 신용을 해할 위험성도 발생하였다고 한 사례

피고인이 인터넷을 통하여 열람·출력한 등기사항전부증명서 하단의 열람 일시 부분을 수정 테이프로 지우고 복사해 두었다가 이를 타인에게 교부하여 공문서변조 및 변조공문서행사로 기소된 사안에서, 등기사항전부증명서의 열람 일시는 등기부상 권리관계의 기준 일시를 나타내는 역할을 하는 것으로서 권리관계나 사실관계의 증명에서 중요한 부분에 해당하고, 열람 일시의 기재가 있어 그 일시를 기준으로 한 부동산의 권리관계를 증명하는 등기사항전부증명서와 열람 일시의 기재가 없어 부동산의 권리관

계를 증명하는 기준 시점이 표시되지 않은 등기사항전부증명서 사이에는
증명하는 사실이나 증명력에 분명한 차이가 있는 점, 법률가나 관련 분야
의 전문가가 아닌 평균인 수준의 사리분별력을 갖는 일반인의 관점에서
볼 때 그 등기사항전부증명서가 조금만 주의를 기울여 살펴보기만 해도
그 열람 일시가 삭제된 것임을 쉽게 알아볼 수 있을 정도로 공문서로서의
형식과 외관을 갖추지 못했다고 보기 어려운 점을 종합하면, 피고인이 등
기사항전부증명서의 열람 일시를 삭제하여 복사한 행위는 등기사항전부증
명서가 나타내는 권리·사실관계와 다른 새로운 증명력을 가진 문서를 만
든 것에 해당하고 그로 인하여 공공적 신용을 해할 위험성도 발생하였다
는 이유로, 이와 달리 본 원심판결에 공문서변조에 관한 법리오해의 잘못
이 있다고 한 사례(대법원 2021. 2. 25., 선고, 2018도19043 판결).

⊡ 수사실무

1. 범죄사실 기재례

범죄사실기재례 -

(1) 피의자는 행사할 목적으로, ××××. ×. ×.경 ○○시 ○○동
○○번지에 있는 피의자의 집에서 ××××. ×. ×.자 ○○시
○○동장이 발행한 ○○시 ○○동 ○○번지에 사는 공○○의 인
감증명서 1통의 발행일자란에 기재되어 있는 "1"을 펜을 사용하
여 "4"자로 고쳐 썼다. 그리고 위 ○○시 ○○동장의 작성명의
인 공문서를 변조하고, 그 다음날 ○○주식회사 사무실에서 신
○○으로 하여금 그것이 진정하게 성립된 인감증명서인 것처럼
속여 이를 믿게 하고 그에게 교부하여 행사하였다.

(2) 피의자는 ××××. ×. ×. 서울시 ○○동 123번지에 있는 피의
자의 집에서, 행사할 목적으로 권한없이 컴퓨터를 이용하여 백

지위에 '지방세 세목별과세증명서, 납세자 이○○ 660000-1111111, 과세물건 △△동 123-4, 234-5, ××/2 정기분 재산세 65,000원 등 계 87,500원, ××××. ×. ×. 신청인 이○○'이라는 위지의 내용을 인쇄하였다. 그리고 그 위에 임의로 조각하여 소지하고 있던 '위와 같이 증명합니다. ××××. ×. ×. ○○시장'이라는 고무명판과 ○○시장의 직인을 날인하여, 사실증명에 관한 공문서인 ○○시장 명의의 지방세 세목별과세증명서 1부를 위조하였다.

피의자는 같은 날 ○○동 소재 ○○은행 ○○지점에서, 그 정을 모르는 위 지점 최○○에게 위와 같이 위조된 지방세세목별과세증명서를 마치 진정하게 성립된 것처럼 대출용 재산증빙서류로 제출하여 이를 행사하였다.

(3) 피의자는 ××××. ×. ×. ○○시 ○○동 123 피의자의 집에서, 행사할 목적으로 권한없이 검정색 볼펜을 사용하여 ○○시장으로부터 발급받은 건외 김○○소유의 ○○시 ○○동 456 소재 임야 10,000평방미터에 대한 토지가격확인원의 평방미터당 토지가격란의 '3,000원'을 '13,000원'으로 고쳐 ○○시장 명의의 공문서인 토지가격확인원 1매를 변조하였다.

피의자는 같은 달 ×.경 ○○동 소재 ○○세마을금고에서 위 금고 이사장인 건외 최○○에게 위와 같이 변조된 토지가격확인원을 마치 진정하게 성입된 것처럼 대출용 재산증빙서류로 제출하여 이를 행사하였다. 그리하여 이에 속은 위 금고로 하여금 즉석에서 위 임야에 대하여 채권최고금액 금 100,000,000원의 근저당권을 설정하게하고 금 80,000,000원을 대출받아 이를 편취하였다.

(4) 피의자는 ××××. ×. ×. ○○시 ○○동 123 피의자의 집에서, 행사할 목적으로 권한없이 백지와 복사기를 이용하여 ○○법원 등

기과에서 발급받은 등기부등본 갑구(소유권)란의 "3. 소유권이전청
구권가등기, 접수 ××××년 ×월 ×일, 제12345호, 원인
××××년 ×월 ×일 매매계약, 권리자 김○○, 650000-1111111,
○○시 ○○동 345"로된 기재사항을 가리고 복사하였다. 그리고
그 사본을 위 등기부등본 중간에 삽입하여 마치 위 부동산에 대하
여 위 김○○ 명의로 소유권이전청구권가등기가 경료되지 않은 것
처럼, 권리의무에 관한 공문서인 위 법원등기과 등기공무원 최○○
명의의 부동산등기부등본 1통을 위조하였다.
피의자는 같은 달 ×.경 △△대출사무실에서 그 정을 모르는 홍
○○에게 위와 같이 위조된 등기부등본을 마치 진정하게 성립된
것처럼 대출용 담보서류로 제출하여 이를 행사하고, 이에 속은
위 회사로부터 3,000만원을 교부받아 이를 편취하였다.

2. 적용실례
  (1) 불실기재한 등기부를 등기소에 비치하여 행사한 경우
      허위등기신청자가 불실의 사실을 기재한 등기부를 등기관이 법원
      과 등기소에 비치하여 행사한 경우.

      ➡ 허위등기신청자가 등기관의 직무상 당연히 할 행위를 이용하여 간
        접으로 이를 실행한 것으로 보여지고 자기가 직접 그 행위에 관여
        하지 않았다 하더라도 위 행위로 불실기재의 등기부를 행사한 등
        기관은 그에 대한 형사상의 책임을 면할 수 없다 할 것이다.

  (2) 금원을 받고 허위문서를 작성한 경우
      예비군중대장이 예비군훈련에 불참한 예비군으로부터 금원을 교
      부받고 그 예비군이 훈련에 참석한 것처럼 허위내용의 중대학급
      편성명부를 작성 행사한 경우.

      ➡ 수뢰후부정처사죄와 함께 허위공문서작성 및 허위작성공문서행사죄
        가 성립하고 이들 죄와 수뢰후부정처사죄는 각각 상상적 경합관계

에 있다고 할 것이다. 허위공문서작성죄와 허위작성공문서행사죄가 수뢰후부정처사죄와 각각 상상적 경합관계에 있을 때에는 허위공문서작성죄와 동 행사죄는 실체적 경합관계에 있다고 할지라도 상상적 경합관계에 있는 수뢰후부정처사죄와 대비하여 가장 중한 죄에 정한 형으로 처단하면 족하고 따로 경합가중을 할 필요가 없다.

● **수사사례**

<u>타인 운전면허증 제시</u>

- 주취상태에서 운전하다 단속되자, 타인 명의 운전면허증을 제시할 경우 공문서부정행사죄 성립

<u>주민등록증 변조 부정사용</u>

- 피의자가 자신의 주민등록증번호를 고쳐 경찰관에게 제시하고 이〇〇 명의의 운전면허증을 자신의 것인 양 경찰관에게 제시하여 공문서를 부정사용한 경우 공문서변조, 동행사, 공문서 부정사용죄 성립

(b) 제232조의2 타인 전자기록 등 위변작

> 제232조의2 (사전자기록위작·변작)
> 행사할 목적으로 타인의 자격을 모용하여 권리·의무 또는 사실증명에 관한 문서 또는 도화를 작성한 자는 5년 이하의 징역 또는 1천만원 이하의 벌금에 처한다.

[공소시효] : 7년

○ 전자기록 등 특수매체기록은 컴퓨터 등 정보처리기기의 데이터를 의미한다. 문자의 축소나 기계적 확대에 의한 재생에 불과한 마이크로필름은 특수매체기록에 포함되지 않는다.

○ 위작은 권한 없이 전자기록 등을 만들거나 권한 있는 자가 허위내용의 전자기록 등을 만드는 것을 말하고, 변작은 권한 없이 기록을 허위내용으로 변경하는 것을 말한다.

형법상 해설 ●

I. 이론

1. 구성요건

(1) 객관적 구성요건

1) 객체

권리, 의무 또는 사실증명에 관한 타인의 전자기록 등 특수매체기록이다.

> ■ 관련판례 ■
>
> 형법 제232조의2의 사전자기록위작·변작죄에서 말하는 권리의무 또는 사실증명에 관한 타인의 전자기록 등 특수매체기록이라 함은 일정한 저장매체에 전자방식이나 자기방식에 의하여 저장된 기록을 의미한다고 할 것인데, 비록 컴퓨터의 기억장치 중 하나인 램(RAM, Random Access Memory)이 임시기억장

치 또는 임시저장매체이기는 하지만, 형법이 전자기록위·변작죄를 문서위·변조죄와 따로 처벌하고자 한 입법취지, 저장매체에 따라 생기는 그 매체와 저장된 전자기록 사이의 결합강도와 각 매체별 전자기록의 지속성의 상대적 차이, 전자기록의 계속성과 증명적 기능과의 관계, 본죄의 보호법익과 그 침해행위의 태양 및 가벌성 등에 비추어 볼 때, 위 램에 올려진 전자기록 역시 사전자기록위작·변작죄에서 말하는 전자기록 등 특수매체기록에 해당한다(대법원 2003. 10. 9. 선고 2000도4993 판결).

2) 행위

위작 또는 변작이다.

(2) 주관적 구성요건

고의와 사무처리를 그르치게 할 목적이 있어야 한다.

Ⅱ. 판례

❶ 사전자기록위작·변작죄에서 '사무처리를 그르치게 할 목적'의 의미

형법 제232조의2에 정한 전자기록은 그 자체로서 객관적·고정적 의미를 가지면서 독립적으로 쓰이는 것이 아니라 개인 또는 법인이 전자적 방식에 의한 정보의 생성·처리·저장·출력을 목적으로 구축하여 설치·운영하는 시스템에서 쓰임으로써 예정된 증명적 기능을 수행하는 것이므로, '사무처리를 그르치게 할 목적'이란 위작 또는 변작된 전자기록이 사용됨으로써 위와 같은 시스템을 설치·운영하는 주체의 사무처리를 잘못되게 하는 것을 말한다(대법원 2008. 6. 12. 선고 2008도938 판결).

❷ 컴퓨터의 기억장치 중 하나인 램(RAM, Random Access Memory)에 올려진 전자기록이 형법 제232조의2의 사전자기록위작·변작죄에서 말하는 권리의무 또는 사실증명에 관한 타인의 전자기록 등 특수매체기록에 해당하는지 여부(적극)

[1] 형법 제232조의2의 사전자기록위작·변작죄에서 말하는 권리의무 또는 사실증명에 관한 타인의 전자기록 등 특수매체기록이라 함은 일정한 저장매체에 전자방식이나 자기방식에 의하여 저장된 기록을 의미한다고 할 것인데, 비록 컴퓨터의 기억장치 중 하나인 램 (RAM, Random Access Memory)이 임시기억장치 또는 임시저장매체이기는 하지만, 형법이 전자기록위·변작죄를 문서위·변조죄와 따로 처벌하고자 한 입법취지, 저장매체에 따라 생기는 그 매체와 저장된 전자기록 사이의 결합강도와 각 매체별 전자기록의 지속성의 상대적 차이, 전자기록의 계속성과 증명적 기능과의 관계, 본죄의 보호법익과 그 침해행위의 태양 및 가벌성 등에 비추어 볼 때, 위 램에 올려진 전자기록 역시 사전자기록위작·변작죄에서 말하는 전자기록 등 특수매체기록에 해당한다.

[2] 램에 올려진 전자기록은 원본파일과 불가분적인 것으로 원본파일의 개념적 연장선상에 있는 것이므로, 비록 원본파일의 변경까지 초래하지는 아니하였더라도 이러한 전자기록에 허구의 내용을 권한 없이 수정입력한 것은 그 자체로 그러한 사전자기록을 변작한 행위의 구성요건에 해당된다고 보아야 할 것이며 그러한 수정입력의 시점에서 사전자기록변작죄의 기수에 이른다(대법원 2003. 10. 9. 선고 2000도4993 판결).

❸ 사전자기록위작·변작죄에서 '사무처리를 그르치게 할 목적'의 의미

[1] 형법 제232조의2에 정한 전자기록은 그 자체로서 객관적·고정적 의미를 가지면서 독립적으로 쓰이는 것이 아니라 개인 또는 법인이 전자적 방식에 의한 정보의 생성·처리·저장·출력을 목적으로 구축하여 설치·운영하는 시스템에서 쓰임으로써 예정된 증명적 기능을 수행하는 것이므로, '사무처리를 그르치게 할 목적'이란 위작 또는 변작된 전자기록이 사용됨으로써 위와 같은 시스템을 설치·운영하는 주체의 사무처리를 잘못되게 하는 것을 말한다.

[2] 새마을금고의 예금 및 입·출금 업무를 총괄하는 직원이 전 이사장 명의 예금계좌로 상조금이 입금되자 전 이사장에 대한 금고의 채권확보를 위해 내부 결재를 받아 금고의 예금 관련 컴퓨터 프로그램에 접속하여 전 이사장 명의 예금계좌의 비밀번호를 동의 없이 입력한 후 위 금원을 위 금고의 가수금계정으로 이체한 사안에서, 위 금고의 내부규정이나 여신거래기본약관의 규정에 비추어 이는 위 금고의 업무에 부합하는 행위로서 피해자의 비밀번

<u>호를 임의로 사용한 잘못이 있다고 하더라도 사전자기록위작·변</u>
<u>작죄의 '사무처리를 그르치게 할 목적'을 인정할 수 없다</u>(대법원 2008.6.12. 선고 2008도938 판결).

❹ 인터넷 포털사이트에 개설한 카페의 설치·운영 주체로부터 글쓰기 권한을 부여받은 사람이 위 카페에 접속하여 자신의 아이디로 허위내용의 글을 작성·게시한 사안에서, 위 카페의 설치·운영 주체의 사무처리를 그르치게 할 목적을 인정하기 어렵다고 한 사례

기록에 의하면 피고인이 위 카페의 설치·운영 주체인 공소외인으로부터 위 카페에 글을 게시할 수 있는 권한을 부여받아 피고인의 아이디인 " (아이디 생략)"로 위 공소 내용과 같은 전자기록을 작성하여 게시하였고 위 카페는 공소외인 등 위 입주자대표회의에 반대하는 일부 주민들에 의하여 개설된 것이라는 사실, 피고인이 위작하였다는 이 사건 전자기록은 그 내용이 중립적인 입장을 천명한 위 원로회의가 마치 위 입주자대표회의에 반대하는 입장에 있는 듯하게 보일 수 있는 것이라는 사실을 알 수 있는바, 사정이 그러하다면 당시 피고인이 비록 위 카페에 허위내용의 전자기록을 작성하여 게시하였다고 하여 그러한 점만으로 피고인에게 위 카페나 위 사이트의 설치·운영 주체의 사무처리를 그르치게 할 목적이 있었다고 단정하기도 어렵다고 할 것이다.

그렇다면 피고인에게 위 카페 또는 위 사이트의 설치·운영 주체의 사무처리를 그르치게 할 목적이 있었음을 인정하기 어려운 이상 피고인에게 사전자기록위작죄 및 위작사전자기록행사죄의 죄책을 물을 수 없음에도 원심이 이 사건 공소사실을 유죄로 인정한 것은 사전자기록위작죄 및 위작사전자기록행사죄에 관한 법리를 오해함으로써 판결에 영향을 미친 위법이 있다. 이 점을 지적하는 상고이유는 이유 있다(대법원 2008. 4. 24., 선고, 2008도294 판결).

(7) 제234조 위변작 타인 전자기록 등 행사

> 제234조(위조사문서등의 행사)
> 제231조 내지 제233조의 죄에 의하여 만들어진 문서, 도화 또는 전자기록등 특수매체기록을 행사한 자는 그 각 죄에 정한 형에 처한다. [전문개정 1995.12.29]

[미수범]235, [공소시효] : 5년, 7년

○ 이 죄는 사문서위조·변조죄에 의하여 위조·변조되거나 자격모용에 의한 사문서작성죄에 의하여 작성된 사문서 또는 허위진단서 등을 행사함으로써 성립하는 범죄이다. 위조등문서행사죄의 기본적 구성요건이다.

형법상 해설 ●

Ⅰ. 이론

1. 구성요건

(1) 객관적 구성요건

1) 주체

제한이 없다. 따라서 위조, 변조한 자가 행사한 경우에만 본 죄가 성립하는 것은 아니다.

2) 객체

위조, 변조 또는 자격모용에 의하여 작성된 사문서, 사도화, 허위로 작성된 진단서, 검안서, 생사에 관한 증명서, 위작, 변작된 전자기록 등 특수매체기록이다.

3) 행위

이 죄의 행위는 행사하는 것이다. 행사란 위조·변조 등의 문서를 그 용법에 따라 진정한 것으로 사용하는 것을 말한다.

① 그것이 위조나 허위라는 정을 알고서 행사해야 하며, 또한

위조문서 그 자체를 행사해야 한다. 따라서 그 등본을 타인에게 제시하는 것이나 내용을 구두나 서면으로 고지하는 것은 행사가 아니다.

② 행사의 상대방에 대해서는 특별한 제한이 없으나, 위조자 상호간에만 사용하는 것은 행사가 아니다.

> **▣ 관련판례 ▣**
>
> 위조, 변조, 허위작성된 문서의 행사죄는 이와 같은 문서를 진정한 것 또는 그 내용이 진실한 것으로 각 사용하는 것을 말하는 것이므로, 그 문서가 위조, 변조, 허위작성되었다는 정을 아는 공범자등에게 제시, 교부하는 경우등에 있어서는 행사죄가 성립할 여지가 없다(대법원 1986.2.25. 선고 85도2798 판결).

③ 위조문서의 행사는 공범자 이외의 자에게 그 문서가 진정한 것처럼 보이는 행위이면 족하다. 물론 위조문서를 맹인 또는 문맹자에게 교부하는 것도 행사가 된다.

④ 행사의 방법은 제시·교부·비치 등 상대방이 열람할 수 있는 상태에 두기만 하면 된다(등기부의 경우에는 이를 비치함으로써 행사가 되고, 공증인에 대한 행사는 이를 진정한 것으로서 공증인에게 제출하는 것이며, 우편으로 행사할 때에는 우편물을 발송하는 것만으로는 부족하고 위조문서의 내용이 인식할 수 있는 상태에 도달해야 한다).

⑤ 위조문서의 행사는 반드시 현실적으로 문서의 신용을 해하는 결과가 일어날 것을 요하지 않고 그 침해가 일어날 위험성이 있으면 족하다.

(2) 주관적 구성요건

고의가 있어야 한다.

II. 판례

❶ 피고인의 행위가 사문서위조죄 및 동행사죄에 해당되는지 여부

변호사인 피고인이 대량의 저작권법 위반 형사고소 사건을 수임하여 피고소인 30명을 각 형사고소하기 위하여 20건 또는 10건의 고소장을 개별적으로 수사관서에 제출하면서 각 하나의 고소위임장에만 소속 변호사회에서 발급받은 진정한 경유증표 원본을 첨부한 후 이를 일체로 하여 컬러복사기로 20장 또는 10장의 고소위임장을 각 복사한 다음 고소위임장과 일체로 복사한 경유증표를 고소장에 첨부하여 접수한 사안에서, 변호사회가 발급한 경유증표는 증표가 첨부된 변호사선임서 등이 변호사회를 경유하였고 소정의 경유회비를 납부하였음을 확인하는 문서이므로 법원, 수사기관 또는 공공기관에 이를 제출할 때에는 원본을 제출하여야 하고 사본으로 원본에 갈음할 수 없으며, 각 고소위임장에 함께 복사되어 있는 변호사회 명의의 경유증표는 원본이 첨부된 고소위임장을 그대로 컬러 복사한 것으로서 일반적으로 문서가 갖추어야 할 형식을 모두 구비하고 있고, 이를 주의 깊게 관찰하지 아니하면 그것이 원본이 아닌 복사본임을 알아차리기 어려울 정도이므로 일반인이 명의자의 진정한 사문서로 오신하기에 충분한 정도의 형식과 외관을 갖추었다는 이유로, 피고인의 행위가 사문서위조죄 및 동행사죄에 해당한다고 한 사례(대법원 2016.7.14, 선고, 2016도2081, 판결).

❷ 위조문서행사죄에서 말하는 '행사'의 방법

(1) 사실관계

> 피고인은 2006. 11. 25.경 진주시에 있는 ○○피씨방에서 인터넷 쇼핑사이트인 '○-마켓'에 들어가 휴대전화기 구입신청을 하면서, 인터넷상에 게시된 케이. 티. 에프.(KTF) 신규 가입신청서 양식에 컴퓨터를 이용하여 공소외 1의 인적사항 및 그 계좌번호, 청구지 주소 등을 각 입력하고 이를 출력한 다음, 그 신청서 용지 하단 고객명란과 서명란에 '공소외 1'이라고 각 기재함으로써, 행사할 목적으로 권한 없이 권리의무에 관한 사문서인 공소외 1 명의로 된 휴대전화 신규 가입신청서 1장을 위조하고, 위와 같은 일시, 장소에서 위와 같이 위조한 휴대전화 가입신청서를 사본, 이미지화한 다음, 이메일로 그 위조사실을 모르는 공소외 2에게 마치

> 진정하게 성립된 것처럼 그 신청서를 전송하여 위조한 사문서를
> 행사하였다.

(2) 판결요지

    [1] <u>위조문서행사죄에 있어서 행사라 함은 위조된 문서를 진정한
    문서인 것처럼 그 문서의 효용방법에 따라 이를 사용하는 것을</u>
    말하고, 위조된 문서를 제시 또는 교부하거나 비치하여 열람할
    수 있게 두거나 우편물로 발송하여 도달하게 하는 등 <u>위조된
    문서를 진정한 문서인 것처럼 사용하는 한 그 행사의 방법에
    제한이 없다.</u> 또한, <u>위조된 문서</u> 그 자체를 직접 상대방에게 제
    시하거나 이를 기계적인 방법으로 복사하여 그 복사본을 제시
    하는 경우는 물론, <u>이를 모사전송의 방법으로 제시하거나 컴퓨
    터에 연결된 스캐너(scanner)로 읽어 들여 이미지화한 다음 이
    를 전송하여 컴퓨터 화면상에서 보게 하는 경우도 행사에 해당
    하여 위조문서행사죄가 성립한다.</u>

    [2] <u>휴대전화 신규 가입신청서를 위조한 후 이를 스캔한 이미지 파
    일을 제3자에게 이메일로 전송한 사안에서, 이미지 파일 자체
    는 문서에 관한 죄의 '문서'에 해당하지 않으나, 이를 전송하
    여 컴퓨터 화면상으로 보게 한 행위는 이미 위조한 가입신청서
    를 행사한 것에 해당하므로 위조사문서행사죄가 성립한다</u>(대법
    원 2008.10.23. 선고 2008도5200).

❸ 이사가 이사회 회의록에 서명 대신 서명거부사유를 기재하고 그에
  대한 서명을 하였는데 이사회 회의록의 작성권한자인 이사장이 임의
  로 이를 삭제한 경우, 사문서변조에 해당하는지 여부(원칙적 적극)

  이사회 회의록에 관한 이사의 서명권한에는 서명거부사유를 기재하고
그에 대해 서명할 권한이 포함된다. 이사가 이사회 회의록에 서명함에
있어 이사장이나 다른 이사들의 동의를 받을 필요가 없는 이상 서명거부
사유를 기재하고 그에 대한 서명을 함에 있어서도 이사장 등의 동의가
필요 없다고 보아야 한다. 따라서 이사가 이사회 회의록에 서명 대신 서
명거부사유를 기재하고 그에 대한 서명을 하면, 특별한 사정이 없는 한
그 내용은 이사회 회의록의 일부가 되고, 이사회 회의록의 작성권한자인
이사장이라 하더라도 임의로 이를 삭제한 경우에는 이사회 회의록 내용

에 변경을 가하여 새로운 증명력을 가져오게 되므로 사문서변조에 해당한다(대법원 2018. 9. 13., 선고, 2016도20954, 판결).

❹ 자격모용에 의한 사문서작성죄의 성립요건 / 대표자 또는 대리인의 자격으로 임대차 등 계약을 하는 경우, 위 죄의 성립에 필요한 대표 또는 대리관계의 표시 정도 및 판단 방법

자격모용에 의한 사문서작성죄는 문서위조죄와 마찬가지로 문서의 진정에 대한 공공의 신용을 보호법익으로 하는 것으로, 행사할 목적으로 타인의 자격을 모용하여 작성된 문서가 일반인으로 하여금 명의인의 권한 내에서 작성된 문서라고 믿게 할 수 있는 정도의 형식과 외관을 갖추고 있으면 성립한다.

대표자 또는 대리인의 자격으로 임대차 등 계약을 하는 경우 그 자격을 표시하는 방법에는 특별한 규정이 없다. 피고인 자신을 위한 행위가 아니고 작성명의인을 위하여 법률행위를 한다는 것을 인식할 수 있을 정도의 표시가 있으면 대표 또는 대리관계의 표시로서 충분하다. 일반인이 명의인의 권한 내에서 작성된 문서로 믿게 하기에 충분한 정도인지는 문서의 형식과 외관은 물론 문서의 작성 경위, 종류, 내용과 거래에서 문서가 가지는 기능 등 여러 사정을 종합하여 판단해야 한다(대법원 2017. 12. 22., 선고, 2017도14560, 판결).

(8) 제246조 (상습)도박

제246조(도박, 상습도박)
  ① 도박을 한 사람은 1천만원 이하의 벌금에 처한다. 다만, 일시오락 정도에 불과한 경우에는 예외로 한다.
  ②상습으로 제1항의 죄를 범한 사람은 3년 이하의 징역 또는 2천만원 이하의 벌금에 처한다.

[병과]249, [특별규정]증거, 사행규제, [상습범과 공범]33, [공소시효] : 5년

○ 도박은 국민의 사행심을 조장하여 근로에 의한 재산형성이라는 건전한 경제적 풍속을 해할 뿐 아니라, 그 자금획득 등을 위하여 인신·재산 등에 대한 부차적 범죄를 유발시킬 우려가 있기 때문에 법은 이를 금하고 있다.
○ 상습도박은 단순도박죄에 대하여 행위자의 상습성으로 인해 책임이 가중되는 신분적 가중유형이며, 그 성질상 행위자의 일정한 행위의 속성을 그 신분적 요소로 하고 도박에 습벽화된 행위자인격의 범죄경향이 책임을 가중시킴으로써 형이 가중되는 부진정신분범이다.
○ 이 죄는 구성요건상 처음부터 수 개의 행위가 예상되어 있으므로 상습자가 1회 도박한 때에도 이 죄가 되나 수회에 걸쳐 도박한 때에도 역시 1개의 이 죄를 구성한다. 이런 의미에서 이 죄는 일종의 집합범이라 할 수 있다.

형법상 해설

Ⅰ. 이론

[도박죄(제246조 1항)]

1. 구성요건
  (1) 객관적 구성요건
    1) 주체
    제한이 없다.

2) 행위

도박죄의 행위는 재물로써 도박하는 것이다. 즉, 2인 이상의 자가 재물을 걸고 우연한 승부에 의하여 그 재물의 득실을 결정하는 것을 말한다.

① 재물이란 재산범죄에 있어서의 재물에 한하지 않고, 널리 재산상의 이익도 포함한다(금전이나 부동산·채권도 포함). 개정 전 형법 246조 제1항은 '재물로써 도박한 자는'이라고 규정하고 있었으나, 2013년 4월 5일 형법 개정을 통하여 '도박을 한 사람은'으로 변경되었다. 개정 전에도 도박의 객체는 재물에 한정되지 아니하며 재산상 이익도 포함되는 것으로 해석하였으나, 개정 형법은 재산상의 이익도 도박죄의 객체에 포함된다는 것을 명확히 한 것이다.

② 도박이기 위해서는 당사자 전원에 대하여 승패가 불확실할 것을 요한다. 당사자 일부는 승패를 예견·지배하고 타인은 이를 알지 못한 채 행해지는 이른바 사기도박의 경우에는, 기망행위를 해서 재물을 편취한 자에게만 사기죄가 성립할 뿐 피기망자에게는 아무런 범죄도 성립하지 않는다.

③ 우연한 승부에 의하여 패자가 승자에게 재물을 교부할 것을 약속하고 승부를 결정하기 위한 행위를 개시하면 기수가 되며, 현실적으로 승패 또는 재물의 득실이 결정될 것을 요하지 않는다.

(2) 주관적 구성요건

고의가 있어야 한다.

2. 위법성

제246조 제1항 단서는 "단, 일시 오락의 정도에 불과한 때에는 예외로 한다"고 규정하고 있는데, 이 규정은 도박죄에 있어서의 위법성의 한계를 규정한 것으로서 일시오락의 정도에 불과하다고 인정되는 때에는 위법성을 조각한다.

[상습도박죄(제246조 2항)]

본 죄는 상습으로 도박죄를 범함으로써 성립하는 범죄로서, 상습성으로 인하여 책임이 가중되는 가중적 구성요건이다.

Ⅱ. 판례

❶ 2개월 10일 동안 9회에 걸친 도박과 상습성 유무(적극)

피고인에게 아무 전과가 없다 하더라도 2개월 10일 동안 9회에 걸쳐 도박을 하였다면 이는 상습성이 있다(대법원 1983. 2. 25. 83도2448).

❷ 도박의 전과 없는 피고인이 연말과 연초에 친지들과 어울려 "도리짓고땡" 도박을 2회 한 경우의 상습성 유무(소극)

(1) 사실관계

> 피고인 및 원심공동피고인이 공소외 1, 2, 3과 함께 1989.12.30.경부터 다음날 05:00경까지 사이에 경북 상주군 화북면 용유리 소재 식당 내실에서 화투 48매 중 비, 오동을 제외한 화투쪽지 20매를 사용하여 1회에 금 10,000원 내지 50,000원씩을 걸고 수십회에 걸쳐 속칭 도리짓고땡이라는 도박을 하고, 공소외 1및 공소외 4와 함께 1990.1.3. 18:00경부터 다음날 15:00경까지 사이에 같은리 소재 여관 209호실에서 화투 48매중 비, 오동을 제외한 화투쪽지 20매를 사용하여 1회에 금 10,000원 내지 50,000원씩을 걸고 수십회에 걸쳐 속칭 도리짓고땡이라는 도박을 하였다.

(2) 판결요지

[1] 상습도박죄에 있어서 도박성과 상습성의 개념은 구별하여 해석하여야 하며, 여기에서 상습성이라 함은 반복하여 도박행위를 하는 습벽으로서 행위자의 속성을 말하는 것이므로 이러한 습벽의 유무를 판단함에 있어서 도박의 전과나 전력유무 또는 도박 횟수 등이 중요한 판단자료가 된다.

[2] 도박의 전과가 전혀 없고 이 사건 외에 도박을 한 전력이 전혀 나타나 있지 않은 피고인이 연말과 연초에 단 두차례에 한하여 평소 잘 아는 사이의 사람들과 어울려서 "도리짓고땡"이라는 도박을 한 경우 피고인에게 도박의 습벽 즉 상습성을 인정하기는 어렵다(대법원 1990. 12. 11. 선고 90도2250 판결).

❸ 도박 전과가 없는 피고인이 유실물인 자기앞수표 금 1,000,000원권 10매로 1회 도금 최고 금 100,000원씩을 걸고 약 200회에 걸쳐 속칭 '모이쪼'라는 도박을 한 차례한 것에 대하여 도박의 상습성을 인정할 수 없다고 본 사례

상 피고인이 사용해 보라고 건네주는 과실물인 자기앞수표 금 1,000,000원권 10매를 건네받은, 도박 전과가 없는 피고인이 21:00경부터 이튿날 09:00경까지 그 사이에 위 수표를 가지고 공소외 4인과 함께 화투를 사용하여 1회 도금 최고 금 100,000원씩을 걸고 약 200회에 걸쳐 속칭 "모이쪼"라는 도박을 하였다면, 도박에 제공된 돈의 액수가 다소 많은 것은 사실이나 그 돈의 출처, 도박하기에 이른 경위 등에 비추어 도박의 상습성을 인정할 수 없다(대법원 1991. 10 .8. 선고 91도1894 판결).

❹ 상습도박죄에 있어서 상습성 인정의 자료
상습도박죄에 있어서 상습성이라 함은 반복하여 도박행위를 하는 습벽으로서 행위자의 속성을 말하는 것이므로 이러한 습벽의 유무를 판단함에 있어서는 도박의 전과나 도박횟수 등이 중요한 판단자료가 된다(대법원 1994. 3. 8. 선고 93도3608 판결).

❺ 상습도박죄에 있어서 상습성의 판단
상습도박죄에 있어서의 상습성이라 함은 반복하여 도박행위를 하는 습벽으로서 행위자의 속성을 말하는데, 이러한 습벽의 유무를 판단함에 있어서는 도박의 전과나 도박횟수 등이 중요한 판단자료가 되나 도박전과가 없다 하더라도 도박의 성질과 방법, 도금의 규모, 도박에 가담하게 된 태양 등의 제반 사정을 참작하여 도박의 습벽이 인정되는 경우에는 상습성을 인정하여도 무방하다(대법원 1995. 7. 11. 선고 95도955 판결).

❻ 풍속영업자가 풍속영업소에서 일시 오락 정도에 불과한 도박을 하게
한 경우, 풍속영업의규제에관한법률 제3조 제3호 위반죄로 처벌할
수 있는지 여부(소극)

(1) 사실관계

> 피고인은 그가 운영하는 여관 카운터에서 같은 동네에 거주하는
> 친구들과 함께 저녁을 시켜 먹은 후 그 저녁값을 마련하기 위하
> 여 속칭 '홀라'라는 도박을 하다가 적발되어 도박죄로 기소되었다.

(2) 판결요지

[1] 풍속영업자가 풍속영업소에서 도박을 하게 한 때에는 그것이
일시 오락 정도에 불과하여 형법상 도박죄로 처벌할 수 없는
경우에도 풍속영업자의 준수사항 위반을 처벌하는 풍속영업의
규제에관한법률 제10조 제1항, 제3조 제3호의 구성요건 해당
성이 있다고 할 것이나, 어떤 행위가 법규정의 문언상 일단 범
죄 구성요건에 해당된다고 보이는 경우에도, 그것이 정상적인
생활형태의 하나로서 역사적으로 생성된 사회생활 질서의 범
위 안에 있는 것이라고 생각되는 경우에는 사회상규에 위배되
지 아니하는 행위로서 그 위법성이 조각되어 처벌할 수 없다.

[2] 일시 오락 정도에 불과한 도박행위의 동기나 목적, 그 수단이
나 방법, 보호법익과 침해법익과의 권형성 그리고 일시 오락
정도에 불과한 도박은 그 재물의 경제적 가치가 근소하여 건
전한 근로의식을 침해하지 않을 정도이므로 건전한 풍속을 해
할 염려가 없는 정도의 단순한 오락에 그치는 경미한 행위에
불과하고, 일반 서민대중이 여가를 이용하여 평소의 심신의 긴
장을 해소하는 오락은 이를 인정함이 국가 정책적 입장에서
보더라도 허용된다.

[3] <u>풍속영업자가 자신이 운영하는 여관에서 친구들과 일시 오락
정도에 불과한 도박을 한 경우, 형법상 도박죄는 성립하지 아
니하고 풍속영업의규제에관한법률위반죄의 구성요건에는 해당
하나 사회상규에 위배되지 않는 행위로서 위법성이 조각된다</u>
(대법원 2004. 4. 9. 선고 2003도6351 판결).

❼ 형법 제246조의 도박행위의 요건인 '우연성'의 의미

[1] 형법 제246조에서 도박죄를 처벌하는 이유는 정당한 근로에 의하지 아니한 재물의 취득을 처벌함으로써 경제에 관한 건전한 도덕법칙을 보호하는 데 있다. 그리고 도박은 '재물을 걸고 우연에 의하여 재물의 득실을 결정하는 것'을 의미하는바, 여기서 '우연'이란 주관적으로 '당사자에 있어서 확실히 예견 또는 자유로이 지배할 수 없는 사실에 관하여 승패를 결정하는 것'을 말하고, 객관적으로 불확실할 것을 요구하지 아니한다. 따라서, 당사자의 능력이 승패의 결과에 영향을 미친다고 하더라도 다소라도 우연성의 사정에 의하여 영향을 받게 되는 때에는 도박죄가 성립할 수 있다.

[2] 피고인들이 각자 핸디캡을 정하고 홀마다 또는 9홀마다 별도의 돈을 걸고 총 26 내지 32회에 걸쳐 내기 골프를 한 행위가 도박에 해당한다(대법원 2008.10.23. 선고 2006도736).

❽ 도박죄를 처벌하지 않는 외국 카지노에서의 도박행위의 위법성 여부(적극)

형법 제3조는 "본법은 대한민국 영역 외에서 죄를 범한 내국인에게 적용한다."고 하여 형법의 적용 범위에 관한 속인주의를 규정하고 있고, 또한 국가 정책적 견지에서 도박죄의 보호법익보다 좀더 높은 국가이익을 위하여 예외적으로 내국인의 출입을 허용하는 폐광지역개발지원에관한특별법 등에 따라 카지노에 출입하는 것은 법령에 의한 행위로 위법성이 조각된다고 할 것이나, 도박죄를 처벌하지 않는 외국 카지노에서의 도박이라는 사정만으로 그 위법성이 조각된다고 할 수 없다(대법원 2004. 4. 23. 선고 2002도2518 판결).

❾ 상습도박죄에서 '상습성'의 의미 및 상습성 유무를 판단하는 기준

상습도박죄에 있어서의 상습성이라 함은 반복하여 도박행위를 하는 습벽으로서 행위자의 속성을 말하는데, 이러한 습벽의 유무를 판단함에 있어서는 도박의 전과나 도박횟수 등이 중요한 판단자료가 되나, 도박 전과가 없다 하더라도 도박의 성질과 방법, 도금의 규모, 도박에 가담하게 된 태양 등의 제반 사정을 참작하여 도박의 습벽이 인정되는 경우에는 상습성을 인정할 수 있다(대법원 1995. 7. 11. 선고 95도955 판결, 대법원 2001. 2. 9. 선고 2000도5645 판결 등 참조).

원심판결 이유를 적법하게 채택한 증거들에 비추어 살펴보면, 원심이 그 판시와 같은 이유를 들어 피고인이 상습으로 2015. 1. 24.경 필리핀 마닐라에 있는 ○○○호텔 내 공소외 1, 공소외 2 운영 정켓방에서, 페소화 단위로 통용되는 카지노 칩을 그 표시액 상당의 홍콩달러로 계산하는 일명 '홍콩달러게임' 방식으로 상호 대금을 정산키로 합의하고, 그들로부터 제공받은 3,000만 홍콩달러 상당의 카지노 칩(한화 약 45억 원, 카지노 칩 표시는 3,000만 페소)을 이용하여 바카라 도박을 하였다는 이 부분 공소사실이 유죄로 인정된다고 판단한 것은 정당하고, 거기에 상고이유 주장과 같이 도금 액수와 관련하여 논리와 경험의 법칙을 위반하여 자유심증주의의 한계를 벗어나 사실을 잘못 인정하거나 증거능력 및 상습성에 관한 법리를 오해한 위법이 없다(대법원 2017. 4. 13., 선고, 2017도953 판결).

➡ 수사실무

1. 수사포인트

(1) 도박의 구체적 방법과 우연성의 유무를 조사한다.

(2) 사기도박이 아닌가 조사한다.

(3) 재물의 가액을 조사한다.

(4) 도박장소에 모이게 된 사정 및 경과를 밝힌다(누가, 언제, 어디서, 어떠한 방법으로 유인했으며 그 결과 누가 누구와 어떠한 도박을 하게 됐는가).

(5) 도구와 도장의 소유자와 입수방법 및 그 사용료를 조사한다(賭錢과 賭具는 압수한다).

(6) 범인의 전과와 상습성의 유무를 조사한다. 특히 상습범으로서 이른바 "노름꾼"으로 인정될 때는 그 계보, 세력권 및 도박장에서의 역할이 무엇인지 조사한다.

(7) 112신고 등 신고자를 존중하여 철저히 수사하고, 일시오락정도에 지나지 않는 행위로 쉽게 단정하여서는 안된다.

(8) 도박의 유형과 종류도 평소 알아둔다(예 : 도리짓고땡, 아도사키, 바둑이, 홀라 등)

2. 피의자 신문례

(1) 피의자는 다른 사람들과 돈을 걸고 도박을 한 사실이 있나요

(2) 언제, 어디서 했나요

(3) 누구와 어떤 도박을 했는가요

(4) 피의자는 고스톱과 아도사키 중 어떤 도박을 하였나요

(5) 아도사키라는 도박은 어떻게 하는 것인가요

(6) 고스톱은 누가 하였나요

(7) 아도사키는 누가 하였나요

(8) 아도사키의 경우 1회 판돈이 얼마나 되었나요

(9) 피의자는 어떻게 위 도박판에 가게 되었나요

(10) 고스톱 및 아도사키는 어떻게 하게 되었나요

(11) 상 피의자 김○○은 어떻게 하였나요

(12) 다른 사람들은 상 피의자 이○○으로부터 약속어음을 얼마씩 바꿨나요

(13) 상 피의자 박○○도 아도사키를 하였나요

(14) 피의자는 당시 돈을 얼마나 가지고 도박을 시작 하였나요

(15) 피의자는 돈을 얼마나 잃거나 땄나요

(16) 피의자는 한 달 수입이 어느 정도인가요

(17) 피의자는 상 피의자들과 전에도 같이 도박을 하였나요

(18) 왜 이런 짓을 하였나요

3. 범죄사실 기재례

┌─ **범죄사실기재례** ─┐

(1) 피의자 김○○, 피의자 이○○, 피의자박○○ 피의자 정○○

피의자들은 ××××. ×. ×. 20:00경부터 다음날 14:00경까지 서울 서대문구 합정동 22에 있는 위 정○○ 경영의 삼미장여관 에서 화투 50매를 사용하여 1점에 돈 1,000원짜리 속칭 "고스

톱"이라는 도박을 하였다.

정○○는 같은 일시 장소에서 위 김○○ 등 3명이 위와 같이 도박을 한다는 것을 알면서도 그 장소와 화투 등을 제공함으로써 그들의 도박행위를 용이하게 하여 이를 방조하였다.

(2) 피의자 김○○, 피의자 이○○,

피의자들은 ××××. ×. ×. 20:00경부터 다음 날인 03:00까지 ○○동에 있는 ○○모텔 201호실에서 카드 52매를 사용하여 각 1,000원을 걸고 카드3매를 분배한 후 카드 1매를 추가할 때마다 판돈의 반을 거는 방식(속칭 '하프배팅)으로 일명 '세븐포커'라는 도박을 하였다.

(3) 피의자 김○○, 피의자 이○○,

피의자들은 ××××. ×. ×. 20:00경부터 다음날 03:00경까지 사이에 ○○동 123에 있는 ○○부동산 사무실에서 화투 50매를 사용하여 1회에 10,000원씩 돈을 걸고 모두 ○○○회에 걸쳐 속칭 '도리짓고땡'이라는 도박을 하였다.

(4) 피의자 김○○, 피의자 홍○○,

피의자들은 함께 20○○. 1. 10. 00:30경부터 같은 날 02:00경까지 서울 성북구 ○○동 100번지 퐁퐁단란주점 안에서 카드 52매로 1회에 1,000원씩 걸고 1시간 30분 동안 수십회에 걸쳐 속칭 "훌라"라는 도박을 하였다.

4. 적용실례

(1) 계원들이 점심식대를 각출코자 화투놀이를 한 경우

가정주부들이 모여 친목계를 치른 후 점심값을 각출하고자 약 1시간 정도 민화투를 쳐서 14,200원을 모은 경우

➡ 피의자들의 사회적 위치, 화투방법 등으로 보아 일시적 오

락에 불과하다 할 것이므로 도박죄는 성립하지 않는다.

5. 참고사항

 (1) 도박죄 관련 죄명표시할 경우 유의점

　1) 도박범죄관련 죄명표(형법편)에 도박, 상습도박, 도박개장 3가지 뿐이지만 도박판에서 화투나 모포를 준비하여 주거나 술, 담배 등 심부름을 해주는 방조자에 대하여 형법 제32조(방조), 같은법 제246조 제1항(도박) 해당범죄로 법적용하고 그 죄명을 표시할 때에는 형법 총칙 관련 죄명표시 방법에 따라 "도박방조"로 표기해야 함

　2) 외국에서의 도박행위 : 외국여행시 카지노나 기타의 도박사실이 입증되면 국내법인 도박죄로 다루지 않고 외국환거래법위반 혐의로 조사한다.

　3) 외국환거래법은 기준액 초과의 액수가 반출된 경우를 기준으로 한다(해당법률참조 바람).

　4) 도박 집합범의 경우 공동정범과 같이 하나의 문장으로 종합하여 기재하되 "공모하여"라는 표현은 사용하지 않는다.

 (2) 도박의 종류

화투를 이용한 도박	카드를 이용한 도박	기타
고스톱, 삼봉, 섯다,도리짓고땡, 알로, 아도사끼 등	포커(세븐오디), 블랙잭, 훌라, 바둑이, 바카라 등	투견, 투계 등

 (3) 도금 압수시 소유권 포기서 작성여부

　형법상 뇌물죄, 배임수증죄 2가지와 특별법상 특가법, 마약법, 국가보안법, 관세법위반 등이 필요적 몰수 사안이나, 도박죄는 임의적 몰수 사안으로 피의자 신문시 소유권 포기서 여부를 물어보고 포기할 경우에 한하여 소유권 포기서 작성하고 그렇지 않으면 이를 작성하지 말아야 한다. 그러나 압수한 도금에 대하여는 판사

가 선고시 거의다 몰수를 병과 하므로 강요해서 소유권포기서를 받을 필요가 없지만 간혹 몰수의 선고를 빠트리는 경우에 압수금품의 반환신청이 있으면 이를 되돌려 주어야 하는 것에 대비하여 소유권포기여부를 확인하는 「소유권포기서」를 작성한다.

(4) 도박판에서 쓰이는 용어
- 타짜 : 화투속임수 기술자
- 꽁지 : 도박 자금을 대주는 사채업자
- 총책 : 줄도박에서 선을 잡은 사람으로 도박자금을 많이 가지고 있으면, 딜러로부터 패를 받아 놋돈을 놓는 게임의 오너격
- 하우스 : 도박장
- 창고장(하우스장) : 도박장 물색하고 도박 대상자를 모집하는자
- 뽀찌 : 개평
- 놋돈 : 도리짓고땡시 처음 놓은 돈
- 문방 : 문지기(경찰 단속을 피하기 위함)
- 커피장 : '식모, 바카스, 재떨이'라고 부르기도 함, 커피, 담배 간식 등을 제공하는 심부름 하는자
- 탄 : 패가 순서대로 나오도록 미리 준비해둔 화투
- 공장목 : 공장에서 만들 때 화투 뒷면에 패를 구분할 수 있는 표시를 하여 제작된 사기도박용 화투
- 손님 : 도객을 호칭, 지역에 따라'선수, 찍새'라 함
- 전주 : 노름에 밝은 도객에게 도박자금을 대어 주는자
- 상치기 : 아도사끼 도박에서 총책과 찍새들간의 거리가 있어 돈을 주고 받는 것이 어려울 때 찍새와 찍새 사이를 오가면서 판돈을 걷어 나눠주고 고리를 받아 하우스 장에게 전달하는 사람
- 도쪼 : 화투를 바닥에 패 두장을 먹는 기술
- 앞전 : 선 도박참여자
- 뒷전 : 도박판에서 도박을 구경하는 자

(9) 제247조 도박장소 등 개설죄

> **제247조(도박장소 등 개설)**
> 영리의 목적으로 도박을 하는 장소나 공간을 개설한 사람은 5년 이하의 징역 또는 3천만원 이하의 벌금에 처한다.

[공소시효] : 7년

○ 이 죄의 취지는 도박행위가 있는 것을 전제로 도박행위를 교사하거나 혹은 준비시키는 예비행위에 불과하나 형법은 인간의 사행본능을 이용하여 도박범을 유인하거나 이를 촉진시킴으로써 영리를 도모하는 것은 도박범보다 더 큰 반도덕적인 요소가 있다고 보아서 도박죄와는 별도로 독립된 규정을 둔 것이다. 도박죄를 벌하지 않는 외국의 입법례도 이를 금지하고 있는 것이 보통이다.

형법상 해설 •

I. 이론

1. 구성요건

(1) 객관적 구성요건

1) 행위

도박을 하는 장소를 개설하거나, 도박을 하는 공간을 개설하는 것이다. 개정 전 형법 제247조는 '영리의 목적으로 도박을 개장한 자는'이라고 규정하고 있었으나, 2013년 4월 5일 형법 개정을 통하여 '도박을 하는 장소나 공간을 개설한 사람은'으로 변경되었다. 개정 전 형법에 의할 때에도 인터넷 상에 도박사이트를 개설하여 전자화폐나 온라인으로 결제하도록 하는 경우 판례상 도박개장죄로 처벌하고 있으나 형법에서 "도박을 개장"한 경우를 처벌하도록 규정되어 있어 도박할 수 있는 사이버 공간을 제공한 경우에는 처벌되지 않는 것으로 비추어 질 수 있다는 지적이 있었다. 이에 도박하는 장소뿐만 아니라 도박하는 공간을 개설한 경우도 처벌할 수 있도록 규정을 명확히 한 것이다.

① 도박 장소를 개설한다는 것은 스스로 주재자가 되어 그 지배 아래 도박장소를 개설하는 것을 말한다. 이러한 주재자가 되지 않고 도박장소만을 제공했을 때에는 도박죄의 방조범(종범)이 되며 이 죄를 구성하지는 않는다.

② 도박장소를 개설하면 충분하고 도박할 사람을 끌어들이거나 도박죄 자체가 성립했을 것을 요하지 않는다.

③ 도박공간을 개설한다는 것은 인터넷 상에 도박사이트를 개설하여 전자화폐나 온라인으로 결제하도록 하는 경우를 처벌하기 위하여 신설된 규정이다.

④ 도박개장을 한 자가 도박한 경우에는 도박개장죄와 도박죄의 경합범이 된다고 보아야 할 것이다. 다만 도박개장을 방조한 자는 도박개장죄의 방조가 되며 별도로 도박방조죄는 성립하지 않는다고 본다.

(2) 주관적 구성요건

이 죄가 성립하기 위해서는 고의 외에 영리의 목적이 있어야 한다. 영리의 목적이란 재산상의 이익을 얻을 목적을 말하며 입장료, 수수료 등과 같이 도박장을 연 대가로서 도박을 함으로써 얻는 것을 의미하지 않는다. 영리의 목적이 있으면 족하며 현실로 재산상의 이익을 얻었는가는 문제되지 않는다.

II. 판례

❶ 수인이 공모하여 도박개장행위로 이익을 얻은 경우, 실질적으로 귀속된 이익이 없는 사람에 대하여도 추징할 수 있는지 여부(소극)

인터넷 도박사이트 운영자가 도박프로그램 개발자, 가맹점 업주 등과 공모하여 일반 게임장을 운영하면서 게임 이용자들에게 인터넷 도박프로그램을 제공하는 방식으로 도박개장행위를 하고 이용자들이 지불한 환전수수료, 딜러비 등 명목의 돈 일부를 가맹점으로부터 지급받은 사안에서, 위 사이트 운영자에게 <u>실질적으로 귀속된 이익금을 기준으로 추징액을 정하여야 한다</u>(대법원 2007. 10. 12. 선고 2007도6019 판결).

❷ 형법 제247조 소정의 도박개장죄의 성립 요건

(1) 사실관계

> 공소외 주식회사의 설립자 겸 대표이사와 인터넷 사업팀장인 피고인들은 위 회사가 운영하는 인터넷 고스톱게임 사이트를 유료로 전환하는 과정에서 사이트를 홍보하기 위하여 2000. 11. 20. 이 사건 공소사실 기재와 같은 공지사항을 게시하여 '1차 고스톱 고별대회'를 개최하였다. 대회에는 129명이 참가하였고, 참가자 1인당 3만 원씩 합계 387만 원의 참가비가 회사에 송금되었다. 피고인들은 2000. 12. 8.부터 같은 달 13.까지 참가자들로 하여금 인터넷을 통해 사이트에서 제공하는 고스톱게임을 하게 하여 1등부터 9등까지를 선발하여, 대회 참가자들로부터 참가비 합계 387만 원의 수입을 얻는 데 비하여 대회 입상자에 대한 상금으로 1등 200만 원, 2등 80만 원, 3등 50만 원, 4 내지 6등 각 20만 원, 7 내지 9등 각 10만 원 합계 420만 원을 지출하였다.

(2) 판결요지

[1] 형법 제247조의 <u>도박개장죄는 영리의 목적으로 스스로 주재자가 되어 그 지배하에 도박장소를 개설함으로써 성립하는 것으로서</u> 도박죄와는 별개의 독립된 범죄이고, '도박'이라 함은 참여한 당사자가 재물을 걸고 우연한 승부에 의하여 재물의 득실을 다투는 것을 의미하며, <u>'영리의 목적'이란 도박개장의 대가로 불법한 재산상의 이익을 얻으려는 의사를 의미하는 것으로</u>, 반드시 도박개장의 직접적 대가가 아니라 <u>도박개장을 통하여 간접적으로 얻게 될 이익을 위한 경우에도 영리의 목적이 인정되고, 또한 현실적으로 그 이익을 얻었을 것을 요하지는 않는다.</u>

[2] <u>인터넷 고스톱게임 사이트를 유료화하는 과정에서 사이트를 홍</u>

보하기 위하여 고스톱대회를 개최하면서 참가자들로부터 참가비를 받고 입상자들에게 상금을 지급한 행위에 대하여 도박개장죄를 인정한 사례(대법원 2002. 4. 12. 선고 2001도5802 판결).

❸ 형법 제247조에 정한 도박개장죄의 성립 요건

　(1) 사실관계

> 피고인은 2007. 2. 16.경부터 같은 달 26.경까지 이 사건 실내낚시터를 운영하면서, 물고기 1,700여 마리를 구입하여 그 중 600마리의 등지느러미에 1번부터 600번까지의 번호표를 달고 나머지는 번호표를 달지 않은 채 대형 수조에 넣고, 손님들로부터 시간당 3만 원 내지 5만 원의 요금을 받고 낚시를 하게 한 후, 손님들이 낚은 물고기에 부착된 번호가 시간별로 우연적으로 변동되는 프로그램상의 시상번호와 일치하는 경우 손님들에게 5천 원 내지 3백만 원 상당의 문화상품권이나 주유상품권을 지급하는 방식으로 영업하였다.

　(2) 판결요지

　　[1] 형법 제247조의 도박개장죄는 영리의 목적으로 스스로 주재자가 되어 그 지배하에 도박장소를 개설함으로써 성립하는 것으로서, 도박죄와는 별개의 독립된 범죄이다. 이때 '도박'이란 참여한 당사자가 재물을 걸고 우연한 승부에 의하여 재물의 득실을 다투는 것을 의미하고, '영리의 목적'이란 도박개장의 대가로 불법한 재산상의 이익을 얻으려는 의사를 의미한다.

　　[2] 유료낚시터를 운영하는 사람이 입장료 명목으로 요금을 받은 후 물고기에 부착된 시상번호에 따라 경품을 지급한 사안에서, 도박개장죄를 인정한 사례(대법원 2009.2.26. 선고 2008도10582).

❹ 관광진흥법이 전용영업장 등 엄격한 시설과 기구를 갖춘 경우에만 카지노업을 허가하면서 무허가로 카지노업을 경영한 행위를 도박개장죄보다 중하게 처벌하도록 규정한 취지

　관광진흥법이 전용영업장(전문영업장) 등 엄격한 시설과 기구를 갖춘

경우에만 카지노업을 허가할 수 있도록 하면서 무허가로 카지노업을 경영한 행위에 대하여 도박개장죄(형법 제247조)보다 중한 형에 처하도록 규정하고 있는 것은, 같은 법 및 그 시행규칙이 요구하는 제반 요건을 모두 갖춘 경우는 물론 이러한 요건을 모두 갖추지는 못하였다고 하더라도 사실상 전용영업장에 준하는 시설과 기구를 갖추고서 허가를 받지 아니한 채 카지노영업을 한 경우에는 관광진흥법위반죄로 엄하게 처벌하고, 이에 미치지 못 하는 경우 즉 전용영업장에 준하는 시설과 기준을 사실상 갖추지 아니한 채 도박을 하게 한 경우에는 도박개장죄로만 처벌하려는 취지인 것으로 해석함이 상당하다. 그리고 전용영업장에 준하는 시설과 기준을 사실상 갖추었는지 여부는 기구 및 시설의 규모, 영업장의 위치 및 면적, 영업을 한 기간의 장단, 종업원들의 역할 분담 여부 등을 종합적으로 고려하여 판단하여야 한다(대법원 2009.12.10, 선고, 2009도11151, 판결).

❺ 사설 인터넷 도박사이트를 운영하는 사람이, 먼저 소셜 네트워크 서비스 앱에 오픈채팅방을 개설하여 아동·청소년이용음란 동영상을 게시하고 1:1 대화를 통해 불특정 다수를 위 오픈채팅방 회원으로 가입시킨 다음, 그 오픈채팅방에서 자신이 운영하는 도박사이트를 홍보하면서 회원들이 가입 시 입력한 이름, 전화번호 등을 이용하여 전화를 걸어 위 도박사이트 가입을 승인해주는 등의 방법으로 가입을 유도하고 그 도박사이트를 이용하여 도박을 하게 한 경우, 영리를 목적으로 도박공간을 개설한 행위가 인정되는지 여부(적극)

구 아동·청소년의 성보호에 관한 법률(2020. 6. 2. 법률 제17338호로 개정되기 전의 것) 제11조 제2항은 영리를 목적으로 아동·청소년이용음란물을 공연히 전시한 자는 10년 이하의 징역에 처한다고 규정한다.

위 조항에서 규정하는 '영리의 목적' 이란 위 법률이 정한 구체적 위반행위를 함에 있어서 재산적 이득을 얻으려는 의사 또는 이윤을 추구하는 의사를 말하며, 이는 널리 경제적인 이익을 취득할 목적을 말하는 것으로서 반드시 아동·청소년이용음란물 배포 등 위반행위의 직접적인 대가가 아니라 위반행위를 통하여 간접적으로 얻게 될 이익을 위한 경우에도 영리의 목적이 인정된다.

따라서 사설 인터넷 도박사이트를 운영하는 사람이, 먼저 소셜 네트워크 서비스 앱에 오픈채팅방을 개설하여 아동·청소년이용음란 동영상을 게시하고 1:1 대화를 통해 불특정 다수를 위 오픈채팅방 회원으로 가입시킨 다음, 그 오픈채팅방에서 자신이 운영하는 도박사이트를 홍보하면서 회원들이 가입 시 입력한 이름, 전화번호 등을 이용하여 전화를 걸어 위 도박사이트 가입을 승인해주는 등의 방법으로 가입을 유도하고 그 도박사이트를 이용하여 도박을 하게 하였다면, 영리를 목적으로 도박공간을 개설한 행위가 인정됨은 물론, 나아가 영리를 목적으로 아동·청소년이용음란물을 공연히 전시한 행위도 인정된다(대법원 2020. 9. 24., 선고, 2020도8978, 판결).

❻ 피고인이 음란물유포 인터넷사이트를 운영하면서 정보통신망 이용촉진 및 정보보호 등에 관한 법률 위반(음란물유포)죄와 도박개장방조죄에 의하여 비트코인(Bitcoin)을 취득한 사안

피고인이 음란물유포 인터넷사이트를 운영하면서 정보통신망 이용촉진 및 정보보호 등에 관한 법률(이하 '정보통신망법'이라 한다) 위반(음란물유포)죄와 도박개장방조죄에 의하여 비트코인(Bitcoin)을 취득한 사안에서, 범죄수익은닉의 규제 및 처벌 등에 관한 법률(이하 '범죄수익은닉규제법'이라 한다) [별표] 제1호 (사)목에서는 형법 제247조의 죄를, [별표] 제24호에서는 정보통신망법 제74조 제1항 제2호의 죄를 중대범죄로 규정하고 있어 피고인의 정보통신망법 위반(음란물유포)죄와 도박개장방조죄는 범죄수익은닉규제법에 정한 중대범죄에 해당하며, 비트코인은 경제적인 가치를 디지털로 표상하여 전자적으로 이전, 저장 및 거래가 가능하도록 한, 이른바 '가상화폐'의 일종인 점, 피고인은 위 음란사이트를 운영하면서 사진과 영상을 이용하는 이용자 및 음란사이트에 광고를 원하는 광고주들로부터 비트코인을 대가로 지급받아 재산적 가치가 있는 것으로 취급한 점에 비추어 비트코인은 재산적 가치가 있는 무형의 재산이라고 보아야 하고, 몰수의 대상인 비트코인이 특정되어 있다는 이유로, 피고인이 취득한 비트코인을 몰수할 수 있다고 본 원심판단이 정당하다고 한 사례(대법원 2018. 5. 30., 선고, 2018도3619, 판결).

➡ 수사실무

1. 수사포인트

   (1) 도박장 개설의 동기를 조사한다.

   (2) 도박물 소유주와 개장자와의 관계를 밝힌다.

   (3) 이득의 수수와 공범자와의 분배방법을 조사한다.

2. 범죄사실 기재례

범죄사실기재례 →

(1) 피의자는, ××××. ×. ×. 20:00경부터 다음날 11:30경까지의
사이에 서울 ○○구 ○○동 ○○번지에 있는 피의자의 오피스텔
에서 영리의 목적으로 도박장을 개장하려고 마음먹고 카드를 준
비하였다. 그리고 손○○ 등 ×명을 오피스텔 안으로 불러들여
돈을 걸고 그 카드를 사용하여 도박을 하게하고 피의자는 그 곳
에서 장소료를 징수하거나 판돈을 빌려주는 고리대금을 함으로
써 금 ××만원 상당의 이익을 취득하여 도박을 개장하였다.

(2) 피의자 ○○○ 피의자 ○○○ 피의자 ○○○ 피의자 ○○○
피의자들은 함께 20○○. 1. 10. 00:30경부터 같은날 02:00까지
△△△가 운영하는 서울 성북구 ○○동 100번지 퐁퐁부동산에서
화투 50매로 1회에 3점당 1,000원씩 걸고 수십회에 걸쳐 속칭
"고스톱"이란 도박을 하였다.
피의자 ○○○는 위 일시장소에서 영리의 목적으로 화투를 제공
하고 대회에 1,000원씩 25회에 걸쳐 25,000원 상당을 고리돈
명목으로 받아 이를 취득하여 도박을 개장하였다.

3. 적용실례

(1) 도박하도록 화투와 방을 제공하고 술을 판 경우
도박을 할 수 있도록 화투와 방을 제공하고 술을 팔아 이익을 본 경우
➡ 스스로 주재자가 되어 적극적으로 도박장소를 개설하였다는
점이 나타나지 않으면 도박방조죄로 의율한다.

4. 참고사항

(1) 식품접객업소(식당등)에서 도박, 사행행위 조장, 묵인했을 경우

식품위생법 제44조(영업자의 준수사항) 동법 시행규칙 제57조(식품접객영업자등의 준수사항등)에 의율할 것

1) 위 제57조 관련 별표 제17에 대한 설명
업소내에서는 도박기타 사행행위나 풍기문란행위를 방지하여야 하며, 배달판매 등 영업행위중 종업원의 이러한 행위를 조장하거나 묵인하여서는 아니된다.

2) 식품위생법시행규칙 제89조(행정처분기준)
1차 : 행정1월, 2차 : 행정2월, 3차 : 행정3월, 4차 : 허가취소

(2) 풍속영업소(유흥주점, 단란주점등)에서 도박, 사행행위 조장, 묵인했을 경우
풍속영업법 제10조 제1항, 제3조 제3호에 의율

(3) 위생접객업소(숙박업, 목욕장업 등)에서 도박, 사행행위 조장, 묵인했을 경우
구공중위생법 제42조 제3항 제3호, 같은 법 제12조 제2항 제1호 "다"목 위 범죄사실 해당업소를 단속한 경우 관할구청에 통보할 것

(4) PC를 이용한 도박사이트 개설 및 대회개최의 경우
도박개장죄를 적용한다.

(10) 제248조 무허가 복표 발매·중개·취득

> 제248조(복표의 발매 등)
> ① 법령에 의하지 아니한 복표를 발매한 사람은 5년 이하
> 의 징역 또는 3천만원 이하의 벌금에 처한다.
> ② 제1항의 복표발매를 중개한 사람은 3년 이하의 징역 또
> 는 2천만원 이하의 벌금에 처한다.
> ③ 제1항의 복표를 취득한 자는 1천만원 이하의 벌금에 처한다.

[특별규정]시행규제2①·5②, [형의병과]259, [병과]249,

[공소시효] : 7년(1항), 5년(2,3항)

○ 법령에 의하지 않은 복표를 발매, 발매중개 또는 취득함으로써 성립하는 범죄이며, 복표의 발행은 사행행위등규제및처벌특례법의 적용을 받게 된다.

형법상 해설

제6장
사이버
범죄
관련법률

Ⅰ. 이론

1. 구성요건

(1) 객관적 구성요건

1) 객체

법령에 의하지 아니한 복표이다. 복표란 특정한 표찰을 발매하여 다수인으로부터 금품을 모은 후 추천 등의 방법에 의하여 당첨된 자에게는 재산상의 이익을 주고 다른 참가자에게는 손실을 가져오게 하는 것을 말한다. 법령에 의해 발행된 복표(주택복권 등)는 이 죄의 객체가 되지 않는다.

2) 행위

발매·발매중개·취득이다.

① 발매란 구매자에게 복표를 파는 것을 말하고, 발매중개란 발

매자와 구매자의 중간에서 알선하는 일체의 행위를 말한다. 그 행위가 직접적인가 간접적인가는 묻지 않으며 보수를 받는지 받지 않는지도 불문한다.

② 취득이란 법령에 의하지 않고 복표를 갖게 되는 것으로, 중개행위를 위한 것이 아닌 일체의 소지를 말한다.

(2) 주관적 구성요건

고의가 있어야 한다.

Ⅱ. 판례

❶ 형법 제248조가 규정하는 복표의 개념요소 및 판단 기준

(1) 사실관계

> 피고인 A는 한국광고복권 주식회사의 감사 겸 사실상 운영자이고, 피고인 B는 위 회사의 이사로서, 법령에 의하지 아니한 복표를 발매하여서는 아니됨에도 공모하여, 2001. 11.경부터 2002. 12.경까지 사이에 위 회사 사무실에서 복표명을 '광고복권'으로 하고 당첨방법은 복권 유효기간인 4주 내에 회차에 상관없이 주택복권의 매회 1등 당첨번호와 일치하면 5,000만 원을, 2등 당첨번호와 일치하면 500만 원을, 3등 당첨번호와 일치하면 40만 원을, 행운상 당첨번호와 일치하면 100만 원을 주는 것으로 정하여 복표를 발행한 다음, 복표 1장당 200원 내지 300원씩을 받고 지사를 통하여 슈퍼마켓, 주유소, 식당, 편의점 등에 위 복표 2,856,000장 시가 623,224,500원 상당을 판매하여 무허가로 복표를 발매하였다.

(2) 판결요지

[1] 형법은 각칙 제23장에서 '도박과 복표에 관한 죄'라는 제목 아래 도박죄와 함께 복표발매죄 등을 규정하고 있는바, 복표도 우연에 의하여 승패가 결정된다는 의미에서 도박에 유사한 측면

이 있으므로, 건전한 국민의 근로관념과 사회의 미풍양속을 보호하려는 데에 그 발매 등의 행위를 제한하고 처벌할 이유가 있는 것이고, 여기에다가 사행행위등규제및처벌특례법 제2조 제1항 제1호 (가)목의 규정 취지를 종합하여 보면, 형법 제248조가 규정하는 <u>복표의 개념요소는 ① 특정한 표찰일 것, ② 그 표찰을 발매하여 다수인으로부터 금품을 모을 것, ③ 추첨 등의 우연한 방법에 의하여 그 다수인 중 일부 당첨자에게 재산상의 이익을 주고 다른 참가자에게 손실을 줄 것</u>의 세 가지로 파악할 수 있으며, 이 점에서 경제상의 거래에 부수하는 특수한 이익의 급여 내지 가격할인에 불과한 경품권이나 사은권 등과는 그 성질이 다른 것이지만, 어떠한 표찰이 형법 제248조 소정의 복표에 해당하는지 여부는 그 표찰 자체가 갖는 성질에 의하여 결정되어야 하고, 그 기본적인 성질이 위와 같은 개념요소를 갖추고 있다면, 거기에 광고 등 다른 기능이 일부 가미되어 있는 관계로 당첨되지 않은 참가자의 손실을 그 광고주 등 다른 사업주들이 대신 부담한다고 하더라도, 특별한 사정이 없는 한 복표로서의 성질을 상실하지는 않는다.

[2] <u>이른바 '광고복권'은</u> 통상의 경우 이를 홍보 및 판촉의 수단으로 사용하는 사업자들이 당첨되지 않은 참가자들의 손실을 대신 부담하여 주는 것일 뿐, 그 자체로는 추첨 등의 우연한 방법에 의하여 일부 당첨자에게 재산상의 이익을 주고 다른 참가자에게 손실을 주는 복표로서의 성질을 갖추고 있다고 보아 <u>형법 제248조 소정의 복표에 해당한다고</u> 한 사례(대법원 2003. 12. 26. 선고 2003도5433 판결)

⊡ 수사실무

1. 수사포인트
 (1) 복표를 압수한다.
 (2) 복표발매의 방법과 취득액을 조사한다.
 (3) 공범자가 있는지 조사한다.

2. 범죄사실 기재례

[범죄사실기재례 ▸]

피의자는 김○○은 ○○광고기획 주식회사의 감사겸 사실상 운영자이고, 피의자 이○○은 위 회사의 이사이다.

피의자들은 법령에 의하지 아니한 복표를 발매하여서는 아니됨에도 공모하여, ××××. ×.경부터 ××××. ×.경까지 사이에 위 회사 사무실에서 복표명을 '○○복권'으로 하고 당첨방법은 복권유효기간인 6주 내에 회차와 상관없이 로또복권의 매회 1등당첨번호와 일치하면 1억원을, 2등번호와 일치하면 3,000만원을 지급하는 것으로 정하여 복표를 발행하였다. 그리고 복표 1장에 500원씩을 받고 지사와 인터넷을 통하여 구매자를 모집하고 복표 1,265,000장 시가 632,500,000원 상당을 판매하여 무허가로 복표를 발매하였다.

(11) 제309조 출판물에 의한 명예훼손

제309조(출판물등에 의한 명예훼손)
① 사람을 비방할 목적으로 신문, 잡지 또는 라디오 기타 출판물에 의하여 제307조제1항의 죄를 범한 자는 3년 이하의 징역이나 금고 또는 700만원 이하의 벌금에 처한다. 〈개정 1995.12.29〉
② 제1항의 방법으로 제307조제2항의 죄를 범한 자는 7년 이하의 징역, 10년 이하의 자격정지 또는 1천500만원 이하의 벌금에 처한다. 〈개정 1995.12.29〉

[공소시효] : 5년(1항), 7년(2항)

ㅇ 이 죄는 명예훼손죄에 대하여 행위태양을 고려해 불법이 가중되는 가중적 구성요건이며 반의사불벌죄이다. "기타 출판물"이란 적어도 인쇄한 물건의 정도에 이를 것을 요하고 단순히 프린트하거나 손으로 쓴 것은 여기에 해당하지 않는다.

형법상 해설

I. 이론

1. 구성요건

(1) 객관적 구성요건

1) 신문, 잡지 또는 라디오 기타 출판물

① 신문, 잡지, 라디오는 출판물의 예시라고 보는 것이 다수설이다.

② 출판물은 적어도 인쇄한 물건의 정도에 이를 것을 요하고 단순히 프린트하거나 손으로 쓴 것은 여기에 해당하지 않는다.

  2) 행위

    사실 또는 허위사실을 적시하는 것을 의미한다.

 (2) 주관적 구성요건

  1) 고의

    출판물 등에 의하여 사실 또는 허위사실을 적시한다는 점에 대한 고의가 있어야 한다.

  2) 목적

    본 죄는 목적범으로서 비방의 목적이 있어야 한다.

2. 위법성

  본 죄에 대하여는 제310조의 위법성조각사유가 적용되지 않는다는 것이 통설의 태도이다.

3. 소추조건

  본 죄는 피해자의 명시한 의사에 반하여 공소를 제기할 수 없는 반의사불벌죄이다(제312조 2항).

II. 판례

❶ 형법 제309조 제2항에 정한 '사람을 비방할 목적'의 의미 및 판단 방법

형법 제309조 제2항 소정의 '사람을 비방할 목적'이란 가해의 의사 내지 목적을 요하는 것으로서, 사람을 비방할 목적이 있는지 여부는 당해 적시 사실의 내용과 성질, 당해 사실의 공표가 이루어진 상대방의 범위, 그 표현의 방법 등 그 표현 자체에 관한 제반 사정을 감안함과 동시에 그 표현에 의하여 훼손되거나 훼손될 수 있는 명예의 침해 정도 등을 비교, 고려하여 결정하여야 하는데(대법원 2003. 12. 26. 선고 2003도6036 판결, 대법원 2006. 8. 25. 선고 2006도648 판결 등 참조), 피고인이 주관적 구성요건 등을 다투는 경우 피고인이 표현행위를 할 당시에 구체적으로 인식하고 있었던 사실관계, 그 지위 및 업무 등과 같은 개별적인 사정을 종합적으로 고려하여 그 범죄의 성립 여부를 판단하여야 한다(대법원 2007. 7. 13. 선고 2006도6322 판결).

❷ 형법 제309조 제1항과 제310조와의 관계

[1] 형법 제309조 제1항, 제2항 소정의 '사람을 비방할 목적'이란 가해의 의사 내지목적을 요하는 것으로서 사람을 비방할 목적이 있는지 여부는 당해 적시 사실의 내용과 성질, 당해 사실의 공표가 이루어진 상대방의 범위, 그 표현의 방법 등 그 표현 자체에 관한 제반사정을 감안함과 동시에 그 표현에 의하여 훼손되거나 훼손될 수 있는 명예의 침해 정도 등을 비교, 고려하여 결정하여야 한다.

[2] 형법 제309조 제1항 소정의 '사람을 비방할 목적'이란 가해의 의사 내지 목적을 요하는 것으로서 공공의 이익을 위한 것과는 행위자의 주관적 의도의 방향에 있어 서로 상반되는 관계에 있다고 할 것이므로, 형법 제310조의 공공의 이익에 관한 때에는 처벌하지 아니한다는 규정은 사람을 비방할 목적이 있어야 하는 형법 제309조 제1항 소정의 행위에 대하여는 적용되지 아니하고 그 목적을 필요로 하지 않는 형법 제307조 제1항의 행위에 한하여 적용되는 것이고, 반면에 적시한 사실이 공공의 이익에 관한 것인 경우에는 특별한 사정이 없는 한 비방 목적은 부인된다고 봄이 상당하므로 이와 같은 경우에는 형법 제307조 제1항 소정의 명예훼손죄의 성립 여부가 문제될 수 있고 이에 대하여는 다시 형법 제310조에 의한 위법성 조각 여부가 문제로 될 수 있다.

[3] 출판물에 의한 명예훼손죄에 있어서 비방의 목적이 있다고 보기 어렵고, 나아가 형법 제307조 제1항의 명예훼손죄에 해당한다고 하더라도 형법 제310조에 의하여 위법성이 조각된다고 한 사례(대법원 2003. 12. 26. 선고 2003도6036 판결).

❸ 형법 제309조 제1항에 정한 출판물에 의한 명예훼손죄에 있어서 '비방할 목적'의 의미

(1) 사실관계

사단법인 한국여성의전화 대구지부의 공동대표인 피고인들이 대구여성의 전화 인터넷 홈페이지의 여성인권란에 "○○대학 B에 의한 제자 성추행사건 – 성명서"라는 제목하에 "2000년 7월 ○○대학 B가 같은 학과 여학생을 성추행한 사건이 발생하였다. 가해자B는 같은 학과 여학생 A에게 지속적으로 전화와 이메일 등으로 성희롱을 일삼았으며, 여름방학 중 과외를 해주겠다고 자신의 연구실로 불러 강제로 껴안고 자신의 성기를 만지게 하려고 키스를 하려고 할 때 거부하는 피해자에게 완력으로 강제로 얼굴과 목 등에 키스를 하였다. 또한 소파에 강제로 눕히는 등의 행동을 하여 놀라 비명을 지르며 나오는 피해자A를 위협하였다. 가해자B는 자신의 잘못을 시인하기는커녕 이 사실을 전면 부인하다가 일부의 사실만을 인정하며 피해자 A양이 자신을 유혹하여 합의가 이뤄진 애정행각이었다는 허위사실을 유포하고 있다."라는 취지의 글을 게재하였다.
그리고 B를 비방할 목적으로 공동대표인 피고인들 발행의 소식지 대구여성의 전화 45호의 인권소식란에 "○○대학 ○○학과 B에 의한 제자 성추행사건"이라는 제목하에 위와 같은 내용을 포함한 글을 게재한 다음 위 소식지 1,500권을 제작하여 대구여성의 전화 성명불상의 회원, 여성의 전화 각 지부 및 대구지역 시민단체 등에 배포하였다.

(2) 판결요지

[1] 형법 제309조 제1항 소정의 출판물에 의한 명예훼손죄는 타인

을 비방할 목적으로 신문, 잡지 또는 라디오 기타 출판물에 의하여 사실을 적시하여 타인의 명예를 훼손할 경우에 성립되는 범죄로서, 여기서 '비방할 목적'이란 가해의 의사 내지 목적을 요하는 것으로서 공공의 이익을 위한 것과는 행위자의 주관적 의도의 방향에 있어 서로 상반되는 관계에 있다고 할 것이므로, 적시한 사실이 공공의 이익에 관한 것인 경우에는 특별한 사정이 없는 한 비방할 목적은 부인된다고 봄이 상당하다.

[2] 국립대학교 교수가 자신의 연구실 내에서 제자인 여학생을 성추행하였다는 내용의 글을 지역 여성단체가 자신의 인터넷 홈페이지 또는 소식지에 게재한 사안에서, 국립대학교 교수인 피해자의 지위, 적시사실의 내용 및 성격, 표현의 방법, 동기 및 경위 등 제반 사정을 종합하여 볼 때, 비록 성범죄에 관한 내용이어서 명예의 훼손정도가 심각하다는 점까지를 감안한다 할지라도 인터넷 홈페이지 또는 소식지에 위와 같은 내용을 게재한 행위는 학내 성폭력 사건의 철저한 진상조사와 처벌 그리고 학내 성폭력의 근절을 위한 대책마련을 촉구하기 위한 목적으로 공공의 이익을 위한 것으로서 달리 비방의 목적이 있다고 단정할 수 없다(대법원 2005. 4. 29. 선고 2003도2137 판결).

❸ 형법 제309조 제1항과 제310조와의 관계

[1] 형법 제309조 제1항, 제2항 소정의 '사람을 비방할 목적' 이란 가해의 의사 내지목적을 요하는 것으로서 사람을 비방할 목적이 있는지 여부는 당해 적시 사실의 내용과 성질, 당해 사실의 공표가 이루어진 상대방의 범위, 그 표현의 방법 등 그 표현 자체에 관한 제반사정을 감안함과 동시에 그 표현에 의하여 훼손되거나 훼손될 수 있는 명예의 침해 정도 등을 비교, 고려하여 결정하여야 한다.

[2] 형법 제309조 제1항 소정의 '사람을 비방할 목적'이란 가해의 의사 내지 목적을 요하는 것으로서 공공의 이익을 위한 것과는 행위자의 주관적 의도의 방향에 있어 서로 상반되는 관계에 있다고 할 것이므로, 형법 제310조의 공공의 이익에 관한 때에는 처벌하지 아니한다는 규정은 사람을 비방할 목적이 있어야 하는 형법 제309조 제1항 소정의 행위에 대하여는 적용되지 아니하고 그 목적을 필요로 하지 않는 형법 제307조 제1항의 행위에 한하여 적용되는 것이고, 반면에 적시한 사실이 공공의 이익에 관한 것인 경우

에는 특별한 사정이 없는 한 비방 목적은 부인된다고 봄이 상당하므로 이와 같은 경우에는 형법 제307조 제1항 소정의 명예훼손죄의 성립 여부가 문제될 수 있고 이에 대하여는 다시 형법 제310조에 의한 위법성 조각 여부가 문제로 될 수 있다.

[3] 출판물에 의한 명예훼손죄에 있어서 비방의 목적이 있다고 보기 어렵고, 나아가 형법 제307조 제1항의 명예훼손죄에 해당한다고 하더라도 형법 제310조에 의하여 위법성이 조각된다고 한 사례(대법원 2003. 12. 26. 선고 2003도6036 판결).

❹ 신문이나 인터넷 매체의 기사가 타인의 명예를 훼손하여 불법행위가 되는지 판단하는 기준 및 언론기관이 수사기관 등에서 조사가 진행 중인 사실에 관하여 보도할 때 부담하는 주의의무의 내용

신문이나 인터넷 매체의 기사가 타인의 명예를 훼손하여 불법행위가 되는지는 일반 독자가 기사를 접하는 통상의 방법을 전제로 기사의 전체적인 취지 및 객관적 내용, 사용된 어휘의 통상적인 의미, 문구의 연결방법 등을 종합적으로 고려하여 기사가 독자에게 주는 전체적인 인상을 기준으로 판단하여야 한다. 특히 보도의 내용이 수사기관 등에서 조사가 진행 중인 사실에 관한 것일 경우, 일반 독자들로서는 보도된 혐의사실의 진실 여부를 확인할 수 있는 별다른 방도가 없을 뿐 아니라 보도 내용을 그대로 진실로 받아들일 개연성이 있고, 신문보도 및 인터넷이 가지는 광범위하고도 신속한 전파력 등으로 인하여 보도 내용의 진실 여하를 불문하고 보도 자체만으로도 피조사자로 거론된 자 등은 심각한 피해를 입을 수 있다. 그러므로 수사기관 등의 조사사실을 보도하는 언론기관으로서는 보도에 앞서 조사 혐의사실의 진실성을 뒷받침할 적절하고도 충분한 취재를 하여야 하고, 확인되지 아니한 고소인의 일방적 주장을 여과 없이 인용하여 부각시키거나 주변 사정을 무리하게 연결시켜 마치 고소 내용이 진실인 것처럼 보이게 내용 구성을 하는 등으로 기사가 주는 전체적인 인상으로 인하여 일반 독자들이 사실을 오해하는 일이 생기지 않도록 기사 내용이나 표현방법 등에 대하여도 주의를 하여야 하고, 그러한 주의의무를 다하지 않았다면 명예훼손으로 인한 손해배상책임을 져야 한다(대법원 2016.5.27, 선고, 2015다33489, 판결).

❺ 형법 제309조 제2항 소정의 허위사실적시출판물등에의한명예훼손의 공소사실에 대하여 공소장변경 절차 없이 같은 조 제1항 소정의 사실적시출판물등에의한명예훼손죄로 인정할 수 있는지 여부

형법 제309조 제2항 소정의 허위사실적시출판물에 의한 명예훼손의 공소사실 중에는 동조 제1항 소정의 사실적출판물등에 의한 명예훼손의 공소사실도 포함되어 있는 것이므로, 적시된 사실이 허위사실이 아니라면 법원은 공소장변경 절차없이도 사실적시출판물등에 의한 명예훼손죄로 인정할 수 있다(대법원 1993. 9. 24. 선고 93도1732 판결).

❻ 형법 제309조 제1항 소정의 '기타 출판물'에 해당하기 위한 요건

  [1] 형법이 출판물 등에 의한 명예훼손죄를 일반 명예훼손죄보다 중벌하는 이유는 사실적시의 방법으로서의 출판물 등의 이용이 그 성질상 다수인이 견문할 수 있는 높은 전파성과 신뢰성 및 장기간의 보존가능성 등 피해자에 대한 법익침해의 정도가 더욱 크다는 데 있는 점에 비추어 보면, 형법 제309조 제1항 소정의 '기타 출판물'에 해당한다고 하기 위하여는 그것이 등록·출판된 제본인쇄물이나 제작물은 아니라고 할지라도 적어도 그와 같은 정도의 효용과 기능을 가지고 사실상 출판물로 유통·통용될 수 있는 외관을 가진 인쇄물로 볼 수 있어야 한다.
  [2] 컴퓨터 워드프로세서로 작성되어 프린트된 A4 용지 7쪽 분량의 인쇄물이 형법 제309조 제1항 소정의 '기타 출판물'에 해당하지 않는다고 본 사례(대법원 2000. 2. 11. 선고 99도3048 판결).

❼ 의사가 의료기기 회사와의 분쟁을 정치적으로 해결하기 위하여 국회의원에게 허위의 사실을 제보하였을 뿐인데, 위 국회의원의 발표로 그 사실이 일간신문에 게재된 경우 출판물에 의한 명예훼손이 성립하지 아니한다고 한 사례

  [1] 출판물에 의한 명예훼손죄는 간접정범에 의하여 범하여질 수도 있으므로 타인을 비방할 목적으로 허위의 기사 재료를 그 정을 모르는 기자에게 제공하여 신문 등에 보도되게 한 경우에도 성립할 수

있으나 제보자가 기사의 취재·작성과 직접적인 연관이 없는 자에게 허위의 사실을 알렸을 뿐인 경우에는, 제보자가 피제보자에게 그 알리는 사실이 기사화 되도록 특별히 부탁하였다거나 피제보자가 이를 기사화 할 것이 고도로 예상되는 등의 특별한 사정이 없는 한, 피제보자가 언론에 공개하거나 기자들에게 취재됨으로써 그 사실이 신문에 게재되어 일반 공중에게 배포되더라도 제보자에게 출판·배포된 기사에 관하여 출판물에 의한 명예훼손죄의 책임을 물을 수는 없다.

[2] 의사가 의료기기 회사와의 분쟁을 정치적으로 해결하기 위하여 국회의원에게 허위의 사실을 제보하였을 뿐인데, 위 국회의원의 발표로 그 사실이 일간신문에 게재된 경우 출판물에 의한 명예훼손이 성립하지 아니한다고 한 사례.

[3] 형법 제309조 제1항, 제2항 소정의 '사람을 비방할 목적'이란 가해의 의사 내지 목적을 요하는 것으로서 사람을 비방할 목적이 있는지 여부는 당해 적시 사실의 내용과 성질, 당해 사실의 공표가 이루어진 상대방의 범위, 그 표현의 방법 등 그 표현 자체에 관한 제반 사정을 감안함과 동시에 그 표현에 의하여 훼손되거나 훼손될 수 있는 명예의 침해 정도 등을 비교, 고려하여 결정하여야 한다.

[4] 특정 의료기기 회사에 대하여 권력비호와 특혜금융 및 의료기기의 성능이 좋지 않다고 제보한 의사에게 위 제보 내용에 관하여 허위의 인식이 있었다고 본 사례(대법원 2002. 6. 28. 선고 2000도3045 판결).

❽ 정보통신망 이용촉진 및 정보보호 등에 관한 법률 제70조 제2항에서 정한 '허위사실 적시에 의한 명예훼손죄' 또는 형법 제309조 제2항에서 정한 '허위사실 적시 출판물에 의한 명예훼손죄'가 성립하기 위한 요건

정보통신망 이용촉진 및 정보보호 등에 관한 법률(이하 '정보통신망법'이라 한다) 제70조 제2항이 정한 '허위사실 적시에 의한 명예훼손죄' 또는 형법 제309조 제2항, 제1항이 정한 '허위사실 적시 출판물에 의한 명예훼손죄'가 성립하려면 피고인이 적시하는 사실이 허위이고 그 사실이 허위임을 인식하여야 하며, 이러한 허위의 인식에 대한 증명책임은 검사에게 있다. 여기에서 사실의 적시는 가치판단이나 평가를 내용으로 하는 의견표현에 대치되는 개념으로서 시간적으로나 공간

적으로 구체적인 과거 또는 현재의 사실관계에 관한 보고나 진술을 뜻한다. 적시된 사실의 중요한 부분이 객관적 사실과 합치되는 경우에는 세부적으로 진실과 약간 차이가 나거나 다소 과장된 표현이 있더라도 이를 거짓의 사실이라고 볼 수 없다. 거짓의 사실인지를 판단할 때에는 적시된 사실 내용 전체의 취지를 살펴 객관적 사실과 합치하지 않는 부분이 중요한 부분인지 여부를 결정하여야 한다(대법원 2018. 11. 29., 선고, 2016도14678 판결).

➡ 수사실무

1. 피의자 신문례

   (1) 피의자는 현재 출판사를 운영하고 있나요

   (2) 어디에서 어떤 출판사를 운영하고 있나요

   (3) 현재 맡고 있는 직책은 무엇인가요

   (4) 박○○에 대한 기사를 월간지 ○○에 게재한 사실이 있나요

   (5) 언제, 어떠한 내용을 게재한 것인가요

   (6) 게재한 내용이 모두 사실인가요

   (7) 누구의 명의로 게재한 것인가요

   (8) 그 기사 내용이 사실인지 여부를 당사자에게 확인해 보았나요

2. 범죄사실 기재례

   [범죄사실기재례 ➡]

   (1) 피의자 김○○는 ○○에 있는 월간지 "○○시대"의 발행인 겸 편집인이고, 피의자는 이○○는 위 월간지의 취재기자이다.

   피의자들은 공모하여 20○○. ○. ○.자 월간지 "○○시대" 제205호의 254면에 평소 감정이 좋지 않은 ○○대학의 교수 박○○를 비방할 목적으로 "어용교수 박○○의 행태를 통해 본 대학교육의 허상"이라는 제목아래 "박교수는……"라는 허위의 기사를 게재한 월간지

약 5,000부를 그 무렵 ○○시내 및 주변지역 독자들에게 보급하여 공연히 허위의 사실을 적시하여 그의 명예를 훼손하였다.

(2) 피의자 윤○○는 ○○시 ○○동에 있는 월간지 "○○논단"의 발행인겸 편집인이고, 같은 김○○는 위 월간지의 취재기자이다.

피의자들은 ××××. ×. ×.자 월간지 "○○논단" ××호의 64면에 평소 감정이 좋지 않은 서울 ○○대학의 교수 노○○(당 ××세)를 비방할 목적으로 그의 사진을 싣고 "대학교수도 돈으로 된다?"라는 제목 아래 노○○는 ○○대학 교수채용심사에서 돈 ××만원을 주고 자리를 샀다는 허위의 기사를 게재한 월간지 약 ××천부를 그 무렵 그 시내 및 주변지역 독자들에게 보급하여 공연히 허위의 사실을 적시하여 그의 명예를 훼손하였다.

(12) 제311조 모욕

> 제311조(모욕) 공연히 사람을 모욕한 자는 1년 이하의 징
> 역이나 금고 또는 200만원 이하의 벌금에 처한다.
>
> 〈개정 1995. 12. 29.〉

[공소시효] : 5년

○ 이 죄의 보호법익에 대하여는 외부적 명예라는 설과 본인의 명예감
정이라는 설의 대립이 있으나 중점은 명예감정에 있다고 보는 견해
가 다수설이다. 명예훼손죄와 다른 점은, 보호법익이 명예감정이라
는 점 이외에 그 수단이 사실의 적시(摘示)에 의하지 않고, 단지 경
멸의 의사표시를 하는 점에 있다. 예컨대, 나쁜 놈·개자식 등 사람
의 인격을 멸시하는 가치판단을 표시하는 것과 같다. 이러한 모욕행
위의 수단은 언어에 한하지 않고, 문서에 의하건 거동에 의하건 불
문한다.

Ⅰ. 판례

❶ 모욕죄의 보호법익(=외부적 명예) 및 '모욕'의 의미 / 모욕죄가 성립
하기 위하여 피해자의 외부적 명예가 현실적으로 침해되거나 구체
적·현실적으로 침해될 위험이 발생하여야 하는지 여부(소극)

모욕죄는 공연히 사람을 모욕하는 경우에 성립하는 범죄로서(형법 제
311조), 사람의 가치에 대한 사회적 평가를 의미하는 외부적 명예를 보
호법익으로 하고, 여기에서 '모욕'이란 사실을 적시하지 아니하고 사
람의 사회적 평가를 저하시킬 만한 추상적 판단이나 경멸적 감정을 표
현하는 것을 의미한다. 그리고 모욕죄는 피해자의 외부적 명예를 저하시
킬 만한 추상적 판단이나 경멸적 감정을 공연히 표시함으로써 성립하므
로, 피해자의 외부적 명예가 현실적으로 침해되거나 구체적·현실적으로
침해될 위험이 발생하여야 하는 것도 아니다.(대법원 2016. 10. 13. 선고
2016도9674 판결)

❷ 모욕죄의 보호법익 및 모욕죄에서 말하는 '모욕'의 의미 / 상대방의 인격적 가치에 대한 사회적 평가를 저하시킬 만한 것이 아닌 표현이 다소 무례하고 저속한 방법으로 표시된 경우, 모욕죄의 구성요건에 해당하는지 여부(소극)

　형법 제311조의 모욕죄는 사람의 가치에 대한 사회적 평가를 의미하는 외부적 명예를 보호법익으로 하는 범죄로서, 모욕죄에서 말하는 모욕이란 사실을 적시하지 아니하고 사람의 사회적 평가를 저하시킬 만한 추상적 판단이나 경멸적 감정을 표현하는 것을 의미한다(대법원 1987. 5. 12. 선고 87도739 판결, 대법원 2003. 11. 28. 선고 2003도3972 판결 참조). 그런데 언어는 인간의 가장 기본적인 표현수단이고 사람마다 언어습관이 다를 수 있으므로 그 표현이 다소 무례하고 저속하다는 이유로 모두 형법상 모욕죄로 처벌할 수는 없다. 따라서 어떠한 표현이 상대방의 인격적 가치에 대한 사회적 평가를 저하시킬 만한 것이 아니라면 설령 그 표현이 다소 무례하고 저속한 방법으로 표시되었다 하더라도 이를 모욕죄의 구성요건에 해당한다고 볼 수 없다 (대법원 2015. 12. 24. 선고 2015도6622 판결)

❸ 모욕죄에서 말하는 '모욕'의 의미 / 상대방의 인격적 가치에 대한 사회적 평가를 저하시킬 만한 것이 아닌 표현이 다소 무례한 방법으로 표시된 경우, 모욕죄 구성요건에 해당하는지 여부(소극)

　형법 제311조의 모욕죄는 사람의 가치에 대한 사회적 평가를 의미하는 외부적 명예를 보호법익으로 하는 범죄로서, 모욕죄에서 말하는 모욕이란 사실을 적시하지 아니하고 사람의 사회적 평가를 저하시킬 만한 추상적 판단이나 경멸적 감정을 표현하는 것을 의미한다. 따라서 어떠한 표현이 상대방의 인격적 가치에 대한 사회적 평가를 저하시킬 만한 것이 아니라면 표현이 다소 무례한 방법으로 표시되었다 하더라도 모욕죄의 구성요건에 해당한다고 볼 수 없다.(대법원 2015. 9. 10. 선고 2015도2229 판결)

❸ 집단표시에 의한 모욕이 집단 구성원 개개인에 대한 모욕죄를 구성하는 경우 및 구체적인 판단 기준

　모욕죄는 특정한 사람 또는 인격을 보유하는 단체에 대하여 사회적 평가를 저하시킬 만한 경멸적 감정을 표현함으로써 성립하므로 그 피해자는 특정되어야 한다. 그리고 이른바 집단표시에 의한 모욕은, 모욕의 내용이 집단에 속한 특정인에 대한 것이라고는 해석되기 힘들고, 집단표시에 의한 비난이 개별구성원에 이르러서는 비난의 정도가 희석되어 구성원 개개인의 사회적 평가에 영향을 미칠 정도에 이르지 아니한 경우에는 구성원 개개인에 대한 모욕이 성립되지 않는다고 봄이 원칙이고, 비난의 정도가 희석되지 않아 구성원 개개인의 사회적 평가를 저하시킬 만한 것으로 평가될 경우에는 예외적으로 구성원 개개인에 대한 모욕이 성립할 수 있다. 한편 구성원 개개인에 대한 것으로 여겨질 정도로 구성원 수가 적거나 당시의 주위 정황 등으로 보아 집단 내 개별구성원을 지칭하는 것으로 여겨질 수 있는 때에는 집단 내 개별구성원이 피해자로서 특정된다고 보아야 할 것인데, 구체적인 기준으로는 집단의 크기, 집단의 성격과 집단 내에서의 피해자의 지위 등을 들 수 있다.(대법원 2014. 3. 27. 선고 2011도15631 판결)

❹ 국가나 지방자치단체가 명예훼손죄 또는 모욕죄의 피해자가 될 수 있는지 여부(소극)

　형법이 명예훼손죄 또는 모욕죄를 처벌함으로써 보호하고자 하는 사람의 가치에 대한 평가인 외부적 명예는 개인적 법익으로서, 국민의 기본권을 보호 내지 실현해야 할 책임과 의무를 지고 있는 공권력의 행사자인 국가나 지방자치단체는 기본권의 수범자일 뿐 기본권의 주체가 아니고, 정책결정이나 업무수행과 관련된 사항은 항상 국민의 광범위한 감시와 비판의 대상이 되어야 하며 이러한 감시와 비판은 그에 대한 표현의 자유가 충분히 보장될 때에 비로소 정상적으로 수행될 수 있으므로, 국가나 지방자치단체는 국민에 대한 관계에서 형벌의 수단을 통해 보호되는 외부적 명예의 주체가 될 수는 없고, 따라서 명예훼손죄나 모욕죄의 피해자가 될 수 없다.(대법원 2016. 12. 27. 선고 2014도15290 판결)

❺ 모욕죄에서 말하는 '모욕'의 의미

　모욕죄에서 말하는 모욕이란 사실을 적시하지 아니하고 사람의 사회적 평가를 저하시킬 만한 추상적 판단이나 경멸적 감정을 표현하는 것을 의미한다. 다만 어떤 글이 모욕적 표현을 담고 있는 경우에도 그 글이 객관적으로 타당성이 있는 사실을 전제로 하여 그 사실관계나 이를 둘러싼 문제에 관한 자신의 판단과 피해자의 태도 등이 합당한가 하는 데 대한 자신의 의견을 밝히고, 자신의 판단과 의견이 타당함을 강조하는 과정에서 부분적으로 모욕적인 표현이 사용된 것에 불과하다면 사회상규에 위배되지 않는 행위로서 형법 제20조에 의하여 위법성이 조각될 수 있다. 그리고 특정 사안에 대한 의견을 공유하는 인터넷 게시판 등의 공간에서 작성된 단문의 글에 모욕적 표현이 포함되어 있더라도, 그 글이 동조하는 다른 의견들과 연속적·전체적인 측면에서 볼 때, 그 내용이 객관적으로 타당성이 있는 사정에 기초하여 관련 사안에 대한 자신의 판단 내지 피해자의 태도 등이 합당한가 하는 데 대한 자신의 의견을 강조하거나 압축하여 표현한 것이라고 평가할 수 있고, 그 표현도 주로 피해자의 행위에 대한 것으로서 지나치게 악의적이지 않다면, 다른 특별한 사정이 없는 한 그 글을 작성한 행위는 사회상규에 위배되지 않는 행위로서 위법성이 조각된다고 보아야 한다.(대법원 2021. 3. 25., 선고, 2017도17643 판결)

➡ 수사실무

1. 범죄사실 기재례

　범죄사실기재례 ▪

　(1) 피의자는 20○○. ○. ○. 19 : 00경 ○○동 ○○번지에 있는 하○○(여, ○○세)가 경영하는 가게에서 평소 피해자가 피의자에게 외상을 해주지 않는다는 이유로 사건외 박○○, 김○○ 등 마을 사람 10여명이 있는 가운데 위 하○○에게 "이 돼지같은 년아, 네가 혼자 잔뜩 처먹고 배두드리며 사나 보자"라고 큰소리로 말하여 공연히 그녀를 모욕하였다.

(2) 피의자는 ○○상사를 경영하고 있다.

피의자는 20○○. ○. ○. 11 : 00경 ○○시 ○○동 ○○번지에 있는 ○○주식회사의 회의실에서 열린 그 회사의 채권단회의 석상에서 정○○ 등 ○○명이 모인 앞에서 "이 회사의 김○○ 상무는 허수아비노릇만 하는 바보새끼다. 그런 놈은 당장 사표를 써야 한다"라고 큰 소리를 질러 공연히 김○○를 모욕하였다.

(3) 피의자는 20○○. ○. ○. 15:00경 서울 ○○구 ○○동에 있는 ○○고기 식당에서 친구인 김○○ 등 7명과 함께 식사를 하던 중 피해자 이○○과 평소의 금전거래 관계로 말다툼을 하다가 피해자에게 "악질적인 고리대금업자!"라고 큰소리로 말하여 공연히 피해자를 모욕하였다.

2. 적용실례

(1) 빨갱이라고 다수인 앞에서 말한 경우

피해자에게 다수인이 있는 자리에서 "이 빨갱이 같은 놈아, 이북에나 가서 살아라"라고 말하였다.

➡ 이러한 경우 자칫 명예훼손죄로 의율할 수도 있으나, 위 말은 허위사실의 적시라고 보기 어려워 모욕죄로 의율하는 것이 타당하겠다.

(2) 도둑놈의 첩이라고 말한 경우

공연히 피해자에게 "도둑놈의 첩년"이라고 말하였다.

➡ 위 말은 구체적인 사실을 적시한 것이 아니라 단순히 사람의 외부적인 명예를 훼손할만한 추상적인 판단을 표시한 경우에 해당하므로 구체적인 사실적시를 구성요건으로 하는 명예훼손죄로 의율할 것이 아니라 모욕죄로 의율하는 것이 타당하다.

(3) 모욕에 대한 고소의 경우

전○○는 우○○에 대해 "우○○는 질이 나쁜 사람이다"라는 내용의 말을 하고 다녔고, 우○○는 이에 대해 전○○를 명예훼손죄로 고소하였다.

➡ 이 경우 명예훼손죄를 적용한다면, 위 피의자의 말은 구체적 사실이 아니어서 피의자의 의사를 개진한 것에 불과하므로 범죄혐의없음이 될 것이지만, 주관적인 의사를 개진한 것이라 하더라도 그 내용이 피해자의 사회적 평가를 저하시킬 위험성이 있다면 모욕죄가 성립할 것이다. 따라서 이 경우, 모욕죄로 의율하는 것이 타당할 것이다.

(4) 고소되지 않은 모욕죄를 인지한 경우

피의자가 피해자 경영의 맥주집에서 동인을 구타하고 유리창을 손괴하고 동인에게 욕설을 하여 모욕하였다는 것으로 모두 기소의견으로 송치하였다.

➡ 모욕죄는 친고죄이기 때문에 고소가 있어야 하는데 이 경우 피해자의 고소가 없으므로 고소의사 여부를 확인한 후 고소의사가 없다면 모욕죄로 입건할 수 없고, 인지한 이상 공소권이 없는 의견으로 송치해야 한다.

(5) 아내가 불륜을 맺고 있다는 전화를 받았으나, 그 사실이 허위라 신고하지 않은 경우

피해자 윤○○의 남편은 어느날 밤 윤○○가 그 동네의 이○○와 불륜관계를 맺고 있다는 전화를 받았다. 그 사실은 허위였으나, 피해자는 신고하지 않았다.

➡ 우선 위 행위는 구체적으로 허위사실을 유포한 것이기 때문에 내용상으로는 모욕죄가 아닌 명예훼손죄로 의율할 수 있겠고, 명예훼손죄는 친고죄가 아니고 반의사불벌죄여서 피해자인 윤○○가 처벌을 원하지 않는다는 의사를 명시하지 않는 한 처벌할 수

있겠다. 그러나 전화상으로 피해자의 남편에게 불륜관계를 이야기한 것은 전파가능성이 희박하기 때문에 공연성이 없어 결국 범죄혐의없다 할 것이다.

(13) 제314조 제2항 컴퓨터 등 장애 (손괴) 업무방해

> 제314조(업무방해)
> ② 컴퓨터등 정보처리장치 또는 전자기록등 특수매체기록을 손괴하거나 정보처리장치에 허위의 정보 또는 부정한 명령을 입력하거나 기타 방법으로 정보처리에 장애를 발생하게 하여 사람의 업무를 방해한 자도 제1항의 형과 같다. 〈신설 1995.12.29〉

[공소시효] : 7년

○ 이 죄는 경제적 활동에 있어서의 업무를 포함한 사회적 활동의 모든 업무를 보호하기 위한 범죄이므로 재산죄적 성질도 포함하는 인격죄적 범죄, 즉 사람의 사회적 활동의 자유를 경제적 측면에서 보호하려는 범죄라 할 수 있다. 그러므로 이 죄의 보호법익은 인격적 활동의 자유와 재산적 이익이며, 보호받는 정도는 추상적 위험범으로서의 보호이다.

형법상 해설 •

Ⅰ. 이론

1. 구성요건

(1) 객관적 구성요건

1) 객체

컴퓨터 등 정보처리장치와 전자기록 등 특수매체기록이다.

① 컴퓨터 등 정보처리장치는 자동적으로 계산이나 데이터처리

를 할 수 있는 전자장치로서, 사람의 업무에 사용되는 것이면 되고, 소유권의 귀속은 불문한다. 따라서 그것이 행위자 자신의 소유인 경우에도 이 죄가 성립한다.

② 전자기록 등 특수매체기록은 사람의 지각으로 인식할 수 없는 방식으로 만들어진 것으로서 정보처리장치에 의하여 정보처리에 사용되는 것을 뜻한다.

2) 행위

컴퓨터 등 정보처리장치 또는 전자기록 등 특수매체기록을 손괴하거나, 정보처리장치에 허위의 정보 또는 부정한 명령을 입력하거나, 기타 방법으로 정보처리에 장애를 발생하게 하는 것이다.

3) 정보처리에 장애 발생

컴퓨터의 정상적인 기능을 저해하는 것이다.

4) 업무방해

업무를 방해할 우려가 있는 상태가 발생한 때 기수가 되고, 업무방해의 현실적 결과는 요하지 않는다(추상적 위험범).

(2) 주관적 구성요건

고의가 있어야 한다.

2. 타죄와의 관계

(1) 이 죄가 성립하면 업무방해죄는 성립할 여지가 없다.

(2) 컴퓨터를 손괴하여 업무를 방해하면 이 죄와 손괴죄의 상상적 경합이 된다는 견해와 컴퓨터업무방해죄만 성립한다는 견해가 주장된다.

II. 판례

❶ 권한 없는 자가 정보처리장치에 입력되어 있는 관리자의 아이디와 비밀번호를 무단으로 변경하는 행위가 컴퓨터 등 장애 업무방해죄를 구성하는지 여부

[1] 정보처리장치를 관리 운영할 권한이 없는 자가 그 정보처리장치에 입력되어 있던 관리자의 아이디와 비밀번호를 무단으로 변경하는 행위는 정보처리장치에 부정한 명령을 입력하여 정당한 아이디와 비밀번호로 정보처리장치에 접속할 수 없게 만드는 행위로서 정보처리에 장애를 현실적으로 발생시킬 뿐 아니라 이로 인하여 업무방해의 위험을 초래할 수 있으므로, 컴퓨터 등 장애 업무방해죄를 구성한다.

[2] 대학의 컴퓨터시스템 서버를 관리하던 피고인이 전보발령을 받아 더 이상 웹서버를 관리 운영할 권한이 없는 상태에서, 웹서버에 접속하여 홈페이지 관리자의 아이디와 비밀번호를 무단으로 변경한 행위는, 피고인이 웹서버를 관리 운영할 정당한 권한이 있는 동안 입력하여 두었던 홈페이지 관리자의 아이디와 비밀번호를 단지 후임자 등에게 알려 주지 아니한 행위와는 달리, 정보처리장치에 부정한 명령을 입력하여 정보처리에 현실적 장애를 발생시킴으로써 피해 대학에 업무방해의 위험을 초래하는 행위에 해당하여 컴퓨터 등 장애 업무방해죄를 구성한다고 한 사례(대법원 2006. 3. 10. 선고 2005도382 판결)

❷ 메인컴퓨터의 비밀번호를 후임자에게 알려주지 않은 시스템관리자의 행위가 컴퓨터등장애업무방해죄에 해당하는지 여부(소극)

[1] 형법 제314조 제2항은 '컴퓨터 등 정보처리장치 또는 전자기록 등 특수매체기록을 손괴하거나 정보처리장치에 허위의 정보 또는 부정한 명령을 입력하거나 기타 방법으로 정보처리에 장애를 발생하게 하여 사람의 업무를 방해한 자'를 처벌하도록 규정하고 있는바, 여기에서 '컴퓨터 등 정보처리장치'란 자동적으로 계산이나 데이터처리를 할 수 있는 전자장치로서 하드웨어와 소프트웨어를 모두 포함하고, '기타 방법'이란 컴퓨터의 정보처리에 장애를 초래하는 가해수단으로서 컴퓨터의 작동에 직접·간접으로 영향을 미치는 일체의 행위를 말하며, 위 죄가 성립하기 위해서는 위와 같은 가해행위의 결과 정보처리장치가 그 사용목적에 부합하는 기능을 하지 못하거나 사용목적과 다른 기능을 하는 등 정보처리의 장애가 현실적으로 발생하였을 것을 요한다.

[2] 메인 컴퓨터의 비밀번호는 시스템관리자가 시스템에 접근하기 위하여 사용하는 보안 수단에 불과하므로, 단순히 메인 컴퓨터의 비

밑번호를 알려주지 아니한 것만으로는 정보처리장치의 작동에 직접 영향을 주어 그 사용목적에 부합하는 기능을 하지 못하게 하거나 사용목적과 다른 기능을 하게 하였다고 볼 수 없어 형법 제314조 제2항에 의한 컴퓨터등장애업무방해죄로 의율할 수 없다 할 것이다(대법원 2004. 7. 9. 선고 2002도631 판결).

❸ 컴퓨터 등 정보처리장치에 정보를 입력하는 등의 행위가 입력된 정보 등을 바탕으로 업무를 담당하는 사람의 오인, 착각 또는 부지를 일으킬 목적으로 행해진 경우, 그 행위가 업무를 담당하는 사람을 직접적인 대상으로 이루어진 것이 아니라도 '위계'에 해당하는지 여부(적극)

ACS(Auto Calling Service)시스템에 대한 위계는 형법 제314조 제1항 업무방해죄에 해당하지 않는다는 주장에 대하여

위계에 의한 업무방해죄에서 '위계'란 행위자가 행위목적을 달성하기 위하여 상대방에게 오인, 착각 또는 부지를 일으키게 하여 이를 이용하는 것을 말하고, 업무방해죄의 성립에는 업무방해의 결과가 실제로 발생함을 요하지 않고 업무방해의 결과를 초래할 위험이 발생하면 족하며, 업무수행 자체가 아니라 업무의 적정성 내지 공정성이 방해된 경우에도 업무방해죄가 성립한다고 할 것이다(대법원 2010. 3. 25. 선고 2009도8506 판결 등 참조). 나아가 컴퓨터 등 정보처리장치에 정보를 입력하는 등의 행위가 그 입력된 정보 등을 바탕으로 업무를 담당하는 사람의 오인, 착각 또는 부지를 일으킬 목적으로 행해진 경우에는 그 행위가 업무를 담당하는 사람을 직접적인 대상으로 이루어진 것이 아니라고 하여 위계가 아니라고 할 수는 없다.

원심판결 이유에 의하면, 원심은, 비록 피고인들이 성별이나 연령을 허위로 입력한 상대방은 ACS시스템인 사실을 인정할 수 있지만, 한편 위 피고인들이 단순히 ACS시스템에 허위의 응답을 입력한 행위만 한 것이 아니라, ○○을 선거구 지역에 거주하지 아니하여 여론조사에 응답할 자격이 없거나 중복응답이 되어 여론조사를 왜곡할 위험이 있다는 사정을 알면서도 여론조사에 참여하기 위하여 미리 자신의 휴대전화를 착신전환해 둔 사실, ACS 전화가 걸려오자 고의로 허위의 응답을 입력함으로써 공소외 1 후보의 지지율을 높이는 방법으로 경선관리위원회와 공소외 2 주식회사의 공정한 여론조사를 통한 후보자 경선관리업무

에 위험을 초래한 사실도 인정할 수 있으므로, 피고인들의 위와 같은 일련의 행위는 단순히 정보처리장치를 부정 조작한 수준을 넘어 사람에 의하여 이루어지는 여론조사를 통한 경선관리업무를 위계로 방해하였다고 평가할 여지가 충분하여(ACS시스템에 대한 허위 입력은 전체적인 위계의 행위태양 중 일부분일 뿐만 아니라 경선을 통한 후보자 확정과정에서 부분적 도구에 불과함) 형법 제314조 제1항에 규정된 업무방해죄에 해당한다고 판단하였다.

위 법리를 기록에 비추어 보면, 원심의 위와 같은 판단은 정당하고, 거기에 논리와 경험의 법칙에 반하여 자유심증주의의 한계를 벗어나거나 위계에 의한 업무방해죄에 관한 법리를 오해한 잘못이 없다.(대법원 2013. 11. 28., 선고, 2013도5814 판결)

➡ 수사실무

1. 범죄사실 기재례

┌─────────────────┐
│ **범죄사실기재례** ➡ │
└─────────────────┘

(1) 피의자는 서울 ○○구 ○○동 123번지 ○○정형외과 재활과에서 근무하고 있는 전공의이다.
피의자는 의약분업후 약사들의 동향을 파악하기 위하여 약사회 사이트를 해킹하기로 마음먹었다. 그리하여 ××××. ×. ×. 22:00경 서울 ○○구 ○○동 456번지 소재 피의자의 주거지에서 한국통신으로 전산망(인터넷)에 연결된 개인용 컴퓨터를 이용 대한약사회 홈페이지(http://www.kpanet.or.kr)에 접속하여 관리자 연락용으로 게시된 전자우편 주소 kpifmagi@kpanet.or.kr을 보고 동 ID의 비밀번호를 알아내기 위하여 이미 인터넷 해킹 사이트에서 다운받아 놓았던 메일크랙(전자우편의 비밀번호를 찾아주는 프로그램)을 실행시켜 부정한 방법으로 "××××"라는 비밀번호를 알아냈다.
피의자는 같은 날 23:30경 부당하게 취득한 ID와 비밀번호로 회원들만이 접속할 수 있는 대한약사통신 서버에 부정접속 후 관리자메뉴를 사용하여, 회원전용게시판에 글을 등록한 회원ID farm119등 200개의 ID와 비밀번호를 알아냈다. 그리고 비밀번호를 변경하는 등 다음날 02:00경까지 총 25회에 걸쳐 위와 같은 방법으로 대한약사통신(주) 회원들의 접속을 방해하고, 전자상거래를 못하도록 관련파일을 삭제하는 방법으로 피해자로 하여금 평균매출 차액 5억3,000만원 상당의 손해를 입히는 등 정상적인 업무를 방해하였다.

(14) 제316조 제2항 비밀 장치한 전자기록 등을 기술이용 탐지

> 제316조(비밀침해)
> ① 봉함 기타 비밀장치한 사람의 편지, 문서 또는 도화를 개봉한 자는 3년 이하의 징역이나 금고 또는 500만원 이하의 벌금에 처한다. 〈개정 1995.12.29〉
> ② 봉함 기타 비밀장치한 사람의 편지, 문서, 도화 또는 전자기록등 특수매체기록을 기술적 수단을 이용하여 그 내용을 알아낸 자도 제1항의 형과 같다.
> 〈신설 1995.12.29〉

[문서손괴등]366, [통신의비밀]헌18, 우편3, [우편물의압수]형소107, [편지개봉]우편28, [특별규정]우편48-51, [친고죄]318, [공소시효] : 5년

○ 이 죄의 보호법익은 개인의 비밀이며, 비밀의 주체는 자연인뿐 아니라 법인과 법인격 없는 단체를 포함한다. 비밀에는 국가 또는 공공단체의 비밀도 포함된다.

형법상 해설 •

Ⅰ. 이론

1. 구성요건

(1) 객관적 구성요건

1) 객체

이 죄의 객체는 봉함 기타 비밀장치한 타인의 편지·문서 또는 도화, 전자기록 등 특수매체기록이다.

① 편지란 특정인으로부터 다른 특정인에게 의사를 전달하는 문서를 말하고 우편물에 한하지 않는다.

② 문서는 문자, 발음부호 등에 의하여 특정인의 의사를 표시한 것으로서 편지 이외의 것을 뜻한다.

③ 도화는 그림에 의하여 사람의 의사가 표시된 것을 뜻한다.

④ 전자기록 등 특수매체기록이란 디스켓이나 CD롬과 같이 사람의 지각으로 인식할 수 없는 방식에 의하여 만들어진 기록을 뜻한다.

⑤ 비밀장치를 하지 않은 우편엽서·무봉서장 등은 이 죄의 객체가 되지 않는다.

2) 행위

개봉(제316조 1항)하거나 기술적 수단을 이용하여 그 내용을 알아내는 것(제316조 2항)이다.

① 개봉이란 봉함 기타 비밀장치를 뜯어 편지, 문서 또는 도화의 내용을 알 수 있는 상태에 두는 것을 말한다.

② 편지를 개봉한 이상 그 내용을 읽었는가 아닌가를 묻지 않고 이 죄는 기수가 된다(추상적 위험범).

③ 기술적 수단을 이용하여 내용을 알아내는 것이란 본 죄의 객체를 개봉하지 않고서도 기술적 수단을 이용하여 그 내용을 알아내는 것을 의미한다. 단순히 불빛을 비추어 내용을 알아내는 것으로는 부족하고 기술적 수단을 이용해야 한다.

(2) 주관적 구성요건

고의가 있어야 한다.

2. 위법성

(1) 피해자의 승낙은 위법성을 조각한다.

(2) 편지를 개봉할 권한이 법령에 규정되어 있는 경우에는 위법성이 조각된다(임시우편물단속법, 행형법, 형사소송법, 우편법 등 참조).

(3) 친권자가 친권의 행사로서 그 자녀에게 온 편지를 개봉해도 위법

성이 조각된다.

(4) 배우자는 상대방의 편지를 개봉할 권한이 없지만 상대방의 추정적 승낙에 해당될 때에는 위법성이 조각된다.

3. 소추조건

본 죄는 고소가 있어야 공소를 제기할 수 있는 친고죄이다(제318조). 누가 고소권자가 되느냐에 관해서 견해가 대립하지만 발송인뿐 아니라 수신인도 함께 피해자가 되므로 양자 모두 고소권자가 된다고 본다.

4. 타죄와의 관계

편지 등을 절취 또는 횡령하여 개봉한 때에는 절도죄 또는 횡령죄와 이 죄의 실체적 경합이 된다.

Ⅱ. 판례

❶ 2단 서랍의 아랫칸에 잠금장치가 되어 있는 경우 형법 제316조 제1항의 '비밀장치'에 해당한다고 한 사례

형법 제316조 제1항의 비밀침해죄는 봉함 기타 비밀장치한 사람의 편지, 문서 또는 도화를 개봉하는 행위를 처벌하는 죄이고, 이때 '봉함 기타 비밀장치가 되어 있는 문서'란 '기타 비밀장치'라는 일반 조항을 사용하여 널리 비밀을 보호하고자 하는 위 규정의 취지에 비추어 볼 때, 반드시 문서 자체에 비밀장치가 되어 있는 것만을 의미하는 것은 아니고, 봉함 이외의 방법으로 외부 포장을 만들어서 그 안의 내용을 알 수 없게 만드는 일체의 장치를 가리키는 것으로, 잠금장치 있는 용기나 서랍 등도 포함한다고 할 것인바, 이 사건과 같이 서랍이 2단으로 되어 있어 그 중 아랫칸의 윗부분이 막혀 있지 않아 윗칸을 밖으로 빼내면 아랫칸의 내용물을 쉽게 볼 수 있는 구조로 되어 있는 서랍이라고 하더라도, 피해자가 아랫칸에 잠금장치를 하였고 통상적으로 서랍의 윗칸을 빼어 잠금장치 된 아랫칸 내용물을 볼 수 있는 구조라거나 그와 같은 방법으로 볼 수 있다는 것을 예상할 수 없어 객관적으로 그 내용물을 쉽게 볼 수 없도록 외부에 의사를 표시하였다면, 형법 제316조 제1항의 규정

취지에 비추어 아랫칸은 윗칸에 잠금장치가 되어 있는지 여부에 관계없이 그 자체로서 형법 제316조 제1항에 규정하고 있는 비밀장치에 해당한다고 할 것이다(대법원 2008.11.27. 선고 2008도9071).

❷ 사생활과 관련된 사항의 공개에 관하여 위법성이 조각되기 위한 요건 및 초상권 또는 사생활의 비밀과 자유를 침해하는 행위의 위법성을 판단할 때 고려하여야 할 요소와 위법성조각에 관한 증명책임의 소재

　　개인의 사생활과 관련된 사항의 공개가 사생활의 비밀을 침해하는 것이더라도, 사생활과 관련된 사항이 공공의 이해와 관련되어 공중의 정당한 관심의 대상이 되는 사항에 해당하고, 공개가 공공의 이익을 위한 것이며, 표현내용 · 방법 등이 부당한 것이 아닌 경우에는 위법성이 조각될 수 있다. 초상권이나 사생활의 비밀과 자유를 침해하는 행위를 둘러싸고 서로 다른 두 방향의 이익이 충돌하는 경우에는 구체적 사안에서의 사정을 종합적으로 고려한 이익형량을 통하여 침해행위의 최종적인 위법성이 가려진다. 이러한 이익형량과정에서, 첫째 침해행위의 영역에 속하는 고려요소로는 침해행위로 달성하려는 이익의 내용 및 중대성, 침해행위의 필요성과 효과성, 침해행위의 보충성과 긴급성, 침해방법의 상당성 등이 있고, 둘째 피해이익의 영역에 속하는 고려요소로는 피해법익의 내용과 중대성 및 침해행위로 인하여 피해자가 입는 피해의 정도, 피해이익의 보호가치 등이 있다. 그리고 일단 권리의 보호영역을 침범함으로써 불법행위를 구성한다고 평가된 행위가 위법하지 아니하다는 점은 이를 주장하는 사람이 증명하여야 한다(대법원 2013.6.27, 선고, 2012다31628, 판결).

➡ 수사실무

1. 수사포인트
　(1) 편지, 문서, 도화는 누구의 소유인가, 적법한 고소권자에 의한 고소인가 조사한다.
　(2) 편지 등의 발신인과 수신인은 누구인가 조사한다.
　(3) 봉함 기타 비밀장치의 시기와 방법을 조사한다.

(4) 개봉목적과 그 동기를 밝힌다.

(5) 편지 등을 개봉하여 읽었는가, 그 후 어떻게 처분했는가 조사한다.

(6) 개봉권한의 유무 또는 권리자의 동의유무를 조사하여 위법성이 조각되는지 확인한다.

2. 피의자 신문례

(1) 고소인 이○○와 어떠한 관계인가요

(2) 이○○에게 온 편지를 받은 적이 있나요

(3) 이를 뜯어서 본 일이 있나요

(4) 언제, 누구에게서 온 편지였나요

(5) 받은 편지는 어떻게 하였나요

(6) 언제, 어디에서 개봉한 것인가요

(7) 어떠한 방법을 사용하여 개봉하였나요

(8) 편지를 뜯어서 본 이유는 무엇인가요

(9) 그 후 어떻게 처리하였나요

(10) 피의자 본인에게 그 편지를 개봉할 권한이 있다고 생각하나요

3. 범죄사실 기재례

[범죄사실기재례 ➔]

피의자는 ○○시 ○○동 ○○번지에서 하숙집을 운영하고 있다.

피의자는 ××××. ×.경 위 집에서 하숙을 하는 김○○ 앞으로 우○○로부터 온 봉함된 편지 1통을 받았다. 이를 위 김○○에게 전해주려고 가다가 호기심이 생겨서 위 편지의 윗부분을 물에 적셔 개봉하여 읽어서 봉함한 타인의 편지를 개봉하였다.

(15) 제323조 권리행사방해(전자기록 취거·은닉·손괴)

> 제323조(권리행사방해)
>
> 타인의 점유 또는 권리의 목적이 된 자기의 물건 또는 전자기록등 특수매체기록을 취거, 은닉 또는 손괴하여 타인의 권리행사를 방해한 자는 5년 이하의 징역 또는 700만원 이하의 벌금에 처한다. 〈개정 1995.12.29〉

[타인점유]민192 · 194 · 320 · 328, [은닉 · 손괴]366, [친족간의범행]328, [공소시효] : 7년

o 이 죄의 보호법익은 제한물권(용익·담보물권) 또는 채권(임차권 등)이다. 제한물권이나 채권도 재산권이기 때문에 넓은 의미로는 재산죄의 일종이지만 소유권을 보호하는 일반 재산죄와 구별된다.

형법상 해설

I. 이론

1. 구성요건

(1) 객관적 구성요건

1) 주체

자기의 물건을 타인의 점유 또는 권리의 목적으로 제공한 소유자이다.

2) 객체

타인의 점유 또는 권리의 목적이 된 자기의 물건, 또는 전자기록 등 특수매체기록이다.

① 자기물건이란 자기소유의 물건을 말한다. 자기와 타인의 공유에 속하는 물건은 타인의 물건이므로 여기에 해당하지 않는다. 전자기록 등 특수매체 기록이란 사람의 지각으로 인식할 수 없는 방식에 의하여 만들어진 기록을 의미한다.

② 타인이란 자기 이외의 자로서 자연인은 물론 법인이나 법인
   격 없는 단체를 포함한다. 자기와 타인이 공동점유하는 자기
   소유물도 타인이 점유하는 재물에 해당한다.

③ 점유는 적법한 권원에 의한 형법상의 점유로 제한된다.

④ 타인의 권리의 목적이란 타인의 제한물권 또는 채권의 목적
   이 된 물건을 말한다.

  3) 행위

   취거·은닉·손괴하여 타인의 권리행사를 방해하는 것이다.

① 취거란 점유자의 의사에 반하여 그 점유물에 대한 점유자의
   사실상의 지배를 제거하고 자기 또는 제3자의 사실상의 지배
   로 옮기는 것을 말한다. 절도죄의 절취에 상응하는 개념이다.

② 은닉이란 물건의 소재 발견을 불가능하게 하거나 현저히 곤
   란한 상태에 두는 것을 말한다.

③ 손괴란 물건의 전부 또는 일부에 대하여 그 용익적 또는 가
   치적 효용을 해하는 것을 말한다.

④ 권리행사방해는 타인의 권리행사가 방해될 우려있는 상태에 이
   르면 되고 현실적으로 방해되었을 것을 요하지 않는다(위험범).

⑤ 이 죄의 미수는 벌하지 않는다.

 (2) 주관적 구성요건

  1) 이 죄는 영득죄가 아니기 때문에 불법영득의 의사가 있었는가
     혹은 없었는가는 죄의 성립에 영향을 주지 않는다.

  2) 타인의 점유 또는 권리의 목적이 된 자기의 물건이라는 것, 이를 취
     거·은닉·손괴함으로써 타인의 권리를 방해한다는 인식이 있으면 된다.

  3) 미필적 고의로 족하다.

 2. 친족상도례(제328조)

  (1) 이 죄가 직계혈족, 배우자, 동거친족, 동거가족 또는 그 배우자 사
     이에서 이루어졌을 경우에는 그 형을 면제하며(제328조 1항), 그

외의 친족 사이에서 이루어지면 고소가 있어야 논한다(제328조 2항). 이러한 신분관계가 없는 공범에 대하여는 이러한 특례를 인정하지 않는다(제328조 3항).

(2) 가족, 친족관계는 객관적으로 존재하는 것으로 충분하고 이러한 신분관계에 있음을 피의자가 인식할 것을 필요로 하지 않는다고 해석되므로(인적처벌조각사유설) 설령 피의자에게 그 신분관계에 관하여 착오가 있을지라도 친족간 범행의 적용에는 영향이 없다.

II. 판례

❶ 권리행사방해죄에서 말하는 '자기의 물건'의 의미와 그 소유권 귀속의 기준 및 명의신탁 받은 부동산이 명의수탁자의 '자기의 물건' 인지 여부(원칙적 소극)

형법 제323조의 권리행사방해죄에서 말하는 '자기의 물건'이라 함은 범인이 소유하는 물건을 의미하고, 여기서 소유권의 귀속은 민법 기타 법령에 의하여 정하여진다 할 것인바, 부동산실권리자 명의등기에 관한 법률 제4조 제1항, 제2항 및 제8조에 의하면 <u>종중 및 배우자에 대한 특례가 인정되는 경우나 부동산에 관한 물권을 취득하기 위한 계약에서 명의수탁자가 그 일방당사자가 되고 그 타방 당사자가 명의신탁약정이 있다는 사실을 알지 못하는 경우 이외에는 명의수탁자는 명의신탁 받은 부동산의 소유자가 될 수 없고</u>, 이는 제3자에 대한 관계에 있어서도 마찬가지이므로, 명의수탁자로서는 명의신탁 받은 부동산이 <u>'자기의 물건'이라고 할 수 없다</u>(대법원 2007. 1. 11. 선고 2006도4215 판결).

❷ 권리행사방해죄의 보호대상인 '타인의 점유'의 의미

[1] 권리행사방해죄에서의 보호대상인 타인의 점유는 <u>반드시 점유할 권원에 기한 점유만을 의미하는 것은 아니고, 일단 적법한 권원에 기하여 점유를 개시하였으나 사후에 점유 권원을 상실한 경우의 점유, 점유 권원의 존부가 외관상 명백하지 아니하여 법정절차를 통하여 권원의 존부가 밝혀질 때까지의 점유, 권원에 기하여 점유를 개시한 것은 아니나 동시이행항변권 등으로 대항할 수 있는 점</u>

유 등과 같이 법정절차를 통한 분쟁 해결시까지 잠정적으로 보호
할 가치 있는 점유는 모두 포함된다고 볼 것이고, 다만 절도범인
의 점유와 같이 점유할 권리 없는 자의 점유임이 외관상 명백한
경우는 포함되지 아니한다.

[2] 렌트카회사의 공동대표이사 중 1인이 회사 보유 차량을 자신의
개인적인 채무담보 명목으로 피해자에게 넘겨 주었는데 다른 공동
대표이사인 피고인이 위 차량을 몰래 회수하도록 한 경우, 위 피
해자의 점유는 권리행사방해죄의 보호대상인 점유에 해당한다고
한 사례(대법원 2006. 3. 23. 선고 2005도4455 판결).

❸ 배우자에게 명의신탁한 부동산이 권리행사방해죄에서 말하는 '자기의
물건'에 해당하는지 여부(소극)

(1) 사실관계

피고인 A는 부산소재 ○○건물의 실소유자로서 실내건축 및 건
물임대업체인 주식회사 ▲▲를 운영하는 자, 피고인 C는 위 ○
○건물의 관리인으로서, 피고인 A가 2002. 9. 20.경 피해자 D
에게 위 빌딩 1층 103호를 임대보증금 30,000,000원에 임대하
면서 위 103호의 실내장식공사를 15,000,000원에 하여 주기로
약정하고 그 공사를 진행하던 중, 피고인 A, 피고인 C는 공모하
여, 2002. 10. 24.경 위 ○○건물1층 103호에서 피고인 A는 피
해자 D의 동생인 E와 위 실내장식공사 대금 문제로 다툰 일로
화가 나 피고인 C에게 위 103호의 문에 자물쇠를 채우라고 지시
하고, 피고인 C는 위 103호에 자물쇠를 채워 피해자D로 하여금
위 점포에 출입을 못하게 하였다. 그러나 위 빌딩은 이를 피고인
A가 F로부터 매수하면서 그의 처인 B에게 등기명의를 신탁(중간
생략등기형 명의신탁 또는 계약명의신탁)해 놓은 것이었다.

(2) 판결요지

[1] 부동산 실권리자명의 등기에 관한 법률 제8조는 배우자 명의로
부동산에 관한 물권을 등기한 경우에 조세포탈, 강제집행의 면

탈 또는 법령상 제한의 회피를 목적으로 하지 아니한 때에는 제
4조 내지 제7조 및 제12조 제1항, 제2항의 규정을 적용하지 아
니한다고 규정하고 있는바, 만일 명의신탁자가 그러한 목적으로
명의신탁을 함으로써 명의신탁이 무효로 되는 경우에는 말할 것
도 없고, 그러한 목적이 없어서 유효한 명의신탁이 되는 경우에
도 제3자인 부동산의 임차인에 대한 관계에서는 명의신탁자는
소유자가 될 수 없으므로, 어느 모로 보나 신탁한 부동산이 권
리행사방해죄에서 말하는 '자기의 물건'이라 할 수 없다.

[2] 피고인이 이른바 중간생략등기형 명의신탁 또는 계약명의신탁
의 방식으로 자신의 처에게 등기명의를 신탁하여 놓은 점포에
자물쇠를 채워 점포의 임차인을 출입하지 못하게 한 경우, 그
점포가 권리행사방해죄의 객체인 자기의 물건에 해당하지 않는
다고 한 사례(대법원 2005. 9. 9. 선고 2005도626 판결).

❹ '자기의 소유가 아닌 물건'이 권리행사방해죄의 객체가 될 수 있는지
여부(소극)

형법 제323조의 권리행사방해죄는 타인의 점유 또는 권리의 목적이 된
'자기의 물건'을 취거, 은닉 또는 손괴하여 타인의 권리행사를 방해
함으로써 성립하는 것이므로, 그 취거, 은닉 또는 손괴한 물건이 '자기
의 물건'이 아니라면 권리행사방해죄가 성립할 여지가 없다(대법원
2010.2.25, 선고, 2009도5064, 판결).

❺ 형법 제323조 권리행사방해죄 소정의 타인의 점유의 의미 및 무효인
경매절차에 의하여 부동산을 낙찰 받아 점유하게 된 자의 점유가 형
법 제323조 소정의 '타인의 점유'에 해당하는지 여부

형법 제323조의 권리행사방해죄에 있어서의 타인의 점유라 함은 권원
으로 인한 점유 즉 정당한 원인에 기하여 그 물건을 점유하는 권리있는
점유를 의미하는 것으로서 본권을 갖지 아니한 절도범인의 점유는 여기
에 해당하지 아니하나, 반드시 본권에 의한 점유만에 한하지 아니하고
동시이행항변권 등에 기한 점유와 같은 적법한 점유도 여기에 해당한다
고 할 것이고, 한편, 쌍무계약이 무효로 되어 각 당사자가 서로 취득한
것을 반환하여야 할 경우, 어느 일방의 당사자에게만 먼저 그 반환의무

의 이행이 강제된다면 공평과 신의칙에 위배되는 결과가 되므로 각 당사자의 반환의무는 동시이행 관계에 있다고 보아 민법 제536조를 준용함이 옳다고 해석되고, 이러한 법리는 경매절차가 무효로 된 경우에도 마찬가지라고 할 것이므로, <u>무효인 경매절차에서 경매목적물을 경락받아 이를 점유하고 있는 낙찰자의 점유는 적법한 점유로서 그 점유자는 권리행사방해죄에 있어서의 타인의 물건을 점유하고 있는 자라고 할 것</u>이다(대법원 2003. 11. 28. 선고 2003도4257 판결).

❻ 피고인이 지입제로 운행하던 택시를 지입회사의 요구로 회사 차고지에 입고하였다가 회사의 승낙을 받지 않고 가져간 행위가 권리행사방해죄에 해당하지 않는다고 한 사례

(1) 사실관계

> 피고인이 유한회사 낭주택시에 레간자택시를 지입하여 운행하면서 일일입금 및 공과금을 납부하지 아니하여 위 회사로부터 위 택시의 반환을 요구받던 중, 1999. 11. 14. 위 택시를 위 회사 차고지에 입고하여 위 회사가 위 택시를 점유하게 되었음에도 그 다음날 21:30경 위 회사 차고지에 주차되어 있던 피고인 소유의 위 택시를 점유권자인 위 회사의 승낙 없이 임의로 취거하였다.

(2) 판결요지

[1] 형법 제323조의 권리행사방해죄는 타인의 점유 또는 권리의 목적이 된 자기의 물건을 취거, 은닉 또는 손괴하여 타인의 권리행사를 방해함으로써 성립하는 것이므로 그 취거, 은닉 또는 손괴한 물건이 자기의 물건이 아니라면 권리행사방해죄가 성립할 여지가 없다.

[2] 피고인이 <u>택시를 회사에 지입하여 운행하였다고 하더라도</u>, 피고인이 회사와 사이에 위 택시의 소유권을 피고인이 보유하기로 약정하였다는 등의 <u>특별한 사정이 없는 한, 위 택시는 그 등록명의자인 회사의 소유</u>이고 피고인의 소유는 아니라고

할 것이므로 <u>회사의 요구로 위 택시를 회사 차고지에 입고하
였다가 회사의 승낙을 받지 않고 이를 가져간 피고인의 행위
는 권리행사방해죄에 해당하지 않는다고 한 사례</u>(대법원 2003.
5. 30. 선고 2000도5767 판결).

❼ 자기의 소유가 아닌 물건이 권리행사방해죄의 객체가 될 수 있는지
여부(소극)

(1) 사실관계

> 피고인A는 피해자에게 교부한 약속어음이 부도나 피해자로부터
> 원금에 대한 변제독촉을 받자 BMW 차량 및 열쇠와 자동차등
> 록증 사본을 피해자에게 교부하고, 금원을 변제할 때까지 피해
> 자가 위 차량을 보관하게 함으로써 담보로 제공하였음에도 불
> 구하고, 피해자의 승낙 없이 미리 소지하고 있던 위 차량의 보
> 조키를 이용하여 이를 운전하여 갔다. 그러나 위 차량은 자동차
> 등록원부에 비엠더블유파이낸셜서비스코리아 명의로 등록되어
> 있었던 차량이었다.

(2) 판결요지

[1] 형법 제323조의 권리행사방해죄는 타인의 점유 또는 권리의
목적이 된 자기의 물건을 취거, 은닉 또는 손괴하여 타인의 권
리행사를 방해함으로써 성립하는 것이므로, 그 <u>취거, 은닉 또
는 손괴한 물건이 자기의 물건이 아니라면 권리행사방해죄가
성립할 여지가 없다</u>.

[2] 피고인이 피해자에게 담보로 제공한 차량이 <u>그 자동차등록원
부에 타인 명의로 등록되어 있는 이상 그 차량은 피고인의 소
유는 아니라는 이유로</u>, 피고인이 피해자의 승낙 없이 미리 소
지하고 있던 위 차량의 보조키를 이용하여 이를 운전하여 간
행위가 <u>권리행사방해죄를 구성하지 않는다</u>고 한 사례(대법원
2005. 11. 10. 선고 2005도6604 판결).

❽ 형법 제323조 소정의 '취거'의 의미

　(1) 사실관계

> 채권자인 A가 채무자인 피고인 B로부터 차용금 채무의 담보로 제공받은 피고인 B소유의 그 설시 맥콜을 C등 2인에게 보관시키고 있던 중 B가 위 맥콜은 D로부터 교부받은 것이고 이를 동인에게 반환한다는 내용으로 된 반환서를 D에게 작성해 주어 D가 위 C등 2인에게 이 반환서를 제시하면서 위 맥콜은 피고인 B에게 편취당한 장물이므로 이를 인계하여 달라고 요구하여 이를 믿은 동인들로부터 이를 교부받아 갔다.

　(2) 판결요지

> 형법 제323조 소정의 권리행사방해죄에 있어서의 취거라 함은 타인의 점유 또는 권리의 목적이 된 자기의 물건을 그 점유자의 의사에 반하여 그 점유자의 점유로부터 자기 또는 제3자의 점유로 옮기는 것을 말하므로 점유자의 의사나 그의 하자있는 의사에 기하여 점유가 이전된 경우에는 여기에서 말하는 취거로 볼 수는 없다(대법원 1988.2.23. 선고 87도1952 판결).

➡ 수사실무

1. 피의자 신문례

　(1) 피의자는 ○○시 ○○구 ○○동 112번지의 건물을 알고 있나요

　(2) 위 건물은 누구의 소유인가요

　(3) 위 건물을 ○○○에게 임대하여 준 사실이 있나요

　(4) 언제부터 임대하여 주었고, 계약내용은 어떠한가요

　(5) 피의자는 위 건물의 출입문을 손괴한 적이 있나요

　(6) 언제 그렇게 하였나요

　(7) 누구와 함께 손괴하였나요

　(8) 어떤 방법으로 손괴하였나요

(9) 위 손괴로 인하여 ○○○에게 어떤 피해를 입혔나요

(10) 친족관계는 있는가요

2. 범죄사실 기재례

범죄사실기재례 -

피의자는 ××××. ×. ×. 피의자 소유의 서울 33바 ××××호 지게차를 차○○에게 임대료 월 ××만원 ×개월 기한으로 임대차계약을 맺고 동시에 ×개월분의 임대료 ××만원을 받은 다음, 그 지게차 운행권리 일체를 대여하였다. 위 차○○는 그 차를 다음날부터 서울 ○○동 ○○번지에 있는 자기집 차고에 보관하면서 ○○건설주식회사의 ○○공사장에서 운행하였다. 피의자는 그 트럭의 임대료가 너무 싸다고 생각하여 위 차○○에게 그 임대료의 인상을 요구하였으나 그가 이를 거절하자 같은 해 ×. ×. 06:30경 위 차○○의 차고에서 ○○동 ○○번지에 있는 자신의 차고로 옮겨감으로써 차○○의 위 지게차운행의 권리행사를 방해하였다.

3. 적용실례

(1) 타인의 전세들어 사는 피의자 소유집에 침입하여 부엌문, 방문 등을 손괴한 경우

피의자는 자기집에 전세들어 사는 피해자가 계약기간이 끝났는데도 이사를 가지 않자 그 집에 침입하여 부엌문 및 방문짝을 때려부수고 신을 신은 채로 그 방 안에 들어가 피해자의 가구인 문갑을 손괴하였다.

➡ 타인의 점유 또는 권리의 목적이 된 자기물건을 손괴한 행위는 권리행사방해죄에 해당하며, 부엌을 통하여 방안으로 신발을 신고 침입한 행위는 주거침입죄에 해당하므로, 이 경우 재물손괴죄와 권리행사방해, 주거침입죄를 의율해야 할 것이다.

(2) 담보물건을 몰래 가져온 경우

도○○는 임○○에게서 돈을 빌리면서 그 담보로 고가의 전문가용 카메라를 맡겼는데, 마음이 놓이지 않아 임○○ 몰래 그 카메라를 집으로 가져와 버렸다.

➡ 도○○의 행위는 타인의 권리의 목적이 된 자기의 물건을 취거한 것이므로 권리행사방해죄로 의율해야 한다. 절도죄가 아님에 유의.

(3) 자동차를 매수 인도받아 잔대금도 지불하지 않고 등록명의 이전도 않은 상태에서 피의자가 임의로 끌고 가 보관, 반환불응한 경우

피의자는 소유하고 있던 트럭을 김○○에게 매도인도했고 고소인은 다시 김○○로부터 위 차를 매수인도받아 등록명의는 피의자 앞으로 한 채 운행하고 있었다. 그런데 위 김○○가 트럭의 잔대금을 지불하지 않고 등록명의도 이전하지 않은 채 자취를 감추자 피의자가 이에 불안을 느끼고 있다가 ○○아파트 주차장에 세워놓은 위 차를 발견하고 김○○에 대한 채권담보로 하기 위해 위 차를 임의로 끌고가 보관하면서 고소인의 반환요구에도 불응하였다.

➡ 이에 대해 절도죄로 의율할 수도 있겠으나, 절도죄는 타인의 점유하에 있는 타인 소유의 재물을 불법영득의사로 가져올 때 성립하는 것이다. 그런데 이 경우의 트럭은 피의자 명의로 등록되어 있으나 피의자 소유의 물건이라 할 것이어서 절도죄의 객체가 아니고 불법영득의사도 인정하기 어렵다 할 것이다. 다만 피의자가 고소인의 적법한 위 트럭의 점유운행권을 침해한 것이므로 권리행사방해죄로 의율하는 것이 타당하다.

(4) 가스점포 상호명이 붙은 용기를 임의로 가져온 경우

권○○는 가스점포의 종업원으로서 배달을 나갔다가 이○○의 집 옆에 위 점포의 상호명이 쓰여 있는 가스용기가 있는 것을 발견

하고, 이를 임의로 가져갔다.

➡ 위 가스용기는 점포의 소유이긴 하지만 이○○가 점유하고 있던 것이어서, 위 권○○에게 불법영득의 의사가 없었다고 하더라도 권리행사방해죄를 의율해야 할 것이다.

(5) 타인에게 자동차를 매도·인도하다 손괴한 경우
정○○는 개인택시로 사용하던 자동차를 송○○에게 매도, 인도하였다. 그런데 그 차를 잘못하여 정○○가 손괴하고 말았다.

➡ 이 경우, 우선 위 차의 소유, 점유 문제를 알아보아야 할 것이다. 만일 위 차의 잔금지급 및 등록명의 이전이 완전히 끝났다면 위 정○○의 행위는 재물손괴죄로 의율하는 것이 상당하다. 그러나 등록명의가 아직 송○○에게 이전되지 않았다면 위 차의 소유자는 정○○이고, 송○○는 단지 점유하고 있는 자일 뿐이므로 권리행사방해죄로 의율해야 될 것이다.

(6) 명도 요구에 불응하여 의사에 반하여 점포내에 고추를 쌓아 영업을 방해한 경우
방○○는 이○○로부터 그 소유점포를 빌려서 가방 등을 판매하던 중 그 임대기간이 종료하여 이○○가 방○○에게 명도를 요구했으나 그는 이를 거절하고 있었다. 이에 이○○는 위 점포를 김○○에게 매도하고 그 소유권이전등기를 경료하여 주었다. 그 후 김○○는 방○○에게 그 점포를 비워줄 것을 요구하다가 그가 불응하자 위 점포에 자신의 소유 고추 100여 가마를 쌓아 놓는 방법으로 여러 차례 영업을 방해하였다.

➡ 이 경우, 위 점포의 소유가 어찌되었든 관계없이 그 행위에 있어서 권리행사방해죄의 취거, 은닉, 손괴 어느 행위에도 해당하지 않기 때문에 권리행사방해죄는 성립하지 않으며 업무방해죄가 성립될 뿐이다.

(16) 제347조 사기

> 제347조(사기)
> ① 사람을 기망하여 재물의 교부를 받거나 재산상의 이익을 취득한 자는 10년 이하의 징역 또는 2천만원 이하의 벌금에 처한다. 〈개정 1995.12.29〉
> ② 전항의 방법으로 제삼자로 하여금 재물의 교부를 받게 하거나 재산상의 이익을 취득하게 한 때에도 전항의 형과 같다.

[공소시효] : 10년

○ 이 죄는 사람을 기망하여 재물을 편취 또는 재산상의 불법한 이익을 취득하거나 제3자로 하여금 이를 얻게 하는 행위 및 이에 준하는 행위를 내용으로 하는 범죄이다. 따라서 이 죄는 재물죄인 동시에 이득죄에 해당한다.

형법상 해설

Ⅰ. 이론

1. 구성요건

(1) 객관적 구성요건

1) 객체

사기죄의 객체는 '재물 또는 재산상의 이익'이다.

재물이란 타인소유, 타인점유의 재물을 말하며, 동산, 부동산을 불문한다. 재산상의 이익이란 노무제공이나 담보제공과 같은 적극적 이익이나, 채무면제와 같은 소극적 이익 그 밖에 일시적 이익이나 영속적 이익을 불문한다. 기망에 의할지라도 재산상 이익을 취득한 것이 아니라면 사기죄는 성립하지 않음을 주의해야 한다.

2) 기망행위

기망이란 널리 거래관계에서 지켜야 할 신의칙에 반하는 행위로
서 사람으로 하여금 착오를 일으키게 하는 것을 말한다.

가. 기망행위의 대상

기망행위의 대상은 '사실'이다. 즉, 구체적으로 증명할 수 있
는 과거와 현재의 상태로서 상대방이 재산적 처분행위를 함
에 있어서 판단의 기초가 되는 것을 의미한다.

'의견이나 가치판단'이 대상이 될 수 있는지와 관련하여 포
함된다고 보는 견해(오영근)도 있으나, 제외된다는 견해가
다수설이다.

나. 기망행위의 수단

수단·방법에는 제한이 없고 일반에게 착오를 일으킬 수 있는
모든 행위가 포함되므로 명시적이든 묵시적이든 부작위이든
묻지 않는다. 다만 부작위에 의한 기망행위가 사기죄를 구성
하기 위해서는 행위자가 상대방의 착오를 제거해야 할 보증인
지위에 있어야 하며, 이러한 보증인 지위는 법령, 계약, 선행
행위는 물론 신의성실의 원칙에 의해서도 발생할 수 있다.

① 작위에 의한 기망행위

작위에 의한 기망행위에는 언어·문서 등에 의하여 허위
의 주장을 하는 것을 의미하는 명시적 기망행위와 행동에
의하여 허위의 주장을 하는 것을 의미하는 묵시적 기망행

위가 있다. 묵시적 기망행위는 부작위에 의한 기망행위와 구별되는데, 묵시적 기망행위의 경우에는 보증인 지위가 필요 없다는 점에서 부작위에 의한 기망행위와 차이가 있다. 묵시적 기망행위의 예로는 무전취식·무전숙박의 문제(처음부터 지불의사나 지불능력이 없이 취식이나 숙박한 경우에 주문행위나 숙박행위는 지불의사와 능력이 있음을 묵시적으로 설명하는 것이므로 사기죄가 성립), 처분권 없는 자의 재물의 처분(이러한 처분행위는 자신이 소유자로서 처분권한이 있음을 묵시적으로 표현한 것으로 볼 수 있으므로 묵시적 기망행위에 해당) 등을 들 수 있다.

② 부작위에 의한 기망행위

부작위에 의한 기망행위가 성립하려면 상대방은 스스로 착오에 빠져 있어야 하고, 행위자는 상대방의 착오를 제거하여 피해자의 재산침해를 방지해야 할 보증인 지위에 있어야 하며, 이에 근거하여 상대방에게 사실을 알려야 할 고지의무가 있어야 한다. 또 동가치성(부작위에 의한 기망이 작위에 의한 기망과 그 행위정형에 있어서 동가치성이 인정되어야 함)이 인정되어야 한다.

고지의무는 법령, 계약, 선행행위 뿐만 아니라 신의칙에 의해서도 발생할 수 있다. 다만, 계약관계 그 자체만으로 신의칙상의 고지의무가 인정되는 것은 아니고 특별한 신임관계가 요구된다.

■ 관련판례 ■

사기죄의 요건으로서의 기망은 널리 재산상의 거래관계에 있어 서로 지켜야 할 신의와 성실의 의무를 저버리는 모든 적극적 또는 소극적 행위를 말하는 것이고, 이러한 소극적 행위로서의 부작위에 의한 기망은 법률상 고지의

> 무 있는 자가 일정한 사실에 관하여 상대방이 착오에 빠져 있음을 알면서도 이를 고지하지 아니함을 말하는 것으로서, 일반거래의 경험칙상 상대방이 그 사실을 알았더라면 당해 법률행위를 하지 않았을 것이 명백한 경우에는 신의칙에 비추어 그 사실을 고지할 법률상 의무가 인정되는 것이다(대법원 1998. 12. 8. 선고 98도3263 판결).

다. 기망행위의 정도

① 단순히 사람을 착오에 빠뜨리게 한 것만으로는 기망이 있었다고 할 수 없고, 적어도 그것이 거래관계에 있어서 신의칙에 반하는 정도에 이르러야 한다.

② 이중매매 또는 이중저당의 경우 : 이중매매 또는 이중저당이란 갑이 부동산을 을에게 매도하거나 저당권을 설정하는 계약을 체결하고 아직 등기를 경료하지 않은 것을 이용하여 병과 다시 계약을 체결하고 그에게 등기를 경료해 준 경우를 말한다. 갑이 을에게 이미 등기를 마친 사실을 숨기고 병과 계약을 맺은 때에는 사기죄가 성립한다는 데 의문이 없다. 이중매매 또는 이중저당의 경우에는 을에 대한 관계에서 배임죄가 성립하는 여부는 별문제로 하고 병에 대하여 사기죄가 성립할 여지가 없다.

3) 피기망자의 착오

착오란 관념과 현실이 일치하지 않는 것을 말한다.

가. 착오의 내용

통설은 착오가 반드시 법률행위의 내용의 중요부분에 대한 것임을 요하지 않고 동기의 착오로도 족하며, 사실에 대한 것이든 가치판단에 대한 것이든 묻지 않는다고 한다. 그러나 단순한 동기의 착오만으로는 착오라고 할 수 없고 착오의 대상도 사실에 제한된다고 보아야 한다.

나. 기망과 착오의 인과관계

　기망과 상대방의 착오 사이에는 인과관계가 있어야 한다. 그러나 기망행위가 착오에 대한 유일한 원인이 될 필요는 없다.

다. 피기망자

　① 피기망자는 반드시 피해자와 일치할 필요는 없다(삼각사기).

■ 이견있는 형사사건의 법원판단 ■

　[삼각사기의 문제]

1. 문제점 : 처분행위자와 피기망자는 동일인이어야 하지만, 처분행위자와 피해자는 동일인일 필요는 없다. 처분행위자 (피기망자)와 피해자가 일치하지 않는 경우를 삼각사기라고 한다. 삼각사기와 선의의 도구를 이용한 절도죄와의 구별을 위해서 처분행위자와 피해자가 어떠한 관계에 있어야 하는가가 문제된다.

2. 학설

(1) 계약관계설 : 재산처분권은 피해자의 의사에 의한 경우에만 인정하여야 하므로 처분행위자가 피해자의 재산을 처분할 수 있는 계약관계가 있어야 한다는 견해

(2) 법적 권한설 : 처분행위자에게 피해자의 재산을 처분할 수 있는 법적 권한이 있어야 한다는 견해

(3) 사실상의 지위설 : 처분행위자가 사실상 피해자의 재산을 처분할 수 있는 지위에 있으면 족하다는 견해

3. 판례 : 사실상의 지위설의 태도

　피해자를 위하여 재산을 처분할 수 있는 권능이나 지위라 함은 반드시 사법상의 위임이나 대리권의 범위와 일치하여야 하는 것은 아니고 피해자의 의사에 기하여 재산을 처분할 수 있는 서류 등이 교부된 경우에는 피기망자의 처분행위가 설

사 피해자의 진정한 의도와 어긋나는 경우라고 할지라도 위
와 같은 권능을 갖거나 그 지위에 있는 것으로 보아야 한다
(대법원 1994. 10. 11. 선고 94도1575 판결).

② 소송사기 : 소송사기란 법원에 허위사실을 주장하거나 허위
의 증거를 제출하여 법원을 기망하고 승소판결을 받는 경우
를 말한다. 피기망자는 법원이지만 피해자는 소송상대방이
다. 소송사기는 불실한 청구를 목적으로 법원에 소장을 제
출한 때에 실행의 착수가 있으며, 법원을 기망하여 승소판
결이 확정되면 기수에 이른다.

③ 허위의 채권으로 지급명령을 신청하거나, 가처분·가압류 또
는 재판상 화해를 신청하는 경우 가압류·가처분은 강제집행
의 보전절차에 지나지 않아 청구의 의사를 표시한 것으로
볼 수 없고 법정화해는 그것으로 새로운 법률관계가 창설
되는 것이므로 화해의 내용이 실제 법률관계와 일치하지
않는다고 해서 사기죄가 성립할 수는 없다. 지급명령은 독
촉절차에 지나지 않지만 채무자가 이의신청을 하면 소를
제기한 것으로 간주되고 이의신청이 없거나 각하된 때에는
확정판결과 같은 효과를 가지게 되어 이로 인하여 채무자
는 손해를 입게 되므로 사기죄가 성립한다고 볼 것이다.

4) 처분행위

사기죄는 피기망자의 의사에 따른 처분행위에 의하여 재물을 교
부하는 등의 점에서 절도죄나 강도죄와 구별된다.

가. 처분행위의 의의

처분행위란 직접 재산상의 손해를 초래하는 행위·受忍 또는
부작위를 말한다. 처분행위는 민법상의 개념이 아니므로 민
법상의 법률행위에 한하지 않고 순수한 사실행위도 포함한
다. 판례는 처분행위라고 하기 위하여는 처분의사가 있어야

한다고 하지만(대법원 1987.10.26. 선고 87도1042 판결), 객관적으로 손해를 초래할 수 있는 행위이면 족하고 처분의사가 있을 것은 요하지 않는다고 해야 할 것이다.

◨ 이견있는 형사사건의 법원판단 ◧

[처분의사의 요부]
1. 문제점 : 처분의사란 자기의 행위로 인하여 재물의 점유 또는 재산상의 이익이 타인에게 이전되거나, 반대로 채무와 같은 재산상 부담이 넘어온다는 점에 대한 피기망자의 인식을 말한다. 이러한 처분의사가 처분행위의 내용으로 요구되는지에 대하여 견해가 나뉜다.
2. 학설
(1) 긍정설(다수설) : 처분의사가 없는 경우 절도죄와의 구별이 어려우므로 처분의사가 있어야 처분행위가 인정될 수 있다고 하는 견해
(2) 부정설 : 처분행위는 객관적으로 손해를 초래할 수 있는 행위이면 족하며 처분의사를 필요로 하지 않는다는 견해
(3) 절충설 : 이득사기죄의 경우에는 처분행위의 인식이 필요 없지만 재물사기죄의 경우에는 절도죄와의 구별을 위해 처분행위의 인식이 필요하다는 견해
3. 판례 : 긍정설의 태도
   사기죄는 타인을 기망하여 착오에 빠뜨리고 그로 인한 처분행위로 재물의 교부를 받거나 재산상의 이익을 취득한 때에 성립하는 것이므로, 피고인이 피해자에게 부동산매도용인감증명 및 등기의무자본인확인서면의 진실한 용도를 속이고 그 서류들을 교부받아 피고인 등 명의로 위 부동산에 관한 소유권이전등기를 경료하였다 하여도 피해자의 위 부동산에 관한 처분행위가 있었다고 할 수 없을 것이고 따라서 사기죄를 구성하지 않는다(대법원 2001. 7. 13. 선고 2001도1289 판결).

나. 처분행위자

처분행위자는 피기망자와 일치해야 한다. 그러나 처분행위자와 피해자가 일치할 필요는 없다. 처분행위자와 피해자가 일치하지 않는 경우에 관하여는 ① 처분행위자에게 피해자의 재물을 처분할 수 있는 법적 권한이 있어야 한다는 권한설(판례), ② 사실상 타인의 재산을 처분할 수 있는 지위에 있으면 족하다는 지위설, ③ 아무 권한과 지위가 필요없이 사실상 처분행위가 있으면 된다는 불요설 등의 견해가 대립한다.

다. 처분행위와 착오 및 손해

기망행위와 착오의 경우와 같이 피기망자의 착오와 처분행위 사이에도 인과관계가 있어야 하며, 처분행위는 그것이 직접 재산상의 손해를 발생하는 것이어야 한다.

5) 재산상의 손해

재산상의 손해란 재산가치의 감소를 말하고, 재산상의 손해가 있었는가는 객관적, 개별적 방법에 의하여 평가해야 한다. 재산상의 손해는 현실적으로 발생하여 계산상으로 증명할 수 있는 재산감소에 제한되지 않고, 경제적 관점에서 재산상태가 악화되었다고 볼 수 있는 재산가치에 대한 구체적 위험만으로도 그 손해를 인정할 수 있다.

▣ 이견있는 형사사건의 법원판단 ▣

[손해발생의 요부]
1. 문제점 : 사기죄의 성립에 재산상의 손해가 발생하여야 하는가에 대하여 견해가 나뉜다.
2. 학설
(1) 불요설 : 사기죄의 본질이 기망에 의한 재물편취·부당이득에 있는 이상 피해자에게 재산상의 손해가 발생하였음을 요

하지 않는다는 견해

(2) 필요설 : 사기죄는 재산권을 보호법익으로 하는 재산죄이므
로 재산상 손해가 있어야 성립한다는 견해

3. 판례 : 불요설의 태도

기망으로 인한 재물의 교부가 있으면, 그 자체로써 곧 사기죄
는 성립하고, 상당한 대가가 지급되었다거나 피해자의 전체
재산상에 손해가 없다고 하여도 사기죄의 성립에는 영향이 없
다(대법원 1999. 7. 9. 선고 99도1040 판결).

6) 재산상 이익의 취득

피기망자의 처분행위로 인하여 자기 또는 제3자가 재산상 이익
을 취득하여야 한다. 일반적으로 재산상 이익의 취득은 피해자
의 재산상 손해발생으로 충족된다고 본다.

(2) 주관적 구성요건

고의와 함께 불법영득의 의사가 있어야 한다.

2. 위법성

여기서 불법이란 객관적으로 위법한 것을 의미한다. 그러므로 재물의
교부 또는 재산상의 이익을 받을 정당한 권리자가 기망수단으로 그것
을 취했을 때에는 사기죄가 성립하지 않는다(견해대립있음). 즉 정당
한 권리의 행사를 위하여 기망행위를 한 때에는 사기죄가 성립하지
않고, 다만 그 범위를 넘을 때에는 가분이면 초과부분에 대하여, 불가
분이면 전체에 대하여 사기죄가 성립한다.

[권리실현의 수단으로 기망에 의하여 재물을 교부받은 경우 사기죄의 성부]

1. 문제점 : 권리자가 권리실현의 수단으로 기망에 의하여 재물을 교부받은 경우 사기죄가 성립하는지와 관련하여 견해가 나뉜다.

2. 학설

(1) 긍정설 : 권리행사라 할지라도 사회통념상 허용된 범위를 초월할 경우에는 권리남용으로서 위법하므로 사기죄가 성립한다는 견해

(2) 부정설 : 취득한 재물 또는 이익이 정당한 권리의 범위 내에 있는 한 그 수단을 위법하지만 불법영득·이득의사가 있다고 보기 어려우므로 사기죄의 구성요건해당성이 없다는 견해

3. 판례 : 긍정설의 태도

자기앞수표를 갈취당한 자가 이를 분실하였다고 허위로 공시최고 신청을 하여 제권판결을 선고받은 경우, 그 수표를 갈취하여 소지하고 있는 자에 대한 사기죄가 성립된다(대법원 2003. 12. 26. 선고 2003도4914 판결).

3. 실행의 착수와 기수시기

이 죄의 착수시기는 편취의사로 기망행위를 개시한 때이고, 기수시기는 재산상의 손해가 발생한 때이며 반드시 행위자가 불법이득을 얻었을 것을 요하지 않는다.

4. 죄수

(1) 1개의 기망행위로 1인으로부터 수회 재물을 편취하거나 재물과 재산상 이익을 취득한 경우

사기죄의 포괄일죄가 성립한다는 것이 판례이다(95도2437).

(2) 수개의 기망행위로 1인으로부터 재물을 편취한 경우

범의가 단일하고 범행방법이 동일하다면 사기죄의 포괄일죄가 성립하지만, 다를 경우에는 실체적 경합이 된다는 것이 판례이다(97도508).

(3) 1개의 기망행위로 수인을 기망하여 재물을 편취한 경우
수개의 사기죄의 상상적 경합이 되는 것으로 본다(김일수).

(4) 수인에 대하여 수개의 기망행위를 하여 각 각 재물을 편취한 경우
범의가 단일하고 범행방법이 동일하다고 하더라도 수개의 사기죄의 실체적 경합이 된다는 것이 판례이다(97도508).

5. 타죄와의 관계
(1) 수뢰죄, 위조통화행사죄와의 관계
공무원이 직무에 관해 타인을 기망하여 재물을 교부받은 때에는 사기죄와 수뢰죄의 상상적 경합이 된다. 위조통화를 행사하여 타인의 재물을 편취한 때에 위조통화행사죄와 사기죄의 경합범(다수설은 상상적 경합, 판례는 실체적 경합으로 본다)이 된다.

(2) 횡령죄 및 배임죄와의 관계
자기가 점유하는 타인의 재물을 기망에 의하여 영득한 때에는 횡령죄만 성립한다.

(3) 사기도박의 경우
우연성이 없으므로 사기죄만 성립한다.

▣ 이견있는 형사사건의 법원판단 ▣

[불법원인급여와 사기죄의 성부]
1. 문제점 : 매음의사 없이 성교에 응할 것으로 가장하여 매음료를 받은 후 달아난 경우와 같이 불법원인급여물에 대해서도 사기죄가 성립할 것인지가 문제된다.
2. 학설
(1) 긍정설(다수설) : 기망행위에 의하여 피해자에게 재산상 손

해를 입힌 이상 행위태양에서 위법한 것이므로 사기죄가 성립한다는 견해

(2) 부정설 : 미법상 피해자에게 반환청구권이 없으므로 사기죄가 성립하지 않는다는 견해

3. 판례 : 긍정설의 태도

용도를 속이고 돈을 빌린 경우에 만일 진정한 용도를 고지하였더라면 상대방이 빌려 주지 않았을 것이라는 관계에 있는 때에는 사기죄의 실행행위인 기망은 있는 것으로 보아야 한다(대법원 1995. 9. 15. 선고 95도707 판결).

6. 친족상도례

(1) 형면제판결

직계혈족, 배우자, 동거친족, 동거가족 또는 그 배우자간의 사기죄 또는 그 미수범은 그 형을 면제한다(제328조 1항, 제354조).

(2) 상대적 친고죄

그 이외의 친족간에 사기죄 또는 그 미수범을 범한 때에는 고소가 있어야 공소를 제기할 수 있다(제328조 2항, 제354조).

(3) 피해자와 피기망자가 다를 경우

피해자와 피기망자가 다를 경우에 피기망자에 대해서도 친족관계가 있어야 하는지에 대하여 긍정설과 부정설(다수설)이 대립하고 있다.

II. 판례

1. 기망행위 관련 판례

❶ 부작위에 의한 기망행위

1) 사실관계

> 피고인과 피해자가 이 사건 임대차계약 당시 임차할 여관건물에 관하여 법원의 경매개시결정에 따른 경매절차가 이미 진행 중이었다. 그러나 피고인은 이를 피해자에게 알려주지 않았고, 피해자 역시 스스로 그 건물에 관한 등기부를 확인 또는 열람하는 것이 가능하였음에도 확인하지 않음으로써 경매절차가 진행 중인 사실을 모르고 계약을 체결하였다.

2) 판결요지

[1] 사기죄의 요건으로서의 기망은 널리 재산상의 거래관계에 있어 서로 지켜야 할 신의와 성실의 의무를 저버리는 모든 적극적 또는 소극적 행위를 말하는 것이고, 이러한 소극적 행위로서의 부작위에 의한 기망은 법률상 고지의무 있는 자가 일정한 사실에 관하여 상대방이 착오에 빠져 있음을 알면서도 이를 고지하지 아니함을 말하는 것으로서, 일반거래의 경험칙상 상대방이 그 사실을 알았더라면 당해 법률행위를 하지 않았을 것이 명백한 경우에는 신의칙에 비추어 그 사실을 고지할 법률상 의무가 인정되는 것이다.

[2] 임대인이 임대차계약을 체결하면서 임차인에게 임대목적물이 경매진행중인 사실을 알리지 아니한 경우, 임차인이 등기부를 확인 또는 열람하는 것이 가능하더라도 사기죄가 성립한다(대법원 1998. 12. 8. 선고 98도3263 판결).

❷ 기망행위를 수단으로 한 권리행사가 사기죄를 구성하는 경우

기망행위를 수단으로 한 권리행사의 경우 그 권리행사에 속하는 행위와 그 수단에 속하는 기망행위를 전체적으로 관찰하여 그와 같은 기망행위가 사회통념상 권리행사의 수단으로서 용인할 수 없는 정도라면 그 권리행사에 속하는 행위는 사기죄를 구성한다(대법원 2007. 5. 10. 선고 2007도1780 판결).

❸ 사기죄의 요건으로서 부작위에 의한 기망의 의미 및 법률상 고지
의무가 인정되는 경우

사기죄의 요건으로서의 기망은 널리 재산상의 거래관계에 있어 서로
지켜야 할 신의와 성실의 의무를 저버리는 모든 적극적 또는 소극적
행위를 말하는 것이고, 그 중 소극적 행위로서의 부작위에 의한 기망
은 법률상 고지의무 있는 자가 일정한 사실에 관하여 상대방이 착오에
빠져 있음을 알면서도 그 사실을 고지하지 아니함을 말하는 것으로서,
일반거래의 경험칙상 상대방이 그 사실을 알았더라면 당해 법률행위
를 하지 않았을 것이 명백한 경우에는 신의칙에 비추어 그 사실을 고
지할 법률상 의무가 인정된다(대법원 2006. 2. 23. 선고 2005도8645 판결).

❹ 신용카드사용으로 인한 대출금채무를 변제할 의사나 능력이 없는
상황에 처하였음에도 불구하고 신용카드를 사용한 경우

1) 사실관계

> 피고인은 2000. 8. 초순경 신용카드를 발급받아 사용하더라도
> 그 대금을 변제할 의사나 능력이 없음에도 불구하고, 피해자
> 주식회사 삼성카드 직원인 공소외 성명불상자에게 마치 신용카
> 드대금을 제대로 납부할 것처럼 가장하면서 삼성카드 발급 신
> 청을 하여 이에 속은 위 회사로부터 같은 달 11.경 삼성카드
> 1매를 발급받은 것을 기화로, 같은 해 11. 16.경 대전 동구 효
> 동 소재 바다소리 식당에서 40,000원 상당의 음식을 주문하여
> 먹고 그 대금을 위 신용카드로 결제한 것을 비롯하여 그 무렵
> 부터 2002. 12. 26.경까지 사이에 모두 109회에 걸쳐 합계
> 79,303,700원 상당의 물품을 구입하거나 현금서비스를 받는
> 데 위 신용카드를 사용하고도 위 금액 중 53,510,909원만을
> 변제하고 나머지 25,792,791원을 변제하지 아니하였다.

2) 판결요지

신용카드의 거래는 신용카드업자로부터 카드를 발급받은 사람(카
드회원)이 신용카드를 사용하여 가맹점으로부터 물품을 구입하면

신용카드업자는 그 카드를 소지하여 사용한 사람이 신용카드업자로부터 신용카드를 발급받은 정당한 카드회원인 한 그 물품구입대금을 가맹점에 결제하는 한편, 카드회원에 대하여 물품구입대금을 대출해 준 금전채권을 가지는 것이고, 또 카드회원이 현금자동지급기를 통해서 현금서비스를 받아 가면 현금대출관계가 성립되어 신용카드업자는 카드회원에게 대출금채권을 가지는 것이므로, 궁극적으로는 카드회원이 신용카드업자에게 신용카드 거래에서 발생한 대출금채무를 변제할 의무를 부담하게 되고, 그렇다면 이와 같이 신용카드 사용으로 인한 신용카드업자의 금전채권을 발생케 하는 행위는 카드회원이 신용카드업자에 대하여 대금을 성실히 변제할 것을 전제로 하는 것이므로, <u>카드회원이 일시적인 자금궁색 등의 이유로 그 채무를 일시적으로 이행하지 못하게 되는 상황이 아니라 이미 과다한 부채의 누적 등으로 신용카드 사용으로 인한 대출금채무를 변제할 의사나 능력이 없는 상황에 처하였음에도 불구하고 신용카드를 사용하였다면 사기죄에 있어서 기망행위 내지 편취의 범의를 인정할 수 있다고</u> 한 사례(대법원 2005. 8. 19. 선고 2004도6859 판결).

❺ 사기죄의 요건으로서의 기망의 의미

<u>사기죄의 요건으로서의 기망은 널리 재산상의 거래관계에 있어서 서로 지켜야 할 신의와 성실의 의무를 져버리는 모든 적극적 또는 소극적 행위를 말하는 것으로서, 반드시 법률행위의 중요부분에 관한 허위표시임을 요하지 아니하고, 상대방을 착오에 빠지게 하여 행위자가 희망하는 재산적 처분행위를 하도록 하기 위한 판단의 기초가 되는 사실에 관한 것이면 충분하므로,</u> 거래의 상대방이 일정한 사정에 관한 고지를 받았더라면 당해 거래에 임하지 아니하였을 것이라는 관계가 인정되는 경우에는 그 거래로 인하여 재물을 수취하는 자에게는 신의성실의 원칙상 사전에 상대방에게 그와 같은 사정을 고지할 의무가 있다 할 것이고, 그럼에도 불구하고 이를 고지하지 아니한 것은 고지할 사실을 묵비함으로서 상대방을 기망한 것이 되어 사기죄를 구성한다(대법원 2004. 4. 9. 선고 2003도7828 판결).

❻ 피고인 등이 피해자 甲 등에게 자동차를 매도하겠다고 거짓말하고 자동차를 양도하면서 매매대금을 편취한 다음, 자동차에 미리 부착

해 놓은 지피에스(GPS)로 위치를 추적하여 자동차를 절취하였다고
하여 사기 및 특수절도로 기소된 사안에서, 피고인에게 사기죄를
인정한 원심판결에 법리오해의 잘못이 있다고 한 경우

피고인 등이 피해자 甲 등에게 자동차를 매도하겠다고 거짓말하고
자동차를 양도하면서 매매대금을 편취한 다음, 자동차에 미리 부착
해 놓은 지피에스(GPS)로 위치를 추적하여 자동차를 절취하였다
고 하여 사기 및 특수절도로 기소된 사안에서, 피고인이 甲 등에게
자동차를 인도하고 소유권이전등록에 필요한 일체의 서류를 교부
함으로써 甲 등이 언제든지 자동차의 소유권이전등록을 마칠 수
있게 된 이상, 피고인이 자동차를 양도한 후 다시 절취할 의사를
가지고 있었더라도 자동차의 소유권을 이전하여 줄 의사가 없었다
고 볼 수 없고, 피고인이 자동차를 매도할 당시 곧바로 다시 절취
할 의사를 가지고 있으면서도 이를 숨긴 것을 기망이라고 할 수
없어, 결국 피고인이 자동차를 매도할 당시 기망행위가 없었으므
로, 피고인에게 사기죄를 인정한 원심판결에 법리오해의 잘못이 있
다고 한 사례(대법원 2016.3.24. 선고, 2015도17452, 판결).

❼ 보험계약자가 보험계약 체결 시 보험금액이 목적물의 가액을 현저하
게 초과하는 초과보험 상태를 의도적으로 유발한 후 보험사고가 발
생하자 초과보험 사실을 알지 못하는 보험자에게 목적물의 가액을
묵비한 채 보험금을 청구하여 교부받은 경우, 보험금을 청구한 행위
가 사기죄의 실행행위로서 기망행위에 해당하는지 여부(한정 적극)

보험계약자가 보험계약 체결 시 보험금액이 목적물의 가액을 현저하
게 초과하는 초과보험 상태를 의도적으로 유발한 후 보험사고가 발생
하자 초과보험 사실을 알지 못하는 보험자에게 목적물의 가액을 묵비
한 채 보험금을 청구하여 보험금을 교부받은 경우, 보험자가 보험금
액이 목적물의 가액을 현저하게 초과한다는 것을 알았더라면 같은 조
건으로 보험계약을 체결하지 않았을 뿐만 아니라 협정보험가액에 따
른 보험금을 그대로 지급하지 아니하였을 관계가 인정된다면, 보험계
약자가 초과보험 사실을 알지 못하는 보험자에게 목적물의 가액을 묵
비한 채 보험금을 청구한 행위는 사기죄의 실행행위로서의 기망행위
에 해당한다(대법원 2015.7.23. 선고, 2015도6905, 판결).

❽ 과장광고의 문제

[1] 일반적으로 상품의 선전·광고에 있어 다소의 과장·허위가 수반되는 것은 그것이 <u>일반 상거래의 관행과 신의칙에 비추어 시인될 수 있는 한 기망성이 결여된다.</u>

[2] 연립주택을 분양함에 있어 평형의 수치를 다소 과장하여 광고를 하였으나, 그 분양가의 결정방법, 분양계약 체결의 경위, 피분양자가 그 분양계약서나 건축물관리대장 등에 의하여 그 공급면적을 평으로 환산하여 쉽게 확인할 수 있었던 점 등 제반 사정에 비추어 볼 때, 그 광고는 그 거래당사자 사이에서 매매대금을 산정하기 위한 기준이 되었다고 할 수 없고, 단지 분양 대상 주택의 규모를 표시하여 분양이 쉽게 이루어지도록 하려는 의도에서 한 것에 지나지 아니한다는 이유로, 연립주택의 서비스면적을 포함하여 평형을 과장한 광고가 거래에 있어 중요한 사항에 관하여 구체적 사실을 거래상의 신의성실의 의무에 비추어 비난받을 정도의 방법으로 허위로 고지함으로써 사회적으로 용인될 수 있는 상술의 정도를 넘은 기망행위에 해당하지 않는다(대법원 1995. 7. 28. 선고 95다19515, 19522 판결).

2. 처분행위자 관련 판례

❶ 소송사기

<u>소송사기가 성립하기 위하여는</u> 제소 당시에 그 주장과 같은 채권이 존재하지 아니하다는 것만으로는 부족하고 그 <u>주장의 채권이 존재하지 아니한 사실을 잘 알고 있으면서도 허위의 주장과 입증으로써 법원을 기망한다는 인식</u>을 하고 있어야만 하고, 단순히 사실을 잘못 인식하거나 법률적인 평가를 그르침으로 인하여 존재하지 않는 채권을 존재한다고 믿고 제소하는 행위는 사기죄를 구성하지 않는다(대법원 2003. 5. 16. 선고 2003도373 판결).

❷ 피기망자와 피해자와의 관계

1) 사실관계

> 피고인은 1990.12.말경 자신이 경영하던 철망상점에서 그 거래처인 주식회사 평원산업에 대한 채무연체액이 금 25,486,000

원에 이르러 더이상 철망을 공급받지 못하고 있음에도 불구하고, 공소외 임○○이 공소외 현○○을 통하여 피해자 정○○로부터 그녀 소유인 이 사건 토지를 타인에게 담보로 제공하여 4천만 원을 마련해 주기로 하는 부탁을 받고 그 처분권한과 함께 피해자의 인감증명서와 인감도장 등을 받아 가지고 있음을 알고 위 임○○ 자신의 위 소외 회사에 대한 부채가 200만 원밖에 안 되니 이 사건 토지를 회사에 담보로 제공하여 동업을 하면 1월 내에 4천만 원을 뽑을 수 있다는 등으로 기망하여 동인으로 하여금 1991.1.25. 이 사건 토지에 관하여 채권자를 소외 회사, 채무자를 피고인, 채권최고액을 금 4천만 원으로 하는 근저당설정계약을 체결하게 하고 같은 해 1.29. 그 근저당권설정등기를 경료하게 하였다.

사기죄가 성립되려면 피기망자가 착오에 빠져 어떠한 재산상의 처분행위를 하도록 유발하여 재산적 이득을 얻을 것을 요구하고, 피기망자와 재산상의 피해자가 같은 사람이 아닌 경우에는 피기망자가 피해자를 위하여 그 재산을 처분할 수 있는 권능을 갖거나 그 지위에 있어야 하지만, 여기에서 피해자를 위하여 재산을 처분할 수 있는 권능이나 지위라 함은 반드시 사법상의 위임이나 대리권의 범위와 일치하여야 하는 것은 아니고 피해자의 의사에 기하여 재산을 처분할 수 있는 서류 등이 교부된 경우에는 피기망자의 처분행위가 설사 피해자의 진정한 의도와 어긋나는 경우라고 할지라도 위와 같은 권능을 갖거나 그 지위에 있는 것으로 보아야 한다 (대법원 1994. 10. 11. 선고 94도1575 판결).

❸ 소송사기미수죄에 있어서 범죄행위의 종료시기(=소송이 종료된 때)

공소시효는 범죄행위가 종료한 때로부터 진행하는 것으로서, 법원을 기망하여 유리한 판결을 얻어내고 이에 터잡아 상대방으로부터 재물이나 재산상 이익을 취득하려고 소송을 제기하였다가 법원으로부터 패소의 종국판결을 선고받고 그 판결이 확정되는 등 법원으로부터 유리한 판결을 받지 못하고 소송이 종료됨으로써 미수에 그친 경우에,

그러한 소송사기미수죄에 있어서 범죄행위의 종료시기는 위와 같이 소송이 종료된 때라고 할 것이다(대법원 2000. 2. 11. 선고 99도4459 판결).

3. 재산상의 손해관련 판례

❶ 사기죄에 있어서 그 대가가 일부 지급된 경우에도 그 편취액

재물편취를 내용으로 하는 사기죄에 있어서는 기망으로 인한 재물교부가 있으면 그 자체로써 피해자의 재산침해가 되어 이로써 곧 사기죄가 성립하는 것이고, 상당한 대가가 지급되었다거나 피해자의 전체 재산상에 손해가 없다 하여도 사기죄의 성립에는 그 영향이 없으므로 사기죄에 있어서 그 대가가 일부 지급된 경우에도 그 편취액은 피해자로부터 교부된 재물의 가치로부터 그 대가를 공제한 차액이 아니라 교부받은 재물 전부라 할 것이다(대법원 2000. 7. 7. 선고 2000도1899 판결).

❷ 재산상의 손해가 없어도 사기죄가 성립하는 경우

사기죄는 상대방을 기망하여 하자 있는 상대방의 의사에 의하여 재물을 교부받음으로써 성립하는 것이므로 분식회계에 의한 재무제표 등으로 금융기관을 기망하여 대출을 받았다면 사기죄는 성립하고, 변제의사와 변제능력의 유무 그리고 충분한 담보가 제공되었다거나 피해자의 전체 재산상에 손해가 없고, 사후에 대출금이 상환되었다고 하더라도 사기죄의 성립에는 영향이 없다(대법원 2005. 4. 29. 선고 2002도7262 판결).

❸ 사기죄 등 재산범죄에서 일정기간 반복하여 행하여진 각 범행이 포괄일죄로 되기 위한 요건 및 포괄일죄가 되는지 판단할 때 고려하여야 할 사항 / 범의의 단일성과 계속성을 판단하는 기준

사기죄 등 재산범죄에서 동일한 피해자에 대하여 단일하고 계속된 범의하에 동종의 범행을 일정기간 반복하여 행한 경우에는 각 범행은 통틀어 포괄일죄가 될 수 있다. 다만 각 범행이 포괄일죄가 되느냐 경합범이 되느냐는 그에 따라 피해액을 기준으로 가중처벌을 하도록 하는 특별법이 적용되는지 등이 달라질 뿐 아니라 양형 판단 및 공소시효와 기판력에 이르기까지 피고인에게 중대한 영향을 미치게 되므로 매우 신중하게 판단하여야 한다. 특히 범의의 단일성과 계속성은 개별 범행의 방법과 태양, 범행의 동기, 각 범행 사이의 시간적 간격, 그리고 동일한 기회 내지 관계를 이용하는 상황이 지속되는 가운데 후속 범행이 있었는지, 즉 범의의 단절이나 갱신이 있었다고 볼 만한 사정이 있는지 등을 세밀하게 살펴 논리와 경험칙에 근거하여 합리적으로 판단하여야 한다(대법원 2016.10.27, 선고, 2016도11318, 판결).

4. 위법성 관련 판례

❶ 소송사기와 권리행사

1) 사실관계

> 피고인은 사실은 피해자에게 광주은행 첨단지점 발행의 수표번호 바가 08535591호, 액면 800만 원인 자기앞수표를 의장권등록무효소송과 관련한 합의금 명목으로 교부하였음에도 불구하고, 2001. 4. 25. 광주지방법원에서 피해자가 소지하고 있던 그 자기앞수표에 대하여 허위사실인 분실을 원인으로 한 공시최고신청을 하여 같은 해 8. 13. 같은 법원에서 2001카공395호로 제권판결을 선고받아 그 시경 확정됨으로써 수표 액면금인 800만 원 상당의 재산상 이익을 취득하였다.

2) 판결요지

[1] 기망행위를 수단으로 한 권리행사의 경우 그 권리행사에 속하는 행위와 그 수단에 속하는 기망행위를 전체적으로 관찰하여 그와 같은 <u>기망행위가 사회통념상 권리행사의 수단으로서 용인할 수 없는 정도라면</u> 그 권리행사에 속하는 행위는 <u>사기죄</u>를 구성한다.

[2] <u>자기앞수표를 갈취당한 자가 이를 분실하였다고 허위로 공시최고신청을 하여 제권판결을 선고받은 경우, 그 수표를 갈취하여 소지하고 있는 자에 대한 사기죄가 성립</u>된다(대법원 2003. 12. 26. 선고 2003도4914 판결).

❷ 보험금을 과다 지급받은 경우

피고인이 보험금을 편취할 의사로 고의적으로 사고를 유발한 경우 보험금에 관한 사기죄가 성립하고, 나아가 설령 <u>피고인이 보험사고에</u>

해당할 수 있는 사고로 인하여 경미한 상해를 입었다고 하더라도 이를 기화로 보험금을 편취할 의사로 그 상해를 과장하여 병원에 장기간 입원하고 이를 이유로 실제 피해에 비하여 과다한 보험금을 지급받는 경우에는 그 보험금 전체에 대해 사기죄가 성립한다고 할 것이다(대법원 2007.5.11. 선고 2007도2134 판결).

5. 타죄와의 관계와 관련한 판례

❶ 사기죄와 횡령죄의 관계(사기와 횡령의 피해자가 동일한 경우)

자기가 점유하는 타인의 재물을 횡령하기 위하여 기망수단을 쓴 경우에는 피기망자에 의한 재산처분행위가 없으므로 일반적으로 횡령죄만 성립되고 사기죄는 성립되지 아니한다(대법원 1980.12.9. 선고 80도1177 판결).

❷ 사기죄와 횡령죄의 관계(사기와 횡령의 피해자가 다른 경우)

대표이사가 회사의 상가분양 사업을 수행하면서 수분양자들을 기망하여 편취한 분양대금은 회사의 소유로 귀속되는 것이므로, 대표이사가 그 분양대금을 횡령하는 것은 사기 범행이 침해한 것과는 다른 법익을 침해하는 것이어서 회사를 피해자로 하는 별도의 횡령죄가 성립된다(대법원 2005. 4. 29. 선고 2005도741 판결).

❸ 사기죄와 배임죄의 관계

[1] 상상적 경합은 1개의 행위가 실질적으로 수개의 구성요건을 충족하는 경우를 말하고 법조경합은 1개의 행위가 외관상 수개의 죄의 구성요건에 해당하는 것처럼 보이나 실질적으로 1죄만을 구성하는 경우를 말하며, 실질적으로 1죄인가 또는 수죄인가는 구성요건적 평가와 보호법익의 측면에서 고찰하여 판단하여야 한다.

[2] 업무상배임행위에 사기행위가 수반된 때의 죄수 관계에 관하여 보면, 사기죄는 사람을 기망하여 재물의 교부를 받거나 재산상의 이익을 취득하는 것을 구성요건으로 하는 범죄로서 임무위배를 그 구성요소로 하지 아니하고 사기죄의 관념에 임무위배 행위가 당연히 포함된다고 할 수도 없으며, 업무상배임죄는 업무상 타인의 사무를 처리하는 자가 그 업무상의 임무에 위배하는 행위로써 재산상의 이익을 취득하거나 제3자로 하여금 이를 취득하게 하여 본인에게 손해를 가하는 것을 구성요건으로 하는 범죄로서

기망적 요소를 구성요건의 일부로 하는 것이 아니어서 양 죄는 그 구성요건을 달리하는 별개의 범죄이고 형법상으로도 각각 별개의 장(章)에 규정되어 있어, <u>1개의 행위에 관하여 사기죄와 업무상배임죄의 각 구성요건이 모두 구비된 때에는 양 죄를 법조경합 관계로 볼 것이 아니라 상상적 경합관계로 봄이 상당하다 할 것</u>이고, 나아가 업무상배임죄가 아닌 단순배임죄라고 하여 양 죄의 관계를 달리 보아야 할 이유도 없다(대법원 2002. 7. 18. 선고 2002도669 전원합의체 판결).

6. 그 외 사기죄 관련 판례

❶ 약속어음의 발행인이 그 어음을 타인이 교부받아 소지하고 있는 사실을 알면서도 허위의 분실 사유를 들어 공소최고신청을 하고 이에 따라 법원으로 제권판결을 받았다면, 발행인이 어음 소지인에 대하여 처음부터 그 어음상 채무를 부담하지 않았다는 등의 특별한 사정이 없는 한 원인관계상의 채무가 존속하고 있더라도 사위의 방법으로 얻어낸 제권판결로 그 어음채무를 면하게 된 데 대하여 사기죄가 성립한다(대법원 1995. 9. 15. 선고 94도3213 판결).

❷ 단일한 범의의 발동에 의하여 상대방을 기망하고 그 결과 착오에 빠져 있는 동일인으로부터 일정 기간 동안 동일한 방법에 의하여 금원을 편취한 경우에는 이를 포괄적으로 관찰하여 일죄로 처단하는 것이 가능할 것이나, 범의의 단일성과 계속성이 인정되지 아니하거나 범행방법이 동일하지 않은 경우에는 각 범행은 실체적 경합범에 해당한다. 사기의 수단으로 발행한 수표가 지급거절된 경우 부정수표단속법위반죄와 사기죄는 그 행위의 태양과 보호법익을 달리하므로 실체적 경합범의 관계에 있다(대법원 2004. 6. 25. 선고 2004도1751 판결).

❸ 약속어음공정증서에 증서를 무효로 하는 사유가 존재한다고 하더라도 그 증서 자체에 이를 무효로 하는 사유의 기재가 없고 외형상 권리의무를 증명함에 족한 체제를 구비하고 있는 한 그 증서는

형법상의 재물로서 사기죄의 객체가 됨에 아무런 지장이 없다(대법원 1995. 12. 22. 선고 94도2148 판결).

❹ 피고인들이 상대방 운전자의 과실에 의하여 야기된 교통사고로 일부 경미한 상해를 입었다고 하더라도, 이를 기화로 그 상해를 과장하여 병원에 장기간 입원하고, 이를 이유로 다액의 보험금을 받았다면, 그 보험금 전체에 대해 사기죄가 성립한다고 한 사례(대법원 2005. 9. 9. 선고 2005도3518 판결)

❺ 사기죄의 주관적 구성요건인 편취의 범의는 피고인이 자백하지 않는 이상 범행 전후의 피고인의 재력, 환경, 범행의 내용, 거래의 이행과정 등과 같은 객관적 사정 등을 종합하여 판단할 수밖에 없다(대법원 2004. 12. 10. 선고 2004도3515 판결).

❻ 사기죄에 있어서 수인의 피해자에 대하여 각별로 기망행위를 하여 각 재물을 편취한 경우, 그 범의가 단일하고 범행 방법이 동일하다고 하더라도 포괄1죄가 되는 것이 아니라 피해자별로 1개씩의 죄가 성립하는 것으로 보아야 하고, 이러한 경우 그 공소사실은 각 피해자와 피해자별 피해액을 특정할 수 있도록 기재하여야 한다(대법원 1995. 8. 22. 선고 95도594 판결).

➡ 수사실무

1. 수사포인트
   (1) 고의를 철저히 밝힌다. 고도의 지능범인 경우가 대부분이므로 직접적인 표현보다는 간접적, 우회적인 방법으로 변소내용(辯疏內容)의 모순성, 비합리성 등을 들춰내어 범의를 유도해 내도록 한다.
   (2) 기망행위의 시기, 장소, 기망의 상대방을 특정한다.

(3) 구체적인 기망방법에 대하여 세밀하게 조사한다.

  1) 허위표현의 내용이 무엇인가

  2) 적극적인 허위사실의 고지인가

  3) 부작위에 의한 경우 고지의무가 있는가 여부 등

(4) 피해자를 착오에 빠뜨린 상황에 대하여 조사한다.

  1) 피기망자와 재물의 교부자가 동일인인가

  2) 피의자와 재물을 교부받은 자가 동일인인가

  3) 착오의 정도는 어떠한가 등

(5) 기망행위와 착오간에 인과관계가 있는가에 대하여 조사한다.

(6) 착오와 재물의 교부간에 인과관계가 있는가에 대하여 조사한다.

  1) 착오에 의한 임의교부인가

  2) 착오에 의하지 않은 교부인가 등

(7) 편취재물에 대하여 조사한다.

  1) 교부일시, 장소, 회수

  2) 재물의 종류, 수량, 가격

  3) 재물의 소유자 및 점유상태 등

(8) 교부의 명목은 어떠한가

(9) 반대급부가 있었는가, 사기죄 성립에 消長이 없다.

(10) 권리행사를 빙자한 것이 아닌가, 권리남용의 경우 사기죄가 성립한다.

(11) 취득한 재물의 처분관계에 대하여 조사한다.

(12) 피해자와 신분관계가 있는지에 대하여 조사한다. 친족상도례가
    준용되기 때문이다.

2. 피의자 신문례

(1) 피의자는 노○○을 아는가요

(2) 노○○으로부터 돈이나 물건을 받은 일이 있나요

(3) 언제, 어디서 받았나요

(4) 무슨 일과 관련해서 돈을 받았나요

(5) 피해자를 어떤 방법으로 속였는가요(기망방법)

(6) 왜 피해자가 돈을 주던가요

(7) 그 돈은 어떻게 썼는가요

(8) 노○○과 친족관계가 되는가요

(9) 노○○과 합의를 했는가요

(10) 왜 이런 나쁜 짓을 했는가요

3. 범죄사실 기재례

[범죄사실기재례 -]

(1) 피의자는 ××××. ×. ×. 15:00경 서울 강남구 역삼동에 있는 ☆☆☆르네상스 호텔커피숍에서 사실은 피해자 박○○을 ◇◇건설 주식회사에 취직시켜줄 의사와 능력이 없음에도 불구하고 그에게 "◇◇건설의 인사과장을 잘 알고 있는데 그 과장에게 부탁하여 위 회사사원으로 취직시켜주겠다"고 거짓말을 하였다. 이에 속은 피해자로부터 즉석에서 교제비 명목으로 300만원, 다음날 10:00경 같은 장소에서 "일이 잘 되어간다"고 거짓말하여 사례비 명목으로 200만원 합계 500만원을 각 교부받아 이를 편취하였다.

(2) 피의자는 건설업자이다.

피의자는 ××××. ×. ×. ○○시 ○○구 ○○동 123에 있는 ○○커피숍에서, 피해자 김○○으로부터 골재를 외상으로 구입하였다. 그리고 그 대금을 결제함에 있어 기일에 지급할 가망도 의사도 없으면서 피의자 명의 "자가×××××호, 액면금 3,000만원, 지급기일 ××××. ×. ×. 지급지 △△은행 ○○지점" 약속어음 1매를 제시하면서 "은행어음이기 때문에 결제일에 결제되는 것은 걱정하지 말라"라고 하여 피해자로 하여금 그 기일에 위 은행에 제시하여 받을 수 있는 것으로 믿게 하였다. 그리고 지급기일 전인 ××××. ×. ×. 부도처리함에 따라 위 금 3,000만원 상당의 재산상 이득을 편취하였다.

(3) 피의자는 △△은행을 비롯하여 여러 은행과 사채가 많아 은행 대출을 받을 경우 이를 변제할 의사와 능력이 없으면서 ××××. ×. ×. ○○시 ○○구 ○○동 에 있는 ××은행 ○○지점에서 2,000만원의 대인보증대출을 받았다. 그리고 피해자 최○○에게 "××은행에서 2,000만원 적립식신탁통장을 담보로 대출을 받으려고 하는데 통장잔액이 조금 모자라 보증인이 필요한데 보증을 서주면 다른데서 돈이 들어오는데로 바로 우선하여 이것부터 변제하겠다."라고 거짓말하여 이를 사실로 믿게 하였다. 그 후 위 ××은행에서 상환기간 ××××. ×. ×.로 한 2,000만원을 대출을 받으면서 위 피해자를 보증인으로 하여 그 무렵 위 대출금을 교부받고 이를 편취하였다.

(4) 피의자는 ○○시 ○○구 ○○동 123번지 건물의 소유자이다.
피의자는 ××××. ×. ×. 피의자 소유 위 건물 지하1층 ○○PC방에서, 위 건물은 여러 건의 가압류와 근저당 설정이 되어 있어 위 PC방에 대해 임대차 계약을 할 경우 기간이 만료되어도 임대보증금을 돌려줄 의사와 능력이 없으면서 피해자 이○○에게 "임차기간이 만료하면 틀림없이 임대보증금을 돌려주겠다."고 하여 위 피해자를 기망하였다. 그리하여 그렇게 믿은 피고인과 "임대보증금 5,000만원에 월 200만원, 권리금 2,000만원, 임대기간 ××××. ×. ×.부터 ××××. ×. ×.까지(24개월)"로 한 부동산 임대차계약을 체결하고 계약금 명목으로 현장에서 500만원, ××××. ×. ×. 중도금으로 2,500만원, ××××. ×. ×. 잔금으로 4,000만원 등 총 7,000만원을 교부받아 이를 편취하였다.

(5) 피의자는 ××××. ×. ×. 서울 ○○구 ○○동 123번지 소재 ××은행 ○○지점에서 카드사용대금을 입금할 의사나 능력이 없으면서도 동지점에 카드 사용대금을 매월 25일 지정된 은행계좌(××은행, 계좌번호:123-45-6789)로 입금한다는 카드발급신청서를 제출하였다. ××××. ×. ×. 같은 은행으로부터 ××은행 ××신용카드(카드번호:0987-1234-5678-0001)를 교부받아 소지하고 있음을 기화로 ××××. ×. ×. 서울 ○○구 ○○동 △△백화점에서 물품구입비로 300,000만원을 사용한 것을 비롯하여 ××××. ×. ×.까지 사이에 현금인출 및 물품구입 등으로 별지의 내용과 같이 각 가맹점등에서 총 45회에 걸쳐 23,150,400원 상당을 교부받아 이를 편취하였다.

(6) 피의자는 ××××. ×. ×. 20:00경 서울 ○○구 ○○동 123번지에 있는 피해자 홍○○가 운영하고 있는 ○○회관에서 술값 등을 지급할 의사나 능력이 없음에도 술과 식사대금을 지급할 것처럼 행세하여 맥주와 식사 등을 주문하였다. 그리하여 이에 속은 피해자로부터 즉석에서 맥주 3병, 식사 등 금 100,000원 상당을 제공받아 이를 편취하였다.

(7) 피의자는 ××××. ×. ×.경 ○○시 ○○구 ○○동 123번지에 있는 피해자 박○○이 운영하고 있는 △△유흥주점에서 위 주점 종업원으로 일할 의사가 없음에도 "먼저 일하던 업소에 선불금 1,000만원이 있는데 이 돈을 갚으려고 하니 선불금을 지급하여 달라"고 말하여 다음날 위 유흥주점에서 위 돈을 받아 이를 편취하였다.

(8) 피의자는 건축업자이다.
피의자는 ××××. ×. ×.경 피해자 김○○에게 ○○시 ○○구

○○동 123번지 모텔의 공사를 도급 주더라도 그 대금을 지급할 의사나 능력이 없음에도 불구하고 "공사를 완공하면 1개월 안에 모텔을 담보로 대출을 받거나 매도하여 공사대금 3억5,000만원을 주겠다."고 거짓말을 하였다. 그리하여 이에 속은 위 피해자로 하여금 ××××. ×. ×.경 공사를 완공하도록 한 뒤 공사대금을 지급하지 아니함으로써 위 금액 상당의 재산상 이익을 취득하였다.

(9) 피의자는 건어물도매업자이다.
피의자는 ××××. ×.경부터 같은 해 ×.경까지 사이에 피의자 및 피의자가 사용하던 부인 건외 홍○○ 명의의 당좌계정이 부도가 났다. 뿐만 아니라, 부채로 외상대금 3억원 및 그 외 채무 1억5,000만원 정도가 있었고, 피의자의 재산이 전무하여 사실은 타인으로부터 건어물을 납품받더라도 그 대금을 변제할 의사나 능력이 없으면서도, ××××. ×. ×.부터 ××××. ×. ×.까지 사이에 피해자 최○○ 등 35명에게, 건어물대금조로 약속어음을 발행하여 주었다. 그리고 "어음지급기일에 틀림없이 결제 해줄테니 걱정하지 말고 건어물을 납품해 달라"고 거짓말하여 이에 속은 피해자들로부터 도합 4억4,500만원 상당의 건어물을 납품받아 이를 편취하였다.

(10) 피의자는 ××××. ×. ×.경 피해자 김○○으로부터 선이자 200만원을 제외한 1,500만원을 대여하면서 피해자 발행의 금 1,500만원으로 된 약속어음을 담보조로 받았다. 그리고 변제기일인 ××××. ×. ×. 피해자의 요구로 다시 선이자로 200만원을 받고 위 어음을 반환하는 대신 발행일 ××××. ×. ×. 금액 1,500만원으로 된 피해자 발행의 당좌수표를 선일자로 담보 명목으로 받았다. 또 이와는 별도로 위1,500만원의 채권

에 대한 담보명목으로 피해자의 부동산 등에 관하여 근저당권 설정 및 가압류를 해 두었으나, 그 후 위 수표가 부도나므로 ××××. ×.경부터 위 부동산에 대하여 임의경매를 신청하여 그 배당금으로 변제를 받아오고 있었다. 피의자는 ××××. ×. ×. ○○시 ○○구 ○○동 123번지에 있는 ○○법원에서 위 1,500만원이 채권담보조로 피해자 소유의 ○○시 ○○구 ○○동 산23번지 임야 1,000평방미터 등에 이미 설정한 근저당권에 기하여 임의경매신청을 하여 ××××. ×. ×. 800만원을 배당받아 위 1,500만원의 채권일부를 변제받아 그 만큼 채권이 소멸되었음에도 이를 숨겼다. 그리고 피해자에게 대여한 1,500만원을 전혀 변제받지 못하였으므로 위 1,500만원 및 이에 대한 이자의 지급을 청구한다는 취지의 수표금 청구의 소를 제기하고 이에 기망된 법원으로 하여금 ××××. ×. ×. 피해자가 피의자에 대하여 1,500만원 및 ××××. ×. ×.부터 완제시까지 연 2할 5푼의 비율에 의한 금원을 지급하라는 피의자 승소판결을 선고하도록 하였다. 그 후 위 판결이 ××××. ×. ×. 확정되어, 같은 해 ×. ×. 위 확정판결을 근거로 하여 피해자 소유의 다른 부동산이 경매되어 피해자 명의로 배당된 금액 중 1,000만원을 피의자가 수령하여가 이를 편취하였다.

(11) 피의자는 20○○. 1. 1. 00:30경부터 같은 날 02:00경까지 서울 ○○구 ○○동 100번지 △△단란주점에서 대금 지불 의사나 능력이 없으면서 업주인 피해자 박☆☆(여, 00세)에게 "이 집 분위기가 참 좋네. 양주와 과일안주 가져오고 여자를 들여보내 주쇼"라고 말하여 그녀에게 대금의 지급을 받을 수 있는 것처럼 믿게 하였다. 그리하여 양주 1병 시가 120,000원과 과일 안주 3점 시가 150,000원 등 도합 270,000원 상당의 음식

을 교부받아 먹고 그 대금 지불을 면하여 재산상 이익을 취득하였다.

(12) 피의자는 20○○. 1. 1. 23:00경부터 같은 날 02:00경까지 서울 ○○구 ○○동 100번지 소재 △△식당에서 주인 홍길동에게 식대지급의 의사나 능력이 없으면서도 음식을 주문하여 피해자로 하여금 그 대금을 받을 수 있는 것처럼 믿게 하였다. 그리고 그곳에서 갈비 2대 24,000원 밥 1그릇 1,500원 소주 2홉들이 1병 3,000원 등의 음식을 주문하여 먹음으로서 그 대금 도합 28,500원 상당을 면하여 재산상 이익을 취득하였다.

(13) 피의자는 20○○. 1. 11. 23:30경부터 같은 날 02:00경까지 서울 ○○구 ○○동 100번지 높은 빌딩 앞에서 서울 30바 1234 공공택시에 승차하였다. 피의자는 택시 운전사 홍길동(남, 55세)에게 택시요금의 지급 의사나 능력이 없음에도 "시흥까지 갑시다. 오늘 돈 많이 벌었소"라고 말하여 여유를 보임으로서 그로 하여금 택시요금을 줄 것 같은 믿음을 주었다. 그리하여 같은 날 23:40경까지 주행시킨 후 목적지인 시흥에 도착하자 그대로 도주하여 택시요금 25,000원의 지급을 면하여 재산상 이익을 취득하였다.

(14) 피의자는 20○○. 1. 1. 23:00 서울 ○○구 ○○동 100번지 ☆☆☆여관에서 그 여관 주인 홍길동(남, 44세)에게 여관비 지급 의사나 능력이 없으면서 숙박할 방을 달라고 하여 그 여관 202호실로 정하였다. 그리고 위 홍길동에게 "오늘은 피곤하니 숙박비는 내일 아침에 줄게요"라고 속여 이튿날 숙박요금을 받을 수 있는 것처럼 믿게 하고 다음날 11:00경까지 숙박함으로서 그 대금 25,000원의 지급을 면하여 재산상 이익을 취득하였다.

(15) 피의자 ○○○는 중국 보이스피싱 조직인 ○○의 한국내 현금
    인출책이다.
    피의자는 20○○. ○. ○. 대한민국에 ○○비자로 입국하여 같은
    해 ○. ○.부터 ○. ○.까지 ○개월 동안 동 조직의 ○○○에게서
    인출전화를 받으면 본인이 소지하고 있던 ○○은행 통장
    (111-111-11111)외 ○○개의 계좌의 현금카드를 이용하여 총
    ○○건에 걸쳐 ○○○○만원을 출금하여 ○○를 통하여 중국내
    조직에게 ○차례 걸쳐 보내는 등의 범죄를 저질렀다.

4. 적용실례
  (1) 소위 딱지수표를 담보로 제공하고 금원을 차용한 경우
     피의자는 수표용지를 돈을 주고 사와, 이에 적당히 액면을 기재
     하여 이를 정상적인 수표인 양 거짓말하고 담보로 하여 돈을 차
     용(형식은 수표를 할인하는 것으로 하고)하였다.
     ➡ 이는 사기죄로 의율해야 한다.

  (2) 수회에 걸쳐 금원을 편취한 후 발각된 경우
     피의자는 취업을 시켜준다며 피해자 3명으로부터 돈을 받고, 네
     번째 범행에서 발각되어 이것은 미수에 그쳤다.
     ➡ 위 행위들은 모두 단일한 고의에서 비롯된 것이고 사기가 성
        립된 이상 네 번째의 미수부분은 포괄적인 관계에 있으므로
        사기미수에 대해서는 의율할 수 없다.

  (3) 자기채권을 확보하기 위해 현금교환해 주겠다고 속여 채권액보다
     액면금액이 많은 약속어음을 교부받고 돌려주지 않은 경우
     피의자가 자신의 채권확보를 위하여 채무자인 ○○산업 전무에게
     사실은 약속어음을 현금으로 교환해 줄 의사가 전혀 없으면서 이를

현금교환해 주겠다는 취지로 속여 동인으로부터 채권액보다 더 많은 액수의 약속어음 1매를 교부받고 이를 돌려주지 않은 경우

➡ 이는 상대방을 기망하여 약속어음 1매를 편취한 것으로 사기죄가 성립한다.

(4) 전세입주자라는 신분을 속이고 전전세를 내준 경우

전세입주자가 자신의 신분을 숨기고 마치 집주인인양 거짓말을 하여 전전세를 내준 경우

➡ 사기죄가 성립한다.

(5) 경찰 행세를 하며 금품을 교부받은 경우

피의자가 자신을 경찰이라고 속이고 경찰 행세를 하면서 수사비가 필요하다며 금품을 요구, 편취한 경우

➡ 이 경우 폭행이나 협박을 하지 않고 단지 수사경찰인 것처럼 행세하면서 수사비조의 돈을 요구하여 이에 속은 피해자로부터 돈을 받은 것이므로 공무원자격사칭, 공갈로는 의율할 수 없고 사기죄로 의율해야 한다.

(6) 가등기와 화해조서의 작성사실을 숨기고 대지를 매도한 경우

피의자가 아파트를 건축 매도함에 있어 대지상에 경료된 가등기와 화해조서 작성사실을 숨기고 매도계약을 체결하고 대금전액을 받은 경우

➡ 아파트를 매도하여 가등기채권을 변제할 의사였다는 이유가 인정된다고 해도 변제의사 여부를 불문하고 매수자에게 그 사실을 숨기고 계약한 것이라면 사기죄가 성립한다.

(7) 목욕탕에서 주운 물품보관표로 자기 것이 아닌 보관물을 교부받은 경우

조○○는 목욕을 마치고 옷을 입다가 목걸이 1개, 반지 1개에 대한 보관표를 주웠다. 그리고 목욕탕을 나오는 길에 그 곳 계산대

에서 위 보관표를 이용하여 자기 소유가 아닌 목걸이와 반지를 교부받았다.

➡ 이 경우는 피해자와 피기망자가 다른 경우이지만, 이것은 사기죄의 성립에 영향을 주지 않으므로 조○○의 위 행위는 당연히 사기죄로 의율해야 할 것이다.

(8) 점유이탈물을 습득한 자로부터 그것이 자신의 것인양 속여 점유이탈물을 교부받은 경우

길거리에서 강아지를 주워 그 주인을 찾고 있는 사람에게, 그것이 마치 자신의 소유인 양 속이고 강아지를 교부받은 경우

➡ 점유이탈물횡령보다는 재물을 편취한 사기행위로 보는 것이 타당하다.

(9) 카드를 절취, 가명으로 사용한 경우

김○○는 회사 탈의실에서 옷을 갈아입다가 다른과 동료의 주머니에 신용카드가 꽂혀있는 것을 보고 이것을 절취하였다. 퇴근 후 김○○는 의상실에서 옷을 사고 이 카드를 제시하여 마치 자기가 정당한 소지인인 것처럼 실구매자 서명란에 가명으로 서명하였다.

➡ 이 경우, 우선은 물론 절도죄가 성립한다. 그리고 절취한 신용카드를 사용하여 물건을 교부받은 행위는 사기죄가 될 것이다. 신용카드를 자신이 정당한 소지인인 것처럼 가장해 물건을 구입한 행위는 절도죄의 불가벌적 사후행위가 될 수 없기 때문이다. 따라서 절도죄와는 별도로 사기죄로도 의율해야 할 것이다.

(10) 동업자를 속여 사업자금보다 많은 돈을 받고 그 차액을 편취한 경우

안○○는 동업을 하기로 한 지○○에게 사업에 필요한 물품매매

자금이라며 1,300만원을 받아냈다. 그런데 실제로 물품매매에 필요한 자금은 900만원이었다. 안○○는 위 금액 중 900만원은 사업을 위한 물품매매에 썼지만, 나머지 400만원은 개인의 잡비로 소비하였다.

➡ 안○○의 행위는 피해자인 지○○에게 사업자금을 허위로 과대조장하여 금원을 교부받았고, 실제 매매대금과의 차액을 편취한 것으로 요약할 수 있다. 이렇게 보았을 때 위 안○○의 행위는 사기죄로 의율하는 것이 타당하겠다(횡령죄가 아님).

(11) 채권자에게 공사를 맡았다고 속이고 공사 알선비를 받은 경우

고○○는 이○○가 보증을 한다고 하여 A, B에게 물건을 대주었지만 그 대금을 제대로 받지 못해 800만원을 손해보고 있었다. 고○○는 이 돈을 받기 위해서 이○○에게, 내가 이번에 큰 공사는 하나 맡았는데 공사금만 해도 5억원이 된다고 거짓말을 하며, 그 공사를 도급해 줄테니 알선비를 달라고 하여 알선비조로 500만원을 받았다.

➡ 고○○에게 채권이 있긴 하지만, 위 행위는 사회통념상 권리행사로서 인정할 수 없는 것이어서 사기죄가 성립한다고 할 수 있다.

(12) 배우자의 예금청구서를 위조하여 예금을 인출한 경우

배우자의 예금청구서를 위조하고 그것을 은행에 제시하여 배우자의 예금구좌에서 예금을 편취한 경우

➡ 피해자가 상대방 배우자라고 생각하기 쉽지만, 예금편취부분의 피기망자 및 피해자는 은행직원이 된다. 따라서 사기죄가 성립한다.

(13) 물건을 빌리는 척하고 가져 가 돌려주지 않은 경우

이○○는 송○○가 경영하는 중국음식점에서 종업원을 모집하는 것을 알고 그곳에 찾아가 일을 하겠다고 하면서, 집에 가서 옷을 가져올테니 오토바이를 빌려 달라고 하여 오토바이를 타고 간 다음 돌아오지 않았다.

➡ 옷을 사는 척하고 입은 다음 잠깐 화장실에 갔다 오겠다고 하면서 도주한 경우와는 달리 이 경우 오토바이의 점유는 송○○의 하자있는 의사에 의하여 이○○에게 완전히 이전된 것이므로 절도가 아니라 사기죄로 보아야 한다(이에 대해, 옷을 사는 척하고 옷을 입은 다음 화장실에 갔다 오겠다고 하면서 나가 도주한 경우는 절도가 된다).

(14) 보증각서를 위조하여 가압류결정을 받은 경우

피의자가 고소인 명의의 보증각서를 위조하여 이를 가압류신청하면서 행사하여 고소인 소유의 부동산에 관하여 가압류결정을 받은 경우

➡ 사기죄에 있어서 가압류는 강제집행보전방법에 불과하고 그 기초가 되는 허위의 채권에 기하여 실제로 청구의 의사표시를 한 것으로 볼 수 없다. 그런데 이 경우는 본안 소송을 제기하지 않았으므로 사기죄의 실행에 착수했다고 볼 수 없어 사기미수로 의율할 수 없다.

(15) 병원비를 내지 않고 도주한 경우

사고로 병원에 입원해 치료받은 피의자가 병원비를 낼 수 없는 형편에 있어, 이를 추궁받지 않기 위해 몰래 도주한 경우

➡ 입원치료비의 지급채무의 이행을 면탈 받은 것은 아니므로 사기죄가 되지 않는다.

(16) 이종사촌의 금원을 편취한 경우

이종사촌의 금원을 편취한 경우

➡ 이종사촌은 직계존속의 형제의 직계비속일 뿐 혈족이 되지 않으므로 민법 제777조에서 규정하는 친족의 범위에 포함되지 않는다. 따라서 친족상도례가 적용될 여지가 없어 공소권없음 의견으로 할 수 없다.

5. 수사시 유의사항

(1) 컴퓨터통신(인터넷)에 허위광고를 게재하여 이에 속은 피해자로부터 온라인을 통해 금원을 편취한 경우 입력된 허위정보나 부정명령에 따라 계산이나 데이터 처리, 즉 정보처리가 이루어진 것이 아니므로 컴퓨터등사용사기죄가 아닌 컴퓨터통신 이용자들에 대한 직접적인 기망행위(허위광고)와 사람의 착오에 의한 교부행위(온라인을 통한 입금)가 있으므로 사기죄로 의율함

(2) 피해자로부터 일정금액을 인출사용하라는 승낙을 받고 통장과 도장을 교부받아 피해자가 승낙한 액수를 넘어선 금전인출 행위는 사기죄가 성립할 뿐 절도죄가 아님. 5억원 이상 편취한 경우에는 사기죄가 아닌 특정경제범죄가중처벌등에관한법률(사기)로 의율함

(3) ××시청 직원이 토지불하를 이유로 200만원을 받으면 사기죄 아닌 변호사법위반으로 의율함

(4) 편취와 사취는 같은 뜻으로 편취는 법률 및 수사상 용어, 사취는 일상적인 용어임

(5) 피의자가 사실은 변호사선임을 할 의사가 없음에도 피해자에게 잘 아는 변호사를 선임하여 주겠다고 기망하여 금원을 편취한 사안은 변호사법 위반이 아니라 사기죄임

(6) 약사법상의 의료용품이나 위생용품이 아니며 또한 보사부의 제조허가 대상이 아닌 건강기구(예:자석요)를 판매한 사안은 약사법위반이 아닌 사기죄로 의율

(7) 고소취소의 대가로 합의금을 주기로 약정한 후 각서까지 작성하고도 이를 이행하지 않은 경우 고소취소는 재산상의 처분행위가 아니므로 사기죄가 성립하지 않는다.

(8) 교통사고시 종합보험 미가입자가 보험처리하겠다고 기망하고 피해변제를 하지 않은 경우 구체적 기망과 손해발생이 없는 한 사기죄가 성립하지 않음

(9) 보이스 피싱(전화금융사기) 범죄

보이스피싱이란 음성(voice)과 개인정보(private data), 낚시(fishing)를 합성한 신조어로 전화를 통해 불법적으로 개인 정보를 빼내서 범죄에 사용하는 범죄를 뜻한다. 주로 다른 믿을 수 있는 기관을 사칭해서 주민등록번호, 신용카드번호, 은행계좌번호 등을 알아내고 현금을 인출하거나 다른 용도로 사용하는 금융 사기가 많다.

최신의 보이스피싱범죄수법에는 현금인출기까지 가지 않고도 텔레뱅킹을 이용하여 돈을 송금받는 신종보이스피싱사건이 보고되었으므로 수사시 현금인출기에서 하지 않았다고 피해자의 과실로 판단하지 말것(이 경우 일명 "쌍둥이폰"을 이용함).

기본적으로 보이스피싱범죄의 경우 사기죄로 의율하지만 피해금액이 큰 경우에는 특가법상의 사기죄를 적용한다.

6. 유형별 사기죄의 사례

유 형	사 례
소송사기	법원을 기망하여 상대방으로부터 재물과 재산상의 이익을 편취하는 행위
매매, 할부관련	훔친물건인줄 알면서도 피해자에게 속이고 시가보다 싼값에 판매한 경우
	납품계약이 안될 것을 알면서도 계약금을 수령한 경우
	판매대금의 미지급
	기망에 의한 판매
	신분을 기망하고 할부매입(차량 및 휴대폰 등)
	타인명의로 차량구입후, 차량을 매매하여 피해자로 하여금 대위변제하게 하는 경우
신용카드 관련	절취한 신용카드의 사용
	변제의사나 능력없이 카드사용
	타인명의로 카드를 발급받아 사용
	타인 카드의 무단사용
	보관중인 카드의 사용
	부부중 일방의 카드를 승낙없이 발급받아 사용(친족상도례 적용 안됨)
수표, 어음, 보험, 금융관련	위조된 증권으로 대출
	위조된 서류로 대출
	외국화폐이용 사기(예:거래되지 않는 외국환을 거래되는 통화로 속여 현금과 교환)
	수표위조사기
	약속어음용지이용 사기
차용, 계 관련	어음담보 차용사기
	공이자로 현혹하여 차용사기
	허위의 계조직 사기
	계돈 미불입

차용, 계 관련	계주가 계가 깨어진 것을 알면서도 이런 사정을 숨긴채 계원들 로부터 계금을 계속적으로 받은 경우(사기죄 성립)
부동산관 련	미등기상태에서의 2중매매
	등기이전후 2중매매
	등기이전후 2중매매
	기망에 의한 재임대행위
	분양사기
	재건축·재개발사기
취업, 알선, 투자, 동업관련	취업사기, 취업알선사기, 취업조건선수금사기, 투자사기, 주식투 자사기, 대출알선사기, 입학빙자사기
기타	협박성사기, 가짜식품납품, 타인의 전화선사용, 컴퓨터통신망을 이용한사기(예:컴퓨터 통신판매사기), 가격사칭사기, 무임승차, 협박성무전취식, 잔돈사기 등

7. 사기죄 인정·불인정의 사례

사기죄 인정	사기죄 불인정
· 채권이 소멸된 판결정본을 근거로 강제집행을 하는 경우	· 어음의 발행인들이 각자 자력이 부족한 상태에서 자금을 편법으로 확보하기 위하여 서로 동액의 융통어음을 발행하여 교환한 경우
· 용도를 속여 국민주택 건설자금대출을 받은 경우	· 입원환자가 치료를 면하기 위하여 몰래 도주한 경우
· 상품의 허위·과장 광고	
· 부녀를 기망하여 성행위 대가의 지급을 면한 경우	· 사자(死者) 상대 소송, 허무인에 대한 소송의 제기
· 성매도자가 성매매의사 없이 성매매에 응할 것처럼 가장하여 성매매 댓가를 받고 달아난 경우	· 빌라분양에 있어서 평수를 과장광고한 경우
· 절취한 장물을 담보로 제공하고 돈을 빌린 경우	· 채권변제 목적으로 잔고없는 가계수표를 잔고 있는 것처럼 속여 교부한 경우
· 매도담보로 제공된 사실을 숨기고 제3자에게 다시 매도담보 제공	· 진품을 가지고 있는 사람에게 모조품이라고 속여 소유자가 이를 폐기한 경우
· 자전거·자동차나 오토바이를 시운전을 빙자하여 그대로 몰래 도주	· 기한 미도래의 채권을 즉시 지급받기 위하여 지급명령을 신청한 경우
· 위조된 양곡배급통장으로 소정의 대금을 지급하고 양곡배급을 받은 경우	· 상거래에서 중등품을 상등품이라 하여 판매한 경우
· 임차인이 부도산을 임의로 처분권한을 위장하여 처분한 경우(횡령죄가 아닌 사기죄로 의율함)	· 병굿을 하고 대금을 받은 경우
	· 물품대금의 변제를 위하여 위조약속어음을 교부한 경우
· 기망에 의해 재물을 포기하게 한 후 이를 가지는 행위	· 허위의 피해신고를 하여 그 피해복구 보조금을 받으려다 그 목적을 이루지 못한 경우
· 대리인을 기망하여 본인의 재물 편취	
· 구체적으로 증명할 수 있는 사실을 들어 허위광고한 경우	· 보험가입사실증명원을 위조 제출한 경우(사문서위조로 의율)
· 융통어음을 진성어음으로 오인하게 한 후 할인 명목으로 돈을 교부받은 경우	· 식육점이 딸린 식당을 매도하면서 그 식당이 업무상무허가라는 사실을 숨긴 경우

· 신용카드 가맹점주가 신용카드회사에 용역의 제공을 가장한 허위매출전표를 작성하여 대금청구 수령한 경우 · 거짓으로 궁박한 사정을 가장하여 구걸행위 · 타인의 사무를 처리한 자가 본인에게 기망행위를 하여 재산상의 이득을 취한 경우(배임죄 ×) · 유효기간이 경과한 승차권으로 무임승차한 경우 · 미성년자가 성년이라 속여 자신의 부동산을 처분한 경우 · 금전차용인이 진실한 용도를 고지하지 않은 까닭에 대주가 착오로 금전을 대부한 경우 · 배급자격이 없는 자가 기망하여 배급받은 경우 · 세입자가 주인으로 행세하며 전전세를 놓은 경우 · 변제의사나 능력없이 카드를 사용한 경우	

(17) 제347조의2 컴퓨터 등 사용사기

> 제347조의2(컴퓨터등 사용사기)
> 컴퓨터등 정보처리장치에 허위의 정보 또는 부정한 명령을 입력하거나 권한 없이 정보를 입력·변경하여 정보처리를 하게 함으로써 재산상의 이익을 취득하거나 제3자로 하여금 취득하게 한 자는 10년 이하의 징역 또는 2천만원 이하의 벌금에 처한다. [전문개정 2001.12.29]

[공소시효] : 10년

형법상 해설

I. 이론

1. 구성요건

  (1) 객관적 구성요건

    1) 주체

      제한이 없다.

    2) 객체

      재산상의 이익이다.

      ① 재물을 제외한 재산상 이익을 객체로 하는 순수한 이득죄이다(다수설).

      ② 재물도 본 죄의 객체가 되는지에 관하여 긍정설과 부정설(다수설)이 대립된다. 대법원은 부정설의 태도이다(2002도2134).

■ 이견있는 형사사건의 법원판단 ■

[재물도 본죄의 객체에 포함되는지 여부]

1. 문제점 : 제347조의2에 의하면 본죄의 객체는 '재산상의 이익'이라고 표현되어 있다. 따라서 재물의 경우

본 죄의 객체에 포함되는지 문제된다.

2. 학설

(1) 적극설 : 재물은 재산상 이익에 대하여 특별관계에 있기 때문에 재물을 취득한 경우에는 당연히 재산상 이익도 취득한 것이므로 재물도 본죄의 객체에 포함된다는 견해

(2) 소극설(다수설) : 재물은 본죄의 객체가 아니라는 견해

3. 판례 : 소극설의 태도

형법 제347조의2에서 규정하는 컴퓨터등사용사기죄의 객체는 재물이 아닌 재산상의 이익에 한정되어 있으므로, 타인의 명의를 모용하여 발급받은 신용카드로 현금자동지급기에서 현금을 인출하는 행위를 이 법조항을 적용하여 처벌할 수는 없다(대법원 2002. 7. 12. 선고 2002도2134 판결).

3) 행위

컴퓨터 등 정보처리장치에 허위정보 또는 부정한 명령을 입력하거나 권한 없이 정보를 입력, 변경하여 정보처리를 하게 하는 것이다.

① 허위정보의 입력이란 진실에 반하는 내용의 정보를 입력하는 것을 의미한다.

② 부정한 명령의 입력이란 사무처리 목적에 비추어 지시해서는 안 될 부정한 명령을 입력하는 것이다.

③ 권한 없이 정보를 입력, 변경하는 것이란 권한 없는 자가 신정한 정보를 임의로 입력하거나 변경하는 것을 의미한다. 즉, 진실한 정보의 부정사용에 해당하는 것으로서 2001년 형법 개정시 추가된 구성요건이다.

4) 재산상 이익의 취득

정보처리를 통하여 행위자가 재산상 이익을 취득하거나 제3자로 하여금 취득하게 하여야 한다.

(2) 주관적 구성요건

고의와 불법이득의사가 필요하다.

2. 타죄와의 관계

(1) 사기죄와의 관계

은행 직원을 기망하여 컴퓨터에 허위정보를 입력시켜 재산상 이익을 취득한 경우에 사기죄만 성립한다고 본다. 컴퓨터등사용사기죄는 사기죄에 대하여 보충관계에 있기 때문이다.

(2) 전자기록위작, 변작죄와의 관계

컴퓨터등사용사기죄의 행위가 전자기록위작, 변작죄, 동행사죄에 해당하는 경우에는 본 죄와 상상적 경합이 된다고 본다.

Ⅱ. 판례

❶ 절취한 타인의 신용카드를 이용하여 현금지급기에서 자신의 예금계좌로 돈을 이체시킨 후 현금을 인출한 행위가 절도죄를 구성하는지 여부

절취한 신용카드를 이용하여 현금자동지급기에서 현금을 인출한 경우, 현금자동지급기 관리자의 의사에 반하여 그의 지배를 배제하고 그 현금을 자기의 지배하에 옮겨 놓는 것이 되어 절도죄를 구성하나(대법원 1995. 7. 28. 선고 95도997 판결 등 참조), 위 공소사실 기재 행위 중 피고인이 공소외 2의 신용카드를 이용하여 현금지급기에서 계좌이체를 한 행위는 컴퓨터등사용사기죄에 있어서의 컴퓨터 등 정보처리장치에 권한 없이 정보를 입력하여 정보처리를 하게 한 행위에 해당함은 별론으로 하고 이를 절취행위라고 볼 수는 없고, 한편 피고인이 위 계좌이체 후 현금지급기에서 현금을 인출한 행위는 자신의 신용카드나 현금카드를 이용한 것이어서 이러한 현금인출이 현금지급기 관리자의 의사에 반한다고 볼 수 없으므로, 이 또한 절취행위에 해당하지 아니하는바, 결국 위 공소사실 기재 행위는 절도죄를 구성하지 않는다고 보아야 한다(대법원 2008. 6. 12. 선고 2008도2440 판결).

❷ 절취한 친족 소유의 예금통장을 현금자동지급기에 넣고 조작하여 예금 잔고를 다른 금융기관의 자기 계좌로 이체하는 방법으로 저지른 컴퓨터등사용사기죄에 있어서의 피해자

(1) 사실관계

> 피고인이 절취한 친할아버지 A소유 고흥 농업협동조합 예금통장을 현금자동지급기에 넣고 조작하는 방법으로 A명의 위 농업협동조합 계좌의 예금 잔고 중 57만 원을 피고인 명의 국민은행 계좌로 이체하였다.

(2) 판결요지

[1] 컴퓨터 등 정보처리장치를 통하여 이루어지는 금융기관 사이의 전자식 자금이체거래는 금융기관 사이의 환거래관계를 매개로 하여 금융기관 사이나 금융기관을 이용하는 고객 사이에서 현실적인 자금의 수수 없이 지급·수령을 실현하는 거래방식인바, 권한 없이 컴퓨터 등 정보처리장치를 이용하여 예금계좌 명의인이 거래하는 금융기관의 계좌 예금 잔고 중 일부를 자신이 거래하는 다른 금융기관에 개설된 그 명의 계좌로 이체한 경우, 예금계좌 명의인의 거래 금융기관에 대한 예금반환 채권은 이러한 행위로 인하여 영향을 받을 이유가 없는 것이므로, 거래 금융기관으로서는 예금계좌 명의인에 대한 예금반환 채무를 여전히 부담하면서도 환거래관계상 다른 금융기관에 대하여 자금이체로 인한 이체자금 상당액 결제채무를 추가 부담하게 됨으로써 이체된 예금 상당액의 채무를 이중으로 지급해야 할 위험에 처하게 된다. 따라서 친척 소유 예금통장을 절취한 자가 그 친척 거래 금융기관에 설치된 현금자동지급기에 예금통장을 넣고 조작하는 방법으로 친척 명의 계좌의 예금 잔고를 자신이 거래하는 다른 금융기관에 개설된 자기 계좌로 이체한 경우, 그 범행으로 인한 피해자는 이체된 예금 상당액의 채무를 이중으로 지급해야 할 위험에 처하게 되는 그 친척 거래 금융기관이라 할 것이고, 거래 약관의 면책 조항이나 채권의 준점유자에 대한 법리 적용 등에 의하여 위와 같은 범행으로 인한 피해가

최종적으로는 예금 명의인인 친척에게 전가될 수 있다고 하여, 자금이체 거래의 직접적인 당사자이자 이중지급 위험의 원칙적인 부담자인 거래 금융기관을 위와 같은 컴퓨터 등 사용사기 범행의 피해자에 해당하지 않는다고 볼 수는 없으므로, <u>위와 같은 경우에는 친족 사이의 범행을 전제로 하는 친족상도례를 적용할 수 없다.</u>

[2] 손자가 할아버지 소유 농업협동조합 예금통장을 절취하여 이를 현금자동지급기에 넣고 조작하는 방법으로 예금 잔고를 자신의 거래 은행 계좌로 이체한 사안에서, <u>위 농업협동조합이 컴퓨터 등 사용사기 범행 부분의 피해자라는 이유로 친족상도례를 적용할 수 없다고 한 사례</u>(대법원 2007. 3. 15. 선고 2006도2704 판결).

❸ 예금주인 현금카드 소유자로부터 일정액의 현금을 인출해 오라는 부탁과 함께 현금카드를 건네받아 그 위임받은 금액을 초과한 현금을 인출한 행위가 컴퓨터 등 사용사기죄를 구성하는지 여부(적극)

(1) 사실관계

> 피고인은 2003. 2. 중순 일자불상 10:00경 충주시 목행동 598-2에 있는 충주농업협동조합 목행지점에서, 같은 동 676-53에 있는 '사이버 25시 피씨방'에 게임을 하러 온 피해자 A로부터 그 소유의 농협 현금카드로 20,000원을 인출해 오라는 부탁과 함께 현금카드를 건네받게 되자 이를 기화로, 위 지점에 설치되어 있는 현금자동인출기에 위 현금카드를 넣고 권한 없이 인출금액을 50,000원으로 입력하여 그 금액을 인출한 후 그 중 20,000원만 피해자에게 건네주어 30,000원 상당을 취득하였다.

(2) 판결요지

예금주인 현금카드 소유자로부터 일정한 금액의 현금을 인출해 오라는 부탁을 받으면서 이와 함께 현금카드를 건네받은 것을 기화로 그 위임을 받은 금액을 초과하여 현금을 인출하는 방법으로 그 차액 상당을 위법하게 이득할 의사로 현금자동지급기에 그 초과된 금액이 인출되도록 입력하여 그 초과된 금액의 현금을 인출한 경우에는 그

인출된 현금에 대한 점유를 취득함으로써 이 때에 그 <u>인출한 현금 총액 중 인출을 위임받은 금액을 넘는 부분의 비율에 상당하는 재산상 이익을 취득한 것으로 볼 수 있으므로 이러한 행위는</u> 그 차액 상당액에 관하여 형법 제347조의2(컴퓨터등사용사기)에 규정된 '컴퓨터 등 정보처리장치에 권한 없이 정보를 입력하여 정보처리를 하게 함으로써 재산상의 이익을 취득' 하는 행위로서 <u>컴퓨터 등 사용 사기죄에 해당된다</u>(대법원 2006. 3. 24. 선고 2005도3516 판결).

❹ 컴퓨터등사용사기죄의 범행으로 예금채권을 취득한 다음 자기의 현금카드를 사용하여 현금자동지급기에서 현금을 인출한 경우, 그 인출된 현금은 장물이 될 수 없다고 한 사례

<u>컴퓨터등사용사기죄의 범행으로 예금채권을 취득한 다음 자기의 현금카드를 사용하여 현금자동지급기에서 현금을 인출한 경우,</u> 현금카드 사용 권한 있는 자의 정당한 사용에 의한 것으로서 현금자동지급기 관리자의 의사에 반하거나 기망행위 및 그에 따른 처분행위도 없었으므로, 별도로 절도죄나 사기죄의 구성요건에 해당하지 않는다 할 것이고, 그 결과 <u>그 인출된 현금은 재산범죄에 의하여 취득한 재물이 아니므로 장물이 될 수 없다</u>고 한 사례(대법원 2004. 4. 16. 선고 2004도353 판결).

❺ 절취한 타인의 신용카드로 현금자동지급기에서 현금을 인출한 행위가 컴퓨터등사용사기죄의 구성요건에 해당하는지 여부(소극)

우리 형법은 재산범죄의 객체가 재물인지 재산상의 이익인지에 따라 이를 재물죄와 이득죄로 명시하여 규정하고 있는데, 형법 제347조가 일반 사기죄를 재물죄 겸 이득죄로 규정한 것과 달리 형법 제347조의2는 <u>컴퓨터등사용사기죄의 객체를 재물이 아닌 재산상의 이익으로만 한정하여 규정하고 있으므로, 절취한 타인의 신용카드로 현금자동지급기에서 현금을 인출하는 행위가 재물에 관한 범죄임이 분명한 이상 이를 위 컴퓨터등사용사기죄로 처벌할 수는 없다</u>고 할 것이고, 입법자의 의도가 이와 달리 이를 위 죄로 처벌하고자 하는 데 있었다거나 유사한 사례와 비교하여 처벌상의 불균형이 발생할 우려가 있다는 이유만으로 그와 달리 볼 수는 없다(2003. 5. 13. 선고 2003도1178 판결).

❻ 컴퓨터 등 사용사기죄의 구성요건 중 '부정한 명령의 입력'의 의미 및 사무처리시스템의 프로그램 자체에서 발생하는 오류를 적극적으로 이용하여 사무처리의 목적에 비추어 정당하지 아니한 사무처리를 하게 하는 행위가 '부정한 명령의 입력'에 해당하는지 여부(원칙적 적극)

형법 제347조의2는 컴퓨터 등 정보처리장치에 허위의 정보 또는 부정한 명령을 입력하거나 권한 없이 정보를 입력·변경하여 정보처리를 하게 함으로써 재산상의 이익을 취득하거나 제3자로 하여금 취득하게 하는 행위를 처벌하고 있다. 여기서 '부정한 명령의 입력'은 당해 사무처리시스템에 예정되어 있는 사무처리의 목적에 비추어 지시해서는 안 될 명령을 입력하는 것을 의미한다. 따라서 설령 '허위의 정보'를 입력한 경우가 아니라고 하더라도, 당해 사무처리시스템의 프로그램을 구성하는 개개의 명령을 부정하게 변개·삭제하는 행위는 물론 프로그램 자체에서 발생하는 오류를 적극적으로 이용하여 그 사무처리의 목적에 비추어 정당하지 아니한 사무처리를 하게 하는 행위도 특별한 사정이 없는 한 위 '부정한 명령의 입력'에 해당한다고 보아야 한다(대법원 2013.11.14, 선고, 2011도4440, 판결).

❼ 형법 제347조의2의 규정 취지 및 컴퓨터등사용사기죄에서 '정보처리', '재산상 이익 취득'의 의미

형법 제347조의2는 컴퓨터 등 정보처리장치에 허위의 정보 또는 부정한 명령을 입력하거나 권한 없이 정보를 입력·변경하여 정보처리를 하게 함으로써 재산상의 이익을 취득하거나 제3자로 하여금 취득하게 하는 행위를 처벌하고 있다. 이는 재산변동에 관한 사무가 사람의 개입 없이 컴퓨터 등에 의하여 기계적·자동적으로 처리되는 경우가 증가함에 따라 이를 악용하여 불법적인 이익을 취하는 행위도 증가하였으나 이들 새로운 유형의 행위는 사람에 대한 기망행위나 상대방의 처분행위 등을 수반하지 않아 기존 사기죄로는 처벌할 수 없다는 점 등을 고려하여 신설한 규정이다. 여기서 '정보처리'는 사기죄에서 피해자의 처분행위에 상응하므로 입력된 허위의 정보 등에 의하여 계산이나 데이터의 처리가 이루어짐으로써 직접적으로 재산처분의 결과를 초래하여야 하고, 행위자나 제3자의 '재산상 이익 취득'은 사람의 처분행위가 개재됨

이 없이 컴퓨터 등에 의한 정보처리 과정에서 이루어져야 한다(대법원 2014.3.13, 선고, 2013도16099, 판결).

➡ 수사실무

1. 범죄사실 기재례

[범죄사실기재례 -]

(1) 피의자는 ××××. ×. ×. 22:00경 서울 ○○구 ○○동에서 컴퓨터 등 정보처리장치인 인터넷사이트 피해자 ○○쇼핑몰 주식회사에 김○○ 명의로 접속하여 그의 이름으로 상품을 구입하였다. 피의자가 마치 김○○인 것처럼 자신이 부정발급 받은 김○○ 명의의 ××카드의 카드번호와 비밀번호 등을 입력하고 그 물품대금 200,000원을 지급하도록 부정한 명령을 입력하여 정보처리를 하게 함으로써 그 금액 상당의 재산상 이익을 취득하였다.

(2) 피의자들은 20○○. ○. ○. 11:00경 서울 ○○구 ○○동 123-45에 있는 피해자 주식회사 ○○은행 ○○지점에서 피의자 이○○는 망을 보고, 피의자 박○○는 현금자동지급기에서 위와 같이 훔친 오○○의 예금통장을 넣고 비밀번호를 누른 후 오○○의 예금계좌에서 피의자 박○○의 ○○은행 계좌로 350만원을 이체시켰다.

이로써 피의자들은 공모하여 컴퓨터 등 정보처리장치에 권한 없이 정보를 입력하여 정보처리를 하게 함으로써 350만원에 해당하는 재산상의 이익을 취득하였다.

2. 참고사항

(1) 조사시 유념사항

1) 컴퓨터 사용사기죄의 특징

① 본 죄는 컴퓨터에 대한 어느 정도의 전문적 지식이 있어야 가능하다. 따라서 빈곤을 원인으로 하는 경우도 있겠지만 단순한 지적 호기심이나 회사에 대한 불만, 보복의 목적을 갖는 경우도 예상하여야 한다.

② 전통적인 사기범죄에 비하여 연령층이 비교적 짧으며 고도의 지적인 유희의 일종으로 범죄를 게임화하는 경향이 있어 죄의식이 약한 면이 있다. 또한 연령층이 젊은 관계로 대체로 전과가 없거나 우발적인 경우가 많다.

③ 컴퓨터를 부정 조작하여 사기를 범하는 경우에는 다른 재산범죄에 비하여 반복성이 심하다. 일단 컴퓨터 시스템에 부정 입력된 명령이 처리되기 시작하면 규칙적으로 지속된다.

④ 범죄피해자가 회사나 은행일 경우 공신력 등의 실추를 우려하여 범죄를 은폐할 우려가 있다는 점이다.

2) 고의입증상의 문제점

부정한 명령을 입력시킨 경우 프로그래머가 사용하는 언어와 작성기법이 다르기 때문에 이를 발견한다는 것은 전문가의 도움없이는 거의 불가능하다. 설사 이를 입증하여도 피의자가 객관적인 행위를 통해 범의를 표현하지 않는 이상 고의를 입증할 수 없다. 예를 들어, 부정한 명령을 입력하여 예금시켰지만 아직 금원을 인출하지 않는 이상 과실에 의한 프로그램상의 오류라는 주장에 대비하여야 한다. 또한 증거로 제출받은 전자적 기록들은 컴퓨터 특유의 언어로 되어 있으므로 이를 출력, 인쇄하여 출력한 자나 감독자의 서명 날인을 함께 받아 들 필요가 있다.

3) 수사상의 유의점

① 은행, 회사 등에서 발생한 사기 사건일 경우 컴퓨터 작동을 중지할 수 없으므로 범죄나 프로그램상의 오진이 발견될 가능성이 높은 부분에 대해서는 백업카피를 작성하여야 한다. 만일 압수, 수색의 필요성이 있다면 그 부분을 한정하기 위

해 관련 전문가의 도움을 받을 수 밖에 없다.

② 용의자는 수사가 진행되면 부정입력한 테이프를 급히 소거하여 증거를 인멸할 우려가 있음에 유의하여 역으로 추적할 필요가 있다. 현금 카드나 은행통장의 경우도 특정번호가 입력된 단말기를 역추적하여야 한다.

③ 대형컴퓨터의 경우 버퍼저장공간에는 용의자가 컴퓨터를 부정으로 작업한 후 그 흔적이 남아있다. 따라서 사용된 테이프나 디스크를 완전히 삭제하기 위해서는 상당한 시간을 필요로 하기 때문에 남아있는 데이터를 추적하여야 한다.

④ 컴퓨터범죄도 결국 사람에 의한 범죄이므로 우선적으로 용의자의 범위를 축소시킬 필요가 있다. 즉, 컴퓨터 시설에 물리적으로 접근이 가능한 자, 프로그램이 가능한 자 등으로 단계별로 수사하여야 한다.

(2) 수사사례

1) 은행원의 온라인 이용

은행원인 피의자가 공범인 친구의 예금통장에 허위로 거액이 입금된 것처럼 컴퓨터 단말기를 조작한 후 이를 공범과 함께 인출하는 경우와 같이 대체로 온라인 이용 범죄는 예금계좌개설, 가공의 입금처리, 현금인출의 방식을 택하고 있다.

2) 소액을 전산처리하는 경우

전산프로그래머인 피의자가 은행컴퓨터에서의 소수점 이하로 떨어지는 금액을 특정계좌에 모아서 사취하는 경우(이러한 유형의 컴퓨터범죄를 살라미(salami)기법이라 한다. 살라미는 조금씩 베어먹는 소세지를 의미한다)가 있었던 바, 이는 형법 개정 전에는 업무상횡령죄에 해당되었지만 이제는 형법 제347조의2에 해당한다.

3) 프로그램 조작

은행본점에서 온라인 컴퓨터대체업무를 담당하던 전산부 대리인 피의자가 프로그램을 조작, 전산원장상의 본인의 계좌에 예금액

수를 늘리고 타 지점에서 자신의 통장에 입금된 돈을 부풀리는
수법으로 사취하는 경우

4) 가명계좌 개설

은행대리인 피의자가 단말기 조작담당여직원이 잠시 자리를 비
운 사이에 키를 맡았다가 2억이 입금되었다는 가명계좌를 개설
한 후 이를 타 지점에서 인출하는 경우

5) 컴퓨터 조작

은행영업부 대리인 피의자가 자신의 수신실적을 올리기 위해 점
심시간에 창구직원이 자리를 비운 사이 타인 명의의 예금통장에
1억원이 입금된 것처럼 조작하여 자신의 유치실적으로 보고한 후
다음날 다시 인출한 것으로 조작하여 무자원거래를 하는 경우

6) 허위의 입금표 이용

은행대리인 피의자가 단말기 조작담당직원의 창구 앞에 고객이
혼잡한 틈을 이용하여 단말기 위에 5천만원의 가짜 입금표를 써
놓은 뒤 여 행원이 무심코 이를 입력시키게 하여 다른 지점에서
입금된 돈을 인출하는 경우

7) 프로그램 조작

은행전산부 직원인 피의자가 특정인의 거래실적이 거래원장에
기록되지 않도록 프로그램을 조작하여 그 특정인이 장기적으로
예금을 인출하지 않는 기간동안 조금씩 현금을 인출하는 경우

(3) 컴퓨터사용범죄의 유형 및 수사요령

1) 해 킹

① 개념

시스템의 관리자가 구축해 놓은 보안망을 어떤 목적에서건
무력화 시켰을 경우 이에 따른 모든 행동을 해킹이라고 한다.

② 수사기법

가. 첩보수집 및 신고

나. 로그화일 분석 및 백업

다. 파일 변조여부, 백도어 등 확인

라. 추적

마. 전화국 협조

바. 신원확인

③ 처벌법규

가. 형법 제314조 제2항(컴퓨터등장애업무방해)

나. 형법 제316조(비밀침해)

다. 정보통신망이용촉진및정보보호등에관한법률 제48조 제1항

2) 컴퓨터 바이러스 유포

① 컴퓨터 바이러스의 개념

컴퓨터에서 실행되는 프로그램의 일종으로 자기복제 기능을 가지고 컴퓨터에 저장된 자료의 파괴나 나아가 시스템 자체에 악영향을 미치는 프로그램이다.

② 수사기법

가. 첩보수집

나. 증거자료 확보

다. 추적 및 조사

③ 처벌법규

형법 제314조 제2항(컴퓨터등장애업무방해)

3) PC통신을 통한 불법행위

① 범죄유형

가. 음란물 및 프로그램불법복제판매

나. 통신사기

다. 통신 대화방을 이용한 성폭력행위

라. 타인의 ID 도용행위

마. 통신매춘 등

② 수사기법

가. 첩보수집 : 각 통신망의 공개게시판을 검색한다.

나. 증거자료 확보 : 용의자가 게시한 게시물이나 용의자가 보낸 판매물건목록 메일 등을 갈무리하는 것도 증거확보의 방법이다.

다. 추적

  ⅰ) 음란물, 복제물 판매자는 타인의 아이디를 도용하거나, 타인의 신상정보를 이용하여 아이디를 등록하며, 호출 또는 전자메일로만 연락을 교환한다.

  ⅱ) 구매자가 판매자에게 구입의사를 밝히면 판매목록을 보내주거나, 판매자가 아이디를 검색하여 일방적으로 판매목록을 메일로 보내주기도 하며, 각 통신사에서 제공하는 1개월 무료이용권 임시 아이디를 이용하여 물건을 판매하기도 한다.

  ⅲ) 통신협박 등의 경우 사용한 아이디에 대한 추적 및 메일 등을 면밀히 검토하고 피해자 등을 통하여 범인이 남긴 연락처 등을 조회한다.

  ⅳ) 물품구입 후에 발송우체국 소인을 확인하여 잠복근무한다.

  ⅴ) 전화가입자의 인적사항(최초 가입당시의 전화번호 가입자와의 관계 등 확인), 타인의 아이디를 도용한 경우 통신요금 납부방법을 확인한다.

  ⅵ) 카드결재의 경우 카드가입자의 인적사항을 확인하고, 지로 납입의 경우 우편물 배달주소를 확인하여 주소지 거주자 및 컴퓨터 사용자를 확인한다.

③ 처벌법규

가. 컴퓨터프로그램보호법 제34조 제1항 제1호, 제36조

나. 형법 제347조 제1항

다. 정보통신망이용촉진및정보보호등에관한법률 제63조, 제48조 제1항

　　　　　　라. 폭력행위등처벌에관한법률 제2조 제1항(형법 제260조 제
　　　　　　　　1항, 동법 제283조 제1항)
　　　　　　마. 형법 제347조 제1항(사기)
　　　　　　바. 형법 제314조 제1항(업무방해)
　　4) 인터넷카페(포탈사이트의)를 통한 음란정보 등 제공
　　　　수사기법 : 인터넷통신망의 사설 BBS 홍보란이나 포탈사이트의
　　　　카페 메뉴를 선택하면 각종 카페모임을 선택할 수 있는 메뉴가
　　　　나오는데 이런 곳들에 들어가 실제로 가입하고 그 내용을 점검
　　　　하여 범법사실이 있는가 확인한다. 확인이 되면 카페 초기화면
　　　　등에 나오는 전화번호 등을 추적한다. (스팸메일을 이용하는 경
　　　　우가 많으므로 경찰이라는 신분이 드러나지 않는 메일주소를 확
　　　　보하고 매일 체크한다)
　(4) PC의 HDD에 대한 증거보전
　　1) 범증 멸실 방지의 중요성
　　　　PC의 HDD에는 범증이 들어있는 경우가 많다. 또한 PC의 최종
　　　　작동기록이 변경되면 결정적 범증이 멸실될 우려가 크다. 실수로
　　　　증거인멸을 하는 일이 없도록 최종 작동 기록 등을 잘 보전해야 한다.
　　2) 보전대상
　　　　① 범행에 사용된 PC
　　　　② 피해자, 가해자의 PC
　　　　③ 범행현장에 있던 PC
　　　　④ 컴퓨터 통신중 타인의 범증이 갈무리되어 보존되어 있는 PC
　　3) 최종작동기록 보전방법
　　　　① 보전대상 PC를 함부로 켜면 안된다(윈도95부터는 부팅시 내
　　　　　부기록이 많이 바뀐다).
　　　　② 보전대상 PC의 HDD(하드디스크)를 전문가에 의뢰하여 복사한다.
　　　　③ HDD 복사본의 예비점검을 실시하고 원본 HDD 점검시 유
　　　　　의사항 및 점검목록과 점검순서를 작성한다.

④ 보전대상인 HDD 원본으로 필요사항을 최종 출력한다.

(5) 컴퓨터관련 범죄와 형벌법규

● 형 법 (법률 제17571호)		
행 위	법 률 조 항	처 벌 형 량
데이터 부정조작·변조	제227조의2 (공전자기록등위작·변작)	10년 이하의 징역
	제228조(공전자기록등불실기재)	5년(1천만원) 이하
	제229조(위작공전자기록등행사)	10년 이하의 징역
	제232조의2 (사전자기록위작·변작)	5년(1천만원) 이하
	제234조(위작사전자기록등행사)	
업무방해(바이러스제작등)	제314조 제2항 (컴퓨터등장애업무방해)	5년(1,500만원) 이하
비밀침해	제140조 제3항(공무상비밀전자 기록등 내용탐지)	5년(700만원) 이하
	제316조 제2항 (전자기록등내용탐지)	3년(500만원) 이하
전자기록손괴및은닉	제366조(전자기록등손괴)	3년(700만원) 이하
	제141조 제1항 (공용전자기록등손상)	7년(1천만원) 이하
컴퓨터사기	제347조의2(컴퓨터등사용사기)	10년(2천만원) 이하
● 정보통신망이용촉진및정보보호등에관한법률 (법률 제18201호)		
속이는 행위에 의한 정보수집금지	제72조(벌칙)	3년(3천만원) 이하
타인의 정보 훼손·침해·도용	제71조(벌칙)	5년(5천만원) 이하
● 전기통신사업법 (법률 제18477호)		
통신자료제공자,받은자	제94조 제3호(벌칙)	5년(2억원) 이하
미신고 부가통신사업자	제95조 3의2호(벌칙)	3년(1억5천만원)이하

● 개인정보 보호법 (법률 제16930호)		
개인정보변경·말소	제70조 (벌칙)	10년(1억원) 이하
개인정보누설·훼손·멸실	제71조 (벌칙)	5년(5천만원) 이하
부정한 방법으로 개인 정보취득·제공	제72조 제2호(벌칙)	3년(3천만원) 이하
● 신용정보의이용및보호에관한법률 (법률 제17799호)		
신용정보변경·검색·삭제	제50조 제2항 제5호(벌칙)	5년(5천만원) 이하
● 전자무역촉진에관한법률 (법률 제17354호)		
무역정보위조·변조	제30조 제1항(벌칙)	10년(1억원) 이하
무역정보훼손·비밀침해	제31조 제2호(벌칙)	5년(5천만원) 이하
● 물류정책기본법 (법률 제17799호)		
물류정보위작·변작	제71조 제1항(벌칙)	10년(2억원) 이하
물류정보훼손·비밀침해	제71조 제2항(벌칙)	5년(1억원) 이하
정보망 보호조치의 침해·훼손	제71조 제3항(벌칙)	3년(5천만원) 이하
● 기 타		
불법복제판매등 (음화등)	형법 제243조	음화판매 등 : 1년 (500만원) 이하
불법복제판매등 (프로그램)	저작권법 제136조 제2항	3년(3천만원) 이하

※ 사이버 상에서 범죄행위가 발생한 경우 사이버 범죄 신고 시스템을 이용하여 접수하거나,
　가까운 경찰서 민원실에 방문하여 접수할 수 있다((http://cyberbureau.police.go.kr).

(18) 제366조 재물손괴(타인 전자기록 손괴)

제366조(재물손괴등)
  타인의 재물, 문서 또는 전자기록등 특수매체기록을 손괴
또는 은닉 기타 방법으로 기 효용을 해한 자는 3년이하의
징역 또는 700만원 이하의 벌금에 처한다.
〈개정 1995. 12.29〉

[미수범]371, [동력]346 · 372, [특수범]369①, 폭력행위2, [상속인등의결격
사유]1004 · 1064, [문화재손괴]문화재92 [군용물손괴]군용물3, [특별규정]국
보4①, [공소시효] : 5년

형법상 해설 •

Ⅰ. 이론

1. 구성요건

(1) 객관적 구성요건

1) 객체

이 죄의 객체는 타인의재물, 문서 또는 전자기록 등 특수매체기
록이다.

① 재물

가. 여기서의 재물은 유체물 뿐만 아니라 관리할 수 있는 동
력도 포함한다(제346조). 동산, 부동산을 불문하며 동물
도 포함한다. 또한 재산권의 목적이 될 수 있는 한 반드
시 교환가치(경제적 가치)를 가질 필요도 없다.

■ 관련판례 ■

재건축사업으로 철거예정이고 그 입주자들이 모두 이
사하여 아무도 거주하지 않은 채 비어 있는 아파트라 하
더라도, 그 객관적 성상이 본래 사용목적인 주거용으로

> 쓰일 수 없는 상태라거나 재물로서의 이용가치나 효용이
> 없는 물건이라고도 할 수 없어 <u>재물손괴죄의 객체가 된</u>
> <u>다</u>고 한 사례(대법원 2007.9.20. 선고 2007도5207 판결).

나. 사체는 이 죄의 객체인 재물에 해당하지 않는다(사체유기
　　로 의율).

다. 공익건조물을 파괴한 때에는 공익건조물파괴죄(제367조)
　　에 해당하지만 그 정도에 이르지 않은 때에는 이 죄의
　　객체가 된다.

라. 공용건조물은 파괴에 이르면 공용물파괴죄(제141조 제2항)
　　가 성립하고, 손괴에 그친 때에는 공용물건손상죄(제141조
　　제1항)가 성립하므로 이 죄의 객체에는 포함되지 않는다.

② 문서

문서란 형법 제141조 제1항의 서류(공용서류 등)에 해당하지
않는 모든 서류를 말하며 사문서, 공문서를 불문한다. 특정인
으로부터 특정인에게 의사를 전달하는 편지는 물론 도화나
유가증권도 여기에 포함된다.

■ 관련판례 ■

<u>확인서가 소유자의 의사에 반하여 손괴된 것이라면</u> 그 확인
서가 <u>피고인 명의로 작성된 것이고 또 그것이 진실에 반하는</u>
<u>허위내용을 기재한 것이라 하더라도</u> 피고인은 <u>문서손괴</u>의 죄
책을 면할 수 없다(대법원 1982.12.28. 선고 82도1807 판결).

---

③ 특수매체기록

전자기록 등 특수매체기록이란 사람의 지각에 의하여 인식될
수 없는 방식에 의하여 작성되어 정보처리에 의하여 제공된
기록을 말하며, 음반이나 마이크로 필름은 포함되지 않는다.

④ 타인의 재물, 문서 또는 전자기록 등 특수매체기록

가. 여기서 타인이란 개인뿐만 아니라 국가, 법인, 법인격없는 단체를 포함한다.

나. 무주물은 타인의 소유가 될 수 없고, 자기의 소유에 속하는 것은 공무상 보관물무효죄(제142조) 또는 권리행사방해죄(제323조)의 객체는 될 수 있어도 이 죄의 객체는 될 수 없다.

다. 자기소유의 부동산에 부합된 물건이라도 타인의 소유에 속할 때에는 이 죄의 객체가 된다. 따라서 자기소유의 토지에 타인이 권한없이 경작한 농작물을 뽑아버린 때에는 재물손괴죄가 된다.

라. 타인소유의 문서도 문서의 소유권이 타인에게 있으면 되고, 작성명의인이 누구인지는 불문한다. 따라서 타인에게 교부한 자기 명의의 영수증 또는 약속어음을 찢어버리거나, 명의인의 부탁을 받고 타인소유의 문서의 내용을 고치는 경우에는 이 죄가 성립한다.

2) 행위

손괴 또는 은닉, 기타의 방법으로 효용을 해하는 것이다.

① 손괴

가. 손괴란 위 객체에 직접 유형력을 행사하여 그 이용가능성을 침해하는 것을 말한다. 재물 자체에 유형력을 행사해야 하므로 물체에 영향을 미치지 않고 재물의 기능을 훼손하는 것은 손괴가 아니다. 따라서 부두에 매어둔 배를 풀어서 떠내려가게 하거나, 텔레비전을 보지 못하게 전파를 방해하는 것만으로는 손괴가 되지 않는다.

나. 그러나 유형력을 행사하여 물체 자체가 반드시 소멸할 필요는 없으며 그 재물이 가지고 있는 원래 목적에 사용할 수 없게 되면 족하다. 따라서 기계나 시계 등을 분해하여 쉽게 결합할 수 없게 한 경우, 우물물을 오물로 더럽게

하는 경우 등은 손괴에 해당한다.

다. 특수매체기록의 손괴란 기억매체의 파손이나 정보의 消
去를 의미하며, 기록자체를 소거 또는 변경하는 것뿐만
아니라 기록매체를 파손하는 경우도 포함한다.

라. 손괴는 반드시 그 중요한 부분을 훼손할 것을 요하지 않
으므로 예컨대 자동차의 타이어에서 바람을 빼어버리는
것도 손괴가 된다.

② 은닉

가. 은닉이란 재물 등의 소재를 불분명하게 하여 그 발견을
곤란 또는 불가능하게 함으로써 효용을 해하는 것을 말
한다. 이것은 물건 자체의 상태에 변화를 가져오는 것이
아니라는 점에서 손괴와 구별된다.

나. 재물, 문서 또는 전자기록 등 특수매체기록을 은닉한 때
에는 이 죄 이외에 절도죄 또는 횡령죄가 성립하는데, 불
법영득의사의 유무에 따라 이 죄와 구별된다.

③ 기타의 방법

손괴 또는 은닉 이외의 방법으로 재물 등의 효용을 해하는 일
체의 행위를 말한다. 물질적 훼손뿐 아니라 사실상 또는 감정상
그 물건을 본래의 용도에 사용할 수 없게 하는 일체의 행위를
포함한다. 예컨대 그림에 낙서를 하거나, 음식그릇에 오물을 넣
어 기분상 이를 쓸 수 없게 하거나, 새장안의 새를 풀어주거나,
보석을 바다에 던져버리는 경우, 잉어장의 잉어를 유출시킨 경
우 또는 문서의 내용을 삭제하는 경우 등이 여기에 해당한다.

(2) 주관적 구성요건

타인의 재물, 문서 또는 전자기록 등 특수매체기록의 이용가치의
전부 또는 일부를 침해한다는 인식이 있어야 한다. 이는 미필적
고의로도 충분하다. 그러나 불법영득의사는 필요 없다.

II. 판례

❶ 건조물의 벽면에 낙서를 하거나 게시물을 부착 또는 오물을 투척하는 행위가 재물손괴죄에 해당하는지 여부의 판단 기준

(1) 사실관계

> 시내버스 운수회사로부터 해고당한 피고인이 민주노동조합총연맹 전국해고자투쟁특별위원회 회원들과 함께 위 회사에서 복직 등을 요구하는 집회를 개최하던 중 2006. 3. 10. 래커 스프레이를 이용하여 회사 건물 외벽과 1층 벽면, 식당 계단 천장 및 벽면에 '자본똥개, 원직복직, 결사투쟁' 등의 내용으로 낙서를 함으로써 이를 제거하는데 약 341만 원 상당이 들도록 하였다. 또한 같은 해 2. 16. 계란 30여 개, 같은 해 3. 2. 계란 10여 개를 위 회사 건물에 각 투척하였고, 이에 따라 50만 원 정도의 비용이 드는 청소가 필요하였다.

(2) 판결요지

[1] 형법 제366조 소정의 재물손괴죄는 타인의 재물을 손괴 또는 은닉하거나 기타의 방법으로 그 효용을 해하는 경우에 성립하는 바, 여기에서 재물의 효용을 해한다고 함은 사실상으로나 감정상으로 그 재물을 본래의 사용목적에 제공할 수 없게 하는 상태로 만드는 것을 말하며, 일시적으로 그 재물을 이용할 수 없는 상태로 만드는 것도 여기에 포함된다. 특히, 건조물의 벽면에 낙서를 하거나 게시물을 부착하는 행위 또는 오물을 투척하는 행위 등이 그 건조물의 효용을 해하는 것에 해당하는지 여부는, 당해 건조물의 용도와 기능, 그 행위가 건조물의 채광·통풍·조망 등에 미치는 영향과 건조물의 미관을 해치는 정도, 건조물 이용자들이 느끼는 불쾌감이나 저항감, 원상회복의 난이도와 거기에 드는 비용, 그 행위의 목적과 시간적 계속성, 행위 당시의 상황 등 제반 사정을 종합하여 사회통념에 따라 판단하여야 한다.

[2] 해고노동자 등이 복직을 요구하는 집회를 개최하던 중 래커 스프레이를 이용하여 회사 건물 외벽과 1층 벽면 등에 낙서한 행위는 건물의 효용을 해한 것으로 볼 수 있으나, 이와 별도로 계란 30여 개를 건물에 투척한 행위는 건물의 효용을 해하는 정

도의 것에 해당하지 않는다고 본 사례(대법원 2007. 6. 28. 선고 2007도2590 판결).

❷ 재물손괴죄에서 '손괴 또는 은닉 기타 방법으로 그 효용을 해하는 경우'의 의미 / 자동문을 자동으로 작동하지 않고 수동으로만 개폐가 가능하게 하여 자동잠금장치로서 역할을 할 수 없도록 한 경우, 재물손괴죄가 성립하는지 여부(적극)

재물손괴죄는 타인의 재물, 문서 또는 전자기록 등 특수매체기록을 손괴 또는 은닉 기타 방법으로 그 효용을 해한 경우에 성립한다(형법 제366조). 여기에서 손괴 또는 은닉 기타 방법으로 그 효용을 해하는 경우에는 물질적인 파괴행위로 물건 등을 본래의 목적에 사용할 수 없는 상태로 만드는 경우뿐만 아니라 일시적으로 물건 등의 구체적 역할을 할 수 없는 상태로 만들어 효용을 떨어뜨리는 경우도 포함된다. 따라서 자동문을 자동으로 작동하지 않고 수동으로만 개폐가 가능하게 하여 자동잠금장치로서 역할을 할 수 없도록 한 경우에도 재물손괴죄가 성립한다(대법원 2016.11.25, 선고, 2016도9219, 판결).

❸ 구 도시재개발법에 의한 관리처분계획의 인가·고시 이후 분양처분의 고시 이전에 재개발구역 안의 무허가 건물을 제3자가 임의로 손괴하는 경우, 재물손괴죄의 성립 여부

구 도시재개발법(2002. 12. 30. 법률 제6852호로 폐지)에 의한 재개발구역 안의 무허가 건물에 대한 사실상 소유권은 관리처분계획의 인가·고시에 의하여 이에 해당하는 아파트 등을 분양받을 조합원의 지위로 잠정적으로 바뀌고, 분양처분의 고시가 있는 경우에는 같은 법 제39조 제1항 전문의 규정에 의하여 그에 대한 사실상 소유권이 소멸하고 분양받은 아파트에 대한 소유권만이 남게 되는 것이므로, 관리처분계획의 인가·고시 이후 분양처분의 고시 이전에 재개발구역 안의 무허가 건물을 제3자가 임의로 손괴할 경우 특별한 사정이 없는 한 재물손괴죄가 성립한다(대법원 2004. 5. 28. 선고 2004도434 판결).

❹ 타인 소유의 광고용 간판을 백색페인트로 도색하여 광고문안을 지워 버린 행위가 재물손괴죄를 구성하는지 여부(적극)

타인 소유의 광고용 간판을 백색페인트로 도색하여 광고문안을 지워 버린 행위는 <u>재물손괴죄를 구성</u>한다(대법원 1991. 10. 22. 선고 91도2090 판결).

❺ 재물손괴죄에 있어서 "효용을 해한다"고 함의 의미

<u>재물손괴의 범의를 인정함에 있어서는 반드시 계획적인 손괴의 의도가 있거나 물건의 손괴를 적극적으로 희망하여야 하는 것은 아니고, 소유자의 의사에 반하여 재물의 효용을 상실케 하는데 대한 인식이 있으면 되고, 여기에서 재물의 효용을 해한다고 함은 그 물건의 본래의 사용목적에 공할 수 없게 하는 상태로 만드는 것은 물론 일시 그것을 이용할 수 없는 상태로 만드는 것도 역시 효용을 해하는 것에 해당한다</u>(대법원 1993. 12. 7. 선고 93도2701 판결).

영업을 방해하기 위하여 타인이 설치하려는 철조망을 영업자가 당초 놓여있던 곳으로부터 200 내지 300미터 떨어진 곳으로 옮긴 행위에 있어 재물은닉의 범의가 없다고 한 사례

제6장
사이버
범죄
관련법률

"갑" 소유였다가 약정에 따라 "을" 명의로 이전되었으나 권리관계에 다툼이 생긴 토지상에서 "갑"이 버스공용터미널을 운영하고 있는데 "을"이 "갑"의 영업을 방해하기 위하여 철조망을 설치하려 하자 "갑"이 위 철조망을 가까운 곳에 마땅한 장소가 없어 터미널로부터 약 200 내지 300미터 가량 떨어진 "갑" 소유의 다른 토지 위에 옮겨 놓았다면 <u>"갑"의 행위에는 재물의 소재를 불명하게 함으로써 그 발견을 곤란 또는 불가능하게 하여 그 효능을 해하게 하는 재물은닉의 범의가 있다고 할 수 없다</u>(대법원 1990. 9. 25. 선고 90도1591 판결).

❼ 본래의 용도에 사용할 수 없으나 다른 용도에 사용할 수 있는 경우와 재물손괴죄의 객체

<u>포도주 원액이 부패하여 포도주 원료로서의 효용가치는 상실되었으나, 그 산도가 1.8도 내지 6.2도에 이르고 있어 식초의 제조등 다른 용도에</u>

사용할 수 있는 경우에는 재물손괴죄의 객체가 될 수 있다(대법원 1979.7.24. 선고 78도2138 판결).

❽ 우물에 연결하고 땅속에 묻어서 수도관적 역할을 하고 있는 고무호스중 약 1.5미터를 발굴하여 우물가에 제쳐 놓음으로써 물이 통하지 못하게 한 행위

(1) 사실관계

> A는 자기가 판 우물을 이용하기 위하여 위 우물에 자기소유인 본건 고무호스를 연결하여 그 고무호스에 우물이 통하도록 하고 그 고무호스를 땅에 묻어서 수도관과 같이 이용하고 있었다. 피고인들은 이와 같은 상태로서 이용하고 있는 고무호스중 약 1.5미터를 발굴하여 우물가에 제쳐놓음으로써 그 고무호스에 물이 통하지 못하도록 하였다.

(2) 판결요지

우물에 연결하고 땅속에 묻어서 수도관적인 역할을 하고 있는 고무호스중 약 1.5미터를 발굴하여 우물가에 제쳐 놓음으로써 물이 통하지 못하게 한 행위는 호스 자체를 물직적으로 손괴한 것은 아니라 할지라도 그 구체적인 역할을 하고 있는 고무호스 효용을 해한 것이라고 볼 수 있다(대법원 1971.1.26. 선고 70도2378 판결).

❾ 쪽파의 명인방법을 갖추지 아니하였다는 이유로 재물손괴죄에 관하여 무죄를 선고한 원심판결을 긍정한 사례

쪽파의 매수인이 명인방법을 갖추지 않은 경우, 쪽파에 대한 소유권을 취득하였다고 볼 수 없어 그 소유권은 여전히 매도인에게 있고 매도인과 제3자 사이에 일정 기간 후 임의처분의 약정이 있었다면 그 기간 후에 제3자가 쪽파를 손괴하였더라도 재물손괴죄가 성립하지 않는다(대법원 1996. 2. 23. 선고 95도2754 판결).

❿ 채무담보조로 보관받은 약속어음의 지급일자를 지운 경우 문서손괴죄의 성부(적극)

약속어음의 수취인이 차용금의 지급담보를 위하여 은행에 보관시킨 약속어음을 은행지점장이 발행인의 부탁을 받고 그 지급기일란의 일자를 지움으로써 그 효용을 해한 경우에는 문서손괴죄가 성립한다(대법원 1982.7.27. 선고 82도223 판결).

⓫ 재물손괴죄의 구성요건 중 '기타 방법' 및 '재물의 효용을 해한다.'의 의미 / 재물의 효용을 해하는 것인지 판단하는 기준

형법 제366조는 "타인의 재물, 문서 또는 전자기록 등 특수매체기록을 손괴 또는 은닉 기타 방법으로 그 효용을 해한 자는 3년 이하의 징역 또는 700만 원 이하의 벌금에 처한다." 라고 규정하고 있다. 여기에서 '기타 방법' 이란 형법 제366조의 규정 내용 및 형벌법규의 엄격해석 원칙 등에 비추어 손괴 또는 은닉에 준하는 정도의 유형력을 행사하여 재물 등의 효용을 해하는 행위를 의미한다고 봄이 타당하고, '재물의 효용을 해한다.' 고 함은 사실상으로나 감정상으로 그 재물을 본래의 사용목적에 제공할 수 없게 하는 상태로 만드는 것을 말하며, 일시적으로 그 재물을 이용할 수 없거나 구체적 역할을 할 수 없는 상태로 만드는 것도 포함한다(대법원 2007. 6. 28. 선고 2007도2590 판결, 대법원 2016. 11. 25. 선고 2016도9219 판결 등 참조).
구체적으로 어떠한 행위가 재물의 효용을 해하는 것인지는, 재물 본래의 용도와 기능, 재물에 가해진 행위와 그 결과가 재물의 본래적 용도와 기능에 미치는 영향, 이용자가 느끼는 불쾌감이나 저항감, 원상회복의 난이도와 거기에 드는 비용, 그 행위의 목적과 시간적 계속성, 행위 당시의 상황 등 제반 사정을 종합하여 사회통념에 따라 판단하여야 한다(앞의 대법원 2007도2590 판결 참조)대법원 2021. 5. 7., 선고, 2019도13764 판결).

⊟ 수사실무

1. 수사포인트
(1) 행위의 동기를 밝힌다.

(2) 준비행위와 범행상황을 조사한다.

(3) 타인의 재물인 것을 인식했는가, 피해상황에 대해서 인식하고 있었는가 조사한다.

(4) 피해자에 대해 손해배상은 했는가 조사한다.

(5) 피해자와 범인의 신분관계를 조사한다.

2. 피의자 신문례

(1) 피의자는 남의 승용차를 발로 차고 백미러를 부순 사실이 있나요

(2) 왜 남의 자동차를 발로 차게 되었나요

(3) 술을 마시면 언제 어디서나 그렇게 하나요

(4) 남의 차를 발로 차고 백미러를 부순 상황을 상세히 진술하세요

(5) 자동차의 주인을 알고 있나요

(6) 피의자는 언제부터 그 자동차를 부수려고 마음 먹었나요

(7) 피의자는 자가용을 발로만 차고 다른 도구는 사용하지 않았나요

(8) 어떤 방법으로 승용차의 어느 부분을 훼손시켰는지 자세히 진술하세요

(9) 피의자가 남의 차를 발로 차서 어느 정도의 피해를 입혔다고 생각하나요

(10) 피의자는 남의 물건을 부수면 처벌받는다는 것을 알고 있나요

(11) 피의자는 전에도 남의 차를 발로 차고 부순 적이 있는가요

(12) 평소 주량은 얼마나 되는가요

(13) 더 할 말이 있으면 얘기하세요

3. 범죄사실 기재례

범죄사실기재례 ▸

(1) 피의자는 부동산 임대업에 종사하고 있다.

피의자는 ××××. ×. ×. 10:00경 서울 ○○구 ○○동 333에 있는 피해자 이○○ 경영의 △△다방에서 이○○에게 밀린 다방 월세금을 달라고 요구하였다. 그런데 이○○이 장사가 제대로 되

지 아니하여 연기하여 달라는 말을 듣고 이에 화가 난 나머지 그 곳 계산대 위에 놓여있는 피해자 이○○ 소유의 삼성무선전화기 1대 시가 20만원 상당을 바닥에 던져 깨뜨려 그 효용을 해하였다.

(2) 피의자는 20○○. 6. 25. 15:00경 서울 ○○구 ○○동 100번지에 있는 피의자의 집에서 홍길동으로부터 이전에 피의자가 그에게서 차용한 금 100만원의 차용증서 1통(피의자 작성, 홍길동 앞의 것)을 내보이며 위 돈을 갚아 줄 것을 요구 당하였다. 그러던 중 갑자기 위 홍길동이 가지고 있는 위 차용증서를 **빼앗아** 찢어버려서 권리 의무에 관한 홍길동 소유의 문서를 손괴하였다.

(3) 피의자는 서울 ○○구 ○○동 100-100호에 있는 홍길동의 집 2층에 전세를 들어 살고 있다.
피의자는 예전부터 이 집 아래층 한 칸에 같이 전세 들어 사는 남돌쇠가 신흥종교에 열중하여 항상 피의자에게 입교할 것을 끈덕지게 권유함에 대하여 불쾌한 생각이 있었다. 그러던 차에 20○○. ○. ○○. 12:00경 위 홍길동의 집 대문에 설치되어 있는 편지함 속에 발신인 ○○포교원 임돌쇠, 수신인 남돌쇠로 된 편지1통이 배달되어 있는 것을 보고 그로 하여금 이를 알지 못하게 하고 볼 수 없도록 하기 위하여 그 편지를 피의자 방의 옷장 서랍 속에 감춰 두어서 위 남돌쇠의 문서(서신)를 은닉하였다.

4. 적용실례
(1) 공중전화박스 유리창을 훼손한 경우
공중전화박스의 유리창을 깨뜨린 피의자에 대하여 공익건조물파괴죄로 의율한 경우
➡ 파괴와 손괴의 개념은 범행목적물의 중요한 구성부분을 훼손하여 사용 불가능하게 만드느냐 아니면 그보다 가벼운 훼손에

그쳐 건물의 효용을 해하느냐 하는 점에서 구별된다. 이 경우 공중전화박스의 유리창이 파손된 것만으로는 파괴행위에 해당한다고 볼 수 없어 단순재물손괴로 의율하는 것이 상당하다.

(2) 보일러의 물순환을 방해한 경우

피의자가 보일러실의 쇠파이프와 플라스틱 파이프가 연결되는 부분의 볼트를 풀어 방바닥의 배관부분에 물이 순환되는 것을 방해한 경우

➡ 재물손괴죄의 손괴는 본래목적에 일시 사용할 수 없게 하는 행위도 포함하므로 이와 같은 경우도 재물손괴죄에 해당한다고 하겠다.

(3) 남편의 내연녀의 재물을 손괴한 경우

손○○는 남편과 내연관계에 있는 정○○의 집에 찾아가 그 집의 가재도구 등을 던져서 손괴하고 그 효용을 해하였다. 손○○는 그 집의 물건들은 모두 남편이 준 돈으로 산 것이니 정○○의 것이 아니라고 한다.

➡ 이 경우, 위 물건들이 손○○의 주장대로 그녀의 남편의 수입으로 산 것이라고 해도 그에 대해 정○○는 정당한 권리를 가지고 있으므로 손○○의 위 행위는 정○○의 권리를 침해한 것이 되어 재물손괴죄로 의율 할 수 있겠다.

(4) 차용증서를 태워버린 경우

김○○는 임○○로부터 300만원을 빌리면서 차용증서를 작성해 주었는데, 그 후 돈을 갚겠다고 거짓말하며 그 차용증서를 회수받아 즉석에서 라이터로 태워버렸다.

➡ 이 경우 위 차용증서의 명의인은 김○○이지만 그 소유권은 임○○에게 있으므로 문서손괴죄로 의율 해야 한다(권리행사방해가 아님).

(5) 습득한 타인의 편지를 전해 주지 않고 소지하고 있는 경우

우연히 습득한 타인의 편지를 전해 주지 않고 자기 가방에 넣어 둔 경우

➡ 문서은닉이 된다.

(6) 피해자의 얼굴을 구타하면서 안경을 손괴한 경우

피의자가 안경을 쓰고 있던 피해자의 얼굴을 주먹으로 때려 상처를 입게 하고 그로 인해 안경을 손괴한 경우

➡ 피의자가 전적인 고의로 안경을 손괴한 것은 아니지만 안경을 낀 것을 알고 주먹으로 얼굴을 때린 것은 재물손괴에 관한 미필적고의가 있다고 할 수 있으므로 재물손괴죄가 성립된다 할 것이다.

(7) 담보목적물인 배추를 손괴한 경우

피의자는 아버지 소유의 밭을 맡아서 배추 등을 경작하고 있었는데, 그 밭과 작물은 모두 고소인에게 담보되어 있는 담보목적물이었다. 그런데 그에 대한 채무를 변제하지 못해 그 밭이 곧 넘어갈 위기에 처하게 되었다. 피의자는 곧 김장철이 되므로 그 때까지만 기다려 달라고 했으나 고소인이 이 부탁을 거절하자 밭에 있던 배추 등을 모두 뽑고, 밭을 갈아엎어 버렸다.

➡ 위 작물은 밭과 함께 피고인에게 제공된 담보목적물이므로 담보권자를 위하여 선량한 관리자의 주의의무를 다할 임무가 있음에도 그 임무에 위배하여 한 행위이므로 단순히 손괴죄가 아닌 배임죄로 의율하는 것이 타당할 것이다.

(8) 교통법규를 위반하여 받은 범칙금납부고지서를 찢어버린 경우

교통법규를 위반한 피의자가 범칙금납부고지서를 교부받고 이를 찢어버린 경우

➡ 피의자가 찢은 범칙금 납부고지서는 피의자에게 교부된 이상

피의자의 소유라 할 것이어서 문서손괴죄는 성립하지 않는다.

(9) 승용차를 사용하지 못하게 한 경우

아파트 통로에 주차한 것에 앙심을 품고 자신의 승용차를 바짝붙여 4일간 승용차를 사용하지 못하게 한 경우

➡ 업무방해가 아니고 재물손괴죄로 의율한다. 구성요건상 효용을 해한 행위가 되는 것은 본래의 용법대로 사용하지 못하도록 만드는 행위는 물론 일시 그것을 이용할 수 없는 상태로 만드는 것도 포함된다.

5. 참고사항

(1) 수사시 유의사항

현행 헌법상 "과실(재물)손괴"는 처벌하지 못함.

● **수사사례**

① **손괴**

재물이나 문서, 차량

- 엘레베이터작동을 정지시킨 경우정당한 이유없이 엘레베이터의 문틈에 돌조각을 집어넣어 작동을 정지시킨 행위는 재물손괴죄.
- 무허가건물에 설치된 전기선의 절단무허가건축물에 설치된 전기선의 절단 자신의 토지 위에 무단건축된무허가 주거용 비닐하우스 천막에 주거자들이 자신의 비용 으로 설치한 전선을 무단으로 잘랐다면 재물손괴죄 성립
- 임의로 타인의 물건을 옮긴 행위 원래 보관된 장소에 있는 무연탄 등을 피해자의 동의없이 임의로 옮겨 무연탄의 재산적가치 효용을 해쳤다면 재물손괴죄 성립.
- 합법적인 무허가 건물의 철거행위 법원으로부터 경락받은 경락인이 해당 부동산의 점유자에게 살림살이 등의 이전을 요구하였으나 이에 응하지 않아 법원 집달관에게 의뢰하여 피해자의 가족을 입회

시킨 후에 강제처분 하고, 구청 철거반에 의뢰하여 무허가 건물을 철거하였다면 해당 부동산에 대한 손괴죄는 성립하지 않음

- 주차시비로 차를 발로 차는 행위 야간에 자신의 집 앞에 불법주차된 차량을 발로 차서 차를 찌그려트린 행위는 폭력행위등 처벌에 관한 법률상의 손괴죄에 해당.
- 임대기간 만료후의 임대인의 집기손괴 임차인이 임대기간이 만료된 임대인의 사무실에 무단으로 들어가 사무실의 집기등을 꺼내놓아 방치하여 그 집기의 효용을 해쳤다면 재물손괴죄 성립.

② 상해가 수반된 손괴

폭행당시의 안경

- 폭행시 피해자의 안경이 벗겨져 손괴된 경우는 폭행죄와 함께 손괴죄 성립.

싸우다 넘어져 손괴한 경우

- 서로 싸우다가 넘어져 피해자의 재물을 손괴한 경우는 재물손괴에 고의가 없는 이상 재물손괴죄로 의율할 수 없는 민사문제.

③ 야간, 집단, 위험한 물건

야간 재물손괴

- 자신과 결혼을 해주지 않는다는 이유로 야간에 피해자의 집에 야간에 찾아가 술에 취한 채로 유리 창을 부수고 가구등을 손괴하는 경우는 폭처법상의 재물손괴죄에 해당.

행패부리면서 손괴

- 타인의 영업소에 들어가 시비 끝에 물품을 집어던져 손괴하면서 난동을 부린 경우는 재물손괴죄는 물론이고 업무방해죄까지 성립.

경계침범

- 철거한담장을 다시 쌓은 경우 확정판결에 기해 집달관이 피의자 소유 가옥의 담장을 철거하였음에도 불구하고 다시 피해자의 대지를 침범하여 담장을 쌓았다면 토지의 경계를 인식불능케 한 것이므로 경계침범죄 성립.

제6장
사이버
범죄
관련법률

3. 전기통신기본법

(1) 제47조 제2항 자기·타인의 이익 또는 타인 손해 목적 허위통신

제47조(벌칙)

② 자기 또는 타인에게 이익을 주거나 타인에게 손해를 가할 목적으로 전기통신설비에 의하여 공연히 허위의 통신을 한 자는 3년이하의 징역 또는 3천만원이하의 벌금에 처한다. 〈개정 1996.12.30〉

(2) 제47조 제4항 전기통신업무 종사자의 공·사익 침해목적 허위통신

제47조(벌칙)

④ 전기통신업무에 종사하는 사람이 제3항의 행위를 한 때에는 10년 이하의 징역 또는 1억원 이하의 벌금에 처하고, 제2항의 행위를 한 때에는 5년이하의 징역 또는 5천만원이하의 벌금에 처한다. 〈개정 2015.12.22〉

(1) 제2조 제2호   개인정보를 알아내어 자금을 송금·이체

> 제2조(정의)
>
>   2. "전기통신금융사기"란 「전기통신기본법」 제2조제1호에 따른 전기통신을 이용하여 타인을 기망(欺罔)·공갈(恐喝)함으로써 재산상의 이익을 취하거나 제3자에게 재산상의 이익을 취하게 하는 다음 각 목의 행위를 말한다. 다만, 재화의 공급 또는 용역의 제공 등을 가장한 행위는 제외하되, 대출의 제공·알선·중개를 가장한 행위는 포함한다.
>
>   가. 자금을 송금·이체하도록 하는 행위
>
>   나. 개인정보를 알아내어 자금을 송금·이체하는 행위

판례

❶ 전기통신금융사기로 피해자의 자금이 사기이용계좌로 송금·이체된 후 계좌에서 현금을 인출하기 위하여 정보처리장치에 사기이용계좌 명의인의 정보 등을 입력하는 행위가 전기통신금융사기 피해 방지 및 피해금 환급에 관한 특별법 제15조의2 제1항에서 정한 구성요건에 해당하는지 여부(소극)

전기통신금융사기 피해 방지 및 피해금 환급에 관한 특별법(이하 '통신사기피해환급법'이라고 한다) 제15조의2 제1항(이하 '처벌조항'이라고 한다)이 처벌대상으로 삼고 있는 '통신사기피해환급법 제2조 제2호에서 정한 전기통신금융사기(이하 '전기통신금융사기'라고 한다)를 목적으로 하는 정보 또는 명령의 입력'이란 '타인에 대한 전기통신금융사기 행위에 의하여 자금을 다른 계좌(이하 '사기이용계좌'라고 한다)로 송금·이체하는 것을 목적으로 하는 정보 또는 명령의 입력'을 의미한다고 해석되며, 이러한 해석은 이른바 변종 보이스피싱 행위도 처벌할 수 있도록 하기 위하여 처벌조항을 신설하였다는 통신사기피해환급법의 개정이유에 의하여서도 뒷받침된다.

그리고 전기통신금융사기를 목적으로 타인으로 하여금 컴퓨터 등 정보처리장치에 정보 또는 명령을 입력하게 하는 행위(처벌조항 제1호, 이하

'제1호 행위'라고 한다)나 전기통신금융사기를 목적으로 취득한 타인의 정보를 이용하여 컴퓨터 등 정보처리장치에 정보 또는 명령을 입력하는 행위(처벌조항 제2호, 이하 '제2호 행위'라고 한다)에 의한 정보 또는 명령의 입력으로 자금이 사기이용계좌로 송금·이체되면 전기통신금융사기 행위는 종료되고 처벌조항 위반죄는 이미 기수에 이른 것이므로, 그 후에 사기이용계좌에서 현금을 인출하거나 다시 송금하는 행위는 범인들 내부 영역에서 그들이 관리하는 계좌를 이용하여 이루어지는 행위이어서, 이를 두고 새로 전기통신금융사기를 목적으로 하는 행위라고 할 수 없다.

또한 통신사기피해환급법 제2조 제2호에서 정한 '타인'은 '기망의 상 대방으로서 전기통신금융사기의 대상이 된 사람'을 의미하고, 제1호 행 위에서 정하고 있는 정보 또는 명령을 입력하는 주체인 '타인' 역시 위 와 같은 의미임이 분명하다. 이에 비추어 보면 제2호 행위에서 정하고 있 는 정보 취득의 대상인 '타인' 역시 위와 마찬가지로 '전기통신금융사 기의 대상이 된 사람'을 의미한다고 해석함이 타당하고, 제2호 행위에 관하여서만 이와 달리 해석하여 '타인'에 사기이용계좌 명의인까지 포 함된다고 볼 수는 없다. 결국 구 전기통신금융사기 피해금 환급에 관한 특별법(2014. 1. 28. 법률 제12384호 통신사기피해환급법으로 개정되기 전의 것) 제2조 제2호 본문 (가)목, (나)목, 통신사기피해환급법 제2조 제2호 본문, 처벌조항의 문언과 내용 및 처벌조항의 신설 취지 등을 종합 하면, 전기통신금융사기로 인하여 피해자의 자금이 사기이용계좌로 송 금·이체된 후 계좌에서 현금을 인출하기 위하여 정보처리장치에 사기이 용계좌 명의인의 정보 등을 입력하는 행위는 '전기통신금융사기를 목적 으로 하는 행위'가 아닐 뿐만 아니라 '전기통신금융사기의 대상이 된 사람의 정보를 이용한 행위'가 아니라서, 처벌조항이 정한 구성요건에 해당하지 않는다(대법원 2016. 2. 19., 선고, 2015도15101, 전원합의체 판결).

(2) 제15조의2 통신매체 이용 음란(성적 수치심·혐오감 유발)

제15조의2(벌칙) ① 전기통신금융사기를 목적으로 다음 각 호의 어 느 하나에 해당하는 행위를 한 자는 10년 이하의 징역 또는 1억 원 이하의 벌금에 처한다.
  1. 타인으로 하여금 컴퓨터 등 정보처리장치에 정보 또는 명 령을 입력하게 하는 행위
  2. 취득한 타인의 정보를 이용하여 컴퓨터 등 정보처리장치에 정보 또는 명령을 입력하는 행위

5. 성폭력범죄의 처벌 등에 관한 특례법

(1) 제13조 통신매체 이용 음란(성적 수치심·혐오감 유발)

> 제13조(통신매체를 이용한 음란행위)
>
> 자기 또는 다른 사람의 성적 욕망을 유발하거나 만족시킬 목적으로 전화, 우편, 컴퓨터, 그 밖의 통신매체를 통하여 성적 수치심이나 혐오감을 일으키는 말, 음향, 글, 그림, 영상 또는 물건을 상대방에게 도달하게 한 사람은 2년 이하의 징역 또는 2천만원 이하의 벌금에 처한다. 〈개정 2020. 5. 19.〉

(2) 제14조 카메라 등 이용한 촬영(타인신체를 그 의사에 반한 촬영)

> 제14조(카메라 등을 이용한 촬영)
>
> ① 카메라나 그 밖에 이와 유사한 기능을 갖춘 기계장치를 이용하여 성적 욕망 또는 수치심을 유발할 수 있는 사람의 신체를 촬영대상자의 의사에 반하여 촬영한 자는 7년 이하의 징역 또는 5천만원 이하의 벌금에 처한다. 〈개정 2018. 12. 18., 2020. 5. 19.〉
>
> ② 제1항에 따른 촬영물 또는 복제물(복제물의 복제물을 포함한다. 이하 이 조에서 같다)을 반포·판매·임대·제공 또는 공공연하게 전시·상영(이하 "반포등"이라 한다)한 자 또는 제1항의 촬영이 촬영 당시에는 촬영대상자의 의사에 반하지 아니한 경우(자신의 신체를 직접 촬영한 경우를 포함한다)에도 사후에 그 촬영물 또는 복제물을 촬영대상자의 의사에 반하여 반포등을 한 자는 7년 이하의 징역 또는 5천만원 이하의 벌금에 처한다.
>
> ③ 영리를 목적으로 촬영대상자의 의사에 반하여 「정보통신망 이용촉진 및 정보보호 등에 관한 법률」 제2조제1항제1호의 정보통신망(이하 "정보통신망"이라 한다)을 이용하여 제2항의 죄를 범한 자는 3년 이상의 유기징역에 처한다. 〈개정 2020. 5. 19.〉
>
> ④ 제1항 또는 제2항의 촬영물 또는 복제물을 소지·구입·저장 또는 시청한 자는 3년 이하의 징역 또는 3천만원 이하의 벌금에 처한다. 〈신설 2020. 5. 19.〉
>
> ⑤ 상습으로 제1항부터 제3항까지의 죄를 범한 때에는 그 죄에 정한 형의 2분의 1까지 가중한다. 〈신설 2020. 5. 19.〉

판례

❶ 성폭력범죄의 처벌 등에 관한 특례법 위반(카메라등이용촬영)죄에서 규정한 '촬영'의 의미 / 성폭력범죄의 처벌 등에 관한 특례법 위반(카메라등이용촬영)죄에서 실행의 착수 시기

「성폭력범죄의 처벌 등에 관한 특례법」(이하 '성폭력처벌법'이라고 한다) 위반(카메라등이용촬영)죄는 카메라 등을 이용하여 성적 욕망 또는 수치심을 유발할 수 있는 타인의 신체를 그 의사에 반하여 촬영함으로써 성립하는 범죄이고, 여기서 '촬영'이란 카메라나 그 밖에 이와 유사한 기능을 갖춘 기계장치 속에 들어 있는 필름이나 저장장치에 피사체에 대한 영상정보를 입력하는 행위를 의미한다(대법원 2011. 6. 9. 선고 2010도10677 판결 참조). 따라서 범인이 피해자를 촬영하기 위하여 육안 또는 캠코더의 줌 기능을 이용하여 피해자가 있는지 여부를 탐색하다가 피해자를 발견하지 못하고 촬영을 포기한 경우에는 촬영을 위한 준비행위에 불과하여 성폭력처벌법 위반(카메라등이용촬영)죄의 실행에 착수한 것으로 볼 수 없다(대법원 2011. 11. 10. 선고 2011도12415 판결 참조). 이에 반하여 범인이 카메라 기능이 설치된 휴대전화를 피해자의 치마 밑으로 들이밀거나, 피해자가 용변을 보고 있는 화장실 칸 밑 공간 사이로 집어넣는 등 카메라 등 이용 촬영 범행에 밀접한 행위를 개시한 경우에는 성폭력처벌법 위반(카메라등이용촬영)죄의 실행에 착수하였다고 볼 수 있다(대법원 2012. 6. 14. 선고 2012도4449 판결, 대법원 2014. 11. 13. 선고 2014도8385 판결 등 참조)(대법원 2021. 3. 25., 선고, 2021도749, 판결).

❷ 성폭력범죄의 처벌 등에 관한 특례법 제14조 제1항에서 규정한 '다른 사람의 신체를 촬영하는 행위'에 다른 사람의 신체 그 자체를 직접 촬영하는 행위만 해당하는지 여부(적극) 및 다른 사람의 신체 이미지가 담긴 영상을 촬영하는 행위도 이에 해당하는지 여부(소극)

[1] 성폭력범죄의 처벌 등에 관한 특례법 제14조 제1항은 "카메라나 그 밖에 이와 유사한 기능을 갖춘 기계장치를 이용하여 성적 욕망 또는 수치심을 유발할 수 있는 다른 사람의 신체를 그 의사에 반하여 촬영하거나 그 촬영물을 반포·판매·임대·제공 또는 공공연

하게 전시·상영한 자는 5년 이하의 징역 또는 1천만 원 이하의 벌금에 처한다."라고 규정하고 있다. 위 조항이 촬영의 대상을 '다른 사람의 신체'로 규정하고 있으므로, 다른 사람의 신체 그 자체를 직접 촬영하는 행위만이 위 조항에서 규정하고 있는 '다른 사람의 신체를 촬영하는 행위'에 해당하고, 다른 사람의 신체 이미지가 담긴 영상을 촬영하는 행위는 이에 해당하지 않는다.

[2] 성폭력범죄의 처벌 등에 관한 특례법(이하 '성폭력처벌법'이라 한다) 제14조 제2항은 "제1항의 촬영이 촬영 당시에는 촬영대상자의 의사에 반하지 아니하는 경우에도 사후에 그 의사에 반하여 촬영물을 반포·판매·임대·제공 또는 공공연하게 전시·상영한 자는 3년 이하의 징역 또는 500만 원 이하의 벌금에 처한다."라고 규정하고 있다. 위 제2항은 촬영대상자의 의사에 반하지 아니하여 촬영한 촬영물을 사후에 그 의사에 반하여 반포하는 행위 등을 규율대상으로 하면서 그 촬영의 대상과 관련해서는 '제1항의 촬영'이라고 규정하고 있다. 성폭력처벌법 제14조 제1항이 촬영의 대상을 '다른 사람의 신체'로 규정하고 있으므로, 위 제2항의 촬영물 또한 '다른 사람의 신체'를 촬영한 촬영물을 의미한다고 해석하여야 하는데, '다른 사람의 신체에 대한 촬영'의 의미를 해석할 때 위 제1항과 제2항의 경우를 달리 볼 근거가 없다. 따라서 다른 사람의 신체 그 자체를 직접 촬영한 촬영물만이 위 제2항에서 규정하고 있는 촬영물에 해당하고, 다른 사람의 신체 이미지가 담긴 영상을 촬영한 촬영물은 이에 해당하지 아니한다(대법원 2018. 8. 30., 선고, 2017도3443, 판결).

(1) 제80조 무선설비·통신설비에 의한 국가기관 파괴통신

제80조(벌칙)

① 무선설비나 전선로에 주파수가 9킬로헤르츠 이상인 전류가 흐르는 통신설비(케이블전송설비 및 평형2선식 나선전송설비를 제외한 통신설비를 말한다)를 이용하여 「대한민국헌법」 또는 「대한민국헌법」에 따라 설치된 국가기관을 폭력으로 파괴할 것을 주장하는 통신을 한 자는 1년 이상 15년 이하의 징역에 처한다. 〈개정 2014.6.3., 2015.12.1.〉

② 제1항의 미수범은 처벌한다.

③ 제1항의 죄를 저지를 목적으로 예비하거나 음모한 자는 10년 이하의 징역에 처한다.〈개정 2014.6.3., 2020. 6. 9.〉

(2) 제82조 제1·2항 무선설비 손괴 및 장애

제82조(벌칙)

① 다음 각 호 어느 하나의 업무에 제공되는 무선국의 무선설비를 손괴(損壞)하거나 물품의 접촉, 그 밖의 방법으로 무선설비의 기능에 장해를 주어 무선통신을 방해한 자는 10년 이하의 징역 또는 1억원 이하의 벌금에 처한다.

1. 전기통신 업무
2. 방송 업무
3. 치안유지 업무
4. 기상 업무
5. 전기공급 업무
6. 철도·선박·항공기의 운행 업무

② 제1항에 따른 무선설비 외의 무선설비에 대하여 제1항에 해당하는 행위를 한 자는 5년 이하의 징역 또는 5천만원 이하의 벌금에 처한다.

③ 제1항과 제2항의 미수범은 처벌한다.

(3) 제83조 제2항 무선설비로 조난통신 관련 허위통신

제83조(벌칙)

② 선박이나 항공기의 조난이 없음에도 불구하고 무선설비로 조난통신을 한 자는 5년 이하의 징역에 처한다.

③ 무선통신 업무에 종사하는 자가 제2항에 따른 행위를 하면 10년 이하의 징역 또는 1억원 이하의 벌금에 처한다. 〈개정 2015.12.22.〉

(4) 제7조 주파수회수 또는 재배치에 따른 손실보상 등

제7조(주파수회수 또는 주파수재배치에 따른 손실보상 등)

① 과학기술정보통신부장관은 제6조의2에 따라 주파수회수 또는 주파수재배치를 할 때에 해당 시설자와 제18조의2제3항에 따라 주파수의 사용승인을 받은 자(이하 "시설자등"이라 한다)에게 통상적으로 발생하는 손실을 보상하여야 한다. 다만, 다음 각 호의 경우에는 그러하지 아니하다. 〈개정 2013.3.23., 2014.6.3., 2017.7.26.〉

1. 시설자등의 요청에 따른 경우

2. 국제전기통신연합이 모든 국가가 공통적으로 수용하여야 할 주파수 국제분배를 변경함에 따라 주파수분배를 변경한 경우

3. 주파수의 용도가 제2순위 업무(해당 주파수를 운용할 때에 제1순위 업무를 보호하여야 하고, 제1순위 업무로부터 보호받을 수 없는 업무를 말한다. 이하 같다)인 주파수를 사용하는 경우

(1) 제50조 제3항 제2호 신용정보집중기관이 아닌 자의 신용정보공동전산망 구축

제50조(벌칙)

③ 다음 각 호의 어느 하나에 해당하는 자는 3년 이하의 징역 또는 3천만원 이하의 벌금에 처한다.

2. 신용정보집중기관이 아니면서 제25조 제6항에 따른 공동전산망을 구축한 자

(2) 제50조 제2항 제6호 개인동의 없는 신용정보 제공·활용

제50조(벌칙)

② 다음 각 호의 어느 하나에 해당하는 자는 5년 이하의 징역 또는 5천만원 이하의 벌금에 처한다.

6. 제32조 제1항 또는 제2항(제34조에 따라 준용하는 경우를 포함한다)을 위반한 자 및 그 사정을 알고 개인신용정보를 제공받거나 이용한 자

(3) 제50조 제2항 제7호 목적외 개인신용정보의 제공·이용

제50조(벌칙)

② 다음 각 호의 어느 하나에 해당하는 자는 5년 이하의 징역 또는 5천만원 이하의 벌금에 처한다.

7. 제33조(제34조에 따라 준용하는 경우를 포함한다)를 위반한 자

판례

❶ 신용정보의 이용 및 보호에 관한 법률 제50조 제2항 제7호, 제40조 제4호에서 처벌하는 '신용정보회사 등이 아니면서 특정인의 사생활 조사 등을 업으로 행위'의 의미와 판단 기준 및 사생활 조사 등을 업으로 하는 행위와 그 의뢰행위가 대향범 관계에 있는지 여부(소극)

신용정보의 이용 및 보호에 관한 법률은 제50조 제2항 제7호, 제40조 제4호에서 신용정보회사 등이 아니면서 특정인의 소재 및 연락처를 알아내거나 금융거래 등 상거래관계 외의 사생활 등을 조사하는 행위를 업으로 하는 자를 처벌하는 규정을 두고 있는바, 2인 이상의 서로 대향된 행위의 존재를 필요로 하는 대향범에 대하여는 공범에 관한 형법총칙의 규정이 적용될 수 없다고 할 것이나(대법원 2007. 10. 25. 선고 2007도6712 판결, 대법원 2011. 10. 13. 선고 2011도6287 판결 등 참조), 위와 같이 사생활 조사 등을 업으로 한다는 것은 그러한 행위를 계속하여 반복하는 것을 의미하고, 이에 해당하는지 여부는 사생활 조사 등 행위의 반복·계속성 여부, 영업성의 유무, 그 목적이나 규모, 횟수, 기간, 태양 등의 여러 사정을 종합적으로 고려하여 사회통념에 따라 판단할 것으로 반드시 영리의 목적이 요구되는 것은 아니라 할 것이므로(대법원 1996. 12. 10. 선고 94도2235 판결, 대법원 1999. 6. 11. 선고 98도617 판결, 대법원 2008. 10. 23. 선고 2008도7277 판결 등 참조), 사생활 조사 등을 업으로 하는 행위에 그러한 행위를 의뢰하는 대향된 행위의 존재가 반드시 필요하다거나 의뢰인의 관여행위가 당연히 예상된다고 볼 수 없고, 따라서 사생활 조사 등을 업으로 하는 행위와 그 의뢰행위는 대향범의 관계에 있다고 할 수 없다(대법원 2012. 9. 13., 선고, 2012도5525, 판결).

(4) 제50조 제1항 신용정보관련자의 업무목적외 타인 신용정보 누설·이용

> 제50조(벌칙)
> ① 제42조제1항 또는 제3항을 위반한 자는 10년 이하의 징역 또는 1억원 이하의 벌금에 처한다.

(5) 제50조 제2항 제5호 신용정보전산망 정보변경·삭제, 권한없이 검색·복제 등

제50조(벌칙)

② 다음 각 호의 어느 하나에 해당하는 자는 5년 이하의 징역 또는 5천만원 이하의 벌금에 처한다.

5. 권한 없이 제19조제1항에 따른 신용정보전산시스템의 정보를 변경·삭제하거나 그 밖의 방법으로 이용할 수 없게 한 자 또는 권한 없이 신용정보를 검색·복제하거나 그 밖의 방법으로 이용한 자

(1) 제39조 제2호 개인위치정보 누설·변조·훼손

> 제39조(벌칙)
>
> 다음 각호의 어느 하나에 해당하는 자는 5년 이하의 징역
> 또는 5천만원 이하의 벌금에 처한다.
> 2. 제17조의 규정을 위반하여 개인위치정보를 누설·변
> 조·훼손 또는 공개한 자

(2) 제39조 제3호 동의 없이 개인위치정보 수집·이용·제공

> 제39조(벌칙)
>
> 다음 각호의 어느 하나에 해당하는 자는 5년 이하의 징역
> 또는 5천만원 이하의 벌금에 처한다.
> 3. 제18조제1항·제2항 또는 제19조제1항·제2항·제5항
> 을 위반하여 개인위치정보주체의 동의를 얻지 아니하거
> 나 동의의 범위를 넘어 개인위치정보를 수집·이용 또
> 는 제공한 자 및 그 정을 알고 영리 또는 부정한 목적
> 으로 개인위치정보를 제공받은 자

제6장
사이버
범죄
관련법률

(3) 제39조 제4호 이용약관 이상의 개인위치정보 이용·제공

> 제39조(벌칙)
>
> 다음 각호의 어느 하나에 해당하는 자는 5년 이하의 징역
> 또는 5천만원 이하의 벌금에 처한다.
> 4. 제21조의 규정을 위반하여 이용약관에 명시하거나 고지
> 한 범위를 넘어 개인위치정보를 이용하거나 제3자에게
> 제공한 자

(4) 제39조 제5호 개인위치정보 목적외 사용

제39조(벌칙)

　　다음 각호의 어느 하나에 해당하는 자는 5년 이하의 징역 또는 5천만원 이하의 벌금에 처한다.

　　5. 제29조제8항을 위반하여 개인위치정보를 긴급구조 외의 목적에 사용한 자

(5) 제40조 제4호 동의 없이 개인위치정보 수집·이용·제공

제40조(벌칙)

　　다음 각호의 어느 하나에 해당하는 자는 3년 이하의 징역 또는 3천만원 이하의 벌금에 처한다.

　　4. 제15조제1항을 위반하여 개인위치정보주체의 동의를 받지 아니하고 해당 개인위치정보를 수집·이용 또는 제공한 자

(6) 제40조 제5호 위치정보사업자 속여 타인의 개인위치정보 제공받음

제40조(벌칙)

　　다음 각호의 어느 하나에 해당하는 자는 3년 이하의 징역 또는 3천만원 이하의 벌금에 처한다.

　　5. 제15조제2항을 위반하여 타인의 정보통신기기를 복제하거나 정보를 도용하는 등의 방법으로 개인위치정보사업자등을 속여 타인의 개인위치정보를 제공받은 자

판례

❶ 위치정보의 보호 및 이용 등에 관한 법률에서 정한 '개인의 위치정보'의 의미 및 구 위치정보의 보호 및 이용 등에 관한 법률이 개인 등의 위치정보의 수집 등을 금지하고 위반 시 형사처벌하도록 정한 취지

　'개인의 위치정보'는 특정 개인이 특정한 시간에 존재하거나 존재

788

하였던 장소에 관한 정보로서 전기통신기본법 제2조 제2호 및 제3호의 규정에 따른 전기통신설비 및 전기통신회선설비를 이용하여 수집된 것인데, 위치정보만으로는 특정 개인의 위치를 알 수 없는 경우에도 다른 정보와 용이하게 결합하여 특정 개인의 위치를 알 수 있는 것을 포함한다(위치정보의 보호 및 이용 등에 관한 법률 제2조 제1호, 제2호). 위치정보를 다른 정보와 종합적으로 분석하면 개인의 종교, 대인관계, 취미, 자주 가는 곳 등 주요한 사적 영역을 파악할 수 있어 위치정보가 유출 또는 오용·남용될 경우 사생활의 비밀 등이 침해될 우려가 매우 크다. 이에 구 위치정보의 보호 및 이용 등에 관한 법률(2015. 12. 1. 법률 제13540호로 개정되기 전의 것)은 누구든지 개인 또는 소유자의 동의를 얻지 아니하고 개인 또는 이동성이 있는 물건의 위치정보를 수집·이용 또는 제공하여서는 아니 된다고 정하고, 이를 위반한 경우에 형사처벌하고 있다(제15조 제1항, 제40조 참조).

한편 제3자가 정보주체의 동의를 얻지 아니하고 개인의 위치정보를 수집·이용 또는 제공한 경우, 그로 인하여 정보주체에게 위자료로 배상할 만한 정신적 손해가 발생하였는지는 위치정보 수집으로 정보주체를 식별할 가능성이 발생하였는지, 제3자가 수집된 위치정보를 열람 등 이용하였는지, 위치정보가 수집·이용된 기간이 장기간인지, 위치정보를 수집하게 된 경위와 수집한 정보를 관리해 온 실태는 어떠한지, 위치정보 수집·이용으로 인한 피해 발생 및 확산을 방지하기 위하여 어떠한 조치가 취하여졌는지 등 여러 사정을 종합적으로 고려하여 구체적 사건에 따라 개별적으로 판단하여야 한다(대법원 2016. 9. 28., 선고, 2014다56652, 판결).

(1) 제44조 제1항 제1호 게임제공업자 게임물 이용, 도박·사행행위 방조

> 제44조(벌칙)
> ① 다음 각 호의 어느 하나에 해당하는 자는 5년 이하의 징역 또는 5천만원 이하의 벌금에 처한다. 〈개정 2007.1.19., 2016.12.20.〉
> 1. 제28조제2호의 규정을 위반하여 도박 그 밖의 사행행위를 하게 하거나 이를 하도록 방치한 자

판례

❶ 게임산업진흥에 관한 법률 제28조 제2호, 제44조 제1항 제1호에서 정한 '사행행위'의 의미 / 게임의 결과물로 게임이용자에게 증서 등을 발급·교부하는 것이 게임물을 이용하여 사행행위를 하게 한 것에 해당하기 위한 요건

게임산업진흥에 관한 법률(이하 '게임산업법'이라고 한다) 제28조는 게임물 관련 사업자의 준수사항의 하나로 제2호에서 '게임물을 이용하여 도박 그 밖의 사행행위를 하게 하거나 이를 하도록 내버려두지 아니할 것'을 규정하고 있고, 게임산업법 제44조 제1항 제1호는 제28조 제2호를 위반한 자를 처벌하도록 하고 있다. 위 법규정에서 말하는 사행행위란 우연적 방법으로 득실을 결정하여 행위자에게 재산상 손실 또는 이익을 가져오는 행위를 의미한다.

따라서 게임제공업자가 등급분류를 받아 제공한 게임물이 우연적 방법으로 득실이 결정되는 것이고 게임의 결과물로서 게임이용자에게 제공되는 증서 등이 게임이용자들 사이에서 대가를 수수하고 유통될 수 있는 교환가치가 있는 것이라면, 그러한 게임의 결과물로 위와 같은 증서 등을 발급·교부하는 것은 게임물을 이용하여 사행행위를 하게 한 것에 해당한다. 이때 게임제공업자가 게임의 결과물로서 교부된 증서에 의하여 이를 발급받은 게임이용자의 이름이나 전화번호 등 인적 사항의 일부를 확인하는 것이 가능하더라도 증서를 발급받

은 사람 이외에 누구나 증서를 소지하고 있기만 하면 별다른 제약 없이 증서에 저장된 게임의 점수 등에 따라 게임물을 이용하는 등 경제적 이익을 누릴 수 있다면 이는 사행행위의 요소인 재산상 이익을 지닌 것으로 보아야 한다. 그리고 특별한 사정이 없는 한, 이러한 성격의 증서를 발급·교부한 게임제공업자는 그와 같은 발급·교부 행위에 의하여 게임산업법 제28조 제2호의 의무를 위반한다는 점을 충분히 인식하고 있다고 보아야 한다(대법원 2016. 7. 29., 선고, 2015도 19075, 판결).

(2) 제44조 제1항 제2호 등급 미분류·등급분류거부 게임물 유통 또는 진열 및 업으로 결과물 환전·알선

제44조(벌칙)

① 다음 각 호의 어느 하나에 해당하는 자는 5년 이하의 징역 또는 5천만원 이하의 벌금에 처한다. 〈개정 2007.1.19., 2016.12.20.〉

2. 제32조제1항제1호·제4호·제7호·제9호 또는 제10호에 해당하는 행위를 한 자

(3) 제45조 제7호 등급 표시의무 위반 게임물 유통

제45조(벌칙)

다음 각 호의 어느 하나에 해당하는 자는 2년 이하의 징역 또는 2천만원 이하의 벌금에 처한다. 〈개정 2007.1.19., 2011.7.21., 2016.5.29.〉

7. 제32조제1항제6호 및 제33조의 규정을 위반하여 표시의무를 이행하지 아니한 게임물을 유통시키거나 이용에 제공한 자

(1) 제94조 제1호 전기통신설비 손괴 및 기능장애로 전기통신 소통방해

> 제94조(벌칙)
>
> 다음 각 호의 어느 하나에 해당하는 자는 5년 이하의 징역
> 또는 2억원 이하의 벌금에 처한다.
> 1. 제79조제1항을 위반하여 전기통신설비를 파손하거나 전
>   기통신설비에 물건을 접촉하거나 그 밖의 방법으로 그
>   기능에 장해를 주어 전기통신의 소통을 방해한 자

(2) 제94조 제3호 재직 중 취득 타인 통신비밀 누설

> 제94조(벌칙)
>
> 다음 각 호의 어느 하나에 해당하는 자는 5년 이하의 징역
> 또는 2억원 이하의 벌금에 처한다.
> 3. 제83조제3항을 위반하여 통신자료제공을 한 자 및 그 제공
>   을 받은 자

(3) 제95조 제7호 전기통신사업자의 취급중인 통신비밀 침해·누설

> 제95조(벌칙)
>
> 다음 각 호의 어느 하나에 해당하는 자는 3년 이하의 징역
> 또는 1억5천만원 이하의 벌금에 처한다.
> 7. 제83조제1항을 위반하여 전기통신사업자가 취급 중에
>   있는 통신의 비밀을 침해하거나 누설한 자

판례

❶ 전기통신사업자와 휴대전화 서비스 이용계약을 체결하고 개통한 휴
대전화를 종국적으로 타인에게 양도하여 사용하게 한 행위가 전기통
신사업법 제30조 본문에서 금지하고 있는 '전기통신사업자가 제공하

는 전기통신역무를 타인의 통신용으로 제공하는 경우'에 해당하는지 여부(적극)

전기통신사업법 제2조는 이 법에서 '전기통신'이란 유선·무선·광선 또는 그 밖의 전자적 방식으로 부호·문언·음향 또는 영상을 송신하거나 수신하는 것을 말하고, '전기통신설비'란 전기통신을 하기 위한 기계·기구·선로 또는 그 밖에 전기통신에 필요한 설비를 말하며, '전기통신역무'란 전기통신설비를 이용하여 타인의 통신을 매개하거나 전기통신설비를 타인의 통신용으로 제공하는 것을 말하고, '이용자'란 전기통신역무를 제공받기 위하여 전기통신사업자와 전기통신역무의 이용에 관한 계약을 체결한 자를 말한다고 규정하고 있고, 제30조는 누구든지 전기통신사업자가 제공하는 전기통신역무를 이용하여 타인의 통신을 매개하거나 이를 타인의 통신용으로 제공하여서는 아니 된다고 하면서, 다만 이용자가 제3자에게 반복적이지 아니한 정도로 사용하도록 하는 경우(제4호) 등을 그 예외로 규정하고 있는바, 전기통신사업자와 사이에 휴대전화 서비스 이용계약을 체결하고 휴대전화를 개통한 다음 그 휴대전화를 종국적으로 타인에게 양도하여 사용하게 한 행위는 전기통신사업법 제30조 본문에서 금지하고 있는 전기통신사업자가 제공하는 전기통신역무를 타인의 통신용으로 제공하는 경우에 해당한다.

원심판결 이유를 원심이 적법하게 채택한 증거들에 비추어 살펴보면, 원심이 위와 같은 취지에서 이 사건 공소사실이 유죄로 인정된다고 판단하여 무죄를 선고한 제1심판결을 파기하고 유죄를 선고한 것은 정당하고, 거기에 논리와 경험의 법칙을 위반하고 자유심증주의의 한계를 벗어나거나 전기통신사업법 제30조에 관한 법리를 오해한 위법이 없다(대법원 2013. 9. 13., 선고, 2013도6062, 판결).

(4) 제96조 제10호 전기통신사업자가 취득한 정보의 사용·제공금지

제96조(벌칙)
다음 각 호의 어느 하나에 해당하는 자는 2년 이하의 징역 또는 1억원 이하의 벌금에 처한다. <개정 2013.8.13., 2014.10.15., 2015.12.1.>
10. 제43조를 위반하여 정보를 사용하거나 제공한 자

(5) 제97조 제7호 전기통신사업자의 통신역무 이용 통신매개 등 금지

제97조(벌칙)

다음 각 호의 어느 하나에 해당하는 자는 1년 이하의 징역 또는 5천만원 이하의 벌금에 처한다.

7. 제30조 각 호 외의 부분 본문을 위반하여 전기통신사업 자가 제공하는 전기통신역무를 이용하여 타인의 통신을 매개하거나 이를 타인의 통신용으로 제공한 자

(1) 제28조 주요정보통신기반시설 교란·마비·파괴

제28조 (벌칙)

① 제12조의 규정을 위반하여 주요정보통신기반시설을 교란·마비 또는 파괴한 자는 10년 이하의 징역 또는 1억원 이하의 벌금에 처한다.

② 제1항의 미수범은 처벌한다.

(2) 제29조 취약점 분석·평가업무 등의 종사자 비밀누설

제29조 (벌칙)

제27조의 규정을 위반하여 비밀을 누설한 자는 5년 이하의 징역, 10년 이하의 자격정지 또는 5천만원 이하의 벌금에 처한다.

제6장
사이버
범죄
관련법률

12. 전자서명법

(1) 제24조 제1항 제1호 타인의 전자서명생성정보를 도용·누설

제24조(벌칙)

① 다음 각 호의 어느 하나에 해당하는 자는 3년 이하의 징역 또는 3천만원 이하의 벌금에 처한다.

1. 제19조제1항을 위반하여 타인의 전자서명생성정보를 도용하거나 누설한 자

(2) 제24조 제1항 제2호 타인명의 인증서 발급 또는 발급에 협조한 자

제24조(벌칙)

① 다음 각 호의 어느 하나에 해당하는 자는 3년 이하의 징역 또는 3천만원 이하의 벌금에 처한다.

2. 제19조제2항제1호를 위반하여 거짓이나 그 밖의 부정한 방법으로 타인의 명의로 인증서를 발급받거나 발급받을 수 있도록 한 자

(3) 제24조 제2항 인증서를 양도·대여

제24조(벌칙)

② 제19조제2항제2호를 위반하여 부정하게 행사하게 할 목적으로 인증서를 타인에게 양도 또는 대여하거나, 부정하게 행사할 목적으로 인증서를 타인으로부터 양도 또는 대여받은 자는 1년 이하의 징역 또는 1천만원 이하의 벌금에 처한다.

13. 통신비밀보호법

(1) 제16조 제1항 제1호 - 전기통신 감청 및 비공개 타인간 대화 녹음·청취

> 제16조 (벌칙)
> ① 다음 각 호의 어느 하나에 해당하는 자는 1년 이상 10년 이하의 징역과 5년 이하의 자격정지에 처한다. 〈개정 2014.1.14., 2018.3.20.〉
> 1. 제3조의 규정에 위반하여 우편물의 검열 또는 전기통신의 감청을 하거나 공개되지 아니한 타인간의 대화를 녹음 또는 청취한 자

판례

❶ 구 통신비밀보호법 제14조 제1항의 금지를 위반하는 행위가 같은 법 제3조 제1항 위반행위에 해당하여 같은 법 제16조 제1항 제1호의 처벌대상이 되는지 여부(원칙적 적극)

구 통신비밀보호법(2014. 1. 14. 법률 제12229호로 개정되기 전의 것, 이하 같다)은 제3조 제1항에서 누구든지 이 법과 형사소송법 또는 군사법원법의 규정에 의하지 아니하고는 공개되지 아니한 타인간의 대화를 녹음 또는 청취하지 못하도록 규정하고, 제14조 제1항에서 위와 같이 금지하는 청취행위를 전자장치 또는 기계적 수단을 이용한 경우로 제한하는 한편, 제16조 제1항에서 위 제3조의 규정에 위반하여 공개되지 아니한 타인간의 대화를 녹음 또는 청취한 자(제1호)와 제1호에 의하여 지득한 대화의 내용을 공개하거나 누설한 자(제2호)를 처벌하고 있다. 위와 같은 구 통신비밀보호법의 내용 및 형식, 구 통신비밀보호법이 공개되지 아니한 타인간의 대화에 관한 녹음 또는 청취에 대하여 제3조 제1항에서 일반적으로 이를 금지하고 있음에도 제14조 제1항에서 구체화하여 금지되는 행위를 제한하고 있는 입법 취지와 체계 등에 비추어 보면, 구 통신비밀보호법 제14조 제1항의 금지를 위반하는 행위는, 구 통신비밀보호법과 형사소

제6장
사이버
범죄
관련법률

송법 또는 군사법원법의 규정에 의한 것이라는 등의 특별한 사정이 없는 한, 같은 법 제3조 제1항 위반행위에 해당하여 같은 법 제16조 제1항 제1호의 처벌대상이 된다(대법원 2016. 5. 12., 선고, 2013도15616, 판결).

(2) 제16조 제1항 제2호 지득한 통신 및 대화내용 공개·누설

제16조 (벌칙)

① 다음 각 호의 어느 하나에 해당하는 자는 1년 이상 10년 이하의 징역과 5년 이하의 자격정지에 처한다. 〈개정 2014.1.14., 2018.3.20.〉

2. 제1호에 따라 알게 된 통신 또는 대화의 내용을 공개하거나 누설한 자

(3) 제16조 제2항 제2호 통신제한조치집행등 관여 공무원의 비밀 공개누설

제16조 (벌칙)

② 다음 각호의 1에 해당하는 자는 10년 이하의 징역에 처한다. 〈개정 2005.5.26〉

2. 제11조제1항(제14조제2항의 규정에 의하여 적용하는 경우 및 제13조의5의 규정에 의하여 준용되는 경우를 포함한다)의 규정에 위반한 자

(4) 제16조 제3항 통신제한조치집행등 관여 통신기관 직원 비밀공개누설

제16조 (벌칙)

③ 제11조제2항(제13조의5의 규정에 의하여 준용되는 경우를 포함한다)의 규정에 위반한 자는 7년 이하의 징역에 처한다. 〈개정 2005.5.26〉

(5) 제16조 제4항 사인의 통신제한조치 취득내용의 외부 공
개 . 누설

제16조 (벌칙)
④ 제11조제3항(제14조제2항의 규정에 의하여 적용하는
경우 및 제13조의5의 규정에 의하여 준용되는 경우를
포함한다)의 규정에 위반한 자는 5년 이하의 징역에 처
한다. 〈개정 2005.5.26〉

(1) 제30조 제1항 제1호 무허가 사행행위영업

제30조 (벌칙)

① 다음 각 호의 어느 하나에 해당하는 자는 5년 이하의 징역 또는 5천만원 이하의 벌금에 처한다.

1. 사행행위영업 외에 투전기나 사행성 유기기구를 이용하여 사행행위를 업(業)으로 한 자

(2) 제30조 제1항 제2호 사행행위와 사행심 유발 기구 이용, 업으로 이익 취득

제30조 (벌칙)

① 다음 각 호의 어느 하나에 해당하는 자는 5년 이하의 징역 또는 5천만원 이하의 벌금에 처한다.

2. 제1호의 행위를 업으로 하는 자에게 투전기나 사행성 유기기구를 판매하거나 판매할 목적으로 제조 또는 수입한 자

(1) 제58조 제1호 청소년 유해매체물 판매 · 배포 · 시청 · 관람 · 이용에 제공

제58조 (벌칙)

다음 각 호의 어느 하나에 해당하는 자는 3년 이하의 징역 또는 3천만원 이하의 벌금에 처한다.

1. 영리를 목적으로 제16조제1항을 위반하여 청소년에게 청소년유해매체물을 판매 · 대여 · 배포하거나 시청 · 관람 · 이용하도록 제공한 자

(2) 제58조 제2호 영리목적 외국 제작 · 발행 청소년 범죄충동 유발 매체물 유통

제58조 (벌칙)

다음 각 호의 어느 하나에 해당하는 자는 3년 이하의 징역 또는 3천만원 이하의 벌금에 처한다.

2. 영리를 목적으로 제22조를 위반하여 청소년을 대상으로 청소년유해매체물을 유통하게 한 자

(3) 제58조 제6호 청소년 유해매체물 유통 수거하지 아니한 자

제58조 (벌칙)

다음 각 호의 어느 하나에 해당하는 자는 3년 이하의 징역 또는 3천만원 이하의 벌금에 처한다.

6. 제44조제1항을 위반하여 청소년유해매체물 또는 청소년유해약물등을 수거하지 아니한 자

제6장
사이버
범죄
관련법률

(4) 제59조 제1·2·3·4·6호 청소년 유해매체물 미표시·포장, 방송·광고물 배포 등

제59조 (벌칙)

　　다음 각호의 어느 하나에 해당하는 자는 2년 이하의 징역 또는 2천만원 이하의 벌금에 처한다.

1. 제13조제1항 및 제28조제7항을 위반하여 청소년유해매체물 또는 청소년유해약물등에 청소년유해표시를 하지 아니한 자

2. 제14조(제28조제10항에서 준용하는 경우를 포함한다)를 위반하여 청소년유해매체물 또는 청소년유해약물등을 포장하지 아니한 자

3. 제18조를 위반하여 청소년유해매체물을 방송한 자

4. 제19조제1항을 위반하여 청소년유해매체물로서 제2조제2호차목에 해당하는 매체물 중 「옥외광고물 등의 관리와 옥외광고산업 진흥에 관한 법률」에 따른 옥외광고물을 청소년 출입·고용금지업소 외의 업소나 일반인들이 통행하는 장소에 공공연하게 설치·부착 또는 배포한 자 또는 상업적 광고선전물을 청소년의 접근을 제한하는 기능이 없는 컴퓨터 통신을 통하여 설치·부착 또는 배포한 자

6. 제28조제1항을 위반하여 청소년에게 제2조제4호가목1)·2)의 청소년유해약물 또는 같은 호 나목3)의 청소년유해물건을 판매·대여·배포(자동기계장치·무인판매장치·통신장치를 통하여 판매·대여·배포한 경우를 포함한다)하거나 영리를 목적으로 무상 제공한 자

(1) 제136조 제1항 저작재산권 등 재산적 권리의 복제·전송·배포 등

제136조 (벌칙)

① 다음 각 호의 어느 하나에 해당하는 자는 5년 이하의 징역 또는 5천만원 이하의 벌금에 처하거나 이를 병과 (倂科)할 수 있다.

1. 저작재산권, 그 밖에 이 법에 따라 보호되는 재산적 권리(제93조에 따른 권리는 제외한다)를 복제, 공연, 공중송신, 전시, 배포, 대여, 2차적저작물 작성의 방법으로 침해한 자
2. 제129조의3제1항에 따른 법원의 명령을 정당한 이유 없이 위반한 자

판례

❶ 전송의 방법으로 공중송신권을 침해하는 게시물이나 그 게시물이 위치한 웹페이지 등에 연결되는 링크를 한 행위자가, 정범이 공중송신권을 침해한다는 사실을 충분히 인식하면서 그러한 링크를 인터넷 사이트에 영리적·계속적으로 게시하는 등으로 공중의 구성원이 개별적으로 선택한 시간과 장소에서 침해 게시물에 쉽게 접근할 수 있도록 하는 정도의 링크 행위를 한 경우, 공중송신권 침해의 방조범이 성립하는지 여부(적극)

전송의 방법으로 공중송신권을 침해하는 게시물이나 그 게시물이 위치한 웹페이지 등에 연결되는 링크를 한 행위자가, 정범이 공중송신권을 침해한다는 사실을 충분히 인식하면서 그러한 링크를 인터넷 사이트에 영리적·계속적으로 게시하는 등으로 공중의 구성원이 개별적으로 선택한 시간과 장소에서 침해 게시물에 쉽게 접근할 수 있도록 하는 정도의 링크 행위를 한 경우에는, 침해 게시물을 공중의 이용에 제공하는 정범의 범죄를 용이하게 하므로 공중송신권 침해의 방조범이 성립한다. 이러한 링크 행위는 정범의 범죄행위가 종료되기

전 단계에서 침해 게시물을 공중의 이용에 제공하는 정범의 범죄 실현과 밀접한 관련이 있고 그 구성요건적 결과 발생의 기회를 현실적으로 증대함으로써 정범의 실행행위를 용이하게 하고 공중송신권이라는 법익의 침해를 강화·증대하였다고 평가할 수 있다. 링크 행위자에게 방조의 고의와 정범의 고의도 인정할 수 있다(대법원 2021. 11. 25., 선고, 2021도10903, 판결).

(2) 제136조 제2항 제1호 저작인격권 침해하여 저작자 명예훼손

> 제136조 (벌칙)
> ② 다음 각 호의 어느 하나에 해당하는 자는 3년 이하의 징역 또는 3천만원 이하의 벌금에 처하거나 이를 병과할 수 있다.
> 　1. 저작인격권 또는 실연자의 인격권을 침해하여 저작자 또는 실연자의 명예를 훼손한 자

(3) 제136조 제2항 제3호 데이터베이스 제작자 권리 복제·배포·전송으로 침해

> 제136조 (벌칙)
> ② 다음 각 호의 어느 하나에 해당하는 자는 3년 이하의 징역 또는 3천만원 이하의 벌금에 처하거나 이를 병과할 수 있다.
> 　3. 제93조에 따라 보호되는 데이터베이스제작자의 권리를 복제·배포·방송 또는 전송의 방법으로 침해한 자

(4) 제136조 제2항 제3의3호.3의4호 기술적 보호조치 제거.변경 등과 같은 침해행위

제136조 (벌칙)

② 다음 각 호의 어느 하나에 해당하는 자는 3년 이하의 징역 또는 3천만원 이하의 벌금에 처하거나 이를 병과할 수 있다.

3의3. 업으로 또는 영리를 목적으로 제104조의2제1항 또는 제2항을 위반한 자

3의4. 업으로 또는 영리를 목적으로 제104조의3제1항을 위반한 자. 다만, 과실로 저작권 또는 이 법에 따라 보호되는 권리 침해를 유발 또는 은닉한다는 사실을 알지 못한 자는 제외한다.

(5) 제137조 제1항 제6호 허위 저작권 주장, 복제.전송중단 요구로 ISP 업무방해

제137조 (벌칙)

① 다음 각 호의 어느 하나에 해당하는 자는 1년 이하의 징역 또는 1천만원 이하의 벌금에 처한다.
〈개정 2009.4.22, 2011.12.2〉

6. 자신에게 정당한 권리가 없음을 알면서 고의로 제103조제1항 또는 제3항에 따른 복제·전송의 중단 또는 재개요구를 하여 온라인서비스제공자의 업무를 방해한 자

17. 주민등록법

(1) 제37조 제1항 제1호 주민번호 부여방식 허위번호 생성, 재산상 이익 목적 사용

> 제37조 (벌칙)
> ① 다음 각 호의 어느 하나에 해당하는 자는 3년 이하의 징역 또는 3천만원 이하의 벌금에 처한다. 〈개정 2009. 4. 1., 2014. 1. 21., 2016. 5. 29., 2016. 12. 2., 2022. 1. 11.〉
> 1. 제7조의2에 따른 주민등록번호 부여방법으로 거짓의 주민등록번호를 만들어 자기 또는 다른 사람의 재물이나 재산상의 이익을 위하여 사용한 자

(2) 제37조 제1항 제4호 허위 주민번호생성 프로그램 전달·유포

> 제37조 (벌칙)
> ① 다음 각 호의 어느 하나에 해당하는 자는 3년 이하의 징역 또는 3천만원 이하의 벌금에 처한다. 〈개정 2009. 4. 1., 2014. 1. 21., 2016. 5. 29., 2016. 12. 2., 2022. 1. 11.〉
> 4. 거짓의 주민등록번호를 만드는 프로그램을 다른 사람에게 전달하거나 유포한 자
> 4의2. 제25조제2항에 따른 주민등록확인서비스를 통하여 정보통신기기에 제공된 주민등록사항을 조작하여 사용하거나 부정하게 사용한 자

(3) 제37조 제1항 제6호 목적외 주민등록 전산 정보자료 이용

> 제37조 (벌칙)
> ① 다음 각 호의 어느 하나에 해당하는 자는 3년 이하의 징역 또는 3천만원 이하의 벌금에 처한다. 〈개정 2009. 4. 1., 2014. 1. 21., 2016. 5. 29., 2016. 12. 2., 2022. 1. 11.〉
> 6. 제30조제5항을 위반한 자

(4) 제37조 제1항 제7호 목적외 주민등록표파일의 전산처리

제37조 (벌칙)

① 다음 각 호의 어느 하나에 해당하는 자는 3년 이하의 징역 또는 3천만원 이하의 벌금에 처한다. <개정 2009. 4. 1., 2014. 1. 21., 2016. 5. 29., 2016. 12. 2., 2022. 1. 11.>

7. 제31조제2항 또는 제3항을 위반한 자

(5) 제37조 제1항 제9호 타인 주민등록번호를 부정사용

제37조 (벌칙)

① 다음 각 호의 어느 하나에 해당하는 자는 3년 이하의 징역 또는 3천만원 이하의 벌금에 처한다. <개정 2009. 4. 1., 2014. 1. 21., 2016. 5. 29., 2016. 12. 2., 2022. 1. 11.>

9. 법률에 따르지 아니하고 영리의 목적으로 다른 사람의 주민등록번호에 관한 정보를 알려주는 자

18. 반도체집적회로의 배치설계에 관한 법률

(1) 제45조 제1항 배치설계권이나 전용이용권 침해

제45조 (벌칙)

① 배치설계권이나 전용이용권을 침해한 자는 3년 이하의 징역 또는 3천만원 이하의 벌금에 처하거나 이를 병과(倂科)할 수 있다.

(2) 제46조 거짓으로 등록표시를 한 반도체집적회로를 양도·대여한 죄

제46조 (거짓 표시의 죄)

제21조제1항에 따라 설정등록이 되지 아니한 배치설계를 이용하여 제조된 반도체집적회로 또는 그 포장 등에 거짓으로 제22조에 따른 등록의 표시를 한 자 또는 거짓으로 등록표시를 한 반도체집적회로를 양도 또는 대여한 자는 1년 이하의 징역 또는 1천만원 이하의 벌금에 처한다.

(3) 제47조 속임수나 그 밖의 부정한 방법으로 설정등록

제47조 (속임수 행위의 죄)

속임수나 그 밖의 부정한 방법으로 제21조제1항에 따른 설정 등록을 한 자는 1년 이하의 징역 또는 1천만원 이하의 벌금에 처한다.

(4) 제48조 속임수나 그 밖의 부정한 방법으로 설정등록

제48조 (비밀누설의 죄)

제44조를 위반하여 비밀을 누설한 자는 5년 이하의 징역 또는 5천만원 이하의 벌금에 처한다.

제 7 장

사이버범죄 신고

제7장　　사이버범죄신고

Ⅰ. 민원처리절차 안내

1 접수대상

① 사이버 상에서 일어나는 범죄행위

② 해킹, 사기, 불법사이트 등 형사처벌 대상 범죄자

　※ 비접수 대상 : 환불, 배송지연, 개인간 다툼, 약관피해 등 민사소송
　　대상 행위

2 신고방법

　사이버범죄 신고방법은 범죄신고 시스템을 이용, 접수하는 방법과 가까운
경찰서 민원실에 방문 접수하는 방법이 있다.

Ⅱ. 피해자 구제제도

1) 피해자의 개념 및 관련 법률

1. 피해자의 개념

① 피해자의 사전적 정의는 자신의 생명이나 신체, 재산, 명예 따위에 침해 또는 위협을 받은 사람을 말하며, 특히 범죄피해자란 범죄로 인하여 피해를 입은 자 와 그 가족 등을 의미하며 1차적 피해와 2차적 피해로 구분할 수 있다.

- 1차적 피해(직접적 피해) - 폭행 · 상해 피해자는 육체적 상처 등 신체적 피해를 입고, 절도 · 사기 피해자는 재물이나 재산 손실 등 경제적 피해를 입게 된다. 이와 같이 범죄에 의해 입게 되는 직접적인 피해를 말한다.

- 2차적 피해 - 피해자는 범죄에 의한 직접적인 피해 뿐 아니라, 실직 등에 의한 경제적 손해, 수사 · 재판 과정에 있어서의 정신적 시간적 부담, 언론의 취재 · 보도에 의한 불쾌감, 대인관계 악화 등 다양한 문제에 직면하게 되는데, 이러한 문제를 통틀어 '2차적 피해'라고 한다.

2 관련법률

① 피해자에 대한 정보제공

- 고소 · 고발한 사건에 관하여 공소제기, 불기소, 공소취소, 타관송치 한 때 그 취지를 고소 · 고발인에게 통지해야 하고, 공소를 제기하지 않은 이유에 대하여 고발인의 청구가 있는 때는 그 이유를 서면으로 설명해야 한다(형사소송법 제258조 1항, 제259조).

- 범죄 신고자나 그 친족이 보복을 당할 우려가 있는 경우, 피의자나 피고인의 체포 · 구속 및 석방에 관련된 처분내용, 재판 선고기일이나 선고 내용 및 가석방 · 형집행정지 · 형기만료나 보안처분 종료 등으로 인한 교정시설에서의 출소 사실이나 도주사실 등 재판 및 신병에 관련된 변동상

황을 범죄 신고자, 그 법정대리인 또는 친족에게 통지할 수 있다(특정범 죄신고자등보호법 제1조).

- 수사를 할 때에는 피해자에게 형사절차의 개요를 설명하고, 사건의 처리 진행상황 및 기타 피해자의 구조에 도움이 되는 사항을 구두, 전화, 우편, 이메일 등 피해자가 원하는 방법으로 통지하여야 한다. 다만, 수사 또는 재판에 지장을 주거나 사건관계자의 명예와 권리를 부당히 침해할 우려가 있는 때에는 예외로 한다.

② 범죄피해자 보호법(범죄피해자 구조제도)

- 범죄행위로 인한 사망·중장해 피해자가 가해자의 불명 또는 무자력인 관계로 범죄피해의 전부 또는 일부를 보상받지 못하고, 생계유지가 곤란한 때에는 국가에서 피해자 또는 유족에게 일정한도의 구조금을 지급하는 제도

- 관할 지방검찰청 범죄피해구조심의회에 신청

③ 의사상자예우에 관한 법률

- 타인의 생명, 신체 또는 재산의 급박한 위해를 구제하다가 사망 또는 부상을 당한 의사상자에 대하여 국가유공자 수준의 혜택을 부여하는 제도

- 주관부서 : 보건복지부 기초생활보장심의관실 복지지원과, 시·군·구 사회복지과 또는 복지정책과

④ 소송촉진 등에 관한 특례법(형사소송절차에 있어서 배상)

- 폭행·상해치사상 등 형사사건의 피해자가 범인의 형사재판 과정에서 간편하게 민사적인 손해배상명령까지 받아 낼 수 있는 제도

⑤ 자동차손해배상보장법상 뺑소니 등 피해자 구조제도

- 자동차사고로 인한 피해자가 다른 수단으로는 전혀 보상을 받을 수 없는 경우에 피해자에 대한 최소한의 구제를 목적으로 국가에서 시행하고 있는 일종의 사회보장제도

- 사업주체 : 건설교통부 교통안전과

⑥ 국민건강보험제도를 이용한 피해자 구조

- 가해자를 알 수 없는 노상강도·폭행치상 등 피해자에 대하여 우선적으

로 국민건강보험으로 치료할 수 있는 제도
- 국민건강보험 요양급여의 기준에 관한 규칙(보건복지부령)에서 세부절차 등 규정
⑦ 보상금 지급 제도
- 특정범죄신고자 등 구조금 지급은 관할 지방검찰청 범죄신고자등구조심의회에서 심사 결정 (특정범죄신고자등보호법)
- 성매매목적의 인신매매 등의 범죄를 수사기관에 신고한 자에 대하여는 보상금을 지급할 수 있음.
⑧ 법률구조법상 법률구조제도
- 경제적으로 어렵거나 법의 보호를 충분히 받지 못하는 사람들에게 법률상담, 소송대리 및 형사변호 등 법률구조를 하여 주는 법률분야의 사회복지제도
- 주관부서 : 법무부 대한법률구조공단

2) 범죄피해자에 대한 무료 법률 구조 제도

경제적으로 어렵거나 법의 보호를 충분히 받지 못하는 사람들에게 법률상담, 소송대리 및 형사변호 등 법률구조를 해주는 법률분야의 사회복지제도
[법률구조법]
① 주관부서 : 법무부 대한법률구조공단
1987. 9. 1. 법률구조법에 의하여 설립된 대한법률구조공단은 비영리 공익법인으로서 서울에 본부가 있고, 13개의 지부와 42개의 출장소가 법원, 검찰청에 대응하여 설치
② 법률상담
- 전국민을 대상으로 민사, 가사, 형사, 행정사건 등 법률문제 전반에 대하여 무료로 실시
- 직접 방문하거나 전화, 서신, 인터넷 등을 통하여도 상담 가능
- 전화상담은 전국 어디서나 국번없이 ☎ 132
  * 평일 오전 9시 ~ 오후 6시(서울중앙지부는 오후 8시까지, 동절기 오후 7시까지)
  * 토요일 오전 9시 ~ 오후 1시(서울중앙지부에서만 실시)

③ 법률구조
  - 소송대리, 형사변호, 기타 법률적 지원을 해주는 것으로써 구조 대상사건과 구조 대상자에 일정한 제한이 있음
  - 민사·가사사건뿐만 아니라 형사사건에 대해서도 법률구조를 하며 공단 소속 변호사 또는 공익법무관이 변호활동

대상자	- 농·어민, 월평균 수입 200만원 이하의 근로자 및 영세상인 - 6급 또는 6급 상당 이하의 공무원, 위관급 장교 이하의 군인, 국가보훈대상자 - 기타 생활하기 어렵고 법을 몰라 스스로 법적 수단을 강구하지 못하는 국민 (생활보장 수급자, 소년·소녀가장, 장애인, 모·부자 가정 등)
비용	- 형사사건과 관련된 일체의 비용(기록등사료, 접견료 등)은 공단에서 부담하고 의뢰자로부터는 비용을 징수하지 않음. - 다만, 보석보증금 또는 보석 보증보험증권 수수료는 의뢰자가 부담

3) 형사 소송 절차에 있어서 배상명령

폭행·상해치사상 등 형사사건의 피해자가 범인의 형사재판 과정에서 간편하게 민사적인 손해배상명령까지 받아 낼 수 있는 제도 [소송촉진 등에 관한 특례법]

① 대상 사건
  - 상해, 중상해, 상해치사, 폭행치사상(존속폭행치사상 제외), 좌실치사상, 절도, 강도, 사기, 공갈, 횡령, 손괴를 당했을 때 그 외의 죄에 대한 피해사건 중 피고인과 피해자 사잉 손해배상액에 관하여 합의가 이루어진 사건
② 신청 방법
  - 위 범죄의 직접적인 피해자 또는 상속인만 신청 가능범인이 피고인으로 재판받고 있는 법원에 2심 변론이 종결되기 전까지 배상명령신청서 제출
  - 형사재판에 증인으로 출석 증언 시 구두 신청 가능

③ 신청 방법

1. 범죄로 인한 직접적 물적 피해와 치료비(기타 위자료 등은 민사소송 대상)
2. 배상명령 배제 사유

- 피해자의 성명 주소가 분명하지 아니한 때
- 피해금액이 특정되지 아니한 때
- 피고인의 배상책임의 유무 또는 그 범위가 명백하지 아니한 때
- 배상명령으로 인하여 공판절차가 현저히 지연될 우려가 있거나 형사소송절차에서 배상명령을 함이 상당하지 아니하다고 인정한 때

④ 효과

- 배상명령 기재 유죄판결문은 민사판결문과 동일한 효력 있어 강제집행 가능
- 신청이유 없다고 각하 또는 일단 배상명령이 있으면 다시 신청 불가
- 피고인은 배상명령에 불만이 있으면 유죄판결에 대하여 상소 가능

4) 소액심판제도

- 3,000만원을 초과하지 않는 금전지급을 목적으로 하는 청구(체납관리비, 대여금, 금전채권, 손해배상청구)와 같이 비교적 단순한 사건에 대해 보통 재판보다 신속하고 간편하며 경제적으로 재판을 받을 수 있도록 만든 제도
- 근거

  소액사건심판법
- 대상

  소송목적 금액이 3천만원을 초과하지 않는 금전, 기타대체물, 유가증권의 청구(부동산은 제외)

① 법률구조

- 시·군법원 관할의 소액사건에 대하여는 지방법원, 지원이 아닌 시·군법원에 제출
- 대상자의 주소지 관할 지방법원(종합접수실 또는 민사과)에 신청
- 당사자의 배우자, 직계혈족, 형제자매 또는 호주 등도 법원의 허가없이 대리인이 될 수 있음

－ 준비서류

　　　　소장(법원종합접수실에 무료로 비치)

　　　　채권자 및 채무자의 주소를 명확히 할 수 있는 서류

　　　　채권을 주장할 수 있는 증빙서류

　　　　인지대, 송달료

　　　　※ 대리인의 경우 소송위임장과 대리인과의 관계를 증명하는 가족관계증명

　　　　서, 주민등록등본 등을 첨부

② 효과

　　－ 이행결정권고 후 14일 내 피고의 이의신청이 없을 경우 확정판결과 동일

　　　한 효력

　　－ 이행권고결정 정본으로도 강제집행 가능

5) 범죄 신고자 보호 및 구조

－ 적극적인 범죄해결을 도모하고, 범죄신고로 인한 불이익이 없도록 하기위해

　　범죄신고자에 대한 신변안전조치와 보상 · 구조금 지급

－ 특정범죄신고자등보호법, 성매매특별법, 범죄신고자보호및보상에관한규칙에

　　서 세부절차 등 규정

① 특정범죄신고자 등 보호

　　－ 살인 · 약취유인 및 마약 · 조직폭력을 포함한 특정강력범죄 신고자 등에

　　　대하여 신변안전 조치 및 구조금 지급

　　－ 수사서류에 인적사항 기재 생략 및 범죄신고자 등 신원관리카드 등재

　　－ 구조금 지급은 관할지검 범죄신고자등구조심의회에서 심사결정

　　－ 범죄신고 등을 함으로써 자신의 범죄가 발견된 경우 그 범죄신고자 등에

　　　대해서는 형을 감경 또는 면제 가능

② 성매매 피해자 보호

　　－ 인적사항 기재 생략, 인적사항의 공개금지 등 신변안전 조치

　　－ 수사나 재판시 피해자가 신뢰하는 사람 동석 가능

　　－ 신변보호를 위한 비공개 심리 허용

③ 범죄신고자보호 및 보상
  - 직권 또는 신청에 의한 범죄신고자 신변안전조치
  - 범죄신고자의 인적사항 등 사진 공개 금지(신고자 동의한 경우는 제외)
  - 보상대상에 따라 최고 5억원까지 보상금 지급

< 범인검거공로자 보상금 지급기준 >

보 상 액	대 상 범 죄
5억원 이하	가. 공무원의 불법선거운동 개입 나. 대규모 사조직 · 유사기관을 이용한 선거범죄 다. 거액의 불법 정치자금 수수행위 라. 허위사실 공표 · 비방행위 마. 리베이트 수수 등 허위 회계보고 행위 바. 금품 · 향응제공 등 매수 · 기부행위 사. 3인 이상 살해 등 사회적 피해가 크고 국민의 안전을 위해 신속한 검거가 요구되는 사건 아. 폭력조직 및 범죄단체의 수괴
1억원 이하	가. 2인 이하 살해 나. 그 밖에 폭력조직 및 범죄단체의 수괴 · 간부 나. 그 밖에 폭력조직 및 범죄단체의 수괴 · 간부 다. 화폐위조사건 등 사회물의 야기사건 라. 약취유인사건 마. 사기등 특정재산범죄(「특정경제범죄 가중처벌 등에 관한 법률」 제3조제1항제1호)
5,000만원 이하	가. 조직폭력배의 폭력 및 갈취사건 나. 환경오염, 해양오염사건 다. 장애인, 아동성폭력사범(「성폭력범죄의 처벌 등에 관한 특례법」 제6조, 제7조) 라. 사기등 특정재산범죄(「특정경제범죄 가중처벌 등에 관한 법률」 제3조제1항제2호) 마. 그 밖에 선거관련 범죄
2,000만원 이하	가. 조직적, 반복적 강도, 강간, 성폭력사건 나. 청소년 대상 성폭력사범(「아동 · 청소년의 성보호에 관한 법률」 제7조) 다. 연쇄 방화사건 라. 위 · 변조화폐 소지 및 사용

	마. 피해액 1억원 이상의 절도, 장물사건 *바.* 도주죄
1,000만원 이하	*가.* 강도, 강간, 성폭력 사건 *나.* 방화사건 *다.* 재산 국외도피의 죄 *라.* 보건범죄사건 *마.* 피해액 5백만원 이상의 절도, 장물사건 *바.* 전자발찌 훼손 도주사건 *사.* 아동학대사건 *아.* 그 밖에 사회이목 집중 사건
500만원 이하	*가.* 학교폭력, 가정폭력 사건 *나.* '식품안전법령등' 위반 중 위해식품의 제조·유통에 해당하는 사건 *다.* 불법사금융 등 규칙 제5조제18호에 해당되는 사건
100만원 이하	*가.* 규칙 제5조의 보상대상사건 중 위에 열거되지 않은 사건

< 교통사고야기도주사건 범인검거공로자 보상금 지급기준 >

보 상 액	대상범죄
1,500만원이하	교통사고 야기후 도주사건으로 피해자 3명 이상이 30일 이내에 사망한 경우
1,000만원이하	교통사고 야기후 도주사건으로 피해자 2명이 30일 이내에 사망한 경우
500만원이하	교통사고 야기후 도주사건으로 피해자 1명이 30일 이내에 사망한 경우
100만원이하	교통사고 야기후 도주사건으로 피해자가 부상 피해를 입은 경우

< 경찰공무원 비리신고 보상금 지급기준 >

보 상 액	대상범죄
1,000만원이하	사회적 파장이 큰 고질적·조직적 비리, 다액 금품수수 등 경찰공무원 비리신고로 부패척결에 지대한 공로가 인정되는 경우
500만원이하	위 공로에는 미치지 못하나 경찰공무원 비리신고로 부패척결에 크게 기여한 경우
100만원이하	기타 경찰공무원 비리신고로 부패척결에 상당한 공로가 인정되는 경우

<테러범죄 및 사이버테러범죄 예방공로자 보상금 지급기준>

보 상 액	대 상 범 죄
5,000만원 이하	*가.* 「국가대테러활동지침」제2조 제1호 다·라·마·바목에 규정된 테러행위에 대하여 직접적·결정적인 활동을 전개하여 사전 예방을 한 경우 *나.* 「정보통신기반보호법」 제12조 각 호에 규정된 사이버테러행위에 대하여 직접적·결정적인 활동을 전개하여 사전 예방을 한 경우
2,000만원 이하	*가.* 「국가대테러활동지침」제2조 제1호 다·라·마·바목에 규정된 테러행위를 경찰관서에 신고하여 테러범죄를 사전 예방한 경우 *나.* 「국가대테러활동지침」제2조 제1호 가·나·사·아·자목에 규정된 테러행위에 대하여 직접적·결정적 활동을 전개하여 사전 예방한 경우 *다.* 「정보통신기반보호법」 제12조 각호에 규정된 사어비테러행위를 경찰관서에 신고하여 사이버테러범죄를 사전 예방한 경우
1,000만원 이하	*가.* 「국가대테러활동지침」제2조 제1호 가·나·사·아·자목에 규정된 테러행위를 경찰관서에 신고하여 사전 예방한 경우
500만원 이하	*가.* 「국가대테러활동지침」제2조 제1호 각 목에 규정된 테러행위를 경찰관서에 신고하여 인명 또는 재산피해를 최소화 하는 등 그 공로가 인정되는 경우 *나.* 「정보통신기반보호법」 제12조 각호에 규정된 사어비테러행위를 경찰관서에 신고하여 피해를 최소화 하는 등 그 공로가 인정되는 경우

※ 제5조 제5호(특가법 제2조)·제11호(형법상 뇌물죄)에 해당하는 경찰공무원의 비리신고로 형사입건 또는 징계 등 구체적 처분이 있는 경우에 지급함

6) 전기통신금융사기(스미싱) 피해구제 절차

1. 스미싱(Smishing)의 정의

① 문자메시지(SMS)와 피싱(Phishing)의 합성어로, 인터넷주소(URL)가 포함된 '무료쿠폰, 청첩장' 등의 문자메시지를 피해자들에게 보내 악성코드가 다운로드되는 인터넷 사이트로 접속을 유도하여 피해자의 스마트폰에 악성코드가 설치되도록 한 후

② 피해자가 알지 못하는 사이에 소액결제 방식으로 돈을 편취하거나, 스마트폰에 저장되어 있는 피해자의 개인정보나 금융정보를 탈취하는 수법

2. 피해구제 관련법령

① 《정보통신망 이용촉진 및 정보보호 등에 관한 법률 》

제58조(통신과금서비스이용자의 권리 등)

- 통신과금서비스이용자는 통신과금서비스가 자신의 의사에 반하여 제공되었음을 안 때에는 통신과금서비스제공자에게 이에 대한 정정을 요구할 수 있으며(통신 과금서비스이용자의 공의 또는 중과실은 제외), 통신과금서비스 제공자는 이용자의 정정요구가 이유 있을 경우 판매자에 대한 이용 대금의 지급을 유보하고 정정요구를 받은 날부터 2주 이내에 처리결과 통지('14. 5. 28. 개정 / '11. 29.시행예정)

※ 스마트폰 금융정보 탈취하는 경우는 "피싱" 피해구제 관련 법령과 동일함

② 유의할 점

- 스미싱에 의한 소액결제에 의한 피해구제는 통신요금으로 과금된 소액결제금에 대하여 이의를 제기하였을 때 통신사가 아닌 결제대행사와 콘텐츠 제공사가 협의하여 "결제금 청구 취소 여부"를 결정하는 것으로

- 스미싱에 의한 범죄피해가 아닌 "콘텐츠 구매 후 변심으로 인한 소액결제 환불 요청"이나 "스미싱에 의한 범죄피해가 아닌 경우"에는 구제되지 않습니다.

3. 피해구제 절차

① '13. 1.경 방송통신위원회 주재로 사단법인 한국전화결제산업협회의 회원사인 이동통신사와 KG모빌리언스 등 결제대행사가 참여한 가운데 개최된 회의에서 소액결제(통신과금) 피해를 보상하기로 결정했습니다.

② 그 동안 발생했던 스미싱 소액결제 피해 중 80~90%는 보상이 완료된 상태

 1. 통신요금 청구서 등을 통해 본인이 직접 결제하지 않은 소액결제 건을 확인하면 소액결제 내역을 지참하여 가까운 경찰서 사이버수사팀를 방문하여 피해사실을 신고합니다.

 2. 신고를 접수한 경찰관에게 요청하여 '사건사고사실확인원'을 발급받습니다.

 3. 피해자는 본인이 가입한 이동통신사 고객센터를 방문하여 통신과금 정정 요구를 하면서 '사건사고사실확인원'과 함께 제출합니다.

 4. 이동통신사는 결제대행사와 콘텐츠사업자에게 해당 결제청구에 대한 보류 또는 취소를 요청하고

 5. 결제대행사와 콘텐츠사업자는 상호 협의하여 청구된 내용에 대해 스미싱 사기에 의한 피해인지 여부를 확인하게 되고

 6. 스미싱에 의한 피해로 판명되면 콘텐츠사업자는 이동통신사에 소액결제 청구를 취소한다고 통보합니다.

 7. 피해자가 통신요금을 아직 납부하지 않은 경우라면 이동통신사에서 피해자에게 소액결제를 제외시킨 통신요금 청구서를 다시 발급하게 되고, 피해자가 이미 통신요금을 납부한 이후라면 콘텐츠사업자가 피해자에게 결제된 소액결제 대금을 환불해 주게 됩니다.

③ 피해자가 이동통신사에 통신과금 정정요구를 한 시점부터 소액결제 환불 결정이 완료되기까지 통상 14일 정도 소요됩니다.

7) 전기통신금융사기(피싱) 피해구제 절차

1. 피싱(Phishing)의 정의

① 개인정보(Private data)와 낚시(Fishing)의 합성어로, 금융기관, 공공기관 등에서 보낸 것으로 가장한 이메일, 메시지를 피해자에게 보내 피해자로

하여금 가짜사이트로 접속되게 한 뒤

② 피해자가 입력한 주민등록번호 등 개인정보 뿐만 아니라 계좌번호, 비밀번호, 보안카드번호 등 금융정보를 탈취한 후 피해자의 금융계좌에 접속해서 돈을 인출하는 수법

2. 피해구제 관련법령

① 《 불법 콘텐츠 범죄의 개념 관련 참고 자료 》

- 피해구제의 신청

피해자는 피해금을 송금·이체한 계좌를 관리하는 금융회사 또는 사기이용계좌를 관리하는 금융회사에 대하여 사기이용계좌의 지급정지 등 전기통신금융사기의 피해구제를 신청할 수 있다. (2011. 3. 29. 제정, 2011. 9. 30.시행)

② 전기통신금융사기 피해 방지 및 피해금 환급에 관한 특별법 시행령 제3조

- 피해자는 피해구제신청서에 신분증 사본을 첨부하여 해당 금융회사에 제출 (다만, 긴급· 부득이한 경우 전화 또는 구술로 신청 가능)
- 금융회사는 피해자의 인적사항, 피해내역 및 신청사유 등을 확인하여야 하고, 피해자는 신청한 날부터 영업일 3일 이내 신청서류를 해당 금융회사에 제출
- 금융회사는 필요한 경우 피해자에게 수사기관의 피해신고확인서 자료의 제출을 요청할 수 있다.

③ 유의할 점

- 피해구제절차를 통한 환급은 범죄에 이용된 계좌에 잔액이 남아 있을 경우에 가능합니다. 잔액이 남아 있지 않고 전부 인출된 경우에는 피의자를 대상으로 별도의 민사소송을 진행할 수밖에 없습니다.
- 또한 범죄에 이용된 계좌에 남아 있는 잔액과 비교하여 피해자가 많고 각 피해자의 피해금액의 합계가 잔액보다 큰 경우에는 피해자별로 피해금액 전부를 환급받지 못할 수 있습니다.

3. 피해구제 절자

　1. 피해자는 범죄에 이용된 계좌를 관리하는 금융회사에 전화로 지급정지를 신청합니다. 전화로 하는 경우 3일 이내에 지급정지에 필요한 서류(사건사고사실확인원, 피해구제신청서)를 제출해야 합니다.

　2. 피해자는 거주지 관할경찰서(사이버수사팀)에 방문하여 피해사실을 신고하고

　3. 신고를 접수한 경찰관에게 요청하여 '사건사고사실확인원'을 발급받습니다.

　4. 피해자는 지급정지를 신청한 금융회사를 방문하여 '피해구제신청서'를 작성해서 '사건사고사실확인원'과 함께 제출합니다.

　5. 금융회사는 신청된 계좌에 대하여 지급정지 조치를 취하고 금융감독원에 예금채권 소멸공고를 요청합니다.

　6. 금융감독원은 2개월간 채권소멸공고를 하고 이 기간 내에 이의신청이 없으면 채권소멸을 확정하고 환급결정액을 금융회사에 통지합니다.

　7. 위 환급결정액이 금융회사에 통지되면 금융회사에서는 피해자에게 해당 금액을 환급하여 주게 됩니다. (통상 2~3일 소요)

8) 전기통신금융사기(파밍) 피해구제 절차

1. 파밍(Pharming)의 정의

　① 피해자의 PC나 스마트폰을 악성코드로 감염시켜 피해자가 정상적인 금융회사 홈페이지나 금융회사 앱(애플리케이션)에 접속하더라도 가짜사이트로 접속되게 한 뒤

　② 피해자가 입력한 주민등록번호 등 개인정보 뿐만 아니라 계좌번호, 비밀번호, 보안카드번호 등 금융정보를 탈취한 후 피해자의 금융계좌에 접속해서 돈을 인출하는 수법

2. 피해구제 관련법령

　①《전기통신금융사기 피해 방지 및 피해금 환급에 관한 특별법 제3조》

　　- 피해구제의 신청-피해자는 피해금을 송금·이체한 계좌를 관리하는 금융

회사 또는 사기이용계좌를 관리하는 금융회사에 대하여 사기이용계좌의 지급정지 등 전기통신금융사기의 피해구제를 신청할 수 있다. (2011. 3. 29. 제정, 2011. 9. 30.시행)

② 전기통신금융사기 피해 방지 및 피해금 환급에 관한 특별법 시행령 제3조
 - 피해자는 피해구제신청서에 신분증 사본을 첨부하여 해당 금융회사에 제출 (다만, 긴급·부득이한 경우 전화 또는 구술로 신청 가능)
 - 금융회사는 피해자의 인적사항, 피해내역 및 신청사유 등을 확인하여야 하고, 피해자는 신청한 날부터 영업일 3일 이내 신청서류를 해당 금융회사에 제출
 - 금융회사는 필요한 경우 피해자에게 수사기관의 피해신고확인서 자료의 제출을 요청할 수 있다.

③ 유의할 점
 - 피해구제절차를 통한 환급은 범죄에 이용된 계좌에 잔액이 남아 있을 경우에 가능합니다. 잔액이 남아 있지 않고 전부 인출된 경우에는 피의자를 대상으로 별도의 민사소송을 진행할 수밖에 없습니다.
 - 또한 범죄에 이용된 계좌에 남아 있는 잔액과 비교하여 피해자가 많고 각 피해자의 피해금액의 합계가 잔액보다 큰 경우에는 피해자별로 피해금액 전부를 환급받지 못할 수 있습니다.

3. 피해구제 절차
 1. 피해자는 범죄에 이용된 계좌를 관리하는 금융회사에 전화로 지급정지를 신청합니다. 전화로 하는 경우 3일 이내에 지급정지에 필요한 서류(사건사고사실확인원, 피해구제신청서)를 제출해야 합니다.
 2. 피해자는 거주지 관할경찰서(사이버수사팀)에 방문하여 피해사실을 신고하고
 3. 신고를 접수한 경찰관에게 요청하여 '사건사고사실확인원'을 발급받습니다.
 4. 피해자는 지급정지를 신청한 금융회사를 방문하여 '피해구제신청서'를 작성해서 '사건사고사실확인원'과 함께 제출합니다.

5. 금융회사는 신청된 계좌에 대하여 지급정지 조치를 취하고 금융감독원에 예금채권 소멸공고를 요청합니다.

6. 금융감독원은 2개월간 채권소멸공고를 하고 이 기간 내에 이의신청이 없으면 채권소멸을 확정하고 환급결정액을 금융회사에 통지합니다.

7. 위 환급결정액이 금융회사에 통지되면 금융회사에서는 피해자에게 해당 금액을 환급하여 주게 됩니다. (통상 2~3일 소요)

9) 전기통신금융사기(메모리해킹) 피해구제 절차

1. 메모리해킹(Memory Hacking)의 정의
   ① 피해자의 PC나 스마트폰의 메모리에 상주하면서 금융정보를 빼내거나 조작할 수 있도록 설계된 악성프로그램을 유포시켜,
   ② 피해자가 PC나 스마트폰으로 정상적인 금융사이트에 접속해서 입력한 보안카드번호, 계좌번호 등 금융정보를 빼내거나 조작하는 방법으로 피해자의 돈을 부당하게 탈취하는 수법

2. 피해구제 관련법령
① 《전자금융거래법 제9조》
  금융회사 또는 전자금융업자의 책임
   - 금융회사 또는 전자금융업자는 다음 각 호의 어느 하나에 해당하는 사고로 인하여 이용자에게 손해가 발생한 경우에는 그 손해를 배상할 책임을 진다.
   - 전자금융거래를 위한 전자적 장치 또는 「정보통신망 이용촉진 및 정보보호 등에 관한 법률」 제2조제1항제1호에 따른 정보통신망에 침입하여 거짓이나 그 밖의 부정한 방법으로 획득한 접근매체의 이용으로 발생한 사고
   - 제1항의 규정에 불구하고 금융회사 또는 전자금융업자는 다음 각 호의 어느 하나에 해당하는 경우에는 그 책임의 전부 또는 일부를 이용자가 부담 하게 할 수 있다.

- 사고 발생에 있어서 이용자의 고의나 중대한 과실이 있는 경우로서 그 책임의 전부 또는 일부를 이용자의 부담으로 할 수 있다는 취지의 약정을 미리 이용자와 체결한 경우

② 유의할 점
- 다음과 같은 경우에는 피해자의 고의 또는 중과실이 인정되어 손해배상을 받지 못할 수 있습니다.
- 피해자가 전자금융거래를 위한 접근매체를 제3자에게 대여하거나, 제3자가 권한없이 이용할 수 있음을 쉽게 알 수 있었음에도 접근매체를 누설, 노출하거나 방치한 경우
- 금융회사 또는 전자금융업자가 전자금융거래 시 요구하는 추가적인 보안조치에 사용되는 매체·수단 또는 정보에 대하여 누설·노출 또는 방치하거나, 제3자에게 대여, 위임 또는 양도한 경우
- 예시) 공인인증서·비밀번호·보안카드·OTP 등 접근 및 보안 매체를 공유하거나 제3자에게 제공하는 행위-메모리해킹은 '기망'으로 이루어진 사기범죄가 아니어서 「전기통신금융사기 피해 방지 및 피해금 환급에 관한 특별법」 상 구제대상은 아님
  따라서 피싱·파밍과 같은 '지급정지 후 채권소멸 절차'를 적용할 수 없으며, 금융회사에서 '지급대상' 여부를 판단하여 보상금을 지급함
- 장·단점) 범죄자가 피해금액을 인출했는지 여부와 상관없이 보상이 가능하나, '지급대상' 여부를 판단하는데 시일이 더 소요될 수 있음

3. 피해구제 절차
  1. 피해자는 범죄에 이용된 계좌를 관리하는 금융회사에 전화로 지급정지를 신청합니다. 전화로 하는 경우 3일 이내에 지급정지에 필요한 서류(사건사고사실확인원, 피해구제신청서)를 제출해야 합니다. 단, '지급정지 신청'이 필수절차는 아님
  2. 피해자는 거주지 관할경찰서(사이버수사팀)에 방문하여 피해사실을 신고하고

3. 신고를 접수한 경찰관에게 요청하여 '사건사고사실확인원'을 발급받은 후

4. 금융회사를 방문하여 '피해구제신청서'를 작성해서 '사건사고사실확인원'과 함께 제출합니다.

5. 금융회사는 보험회사 등을 통해 지급대상 여부를 판단하고 '지급대상'으로 경정되면 보험금 또는 자체 적립금을 이용해 피해자에게 피해금액을 보상 합니다.

개인정보보호법 상담사례

※인터넷진흥원 개인정보보호법 상담사례 인용※

제8장   개인정보보호법 상담사례

개인정보보호법에서 보호하는 개인정보는 구체적으로 어떤 정보
인가요?

   개인정보는 살아 있는 개인에 관한 정보로서 "특정개인을 식별하거나 식별
할 수 있는 정보"를 의미합니다.
   즉, 개인과 관련된 일체의 정보는 모두 개인정보에 해당 할 수 있습니다(예:
성명, 주소, 연락처, 주민등록번호, 여권번호, 운전면허번호 등). 또한 개인정보
에는 해당 개인과 직접 관련이 있는 정보뿐만 아니라, 그 개인에 대한 타인의
의견, 평가, 견해 등 제3자에 의해 생성된 간접적인정보(예: 신용평가정보)도
해당될 수 있습니다.

개인정보보호법상의 개인정보정의는 다음과 같습니다.

1. 개인에 관한정보
   법률상의개인정보는"자연인(自然人)에 관한정보"만 해당됩니다. 법인(法人)이나
단체의 정보는 법률에 따라 보호되는 개인정보의 범위에는 해당되지 않습니다.

2. 생존하는 개인에 관한정보
   법률상의개인정보는"생존하는 자연인"에 관한 정보만 해당됩니다. 따라서 이미
사망하였거나 민법에 의한 실종선고 등 관계법령에 의해 사망한 것으로 간주
되는 자에 관한 정보는 법률상의 개인정보로 볼 수 없습니다.

3. 생존하는 특정개인을 알아볼 수 있는 정보

　법률상의 개인정보에 해당되기 위해서는 그 정보로 "특정개인을 알아 볼 (식별할)"수 있어야 하며, 해당 정보만으로는 특정 개인을 식별할 수 없다 하더라도"다른 정보와 쉽게 결합"하여 식별가능하다면, 개인정보에 해당됩 니다. 예를 들어, 단순히"성명"정보만 있다면 특정 개인을 식별하는 것이 쉽지 않으나(동명이인 등), 개개인의"주소·연락처"등과 결합되어 특정한 개 인을 식별할 수 있다면 개인 정보로 볼 수 있습니다.

이메일과 닉네임만 수집해도 개인정보로 볼 수 있나요?

개인정보보호법 제2조 제1호에 의거하여, 이메일 주소는 다른 정보와 쉽게 결합하여 개인을 식별할 수 있는 정보에 해당한다고 보이기 때문에, 이메일과 닉네임만 수집하는 경우에도 개인정보보호법의 적용을 받는 것으로 해석될 수 있습니다.

> 개인정보보호법 제2조(정의)
>
> 이법에서 사용하는 용어의 뜻은 다음과 같다
>
> 1. "개인정보"란 살아 있는 개인에 관한 정보로서 다음 각 목의 어느 하나에 해당하는 정보를 말한다.
>
> 가. 성명, 주민등록번호 및 영상 등을 통하여 개인을 알아볼 수 있는 정보
>
> 나. 해당 정보만으로는 특정 개인을 알아볼 수 없더라도 다른 정보와 쉽게 결합하여 알아볼 수 있는 정보. 이 경우 쉽게 결합할 수 있는지 여부는 다른 정보의 입수 가능성 등 개인을 알아보는 데 소요되는 시간, 비용, 기술 등을 합리적으로 고려하여야 한다.
>
> 다. 가목 또는 나목을 제1호의2에 따라 가명처리함으로써 원래의 상태로 복원하기 위한 추가 정보의 사용·결합 없이는 특정 개인을 알아볼 수 없는 정보(이하 "가명정보"라 한다)

개인정보 보호법, 정보통신망 이용촉진 및 정보보호 등에 관한 법률, 신용정보의 이용 및 보호에 관한 법률 중에 어느 법이 더 우선적용 되나요?

개인정보보호법 제6조에 따라 개인정보 보호에 관해서는 다른 법률에 특별한 규정이 있는 경우에는 다른 법률을 우선 적용하고, 다른 법률이 없는 경우에만 이 법을 적용하도록 하고 있습니다.

즉, 다른 법률에서 특별히 개인정보보호법의 기준보다 강화하거나 완화하는 내용의 조문이 있는 때에만, 해당 조문별로 개인정보보호법의 적용을 배제합니다. 하지만 정보통신망 이용촉진 및 정보보호 등에 관한 법률 및 신용정보의 이용 및 보호에 관한 법률 등이 적용된다고 하여, 해당 법률의 적용을 받는 자에 대하여 개인정보보호법 법 전체의 적용을 전면적으로 배제하는 것은 아닙니다.

정보통신망 이용촉진 및 정보보호 등에 관한 법률 등에 규정되어 있지 않은 주민등록번호 등 고유식별 정보처리제한, 영상정보처리기기 설치운영 제한, 개인정보유출통지, 집단분쟁조정, 권리침해중지단체소송 등은 정보통신망 이용촉진 및 정보보호 등에 관한 법률상의 정보통신서비스 제공자에게도 모두 적용됩니다.

개인정보보호법에서 말하는 공공기관의 범위는 어디까지인가요?

공공기관은 개인정보보호법 제2조 제6호에 규정되어 있습니다.

1. 국회, 법원, 헌법재판소, 중앙선거관리위원회의 행정사무를 처리하는 기관
① 국회의 행정사무를 처리하는 기관: 국회사무처
② 법원의 행정사무를 처리하는 기관: 법원행정처
③ 헌법재판소의 행정사무를 처리하는 기관: 헌법재판소사무처
④ 중앙선거관리위원회의 행정사무를 처리하는 기관: 중앙선거관리위원회사무처
2. 중앙행정기관 및 그 소속기관
① 중앙행정기관(대통령 소속기관 및 국무총리 소속기관 포함)
- 중앙행정기관은 전국적인 규모로 대국민 행정을 하는 기관으로서 「정부조직법」 제2조 제2항에 따른 중앙행정기관(부·처·청)을 말함
- 또한 「정부조직법」 제5조의 합의제행정기관중에서 "중앙행정기관"에 해당하는 방송통신위원회, 공정거래위원회, 금융위원회, 국민권익위원회, 국가인권위원회, 진실·화해를 위한 과거사정리위원회가 해당됨
② 중앙행정기관의 소속기관
- 중앙행정기관이 그 소관사무의 수행을 위하여 설치·운영하는 「정부조직법」 제3조의 특별지방행정기관(지방체신청, 지방국세청 등), 제4조의 부속기관(시험연구기관, 교육훈련기관, 문화기관, 의료기관, 제조기관, 자문기관 등)도 포함됨
3. 지방자치단체
① 지방자치단체는 국가영토의 일정구역과 그곳에 거주하는 주민을 구성원으로 하는 사단으로 일정한 범위내의 자치권을 행사하는 법인격 있는 공공단체를 말함
- 「지방자치법」 제2조 제1항 제1호의 특별시, 광역시, 특별자치시, 도, 특별자치도(광역지방자치단체)

- 「지방자치법」 제2조 제1항 제2호의 시, 군, 구(기초지방자치단체)
- 「지방자치법」 제2조 제3항의 특별지방자치단체(지방자치단체조합)
- 「지방자치법」 제113조의 자치경찰기관, 소방기관, 교육훈련기관, 보건진료 기관, 시험연구기관및중소기업지도기관등의직속기관
- 「지방자치법」 제114조의 사업소, 제115조의 출장소, 제116조의 합의제행 정기관, 제116조의2의 심의회 · 위원회 등의 자문기관
- 「지방교육자치에관한법률」 제4조의 교육위원회, 제18조의 교육감
- 「지방교육자치에관한법률」 제34조의 하급교육행정기관등

4. 기타국가기관 및 공공단체 중 대통령령이 정하는 기관

① 국가인권위원회법 제3조에 따른 국가인권위원회
② 「고위공직자범죄수사처 설치 및 운영에 관한 법률」 제3조제1항에 따른 고 위공직자범죄수사처
③ 「공공기관의운영에관한법률」 제4조에 따른 공공기관
- 기획재정부 장관이 지정하여 고시하는 기관으로 공기업, 준정부기관, 기타 공공기관으로 구분됨(2011년 총286개 기관)
④ 특별법에 의하여 설립된 특수법인
- 출연연구기관(한국행정연구원 등), 재단(한국국제교류재단 등), 공단(한국 산업인력공단 등), 진흥원, 협회, 공제조합 등으로써 국가 · 지자체등으로 부터의 재정지원, 국가 또는 지자체 사무의 수탁처리, 사실상 국가 또는 지자체의 지배, 공공 또는 공익기능 수행등의 본질적 요소를 갖추어야 함
⑤ 「지방공기업법」에 따른 지방공사 및 지방공단
- 서울SH공사, 서울메트로, 경기지방공사, 지방공사의료원등(공사 · 공단 131개, 2009년)
⑥ 「초·중등교육법」 및 「고등교육법」, 그 밖의 다른 법률에 따라 설치된 각급학 교
- 초등학교, 중학교, 고등학교, 대학교, 전문대학, 방송통신대학, 기술학교, 대학원등

개인정보보호법 적용에서 일부 제외되는 경우는 어떤 경우인가요?

　공공기관이 처리하는 개인정보 중 통계법에 따라 수집되는 개인정보, 국가
안전보장 관련정보 분석을 목적으로 수집 또는 제공 요청되는 개인정보, 공
중위생 등 공공안전을 위해 긴급히 필요한 경우로 일시적으로 처리되는 개인
정보, 언론, 종교단체, 정당이 고유목적 달성을 위하여 수집, 이용하는 개인
정보 등은 개인정보보호법 제3장부터 제7장까지의 적용을 제외합니다. 또한
소상공인(5인 이하)의 경우, 내부관리계획 수립을 하지 않아도 됩니다.

개인정보보호법 제58조(적용의일부제외)
　① 다음 각 호의 어느 하나에 해당하는 개인정보에 관하여는
　　제3장부터 제7장까지를 적용하지 아니한다.
　1. 공공기관이 처리하는 개인정보 중 「통계법」에 따라 수집되
　　는 개인정보
　2. 국가안전보장관련 정보분석을 목적으로 수집 또는 제공요
　　청되는 개인정보
　3. 공중위생 등 공공안전을 위해 긴급히 필요한 경우로 일시
　　적으로 처리되는 개인정보
　4. 언론, 종교단체, 정당이 고유목적 달성을 위하여 수집, 이
　　용하는 개인정보
　※개인정보 안전성 확보조치 기준고시 제3조 제2항

신규로 직원들을 뽑을 때 이력서에 개인정보 수집동의를 받아야
하나요?

근로자와 사용자가 근로계약을 체결하는 경우 「근로기준법」에 따른 임금지
급, 교육, 증명서 발급, 근로자 복지제공을 위하여 근로자의 동의 없이 개인
정보를 수집·이용할 수 있습니다(표준개인정보보호지침 제6조 제6항). 따라서
이력서를 받는 행위는 근로계약을 체결하기 위한 준비단계로 개인정보 수집
에 대한 동의는 불필요 합니다.

다만, 이력서에 주민등록번호 등 고유식별정보를 수집하여 처리하는 경우
에는 별도로 동의를 받아야 합니다.

> 만14세 미만 아동의 법정대리인을 포함한 정보주체의 동의를 받는 방법에는 어떤 것이 있나요?

정보주체의 동의를 받는 방법은 「개인정보보호법 시행령」 제17조에 규정되어 있습니다.

1. 동의 내용이 적힌 서면을 정보주체에게 직접 발급하거나 우편 또는 팩스 등의 방법으로 전달하고, 정보주체가 서명하거나 날인한 동의서를 받는 방법
2. 전화를 통하여 동의내용을 정보주체에게 알리고 동의의 의사표시를 확인하는 방법
3. 전화를 통하여 동의내용을 정보주체에게 알리고 정보주체에게 인터넷주소 등을 통하여 동의사항을 확인하도록 한 후 다시 전화를 통하여 그 동의사항에 대한 동의의의사표시를 확인하는 방법
4. 인터넷 홈페이지 등에 동의내용을 게재하고 정보주체가 동의여부를 표시하도록 하는 방법
5. 동의내용이 적힌 전자우편을 발송하여 정보주체로부터 동의의 의사표시가 적힌 전자우편을 받는 방법
6. 그밖에 제1호부터 제5호까지의 규정에 따른 방법에 준하는 방법으로 동의내용을 알리고 동의의 의사표시를 확인하는 방법 또한, 만 제14세미만 아동의 법정대리인의 동의를 받는 경우 해당 아동으로부터 직접 법정대리인의 성명·연락처에 관한 정보를 수집할 수 있습니다.

개인정보를 정정·삭제 요청할 수 없는 경우도 있나요?

　　개인정보보호법 제4조 제4호는 정보주체의 권리 중 하나로 '개인정보의 처리 정지, 정정·삭제 및 파기를 요구할 권리'를 규정하고 있습니다. 하지만 개인정보보호법 제36조 에 의거하여 개인정보 삭제요청이 불가한 경우도 있을 수 있습니다. 법령에 의하여 개인정보를 수집·보관해야 할 의무가 있는 경우, 정보주체의 요구만으로 해당 개인정보를 삭제하면 법령의 목적 달성이 곤란할 수 있기 때문입니다.

> 개인정보보호법 제36조(개인정보의 정정·삭제)
> ① 제35조에 따라 자신의 개인정보를 열람한 정보주체는 개인정보처리자에게 그 개인정보의 정정 또는 삭제를 요구할 수 있다. 다만, 다른 법령에서 그 개인정보가 수집 대상으로 명시되어 있는 경우에는 그 삭제를 요구할 수 없다.
> ② 개인정보처리자는 제1항에 따른 정보주체의 요구를 받았을 때에는 규정되어 있는 경우를 제외하고는 지체 없이 그 개인정보를 조사하여 정보주체의 요구에 따라 정정·삭제 등 필요한 조치를 한 후 그 결과를 정보주체에게 알려야 한다.

개인블로그 등에서도 개인정보 수집이 이루어지는데 이 경우에도 동의 절차 및 보호조치를 만들어야 하나요?

　「개인정보보호법」에서 규정하는 "개인정보처리자"란 업무를 목적으로 개인정보파일을 운용하기 위하여 스스로 또는 다른 사람을 통하여 개인정보를 처리하는 공공기관, 법인, 단체 및 개인 등을 말합니다. 따라서 개인블로그 운영자라 할지라도 위와 같은 목적으로 개인정보를 수집하여 처리하는 경우에는 개인정보보호법의 규정을 준수하여야 합니다.

　다만, 블로그 운영의 목적이 동창회, 동호회 등 친목도모를 위한 단체를 운영하기 위하여 개인정보를 처리하는 경우에는 「개인정보보호법」 제58조(적용의 일부제외) 제3항에 따라 제15조, 제30조 및 제31조를 적용하지 않습니다.

개인정보를 제3자에게 제공할 수 있는 방법이 있나요?

「개인정보보호법」 제17조 제1항에 따라 개인정보 처리자가 개인정보를 수집한 목적범위 내에서 제3자에게 제공할 수 있는 경우는 다음과 같습니다.

1. 정보주체의 동의를 받은 경우
2. 제15조제1항제2호·제3호·제5호 및 제39조의3제2항제2호·제3호에 따라 개인정보를 수집한 목적 범위에서 개인정보를 제공하는 경우

> **제15조(개인정보의 수집·이용)** ① 개인정보처리자는 다음 각 호의 어느 하나에 해당하는 경우에는 개인정보를 수집할 수 있으며 그 수집 목적의 범위에서 이용할 수 있다.
>
> 2. 법률에 특별한 규정이 있거나 법령상 의무를 준수하기 위하여 불가피한 경우
> 5. 정보주체 또는 그 법정대리인이 의사표시를 할 수 없는 상태에 있거나 주소 불명 등으로 사전 동의를 받을 수 없는 경우로서 명백히 정보주체 또는 제3자의 급박한 생명, 신체, 재산의 이익을 위하여 필요하다고 인정되는 경우

게임상에서 채팅한 사람과 다툼이 있었는데 그 이후로 모바일 메신저에서 제 개인정보(이름, 연락처, 게임아이디)를 공개하고 저에게 악의적인 글을 여기저기 올리고 있습니다. 이런 경우 제가 취할 수 있는 조치가 무엇인가요?

개인정보를 이용하여 타인의 사생활을 침해하거나 이를 악용하여 타인의 명예를 훼손 또는 협박하는 경우, 형사처벌될 수 있습니다.

「개인정보 보호법」은 업무를 목적으로 개인정보파일을 운용하기 위하여 스스로 또는 다른 사람을 통하여 개인정보를 처리하는 '개인정보처리자'를 적용대상으로 하고 있습니다. 여기서 개인정보파일이라 함은 개인정보를 쉽게 검색할 수 있도록 일정한 규칙에 따라 체계적으로 배열하거나 구성한 개인정보의 집합물(集合物)을 말합니다.

따라서 일반인이 개인적으로 사회생활을 유지하기 위해 처리하는 개인정보는 「개인정보 보호법」의 규율 대상이 아닙니다.

다만 공공연하게 다른 사람의 비방하거나 사실 또는 허위 사실을 퍼뜨리는 경우, 명예훼손 등으로 처벌받을 수 있으며, 이를 부정한 목적으로 이용하는 경우 또한 처벌받을 수 있습니다.

참고로 인터넷 상 게시글로 인해 사생활 침해 또는 명예훼손 등 권리침해 사안이 발생한 경우 방송통신심의위원회의 권리침해신고를 통해 삭제 또는 제재 등의 도움을 받아 보실 수 있습니다.

> 자체 수집한 정보가 아니고 다른 기관에서 입수한(제공받은) 자료도 활용이 가능한가요?

개인정보를 타기관으로부터 제공받아 이용하고자 하는 경우 원칙적으로 개인정보보호법 제17조 제1항 제1호에 따라 정보제공을 하는 측에서 정보주체로부터 개인정보의 제3자 제공에 대해 별도의 동의를 받아야 합니다.

다만, 개인정보보호법 제17조 제1항 제2호에 따라 타기관이 제15조 제1항 제2호·제3호 및 제5호에 따라 수집한 개인정보를 목적범위에서 제공했거나, 제18조 제2항 제2호 내지 제9호에 의거하여 개인정보를 제공했다면 별도의 동의를 받지 않고도 개인정보를 제3자에게 제공하고 제공받은 자는 제공받은 목적범위 내에서만 이용할 수 있습니다.

> 채용을 위해서 개인정보를 수집하고 퇴직하고 나서 개인정보를 20년 동안 보유한다는 것에 동의를 받으면 문제가 없나요?

「표준개인정보보호지침」 제6조 제6항에 따르면 근로계약을 체결하는 경우 근로기준법 제2조 제5호의 임금지급, 교육, 증명서 발급, 근로자 복지제공을 위하여 근로자의 동의 없이 개인정보를 수집·이용할 수 있습니다.

개인정보의 보유기간에 대하여는 법령에서 별다른 규정은 없습니다. 따라서 합리적인 범위 내에서 보유기간을 산정하고 이를 고지, 동의 받는다면 법 위반은 아니라고 판단됩니다.

다만, 보유기간에 대한 입증책임, 즉 보유를 해야 하는 필수기간에 대한 입증책임은 사업자에게 있습니다.

개인정보수집동의서를 받아서 처리할 경우 동의서 내용에 보유 및 이용기간은 개인정보처리자의 필요에 의해 보유기간을 정하면 되는 건가요?

개별 법령에 구체적인 보유기간이 명시되어 있지 않은 경우에는 개인정보 보호책임자의 협의를 거쳐 기관장의 결재를 통하여 결정해야 합니다. 다만, 보유기간은 별표 1의 개인정보파일 보유기간 책정 기준표에서 제시한 기준과 공공기록물 관리에 관한 법률 시행령에 따른 기록관리기준표를 상회할 수 없습니다.

<개인정보파일 보유기간 책정 기준표>

보유기간	대상 개인정보파일
영구	1. 국민의 지위, 신분, 재산을 증명하기 위해 운용하는 개인정보파일 중 영구보존이 필요한 개인정보파일 2. 국민의 건강증진과 관련된 업무를 수행하기 위해 운용하는 개인정보파일 중 영구보존이 필요한 개인정보파일
준영구	1. 국민의 신분, 재산을 증명하기 위해 운용하는 개인정보파일 중 개인이 사망, 폐지 그 밖의 사유로 소멸되기 때문에 영구 보존할 필요가 없는 개인정보파일 2. 국민의 신분증명 및 의무부과, 특정대상 관리 등을 위하여 행정기관이 구축하여 운영하는 행정정보시스템의 데이터 셋으로 구성된 개인정보파일
30년	1. 관계 법령에 따라 10년이상 30년 미만의 기간 동안 민·형사상 또는 행정상의 책임 또는 시효가 지속되거나, 증명자료로서의 가치가 지속되는 개인정보파일
10년	1. 관계 법령에 따라 5년이상 10년 미만의 기간 동안 민·형사상 또는 행정상의 책임 또는 시효가 지속되거나, 증명자료로서의 가치가 지속되는 개인정보파일

5년	1. 관계 법령에 따라 3년이상 5년 미만의 기간 동안 민·형사상 또는 행정상의 책임 또는 시효가 지속되거나, 증명자료로서의 가치가 지속되는 개인정보파일
3년	1. 행정업무의 참고 또는 사실 증명을 위하여 1년 이상 3년 미만의 기간동안 보존할 필 요가 있는 개인정보파일 2. 관계 법령에 따라 1년이상 3년 미만의 기간 동안 민·형사상 또는 행정상의 책임 또는 시효가 지속되거나, 증명자료로서의 가치가 지속되는 개인정보파일 3. 각종 증명서 발급과 관련된 개인정보파일(단 다른 법령에서 증명서 발급 관련 보유 기간이 별도로 규정된 경우 해당 법령에 따름)
1년	1. 상급기관(부서)의 요구에 따라 단순 보고를 위해 생성한 개인정보파일

개인정보의 파기 시기 및 방법은 어떻게 되나요?

개인정보는 보유기간의 경과, 개인정보 처리목적 달성 등 개인정보가 불필요하게 되었을 때에는 지체 없이(5일 이내) 파기해야 합니다.

다만, 다른 법령에 따라 보존해야 하는 경우에는 보관 할 수 있습니다. 개인정보를파기할때에는복구또는재생되지아니하도록해야합니다. 종이에 출력된 개인정보나 가입신청서 등 개인정보가 기재된 문서는 분쇄기로 분쇄하거나 소각해야 합니다.

전자적 파일 형태는 복원이 불가능한 방법(사회통념상 현재 기술 수준에서 적절한 비용 이 소요되는 방법)으로 영구 삭제해야 합니다. 예를 들면, 하드디스크에 기록된 정보를 삭제할 때에는 데이터 복원을 방지하기 위해'로우레벨포맷'명령으로 포맷을 하거나, 일반 포맷을 한 뒤 불필요한 정보를 여러 번 덮어씌우는 방법으로 다시는 재생할 수 없도록 조치를 해야 합니다.

쇼핑몰에서 탈퇴한 회원들의 개인정보를 파기하려고 하는데, 일부 회원들은 할부 요금이 아직 미납되었거나 제품 A/S 기간이 남아있습니다. 이러한 경우에는 어떻게 해야 하나요?

사업자는 개인정보의 수집·이용 목적이 달성된 경우 등에는 지체 없이 개인정보를 파기하여야 하나, 예외적으로"다른 법률에 따라 개인정보를 보존하여야 하는 경우"에는 개인정보를 파기하지 않고 보존할 수 있습니다.

예를 들어, 전자상거래 등에서의 소비자 보호에 관한 법률 및 동법 시행령에서는 대금 결제 및 재화 공급에 관한 기록을 5년간 보관하도록 하고 있으므로, 질의와 같이 요금 미납, A/S 등에 해당하는 경우에는 동법에 의거 5년간 개인정보 보관이 가능합니다.

개인정보보호법 제15조(개인정보의 수집·이용)에서 의료기관의 개인의료정보 (개인건강정보) 수집은 동의 대상인가요?

의료기관에서 의료법에 근거하여 수집하는 개인정보는 개인정보보호법 제15조 제1항 제2호의 '법률에 특별한 규정이 있거나 법령상 의무를 준수하기 위하여 불가피한 경우' 및 제4호의'정보주체와의 계약의 체결 및 이행을 위하여 불가피하게 필요한 경우'에 해당되어 동의 없이 수집할 수 있습니다.

다만, 의료법에서 요구하는 이외의 사항을 수집하는 경우에는 별도의 정보주체 동의가 필요합니다만, 연락처의 경우에는 진료기록부에 기재할 사항으로 명시되어 있지 않으나 진료예약, 진단 결과의 통보 등 진료목적 범위 내에서 사용할 필요가 있을 경우에는 환자의 동의 없이 수집 가능하다고 판단됩니다.

※ 의료법 시행규칙 제14조(진료기록부 등의 기재 사항)
1. 진료기록부
   가. 진료를 받은 자의 주소·성명·주민등록번호·병력(病歷) 및 가족력(家族歷)
   나. 주된 증상, 진단 결과, 진료경과 및 예견
   다. 치료내용(주사·투약·처치 등)
   라. 진료 일시분(日時分)

> 홈페이지를 통하여 주민등록번호를 수집하는 경우 정보주체에게
> 별도 동의를 받으라고 하는데 별도 동의 받는 적절한 방법에는
> 무엇이 있나요?

고유식별정보를 처리하기 위해서는 다른 개인정보의 처리에 대한 동의와는 별도로 동의를 받아야 합니다. 즉, 동의 받는 항목에 고유식별정보의 처리에 대한 별도의 항목을 만들어 동의를 받아야 합니다.

동의를 받는 방법은 다음과 같습니다(시행령 제17조).

1. 동의 내용이 적힌 서면을 정보주체에게 직접 발급하거나 우편 또는 팩스 등의 방법으로 전달하고, 정보주체가 서명하거나 날인한 동의서를 받는 방법
2. 전화를 통하여 동의 내용을 정보주체에게 알리고 동의의 의사표시를 확인하는 방법
3. 전화를 통하여 동의 내용을 정보주체에게 알리고 정보주체에게 인터넷주소 등을 통하여 동의 사항을 확인한 후 다시 전화를 통하여 그 동의 사항에 대한 동의의 의사표시를 확 인하는 방법
4. 인터넷 홈페이지 등에 동의 내용을 게재하고 정보주체가 동의 여부를 표시하도록 하는 방법
5. 동의 내용이 적힌 전자우편을 발송하여 정보주체로부터 동의의 의사표시가 적힌 전자우편을 받는 방법
6. 그 밖에 제1호부터 제5호까지의 규정에 따른 방법에 준하는 방법으로 동의 내용을 알리고 동의의 의사표시를 확인하는 방법

기존 주민등록번호를"111111-1xxxxxx"로 변환하여 보유하려 하는데 이러한 데이터가 개인정보보호법에서 규정하고 있는 고유식별정보에 해당이 되나요?

주민등록번호는 13자리가 모두 있어야 주민등록번호로서 개인을 식별할 수 있는 기능을 한다고 보는 것이 타당합니다. 따라서 생년월일과 성별(123456-1******)까지만 수집·보유하고 있는 것은 개인정보보호법에서 말하는"고유식별정보"로 보기 어렵습니다.

다만, 수집 당시는 생년월일과 성별(123456-1******)에 대한 정보가 아닌, 주민등록번호를 수집하고 그 수집된 주민등록번호를 이용하여 생년월일과 성별(123456-1******) 로 처리를 한다면 고유식별정보의 수집 및 처리에 해당합니다.

이전에 신용대출을 받은 적이 있는데, 그 후부터 대출 광고 문자가 자주 옵니다. 개인정보가 악용 되는게 아닌지 걱정이 되는데 제가 취할 수 있는 조치가 무엇인가요?

개인정보처리자는 해당 개인정보를 수집한 목적 범위 안에서만 이용할 수 있고, 수집목적이 달성된 후에는 지체 없이 파기해야 합니다.

원칙적으로 개인정보처리자(대부업자)는 개인정보를 수집한 목적 범위 내에서만 이용해야 하고, 수집 목적을 달성한 경우에는 지체 없이 파기해야 합니다.
개인정보처리자(대부업자)가 정보주체가 제공한 개인정보를 어떻게 처리하는지를 간편하게 알 수 있는 방법은 홈페이지 등에 공개되어 있는 개인정보처리방침을 확인하는 것입니다.

알 수 없는 곳에서 대출 광고 문자를 받는다면, 개인정보처리자에게 본인 개인정보의 수집 출처를 요구할 수 있고, 대출금을 기간 내에 다 상환한 후에도 해당 업체로부터 대출 광고 문자가 수신된다면 해당 업체에 개인정보 파기 요청 등을 할 수 있습니다.

만약에 대출 문자로 인한 금전적 피해가 발생했다면 가까운 경찰서나 경찰청 사이버안전국(http://cyberbureau.police.go.kr 대표전화 182)에 신고하여 신속한 피해구제를 받을 수 있습니다.

> 기존에 가지고 있던 주민등록번호는 폐기해야 하나요? 아니면, 전체 회원에 대해 다시 동의 절차를 받아야 하나요?

개인정보보호법 부칙 제4조, 표준 개인정보 보호지침 제67조(처리중인 개인정보에 관한 경과조치)에 따라 개인정보보호법 시행 전에 다른 법령에 따라 적법하게 처리 된 개인정보는 개인정보보호법에 따라 적법하게 처리된 것으로 보고 있습니다.

즉, 법 시행 전에 근거법령 없이 개인정보를 수집한 경우 당해 개인정보를 보유하는 것 은 적법한 처리로 보지만, 법 시행 이후 기존의 수집목적 범위를 벗어나 이용하는 경우에는 개인정보보호법, 시행령, 시행규칙 및 표준 지침을 준수해야 합니다.

따라서 기존에 가지고 있던 주민등록번호를 보유하는 것은 적법하지만, 기존 수집 목 적 범위 내를 벗어나 처리를 해야 할 경우에는 별도의 동의 절차 등 법령을 준수해야 합니다. 또한 주민번호 등 고유식별정보를 처리하는 경우에는 그 고유식별정보가 분실·도난·유출·변조 또는 훼손되지 아니하도록 대통령령으로 정하는 바에 따라 암호화 등 안전성 확보에 필요한 조치를 하여야 합니다(법 제24조 제3항).

건물 출입시에 신분확인과 출입증 교부를 위해서 성명을 적고 신분증을 받아 기록하 고 보관하는 경우 개인정보 및 고유식별 정보 수집·이용 동의서를 받아야 하나요?

정보를 수집하는 것으로 볼 수 있습니다.

따라서 개인정보보호법 제15조 제2항에 따라 ①개인정보의 수집·이용 목적, ②수집하려는 개인정보의 항목, ③개인정보의 보유 및 이용 기간, ④동의를 거부할 권리가 있다 는 사실 및 동의 거부에 따른 불이익이 있는 경우에는 그 불이익의 내용 등에 대하여 정보주체에게 알리고 동의를 받아야 합니다.

또한 고유식별정보를 수집하므로 고유식별정보의 처리에 대하여는 별도의 동의를 추가 적으로 받아야 합니다.

사람을 촬영하지 않아 개인정보 침해 위협이 전혀 없는(안개, 황사 등의 기상 상황 파악) 영상정보처리기기에 대하여 개인정보보호법이 적용되나요?

개인정보보호법 제2조 제7호에서 정의하고 있는 영상정보처리기기란 일정한 공간에 지속적으로 설치되어 사람 또는 사물의 영상 등을 촬영하거나 이를 유·무선망을 통하여 전송하는 장치로서 폐쇄회로 텔레비전과 네트워크 카메라를 말합니다.

여기에서 '사물'이란 개인정보보호법의 입법취지를 고려할 때, 이 법의 보호대상이 되는 사람과 일정한 관계가 있는 사물로 한정하여 해석이 됩니다. 이와 같이 개인정보보호법 의 취지가 개인정보의 수집·유출·오용·남용으로부터 사람의 사생활의 비밀 등을 보호하기 위한 것이므로, 사람과 연계되지 않아 개인정보침해가 발생할 여지가 없는 사물 의 촬영을 위한 영상정보처리기기에 대해서는 개인정보보호법이 적용되지 않습니다.

예를 들어 천문대에 설치된 망원경은 비록 일정한 공간에 지속 설치되어 우주공간(사물)을 촬영하고는 있으나 그 촬영대상이 사람과 일정한 생활관계에 놓여져 있다고 보기 어렵기 때문에, 이 법에 따른 영상정보처리기기에 포함되지 않습니다.

따라서 사람을 촬영하지 않는 안개, 황사 등의 기상상황 파악 등을 목적으로 하는 영상 정보처리기기는 개인정보보호법의 적용을 받지 않는다고 판단됩니다.

영상정보처리기기(CCTV)는 어떤 경우에 설치할 수 있나요?

영상정보처리기기는 공개된 장소에 특정 목적(①법령에서 구체적으로 허용하는 경우,

②범죄예방 및 수사, ③시설안전 및 화재예방, ④교통단속, ⑤교통정보의 수집, 분석 및 제공)으로만 설치·운영할 수 있습니다.

목욕실, 화장실, 탈의실 등 개인 사생활을 현저히 침해할 우려가 있는 장소에는 영상정보처리기기를 설치·운영할 수 없습니다(다만 교정시설, 정신의료기관에는 설치·운영 허용).

영상정보처리기기는 설치목적과 다른 목적으로 영상정보처리기기를 임의 조작, 다른 곳을 비추는 행위, 녹음기능 사용을 할 수 없습니다.

영상정보처리기기를 설치·운영할 때에는 설치목적 및 장소, 촬영범위 및 시간, 관리책임 자 및 연락처 등이 기재된 안내판을 정보주체가 쉽게 인식할 수 있도록 설치해야 합니다.

건물 안에 다수의 영상정보처리기기 설치시, 출입구 등 잘 보이는 곳에 해당 시설·장소 전체가 설치지역임을 표시하는 안내판을 설치할 수 있습니다.

또한, 공공기관이 원거리 촬영, 과속, 신호위반 단속 등을 목적으로 설치하는 경우, 장소적 특성으로 안내판 설치가 불가능하거나 설치하더라도 정보주체가 쉽게 알아볼 수 없는 경우 에는 인터넷 홈페이지에 기재사항을 게재하는 것으로 안내판 설치에 갈음할 수 있습니다.

CCTV를 목욕탕 휴게실, 수면실 등에 설치할 수 있나요?

개인정보보호법 제25조제1항은 ①법령에서 구체적으로 허용하고 있는 경우, ②범죄와 예방 및 수사를 위하여 필요한 경우, ③시설안전 및 화재 예방을 위하여 필요한 경우, ④교통단속을 위하여 필요한 경우, ⑤교통정보의 수집·분석 및 제공을 위하여 필요한 경우를 제외하고는 공개된 장소에 CCTV를 설치·운영하는 것을 금지하고 있습니다.

그러나 개인정보보호법 제25조 제1항 제1호 및 공중위생관리법 시행규칙 별표1에 따라 목욕장업자는 목욕실, 발한실, 탈의실 이외의 시설에 무인감시 카메라를 설치할 수 있습니다.

다만, 수면실이나 휴게실이라 하더라도 탈의한 상태로 다니는 곳은 CCTV를 설치할 수 없습니다.

직장에서 작업감시를 위해 CCTV를 설치하려면 어떤 기준에 따라야 하는지요?

직장 등 근로 공간에 설치된 영상정보처리기기는 사용자 측의 근로 관리권한과 근로자측의 사생활 보호권이 서로 상충될 우려가 있습니다. 외부인의 출입이 통제되는 근로공간은 원칙적으로 '비공개된 장소'에 해당하므로 이 법 제25조는 적용되지 않으며, 그 외의 일반적 개인정보보호 원칙의 적용을 받습니다.

이와 관련하여, 근로자참여 및 협력증진에 관한 법률에서는 CCTV와 같은 근로자감 시장비는 노사 양자의 협의사항으로 규정하고 있으므로, 근로 모니터링 목적의 CCTV 설치 범위 및 사생활 침해 방지조치 등을 노사 협의에 따라 정하여 설치·운영 할 수 있습니다.

개인정보보호법 제25조에 따라 공개된 장소에 설치되는 영상정보처리기기에 대하여 적용이 일부 제외되는 조항은 어떤 것이 있나요?

영상정보처리기기는 개인정보보호법의 다음 각 조항에 대해 적용이 제외됩니다.

① 제15조(개인정보 수집이용)
② 제22조(동의를 받는 방법)
③ 제27조(영업양도시 개인정보 이전제한)
④ 제34조(개인정보 유출통지)
⑤ 제37조(처리정지)

개인정보의 안전성 확보조치는 무엇인가요?

개인정보처리자는 개인정보가 분실·도난·유출·변조 또는 훼손되지 아니하도록 다음과 같은 기술적·관리적 및 물리적 조치를 강구해야 합니다.

1. 관리적 조치 : 내부관리계획의 수립 및 시행, 교육계획 수립 및 실시, 기록물의 관리 및 보호조치, 정기적인 자체 감사의 실시, 보호(보안)구역 지정 등
2. 물리적 조치 : 출입통제 장치 설치, 물리적 잠금장치 설치, 감시장치 설치 등
3. 기술적 조치 : 시스템 접근권한 관리, 접근권한 확인(식별, 인증 등), 침입차단, 방지 시스템 설치, 고유식별정보의 암호화, 접속기록의 위변조 방지, 보안프로그램의 설 치, 주기적인 S/W업데이트 및 점검 등

내부 직원의 인사정보와 외부 전문가 정보 등의 DB를 관리하고 있습니다. 개인 정보보호법에 따라서 별도의 안전장치를 해야 하나요?

개인정보처리자는 개인정보가 분실·도난·유출·변조 또는 훼손되지 아니하도록 내부 관리계획 수립, 접속기록 보관 등 대통령령으로 정하는 바에 따라 안전성 확보에 필요한 기술적·관리적 및 물리적 조치를 하여야 합니다(개인 정보보호법 제29조).

따라서 개인정보를 직접 취급하는 직원 등에 의한 내부자 유출 등을 방지하기 위하여 내부관리계획의 수립·시행, 직원 교육 실시, 전산실·자료보관실 보안구역 설명 및 출입통제, 단말기의 지정·관리 및 접근 권한 제한, 접속기록 보관 및 위·변조 방지 등의 조치를 취해야 합니다.

이전에 수집한 개인정보도 모두 암호화해야 하나요?

개인정보보호법 시행령 제25조 및 제33조에 따라 암호화해야 하는 개인정보는 고유식별정보, 비밀정보 및 바이오정보를 말합니다.

다만, 개인정보의 안전성 확보조치 기준 제7조 제2항에 따라 내부 망에서 송·수신되는 고유식별정보는 업무상 필요할 경우 암호화 대상에서 제외할 수 있으나, 비밀번호와 바이오정보는 반드시 암호화하여야 합니다.

만일, 전용선을 이용하여 개인정보를 송·수신하는 경우, 암호화가 필수는 아니나 내부 자에 의한 개인정보 유출 등을 대비해서 가급적 암호화 전송을 권장하고 있습니다. 개인정보처리자가 내부망에 고유식별정보를 저장하는 경우에는 개인정보 영향평가 및 위험도 분석결과에 따라 암호화 적용여부 및 적용범위를 결정하여 시행할 수 있습니다.

즉, 시행령 제38조에 따라 영향평가의 대상이 되는 공공기관은 해당 개인정보 영향 평가의 결과에 따라 암호화의 적용여부 및 적용범위를 정하여야 하며, 개인정보 영향평가의 실시대상이 아니거나 공공기관 이외의 개인정보처리자는 위험도 분석을 실시한 후 그 결과에 따라 고유식별정보의 암호화 적용여부 및 적용범위를 정하여 시행합니다.

※ "고유식별정보"는 개인을 고유하게 구별하기 위하여 부여된 식별정보를 말하며, 대통령령으로 주민등록번호, 여권번호, 운전면허번호, 외국인등록번호입니다.
※ "비밀번호"는 정보주체 또는 개인정보취급자 등이 개인정보처리시스템, 업무용 컴퓨터 또는 정 보통신망에 접속할 때 식별자와 함께 입력하여 정당한 접속 권한을 가진 자라는 것을 식별할 수 있도록 시스템에 전달해야 하는 고유의 문자열로서 타인에게 공개되지 않는 정보를 말합니다.
※ "바이오정보"는 지문, 얼굴, 홍채, 정맥, 음성, 필적 등 개인을 식별할 수 있는 신체적 또는 행동적 특징에 관한 정보로서 그로부터 가공되거나 생성된 정보를 포함합니다.

학교에서 행사에 참여하는 학생의 사진, 학교명과 이름을 팜플렛에 넣거나 학교 홈페이지에 학생들의 생활 사진이나 행사와 관련된 사진 등을 게시하게 되는데, 학교는 개별적으로 학생들의 동의를 받아야 하나요?

학교는 공공기관으로 개인정보의 수집·이용시 「개인정보 보호법」제15조 제3호에 따라 공공기관이 법령 등에서 정하는 소관 업무의 수행을 위하여 불가피한 경우 정보주체의 동의 없이 개인정보 수집·이용이 가능합니다.

즉, 학생들의 정보가 학사행정에 불가피한 정보라고 한다면 정보주체인 학생이나 또는 법정대리인의 동의(학생이 만14세 미만일 경우) 없이 수집·이용이 가능합니다.

단, 법령 등에서 정하는 소관 업무의 수행을 위하여 불가피한 경우가 아니라면 사전 동의가 필요하므로 가급적 입학 시에 학생들이나 법정대리인의 동의(학생이 만14세 미만일 경우)를 받는 것이 바람직합니다.

※ 참고

법정대리인이란 본인의 의사에 의하지 않고 법률의 규정에 의하여 대리인이 된 자로 미성년자의 친권자(「민법」제909조, 제911조, 제916조, 제920조), 후견인(「민법」제931조~제936조), 법원이 선임한 부재자의 재산관리인(「민법」제22조, 제23조), 상속재산관리인(「민법」제1023조 제2항, 제1053조), 유언집행자(「민법」제1096조) 등이 이에 해당한다.

백화점에서 고객정보 데이터베이스를 운영하고 있습니다, 개인정보 암호화 대상이 무엇이며 어떻게 해야 하나요?

개인정보보호법 상에서 요구되는 암호화 대상은 고유식별정보(주민등록번호, 외국인등록번호, 운전면허번호, 여권번호), 비밀번호, 바이오정보입니다. 개인정보처리자는 고 유식별정보 등을 정보통신망 또는 보조기억매체 등을 통해 전달하는 경우 암호화하여 전송해야 합니다.

인터넷 구간 및 인터넷 구간과 내부망의 중간 지점(DMZ)에 고유식별정보를 저장하는 경우에도 반드시 암호화하여야 합니다. 또한 내부망에 개인정보를 저장하는 경우 위험도 분석 또는 영향평가 후에 암호화 적용범위 및 적용범위를 정하여 시행할 수 있습니다.

> 내부 직원에 대한 교육을 외부 업체에 위탁할 때 위탁에 대한 동의를 받아야 하나요?

　「표준 개인정보보호 지침」에서는 근로자의 사용자가 근로계약을 체결하는 경우, 임금지급, 교육, 증명서 발급, 근로자 복지 등을 위하여 근로자 동의 없이 개인정보를 수집·이용할 수 있도록 규정하고 있습니다.

　따라서 내부 직원에 대한 교육위탁은 별도 동의는 필요하지 않지만 위탁내용과 수탁자는 고지해야 합니다.

※ 참고

위탁 업무 등의 공개 방법

　위탁자의 사업장 등의 보기 쉬운 장소에 게시하는 방법, 관보(위탁자가 공공기관인 경우로 한정한다)나 위탁자의 사업장 등이 소재하는 시·도 이상의 지역을 주된 보급지역으로 하는 「신문 등의 진흥에 관한 법률」제2조 제1호·제2호에 따른 일반일간신문, 일반주간신문 또는 인터넷신문에 싣는 방법, 동일한 제호로 연 2회 이상 발행하여 정보주체에게 배포하는 간행물·소식지·홍보지·청구서 등에 지속적으로 싣는 방법, 재화 또는 용역을 제공하기 위한 위탁자와 정보주체가 작성한 계약서 등에 실어 정보주체에게 발급하는 방법 개인정보보호법 시행령 및 고시는 암호화 대상 개인정보로서 고유식별정보(주민등록번호, 여권번호, 운전면허번호, 외국인등록번호) 및 비밀번호, 바이오정보를 규정하고 있습니다.

개인정보를 정보통신망을 통해 전송하는 경우에는 위의 개인정보를 암호화하여 전송 및 저장하여야 합니다. 특히 비밀번호는 일방향 암호화하여 저장해야 합니다.

다만, 내부망에 고유식별정보를 저장하는 경우에는 자체 위험도 분석결과에 따라 암호 화 적용여부 및 적용범위를 정할 수 있습니다.

개인정보의 안전성 확보조치 기준 제7조 제5항에 따라 개인정보처리자가 내부망에 고유식별정보를 저장하는 경우에는 다음 각호의 기준에 따라 암호화의 적용여부 및 적용 범위를 정하여 시행할 수 있습니다.

1. 개인정보보호법 제33조에 따른 개인정보 영향평가의 대상이 되는 공공기관의 경우에는 해당 개인정보영향평가의 결과
2. 위험도 분석에 따른 결과

고유식별정보인 여권번호(9자리) 중 일부(3~4자리)를 유일한 키를 생성하기 위해 사용할 경우에도 DB암호화가 필수사항인지요?

행정안전부의 개인정보의 안전성 확보조치 기준 제7조에 따르면, 고유식별정보를 정보통신망을 통하여 송·수신하거나 보조저장매체 등을 통하여 전달하는 경우 또는 인터 넷 구간 및 인터넷 구간과 내부망의 중간지점에 고유식별정보를 저장하는 경우에는 이를 암호화해야 하는 것을 원칙으로 하고 있습니다.

다만 내부망에 고유식별정보를 저장하는 경우에는 ①법 제33조에 따른 개인정보 영향 평가의 대상이 되는 공공기관의 경우에는 해당 개인정보 영향평가의 결과와 ②위험도 분석에 따른 결과에 따라 암호화의 적용여부 및 적용범위를 정하여 시행할 수 있습니다.

그러므로 여권번호 9자리 중 일부를 사용하는 것이 위 송·수신, 전달 또는 저장 중 어 디에 해당하는지, 저장하는 경우에도 어느 곳에 저장되는지 여부에 따라 암호화 적용여부 및 적용범위가 달라질 수 있을 것으로 보입니다.

비밀번호에 대해 필수로 8자리를 하는 것이 맞나요?

개인정보의 안전성 확보조치 기준 및 해설서 제5조(비밀번호 관리) 규정에 의하면 개인정보처리자는 개인정보취급자 또는 정보주체가 안전한 비밀번호를 설정하여 이행할 수 있도록 비밀번호 작성규칙을 수립하여 적용하도록 하고 있습니다.

즉, 안전하지 못한 비밀번호를 사용할 경우 정보가 노출될 위험성이 있으므로, 생일, 전화번호 등 추측하기 쉬운 숫자나 문자 등을 비밀번호로 이용하지 않도록 비밀번호 작성 규칙을 수립하고 개인정보처리시스템에 적용하여야 합니다.

이 때 비밀번호의 최소 길이는 구성하는 문자의 종류에 따라 최소 10자리 또는 8자리 이상의 길이로 구성하여야 하며, 이는 정보주체에 대한 비밀번호 작성규칙과는 달리 반드시 준수하여야 합니다. 참고로 비밀번호 작성규칙은 아래와 같습니다.

• 최소 10자리 이상 : 영대문자(A~Z, 26개), 영소문자(a~z, 26개), 숫자(0~9, 10개) 및 특수문자(32개) 중 2종류 이상으로 구성한 경우
• 최소 8자리 이상 : 영대문자(A~Z, 26개), 영소문자(a~z, 26개), 숫자(0~9개, 10개) 및 특수문자(32개) 중 3종류 이상으로 구성한 경우

오프라인에서 회원가입 후 온라인상에서 주민등록번호와 이름을 입력하여 회원가입 유무를 확인하는데 개인정보 취급 또는 처리방침을 세워야 하나요?

온라인과 오프라인을 막론하고 개인정보를 처리하는 경우에는 원칙적으로 '개인정보처리방침'을 정하여 공개해야 합니다(법 제30조).

개인정보 처리방침을 공개할 때에는 개인정보의 수집 장소와 매체 등을 고려하여 다음 중 하나 이상의 방법으로 공개하여야 합니다.

① 인터넷 홈페이지의 첫 화면 또는 첫 화면과의 연결화면을 통하여 이용자가 볼 수 있도록 하는 방법(글자 크기, 색상 등을 활용하여 개인정보 처리방침을 쉽게 확인 할 수 있도록 표시해야 함)

② 점포·사무소 안의 보기 쉬운 장소에 써 붙이거나 비치하여 열람하도록 하는 방법

③ 같은 제목으로 연 2회 이상 계속적으로 발행하여 이용자에게 배포하는 간행물·소식지·홍보지·청구서 등에 지속적으로 게재하는 방법

④ 재화 또는 용역을 제공하기 위한 계약서에 게재하여 배포하는 방법

개인정보파일의 등록 및 공개는 무엇인가요?

공공기관이 개인정보파일 보유·운영 시 처리의 투명성 및 관리의 적정성을 위하여 개인정보파일 등록제를 실시하고 있습니다. 따라서 공공기관은 개인정보파일 운영시 명칭·운영근거·처리방법·보유기간 등을 등록해야 합니다.

◉ 개인정보파일 등록사항
- 개인정보파일의 명칭, 운영 근거 및 목적
- 개인정보파일에 기록되는 개인정보의 항목
- 개인정보의 처리방법 및 보유기간
- 개인정보를 통상적 또는 반복적으로 제공하는 경우에는 그 제공받는 자

행정안전부 장관은 개인정보파일 등록시스템 구축·운영, 파일 등록현황 공개, 등록사항과 내용에 대한 개선권고 등을 시행합니다.

마음에 드는 여행상품이 있어 전화로 상담만 하였고 가입신청은 하지 않았습니다. 이후에도 여행사에서 계속 전화와 문자가 오는데 「개인정보 보호법」위반이 아닌가요?

만약 고객이 상품 구매나 서비스 가입의 의사가 정해지지 않은 상태에서 단순히 가입조건 등을 확인하는 상담만 하였을 뿐이고 이후 상품 구매나 서비스 가입을 하지 않았다면 이는 상담이라는 최초의 개인정보 수집·이용목적이 달성된 것으로 보아야 합니다.

따라서 해당 기업은 상담 종료 후, 비구매자의 개인정보를 지체 없이 파기해야 합니다.

단, 고객의 개인정보를 이용하여 향후 상품계약 가능성이 있는 고객에 대한 지속적인 관리 및 마케팅 활동을 하기 위해서는 최초 개인정보 수집 시에 개인정보 수집·이용 목적 및 보유·이용기간 등에 대해 명확히 알리고 동의를 받아야 합니다.

제8장
개인정보
보호법
상담사례

개인정보 유출 통지는 어떤 방법으로 하나요?

　개인정보처리자는 개인정보 유출시 지체 없이(5일 이내) 정보주체에게 유출 사실을 통지해야 합니다. 또한, 1만명 이상 개인정보 유출시 지체 없이(5일 이내) 행정안전부 또 는 한국인터넷진흥원, 한국정보화진흥원에 신고해야 합니다.

　유출통지는 서면, 전자우편, FAX, 전화, 문자전송 또는 이에 상당하는 방법을 이용할 수 있습니다. 또한, 1만명 이상 개인정보 유출시에는 통지와 동시에 인터넷 홈페이지에 7일 이상 게재해야 합니다.

　유출된 개인정보 확산 및 추가유출 방지를 위하여 접속경로 차단, 취약점 점검·보완, 유출 개인정보 삭제 등 긴급한 조치 필요시 해당 조치를 취한 후 정보주체에게 통지 가능합니다.

홈페이지 자체 점검시 게시자의 부주의로 인하여 개인정보가 홈페이지에 게재되어 있는 것을 알게 되었다면 유출사고가 아니더라도 정보주체에게 통지해야 하나요?

개인정보의 유출이라 함은 법령이나 개인정보처리자의 자유로운 의사에 의하지 않고, 정보주체의 개인정보에 대하여 개인정보처리자가 통제를 상실하거나 또는 권한 없는 자의 접근을 허용한 것으로서, 다음 각 호의 어느 하나에 해당하는 경우를 말합니다.

1. 개인정보가 포함된 서면, 이동식 저장장치, 휴대용 컴퓨터 등을 분실하거나 도난당한 경우
2. 개인정보가 저장된 데이터베이스 등 개인정보처리시스템에 정상적인 권한이 없는 자가 접근한 경우
3. 개인정보처리자의 고의 또는 과실로 인해 개인정보가 포함된 파일 또는 종이문서, 기타 저장매체가 권한이 없는 자에게 잘못 전달된 경우
4. 기타 권한이 없는 자에게 개인정보가 전달되거나 개인정보처리시스템 등에 접근 가능하게 된 경우

게시자의 부주의로 홈페이지에 개인정보가 노출된 것은 개인정보 유출에 해당하지 않습니다. 따라서 개인정보보호법 제34조에 따른 유출 통지 의무는 없습니다.

다만, 게시자의 부주의로 인하여 개인정보가 노출되어 있는 상황이라면 게시자에게 연락을 하여 해당 게시물에 대한 적절한 조치를 취하도록 해야 할 것입니다.

개인도 단체소송을 제기할 수 있나요?

개인정보 단체소송을 제기할 수 있는 단체는 소비자단체와 비영리민간단체로 제한되므로 개인은 단체소송을 제기할 수 없습니다.

개인정보 단체소송을 제기할 수 있는 소비자단체는, ①「소비자기본법」제29조의 규정 에 따라 공정거래위원회에 등록한 소비자단체로서, ②정관에 따라 상시적으로 정보주체의 권익증진을 단체의 주된 목적으로 하며, ③단체의 정회원수가 1천명 이상이고, ④공정거래위원회에 등록 후 3년이 경과했어야 합니다.

개인정보 단체소송을 제기할 수 있는 비영리민간단체는 ①비영리 민간단체지원법2조의 규정에 따른 비영리민간단체로서, ②법률상 또는 사실상 동일한 침해를 입은 100인 이상의 정보주체로부터 단체소송의 제기를 요청받아야 하고, ③정관에 개인정보 보호를 단체의 목적으로 명시한 후 최근 3년 이상 이를 위한 활동실적이 있어야 하며,④단체의 상시 구성원수가 5천명 이상이며, ⑤중앙행정기관에 등록되어 있어야합니다.

개인정보 단체소송은 무엇인가요?

단체소송은 다수의 정보주체가 피해를 입거나 피해를 입을 가능성이 높은 경우에 정보주체 각자가 침해에서 구제받거나 침해를 예방하기 위해 소송을 제기하는 것은 거의 불가능하므로 일정한 자격을 갖춘 단체가 당사자적격을 부여받아 정보주체에 대한 침해 행위에 대처할 수 있도록 하기 위해 도입되었습니다.

따라서 개인정보보호법 제51조 각 호의 규정에 해당하는 단체는 개인정보처리자가 제49조에 따른 집단분쟁조정을 거부하거나 집단분쟁조정의 결과를 수락하지 아니한 경우, 법원에 권리침해 행위의 금지·중지를 구하는 소송을 제기할 수 있습니다.

단체소송의 대상과 청구범위는 어떻게 되나요?

개인정보단체소송의 대상이 되는 개인정보처리자의 행위는 개인정보처리와 관련한 정보주체의 권리를 침해하는 행위입니다. 반드시 개인정보보호법 위반에 따른 권리침해 행위에 한정하지 않고 개인정보처리와 관련해서 발생한 권리침해행위는 모두 단체소송 의 대상이 됩니다. 소제기 당시 권리침해 행위가 계속되고 있어야 하고 과거의 권리침해행위는 단체소송의 대상이 되지 못합니다.

개인정보단체소송의 청구범위는 권리침해행위의 금지·중지 청구만을 그 내용으로 하기 때문에 개인정보 유출 또는 오남용으로 인한 손해배상을 청구할 수는 없으며, 정보 주체가 손해배상을 청구하기 위해서는 개별적으로 소송을 제기해야 합니다.

웹사이트별로 운영목적 등이 다양할 수 있기 때문에 각 사이트의 특성을 고려하여 수집정보나 수집목적이 다른 경우에는 개별적으로 고지하여야 할 것입니다.

만약, 수집하는 개인정보나 수집목적 등이 동일하다면 하나의 개인정보 처리방침을 수립하여 공동으로 사용할 수 있을 것입니다.

동의 거부의 경우 서비스제공이 불가능하다면 그렇게 기재할 수 있습니다만, 주의해야 할 점은 제15조 제2항 제4호를 볼 때에는 제16조 제2항을 함께 고려해야할 것입니다.

개인정보보호법 제16조 제2항은 "개인정보처리자는 정보주체의 동의를 받아 개인정보를 수집하는 경우 필요한 최소한의 정보 외의 개인정보 수집에는 동의하지 아니할 수 있다는 사실을 구체적으로 알리고 개인정보를 수집하여야 한다."고 규정하고 있습니다. 즉 선택적으로 동의할 수 있는 사항을 동의하지 아니하였다는 이유로 서비스의 제공이 거부되어서는 안 되는 것입니다.

물론 서비스이용에 필수적인 최소한의 개인정보라고 한다면, 그러한 정보의 수집에 동의하지 않는 경우에는 불이익의 내용으로 "이용불가"라고 기재하는 것이 타당할 것입니다. 그러나 서비스이용에 불가피하게 수반되어 처리되어야 하는 개인정보가 아니라면 그러한 선택적 동의가 가능한 개인정보의 수집에 동의하지 않는다고 하여 서비스제공을 거부하면 안 될 것입니다.

> 개인정보보호법상 '개인정보 처리방침', 정보통신망 이용 촉진 및 정보보호 등에 관한 법률상 '개인정보 취급방침' 중 어느 것을 사용해야 하나요?

「정보통신망 이용촉진 및 정보보호 등에 관한 법률」의 적용 대상인 정보통신서비스제공자는 '개인정보 취급방침'을 사용해야 하고, 「정보통신망 이용촉진 및 정보보호 등에 관한 법률」 적용 대상자가 아니라면 개인정보보호법에 따른 '개인정보 처리방침'을 사용하면 됩니다.

> 주민등록번호를 저장하면 무조건 암호화해야 하나요?

아닙니다. 필요성 판단 후 암호화 합니다. 인터넷에서 직접 접근이 가능한 구간(인터넷 망, DMZ 구간)에 위치한 시스템에 저장하면 암호화해야 하나, 물리적인 망분리, 방화벽 등으로 분리된 내부망에 저장하면 개인정보 영향평가나 위험도 분석을 통해 필요한 경우에만 암호화를 합니다.

쇼핑몰에서 비회원 주문이나 게시판의 경우도 개인정보 수집동
의를 받아야 한다고 하던데요, 이름과 이메일 2가지 정도만 수
집하더라도 동의를 받아야 하나요?

비회원을 대상으로 게시판에서 이름과 이메일 2가지 정도만 수집하더라도
이름 및 이메일 등과 게시판에 기재된 내용 전체를 '종합적으로' 볼 때 개인을
식별할 수 있는 정도라면 개인정보입니다.

따라서 개인정보의 수집은 비회원인지 여부를 막론하고 수집 및 이용에 대
한 동의를 얻어야 합니다.

기업정보를 수집하여 활용하는 것도 개인정보보호법상 동의를
받아야 하나요? [참고로 기업의 정보(업체명, 설립년도, 사업장
주소, 주요 생산품, 담당자명, 전화번호 등)를 수집하여 공공의
목적을 위해 재단법인 홈페이지에 게시되며 담당자와 담당자의
휴대전화번호는 게시되지 않습니다.]

개인정보의 주체는 자연인이고 법인이나 단체에 관한 정보는 해당되지 않
습니다. 따라서 기업정보 즉, 업체명, 설립연도, 사업장주소, 주요 생산품, 대
표이사 또는 대표자의 성명, 임원정보 등은 개인정보로 볼 수 없습니다. 따
라서 기업의 정보에 대한 동의는 필요하지 않습니다.

다만, 담당자 성명, 업무상(회사) 전화가 아닌 휴대전화 번호, 회사 이메일
이 아닌 개인 이메일은 개인정보에 해당 하므로 동의가 필요합니다.

아이 돌잔치 서비스에 대한 상담을 하러 식당에 갔는데 상담신청서 양식을 주며 부모 및 아이의 성명, 생년월일, 핸드폰번호, 주소를 작성하라고 요구합니다. 이 요구에 응해도 되나요?

상담 목적을 위한 필요 최소한의 정보를 수집하여야 하며, 개인정보 수집·이용 목적 등을 알리고 정보주체의 동의를 받아야 합니다.

개인정보처리자는 개인정보를 수집하는 경우에는 그 목적에 필요한 최소한의 개인정보를 수집하여야 합니다. 최소한의 개인정보 범위는 제공하는 서비스의 내용에 따라 결정되며 입증책임은 개인정보처리자가 부담합니다. 개인정보처리자는 법률에서 정한 경우에 개인정보를 수집할 수 있으며, 그 수집목적의 범위 내에서 이용할 수 있습니다.

■ 개인정보를 수집·이용할 수 있는 경우
① 정보주체의 동의를 받은 경우
② 법률에 특별한 규정이 있거나 법령상 의무를 준수하기 위하여 불가피한 경우
③ 공공기관이 법령 등에서 정하는 소관 업무의 수행을 위하여 불가피 한 경우
④ 정보주체와의 계약의 체결 및 이행을 위하여 불가피하게 필요한 경우
⑤ 정보주체 또는 그 법정대리인이 의사표시를 할 수 없는 상태에 있거나 주소불명 등으로 사전 동의를 받을 수 없는 경우로서 명백히 정보 주체 또는 제3자의 급박한 생명, 신체, 재산의 이익을 위하여 필요하다고 인정되는 경우
⑥ 개인정보처리자의 정당한 이익을 달성하기 위하여 필요한 경우로서 명백하게 정보주체의 권리보다 우선하는 경우. 이 경우 개인정보처리자의 정당한 이익과 상당한 관련이 있고 합리적인 범위를 초과하지 아니하는 경우에 한한다.

개인정보 수집·이용에 대한 동의를 받을 때에는 정보주체가 동의의 내용과 의미를 명확하게 인지하여 개인정보 제공여부를 결정할 수 있도록 i)개인정보의 수집·이용목적, ii)수집하려는 개인정보의 항목, iii)개인정보의

보유 및 이용 기간, iv)동의를 거부할 권리가 있다는 사실 및 동의 거부에 따른 불이익이 있는 경우에는 그 불이익의 내용을 알려야 합니다.

이 사례의 경우 돌잔치 서비스 상담 목적으로 부모 및 아이의 성명·생년월일, 주소를 요구하는 것은 과도한 개인정보 수집에 해당될 수 있습니다. 통상적으로 상담 후 서비스계약을 체결하는 경우도 있지만 그렇지 않은 경우도 있으므로 상담 시에는 상담 목적에 필요한 최소한의 개인정보를 수집하여야 합니다. 그리고 상담 목적을 위해 개인정보를 수집하는 경우 정보주체에게 수집·이용 목적 등을 알리고 동의를 받아야 합니다.

> 정수기 렌탈 계약을 하려고 보니 계약서에 이용약관, 개인정보 수집 및 이용, 제3자 제공, 개인정보 마케팅 활용 등에 대해서 구분 없이 한꺼번에 동의를 받고 있습니다. 이 경우 모두 동의해야 하나요?

이용약관 동의, 개인정보 수집·이용 동의, 제3자 제공 동의, 마케팅 활용 동의는 동의 사항을 구분하여 각각 받아야 합니다.

개인정보보호 관련 법률에서 개인정보 처리와 관련하여 정보주체의 동의를 받아야 하는 경우로는 개인정보 수집·이용 동의, 제3자 제공 동의, 국외 제3자 제공 동의, 14세 미만 아동의 법정대리인의 동의 등이 있습니다. 개인정보처리자는 동의 사항을 구분하여 정보주체가 이를 명확하게 인지할 수 있도록 각각 동의를 받아야 합니다.

특히 재화나 서비스를 홍보하거나 판매를 권유하기 위한 목적, 이른바 '마케팅 광고'목적으로 정보주체에게 개인정보의 처리에 대한 동의를 받으려는 때에는 계약의 체결 및 이행과는 별개로 마케팅 목적으로 개인정보가 이용된다는 사실을 다른 동의와 구분하여 정보주체가 명확하게 인지할 수 있게 알린 후에 동의를 받아야 합니다. 개인정보보호법 시행령은 '개인정보의 수집·이용 목적 중 재화나 서비스의 홍보 또는 판매권유 등을 위하여 해당 개인정보를 이용하여 정보주체에게 연락할 수 있다는 사실'을 동의를 받을 때 명확하게 표시하여 알아보기 쉽게 하여야 할 중요한 내용으로 규정하고, 그 중요한 내용의 표시 방법을 제시하고 있습니다.

이 사례에서 렌탈 계약서 작성 시 이용약관과 개인정보 처리에 대해 일괄적으로 동의를 받는 경우에는 정보주체가 자신의 개인정보 처리에 대한 사항을 명확하게 인지하지 못할 가능성이 높으므로 정보주체의 선택권 행사를 위해 개인정보 처리에 대한 동의는 이용약관에 대한 동의와는 별도로 받아야 합니다. 또한 개인정보 처리와 관련해서도 정보주체가 개인정보 처리 동의의 내용과 의미를 명확하게 인지할 수 있도록 개인정보 수집·이용 동의, 제3자 제공 동의, 마케팅 활용 동의는 동의 사항을 구분하여 각각 받아야 합니다.

> 건강검진을 받으려고 하는데 해당 병원에서는 개인정보 수집·이용 동의와 광고 목적으로 개인정보 수집·이용 동의를 한꺼번에 받습니다, 이에 동의하지 않을 경우 건강검진이 불가능하다고 합니다,

광고 목적 개인정보 수집·이용에 대한 동의를 받을 경우 정보주체가 이를 명확하게 인지할 수 있도록 알리고 받아야 하며, 광고 목적 개인정보 처리에 동의하지 않는다는 이유로 건강검진을 거부하여서는 안 됩니다.

개인정보 처리에 대해 정보주체의 동의를 받는 때에는 정보주체와의 계약 체결 등을 위하여 정보주체와 동의 없이 처리할 수 있는 개인정보와 정보주체의 동의가 필요한 개인정보를 구분하여야 합니다. 정보주체의 동의가 필요 없는 정보에는 계약의 체결 및 이행을 위해 필요한 정보, 법률에 특별한 규정이 있거나 법령상 의무준수를 위해 불가피한 정보, 급박한 생명·신체·재산상 이익보호를 위해 필요한 정보, 개인정보처리자의 정당한 이익을 달성을 위해 필요한 정보 등이 해당됩니다. 반면에 상품 및 서비스 판매 권유 및 홍

보에 필요한 정보, 고객성향을 분석하기 위해 필요한 정보 등을 수집·이용하기 위해서는 정보주체의 동의가 필요합니다.

그리고 정보주체에게 재화나 서비스를 홍보하거나 판매를 권유하기 위하여 개인정보의 처리에 대한 동의를 받는다면 정보주체가 이를 명확하게 인지할 수 있도록 알리고 동의를 받아야 합니다. 만약 정보주체가 이러한 홍보 또는 마케팅 목적의 개인정보 처리를 동의하지 않는다는 이유로 정보주체에게 재화나 또는 서비스의 제공을 거부하여서는 안 됩니다.

이 사례에서 의료기관에서 건강검진서비스를 이용하는 경우 검진서비스 계약의 체결 및 이행을 위해 필요한 정보나 의료법 등의 법률에 특별한 규정이 있거나 법령상 의무 준수를 위해 불가피한 정보 등 정보주체의 동의가 필요 없는 정보와 광고 목적 개인정보 수집·이용을 위해 정보주체의 동의가 필요한 정보는 구분하여야 합니다. 또한 광고 목적 개인정보 수집·이용 사실을 정보주체에게 명확하게 알리고 동의를 받아야 합니다. 이러한 동의를 하지 않는다는 이유로 건강검진을 거부하여서는 안 됩니다.

> 구직사이트에 게시된 휴대전화번호를 이용하여 서비스 홍보문자를 보냈다고 합니다. 이렇게 홍보문자를 보낼 수 있는 건가요?

구직사이트에 공개된 개인정보를 서비스 홍보에 이용하려면 정보주체의 동의를 받아야 합니다.

개인정보보호법에 따라 개인정보처리자는 ⅰ)정보주체의 동의를 받은 경우, ⅱ)법률에 특별한 규정이 있거나 법령상 의무를 준수하기 위하여 불가피한 경우, ⅲ)공공기관이 법령 등에서 정하는 소관 업무의 수행을 위하여 불가피한 경우, ⅳ)정보주체 또는 그 법정대리인이 의사표시를 할 수 없는 상태에 있거나 주소불명 등으로 사전 동의를 받을 수 없는 경우로서 명백히 정보주체 또는 제3자의 급박한 생명, 신체, 재산의 이익을 위하여 필요하다고 인정되는 경우, ⅴ)개인정보처리자의 정당한 이익을 달성하기 위하여 필요한 경우로서 명백하게 정보주체의 권리보다 우선하는 경우 개인정보를 수집할 수 있으며 그 수집 목적의 범위에서 이용할 수 있습니다.

한편 개인정보처리자는 인터넷 홈페이지 등 공개된 매체, 장소에서 개인정보를 수집하는 경우 정보주체의 동의 의사가 명확히 표시되거나 인터넷 홈페이지 등의 표시내용에 비추어 사회적 통념상 동의의사가 있었다고 인정되는 범위 내에만 이용할 수 있습니다(개인정보보호 표준지침 제6조제4항). 따라서 홈페이지 공개된 개인정보라도 정보주체의 원래 공개한 목적 범위를 판단하여 이용하여야 하며, 그 목적을 벗어나 이용하는 경우에는 정보주체에게 별도의 동의를 받아야 합니다.

이 사례의 경우 통상적으로 구직사이트 이용자가 인터넷 사이트에 자신의 개인정보를 공개하는 것은 구직을 위해 자신의 이력을 알리고 직원 채용을 원하는 자와 연락을 하고자 하기 위함입니다. 따라서 공개된 정보를 구직 및 구인이외의 목적으로 이용하고자 하는 경우 정보주체에게 별도의 개인정보 수집·이용에 대한 동의를 받아야 합니다.

> 반려견 등록사이트 관리자 페이지가 아무런 로그인 등의 인증절차 없이 접속이 되고, 등록 신청자들의 주민등록번호 등의 개인정보를 볼 수 있습니다. 이 경우 어떤 조치를 해야 하나요?

관리자 페이지는 접근 권한이 인가된 자만 접속할 수 있도록 인증절차 등의 보호 조치를 하여야 합니다.

개인정보처리자는 개인정보에 대한 불법적인 접근을 차단하여야 하고, 개인정보가 안전하게 저장·전송될 수 있도록 필요한 보안조치를 하여야 합니다.

개인정보처리자는 취급중인 개인정보가 인터넷 홈페이지, P2P, 공유설정 등을 통하여 열람권한이 없는 자에게 공개되거나 외부에 유출되지 않도록 개인정보처리시스템 및 개인정보취급자의 컴퓨터와 모바일 기기에 조치를 취하여야 합니다. 이와 관련하여 홈페이지를 통해 수집한 개인정보를 조회 또는 변경, 다운로드할 수 있는 관리자페이지는 인가된 홈페이지 관리자만이 접속할 수 있도록 인증 및 접근통제 등의 보호조치를 적용하여야 합니다.

개인정보처리자는 법령에서 정보주체의 주민등록번호의 수집·이용을 허용하는 경우 주민등록번호를 처리할 수 있습니다. 주민등록번호 처리시 신뢰할 수 있는 수준의 안전한 알고리즘으로 암호화하여 저장하여야 합니다.

이 사례의 경우에는 반려견 등록을 위해 반려견 소유자의 개인정보를 수집하는 홈페이지는 개인정보가 처리되는 시스템으로 관리자 페이지는 접근 권한이 인가된 자만 접속할 수 있도록 보호조치를 하여야 하며, 반려견 소유자의 주민등록번호는 저장 시 반드시 암호화하여야 합니다. 주민등록번호 등의 반려견 소유자의 개인정보가 접근권한 없는 자에게 노출된 경우 개인정보보호법상의 개인정보 유출 통지 또는 신고절차에 따라 관련 조치를 하여야 합니다.

> 경품행사에 응모하여 5천원 경품에 당첨되었습니다. 주관업체에서는 소득세 관련업무 처리를 위해 당첨자들의 주민등록번호를 수집한다고 합니다. 주민등록번호 수집은 법으로 엄격하게 제한하는 것으로 알고 있는데 이렇게 수집하는 것이 맞나요?

당첨 받은 경품의 소득세 징수와 관련하여 주민등록번호의 처리가 가능하나, 관계 법령에서 과세를 부과하지 않은 경우에 해당된다면 주민등록번호를 수집할 필요가 없습니다.

개인정보처리자는 법률 및 대통령령 등에서 구체적으로 주민등록번호의 처리를 요구하거나 허용하는 경우에 주민등록번호를 처리할 수 있습니다.

국세기본법은 세법에 따른 국세에 관한 사무를 수행하기 위해 불가피한 경우 세무공무원 또는 세법상의 원천 징수의무자가 개인정보호법상의 건강정보 등의 민감정보, 주민등록번호, 여권번호, 운전면허번호, 외국인등록번호를 처리할 수 있도록 허용하고 있습니다. 따라서 국세에 관한 사무를 수행하거나 세법상의 원천 징수를 위해서 주민등록번호를 수집·이용할 수 있습니다.

이 사례의 경우 경품권으로 받은 경품물품은 소득세법상의 기타소득에 해당되어 소득세 과세대상이 될 수 있으므로 경품 주관업체는 소득세 원천징수 사무 처리를 위해 주민등록번호를 수집·이용할 수 있습니다. 다만 소득세법상 기타소득은 소득금액이 일정액 이하에 해당될 경우 소득세를 과세하지 않는다고 규정하고 있어 소득금액에 따라 소득세 과세 여부를 판단하여야 합니다. 5천원 경품은 소득세법상의 과세최저한의 기준에 해당되어 소득세를 과세하지 않으므로 소득세 원천징수를 위한 주민등록번호의 처리가 필요하지 않습니다.

길을 걷다가 어느 매장에 카메라가 설치되어 있어 자세히 보니 '현재 CCTV영상 촬영이 진행 중임을 알려드립니다, 영상의 일부는 ○○업체의 홍보를 위해 사용될 수 있습니다' 라는 내용을 발견하였습니다, 개인의 동의를 받지도 않고 촬영한 영상정보를 홍보에 이용해도 됩니까?

개인정보보호법에서 예외적으로 허용한 경우를 제외하고는 누구든지 공개된 장소에 CCTV를 설치·운영하여서는 안 됩니다. 또한 촬영된 영상정보를 홍보에 이용하려면 반드시 정보주체의 동의를 받아야 합니다.

개인정보보호법은 불특정 다수가 출입하거나 이용할 수 있도록 허용된 장소, 즉 정보주체가 접근하거나 통행하는데 제한을 받지 아니하는 공개된 장소에서 CCTV 등 영상정보처리기기의 설치·운영을 금지하고 있습니다. 이는 개인영상정보는 개인을 식별할 수 있는 영상 형태의 정보이므로 일반적인 개인정보보다 침해 위험성이 높을 수 있기 때문입니다.

다만 공개된 장소에 영상정보처리기기를 설치·운영하는 것을 원칙적으로 금지하나, 다른 법익의 보호를 위하여 필요한 경우에는 예외적으로 설치·운영을 허용하고 있습니다.

■ 영상정보처리기기 설치·운영 예외사유
① 법령에서 구체적으로 허용하고 있는 경우
② 범죄의 예방 및 수사를 위하여 필요한 경우
③ 시설안전 및 화재 예방을 위하여 필요한 경우
④ 교통단속을 위하여 필요한 경우
⑤ 교통정보의 수집·분석 및 제공을 위하여 필요한 경우

이 사례의 경우 해당 업체는 개인정보보호법에서 예외적으로 인정하는 목적이외로 불특정 다수가 이용하는 길거리, 즉 공개된 장소에 CCTV를 설치·운영하여서는 안 됩니다. 또한 특정 정보주체의 영상을 업체의 홍보에 이용하기 위해서는 해당 정보주체에게 개인정보의 수집·이용 목적, 보유 및 이용 기간 등을 명확하게 알리고 동의를 받아야 합니다.

> 상가건물 5층에 위치한 상가 주인이 마음대로 상가건물 공용 엘리베이터 내부에 CCTV를 설치·운영하고 있습니다. 상가 이용자들이 공동으로 이용하는 엘리베이터 내부를 개인적으로 촬영하는 것이 맞나요?

공용 엘리베이터에 CCTV를 설치·운영이 필요한 경우에는 상가 공용 공간을 관리하는 권한이 있는 자가 설치하여 운영하는 것이 바람직합니다.

공개된 장소에 영상정보처리기기를 설치·운영하는 것을 원칙적으로 금지하나, 범죄의 예방 및 수사 등의 다른 법익의 보호를 위하여 필요한 경우에는

예외적으로 설치·운영을 허용하고 있습니다.

이 사례의 경우 상가 공용 엘리베이터는 불특정 다수인이 이용하는 공개된 장소라고 볼 수 있고, 필요시 개인정보보호법에서 허용한 목적으로 CCTV를 설치·운영할 수 있습니다. 공용 엘리베이터의 CCTV 설치·운영은 상가 공용 공간을 관리하는 권한이 있는 자(예로, 상가관리사무소 등)가 설치하여 운영하는 것이 바람직하다고 봅니다.

상가 주인이 관리 범위를 벗어난 장소에 개인적으로 CCTV를 설치·운영하는 것은 법에서 허용하는 설치·운영 목적을 인정하기 어려울 뿐만 아니라 개인영상정보의 오남용으로 사생활 침해도 발생할 수 있습니다.

> '고객주소가 잘못되어 택배가 반송되었다'는 문자를 받고, 문자 메시지 내의 배송 주소 수정 URL을 클릭하였습니다. 그런데 이상한 앱이 깔린 것 같습니다. 어떻게 해야 하나요?

출처가 확인되지 않은 인터넷주소(URL)는 클릭하지 않아야 합니다. 만약 클릭한 경우 문자를 클릭한 시점 이후, 확장자명이 apk인 파일 저장여부 확인하여 해당 apk파일을 삭제하여야 합니다.

스미싱(smishing)은 문자메시지(SMS)와 피싱(Phishing)의 합성어로 악성 앱 주소가 포함된 휴대전화 문자(SMS)를 대량 전송 후 이용자가 악성 앱을 설치하거나 전화를 하도록 유도하여 금융정보·개인정보 등을 탈취하는 수법으로 보이스 피싱·전자상거래사기·기타 다양한 사기에 광범위하게 이용되고 있습니다. 스미싱 피해 예방을 위해서는 휴대전화 보안 강화를 위한 조치를 꾸준히 실천하여야 합니다.

인터넷주소(URL)를 클릭하는 과정에서 휴대전화에 악성코드가 설치되어 휴대전화번호로 문자가 발송되거나 회원가입 및 소액결제 시도로 인해 인증번호가 수신되는 경우가 있습니다. 스미싱에 이용된 악성코드는 소액결제 인증번호를 가로챌 뿐 아니라 휴대전화에 저장된 문자메시지 내용, 통화 기록, 주소록 연락처, 사진(주민등록증·보안카드 등), 공인인증서 등까지 탈취하여 더 큰 금융범죄로 이어질 가능성이 있습니다. 만약 스미싱 피해가 발생한 경우 아래의 방법에 따라 대응하여야 합니다.

> 제가 이용하는 포털사이트 계정에 로그인하려고 하는데 비밀번호가 변경되어 로그인할 수 없었습니다. 저는 비밀번호를 변경한 사실이 없습니다. 이런 경우에는 어떤 조치를 합니까?

해당 사이트의 절차에 따라 즉시 패스워드를 변경하여야 하며 필요시 경찰에 신고할 수 있습니다.

정보통신망 침해 범죄는 정당한 접근 권한 없이 또는 허용된 접근 권한을 넘어 컴퓨터 또는 정보통신망에 침입하거나 시스템·데이터 프로그램을 훼손·멸실·변경 및 정보통신망에 장애를 발생하게 하는 것을 의미합니다. 이 중 정당한 접근 권한 없이 타인의 계정(아이디, 패스워드)을 임의로 이용하는 것을 계정도용이라고 부릅니다. 온라인상의 비대면 거래라는 특수성을 고려해 본다면 아이디 및 패스워드는 거래 본인임을 확인하는 중요한 수단으로 침해 시 재산적 피해 또는 사생활 침해 등의 정신적 피해가 발생할 수 있고, 온라인 거래의 신뢰를 해칠 수 있습니다.

계정도용을 예방하기 위해서는 아래의 사항을 실천하여야 합니다.

■ 계정도용 예방 수칙

① 자신의 아이디와 비밀번호는 다른 사람에게 알려주지 않는다.

② 인터넷사이트에의 무분별한 회원 가입은 자제한다.

③ 회원 가입 시 구체적인 개인정보를 요구할 경우 가입 여부를 다시 한 번 생각한다.

④ 인터넷 회원 가입 시 서비스 약관에 제3자에게 정보를 제공할 수 있다

는 조항이 있는지 확인한다.

⑤ 탈퇴가 어렵거나 탈퇴 절차에 대한 설명이 없는 곳은 가입하지 않는다.

⑥ 탈퇴 신청을 한 뒤 개인정보를 파기했는지 확인한다.

⑦ 비밀번호를 주기적으로 변경하고 전화번호나 생일, 연속된 숫자 등을 사용하지 말아야 한다.

⑧ 함께 사용하는 PC는 아이디, 비밀번호 등 개인정보 입력 시 자동완성 기능을 사용하지 않는다.

만약 계정도용이 발생한 경우 우선 해당 사이트의 절차에 따라 패스워드를 변경하여야 하며, 패스워드 변경 관련 2단계 인증 절차 등 정보보호 강화를 위한 추가적인 보호조치가 가능하다면 적극적으로 이용하는 것이 바람직합니다. 또한 계정도용은 형사처벌 대상이므로 필요시 경찰에 신고할 수 있습니다.

※ 경찰청 사이버안전지킴이

– 전화: (국번없이) 182

– 홈페이지: www.police.go.kr/www/security/cyber.jsp

제8장
개인정보
보호법
상담사례

제 9 장

정보보호관련 고시·훈령

- ▣ 표준 개인정보 보호지침
- ▣ 개인정보의 기술적 · 관리적 보호조치 기준
- ▣ 불법촬영물 등 유통방지 법규위반에 대한 과징금 부과기준
- ▣ 행정안전부 개인정보 보호 지침
- ▣ 거짓으로 표시된 전화번호로 인한 이용자의 피해 예방 등에 관한 고시

제9장   정보보호관련 고시·훈령

표준 개인정보 보호지침

[시행 2020. 8. 11.] [개인정보보호위원회고시 제2020-1호, 2020.8. 11., 제정.]

제1장 총칙

제1조(목적)

이 지침은 「개인정보 보호법」(이하 "법"이라 한다) 제12조제1항에 따른 개인정보의 처리에 관한 기준, 개인정보 침해의 유형 및 예방조치 등에 관한 세부적인 사항을 규정함을 목적으로 한다.

제2조(용어의 정의)

이 지침에서 사용하는 용어의 뜻은 다음과 같다.

1. "개인정보 처리"란 개인정보를 수집, 생성, 연계, 연동, 기록, 저장, 보유, 가공, 편집, 검색, 출력, 정정(訂正), 복구, 이용, 제공, 공개, 파기(破棄), 그 밖에 이와 유사한 행위를 말한다.

2. "개인정보처리자"란 업무를 목적으로 법 제2조제4호에 따른 개인정보파일을 운용하기 위하여 개인정보를 처리하는 모든 공공기관, 영리목적의 사업자, 협회·동창회 등 비영리기관·단체, 개인 등을 말한다.

3. "공공기관"이란 법 제2조제6호 및 「개인정보 보호법 시행령」(이하 "영"이라 한다) 제2조에 따른 기관을 말한다.

4. "친목단체"란 학교, 지역, 기업, 인터넷 커뮤니티 등을 단위로 구성되는 것으로서 자원봉사, 취미, 정치, 종교 등 공통의 관심사나 목표를 가진 사람간의 친목도모를 위한 각종 동창회, 동호회, 향우회, 반상회 및 동아리

등의 모임을 말한다.

5. "개인정보 보호책임자"란 개인정보처리자의 개인정보 처리에 관한 업무를 총괄해서 책임지는 자로서 영 제32조제2항에 해당하는 자를 말한다.

6. "개인정보취급자"란 개인정보처리자의 지휘·감독을 받아 개인정보를 처리하는 업무를 담당하는 자로서 임직원, 파견근로자, 시간제근로자 등을 말한다.

7. "개인정보처리시스템"이란 데이터베이스 시스템 등 개인정보를 처리할 수 있도록 체계적으로 구성한 응용시스템을 말한다.

8. "영상정보처리기기"란 일정한 공간에 지속적으로 설치되어 사람 또는 사물의 영상 등을 촬영하거나 이를 유·무선망을 통하여 전송하는 일체의 장치로서 영 제3조에 따른 폐쇄회로 텔레비전 및 네트워크 카메라를 말한다.

9. "개인영상정보"란 영상정보처리기기에 의하여 촬영·처리되는 영상정보 중 개인의 초상, 행동 등과 관련된 영상으로서 해당 개인을 식별할 수 있는 정보를 말한다.

10. "영상정보처리기기운영자"란 법 제25조제1항 각 호에 따라 영상정보처리기기를 설치·운영하는 자를 말한다.

11. "공개된 장소"란 공원, 도로, 지하철, 상가 내부, 주차장 등 불특정 또는 다수가 접근하거나 통행하는 데에 제한을 받지 아니하는 장소를 말한다.

제3조(적용범위)

이 지침은 전자적 파일과 인쇄물, 서면 등 모든 형태의 개인정보파일을 운용하는 개인정보처리자에게 적용된다.

제4조(개인정보 보호 원칙)

① 개인정보처리자는 개인정보 처리 목적을 명확하게 하여야 하고 그 목적에 필요한 범위에서 최소한의 개인정보만을 적법하고 정당하게 수집하여야 한다.

② 개인정보처리자는 개인정보의 처리 목적에 필요한 범위에서 적합하게 개인정보를 처리하여야 하며, 그 목적 외의 용도로 활용하여서는 아니 된다.

③ 개인정보처리자는 개인정보의 처리 목적에 필요한 범위에서 개인정보의 정확성과 최신성을 유지하도록 하여야 하고, 개인정보를 처리하는 과정에서 고의 또는 과실로 부당하게 변경 또는 훼손되지 않도록 하여야 한다.

④ 개인정보처리자는 개인정보의 처리 방법 및 종류 등에 따라 정보주체의 권리가 침해받을 가능성과 그 위험 정도를 고려하여 그에 상응하는 적절한 관리적·기술적 및 물리적 보호조치를 통하여 개인정보를 안전하게 관리하여야 한다.

⑤ 개인정보처리자는 개인정보 처리방침 등 개인정보의 처리에 관한 사항을 공개하여야 하며, 열람청구권 등 정보주체의 권리가 보장될 수 있도록 합리적인 절차와 방법 등을 마련하여야 한다.

⑥ 개인정보처리자는 개인정보의 처리 목적에 필요한 범위에서 적법하게 개인정보를 처리하는 경우에도 정보주체의 사생활 침해를 최소화하는 방법으로 개인정보를 처리하여야 한다.

⑦ 개인정보처리자는 개인정보를 적법하게 수집한 경우에도 익명에 의하여 업무 목적을 달성할 수 있으면 개인정보를 익명에 의하여 처리될 수 있도록 하여야 한다.

⑧ 개인정보처리자는 관계 법령에서 규정하고 있는 책임과 의무를 준수하고 실천함으로써 정보주체의 신뢰를 얻기 위하여 노력하여야 한다.

제5조(다른 지침과의 관계)

중앙행정기관의 장이 소관 분야의 개인정보 처리와 관련한 개인정보 보호 지침을 정하는 경우에는 이 지침에 부합되도록 하여야 한다.

제2장 개인정보 처리 기준
제1절 개인정보의 처리

제6조(개인정보의 수집 · 이용)

① 개인정보의 "수집"이란 정보주체로부터 직접 이름, 주소, 전화번호 등의 개인정보를 제공받는 것뿐만 아니라 정보주체에 관한 모든 형태의 개인정보를 취득하는 것을 말한다.

② 개인정보처리자는 다음 각 호의 경우에 개인정보를 수집할 수 있으며, 그 수집 목적의 범위에서 이용할 수 있다.

1. 정보주체로부터 사전에 동의를 받은 경우

2. 법률에서 개인정보를 수집·이용할 수 있음을 구체적으로 명시하거나 허용하고 있는 경우

3. 법령에서 개인정보처리자에게 구체적인 의무를 부과하고 있고, 개인정보처리자가 개인정보를 수집·이용하지 않고는 그 의무를 이행하는 것이 불가능하거나 현저히 곤란한 경우

4. 공공기관이 개인정보를 수집·이용하지 않고는 법령 등에서 정한 소관 업무를 수행하는 것이 불가능하거나 현저히 곤란한 경우

5. 개인정보를 수집·이용하지 않고는 정보주체와 계약을 체결하고, 체결된 계약의 내용에 따른 의무를 이행하는 것이 불가능하거나 현저히 곤란한 경우

6. 정보주체 또는 그 법정대리인이 의사표시를 할 수 없는 상태에 있거나 주소불명 등으로 사전 동의를 받을 수 없는 경우로서 명백히 정보주체 또는 제3자(정보주체를 제외한 그 밖의 모든 자를 말한다)의 급박한 생명, 신체, 재산의 이익을 위하여 필요하다고 인정되는 경우

7. 개인정보처리자가 법령 또는 정보주체와의 계약 등에 따른 정당한 이익을 달성하기 위하여 필요한 경우로서 명백하게 정보주체의 권리보다 우선하는 경우. 다만, 이 경우 개인정보의 수집·이용은 개인정보처리자의 정당한 이

익과 상당한 관련이 있고 합리적인 범위를 초과하지 아니한 경우에 한한다.

③ 개인정보처리자는 정보주체로부터 직접 명함 또는 그와 유사한 매체(이하 "명함등"이라 함)를 제공받음으로써 개인정보를 수집하는 경우 명함등을 제공하는 정황 등에 비추어 사회통념상 동의 의사가 있었다고 인정되는 범위 내에서만 이용할 수 있다.

④ 개인정보처리자는 인터넷 홈페이지 등 공개된 매체 또는 장소(이하 "인터넷 홈페이지등"이라 함)에서 개인정보를 수집하는 경우 정보주체의 동의 의사가 명확히 표시되거나 인터넷 홈페이지등의 표시 내용에 비추어 사회통념상 동의 의사가 있었다고 인정되는 범위 내에서만 이용할 수 있다.

⑤ 개인정보처리자는 계약 등의 상대방인 정보주체가 대리인을 통하여 법률행위 또는 의사표시를 하는 경우 대리인의 대리권 확인을 위한 목적으로만 대리인의 개인정보를 수집·이용할 수 있다.

⑥ 근로자와 사용자가 근로계약을 체결하는 경우 「근로기준법」에 따른 임금지급, 교육, 증명서 발급, 근로자 복지제공을 위하여 근로자의 동의 없이 개인정보를 수집·이용할 수 있다.

제7조(개인정보의 제공)

① 개인정보의 "제공"이란 개인정보의 저장 매체나 개인정보가 담긴 출력물·책자 등을 물리적으로 이전하거나 네트워크를 통한 개인정보의 전송, 개인정보에 대한 제3자의 접근권한 부여, 개인정보처리자와 제3자의 개인정보 공유 등 개인정보의 이전 또는 공동 이용 상태를 초래하는 모든 행위를 말한다.

② 법 제17조의 "제3자"란 정보주체와 정보주체에 관한 개인정보를 수집·보유하고 있는 개인정보처리자를 제외한 모든 자를 의미하며, 정보주체의 대리인(명백히 대리의 범위 내에 있는 것에 한한다)과 법 제26조제2항에 따른 수탁자는 제외한다(이하 같다).

③ 개인정보처리자가 법 제17조제2항제1호에 따라 정보주체에게 개인정보를 제공받는 자를 알리는 경우에는 그 성명(법인 또는 단체인 경우에는 그

명칭)과 연락처를 함께 알려야 한다.

제8조(개인정보의 목적 외 이용·제공)

① 개인정보처리자가 법 제18조제2항에 따라 개인정보를 목적 외의 용도로 제3자에게 제공하는 경우에는 개인정보를 제공받는 자에게 이용 목적, 이용 방법, 이용 기간, 이용 형태 등을 제한하거나, 개인정보의 안전성 확보를 위하여 필요한 구체적인 조치를 마련하도록 문서(전자문서를 포함한다. 이하 같다)로 요청하여야 한다. 이 경우 요청을 받은 자는 그에 따른 조치를 취하고 그 사실을 개인정보를 제공한 개인정보처리자에게 문서로 알려야 한다.

② 법 제18조제2항에 따라 개인정보를 목적 외의 용도로 제3자에게 제공하는 자는 해당 개인정보를 제공받는 자와 개인정보의 안전성 확보 조치에 관한 책임관계를 명확히 하여야 한다.

③ 개인정보처리자가 법 제18조제3항제1호에 따라 정보주체에게 개인정보를 제공받는 자를 알리는 경우에는 그 성명(법인 또는 단체인 경우에는 그 명칭)과 연락처를 함께 알려야 한다.

제9조(개인정보 수집 출처 등 고지)

① 개인정보처리자가 정보주체 이외로부터 수집한 개인정보를 처리하는 때에는 정당한 사유가 없는 한 정보주체의 요구가 있은 날로부터 3일 이내에 법 제20조제1항 각 호의 모든 사항을 정보주체에게 알려야 한다. 다만, 다음 각 호의 어느 하나에 해당하는 경우에는 그러하지 아니 하다.

 1. 고지를 요구하는 대상이 되는 개인정보가 법 제32조제2항 각 호의 어느 하나에 해당하는 개인정보파일에 포함되어 있는 경우

 2. 고지로 인하여 다른 사람의 생명·신체를 해할 우려가 있거나 다른 사람의 재산과 그 밖의 이익을 부당하게 침해할 우려가 있는 경우

② 개인정보처리자는 제1항 단서에 따라 제1항 전문에 따른 정보주체의 요구

896

를 거부하는 경우에는 정당한 사유가 없는 한 정보주체의 요구가 있은 날로부터 3일 이내에 그 거부의 근거와 사유를 정보주체에게 알려야 한다.

제10조(개인정보의 파기방법 및 절차)

① 개인정보처리자는 개인정보의 보유 기간이 경과하거나 개인정보의 처리 목적 달성, 해당 서비스의 폐지, 사업의 종료 등 그 개인정보가 불필요하게 되었을 때에는 정당한 사유가 없는 한 그로부터 5일 이내에 그 개인정보를 파기하여야 한다.

② 영 제16조제1항제1호의 '복원이 불가능한 방법'이란 현재의 기술수준에서 사회통념상 적정한 비용으로 파기한 개인정보의 복원이 불가능하도록 조치하는 방법을 말한다.

③ 개인정보처리자는 개인정보의 파기에 관한 사항을 기록·관리하여야 한다.

④ 개인정보 보호책임자는 개인정보 파기 시행 후 파기 결과를 확인하여야 한다.

⑤ 개인정보처리자 중 공공기관의 개인정보파일 파기에 관하여는 제55조 및 제56조를 적용한다.

제11조(법령에 따른 개인정보의 보존)

① 개인정보처리자가 법 제21조제1항 단서에 따라 법령에 근거하여 개인정보를 파기하지 아니하고 보존하여야 하는 경우에는 물리적 또는 기술적 방법으로 분리하여서 저장·관리하여야 한다.

② 제1항에 따라 개인정보를 분리하여 저장·관리하는 경우에는 개인정보 처리방침 등을 통하여 법령에 근거하여 해당 개인정보 또는 개인정보파일을 저장·관리한다는 점을 정보주체가 알 수 있도록 하여야 한다.

제9장
정보보호
관련
고시 · 권고

제12조(동의를 받는 방법)

① 개인정보처리자가 개인정보의 처리에 대하여 정보주체의 동의를 받을 때에는 정보주체의 동의 없이 처리할 수 있는 개인정보와 정보주체의 동의가 필요한 개인정보를 구분하여야 하며, 정보주체의 동의는 동의가 필요한 개인정보에 한한다. 이 경우 동의 없이 처리할 수 있는 개인정보라는 입증책임은 개인정보처리자가 부담한다.

② 개인정보처리자는 다음 각 호의 어느 하나에 해당하는 경우에는 정보주체에게 법 제18조제3항 각 호의 사항을 알리고 동의를 받아야 한다.

 1. 개인정보를 수집·이용하고자 하는 경우로서 법 제15조제1항제2호 내지 제6호에 해당하지 않은 경우

 2. 법 제18조제2항에 따라 개인정보를 수집 목적 외의 용도로 이용하거나 제공하고자 하는 경우

 3. 법 제22조제3항에 해당하여 정보주체에게 재화나 서비스를 홍보하거나 판매를 권유하고자 하는 경우

 4. 주민등록번호 외의 고유식별정보 처리가 필요한 경우로서 법령에 고유식별정보 처리 근거가 없는 경우

 5. 민감정보를 처리하고자 하는 경우로서 법령에 민감정보 처리 근거가 없는 경우

③ 개인정보처리자는 제2항 각 호에 해당하여 개인정보를 처리하고자 하는 경우에는 정보주체에게 동의 또는 동의 거부를 선택할 수 있음을 명시적으로 알려야 한다.

④ 개인정보처리자는 법 제15조제1항제2호 내지 제6호에 따라 정보주체의 동의 없이 개인정보를 수집하는 경우에는 개인정보를 수집할 수 있는 법적 근거 등을 정보주체에게 알리기 위해 노력하여야 한다.

⑤ 개인정보처리자가 영 제17조제1항제2호의 규정에 따라 전화에 의한 동의와 관련하여 통화내용을 녹취할 때에는 녹취사실을 정보주체에게 알려야 한다.

⑥ 개인정보처리자가 친목단체를 운영하기 위하여 다음 각 호의 어느 하나에

해당하는 개인정보를 수집하는 경우에는 정보주체의 동의 없이 개인정보를 수집·이용할 수 있다.

1. 친목단체의 가입을 위한 성명, 연락처 및 친목단체의 회칙으로 정한 공통의 관심사나 목표와 관련된 인적 사항
2. 친목단체의 회비 등 친목유지를 위해 필요한 비용의 납부현황에 관한 사항
3. 친목단체의 활동에 대한 구성원의 참석여부 및 활동내용에 관한 사항
4. 기타 친목단체의 구성원 상호 간의 친교와 화합을 위해 구성원이 다른 구성원에게 알리기를 원하는 생일, 취향 및 가족의 애경사 등에 관한 사항

⑦ 개인정보처리자가 정보주체의 동의를 받기 위하여 동의서를 작성하는 경우에는 「개인정보 수집·제공 동의서 작성 가이드라인」을 준수하여야 한다.

제13조(법정대리인의 동의)

① 영 제17조제3항에 따라 개인정보처리자가 법정대리인의 성명·연락처를 수집할 때에는 해당 아동에게 자신의 신분과 연락처, 법정대리인의 성명과 연락처를 수집하고자 하는 이유를 알려야 한다.

② 개인정보처리자는 법 제22조제5항에 따라 수집한 법정대리인의 개인정보를 법정대리인의 동의를 얻기 위한 목적으로만 이용하여야 하며, 법정대리인의 동의 거부가 있거나 법정대리인의 동의 의사가 확인되지 않는 경우 수집일로부터 5일 이내에 파기해야 한다.

제14조(정보주체의 사전 동의를 받을 수 없는 경우)

개인정보처리자가 법 제15조제1항제5호 및 법 제18조제2항제3호에 따라 정보주체의 사전 동의 없이 개인정보를 수집·이용 또는 제공한 경우 당해 사유가 해소된 때에는 개인정보의 처리를 즉시 중단하여야 하며, 정보주체에게 사전 동의 없이 개인정보를 수집·이용 또는 제공한 사실과 그 사유 및 이용내역을 알려야 한다.

제15조(개인정보취급자에 대한 감독)

① 개인정보처리자는 개인정보취급자를 업무상 필요한 한도 내에서 최소한으로 두어야 하며, 개인정보취급자의 개인정보 처리 범위를 업무상 필요한 한도 내에서 최소한으로 제한하여야 한다.

② 개인정보처리자는 개인정보 처리시스템에 대한 접근권한을 업무의 성격에 따라 당해 업무수행에 필요한 최소한의 범위로 업무담당자에게 차등 부여하고 접근권한을 관리하기 위한 조치를 취해야 한다.

③ 개인정보처리자는 개인정보취급자에게 보안서약서를 제출하도록 하는 등 적절한 관리·감독을 해야 하며, 인사이동 등에 따라 개인정보취급자의 업무가 변경되는 경우에는 개인정보에 대한 접근권한을 변경 또는 말소해야 한다.

제2절 개인정보 처리의 위탁

제16조(수탁자의 선정 시 고려사항)

개인정보의 처리 업무를 위탁하는 개인정보처리자(이하 "위탁자"라 한다)가 개인정보 처리 업무를 위탁받아 처리하는 자(이하 "수탁자"라 한다)를 선정할 때에는 인력과 물적 시설, 재정 부담능력, 기술 보유의 정도, 책임능력 등 개인정보 처리 및 보호 역량을 종합적으로 고려하여야 한다.

제17조(개인정보 보호 조치의무)

수탁자는 위탁받은 개인정보를 보호하기 위하여 「개인정보의 안전성 확보 조치 기준 고시」에 따른 관리적·기술적·물리적 조치를 하여야 한다.

제3절 개인정보 처리방침 작성

제18조(개인정보 처리방침의 작성기준 등)

① 개인정보처리자가 개인정보 처리방침을 작성하는 때에는 법 제30조제1항 각 호 및 영 제31조제1항 각 호의 사항을 명시적으로 구분하되, 알기 쉬운 용어로 구체적이고 명확하게 표현하여야 한다.

② 개인정보처리자는 처리하는 개인정보가 개인정보의 처리 목적에 필요한 최소한이라는 점을 밝혀야 한다.

제19조(개인정보 처리방침의 기재사항)

개인정보처리자가 개인정보 처리방침을 작성할 때에는 법 제30조제1항에 따라 다음 각 호의 사항을 모두 포함하여야 한다.

1. 개인정보의 처리 목적
2. 처리하는 개인정보의 항목
3. 개인정보의 처리 및 보유 기간
4. 개인정보의 제3자 제공에 관한 사항(해당하는 경우에만 정한다)
5. 개인정보의 파기에 관한 사항
6. 개인정보 처리 수탁자 담당자 연락처, 수탁자의 관리 현황 점검 결과 등 개인정보처리 위탁에 관한 사항(해당하는 경우에만 정한다)
7. 영 제30조제1항에 따른 개인정보의 안전성 확보조치에 관한 사항
8. 개인정보의 열람, 정정·삭제, 처리정지 요구권 등 정보주체의 권리·의무 및 그 행사방법에 관한 사항
9. 개인정보 처리방침의 변경에 관한 사항
10. 개인정보 보호책임자에 관한 사항
11. 개인정보의 열람청구를 접수·처리하는 부서
12. 정보주체의 권익침해에 대한 구제방법

제20조(개인정보 처리방침의 공개)

① 개인정보처리자가 법 제30조제2항에 따라 개인정보 처리방침을 수립하는 경우에는 인터넷 홈페이지를 통해 지속적으로 게재하여야 하며, 이 경우 "개인정보 처리방침"이라는 명칭을 사용하되, 글자 크기, 색상 등을 활용하여 다른 고지사항과 구분함으로써 정보주체가 쉽게 확인할 수 있도록 하여야 한다.

② 개인정보처리자가 인터넷 홈페이지를 운영하지 않는 경우 또는 인터넷 홈페이지 관리상의 하자가 있는 경우에는 영 제31조제3항 각 호의 어느 하나 이상의 방법으로 개인정보 처리방침을 공개하여야 한다. 이 경우에도 "개인정보 처리방침"이라는 명칭을 사용하되, 글자 크기, 색상 등을 활용하여 다른 고지사항과 구분함으로써 정보주체가 쉽게 확인할 수 있도록 하여야 한다.

③ 개인정보처리자가 영 제31조제3항제3호의 방법으로 개인정보 처리방침을 공개하는 경우에는 간행물·소식지·홍보지·청구서 등이 발행될 때마다 계속하여 게재하여야 한다.

제21조(개인정보 처리방침의 변경)

개인정보처리자가 개인정보 처리방침을 변경하는 경우에는 변경 및 시행의 시기, 변경된 내용을 지속적으로 공개하여야 하며, 변경된 내용은 정보주체가 쉽게 확인할 수 있도록 변경 전·후를 비교하여 공개하여야 한다.

제4절 개인정보 보호책임자

제22조(개인정보 보호책임자의 공개)

① 개인정보처리자가 개인정보 보호책임자를 지정하거나 변경하는 경우 개인정보 보호책임자의 지정 및 변경 사실, 성명과 부서의 명칭, 전화번호 등 연락처를 공개하여야 한다.

② 개인정보처리자는 개인정보 보호책임자를 공개하는 경우 개인정보 보호와 관련한 고충처리 및 상담을 실제로 처리할 수 있는 연락처를 공개하여야 한다. 이 경우 개인정보 보호책임자와 개인정보 보호 업무를 처리하는 담당자의 성명, 부서의 명칭, 전화번호 등 연락처를 함께 공개할 수 있다.

제23조(개인정보 보호책임자의 교육)

영 제32조제4항에 따라 보호위원회가 개설 운영할 수 있는 개인정보 보호책임자에 대한 교육의 내용은 다음 각 호와 같다.

1. 개인정보 보호 관련 법령 및 제도의 내용
2. 법 제31조제2항 및 영 제32조제1항 각 호의 업무수행에 필요한 사항
3. 그 밖에 개인정보처리자의 개인정보 보호를 위하여 필요한 사항

제24조(교육계획의 수립 및 시행)

① 보호위원회는 매년 초 당해 연도 개인정보 보호책임자 교육계획을 수립하여 시행한다.
② 보호위원회는 제1항의 교육계획에 따라 사단법인 한국개인정보보호협의회 등의 단체에 개인정보 보호책임자 교육을 실시하게 할 수 있다.
③ 보호위원회는 개인정보 보호책임자가 지리적·경제적 여건에 구애받지 않고 편리하게 교육을 받은 수 있는 여건 조성을 위해 노력하여야 한다.

제5절 개인정보 유출 통지 및 신고 등

제25조(개인정보의 유출)

개인정보의 유출은 법령이나 개인정보처리자의 자유로운 의사에 의하지 않고, 정보주체의 개인정보에 대하여 개인정보처리자가 통제를 상실하거나 권한 없는 자의 접근을 허용한 것으로서 다음 각 호의 어느 하나에 해당하는 경우를 말한다.

1. 개인정보가 포함된 서면, 이동식 저장장치, 휴대용 컴퓨터 등을 분실하거나 도난당한 경우
2. 개인정보가 저장된 데이터베이스 등 개인정보처리시스템에 정상적인 권한이 없는 자가 접근한 경우
3. 개인정보처리자의 고의 또는 과실로 인해 개인정보가 포함된 파일 또는 종이문서, 기타 저장 매체가 권한이 없는 자에게 잘못 전달된 경우
4. 기타 권한이 없는 자에게 개인정보가 전달된 경우

제26조(유출 통지시기 및 항목)

① 개인정보처리자는 개인정보가 유출되었음을 알게 된 때에는 정당한 사유가 없는 한 5일 이내에 해당 정보주체에게 다음 각 호의 사항을 알려야 한다. 다만 유출된 개인정보의 확산 및 추가 유출을 방지하기 위하여 접속경로의 차단, 취약점 점검·보완, 유출된 개인정보의 삭제 등 긴급한 조치가 필요한 경우에는 그 조치를 한 후 그로부터 5일 이내에 정보주체에게 알릴 수 있다.
1. 유출된 개인정보의 항목
2. 유출된 시점과 그 경위
3. 유출로 인하여 발생할 수 있는 피해를 최소화하기 위하여 정보주체가 할 수 있는 방법 등에 관한 정보
4. 개인정보처리자의 대응조치 및 피해구제절차
5. 정보주체에게 피해가 발생한 경우 신고 등을 접수할 수 있는 담당부서 및 연락처
② 개인정보처리자는 제1항 각 호의 사항을 모두 확인하기 어려운 경우에는 정보주체에게 다음 각 호의 사실만을 우선 알리고, 추후 확인되는 즉시 알릴 수 있다.
1. 정보주체에게 유출이 발생한 사실
2. 제1항의 통지항목 중 확인된 사항
③ 개인정보처리자는 개인정보 유출 사고를 인지하지 못해 유출 사고가 발생

한 시점으로부터 5일 이내에 해당 정보주체에게 개인정보 유출 통지를 하지 아니한 경우에는 실제 유출 사고를 알게 된 시점을 입증하여야 한다.

제27조(유출 통지방법)

① 개인정보처리자는 정보주체에게 제26조제1항 각 호의 사항을 통지할 때에는 서면, 전자우편, 모사전송, 전화, 휴대전화 문자전송 또는 이와 유사한 방법을 통하여 지체 없이 정보주체에게 알려야 한다.

② 개인정보처리자는 제1항의 통지방법과 동시에, 홈페이지 등을 통하여 제26조제1항 각 호의 사항을 공개할 수 있다.

제28조(개인정보 유출신고 등)

① 개인정보처리자는 1천명 이상의 정보주체에 관한 개인정보가 유출된 경우에는 정보주체에 대한 통지 및 조치결과를 5일 이내에 보호위원회 또는 영 제39조제2항의 전문기관에게 신고하여야 한다.

② 제1항에 따른 신고는 별지 제1호서식에 따른 개인정보 유출신고서를 통하여 하여야 한다.

③ 개인정보처리자는 전자우편, 팩스 또는 영 제39조제2항에 따른 전문기관의 인터넷 사이트를 통하여 유출신고를 할 시간적 여유가 없거나 그밖에 특별한 사정이 있는 때에는 먼저 전화를 통하여 제26조제1항의 사항을 신고한 후, 별지 제1호서식에 따른 개인정보 유출신고서를 제출할 수 있다.

④ 개인정보처리자는 1천명 이상의 정보주체에 관한 개인정보가 유출된 경우에는 제26조제1항에 따른 통지와 함께 인터넷 홈페이지 등에 정보주체가 알아보기 쉽도록 제26조제1항 각 호의 사항을 7일 이상 게재하여야 한다.

제29조(개인정보 유출 사고 대응 매뉴얼 등)

① 다음 각 호의 어느 하나에 해당하는 개인정보처리자는 유출 사고 발생 시

신속한 대응을 통해 피해 발생을 최소화하기 위해 「개인정보 유출 사고 대응 매뉴얼」을 마련하여야 한다.

1. 법 제2조제6호에 따른 공공기관
2. 그 밖에 1천명 이상의 정보주체에 관한 개인정보를 처리하는 개인정보처리자

② 제1항에 따른 개인정보 유출 사고 대응 매뉴얼에는 유출 통지·조회 절차, 영업점·인터넷회선 확충 등 고객 민원 대응조치, 현장 혼잡 최소화 조치, 고객불안 해소조치, 피해자 구제조치 등을 포함하여야 한다.

③ 개인정보처리자는 개인정보 유출에 따른 피해복구 조치 등을 수행함에 있어 정보주체의 불편과 경제적 부담을 최소화할 수 있도록 노력하여야 한다.

제30조(개인정보 침해 사실의 신고 처리 등)

① 개인정보처리자의 개인정보 처리로 인하여 개인정보에 관한 권리 또는 이익을 침해받은 사람은 법 제62조제2항에 따른 개인정보침해 신고센터에 침해 사실을 신고할 수 있다.

② 제1항에 따른 개인정보침해 신고센터는 다음 각 호의 업무를 수행한다.

1. 개인정보 처리와 관련한 신고의 접수·상담
2. 개인정보 침해 신고에 대한 사실 조사·확인 및 관계자의 의견 청취
3. 개인정보처리자에 대한 개인정보 침해 사실 안내 및 시정 유도
4. 사실 조사 결과가 정보주체의 권리 또는 이익 침해 사실이 없는 것으로 판단되는 경우 신고의 종결 처리
5. 법 제43조에 따른 개인정보 분쟁조정위원회 조정 안내 등을 통한 고충해소 지원

제6절 정보주체의 권리 보장

제31조(개인정보 열람 연기 사유의 소멸)

① 개인정보처리자가 법 제35조제3항 후문에 따라 개인정보의 열람을 연기한 후 그 사유가 소멸한 경우에는 정당한 사유가 없는 한 사유가 소멸한 날로부터 10일 이내에 열람하도록 하여야 한다.

② 정보주체로부터 영 제41조제1항제4호의 규정에 따른 개인정보의 제3자 제공 현황의 열람청구를 받은 개인정보처리자는 국가안보에 긴요한 사안으로 법 제35조제4항제3호마목의 규정에 따른 업무를 수행하는데 중대한 지장을 초래하는 경우, 제3자에게 열람청구의 허용 또는 제한, 거부와 관련한 의견을 조회하여 결정할 수 있다.

제32조(개인정보의 정정 · 삭제)

① 개인정보처리자가 법 제36조제1항에 따른 개인정보의 정정·삭제 요구를 받았을 때는 정당한 사유가 없는 한 요구를 받은 날로부터 10일 이내에 그 개인정보를 조사하여 정보주체의 요구에 따라 정정·삭제 등 필요한 조치를 한 후 그 결과를 정보주체에게 알려야 한다.

② 정보주체의 정정·삭제 요구가 법 제36조제1항 단서에 해당하는 경우에는 정당한 사유가 없는 한 요구를 받은 날로부터 10일 이내에 삭제를 요구할 수 없는 근거법령의 내용을 정보주체에게 알려야 한다.

제33조(개인정보의 처리정지)

① 개인정보처리자가 정보주체로부터 법 제37조제1항에 따라 개인정보처리를 정지하도록 요구받은 때에는 정당한 사유가 없는 한 요구를 받은 날로부터 10일 이내에 개인정보 처리의 일부 또는 전부를 정지하여야 한다. 다만, 법 제37조제2항 단서에 해당하는 경우에는 정보주체의 처리정지 요구를 거절할 수 있다.

② 개인정보처리자는 정보주체의 요구에 따라 처리가 정지된 개인정보에 대하여 정당한 사유가 없는 한 처리정지의 요구를 받은 날로부터 10일 이내에 해당 개인정보의 파기 등 정보주체의 요구에 상응하는 조치를 취하고 그 결과를 정보주체에게 알려야 한다.

제34조(권리행사의 방법 및 절차)

① 개인정보처리자는 정보주체가 법 제38조제1항에 따른 열람등요구를 하는 경우에는 개인정보를 수집하는 방법과 동일하거나 보다 쉽게 정보주체가 열람요구 등 권리를 행사할 수 있도록 간편한 방법을 제공하여야 하며, 개인정보의 수집시에 요구되지 않았던 증빙서류 등을 요구하거나 추가적인 절차를 요구할 수 없다.

② 제1항의 규정은 영 제46조에 따라 본인 또는 정당한 대리인임을 확인하고자 하는 경우와 영 제47조에 따른 수수료와 우송료의 정산에도 준용한다.

제3장 영상정보처리기기 설치·운영
제1절 영상정보처리기기의 설치

제35조(적용범위)

이 장은 영상정보처리기기운영자가 공개된 장소에 설치·운영하는 영상정보처리기기와 이 기기를 통하여 처리되는 개인영상정보를 대상으로 한다.

제36조(영상정보처리기기 운영·관리 지침)

① 영상정보처리기기 운영·관리 지침을 수립하거나 변경하는 경우에는 정보주체가 쉽게 확인할 수 있도록 공개하여야 한다.

② 영상정보처리기기 운영·관리 지침을 마련한 경우에는 법 제30조에 따른

개인정보 처리방침을 정하지 아니하거나, 영상정보처리기기 설치·운영에 관한 사항을 법 제30조에 따른 개인정보 처리방침에 포함하여 정할 수 있다.

제37조(관리책임자의 지정)

① 영상정보처리기기운영자는 개인영상정보의 처리에 관한 업무를 총괄해서 책임질 관리책임자를 지정하여야 한다.

② 제1항의 관리책임자는 법 제31조제2항에 따른 개인정보 보호책임자의 업무에 준하여 다음 각 호의 업무를 수행한다.

　1. 개인영상정보 보호 계획의 수립 및 시행

　2. 개인영상정보 처리 실태 및 관행의 정기적인 조사 및 개선

　3. 개인영상정보 처리와 관련한 불만의 처리 및 피해구제

　4. 개인영상정보 유출 및 오용·남용 방지를 위한 내부통제시스템의 구축

　5. 개인영상정보 보호 교육 계획 수립 및 시행

　6. 개인영상정보 파일의 보호 및 파기에 대한 관리·감독

　7. 그 밖에 개인영상정보의 보호를 위하여 필요한 업무

③ 법 제31조에 따른 개인정보 보호책임자가 지정되어 있는 경우에는 그 개인정보 보호책임자가 관리책임자의 업무를 수행할 수 있다.

제38조(사전의견 수렴)

영상정보처리기기의 설치 목적 변경에 따른 추가 설치 등의 경우에도 영 제23조제1항에 따라 관계 전문가 및 이해관계인의 의견을 수렴하여야 한다.

제39조(안내판의 설치)

① 영상정보처리기기운영자는 정보주체가 영상정보처리기기가 설치·운영 중임을 쉽게 알아볼 수 있도록 법 제25조제4항 본문에 따라 다음 각 호의 사항을 기재한 안내판 설치 등 필요한 조치를 하여야 한다.

1. 설치목적 및 장소
2. 촬영범위 및 시간
3. 관리책임자의 성명 또는 직책 및 연락처
4. 영상정보처리기기 설치·운영에 관한 사무를 위탁하는 경우, 수탁자의 명칭 및 연락처

② 제1항에 따른 안내판은 촬영범위 내에서 정보주체가 알아보기 쉬운 장소에 누구라도 용이하게 판독할 수 있게 설치되어야 하며, 이 범위 내에서 영상정보처리기기운영자가 안내판의 크기, 설치위치 등을 자율적으로 정할 수 있다.

③ 공공기관의 장이 기관 내 또는 기관 간에 영상정보처리기기의 효율적 관리 및 정보 연계 등을 위해 용도별·지역별 영상정보처리기기를 물리적·관리적으로 통합하여 설치·운영(이하 '통합관리'라 한다)하는 경우에는 설치목적 등 통합관리에 관한 내용을 정보주체가 쉽게 알아볼 수 있도록 제1항에 따른 안내판에 기재하여야 한다.

제2절 개인영상정보의 처리

제40조(개인영상정보 이용 · 제3자 제공 등 제한 등)

① 영상정보처리기기운영자는 다음 각 호의 경우를 제외하고는 개인영상정보를 수집 목적 이외로 이용하거나 제3자에게 제공하여서는 아니 된다. 다만 제5호부터 제9호까지의 경우는 공공기관의 경우로 한정한다.
1. 정보주체에게 동의를 얻은 경우
2. 다른 법률에 특별한 규정이 있는 경우
3. 정보주체 또는 그 법정대리인이 의사표시를 할 수 없는 상태에 있거나 주소불명 등으로 사전 동의를 받을 수 없는 경우로서 명백히 정보주체 또는 제3자의 급박한 생명, 신체, 재산의 이익을 위하여 필요하다고 인정되는 경우

4. 통계작성 및 학술연구 등의 목적을 위하여 필요한 경우로서 특정 개인을 알아볼 수 없는 형태로 개인영상정보를 제공하는 경우

5. 개인영상정보를 목적 외의 용도로 이용하거나 이를 제3자에게 제공하지 아니하면 다른 법률에서 정하는 소관 업무를 수행할 수 없는 경우로서 보호위원회의 심의·의결을 거친 경우

6. 조약, 그 밖의 국제협정의 이행을 위하여 외국정부 또는 국제기구에 제공하기 위하여 필요한 경우

7. 범죄의 수사와 공소의 제기 및 유지를 위하여 필요한 경우

8. 법원의 재판업무 수행을 위하여 필요한 경우

9. 형(刑) 및 감호, 보호처분의 집행을 위하여 필요한 경우

제41조(보관 및 파기)

① 영상정보처리기기운영자는 수집한 개인영상정보를 영상정보처리기기 운영·관리 방침에 명시한 보관 기간이 만료한 때에는 지체 없이 파기하여야 한다. 다만, 다른 법령에 특별한 규정이 있는 경우에는 그러하지 아니하다.

② 영상정보처리기기운영자가 그 사정에 따라 보유 목적의 달성을 위한 최소한의 기간을 산정하기 곤란한 때에는 보관 기간을 개인영상정보 수집 후 30일 이내로 한다.

③ 개인영상정보의 파기 방법은 다음 각 호의 어느 하나와 같다.

1. 개인영상정보가 기록된 출력물(사진 등) 등은 파쇄 또는 소각

2. 전자기적(電磁氣的) 파일 형태의 개인영상정보는 복원이 불가능한 기술적 방법으로 영구 삭제

제42조(이용 · 제3자 제공 · 파기의 기록 및 관리)

① 영상정보처리기기운영자는 개인영상정보를 수집 목적 이외로 이용하거나 제3자에게 제공하는 경우에는 다음 각 호의 사항을 기록하고 이를 관리하

여야 한다.

1. 개인영상정보 파일의 명칭

2. 이용하거나 제공받은 자(공공기관 또는 개인)의 명칭

3. 이용 또는 제공의 목적

4. 법령상 이용 또는 제공근거가 있는 경우 그 근거

5. 이용 또는 제공의 기간이 정하여져 있는 경우에는 그 기간

6. 이용 또는 제공의 형태

② 영상정보처리기기운영자가 개인영상정보를 파기하는 경우에는 다음 사항을 기록하고 관리하여야 한다.

1. 파기하는 개인영상정보 파일의 명칭

2. 개인영상정보 파기 일시 (사전에 파기 시기 등을 정한 자동 삭제의 경우에는 파기 주기 및 자동 삭제 여부에 관한 확인 시기)

3. 개인영상정보 파기 담당자

제43조(영상정보처리기기 설치 및 관리 등의 위탁)

① 영상정보처리기기운영자가 영 제26조제1항에 따라 영상정보처리기기의 설치·운영에 관한 사무를 제3자에게 위탁하는 경우에는 그 내용을 정보주체가 언제든지 쉽게 확인할 수 있도록 영 제24조에 따른 안내판 및 영 제27조에 따른 영상정보처리기기 운영·관리 방침에 수탁자의 명칭 등을 공개하여야 한다.

② 영상정보처리기기운영자가 영 제26조제1항에 따라 영상정보처리기기의 설치·운영에 관한 사무를 제3자에게 위탁할 경우에는 그 사무를 위탁받은 자가 개인영상정보를 안전하게 처리하고 있는지를 관리·감독하여야 한다.

제3절 개인영상정보의 열람등 요구

제44조(정보주체의 열람등 요구)

① 정보주체는 영상정보처리기기운영자가 처리하는 개인영상정보에 대하여 열람 또는 존재확인(이하 "열람등"이라 한다)을 해당 영상정보처리기기운영자에게 요구할 수 있다. 이 경우 정보주체가 열람등을 요구할 수 있는 개인영상정보는 정보주체 자신이 촬영된 개인영상정보 및 명백히 정보주체의 급박한 생명, 신체, 재산의 이익을 위하여 필요한 개인영상정보에 한한다.

② 영상정보처리기기운영자가 공공기관인 경우에는 해당 기관의 장에게 별지 제2호서식에 따른 개인영상정보 열람·존재확인 청구서(전자문서를 포함한다)로 하여야 한다.

③ 영상정보처리기기운영자는 제1항에 따른 요구를 받았을 때에는 지체 없이 필요한 조치를 취하여야 한다. 이때에 영상정보처리기기운영자는 열람등 요구를 한 자가 본인이거나 정당한 대리인인지를 주민등록증·운전면허증·여권 등의 신분증명서를 제출받아 확인하여야 한다.

④ 제3항의 규정에도 불구하고 다음 각 호에 해당하는 경우에는 영상정보처리기기운영자는 정보주체의 개인영상정보 열람등 요구를 거부할 수 있다. 이 경우 영상정보처리기기운영자는 10일 이내에 서면 등으로 거부 사유를 정보주체에게 통지하여야 한다.

1. 범죄수사·공소유지·재판수행에 중대한 지장을 초래하는 경우(공공기관에 한함)

2. 개인영상정보의 보관기간이 경과하여 파기한 경우

3. 기타 정보주체의 열람등 요구를 거부할 만한 정당한 사유가 존재하는 경우

⑤ 영상정보처리기기운영자는 제3항 및 제4항에 따른 조치를 취하는 경우 다음 각 호의 사항을 기록하고 관리하여야 한다.

1. 개인영상정보 열람등을 요구한 정보주체의 성명 및 연락처

2. 정보주체가 열람등을 요구한 개인영상정보 파일의 명칭 및 내용

3. 개인영상정보 열람등의 목적

4. 개인영상정보 열람등을 거부한 경우 그 거부의 구체적 사유

5. 정보주체에게 개인영상정보 사본을 제공한 경우 해당 영상정보의 내용과 제공한 사유

⑥ 정보주체는 영상정보처리기기운영자에게 정보주체 자신의 개인영상정보에 대한 파기를 요구하는 때에는 제1항에 의하여 보존을 요구하였던 개인영상정보에 대하여만 그 파기를 요구할 수 있다. 영상정보처리기기운영자가 해당 파기조치를 취한 경우에는 그 내용을 기록하고 관리하여야 한다.

제45조(개인영상정보 관리대장)

제42조제1항 및 제2항, 제44조제5항 및 제6항에 따른 기록 및 관리는 별지 제3호서식에 따른 '개인영상정보 관리대장'을 활용할 수 있다.

제46조(정보주체 이외의 자의 개인영상정보 보호)

영상정보처리기기운영자는 제44조제2항에 따른 열람등 조치를 취하는 경우, 만일 정보주체 이외의 자를 명백히 알아볼 수 있거나 정보주체 이외의 자의 사생활 침해의 우려가 있는 경우에는 해당되는 정보주체 이외의 자의 개인영상정보를 알아볼 수 없도록 보호조치를 취하여야 한다.

제4절 개인영상정보 보호 조치

제47조(개인영상정보의 안전성 확보를 위한 조치)

영상정보처리기기운영자는 개인영상정보가 분실·도난·유출·변조 또는 훼손되지 아니하도록 법 제29조 및 영 제30조제1항에 따라 안전성 확보를 위하여 다음 각 호의 조치를 하여야 한다.

1. 개인영상정보의 안전한 처리를 위한 내부 관리계획의 수립·시행, 다만 「개인정보의 안전성 확보조치 기준 고시」 제2조제4호에 따른 '소상공인' 은 내부관리계획을 수립하지 아니할 수 있다.

2. 개인영상정보에 대한 접근 통제 및 접근 권한의 제한 조치

3. 개인영상정보를 안전하게 저장·전송할 수 있는 기술의 적용 (네트워크 카메라의 경우 안전한 전송을 위한 암호화 조치, 개인영상정보파일 저장 시 비밀번호 설정 등)

4. 처리기록의 보관 및 위조·변조 방지를 위한 조치 (개인영상정보의 생성 일시 및 열람할 경우에 열람 목적·열람자·열람 일시 등 기록·관리 조치 등)

5. 개인영상정보의 안전한 물리적 보관을 위한 보관시설 마련 또는 잠금장 치 설치

제48조(개인영상정보처리기기의 설치 · 운영에 대한 점검)

① 공공기관의 장이 영상정보처리기기를 설치·운영하는 경우에는 이 지침의 준수 여부에 대한 자체점검을 실시하여 다음 해 3월 31일까지 그 결과를 보호위원회에게 통보하고 영 제34조제3항에 따른 시스템에 등록하여야 한다. 이 경우 다음 각 호의 사항을 고려하여야 한다.

1. 영상정보처리기기의 운영·관리 방침에 열거된 사항

2. 관리책임자의 업무 수행 현황

3. 영상정보처리기기의 설치 및 운영 현황

4. 개인영상정보 수집 및 이용·제공·파기 현황

5. 위탁 및 수탁자에 대한 관리·감독 현황

6. 정보주체의 권리행사에 대한 조치 현황

7. 기술적·관리적·물리적 조치 현황

8. 영상정보처리기 설치·운영의 필요성 지속 여부 등

② 공공기관의 장은 제1항과 제3항에 따른 영상정보처리기기 설치·운영에 대한 자체점검을 완료한 후에는 그 결과를 홈페이지 등에 공개하여야 한다.

③ 공공기관 외의 영상정보처리기기운영자는 영상정보처리기기 설치·운영으

로 인하여 정보주체의 개인영상정보의 침해가 우려되는 경우에는 자체점
검 등 개인영상정보의 침해 방지를 위해 적극 노력하여야 한다.

제4장 공공기관 개인정보파일 등록·공개
제1절 총칙

제49조(적용대상)

이 장의 적용대상은 다음과 같다.

1. 중앙행정기관(대통령 소속 기관과 국무총리 소속 기관을 포함한다) 및
   그 소속 기관, 지방자치단체
2. 「국가인권위원회법」에 따른 국가인권위원회
3. 「공공기관의 운영에 관한 법률」에 따른 공공기관
4. 「지방공기업법」에 따른 지방공사 및 지방공단
5. 특별법에 의하여 설립된 특수법인
6. 「초·중등교육법」, 「고등교육법」 및 그 밖의 다른 법률에 따라 설치된
   각급 학교

제50조(적용제외)

이 장은 다음 각 호의 어느 하나에 해당하는 개인정보파일에 관하여는 적
용하지 아니한다.

1. 국회, 법원, 헌법재판소, 중앙선거관리위원회(그 소속기관을 포함한다)에
   서 관리하는 개인정보파일
2. 법 제32조제2항에 따라 적용이 제외되는 다음 각목의 개인정보파일
   가. 국가안전, 외교상 비밀, 그 밖에 국가의 중대한 이익에 관한 사항을
   기록한 개인정보파일
   나. 범죄의 수사, 공소의 제기 및 유지, 형 및 감호의 집행, 교정처분, 보
   호처분, 보안관찰처분과 출입국 관리에 관한 사항을 기록한 개인정보파일

다. 「조세범처벌법」에 따른 범칙행위 조사 및 「관세법」에 따른 범칙 행위 조사에 관한 사항을 기록한 개인정보파일

라. 공공기관의 내부적 업무처리만을 위하여 사용되는 개인정보파일

마. 다른 법령에 따라 비밀로 분류된 개인정보파일

3. 법 제58조제1항에 따라 적용이 제외되는 다음 각목의 개인정보파일

가. 공공기관이 처리하는 개인정보 중 「통계법」에 따라 수집되는 개인 정보파일

나. 국가안전보장과 관련된 정보 분석을 목적으로 수집 또는 제공 요청 되는 개인정보파일

다. 공중위생 등 공공의 안전과 안녕을 위하여 긴급히 필요한 경우로서 일시적으로 처리되는 개인정보파일

4. 영상정보처리기기를 통하여 처리되는 개인영상정보파일

5. 자료·물품 또는 금전의 송부, 1회성 행사 수행 등의 목적만을 위하여 운용하는 경우로서 저장하거나 기록하지 않고 폐기할 목적으로 수집된 개 인정보파일

6. 「금융실명거래 및 비밀보장에 관한 법률」에 따른 금융기관이 금융업 무 취급을 위해 보유하는 개인정보파일

제2절 개인정보파일의 등록주체와 절차

제51조(개인정보파일 등록 주체)

① 개인정보파일을 운용하는 공공기관의 개인정보 보호책임자는 그 현황을 보호위원회에 등록하여야 한다.

② 중앙행정기관, 광역자치단체, 특별자치시도, 기초자치단체는 보호위원회에 직접 등록하여야 한다.

③ 교육청 및 각급 학교 등은 교육부를 통하여 보호위원회에 등록하여야 한 다.

④ 중앙행정기관 및 지방자치단체의 소속기관, 기타 공공기관은 상위 관리기

관을 통하여 보호위원회에 등록하여야 한다.

제52조(개인정보파일 등록 및 변경 신청)

① 개인정보파일을 운용하는 공공기관의 개인정보취급자는 해당 공공기관의 개인정보 보호책임자에게 개인정보파일 등록을 신청하여야 한다.

② 개인정보파일 등록 신청 사항은 다음의 각 호와 같다. 신청은 「개인정보 보호법 고시」(이하 "고시"라 한다) 제3조제2항에 따른 별지 제2호서식의 '개인정보파일 등록·변경등록 신청서'를 활용할 수 있다.

1. 개인정보파일을 운용하는 공공기관의 명칭
2. 개인정보파일의 명칭
3. 개인정보파일의 운영 근거 및 목적
4. 개인정보파일에 기록되는 개인정보의 항목
5. 개인정보파일로 보유하고 있는 개인정보의 정보주체 수
6. 개인정보의 처리 방법
7. 개인정보의 보유 기간
8. 개인정보를 통상적 또는 반복적으로 제공하는 경우에는 그 제공받는 자
9. 해당 공공기관에서 개인정보 처리 관련 업무를 담당하는 부서
10. 개인정보의 열람 요구를 접수·처리하는 부서
11. 개인정보파일의 개인정보 중 법 제35조제4항에 따라 열람을 제한하거나 거절할 수 있는 개인정보의 범위 및 제한 또는 거절 사유
12. 법 제33조제1항에 따른 개인정보 영향평가를 받은 개인정보파일의 경우에는 그 영향평가의 결과

③ 개인정보취급자는 등록한 사항이 변경된 경우에는 고시 제3조제2항에 따른 별지 제2호서식의 '개인정보파일 등록·변경등록 신청서'를 활용하여 개인정보 보호책임자에게 변경을 신청하여야 한다.

제53조(개인정보파일 등록 및 변경 확인)

① 개인정보파일 등록 또는 변경 신청을 받은 개인정보 보호책임자는 등록·변경 사항을 검토하고 그 적정성을 판단한 후 보호위원회에 등록하여야 한다.

② 교육청 및 각급 학교 등의 개인정보 보호책임자는 교육부에 제1항에 따른 등록·변경 사항의 검토 및 적정성 판단을 요청한 후, 교육부의 확인을 받아 보호위원회에 등록하여야 한다.

③ 중앙행정기관 및 지방자치단체의 소속기관, 기타 공공기관은 상위 관리기관에 제1항에 따른 등록·변경 사항의 검토 및 적정성 판단을 요청한 후, 상위 관리기관의 확인을 받아 보호위원회에 등록하여야 한다.

④ 제1항부터 제3항의 등록은 60일 이내에 하여야 한다.

제54조(개인정보파일 표준목록 등록과 관리)

① 특별지방행정기관, 지방자치단체, 교육기관(학교 포함) 등 전국적으로 단일한 공통업무를 집행하고 있는 기관은 각 중앙행정기관에서 제공하는 '개인정보파일 표준목록'에 따라 등록해야 한다.

② 전국 단일의 공통업무와 관련된 개인정보파일 표준목록은 해당 중앙부처에서 등록·관리해야 한다.

제55조(개인정보파일의 파기)

① 공공기관은 개인정보파일의 보유기간 경과, 처리 목적 달성 등 개인정보파일이 불필요하게 되었을 때에는 지체 없이 그 개인정보파일을 파기하여야 한다. 다만, 다른 법령에 따라 보존하여야 하는 경우에는 그러하지 아니하다.

② 공공기관은 개인정보파일의 보유기간, 처리 목적 등을 반영한 개인정보 파기계획을 수립·시행하여야 한다. 다만, 영 제30조제1항제1호에 따른 내부 관리계획이 수립되어 있는 경우에는 내부 관리계획에 개인정보 파기계획을 포함하여 시행할 수 있다.

③ 개인정보취급자는 보유기간 경과, 처리 목적 달성 등 파기 사유가 발생한 개인정보파일을 선정하고, 별지 제4호서식에 따른 개인정보파일 파기요청서에 파기 대상 개인정보파일의 명칭, 파기방법 등을 기재하여 개인정보 보호책임자의 승인을 받아 개인정보를 파기하여야 한다.

④ 개인정보 보호책임자는 개인정보 파기 시행 후 파기 결과를 확인하고 별지 제5호서식에 따른 개인정보파일 파기 관리대장을 작성하여야 한다.

제56조(개인정보파일 등록 사실의 삭제)

① 개인정보취급자는 제55조에 따라 개인정보파일을 파기한 경우, 법 제32조에 따른 개인정보파일의 등록사실에 대한 삭제를 개인정보 보호책임자에게 요청해야 한다.

② 개인정보파일 등록의 삭제를 요청받은 개인정보 보호책임자는 그 사실을 확인하고, 지체 없이 등록 사실을 삭제한 후 그 사실을 보호위원회에 통보한다.

제57조(등록 · 파기에 대한 개선권고)

① 공공기관의 개인정보 보호책임자는 제53조제1항에 따라 검토한 개인정보파일이 과다하게 운용되고 있다고 판단되는 경우에는 개선을 권고할 수 있다.

② 교육청 및 각급 학교, 중앙행정기관 및 지방자치단체의 소속기관, 기타 공공기관의 개인정보 보호책임자는 제53조제2항 및 제53조제3항에 따라 검토한 개인정보파일이 과다하게 운용된다고 판단되거나, 등록되지 않은 파일이 있는 것으로 확인되는 경우에는 개선을 권고할 수 있다.

③ 보호위원회는 개인정보파일의 등록사항과 그 내용을 검토하고 다음 각 호의 어느 하나에 해당되는 경우에는 법 제32조제3항에 따라 해당 공공기관의 개인정보 보호책임자에게 개선을 권고할 수 있다.

  1. 개인정보파일이 과다하게 운용된다고 판단되는 경우

2. 등록하지 않은 개인정보파일이 있는 경우

3. 개인정보파일 등록 사실이 삭제되었음에도 불구하고 개인정보파일을 계속 보유하고 있는 경우

4. 개인정보 영향평가를 받은 개인정보파일을 보유하고 있음에도 그 결과를 등록사항에 포함하지 않은 경우

5. 기타 법 제32조에 따른 개인정보파일의 등록 및 공개에 위반되는 사항이 있다고 판단되는 경우

④ 보호위원회는 제3항에 따라 개선을 권고한 경우에는 그 내용 및 결과에 대하여 개인정보 보호위원회의 심의·의결을 거쳐 공표할 수 있다.

⑤ 보호위원회는 공공기관의 개인정보파일 등록·파기 현황에 대한 점검을 실시할 수 있다.

제3절 개인정보파일의 관리 및 공개

제58조(개인정보파일대장 작성)

공공기관은 1개의 개인정보파일에 1개의 개인정보파일대장을 작성해야 한다.

제59조(개인정보파일 이용 · 제공 관리)

공공기관은 법 제18조제2항 각 호에 따라 제3자가 개인정보파일의 이용·제공을 요청한 경우에는 각각의 이용·제공 가능 여부를 확인하고 별지 제6호서식의 '개인정보 목적 외 이용·제공대장'에 기록하여 관리해야 한다.

제60조(개인정보파일 보유기간의 산정)

① 보유기간은 전체 개인정보가 아닌 개별 개인정보의 수집부터 삭제까지의 생애주기로서 보유목적에 부합된 최소기간으로 산정하되, 개별 법령의 규정에 명시된 자료의 보존기간에 따라 산정해야 한다.

제9장
정보보호
관련
고시·권고

② 개별 법령에 구체적인 보유기간이 명시되어 있지 않은 경우에는 개인정보 보호책임자의 협의를 거쳐 기관장의 결재를 통하여 산정해야 한다. 다만, 보유기간은 별표 1의 개인정보파일 보유기간 책정 기준표에서 제시한 기준과 「공공기록물 관리에 관한 법률 영」에 따른 기록관리기준표를 상회할 수 없다.

③ 정책고객, 홈페이지회원 등의 홍보 및 대국민서비스 목적의 외부고객 명부는 특별한 경우를 제외하고는 2년을 주기로 정보주체의 재동의 절차를 거쳐 동의한 경우에만 계속하여 보유할 수 있다.

제61조(개인정보파일 현황 공개 및 방법)

① 공공기관의 개인정보 보호책임자는 개인정보파일의 보유·파기현황을 주기적으로 조사하여 그 결과를 해당 공공기관의 개인정보 처리방침에 포함하여 관리해야 한다.

② 보호위원회는 개인정보파일 등록 현황을 누구든지 쉽게 열람할 수 있도록 공개하여야 한다.

③ 보호위원회는 전 공공기관의 개인정보파일 등록 및 삭제 현황을 종합하여 매년 공개해야 하며, 개인정보파일 현황 공개에 관한 업무를 전자적으로 처리하기 위하여 정보시스템을 구축·운영할 수 있다.

제5장 보칙

제62조(친목단체에 대한 벌칙조항의 적용배제)

① 친목단체의 개인정보처리자에 대하여는 법 제75조제1항제1호, 법 제75조제2항제1호, 법 제75조제4항제8호 및 법 제75조제4항제8호의 벌칙을 적용하지 아니한다.

② 제1항에서 규정한 사항을 제외한 벌칙규정은 친목단체의 개인정보처리자에 대하여도 적용한다.

제63조(처리 중인 개인정보에 관한 경과조치)

① 법 시행 전에 근거법령 없이 개인정보를 수집한 경우 당해 개인정보를 보유하는 것은 적법한 처리로 본다. 다만, 이 법 시행 이후 기존의 수집목적 범위 내에서 이용하는 경우를 제외하고 개인정보를 새롭게 처리하는 경우에는 법, 영, 고시 및 이 지침에 따라야 한다.

② 법 시행 전에 법률의 근거 또는 정보주체의 동의 없이 제3자로부터 개인정보를 제공받아 목적 외의 용도로 이용하고 있는 개인정보처리자는 정보주체의 동의를 받아야 한다.

③ 법 시행 전에 개인정보를 수집한 개인정보처리자는 기존의 수집목적 범위에도 불구하고 제1항 단서 및 제2항을 준수하기 위하여 새롭게 정보주체의 동의를 받을 목적으로 법 시행 전에 수집한 개인정보를 이용할 수 있다.

　　부칙 〈제2020-1호, 2020. 8. 11.〉

이 고시는 고시한 날부터 시행한다.

개인정보파일 보유기간 책정 기준표

보유기간	대상 개인정보파일
영구	1. 국민의 지위, 신분, 재산을 증명하기 위해 운용하는 개인정보파일 중 영구보존이 필요한 개인정보파일 2. 국민의 건강증진과 관련된 업무를 수행하기 위해 운용하는 개인정보파일 중 영구보존이 필요한 개인정보파일
준영구	1. 국민의 신분, 재산을 증명하기 위해 운용하는 개인정보파일 중 개인이 사망, 폐지 그 밖의 사유로 소멸되기 때문에 영구 보존할 필요가 없는 개인정보파일 2. 국민의 신분증명 및 의무부과, 특정대상 관리 등을 위하여 행정기관이 구축하여 운영하는 행정정보시스템의 데이터 셋으로 구성된 개인정보파일
30년	1. 관계 법령에 따라 10년 이상 30년 미만의 기간 동안 민. 형사상 또는 행정상의 책임 또는 시효가 지속되거나, 증명자료로서의 가치가 지속되는 개인정보파일
10년	1. 관계 법령에 따라 5년 이상 10년 미만의 기간 동안 민. 형사상 또는 행정상의 책임 또는 시효가 지속되거나, 증명자료로서의 가치가 지속되는 개인정보파일
5년	1. 관계 법령에 따라 3년 이상 5년 미만의 기간 동안 민. 형사상 또는 행정상의 책임 또는 시효가 지속되거나, 증명자료로서의 가치가 지속되는 개인정보파일
3년	1. 행정업무의 참고 또는 사실 증명을 위하여 1년 이상 3년 미만의 기간 동안 보존할 필요가 있는 개인정보파일 2. 관계 법령에 따라 1년 이상 3년 미만의 기간 동안 민. 형사상 또는 행정상의 책임 또는 시효가 지속되거나, 증명자료로서의 가치가 지속되는 개인정보파일 3. 각종 증명서 발급과 관련된 개인정보파일(단 다른 법령에서 증명서 발급 관련 보유기간이 별도로 규정된 경우 해당 법령에 따름)
1년	1. 상급기관(부서)의 요구에 따라 단순 보고를 위해 생성한 개인정보파일

개인정보 유출신고서

기관명					
정보주체에의 통지 여부					
유출된 개인정보의 항목 및 규모					
유출된 시점과 그 경위					
유출피해 최소화 대책·조치 및 결과					
정보주체가 할 수 있는 피해 최소화 방법 및 구제절차					
담당부서·담당자 및 연락처		성명	부서	직위	연락처
	개인정보 보호책임자				
	개인정보 취급자				

유출신고 접수기관	기관명	담당자명	연락처

제9장
정보보호
관련
고시·권고

개인영상정보(□ 존재확인 □ 열람) 청구서

		처리기한
		10일 이내

※ 아래 유의사항을 읽고 굵은 선 안쪽의 사항만 적어 주시기 바랍니다.

청 구 인	성 명		전 화 번 호	
	생년월일		정보주체와의 관계	
	주 소			
정보주체의 인적사항	성 명		전 화 번 호	
	생년월일			
	주 소			
청구내용 (구체적으로 요청하지 않으면 처리가 곤란할 수 있음)	영상정보 기록기간	(예 : 2011.01.01 18:30 ~ 2011.01.01 19:00)		
	영상정보 처리기기 설치장소	(예 : 00시 00구 00대로 0 인근 CCTV)		
	청구 목적 및 사유			

「표준 개인정보 보호지침」 제44조에 따라 위와 같이 개인영상정보의 존재확인, 열람을 청구합니다.

년   월   일

청구인   (서명 또는 인)

○○○○ 귀하

담당자의 청구인에 대한 확인 서명	

개인영상정보 관리대장

번호	구분	일시	파일명/형태	담당자	목적/사유	이용·제공받는 제3자/열람등 요구자	이용·제공 근거	이용·제공 형태	기간
1	☐ 이용 ☐ 제공 ☐ 열람 ☐ 파기								
2	☐ 이용 ☐ 제공 ☐ 열람 ☐ 파기								
3	☐ 이용 ☐ 제공 ☐ 열람 ☐ 파기								
4	☐ 이용 ☐ 제공 ☐ 열람 ☐ 파기								
5	☐ 이용 ☐ 제공 ☐ 열람 ☐ 파기								
6	☐ 이용 ☐ 제공 ☐ 열람 ☐ 파기								
7	☐ 이용 ☐ 제공 ☐ 열람 ☐ 파기								

제9장
정보보호
관련
고시·권고

[별지 제4호서식]

개인정보파일 파기 요청서

작성일		작성자	
파기 대상 개인정보파일			
생성일자		개인정보취급자	
주요 대상업무		현재 보관건수	
파기 사유			
파기 일정			
특기사항			
파기 승인일		승인자 (개인정보 보호책임자)	
파기 장소			
파기 방법			
파기 수행자		입회자	
폐기 확인 방법			
백업 조치 유무			
매체 폐기 여부			

[별지 제5호서식]

개인정보파일 파기 관리대장

번호	개인정보 파일명	자료의 종류	생성일	폐기일	폐기사유	처리담당자	처리부서장

제9장
정보보호
관련
고시·권고

개인정보 목적 외 이용·제공 대장

구분	주요내용
① 개인정보파일명	
② 이용·제공받는 기관	
③ 이용·제공일자	
④ 이용·제공주기	
⑤ 이용·제공형태	
⑥ 이용·제공목적	
⑦ 이용·제공근거	
⑧ 이용·제공항목	
⑨ 비고	

개인정보의 기술적·관리적 보호조치 기준

[시행 2021. 9. 15.] [개인정보보호위원회고시 제2021-3호, 2021. 9. 15., 일부개정.]

제1조(목적)

① 이 기준은 「개인정보 보호법」(이하 "법"이라 한다) 제29조 및 같은 법 시행령 제48조의2제3항에 따라 정보통신서비스 제공자등(법 제39조의14에 따라 준용되는 자를 포함한다. 이하 같다)이 이용자의 개인정보를 처리함에 있어서 개인정보의 분실·도난·유출·위조·변조 또는 훼손을 방지하고 개인정보의 안전성 확보를 위하여 필요한 기술적·관리적 보호조치의 최소한의 기준을 정하는 것을 목적으로 한다.

② 정보통신서비스 제공자등은 사업규모, 개인정보 보유 수 등을 고려하여 스스로의 환경에 맞는 개인정보 보호조치 기준을 수립하여 시행하여야 한다.

제2조(정의)

이 기준에서 사용하는 용어의 뜻은 다음과 같다.

1. "개인정보 보호책임자"란 이용자의 개인정보보호 업무를 총괄하거나 업무처리를 최종 결정하는 임직원을 말한다.

2. "개인정보취급자"란 이용자의 개인정보를 수집, 보관, 처리, 이용, 제공, 관리 또는 파기 등의 업무를 하는 자를 말한다.

3. "내부관리계획"이라 함은 정보통신서비스 제공자등이 개인정보의 안전한 처리를 위하여 개인정보보호 조직의 구성, 개인정보취급자의 교육, 개인정보 보호조치 등을 규정한 계획을 말한다.

4. "개인정보처리시스템"이라 함은 개인정보를 처리할 수 있도록 체계적으로 구성한 데이터베이스시스템을 말한다.

5. "망분리"라 함은 외부 인터넷망을 통한 불법적인 접근과 내부정보 유출을 차단하기 위해 업무망과 외부 인터넷망을 분리하는 망 차단조치를 말한다.

6. "비밀번호"라 함은 이용자 및 개인정보취급자 등이 시스템 또는 정보통신망에 접속할 때 식별자와 함께 입력하여 정당한 접속 권한을 가진 자라는 것을 식별할 수 있도록 시스템에 전달해야 하는 고유의 문자열로서 타인에게 공개되지 않는 정보를 말한다.

7. "접속기록"이라 함은 이용자 또는 개인정보취급자 등이 개인정보처리시스템에 접속하여 수행한 업무 내역에 대하여 식별자, 접속일시, 접속지를 알 수 있는 정보, 수행업무 등 접속한 사실을 전자적으로 기록한 것을 말한다.

8. "생체정보"라 함은 지문, 얼굴, 홍채, 정맥, 음성, 필적 등 개인의 신체적, 생리적, 행동적 특징에 관한 정보로서 특정 개인을 인증·식별하거나 개인에 관한 특징을 알아보기 위해 일정한 기술적 수단을 통해 처리되는 정보를 말한다.

8의2. "생체인식정보"라 함은 생체정보 중 특정 개인을 인증 또는 식별할 목적으로 일정한 기술적 수단을 통해 처리되는 정보를 말한다.

9. "P2P(Peer to Peer)"라 함은 정보통신망을 통해 서버의 도움 없이 개인과 개인이 직접 연결되어 파일을 공유하는 것을 말한다.

10. "공유설정"이라 함은 컴퓨터 소유자의 파일을 타인이 조회·변경·복사 등을 할 수 있도록 설정하는 것을 말한다.

11. "보안서버"라 함은 정보통신망에서 송·수신하는 정보를 암호화하여 전송하는 웹서버를 말한다.

12. "인증정보"라 함은 개인정보처리시스템 또는 정보통신망을 관리하는 시스템 등이 요구한 식별자의 신원을 검증하는데 사용되는 정보를 말한다.

13. "모바일 기기"란 스마트폰, 태블릿PC 등 무선망을 이용할 수 있는 휴대용 기기를 말한다.

14. "보조저장매체"란 이동형 하드디스크(HDD), USB메모리, CD(Compact Disk) 등 자료를 저장할 수 있는 매체로서 개인정보처리시스템 또는 개인용 컴퓨터 등과 쉽게 분리·접속할 수 있는 저장매체를 말한다.

제3조(내부관리계획의 수립 · 시행)

① 정보통신서비스 제공자등은 다음 각 호의 사항을 정하여 개인정보보호 조직을 구성 · 운영하여야 한다.

1. 개인정보 보호책임자의 자격요건 및 지정에 관한 사항

2. 개인정보 보호책임자와 개인정보취급자의 역할 및 책임에 관한 사항

3. 개인정보 내부관리계획의 수립 및 승인에 관한 사항

4. 개인정보의 기술적 · 관리적 보호조치 이행 여부의 내부 점검에 관한 사항

5. 개인정보 처리업무를 위탁하는 경우 수탁자에 대한 관리 및 감독에 관한 사항

6. 개인정보의 분실 · 도난 · 유출 · 위조 · 변조 · 훼손 등이 발생한 경우의 대응 절차 및 방법에 관한 사항

7. 그 밖에 개인정보보호를 위해 필요한 사항

② 정보통신서비스 제공자등은 다음 각 호의 사항을 정하여 개인정보 보호책임자 및 개인정보취급자를 대상으로 사업규모, 개인정보 보유 수 등을 고려하여 필요한 교육을 정기적으로 실시하여야 한다.

1. 교육목적 및 대상

2. 교육 내용

3. 교육 일정 및 방법

③ 정보통신서비스 제공자등은 제1항 및 제2항에 대한 세부 계획, 제4조부터 제8조까지의 보호조치 이행을 위한 세부적인 추진방안을 포함한 내부관리계획을 수립 · 시행하여야 한다.

제4조(접근통제)

① 정보통신서비스 제공자등은 개인정보처리시스템에 대한 접근권한을 서비스 제공을 위하여 필요한 개인정보 보호책임자 또는 개인정보취급자에게만 부여한다.

② 정보통신서비스 제공자등은 전보 또는 퇴직 등 인사이동이 발생하여 개인

정보취급자가 변경되었을 경우 지체 없이 개인정보처리시스템의 접근권한을 변경 또는 말소한다.

③ 정보통신서비스 제공자등은 제1항 및 제2항에 의한 권한 부여, 변경 또는 말소에 대한 내역을 기록하고, 그 기록을 최소 5년간 보관한다.

④ 정보통신서비스 제공자등은 개인정보취급자가 정보통신망을 통해 외부에서 개인정보처리시스템에 접속이 필요한 경우에는 안전한 인증 수단을 적용하여야 한다.

⑤ 정보통신서비스 제공자등은 정보통신망을 통한 불법적인 접근 및 침해사고 방지를 위해 다음 각 호의 기능을 포함한 시스템을 설치·운영하여야 한다.

1. 개인정보처리시스템에 대한 접속 권한을 IP주소 등으로 제한하여 인가받지 않은 접근을 제한

2. 개인정보처리시스템에 접속한 IP주소 등을 재분석하여 불법적인 개인정보 유출 시도를 탐지

⑥ 전년도 말 기준 직전 3개월간 그 개인정보가 저장·관리되고 있는 이용자 수가 일일평균 100만명 이상이거나 정보통신서비스 부문 전년도(법인인 경우에는 전 사업연도를 말한다) 매출액이 100억원 이상인 정보통신서비스 제공자 등은 개인정보처리시스템에서 개인정보를 다운로드 또는 파기할 수 있거나 개인정보처리시스템에 대한 접근권한을 설정할 수 있는 개인정보취급자의 컴퓨터 등을 물리적 또는 논리적으로 망분리 하여야 한다.

⑦ 정보통신서비스 제공자등은 이용자가 안전한 비밀번호를 이용할 수 있도록 비밀번호 작성규칙을 수립하고, 이행한다.

⑧ 정보통신서비스 제공자등은 개인정보취급자를 대상으로 다음 각 호의 사항을 포함하는 비밀번호 작성규칙을 수립하고, 이를 적용·운용하여야 한다.

1. 영문, 숫자, 특수문자 중 2종류 이상을 조합하여 최소 10자리 이상 또는 3종류 이상을 조합하여 최소 8자리 이상의 길이로 구성

2. 연속적인 숫자나 생일, 전화번호 등 추측하기 쉬운 개인정보 및 아이디와 비슷한 비밀번호는 사용하지 않는 것을 권고

3. 비밀번호에 유효기간을 설정하여 반기별 1회 이상 변경

⑨ 정보통신서비스 제공자등은 처리중인 개인정보가 인터넷 홈페이지, P2P, 공유설정 등을 통하여 열람권한이 없는 자에게 공개되거나 외부에 유출되지 않도록 개인정보처리시스템 및 개인정보취급자의 컴퓨터와 모바일 기기에 조치를 취하여야 한다.

⑩ 정보통신서비스 제공자등은 개인정보처리시스템에 대한 개인정보취급자의 접속이 필요한 시간 동안만 최대 접속시간 제한 등의 조치를 취하여야 한다.

제5조(접속기록의 위·변조방지)

① 정보통신서비스 제공자등은 개인정보취급자가 개인정보처리시스템에 접속한 기록을 월 1회 이상 정기적으로 확인·감독하여야 하며, 시스템 이상 유무의 확인 등을 위해 최소 1년 이상 접속기록을 보존·관리하여야 한다.

② 단, 제1항의 규정에도 불구하고 「전기통신사업법」 제5조의 규정에 따른 기간통신사업자의 경우에는 보존·관리해야할 최소 기간을 2년으로 한다.

③ 정보통신서비스 제공자등은 개인정보취급자의 접속기록이 위·변조되지 않도록 별도의 물리적인 저장 장치에 보관하여야 하며 정기적인 백업을 수행하여야 한다.

제6조(개인정보의 암호화)

① 정보통신서비스 제공자등은 비밀번호는 복호화 되지 아니하도록 일방향 암호화하여 저장한다.

② 정보통신서비스 제공자등은 다음 각 호의 정보에 대해서는 안전한 암호알고리듬으로 암호화하여 저장한다.

1. 주민등록번호
2. 여권번호
3. 운전면허번호
4. 외국인등록번호
5. 신용카드번호

6. 계좌번호

7. 생체인식정보

③ 정보통신서비스 제공자등은 정보통신망을 통해 이용자의 개인정보 및 인증정보를 송·수신할 때에는 안전한 보안서버 구축 등의 조치를 통해 이를 암호화해야 한다. 보안서버는 다음 각 호 중 하나의 기능을 갖추어야 한다.

1. 웹서버에 SSL(Secure Socket Layer) 인증서를 설치하여 전송하는 정보를 암호화하여 송·수신하는 기능

2. 웹서버에 암호화 응용프로그램을 설치하여 전송하는 정보를 암호화하여 송·수신하는 기능

④ 정보통신서비스 제공자등은 이용자의 개인정보를 컴퓨터, 모바일 기기 및 보조저장매체 등에 저장할 때에는 이를 암호화해야 한다.

제7조(악성프로그램 방지)

정보통신서비스 제공자등은 악성 프로그램 등을 방지·치료할 수 있는 백신 소프트웨어 등의 보안 프로그램을 설치·운영하여야 하며, 다음 각호의 사항을 준수하여야 한다.

1. 보안 프로그램의 자동 업데이트 기능을 사용하거나, 또는 일 1회 이상 업데이트를 실시하여 최신의 상태로 유지

2. 악성프로그램관련 경보가 발령된 경우 또는 사용 중인 응용 프로그램이나 운영체제 소프트웨어의 제작업체에서 보안 업데이트 공지가 있는 경우, 즉시 이에 따른 업데이트를 실시

제8조(물리적 접근 방지)

① 정보통신서비스 제공자등은 전산실, 자료보관실 등 개인정보를 보관하고 있는 물리적 보관 장소에 대한 출입통제 절차를 수립·운영하여야 한다.

② 정보통신서비스 제공자등은 개인정보가 포함된 서류, 보조저장매체 등을 잠금장치가 있는 안전한 장소에 보관하여야 한다.

③ 정보통신서비스 제공자등은 개인정보가 포함된 보조저장매체의 반출·입 통제를 위한 보안대책을 마련하여야 한다.

제9조(출력·복사시 보호조치)

① 정보통신서비스 제공자등은 개인정보처리시스템에서 개인정보의 출력시(인쇄, 화면표시, 파일생성 등) 용도를 특정하여야 하며, 용도에 따라 출력 항목을 최소화 한다.

② 정보통신서비스 제공자등은 개인정보가 포함된 종이 인쇄물, 개인정보가 복사된 외부 저장매체 등 개인정보의 출력·복사물을 안전하게 관리하기 위해 출력·복사 기록 등 필요한 보호조치를 갖추어야 한다.

제10조(개인정보 표시 제한 보호조치)

정보통신서비스 제공자등은 개인정보 업무처리를 목적으로 개인정보의 조회, 출력 등의 업무를 수행하는 과정에서 개인정보보호를 위하여 개인정보를 마스킹하여 표시제한 조치를 취할 수 있다.

제11조(재검토 기한)

개인정보보호위원회는 「훈령·예규 등의 발령 및 관리에 관한 규정」에 따라 이 고시에 대하여 2020년 8월 11일을 기준으로 매 3년이 되는 시점(매 3년째의 8월 10일까지를 말한다)마다 그 타당성을 검토하여 개선 등의 조치를 하여야 한다.

부칙 〈제2021-3호, 2021. 9. 15.〉

이 고시는 고시한 날부터 시행한다.

불법촬영물 등 유통방지 법규 위반에 대한 과징금 부과기준

[시행 2020. 12. 21.][제정 2020. 12. 21. 방송통신위원회 고시 제2020-10호]

제1조(목적)

이 고시는 「전기통신사업법」(이하 "법"이라 한다) 제22조의6제1항, 같은 법 시행령(이하 "영"이라 한다) 제30조의7 및 [별표 3의3]에 따른 과징금 부과에 필요한 세부기준을 정함을 목적으로 한다.

제2조(과징금 산정 절차 및 기준)

과징금은 영 [별표 3의3]에 따라 조치의무사업자가 제공하는 서비스의 특수성, 위반행위의 내용 및 정도, 위반행위로 인하여 취득한 이익의 규모, 위반행위의 횟수 등을 고려하여 산정된 기준금액에 필수적 가중·감경, 추가적 가중·감경을 거쳐 산정한다.

제3조(관련 매출액의 산정)

① 영 제30조의7제1항에 따라 관련 매출액은 조치의무사업자가 제공하는 부가통신서비스 중 법 제22조의5제1항에 따라 유통방지에 필요한 조치를 취하여야 하는 불법촬영물등이 유통된 해당 부가통신서비스(이하 "서비스"라 한다)의 직전 3개 사업연도의 연평균 매출액 또는 영 제30조의7제1항 각 호에 따른 금액을 매출액으로 한다.

② 제1항에 따른 관련 매출액 산정시 서비스의 범위는 법 제5조를 기준으로 판단하되, 구체적인 판단에 있어서는 다음 각 호의 사항을 고려하여야 한다.

1. 서비스의 종류와 성질
2. 서비스 제공 방식
3. 서비스 가입 방법(서비스 가입 방식이 온라인 가입인지 오프라인 가입인지 여부 및 하나의 사업자가 수 개의 웹사이트를 운영하는 경우 독립되어 각각

별개의 가입을 요구하는지 여부 등을 의미한다)

4. 이용약관에서 규정한 서비스 범위

5. 서비스 제공 상대방

6. 데이터베이스 관리 조직·인력 및 시스템 운영 방식

③ 서비스에 대한 매출액은 회계자료를 참고하여 정하되, 이를 통해 위반행위와 관련한 서비스의 매출액을 산정하기 곤란한 경우에는 해당 조치의무사업자의 과거 실적, 동종 유사 역무제공사업자의 과거 실적, 사업계획, 그 밖에 시장상황 등을 종합적으로 고려하여 매출액을 산정할 수 있다.

제4조(중대성의 판단)

① 영 [별표 3의3] 2. 가.에 따라 위반행위는 매우 중대한 위반행위, 중대한 위반행위, 보통 위반행위로 구분한다.

② 제1항에 따른 위반행위의 구분기준은 별표 1과 같다.

제5조(기준금액의 산정)

기준금액은 제3조에 따른 서비스의 매출액에 위반행위의 중대성에 따라 다음 각 호와 같이 구분된 과징금의 산정비율을 곱하여 산출한 금액으로 한다.

1. 매우 중대한 위반행위 : 1천분의 27

2. 중대한 위반행위 : 1천분의 21

3. 보통 위반행위 : 1천분의 15

제6조(필수적 가중·감경)

① 영 [별표 3의3] 2. 나.에 따라 위반횟수를 고려하여 다음 각 호와 같이 과징금을 조정한다.

1. 최초 위반행위: 조치의무사업자가 최근 3년간 법 제22조의6제1항에 따라 과징금 처분을 받은 적이 없는 경우에는 기준금액의 100분의 50에 해당하는 금액을 감경한다.

2. 2회 위반행위: 조치의무사업자가 최근 3년간 법 제22조의6제1항에 따라 과징금 처분을 1회 받은 경우에는 기준금액을 유지한다.

3. 3회 이상의 위반행위: 조치의무사업자가 최근 3년간 법 제22조의6제1항에 따라 2회 이상의 과징금 처분을 받은 경우에는 기준금액의 100분의 50에 해당하는 금액을 가중한다.

② 제1항에서 과거 위반횟수를 산정할 때에는 시정조치 명령이나 과징금 부과의 무효 또는 취소판결이 확정된 건을 제외한다.

제7조(추가적 가중 · 감경)

영 [별표 3의3] 2. 다.에 따라 필수적 가중 · 감경을 거친 금액의 100분의 50의 범위 내에서 추가적으로 가중하거나 감경할 수 있으며, 이에 대한 세부기준은 별표 2와 같다.

제8조(재검토기한)

방송통신위원회는 「훈령 · 예규 등의 발령 및 관리에 관한 규정」에 따라 이 고시에 대하여 2020년 12월 10일을 기준으로 매 3년이 되는 시점(매 3년째의 12월 31일까지를 말한다)마다 그 타당성을 검토하여 개선 등의 조치를 하여야 한다.

부   칙 〈제2020-10호, 2020.12.21.〉

이 고시는 고시한 날부터 시행한다.

[별표 1]

위반행위의 중대성 판단 기준(제4조 관련)

1. 위반행위의 중대성은 제2호에 따른 세부평가 기준표에 따라 평가하여 합산한 위반점수를 기준으로 다음과 같이 구분한다.

   ※ 합산 위반점수 = Σ(평가항목별 위반점수 × 비중)

합산 위반점수	중대성의 정도
24이상 30이하	매우 중대한 위반행위
15이상 24미만	중대한 위반행위
10이상 15미만	보통 위반행위

2. 세부평가 기준표

평가항목 / 위반점수	비중	상(30점)	중(20점)	하(10점)
이득 발생의 정도	0.3	•위반행위로 인해 취득한 이득이 상당한 경우(상당한 이득 발생 가능성이 높은 경우를 포함한다)	•위반행위로 인해 취득한 이득이 보통인 경우(보통의 이득 발생 가능성이 있는 경우를 포함한다)	•위반행위로 인해 취득한 이득이 없거나 경미한 경우(경미한 이득 발생 가능성이 일부 있는 경우를 포함한다)
피해*의 정도	0.2	•위반행위로 인한 피해가 중대한 경우	•위반행위로 인한 피해가 보통인 경우	•위반행위로 인한 피해가 경미한 경우
영리목적의 유무	0.2	•위반행위로 인해 이득을 취할 목적이 명확한 경우	•위반행위로 인해 이득을 취할 목적이 일부 인정되는 경우	•위반행위로 인해 이득을 취할 목적이 없거나 미약한 경우
불법촬영물등의 유통 규모	0.2	•불법촬영물등이 당해 조치의무사업자 이외 5개 이상의 조치의무사업자의 서비스에 유통된 경우	•불법촬영물등이 당해 조치의무사업자 이외 1~4개의 조치의무사업자의 서비스에 유통된 경우	•불법촬영물등이 당해 조치의무사업자의 서비스에 한정되어 유통된 경우
신고·삭제 요청등의 횟수	0.1	•불법촬영물등에 대한 신고·삭제요청등이 3회 이상 이루어졌음에도 조치가 취해지지 않은 경우	•불법촬영물등에 대한 신고·삭제요청등이 2회 이루어졌음에도 조치가 취해지지 않은 경우	•불법촬영물등에 대한 신고·삭제요청등이 1회 이루어졌음에도 조치가 취해지지 않은 경우

* '피해'란 재산적 피해, 신체적 피해, 명예 등 정신적 피해를 포함한다.

[별표 2]

추가적 가중·감경 금액(제7조 관련)

I. 가중사유 및 비율

1. 조치의무사업자 및 그 소속 임원·종업원이 법 제22조의5제5항에 따른 점검 및 자료제출을 거부하거나 증거인멸, 조작, 허위의 정보제공 등의 방법으로 점검을 방해하거나 관련 이용자에게 허위로 진술하도록 요청한 경우 100분의 30 이내

2. 위반행위에 대하여 점검이 진행되고 있음을 알면서도 위반행위를 종료하지 않거나 위반상태를 시정하지 아니한 경우 100분의 20 이내

3. 위반행위로 인하여 시장점유율이 증가된 경우 100분의 20 이내 (다만, 제1호 또는 제2호의 사유가 인정되는 경우에 한한다)

4. 기타 제1호 부터 제3호의 사항에 준하는 사유가 있는 경우 100분의 10 이내

II. 감경사유 및 비율

1. 조치의무사업자가 영 제30조의6제2항제3호에 따른 조치를 이행한 경우 100분의 30 이내

2. 방송통신위원회의 점검에 적극 협력한 경우 100분의 30 이내

3. 위반행위에 대한 방송통신위원회의 점검 착수 전에 자진하여 위반행위를 시정하기 위한 조치에 착수하거나 시정조치를 완료한 경우 100분의 30 이내

4. 위반행위에 대한 방송통신위원회의 점검 착수 후에 자진하여 위반행위를 시정하기 위한 조치에 착수하거나 시정조치를 완료한 경우 100분의 20 이내

5. 위반행위의 재발방지를 위해 필요한 조치를 취한 것으로 인정되는 경우 100분의 20 이내

6. 기타 제1호 부터 제5호의 사항에 준하는 사유가 있는 경우 100분의 10 이내

행정안전부 개인정보 보호 지침

[시행 2020. 11. 10.] [행정안전부 훈령 제167호, 2020. 11. 10., 전부개정]

제1장 총칙

제1조(목적)

이 지침은 「개인정보 보호법」(이하 "법"이라 한다) 제12조제2항 및 「표준 개인정보 보호지침」에 따른 행정안전부 본부 및 소속·산하 기관(이하 "각 기관"이라 한다)의 개인정보보호에 필요한 세부적인 사항을 규정하는 것을 목적으로 한다.

제2조(적용 범위)

이 지침은 개인정보 파일 등을 운용하는 행정안전부 본부 및 각 기관에 대해 적용하며, 소관업무와 관련된 것이라면 수기문서·전자적 처리여부 등 문서의 형태를 불문한다.

제3조(용어의 정의)

이 지침에서 사용하는 용어의 정의는 다음과 같다.

1. "개인정보"란 살아 있는 개인에 관한 정보로서 다음 각 목의 어느 하나에 해당하는 정보 를 말한다.

가. 성명, 주민등록번호 및 영상 등을 통하여 개인을 알아볼 수 있는 정보

나. 해당 정보만으로는 특정 개인을 알아볼 수 없더라도 다른 정보와 쉽게 결합하여 알아볼 수 있는 정보. 이 경우 쉽게 결합할 수 있는지 여부는 다른 정보의 입수 가능성 등 개인을 알아보는 데 소요되는 시간, 비용, 기술등을 합리적으로 고려하여야 한다.

다. 가목 또는 나목을 제2호에 따라 가명처리함으로써 원래의 상태로 복원하

기 위한 추가 정보의 사용·결합 없이는 특정 개인을 알아볼 수 없는 정보 (이하 "가명정보"라 한다)

2. "가명처리"란 개인정보의 일부를 삭제하거나 일부 또는 전부를 대체하는 등의 방법으로 추가 정보가 없이는 특정 개인을 알아볼 수 없도록 처리하는 것을 말한다.

3. "추가정보"란 개인정보의 전부 또는 일부를 대체하는 데 이용된 수단이나 방식(알고리즘 등), 가명정보와의 비교·대조 등을 통해 삭제 또는 대체된 개인정보 부분을 복원할 수 있는 정보(매핑 테이블 정보, 가명처리에 사용 된 개인정보 등) 등을 말한다.

4. "다른정보"란 제3호의 추가정보에는 포함되지 않지만 가명정보를 원래의 상태로 복원하는데 사용·결합될 수 있는 정보를 말한다. 다만, 이 경우 개인정보처리자가 보유하고 있거나 합리적으로 입수 가능한 정보에 한한다.

5. "개인정보처리자"란 업무를 목적으로 개인정보파일을 운용하기 위하여 스스로 또는 다른 사람을 통하여 개인정보를 처리하는 행정안전부 본부 및 각 기관을 말한다.

6. "개인정보 보호책임자"란 개인정보처리자의 개인정보 처리에 관한 업무를 총괄해서 책임지거나 업무처리를 최종적으로 결정하는 자로서, 법 제31조 및 「개인정보 보호법 시행령」(이하 "시행령"이라 한다) 제32조제2항에 따라 지정된 자를 말한다.

7. "개인정보 보호 분야별 책임자"(이하 "분야별 책임자"라 한다)란 업무를 위하여 개인정보파일을 처리하는 부서의 장(과장 또는 팀장)을 말한다.

8. "개인정보 보호담당자"란 행정안전부 본부 및 각 기관에서 개인정보 보호책임자를 보좌하여 개인정보 보호업무에 대한 실무를 담당하는 자로서 개인정보처리자가 지정한 자를 말한다.

9. "개인정보취급자"란 개인정보처리자의 지휘감독을 받아 개인정보가 포함된 소관 업무를 직·간접적으로 처리하는 자로서 직원, 파견근로자, 시간제근로자 등을 말한다.

10. "정보주체"란 처리되는 정보에 의하여 알아볼 수 있는 사람으로서 그 정보

의 주체가 되는 사람을 말한다.

11. "개인정보 처리"란 개인정보를 수집, 생성, 연계, 연동, 기록, 저장, 보유, 가공, 편집, 검색, 출력, 정정(訂正), 복구, 이용, 제공, 공개, 파기(破棄), 그 밖에 이와 유사한 행위를 말한다.

12. "개인정보파일"이란 수기문서를 포함하여 전자적 처리 여부를 불문하고 소관업무와 관련된 모든 형태의 개인정보를 쉽게 검색할 수 있도록 일정한 규칙에 따라 체계적으로 배열하거나 구성한 개인정보의 집합물(集合物)을 말한다.

13. "개인정보처리시스템"이란 데이터베이스시스템 등 개인정보를 처리할 수 있도록 체계적으로 구성한 응용시스템을 말한다.

14. "고유식별정보"란 시행령 제19조에 따른 정보로, 주민등록번호, 여권번호, 운전면허의 면허번호, 외국인등록번호를 말한다.

15. "민감정보"란 법 제23조1항 및 시행령 18조에 따른 사상·신념, 노동조합·정당의 가입·탈퇴, 정치적 견해, 건강, 성생활 등에 관한 정보, 그 밖에 정보주체의 사생활을 현저히 침해할 우려가 있는 개인정보로서 다음 각 목의 어느 하나에 해당하는 정보를 말한다.

　가. 유전자검사 등의 결과로 얻어진 유전정보

　나.「형의 실효 등에 관한 법률」 제2조제5호에 따른 범죄경력자료에 해당하는 정보

　다. 개인의 신체적, 생리적, 행동적 특징에 관한 정보로서 특정 개인을 알아볼 목적으로 일정한 기술적 수단을 통해 생성한 정보

　라. 인종이나 민족에 관한 정보

16. "영상정보처리기기"란 일정한 공간에 지속적으로 설치되어 사람 또는 사물의 영상 등을 촬영하거나 이를 유·무선망을 통하여 전송하는 장치로서 시행령 제3조에 따른 폐쇄회로 텔레비전(CCTV) 및 네트워크 카메라를 말한다.

17. "개인영상정보"란 영상정보처리기기에 의하여 촬영·처리되는 영상정보 중 개인의 초상, 행동 등과 관련된 영상으로서 해당 개인을 식별할 수 있는 정보를 말한다.

18. "영상정보처리기기운영자"란 개인정보처리자 가운데 법 제25조제1항 각 호에 따라 영상정보처리기기를 설치·운영하는 자를 말한다.

19. "공개된 장소"란 공원, 도로, 지하철, 상가 내부, 주차장 등 불특정 또는 다수가 접근하거나 통행하는 데에 제한을 받지 아니하는 장소를 말한다.

20. "관리용 단말기"란 개인정보처리시스템의 관리, 운영, 개발, 보안 등의 목 적으로 개인정보처리시스템에 직접 접속하는 단말기를 말한다.

21. "접속기록"이란 개인정보취급자가 개인정보처리시스템에 접속한 사실과 접속하여 수행한 업무내역을 확인하는데 필요한 정보로 개인정보처리시스템에 접속하여 수행한 업무내역에 대하여 다음 각목의 내용 등을 전자적으로 기록 한 것을 말한다. 이 경우 "접속"이란 개인정보처리시스템과 연결되어 데이터 송신 또는 수신이 가능한 상태를 말한다.

　가. 계정: 개인정보처리시스템에서 접속자를 식별할 수 있도록 부여된 ID 등 계정 정보

　나. 접속일시: 접속한 시간 또는 업무를 수행한 시간(년-월-일, 시:분:초)

　다. 접속지 정보: 접속한 자의 PC, 모바일기기 등 단말기 정보 또는 서버의 IP주소 등 접속 주소

　라. 처리한 정보주체 정보: 개인정보취급자가 누구의 개인정보를 처리하였는 지를 알 수 있는 이름, ID 등. 다만, 검색조건문(쿼리)을 통해 대량의 개 인정보를 처리했을 경우 해당 검색조건문을 정보주체 정보로 기록할 수 있다.

22. "공개된 무선망"불특정 다수가 무선접속장치(AP)를 통하여 인터넷을 이용 할 수 있는 망을 말한다.

23. "내부망"이란 물리적 망분리, 접근 통제시스템 등에 의해 인터넷 구간에서 의 접근이 통제 또는 차단되는 구간을 말한다.

24. "모바일 기기"란 무선망을 이용할 수 있는 PDA, 스마트폰, 태블릿PC 등 개인정보 처리에 이용되는 휴대용 기기를 말한다.

25. "바이오정보"란 지문, 얼굴, 홍채, 정맥, 음성, 필적 등 개인을 식별할 수 있는 신체적 또는 행동적 특징에 관한 정보로서 그로부터 가공되거나 생성 된 정보를 포함한다.

26. "보조저장매체"란 이동형 하드디스크, USB메모리, CD(Compact Disk), DVD(Digital Versatile Disk) 등 자료를 저장할 수 있는 매체로서 개인정보처리시스템 또는 개인용 컴퓨터 등과 용이하게 연결·분리할 수 있는 저장매체를 말한다.

27. "비밀번호"란 정보주체 또는 개인정보취급자 등이 개인정보처리시스템, 업무용 컴퓨터 또는 정보통신망 등에 접속할 때 식별자와 함께 입력하여 정당한 접속 권한을 가진 자라는 것을 식별할 수 있도록 시스템에 전달해야 하는 고유의 문자열로서 타인에게 공개되지 않는 정보를 말한다.

28. "위험도 분석"이란 개인정보 유출에 영향을 미칠 수 있는 다양한 위험요소를 식별·평가하고 해당 위험요소를 적절하게 통제할 수 있는 방안 마련을 위한 종합적으로 분석하는 행위를 말한다.

29. "제3자"란 정보주체와 정보주체 또는 그의 법정대리인으로부터 개인정보를 수집·보유하고 있는 개인정보처리자를 제외한 모든 자를 말한다. 다만, 법 제26조제2항 또는 법 제25조제8항에 따른 수탁자는 제외한다.

제4조(개인정보 보호원칙)

① 개인정보처리자는 개인정보 처리 목적을 명확하게 하여야 하고 그 목적에 필요한 범위에서 최소한의 개인정보만을 적법하고 정당하게 수집하여야 한다.

② 개인정보처리자는 개인정보의 처리 목적에 필요한 범위에서 적합하게 개인정보를 처리하여야 하며, 그 목적 외의 용도로 활용하여서는 아니 된다.

③ 개인정보처리자는 개인정보의 처리 목적에 필요한 범위에서 개인정보의 정확성, 완전성 및 최신성이 보장되도록 하여야 한다.

④ 개인정보처리자는 개인정보의 처리 방법 및 종류 등에 따라 정보주체의 권리가 침해받을 가능성과 그 위험 정도를 고려하여 개인정보를 안전하게 관리하여야 한다.

⑤ 개인정보처리자는 개인정보 처리방침 등 개인정보의 처리에 관한 사항을 공개하여야 하며, 열람청구권 등 정보주체의 권리를 보장하여야 한다.

⑥ 개인정보처리자는 정보주체의 사생활 침해를 최소화하는 방법으로 개인정

제9장
정보보호
관련
고시·권고

보를 처리하여야 한다.

⑦ 개인정보처리자는 개인정보를 익명 또는 가명으로 처리하여도 개인정보 수집목적을 달성할 수 있는 경우 익명처리가 가능한 경우에는 익명에 의하여, 익명처리로 목적을 달성할 수 없는 경우에는 가명에 의하여 처리될 수 있도록 하여야 한다.

⑧ 개인정보처리자는 이 법 및 관계 법령에서 규정하고 있는 책임과 의무를 준수하고 실천함으로써 정보주체의 신뢰를 얻기 위하여 노력하여야 한다.

제5조(다른 지침과의 관계)

각 기관이 소관 분야의 개인정보 처리와 관련한 개인정보 보호지침을 정하는 경우에는 이 지침에 부합되도록 하여야 한다.

제2장 개인정보 보호 관리 체계
제1절 개인정보 보호책임자 지정 등

제6조(개인정보 보호책임자의 지정)

① 개인정보처리자는 법 제31조제1항 및 시행령 제32조제2항에 따라 소관 개인정보의 보호 및 관리를 위하여 개인정보 보호책임자를 지정·운영하여야 한다.

② 개인정보처리자는 제1항에 따라 개인정보 보호책임자를 지정하려는 경우 다음 각 호의 구분에 따른다.

 1. 행정안전부 본부: 정책기획관

 2. 소속기관 : 다음 각 목의 구분에 따른다.

  가. 정무직 공무원이 장(長)인 경우 : 3급 이상 또는 그에 상응하는 공무원

  나. 그 외 기관 : 4급 이상 또는 그에 상응 하는 공무원

 3. 산하기관 : 개인정보 처리 관련 업무를 담당하는 부서의 장. 다만, 개인정보 처리 관련 업무를 담당하는 부서의 장이 2명 이상인 경우에는 해당 산

하 공공기관의 장이 지명하는 부서의 장이 된다.

③ 각 기관이 개인정보 보호책임자를 지정 또는 변경한 때에는 행정안전부 본부의 개인정보 보호책임자에게 그 지정 및 변경 사실, 성명과 직위, 부서의 명칭, 전화번호 등 연락처를 문서로 보고하여야 한다.

제7조(개인정보 보호책임자의 업무 등)

① 개인정보 보호책임자는 다음 각 호의 업무를 수행한다.

 1. 개인정보 보호 계획의 수립 및 시행
 2. 개인정보 처리 실태의 정기적인 조사 및 개선
 3. 개인정보 처리와 관련한 불만의 처리 및 피해 구제
 4. 개인정보 유출 및 오용·남용 방지를 위한 내부통제시스템의 구축
 5. 개인정보 보호 교육 계획의 수립 및 시행
 6. 개인정보파일의 보호 및 관리·감독
 7. 개인정보 처리방침의 수립·변경 및 시행
 8. 개인정보 보호 관련 자료의 관리
 9. 개인정보파일의 보유기간 산정
10. 처리 목적이 달성되거나 보유기간이 지난 개인정보의 파기
11. 시행령 제14조의2 제1항 각 호의 고려사항에 대한 판단 기준에 따른 개인정보의 추가적인 이용 또는 제공 여부의 점검
12. 개인정보 보호 지침 등의 제·개정
13. 영상정보처리기기 운영·관리 방침 수립·시행
14. 그 밖에 개인정보 보호에 관한 업무

② 개인정보 보호책임자는 제1항 각 호의 업무를 수행함에 있어서 필요한 경우 개인정보의 처리 현황, 처리 체계 등에 대하여 수시로 조사하거나 관계 당사자로부터 보고를 받을 수 있다.

③ 행정안전부의 개인정보 보호책임자는 다음 해에 수행할 개인정보 보호 시행계획을 작성하여 매년 9월30일까지 개인정보 보호위원회(이하 "보호위원회"

라 한다)에 제출하여야 한다.

제8조(개인정보 보호책임자 등의 공개)

① 개인정보처리자가 개인정보 보호책임자를 지정하거나 변경하는 경우 개인정보 보호책임자의 지정 및 변경 사실, 성명, 부서의 명칭, 전화번호 등 연락처를 공개하여야 한다.

② 개인정보처리자는 개인정보 보호책임자를 공개하는 경우 개인정보 보호와 관련한 고충처리 및 상담을 실제로 처리할 수 있는 연락처를 공개하여야 한다. 다만, 개인정보 보호책임자와 개인정보 보호담당자의 성명, 부서의 명칭, 전화번호 등 연락처를 함께 공개할 수 있다.

제9조(분야별 책임자의 업무 등)

① 개인정보 보호책임자를 보좌하기 위하여 소관 업무를 총괄하는 부서의 장을 분야별 책임자로 지정한다.

② 분야별 책임자의 개인정보 보호 업무는 다음 각 호와 같다.

 1. 개인정보 취급자 지정·관리·감독
 2. 개인정보파일 지정·관리·보호·파기
 3. 공개 대상 개인정보파일 등록·공개
 4. 공개 대상 개인정보파일의 처리방침 수립·시행 및 공개
 5. 개인정보보호 관련 자료 관리 및 제출
 6. 개인정보 처리와 관련한 요구 처리 및 피해 구제
 7. 개인정보 유출 통지 및 피해확산 방지
 8. 개인정보 관련 개선 권고 및 시정 조치사항 이행
 9. 개인정보 처리업무를 위탁하는 경우 수탁자에 대한 관리·감독 등
10. 개인정보 보호 자가진단 수행·확인
11. 그 밖에 해당 부서의 개인정보 보호에 관한 업무

③ 분야별 책임자는 업무를 목적으로 소관 부서에서 개인정보를 처리할 때 개

인정보취급자가 개인정보 보호 법령을 준수하고, 개인정보의 안전성 확보에 필요한 조치를 하도록 관리·감독을 하여야 한다.

제2절 개인정보 자율점검 등

제10조(개인정보보호 교육)

① 개인정보처리자는 매년 당해 연도 개인정보보호를 위한 교육계획을 수립하여 시행하여야 한다.

② 제1항에 따라 개인정보 보호 교육계획을 수립할 때에는 다음 각 호의 사항이 포함되어야 한다.

 1. 교육목적
 2. 교육대상
 3. 교육내용
 4. 교육일정
 5. 교육방법
 6. 그 밖에 개인정보 보호 교육을 위하여 필요한 사항

③ 행정안전부장관은 행정안전부 본부 및 각 기관의 개인정보 보호책임자, 개인정보 보호담당자에게 개인정보보호에 필요한 교육을 실시하여야 한다.

④ 개인정보 보호책임자는 분야별 책임자 및 개인정보취급자 등을 대상으로 개인정보 보호에 필요한 교육을 실시하여야 한다.

⑤ 개인정보 보호책임자는 신규 채용자, 전입자에게 개인정보 보호 교육을 하여야 한다.

⑥ 개인정보 보호책임자는 개인정보 관련 전문기관 교육 및 기술 세미나 참석을 장려하는 등 개인정보 보호담당자 및 개인정보취급자의 개인정보 관련 업무 전문성을 제고하기 위하여 노력하여야 한다.

제11조(수준진단)

행정안전부장관은 각 기관의 자율적인 개인정보 보호 활동을 촉진하기 위하여 개인정보 보호 관리수준 진단을 실시할 수 있다. 이 경우 각 기관의 개인정보 보호책임자 및 분야별 책임자는 관련 업무에 적극 협조하여야 한다.

제12조(개인정보보호 자가진단 수행·확인)

① 행정안전부 본부 및 각 기관의 분야별 책임자는 소속 부서의 개인정보처리시스템에 대한 자가진단 및 후속조치를 연 1회 이상 실시하고 그 결과를 개인정보 보호책임자에게 보고하여야 한다.

② 개인정보 보호 자가진단 수행은 보호위원회 개인정보보호 종합지원시스템을 통하여 수행하고 진단수행확인서를 제출하여야 한다.

제13조(개인정보보호 지도)

① 행정안전부장관은 법 제61조제4항에 따라 각 기관에 대하여 개인정보 보호에 관한 의견을 제시하거나 지도·점검을 할 수 있다.

② 제1항에 따른 개인정보 보호 지도·점검은 제11조에 따른 개인정보 보호 관리수준 진단 활동을 포함한다.

③ 행정안전부장관은 개인정보 보호 지도·점검을 위하여 각 기관에 자료·서류 등의 제출을 요구할 수 있고, 각 기관은 특별한 사유가 없으면 그 요구에 따라야 한다.

제3장 개인정보 처리
제1절 개인정보 수집·이용·제공 등

제14조(개인정보의 수집 · 이용)

① 개인정보의 "수집"이란 정보주체로부터 직접 이름, 주소, 전화번호 등의 개

인정보를 제공받는 것뿐만 아니라 정보주체에 관한 모든 형태의 개인정보를 취득하는 것을 말한다.

② 개인정보처리자는 다음 각 호의 경우에 개인정보를 수집할 수 있으며, 그 수집 목적의 범위에서 이용할 수 있다.

1. 정보주체로부터 사전에 동의를 받은 경우

2. 법률에서 개인정보를 수집·이용할 수 있음을 구체적으로 명시하거나 허용하고 있는 경우

3. 법령에서 개인정보처리자에게 구체적인 의무를 부과하고 있고, 개인정보처리자가 개인정보를 수집·이용하지 않고는 그 의무를 이행하는 것이 불가능하거나 현저히 곤란한 경우

4. 개인정보를 수집·이용하지 않고는 법령 등에서 정한 소관업무를 수행하는 것이 불가능하거나 현저히 곤란한 경우

5. 개인정보를 수집·이용하지 않고는 정보주체와 계약을 체결하고, 체결된 계약의 내용에 따른 의무를 이행하는 것이 불가능하거나 현저히 곤란한 경우

6. 정보주체 또는 그 법정대리인이 의사표시를 할 수 없는 상태에 있거나 주소불명 등으로 사전 동의를 받을 수 없는 경우로서 명백히 정보주체 또는 제3자(정보주체를 제외한 그 밖의 모든 자를 말한다)의 급박한 생명, 신체, 재산의 이익을 위하여 필요하다고 인정되는 경우

7. 개인정보처리자가 법령 또는 정보주체와의 계약 등에 따른 정당한 이익을 달성하기 위하여 필요한 경우로서 명백하게 정보주체의 권리보다 우선하는 경우. 다만, 이 경우 개인정보의 수집·이용은 개인정보처리자의 정당한 이익과 상당한 관련이 있고 합리적인 범위를 초과하지 아니하는 범위로 한정된다.

③ 개인정보처리자는 제2항제1호에 따른 동의를 받을 때에는 다음 각 호의 사항을 정보주체에게 알려야 한다. 다음 각 호의 어느 하나의 사항을 변경하는 경우에도 이를 알리고 동의를 받아야 한다.

1. 개인정보의 수집·이용 목적

2. 수집하려는 개인정보의 항목

3. 개인정보의 보유 및 이용 기간

4. 동의를 거부할 권리가 있다는 사실 및 동의 거부에 따른 불이익이 있는 경우에는 그 불이익의 내용

④ 개인정보처리자는 정보주체로부터 직접 명함 또는 그와 유사한 매체(이하 "명함 등"이라 한다)를 제공받음으로써 개인정보를 수집하는 경우 명함 등을 제공하는 정황 등에 비추어 사회통념상 동의 의사가 있었다고 인정되는 범위 내에서만 이용할 수 있다.

⑤ 개인정보처리자가 인터넷 홈페이지 등 공개된 매체 또는 장소(이하 "인터넷 홈페이지 등"이라 한다)에서 개인정보를 수집하는 경우 정보주체의 동의 의사가 명확히 표시되거나 인터넷 홈페이지 등의 표시 내용에 비추어 사회통념상 동의의사가 있었다고 인정되는 범위 내에서만 이용할 수 있다.

⑥ 개인정보처리자는 계약 등의 상대방인 정보주체가 대리인을 통하여 법률행위 또는 의사표시를 하는 경우 대리인의 대리권 확인을 위한 목적으로만 대리인의 개인정보를 수집·이용할 수 있다.

⑦ 근로자와 사용자가 근로계약을 체결하는 경우 「근로기준법」에 따른 임금지급, 교육, 증명서 발급, 근로자 복지제공을 위하여 근로자의 동의 없이 개인정보를 수집·이용할 수 있다.

제15조(정보주체의 사전 동의를 받을 수 없는 경우)

개인정보처리자가 법 제15조제1항제5호 및 제18조제2항제3호에서 정한 사유에 따라 정보주체의 사전 동의 없이 개인정보를 수집, 이용 또는 제공한 경우, 그 사유가 해소된 때에는 개인정보의 처리를 즉시 중단하여야 하며, 정보주체에게 사전 동의 없이 개인정보를 수집·이용 또는 제공한 사실과 그 사유 및 이용내역을 알려야 한다.

제16조(개인정보의 제공)

① 개인정보의 "제공"이란 개인정보의 저장 매체나 개인정보가 담긴 출력물·책

자 등을 물리적으로 이전하거나 네트워크를 통한 개인정보의 전송, 개인정보에 대한 제3자의 접근권한 부여, 개인정보처리자와 제3자의 개인정보 공유 등 개인정보의 이전 또는 공동 이용 상태를 초래하는 모든 행위를 말한다.

② 개인정보처리자가 법 제17조 제1항 제1호에 따른 동의를 받을 때에는 다음 각 호의 사항을 정보주체에게 알려야 한다. 이 경우 다음 각 호의 어느 하나의 사항을 변경하는 경우에도 이를 알리고 동의를 받아야 한다.

 1. 개인정보를 제공받는 자
 2. 개인정보를 제공받는 자의 개인정보 이용 목적
 3. 제공하는 개인정보의 항목
 4. 개인정보를 제공받는 자의 개인정보 보유 및 이용 기간
 5. 동의를 거부할 권리가 있다는 사실 및 동의 거부에 따른 불이익이 있는 경우에는 그 불이익의 내용

③ 개인정보처리자가 법 제17조제2항제1호에 따라 정보주체에게 개인정보를 제공받는 자를 알리는 경우에는 그 성명(법인 또는 단체인 경우에는 그 명칭)과 연락처를 함께 알려야 한다.

제17조(개인정보의 추가 이용 · 제공 등)

① 개인정보처리자가 법 제15조제3항 또는 제17조제4항에 따라 정보주체의 동의 없이 개인정보를 이용 또는 제공(이하 "개인정보의 추가적인 이용 또는 제공"이라 한다)하려는 경우 시행령 제14조의2제1항에 따른 다음 각 호의 사항을 고려하여 판단기준을 마련하여야 한다.

 1. 당초 수집 목적과 관련성이 있는지 여부
 2. 개인정보를 수집한 정황 또는 처리 관행에 비추어 볼 때 개인정보의 추가적인 이용 또는 제공에 대한 예측 가능성이 있는지 여부
 3. 정보주체의 이익을 부당하게 침해하는지 여부
 4. 가명처리 또는 암호화 등 안전성 확보에 필요한 조치를 하였는지 여부

② 개인정보처리자는 제1항 각 호의 고려사항에 대한 판단 기준을 법 제30조제1항에 따른 개인정보 처리방침에 미리 공개하고, 법 제31조제1항에 따른 개

인정보 보호책임자가 해당 기준에 따라 개인정보의 추가적인 이용 또는 제공을 하고 있는지 여부를 점검해야 한다.

제18조(개인정보의 목적 외 이용 등)

① 개인정보처리자가 법 제18조제2항 각 호의 어느 하나에 해당하여 개인정보를 목적 외의 용도로 이용하거나 제3자에게 제공하는 경우에는 개인정보를 제공받는 자에게 이용 목적, 이용 방법, 이용 기간, 이용 형태 등을 제한하거나, 개인정보의 안전성 확보를 위하여 필요한 구체적인 조치를 마련하도록 문서(전자문서를 포함한다. 이하 같다)로 요청하여야 한다. 이 경우 요청을 받은 자는 그에 따른 조치를 취하고 그 사실을 개인정보를 제공한 개인정보처리자에게 문서로 알려야 한다.

② 법 제18조제2항에 따라 개인정보를 목적 외의 용도로 제3자에게 제공하는 자는 해당 개인정보를 제공받는 자와 개인정보의 안전성 확보 조치에 관한 책임관계를 명확히 하여야 한다.

③ 개인정보처리자가 법 제18조제3항제1호에 따라 정보주체에게 개인정보를 제공받는 자를 알리는 경우에는 그 성명(법인 또는 단체인 경우에는 그 명칭)과 연락처를 함께 알려야 한다.

④ 개인정보처리자는 법 18조제2항 제2호부터 제6호까지, 제8호 및 제9호에 따라 개인정보를 목적 외의 용도로 이용하거나 제3자에게 제공(이하 "목적외이용등"이라 한다)하는 경우에는 법 제18조제4항에 따라 목적외이용등을 한 날부터 30일 이내에 다음 각 호의 사항을 관보 또는 인터넷 홈페이지에 게재하여야 한다. 인터넷 홈페이지에 게재할 때에는 10일 이상 계속 게재하여야 한다.

1. 목적외이용등을 한 날짜
2. 목적외이용등의 법적 근거
3. 목적외이용등의 목적
4. 목적외이용등을 한 개인정보의 항목

제19조(정보주체 이외로부터 수집한 개인정보수집 출처 등 고지)

① 개인정보처리자가 정보주체 이외로부터 수집한 개인정보를 처리하는 때에는 정보주체의 요구가 있으면 요구가 있는 날로부터 3일 이내에 다음 각 호의 모든 사항을 정보주체에게 알려야 한다.

  1. 개인정보의 수집 출처

  2. 개인정보의 처리 목적

  3. 법 제37조에 따른 개인정보 처리의 정지를 요구할 권리가 있다는 사실

② 제1항에도 불구하고 다음 각 호의 어느 하나에 해당하는 개인정보처리자는 제1항 각 호의 사항을 서면·전화·문자전송·전자우편 등 정보주체가 쉽게 알 수 있는 방법으로 개인정보를 제공받은 날부터 3개월 이내에 정보주체에게 알려야 한다. 다만, 개인정보처리자가 수집한 정보에 연락처 등 정보주체에게 알릴 수 있는 개인정보가 포함되지 아니한 경우에는 그러하지 아니하다.

  1. 5만명 이상의 정보주체에 관하여 민감정보(이하 "민감정보"라 한다) 또는 고유식별정보를 처리하는 자

  2. 100만명 이상의 정보주체에 관하여 개인정보를 처리하는 자

③ 제2항의 규정에도 불구하고 법 제17조제2항제1호부터 제4호까지의 사항에 대하여 같은 조 제1항제1호에 따라 정보주체의 동의를 받은 범위에서 영 2회 이상 주기적으로 개인정보를 제공받아 처리하는 경우에는 개인정보를 제공받는 날 부터 3개월 이내에 정보주체에게 알리거나 그 동의를 받은 날부터 기산하여 연 1회 이상 정보주체에게 알려야 한다.

④ 제1항과 제2항 본문은 다음 각 호의 어느 하나에 해당하는 경우에는 적용하지 아니한다. 다만, 정보주체의 권리보다 명백히 우선하는 경우에 한한다.

  1. 고지를 요구하는 대상이 되는 개인정보가 법 제32조제2항 각 호의 어느 하나에 해당하는 개인정보파일에 포함되어 있는 경우

  2. 고지로 인하여 다른 사람의 생명·신체를 해할 우려가 있거나 다른 사람의 재산과 그 밖의 이익을 부당하게 침해할 우려가 있는 경우

⑤ 개인정보처리자는 제4항 단서에 따라 정보주체의 요구를 거부하는 경우에는 정당한 사유가 없는 한 정보주체의 요구가 있은 날로부터 3일 이내에 그

거부의 근거와 사유를 정보주체에게 알려야 한다.

제20조(개인정보의 파기 방법 및 절차)

① 개인정보처리자는 개인정보의 보유 기간이 경과하거나 개인정보의 처리 목적 달성, 해당 서비스의 폐지, 사업의 종료 등 그 개인정보가 불필요하게 되었을 때에는 정당한 사유가 없는 한 그로부터 5일 이내에 그 개인정보를 파기하여야 한다.

② 개인정보처리자는 제1항에 따라 개인정보를 파기할 때에는 복구 또는 재생되지 아니하도록 다음 각 호 중 어느 하나의 조치를 하여야 한다.

　1. 완전파괴(소각·파쇄 등)

　2. 전용 소자장비를 이용하여 삭제

　3. 데이터가 복원되지 않도록 초기화 또는 덮어쓰기 수행

③ 개인정보처리자가 개인정보의 일부만을 파기하는 경우, 제2항의 방법으로 파기하는 것이 어려울 때에는 다음 각 호의 조치를 하여야 한다.

　1. 전자적 파일 형태인 경우 : 개인정보를 삭제한 후 복구 및 재생되지 않도록 관리 및 감독

　2. 제1호 외의 기록물, 인쇄물, 서면, 그 밖의 기록매체인 경우 : 해당 부분을 마스킹, 천공 등으로 삭제

④ 개인정보처리자는 개인정보의 파기에 관한 사항을 기록·관리하여야 한다.

⑤ 개인정보 보호책임자는 개인정보 파기 시행 후 그 파기 결과를 확인하여야 한다.

제21조(법령에 따른 개인정보의 보존)

① 개인정보처리자가 법 제21조제1항 단서에 따라 법령에 근거하여 개인정보를 파기하지 아니하고 보존하여야 하는 경우에는 물리적 또는 기술적 방법으로 분리하여서 저장·관리하여야 한다.

② 제1항에 따라 개인정보를 분리하여 저장·관리하는 경우에는 개인정보 처리

방침 등을 통하여 법령에 근거하여 해당 개인정보 또는 개인정보파일을 저장·관리한다는 점을 정보주체가 알 수 있도록 하여야 한다.

제22조(업무이관·부서 통폐합 등에 따른 개인정보의 이전)

① 행정안전부 본부 및 각 기관에서 업무 이관 및 통폐합 등의 사유로 불필요하게 된 개인정보파일은 삭제하여야 한다. 다만, 관련 법령에 근거하여 개인정보파일을 보존하여야 하는 경우에는 그러하지 아니하다.

② 각 기관의 업무 이전 및 통폐합 등으로 인한 개인정보파일의 이전은 행정안전부장관 및 소속 기관장이 지정한 개인정보처리자가 한다.

제23조(동의절차 수립 시 고려사항)

① 개인정보처리자가 개인정보의 처리에 대하여 정보주체의 동의를 받을 때에는 각각의 동의 사항을 구분하여 정보주체가 이를 명확하게 인지할 수 있도록 알리고 각각 동의를 받아야 한다. 이 경우 동의 없이 처리할 수 있는 개인정보라는 입증책임은 개인정보처리자가 부담한다.

② 개인정보처리자는 다음 각 호의 어느 하나에 해당하는 경우에는 정보주체에게 법 제18조제3항 각 호의 사항을 알리고 동의를 받아야 한다.

1. 개인정보를 수집·이용하고자 하는 경우로서 법 제15조제1항제2호부터 제6호까지에 해당하지 않은 경우
2. 법 제18조제2항에 따라 개인정보를 수집 목적 외의 용도로 이용하거나 제공하고자 하는 경우
3. 법 제33조3항에 해당하여 정보주체에게 재화나 서비스를 홍보하거나 판매를 권유하고자 하는 경우
4. 주민등록번호 외의 고유식별정보 처리가 필요한 경우로서 법령에 고유식별정보 처리 근거가 없는 경우
5. 민감정보를 처리하고자 하는 경우로서 법령에 민감정보 처리 근거가 없는 경우

③ 개인정보처리자는 제2항 각 호에 해당하여 개인정보를 처리하고자 하는 경우에는 정보주체에게 동의 또는 동의 거부를 선택할 수 있음을 명시적으로 알려야 한다.

④ 개인정보처리자는 법 제15조제1항제2호부터 제6호까지에 따라 정보주체의 동의 없이 개인정보를 수집하는 경우에는 개인정보를 수집할 수 있는 법적 근거 등을 정보주체에게 알리기 위해 노력하여야 한다.

⑤ 개인정보처리자가 시행령 제17조제1항제2호의 규정에 따라 전화에 의한 동의와 관련하여 통화내용을 녹취할 때에는 녹취사실을 정보주체에게 알려야 한다.

⑥ 개인정보처리자가 친목단체를 운영하기 위하여 다음 각 호의 어느 하나에 해당하는 개인정보를 수집하는 경우에는 정보주체의 동의 없이 개인정보를 수집·이용할 수 있다.

  1. 친목단체의 가입을 위한 성명, 연락처 및 친목단체의 회칙으로 정한 공통의 관심사나 목표와 관련된 인적 사항
  2. 친목단체의 회비 등 친목유지를 위해 필요한 비용의 납부현황에 관한 사항
  3. 친목단체의 활동에 대한 구성원의 참석여부 및 활동내용에 관한 사항
  4. 그 밖에 친목단체의 구성원 상호 간의 친교와 화합을 위해 구성원이 다른 구성원에게 알리기를 원하는 생일, 취향 및 가족의 애경사 등에 관한 사항

⑦ 개인정보처리자가 정보주체의 동의를 받기 위하여 동의서를 작성하는 경우에는 「개인정보 수집·제공 동의서 작성 가이드라인」을 준수하여야 한다.

제24조(동의를 받는 방법)

① 개인정보처리자는 법 제22조제6항 및 시행령 제17조제4항에 따라 만 14세 미만 아동의 법정대리인의 동의를 받기 위하여 해당 아동으로부터 직접 법정대리인의 성명·연락처에 관한 정보를 수집할 수 있다.

② 개인정보처리자가 정보주체로부터 법 제18조제2항제1호 및 제22조제4항에 따른 동의를 받거나 법 제22조제3항에 따라 선택적으로 동의할 수 있는 사항

에 대한 동의를 받으려는 때에는 정보주체가 동의 여부를 선택할 수 있다는 사실을 명확하게 확인할 수 있도록 선택적으로 동의할 수 있는 사항 외의 사항과 구분하여 표시하여야 한다.

③ 개인정보처리자는 법 제22조제1항 및 이 조 제1항의 동의를 서면(「전자문서 및 전자거래 기본법」 제2조제1호에 따른 전자문서를 포함한다)으로 받을 때에는 다음 각 호에서 정하는 중요한 내용을 제4항에서 정하는 방법에 따라 명확히 표시하여 알아보기 쉽게 하여야 한다.

1. 개인정보의 수집·이용 목적 중 재화나 서비스의 홍보 또는 판매 권유 등을 위하여 해당 개인정보를 이용하여 정보주체에게 연락할 수 있다는 사실

2. 처리하려는 개인정보의 항목 중 다음 각 목의 사항

　가. 시행령 제18조에 따른 민감정보

　나. 시행령 제19조제2호부터 제4호까지의 규정에 따른 여권번호, 운전면허의 면허번호 및 외국인등록번호

3. 개인정보의 보유 및 이용 기간(제공 시에는 제공받는 자의 보유 및 이용 기간을 말한다)

4. 개인정보를 제공받는 자 및 개인정보를 제공받는 자의 개인정보 이용 목적

④ 제3항의 각 호의 중요한 내용의 표시 방법은 다음 각 호의 방법을 준수하여야 한다.

1. 글씨의 크기는 최소한 9포인트 이상으로서 다른 내용보다 20퍼센트 이상 크게 하여 알아보기 쉽게 할 것

2. 글씨의 색깔, 굵기 또는 밑줄 등을 통하여 그 내용이 명확히 표시되도록 할 것

3. 동의 사항이 많아 중요한 내용이 명확히 구분되기 어려운 경우에는 중요한 내용이 쉽게 확인될 수 있도록 그 밖의 내용과 별도로 구분하여 표시할 것

제25조(법정대리인의 동의)

① 제24조제1항에 따라 개인정보처리자가 법정대리인의 성명·연락처를 수집할 때에는 해당 아동에게 자신의 신분과 연락처, 법정대리인의 성명과 연 락처를 수집하고자 하는 이유를 알려야 한다.

② 개인정보처리자는 제1항에 따라 수집한 법정대리인의 개인정보를 법정대리인의 동의를 얻기 위한 목적으로만 이용하여야 하며, 법정대리인의 동의 거부가 있거나 법정대리인의 동의 의사가 확인되지 않는 경우 수집일로부터 5일 이내에 파기해야 한다.

제26조(민감정보 처리에 대한 동의)

① 개인정보처리자가 법 제23조제1항제1호에 따라 민감정보의 처리에 대하여 정보주체에게 동의를 받을 때에는 정보주체의 동의 없이 처리할 수 있는 개인정보와 정보주체의 동의가 필요한 개인정보를 구분하여야 한단. 이 경우 동의 없이 처리할 수 있는 개인정보라는 입증책임은 개인정보처리자가 부담한다.

② 개인정보처리자는 제1항에 따른 동의를 받을 때에는 다음 각 호의 사항을 정보주체에게 알려야 한다. 다음 각 호의 어느 하나의 사항을 변경하는 경우에도 이를 알리고 동의를 받아야 한다.

　1. 민감정보의 수집·이용 목적

　2. 수집하려는 민감정보의 항목

　3. 민감정보의 보유 및 이용 기간

　4. 동의를 거부할 권리가 있다는 사실 및 동의 거부에 따른 불이익이 있는 경우에는 그 불이익의 내용

제27조(고유식별정보 처리에 대한 동의)

① 개인정보처리자가 법 제24조제1항제1호에 따라 고유식별정보의 처리를 위하여 정보주체에게 동의를 받고자 하는 경우에는 다른 개인정보와 고유식별정보를 구분하여 고유식별정보에 대하여는 정보주체가 별도로 동의할 수 있

도록 조치를 취하여야 한다. 다만, 이 경우 법 제24조의2에 따른 제30조의 주민등록번호 처리는 제외한다.

② 개인정보처리자는 제1항에 따른 동의를 받을 때에는 다음 각 호의 사항을 정보주체에게 알려야 한다. 다음 각 호의 어느 하나의 사항을 변경하는 경우에도 이를 알리고 동의를 받아야 한다.

1. 고유식별정보의 수집·이용 목적

2. 수집하려는 고유식별정보의 항목

3. 고유식별정보의 보유 및 이용 기간

4. 동의를 거부할 권리가 있다는 사실 및 동의 거부에 따른 불이익이 있는 경우에는 그 불이익의 내용

제2절 개인정보의 처리 제한

제28조(민감정보 처리 제한)

① 개인정보처리자는 민감정보에 해당하는 개인정보를 처리하여서는 아니된다. 다만 다음 각 호의 어느 하나에 해당하는 경우에는 그러하지 아니하다.

1. 정보주체에게 제13조제2항 각 호 또는 제15조제2항 각 호의 사항을 알리고 다른 개인정보의 처리에 대한 동의와 별도로 동의를 받은 경우

2. 법령에서 민감정보의 처리를 요구하거나 허용하는 경우

② 개인정보처리자가 제1항 각 호에 따라 민감정보를 처리하는 경우에는 그 민감정보가 분실·도난·유출·위조·변조 또는 훼손되지 아니하도록 법 제29조에 따른 안전성 확보에 필요한 조치를 하여야 한다.

제29조(고유식별정보 처리 제한)

① 개인정보처리자는 다음 각 호의 경우를 제외하고는 고유식별정보를 처리할 수 없다.

1. 정보주체에게 제13조제2항 각 호 또는 제157조제2항 각 호의 사항을 알

리고 다른 개인정보의 처리에 대한 동의와 별도로 동의를 받은 경우

2. 법령에서 구체적으로 고유식별정보의 처리를 요구하거나 허용하는 경우

② 개인정보처리자가 제1항 각 호에 따라 고유식별정보를 처리하는 경우에는 그 고유식별정보가 분실·도난·유출·위조·변조 또는 훼손되지 아니하도록 보호위원회가 고시한 「개인정보의 안전성 확보조치 기준」에 따라 암호화 등 안전성 확보에 필요한 조치를 하여야 한다.

제30조(주민등록번호 처리의 제한)

① 개인정보처리자는 다음 각 호의 어느 하나에 해당하는 경우를 제외하고는 주민등록번호를 처리할 수 없다.

1. 법률·대통령령·국회규칙·대법원규칙·헌법재판소규칙·중앙선거관리위원회규칙 및 감사원규칙에서 구체적으로 주민등록번호의 처리를 요구하거나 허용한 경우

2. 정보주체 또는 제3자(정보주체를 제외한 그 밖의 모든 자를 말한다)의 급박한 생명, 신체, 재산의 이익을 위하여 명백히 필요하다고 인정되는 경우

3. 제1호 및 제2호에 준하여 주민등록번호 처리가 불가피한 경우로서 보호위원회가 고시로 정하는 경우

② 개인정보처리자는 주민등록번호가 분실·도난·유출·위조·변조 또는 훼손되지 아니하도록 암호화 조치를 통하여 안전하게 보관하여야 한다.

제31조(주민등록번호 이외의 회원가입 방법 제공)

개인정보처리자는 제30조제1항 각 호에 따라 주민등록번호를 처리하는 경우에도 정보주체가 인터넷 홈페이지를 통하여 회원으로 가입하는 단계에서는 주민등록번호를 사용하지 아니하고도 회원으로 가입할 수 있는 방법을 제공하여야 한다.

제32조(수탁자 선정 시 고려사항)

① 개인정보의 처리 업무를 위탁하는 개인정보처리자(이하 "위탁자"라 한다)가 개인정보 처리 업무를 위탁받아 처리하는 자(이하 "수탁자"라 한다)를 선정할 때에는 인력과 물적 시설, 재정 부담능력, 기술 보유의 정도, 책임능력 등을 종합적으로 고려하여야 한다.

② 개인정보처리자가 개인정보의 처리 업무를 위탁하는 때에는 수탁자의 처리 업무의 지연, 처리 업무와 관련 없는 불필요한 개인정보의 요구, 처리기준의 불공정 등의 문제점을 종합적으로 검토하여 이를 방지하기 위하여 필요한 조치를 마련하여야 한다.

제33조(위탁에 따른 개인정보 보호 조치의무)

① 개인정보처리자가 개인정보의 처리 업무를 위탁하는 경우 다음 각 호의 내용이 포함된 문서(별지 제13호서식)에 의하여야 한다.

1. 위탁업무 수행 목적 외 개인정보의 처리 금지에 관한 사항
2. 개인정보의 기술적·관리적 보호조치에 관한 사항
3. 위탁업무의 목적 및 범위
4. 재위탁 제한에 관한 사항
5. 개인정보에 대한 접근 제한 등 안전성 확보 조치에 관한 사항
6. 위탁업무와 관련하여 보유하고 있는 개인정보의 관리 현황 점검 등 감독에 관한 사항
7. 법 제26조제2항에 따른 수탁자가 준수하여야 할 의무를 위반한 경우의 손해배상 등 책임에 관한 사항

② 수탁자는 위탁받은 개인정보를 보호하기 위하여 보호위원회가 고시하는 「개인정보의 안전성 확보조치 기준」에 따른 기술적·관리적·물리적 조치를 하여야 한다.

③ 분야별 책임자는 업무 위탁으로 인하여 정보주체의 개인정보가 분실·도난·유출·위조·변조 또는 훼손되지 아니하도록 수탁자를 교육하고, 처리 현황 점

검 등 수탁자가 개인정보를 안전하게 처리하는지를 관리·감독 하여야 한다.

④ 분야별 책임자는 연 1회 이상 수탁자에 대한 실태 점검을 수행하고 그 결과를 개인정보 보호책임자에게 보고하여야 한다.

제34조(정보주체와 재위탁의 관계)

① 정보주체는 수탁자로부터 개인정보 처리 업무를 재위탁 받아 처리하는 자(이하 "재수탁자"라 한다)가 재위탁 받은 개인정보 처리 업무를 수행하면서 발생하는 손해에 대한 배상을 청구할 수 있다.

② 개인정보 처리 업무의 재위탁에 대해서는 법 제26조를 준용한다.

제35조(개인정보취급자에 대한 감독)

① 개인정보처리자는 개인정보취급자를 업무상 필요한 한도 내에서 최소한으로 두어야 하며, 개인정보취급자의 개인정보 처리범위를 업무상 필요한 한도 내에서 최소한으로 제한하여야 한다. 이 경우 분야별 책임자는 소관 업무 부서의 개인정보취급자가 업무상 필요한 최소한의 범위 내에서 개인정보를 처리할 수 있도록 관리·감독하여야 한다.

② 개인정보처리자는 개인정보취급자로 하여금 보안서약서를 제출하도록 하는 등 적절한 관리·감독을 해야 한다.

제3절 개인정보 처리방침 관리

제36조(개인정보 처리방침의 공개)

① 개인정보처리자가 법 제30조제2항에 따라 개인정보 처리방침을 수립하거나 변경하는 경우에는 정보주체가 쉽게 확인할 수 있도록 개인정보처리방침을 인터넷 홈페이지를 통해 지속적으로 게재하여야 한다. 이 경우 "개인정보 처리방침"이라는 명칭을 사용하되, 글자 크기, 색상 등을 활용하여 다른 고지 사항과 구분함으로써 정보주체가 쉽게 확인할 수 있도록 하여야 한다.

② 개인정보처리자가 인터넷 홈페이지를 운영하지 않는 경우 또는 인터넷 홈 페이지 관리상의 하자가 있는 경우에는 시행령 제31조제3항에 따라 다음 각 호의 어느 하나 이상의 방법으로 개인정보 처리방침을 공개하여야 한다.
1. 개인정보처리자의 사업장등의 보기 쉬운 장소에 게시하는 방법
2. 관보(개인정보처리자가 공공기관인 경우만 해당한다)나 개인정보처리자의 사업장등이 있는 시·도 이상의 지역을 주된 보급지역으로 하는 「신문 등의 진흥에 관한 법률」 제2조제1호가목·다목 및 같은 조 제2호에 따 른 일반일간신문, 일반주간신문 또는 인터넷신문에 싣는 방법
3. 같은 제목으로 연 2회 이상 발행하여 정보주체에게 배포하는 간행물·소 식지·홍보지 또는 청구서 등에 지속적으로 싣는 방법
4. 재화나 용역을 제공하기 위하여 개인정보처리자와 정보주체가 작성한 계 약서 등에 실어 정보주체에게 발급하는 방법
③ 개인정보처리자가 제2항제3호의 방법으로 개인정보 처리방침을 공개하는 경우에는 간행물·소식지·홍보지·청구서 등이 발행될 때마다 계속하여 게재하 여야 한다.
④ 분야별 책임자는 개인정보처리방침을 통해 소관 업무의 공개 대상 개인정 보파일 및 위탁 현황을 지속적으로 공개하여야 한다.

제37조(개인정보 처리방침의 변경)

개인정보처리자가 개인정보 처리방침을 변경하는 경우에는 변경 및 시행의 시 기, 변경된 내용을 지속적으로 공개하여야 하며, 변경된 내용은 정보주체가 쉽 게 확인할 수 있도록 공개하여야 한다.

제38조(개인정보 처리방침의 기재사항)

개인정보처리자가 개인정보 처리방침을 작성할 때에는 법 제30조제1항에 따라 다음 각 호의 사항을 모두 포함하여야 한다.

1. 개인정보의 처리 목적
2. 처리하는 개인정보의 항목
3. 개인정보의 처리 및 보유 기간
4. 개인정보의 제3자 제공에 관한 사항(해당되는 경우에만 정한다)
5. 개인정보의 파기절차 및 파기방법(제29조제1항 단서에 따라 개인정보를 보존하여야 하는 경우에는 그 보존근거와 보존하는 개인정보 항목을 포함 한다)
6. 개인정보 처리 수탁자 담당자 연락처, 수탁자의 관리 현황 점검 결과 등 개인정보처리 위탁에 관한 사항(해당하는 경우에만 정한다)
7. 시행령 제30조제1항에 따른 개인정보의 안전성 확보조치에 관한 사항
8. 정보주체와 법정대리인의 권리·의무 및 그 행사방법에 관한 사항
9. 개인정보 처리방침의 변경에 관한 사항
10. 개인정보 보호책임자의 성명 또는 개인정보 보호업무 및 관련 고충사항 을 처리하는 부서의 명칭과 전화번호 등 연락처
11. 개인정보의 열람청구를 접수·처리하는 부서
12. 정보주체의 권익침해에 대한 구제방법
13. 인터넷 접속정보파일 등 개인정보를 자동으로 수집하는 장치의 설치·운영 및 그 거부에 관한 사항(해당하는 경우에만 정한다)
14. 법 제15조제3항과 제17조제4항에 따라 정보주체의 동의없이 추가적인 이용 또는 제공을 할 때 시행령 제14조의2 제1항의 각 호의 고려사항에 대한 판단기준
15. 가명처리 시 가명처리에 관한 사항

제39조(개인정보 처리방침의 작성기준 등)

① 개인정보처리자가 개인정보 처리방침을 작성하는 때에는 제38조 각 호의 사항을 명시적으로 구분하되, 알기 쉬운 용어로 구체적이고 명확하게 표현 하여야 한다.

② 개인정보처리자는 개인정보의 처리 목적에 필요한 최소한의 개인정보라는

점을 밝혀야 한다.

제4절 가명처리 등의 방법과 절차

제40조(가명처리 등의 방법과 절차)

① 개인정보처리자는 통계작성, 과학적 연구, 공익적 기록보존 등을 위하여 정보주체의 동의 없이 가명정보를 처리할 수 있다.

② 개인정보처리자는 제1항에 따라 가명정보를 제3자에게 제공하는 경우에는 특정 개인을 알아보기 위하여 사용될 수 있는 정보를 포함해서는 아니 된다.

③ 개인정보처리자가 개인정보를 가명처리하여 활용하고자 하는 경우 가명처리에 관한 일반적인 절차 및 방법 등은 보호위원회가 정한 「가명처리 가이드라인」을 준수하여야 한다.

제41조(가명정보의 결합과 반출 등)

① 제40조에도 불구하고 통계작성, 과학적 연구, 공익적 기록보존 등을 위한 서로 다른 개인정보처리자 간의 가명정보의 결합은 보호위원회 또는 관계 중앙행정기관의 장이 지정하는 결합전문기관에서 수행 한다.

② 결합을 수행한 기관 외부로 반출하려는 경우에는 가명정보 또는 법 58조의 2항에 해당하는 정보로 처리한 뒤 결합전문기관의 승인을 받아야 한다.

③ 제1항에 따른 결합절차와 방법, 제2항에 따른 반출 및 승인 기준·절차 등 필요한 사항은 보호위원회의 「가명처리의 결합 및 반출 등에 관한 고시」가 정하는 바에 따른다.

제5절 개인정보파일의 관리 및 공개

제42조(개인정보파일의 등록 주체)

① 개인정보파일을 운용하는 행정안전부 본부 및 각 기관의 개인정보 보호책임자는 법 제32조, 시행령 제33조 및 제34조에 따라 개인정보파일을 보호위원회에 등록하여야 한다. 이 경우 등록한 사항이 변경된 경우에도 또한 같다.

② 행정안전부 본부는 보호위원회에 직접 등록하여야 한다. 이 경우 행정안전부 본부의 분야별 책임자는 개인정보 보호책임자의 검토 및 승인을 거쳐야 한다.

③ 각 기관은 행정안전부 본부를 통하여 보호위원회에 등록하여야 한다.

제43조(적용제외)

이 장은 다음 각 호의 어느 하나에 해당하는 개인정보파일에 관하여는 적용하지 아니한다.

1. 법 제32조제2항에 따라 적용이 제외되는 다음 각 목의 개인정보파일

   가. 국가안전, 외교상 비밀, 그 밖에 국가의 중대한 이익에 관한 사항을 기록한 개인정보파일

   나. 범죄의 수사, 공소의 제기 및 유지, 형 및 감호의 집행, 교정처분, 보호처분, 보안관찰처분과 출입국 관리에 관한 사항을 기록한 개인정보파일

   다. 「조세범처벌법」에 따른 범칙행위 조사 및 「관세법」에 따른 범칙행위 조사에 관한 사항을 기록한 개인정보파일

   라. 개인정보처리자의 내부적 업무처리만을 위하여 사용되는 개인정보파일

   마. 「공공기록물관리에 관한 법률」제33조(비밀 기록물의 관리), 「보안업무규정」제4조(비밀의 구분) 등 다른 법령에 따라 비밀로 분류된 개인정보파일

2. 법 제58조제1항에 따라 적용이 제외되는 다음 각 목의 개인정보파일

가. 개인정보처리자가 처리하는 개인정보 중 「통계법」에 따라 수집되는 개인정보파일

나. 국가안전보장과 관련된 정보 분석을 목적으로 수집 또는 제공 요청되는 개인정보파일

다. 공중위생 등 공공의 안전과 안녕을 위하여 긴급히 필요한 경우로서 일시적으로 처리되는 개인정보파일

3. CCTV 등 영상정보처리기기를 통하여 처리되는 개인영상정보파일

4. 자료·물품 또는 금전의 송부, 1회성 행사 수행 등의 목적만을 위하여 운용하는 경우로서 저장하거나 기록하지 않고 폐기할 목적으로 수집된 개인 정보파일

제44조(개인정보파일 등록 및 변경 신청)

① 개인정보파일을 운용하는 행정안전부 본부 및 각 기관의 개인정보취급자는 해당 기관의 개인정보 보호책임자에게 보호위원회의 개인정보보호 종합지원시스템을 통하여 개인정보파일 등록을 신청하여야 한다.

② 개인정보파일 등록 신청 사항은 다음 각 호와 같다. 신청은 별지 제1호서식의 개인정보파일 등록·변경등록 신청서를 활용할 수 있다.

1. 개인정보파일을 운용하는 개인정보처리자의 명칭
2. 개인정보파일의 명칭
3. 개인정보파일의 운영 근거 및 목적
4. 개인정보파일에 기록되는 개인정보의 항목
5. 개인정보파일로 보유하고 있는 개인정보의 정보주체 수
6. 개인정보의 처리방법
7. 개인정보의 보유기간
8. 개인정보를 통상적 또는 반복적으로 제공하는 경우에는 그 제공받는 자
9. 해당 개인정보처리자의 개인정보 처리 관련 업무를 담당하는 부서
10. 개인정보의 열람 요구를 접수·처리하는 부서
11. 개인정보파일의 개인정보 중 법 제35조제4항에 따라 열람을 제한하거나

거절할 수 있는 개인정보의 범위 및 제한 또는 거절 사유

12. 법 제33조제1항에 따른 개인정보 영향평가를 받은 개인정보파일의 경우
    에는 그 영향평가의 결과

③ 개인정보취급자는 제2항 각 호의 등록한 사항이 변경된 경우에는 별지 제
1호서식의 개인정보파일 등록·변경등록 신청서를 활용하여 개인정보 보호책임
자에게 변경을 신청하여야 한다.

제45조(개인정보파일 등록 및 변경 확인)

① 개인정보파일의 등록 또는 변경 신청을 받은 행정안전부 개인정보 보호책
임자는 등록·변경사항을 검토하고 그 적정성을 판단한 후 보호위원회에 등록
하여야 한다.

② 각 기관의 개인정보 보호책임자는 제1항 및 제44조제2항에 따라 등록된 항
목 중 하나라도 변경된 경우에 행정안전부의 확인을 받아 보호위원회에 등록
하여야 한다.

③ 제1항 및 제2항의 등록은 60일 이내에 하여야 한다.

제46조(개인정보파일대장 작성 및 개인정보파일 이용 · 제공 관리)

① 개인정보처리자는 별지 제2호서식에 따라 1개의 개인정보파일에 1개의 개
인정보파일대장을 작성하여야 한다.

② 행정안전부 본부 및 각 기관은 법 제18조제2항 각 호에 따라 제3자가 개인정
보파일의 이용·제공을 요청한 경우에는 이용·제공 가능 여부를 확인하고 별지
제3호서식의 개인정보 목적 외 이용 및 제3자 제공 대장에 기록하여 관리하
여야 한다.

제47조(개인정보파일의 파기 절차)

① 행정안전부 본부와 각 기관은 개인정보파일의 보유기간, 처리목적 등을 반
영한 개인정보 파기계획을 수립·시행하여야 한다. 다만, 시행령 제30조제1항제

1호에 따른 내부 관리계획이 수립되어 있는 경우에는 내부 관리계획에 개인정보 파기계획을 포함하여 시행할 수 있다.

② 개인정보취급자는 보유기간 경과, 처리목적 달성 등 파기 사유가 발생한 개인정보파일을 선정하고, 별지 제4호서식에 따른 해당 기관의 개인정보 보호책임자의 승인을 받아 개인정보를 파기하여야 한다.

③ 개인정보 보호책임자는 개인정보의 파기가 시행된 후 그 결과를 확인하고 별지 제5호서식에 따른 개인정보파일 파기 관리대장을 작성하여야 한다.

제48조(개인정보파일 보유기간의 산정)

① 개인정보파일의 보유기간은 개별 개인정보의 수집부터 삭제까지의 생애주기로서 보유목적에 부합된 최소기간으로 산정하되, 개별 법령의 규정에서 명확하게 제시된 자료의 보존기간에 따라 산정해야 한다.

② 개별 법령에서 구체적인 보유기간이 명확하게 제시되어 있지 않은 경우에는 개인정보 보호책임자가 해당 기관의 장의 승인을 통하여 산정해야 한다. 다만, 보유기간은 별표 제1호의 개인정보파일 보유기간 책정 기준표에서 제시한 기준과 「공공기록물 관리에 관한 법률 시행령」에 따른 기록관리기준표를 상회할 수 없다.

③ 정책고객, 홈페이지회원 등의 홍보 및 대국민서비스 목적의 외부고객 명부는 특별한 경우를 제외하고는 2년을 주기로 정보주체의 재동의 절차를 거쳐 동의한 경우에만 계속적으로 보유할 수 있다.

제49조(개인정보파일 등록 사실의 삭제)

① 분야별 책임자는 제20조제1항에 따라 개인정보파일을 파기한 경우, 법 제32조에 따른 개인정보파일의 등록사실에 대한 삭제를 해당 기관의 개인정보 보호책임자에게 요청하여야 한다.

② 개인정보파일 등록의 삭제를 요청받은 개인정보 보호책임자는 그 사실을 확인하고, 지체 없이 등록 사실을 삭제한 후 각 상위 기관을 경유하여 그 사

실을 보호위원회에 통보하여야 한다.

제50조(개인정보파일 현황 공개 및 방법)

행정안전부 본부 및 각 기관의 개인정보 보호책임자는 개인정보파일의 보유·파기 현황을 주기적으로 조사하여 그 결과를 해당 기관의 개인정보 처리방침에 반영하여 관리해야 한다.

제51조(등록 · 파기에 대한 개선권고 및 점검)

① 행정안전부 본부 및 각 기관의 개인정보 보호책임자는 제50조에 따라 개인정보파일이 과다하게 운용되고 있다고 판단하거나, 등록되지 않은 파일이 있는 것으로 확인되는 경우에는 그 개선을 권고할 수 있다.

② 행정안전부장관은 각 기관의 개인정보파일의 등록사항과 그 내용을 검토하고 다음 각 호의 어느 하나에 해당되는 경우에는 법 제32조제3항에 따라 각 기관의 개인정보 보호책임자에게 개선을 권고할 수 있다.

 1. 개인정보파일이 과다하게 운용된다고 판단되는 경우
 2. 등록하지 않은 개인정보파일이 있는 경우
 3. 개인정보파일 등록 사실이 삭제되었음에도 불구하고 개인정보파일을 계속 보유하고 있는 경우
 4. 개인정보 영향평가를 받은 개인정보파일을 보유하고 있음에도 그 결과를 등록사항에 포함하지 않은 경우
 5. 그 밖에 법 제32조에 따른 개인정보파일의 등록 및 공개에 위반되는 사항이 있다고 판단되는 경우

제4장 개인정보의 안전한 관리
제1절 개인정보의 안전성 확보조치

제52조(개인정보의 안전성 확보조치)

① 개인정보처리자는 개인정보가 분실·도난·유출·위조·변조 또는 훼손되지 아니하도록 안전성 확보에 필요한 다음 각 호의 관리적·기술적·물리적 보호조치를 하여야 한다. 이 경우 분야별 책임자는 소관부서의 개인정보를 안전하게 보호하도록 하기 위한 관리적·기술적·물리적 조치를 점검·감독하여야 한다.

1. 개인정보를 안전하게 처리하기 위한 내부 관리계획의 수립·시행
2. 개인정보에 대한 접근 통제 및 접근 권한의 제한·관리 조치
3. 개인정보를 안전하게 저장·전송할 수 있는 암호화 기술의 적용 또는 이에 상응하는 조치
4. 개인정보 침해사고 발생 시 대응하기 위한 접속기록의 보관 및 위·변조 방지를 위한 조치
5. 관리용 단말기 안전조치 및 개인정보에 대한 보안프로그램의 설치·갱신·점검 조치
6. 개인정보의 안전한 보관을 위한 보관시설의 마련 또는 잠금장치의 설치 등 물리적 조치

② 개인정보처리자는 화재, 홍수, 단전 등의 재해·재난 발생 시 개인정보처리시스템 보호를 위한 위기대응 매뉴얼 등 대응절차를 마련하고 정기적으로 점검하여야 한다.

③ 개인정보처리자는 재해·재난 발생 시 개인정보처리시스템 백업 및 복구를 위한 계획을 마련하여야 한다.

④ 제1항에 따른 안전성 확보조치에 관한 세부기준은 「개인정보보호위원회 개인정보의 안전성 확보조치 기준」을 따른다.

제9장
정보보호
관련
고시·권고

제53조(내부 관리계획의 수립·시행)

① 내부 관리계획은 다음 각 호의 사항을 포함하여야 한다.

1. 개인정보 보호책임자의 지정에 관한 사항

2. 개인정보 보호책임자 및 개인정보취급자의 역할 및 책임에 관한 사항

3. 개인정보취급자에 대한 교육에 관한 사항

4. 접근 권한의 관리에 관한 사항

5. 접근 통제에 관한 사항

6. 개인정보의 암호화 조치에 관한 사항

7. 접속기록 보관 및 다운로드 기준 책정 등 점검에 관한 사항

8. 악성프로그램 등 방지에 관한 사항

9. 물리적 안전조치에 관한 사항

10. 개인정보 보호조직에 관한 구성 및 운영에 관한 사항

11. 개인정보 유출사고 대응 계획 수립·시행에 관한 사항

12. 위험도 분석 및 대응방안 마련에 관한 사항

13. 재해 및 재난 대비 개인정보처리시스템의 물리적 안전조치에 관한 사항

14. 개인정보 처리업무를 위탁하는 경우 수탁자에 대한 관리 및 감독에 관한 사항

15. 그 밖에 개인정보 보호를 위하여 필요한 사항

③ 개인정보처리자는 제1항 각 호의 사항에 중요한 변경이 있는 경우에는 이를 즉시 반영하여 내부 관리계획을 수정하여 시행하고, 그 수정 이력을 관리하여야 한다.

④ 개인정보 보호책임자는 내부 관리계획의 이행 실태를 연1회 이상 점검·관리하여야 한다. 이 경우 분야별 책임자는 소관 업무의 내부 관리계획의 이행과 관련한 실태를 점검하여 개인정보 보호책임자에게 보고하여야 한다.

제54조(개인정보 영향평가)

① 개인정보처리자는 다음 각 호의 어느 하나에 해당하는 개인정보파일의 운

용으로 인하여 정보주체의 개인정보 침해가 우려되는 경우 그 위험요인의 분석과 개선사항 도출을 위하여 개인정보 영향평가를 수행하여야 하고 그 결과를 보호위원회에 제출하여야 한다.

1. 구축·운용 또는 변경하려는 개인정보파일로서 5만명 이상의 정보주체에 관한 법 제23조에 따른 민감정보 또는 고유식별정보의 처리가 수반되는 개인정보파일

2. 구축·운용하고 있는 개인정보파일을 해당 기관 내부 또는 외부에서 구축·운용하고 있는 다른 개인정보파일과 연계하려는 경우로서 연계 결과 50만명 이상의 정보주체에 관한 개인정보가 포함되는 개인정보파일

3. 구축·운용 또는 변경하려는 개인정보파일로서 100만명 이상의 정보주체에 관한 개인정보파일

4. 법 제33조제1항에 따른 개인정보 영향평가를 받은 후에 개인정보 검색체계 등 개인정보파일의 운용체계를 변경하려는 경우 그 개인정보파일. 이 경우 영향평가 대상은 변경된 부분으로 한정한다.

② 분야별 책임자는 제1항에 따른 영향평가 수행과 관련해, 소관부서에서 운용 또는 변경 예정인 개인정보파일 또는 개인정보시스템에 대한 영향평가 수행의 필요성과 수행한 영향평가의 이행사항 등을 점검하여 개인정보 보호책임자에게 보고하여야 한다.

제55조(개인정보취급자 접근권한의 관리)

① 개인정보처리자는 개인정보처리시스템에 대한 접근권한을 업무 수행에 필요한 최소한의 범위로 업무 담당자에 따라 차등 부여하여야 한다. 이 경우 분야별 책임자는 소관 업무의 개인정보취급자에 대한 접근권한을 관리·감독하고, 필요한 경우 개인정보 보호책임자에게 보고하여야 한다.

② 개인정보처리자는 전보 또는 퇴직 등 인사이동이 발생하여 개인정보취급자가 변경되었을 경우 지체 없이 개인정보처리시스템의 접근권한을 변경 또는 말소하여야 한다.

③ 개인정보처리자는 제1항 및 제2항에 따른 권한 부여, 변경 또는 말소에 대

한 내역을 기록하고, 그 기록을 최소 3년간 보관하여야 한다.

④ 개인정보처리자는 개인정보처리시스템에 접속할 수 있는 사용자 계정을 발급하는 경우, 개인정보취급자 별로 사용자계정을 발급하여야 하며, 다른 개인정보취급자와 공유되지 않도록 하여야 한다.

⑤ 개인정보처리자는 개인정보처리시스템의 계정정보 또는 비밀번호를 일정 횟수 이상 잘못 입력한 경우 개인정보처리시스템에 대한 접근을 제한하는 방법 등 필요한 기술적 조치를 하여야 한다.

⑥ 개인정보처리자는 개인정보시스템에 대하여 다음 각 호의 내용이 포함된 권한 관리정책을 수립하여 운영하여야 한다.

1. 권한에 대한 총괄책임자 지정에 관한 사항

2. 사용자 등록, 권한 부여·변경·중지 등에 관한 사항

3. 사용자 및 정보 중요도별 접근권한 차등 부여에 관한 사항

4. 접근권한 관리이력 보관에 관한 사항

5. 보안서약서 징구등에 관한 사항

제56조(비밀번호 관리)

개인정보처리자는 개인정보취급자 또는 정보주체가 안전한 비밀번호를 설정하여 이행할 수 있도록 다음 각 호의 사항을 포함하여 비밀번호 작성규칙을 수립하여 적용하여야 한다.

1. 영문, 숫자, 특수문자 등을 조합하여 구성

2. 연속적인 숫자나 생일, 전화번호 등 추측하기 쉬운 개인정보 및 아이디와 비슷한 비밀번호는 사용하지 않는 것을 권고

3. 비밀번호 변경은 정기적으로 변경하고 제3자에게 노출되었을 경우 즉시 새로운 비밀번호로 변경

제57조(접근통제시스템 설치 및 운영)

① 개인정보처리자는 정보통신망을 통한 불법적인 접근 및 침해사고 방지를

위해 다음 각 호의 기능을 포함한 조치를 하여야 한다.

1. 개인정보처리시스템에 대한 접속 권한을 IP(Internet Protocol)주소 등으로 제한하여 인가받지 않은 접근을 제한

2. 개인정보처리시스템에 접속한 IP(Internet Protocol)주소 등을 분석하여 불법적인 개인정보 유출 시도 탐지 및 대응

② 개인정보처리자는 개인정보취급자가 정보통신망을 통해 외부에서 개인정보처리시스템에 접속하려는 경우에는 가상사설망(VPN : Virtual Private Network) 또는 전용선 등 안전한 접속수단을 적용하거나 안전한 인증수단을 적용하여야 한다.

③ 개인정보처리자는 취급중인 개인정보가 인터넷 홈페이지, P2P, 공유설정, 공개된 무선망 이용 등을 통하여 열람권한이 없는 자에게 공개되거나 유출되지 않도록 개인정보처리시스템, 업무용 컴퓨터, 모바일 기기 및 관리용 단말기 등에 접근 통제 등에 관한 조치를 하여야 한다.

④ 고유식별정보를 처리하는 개인정보처리자는 인터넷 홈페이지를 통해 고유식별정보가 유출·위조·변조·훼손되지 않도록 연 1회 이상 취약점을 점검하고 필요한 보완 조치를 하여야 한다.

⑤ 개인정보처리자는 개인정보처리시스템에 대한 불법적인 접근 및 침해사고 방지를 위하여 개인정보취급자가 일정시간 이상 업무 처리를 하지 않는 경우에는 자동으로 시스템 접속이 차단되도록 하여야 한다.

⑥ 개인정보처리자가 별도의 개인정보처리시스템을 이용하지 아니하고 업무용 컴퓨터 또는 모바일 기기를 이용하여 개인정보를 처리하는 경우에는 제1항을 적용하지 아니할 수 있으며, 이 경우 업무용 컴퓨터 또는 모바일 기기의 운영체제(OS : Operating System)나 보안 프로그램 등에서 제공하는 접근통제 기능을 이용할 수 있다.

⑦ 개인정보처리자는 업무용 모바일 기기의 분실·도난 등으로 개인정보가 유출되지 않도록 해당 모바일 기기에 비밀번호 설정 등의 보호조치를 하여야 한다.

제9장
정보보호
관련
고시 · 권고

제58조(개인정보의 암호화)

① 개인정보처리자는 고유식별정보, 비밀번호, 바이오정보를 정보통신망을 통하여 송신하거나 보조저장매체 등을 통하여 전달하는 경우에는 이를 암호화하여야 한다.

② 개인정보처리자는 비밀번호 및 바이오정보는 암호화하여 저장하여야 한다. 다만 비밀번호를 저장하는 경우에는 복호화되지 아니하도록 일방향 암호화하여 저장하여야 한다.

③ 개인정보처리자는 인터넷 구간 및 인터넷 구간과 내부망의 중간 지점 (DMZ : Demilitarized Zone)에 고유식별정보를 저장하는 경우에는 이를 암호화하여야 한다.

④ 개인정보처리자가 내부망에 고유식별정보를 저장하는 경우에는 다음 각 호의 기준에 따라 암호화의 적용여부 및 적용범위를 정하여 시행할 수 있다.

 1. 법 제33조에 따른 개인정보 영향평가의 대상이 되는 개인정보처리자의 경우에는 해당 개인정보 영향평가의 결과

 2. 암호화 미적용시 위험도 분석에 따른 결과

⑤ 개인정보처리자는 제1항부터 제4항까지에 따라 개인정보를 암호화하는 경우 안전한 암호알고리즘으로 암호화하여 저장하여야 한다.

⑥ 개인정보처리자는 암호화된 개인정보를 안전하게 보관하기 위하여 안전한 암호 키 생성, 이용, 보관, 배포 및 파기 등에 관한 절차를 수립·시행하여야 한다.

⑦ 개인정보처리자는 업무용 컴퓨터 또는 모바일 기기에 고유식별정보를 저장하여 관리하는 경우 상용 암호화 소프트웨어 또는 안전한 암호화 알고리즘을 사용하여 암호화한 후 저장하여야 한다.

제59조(접속기록의 보관 및 위·변조방지)

① 개인정보처리자는 개인정보취급자가 개인정보처리시스템에 접속한 기록을 1년 이상 보관·관리하여야 한다. 다만, 5만명 이상의 정보주체에 관하

여 개인정보를 처리하거나, 고유식별정보 또는 민감정보를 처리하는 개인정보처리시스템의 경우에는 2년 이상 보관·관리하여야 한다.

② 개인정보처리자는 개인정보의 오·남용, 분실·도난·유출·위조·변조 또는 훼손 등에 대응하기 위하여 개인정보처리시스템의 접속기록 등을 월 1회 이상 점검하여야 한다. 특히 제53조제1항제7호에 정한 바에 따른 다운로드 책정 기준을 상회하는 개인정보를 다운로드한 것이 발견되었을 경우에는 내부관리 계획으로 정하는 바에 따라 그 사유를 반드시 확인하여야 한다.

③ 분야별 책임자는 제1항 및 2항에 따른 접속기록 점검에 대한 자체점검을 실시하고 그 결과를 개인정보 보호책임자에게 보고하여야 한다.

④ 분야별 책임자는 개인정보취급자의 접속기록이 위·변조 및 도난, 분실되지 않도록 해당 접속기록을 안전하게 보관하여야 한다.

제60조(관리용 단말기 안전조치 및 악성프로그램 등 방지)

① 개인정보처리자는 개인정보 유출 등 개인정보 침해사고 방지를 위하여 관리용 단말기에 대해 다음 각 호의 안전조치를 하여야 한다.

 1. 인가 받지 않은 사람이 관리용 단말기에 접근하여 임의로 조작하지 못하도록 조치

 2. 본래 목적 외로 사용되지 않도록 조치

 3. 악성프로그램 감염 방지 등을 위한 보안 조치

② 개인정보처리자는 악성 프로그램 등을 방지·치료할 수 있는 백신 소프트웨어 등의 보안 프로그램을 설치·운영하여야 하며, 다음 각 호의 사항을 준수하여야 한다.

 1. 보안 프로그램의 자동 업데이트 기능을 사용하거나, 일 1회 이상 업데이트를 실시하여 최신의 상태로 유지

 2. 악성 프로그램 관련 경보가 발령된 경우 또는 사용 중인 응용 프로그램이나 운영체제 소프트웨어의 제작업체에서 보안 업데이트 공지가 있는 경우, 즉시 이에 따른 업데이트를 실시

 3. 발견된 악성프로그램 등에 대한 삭제 등 대응 조치

제61조(물리적 안전조치)

① 개인정보처리자는 전산실, 자료보관실 등 개인정보를 보관하고 있는 물리적 보관 장소를 별도로 두고 있는 경우에는 이에 대한 출입통제 절차를 수립·운영하여야 한다.

② 개인정보처리자는 개인정보가 포함된 서류, 보조저장매체 등을 잠금장치가 있는 안전한 장소에 보관하여야 한다.

③ 개인정보처리자는 개인정보가 포함된 보조저장매체의 반출·입 통제를 위한 보안대책을 마련하여야 한다. 다만 별도의 개인정보처리시스템을 운영하지 아니하고 업무용 컴퓨터 또는 모바일 기기를 이용하여 개인정보를 처리하는 경우에는 이를 적용하지 아니할 수 있다.

④ 분야별책임자는 소관부서 내의 개인정보 보호를 위해 제1항부터 제3항까지의 물리적 안전조치가 이행될 수 있도록 관리·감독하여야 한다.

제62조(홈페이지 개인정보 노출 방지 조치)

① 행정안전부장관 및 각 기관의 장은 기관에서 운영하는 홈페이지를 통해 개인정보가 노출되지 않도록 노력해야 하며, 개인정보 노출 시 즉시 삭제, 재발방지 방안 수립 등 필요한 조치를 취해야 한다.

② 행정안전부 본부 및 각 기관의 홈페이지 운영부서의 장은 해당 기관에서 운영하는 홈페이지의 부서별 자료 게재 권한 및 관리 의무를 명확히 하여야 한다.

③ 개인정보 보호책임자는 해당 기관의 홈페이지를 대상으로 다음 각 호의 사항을 조치하여야 한다.

1. 게시내용에 대해 책임부서 지정, 부서장 결재 후 내용 게시
2. 해당 홈페이지에 개인정보 필터링 솔루션 도입 방안 마련
3. 홈페이지 개인정보 노출 차단을 위한 주기적 모니터링 방안 마련

제2절 개인정보 유출 통지 및 신고 등

제63조(개인정보의 유출)

"개인정보의 유출"이라 함은 법령이나 개인정보처리자의 자유로운 의사에 의하지 않고, 정보주체의 개인정보에 대하여 개인정보처리자가 통제를 상실하거나 또는 권한 없는 자의 접근을 허용한 것으로서, 다음 각 호의 어느 하나에 해당하는 경우를 말한다.

1. 개인정보가 포함된 서면, 이동식 저장장치, 휴대용 컴퓨터 등을 분실하거나 도난당한 경우
2. 개인정보가 저장된 데이터베이스 등 개인정보처리시스템에 정상적인 권한이 없는 자가 접근한 경우
3. 개인정보처리자의 고의 또는 과실로 인해 개인정보가 포함된 파일 또는 종이문서, 그 밖에 저장매체가 권한이 없는 자에게 잘못 전달된 경우
4. 그 밖에 권한이 없는 자에게 개인정보가 전달된 경우

제64조(유출 통지시기 및 항목)

① 개인정보처리자는 개인정보가 유출되었음을 알게 된 때에는 정당한 사유가 없는 한 5일 이내에 해당 정보주체에게 다음 각 호의 사항을 알려야 한다. 다만 유출된 개인정보의 확산 및 추가 유출을 방지하기 위하여 접속경로의 차단, 취약점 점검·보완, 유출된 개인정보의 삭제 등 긴급한 조치가 필요한 경우에는 그 조치를 한 후 그로부터 5일 이내에 정보주체에게 알릴 수 있다.

1. 유출된 개인정보의 항목
2. 유출된 시점과 그 경위
3. 유출로 인하여 발생할 수 있는 피해를 최소화하기 위하여 정보주체가 할 수 있는 방법 등에 관한 정보
4. 개인정보처리자의 대응조치 및 피해구제절차
5. 정보주체에게 피해가 발생한 경우 신고 등을 접수할 수 있는 담당부서

및 연락처

② 개인정보처리자는 제1항 각 호의 사항을 모두 확인하기 어려운 경우에는 정보주체에게 다음 각 호의 사실만을 우선 알리고, 추후 확인되는 즉시 알릴 수 있다.

 1. 정보주체에게 유출이 발생한 사실

 2. 제1항의 통지항목 중 확인된 사항

③ 개인정보처리자는 개인정보 유출 사고의 미인지로 인해 해당 정보주체에게 개인정보 유출 통지를 하지 아니한 경우에는 실제 유출 사고를 알게 된 시점을 입증하여야 한다.

제65조(유출 통지방법)

① 개인정보처리자는 정보주체에게 제64조제1항 각 호의 사항을 통지할 때에는 서면, 전자우편, 모사전송, 전화, 휴대전화 문자전송 또는 이와 유사한 방법을 통하여 5일 이내에 정보주체에게 알려야 한다.

② 개인정보처리자는 제1항의 통지방법과 동시에, 홈페이지 등을 통하여 제79조제1항 각 호의 사항을 공개할 수 있다.

제66조(개인정보 유출신고)

① 개인정보처리자는 정보주체에 관한 개인정보가 유출된 경우에는 유출내용 및 조치결과를 5일 이내에 행정안전부 본부에 즉시 보고하여야 한다. 다만, 1천명 이상의 개인정보가 유출된 경우에는 보호위원회 또는 시행령 제39조제2항의 전문기관에 신고하여야 한다.

② 제1항에 따른 보고와 신고는 별지 제6호서식의 개인정보 유출신고(보고)서를 통하여 하여야 한다.

③ 개인정보처리자는 전자우편, 모사전송 또는 인터넷 사이트를 통하여 유출보고 또는 신고를 할 시간적 여유가 없거나 그 밖에 특별한 사정이 있는 때에는 먼저 전화를 통하여 제64조제1항 각 호의 사항을 신고한 후, 별지 제6호서

식의 개인정보 유출신고서를 제출할 수 있다.

④ 개인정보처리자는 1천명 이상의 정보주체에 관한 개인정보가 유출된 경우에는 제65조에 따른 통지와 함께 인터넷 홈페이지에 정보주체가 알아보기 쉽도록 제64조제1항 각 호의 사항을 7일 이상 게재하여야 한다.

⑤ 분야별책임자는 소관부서 내에 유출사고가 발생할 경우 제1항부터 4항까지의 유출신고 절차를 준수하고, 개인정보보호책임자에게 즉시 보고하여야 한다.

제67조(개인정보의 유출조사)

① 개인정보처리자는 개인정보 유출이 발생되었을 경우 유출 원인을 조사하고 다음 각 호 사항을 준수해야 한다.

1. 유출원인 보완 및 재발방지 조치계획 수립·이행
2. 개인정보취급자 대상 사례 전파 및 재발방지 교육
3. 그 밖에 개인정보의 유출 방지를 위해 필요하다고 판단되는 사항

② 행정안전부장관은 각 기관으로부터 개인정보 유출신고를 받고 필요하다고 하는 때에는 관련 자료제출을 요구하거나 개인정보처리자 및 해당 유출원인과 관련한 관계인에 대해 조사를 실시하고 제63조 각 호에 따른 사항을 요구할 수 있다. 해당 요구를 받은 개인정보처리자 등은 특별한 사정이 없으면 이에 응하여야 한다.

③ 개인정보의 유출 조사를 위해서는 정보주체 및 유출사고 관련자의 사생활 침해를 최소화하는 방법(익명·가명처리 등)으로 처리될 수 있도록 노력하여야 한다.

제3절 정보주체의 권리 보장

제68조(개인정보의 열람)

① 정보주체는 법 제35조제1항 및 제2항에 따라 자신의 개인정보에 대한 열람을 요구하려면 다음 각 호의 사항 중 열람하려는 사항을 표시한 별지 제7호서

식의 개인정보 열람요구서를 개인정보처리자에게 제출하여야 한다. 다만, 대리인이 정보주체를 대리할 경우에는 위임장(별지 제8호서식)을 제출하여야 한다.

1. 개인정보의 항목 및 내용
2. 개인정보의 수집·이용의 목적
3. 개인정보 보유 및 이용 기간
4. 개인정보의 제3자 제공 현황
5. 개인정보 처리에 동의한 사실 및 내용

② 개인정보처리자는 제1항에 따른 개인정보 열람요구서를 받은 날부터 10일 이내에 정보주체에게 해당 개인정보를 열람할 수 있도록 하여야 한다.

③ 개인정보처리자는 법 제35조 제1항 및 제2항에 따른 열람 요구 방법과 절차를 마련하는 경우 해당 개인정보의 수집 방법과 절차에 비하여 어렵지 아니하도록 다음 각 호의 사항을 준수하여야 한다.

1. 서면, 전화, 전자우편, 인터넷 등 정보주체가 쉽게 활용할 수 있는 방법으로 제공할 것
2. 개인정보를 수집한 창구의 지속적 운영이 곤란한 경우 등 정당한 사유가 있는 경우를 제외하고는 최소한 개인정보를 수집한 창구 또는 방법과 동일하게 개인정보의 열람을 요구할 수 있도록 할 것
3. 인터넷 홈페이지를 운영하는 개인정보처리자는 홈페이지에 열람 요구 방법과 절차를 공개할 것

제69조(개인정보 열람의 제한·연기 및 거절)

① 개인정보처리자는 다음 각 호의 어느 하나에 해당하는 경우에는 정보주체에게 그 사유를 알리고 열람을 제한하거나 거절할 수 있으며, 열람이 제한되는 사항을 제외한 부분은 열람할 수 있도록 하여야 한다.

1. 법률에 따라 열람이 금지되거나 제한되는 경우
2. 다른 사람의 생명·신체를 해할 우려가 있거나 다른 사람의 재산과 그 밖의 이익을 부당하게 침해할 우려가 있는 경우
3. 개인정보처리자는 다음 각 목의 어느 하나에 해당하는 업무를 수행할 때

중대한 지장을 초래하는 경우

　가. 조세의 부과·징수 또는 환급에 관한 업무

　나. 학력·기능 및 채용에 관한 시험, 자격 심사에 관한 업무

　다. 보상금 산정 등에 대하여 진행 중인 평가 또는 판단에 관한 업무

　라. 다른 법률에 따라 진행 중인 감사 및 조사에 관한 업무

② 개인정보처리자가 법 제35조제3항에 따라 정보주체의 열람을 연기하거나 같은 조 제4항에 따라 열람을 거절하려는 경우에는 열람 요구를 받은 날부터 10일 이내에 연기 또는 거절의 사유 및 이의제기방법을 별지 제9호서식에 따른 열람의 연기·거절 통지서로 해당 정보주체에게 알려야 한다.

제70조(개인정보 열람 연기 사유의 소멸)

① 개인정보처리자가 법 제35조제3항에 따라 개인정보의 열람을 연기한 후 그 사유가 소멸한 경우에는 정당한 사유가 없는 한 사유가 소멸한 날로부터 10일 이내에 열람하도록 하여야 한다.

② 정보주체로부터 시행령 제41조제1항제4호의 규정에 따른 개인정보의 제3자 제공 현황의 열람청구를 받은 개인정보처리자는 국가안보에 긴요한 사안으로 법 제35조제4항제3호마목의 규정에 따른 업무를 수행하는데 중대한 지장을 초래하는 경우, 제3자에게 열람청구의 허용 또는 제한, 거부와 관련한 의견을 조회하여 결정할 수 있다.

제71조(개인정보의 정정·삭제)

① 개인정보처리자가 법 제36조제1항에 따른 개인정보의 정정·삭제 요구를 받았을 때에는 정당한 사유가 없는 한 요구를 받은 날로부터 10일 이내에 그 개인정보를 조사하여 정보주체의 요구에 따라 정정·삭제 등 필요한 조치를 한 후 그 결과를 별지 제10호서식에 따라 정보주체에게 알려야 한다.

② 정보주체의 정정·삭제 요구가 법 제36조제1항 단서에 해당하는 경우에는 정당한 사유가 없는 한 요구를 받은 날로부터 10일 이내에 삭제를 요구할 수

없는 근거법령의 내용을 정보주체에게 알려야 한다.

제72조(개인정보의 처리정지)

① 개인정보처리자가 정보주체로부터 법 제37조제1항에 따라 개인정보처리를 정지하도록 요구받은 때에는 정당한 사유가 없는 한 요구를 받은 날로부터 10일 이내에 개인정보 처리의 일부 또는 전부를 정지하여야 한다. 다만, 다음 각 호의 어느 하나에 해당하는 경우에는 정보주체의 처리정지 요구를 거절할 수 있다.

1. 법률에 특별한 규정이 있거나 법령상 의무를 준수하기 위하여 불가피한 경우
2. 다른 사람의 생명·신체를 해할 우려가 있거나 다른 사람의 재산과 그 밖의 이익을 부당하게 침해할 우려가 있는 경우
3. 개인정보처리자가 개인정보를 처리하지 아니하면 다른 법률에서 정하는 소관 업무를 수행할 수 없는 경우
4. 개인정보를 처리하지 아니하면 정보주체와 약정한 서비스를 제공하지 못하는 등 계약의 이행이 곤란한 경우로서 정보주체가 그 계약의 해지 의사를 명확하게 밝히지 아니한 경우

② 개인정보처리자는 정보주체의 요구에 따라 처리가 정지된 개인정보에 대하여는 정당한 사유가 없는 한 처리정지의 요구를 받은 날로부터 10일 이내에 해당 개인정보의 파기 등 정보주체의 요구에 상응하는 조치를 취하고 그 결과를 정보주체에게 알려야 한다.

제73조(권리행사의 방법 및 절차)

① 개인정보처리자는 정보주체가 법 제38조제1항에 따른 열람 등 요구를 하는 경우에는 개인정보를 수집하는 방법과 동일하거나 보다 쉽게 정보주체가 열람 요구 등 권리를 행사할 수 있도록 간편한 방법을 제공하여야 하며, 개인정보의 수집시에 요구되지 않았던 증빙서류 등을 요구하거나 추가적인 절차를 요

구할 수 없다.

② 제1항의 규정은 시행령 제46조에 따라 본인 또는 정당한 대리인임을 확인하고자 하는 경우에도 준용한다.

제5장 영상정보처리기기 설치 및 운영
제1절 영상정보처리기기의 설치

제74조(적용범위)

이 장은 영상정보처리기기운영자가 공개된 장소에 설치·운영하는 영상정보처리기기와 이 기기를 통하여 처리되는 개인영상정보를 대상으로 한다.

제75조(영상정보처리기기 운영·관리 방침)

① 영상정보처리기기 운영·관리 방침을 수립하거나 변경하는 경우에는 정보 주체가 쉽게 확인할 수 있도록 공개하여야 한다.

② 영상정보처리기기 운영·관리 방침은 법 제30조에 따라 개인정보 처리방침에 포함하여 수립하거나 별도로 수립·공개 할 수 있다.

제76조(관리책임자의 지정)

① 영상정보처리기기운영자는 개인영상정보의 처리에 관한 업무를 총괄해서 책임질 개인영상정보 관리책임자를 지정하여야 한다. 다만 개인영상정보 관리책임자를 개인정보 보호책임자로 지정하여 운영할 수 있다.

② 제1항에 따라 지정된 개인영상정보 관리책임자는 법 제31조제2항에 따른 개인정보 보호책임자의 업무에 준하여 다음 각 호의 업무를 수행한다.

 1. 개인영상정보 보호 계획의 수립 및 시행
 2. 개인영상정보 처리 실태 및 관행의 정기적인 조사 및 개선
 3. 개인영상정보 처리와 관련한 불만의 처리 및 피해구제
 4. 개인영상정보 유출 및 오용·남용 방지를 위한 내부통제시스템의 구축
 5. 개인영상정보 보호 교육 계획 수립 및 시행

6. 개인영상정보 파일의 보호 및 파기에 대한 관리·감독
7. 그 밖에 개인영상정보의 보호를 위하여 필요한 업무

제77조(사전의견 수렴)

영상정보처리기기의 설치 목적 변경에 따른 추가 설치 등의 경우에도 시행령 제23조제1항에 따라 관계 전문가 및 이해관계인의 의견을 수렴하여야 한다.

제78조(안내판의 설치)

① 영상정보처리기기운영자는 정보주체가 영상정보처리기기가 설치·운영 중임을 쉽게 알아볼 수 있도록 법 제25조제4항에 따라 다음 각 호의 사항을 기재한 안내판 설치 등 필요한 조치를 하여야 한다.
1. 설치목적 및 장소
2. 촬영범위 및 시간
3. 개인영상정보 관리책임자의 성명 또는 직책 및 연락처
4. 영상정보처리기기 설치·운영에 관한 사무를 위탁하는 경우, 수탁자의 명칭 및 연락처
② 제1항에 따른 안내판은 촬영범위 내에서 정보주체가 알아보기 쉬운 장소에 누구라도 용이하게 판독할 수 있게 설치되어야 하며, 이 범위 내에서 영상정보처리기기운영자가 안내판의 크기, 설치위치 등을 자율적으로 정할 수 있다.
③ 행정안전부 본부 및 각 기관의 장이 기관 내 또는 기관 간 영상정보처리기기의 효율적 관리 및 정보 연계 등을 위해 용도별·기관별 영상정보처리기기를 물리적·관리적으로 통합하여 설치·운영(이하 "통합관리"라 한다)하는 경우에는 설치목적 등 통합관리에 관한 내용을 정보주체가 쉽게 알아볼 수 있도록 제1항에 따른 안내판에 기재하여야 한다.

제2절 개인영상정보의 처리

제79조(개인영상정보 이용 · 제3자 제공 제한 등)

영상정보처리기기운영자는 다음 각 호의 경우를 제외하고는 개인영상정보를 수집 목적 이외로 이용하거나 제3자에게 제공하여서는 아니 된다.

1. 정보주체에게 동의를 얻은 경우
2. 다른 법률에 특별한 규정이 있는 경우
3. 정보주체 또는 그 법정대리인이 의사표시를 할 수 없는 상태에 있거나 주소불명 등으로 사전 동의를 받을 수 없는 경우로서 명백히 정보주체 또는 제3자의 급박한 생명, 신체, 재산의 이익을 위하여 필요하다고 인정되는 경우
4. 통계작성 및 학술연구 등의 목적을 위하여 필요한 경우로서 특정 개인을 알아볼 수 없는 형태로 개인영상정보를 제공하는 경우
5. 개인영상정보를 목적 외의 용도로 이용하거나 이를 제3자에게 제공하지 아니하면 다른 법률에서 정하는 소관 업무를 수행할 수 없는 경우로서 보호위원회의 심의·의결을 거친 경우
6. 조약, 그 밖의 국제협정의 이행을 위하여 외국정부 또는 국제기구에 제공하기 위하여 필요한 경우
7. 범죄의 수사와 공소의 제기 및 유지를 위하여 필요한 경우
8. 법원의 재판업무 수행을 위하여 필요한 경우
9. 형(刑) 및 감호, 보호처분의 집행을 위하여 필요한 경우

제80조(보관 및 파기)

① 영상정보처리기기운영자는 수집한 개인영상정보를 영상정보처리기기 운영·관리 방침에 명시한 보관 기간이 만료한 때에는 지체없이 파기하여야 한다. 다만, 다른 법령에 특별한 규정이 있는 경우에는 그러하지 아니하다.

② 영상정보처리기기운영자가 그 사정에 따라 보유 목적의 달성을 위한 최소

한의 기간을 산정하기 곤란한 때에는 보관 기간을 개인영상정보 수집 후 30일 이내로 한다.

③ 개인영상정보의 파기 방법은 다음 각 호의 어느 하나와 같다.

  1. 개인영상정보가 기록된 출력물(사진 등) 등은 파쇄 또는 소각

  2. 전자기적(電磁氣的) 파일 형태의 개인영상정보는 복원이 불가능한 기술적 방법으로 영구 삭제

제81조(이용 · 제3자 제공 · 파기의 기록 및 관리)

① 영상정보처리기기운영자는 개인영상정보를 수집 목적 이외로 이용하거나 제3자에게 제공하는 경우에는 다음 각 호의 사항을 기록하고 이를 관리하여야 한다.

  1. 개인영상정보 파일의 명칭

  2. 이용하거나 제공받은 자(공공기관 또는 개인)의 명칭

  3. 이용 또는 제공의 목적

  4. 법령상 이용 또는 제공근거가 있는 경우 그 근거

  5. 이용 또는 제공의 기간이 정하여져 있는 경우에는 그 기간

  6. 이용 또는 제공의 형태

② 영상정보처리기기운영자가 개인영상정보를 파기하는 경우에는 다음 사항을 기록하고 관리하여야 한다.

  1. 파기하는 개인영상정보 파일의 명칭

  2. 개인영상정보 파기일시(사전에 파기 시기 등을 정한 자동 삭제의 경우에는 파기 주기 및 자동 삭제 여부에 대한 확인 시기)

  3. 개인영상정보 파기 담당자

제82조(개인영상정보처리기기 설치 및 관리 등의 위탁)

① 영상정보처리기기운영자가 시행령 제26조제1항에 따라 영상정보처리기기의 설치·운영에 관한 사무를 제3자에게 위탁하는 경우에는 그 내용을 정보주체가

언제든지 쉽게 확인할 수 있도록 시행령 제24조에 따른 안내판 및 시행령 제27조에 따른 영상정보처리기기 운영·관리 방침에 수탁자의 명칭 등을 공개하여야 한다.

② 영상정보처리기기운영자가 시행령 제26조제1항에 따라 영상정보처리기기의 설치·운영에 관한 사무를 제3자에게 위탁할 경우에는 그 사무를 위탁받은 자가 개인영상정보를 안전하게 처리하고 있는지를 관리·감독하여야 한다.

제3절 개인영상정보의 열람 등 요구

제83조(정보주체의 열람 등 요구)

① 정보주체는 영상정보처리기기운영자가 처리하는 개인영상정보에 대하여 열람 또는 존재확인(이하 "열람등"이라 한다)을 해당 영상정보처리기기운영자에게 요구할 수 있다. 이 경우 정보주체가 열람등을 요구할 수 있는 개인영상정보는 정보주체 자신이 촬영된 개인영상정보 및 명백히 정보주체의 급박한 생명, 신체, 재산의 이익을 위하여 필요한 개인영상정보에 한한다.

② 정보주체가 영상정보처리기기운영자에게 개인영상정보 열람등을 요구할 때에는 해당 기관의 장에게 별지 제11호서식의 개인영상정보 열람·존재확인 청구서(전자문서를 포함한다)로 하여야 한다.

③ 영상정보처리기기운영자는 제1항에 따른 요구를 받았을 때에는 지체없이 필요한 조치를 취하여야 한다. 이때에 영상정보처리기기운영자는 열람 등의 요구를 한 자가 본인이거나 정당한 대리인인지를 주민등록증·운전면허증·여권 등의 신분증명서를 제출받아 확인하여야 한다.

④ 제3항의 규정에도 불구하고 다음 각 호의 어느 하나에 해당하는 경우에는 영상정보처리기기운영자는 정보주체의 개인영상정보 열람 등의 요구를 거부할 수 있다. 이 경우 영상정보처리기기운영자는 10일 이내에 서면 등으로 거부 사유를 정보주체에게 통지하여야 한다.

 1. 범죄수사·공소유지·재판수행에 중대한 지장을 초래하는 경우

 2. 개인영상정보의 보관기간이 경과하여 파기한 경우

3. 그 밖에 정보주체의 열람 등 요구를 거부할 만한 정당한 사유가 존재하는 경우

⑤ 영상정보처리기기운영자는 제3항 및 제4항에 따른 조치를 취하는 경우 다음 각 호의 사항을 기록하고 관리하여야 한다.

1. 개인영상정보 열람 등을 요구한 정보주체의 성명 및 연락처
2. 정보주체가 열람 등을 요구한 개인영상정보 파일의 명칭 및 내용
3. 개인영상정보 열람 등의 목적
4. 개인영상정보 열람 등을 거부한 경우 그 거부의 구체적 사유
5. 정보주체에게 개인영상정보 사본을 제공한 경우 해당 영상정보의 내용과 제공한 사유

⑥ 정보주체는 영상정보처리기기운영자에게 정보주체 자신의 개인영상정보에 대한 파기를 요구하는 때에는 제1항에 의하여 열람 등을 요구하였던 개인영상정보에 대하여만 그 파기를 요구할 수 있다. 영상정보처리기기운영자가 해당 파기조치를 취한 경우에는 그 내용을 기록하고 관리하여야 한다.

제84조(개인영상정보 관리대장)

제81조, 제83조제5항 및 제6항에 따른 기록 및 관리는 별지 제12호서식의 개인영상정보 관리대장을 활용할 수 있다.

제85조(정보주체 이외의 자의 개인영상정보 보호)

영상정보처리기기운영자는 제83조제3항에 따른 열람등의 조치를 취하는 경우, 만일 정보주체 이외의 자를 명백히 알아볼 수 있거나 정보주체 이외의 자의 사생활 침해의 우려가 있는 경우에는 해당 정보주체 이외의 자의 개인영상정보를 알아볼 수 없도록 보호조치를 취하여야 한다.

제4절 개인영상정보 보호 조치

제86조(개인영상정보의 안전성 확보를 위한 조치)

영상정보처리기기운영자는 개인영상정보가 분실·도난·유출·위조·변조 또는 훼손되지 아니하도록 법 제29조 및 시행령 제30조제1항에 따라 안전성 확보를 위하여 다음 각 호의 조치를 하여야 한다.

1. 개인영상정보의 안전한 처리를 위한 내부 관리계획의 수립·시행
2. 개인영상정보에 대한 접근 통제 및 접근 권한의 제한 조치
3. 개인영상정보를 안전하게 저장·전송할 수 있는 기술의 적용 (네트워크 카메라의 경우 안전한 전송을 위한 암호화 조치, 개인영상정보파일 저장시 비밀번호 설정 등)
4. 개인영상정보의 이용·열람·제공·파기 시 개인영상정보 관리대장(별지 제12호서식) 작성 등의 처리기록의 보관 및 위조·변조 방지를 위한 조치
5. 개인영상정보의 안전한 물리적 보관을 위한 보관시설 마련 또는 잠금장치 설치

제87조(개인영상정보처리기기의 설치 · 운영에 대한 점검)

① 영상정보처리기기운영자가 영상정보처리기기를 설치·운영하는 경우에는 이 지침의 준수 여부에 대한 자체점검을 실시하여 다음 해 3월 31일까지 그 결과를 보호위원회에게 통보하고 시행령 제34조제3항에 따른 시스템에 등록하여야 한다. 이 경우 다음 각 호의 사항을 고려하여야 한다.

1. 영상정보처리기기의 운영·관리 방침에 열거된 사항
2. 관리책임자의 업무 수행 현황
3. 영상정보처리기기의 설치 및 운영 현황
4. 개인영상정보 수집 및 이용·제공·파기 현황
5. 위탁 및 수탁자에 대한 관리·감독 현황
6. 정보주체의 권리행사에 대한 조치 현황

7. 기술적·관리적·물리적 조치 현황

8. 영상정보처리기 설치·운영의 필요성 지속 여부 등

② 영상정보처리기기운영자는 제1항에 따른 영상정보처리기기 설치·운영에 대한 자체점검을 완료한 후에는 그 결과를 홈페이지 등에 공개하여야 한다.

제6장 보 칙

제88조(재검토기한)

행정안전부장관은 이 지침에 대하여 2021년 1월 1일 기준으로 매3년이 되는 시점(매 3년째의 12월 31일까지를 말한다)마다 그 타당성을 검토하여 개선 등의 조치를 하여야 한다.

부 칙

이 훈령은 고시한 날부터 시행한다.

개인정보파일 보유기간 책정 기준표

보유기간	대상 개인정보파일
영구	1. 국민의 지위, 신분, 재산을 증명하기 위해 운용하는 개인정보파일 중 영구보존이 필요한 개인정보파일 2. 국민의 건강증진과 관련된 업무를 수행하기 위해 운용하는 개인정보파일 중 영구보존이 필요한 개인정보파일
준영구	1. 국민의 신분, 재산을 증명하기 위해 운용하는 개인정보파일 중 개인이 사망, 폐지 그 밖의 사유로 소멸되기 때문에 영구 보존할 필요가 없는 개인정보파일 2. 국민의 신분증명 및 의무부과, 특정대상 관리 등을 위하여 행정기관이 구축하여 운영하는 행정정보시스템의 데이터 셋으로 구성된 개인정보파일
30년	1. 관계 법령에 따라 10년 이상 30년 미만의 기간 동안 민. 형사상 또는 행정상의 책임 또는 시효가 지속되거나, 증명자료로서의 가치가 지속되는 개인정보파일
10년	1. 관계 법령에 따라 5년 이상 10년 미만의 기간 동안 민. 형사상 또는 행정상의 책임 또는 시효가 지속되거나, 증명자료로서의 가치가 지속되는 개인정보파일
5년	1. 관계 법령에 따라 3년 이상 5년 미만의 기간 동안 민. 형사상 또는 행정상의 책임 또는 시효가 지속되거나, 증명자료로서의 가치가 지속되는 개인정보파일
3년	1. 행정업무의 참고 또는 사실 증명을 위하여 1년 이상 3년 미만의 기간 동안 보존할 필요가 있는 개인정보파일 2. 관계 법령에 따라 1년 이상 3년 미만의 기간 동안 민. 형사상 또는 행정상의 책임 또는 시효가 지속되거나, 증명자료로서의 가치가 지속되는 개인정보파일 3. 각종 증명서 발급과 관련된 개인정보파일(단 다른 법령에서 증명서 발급 관련 보유기간이 별도로 규정된 경우 해당 법령에 따름)
1년	1. 상급기관(부서)의 요구에 따라 단순 보고를 위해 생성한 개인정보파일

제9장
정보보호
관련
고시·권고

개인정보파일 ([ ] 등록   [ ] 변경등록) 신청서

※'변경정보 및 변경사유'란은 변경등록시에만 작성합니다.

접수번호		접수일		처리기간	7일
공공기관 명칭	주소			등록부서	전화번호

등록항목	등록정보	변경정보 및 변경사유
개인정보파일 명칭		
개인정보파일의 운영 근거 및 목적		
개인정보파일에 기록되는 개인정보의 항목		
개인정보의 처리방법		
개인정보의 보유기간		
개인정보를 통상적 또는 반복적으로 제공하는 경우 그 제공받는 자		
개인정보파일을 운용하는 공공기관의 명칭		
개인정보파일로 보유하고 있는 개인정보의 정보주체 수		
해당 공공기관에서 개인정보 처리 관련 업무를 담당하는 부서		
개인정보의 열람 요구를 접수·처리하는 부서		
개인정보파일에서 열람을 제한하거나 거절할 수 있는 개인정보의 범위 및 그 사유		

「개인정보 보호법」 제32조제1항과 같은 법 시행령 제34조제1항에 따라 위와 같이 개인정보파일 ([ ] 등록   [ ] 변경등록)을 신청합니다.

년   월   일

신청기관   (서명 또는 인)

개인정보 보호위원회 위원장   귀하

개인정보파일대장

기관 명칭	주소		등록부서	전화번호

등록항목	등록정보
개인정보파일 명칭	
개인정보파일의 운영 근거 및 목적	
개인정보파일에 기록되는 개인정보의 항목	
개인정보의 처리방법	
개인정보의 보유기간	
개인정보를 통상적 또는 반복적으로 제공하는 경우 그 제공받는 자	
개인정보파일을 운용하는 기관의 명칭	
개인정보파일로 보유하고 있는 개인정보의 정보주체 수	
해당기관에서 개인정보 처리 관련 업무를 담당하는 부서	
개인정보의 열람 요구를 접수·처리하는 부서	
개인정보파일에서 열람을 제한하거나 거절할 수 있는 개인정보의 범위 및 그 사유	

제9장
정보보호
관련
고시·권고

개인정보의 목적 외 이용 및 제3자 제공 대장

개인정보 또는 개인정보파일 명칭			
이용 또는 제공 구분	[ ] 목적 외 이용		[ ] 목적 외 제3자 제공
목적 외 이용기관의 명칭 (목적 외 이용의 경우)		담당자	소　속
			성　명
			전화번호
제공받는 기관의 명칭 (제3자 제공의 경우)		담당자	성　명
			소　속
			전화번호
이용하거나 제공한 날짜, 주기 또는 기간			
이용하거나 제공한 형태			
이용 또는 제공의 　법적 근거			
이용 목적 또는 제공받는 목적			
이용하거나 제공한 개인정보의 항목			
「개인정보 보호법」 제18조제5항에 따라 필요한 사항을 제한하거 나 필요한 조치를 마련하도 록 요청한 경우, 그 내용			

개인정보파일 파기 요청서

작성일		작성자	
파기 대상 개인정보파일			
생성일자		개인정보취급자	
주요 대상업무		현재 보관건수	
파기 사유			
파기 일정			
특기사항			
파기 승인일		승인자 (개인정보 보호책임자)	
파기 장소			
파기 방법			
파기 수행자		입회자	
파기 확인 방법			
백업 조치 유무			
매체 파기 여부			

개인정보파일 파기 관리대장

번호	개인정보 파일명	자료의 종류	생성일	파기일	파기사유	처리담당자	처리부서장

개인정보 유출신고(보고)서

기관명					
정보주체에의 통지 여부					
유출된 개인정보의 항목 및 규모					
유출된 시점과 그 경위					
유출피해 최소화 대책 · 조치 및 결과					
정보주체가 할 수 있는 피해 최소화 방법 및 구제절차					
담당부서 · 담당자 및 연락처	구분	성명	부서	직위	연락처
	개인정보 보호책임자				
	개인정보 취급자				
유출신고 접수기관	기관명		담당자명		연락처

[별지 제7호서식]

개인정보 ([ ] 열람 [ ] 정정·삭제 [ ] 처리정지) 요구서

※ 아래 작성방법을 읽고 굵은 선 안쪽의 사항만 적어 주시기 바랍니다.

접수번호		접수일		처리기간	10일 이내
정보주체	성 명		전 화 번 호		
	생년월일				
	주 소				

대리인	성 명		전 화 번 호	
	생년월일		정보주체와의 관계	
	주 소			

요구내용	[ ] 열람	[ ] 개인정보의 항목 및 내용 [ ] 개인정보 수집·이용의 목적 [ ] 개인정보 보유 및 이용 기간 [ ] 개인정보의 제3자 제공 현황 [ ] 개인정보 처리에 동의한 사실 및 내용
	[ ] 정정·삭제	※ 정정·삭제하려는 개인정보의 항목과 그 사유를 적습니다.
	[ ] 처리정지	※ 개인정보의 처리정지를 원하는 대상·내용 및 그 사유를 적습니다.

「개인정보 보호법」 제35조제1항·제2항, 제36조제1항 또는 제37조제1항과 같은 법 시행령 제41조제1항, 제43조제1항 또는 제44조제1항에 따라 위와 같이 요구합니다.

년 월 일

요구인　　　　　　　　　　　(서명 또는 인)

행정안전부장관 귀하

작 성 방 법

1. '대리인'란은 대리인이 요구인일 때에만 적습니다.
2. 개인정보의 열람을 요구하려는 경우에는 '열람'란에 [√] 표시를 하고 열람하려는 사항을 선택하여 [√] 표시를 합니다. 표시를 하지 않은 경우에는 해당 항목의 열람을 요구하지 않은 것으로 처리됩니다.
3. 개인정보의 정정·삭제를 요구하려는 경우에는 '정정·삭제'란에 [√] 표시를 하고 정정하거나 삭제하려는 개인정보의 항목과 그 사유를 적습니다.
4. 개인정보의 처리정지를 요구하려는 경우에는 '처리정지'란에 [√] 표시를 하고 처리정지 요구의 대상·내용 및 그 사유를 적습니다.

위 임 장

위임받는 자	성명		전 화 번 호	
	생년월일		정보주체와의 관계	
	주소			
위임자	성명		전화번호	
	생년월일			
	주소			

「개인정보 보호법」 제38조제1항에 따라 위와 같이 개인정보의 (☐ 열람, ☐ 정정·삭제, ☐
처리정지)의 요구를 위의 자에게 위임합니다.

년   월   일

위임자   (서명 또는 인)

수 신 명 의   귀하

제9장
정보보호
관련
고시·권고

개인정보 ([ ] 열람 [ ] 일부열람 [ ] 열람연기 [ ] 열람거절)통지서

수신자	(우편번호: , 주소:)		
요구 내용			
열람 일시		열람 장소	
통지 내용 [ ] 열람 [ ] 일부열람 [ ] 열람연기 [ ] 열람거절			
열람 형태 및 방법	열람 형태	[ ] 열람·시청 [ ] 사본·출력물 [ ]전자파일 [ ]복제물· 인화물 [ ]기타	
	열람 방법	[ ] 직접방문 [ ]우편 [ ]팩스 [ ]전자우편 [ ]기타	
납부 금액	①수수료 원	②우송료 원	계(①+②) 원
	수수료 산정 명세		
사 유			
이의제기방법	※ 개인정보처리자는 이의제기 방법을 적습니다.		

「개인정보 보호법」 제35조제3항·제4항 또는 제5항과 같은 법 시행령 제41조제4항 또는 제42조제2항에 따라 귀하의 개인정보 열람 요구에 대하여 위와 같이 통지합니다.

년   월   일

발 신 명 의   직인

[별지 제10호서식]

개인정보 ([ ] 정정·삭제, [ ] 처리정지)
요구에 대한 결과 통지서

수신자   (우편번호: , 주소:)

요구 내용	
[ ] 정정·삭제 [ ] 처리정지 조치 내용	

] 정정·삭제 [ ] 처리정지 결격 사유	
이의제기방법	※ 개인정보처리자는 이의제기방법을 기재합니다.

「개인정보 보호법」 제36조제6항 및 같은 법 시행령 제43조제3항 또는 같은 법 제37조제5항 및 같은 법 시행령 제44조제2항에 따라 귀하의 요구에 대한 결과를 위와 같이 통지합니다.

년   월   일

발 신 명 의   [직인]

유의사항
개인정보의 정정·삭제 또는 처리정지 요구에 대한 결정을 통지받은 경우에는 개인정보처리자가 '이의제기방법'란에 적은 방법으로 이의제기를 할 수 있습니다.

개인영상정보 ([ ] 열람 [ ]존재확인) 청구서					처리기한
※ 아래 유의사항을 읽고 굵은 선 안쪽의 사항만 적어 주시기 바랍니다.					10일 이내

청구인	성명		전화번호	
	생년월일		정보주체와의 관계	
	주소			
정보주체의 인적사항	성명		전화번호	
	생년월일			
	주소			
청구내용 (구체적으로 요청하지 않으면 처리가 곤란할 수 있음)	영상정보 기록기간	(예 : 2011.01.01 18:30 ~ 2011.01.01 19:00)		
	영상정보 처리기기 설치장소	(예 : 00시 00구 00대로 0 인근 CCTV)		
	청구 목적 및 사유			

「행정안전부 개인정보 보호지침」 제63조에 따라 위와 같이 개인영상정보의 존재확인, 열람을 청구합니다.

년   월   일

청구인   (서명 또는 인)

행정안전부장관 귀하

담당자의 청구인에 대한 확인 서명	

개인영상정보 관리대장

번호	구분	일시	파일명 / 형태	담당자	목적/ 사유	이용·제공 받는 제3자 /열람 등 요구자	이용· 제공 근거	이용· 제공 형태	기간
1	□ 이용 □ 제공 □ 열람 □ 파기								
2	□ 이용 □ 제공 □ 열람 □ 파기								
3	□ 이용 □ 제공 □ 열람 □ 파기								
4	□ 이용 □ 제공 □ 열람 □ 파기								
5	□ 이용 □ 제공 □ 열람 □ 파기								
6	□ 이용 □ 제공 □ 열람 □ 파기								
7	□ 이용 □ 제공 □ 열람 □ 파기								

제9장
정보보호
관련
고시·권고

표준 개인정보처리위탁 계약서

○○○(이하 "갑"이라 한다)과 △△△(이하 "을"이라 한다)는 "갑"의 개인정보 처리업무를 "을"에게 위탁함에 있어 다음과 같은 내용으로 본 업무위탁계약을 체결한다.

제1조 (목적) 이 계약은 "갑"이 개인정보처리업무를 "을"에게 위탁하고, "을"은 이를 승낙하여 "을"의 책임아래 성실하게 업무를 완성하도록 하는데 필요한 사항을 정함을 목적으로 한다.

제2조 (용어의 정의) 본 계약에서 별도로 정의되지 아니한 용어는 「개인정보보호법」, 같은법 시행령 및 시행규칙, 「개인정보의 안전성 확보조치 기준」(개인정보보호위원회 고시 제2020-2호) 및 「표준 개인정보 보호지침」(개인정보보호위원회 고시 제2020-1호)에서 정의된 바에 따른다.

제3조 (위탁업무의 목적 및 범위) "을"은 계약이 정하는 바에 따라 (   ) 목적으로 다음과 같은 개인정보 처리 업무를 수행한다.1)

   1.
   2.

제4조 (위탁업무 기간) 이 계약서에 의한 개인정보 처리업무의 기간은 다음과 같다.
  계약기간 : 20ㅇㅇ년 ○월ㅇ일 ~ 20ㅇㅇ년ㅇ월ㅇ일

제5조 (재위탁 제한) ① "을"은 "갑"의 사전 승낙을 얻은 경우를 제외하고 "갑"과의 계약상의 권리와 의무의 전부 또는 일부를 제3자에게 양도하거나 재위탁할 수 없다.

② "을"이 다른 제3의 회사와 수탁계약을 할 경우에는 "을"은 해당사실을 계약 체결 7일 이전에 "갑"에게 통보하고 협의하여야 한다.

제6조 (개인정보의 안전성 확보조치) "을"은 「개인정보보호법」 제23조제2항 및 제24조제3항 및 제29조, 같은 법 시행령 제21조 및 제30조, 「개인정보의 안전성 확보조치 기준」(개인정보보호위원회 고시 제2020-2호)에 따라 개인정보의 안전성 확보에 필요한 기술적·관리적 조치를 취하여야 한다.

제7조 (개인정보의 처리제한) ① "을"은 계약기간은 물론 계약 종료 후에도 위탁업무 수행 목적 범위를 넘어 개인정보를 이용하거나 이를 제3자에게 제공 또는 누설하여서는 안 된다.

② "을"은 계약이 해지되거나 또는 계약기간이 만료된 경우 위탁업무와 관련하여 보유하고 있는 개인정보를 「개인정보보호법시행령」 제16조 및 「개인정보의 안전성 확보조치 기준」(개인정보보호위원회 고시 제2020-2호)에 따라 즉시 파기하거나 "갑"에게 반납하여야 한다.

③ 제2항에 따라 "을"이 개인정보를 파기한 경우 지체없이 "갑"에게 그 결과를 통보하여야 한다.

제8조 (수탁자에 대한 관리·감독 등) ① "갑"은 "을"에 대하여 다음 각 호의 사항을 감독할 수 있으며, "을"은 특별한 사유가 없는 한 이에 응하여야 한다.

　1. 개인정보의 처리 현황

　2. 개인정보의 접근 또는 접속현황

　3. 개인정보 접근 또는 접속 대상자

　4. 목적외 이용·제공 및 재위탁 금지 준수여부

　5. 암호화 등 안전성 확보조치 이행여부

　6. 그 밖에 개인정보의 보호를 위하여 필요한 사항

② "갑"은 "을"에 대하여 제1항 각 호의 사항에 대한 실태를 점검하여 시정을 요구할 수 있으며, "을"은 특별한 사유가 없는 한 이행하여야 한다.

③ "갑"은 처리위탁으로 인하여 정보주체의 개인정보가 분실·도난·유출·변조 또는 훼손되지 아니하도록 1년에 ( )회 "을"을 교육할 수 있으며, "을"은 이에 응하여야 한다.2)

④ 제1항에 따른 교육의 시기와 방법 등에 대해서는 "갑"은 "을"과 협의하여 시행한다.

제9조 (정보주체 권리보장) ① "을"은 정보주체의 개인정보 열람, 정정·삭제, 처리 정지요청 등에 대응하기 위한 연락처 등 민원 창구를 마련해야 한다.

제10조 (개인정보의 파기) ① "을"은 제4항의 위탁업무기간이 종료되면 특별한 사유가 없는 한 지체없이 개인정보를 파기하고 이를 "갑"에게 확인받아야 한다.

제11조 (손해배상) ① "을" 또는 "을"의 임직원 기타 "을"의 수탁자가 이 계약에 의하여 위탁 또는 재위탁 받은 업무를 수행함에 있어 이 계약에 따른 의무를 위반하거나 "을" 또는 "을"의 임직원 기타 "을"의 수탁자의 귀책사유로 인하여 이 계약이 해지되어 "갑" 또는 개인정보주체 기타 제3자에게 손해가 발생한 경우 "을"은 그 손해를 배상하여야 한다.

② 제1항과 관련하여 개인정보주체 기타 제3자에게 발생한 손해에 대하여 "갑"이 전부 또는 일부를 배상한 때에는 "갑"은 이를 "을"에게 구상할 수 있다.

본 계약의 내용을 증명하기 위하여 계약서 2부를 작성하고, "갑"과 "을"이 서명 또는 날인한 후 각 1부씩 보관한다.

20 . .

(갑)	(을)
○○시 ○○구 ○○동 ○○번지	○○시 ○○구 ○○동 ○○번지 (주)0000
행정안전부 장관 (인)	성 명 : (인)

---

1) 각호의 업무 예시 : 고객민족도 조사업무, 회원가입 및 운영업무, 사은품 배송을 위한 이름, 주소, 연락처 처리 등

2) 「개인정보 안전성 확보조치 기준 고시」(행정안전부 고시 제2017-1호) 및 「개인정보 보호법」 제26조에 따라 개인정보처리자와 및 취급자는 개인정보보호에 관한 교육을 의무적으로 시행하여야 한다.

거짓으로 표시된 전화번호로 인한 이용자의 피해 예방 등에 관한 고시

[시행 2022. 3. 2.] [과학기술정보통신부고시 제2022-7호, 2022. 3. 2., 전부개정]

제1장 총칙

제1조(목적)

이 고시는 「전기통신사업법」 제84조의2제6항에 따라 발신번호 변경 서비스를 제공할 수 있는 정당한 사유와 거짓으로 표시된 전화번호로 인한 이용자의 피해를 예방하기 위한 조치, 그리고 이용자 피해 예방 조치에 대한 이행여부 확인 및 이용자의 피해 확산을 방지하기 위하여 전기통신사업자에 대한 자료의 열람·제출 요청 또는 검사에 관한 구체적인 내용과 절차, 방법에 대해 최소한의 기준을 정하는 것을 목적으로 한다.

제2조(정의)

이 기준에서 사용하는 용어의 정의는 다음과 같다.

1. "발신번호"라 함은 전화(모사전송을 포함한다. 이하 같다)를 발신하거나 문자메시지를 발송하는 송신인의 전화번호를 말한다.
2. "발신번호 변경서비스"라 함은 「전기통신사업법」 (이하 "법"이라 한다) 제84조의2제2항 단서에 따라 발신번호를 변경하여 표시하는 서비스를 말한다.
3. "전화단말기"라 함은 시내전화, 인터넷전화, 이동전화 등 전화서비스를 제공하기 위해 고유의 전화번호가 부여된 단말기(소프트폰 포함)를 말한다.
4. "사설전화교환기"라 함은 공공기관이나 기업 등의 이용자가 외부와 자사의 구성원간 또는 자사의 내부 구성원간에 전화서비스를 이용하기 위해 운용하는 전화교환기를 말한다.

5. "인터넷발송 문자메시지"라 함은 전화단말기가 아닌 인터넷 웹브라우저, 스마트폰 앱, 사설문자발송장비 등을 사용하여 발송된 문자메시지를 말한다.

6. "문자중계사업자"라 함은 이동통신사업자의 전기통신설비에 시스템을 연결하여 문자메시지를 발송하는 특수한 유형의 부가통신사업자를 말한다.

7. "문자재판매사업자"라 함은 문자중계사업자 또는 다른 문자재판매사업자의 전기통신설비에 시스템을 연결하여 문자메시지를 발송하는 특수한 유형의 부가통신사업자를 말한다.

8. "사설문자발송장비"이라 함은 기업 등의 업무환경에 최적화하여 편리하고 용이하게 인터넷발송 문자메시지 서비스를 이용할 수 있도록 이용자가 운용하는 문자발송 프로그램 또는 장비를 말한다.

9. "회선설비 보유사업자"라 함은 법 시행령 별표1 제1호 가목부터 다목까지의 기간통신사업을 영위하는 자를 말한다.

10. "회선설비 미보유사업자"라 함은 법 시행령 별표1 제1호 라목부터 사목까지의 기간통신사업을 영위하는 자를 말한다.

11. "이동통신사업자"라 함은 「전파법」에 따라 할당 또는 재할당 받은 주파수를 사용하여 기간통신역무를 제공하는 전기통신사업자를 말한다.

12. "사칭방지 전화번호 목록"이라 함은 국가기관, 공공기관, 금융기관 등의 전화번호로서, 권한이 없는 제3자에 의한 전화 발신 또는 문자메시지 발송을 방지하기 위해 한국인터넷진흥원장이 관리하는 전화번호 목록을 말한다.

13. "통신서비스 이용증명원"이란 기간통신사업자가 이용자에게 전기통신역무의 제공에 관한 계약 체결·이용에 따라 부여된 이용자 본인의 전화번호임을 증명하기 위해 발급하는 서류를 말한다.

제2장 발신번호 변경서비스 제공이 가능한 정당한 사유

제3조(발신번호 변경이 가능한 정당한 사유)

① 법 제84조의2제2항 단서에 따라 발신번호 변경서비스를 제공할 수 있는

정당한 사유는 다음 각 호와 같다.

1. 국가, 지방자치단체 또는 「공공기관의 운영에 관한 법률」에 따른 공공기관이 대국민서비스 제공 또는 기관 고유의 업무수행을 위해 발신번호를 변경하여 표시하는 경우

2. 「전기통신번호관리세칙」 제11조의 특수번호에 대하여 전기통신사업자가 그 특수번호에 연결되어 있는 착신 전화의 발신번호를 해당 특수번호로 변경하여 표시하는 경우

3. 전기통신사업자가 국외에서 발신된 전화의 발신번호 앞에 「전기통신번호관리세칙」 제8조제3항제1호에 따라 과학기술정보통신부장관으로부터 부여받은 식별번호(이하 "국제전화 식별번호"라 한다) 또는 009를 삽입하여 표시하는 경우

4. 「전기통신번호관리세칙」 제8조제4항제4호의 착신과금서비스와 같은 세칙 제3조제21호의 대표번호서비스에 대하여 전기통신사업자가 그 서비스의 전화번호에 연결되어 있는 착신 전화의 발신번호를 해당 서비스의 전화번호로 변경하여 표시하는 경우

5. 전기통신사업자가 동일한 이용자 명의로 각각 가입한 유선전화 서비스(시내전화 및 인터넷전화)간에 발신번호를 변경하여 표시하는 경우

6. 기타 정당한 사유가 있어 전기통신사업자가 과학기술정보통신부장관의 승인을 받아 발신번호를 변경하여 표시하는 경우

② 전기통신사업자는 제1항제6호에 따라 과학기술정보통신부장관에게 다음 각 호의 서류를 제출하여 승인받을 수 있다.

1. 별지 제1호 서식의 신청서
2. 사업자등록증 또는 법인등기부등본
3. 발신번호 변경 관련 전체 통신망 및 시스템 구성도
4. 통신망 접속 경로(상호접속 포함) 및 호처리 흐름도
5. 이용자 본인확인 절차 및 방법
6. 기타 발신번호 변경 서비스 설명에 필요한 자료

③ 전기통신사업자는 제1항제2호, 제4호부터 제6호에 해당하여 발신번호 변경 서비스를 제공하는 경우 제16조의 통신서비스 이용증명원 등을 통해 이용자 본인 명의의 전화번호인지 여부를 확인 및 관리하여야 하며, 관련 증빙자료는 해당 서비스가 종료된 후부터 1년간 보관하여야 한다.

④ 전기통신사업자가 발신번호 변경서비스를 제공하는 경우 해당 사업자는 발신번호 변경을 직접 처리하여야 하며, 타인에게 그 권한 등을 위임하거나 위탁하여서는 아니 된다.

제3장 발신번호 거짓표시 방지 등 이용자 피해예방 조치
제1절 발신번호가 거짓표시된 전화 차단 등을 위한 조치사항

제4조(발신번호가 거짓표시된 전화 차단)

① 회선설비 보유사업자는 국외 통신사업자로부터 발신되어 국내로 착신되거나 회선설비 미보유사업자를 통하여 착신된 전화의 발신번호가 사칭방지 전화번호 목록에 포함된 경우 해당 전화의 전달을 지체 없이 차단하여야 한다.

② 전기통신사업자는 전화단말기를 사용하는 자사의 이용자가 발신번호를 임의적으로 변경하여 전화를 발신하거나 문자메시지를 발송한 경우 해당 전화 및 문자메시지를 차단하여야 한다.

③ 전기통신사업자는 제2항에 따라 문자메시지를 차단한 경우 해당 문자메시지를 발송한 이용자에게 그 사실을 통지하여야 한다.

제5조(사설전화교환기 발신번호 거짓표시 확인 등)

전기통신사업자는 사설전화교환기를 사용하는 자사의 이용자가 발신번호를 임의적으로 변경하여 전화를 발신하는지 여부를 확인하여야 하며, 이를 위해 관련 시스템을 구축·운용하는 등의 조치를 하여야 한다.

제6조(국제전화 안내서비스 제공)

① 전기통신사업자는 국외 통신사업자로부터 발신되어 국내로 착신된 전화 및 문자메시지의 발신번호 앞에 국제전화 식별번호 또는 009를 삽입하여야 한다.

② 전기통신사업자는 제1항에 따라 발신번호에 국제전화 식별번호 또는 009가 삽입되어 있는 경우 이용자에게 전화통화를 연결하기 전에 음성으로 국

제전화임을 안내하거나 국제전화 식별번호 또는 009가 삽입된 발신번호를 제공하여야 한다.

③ 이동통신사업자는 제2항에 따라 국제전화 식별번호 또는 009가 삽입된 문자메시지의 발신번호를 제공하는 경우 해당 문자메시지에 국제전화임을 안내하는 문구도 함께 표시하여야 한다.

④ 전기통신사업자는 수신자가 해외로부터 수신인에게 착신된 전화 및 문자메시지의 발신번호에 국제전화 식별번호 또는 009의 삽입을 원하지 아니할 경우에는 제2항 및 제3항의 서비스를 제공하지 아니할 수 있다.

제7조(발신번호가 거짓표시된 인터넷발송 문자메시지 차단)

① 문자중계사업자는 자사의 이용자가 발송한 인터넷발송 문자메시지 및 문자재판매사업자로부터 수신한 인터넷발송 문자메시지의 발신번호가 사칭방지 전화번호 목록에 포함된 경우 해당 문자메시지의 발송 또는 전달을 지체 없이 차단하여야 한다.

② 문자중계사업자는 제1항에 따라 문자메시지를 차단한 경우 해당 문자메시지를 발송한 자사의 이용자 또는 해당 문자메시지를 전달한 문자재판매사업자에게 그 사실을 통지하여야 한다.

③ 제2항에 따라 차단 사실을 통지받은 문자재판매사업자는 해당 문자메시지를 발송한 자사의 이용자에게 그 사실을 통지하여야 한다.

제8조(인터넷발송 문자메시지 식별문구 표시)

이동통신사업자는 이용자가 전화단말기를 통해 발송되는 문자메시지와 구별할 수 있도록 인터넷발송 문자메시지에 인터넷발송 문자메시지임을 안내하는 문구를 표시하여야 한다. 다만, 이용자가 원하지 아니할 경우에는 표시하지 아니할 수 있다.

제9조(인터넷발송 문자메시지 식별코드 삽입)

① 문자중계사업자와 문자재판매사업자(이하 "문자중계사업자등"이라 한다)는 법 제22조제2항에 따라 특수한 유형의 부가통신사업을 등록할 때 부여받은 번호를 인터넷발송 문자메시지 발송 시 식별코드로서 삽입하여야 한다.

② 이동통신사업자는 한국인터넷진흥원장의 요청이 있는 경우 제1항의 식별코드를 한국인터넷진흥원장에게 전용회선 또는 이에 준하는 보안회선을 통하여 지체 없이 제출하여야 한다.

제10조(인터넷발송 문자메시지 발신번호 사전등록)

① 문자중계사업자등은 인터넷발송 문자메시지 서비스를 이용하기 위해 이용자가 회원 가입을 하는 경우 본인 확인을 하여야 한다.

② 문자중계사업자등은 자사의 이용자로부터 인터넷발송 문자메시지의 발신번호로 사용하고자 하는 전화번호를 신청 받아 등록을 하여야 하며, 이용자가 신청하여 등록된 전화번호로만 문자메시지의 발송이 가능하도록 하여야 한다.

③ 문자중계사업자등은 이용자(이용자가 법인·단체인 경우 그 구성원을 포함한다. 이 조에서는 같다)가 제2항에 따라 등록한 발신번호가 다음 각 호 중 하나에 해당하는지 여부를 확인하여야 한다.

 1. 발신번호의 명의가 이용자의 명의와 일치하는지 여부

 2. 이용자가 전화번호의 명의자로부터 그 전화번호를 인터넷발송 문자메시지의 발신번호로 사용할 수 있도록 사전 승낙을 얻었는지 여부

④ 문자중계사업자등은 사설문자발송장비를 이용하여 문자메시지를 발송하는 이용자가 다음 각 호의 어느 하나에 해당하는 경우 제2항의 조치를 적용하지 아니할 수 있다.

 1. 국가, 지방자치단체 또는 「공공기관의 운영에 관한 법률」에 따른 공공기관 등에서 공익 목적으로 문자메시지를 발송하는 경우

 2. 문자메시지를 발송하는 대리인, 사용인, 그 밖의 종업원 등에 대한 본인확인 수단을 구축·운영하는 사설문자발송장비 이용자가 사기, 도박, 불법 의약품 및 성매매알선 등 그 내용이 위법한 영리목적의 광고성정보가 담

긴 문자메시지를 발송하거나 타인의 전화번호를 도용하여 문자메시지를 발송한 이력이 없다는 사실을 한국인터넷진흥원장에게 확인받은 경우

⑤ 문자중계사업자등은 이용자에 대해 제4항제2호에 따른 예외 조치 적용할 경우 한국인터넷진흥원장에게 다음 각 호의 서류를 제출하여 확인받아야 한다.

　1. 별지 제2호 서식의 신청서

　2. 이용자의 법인등기부등본 또는 사업자등록증

　3. 사설문자발송장비의 발신번호 사전등록 구현 설계서 및 사전등록 절차도

⑥ 문자중계사업자등은 제1항부터 제5항에 대한 증빙자료를 제출받아, 해당 서비스가 종료된 후부터 1년간 보관하여야 한다.

제11조(사설문자발송장비 발신번호 거짓표시 확인 등)

문자중계사업자등은 사설문자발송장비를 사용하는 자사의 이용자가 발신번호를 임의적으로 변경하여 문자메시지를 발송하는지 여부를 확인하여야 한다. 다만 제10조제4항의 이용자에 대해서는 해당 조를 적용하지 아니할 수 있다.

제2절 발신번호를 거짓표시한 송신인의 서비스 제공 중지

제12조(서비스 제공의 중지 등)

① 전기통신사업자는 제4조, 제5조, 제7조 또는 제11조의 조치에 따라 발신번호가 거짓표시된 전화 또는 문자메시지를 인지하거나 중앙전파관리소장 또는 한국인터넷진흥원의 요청이 있는 경우 발신번호 거짓표시 여부에 대한 확인을 거쳐 그 전화를 발신하거나 문자메시지를 발송한 자의 해당 회선(인터넷발송 문자메시지의 경우 이용자의 발송계정을 포함한다)에 대한 서비스의 제공을 일시 중지하여야 한다.

② 전기통신사업자는 제1항에 따라 서비스의 제공을 중지하기 전에 해당 이용자에게 서비스가 중지되는 사유, 이의제기 절차 등을 서면(전자문서 포함)·모사전송·전화 또는 이와 유사한 방법 중 어느 하나의 방법을 이용하여 통지하여야 한다.

제13조(이용자의 이의제기 절차 등)

① 제12조에 따라 서비스의 제공이 중지된 이용자가 이의신청을 하려면 서비스 제공이 중지된 날부터 30일 이내에 다음 각 호의 사항을 기재하여 전기통신사업자에게 제출하여야 한다.

  1. 이의신청인의 성명(또는 명칭), 주소, 연락처

  2. 이의신청 사유 및 관련 자료

  3. 서비스 제공이 중지된 날

② 전기통신사업자는 제1항에 따라 이의신청을 받은 날부터 15일 이내에 그 이의신청에 대하여 심사를 하고, 그 결과를 이의신청인에게 서면(전자문서 포함)·모사전송·전화 또는 이와 유사한 방법 중 어느 하나의 방법을 이용하여 통지하여야 한다. 다만, 부득이한 사유로 그 기간 이내에 심사를 완료할 수 없을 경우 15일의 범위에서 그 기간을 연장할 수 있으며, 연장사유와 연장기간을 이의신청인에게 통지하여야 한다.

③ 전기통신사업자는 제2항의 심사결과에 따라 이의신청 이유가 있다고 인정될 때에는 지체 없이 해당 서비스 제공의 중지를 해제하여야 한다. 다만 기간 내에 이의신청이 없거나 심사 결과에 따라 이의신청 이유가 없다고 인정될 때에는 이용자의 의사와 상관없이 직권으로 이용계약을 해지할 수 있다.

제3절 기타 이용자 보호를 위한 조치사항

제14조(전기통신사업자의 의무)

① 전기통신사업자는 발신번호 거짓표시 방지와 관련한 조치 내역, 책임, 한계 등 관련 내용을 이용약관에 반영하여야 한다.

② 전기통신사업자는 다른 전기통신사업자와의 상호접속 협정 또는 망연동 계약을 체결할 경우 등록된 전기통신사업자인지 여부를 확인하여야 한다.

제15조(이용자 보호 인력 지정)

전기통신사업자는 발신번호 거짓표시 방지 조치 현황 점검, 거짓표시된 발신번호의 전달경로 확인 및 거짓표시한 송신자의 서비스 이용중지, 이용자 민원상담 등의 업무를 수행하기 위한 인력을 지정하고 이를 한국인터넷진흥원에 통지하여야 한다. 해당 인력의 변경이 있는 경우에도 그러하다.

제16조(통신서비스 이용증명원 발급 등)

기간통신사업자는 이용자가 요청하는 경우 다음 사항을 기재한 통신서비스 이용증명원을 이용자 본인에게 발급하여야 한다.

1. 이용자에게 전기통신역무를 제공하는 사업자명
2. 이용자의 성명, 생년월일(법인·단체의 경우 사업자 등록번호 또는 법인등록번호 등을 말한다)
3. 이용자의 통신서비스 종류
4. 이용자의 전화번호
5. 발급 시기 및 발급자 정보(이용증명원을 발급한 담당자의 성명 및 전화번호 등)

제17조(신고접수센터 운영 등)

① 한국인터넷진흥원장은 발신번호가 거짓표시된 전화 또는 문자메시지에 대하여 수신자가 신고할 수 있도록 온라인 신고접수센터 등을 구축·운영하여야 한다.
② 한국인터넷진흥원장은 발신번호가 거짓표시된 것으로 의심되는 전화 또는 문자메시지의 신고를 접수하는 경우 다음 각 호의 사항을 수신자로부터 확인하여야 한다.

1. 거짓표시된 것으로 의심되는 발신번호
2. 전화 또는 문자메시지를 수신한 일시
3. 현재 이용하고 있는 전기통신서비스 및 전기통신사업자
4. 거짓표시된 발신번호라고 의심되는 사유

제4장 검사에 관한 절차·방법 또는 자료의 열람·제출 요청

제18조(검사 실시)

① 중앙전파관리소장은 전기통신사업자가 발신번호 거짓표시 방지를 위한 조치 등을 이 고시에서 정한 기준에 적합하게 운영하고 있는지 여부를 확인하기 위하여 검사를 실시하여야 한다.

② 중앙전파관리소장은 검사 7일전까지 전기통신사업자에게 검사계획 및 자료 제출 요구서를 송부하여야 한다. 검사계획서에는 검사이유, 검사 대상, 검사 일시, 검사 내용 및 추진 일정 등이 포함된다. 다만, 긴급한 경우나 사전통지를 하면 증거인멸 등으로 검사목적을 달성할 수 없다고 인정하는 경우에는 그러하지 아니한다.

③ 중앙전파관리소장은 검사의 효율성을 높이기 위하여 사전에 전기통신사업자에게 자료 제출을 요청할 수 있다.

④ 현장검사는 전기통신사업자의 발신번호 거짓표시 방지를 위한 조치 사항 이행여부를 확인하기 위하여 담당자 면담, 관련 자료 열람 및 시스템 확인 등의 방법으로 실시한다.

⑤ 중앙전파관리소장은 검사에 대한 결과를 전기통신사업자에게 통보하여야 한다.

제19조(거짓표시된 전화번호 확인·차단 관련 자료의 제출 등)

① 전기통신사업자는 제4조 및 제7조의 조치에 따라 전화 또는 문자메시지에 관한 다음 각 호의 자료를 차단 후 1년간 보관·관리하고 한국인터넷진흥원장에게 매일 정해진 시각에 제출하여야 한다. 다만, 중앙전파관리소장의 요청이 있는 경우에는 해당 자료를 열람하게 하거나 제출하여야 한다.
  1. 거짓표시된 발신번호
  2. 차단시각
  3. 발신사업자명
  4. 전기통신서비스의 종류

② 한국인터넷진흥원장은 제17조제2항에 따라 이용자의 신고가 접수된 경우 관련 전기통신사업자에게 거짓표시된 발신번호의 전달경로 상에 있는 전기통신사업자의 확인을 요청하고, 해당 전기통신사업자는 지체 없이 그 결과를 한국인터넷진흥원장에게 제출하여야 한다.

③ 제1항 및 제2항에 따른 관련 자료는 한국인터넷진흥원장과 전기통신사업자 간에 전용회선 또는 전용회선에 준하는 보안이 강화된 통신회선을 연결하여 전자적인 방법으로 제출한다.

제5장 보칙

제20조(재검토기한)

과학기술정보통신부장관은 「훈령·예규 등의 발령 및 관리에 관한 규정」에 따라 이 고시에 대하여 2021년 12월 31일 기준으로 매 3년이 되는 시점(매 3년째의 12월 31일까지를 말한다)마다 그 타당성을 검토하여 개선 등의 조치를 하여야 한다.

부칙 〈제2022-7호, 2022.03.02〉

제1조(시행일)

이 고시는 공포한 날부터 시행한다. 다만 제9조는 공포 후 1년이 경과한 날부터 시행한다.

제2조(발신번호 사전등록 예외에 관한 적용례)

제10조제4항제2호의 규정은 이 고시 시행 후 최초로 확인하는 경우부터 적용한다.

개인정보 보호법

개인정보 보호법

[시행 2020. 8. 5.] [법률 제16930호, 2020. 2. 4., 일부개정]

제1장 총칙

제1조(목적)

이 법은 개인정보의 처리 및 보호에 관한 사항을 정함으로써 개인의 자유와 권리를 보호하고, 나아가 개인의 존엄과 가치를 구현함을 목적으로 한다. <개정 2014. 3. 24.>

제2조(정의)

이 법에서 사용하는 용어의 뜻은 다음과 같다. <개정 2014. 3. 24.>

1. "개인정보"란 살아 있는 개인에 관한 정보로서 다음 각 목의 어느 하나에 해당하는 정보를 말한다. <개정 2020. 2. 4.>

가. 성명, 주민등록번호 및 영상 등을 통하여 개인을 알아볼 수 있는 정보

나. 해당 정보만으로는 특정 개인을 알아볼 수 없더라도 다른 정보와 쉽게 결합하여 알아볼 수 있는 정보. 이 경우 쉽게 결합할 수 있는지 여부는 다른 정보의 입수 가능성 등 개인을 알아보는 데 소요되는 시간, 비용, 기술 등을 합리적으로 고려하여야 한다.

다. 가목 또는 나목을 제1호의2에 따라 가명처리함으로써 원래의 상태로 복원하기 위한 추가 정보의 사용·결합 없이는 특정 개인을 알아볼 수 없는 정보(이하 "가명정보"라 한다)

1의2. "가명처리"란 개인정보의 일부를 삭제하거나 일부 또는 전부를 대체하는 등의 방법으로 추가 정보가 없이는 특정 개인을 알아볼 수 없도록 처리하는 것을 말한다. <신설 2020. 2. 4.>

2. "처리"란 개인정보의 수집, 생성, 연계, 연동, 기록, 저장, 보유, 가공, 편집, 검색, 출력, 정정(訂正), 복구, 이용, 제공, 공개, 파기(破棄), 그 밖에 이와 유사한 행위를 말한다.

3. "정보주체"란 처리되는 정보에 의하여 알아볼 수 있는 사람으로서 그

정보의 주체가 되는 사람을 말한다.

4. "개인정보파일"이란 개인정보를 쉽게 검색할 수 있도록 일정한 규칙에 따라 체계적으로 배열하거나 구성한 개인정보의 집합물(集合物)을 말한다.

5. "개인정보처리자"란 업무를 목적으로 개인정보파일을 운용하기 위하여 스스로 또는 다른 사람을 통하여 개인정보를 처리하는 공공기관, 법인, 단체 및 개인 등을 말한다.

6. "공공기관"이란 다음 각 목의 기관을 말한다.

　　가. 국회, 법원, 헌법재판소, 중앙선거관리위원회의 행정사무를 처리하는 기관, 중앙행정기관(대통령 소속 기관과 국무총리 소속 기관을 포함한다) 및 그 소속 기관, 지방자치단체

　　나. 그 밖의 국가기관 및 공공단체 중 대통령령으로 정하는 기관

7. "영상정보처리기기"란 일정한 공간에 지속적으로 설치되어 사람 또는 사물의 영상 등을 촬영하거나 이를 유·무선망을 통하여 전송하는 장치로서 대통령령으로 정하는 장치를 말한다.

8. "과학적 연구"란 기술의 개발과 실증, 기초연구, 응용연구 및 민간 투자 연구 등 과학적 방법을 적용하는 연구를 말한다. <신설 2020. 2. 4.>

제3조(개인정보 보호 원칙)

① 개인정보처리자는 개인정보의 처리 목적을 명확하게 하여야 하고 그 목적에 필요한 범위에서 최소한의 개인정보만을 적법하고 정당하게 수집하여야 한다.

② 개인정보처리자는 개인정보의 처리 목적에 필요한 범위에서 적합하게 개인정보를 처리하여야 하며, 그 목적 외의 용도로 활용하여서는 아니 된다.

③ 개인정보처리자는 개인정보의 처리 목적에 필요한 범위에서 개인정보의 정확성, 완전성 및 최신성이 보장되도록 하여야 한다.

④ 개인정보처리자는 개인정보의 처리 방법 및 종류 등에 따라 정보주체의 권리가 침해받을 가능성과 그 위험 정도를 고려하여 개인정보를 안전하게 관리하여야 한다.

⑤ 개인정보처리자는 개인정보 처리방침 등 개인정보의 처리에 관한 사항을 공개하여야 하며, 열람청구권 등 정보주체의 권리를 보장하여야 한다.

⑥ 개인정보처리자는 정보주체의 사생활 침해를 최소화하는 방법으로 개

인정보를 처리하여야 한다.

⑦ 개인정보처리자는 개인정보를 익명 또는 가명으로 처리하여도 개인정보 수집목적을 달성할 수 있는 경우 익명처리가 가능한 경우에는 익명에 의하여, 익명처리로 목적을 달성할 수 없는 경우에는 가명에 의하여 처리될 수 있도록 하여야 한다. <개정 2020. 2. 4.>

⑧ 개인정보처리자는 이 법 및 관계 법령에서 규정하고 있는 책임과 의무를 준수하고 실천함으로써 정보주체의 신뢰를 얻기 위하여 노력하여야 한다.

제4조(정보주체의 권리)

정보주체는 자신의 개인정보 처리와 관련하여 다음 각 호의 권리를 가진다.
1. 개인정보의 처리에 관한 정보를 제공받을 권리
2. 개인정보의 처리에 관한 동의 여부, 동의 범위 등을 선택하고 결정할 권리
3. 개인정보의 처리 여부를 확인하고 개인정보에 대하여 열람(사본의 발급을 포함한다. 이하 같다)을 요구할 권리
4. 개인정보의 처리 정지, 정정·삭제 및 파기를 요구할 권리
5. 개인정보의 처리로 인하여 발생한 피해를 신속하고 공정한 절차에 따라 구제받을 권리

제5조(국가 등의 책무)

① 국가와 지방자치단체는 개인정보의 목적 외 수집, 오용·남용 및 무분별한 감시·추적 등에 따른 폐해를 방지하여 인간의 존엄과 개인의 사생활 보호를 도모하기 위한 시책을 강구하여야 한다.

② 국가와 지방자치단체는 제4조에 따른 정보주체의 권리를 보호하기 위하여 법령의 개선 등 필요한 시책을 마련하여야 한다.

③ 국가와 지방자치단체는 개인정보의 처리에 관한 불합리한 사회적 관행을 개선하기 위하여 개인정보처리자의 자율적인 개인정보 보호활동을 존중하고 촉진·지원하여야 한다.

④ 국가와 지방자치단체는 개인정보의 처리에 관한 법령 또는 조례를 제

정하거나 개정하는 경우에는 이 법의 목적에 부합되도록 하여야 한다.

제6조(다른 법률과의 관계)

개인정보 보호에 관하여는 다른 법률에 특별한 규정이 있는 경우를 제외하고는 이 법에서 정하는 바에 따른다. <개정 2014. 3. 24.>

제2장 개인정보 보호정책의 수립 등

제7조(개인정보 보호위원회)

① 개인정보 보호에 관한 사무를 독립적으로 수행하기 위하여 국무총리 소속으로 개인정보 보호위원회(이하 "보호위원회"라 한다)를 둔다. <개정 2020. 2. 4.>

② 보호위원회는 「정부조직법」 제2조에 따른 중앙행정기관으로 본다. 다만, 다음 각 호의 사항에 대하여는 「정부조직법」 제18조를 적용하지 아니한다. <개정 2020. 2. 4.>

1. 제7조의8제3호 및 제4호의 사무
2. 제7조의9제1항의 심의·의결 사항 중 제1호에 해당하는 사항

③ 삭제 <2020. 2. 4.>

④ 삭제 <2020. 2. 4.>

⑤ 삭제 <2020. 2. 4.>

⑥ 삭제 <2020. 2. 4.>

⑦ 삭제 <2020. 2. 4.>

⑧ 삭제 <2020. 2. 4.>

⑨ 삭제 <2020. 2. 4.>

제7조의2(보호위원회의 구성 등)

① 보호위원회는 상임위원 2명(위원장 1명, 부위원장 1명)을 포함한 9명의 위원으로 구성한다.

② 보호위원회의 위원은 개인정보 보호에 관한 경력과 전문지식이 풍부

한 다음 각 호의 사람 중에서 위원장과 부위원장은 국무총리의 제청으로, 그 외 위원 중 2명은 위원장의 제청으로, 2명은 대통령이 소속되거나 소속되었던 정당의 교섭단체 추천으로, 3명은 그 외의 교섭단체 추천으로 대통령이 임명 또는 위촉한다.

1. 개인정보 보호 업무를 담당하는 3급 이상 공무원(고위공무원단에 속하는 공무원을 포함한다)의 직에 있거나 있었던 사람
2. 판사·검사·변호사의 직에 10년 이상 있거나 있었던 사람
3. 공공기관 또는 단체(개인정보처리자로 구성된 단체를 포함한다)에 3년 이 상 임원으로 재직하였거나 이들 기관 또는 단체로부터 추천받은 사람으로서 개인정보 보호 업무를 3년 이상 담당하였던 사람
4. 개인정보 관련 분야에 전문지식이 있고 「고등교육법」 제2조제1호에 따른 학교에서 부교수 이상으로 5년 이상 재직하고 있거나 재직하였던 사람

③ 위원장과 부위원장은 정무직 공무원으로 임명한다.
④ 위원장, 부위원장, 제7조의13에 따른 사무처의 장은 「정부조직법」 제10조   에도 불구하고 정부위원이 된다.
〈본조 신설 2020. 2. 4.〉

제7조의3(위원장)

① 위원장은 보호위원회를 대표하고, 보호위원회의 회의를 주재하며, 소관 사무를 총괄한다.
② 위원장이 부득이한 사유로 직무를 수행할 수 없을 때에는 부위원장이 그 직무를 대행하고, 위원장·부위원장이 모두 부득이한 사유로 직무를 수행할 수 없을 때에는 위원회가 미리 정하는 위원이 위원장의 직무를 대행한다.
③ 위원장은 국회에 출석하여 보호위원회의 소관 사무에 관하여 의견을 진술할 수 있으며, 국회에서 요구하면 출석하여 보고하거나 답변하여야 한다.
④ 위원장은 국무회의에 출석하여 발언할 수 있으며, 그 소관 사무에 관하여 국무총리에게 의안 제출을 건의할 수 있다.
〈본조 신설 2020. 2. 4.〉

제7조의4(위원의 임기)

① 위원의 임기는 3년으로 하되, 한 차례만 연임할 수 있다.

② 위원이 궐위된 때에는 지체 없이 새로운 위원을 임명 또는 위촉하여야 한다. 이 경우 후임으로 임명 또는 위촉된 위원의 임기는 새로이 개시된다. <신설 2020. 2. 4.>

제7조의5(위원의 신분보장)

① 위원은 다음 각 호의 어느 하나에 해당하는 경우를 제외하고는 그 의사에 반하여 면직 또는 해촉되지 아니한다.

    1. 장기간 심신장애로 인하여 직무를 수행할 수 없게 된 경우

    2. 제7조의7의 결격사유에 해당하는 경우

    3. 이 법 또는 그 밖의 다른 법률에 따른 직무상의 의무를 위반한 경우

② 위원은 법률과 양심에 따라 독립적으로 직무를 수행한다. <본조 신설 2020. 2. 4.>

제7조의6(겸직금지 등)

① 위원은 재직 중 다음 각 호의 직(職)을 겸하거나 직무와 관련된 영리업무에 종사하여서는 아니 된다.

    1. 국회의원 또는 지방의회의원

    2. 국가공무원 또는 지방공무원

    3. 그 밖에 대통령령으로 정하는 직

② 제1항에 따른 영리업무에 관한 사항은 대통령령으로 정한다.

③ 위원은 정치활동에 관여할 수 없다. <본조 신설 2020. 2. 4.>

제7조의7(결격사유)

① 다음 각 호의 어느 하나에 해당하는 사람은 위원이 될 수 없다.

    1. 대한민국 국민이 아닌 사람

    2. 「국가공무원법」 제33조 각 호의 어느 하나에 해당하는 사람

    3. 「정당법」 제22조에 따른 당원

② 위원이 제1항 각 호의 어느 하나에 해당하게 된 때에는 그 직에서 당연 퇴직한다. 다만, 「국가공무원법」 제33조제2호는 파산선고를 받은 사람 으로서 「채무자 회생 및 파산에 관한 법률」에 따라 신청기한 내에 면 책신청을 하지 아니하였거나 면책불허가 결정 또는 면책 취소가 확정된 경우만 해당하고, 같은 법 제33조제5호는 「형법」 제129조부터 제132 조까지, 「성폭력범죄의 처벌 등에 관한 특례법」 제2조, 「아동·청소 년의 성보호에 관한 법률」 제2조제2호 및 직무와 관련하여 「형법」 제355조 또는 제356조에 규정된 죄를 범한 사람으로서 금고 이상의 형 의 선고유예를 받은 경우만 해당 한다.
〈본조 신설 2020. 2. 4.〉

제7조의8(보호위원회의 소관 사무)

보호위원회는 다음 각 호의 소관 사무를 수행한다.
1. 개인정보의 보호와 관련된 법령의 개선에 관한 사항
2. 개인정보 보호와 관련된 정책·제도·계획 수립·집행에 관한 사항
3. 정보주체의 권리침해에 대한 조사 및 이에 따른 처분에 관한 사항
4. 개인정보의 처리와 관련한 고충처리·권리구제 및 개인정보에 관 한 분쟁의 조정
5. 개인정보 보호를 위한 국제기구 및 외국의 개인정보 보호기구와의 교류· 협력
6. 개인정보 보호에 관한 법령·정책·제도·실태 등의 조사·연구, 교육 및 홍보에 관한 사항
7. 개인정보 보호에 관한 기술개발의 지원·보급 및 전문인력의 양성 에 관한 사항
8. 이 법 및 다른 법령에 따라 보호위원회의 사무로 규정된 사항
〈본조 신설 2020. 2. 4.〉

제7조의9(보호위원회의 심의·심의의결 사항 등)

① 보호위원회는 다음 각 호의 사항을 심의·의결한다.
1. 제8조의2에 따른 개인정보 침해요인 평가에 관한 사항

2. 제9조에 따른 기본계획 및 제10조에 따른 시행계획에 관한 사항

3. 개인정보 보호와 관련된 정책, 제도 및 법령의 개선에 관한 사항

4. 개인정보의 처리에 관한 공공기관 간의 의견조정에 관한 사항

5. 개인정보 보호에 관한 법령의 해석·운용에 관한 사항

6. 제18조제2항제5호에 따른 개인정보의 이용·제공에 관한 사항

7. 제33조제3항에 따른 영향평가 결과에 관한 사항

8. 제28조의6, 제34조의2, 제39조의15에 따른 과징금 부과에 관한 사항

9. 제61조에 따른 의견제시 및 개선권고에 관한 사항

10. 제64조에 따른 시정조치 등에 관한 사항

11. 제65조에 따른 고발 및 징계권고에 관한 사항

12. 제66조에 따른 처리 결과의 공표에 관한 사항

13. 제75조에 따른 과태료 부과에 관한 사항

14. 소관 법령 및 보호위원회 규칙의 제정·개정 및 폐지에 관한 사항

15. 개인정보 보호와 관련하여 보호위원회의 위원장 또는 위원 2명 이상이 회의에 부치는 사항

16. 그 밖에 이 법 또는 다른 법령에 따라 보호위원회가 심의·의결하는 사항

② 보호위원회는 제1항 각 호의 사항을 심의·의결하기 위하여 필요한 경우 다음 각 호의 조치를 할 수 있다.

1. 관계 공무원, 개인정보 보호에 관한 전문 지식이 있는 사람이나 시민사회단체 및 관련 사업자로부터의 의견 청취

2. 관계 기관 등에 대한 자료제출이나 사실조회 요구

③ 제2항제2호에 따른 요구를 받은 관계 기관 등은 특별한 사정이 없으면 이에 따라야 한다.

④ 보호위원회는 제1항제3호의 사항을 심의·의결한 경우에는 관계 기관에 그 개선을 권고할 수 있다.

⑤ 보호위원회는 제4항에 따른 권고 내용의 이행 여부를 점검할 수 있다.
<본조 신설 2020. 2. 4.>

제7조의10(회의)

① 보호위원회의 회의는 위원장이 필요하다고 인정하거나 재적위원 4분의 1이상의 요구가 있는 경우에 위원장이 소집한다.

② 위원장 또는 2명 이상의 위원은 보호위원회에 의안을 제의할 수 있다.

③ 보호위원회의 회의는 재적위원 과반수의 출석으로 개의하고, 출석위원 과반수의 찬성으로 의결한다.

<본조 신설 2020. 2. 4.>

제7조의11(위원의 제척 · 기피 · 회피)

① 위원은 다음 각 호의 어느 하나에 해당하는 경우에는 심의 · 의결에서 제척된다.

　1. 위원 또는 그 배우자나 배우자였던 자가 해당 사안의 당사자가 되거나 그 사건에 관하여 공동의 권리자 또는 의무자의 관계에 있는 경우

　2. 위원이 해당 사안의 당사자와 친족이거나 친족이었던 경우

　3. 위원이 해당 사안에 관하여 증언, 감정, 법률자문을 한 경우

　4. 위원이 해당 사안에 관하여 당사자의 대리인으로서 관여하거나 관여하였던 경우

　5. 위원이나 위원이 속한 공공기관 · 법인 또는 단체 등이 조언 등 지원을 하고 있는 자와 이해관계가 있는 경우

② 위원에게 심의 · 의결의 공정을 기대하기 어려운 사정이 있는 경우 당사자는 기피 신청을 할 수 있고, 보호위원회는 의결로 이를 결정한다.

③ 위원이 제1항 또는 제2항의 사유가 있는 경우에는 해당 사안에 대하여 회피할 수 있다.

<본조 신설 2020. 2. 4.>

제7조의12(소위원회)

① 보호위원회는 효율적인 업무 수행을 위하여 개인정보 침해 정도가 경미하거나 유사 · 반복되는 사항 등을 심의 · 의결할 소위원회를 둘 수 있다.

② 소위원회는 3명의 위원으로 구성한다.

③ 소위원회가 제1항에 따라 심의·의결한 것은 보호위원회가 심의·의결한 것으로 본다.

④ 소위원회의 회의는 구성위원 전원의 출석과 출석위원 전원의 찬성으로 의결한다.

〈본조 신설 2020. 2. 4.〉

제7조의13(사무처)

보호위원회의 사무를 처리하기 위하여 보호위원회에 사무처를 두며, 이 법에 규정된 것 외에 보호위원회의 조직에 관한 사항은 대통령령으로 정한다.

〈본조 신설 2020. 2. 4.〉

제7조의14(운영 등)

이 법과 다른 법령에 규정된 것 외에 보호위원회의 운영 등에 필요한 사항은 보호위원회의 규칙으로 정한다.

〈본조 신설 2020. 2. 4.〉

제8조 삭제< 2020. 2. 4.>

제8조의2(개인정보 침해요인 평가)

① 중앙행정기관의 장은 소관 법령의 제정 또는 개정을 통하여 개인정보 처리를 수반하는 정책이나 제도를 도입·변경하는 경우에는 보호위원회에 개인정보 침해요인 평가를 요청하여야 한다.

② 보호위원회가 제1항에 따른 요청을 받은 때에는 해당 법령의 개인정보 침해요인을 분석·검토하여 그 법령의 소관기관의 장에게 그 개선을 위하여 필요한 사항을 권고할 수 있다.

③ 제1항에 따른 개인정보 침해요인 평가의 절차와 방법에 관하여 필요한 사항은 대통령령으로 정한다.

〈본조신설 2015. 7. 24.〉

제9조(기본계획)

① 보호위원회는 개인정보의 보호와 정보주체의 권익 보장을 위하여 3년마다 개인정보 보호 기본계획(이하 "기본계획"이라 한다)을 관계 중앙행정기관의 장과 협의하여 수립한다. <개정 2013.3.23., 2014.11.19., 2015.7.24.>

② 기본계획에는 다음 각 호의 사항이 포함되어야 한다.
  1. 개인정보 보호의 기본목표와 추진방향
  2. 개인정보 보호와 관련된 제도 및 법령의 개선
  3. 개인정보 침해 방지를 위한 대책
  4. 개인정보 보호 자율규제의 활성화
  5. 개인정보 보호 교육·홍보의 활성화
  6. 개인정보 보호를 위한 전문인력의 양성
  7. 그 밖에 개인정보 보호를 위하여 필요한 사항

③ 국회, 법원, 헌법재판소, 중앙선거관리위원회는 해당 기관(그 소속 기관을 포함한다)의 개인정보 보호를 위한 기본계획을 수립·시행할 수 있다.

제10조(시행계획)

① 중앙행정기관의 장은 기본계획에 따라 매년 개인정보 보호를 위한 시행계획을 작성하여 보호위원회에 제출하고, 보호위원회의 심의·의결을 거쳐 시행하여야 한다.

② 시행계획의 수립·시행에 필요한 사항은 대통령령으로 정한다.

제11조(자료제출 요구 등)

① 보호위원회는 기본계획을 효율적으로 수립하기 위하여 개인정보처리자, 관계 중앙행정기관의 장, 지방자치단체의 장 및 관계 기관·단체 등에 개인정보처리자의 법규 준수 현황과 개인정보 관리 실태 등에 관한 자료의 제출이나 의견의 진술 등을 요구할 수 있다. <개정 2013. 3. 23., 2014. 11. 19., 2015. 7. 24.>

② 보호위원회는 개인정보 보호 정책 추진, 성과평가 등을 위하여 필요한 경우 개인정보처리자, 관계 중앙행정기관의 장, 지방자치단체의 장 및 관계 기관·단체 등을 대상으로 개인정보관리 수준 및 실태파악 등을

위한 조사를 실시할 수 있다. <신설 2015. 7. 24., 2017. 7. 26., 2020. 2. 4.>

③ 중앙행정기관의 장은 시행계획을 효율적으로 수립·추진하기 위하여 소관 분야의 개인정보처리자에게 제1항에 따른 자료제출 등을 요구할 수 있다. <개정 2015. 7. 24.>

④ 제1항부터 제3항까지에 따른 자료제출 등을 요구받은 자는 특별한 사정이 없으면 이에 따라야 한다. <개정 2015. 7. 24.>

⑤ 제1항부터 제3항까지에 따른 자료제출 등의 범위와 방법 등 필요한 사항은 대통령령으로 정한다. <개정 2015. 7. 24.>

제12조(개인정보 보호지침)

① 보호위원회는 개인정보의 처리에 관한 기준, 개인정보 침해의 유형 및 예방조치 등에 관한 표준 개인정보 보호지침(이하 "표준지침"이라 한다)을 정하여 개인정보처리자에게 그 준수를 권장할 수 있다. <개정 2013. 3. 23., 2014. 11. 19., 2017. 7. 26., 2020. 2. 4.>>

② 중앙행정기관의 장은 표준지침에 따라 소관 분야의 개인정보 처리와 관련한 개인정보 보호지침을 정하여 개인정보처리자에게 그 준수를 권장할 수 있다.

③ 국회, 법원, 헌법재판소 및 중앙선거관리위원회는 해당 기관(그 소속 기관을 포함한다)의 개인정보 보호지침을 정하여 시행할 수 있다.

제13조(자율규제의 촉진 및 지원)

보호위원회는 개인정보처리자의 자율적인 개인정보 보호활동을 촉진하고 지원하기 위하여 다음 각 호의 필요한 시책을 마련하여야 한다. <개정 2013. 3. 23., 2014. 11. 19., 2017. 7. 26., 2020. 2.4.>

1. 개인정보 보호에 관한 교육·홍보
2. 개인정보 보호와 관련된 기관·단체의 육성 및 지원
3. 개인정보 보호 인증마크의 도입·시행 지원
4. 개인정보처리자의 자율적인 규약의 제정·시행 지원
5. 그 밖에 개인정보처리자의 자율적 개인정보 보호활동을 지원하기 위하여 필요한 사항

제14조(국제협력)

① 정부는 국제적 환경에서의 개인정보 보호 수준을 향상시키기 위하여 필요한 시책을 마련하여야 한다.

② 정부는 개인정보 국외 이전으로 인하여 정보주체의 권리가 침해되지 아니하도록 관련 시책을 마련하여야 한다.

제3장 개인정보의 처리
제1절 개인정보의 수집, 이용, 제공 등

제15조(개인정보의 수집·이용)

① 개인정보처리자는 다음 각 호의 어느 하나에 해당하는 경우에는 개인정보를 수집할 수 있으며 그 수집 목적의 범위에서 이용할 수 있다.
  1. 정보주체의 동의를 받은 경우
  2. 법률에 특별한 규정이 있거나 법령상 의무를 준수하기 위하여 불가피한 경우
  3. 공공기관이 법령 등에서 정하는 소관 업무의 수행을 위하여 불가피한 경우
  4. 정보주체와의 계약의 체결 및 이행을 위하여 불가피하게 필요한 경우
  5. 정보주체 또는 그 법정대리인이 의사표시를 할 수 없는 상태에 있거나 주소불명 등으로 사전 동의를 받을 수 없는 경우로서 명백히 정보주체 또는 제3자의 급박한 생명, 신체, 재산의 이익을 위하여 필요하다고 인정되는 경우
  6. 개인정보처리자의 정당한 이익을 달성하기 위하여 필요한 경우로서 명백하게 정보주체의 권리보다 우선하는 경우. 이 경우 개인정보처리자의 정당한 이익과 상당한 관련이 있고 합리적인 범위를 초과하지 아니하는 경우에 한한다.

② 개인정보처리자는 제1항제1호에 따른 동의를 받을 때에는 다음 각 호의 사항을 정보주체에게 알려야 한다. 다음 각 호의 어느 하나의 사항을 변경하는 경우에도 이를 알리고 동의를 받아야 한다.
  1. 개인정보의 수집·이용 목적
  2. 수집하려는 개인정보의 항목
  3. 개인정보의 보유 및 이용 기간

4. 동의를 거부할 권리가 있다는 사실 및 동의 거부에 따른 불이익이
   있는 경우에는 그 불이익의 내용
③ 개인정보처리자는 당초 수집 목적과 합리적으로 관련된 범위에서 정보주체에게
불이익이 발생하는지 여부, 암호화 등 안전성 확보에 필요한 조치를 하였는지
여부 등을 고려하여 대통령령으로 정하는 바에 따라 정보주체의 동의 없이 개
인정보를 이용할 수 있다. <신설 2020. 2. 4.>

제16조(개인정보의 수집 제한)

① 개인정보처리자는 제15조제1항 각 호의 어느 하나에 해당하여 개인
   정보를 수집하는 경우에는 그 목적에 필요한 최소한의 개인정보를 수
   집하여야 한다. 이 경우 최소한의 개인정보 수집이라는 입증책임은
   개인정보처리자가 부담한다.
② 개인정보처리자는 정보주체의 동의를 받아 개인정보를 수집하는 경우 필
   요한 최소한의 정보 외의 개인정보 수집에는 동의하지 아니할 수 있다는
   사실을 구체적으로 알리고 개인정보를 수집하여야 한다. <신설 2013.8.6.>
③ 개인정보처리자는 정보주체가 필요한 최소한의 정보 외의 개인정보
   수집에 동의하지 아니한다는 이유로 정보주체에게 재화 또는 서비스
   의 제공을 거부하여서는 아니 된다. <개정 2013. 8. 6.>

제17조(개인정보의 제공)

① 개인정보처리자는 다음 각 호의 어느 하나에 해당되는 경우에는 정보주
   체의 개인정보를 제3자에게 제공(공유를 포함한다. 이하 같다)할 수 있다.
  1. 정보주체의 동의를 받은 경우
  2. 제15조제1항제2호·제3호·제5호 및 제39조의3제2항제2호·제3호에
     따라 개인정보를 수집한 목적 범위에서 개인정보를 제공하는 경우
     <개정 2020. 2. 4.>
② 개인정보처리자는 제1항제1호에 따른 동의를 받을 때에는 다음 각
   호의 사항을 정보주체에게 알려야 한다. 다음 각 호의 어느 하나의
   사항을 변경하는 경우에도 이를 알리고 동의를 받아야 한다.
  1. 개인정보를 제공받는 자
  2. 개인정보를 제공받는 자의 개인정보 이용 목적

3. 제공하는 개인정보의 항목

4. 개인정보를 제공받는 자의 개인정보 보유 및 이용 기간

5. 동의를 거부할 권리가 있다는 사실 및 동의 거부에 따른 불이익이 있는 경우에는 그 불이익의 내용

③ 개인정보처리자가 개인정보를 국외의 제3자에게 제공할 때에는 제2항 각 호에 따른 사항을 정보주체에게 알리고 동의를 받아야 하며, 이 법을 위반하는 내용으로 개인정보의 국외 이전에 관한 계약을 체결하여서는 아니 된다.

④ 개인정보처리자는 당초 수집 목적과 합리적으로 관련된 범위에서 정보주체에게 불이익이 발생하는지 여부, 암호화 등 안전성 확보에 필요한 조치를 하였는지 여부 등을 고려하여 대통령령으로 정하는 바에 따라 정보주체의 동의없이 개인정보를 제공할 수 있다. <신설 2020. 2. 4.>

제18조(개인정보의 목적 외 이용·제공 제한)

① 개인정보처리자는 개인정보를 제15조제1항 및 제39조의3제1항 및 제2항에 따른 범위를 초과하여 이용하거나 제17조제1항 및 제3항에 따른 범위를 초과하여 제3자에게 제공하여서는 아니 된다. <개정 2020. 2. 4.>

② 제1항에도 불구하고 개인정보처리자는 다음 각 호의 어느 하나에 해당하는 경우에는 정보주체 또는 제3자의 이익을 부당하게 침해할 우려가 있을 때를 제외하고는 개인정보를 목적 외의 용도로 이용하거나 이를 제3자에게 제공할 수 있다. 다만, 이용자(「정보통신망 이용촉진 및 정보보호 등에 관한 법률」 제2조제1항제4호에 해당하는 자를 말한다. 이하 같다)의 개인정보를 처리하는 정보통신서비스 제공자(「정보통신망 이용촉진 및 정보보호 등에 관한 법률」 제2조제1항제3호에 해당하는 자를 말한다. 이하 같다)의 경우 제1호·제2호의 경우로 한정하고, 제5호부터 제9호까지의 경우는 공공기관의 경우로 한정한다. <개정 2020. 2. 4.>

1. 정보주체로부터 별도의 동의를 받은 경우

2. 다른 법률에 특별한 규정이 있는 경우

3. 정보주체 또는 그 법정대리인이 의사표시를 할 수 없는 상태에 있

거나 주소불명 등으로 사전 동의를 받을 수 없는 경우로서 명백히 정보주체 또는 제3자의 급박한 생명, 신체, 재산의 이익을 위하여 필요하다고 인정되는 경우

4. 삭제 <2020. 2. 4.>
5. 개인정보를 목적 외의 용도로 이용하거나 이를 제3자에게 제공하지 아니하면 다른 법률에서 정하는 소관 업무를 수행할 수 없는 경우로서 보호위원회의 심의·의결을 거친 경우
6. 조약, 그 밖의 국제협정의 이행을 위하여 외국정부 또는 국제기구에 제공하기 위하여 필요한 경우
7. 범죄의 수사와 공소의 제기 및 유지를 위하여 필요한 경우
8. 법원의 재판업무 수행을 위하여 필요한 경우
9. 형(刑) 및 감호, 보호처분의 집행을 위하여 필요한 경우

③ 개인정보처리자는 제2항제1호에 따른 동의를 받을 때에는 다음 각 호의 사항을 정보주체에게 알려야 한다. 다음 각 호의 어느 하나의 사항을 변경하는 경우에도 이를 알리고 동의를 받아야 한다.
1. 개인정보를 제공받는 자
2. 개인정보의 이용 목적(제공 시에는 제공받는 자의 이용 목적을 말한다)
3. 이용 또는 제공하는 개인정보의 항목
4. 개인정보의 보유 및 이용 기간(제공 시에는 제공받는 자의 보유 및 이용 기간을 말한다)
5. 동의를 거부할 권리가 있다는 사실 및 동의 거부에 따른 불이익이 있는 경우에는 그 불이익의 내용

④ 공공기관은 제2항제2호부터 제6호까지, 제8호 및 제9호에 따라 개인정보를 목적 외의 용도로 이용하거나 이를 제3자에게 제공하는 경우에는 그 이용 또는 제공의 법적 근거, 목적 및 범위 등에 관하여 필요한 사항을 보호위원회가 고시로 정하는 바에 따라 관보 또는 인터넷 홈페이지 등에 게재하여야 한다. <개정 2013. 3. 23., 2014. 11. 19., 2017. 7. 26.>

⑤ 개인정보처리자는 제2항 각 호의 어느 하나의 경우에 해당하여 개인정보를 목적 외의 용도로 제3자에게 제공하는 경우에는 개인정보를 제공받는 자에게 이용 목적, 이용 방법, 그 밖에 필요한 사항에 대하

여 제한을 하거나, 개인정보의 안전성 확보를 위하여 필요한 조치를 마련하도록 요청하여야 한다. 이 경우 요청을 받은 자는 개인정보의 안전성 확보를 위하여 필요한 조치를 하여야 한다.

[제목개정 2013. 8. 6.]

제19조(개인정보를 제공받은 자의 이용 · 제공 제한)

개인정보처리자로부터 개인정보를 제공받은 자는 다음 각 호의 어느 하나에 해당하는 경우를 제외하고는 개인정보를 제공받은 목적 외의 용도로 이용하거나 이를 제3자에게 제공하여서는 아니 된다.

1. 정보주체로부터 별도의 동의를 받은 경우
2. 다른 법률에 특별한 규정이 있는 경우

제20조(정보주체 이외로부터 수집한 개인정보의 수집출처 등 고지)

① 개인정보처리자가 정보주체 이외로부터 수집한 개인정보를 처리하는 때에는 정보주체의 요구가 있으면 즉시 다음 각 호의 모든 사항을 정보주체에게 알려야 한다.
  1. 개인정보의 수집 출처
  2. 개인정보의 처리 목적
  3. 제37조에 따른 개인정보 처리의 정지를 요구할 권리가 있다는 사실
② 제1항에도 불구하고 처리하는 개인정보의 종류·규모, 종업원 수 및 매출액 규모 등을 고려하여 대통령령으로 정하는 기준에 해당하는 개인정보처리자가 제17조제1항제1호에 따라 정보주체 이외로부터 개인정보를 수집하여 처리하는 때에는 제1항 각 호의 모든 사항을 정보주체에게 알려야 한다. 다만, 개인정보처리자가 수집한 정보에 연락처 등 정보주체에게 알릴 수 있는 개인정보가 포함되지 아니한 경우에는 그러하지 아니하다. <신설 2016. 3. 29.>
③ 제2항 본문에 따라 알리는 경우 정보주체에게 알리는 시기·방법 및 절차 등 필요한 사항은 대통령령으로 정한다. <신설 2016. 3. 29.>
④ 제1항과 제2항 본문은 다음 각 호의 어느 하나에 해당하는 경우에는 적용하지 아니한다. 다만, 이 법에 따른 정보주체의 권리보다 명백히 우선하는 경우에 한한다. <개정 2016. 3. 29.>

1. 고지를 요구하는 대상이 되는 개인정보가 제32조제2항 각 호의 어느 하나에 해당하는 개인정보파일에 포함되어 있는 경우
2. 고지로 인하여 다른 사람의 생명·신체를 해할 우려가 있거나 다른 사람의 재산과 그 밖의 이익을 부당하게 침해할 우려가 있는 경우

제21조(개인정보의 파기)

① 개인정보처리자는 보유기간의 경과, 개인정보의 처리 목적 달성 등 그 개인정보가 불필요하게 되었을 때에는 지체 없이 그 개인정보를 파기하여야 한다. 다만, 다른 법령에 따라 보존하여야 하는 경우에는 그러하지 아니하다.
② 개인정보처리자가 제1항에 따라 개인정보를 파기할 때에는 복구 또는 재생되지 아니하도록 조치하여야 한다.
③ 개인정보처리자가 제1항 단서에 따라 개인정보를 파기하지 아니하고 보존하여야 하는 경우에는 해당 개인정보 또는 개인정보파일을 다른 개인정보와 분리하여서 저장·관리하여야 한다.
④ 개인정보의 파기방법 및 절차 등에 필요한 사항은 대통령령으로 정한다.

제22조(동의를 받는 방법)

① 개인정보처리자는 이 법에 따른 개인정보의 처리에 대하여 정보주체(제6항에 따른 법정대리인을 포함한다. 이하 이 조에서 같다)의 동의를 받을 때에는 각각의 동의 사항을 구분하여 정보주체가 이를 명확하게 인지할 수 있도록 알리고 각각 동의를 받아야 한다. <개정 2017. 4. 18.>
② 개인정보처리자는 제1항의 동의를 서면(「전자문서 및 전자거래기본법」 제2조제1호에 따른 전자문서를 포함한다)으로 받을 때에는 개인정보의 수집·이용 목적, 수집·이용하려는 개인정보의 항목 등 대통령령으로 정하는 중요한 내용을 보호위원회가 고시로 정하는 방법에 따라 명확히 표시하여 알아보기 쉽게 하여야 한다. <신설 2017. 4. 18., 개정 2017. 7. 26., 2020. 2. 4.>
③ 개인정보처리자는 제15조제1항제1호, 제17조제1항제1호, 제23조제1항제1호 및 제24조제1항제1호에 따라 개인정보의 처리에 대하여 정보주체의 동의를 받을 때에는 정보주체와의 계약 체결 등을 위하여

정보주체의 동의 없이 처리할 수 있는 개인정보와 정보주체의 동의가 필요한 개인정보를 구분하여야 한다. 이 경우 동의 없이 처리할 수 있는 개인정보라는 입증책임은 개인정보처리자가 부담한다. <개정 2016. 3. 29., 2017. 4. 18.>

④ 개인정보처리자는 정보주체에게 재화나 서비스를 홍보하거나 판매를 권유하기 위하여 개인정보의 처리에 대한 동의를 받으려는 때에는 정보주체가 이를 명확하게 인지할 수 있도록 알리고 동의를 받아야 한다. <개정 2017. 4. 18.>

⑤ 개인정보처리자는 정보주체가 제3항에 따라 선택적으로 동의할 수 있는 사항을 동의하지 아니하거나 제4항 및 제18조제2항제1호에 따른 동의를 하지 아니한다는 이유로 정보주체에게 재화 또는 서비스의 제공을 거부하여서는 아니 된다. <개정 2017. 4. 18.>

⑥ 개인정보처리자는 만 14세 미만 아동의 개인정보를 처리하기 위하여 이 법에 따른 동의를 받아야 할 때에는 그 법정대리인의 동의를 받아야 한다. 이 경우 법정대리인의 동의를 받기 위하여 필요한 최소한의 정보는 법정대리인의 동의 없이 해당 아동으로부터 직접 수집할 수 있다. <개정 2017. 4. 18.>

⑦ 제1항부터 제6항까지에서 규정한 사항 외에 정보주체의 동의를 받는 세부적인 방법 및 제6항에 따른 최소한의 정보의 내용에 관하여 필요한 사항은 개인정보의 수집매체 등을 고려하여 대통령령으로 정한다. <개정 2017. 4. 18.>

제2절 개인정보의 처리 제한

제23조(민감정보의 처리 제한)

①개인정보처리자는 사상·신념, 노동조합·정당의 가입·탈퇴, 정치적 견해, 건강, 성생활 등에 관한 정보, 그 밖에 정보주체의 사생활을 현저히 침해할 우려가 있는 개인정보로서 대통령령으로 정하는 정보(이하 "민감정보"라 한다)를 처리하여서는 아니 된다. 다만, 다음 각 호의 어느 하나에 해당하는 경우C에는 그러하지 아니하다. <개정 2016. 3. 29.>

1. 정보주체에게 제15조제2항 각 호 또는 제17조제2항 각 호의 사항을

알리고 다른 개인정보의 처리에 대한 동의와 별도로 동의를 받은 경우

2. 법령에서 민감정보의 처리를 요구하거나 허용하는 경우

② 개인정보처리자가 제1항 각 호에 따라 민감정보를 처리하는 경우에는 그 민감정보가 분실·도난·유출·위조·변조 또는 훼손되지 아니하도록 제29조에 따른 안전성 확보에 필요한 조치를 하여야 한다. <신설 2016. 3. 29.>

제24조(고유식별정보의 처리 제한)

① 개인정보처리자는 다음 각 호의 경우를 제외하고는 법령에 따라 개인을 고유하게 구별하기 위하여 부여된 식별정보로서 대통령령으로 정하는 정보(이하 "고유식별정보"라 한다)를 처리할 수 없다.

1. 정보주체에게 제15조제2항 각 호 또는 제17조제2항 각 호의 사항을 알리고 다른 개인정보의 처리에 대한 동의와 별도로 동의를 받은 경우

2. 법령에서 구체적으로 고유식별정보의 처리를 요구하거나 허용하는 경우

② 삭제 <2013. 8. 6.>

③ 개인정보처리자가 제1항 각 호에 따라 고유식별정보를 처리하는 경우에는 그 고유식별정보가 분실·도난·유출·위조·변조 또는 훼손되지 아니하도록 대통령령으로 정하는 바에 따라 암호화 등 안전성 확보에 필요한 조치를 하여야 한다. <개정 2015. 7. 24.>

④ 보호위원회는 처리하는 개인정보의 종류·규모, 종업원 수 및 매출액 규모 등을 고려하여 대통령령으로 정하는 기준에 해당하는 개인정보처리자가 제3항에 따라 안전성 확보에 필요한 조치를 하였는지에 관하여 대통령령으로 정하는 바에 따라 정기적으로 조사하여야 한다. <신설 2016. 3. 29., 개정 2017. 7. 26.. 2020. 2. 4.>

⑤ 보호위원회는 대통령령으로 정하는 전문기관으로 하여금 제4항에 따른 조사를 수행하게 할 수 있다. <신설 2016. 3. 29., 개정 2017. 7. 26.. 2020. 2. 4.>

제24조의2(주민등록번호 처리의 제한)

① 제24조제1항에도 불구하고 개인정보처리자는 다음 각 호의 어느 하나에 해당하는 경우를 제외하고는 주민등록번호를 처리할 수 없다. <개정 2016. 3. 29., 2017. 7. 26.>

1. 법률·대통령령·국회규칙·대법원규칙·헌법재판소규칙·중앙선거관리위원회규칙 및 감사원규칙에서 구체적으로 주민등록번호의 처리를 요구하거나 허용한 경우

2. 정보주체 또는 제3자의 급박한 생명, 신체, 재산의 이익을 위하여 명백히 필요하다고 인정되는 경우

3. 제1호 및 제2호에 준하여 주민등록번호 처리가 불가피한 경우로서 보호위원회가 고시로 정하는 경우 <개정 2020. 2. 4.>

② 개인정보처리자는 제24조제3항에도 불구하고 주민등록번호가 분실·도난·유출·위조·변조 또는 훼손되지 아니하도록 암호화 조치를 통하여 안전하게 보관하여야 한다. 이 경우 암호화 적용 대상 및 대상별 적용 시기 등에 관하여 필요한 사항은 개인정보의 처리 규모와 유출 시 영향 등을 고려하여 대통령령으로 정한다. <신설 2014. 3. 24., 2015. 7. 24.>

③ 개인정보처리자는 제1항 각 호에 따라 주민등록번호를 처리하는 경우에도 정보주체가 인터넷 홈페이지를 통하여 회원으로 가입하는 단계에서는 주민등록번호를 사용하지 아니하고도 회원으로 가입할 수 있는 방법을 제공하여야 한다. <개정 2014. 3. 24.>

④ 보호위원회는 개인정보처리자가 제3항에 따른 방법을 제공할 수 있도록 관계 법령의 정비, 계획의 수립, 필요한 시설 및 시스템의 구축 등 제반 조치를 마련·지원할 수 있다. <개정 2014. 3. 24., 2017. 7. 26., 2020. 2. 4.>

<본조신설 2013. 8. 6.>

제25조(영상정보처리기기의 설치 · 운영 제한)

① 누구든지 다음 각 호의 경우를 제외하고는 공개된 장소에 영상정보처리기기를 설치·운영하여서는 아니 된다.
 1. 법령에서 구체적으로 허용하고 있는 경우
 2. 범죄의 예방 및 수사를 위하여 필요한 경우
 3. 시설안전 및 화재 예방을 위하여 필요한 경우
 4. 교통단속을 위하여 필요한 경우
 5. 교통정보의 수집·분석 및 제공을 위하여 필요한 경우

② 누구든지 불특정 다수가 이용하는 목욕실, 화장실, 발한실(發汗室), 탈

의실 등 개인의 사생활을 현저히 침해할 우려가 있는 장소의 내부를 볼 수 있도록 영상정보처리기기를 설치·운영하여서는 아니 된다. 다만, 교도소, 정신보건 시설 등 법령에 근거하여 사람을 구금하거나 보호하는 시설로서 대통령령으로 정하는 시설에 대하여는 그러하지 아니하다.

③ 제1항 각 호에 따라 영상정보처리기기를 설치·운영하려는 공공기관의 장과 제2항 단서에 따라 영상정보처리기기를 설치·운영하려는 자는 공청회·설명회의 개최 등 대통령령으로 정하는 절차를 거쳐 관계 전문가 및 이해관계인의 의견을 수렴하여야 한다.

④ 제1항 각 호에 따라 영상정보처리기기를 설치·운영하는 자(이하 "영상정보처리기기운영자"라 한다)는 정보주체가 쉽게 인식할 수 있도록 다음 각 호의 사항이 포함된 안내판을 설치하는 등 필요한 조치를 하여야 한다. 다만, 「군사기지 및 군사시설 보호법」 제2조제2호에 따른 군사시설, 「통합방위법」 제2조제13호에 따른 국가중요시설, 그 밖에 대통령령으로 정하는 시설에 대하여는 그러하지 아니하다. <개정 2016. 3. 29.>

1. 설치 목적 및 장소
2. 촬영 범위 및 시간
3. 관리책임자 성명 및 연락처
4. 그 밖에 대통령령으로 정하는 사항

⑤ 영상정보처리기기운영자는 영상정보처리기기의 설치 목적과 다른 목적으로 영상정보처리기기를 임의로 조작하거나 다른 곳을 비춰서는 아니 되며, 녹음기능은 사용할 수 없다.

⑥ 영상정보처리기기운영자는 개인정보가 분실·도난·유출·위조·변조 또는 훼손되지 아니하도록 제29조에 따라 안전성 확보에 필요한 조치를 하여야 한다. <개정 2015. 7. 24.>

⑦ 영상정보처리기기운영자는 대통령령으로 정하는 바에 따라 영상정보처리기기 운영·관리 방침을 마련하여야 한다. 이 경우 제30조에 따른 개인정보 처리방침을 정하지 아니할 수 있다.

⑧ 영상정보처리기기운영자는 영상정보처리기기의 설치·운영에 관한 사무를 위탁할 수 있다. 다만, 공공기관이 영상정보처리기기 설치·운영에 관한 사무를 위탁하는 경우에는 대통령령으로 정하는 절차 및 요건에 따라야 한다.

제26조(업무위탁에 따른 개인정보의 처리 제한)

① 개인정보처리자가 제3자에게 개인정보의 처리 업무를 위탁하는 경우에는 다음 각 호의 내용이 포함된 문서에 의하여야 한다.
　1. 위탁업무 수행 목적 외 개인정보의 처리 금지에 관한 사항
　2. 개인정보의 기술적·관리적 보호조치에 관한 사항
　3. 그 밖에 개인정보의 안전한 관리를 위하여 대통령령으로 정한 사항
② 제1항에 따라 개인정보의 처리 업무를 위탁하는 개인정보처리자(이하 "위탁자"라 한다)는 위탁하는 업무의 내용과 개인정보 처리 업무를 위탁받아 처리하는 자(이하 "수탁자"라 한다)를 정보주체가 언제든지 쉽게 확인할 수 있도록 대통령령으로 정하는 방법에 따라 공개하여야 한다.
③ 위탁자가 재화 또는 서비스를 홍보하거나 판매를 권유하는 업무를 위탁하는 경우에는 대통령령으로 정하는 방법에 따라 위탁하는 업무의 내용과 수탁자를 정보주체에게 알려야 한다. 위탁하는 업무의 내용이나 수탁자가 변경된 경우에도 또한 같다.
④ 위탁자는 업무 위탁으로 인하여 정보주체의 개인정보가 분실·도난·유출·위조·변조 또는 훼손되지 아니하도록 수탁자를 교육하고, 처리 현황 점검 등 대통령령으로 정하는 바에 따라 수탁자가 개인정보를 안전하게 처리하는지를 감독하여야 한다. <개정 2015. 7. 24.>
⑤ 수탁자는 개인정보처리자로부터 위탁받은 해당 업무 범위를 초과하여 개인정보를 이용하거나 제3자에게 제공하여서는 아니 된다.
⑥ 수탁자가 위탁받은 업무와 관련하여 개인정보를 처리하는 과정에서 이 법을 위반하여 발생한 손해배상책임에 대하여는 수탁자를 개인정보처리자의 소속 직원으로 본다.
⑦ 수탁자에 관하여는 제15조부터 제25조까지, 제27조부터 제31조까지, 제33조부터 제38조까지 및 제59조를 준용한다.

제27조(영업양도 등에 따른 개인정보의 이전 제한)

① 개인정보처리자는 영업의 전부 또는 일부의 양도·합병 등으로 개인정보를 다른 사람에게 이전하는 경우에는 미리 다음 각 호의 사항을 대통령령으로 정하는 방법에 따라 해당 정보주체에게 알려야 한다.

1. 개인정보를 이전하려는 사실
2. 개인정보를 이전받는 자(이하 "영업양수자등"이라 한다)의 성명(법인의 경우에는 법인의 명칭을 말한다), 주소, 전화번호 및 그 밖의 연락처
3. 정보주체가 개인정보의 이전을 원하지 아니하는 경우 조치할 수 있는 방법 및 절차

② 영업양수자등은 개인정보를 이전받았을 때에는 지체 없이 그 사실을 대통령령으로 정하는 방법에 따라 정보주체에게 알려야 한다. 다만, 개인정보처리자가 제1항에 따라 그 이전 사실을 이미 알린 경우에는 그러하지 아니하다.

③ 영업양수자등은 영업의 양도·합병 등으로 개인정보를 이전받은 경우에는 이전 당시의 본래 목적으로만 개인정보를 이용하거나 제3자에게 제공할 수 있다. 이 경우 영업양수자등은 개인정보처리자로 본다.

제28조(개인정보취급자에 대한 감독)

① 개인정보처리자는 개인정보를 처리함에 있어서 개인정보가 안전하게 관리될 수 있도록 임직원, 파견근로자, 시간제근로자 등 개인정보처리자의 지휘·감독을 받아 개인정보를 처리하는 자(이하 "개인정보취급자"라 한다)에 대하여 적절한 관리·감독을 행하여야 한다.

② 개인정보처리자는 개인정보의 적정한 취급을 보장하기 위하여 개인정보취급자에게 정기적으로 필요한 교육을 실시하여야 한다.

제3절 가명정보의 처리에 관한 특례<본절 신설 2020. 2. 4.>

제28조의2(가명정보의 처리 등)

① 개인정보처리자는 통계작성, 과학적 연구, 공익적 기록보존 등을 위하여 정보주체의 동의 없이 가명정보를 처리할 수 있다.

② 개인정보처리자는 제1항에 따라 가명정보를 제3자에게 제공하는 경우에는 특정 개인을 알아보기 위하여 사용될 수 있는 정보를 포함해서는 아니 된다.

제28조의3(가명정보의 결합 제한)

① 제28조의2에도 불구하고 통계작성, 과학적 연구, 공익적 기록보존 등을 위한 서로 다른 개인정보처리자 간의 가명정보의 결합은 보호위원회 또는 관계 중앙행정기관의 장이 지정하는 전문기관이 수행한다.

② 결합을 수행한 기관 외부로 결합된 정보를 반출하려는 개인정보처리자는 가명정보 또는 제58조의2에 해당하는 정보로 처리한 뒤 전문기관의 장의 승인을 받아야 한다.

③ 제1항에 따른 결합 절차와 방법, 전문기관의 지정과 지정 취소 기준·절차, 관리·감독, 제2항에 따른 반출 및 승인 기준·절차 등 필요한 사항은 대통령령으로 정한다.

제28조의4(가명정보에 대한 안전조치의무 등)

① 개인정보처리자는 가명정보를 처리하는 경우에는 원래의 상태로 복원하기 위한 추가 정보를 별도로 분리하여 보관·관리하는 등 해당 정보가 분실·도난·유출·위조·변조 또는 훼손되지 않도록 대통령령으로 정하는 바에 따라 안전성 확보에 필요한 기술적·관리적 및 물리적 조치를 하여야 한다.

② 개인정보처리자는 가명정보를 처리하고자 하는 경우에는 가명정보의 처리 목적, 제3자 제공 시 제공받는 자 등 가명정보의 처리 내용을 관리하기 위하여 대통령령으로 정하는 사항에 대한 관련 기록을 작성하여 보관하여야 한다.

제28조의5(가명정보 처리 시 금지의무 등)

① 누구든지 특정 개인을 알아보기 위한 목적으로 가명정보를 처리해서는 아니된다.

② 개인정보처리자는 가명정보를 처리하는 과정에서 특정 개인을 알아볼 수 있는 정보가 생성된 경우에는 즉시 해당 정보의 처리를 중지하고, 지체 없이 회수·파기하여야 한다.

제28조의6(가명정보 처리에 대한 과징금 부과 등)

① 보호위원회는 개인정보처리자가 제28조의5제1항을 위반하여 특정 개인을 알아보기 위한 목적으로 정보를 처리한 경우 전체 매출액의 100분의 3 이하에 해당하는 금액을 과징금으로 부과할 수 있다. 다만, 매출액이 없거나 매출액의 산정이 곤란한 경우로서 대통령령으로 정하는 경우에는 4억원 또는 자본금의 100분의 3 중 큰 금액 이하로 과징금을 부과할 수 있다.

② 과징금의 부과·징수 등에 필요한 사항은 제34조의2제3항부터 제5항까지의 규정을 준용한다.

제28조의7(적용범위)

가명정보는 제20조, 제21조, 제27조, 제34조제1항, 제35조부터 제37조까지, 제39조의3, 제39조의4, 제39조의6부터 제39조의8까지의 규정을 적용하지 아니한다.

제4장 개인정보의 안전한 관리

제29조(안전조치의무)

개인정보처리자는 개인정보가 분실·도난·유출·위조·변조 또는 훼손되지 아니하도록 내부 관리계획 수립, 접속기록 보관 등 대통령령으로 정하는 바에 따라 안전성 확보에 필요한 기술적·관리적 및 물리적 조치를 하여야 한다. <개정 2015. 7. 24.>

제30조(개인정보 처리방침의 수립 및 공개)

① 개인정보처리자는 다음 각 호의 사항이 포함된 개인정보의 처리 방침(이하 "개인정보 처리방침"이라 한다)을 정하여야 한다. 이 경우 공공기관은 제32조에 따라 등록대상이 되는 개인정보파일에 대하여 개인정보 처리방침을 정한다. <개정 2016. 3. 29.>
　1. 개인정보의 처리 목적

2. 개인정보의 처리 및 보유 기간

3. 개인정보의 제3자 제공에 관한 사항(해당되는 경우에만 정한다)

   3의2. 개인정보의 파기절차 및 파기방법(제21조제1항 단서에 따라 개인정보를 보존하여야 하는 경우에는 그 보존근거와 보존하는 개인정보 항목을 포함한다) <신설 2020. 2. 4.>

4. 개인정보처리의 위탁에 관한 사항(해당되는 경우에만 정한다)

5. 정보주체와 법정대리인의 권리·의무 및 그 행사방법에 관한 사항

6. 제31조에 따른 개인정보 보호책임자의 성명 또는 개인정보 보호업무 및 관련 고충사항을 처리하는 부서의 명칭과 전화번호 등 연락처

7. 인터넷 접속정보파일 등 개인정보를 자동으로 수집하는 장치의 설치·운영 및 그 거부에 관한 사항(해당하는 경우에만 정한다)

8. 그 밖에 개인정보의 처리에 관하여 대통령령으로 정한 사항

② 개인정보처리자가 개인정보 처리방침을 수립하거나 변경하는 경우에는 정보주체가 쉽게 확인할 수 있도록 대통령령으로 정하는 방법에 따라 공개하여야 한다.

③ 개인정보 처리방침의 내용과 개인정보처리자와 정보주체 간에 체결한 계약의 내용이 다른 경우에는 정보주체에게 유리한 것을 적용한다.

④ 보호위원회는 개인정보 처리방침의 작성지침을 정하여 개인정보처리자에게 그 준수를 권장할 수 있다. <개정 2013. 3. 23., 2014. 11. 19., 2017. 7. 26., 2020. 2. 4.>

제31조(개인정보 보호책임자의 지정)

① 개인정보처리자는 개인정보의 처리에 관한 업무를 총괄해서 책임질 개인정보 보호책임자를 지정하여야 한다.

② 개인정보 보호책임자는 다음 각 호의 업무를 수행한다.

1. 개인정보 보호 계획의 수립 및 시행

2. 개인정보 처리 실태 및 관행의 정기적인 조사 및 개선

3. 개인정보 처리와 관련한 불만의 처리 및 피해 구제

4. 개인정보 유출 및 오용·남용 방지를 위한 내부통제시스템의 구축

5. 개인정보 보호 교육 계획의 수립 및 시행

6. 개인정보파일의 보호 및 관리·감독

7. 그 밖에 개인정보의 적절한 처리를 위하여 대통령령으로 정한 업무

③ 개인정보 보호책임자는 제2항 각 호의 업무를 수행함에 있어서 필요한 경우 개인정보의 처리 현황, 처리 체계 등에 대하여 수시로 조사하거나 관계 당사자로부터 보고를 받을 수 있다.

④ 개인정보 보호책임자는 개인정보 보호와 관련하여 이 법 및 다른 관계 법령의 위반 사실을 알게 된 경우에는 즉시 개선조치를 하여야 하며, 필요하면 소속 기관 또는 단체의 장에게 개선조치를 보고하여야 한다.

⑤ 개인정보처리자는 개인정보 보호책임자가 제2항 각 호의 업무를 수행함에 있어서 정당한 이유 없이 불이익을 주거나 받게 하여서는 아니 된다.

⑥ 개인정보 보호책임자의 지정요건, 업무, 자격요건, 그 밖에 필요한 사항은 대통령령으로 정한다.

제32조(개인정보파일의 등록 및 공개)

① 공공기관의 장이 개인정보파일을 운용하는 경우에는 다음 각 호의 사항을 보호위원회에 등록하여야 한다. 등록한 사항이 변경된 경우에도 또한 같다. <개정 2013. 3. 23., 2014. 11. 19., 2017. 7. 26., 2020. 2. 4.>
 1. 개인정보파일의 명칭
 2. 개인정보파일의 운영 근거 및 목적
 3. 개인정보파일에 기록되는 개인정보의 항목
 4. 개인정보의 처리방법
 5. 개인정보의 보유기간
 6. 개인정보를 통상적 또는 반복적으로 제공하는 경우에는 그 제공받는 자
 7. 그 밖에 대통령령으로 정하는 사항

② 다음 각 호의 어느 하나에 해당하는 개인정보파일에 대하여는 제1항을 적용하지 아니한다.
 1. 국가 안전, 외교상 비밀, 그 밖에 국가의 중대한 이익에 관한 사항을 기록한 개인정보파일
 2. 범죄의 수사, 공소의 제기 및 유지, 형 및 감호의 집행, 교정처분, 보호처분, 보안관찰처분과 출입국관리에 관한 사항을 기록한 개인정보파일
 3. 「조세범처벌법」에 따른 범칙행위 조사 및 「관세법」에 따른 범칙행위 조사에 관한 사항을 기록한 개인정보파일

4. 공공기관의 내부적 업무처리만을 위하여 사용되는 개인정보파일

5. 다른 법령에 따라 비밀로 분류된 개인정보파일

③ 보호위원회는 필요하면 제1항에 따른 개인정보파일의 등록사항과 그 내용을 검토하여 해당 공공기관의 장에게 개선을 권고할 수 있다. <개정 2013. 3. 23., 2014. 11. 19., 2017. 7. 26., 2020. 2. 4.>>

④ 보호위원회는 제1항에 따른 개인정보파일의 등록 현황을 누구든지 쉽게 열람할 수 있도록 공개하여야 한다. <개정 2013. 3. 23., 2014. 11. 19., 2017. 7. 26., 2020. 2. 4.>>

⑤ 제1항에 따른 등록과 제4항에 따른 공개의 방법, 범위 및 절차에 관하여 필요한 사항은 대통령령으로 정한다.

⑥ 국회, 법원, 헌법재판소, 중앙선거관리위원회(그 소속 기관을 포함한다)의 개인정보파일 등록 및 공개에 관하여는 국회규칙, 대법원규칙, 헌법재판소규칙 및 중앙선거관리위원회규칙으로 정한다.

제32조의2(개인정보 보호 인증)

① 보호위원회는 개인정보처리자의 개인정보 처리 및 보호와 관련한 일련의 조치가 이 법에 부합하는지 등에 관하여 인증할 수 있다. <개정 2017. 7. 26.. 2020. 2. 4.>

② 제1항에 따른 인증의 유효기간은 3년으로 한다.

③ 보호위원회는 다음 각 호의 어느 하나에 해당하는 경우에는 대통령령으로 정하는 바에 따라 제1항에 따른 인증을 취소할 수 있다. 다만, 제1호에 해당하는 경우에는 취소하여야 한다. <개정 2017. 7. 26.. 2020. 2. 4.>

1. 거짓이나 그 밖의 부정한 방법으로 개인정보 보호 인증을 받은 경우

2. 제4항에 따른 사후관리를 거부 또는 방해한 경우

3. 제8항에 따른 인증기준에 미달하게 된 경우

4. 개인정보 보호 관련 법령을 위반하고 그 위반사유가 중대한 경우

④ 보호위원회는 개인정보 보호 인증의 실효성 유지를 위하여 연 1회 이상 사후관리를 실시하여야 한다. <개정 2017. 7. 26.. 2020. 2. 4.>

⑤ 보호위원회는 대통령령으로 정하는 전문기관으로 하여금 제1항에 따른 인증, 제3항에 따른 인증 취소, 제4항에 따른 사후관리 및 제7항에 따른 인증 심사원 관리 업무를 수행하게 할 수 있다. <개정 2017. 7. 26.. 2020. 2.

4.>

⑥ 제1항에 따른 인증을 받은 자는 대통령령으로 정하는 바에 따라 인증의 내용을 표시하거나 홍보할 수 있다.

⑦ 제1항에 따른 인증을 위하여 필요한 심사를 수행할 심사원의 자격 및 자격 취소 요건 등에 관하여는 전문성과 경력 및 그 밖에 필요한 사항을 고려하여 대통령령으로 정한다.

⑧ 그 밖에 개인정보 관리체계, 정보주체 권리보장, 안전성 확보조치가 이 법에 부합하는지 여부 등 제1항에 따른 인증의 기준·방법·절차 등 필요한 사항은 대통령령으로 정한다.

[본조신설 2015. 7. 24.]

제33조(개인정보 영향평가)

① 공공기관의 장은 대통령령으로 정하는 기준에 해당하는 개인정보파일의 운용으로 인하여 정보주체의 개인정보 침해가 우려되는 경우에는 그 위험요인의 분석과 개선 사항 도출을 위한 평가(이하 "영향평가"라 한다)를 하고 그 결과를 보호위원회에 제출하여야 한다. 이 경우 공공기관의 장은 영향평가를 보호위원회가 지정하는 기관(이하 "평가기관"이라 한다) 중에서 의뢰하여야 한다. <개정 2013. 3. 23., 2014. 11. 19., 2017. 7. 26., 2020. 2. 4.>

② 영향평가를 하는 경우에는 다음 각 호의 사항을 고려하여야 한다.

1. 처리하는 개인정보의 수

2. 개인정보의 제3자 제공 여부

3. 정보주체의 권리를 해할 가능성 및 그 위험 정도

4. 그 밖에 대통령령으로 정한 사항

③ 보호위원회는 제1항에 따라 제출받은 영향평가 결과에 대하여 의견을 제시할 수 있다. <개정 2013. 3. 23., 2014. 11. 19., 2017. 7. 26., 2020. 2. 4.>

④ 공공기관의 장은 제1항에 따라 영향평가를 한 개인정보파일을 제32조 제1항에 따라 등록할 때에는 영향평가 결과를 함께 첨부하여야 한다.

⑤ 보호위원회는 영향평가의 활성화를 위하여 관계 전문가의 육성, 영향평가 기준의 개발·보급 등 필요한 조치를 마련하여야 한다. <개정 2013. 3. 23., 2014. 11. 19., 2017. 7. 26., 2020. 2. 4.>

⑥ 제1항에 따른 평가기관의 지정기준 및 지정취소, 평가기준, 영향평가의 방법·절차 등에 관하여 필요한 사항은 대통령령으로 정한다.

⑦ 국회, 법원, 헌법재판소, 중앙선거관리위원회(그 소속 기관을 포함한다)의 영향평가에 관한 사항은 국회규칙, 대법원규칙, 헌법재판소규칙 및 중앙선거관리위원회규칙으로 정하는 바에 따른다.

⑧ 공공기관 외의 개인정보처리자는 개인정보파일 운용으로 인하여 정보주체의 개인정보 침해가 우려되는 경우에는 영향평가를 하기 위하여 적극 노력하여야 한다.

제34조(개인정보 유출 통지 등)

① 개인정보처리자는 개인정보가 유출되었음을 알게 되었을 때에는 지체 없이 해당 정보주체에게 다음 각 호의 사실을 알려야 한다.

1. 유출된 개인정보의 항목
2. 유출된 시점과 그 경위
3. 유출로 인하여 발생할 수 있는 피해를 최소화하기 위하여 정보주체가 할 수 있는 방법 등에 관한 정보
4. 개인정보처리자의 대응조치 및 피해 구제절차
5. 정보주체에게 피해가 발생한 경우 신고 등을 접수할 수 있는 담당 부서 및 연락처

② 개인정보처리자는 개인정보가 유출된 경우 그 피해를 최소화하기 위한 대책을 마련하고 필요한 조치를 하여야 한다.

③ 개인정보처리자는 대통령령으로 정한 규모 이상의 개인정보가 유출된 경우에는 제1항에 따른 통지 및 제2항에 따른 조치 결과를 지체 없이 보호위원회 또는 대통령령으로 정하는 전문기관에 신고하여야 한다. 이 경우 보호위원회 또는 대통령령으로 정하는 전문기관은 피해 확산 방지, 피해 복구 등을 위한 기술을 지원할 수 있다. <개정 2013. 3. 23., 2014. 11. 19., 2017. 7. 26., 2020. 2. 4.>

④ 제1항에 따른 통지의 시기, 방법 및 절차 등에 관하여 필요한 사항은 대통령령으로 정한다.

제34조의2(과징금의 부과 등)

① 보호위원회는 개인정보처리자가 처리하는 주민등록번호가 분실·도난·유출·위조·변조 또는 훼손된 경우에는 5억원 이하의 과징금을 부과·징수할 수 있다. 다만, 주민등록번호가 분실·도난·유출·위조·변조 또는 훼손되지 아니하도록 개인정보처리자가 제24조제3항에 따른 안전성 확보에 필요한 조치를 다한 경우에는 그러하지 아니하다. <개정 2014. 11. 19., 2015. 7. 24., 2017. 7. 26., 2020. 2. 4.>

② 보호위원회는 제1항에 따른 과징금을 부과하는 경우에는 다음 각 호의 사항을 고려하여야 한다. <개정 2014. 11. 19., 2015. 7. 24., 2017. 7. 26., 2020. 2. 4.>

1. 제24조제3항에 따른 안전성 확보에 필요한 조치 이행 노력 정도
2. 분실·도난·유출·위조·변조 또는 훼손된 주민등록번호의 정도
3. 피해확산 방지를 위한 후속조치 이행 여부

③ 보호위원회는 제1항에 따른 과징금을 내야 할 자가 납부기한까지 내지 아니하면 납부기한의 다음 날부터 과징금을 낸 날의 전날까지의 기간에 대하여 내지 아니한 과징금의 연 100분의 6의 범위에서 대통령령으로 정하는 가산금을 징수한다. 이 경우 가산금을 징수하는 기간은 60개월을 초과하지 못한다. <개정 2014. 11. 19., 2017. 7. 26., 2020. 2. 4.>

④ 보호위원회는 제1항에 따른 과징금을 내야 할 자가 납부기한까지 내지 아니하면 기간을 정하여 독촉을 하고, 그 지정한 기간 내에 과징금 및 제2항에 따른 가산금을 내지 아니하면 국세 체납처분의 예에 따라 징수한다. <개정 2014. 11. 19., 2017. 7. 26., 2020. 2. 4.>

⑤ 과징금의 부과·징수에 관하여 그 밖에 필요한 사항은 대통령령으로 정한다.
[본조신설 2013. 8. 6.]

제5장 정보주체의 권리 보장

제35조(개인정보의 열람)

① 정보주체는 개인정보처리자가 처리하는 자신의 개인정보에 대한 열람을

해당 개인정보처리자에게 요구할 수 있다.

② 제1항에도 불구하고 정보주체가 자신의 개인정보에 대한 열람을 공공기관에 요구하고자 할 때에는 공공기관에 직접 열람을 요구하거나 대통령령으로 정하는 바에 따라 보호위원회를 통하여 열람을 요구할 수 있다. <개정 2013. 3. 23., 2014. 11. 19., 2017. 7. 26., 2020. 2. 4.>

③ 개인정보처리자는 제1항 및 제2항에 따른 열람을 요구받았을 때에는 대통령령으로 정하는 기간 내에 정보주체가 해당 개인정보를 열람할 수 있도록 하여야 한다. 이 경우 해당 기간 내에 열람할 수 없는 정당한 사유가 있을 때에는 정보주체에게 그 사유를 알리고 열람을 연기할 수 있으며, 그 사유가 소멸하면 지체 없이 열람하게 하여야 한다.

④ 개인정보처리자는 다음 각 호의 어느 하나에 해당하는 경우에는 정보주체에게 그 사유를 알리고 열람을 제한하거나 거절할 수 있다.

 1. 법률에 따라 열람이 금지되거나 제한되는 경우

 2. 다른 사람의 생명·신체를 해할 우려가 있거나 다른 사람의 재산과 그 밖의 이익을 부당하게 침해할 우려가 있는 경우

 3. 공공기관이 다음 각 목의 어느 하나에 해당하는 업무를 수행할 때 중대한 지장을 초래하는 경우

 가. 조세의 부과·징수 또는 환급에 관한 업무

 나. 「초·중등교육법」 및 「고등교육법」에 따른 각급 학교, 「평생교육법」에 따른 평생교육시설, 그 밖의 다른 법률에 따라 설치된 고등교육기관에서의 성적 평가 또는 입학자 선발에 관한 업무

 다. 학력·기능 및 채용에 관한 시험, 자격 심사에 관한 업무

 라. 보상금·급부금 산정 등에 대하여 진행 중인 평가 또는 판단에 관한 업무

 마. 다른 법률에 따라 진행 중인 감사 및 조사에 관한 업무

⑤ 제1항부터 제4항까지의 규정에 따른 열람 요구, 열람 제한, 통지 등의 방법 및 절차에 관하여 필요한 사항은 대통령령으로 정한다.

부 록 1
개인정보
보호법

제36조(개인정보의 정정·삭제)

① 제35조에 따라 자신의 개인정보를 열람한 정보주체는 개인정보처리자에게 그 개인정보의 정정 또는 삭제를 요구할 수 있다. 다만, 다른 법령에서 그 개인정보가 수집 대상으로 명시되어 있는 경우에는 그 삭제를 요구할 수 없다.

② 개인정보처리자는 제1항에 따른 정보주체의 요구를 받았을 때에는 개인정보의 정정 또는 삭제에 관하여 다른 법령에 특별한 절차가 규정되어 있는 경우를 제외하고는 지체 없이 그 개인정보를 조사하여 정보주체의 요구에 따라 정정·삭제 등 필요한 조치를 한 후 그 결과를 정보주체에게 알려야 한다.

③ 개인정보처리자가 제2항에 따라 개인정보를 삭제할 때에는 복구 또는 재생되지 아니하도록 조치하여야 한다.

④ 개인정보처리자는 정보주체의 요구가 제1항 단서에 해당될 때에는 지체 없이 그 내용을 정보주체에게 알려야 한다.

⑤ 개인정보처리자는 제2항에 따른 조사를 할 때 필요하면 해당 정보주체에게 정정·삭제 요구사항의 확인에 필요한 증거자료를 제출하게 할 수 있다.

⑥ 제1항·제2항 및 제4항에 따른 정정 또는 삭제 요구, 통지 방법 및 절차 등에 필요한 사항은 대통령령으로 정한다.

제37조(개인정보의 처리정지 등)

① 정보주체는 개인정보처리자에 대하여 자신의 개인정보 처리의 정지를 요구할 수 있다. 이 경우 공공기관에 대하여는 제32조에 따라 등록 대상이 되는 개인정보파일 중 자신의 개인정보에 대한 처리의 정지를 요구할 수 있다.

② 개인정보처리자는 제1항에 따른 요구를 받았을 때에는 지체 없이 정보주체의 요구에 따라 개인정보 처리의 전부를 정지하거나 일부를 정지하여야 한다. 다만, 다음 각 호의 어느 하나에 해당하는 경우에는 정보주체의 처리정지 요구를 거절할 수 있다.

1. 법률에 특별한 규정이 있거나 법령상 의무를 준수하기 위하여 불가피한 경우

2. 다른 사람의 생명·신체를 해할 우려가 있거나 다른 사람의 재산과 그 밖의 이익을 부당하게 침해할 우려가 있는 경우
3. 공공기관이 개인정보를 처리하지 아니하면 다른 법률에서 정하는 소관 업무를 수행할 수 없는 경우
4. 개인정보를 처리하지 아니하면 정보주체와 약정한 서비스를 제공하지 못하는 등 계약의 이행이 곤란한 경우로서 정보주체가 그 계약의 해지 의사를 명확하게 밝히지 아니한 경우

③ 개인정보처리자는 제2항 단서에 따라 처리정지 요구를 거절하였을 때에는 정보주체에게 지체 없이 그 사유를 알려야 한다.

④ 개인정보처리자는 정보주체의 요구에 따라 처리가 정지된 개인정보에 대하여 지체 없이 해당 개인정보의 파기 등 필요한 조치를 하여야 한다.

⑤ 제1항부터 제3항까지의 규정에 따른 처리정지의 요구, 처리정지의 거절, 통지 등의 방법 및 절차에 필요한 사항은 대통령령으로 정한다.

제38조(권리행사의 방법 및 절차)

① 정보주체는 제35조에 따른 열람, 제36조에 따른 정정·삭제, 제37조에 따른 처리정지, 제39조의7에 따른 동의 철회 등의 요구(이하 "열람등요구"라 한다)를 문서 등 대통령령으로 정하는 방법·절차에 따라 대리인에게 하게 할 수 있다. <개정 2020. 2. 4.>

② 만 14세 미만 아동의 법정대리인은 개인정보처리자에게 그 아동의 개인정보 열람등요구를 할 수 있다.

③ 개인정보처리자는 열람등요구를 하는 자에게 대통령령으로 정하는 바에 따라 수수료와 우송료(사본의 우송을 청구하는 경우에 한한다)를 청구할 수 있다.

④ 개인정보처리자는 정보주체가 열람등요구를 할 수 있는 구체적인 방법과 절차를 마련하고, 이를 정보주체가 알 수 있도록 공개하여야 한다.

⑤ 개인정보처리자는 정보주체가 열람등요구에 대한 거절 등 조치에 대하여 불복이 있는 경우 이의를 제기할 수 있도록 필요한 절차를 마련하고 안내하여야 한다.

제39조(손해배상책임)

① 정보주체는 개인정보처리자가 이 법을 위반한 행위로 손해를 입으면 개인정보처리자에게 손해배상을 청구할 수 있다. 이 경우 그 개인정보처리자는 고의 또는 과실이 없음을 입증하지 아니하면 책임을 면할 수 없다.

② 삭제 <2015. 7. 24.>

③ 개인정보처리자의 고의 또는 중대한 과실로 인하여 개인정보가 분실·도난·유출·위조·변조 또는 훼손된 경우로서 정보주체에게 손해가 발생한 때에는 법원은 그 손해액의 3배를 넘지 아니하는 범위에서 손해배상액을 정할 수 있다. 다만, 개인정보처리자가 고의 또는 중대한 과실이 없음을 증명한 경우에는 그러하지 아니하다. <신설 2015. 7. 24.>

④ 법원은 제3항의 배상액을 정할 때에는 다음 각 호의 사항을 고려하여야 한다. <신설 2015. 7. 24.>

1. 고의 또는 손해 발생의 우려를 인식한 정도
2. 위반행위로 인하여 입은 피해 규모
3. 위법행위로 인하여 개인정보처리자가 취득한 경제적 이익
4. 위반행위에 따른 벌금 및 과징금
5. 위반행위의 기간·횟수 등
6. 개인정보처리자의 재산상태
7. 개인정보처리자가 정보주체의 개인정보 분실·도난·유출 후 해당 개인정보를 회수하기 위하여 노력한 정도
8. 개인정보처리자가 정보주체의 피해구제를 위하여 노력한 정도

제39조의2(법정손해배상의 청구)

① 제39조제1항에도 불구하고 정보주체는 개인정보처리자의 고의 또는 과실로 인하여 개인정보가 분실·도난·유출·위조·변조 또는 훼손된 경우에는 300만원 이하의 범위에서 상당한 금액을 손해액으로 하여 배상을 청구할 수 있다. 이 경우 해당 개인정보처리자는 고의 또는 과실이 없음을 입증하지 아니하면 책임을 면할 수 없다.

② 법원은 제1항에 따른 청구가 있는 경우에 변론 전체의 취지와 증거조사의 결과를 고려하여 제1항의 범위에서 상당한 손해액을 인정할 수 있다.

③ 제39조에 따라 손해배상을 청구한 정보주체는 사실심(事實審)의 변론이 종결되기 전까지 그 청구를 제1항에 따른 청구로 변경할 수 있다.
[본조신설 2015. 7. 24.]

제6장 정보통신서비스 제공자 등의 개인정보 처리 등 특례
<본절신설 2020. 2. 4.>

제39조의3(개인정보의 수집·이용 동의 등에 대한 특례)

① 정보통신서비스 제공자는 제15조제1항에도 불구하고 이용자의 개인정보를 이용하려고 수집하는 경우에는 다음 각 호의 모든 사항을 이용자에게 알리고 동의를 받아야 한다. 다음 각 호의 어느 하나의 사항을 변경하려는 경우에도 또한 같다.
1. 개인정보의 수집·이용 목적
2. 수집하는 개인정보의 항목
3. 개인정보의 보유·이용 기간
② 정보통신서비스 제공자는 다음 각 호의 어느 하나에 해당하는 경우에는 제 1항에 따른 동의 없이 이용자의 개인정보를 수집·이용할 수 있다.
1. 정보통신서비스(「정보통신망 이용촉진 및 정보보호 등에 관한 법률」 제2조제1항제2호에 따른 정보통신서비스를 말한다. 이하 같다)의 제공에 관한 계약을 이행하기 위하여 필요한 개인정보로서 경제적·기술적인 사유로 통상적인 동의를 받는 것이 뚜렷하게 곤란한 경우
2. 정보통신서비스의 제공에 따른 요금정산을 위하여 필요한 경우
3. 다른 법률에 특별한 규정이 있는 경우
③ 정보통신서비스 제공자는 이용자가 필요한 최소한의 개인정보 이외의 개인정보를 제공하지 아니한다는 이유로 그 서비스의 제공을 거부해서는 아니 된다. 이 경우 필요한 최소한의 개인정보는 해당 서비스의 본질적 기능을 수행하기 위하여 반드시 필요한 정보를 말한다.
④ 정보통신서비스 제공자는 만 14세 미만의 아동으로부터 개인정보 수집·이용·제공 등의 동의를 받으려면 그 법정대리인의 동의를 받아

야 하고, 대통령령으로 정하는 바에 따라 법정대리인이 동의하였는지를 확인하여야 한다.

⑤ 정보통신서비스 제공자는 만 14세 미만의 아동에게 개인정보 처리와 관련한 사항의 고지 등을 하는 때에는 이해하기 쉬운 양식과 명확하고 알기 쉬운 언어를 사용하여야 한다.

⑥ 보호위원회는 개인정보 처리에 따른 위험성 및 결과, 이용자의 권리 등을 명확하게 인지하지 못할 수 있는 만 14세 미만의 아동의 개인정보 보호 시책을 마련하여야 한다.

제39조의4(개인정보 유출 등의 통지·신고에 대한 특례)

① 제34조제1항 및 제3항에도 불구하고 정보통신서비스 제공자와 그로부터 제 17조제1항에 따라 이용자의 개인정보를 제공받은 자(이하 "정보통신서비스제공자등"이라 한다)는 개인정보의 분실·도난·유출(이하 "유출등"이라 한다) 사실을 안 때에는 지체 없이 다음 각 호의 사항을 해당 이용자에게 알리고 보호위원회 또는 대통령령으로 정하는 전문기관에 신고하여야 하며, 정당한 사유 없이 그 사실을 안 때부터 24시간을 경과하여 통지·신고해서는 아니 된다. 다만, 이용자의 연락처를 알 수 없는 등 정당한 사유가 있는 경우에는 대통령령으로 정하는 바에 따라 통지를 갈음하는 조치를 취할 수 있다.

1. 유출등이 된 개인정보 항목
2. 유출등이 발생한 시점
3. 이용자가 취할 수 있는 조치
4. 정보통신서비스 제공자등의 대응 조치
5. 이용자가 상담 등을 접수할 수 있는 부서 및 연락처

② 제1항의 신고를 받은 대통령령으로 정하는 전문기관은 지체 없이 그 사실을 보호위원회에 알려야 한다.

③ 정보통신서비스 제공자등은 제1항에 따른 정당한 사유를 보호위원회에 소명하여야 한다.

④ 제1항에 따른 통지 및 신고의 방법·절차 등에 필요한 사항은 대통령령으로 정한다.

제39조의5(개인정보의 보호조치에 대한 특례)

정보통신서비스 제공자등은 이용자의 개인정보를 처리하는 자를 최소한으로 제한하여야 한다.

제39조의6(개인정보의 파기에 대한 특례)

① 정보통신서비스 제공자등은 정보통신서비스를 1년의 기간 동안 이용하지 아니하는 이용자의 개인정보를 보호하기 위하여 대통령령으로 정하는 바에 따라 개인정보의 파기 등 필요한 조치를 취하여야 한다. 다만, 그 기간에 대하여 다른 법령 또는 이용자의 요청에 따라 달리 정한 경우에는 그에 따른다.

② 정보통신서비스 제공자등은 제1항의 기간 만료 30일 전까지 개인정보가 파기되는 사실, 기간 만료일 및 파기되는 개인정보의 항목 등 대통령령으로 정하는 사항을 전자우편 등 대통령령으로 정하는 방법으로 이용자에게 알려야 한다.

제39조의7(이용자의 권리 등에 대한 특례)

① 이용자는 정보통신서비스 제공자등에 대하여 언제든지 개인정보 수집·이용·제공 등의 동의를 철회할 수 있다.

② 정보통신서비스 제공자등은 제1항에 따른 동의의 철회, 제35조에 따른 개인정보의 열람, 제36조에 따른 정정을 요구하는 방법을 개인정보의 수집방법보다 쉽게 하여야 한다.

③ 정보통신서비스 제공자등은 제1항에 따라 동의를 철회하면 지체 없이 수집 된 개인정보를 복구·재생할 수 없도록 파기하는 등 필요한 조치를 하여야 한다.

제39조의8(개인정보 이용내역의 통지)

① 정보통신서비스 제공자 등으로서 대통령령으로 정하는 기준에 해당하는 자는 제23조, 제39조의3에 따라 수집한 이용자의 개인정보의 이용내역(제17조에 따른 제공을 포함한다)을 주기적으로 이용자에게 통지하여야 한다. 다만, 연락처 등 이용자에게 통지할 수 있는 개인정

보를 수집하지 아니한 경우에는 그러하지 아니한다.

② 제1항에 따라 이용자에게 통지하여야 하는 정보의 종류, 통지주기 및 방법, 그 밖에 이용내역 통지에 필요한 사항은 대통령령으로 정한다.

제39조의9(손해배상의 보장)

① 정보통신서비스 제공자등은 제39조 및 제39조의2에 따른 손해배상책임의 이행을 위하여 보험 또는 공제에 가입하거나 준비금을 적립하는 등 필요한 조치를 하여야 한다.

② 제1항에 따른 가입 대상 개인정보처리자의 범위, 기준 등에 필요한 사항은 대통령령으로 정한다.

제39조의10(노출된 개인정보의 삭제 · 차단)

① 정보통신서비스 제공자등은 주민등록번호, 계좌정보, 신용카드정보 등 이용자의 개인정보가 정보통신망을 통하여 공중에 노출되지 아니하도록 하여야 한다.

② 제1항에도 불구하고 공중에 노출된 개인정보에 대하여 보호위원회 또는 대통령령으로 지정한 전문기관의 요청이 있는 경우 정보통신서비스 제공자등은 삭제 · 차단 등 필요한 조치를 취하여야 한다.

제39조의11(국내대리인의 지정)

① 국내에 주소 또는 영업소가 없는 정보통신서비스 제공자등으로서 이용자 수, 매출액 등을 고려하여 대통령령으로 정하는 기준에 해당하는 자는 다음 각호의 사항을 대리하는 자(이하 "국내대리인"이라 한다)를 서면으로 지정하여야 한다.

1. 제31조에 따른 개인정보 보호책임자의 업무
2. 제39조의4에 따른 통지 · 신고
3. 제63조제1항에 따른 관계 물품 · 서류 등의 제출

② 국내대리인은 국내에 주소 또는 영업소가 있는 자로 한다.

③ 제1항에 따라 국내대리인을 지정한 때에는 다음 각 호의 사항 모두를 제30조에 따른 개인정보 처리방침에 포함하여야 한다.

1. 국내대리인의 성명(법인의 경우에는 그 명칭 및 대표자의 성명을 말한다)
2. 국내대리인의 주소(법인의 경우에는 영업소 소재지를 말한다), 전화번호 및 전자우편 주소
④ 국내대리인이 제1항 각 호와 관련하여 이 법을 위반한 경우에는 정보통신서비스 제공자등이 그 행위를 한 것으로 본다.

제39조의12(국외 이전 개인정보의 보호)

① 정보통신서비스 제공자등은 이용자의 개인정보에 관하여 이 법을 위반하는 사항을 내용으로 하는 국제계약을 체결해서는 아니 된다.
② 제17조제3항에도 불구하고 정보통신서비스 제공자등은 이용자의 개인정보를 국외에 제공(조회되는 경우를 포함한다)·처리위탁·보관(이하 이 조에서 "이전"이라 한다)하려면 이용자의 동의를 받아야 한다. 다만, 제3항 각 호의 사항 모두를 제30조제2항에 따라 공개하거나 전자우편 등 대통령령으로 정하는 방법에 따라 이용자에게 알린 경우에는 개인정보 처리위탁·보관에 따른 동의절차를 거치지 아니할 수 있다.
③ 정보통신서비스 제공자등은 제2항 본문에 따른 동의를 받으려면 미리 다음 각 호의 사항 모두를 이용자에게 고지하여야 한다.
1. 이전되는 개인정보 항목
2. 개인정보가 이전되는 국가, 이전일시 및 이전방법
3. 개인정보를 이전받는 자의 성명(법인인 경우에는 그 명칭 및 정보관리책임자의 연락처를 말한다)
4. 개인정보를 이전받는 자의 개인정보 이용목적 및 보유·이용 기간
④ 정보통신서비스 제공자등은 제2항 본문에 따른 동의를 받아 개인정보를 국외로 이전하는 경우 대통령령으로 정하는 바에 따라 보호조치를 하여야 한다.
⑤ 이용자의 개인정보를 이전받는 자가 해당 개인정보를 제3국으로 이전하는 경우에 관하여는 제1항부터 제4항까지의 규정을 준용한다. 이 경우 "정보통신서비스 제공자등"은 "개인정보를 이전받는 자"로, "개인정보를 이전받는 자"는 "제3국에서 개인정보를 이전받는 자"로 본다.

제39조의13(상호주의)

제39조의12에도 불구하고 개인정보의 국외 이전을 제한하는 국가의 정보통신서비스 제공자등에 대하여는 해당 국가의 수준에 상응하는 제한을 할 수 있다. 다만, 조약 또는 그 밖의 국제협정의 이행에 필요한 경우에는 그러하지 아니하다.

제39조의14(방송사업자 등에 대한 특례)

「방송법」 제2조제3호가목부터 마목까지와 같은 조 제6호·제9호·제12호 및 제14호에 해당하는 자(이하 이 조에서 "방송사업자등"이라 한다)가 시청자의 개인정보를 처리하는 경우에는 정보통신서비스 제공자에게 적용되는 규정을 준용한다. 이 경우 "방송사업자등"은 "정보통신서비스 제공자" 또는 "정보통신서비스 제공자등"으로, "시청자"는 "이용자"로 본다.

제39조의15(과징금의 부과 등에 대한 특례)

① 보호위원회는 정보통신서비스 제공자등에게 다음 각 호의 어느 하나에 해당하는 행위가 있는 경우에는 해당 정보통신서비스 제공자등에게 위반행위와 관련한 매출액의 100분의 3 이하에 해당하는 금액을 과징금으로 부과할 수 있다.

1. 제17조제1항·제2항, 제18조제1항·제2항 및 제19조(제39조의14에 따라 준용되는 경우를 포함한다)를 위반하여 개인정보를 이용·제공한 경우
2. 제22조제6항(제39조의14에 따라 준용되는 경우를 포함한다)을 위반하여 법정대리인의 동의를 받지 아니하고 만 14세 미만인 아동의 개인정보를 수집한 경우
3. 제23조제1항제1호(제39조의14에 따라 준용되는 경우를 포함한다)를 위반하여 이용자의 동의를 받지 아니하고 민감정보를 수집한 경우
4. 제26조제4항(제39조의14에 따라 준용되는 경우를 포함한다)에 따른 관리·감독 또는 교육을 소홀히 하여 특례 수탁자가 이 법의 규정을 위반한 경우

5. 이용자의 개인정보를 분실·도난·유출·위조·변조 또는 훼손한 경우로서 제29조의 조치(내부 관리계획 수립에 관한 사항은 제외한다)를 하지 아니한경우(제39조의14에 따라 준용되는 경우를 포함한다)

6. 제39조의3제1항(제39조의14에 따라 준용되는 경우를 포함한다)을 위반하여 이용자의 동의를 받지 아니하고 개인정보를 수집한 경우

7. 제39조의12제2항 본문(같은 조 제5항에 따라 준용되는 경우를 포함한다)을 위반하여 이용자의 동의를 받지 아니하고 이용자의 개인정보를 국외에 제공한 경우

② 제1항에 따른 과징금을 부과하는 경우 정보통신서비스 제공자등이 매출액 산정자료의 제출을 거부하거나 거짓의 자료를 제출한 경우에는 해당 정보통신서비스 제공자등과 비슷한 규모의 정보통신서비스 제공자등의 재무제표 등 회계자료와 가입자 수 및 이용요금 등 영업현황 자료에 근거하여 매출액을 추정할 수 있다. 다만, 매출액이 없거나 매출액의 산정이 곤란한 경우로서 대통령령으로 정하는 경우에는 4억원 이하의 과징금을 부과할 수 있다.

③ 보호위원회는 제1항에 따른 과징금을 부과하려면 다음 각 호의 사항을 고려하여야 한다.

1. 위반행위의 내용 및 정도

2. 위반행위의 기간 및 횟수

3. 위반행위로 인하여 취득한 이익의 규모

④ 제1항에 따른 과징금은 제3항을 고려하여 산정하되, 구체적인 산정기준과 산정절차는 대통령령으로 정한다.

⑤ 보호위원회는 제1항에 따른 과징금을 내야 할 자가 납부기한까지 이를 내지 아니하면 납부기한의 다음 날부터 내지 아니한 과징금의 연 100분의 6에 해당하는 가산금을 징수한다.

⑥ 보호위원회는 제1항에 따른 과징금을 내야 할 자가 납부기한까지 이를 내지 아니한 경우에는 기간을 정하여 독촉을 하고, 그 지정된 기간에 과징금과 제5항에 따른 가산금을 내지 아니하면 국세 체납처분의 예에 따라 징수한다.

⑦ 법원의 판결 등의 사유로 제1항에 따라 부과된 과징금을 환급하는 경

우에는 과징금을 낸 날부터 환급하는 날까지의 기간에 대하여 금융회사 등의 예금이자율 등을 고려하여 대통령령으로 정하는 이자율에 따라 계산한 환급가산금을 지급하여야 한다.

⑧ 제7항에도 불구하고 법원의 판결에 의하여 과징금 부과처분이 취소되어 그 판결이유에 따라 새로운 과징금을 부과하는 경우에는 당초 납부한 과징금에서 새로 부과하기로 결정한 과징금을 공제한 나머지 금액에 대해서만 환급 가산금을 계산하여 지급한다.

제7장 개인정보 분쟁조정위원회

제40조(설치 및 구성)

① 개인정보에 관한 분쟁의 조정(調停)을 위하여 개인정보 분쟁조정위원회(이하 "분쟁조정위원회"라 한다)를 둔다.

② 분쟁조정위원회는 위원장 1명을 포함한 20명 이내의 위원으로 구성하며, 위원은 당연직위원과 위촉위원으로 구성한다. <개정 2015. 7. 24.>

③ 위촉위원은 다음 각 호의 어느 하나에 해당하는 사람 중에서 보호위원회 위원장이 위촉하고, 대통령령으로 정하는 국가기관 소속 공무원은 당연직위원이 된다. <개정 2013. 3. 23., 2014. 11. 19., 2015. 7. 24.>

1. 개인정보 보호업무를 관장하는 중앙행정기관의 고위공무원단에 속하는 공무원으로 재직하였던 사람 또는 이에 상당하는 공공부문 및 관련 단체의 직에 재직하고 있거나 재직하였던 사람으로서 개인정보 보호업무의 경험이 있는 사람

2. 대학이나 공인된 연구기관에서 부교수 이상 또는 이에 상당하는 직에 재직하고 있거나 재직하였던 사람

3. 판사·검사 또는 변호사로 재직하고 있거나 재직하였던 사람

4. 개인정보 보호와 관련된 시민사회단체 또는 소비자단체로부터 추천을 받은 사람

5. 개인정보처리자로 구성된 사업자단체의 임원으로 재직하고 있거나 재직하였던 사람

④ 위원장은 위원 중에서 공무원이 아닌 사람으로 보호위원회 위원장이

위촉한다. <개정 2013. 3. 23., 2014. 11. 19., 2015. 7. 24.>

⑤ 위원장과 위촉위원의 임기는 2년으로 하되, 1차에 한하여 연임할 수 있다. <개정 2015. 7. 24.>

⑥ 분쟁조정위원회는 분쟁조정 업무를 효율적으로 수행하기 위하여 필요하면 대통령령으로 정하는 바에 따라 조정사건의 분야별로 5명 이내의 위원으로 구성되는 조정부를 둘 수 있다. 이 경우 조정부가 분쟁조정위원회에서 위임받아 의결한 사항은 분쟁조정위원회에서 의결한 것으로 본다.

⑦ 분쟁조정위원회 또는 조정부는 재적위원 과반수의 출석으로 개의하며 출석위원 과반수의 찬성으로 의결한다.

⑧ 보호위원회는 분쟁조정 접수, 사실 확인 등 분쟁조정에 필요한 사무를 처리할 수 있다. <개정 2015. 7. 24.>

⑨ 이 법에서 정한 사항 외에 분쟁조정위원회 운영에 필요한 사항은 대통령령으로 정한다.

제41조(위원의 신분보장)

위원은 자격정지 이상의 형을 선고받거나 심신상의 장애로 직무를 수행할 수 없는 경우를 제외하고는 그의 의사에 반하여 면직되거나 해촉되지 아니한다.

제42조(위원의 제척 · 기피 · 회피)

① 분쟁조정위원회의 위원은 다음 각 호의 어느 하나에 해당하는 경우에는 제43조제1항에 따라 분쟁조정위원회에 신청된 분쟁조정사건(이하 이 조에서 "사건"이라 한다)의 심의·의결에서 제척(除斥)된다.

  1. 위원 또는 그 배우자나 배우자였던 자가 그 사건의 당사자가 되거나 그 사건에 관하여 공동의 권리자 또는 의무자의 관계에 있는 경우

  2. 위원이 그 사건의 당사자와 친족이거나 친족이었던 경우

  3. 위원이 그 사건에 관하여 증언, 감정, 법률자문을 한 경우

  4. 위원이 그 사건에 관하여 당사자의 대리인으로서 관여하거나 관여하였던 경우

② 당사자는 위원에게 공정한 심의·의결을 기대하기 어려운 사정이 있으면 위원장에게 기피신청을 할 수 있다. 이 경우 위원장은 기피신청에 대하여 분쟁조정위원회의 의결을 거치지 아니하고 결정한다.

③ 위원이 제1항 또는 제2항의 사유에 해당하는 경우에는 스스로 그 사건의 심의·의결에서 회피할 수 있다.

제43조(조정의 신청 등)

① 개인정보와 관련한 분쟁의 조정을 원하는 자는 분쟁조정위원회에 분쟁조정을 신청할 수 있다.

② 분쟁조정위원회는 당사자 일방으로부터 분쟁조정 신청을 받았을 때에는 그 신청내용을 상대방에게 알려야 한다.

③ 공공기관이 제2항에 따른 분쟁조정의 통지를 받은 경우에는 특별한 사유가 없으면 분쟁조정에 응하여야 한다.

제44조(처리기간)

① 분쟁조정위원회는 제43조제1항에 따른 분쟁조정 신청을 받은 날부터 60일 이내에 이를 심사하여 조정안을 작성하여야 한다. 다만, 부득이한 사정이 있는 경우에는 분쟁조정위원회의 의결로 처리기간을 연장할 수 있다.

② 분쟁조정위원회는 제1항 단서에 따라 처리기간을 연장한 경우에는 기간연장의 사유와 그 밖의 기간연장에 관한 사항을 신청인에게 알려야 한다.

제45조(자료의 요청 등)

① 분쟁조정위원회는 제43조제1항에 따라 분쟁조정 신청을 받았을 때에는 해당 분쟁의 조정을 위하여 필요한 자료를 분쟁당사자에게 요청할 수 있다. 이 경우 분쟁당사자는 정당한 사유가 없으면 요청에 따라야 한다.

② 분쟁조정위원회는 필요하다고 인정하면 분쟁당사자나 참고인을 위원회에 출석하도록 하여 그 의견을 들을 수 있다.

제46조(조정 전 합의 권고)

분쟁조정위원회는 제43조제1항에 따라 분쟁조정 신청을 받았을 때에는 당사자에게 그 내용을 제시하고 조정 전 합의를 권고할 수 있다.

제47조(분쟁의 조정)

① 분쟁조정위원회는 다음 각 호의 어느 하나의 사항을 포함하여 조정안을 작성할 수 있다.
  1. 조사 대상 침해행위의 중지
  2. 원상회복, 손해배상, 그 밖에 필요한 구제조치
  3. 같거나 비슷한 침해의 재발을 방지하기 위하여 필요한 조치
② 분쟁조정위원회는 제1항에 따라 조정안을 작성하면 지체 없이 각 당사자에게 제시하여야 한다.
③ 제1항에 따라 조정안을 제시받은 당사자가 제시받은 날부터 15일 이내에 수락 여부를 알리지 아니하면 조정을 거부한 것으로 본다.
④ 당사자가 조정내용을 수락한 경우 분쟁조정위원회는 조정서를 작성하고, 분쟁조정위원회의 위원장과 각 당사자가 기명날인하여야 한다.
⑤ 제4항에 따른 조정의 내용은 재판상 화해와 동일한 효력을 갖는다.

제48조(조정의 거부 및 중지)

① 분쟁조정위원회는 분쟁의 성질상 분쟁조정위원회에서 조정하는 것이 적합하지 아니하다고 인정하거나 부정한 목적으로 조정이 신청되었다고 인정하는 경우에는 그 조정을 거부할 수 있다. 이 경우 조정거부의 사유 등을 신청인에게 알려야 한다.
② 분쟁조정위원회는 신청된 조정사건에 대한 처리절차를 진행하던 중에 한 쪽 당사자가 소를 제기하면 그 조정의 처리를 중지하고 이를 당사자에게 알려야 한다.

제49조(집단분쟁조정)

① 국가 및 지방자치단체, 개인정보 보호단체 및 기관, 정보주체, 개인정보처리자는 정보주체의 피해 또는 권리침해가 다수의 정보주체에게

같거나 비슷한 유형으로 발생하는 경우로서 대통령령으로 정하는 사건에 대하여는 분쟁조정위원회에 일괄적인 분쟁조정(이하 "집단분쟁조정"이라 한다)을 의뢰 또는 신청할 수 있다.

② 제1항에 따라 집단분쟁조정을 의뢰받거나 신청받은 분쟁조정위원회는 그 의결로써 제3항부터 제7항까지의 규정에 따른 집단분쟁조정의 절차를 개시할 수 있다. 이 경우 분쟁조정위원회는 대통령령으로 정하는 기간 동안 그 절차의 개시를 공고하여야 한다.

③ 분쟁조정위원회는 집단분쟁조정의 당사자가 아닌 정보주체 또는 개인정보처리자로부터 그 분쟁조정의 당사자에 추가로 포함될 수 있도록 하는 신청을 받을 수 있다.

④ 분쟁조정위원회는 그 의결로써 제1항 및 제3항에 따른 집단분쟁조정의 당사자 중에서 공동의 이익을 대표하기에 가장 적합한 1인 또는 수인을 대표당사자로 선임할 수 있다.

⑤ 분쟁조정위원회는 개인정보처리자가 분쟁조정위원회의 집단분쟁조정의 내용을 수락한 경우에는 집단분쟁조정의 당사자가 아닌 자로서 피해를 입은 정보주체에 대한 보상계획서를 작성하여 분쟁조정위원회에 제출하도록 권고할 수 있다.

⑥ 제48조제2항에도 불구하고 분쟁조정위원회는 집단분쟁조정의 당사자인 다수의 정보주체 중 일부의 정보주체가 법원에 소를 제기한 경우에는 그 절차를 중지하지 아니하고, 소를 제기한 일부의 정보주체를 그 절차에서 제외한다.

⑦ 집단분쟁조정의 기간은 제2항에 따른 공고가 종료된 날의 다음 날부터 60일 이내로 한다. 다만, 부득이한 사정이 있는 경우에는 분쟁조정위원회의 의결로 처리기간을 연장할 수 있다.

⑧ 집단분쟁조정의 절차 등에 관하여 필요한 사항은 대통령령으로 정한다.

제50조(조정절차 등)

① 제43조부터 제49조까지의 규정에서 정한 것 외에 분쟁의 조정방법, 조정절차 및 조정업무의 처리 등에 필요한 사항은 대통령령으로 정한다.

② 분쟁조정위원회의 운영 및 분쟁조정 절차에 관하여 이 법에서 규정하지 아니한 사항에 대하여는 「민사조정법」을 준용한다.

제8장 개인정보 단체소송

제51조(단체소송의 대상 등)

다음 각 호의 어느 하나에 해당하는 단체는 개인정보처리자가 제49조에 따른 집단분쟁조정을 거부하거나 집단분쟁조정의 결과를 수락하지 아니한 경우에는 법원에 권리침해 행위의 금지·중지를 구하는 소송(이하 "단체소송"이라 한다)을 제기할 수 있다.

  1.「소비자기본법」제29조에 따라 공정거래위원회에 등록한 소비자단체로서 다음 각 목의 요건을 모두 갖춘 단체

  가. 정관에 따라 상시적으로 정보주체의 권익증진을 주된 목적으로 하는 단체일 것

  나. 단체의 정회원수가 1천명 이상일 것

  다.「소비자기본법」제29조에 따른 등록 후 3년이 경과하였을 것

  2.「비영리민간단체 지원법」제2조에 따른 비영리민간단체로서 다음 각 목의 요건을 모두 갖춘 단체

  가. 법률상 또는 사실상 동일한 침해를 입은 100명 이상의 정보주체로부터 단체소송의 제기를 요청받을 것

  나. 정관에 개인정보 보호를 단체의 목적으로 명시한 후 최근 3년 이상 이를 위한 활동실적이 있을 것

  다. 단체의 상시 구성원수가 5천명 이상일 것

  라. 중앙행정기관에 등록되어 있을 것

제52조(전속관할)

① 단체소송의 소는 피고의 주된 사무소 또는 영업소가 있는 곳, 주된 사무소나 영업소가 없는 경우에는 주된 업무담당자의 주소가 있는 곳의 지방법원 본원 합의부의 관할에 전속한다.

② 제1항을 외국사업자에 적용하는 경우 대한민국에 있는 이들의 주된 사무소·영업소 또는 업무담당자의 주소에 따라 정한다.

제53조(소송대리인의 선임)

단체소송의 원고는 변호사를 소송대리인으로 선임하여야 한다.

제54조(소송허가신청)

① 단체소송을 제기하는 단체는 소장과 함께 다음 각 호의 사항을 기재한 소송허가신청서를 법원에 제출하여야 한다.
   1. 원고 및 그 소송대리인
   2. 피고
   3. 정보주체의 침해된 권리의 내용
② 제1항에 따른 소송허가신청서에는 다음 각 호의 자료를 첨부하여야 한다.
   1. 소제기단체가 제51조 각 호의 어느 하나에 해당하는 요건을 갖추고 있음을 소명하는 자료
   2. 개인정보처리자가 조정을 거부하였거나 조정결과를 수락하지 아니하였음을 증명하는 서류

제55조(소송허가요건 등)

① 법원은 다음 각 호의 요건을 모두 갖춘 경우에 한하여 결정으로 단체소송을 허가한다.
   1. 개인정보처리자가 분쟁조정위원회의 조정을 거부하거나 조정결과를 수락하지 아니하였을 것
   2. 제54조에 따른 소송허가신청서의 기재사항에 흠결이 없을 것
② 단체소송을 허가하거나 불가하는 결정에 대하여는 즉시항고할 수 있다.

제56조(확정판결의 효력)

원고의 청구를 기각하는 판결이 확정된 경우 이와 동일한 사안에 관하여는 제51조에 따른 다른 단체는 단체소송을 제기할 수 없다. 다만, 다음 각 호의 어느 하나에 해당하는 경우에는 그러하지 아니하다.
   1. 판결이 확정된 후 그 사안과 관련하여 국가·지방자치단체 또는 국가·지방자치단체가 설립한 기관에 의하여 새로운 증거가 나타난 경우
   2. 기각판결이 원고의 고의로 인한 것임이 밝혀진 경우

제57조(「민사소송법」의 적용 등)

① 단체소송에 관하여 이 법에 특별한 규정이 없는 경우에는 「민사소송법」을 적용한다.

② 제55조에 따른 단체소송의 허가결정이 있는 경우에는 「민사집행법」 제4편에 따른 보전처분을 할 수 있다.

③ 단체소송의 절차에 관하여 필요한 사항은 대법원규칙으로 정한다.

제9장 보칙

제58조(적용의 일부 제외)

① 다음 각 호의 어느 하나에 해당하는 개인정보에 관하여는 제3장부터 제7장까지를 적용하지 아니한다.
  1. 공공기관이 처리하는 개인정보 중 「통계법」에 따라 수집되는 개인정보
  2. 국가안전보장과 관련된 정보 분석을 목적으로 수집 또는 제공 요청되는 개인정보
  3. 공중위생 등 공공의 안전과 안녕을 위하여 긴급히 필요한 경우로서 일시적으로 처리되는 개인정보
  4. 언론, 종교단체, 정당이 각각 취재·보도, 선교, 선거 입후보자 추천 등 고유 목적을 달성하기 위하여 수집·이용하는 개인정보

② 제25조제1항 각 호에 따라 공개된 장소에 영상정보처리기기를 설치·운영하여 처리되는 개인정보에 대하여는 제15조, 제22조, 제27조제1항·제2항, 제34조 및 제37조를 적용하지 아니한다.

③ 개인정보처리자가 동창회, 동호회 등 친목 도모를 위한 단체를 운영하기 위하여 개인정보를 처리하는 경우에는 제15조, 제30조 및 제31조를 적용하지 아니한다.

④ 개인정보처리자는 제1항 각 호에 따라 개인정보를 처리하는 경우에도 그 목적을 위하여 필요한 범위에서 최소한의 기간에 최소한의 개인정보만을 처리하여야 하며, 개인정보의 안전한 관리를 위하여 필요한 기술

적·관리적 및 물리적 보호조치, 개인정보의 처리에 관한 고충처리, 그 밖에 개인정보의 적절한 처리를 위하여 필요한 조치를 마련하여야 한다.

제58조의2(적용제외)

이 법은 시간·비용·기술 등을 합리적으로 고려할 때 다른 정보를 사용하여도 더 이상 개인을 알아볼 수 없는 정보에는 적용하지 아니한다.〈신설 2020. 2. 4.〉

제59조(금지행위)

개인정보를 처리하거나 처리하였던 자는 다음 각 호의 어느 하나에 해당하는 행위를 하여서는 아니 된다.
1. 거짓이나 그 밖의 부정한 수단이나 방법으로 개인정보를 취득하거나 처리에 관한 동의를 받는 행위
2. 업무상 알게 된 개인정보를 누설하거나 권한 없이 다른 사람이 이용하도록 제공하는 행위
3. 정당한 권한 없이 또는 허용된 권한을 초과하여 다른 사람의 개인정보를 훼손, 멸실, 변경, 위조 또는 유출하는 행위

제60조(비밀유지 등)

다음 각 호의 업무에 종사하거나 종사하였던 자는 직무상 알게 된 비밀을 다른 사람에게 누설하거나 직무상 목적 외의 용도로 이용하여서는 아니 된다. 다만, 다른 법률에 특별한 규정이 있는 경우에는 그러하지 아니하다.
1. 제7조의8 및 제7조의9에 따른 보호위원회의 업무〈개정 2020. 2. 4.〉
   1의2. 제32조의2에 따른 개인정보 보호 인증 업무〈신설 2020. 2. 4.〉
2. 제33조에 따른 영향평가 업무
3. 제40조에 따른 분쟁조정위원회의 분쟁조정 업무

제61조(의견제시 및 개선권고)

① 보호위원회는 개인정보 보호에 영향을 미치는 내용이 포함된 법령이나 조례에 대하여 필요하다고 인정하면 심의·의결을 거쳐 관계 기관에 의견을 제시할 수 있다. 〈개정 2013. 3. 23., 2014.11. 19., 2017. 7. 26., 2020. 2. 4.〉

② 보호위원회는 개인정보 보호를 위하여 필요하다고 인정하면 개인정보처리자에게 개인정보 처리 실태의 개선을 권고할 수 있다. 이 경우 권고를 받은 개인정보처리자는 이를 이행하기 위하여 성실하게 노력하여야 하며, 그 조치 결과를 보호위원회에 알려야 한다. 〈개정 2013. 3. 23., 2014. 11. 19., 2017. 7. 26., 2020. 2. 4.〉

③ 관계 중앙행정기관의 장은 개인정보 보호를 위하여 필요하다고 인정하면 소관 법률에 따라 개인정보처리자에게 개인정보 처리 실태의 개선을 권고 할 수 있다. 이 경우 권고를 받은 개인정보처리자는 이를 이행하기 위하여 성실하게 노력하여야 하며, 그 조치 결과를 관계 중앙행정기관의 장에게 알려야 한다.

④ 중앙행정기관, 지방자치단체, 국회, 법원, 헌법재판소, 중앙선거관리위원회는 그 소속 기관 및 소관 공공기관에 대하여 개인정보 보호에 관한 의견을 제시하거나 지도·점검을 할 수 있다.

제62조(침해 사실의 신고 등)

① 개인정보처리자가 개인정보를 처리할 때 개인정보에 관한 권리 또는 이익을 침해받은 사람은 보호위원회에 그 침해 사실을 신고할 수 있다. 〈개정 2013. 3. 23., 2014. 11. 19., 2017. 7. 26., 2020. 2. 4.〉

② 보호위원회는 제1항에 따른 신고의 접수·처리 등에 관한 업무를 효율적으로 수행하기 위하여 대통령령으로 정하는 바에 따라 전문기관을 지정할 수 있다. 이 경우 전문기관은 개인정보침해 신고센터(이하 "신고센터"라 한다)를 설치·운영하여야 한다. 〈개정 2013. 3. 23., 2014. 11. 19., 2017. 7. 26., 2020. 2. 4.〉

③ 신고센터는 다음 각 호의 업무를 수행한다.
  1. 개인정보 처리와 관련한 신고의 접수·상담
  2. 사실의 조사·확인 및 관계자의 의견 청취
  3. 제1호 및 제2호에 따른 업무에 딸린 업무

④ 보호위원회는 제3항제2호의 사실 조사·확인 등의 업무를 효율적으로 하기 위하여 필요하면 「국가공무원법」 제32조의4에 따라 소속 공무원을 제2항에 따른 전문기관에 파견할 수 있다. 〈개정 2013. 3. 23., 2014. 11. 19., 2017. 7. 26., 2020. 2. 4.〉

제63조(자료제출 요구 및 검사)

① 보호위원회는 다음 각 호의 어느 하나에 해당하는 경우에는 개인정보처리자에게 관계 물품·서류 등 자료를 제출하게 할 수 있다. 〈개정 2013. 3. 23., 2014. 11. 19., 2017. 7. 26., 2020. 2. 4.〉

1. 이 법을 위반하는 사항을 발견하거나 혐의가 있음을 알게 된 경우
2. 이 법 위반에 대한 신고를 받거나 민원이 접수된 경우
3. 그 밖에 정보주체의 개인정보 보호를 위하여 필요한 경우로서 대통령령으로 정하는 경우

② 보호위원회는 개인정보처리자가 제1항에 따른 자료를 제출하지 아니하거나 이 법을 위반한 사실이 있다고 인정되면 소속 공무원으로 하여금 개인정보처리자 및 해당 법 위반사실과 관련한 관계인의 사무소나 사업장에 출입하여 업무 상황, 장부 또는 서류 등을 검사하게 할 수 있다. 이 경우 검사를 하는 공무원은 그 권한을 나타내는 증표를 지니고 이를 관계인에게 내보여야 한다. 〈개정 2013. 3. 23., 2014. 11. 19., 2015. 7. 24., 2017. 7. 26., 2020. 2. 4.〉

③ 관계 중앙행정기관의 장은 소관 법률에 따라 개인정보처리자에게 제1항에 따른 자료제출을 요구하거나 개인정보처리자 및 해당 법 위반사실과 관련한 관계인에 대하여 제2항에 따른 검사를 할 수 있다.〈개정 2015. 7. 24.〉

④ 보호위원회는 이 법을 위반하는 사항을 발견하거나 혐의가 있음을 알게 된 경우에는 관계 중앙행정기관의 장(해당 중앙행정기관의 장의 지휘·감독을 받아 검사권한을 수행하는 법인이 있는 경우 그 법인을 말한다)에게 구체적인 범위를 정하여 개인정보처리자에 대한 검사를 요구할 수 있으며, 필요 시 보호위원회의 소속 공무원이 해당 검사에 공동으로 참여하도록 요청할 수 있다. 이 경우 그 요구를 받은 관계 중앙행정기관의 장은 특별한 사정이 없으면 이에 따라야 한다. 〈개정 2020. 2. 4.〉

⑤ 보호위원회는 관계 중앙행정기관의 장(해당 중앙행정기관의 장의 지휘·감독을 받아 검사권한을 수행하는 법인이 있는 경우 그 법인을 말한다)에게 제4항에 따른 검사 결과와 관련하여 개인정보처리자에 대한 시정조치를 요청하거나, 처분 등에 대한 의견을 제시할 수 있다. 〈개정 2020. 2. 4.〉

⑥ 제4항 및 제5항에 대한 방법과 절차 등에 관한 사항은 대통령령으로 정한다. 〈개정 2020. 2. 4.〉

⑦ 보호위원회는 개인정보 침해사고의 예방과 효과적인 대응을 위하여 관계 중앙행정기관의 장과 합동으로 개인정보 보호실태를 점검할 수 있다. 〈신설 2015. 7. 24., 2017. 7. 26., 2020. 2. 4.〉

⑧ 보호위원회와 관계 중앙행정기관의 장은 제1항 및 제2항에 따라 제출받거나 수집한 서류·자료 등을 이 법에 따른 경우를 제외하고는 제3자에게 제공하거나 일반에 공개해서는 아니 된다. 〈신설 2020. 2. 4.〉

⑨ 보호위원회와 관계 중앙행정기관의 장은 정보통신망을 통하여 자료의 제출 등을 받은 경우나 수집한 자료 등을 전자화한 경우에는 개인정보·영업 비밀 등이 유출되지 아니하도록 제도적·기술적 보완조치를 하여야 한다. 〈신설 2020. 2. 4.〉

제64조(시정조치 등)

① 보호위원회는 개인정보가 침해되었다고 판단할 상당한 근거가 있고 이를 방치할 경우 회복하기 어려운 피해가 발생할 우려가 있다고 인정되면 이 법을 위반한 자(중앙행정기관, 지방자치단체, 국회, 법원, 헌법재판소, 중앙선거관리위원회는 제외한다)에 대하여 다음 각 호에 해당하는 조치를 명할 수 있다. 〈개정 2013. 3. 23., 2014. 11. 19., 2017. 7. 26., 2020. 2. 4.〉

  1. 개인정보 침해행위의 중지

  2. 개인정보 처리의 일시적인 정지

  3. 그 밖에 개인정보의 보호 및 침해 방지를 위하여 필요한 조치

② 관계 중앙행정기관의 장은 개인정보가 침해되었다고 판단할 상당한 근거가 있고 이를 방치할 경우 회복하기 어려운 피해가 발생할 우려가 있다고 인정되면 소관 법률에 따라 개인정보처리자에 대하여 제1항 각 호에 해당하는 조치를 명할 수 있다.

③ 지방자치단체, 국회, 법원, 헌법재판소, 중앙선거관리위원회는 그 소속 기관 및 소관 공공기관이 이 법을 위반하였을 때에는 제1항 각 호에 해당하는 조치를 명할 수 있다.

④ 보호위원회는 중앙행정기관, 지방자치단체, 국회, 법원, 헌법재판소, 중앙선거관리위원회가 이 법을 위반하였을 때에는 해당 기관의 장에게 제1항

각 호에 해당하는 조치를 하도록 권고할 수 있다. 이 경우 권고를 받은 기관은 특별한 사유가 없으면 이를 존중하여야 한다.

제65조(고발 및 징계권고)

① 보호위원회는 개인정보처리자에게 이 법 등 개인정보 보호와 관련된 법규의 위반에 따른 범죄혐의가 있다고 인정될 만한 상당한 이유가 있을 때에는 관할 수사기관에 그 내용을 고발할 수 있다. 〈개정 2013. 3. 23., 2014. 11. 19., 2017. 7. 26., 2020. 2. 4.〉

② 보호위원회는 이 법 등 개인정보 보호와 관련된 법규의 위반행위가 있다고 인정될 만한 상당한 이유가 있을 때에는 책임이 있는 자(대표자 및 책임있는 임원을 포함한다)를 징계할 것을 해당 개인정보처리자에게 권고할 수 있다. 이 경우 권고를 받은 사람은 이를 존중하여야 하며 그 결과를 보호위원회에 통보하여야 한다. 〈개정 2013. 3. 23., 2013. 8. 6., 2014. 11. 19., 2017. 7. 26., 2020. 2. 4.〉

③ 관계 중앙행정기관의 장은 소관 법률에 따라 개인정보처리자에 대하여 제 1항에 따른 고발을 하거나 소속 기관·단체 등의 장에게 제2항에 따른 징계권고를 할 수 있다. 이 경우 제2항에 따른 권고를 받은 사람은 이를 존중하여야 하며 그 결과를 관계 중앙행정기관의 장에게 통보하여야 한다.

제66조(결과의 공표)

① 보호위원회는 제61조에 따른 개선권고, 제64조에 따른 시정조치 명령, 제65조에 따른 고발 또는 징계권고 및 제75조에 따른 과태료 부과의 내용 및 결과에 대하여 공표할 수 있다. 〈개정 2013. 3. 23., 2014. 11. 19., 2017. 7. 26., 2020. 2. 4.〉

② 관계 중앙행정기관의 장은 소관 법률에 따라 제1항에 따른 공표를 할 수 있다.

③ 제1항 및 제2항에 따른 공표의 방법, 기준 및 절차 등은 대통령령으로 정한다.

제67조(연차보고)

① 보호위원회는 관계 기관 등으로부터 필요한 자료를 제출받아 매년 개인정보 보호시책의 수립 및 시행에 관한 보고서를 작성하여 정기국회 개회 전 까지 국회에 제출(정보통신망에 의한 제출을 포함한다)하여야 한다.

② 제1항에 따른 보고서에는 다음 각 호의 내용이 포함되어야 한다. 〈개정 2016. 3. 29.〉

1. 정보주체의 권리침해 및 그 구제현황

2. 개인정보 처리에 관한 실태조사 등의 결과

3. 개인정보 보호시책의 추진현황 및 실적

4. 개인정보 관련 해외의 입법 및 정책 동향

5. 주민등록번호 처리와 관련된 법률·대통령령·국회규칙·대법원규칙·헌법재판소규칙·중앙선거관리위원회규칙 및 감사원규칙의 제정·개정 현황

6. 그 밖에 개인정보 보호시책에 관하여 공개 또는 보고하여야 할 사항

제68조(권한의 위임·위탁)

① 이 법에 따른 보호위원회 또는 관계 중앙행정기관의 장의 권한은 그 일부를 대통령령으로 정하는 바에 따라 특별시장, 광역시장, 도지사, 특별자치도지사 또는 대통령령으로 정하는 전문기관에 위임하거나 위탁할 수 있다. 〈개정 2013. 3. 23., 2014. 11. 19., 2017. 7. 26., 2020. 2. 4.〉

② 제1항에 따라 보호위원회 또는 관계 중앙행정기관의 장의 권한을 위임 또는 위탁받은 기관은 위임 또는 위탁받은 업무의 처리 결과를 보호위원회 또는 관계 중앙행정기관의 장에게 통보하여야 한다. 〈개정 2013. 3. 23., 2014. 11. 19., 2017. 7. 26., 2020. 2. 4.〉

③ 보호위원회는 제1항에 따른 전문기관에 권한의 일부를 위임하거나 위탁하는 경우 해당 전문기관의 업무 수행을 위하여 필요한 경비를 출연할 수 있다. 〈개정 2013. 3. 23., 2014. 11. 19., 2017. 7. 26., 2020. 2. 4.〉

제69조(벌칙 적용 시의 공무원 의제)

① 보호위원회의 위원 중 공무원이 아닌 위원 및 공무원이 아닌 직원은 「형법」이나 그 밖의 법률에 따른 벌칙을 적용할 때에는 공무원으로 본다. 〈신설 2020. 2. 4.〉

② 보호위원회 또는 관계 중앙행정기관의 장의 권한을 위탁한 업무에 종사하는 관계 기관의 임직원은 「형법」 제129조부터 제132조까지의 규정을 적용할 때에는 공무원으로 본다. 〈신설 2020. 2. 4.〉

제10장 벌칙 〈개정 2020. 2. 4.〉

제70조(벌칙)

다음 각 호의 어느 하나에 해당하는 자는 10년 이하의 징역 또는 1억원 이하의 벌금에 처한다. 〈개정 2015. 7. 24.〉

1. 공공기관의 개인정보 처리업무를 방해할 목적으로 공공기관에서 처리하고 있는 개인정보를 변경하거나 말소하여 공공기관의 업무 수행의 중단·마비 등 심각한 지장을 초래한 자
2. 거짓이나 그 밖의 부정한 수단이나 방법으로 다른 사람이 처리하고 있는 개인정보를 취득한 후 이를 영리 또는 부정한 목적으로 제3자에게 제공한 자와 이를 교사·알선한 자

제71조(벌칙)

다음 각 호의 어느 하나에 해당하는 자는 5년 이하의 징역 또는 5천만원 이하의 벌금에 처한다. 〈개정 2016. 3. 29., 2020. 2. 4.〉

1. 제17조제1항제2호에 해당하지 아니함에도 같은 항 제1호를 위반하여 정보주체의 동의를 받지 아니하고 개인정보를 제3자에게 제공한 자 및 그 사정을 알고 개인정보를 제공받은 자
2. 제18조제1항·제2항(제39조의14에 따라 준용되는 경우를 포함한다), 제19조, 제26조제5항, 제27조제3항 또는 제28조의2를 위반하여 개인정보를 이용하거나 제3자에게 제공한 자 및 그 사정을 알면

서도 영리 또는 부정한 목적으로 개인정보를 제공받은 자

3. 제23조제1항을 위반하여 민감정보를 처리한 자

4. 제24조제1항을 위반하여 고유식별정보를 처리한 자

4의2. 제28조의3을 위반하여 가명정보를 처리하거나 제3자에게 제공한 자 및 그 사정을 알면서도 영리 또는 부정한 목적으로 가명 정보를 제공받은자

4의3. 제28조의5제1항을 위반하여 특정 개인을 알아보기 위한 목적으로 가명정보를 처리한 자

4의4. 제36조제2항(제27조에 따라 정보통신서비스 제공자등으로부터 개인정보를 이전받은 자와 제39조의14에 따라 준용되는 경우를 포함한다)을 위반하여 정정·삭제 등 필요한 조치(제38조제2항에 따른 열람등요구에 따른 필요한 조치를 포함한다)를 하지 아니하고 개인정보를 이용하거나 이를 제3자에게 제공한 정보통신서비스 제공자등

4의5. 제39조의3제1항(제39조의14에 따라 준용되는 경우를 포함한다)을 위반하여 이용자의 동의를 받지 아니하고 개인정보를 수집한 자

4의6. 제39조의3제4항(제39조의14에 따라 준용되는 경우를 포함한다)을 위반하여 법정대리인의 동의를 받지 아니하거나 법정대리인이 동의하였는지를 확인하지 아니하고 만 14세 미만인 아동의 개인정보를 수집한 자

5. 제59조제2호를 위반하여 업무상 알게 된 개인정보를 누설하거나 권한 없이 다른 사람이 이용하도록 제공한 자 및 그 사정을 알면서도 영리 또는 부정한 목적으로 개인정보를 제공받은 자

6. 제59조제3호를 위반하여 다른 사람의 개인정보를 훼손, 멸실, 변경, 위조 또는 유출한 자

제72조(벌칙)

다음 각 호의 어느 하나에 해당하는 자는 3년 이하의 징역 또는 3천만원 이하의 벌금에 처한다.

1. 제25조제5항을 위반하여 영상정보처리기기의 설치 목적과 다른 목적으로 영상정보처리기기를 임의로 조작하거나 다른 곳을 비추는 자 또는 녹음기

능을 사용한 자

2. 제59조제1호를 위반하여 거짓이나 그 밖의 부정한 수단이나 방법으로 개인정보를 취득하거나 개인정보 처리에 관한 동의를 받는 행위를 한 자 및 그 사정을 알면서도 영리 또는 부정한 목적으로 개인정보를 제공받은 자

3. 제60조를 위반하여 직무상 알게 된 비밀을 누설하거나 직무상 목적 외에 이용한 자

제73조(벌칙)

다음 각 호의 어느 하나에 해당하는 자는 2년 이하의 징역 또는 2천만원 이하의 벌금에 처한다. 〈개정 2015. 7. 24., 2016. 3. 29., 2020. 2. 4.〉

1. 제23조제2항, 제24조제3항, 제25조제6항, 제28조의4제1항 또는 제29조를 위반하여 안전성 확보에 필요한 조치를 하지 아니하여 개인정보를 분실·도난·유출·위조·변조 또는 훼손당한 자

1의2. 제21조제1항(제39조의14에 따라 준용되는 경우를 포함한다)을 위반하여 개인정보를 파기하지 아니한 정보통신서비스 제공자등

2. 제36조제2항을 위반하여 정정·삭제 등 필요한 조치를 하지 아니하고 개인정보를 계속 이용하거나 이를 제3자에게 제공한 자

3. 제37조제2항을 위반하여 개인정보의 처리를 정지하지 아니하고 계속 이용하거나 제3자에게 제공한 자

제74조(양벌규정)

① 법인의 대표자나 법인 또는 개인의 대리인, 사용인, 그 밖의 종업원이 그 법인 또는 개인의 업무에 관하여 제70조에 해당하는 위반행위를 하면 그 행위자를 벌하는 외에 그 법인 또는 개인을 7천만원 이하의 벌금에 처한다. 다만, 법인 또는 개인이 그 위반행위를 방지하기 위하여 해당 업무에 관하여 상당한 주의와 감독을 게을리하지 아니한 경우에는 그러하지 아니하다.

② 법인의 대표자나 법인 또는 개인의 대리인, 사용인, 그 밖의 종업원이 그 법인 또는 개인의 업무에 관하여 제71조부터 제73조까지의 어느 하나에 해당하는 위반행위를 하면 그 행위자를 벌하는 외에 그 법인

또는 개인 에게도 해당 조문의 벌금형을 과(科)한다. 다만, 법인 또는 개인이 그 위반행위를 방지하기 위하여 해당 업무에 관하여 상당한 주의와 감독을 게을리하지 아니한 경우에는 그러하지 아니하다.

제74조의2(몰수·추징 등)

제70조부터 제73조까지의 어느 하나에 해당하는 죄를 지은 자가 해당 위반행위와 관련하여 취득한 금품이나 그 밖의 이익은 몰수할 수 있으며, 이를 몰수할 수 없을 때에는 그 가액을 추징할 수 있다. 이 경우 몰수 또는 추징은 다른 벌칙에 부가하여 과할 수 있다.
〈본조신설 2015. 7. 24.〉

제75조(과태료)

① 다음 각 호의 어느 하나에 해당하는 자에게는 5천만원 이하의 과태료를 부과한다. 〈개정 2017. 4. 18.〉
1. 제15조제1항을 위반하여 개인정보를 수집한 자
2. 제22조제6항을 위반하여 법정대리인의 동의를 받지 아니한 자
3. 제25조제2항을 위반하여 영상정보처리기기를 설치·운영한 자
② 다음 각 호의 어느 하나에 해당하는 자에게는 3천만원 이하의 과태료를 부과한다. 〈개정 2013. 8. 6., 2014. 3. 24., 2015. 7. 24., 2016. 3. 29., 2017. 4. 18., 2020. 2. 4.〉
1. 제15조제2항, 제17조제2항, 제18조제3항 또는 제26조제3항을 위반하여 정보주체에게 알려야 할 사항을 알리지 아니한 자
2. 제16조제3항 또는 제22조제5항을 위반하여 재화 또는 서비스의 제공을 거부한 자
3. 제20조제1항 또는 제2항을 위반하여 정보주체에게 같은 항 각 호의 사실을 알리지 아니한 자
4. 제21조제1항·제39조의6(제39조의14에 따라 준용되는 경우를 포함한다)을 위반하여 개인정보의 파기 등 필요한 조치를 하지 아니한 자
4의2. 제24조의2제1항을 위반하여 주민등록번호를 처리한 자

4의3. 제24조의2제2항을 위반하여 암호화 조치를 하지 아니한 자

5. 제24조의2제3항을 위반하여 정보주체가 주민등록번호를 사용하지 아니할 수 있는 방법을 제공하지 아니한 자

6. 제23조제2항, 제24조제3항, 제25조제6항, 제28조의4제1항 또는 제29조를 위반하여 안전성 확보에 필요한 조치를 하지 아니한 자

7. 제25조제1항을 위반하여 영상정보처리기기를 설치·운영한 자

7의2. 제28조의5제2항을 위반하여 개인을 알아볼 수 있는 정보가 생성되었음에도 이용을 중지하지 아니하거나 이를 회수·파기하지 아니한 자

7의3. 제32조의2제6항을 위반하여 인증을 받지 아니하였음에도 거짓으로 인증의 내용을 표시하거나 홍보한 자

8. 제34조제1항을 위반하여 정보주체에게 같은 항 각 호의 사실을 알리지 아니한 자

9. 제34조제3항을 위반하여 조치 결과를 신고하지 아니한 자

10. 제35조제3항을 위반하여 열람을 제한하거나 거절한 자

11. 제36조제2항을 위반하여 정정·삭제 등 필요한 조치를 하지 아니한 자

12. 제37조제4항을 위반하여 처리가 정지된 개인정보에 대하여 파기 등 필요한 조치를 하지 아니한 자

12의2. 제39조의3제3항(제39조의14에 따라 준용되는 경우를 포함한다)을 위반하여 서비스의 제공을 거부한 자

12의3. 제39조의4제1항(제39조의14에 따라 준용되는 경우를 포함한다)을 위반하여 이용자·보호위원회 및 전문기관에 통지 또는 신고하지 아니하거나 정당한 사유 없이 24시간을 경과하여 통지 또는 신고한 자

12의4. 제39조의4제3항을 위반하여 소명을 하지 아니하거나 거짓으로 한 자

12의5. 제39조의7제2항(제39조의14에 따라 준용되는 경우를 포함한다)을 위반하여 개인정보의 동의 철회·열람·정정 방법을 제공하지 아니한 자

12의6. 제39조의7제3항(제39조의14에 따라 준용되는 경우와 제27조

에 따라 정보통신서비스 제공자등으로부터 개인정보를 이전받은 자를 포함한다)을   위반하여 필요한 조치를 하지 아니한 정보통신서비스 제공자등

12의7. 제39조의8제1항 본문(제39조의14에 따라 준용되는 경우를 포함한다)을 위반하여 개인정보의 이용내역을 통지하지 아니한 자

12의8. 제39조의12제4항(같은 조 제5항에 따라 준용되는 경우를 포함한다)을 위반하여 보호조치를 하지 아니한 자

13. 제64조제1항에 따른 시정명령에 따르지 아니한 자

③ 다음 각 호의 어느 하나에 해당하는 자에게는 2천만원 이하의 과태료를 부과한다. 〈신설 2020. 2. 4.〉

1. 제39조의9제1항을 위반하여 보험 또는 공제 가입, 준비금 적립 등 필요한 조치를 하지 아니한 자

2. 제39조의11제1항을 위반하여 국내대리인을 지정하지 아니한 자

3. 제39조의12제2항 단서를 위반하여 제39조의12제3항 각 호의 사항 모두를 공개하거나 이용자에게 알리지 아니하고 이용자의 개인정보를 국외에 처리위탁·보관한 자

④ 다음 각 호의 어느 하나에 해당하는 자에게는 1천만원 이하의 과태료를 부과한다. 〈개정 2017. 4. 18., 2020. 2. 4.〉

1. 제21조제3항을 위반하여 개인정보를 분리하여 저장·관리하지 아니한 자

2. 제22조제1항부터 제4항까지의 규정을 위반하여 동의를 받은 자

3. 제25조제4항을 위반하여 안내판 설치 등 필요한 조치를 하지 아니한 자

4. 제26조제1항을 위반하여 업무 위탁 시 같은 항 각 호의 내용이 포함된 문서에 의하지 아니한 자

5. 제26조제2항을 위반하여 위탁하는 업무의 내용과 수탁자를 공개하지 아니한 자

6. 제27조제1항 또는 제2항을 위반하여 정보주체에게 개인정보의 이전 사실을 알리지 아니한 자

6의2. 제28조의4제2항을 위반하여 관련 기록을 작성하여 보관하지 아니한 자

7. 제30조제1항 또는 제2항을 위반하여 개인정보 처리방침을 정하지 아니하거나 이를 공개하지 아니한 자

8. 제31조제1항을 위반하여 개인정보 보호책임자를 지정하지 아니한 자

9. 제35조제3항·제4항, 제36조제2항·제4항 또는 제37조제3항을 위반하여 정보주체에게 알려야 할 사항을 알리지 아니한 자

10. 제63조제1항에 따른 관계 물품·서류 등 자료를 제출하지 아니하거나 거짓으로 제출한 자

11. 제63조제2항에 따른 출입·검사를 거부·방해 또는 기피한 자

⑤ 제1항부터 제4항까지의 규정에 따른 과태료는 대통령령으로 정하는 바에 따라 보호위원회와 관계 중앙행정기관의 장이 부과·징수한다. 이 경우 관계 중앙행정기관의 장은 소관 분야의 개인정보처리자에게 과태료를 부과 ·징수한다. 〈개정 2013. 3. 23., 2014. 11. 19., 2017. 7. 26., 2020. 2. 4.〉

제76조(과태료에 관한 규정 적용의 특례)

제75조의 과태료에 관한 규정을 적용할 때 제34조의2에 따라 과징금을 부과한 행위에 대하여는 과태료를 부과할 수 없다.
〈본조신설 2013. 8. 6.〉

부칙 〈제16930호, 2020. 2. 4.〉

제1조(시행일)

이 법은 공포 후 6개월이 경과한 날부터 시행한다.

제2조(위원 임기에 관한 경과조치)

이 법 시행 당시 종전의 규정에 따라 임명된 보호위원회의 위원의 임기는 이 법 시행 전날 만료된 것으로 본다.

제3조(기능조정에 따른 소관 사무 등에 관한 경과조치)

① 이 법 시행 당시 「방송통신위원회의 설치 및 운영에 관한 법률」 제11조 제1항의 방송통신위원회의 소관사무 중 개인정보 보호에 해당하는 사무는 보호위원회가 승계한다.

② 이 법 시행 당시 행정안전부장관의 소관 사무 중 제7조의8의 개정규정에 따른 사무는 보호위원회가 승계한다.

③ 이 법 시행 전에 행정안전부장관이 행한 고시·행정처분, 그 밖에 행정안전부장관의 행위와 행정안전부장관에 대한 신청·신고, 그 밖의 행위 중 그 소관이 행정안전부장관으로부터 보호위원회로 이관되는 사항에 관한 행위는 보호위원회의 행위 또는 보호위원회에 대한 행위로 본다.

④ 이 법 시행 전에 방송통신위원회가 행한 고시·행정처분, 그 밖의 행위와 고 등 방송통신위원회에 대한 행위 중 그 소관이 방송통신위원회에서 보호위원회로 이관되는 사항에 관한 행위는 이 법에 따른 보호위원회의 행위 또는 보호위원회에 대한 행위로 본다.

⑤ 이 법 시행 당시 행정안전부·방송통신위원회 소속 공무원 중 대통령령으로 정하는 공무원은 이 법에 따른 보호위원회 소속 공무원으로 본다.

제4조(보호위원회에 관한 경과조치)

이 법 시행 당시 종전의 규정에 따른 보호위원회의 행위나 보호위원회에 대한 행위는 이 법에 따른 보호위원회의 행위나 보호위원회에 대한 행위로 본다.

제5조(개인정보보호 관리체계 인증기관 등에 관한 경과조치)

① 이 법 시행 당시 「정보통신망 이용촉진 및 정보보호 등에 관한 법률」 (이하 "「정보통신망법」"이라 한다) 제47조의3에 따라 인증기관 또는 심사기관으로 지정받은 자는 이 법 제32조의2에 따라 전문기관으로 지정받은 것으로 본다.

② 이 법 시행 당시 「정보통신망법」 제47조의3에 따라 개인정보보호

관리 체계 인증을 받거나 인증심사원 자격을 부여받은 자는 이 법 제 32조의2에 따라 개인정보보호 관리체계 인증을 받거나 인증심사원 자격을 부여받은 것으로 본다.

제6조(권한의 위임 · 위탁에 관한 경과조치)

이 법 시행 당시 종전의 규정에 따라 행정안전부장관의 권한 일부를 위임 또는 위탁받은 특별시장, 광역시장, 도지사, 특별자치도지사, 특별자치시장 또는 전문기관은 이 법에 따라 보호위원회의 권한 일부를 위임 또는 위탁 받은 것으로 본다.

제7조(벌칙 및 과태료에 관한 경과조치)

이 법 시행 전의 행위에 대한 벌칙 및 과태료의 적용은 종전의 규정에 따른다.

제8조(과징금 부과에 관한 경과조치)

이 법 시행 전에 종료된 행위에 대한 과징금의 부과는 종전의 규정에 따른다.

제9조(다른 법률의 개정)

① 방송통신위원회의 설치 및 운영에 관한 법률 일부를 다음과 같이 개정한다.
제11조제1항제2호 중 "개인정보보호윤리"를 "인터넷 윤리, 건전한 인터넷 이용환경 조성"으로 한다.
② 신용정보의 이용 및 보호에 관한 법률 일부를 다음과 같이 개정한다.
제39조의2제4항 중 "행정안전부장관에게"를 "개인정보 보호위원회에"로 한다.
③ 정부조직법 일부를 다음과 같이 개정한다.
제34조제1항 중 "전자정부, 개인정보보호"를 "전자정부"로 한다.
④ 주민등록법 일부를 다음과 같이 개정한다.
제7조의5제6항제1호 중 "관계 행정기관(「개인정보 보호법」 제7조에 따른 개인정보 보호위원회를 포함한다)"을 "관계 행정기관"으로 한다.

제10조(다른 법령과의 관계)

① 이 법 시행 당시 다른 법령(이 법 시행 전에 공포되었으나 시행일이 도래하지 아니한 법령을 포함한다)에서 이 법에 따라 보호위원회가 승계하는 방송통신위원회 및 행정안전부의 사무와 관련하여 "방송통신위원회" 또는 "방송통신위원회 위원장"을 인용한 경우에는 그 법령에서 규정한 내용에 따라 "보호위원회" 또는 "보호위원회 위원장"을 인용한 것으로, "방송통신위원회 소속 공무원"을 인용한 경우에는 "보호위원회 소속 공무원"을 인용한 것으로 보며, "행정안전부" 또는 "행정안전부장관"을 인용한 경우에는 그 법령에서 규정한 내용에 따라 "보호위원회" 또는 "보호위원회 위원장"을 인용한 것으로, "행정안전부 소속 공무원"을 인용한 경우에는 "보호위원회 소속 공무원"을 인용한 것으로 본다.

② 이 법 시행 당시 다른 법령에서 종전의 「정보통신망법」 또는 그 규정을 인용하고 있는 경우 이 법에 그에 해당하는 규정이 있는 때에는 이 법 또는 이 법의 해당 규정을 인용한 것으로 본다.

부 록2

관련 법규·훈령·예규·고시

★ 경찰관직무집행법
★ 사건의 관할 및 관할사건수사에 관한 규칙
★ 수사긴급배치규칙
★ 수사본부 설치 및 운영 규칙
★ 경찰 인권보호 규칙
★ 지문 및 수사자료표 등에 관한 규칙
★ 형사소송규칙
★ 사이버경찰청 운영규칙
★ 형의 실효 등에 관한 법률
★ 공소장 및 불기소장에 기재할 죄명에 관한 예규
★ 디지털 증거의 처리 등에 관한 규칙
★ 영상감정 규정
★ 웨어러블 폴리스캠 시스템 운영 규칙
★ 과학수사기본규칙
★ 외국인범죄수사처리지침
★ 수사첩보 수집 및 처리 규칙
★ 명예훼손 분쟁조정 절차 등에 관한 규칙

★ 경찰관직무집행법

[시행 2022. 2. 3.] [법률 제18807호, 2022. 2. 3., 일부개정]

제1조 【목적】

① 이 법은 국민의 자유와 권리를 및 모든 개인이 가지는 불가침의 기본적 인권을 보호하고 사회공공의 질서를 유지하기 위한 경찰관(경찰공무원만 해당한다. 이하 같다)의 직무 수행에 필요한 사항을 규정함을 목적으로 한다. 〈개정 2020. 12. 22.〉

② 이 법에 규정된 경찰관의 직권은 그 직무 수행에 필요한 최소한도에서 행사되어야 하며 남용되어서는 아니 된다.

[전문개정 2014. 5. 20.]

제2조 【직무의 범위】

경찰관은 다음 각 호의 직무를 수행한다. 〈개정 2018. 4. 17.〉

1. 국민의 생명·신체 및 재산의 보호
2. 범죄의 예방·진압 및 수사
2의2. 범죄피해자 보호
3. 경비, 주요 인사(人士) 경호 및 대간첩·대테러 작전 수행
4. 공공안녕에 대한 위험의 예방과 대응을 위한 정보의 수집·작성 및 배포 〈개정 2020. 12. 22.〉
5. 교통 단속과 교통 위해(危害)의 방지
6. 외국 정부기관 및 국제기구와의 국제협력
7. 그 밖에 공공의 안녕과 질서 유지

[전문개정 2014. 5. 20.]

제3조 【불심검문】

① 경찰관은 다음 각 호의 어느 하나에 해당하는 사람을 정지시켜 질문할 수 있다.

1. 수상한 행동이나 그 밖의 주위 사정을 합리적으로 판단하여 볼 때 어떠한 죄를 범하였거나 범하려 하고 있다고 의심할 만한 상당한

이유가 있는 사람

2. 이미 행하여진 범죄나 행하여지려고 하는 범죄행위에 관한 사실을 안다고 인정되는 사람

② 경찰관은 제1항에 따라 같은 항 각 호의 사람을 정지시킨 장소에서 질문을 하는 것이 그 사람에게 불리하거나 교통에 방해가 된다고 인정될 때에는 질문을 하기 위하여 가까운 경찰서·지구대·파출소 또는 출장소(지방 해양경찰관서를 포함하며, 이하 "경찰관서"라 한다)로 동행할 것을 요구할 수 있다. 이 경우 동행을 요구받은 사람은 그 요구를 거절할 수 있다. <개정 2014. 11. 19., 2017. 7. 26.>

③ 경찰관은 제1항 각 호의 어느 하나에 해당하는 사람에게 질문을 할 때에 그 사람이 흉기를 가지고 있는지를 조사할 수 있다.

④ 경찰관은 제1항이나 제2항에 따라 질문을 하거나 동행을 요구할 경우 자신의 신분을 표시하는 증표를 제시하면서 소속과 성명을 밝히고 질문이나 동행의 목적과 이유를 설명하여야 하며, 동행을 요구하는 경우에는 동행 장소를 밝혀야 한다.

⑤ 경찰관은 제2항에 따라 동행한 사람의 가족이나 친지 등에게 동행한 경찰관의 신분, 동행 장소, 동행 목적과 이유를 알리거나 본인으로 하여금 즉시 연락할 수 있는 기회를 주어야 하며, 변호인의 도움을 받을 권리가 있음을 알려야 한다.

⑥ 경찰관은 제2항에 따라 동행한 사람을 6시간을 초과하여 경찰관서에 머물게 할 수 없다.

⑦ 제1항부터 제3항까지의 규정에 따라 질문을 받거나 동행을 요구받은 사람은 형사소송에 관한 법률에 따르지 아니하고는 신체를 구속당하지 아니하며, 그 의사에 반하여 답변을 강요당하지 아니한다.

[전문개정 2014. 5. 20.]

제4조 【보호조치 등】

① 경찰관은 수상한 행동이나 그 밖의 주위 사정을 합리적으로 판단해 볼 때 다음 각 호의 어느 하나에 해당하는 것이 명백하고 응급구호가 필요하다고 믿을 만한 상당한 이유가 있는 사람(이하 "구호대상자"라 한다)을 발견하였을 때에는 보건의료기관이나 공공구호기관에 긴급구

호를 요청하거나 경찰 관서에 보호하는 등 적절한 조치를 할 수 있다.

1. 정신착란을 일으키거나 술에 취하여 자신 또는 다른 사람의 생명·신체·재산에 위해를 끼칠 우려가 있는 사람

2. 자살을 시도하는 사람

3. 미아, 병자, 부상자 등으로서 적당한 보호자가 없으며 응급구호가 필요하다고 인정되는 사람. 다만, 본인이 구호를 거절하는 경우는 제외한다.

② 제1항에 따라 긴급구호를 요청받은 보건의료기관이나 공공구호기관은 정당한 이유 없이 긴급구호를 거절할 수 없다.

③ 경찰관은 제1항의 조치를 하는 경우에 구호대상자가 휴대하고 있는 무기·흉기 등 위험을 일으킬 수 있는 것으로 인정되는 물건을 경찰관서에 임시로 영치(領置)하여 놓을 수 있다.

④ 경찰관은 제1항의 조치를 하였을 때에는 지체 없이 구호대상자의 가족, 친지 또는 그 밖의 연고자에게 그 사실을 알려야 하며, 연고자가 발견되지 아니할 때에는 구호대상자를 적당한 공공보건의료기관이나 공공구호기관에 즉시 인계하여야 한다.

⑤ 경찰관은 제4항에 따라 구호대상자를 공공보건의료기관이나 공공구호기관에 인계하였을 때에는 즉시 그 사실을 소속 경찰서장이나 해양경찰서장에게 보고하여야 한다. <개정 2014. 11. 19., 2017. 7. 26.>

⑥ 제5항에 따라 보고를 받은 소속 경찰서장이나 해양경찰서장은 대통령령으로 정하는 바에 따라 구호대상자를 인계한 사실을 지체 없이 해당 공공보건의료기관 또는 공공구호기관의 장 및 그 감독행정청에 통보하여야 한다.<개정 2014. 11. 19., 2017. 7. 26.>

⑦ 제1항에 따라 구호대상자를 경찰관서에서 보호하는 기간은 24시간을 초과 할 수 없고, 제3항에 따라 물건을 경찰관서에 임시로 영치하는 기간은 10일을 초과할 수 없다.

[전문개정 2014. 5. 20.]

제5조 【위험 발생의 방지 등】

① 경찰관은 사람의 생명 또는 신체에 위해를 끼치거나 재산에 중대한 손해를 끼칠 우려가 있는 천재(天災), 사변(事變), 인공구조물의 파손

이나 붕괴, 교통사고, 위험물의 폭발, 위험한 동물 등의 출현, 극도의 혼잡, 그 밖의 위험한 사태가 있을 때에는 다음 각 호의 조치를 할 수 있다.

1. 그 장소에 모인 사람, 사물(事物)의 관리자, 그 밖의 관계인에게 필요한 경고를 하는 것
2. 매우 긴급한 경우에는 위해를 입을 우려가 있는 사람을 필요한 한도에서 억류하거나 피난시키는 것
3. 그 장소에 있는 사람, 사물의 관리자, 그 밖의 관계인에게 위해를 방지하기 위하여 필요하다고 인정되는 조치를 하게 하거나 직접 그 조치를 하는 것

② 경찰관서의 장은 대간첩 작전의 수행이나 소요(騷擾) 사태의 진압을 위하여 필요하다고 인정되는 상당한 이유가 있을 때에는 대간첩 작전지역이나 경찰관서·무기고 등 국가중요시설에 대한 접근 또는 통행을 제한하거나 금지할 수 있다.

③ 경찰관은 제1항의 조치를 하였을 때에는 지체 없이 그 사실을 소속 경찰관서의 장에게 보고하여야 한다.

④ 제2항의 조치를 하거나 제3항의 보고를 받은 경찰관서의 장은 관계 기관의 협조를 구하는 등 적절한 조치를 하여야 한다.

[전문개정 2014. 5. 20.]

제6조 【범죄의 예방과 제지】

경찰관은 범죄행위가 목전(目前)에 행하여지려고 하고 있다고 인정될 때에는 이를 예방하기 위하여 관계인에게 필요한 경고를 하고, 그 행위로 인하여 사람의 생명·신체에 위해를 끼치거나 재산에 중대한 손해를 끼칠 우려가 있는 긴급한 경우에는 그 행위를 제지할 수 있다.

[전문개정 2014. 5. 20.]

제7조 【위험 방지를 위한 출입】

① 경찰관은 제5조제1항·제2항 및 제6조에 따른 위험한 사태가 발생하여 사람의 생명·신체 또는 재산에 대한 위해가 임박한 때에 그 위해

를 방지하거나 피해자를 구조하기 위하여 부득이하다고 인정하면 합리적으로 판단하여 필요한 한도에서 다른 사람의 토지·건물·배 또는 차에 출입할 수 있다.

② 흥행장(興行場), 여관, 음식점, 역, 그 밖에 많은 사람이 출입하는 장소의 관리자나 그에 준하는 관계인은 경찰관이 범죄나 사람의 생명·신체·재산에 대한 위해를 예방하기 위하여 해당 장소의 영업시간이나 해당 장소가 일반인에게 공개된 시간에 그 장소에 출입하겠다고 요구하면 정당한 이유 없이 그 요구를 거절할 수 없다.

③ 경찰관은 대간첩 작전 수행에 필요할 때에는 작전지역에서 제2항에 따른 장소를 검색할 수 있다.

④ 경찰관은 제1항부터 제3항까지의 규정에 따라 필요한 장소에 출입할 때에는 그 신분을 표시하는 증표를 제시하여야 하며, 함부로 관계인이 하는 정당한 업무를 방해해서는 아니 된다.

[전문개정 2014. 5. 20.]

제8조 【사실의 확인 등】

① 경찰관서의 장은 직무 수행에 필요하다고 인정되는 상당한 이유가 있을 때에는 국가기관이나 공사(公私) 단체 등에 직무 수행에 관련된 사실을 조회할 수 있다. 다만, 긴급한 경우에는 소속 경찰관으로 하여금 현장에 나가 해당 기관 또는 단체의 장의 협조를 받아 그 사실을 확인하게 할 수 있다.

② 경찰관은 다음 각 호의 직무를 수행하기 위하여 필요하면 관계인에게 출석하여야 하는 사유·일시 및 장소를 명확히 적은 출석 요구서를 보내 경찰관서에 출석할 것을 요구할 수 있다.

1. 미아를 인수할 보호자 확인
2. 유실물을 인수할 권리자 확인
3. 사고로 인한 사상자(死傷者) 확인
4. 행정처분을 위한 교통사고 조사에 필요한 사실 확인

[전문개정 2014. 5. 20.]

부록 2
관련법규·
훈령·
예규·고시

제8조의2 【정보의 수집 등】

① 경찰관은 범죄·재난·공공갈등 등 공공안녕에 대한 위험의 예방과 대응을 위한 정보의 수집·작성·배포와 이에 수반되는 사실의 확인을 할 수 있다.

② 제1항에 따른 정보의 구체적인 범위와 처리 기준, 정보의 수집·작성·배포에 수반되는 사실의 확인 절차와 한계는 대통령령으로 정한다.
[본조신설 2020. 12. 22.]

제8조의3 【국제협력】

경찰청장 또는 해양경찰청장은 이 법에 따른 경찰관의 직무수행을 위하여 외국 정부기관, 국제기구 등과 자료 교환, 국제협력 활동 등을 할 수 있다. <개정 2014. 11. 19., 2017. 7. 26.> [본조신설 2014. 5. 20.]

제9조 【유치장】

법률에서 정한 절차에 따라 체포·구속된 사람 또는 신체의 자유를 제한하는 판결이나 처분을 받은 사람을 수용하기 위하여 경찰서와 해양경찰서에 유치   장을 둔다. <개정 2014. 11. 19., 2017. 7. 26.>
[전문개정 2014. 5. 20.]

제10조 【경찰장비의 사용 등】

① 경찰관은 직무수행 중 경찰장비를 사용할 수 있다. 다만, 사람의 생명이나 신체에 위해를 끼칠 수 있는 경찰장비(이하 이 조에서 "위해성 경찰장비"라 한다)를 사용할 때에는 필요한 안전교육과 안전검사를 받은 후 사용하여야 한다.

② 제1항 본문에서 "경찰장비"란 무기, 경찰장구(警察裝具), 최루제(催淚劑)와 그 발사장치, 살수차, 감식기구(鑑識機具), 해안 감시기구, 통신기기, 차량·선박·항공기 등 경찰이 직무를 수행할 때 필요한 장치와 기구를 말한다.

③ 경찰관은 경찰장비를 함부로 개조하거나 경찰장비에 임의의 장비를 부착하여 일반적인 사용법과 달리 사용함으로써 다른 사람의 생명·

신체에 위해를 끼쳐서는 아니 된다.

④ 위해성 경찰장비는 필요한 최소한도에서 사용하여야 한다.

⑤ 경찰청장은 위해성 경찰장비를 새로 도입하려는 경우에는 대통령령으로 정하는 바에 따라 안전성 검사를 실시하여 그 안전성 검사의 결과보고서를 국회 소관 상임위원회에 제출하여야 한다. 이 경우 안전성 검사에는 외부 전문가를 참여시켜야 한다.

⑥ 위해성 경찰장비의 종류 및 그 사용기준, 안전교육·안전검사의 기준 등은 대통령령으로 정한다.

[전문개정 2014. 5. 20.]

제10조의2 【경찰장구의 사용】

① 경찰관은 다음 각 호의 직무를 수행하기 위하여 필요하다고 인정되는 상당한 이유가 있을 때에는 그 사태를 합리적으로 판단하여 필요한 한도에서 경찰장구를 사용할 수 있다.

　1. 현행범이나 사형·무기 또는 장기 3년 이상의 징역이나 금고에 해당하는 죄를 범한 범인의 체포 또는 도주 방지

　2. 자신이나 다른 사람의 생명·신체의 방어 및 보호

　3. 공무집행에 대한 항거(抗拒) 제지

② 제1항에서 "경찰장구"란 경찰관이 휴대하여 범인 검거와 범죄 진압 등의 직무 수행에 사용하는 수갑, 포승(捕繩), 경찰봉, 방패 등을 말한다.

[전문개정 2014. 5. 20.]

제10조의3 【분사기 등의 사용】

경찰관은 다음 각 호의 직무를 수행하기 위하여 부득이한 경우에는 현장책임자가 판단하여 필요한 최소한의 범위에서 분사기(「총포·도검·화약류 등의 안전관리에 관한 법률」에 따른 분사기를 말하며, 그에 사용하는 최루 등의 작용제를 포함한다. 이하 같다) 또는 최루탄을 사용할 수 있다. <개정 2015. 1. 6.>

1. 범인의 체포 또는 범인의 도주 방지

2. 불법집회·시위로 인한 자신이나 다른 사람의 생명·신체와 재산 및 공공시설 안전에 대한 현저한 위해의 발생 억제

[전문개정 2014. 5. 20.]

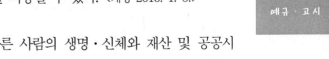

부록 2
관련법규·
훈령·
예규·고시

제10조의4 【무기의 사용】

① 경찰관은 범인의 체포, 범인의 도주 방지, 자신이나 다른 사람의 생명·신체의 방어 및 보호, 공무집행에 대한 항거의 제지를 위하여 필요하다고 인정되는 상당한 이유가 있을 때에는 그 사태를 합리적으로 판단하여 필요한 한도에서 무기를 사용할 수 있다. 다만, 다음 각 호의 어느 하나에 해당할 때를 제외하고는 사람에게 위해를 끼쳐서는 아니 된다.

  1. 「형법」에 규정된 정당방위와 긴급피난에 해당할 때

  2. 다음 각 목의 어느 하나에 해당하는 때에 그 행위를 방지하거나 그 행위자를 체포하기 위하여 무기를 사용하지 아니하고는 다른 수단이 없다고 인정되는 상당한 이유가 있을 때

    가. 사형·무기 또는 장기 3년 이상의 징역이나 금고에 해당하는 죄를 범하거나 범하였다고 의심할 만한 충분한 이유가 있는 사람이 경찰관의 직무집행에 항거하거나 도주하려고 할 때

    나. 체포·구속영장과 압수·수색영장을 집행하는 과정에서 경찰관의 직무집행에 항거하거나 도주하려고 할 때

    다. 제3자가 가목 또는 나목에 해당하는 사람을 도주시키려고 경찰관에게 항거할 때

    라. 범인이나 소요를 일으킨 사람이 무기·흉기 등 위험한 물건을 지니고 경찰관으로부터 3회 이상 물건을 버리라는 명령이나 항복하라는 명령을 받고도 따르지 아니하면서 계속 항거할 때

  3. 대간첩 작전 수행 과정에서 무장간첩이 항복하라는 경찰관의 명령을 받고도 따르지 아니할 때

② 제1항에서 "무기"란 사람의 생명이나 신체에 위해를 끼칠 수 있도록 제작된 권총·소총·도검 등을 말한다.

③ 대간첩·대테러 작전 등 국가안전에 관련되는 작전을 수행할 때에는 개인화기(個人火器) 외에 공용화기(共用火器)를 사용할 수 있다.

  [전문개정 2014. 5. 20.]

제11조 【사용기록의 보관】

제10조제2항에 따른 살수차, 제10조의3에 따른 분사기, 최루탄 또는
제10조의4　에 따른 무기를 사용하는 경우 그 책임자는 사용 일시
・장소・대상, 현장책　임자, 종류, 수량 등을 기록하여 보관하여야
한다.
[전문개정 2014. 5. 20.]

제11조의2 【손실보상】

① 국가는 경찰관의 적법한 직무집행으로 인하여 다음 각 호의 어느 하
나에 해　당하는 손실을 입은 자에 대하여 정당한 보상을 하여야 한
다. 〈개정 2018.12. 24.〉
　1. 손실발생의 원인에 대하여 책임이 없는 자가 생명・신체 또는 재산
　　상의 손실을 입은 경우(손실발생의 원인에 대하여 책임이 없는 자
　　가 경찰관의 직무집행에 자발적으로 협조하거나 물건을 제공하여
　　생명・신체 또는 재산상의 손실을 입은 경우를 포함한다)
　2. 손실발생의 원인에 대하여 책임이 있는 자가 자신의 책임에 상응하
　　는 정도를 초과하는 생명・신체 또는 재산상의 손실을 입은 경우
② 제1항에 따른 보상을 청구할 수 있는 권리는 손실이 있음을 안 날부
　터 3년, 손실이 발생한 날부터 5년간 행사하지 아니하면 시효의 완성
　으로 소멸한다.
③ 제1항에 따른 손실보상신청 사건을 심의하기 위하여 손실보상심의위
　원회를 둔다.
④ 경찰청장 또는 시·도경찰청장은 제3항의 손실보상심의위원회의 심의
　・의결에 따라 보상금을 지급하고, 거짓 또는 부정한 방법으로 보상
　금을 받은 사람에 대하여는 해당 보상금을 환수하여야 한다. 〈개정
　2018. 12. 24.,개정 2020. 12. 22.〉
⑤ 보상금이 지급된 경우 손실보상심의위원회는 대통령령으로 정하는 바
　에 따라 국가경찰위원회에 심사자료와 결과를 보고하여야 한다. 이
　경우 국가경찰위원회는 손실보상의 적법성 및 적정성 확인을 위하여
　필요한 자료의 제출을 요구할 수 있다. 〈신설 2018. 12. 24.,개정 2020.
　12. 22.〉

⑥ 경찰청장 또는 시·도경찰청장은 제4항에 따라 보상금을 반환하여야 할 사람이 대통령령으로 정한 기한까지 그 금액을 납부하지 아니한 때에는 국세 체납처분의 예에 따라 징수할 수 있다. <신설 2018. 12. 24.,개정 2020. 12. 22.>

⑦ 제1항에 따른 손실보상의 기준, 보상금액, 지급 절차 및 방법, 제3항에 따른 손실보상심의위원회의 구성 및 운영, 제4항 및 제6항에 따른 환수절차, 그 밖에 손실보상에 관하여 필요한 사항은 대통령령으로 정한다.<신설 2018.12. 24.>

[본조신설 2013. 4. 5.]

제11조의3 【범인검거 등 공로자 보상】

① 경찰청장, 시·도경찰청장 또는 경찰서장은 다음 각 호의 어느 하나에 해당하 는 사람에게 보상금을 지급할 수 있다. <개정 2020. 12. 22.>

1. 범인 또는 범인의 소재를 신고하여 검거하게 한 사람
2. 범인을 검거하여 경찰공무원에게 인도한 사람
3. 테러범죄의 예방활동에 현저한 공로가 있는 사람
4. 그 밖에 제1호부터 제3호까지의 규정에 준하는 사람으로서 대통령령으로 정하는 사람

② 경찰청장, 시·도경찰청장 및 경찰서장은 제1항에 따른 보상금 지급의 심사를 위하여 대통령령으로 정하는 바에 따라 각각 보상금심사위원회를 설치·운영하여야 한다. <개정 2020. 12. 22.>

③ 제2항에 따른 보상금심사위원회는 위원장 1명을 포함한 5명 이내의 위원으로 구성한다.

④ 제2항에 따른 보상금심사위원회의 위원은 소속 경찰공무원 중에서 경찰청장, 시·도경찰청장 또는 경찰서장이 임명한다. <개정 2020. 12. 22.>

⑤ 경찰청장, 시·도경찰청장 또는 경찰서장은 제2항에 따른 보상금심사위원회의 심사·의결에 따라 보상금을 지급하고, 거짓 또는 부정한 방법으로 보상금을 받은 사람에 대하여는 해당 보상금을 환수한다. <개정 2020. 12. 22.>

⑥ 경찰청장, 시·도경찰청장 또는 경찰서장은 제5항에 따라 보상금을 반환하여야 할 사람이 대통령령으로 정한 기한까지 그 금액을 납부하지

아니한 때에는 국세 체납처분의 예에 따라 징수할 수 있다. <개정 2018. 12. 24.,개정 2020. 12. 22.>

⑦ 제1항에 따른 보상 대상, 보상금의 지급 기준 및 절차, 제2항 및 제3항에 따른 보상금심사위원회의 구성 및 심사사항, 제5항 및 제6항에 따른 환수절차, 그 밖에 보상금 지급에 관하여 필요한 사항은 대통령령으로 정한다. <신설 2018. 12. 24.>

[본조신설 2016. 1. 27.]
[제목개정 2018. 12. 24.]

제11조의4(소송 지원)

경찰청장과 해양경찰청장은 경찰관이 제2조 각 호에 따른 직무의 수행으로 인하 여 민·형사상 책임과 관련된 소송을 수행할 경우 변호인 선임 등 소송 수행에 필요한 지원을 할 수 있다. [본조신설 2021. 10. 19.]

제11조의5(직무 수행으로 인한 형의 감면)

다음 각 호의 범죄가 행하여지려고 하거나 행하여지고 있어 타인의 생명·신체에 대한 위해 발생의 우려가 명백하고 긴급한 상황에서, 경찰관이 그 위해를 예방하거나 진압하기 위한 행위 또는 범인의 검거 과정에서 경찰관을 향한 직접적인 유형력 행사에 대응하는 행위를 하여 그로 인하여 타인에게 피해가 발생한 경우, 그 경찰관의 직무수행이 불가피한 것이고 필요한 최소한의 범위에서 이루어졌으며 해당 경찰관에게 고의 또는 중대한 과실이 없는 때에는 그 정상을 참작하여 형을 감경하거나 면제할 수 있다.

1. 「형법」 제2편제24장 살인의 죄, 제25장 상해와 폭행의 죄, 제32장 강간과 추 행의 죄 중 강간에 관한 범죄, 제38장 절도와 강도의 죄 중 강도에 관한 범죄 및 이에 대하여 다른 법률에 따라 가중처벌하는 범죄

2. 「가정폭력범죄의 처벌 등에 관한 특례법」에 따른 가정폭력범죄, 「아동학대 범죄의 처벌 등에 관한 특례법」에 따른 아동학대범죄
   [본조신설 2022. 2. 3.]

부록 2
관련법규·
훈령·
예규·고시

제12조 【벌칙】

이 법에 규정된 경찰관의 의무를 위반하거나 직권을 남용하여 다른 사람에게 해를 끼친 사람은 1년 이하의 징역이나 금고에 처한다.
[전문개정 2014. 5. 20.]

제13조 삭제 <2014. 5. 20.>

부칙 <제18807호, 2022. 2. 3.>

이 법은 공포한 날부터 시행한다.

★ 사건의 관할 및 관할사건수사에 관한 규칙

[시행 2021. 1. 22.] [경찰청훈령 제1003호, 2021. 1. 22., 타법개정]

제1장 총칙

제1조 【목적】

이 규칙은 경찰관이 범죄수사를 함에 있어서 사건의 관할 및 관할사건수사에 관한 기준 및 절차를 규정함으로써 신속하고 공정한 사건처리를 목적으로 한다.

제2조 【적용범위】

이 규칙은 경찰에 접수된 모든 사건에 적용된다.

제3조 【정의】

이 규칙에서 사용하는 용어의 정의는 다음 각 호와 같다.

1. "범죄지"란 범죄사실에 해당하는 사실의 전부 또는 일부가 발생한 장소를 말하며 범죄실행장소, 결과발생장소 및 결과발생의 중간지를 포함한다.
2. "이송"이란 한 경찰관서에서 수사 중인 사건을 다른 경찰관서로 옮기는 수사주체의 변경을 말한다.
3. "경찰관서"란 경찰청, 시·도경찰청, 경찰서를 말한다.

제4조 【다른 규칙과의 관계】

사건의 관할과 관할사건수사에 있어서 이 규칙이 다른 규칙보다 우선하여 적용된다. 다만, 법령 또는 다른 규칙에서 명시적으로 이 규칙의 적용을 배제하는 경우에는 그러하지 아니한다.

제2장 사건의 관할

제5조 【사건의 관할】

① 사건의 관할은 범죄지, 피의자의 주소·거소 또는 현재지를 관할하는 경찰서를 기준으로 한다.

② 사건관할을 달리하는 수개의 사건이 관련된 때에는 1개의 사건에 관하여 관할이 있는 경찰관서는 다른 사건까지 병합하여 수사 할 수 있다.

제6조 【사건관할이 불분명한 경우의 관할지정】

① 다음 각 호의 사건 중 범죄지와 피의자가 모두 불명확한 경우에는 특별한 사정이 없는 한 사건을 최초로 접수한 관서를 사건의 관할관서로 한다.
  1. 전화, 인터넷 등 정보통신매체를 이용한 범죄
  2. 지하철, 버스 등 대중교통수단 이동 중에 발생한 범죄
  3. 그 밖에 경찰청장이 정하는 범죄

② 외국에서 발생한 범죄의 경우에도 사건을 최초로 접수한 관서를 사건의 관할관서로 한다. 다만, 사건접수 단계부터 피의자가 내국인으로 특정된 경우에는 피의자의 주소·거소 또는 현재지를 관할하는 경찰서를 관할관서로 한다.

③ 국내 또는 국외에 있는 대한민국 및 외국국적 항공기 내에서 발생한 범죄에 관하여는 출발지 또는 범죄 후의 도착지를 관할하는 경찰서를 관할관서로 한다.

④ 제1항부터 제3항까지의 규정에도 불구하고 해양경찰청, 군수사기관, 철도 특별사법경찰대 등 다른 국가기관과 협의하여 정한 협정 등이 있으면 이를 이 규칙보다 우선하여 적용한다.

제6조의2 【경찰관서 소속 공무원 관련 사건의 관할지정】

① 경찰관 등 경찰관서에서 근무하는 공무원이 피의자, 피혐의자, 피고소인, 피진정인 또는 피해자, 고소인, 고발인, 진정인, 탄원인인 모든 사

건은 해당 공무원   의 소속 경찰관서가 아닌 동일 법원관할 내 인접 경찰관서 중 상급 경찰관서장   의 지휘를 받아 지정된 관서를 사건의 관할관서로 한다.

② 긴급·현행범체포 등 즉시 현장조치가 필요한 경우, 제5조에 따른 관할관서 또는 최초 신고접수서에서 우선 피의자 검거 및 초동조치를 취한 후 즉시 상급관서의 지휘를 받아 동일 법원관할 내 인접 경찰관서 중 지정된 경찰관서로 이송하여야 한다.

③ 제1항과 제2항에도 불구하고 인접 경찰관서에서 수사하는 것이 수사의 신속성·효율성을 현저히 저해하거나, 해당 공무원의 소속 경찰관서에서 수사하더라도 수사공정성에 지장이 없음이 명백한 경우에는 상급 경찰관서장의 승인을 받아 계속 수사할 수 있다.

④ 제1항부터 제3항까지의 수사지휘와 수사지휘건의는 「범죄수사규칙」 제25조 및 제26조에 규정된 방식을 따른다.

제7조 【사건관할의 유무에 따른 조치】

① 경찰관은 사건의 관할 여부를 불문하고 이를 접수하여야 한다.

② 경찰관은 제5조, 제6조, 제6조의2에 따라 사건의 관할이 인정되면 다른 경찰관서에 이송하지 않고 수사하여야 한다.

③ 사건을 접수한 관서는 일체의 관할이 없다고 판단되는 경우에는 사건의 관할이 있는 관서에 이송하여야 한다.

④ 제3항에 따른 사건의 이송은 원칙적으로 범죄지를 관할하는 관서에 우선적으로 하여야 한다. 다만, 범죄지가 분명하지 않거나 사건의 특성상 범죄지에 대한 수사가 실익이 없어 범죄지를 관할하는 관서에 이송하는 것이 불합리한 경우에는 피의자의 주소·거소 또는 현재지를 관할하는 관서로 이송할 수 있다.

⑤ 제2항부터 제4항까지의 규정에도 불구하고 경찰청장은 개별사건의 특수성을 고려하여 사건관할 및 그에 따른 조치에 대해 별도 지침을 마련하여 따로 정할 수 있다.

제8조 【동일 법원관할 내의 사건관할】

이송대상 경찰관서가 동일한 법원의 관할에 속하는 경우에는 사건을 이송하지 아니하고 수사할 수 있다.

제3장 사건의 관할 지휘조정

제9조 【사건의 관할에 대한 지휘건의】

① 시·도경찰청장 및 경찰서장은 사건의 관할이 분명하지 아니하여 관할에 의문이 있는 경우에는 각각 바로 위 상급경찰관서의 장에게 서면으로 별지 제1호 서식의 수사지휘건의서를 작성하여 사건의 관할에 관한 지휘건의를 할 수 있다.

② 제1항의 지휘건의를 받은 상급경찰관서의 장은 신속하게 사건의 관할에 대하여 별지 제2호서식의 수사지휘서를 작성하여 지휘하여야 한다. 이 지휘에 관한 업무는 해당사건의 수사지휘를 담당하는 상급부서에서 수행한다.

③ 지휘건의를 받은 사건이 상급경찰관서 내 다수 부서에 관련되어 있고 각 부서 간 의견이 다른 경우에는 해당 상급경찰관서의 장이 이를 조정한다.

제10조 【병합수사 지휘건의】

① 두 개 이상의 경찰관서에 접수된 사건에 대하여 병합수사의 필요성이 있는 경우에는 사건의 중요도, 수사의 효율성 등을 고려하여 해당 경찰관서장 상호간에 협의하여 관할관서를 정할 수 있다.

② 제1항에 의한 협의가 이루어지지 아니한 경우에는 경찰관서장은 바로 위 상급경찰관서장에게 별지 제1호서식의 수사지휘건의를 작성하여 병합수사를 지휘건의 할 수 있다.

③ 제2항에 의한 병합수사 지휘건의를 받은 상급경찰관서장은 수사의 효율성등을 고려하여 별지 제2호서식의 수사지휘서를 작성하여 지휘한다. 이 지휘에 관한 업무는 해당사건의 수사지휘를 담당하는 상급부

서에서 수행한다.
④ 경찰청장 및 시·도경찰청장은 병합수사가 필요한 사건에 대하여는 제2항에 의한 지휘건의가 없는 경우에도 직권으로 병합수사를 지휘할 수 있다.

제4장 수사촉탁

제11조 【수사촉탁】

① 수사 중 다른 경찰관서에 소재하는 수사대상에 대하여 수사를 촉탁할 수 있다. 다만, 피의자 조사는 현장진출이 곤란한 경우에 한한다.
② 동일 시·도경찰청 내 또는 별표 제1호에 규정된 경찰관서에서는 구치소, 교도소, 대용감방에 수용된 자에 대한 조사를 위하여 수사촉탁할 수 없다. 다만 울릉경찰서는 예외로 한다.

제12조 【수사촉탁 절차】

① 수사촉탁은 촉탁사항을 구체적으로 기재한 별지 제3호서식의 촉탁서에 의해야 하고 수사진행사항을 알 수 있는 수사기록 원본 또는 사본의 전부 또는 일부를 첨부하여 발송하여야 한다. 다만, 사건처리가 용이한 단순고발사건 등의 경우에는 경찰 형사사법정보시스템을 열람하는 방법으로 갈음할 수 있다.
② 수사촉탁 사건은 수사지원팀에서 접수하여 촉탁관서 수사팀에 대응하는 수사팀에 배당하여야 한다.
③ 수사를 촉탁한 수사관은 수사촉탁을 이유로 사건을 방치하여서는 아니 되며 수사진행사항을 파악하여 수사보고 하여야 한다.
④ 수사를 촉탁한 수사관은 촉탁을 받은 수사관에게 전화 등을 이용해 촉탁내용을 설명하여야 한다.
⑤ 수탁관서는 촉탁사항에 대한 수사를 완료한 후 별지 제4호서식의 회답서 및 관련서류 일체를 신속히 등기송달, 직접전달 등의 방법으로 촉탁관서에 송부 하여야 한다.

부록 2
관련법규·
훈령·
예규·고시

제13조 【수사촉탁 처리기한 등】

① 수사촉탁의 처리기한은 다음 각 호와 같다.
  1. 피의자 조사 20일
  2. 고소인, 고발인, 참고인 등 조사 15일
  3. 소재수사, 사건기록 사본 송부 10일
② 제1항의 처리기한 내에 촉탁사항에 대한 수사를 완료하지 못하는 경우에는 촉탁한 수사관과 협의하여 처리기한을 연장하고 수사보고하여야 한다.
③ 경찰관서 수사부서의 장은 매월 1회 촉탁받은 사건의 성실한 처리여부를 점검하여야 한다.

제5장 경찰청과 시·도경찰청의 수사대상

제14조 【경찰청의 수사대상】

다음 각 호에 해당하는 사건은 경찰청에서 직접 수사할 수 있다.
  1. 수사관할이 수개의 시·도경찰청에 속하는 사건
  2. 고위공직자 또는 경찰관이 연루된 비위 사건으로 해당관서에서 수사하게 되면 수사의 공정성이 의심받을 우려가 있는 경우
  3. 경찰청장이 수사본부 또는 특별수사본부를 설치하여 지정하는 사건
  4. 그 밖에 사회적 이목이 집중되거나 파장이 큰 사건으로 경찰청장이 특별히 지정하는 사건

제15조 【지방경찰청의 수사대상】

시·도경찰청장은 소속경찰서 관할사건 중 다음 각 호의 범죄는 시·도경찰청 수사부서에서 수사하게 할 수 있다.
  1. 사이버사건
  2. 대출사기, 보이스 피싱 등 관할이 불명확하거나, 다수의 경찰서 관할지역에서 발생한 사건
  3. 해당 경찰서에서 수사하기가 부적합한 경찰관 비위 사건

4. 그 밖에 시·도경찰청장이 지정하는 사건

제16조 【경찰청 또는 지방경찰청의 수사상 관할】

경찰청 또는 시·도경찰청의 수사부서에서 수사하는 사건의 영장을 신청하거나 기록을 송치 또는 송부하는 경우에는 당해사건에 대한 관할이 있는 법원 및 검찰청에 하여야 한다.

제17조 【경찰청 또는 지방경찰청의 수사방식】

경찰청 또는 시·도경찰청의 수사부서에서 수사하는 경우에는 당해 사건에 대한 법원 및 검찰청의 관할 내에 있는 경찰관서의 인적·물적 자원을 이용할 수 있다. 이 경우에 해당 경찰관서의 장은 수사에 적극적으로 협조 및 지원을 하여야 한다.

제6장 보칙

제18조 【사건이송의 절차】

경찰관은 사건을 이송하는 경우 경찰수사규칙 제96조에 따라 이송한다.

제19조 【자의적인 사건이송 금지】

경찰관은 제6조에 의하여 관할이 지정되는 사건을 수사함에 있어서 명확하지 아니한 사실에 근거하여 자의적으로 관할을 지정해 해당사건을 다른 경찰관서로 이송하여서는 아니 된다.

제20조 【부당한 사건이송 등에 대한 조치】

상급경찰관서의 장은 산하 경찰관서 소속 경찰관이 제5조부터 제13조까지의 규정을 위반하여 부당하게 사건을 이송하거나 수사촉탁 업무를 처리한 사례를 발견한 경우에는 해당경찰관과 그 지휘를 한 수사간부에 대하여 그 책임을 묻고 관할관서로의 재이송, 적정한 수사촉탁 업무처리 등 필요한 조치를 명할 수 있다.

부칙 〈제1003호, 2021.1.22.〉

이 규칙은 발령한 날부터 시행한다.

【별지 제1호】

구치소, 교도소, 대용감방에 수용된 자에 대한 조사를 위한 수사촉탁 금지관서

수용시설	수사촉탁 금지경찰관서
서울구치소 안양교도소 수원구치소 화성직업훈련 교도소 여주교도소 소망교도소	서울지방경찰청, 인천지방경찰청 산하 경찰관서
성동구치소 서울남부구치소 서울남부교도소	경기북부지방경찰청, 경기남부지방경찰청, 인천지방경찰청 산하 경찰관서
인천구치소	서울지방경찰청, 경기북부지방경찰청(의정부경찰서, 양주경찰서, 남양주경찰서, 구리경찰서, 포천경찰서, 연천경찰서, 가평경찰서 제외), 경기남부지방경찰청(광주경찰서, 이천경찰서, 여주경찰서, 양평경찰서 제외) 산하 경찰관서
의정부교도소	서울지방경찰청 산하 경찰관서
평택지소	충남지방경찰청 중 천안서북경찰서, 천안동남경찰서, 아산경찰서, 당진경찰서, 예산경찰서, 충북지방경찰청 중 진천경찰서
춘천교도소	경기북부지방경찰청 중 남양주경찰서, 구리경찰서, 포천경찰서, 가평경찰서, 경기남부지방경찰청 중 여주경찰서, 양평경찰서
원주교도소	경기남부지방경찰청 중 이천경찰서, 여주경찰서, 양평경찰서, 충북지방경찰청 중 제천경찰서, 충주경찰서, 단양경찰서, 음성경찰서
강릉교도소	
영월교도소	충북지방경찰청 중 제천경찰서, 단양경찰서, 경북지방경찰청 중 봉화경찰서, 영주경찰서
대구교도소 (구치소)	경북지방경찰청(영덕경찰서, 울진경찰서, 봉화경찰서, 울릉경찰서 제외) 산하 경찰관서, 경남지방경찰청 중 밀양경찰서, 거창경찰서, 합천경찰서, 창녕경찰서
부산교도소 (구치소)	울산지방경찰청 산하 경찰관서, 경남지방경찰청 중 지방경찰청 소속 부서, 창원중부경찰서, 창원서부경찰서, 마산중부경찰서, 마산동부경찰서, 김해중부경찰서, 김해서부경찰서, 진해경찰서, 양산경찰서, 밀양경찰서
청송교도소 (직업훈련교도소 , 제2교도소, 제3교도소) 안동교도소	대구지방경찰청 산하 경찰관서
김천교도소	대구지방경찰청 산하 경찰관서, 충남지방경찰청 중 지방경찰청 소속부서, 대전지방경찰청 산하 경찰관서, 충북지방경찰청 중 영동경찰서, 옥천경찰서

수용시설	수사촉탁 금지경찰관서
경주교도소 포항교도소	대구지방경찰청, 울산지방경찰청 산하 경찰관서
울산구치소	부산지방경찰청 산하 경찰관서, 경북지방경찰청 중 경주경찰서, 청도경찰서, 경남지방경찰청 중 김해중부경찰서, 김해서부경찰서, 양산경찰서, 밀양경찰서
창원교도소 진주교도소 통영구치소 밀양구치소	부산지방경찰청 산하 경찰관서
대전교도소	충남지방경찰청 산하 경찰관서, 충북지방경찰청 중 지방경찰청 소속 부서, 청주청원경찰서, 청주흥덕경찰서, 영동경찰서, 옥천경찰서, 전북지방경찰청 중 무주경찰서
천안개방교도소 천안교도소	대전지방경찰청 산하 경찰관서, 경기남부지방경찰청 중 평택경찰서, 안성경찰서, 충북지방경찰청 중 지방경찰청 소속 부서, 청주청원경찰서, 청주흥덕경찰서, 진천경찰서
청주교도소 (여자교도소)	충남지방경찰청, 대전지방경찰청 산하 경찰서
공주교도소 홍성교도소 서산지소 논산지소	대전지방경찰청 산하 경찰서
충주구치소	경기남부지방경찰청 중 여주경찰서, 경북지방경찰청 중 문경경찰서
광주교도소	전북지방경찰청 중 정읍경찰서, 고창경찰서, 순창경찰서
전주교도소	
순천교도소	경남지방경찰청 중 하동경찰서
목포교도소	
군산교도소	충남지방경찰청 중 서천경찰서
제주교도소	
장흥교도소	
속초대용감방	
영동대용감방	충남지방경찰청 중 지방경찰청 소속 부서, 대전지방경찰청 산하 경찰관서, 경북지방경찰청 중 김천경찰서, 전북지방경찰청 중 무주경찰서
남원대용감방	전남지방경찰청 중 곡성경찰서, 구례경찰서, 경남지방경찰청 중 하동경찰서, 함양경찰서
상주대용감방	충북지방경찰청 중 보은경찰서
거창대용감방	대구지방경찰청 산하 경찰관서, 경북지방경찰청 중 고령경찰서, 전북지방경찰청 중 무주경찰서, 장수경찰서

【별지 제1호서식】

○○○○경찰서

제 0000-00000 호   ·   ·   ·

수신 :

제목 : **수사지휘건의**

사건의 관할 및 관할사건수사에 관한 규칙 제00조제00항에 따라 다음과 같이 수사지휘를 건의합니다.

접 수 일 자		사건번호	
죄 명			
피 의 자	성 명		주민등록번호
	주 거		

건 의 내 용

○○○○경찰서

사법경찰관 ○○   (인)

수 사 지 휘 서

제 호   20 . . .

접수번호		사건번호	
피 의 자			
담당경찰관서			

< 지 휘 내 용 >

상급경찰관서장(직인)

(전결시 : 전결자)   직위   계급   ○ ○ ○

【별지 제3호서식】

소 속 관 서

제　　호
수　신 :
제　목 : **촉탁 대상자**
다음 사항을 촉탁하오니 조속히 조사하여 주시기 바랍니다.

사 건 번 호		접수번호	
대 　 상 　 자			
죄 　 　 　 명			
촉 탁 사 항			
촉 탁 내 용			
비 　 　 　 고			

소 속 관 서

사법경찰관 계급

소 속 관 서

제 호

수 신 :

제 목 : *회답 대상자*

○○경찰서 제   호(0000.00.00)에 의한 촉탁에 대하여 다음과 같이
회답합니다.

회 답 내 용

소속관서

사법경찰관 계급

★ 수사긴급배치규칙

[시행 2021. 2. 9.] [경찰청훈령 제1006호, 2021. 2. 9., 타법개정]

제1조 【목적】

이 규칙은 각급 경찰관서에서 실시하는 수사긴급배치(이하 "긴급배치"라한다)에 관하여 필요한 사항을 정함을 목적으로 한다.

제2조 【정의】

긴급배치라 함은 중요사건이 발생하였을 때 적시성이 있다고 판단되는 경우 신속한 경찰력 배치, 범인의 도주로 차단, 검문검색을 통하여 범인을 체포하고 현장을 보존하는 등의 초동조치로 범죄수사자료를 수집하는 수사활동을 말한다.

제3조 【긴급배치의 종별 및 사건범위】

긴급배치는 사건의 긴급성 및 중요도에 따라 갑호, 을호로 구분, 운용하며, 긴급배치 종별, 사건범위는 별표 1과 같다.

제4조 【발령권자】

① 긴급배치의 발령권자는 다음과 같다.
  1. 긴급배치를 사건발생지 관할경찰서 또는 인접경찰서에 시행할 경우는 발생지 관할 경찰서장이 발령한다. 인접 경찰서가 다른 시·도경찰청 관할인 경우도 같다.
  2. 긴급배치를 사건발생지 시·도경찰청의 전경찰관서 또는 인접 시·도경찰청에 시행할 경우는 발생지 시·도경찰청장이 발령한다.
  3. 전국적인 긴급배치는 국가수사본부장이 발령한다.
② 발령권자는 긴급배치를 함에 있어, 사건의 종류, 규모, 태양, 범인 도주로 및 차량 이용등을 감안하여 별지 제1호 서식 긴급배치 수배서에 의해 신속히 긴급배치 수배를 하여야 한다.
③ 제1항의 경우 2개 이상의 경찰서 또는 시·도경찰청에 긴급배치를 발령할

경우, 발령권자는 긴급배치 수배사항을 관련 경찰관서에 통보를 하여야 하며, 통보를 받은 해당 경찰관서장은 지체없이 긴급배치를 하여야 한다.

제5조 【보고 및 조정】

① 발령권자는 긴급배치 발령시에는 지체없이 별지 제2호 서식 긴급배치 실시부에 의거, 차상급 기관의 장에게 보고하여야 하며, 비상해제시는 6시간 이내에 같은 서식에 의해 해제일시 및 사유, 단속실적등을 보고 하여야 한다.
② 발령권자의 상급 기관의 장은 긴급배치에 불합리한 점이 발견되면 이를 조정해야 한다.

제6조 【긴급배치의 생략】

발령권자는 다음 각호에 해당되는 경우에는 긴급배치를 생략할 수 있다.
1. 사건발생후 상당기간이 경과하여 범인을 체포할 수 없다고 인정될 때
2. 범인의 인상착의가 확인되지 아니하거나 사건내용이 애매하여 긴급배치에 필요한 자료를 얻지 못할 때
3. 범인의 성명, 주거, 연고선등이 판명되어 조속히 체포할 수 있다고 판단된 때
4. 기타 사건의 성질상 긴급배치가 필요하지 않다고 인정될 때

제7조 【경력동원기준】

① 긴급배치 종별에 따른 경력동원 기준은 다음과 같다.
1. 갑호배치 : 형사(수사)요원, 지구대, 파출소, 검문소 요원은 가동경력 100%
2. 을호배치 : 형사(수사)요원은 가동경력 100%, 지구대, 파출소, 검문소 요원은 가동경력 50%
② 발령권자는 긴급배치 실시상 필요하다고 인정할 때는 전항의 규정에 불구하고 추가로 경력을 동원, 배치할 수 있다.

제8조 【지휘부의 구성】

긴급배치 발령시에는 별표 2에 의하여 지휘부를 구성, 운영하여야 한다.

제9조 【긴급배치의 실시】

① 긴급배치의 실시는 범행현장 및 부근의 교통요소, 범인의 도주로, 잠복, 배회처등 예상되는 지점 또는 지역에 경찰력을 배치하고, 탐문수사 및 검문검색을 실시한다. 다만, 사건의 상황에 따라 그 일부만 실시할 수 있다.

② 관외 중요사건 발생을 관할서장보다 먼저 인지한 경찰서장은 신속히 시·도경찰청장에게 보고하는 동시에 관할을 불문, 초동조치를 취하고 즉시 관할서장에게 사건을 인계하여야 하며, 필요한 경우 공조수사를 하여야 한다.

③ 사건발생지 관할서장은 당해 사건에 대하여 타서장으로부터 사건을 인수하였을 때에는 전항에 준하여 조치하여야 한다.

제10조 【경찰서장의 기초계획】

① 경찰서장은 다음 각호의 사항에 대하여 지역실정에 적합한 자체계획에 의한 지침을 수립, 지침서를 비치하여 긴급배치시 활용토록 하여야 한다.

1. 중요사건 신고에 대한 수리요령
2. 신속한 초동수사태세의 확립에 필요한 보고전파 및 수배요령
3. 감독자 및 기능별 배치 근무자의 임무분담
4. 배치개소, 배치인원, 휴대장비 및 검문검색 실시 요령
5. 긴급배치 발령시의 외근 근무자에 대한 연락 또는 배치근무자에 대한 추가수배, 해제의 전달 방법
6. 사건 현장과 경찰서 및 시·도경찰청과 연락 협조방법
7. 통신 및 차량의 효율적 운영방법
8. 관내 금융기관 약도, 연결도로망, 기타 취약개소 지역등에 대한 현장 약도 및 예상도주로
9. 인접 경찰서, 인접 시·도경찰청과의 상호협조 방법

제11조 【긴급배치 일람표 및 긴급배치 지휘도】

서장은 긴급배치를 함에 있어 배치개소, 시간 등을 표시한 별지 제3호 서식의 긴급배치 일람표와 다음 각호에 기재된 사항에 대한 긴급배치 지휘도를 작성·비치하여야 한다.

1. 경찰서, 지구대, 파출소 및 출장소등의 소재지
2. 배치개소
3. 인접서와 경계지점과 취약지점
4. 역, 터미널, 버스정류장, 공항 등
5. 제1호 내지 제4호 외에 범인의 도주로, 잠복이 예상되는 장소

제12조 【긴급배치의 해체】

다음 각호에 해당할 때에는 긴급배치를 해제하여야 한다.
① 범인을 체포하였을 때
② 허위신고 또는 중요사건에 해당되지 않음이 판단되었을 때
③ 긴급배치를 계속한다 하더라도 효과가 없다고 인정될 때

제13조 【긴급배치 해제의 특례】

국가수사본부장 또는 시·도경찰청장은 긴급배치의 장기화로 인하여 당면 타업무 추진에 지장을 가져온다고 인정될 때에는 긴급배치를 해제하고 필요한 최소한도의 경찰력만으로 경계 및 수사를 명할 수 있다.

제14조 【교양 훈련실시】

① 경찰청장, 시·도경찰청장, 경찰서장은 범인필검태세 확립 및 범죄현장 적응능력 배양을 위하여 긴급배치 훈련을 실시해야 하며, 그 기준은 다음과 같다.
  1. 경 찰 청 : 시·도경찰청, 경찰서 대상 연 1회 이상
  2. 시·도경찰청 : 관할경찰서 대상 반기 1회 이상
  3. 경 찰 서 : 자체계획에 의거 분기 1회 이상
② 서장은 제10조에 정한 기초계획에 의한 긴급배치활동을 신속·정확하게 실시하기 위하여 경찰서 직원에 대하여 수시로 긴급배치에 필요한 실무

교양 및 훈련을 실시하여야 한다.

부칙<2021. 2. 9>

이 규칙은 발령한 날부터 시행한다.

[별표 1]

긴급배치종별 사건범위

갑 호	을 호
1. 살인사건 　강도·강간·약취·유인·방화살인 　2명이상 집단살인 및 연쇄살인 2. 강도사건 　인질강도 및 해상강도 　금융기관 및 5,000만원이상 다액강도 　총기, 폭발물 소지강도 　연쇄강도 및 해상강도 3. 방화사건 　관공서, 산업시설, 시장 등의 방화 　열차, 항공기, 대형선박 등의 방화 　연쇄방화, 중요한 범죄은익목적 방화 　보험금 취득목적 방화 　기타 계획적인 방화 4. 기타 중요사건 　총기, 대량의 탄약 및 폭발물 절도 조직 　폭력사건 　약취유인 또는 인질강도 　구인 또는 구속피의자 도주	1. 다음 사건중 갑호이외의 사건 　살인 　강도 　방화 　중요 상해치사 　1억원이상 다액절도 　관공서 및 국가중요시설 절도 　국보급 문화재 절도 2. 기타 경찰관서장이 중요하다고 판단하여 긴급배치가 필요하다고 인정하는 사건

[별표 2]

긴급배치종별 사건범위

구 분	지휘부 형태	지 휘 부 요 원	
		갑 호	을 호
경 찰 서 단 위	발령 경찰서	서 장	형사(수사)과장
	인접 경찰서	형사(수사)과장	〃
지방경찰청단위	발생 경찰서	서 장	〃
	기타 경찰서	형사(수사)과장	〃
	지방 경찰청	형사(수사)과장	해당 계장
전 국 단 위	경 찰 서	서 장	형사(수사)과장
	지방 경찰청	형사(수사)과장	해당 계장
	경 찰 청	수사국장	해당 과장

긴 급 배 치 수 배 서				
발 령 자		수 명 자		
발 령 시 각	년 월 일 시 분	수 명 시 각	년 월 일 시 분	
사 건 명				
긴급배치종별				
1	발 생 일 시	월 일 시 분경		
2	발 생 장 소				
3	피 해 자 주 소				
	성 명		생년월일	년 월 일	직 업
4	범 인 인 상 착 의 특 징 등	범 인 수 : 명, 신장 : cm가량, 연령 : 세가량, 두 발 : 얼 굴 형 : 착 의 : 언 어 : 체 격 : 특 징 : 기타 참고사항 :			
	차 량 이 용 범 죄	차 종 : 차량번호 : 차 색 : 기 타 : 도주로 또는 도주방향 :			
5	범 행 의 방 법				
6	피 해 상 황	인적피해 : 물적피해 :			
7	긴급배치시각	년 월 일 시 분		
8	배치개소인원	배치개소 : 개소, 인 원 : 명			

[서식 제2호](규칙 제5조)

긴 급 배 치 실 시 부

지방경찰청장 (서 장)	국(부)장	과 장 (계 장)	년 월 일 시 분		상황실장

사 건 명		발 령 자	
신 고 일 시 장 소		신 고 방 법	

신 고 자	주거 :	성명 :	연령 :

신 고 수 리 시 각	년 월 일 시 분	신 고 수 리 자	

발 생 일 시	년 월 일 시 분경

발 생 장 소	

피 해 자	주 거			
	성 명	생년월일	직 업	

범 인 인 상 착 의 특 징	범 인 수 : 명, 신장 : cm가량, 연령 : 세가량, 두 발 : 얼 굴 형 : 착 의 : 언 어 : 체 격 : 특 징 : 기타 참고사항 :

범 행 차 량	차 종 : 차량번호 : 차 색 : 도주로 또는 도주방향 :

사 건 개 요	

범 행 방 법	

피 해 상 황	인적피해 : 물적피해 :

발 령 시 각	년 월 일 시 분	해 제 시 각	년 월 일 시 분

갑 □, 을 □, 전국 □, 지방 □, 자서 □

[서식 제2호의 2](규칙 제5조)

긴급배치상황												
	지방경찰청 보고		시 분		관하 파출소 수배		시 분		인접청·서 수배		시 분	
	배치 시각		시 분		배치 종료시각		시 분					
	주요배치장소및인원(총 개소 명)											
	상설검문소		"목" 검문소		역·터미널 (항만, 공항 등)		숙박업소등 임검		은신용의지역수색및잠복		기 타 취약지역	
	개소	인원	개소	인원	개소	인원	개소	인원	개소	인원	개소	인원

동원인원				
구분 \ 기능별	계	경찰	전·의경	기타
자서				
지원 경력				

긴급배치해제상황									
해제 일시	년 월 일	해제 사유							
부수범죄검거실적									
구 분	계	살 인	강 도	강 간	절 도	폭 력	기소중지자	기 타	
건 수									
인 원									

※ 사후 수사등 검토사항

[서식 제3호](규칙 제11조)

		긴　급　배　치　일　람　표 경찰서						

연번	배　치　장　소	근　　무　　자					감　독　자	
		계급	성　　명	계급	성　　명	계급	성　　명	

부록 2
관련법규·
훈령·
예규·고시

1133

★ 수사본부 설치 및 운영 규칙

[시행 2021. 4. 4.] [경찰청예규 제584호, 2021. 4. 4., 타법개정]

제1조 【목적】

이 규칙은 살인 등 중요사건이 발생한 경우에 경찰 수사기능을 집중적으로 운용함으로써 종합수사의 효율성을 제고하기 위하여 「범죄수사규칙」제36조에 따라 설치하는 수사본부의 구성 및 운용에 관하여 필요한 사항을 규정함을 목적으로 한다.

제2조 【수사본부 설치대상 중요사건】

수사본부 설치대상이 되는 중요사건(이하 "중요사건"이라 한다)의 범위는 다음 각호와 같다.

1. 살인, 강도, 강간, 약취유인, 방화 사건
2. 피해자가 많은 업무상 과실치사상 사건
3. 조직폭력, 실종사건 중 중요하다고 인정되는 사건〈2010. 6. 7 개정〉
4. 국가중요시설물 파괴 및 인명피해가 발생한 테러사건 또는 그러한 테러가 예상되는 사건
5. 기타 사회적 이목을 집중시키거나 중대한 영향을 미칠 우려가 있다고 인정되는 사건

제3조 【수사본부의 설치】

① 국가수사본부장은 중요사건이 발생하여 특별하게 수사하여야 할 필요가 있다고 판단되는 경우에는 시·도경찰청장에게 수사본부의 설치를 명할 수 있고, 이 경우 시·도경찰청장은 수사본부를 설치하여야 한다.

② 시·도경찰청장은 관할 지역내에서 제2조의 중요사건이 발생하여 필요하다고 인정할 때에는 수사본부를 설치하거나 관할경찰서장에게 수사본부의 설치를 명할 수 있다.

제4조 【합동수사본부의 설치】

① 시·도경찰청장은 국가기관간 공조수사가 필요한 경우에는 관계기관과 합동수사본부(이하 "합동수사본부"라 한다)를 설치·운용할 수 있다. 이 경우 수사본부의 조직, 설치장소, 인원구성, 수사분담 등에 관하여 상호 협의하여 운용한다.

② 제1항의 "국가기관간 공조수사가 필요한 경우"란 다음 각호의 사건이 발생한 경우를 말한다.

  1. 군탈영병, 교도소·구치소·법정 탈주범 추적수사 등 수개의 국가기관이 관련된 사건
  2. 마약·총기·위폐·테러수사 등 관계기관간 정보교류·수사공조가 특히 필요한 사건
  3. 기타 국가수사본부장이 필요하다고 인정한 사건

제5조 【수사전담반의 설치】

시·도경찰청장은 중요사건이 발생한 경우 필요하다고 인정하는 경우에는 해당사건에 대한 특별수사를 전담하는 수사전담반을 설치·운용할 수 있다.

제6조 【수사본부의 설치장소】

수사본부는 사건 발생지를 관할하는 경찰서 또는 지구대·파출소 등 지역경찰관서에 설치하는 것을 원칙으로 한다. 다만, 시·도경찰청장은 관계기관과의 협조 등을 위해 필요하거나 사건의 내용 및 성격을 고려하여 다른 곳에 설치하는 것이 적당하다고 인정될 때에는 다른 장소에 설치할 수 있다.

제7조 【수사본부의 설치지시】

시·도경찰청장이 경찰서장에게 수사본부의 설치를 명할 때에는 다음 각호의 사항을 지시하여야 한다.

  1. 설치장소
  2. 사건의 개요
  3. 수사요강
  4. 기타 수사에 필요한 사항

제8조 【수사본부의 구성】

① 수사본부에는 수사본부장(이하 "본부장"이라 한다), 수사부본부장(이하 "부본부장"이라 한다), 수사전임관, 홍보관, 분석연구관, 지도관, 수색담당관과 관리반, 수사반 및 제보분석반을 둘 수 있다.

② 본부장과 부본부장은 시·도경찰청장이 지명하며, 수사전임관, 홍보관, 분석연구관, 지도관, 수색담당관, 관리반원, 수사반원 및 제보분석반원은 본부장이 지명한다. 〈2010. 6. 7. 전부개정〉

제9조 【수사본부장】

① 본부장은 다음 각호의 어느 하나에 해당하는 자 중에서 시·도경찰청장이 지명하는 자가 된다.

　1. 제주도 경찰청의 차장, 기타 시·도경찰청의 수사부장

　2. 시·도경찰청 주무 과장

　3. 사건관할지 경찰서장

　4. 삭제(2021.2.9.)

② 합동수사본부의 본부장은 기관별 대표자 중에서 관계기관과 협의하여 시·도경찰청장이 지명한다.

③ 본부장은 수사본부 수사요원을 지휘·감독하며, 수사본부를 운영 관리한다.

제10조 【수사부본부장】

① 부본부장은 다음 각호의 어느 하나에 해당하는 자가 된다.

　1. 본부장이 제9조제1항제1호에 해당하는 자인 경우 〈2010.6.7 개정〉

　　가. 시·도경찰청 주무과장

　　나. 수사본부가 설치된 관할지 경찰서장

　2. 본부장이 제9조 제1항 제2호 또는 제3호에 해당하는 경우

　　가. 시·도경찰청 주무계장

　　나. 관할지 경찰서 수사부서장

② 부본부장은 본부장을 보좌하여 수사본부가 원활하게 운영되도록 하며, 인접 지방경찰청·경찰서간의 공조수사지휘를 담당한다.

제11조 【수사전임관】

① 수사전임관은 시·도경찰청·경찰서 사건 주무과의 경정 또는 경감급 중에서 본부장이 지명하는 자가 된다.

② 수사전임관은 수사본부의 중추로써 수사본부 요원의 수사를 지도·관리하거나 직접 수사를 실시한다.

제12조 【홍보관】

① 홍보관은 총경, 경정, 경감급으로 본부장이 지명하는 자가 되며, 사건 내용 및 수사진행상황과 협조가 필요한 사항 등의 대외적 전파 등의 홍보업무를 담당한다.

② 홍보관 산하에 홍보관을 팀장으로 언론지원팀을 둘 수 있고, 언론지원팀은 보도분석 및 체계적 언론 지원 등의 활동을 수행한다.

제13조 【분석연구관】

분석연구관은 수사경력이 많은 경정, 경감, 경위급으로 본부장이 지명하는 자가 되며, 다음 각호의 임무를 수행한다.

1. 사건의 분석, 연구, 검토
2. 합리적인 수사계획의 수립
3. 수사미진사항 검토를 통한 수사상 문제점 도출, 보완
4. 삭제(2020.12.31.)

제14조 【지도관】

① 지도관은 경정, 경감, 경위급으로 본부장이 지명하는 자가 되며, 분석연구관의 사건분석 결과를 토대로 수사를 효율적으로 추진하여 사건을 조기에 해결할 수 있도록 수사반원에 대한 지도, 수사방향 제시, 공조수사 조정 등의 임무를 수행한다.

② 본부장은 경찰청 소속 직원을 지도관으로 지원받을 수 있으며, 이 경우에

는 그들의 수사지도를 반영하여 사건해결에 노력하여야 한다.

제14조의2 【수색담당관】

수색담당관은 경정, 경감, 경위급으로 본부장이 지명하는 자가 되며, 피해자 또는 피의자 및 증거물에 대한 수색 등의 활동을 수행한다.

제15조 【관리반】

관리반의 반장은 경정, 경감, 경위급으로 본부장이 지명하는 자가 되며, 관리반은 다음 각호의 임무를 수행한다.
  1. 사건기록 및 부책관리
  2. 압수물, 증거물 등 보관관리
  3. 공조수사와 수사상황 보고, 시달 등 관리업무

제16조 【수사반】

수사반의 반장은 경감, 경위급으로 본부장이 지명하는 자가 되고, 수사반은 여러개의 반으로 편성할 수 있으며, 수사계획에 따라 분담하여 증거수집 및 범인검거 등의 활동을 수행한다.

제16조의2 【제보분석반】

수사반의 반장은 경감, 경위급으로 본부장이 지명하는 자가 되고, 수사반은 여러개의 반으로 편성할 수 있으며, 수사계획에 따라 분담하여 증거수집 및 범인검거 등의 활동을 수행한다.

제17조【수사본부요원의 파견요청 등】

① 수사본부장은 수사본부요원 등을 편성하며 필요한 경우에는 시·도경찰청장 또는 인접 경찰서장 등에게 수사요원의 파견을 명하거나 요구할 수 있다.

② 수사본부장은 특수업무의 효율적 수행 등을 위하여 다른 국가기관원이나 국가기관외의 기관·단체의 임·직원을 파견받을 필요가 있을 경우에 관계기관 등의 장에게 파견을 요청할 수 있다.. 이 경우 파견된 자의 복무에 관한 제반사항은「국가공무원법」을 적용한다.

③ 시·도경찰청장은 합동수사본부가 설치된 경우 또는 제2항에 따라 수사업무의 수행에 필요한 자를 파견받은 경우로서 필요하다고 인정될 때에는 다른 국가기관·단체의 임·직원 등에게 예산의 범위안에서 수사에 필요한 실비를 지원할 수 있다.

④ 수사본부에 파견된 요원은 본부장의 지시명령에 따라야 하며, 타 기관 및 타 시도 본부장으로부터의 제보사항은 성실하고 신속·정확하게 처리하여야 한다.

⑤ 본부장은 수색, 유관기관 협조, 홍보, 현장주변 목검문 등의 조치를 위하여 필요한 경우 시·도경찰청장 또는 경찰서장에게 해당 경찰관서 소속 전 기능 경찰공무원의 동원 요청 또는 동원 지시를 하거나 직접 동원할 수 있다.

제18조【관할경찰서의 임무】

① 수사본부가 설치된 관할경찰서(이하 "관할경찰서라" 한다) 소속 경찰공무원은 대상사건에 대하여 본부장이 지시한 수배, 조사, 기타 필요한 수사업무를 빠르고 정확하게 처리하여야 한다.

② 관할경찰서장 및 수사관련 부서의 장은 수사본부에 관련된 정보, 기타 수사자료를 얻었을 때에는 지체없이 필요한 조치를 하고 즉시 본부장에게 보고하여 그 지시를 받아야 한다.

제19조 【초동수사반의 협력】

초동수사반은 이미 출동한 사건에 대하여 수사본부가 설치되었을 경우에는 수사결과를 즉시 수사본부에 보고하고, 인계하는 동시에 그 후의 수사에 협력하여야 한다.

제20조 【인접경찰서의 협력】

수사본부사건 발생지의 인접경찰서에서는 수사본부사건의 발생을 알았을 때에는 본부장의 특별한 지시가 없더라도 빨리 범죄현장에 임하여 수사에 협력하여야 한다.

제21조 【수사회의】

본부장은 수사상 필요할 때에는 수사본부요원과 관계 소속직원을 소집하여 회의를 열 수 있다.

제22조 【비치서류】

① 수사본부에는 다음 각호의 서류를 갖추고 수사진행상황을 기록하여야 한다.
  1. 사건수사지휘 및 진행부
  2. 수사일지 및 수사요원 배치표
  3. 수사보고서철
  4. 용의자 명부
  5. 참고인 명부
② 시·도경찰청 또는 경찰서 해당과장은 제1항의 서류와 사건기록의 사본을 작성하여 한꺼번에 철하여 두고, 연구하는 동시에 앞으로의 수사 및 교양자료로 한다.
③ 제1항의 서류와 사건기록 사본의 보존기간은, 범인을 검거하였을 경우에는 3년, 검거하지 못한 사건인 경우에는 공소시효 완성 후 1년으로 한다.

제23조 【수사본부의 해산】

① 시·도경찰청장은 다음 각호의 어느 하나에 해당한 경우에는 수사본부를 해산할 수 있다.
  1. 범인을 검거한 경우
  2. 오랜기간 수사하였으나 사건해결의 전망이 없는 경우
  3. 기타 특별수사를 계속할 필요가 없다고 판단되는 경우
② 시·도경찰청장은 수사본부를 해산하였을 때에는 각 경찰서장, 기타 소속 관계기관 및 부서의 장에게 해산사실 및 그 사유를 알려야 한다.

제24조 【수사본부 해산에 따른 조치】

① 본부장은 수사본부가 해산하게 된 때에는 특별한 경우를 제외하고 해산 전에 수사본부 관계자를 소집하여, 수사검토회의를 열고 수사실행의 경과를 반성, 검토하여 수사업무의 향상을 도모하여야 한다.
② 본부장은 사건을 해결하지 못하고 수사본부를 해산할 경우에는 그 사건수사를 계속 담당하여야 할 해당 과장, 경찰서장에게 관계서류, 증거물 등을 인계하고 수사 중에 유의하여야 할 사항을 밝혀 주어야 한다.
③ 제2항의 사건을 인계받은 해당 과장 또는 경찰서장은 수사전담반으로 전환, 편성운영하고, 필요성 감소시 연 4회 이상 수사담당자를 지명하여 특별수사를 하여야 한다. 다만, 수사한 결과 범인을 검거할 가망이 전혀 없는 사건은 시·도경찰청장의 승인을 얻어 수사전담반 또는 수사담당자에 의한 특별수사를 생략할 수 있다.

제25조 【국립과학수사연구소장의 감정회보】

본부장은 국립과학수사연구원장에게 범죄와 관련, 증거의 수집, 발견을 위하여 수사자료의 감정과 분석을 의뢰할 수 있고, 국립과학수사연구원장은 성실히 과학적 수사에 대응한 감정과 분석을 실시하고, 그 결과를 빠른 시일내에 의뢰관서에 회보하여야 한다.

제26조 【보고】

시·도경찰청장은 수사본부를 설치 운영하는 경우에는 경찰청장에게 설치사실과 수사상황을 수시로 보고하여야 하며, 수사본부를 해산하는 경우에도 그 사실과 해산사유 등을 보고하여야 한다.

제27조 【특별수사본부의 설치 및 운영】

① 국가수사본부장은 제3조제1항에도 불구하고 중요사건 중 경찰고위직의 내부비리사건, 사회적 관심이 집중되고 공정성이 특별하게 중시되는 사건에 대하여는 직접 특별수사본부를 설치하여 운영할 수 있다.

② 특별수사본부장은 국가수사본부장이 경무관급 경찰관 중에서 지명한다.

③ 국가수사본부장은 제2항의 특별수사본부장을 지명하는 경우 「경찰 수사사건 등 심의에 관한 규칙」 제10조에서 규정하는 경찰수사 심의위원회에 3배수 이내 후보자에 대한 심사를 요청하고, 심사결과에 따라 추천된 자를 특별수사본부장으로 지명하여야 한다.

④ 특별수사본부장은 그 직무에 관하여 국가수사본부장 등 상급자의 지휘·감독을 받지 않고 수사결과만을 국가수사본부장에게 보고한다.

⑤ 국가수사본부장은 특별수사본부장의 조치가 현저히 부당하거나 직무의 범위를 벗어난 때에는 그 직무수행을 중단시킬 수 있으며, 교체가 필요한 경우에는 다시 제2항과 제3항에 따라서 교체할 수 있다.

⑥ 특별수사본부의 설치 및 운영에 관하여 필요한 사항은 제6조, 제8조, 제10조제1항제1호, 제11조부터 제25조까지의 규정을 준용한다.

부칙 <제584호, 2021.4.4.>

이 규칙은 발령한 날부터 시행한다.

★ 경찰 인권보호 규칙

[시행 2022. 10. 7.] [경찰청훈령 제1063호, 2022. 10. 7., 일부개정]

제1장 총칙

제1조(목적)

이 규칙은 경찰청과 그 소속기관에서 인권보호 업무를 하는 데 필요한 사항을 규정함으로써 모든 사람의 기본적 인권을 보호함을 목적으로 한다.

제2조(정의)

이 규칙에서 사용하는 용어의 정의는 다음과 같다.

1. "경찰관등"이란 경찰청과 그 소속기관의 경찰공무원, 일반직공무원, 무기계약근로자 및 기간제근로자, 의무경찰을 의미한다.
2. "인권침해"란 경찰관등이 직무를 수행하는 과정에서 모든 사람에게 보장된 인권을 침해하는 것을 말한다.
3. "조사담당자"란 인권침해를 내용으로 하는 진정을 조사하고 이에 따른 구제 업무 등을 수행하는 경찰청과 그 소속기관에 근무하는 공무원을 말한다.

제2장 경찰청 및 시·도경찰청 인권위원회

제3조(설치)

경찰 활동 전반에 걸친 민주적 통제를 구현하여 경찰력 오·남용을 예방하고, 경찰 행정의 인권지향성을 높여 인권을 존중하는 경찰 활동을 정립하기 위해 경찰청장 및 시·도경찰청장의 자문기구로서 각각 경찰청 인권위원회, 시·도경찰청 인권위원회(이하 "위원회"라 한다)를 설치하여 운영한다.

제4조(업무)

위원회는 다음 각 호의 사항에 대한 권고 또는 의견표명을 할 수 있다.
 1. 인권과 관련된 경찰의 제도·정책·관행의 개선
 2. 경찰의 인권침해 행위의 시정
 3. 국가인권위원회·국제인권규약 감독 기구·국가별 정례인권검토의 권고안 및 국가인권정책기본계획의 이행
 4. 인권영향평가 및 인권침해 사건 진상조사단(이하 '진상조사단'이라 한다)에 관한 사항

제5조(구성)

① 위원회는 위원장 1명을 포함하여 7명 이상 13명 이하의 위원으로 구성한다. 이때, 특정 성별이 전체 위원 수의 10분의 6을 초과하지 아니해야 한다.

② 위원장은 위원회에서 호선(互選)하며, 위원은 당연직 위원과 위촉 위원으로 구분한다.

③ 당연직 위원은 경찰청은 감사관, 시·도경찰청은 청문감사인권담당관으로 한다.

④ 위촉 위원은 인권 분야에 전문적인 지식과 경험이 있고 아래 각 호의 어느 하나에 해당하는 사람 중에서 경찰청장 또는 시·도경찰청장(이하 "청장"이라 한다)이 위촉한다. 이때, 각 호에 해당하는 사람이 반드시 1명 이상 포함되어야 한다.
 1. 판사·검사 또는 변호사로 3년 이상의 경력이 있는 사람
 2. 「초·중등교육법」 제2조제1호부터 제4호, 「고등교육법」 제2조제1호부터 제6호까지의 규정에 따른 학교에서 교원 또는 교직원으로 3년 이상 근무한 경력이 있는 사람
 3. 「비영리민간단체지원법」 제2조제1호부터 제3호, 제5호부터 제6호까지의 규정에 따른 단체에서 인권 분야에 3년 이상 활동한 경력이 있거나 그러한 단체로부터 인권위원으로 위촉되기에 적합하다고 추천을 받은 사람
 4. 그 밖에 사회적 약자 등 다양한 사회 구성원의 목소리를 반영할 수 있는 사람

제6조(위촉 위원의 결격사유)

① 다음 각 호의 어느 하나에 해당하는 사람은 위원이 될 수 없다.

   1. 「공직선거법」에 따라 실시하는 선거에 후보자(예비후보자 포함)로 등록한 사람
   2. 「공직선거법」에 따라 실시하는 선거에 의하여 취임한 공무원이거나 그 직에서 퇴직한 날부터 3년이 지나지 아니한 사람
   3. 경찰의 직에 있거나 그 직에서 퇴직한 날부터 3년이 지나지 아니한 사람
   4. 「공직선거법」에 따른 선거사무관계자 및 「정당법」에 따른 정당의 당원

② 위촉 위원이 제1항 각 호의 어느 하나에 해당하게 된 때에는 당연히 퇴직한다.

제7조(임기)

① 위원장과 위촉 위원의 임기는 위촉된 날로부터 2년으로 하며 위원장의 직은 연임할 수 없고, 위촉 위원은 두 차례만 연임할 수 있다.

② 위촉 위원에 결원이 생긴 경우 새로 위촉할 수 있고, 이 경우 새로 위촉된 위원의 임기는 위촉된 날부터 기산한다.

제8조(위원의 해촉)

다음 각 호의 어느 하나에 해당하는 경우에는 청장은 위원회의 의견을 들어 위원을 해촉할 수 있다.

   1. 입건 전 조사·수사 중인 사건에 청탁 또는 경찰 인사에 관여하는 행위를 하거나 기타 직무 관련 비위사실이 있는 경우
   2. 위원회의 명예를 실추시키거나 위원으로서의 품위를 손상시키는 행위를 한 경우
   3. 특별한 사유 없이 연속으로 정기회의에 3회 불참 등 직무를 태만히 한 경우
   4. 위원 스스로 직무를 수행하는 것이 곤란하다고 의사를 밝힌 경우
   5. 그 밖에 부득이한 사유로 업무를 수행할 수 없는 경우

제9조(위원의 제척 · 기피 · 회피)

① 위원은 다음 각 호의 어느 하나에 해당하는 경우에는 위원회의 회의에서 제척된다.

　1. 위원 또는 그 배우자나 배우자였던 자가 해당 사안의 당사자인 경우

　2. 위원이 해당 사안의 당사자와 친족 관계에 있거나 있었던 경우

　3. 위원이 해당 사안에 증언, 감정, 법률자문을 한 경우

　4. 위원이 해당 사안에 감사, 수사 또는 조사, 재판 등을 한 경우

　5. 위원이 해당 사안의 당사자의 대리인이거나 대리인이었던 경우

② 해당 사안의 당사자는 다음 각 호의 어느 하나에 해당하는 경우에는 위원장에게 해당 위원에 대한 기피 신청을 할 수 있다.

　1. 제1항 각 호의 어느 사유가 발생한 경우

　2. 위원에게 공정을 기대하기 어려운 특별한 사정이 있는 경우

③ 위원이 제2항 각 호의 어느 하나의 사유에 해당하는 경우에는 회피하여야 한다.

④ 위원회는 특정 위원에 대해 제1항 각 호의 어느 하나에 해당하는 사유가 있거나 제2항에 따른 기피신청이 있는 경우 당해 위원의 제척사유 유무, 기피사유 유무에 대해서 심사한다. 이 경우 제척사유가 있거나 기피 신청 대상이 된 위원은 심사권을 행사하지 못한다.

제10조(위원장의 직무 등)

① 위원장은 위원회를 대표하며, 위원회의 업무를 총괄한다.

② 위원장이 일시적인 사유로 그 직무를 수행할 수 없을 경우에는 위원 중에서 위촉 일자가 빠른 순으로 그 직무를 대행한다. 다만, 위촉 일자가 같을 때에는 연장자 순으로 대행한다.

③ 위원장이 직무를 계속하여 수행할 수 없는 사유가 발생하거나 직무를 수행할 수 없다는 의사 표시를 한 경우에는 제2항의 대행자는 그 사유가 발생하거나 의사를 표시한 날로부터 30일 이내에 회의를 개최하여 위원장을 선출하여야 한다. 단, 위원장의 잔여 임기가 6개월 미만일 때에는 위원장을 선출하지 않을 수 있다.

④ 제3항에 따라 선출된 위원장의 임기는 전임 위원장의 잔여 임기로 한다.

제11조(회의)

① 위원회의 회의는 정기회의와 임시회의로 구분하며, 재적위원 과반수의 출석으로 개의(開議)하고, 출석위원 과반수의 찬성으로 의결한다.
② 정기회의는 경찰청은 월 1회, 시·도경찰청은 분기 1회 개최한다.
③ 임시회의는 위원장이 필요하다고 인정하거나 청장 또는 재적위원 3분의 1 이상이 소집을 요구하는 경우 위원장이 소집한다.

제12조(분과위원회)

① 위원회의 활동을 효율적으로 수행하기 위하여 3명 이상 5명 이하의 위원으로 구성하는 분과위원회를 둘 수 있다.
② 분과위원회의 위원장 및 위원은 위원장이 지정한다.
③ 분과위원회는 분과위원회 위원장이 필요하다고 인정하거나 위원장 또는 분과위원회 위원 2명 이상의 요청이 있는 경우에 개최한다.
④ 분과위원회의 회의는 구성위원 3명 이상의 출석과 출석위원 과반수의 찬성으로 의결한다.
⑤ 분과위원회의 구성 및 그 밖에 운영에 필요한 사항은 위원회의 의결을 거쳐 위원장이 정한다.

제13조(간사)

① 간사는 의안에 대한 자료 수집, 조사 연구, 각 위원과의 연락, 회의의 소집 통지, 개최 준비, 회의록 작성 및 그 밖에 위원회의 운영에 관한 사무를 총괄한다.
② 간사는 다음 각 호와 같이 정한다.
  1. 경찰청 : 인권보호담당관
  2. 시·도경찰청 : 피해자보호계장 또는 소관 업무 계장

부록 2
관련법규·
훈령·
예규·고시

제14조(권고 또는 의견표명에 대한 조치)

① 제4조에 따라 권고 또는 의견표명(이하 '권고등'이라고 한다)을 받은 청장은 그 권고 등 사항을 존중하고 이행하기 위하여 노력하여야 한다.

② 청장은 권고등의 내용을 이행할 경우, 구체적인 이행 계획을 권고등을 받은 날로부터 30일 이내에 위원회에 서면으로 제출해야 하며, 권고등의 내용을 이행하지 않을 경우 그 이유를 위원회에 서면으로 제출하여야 한다.

③ 위원회는 제2항에 따라 제출 받은 서면을 토대로 이행 계획 또는 불수용 이유의 타당성 등을 검토하여 청장에게 의견표명을 할 수 있다.

제15조(협조 요청)

위원회는 업무 수행에 필요한 경우에는 다음 각 호의 사항에 관해 협조해 줄 것을 청장에게 요청할 수 있다.

1. 안건과 관련 있는 경찰관등의 위원회 출석
2. 안건과 관련 있는 자료 및 의견의 제출
3. 경찰 관련 시설의 방문

제16조(수당 등의 지급)

회의에 출석한 위원에게는 예산의 범위 안에서 수당 또는 여비를 지급할 수 있다.

제17조(운영 세칙)

이 규칙에 규정된 사항 이외의 위원회의 운영에 필요한 사항은 위원회의 의결을 거쳐 위원장이 정한다.

제3장 경찰 인권정책 기본계획 및 인권교육

제18조(인권교육계획의 수립)

① 경찰청장은 국민의 인권보호와 증진을 위하여 경찰 인권정책 기본계획(이하 "기본계획"이라 한다)을 5년마다 수립해야 한다.

② 기본계획에는 다음 각 호의 사항이 포함돼야 한다.

1. 경찰 인권정책의 기본방향과 추진목표
2. 추진목표별 세부과제 및 실행계획
3. 인권취약계층에 대한 인권보호 방안
4. 인권에 관한 교육 및 홍보 등 인권의식 향상을 위한 시책
5. 인권보호 및 증진에 관한 협력체계 구축 방안
6. 그 밖에 국민의 인권보호 및 증진에 필요한 사항

제18조의2(경찰 인권교육계획의 수립)

① 경찰청장은 경찰관등(경찰공무원으로 신규 임용될 사람을 포함한다. 이하 이 조, 제20조, 제20조의2 및 제20조의3에서 같다)이 근무하는 동안 지속적·체계적으로 교육을 받을 수 있도록 3년 단위로 다음 각 호의 사항을 포함한 인권교육종합계획을 수립하여 시행해야 한다.

1. 경찰 인권교육의 기본방향과 추진목표
2. 인권교육 전문강사 양성 및 지원
3. 경찰 인권교육 실태조사·평가
4. 교육기관 및 대상별 인권교육 실시
5. 그 밖에 경찰관등의 인권 보호와 향상을 위하여 필요한 사항

② 경찰관서의 장은 제1항의 내용을 반영하여 매년 인권교육 계획을 수립하여 시행하여야 한다.

제19조(인권교육의 방법)

경찰관등은 대면 교육, 사이버 교육 등 다양한 방법을 통해 교육을 이수할 수 있고, 학습자의 능동적인 학습권을 보장하기 위해 토론식, 참여식 교육을 권장한다.

제20조(인권교육의 실시)

① 경찰관등은 인권의식을 함양하고 인권친화적 경찰활동을 위해 인권교육을 이수해야 한다.
② 경찰관서의 장은 소속 경찰관등에게 다음 각 호의 내용을 포함하여 인권교육을 실시한다.
  1. 인권의 개념 및 역사의 이해
  2. 인권보장의 필요성, 경찰과 인권의 관계
  3. 인권보호 모범 및 침해 사례
  4. 인권 관련 법령, 정책 및 제도의 이해
  5. 그 밖에 경찰관서의 장이 인권교육에 필요하다고 인정하는 내용

제20조의2(교육대상)

인권교육은 다음 각 호의 구분에 따라 실시한다.
  1. 신규 임용예정 경찰관등에 대한 인권교육
  2. 재직경찰관등에 대한 인권교육
  3. 경찰관서의 장(지역경찰관서의 장과 기동부대의 장을 포함한다)에 대한 인권교육
  4. 교육기관에 입교한 경찰관등에 대한 인권교육
  5. 인권 강사 경찰관등에 대한 인권교육

제20조의3(교육시기 및 이수시간)

경찰관등에 대한 인권교육은 교육대상에 따라 다음 각 호와 같이 실시해야 한다.
  1. 신규 임용예정 경찰관등: 각 교육기관 교육기간 중 5시간 이상
  2. 경찰관서의 장(지역경찰관서의 장과 기동부대의 장을 포함한다) 및 각 경찰관서 재직 경찰관등: 연 6시간 이상
  3. 교육기관에 입교한 경찰관등: 보수·직무교육 등 교육과정 중 1시간 이상
  4. 인권 강사 경찰관등: 연 40시간 이상

제4장 인권영향평가

제21조(인권영향평가의 실시)

① 경찰청장은 인권침해를 예방하고, 인권친화적인 치안 행정이 구현되도록 다음 각 호의 사항에 대하여 인권영향평가를 실시하여야 한다.
  1. 제·개정하려는 법령 및 행정규칙
  2. 국민의 인권에 영향을 미치는 정책 및 계획
  3. 참가인원, 내용, 동원 경력의 규모, 배치 장비 등을 고려하여 인권 침해 가능성이 높다고 판단되는 집회 및 시위

② 제1항에도 불구하고 다음 각 호의 어느 하나에 해당하는 경우 평가대상에서 제외한다.
  1. 제·개정하려는 법령 및 행정규칙의 내용이 경미한 경우
  2. 사전에 청문, 공청회 등 의견 청취 절차를 거친 정책 및 계획

제22조(평가의 기준)

경찰청장은 다음 각 호의 기준에 따라 인권영향평가를 실시한다.
  1. 법률유보의 원칙
  2. 비례의 원칙, 평등의 원칙 등 불문법원칙
  3. 적법절차의 원칙
  4. 그 밖에 인권침해를 유발할 수 있는 재량권의 존재 여부 및 이를 통제할 수 있는 장치의 존재 여부

제23조(평가 절차)

① 경찰청장은 다음 각 호의 구분에 따른 기한 내에 인권영향평가를 실시하여야 한다.
  1. 제21조제1항제1호: 해당 안건을 경찰위원회에 상정하기 60일 이전
  2. 제21조제1항제2호: 해당 사안이 확정되기 이전
  3. 제21조제1항제3호: 집회 및 시위 종료일로부터 30일 이전

② 제1항에도 불구하고 제1항 각 호의 기한에 평가를 실시할 수 없는

부득이한 사유가 발생한 경우에는 기한에 관계없이 평가를 실시할 수 있다.

③ 경찰청장은 인권영향평가를 실시하는 경우에 경찰청 인권위원회에 자문 할 수 있다.

④ 경찰청장은 제3항에 따라 경찰청 인권위원회가 제시한 의견을 존중하여야 한다.

제24조(점검)

인권보호담당관은 반기 1회 이상 인권영향평가의 이행 여부를 점검하고, 이를 경찰청 인권위원회에 제출하여야 한다.

제5장   인권진단

제25조(진단사항)

인권보호담당관은 인권침해를 예방하고 제도를 개선하기 위해 연 1회 이상 다음 각 호의 사항을 진단하여야 한다.

1. 인권 관련 정책 이행 실태
2. 인권교육 추진 현황
3. 경찰청과 소속기관의 청사 및 부속 시설 전반의 인권침해적 요소의 존재 여부

제26조(방법)

진단은 대상 경찰관서를 방문하여 관찰, 서류 점검, 면담, 설문 등의 방법으로 실시하되, 방문 진단이 곤란하다고 인정하는 경우에는 서면으로 할 수 있다.

제6장 인권침해 사건의 조사·처리

제27조(비밀 엄수 및 절차준수)

① 조사담당자는 직무를 수행하는 과정에서 알게 된 비밀을 정당한 사유 없이 다른 사람에게 누설하거나 조사 외 다른 목적으로 사용해서는 아니 되며, 진정인·피해자·피진정인 및 관계인(이하 진정인등이라 한다)의 인권을 존중하여야 한다.

② 조사담당자는 진정인등에게 법령을 공정하게 적용하고, 적법절차를 지키며, 피진정인이 소속된 기관의 장이나 진정인등의 의견을 충분히 수렴하여야 한다.

③ 조사담당자는 진정을 조사하는 동안 진정인등에게 처리 과정과 결과를 친절하게 안내하고 설명하여, 진정인등이 이해하고 납득할 수 있도록 성실하게 노력하여야 한다.

제28조(진정의 접수 및 처리)

① 인권침해 진정은 문서(우편·팩스 및 컴퓨터 통신에 의한 것을 포함한다. 이하 같다)나 전화 또는 구두로 접수 받으며, 담당 부서는 경찰청 인권보호담당관실로 한다.

② 경찰청 인권보호담당관실은 진정이 제기되지 아니하였더라도 경찰청 장이 직접 조사를 명하거나 중대하고 긴급한 조치가 필요하다고 판단한 사안 또는 인권침해의 단서가 되는 사실을 알게 되었을 경우에는 직접 조사할 수 있다.

③ 제1항에도 불구하고 사건의 내용을 확인하여 처리 관서 또는 부서가 특정되거나「경찰청 사무분장 규칙」에 따른 사무가 확인될 경우에는 경찰청 인권보호담당관실에 접수된 진정을 이첩할 수 있다.

제29조(진정의 각하)

① 경찰청 및 그 소속기관의 장은 다음 각 호의 어느 하나에 해당할 경우에는 그 진정을 각하할 수 있다.

1. 진정 내용이 인권침해에 해당하지 아니하는 것이 명백한 경우
2. 진정 내용이 명백히 사실이 아니거나 이유가 없다고 인정되는 경우
3. 피해자가 아닌 사람이 한 진정으로서 피해자가 조사를 원하지 않는다는 의사표시를 명백하게 한 경우
4. 진정의 원인이 된 사실이 공소시효, 징계시효 및 민사상 시효 등이 모두 완성된 경우
5. 진정의 원인이 된 사실에 관하여 법원이나 헌법재판소의 재판, 수사기관의 수사 또는 그 밖에 법률에 따른 권리 구제절차가 진행 중이거나 종결된 경우(기간의 경과 등 형식 요건을 제대로 갖추지 못하여 종결된 경우는 제외한다)
6. 진정이 익명(匿名)이나 가명(假名)으로 제출된 경우
7. 진정인이 진정을 취소한 경우
8. 기각 또는 각하된 진정과 동일한 내용으로 다시 진정한 경우
9. 진정 내용이 추상적이거나 관계자를 근거 없이 비방하는 등 업무를 방해할 의도로 진정한 것으로 판단되는 경우
10. 진정의 취지가 그 진정의 원인이 된 사실에 관한 법원의 확정 판결이나 헌법재판소의 결정에 반대되는 경우
11. 국가인권위원회에서 진정서의 내용과 같은 사실을 이미 조사 중이거나 조사한 사실이 확인된 경우(진정인의 진정 취소를 이유로 각하 처리된 사건은 제외한다)

② 제1항 각 호의 어느 하나에 해당하더라도 인권침해를 방지하고 제도 개선을 위한 사실관계 확인을 위하여 조사가 필요한 경우에는 각하하지 아니할 수 있다.

③ 진정에 대해 조사를 시작한 후에도 제1항 각 호의 어느 하나의 사유가 확인된 경우 해당 진정을 각하할 수 있다.

제30조(조사의 촉탁)

① 제28조제3항에 의해 사건을 이첩 받은 경찰청 소속 국·관 또는 소속 기관의 장은 필요한 경우 별지 제3호의 서식에 따라 조사 촉탁서를 기록에 첨부하여 관련 부서의 장에게 사건의 조사를 촉탁할 수 있다.

② 제1항에 따라 조사를 촉탁받은 관련 부서의 장은 사건을 신속히 조사

하여 1개월 이내에 그 조사 결과를 촉탁한 장에게 송부하여야 하고, 조사기간이 1개월이 초과되는 경우에는 그 사건 조사의 진행 경과를 통보하여야 한다.

제31조(조사 대상자에 대한 협조 요청)

조사담당자는 피진정인을 포함한 경찰관등에게 사건 조사를 위하여 사건과 관련된 경찰관등에 대하여 다음 각 호의 사항에 대해 협조를 요청할 수 있다.

1. 출석요구, 진술청취 및 진술서 제출
2. 관련자료 또는 물건의 제출
3. 사건 관련 장소에서의 현장조사
4. 그 밖에 조사업무 수행에 필요한 사항

제32조(물건 등의 보관 등)

① 조사담당자는 사건 조사 과정에서 진정인·피진정인 또는 참고인 등이 임의로 제출한 물건 중 사건 조사에 필요한 물건은 보관할 수 있다.
② 조사담당자는 제1항에 따라 제출받은 물건의 목록을 작성하여 제출자에게 내주고 사건기록에 그 물건 등의 번호·명칭 및 내용, 제출자 및 소유자의 성명과 주소를 적고 서명 또는 기명날인하게 하여야 한다.
③ 조사담당자는 제출받은 물건에 사건번호와 표제, 제출자 성명, 물건 번호, 보관자 성명 등을 적은 표지를 붙인 후 봉투에 넣거나 포장하여 안전하게 보관하여야 한다.
④ 조사담당자는 제출자가 보관 중인 물건의 반환을 요구하는 경우에는 반환하여야 하며, 다음 각 호의 어느 하나에 해당하는 경우에는 제출자가 요구하지 않더라도 반환할 수 있다.
1. 진정인이 진정을 취소한 사건에서 진정인이 제출한 물건이 있는 경우
2. 사건이 종결되어 더 이상 보관할 필요가 없는 경우
3. 그 밖에 물건을 계속 보관하는 것이 적절하지 않은 경우

제33조(사건의 분리 및 병합)

조사담당자는 필요하다고 인정하는 경우에는 진행 중인 사건들을 분리하거나 병합하여 처리할 수 있다.

제34조(수사 개시로 인한 조사중단) 〈삭제〉

제35조(조사중지)

① 조사담당자는 인권침해 사건을 조사하는 과정에서 다음 각 호의 어느 하나에 해당하는 사유로 사건 조사를 진행할 수 없는 경우에는 조사를 중지할 수 있다. 다만, 확인된 인권침해 사실에 대한 구제 절차는 계속하여 이행할 수 있다.

1. 진정인이나 피해자의 소재를 알 수 없는 경우
2. 사건 해결과 진상 규명에 핵심적인 중요 참고인의 소재를 알 수 없는 경우
3. 그 밖에 제1호 또는 제2호와 유사한 사정으로 더 이상 사건 조사를 진행할 수 없는 경우
4. 감사원의 조사, 경찰·검찰 등 수사기관에서 조사 또는 수사가 개시된 경우

② 조사중지 사유가 해소된 경우에는 조사담당자는 별지 제4호 서식의 사건 표지에 새롭게 사건을 재개한 사유를 적고 즉시 조사를 다시 시작하여야 한다.

제36조(진정의 취소)

① 진정인은 진정을 취소하려는 경우에는 그 뜻을 분명히 밝힌 취소장(전자우편 등 전자문서 형식의 취소장을 포함한다. 이하 같다)을 제출하여야 한다. 다만, 진정인이 경찰관등에게 구두로 진정의 취소의사를 표시하는 경우에는 직원 등이 대신 작성하여 진정인의 서명이나 날인을 받은 취소조서를 취소장으로 갈음할 수 있으며, 전화로 진정취소 의사를 밝힌 경우에는 담당 직원의 전화통화 보고서를 취소장으로 갈음할 수 있다.

② 진정인 또는 피해자가 유치인이거나 기타 시설 수용자인 경우에 진정

을 취소하거나 조사를 원하지 않는다는 뜻을 표시하려면 진정인 또는 피해자가 취소장을 작성하고 서명 및 날인(손도장을 포함한다)하여 제출하여야 한다.

제37조(진정의 기각)

경찰청 및 그 소속기관의 장은 진정 내용을 조사한 결과 다음 각 호의 어느 하나에 해당하는 경우에는 그 진정을 기각할 수 있다.

1. 진정 내용이 사실이 아니거나 사실 여부를 확인하는 것이 불가능한 경우
2. 진정 내용이 이미 피해회복이 이루어지는 등 따로 구제조치가 필요하지 아니하다고 인정되는 경우
3. 진정 내용은 사실이나 인권침해에 해당하지 아니하는 경우

제38조(인용 및 구제조치)

① 경찰청 및 그 소속기관의 장은 조사 결과 인권침해 사실이 인정되는 경우 다음 각 호의 조치를 하거나 관련 부서에 그 조치를 하도록 지시할 수 있다.
1. 조사 결과 인권침해 행위의 내용이 범죄행위에 해당하고 형사처벌이 필요하다고 인정되는 경우 고발 또는 수사의뢰
2. 인권침해 행위 중지 및 기타 적절한 조치
3. 피해자의 권리구제를 위하여 필요하다고 인정되는 경우 국가배상이나 법률구조 등 안내
4. 인권침해 행위를 한 당사자나 책임자에 대한 관계 법령에 따른 징계의결 요구
5. 인권침해 사실과 관련된 제도 개선
② 경찰청 및 그 소속기관의 장은 인권침해의 의심이 있고, 이를 방치하면 회복하기 어려운 피해가 발생할 우려가 있다고 인정할 경우 다음 각 호의 조치를 하거나 관련 부서에 그 조치를 하도록 지시할 수 있다.
1. 의료·식사 및 옷 등의 제공

2. 유치장소의 변경

3. 인권침해 행위의 즉시 중지 명령

4. 인권침해 행위를 일으키고 있다고 판단되는 경찰관등의 그 직무로 부터의 배제

5. 그 밖에 피해자의 생명과 신체의 안전을 위하여 필요한 사항

③ 제1항 및 제2항 각 호의 조치는 함께 할 수 있다.

④ 경찰청 및 그 소속기관의 장은 제1항 각 호의 조치를 하기 전에 피진 정인 및 관련부서의 장에게 의견을 진술하거나 필요한 자료를 제출할 기회를 주어야 한다.

⑤ 경찰청 및 그 소속기관의 장으로부터 제1항제2호·제4호 또는 제5호 또는 제2항 각 호의 조치를 지시받은 해당 부서의 장은 즉시 지시 내 용을 이행하고, 결과를 보고하여야 한다.

제39조(인권침해 사건에 대한 자문)

경찰청 및 그 소속기관의 장, 진상조사단장(이하 '단장'이라 한다)은 인권침 해 사건과 관련하여 필요하다고 인정하는 경우 위원회에 자문할 수 있다.

제40조(사건 결정의 통지 등)

다음 각 호의 어느 하나에 해당하는 경우에는 지체 없이 별지 제1호 서식 에 결정내용과 그 사유를 적어 진정인에게 통지하고, 별지 제2호 서식에 결정사항 및 그 사유를 적어 기록에 편철하여야 한다. 이 경우 별지 제2호 서식에 그 통지여부를 표시하여야 한다.

1. 제28조제3항에 따라 진정을 이첩하는 경우

2. 제29조제1항 또는 제3항에 따라 진정을 각하하는 경우

3. <삭제>

4. 제35조제1항에 따라 조사를 중지하는 경우

5. 제37조에 따라 진정을 기각하는 경우

6. 제38조제1항에 따라 조치를 하는 경우

제41조(기록 등의 열람 · 복사)

진정인은 사유를 소명하여 본인이 진술하거나 제출한 서류를 열람 또는 복사할 수 있도록 인권보호담당관실에 청구할 수 있다.

제7장 진상조사단

제42조(진상조사단의 구성)

① 경찰청장은 경찰의 법 집행 과정에서 사람의 사망 또는 중상해 그 밖에 사유로 인하여 중대한 인권침해의 의심이 있는 경우 이를 조사하기 위하여 진상조사단을 구성할 수 있다. 이 경우에 경찰청 인권위원회는 진상조사단 구성에 대하여 권고 또는 의견표명을 할 수 있다.

② 진상조사단은 경찰청 차장 직속으로 두고 진상조사팀, 실무지원팀, 민간 조사자문단으로 구성하여 운영한다.

③ 단장은 경찰청 소속 경무관급 공무원 중에서 경찰위원회의 추천을 받아 경찰청장이 임명한다.

④ 단장은 진상조사단의 업무를 총괄하고 팀장 및 팀원을 지휘·감독한다.

제43조(진상조사팀의 구성 및 임무)

① 팀장은 경찰청 소속 총경급 중에서 단장의 의견을 들어 경찰청장이 임명한다.

② 팀원은 인권·감찰·감사·수사 등의 분야에서 조사경험이 있는 경찰관과 국민 권익위원회 등에서 파견 받은 조사관으로 구성하되, 팀원 수는 대상사건의 관련자 수와 조사범위 등을 고려하여 단장이 정한다.

③ 진상조사팀은 관련자 및 사실관계를 조사하고 증거를 수집한다.

④ 제3항의 조사방법 등에 관하여는 제27조 및 제31조의 규정을 준용한다.

제44조(실무지원팀의 구성 및 임무)

① 팀장은 경찰청 인권보호담당관으로 하고, 팀원은 경찰청 인권보호담당관실 소속 직원으로 한다.

② 실무지원팀은 진상조사단의 원활한 운영을 위하여 진상조사단 및 진상조사 팀의 업무를 지원한다.

제45조(민간조사자문단의 구성 및 임무)

① 민간조사자문단은 '인권분야 전문가 인력풀'에 포함된 사람 중에서 경찰청 인권위원회의 심의를 거쳐 경찰청장이 위촉한다.
② 제1항의 '인권분야 전문가 인력풀'은 인권 분야에 전문적인 지식과 경험이 있고 아래 각 호에 해당하는 사람 중에서 경찰청장이 구성한다.
　1. 사회학·법학 등 인권분야에 관한 박사학위를 가진 사람
　2. 판사·검사 또는 변호사로 3년 이상의 경력이 있는 사람
　3. 그 밖에 조사대상 사건에 대해 전문성이 있다고 인정되는 사람
③ 위촉 단원의 결격, 해촉 및 제척·기피·회피에 관하여는 제6조, 제8조, 제9조의 규정을 준용한다.
④ 민간조사자문단은 조사팀의 조사현장에 참여할 수 있으며, 조사과정을 모니터링하고 조사팀의 조사활동 및 그 결과에 대하여 의견을 제시할 수 있다.
⑤ 제4항의 조사활동 등에 참여한 자문단원에게는 예산의 범위 안에서 수당 또는 여비를 지급할 수 있다.

제46조(운영기간)

진상조사단은 원칙적으로 구성된 날로부터 2개월 내에 조사를 완료하여야 한다. 다만 필요한 경우에는 경찰청장의 승인을 받은 후 기간을 연장할 수 있다.

제47조(결과발표)

① 단장은 대상사건에 대한 사건의 진상, 원인분석 및 그에 따른 조치의
견 등을 포함하는 조사결과를 발표한다.

② 단장은 진상조사 결과 발표 전 조사결과에 대해 경찰위원회와 경찰청
인권위원회에 보고하고 그 의견을 들어야 한다.

부칙 〈제1063호, 2022.10.07〉

제1조(시행일) 이 규칙은 발령한 날부터 시행한다.

제2조(다른 규칙의 개정) ① 경찰 민원봉사실 운영규칙의 일부를 다음
과 같이 개정한다.

제6조제1항 중 "청문감사담당관, 청문감사관"을 "청문감사인권담당관,
청문감사인권관"으로 한다.

② (경찰청) 경고·주의 및 장려제도 운영 규칙 일부를 다음과 같이 한다.

제9조 중 "청문감사담당관"을 "청문감사인권담당관"으로 하고, "청문감
사관"을 "청문감사인권관"으로 한다.

③ 경찰청 공무원 행동강령 일부를 다음과 같이 한다.

제23조제2항 중 "청문감사담당관"을 "청문감사인권담당관"으로 하고, "
청문감사관"을 "청문감사인권관"으로 하고, "청문감사관제"를 "청문감
사인권관제"로 한다.

④ 경찰청 내부비리신고센터 운영 및 신고자 보호에 관한 규칙 일부를
다음과 같이 한다.

제6조제1항 중 "청문감사담당관실"을 "청문감사인권담당관실"로 한다.

제7조제1항 중 "청문감사담당관"을 "청문감사인권담당관"으로 한다.

제8조제1항 중 "청문감사담당관실"을 "청문감사인권담당관실"로 한다.

제9조제3항 중 "청문감사담당관실"을 "청문감사인권담당관실"로 한다.

⑤ 경찰청 시민감찰위원회 규칙 일부를 다음과 같이 한다.

제12조 중 "청문감사담당관"을 "청문감사인권담당관"으로 한다.

⑥ 경찰청 적극행정 면책제도 운영규정 일부를 다음과 같이 한다.

제12조제2항 중 "청문감사담당관"을 "청문감사인권담당관"으로 하고, "

청문감사관"을 "청문감사인권관"으로 한다.

별표 제1호서식의 "지방경찰청"을 "시·도경찰청"으로 하고, "청문감사담당관"을 "청문감사인권담당관"으로, "청문감사관"을 "청문감사인권관"으로 한다.

⑦ (경찰청) 피의자 유치 및 호송 규칙 일부를 다음과 같이 한다.

제40조제4항 중 "청문감사관"을 "청문감사인권관"으로 한다.

별표 제3호서식의 "청문감사관"을 "청문감사인권관"으로 한다.

⑧ 소년업무규칙 일부를 다음과 같이 한다.

제28조제2항 중 "청문감사관"을 "청문감사인권관"으로 한다.

⑨ 피해자 보호 및 지원에 관한 규칙 일부를 다음과 같이 한다.

제9조 중 "청문감사담당관"을 "청문감사인권담당관"으로 한다.

제10조 중 "청문감사담당관"을 "청문감사인권담당관"으로 하고, "청문감사관"을 "청문감사인권관"으로 한다.

제12조제1항 중 "청문감사관"을 "청문감사인권관"으로 한다.

제30조제4항 중 "청문감사관"을 "청문감사인권관"으로 한다.

제30조제5항 중 "청문감사계장"을 "청문감사인권계장"으로 한다.

별지 제1호서식의 "청문감사관실"을 "청문감사인권관실"로 하고, "청문감사담당관"을 "청문감사인권담당관"으로, "청문감사관"을 "청문감사인권관"으로 한다.

⑩ 경찰청 소속 일반직공무원 인사관리규칙 일부를 다음과 같이 한다.

별표 제2호서식의 "청문감사담당관실"을 "청문감사인권담당관실"로 하고, "청문감사관실"을 "청문감사인권관실"로 한다.

⑪ 경찰 감찰 규칙 일부를 다음과 같이 한다.

별지 제5호서식의 "청문감사관"을 "청문감사인권관"으로 하고, "청문감사관실"을 "청문감사인권관실"로 한다.

【별지 제1호서식】

<table>
<tr><td colspan="4" align="center"># 경 찰 청</td></tr>
<tr><td colspan="4">제 목 : 사건처리결과 통지</td></tr>
<tr><td>사건번호</td><td>20 년 인권제   호</td><td>진 정 인</td><td></td></tr>
<tr><td colspan="4" height="400">

20 .   .   .

경 찰 청 장

</td></tr>
<tr><td colspan="4">※ 궁금한 사항이 있으신 분은 아래 전화나 우편으로 연락하시면 친절히 답변해 드리겠습니다.</td></tr>
<tr><td colspan="4">서울시 용산구 한강대로 71길 37, 경찰청 인권보호담담당관실
Tel: (02)3150-2239   Fax: (02)3150-2739</td></tr>
<tr><td colspan="4">

귀하

우편번호

</td></tr>
</table>

경찰청 인권보호담당관실	담 당	계 장	과 장	국 장
			전 결	

인권침해 (진정·인지) 사건 결정서

사건번호	20 년 인권제 호	사 건 명	
진 정 인		피진정인 또는 피조사자	
결 정 일	20 . . .		
결정사항	결 정 사 유		
각 하 ☐			
이 첩 ☐			
중 단 ☐			
조사중지 ☐			
기 각 ☐			
인용 및 구제조치 ☐			
진정인 통지 ☐ 피진정인 통지 ☐			
비 고			

【별지 제3호서식】

경찰청 인권보호담당관실

(02-3150-2239)

20 년 인권 제 호   20 .   .   .

수 신   발 신

제 목   **조 사 촉 탁**   경   ㊞

진정인	①성 명		
	②생 년 월 일		연 령	
	③주 거		
조사촉탁내용			
첨부서류			

【별지 제4호서식】

인 권 침 해　진 정 사 건 기 록

결 재	담 당	계 장	과 장	국 장
			전 결	

사건번호	200 년 인권 제　호	사 건 명	

단 　 서	□전화 　□우편 　□ 방문 　□인터넷 　□인지

진 정 인		피진정인 또는 피조사자	

인권침해 요 　 지	

접수일자	200 . 　. 　.

처리일자	200 . 　. 　.	처리결과	

비 　 고	

★ 지문 및 수사자료표 등에 관한 규칙

[시행 2023. 4. 1.] [경찰청훈령 제1073호, 2023. 1. 31., 일부개정]

제1장 총칙

제1조(목적)

이 규칙은 「형의 실효 등에 관한 법률」(이하 "법"이라 한다) 제5조의2에 따른 수사자료표의 보존·관리, 지문의 채취와 분류, 지문에 의한 신원확인 등을 체계적이고 효율적으로 하기 위하여 필요한 사항을 규정함을 목적으로 한다.

제2조(정의)

이 규칙에서 사용하는 용어의 정의는 다음 각 호와 같다.

1. "지문"이라 함은 손가락 끝마디의 안쪽에 피부가 융기(隆起)한 선 또는 점(이하 "융선"이라 한다)으로 형성된 무늬를 말한다.
2. "지문자동검색시스템(AFIS: Automated Fingerprint Identification System)이란 주민등록증발급신청서·외국인의 생체정보·수사자료표의 지문을 원본 그대로 암호화하여 데이터베이스에 저장하고, 채취한 지문과의 동일성 검색에 활용하는 전산시스템을 말한다.
3. "전자수사자료표시스템(E-CRIS: Electronic Criminal Record Identification System)"이란 피의자의 지문으로 신원을 확인하고 수사자료표를 전자문서로 작성해 암호화하여 데이터베이스에 저장·관리하는 전산시스템을 말한다.
4. "범죄경력관리시스템(CRIMS: Criminal Records Information Management System)"이란 작성된 수사자료표를 범죄·수사경력으로 구분·암호화하여 데이터베이스에 저장해 범죄·수사경력 조회·회보·관리에 활용하는 전산시스템을 말한다.
5. "현장지문"이라 함은 범죄현장에서 채취한 지문을 말한다.
6. "준현장지문"이라 함은 범죄현장 이외의 장소에서 채취된 지문을 말한다.

제2장 수사자료표의 작성·관리

제3조(수사자료표의 관리)

① 경찰청 범죄분석담당관은 수사자료표를 범죄경력자료와 수사경력자료로 구분하여 보존·관리하여야 한다.

② 경찰청 범죄분석담당관은 정확한 수사자료표 관리를 위해 업무처리 중 발견되는 오류자료를 신속하게 정정하는 등 필요한 조치를 하여야 한다.

제4조(수사자료표의 작성시 지문채취 및 신원확인)

① 사법경찰관이 「지문을채취할형사피의자의범위에관한규칙」 제2조에 따른 피의자의 지문을 채취할 때에는 별지 제1호서식 또는 제2호서식에 서명 등의 방법(전자수사자료표시스템을 통한 작성을 포함한다)으로 피의자의 동의를 받는다.

② 제1항에도 불구하고 법관이 발부한 검증영장 또는 형사소송법 제216조에 따라 체포·구속에 부수되어 이루어지는 강제처분으로 지문을 채취할 때에는 피의자의 동의없이 지문을 채취할 수 있다.

③ 사법경찰관은 제1항 또는 제2항에 따라 채취한 지문으로 신원을 확인한다. 다만, 채취한 지문으로 신원을 확인할 수 없거나 제2항에 따른 강제처분으로도 지문을 채취할 수 없는 경우에는 가족관계증명서·주민등록증·운전면허증·여권 등 신원확인에 필요한 각종 자료로 신원을 확인한다.

제5조(수사자료표의 작성방법)

① 수사자료표는 전자수사자료표시스템을 이용하여 전자문서로 작성한다. 다만, 입원, 교도소 수감 등 불가피한 사유로 피의자가 경찰관서에 출석하여 조사받을 수 없는 경우에는 종이 수사자료표를 작성하여 입력한다.

② 피의자의 신원이 확인된 경우에는 별지 제1호서식의 수사자료표를 작

성한다. 다만, 다음 각 호의 어느 하나에 해당하는 경우에는 별지 제2
호서식의 수사자료표를 작성한다.
1. 주민등록증 미발급자 등 지문자료가 없어 신원이 확인되지 않는 경우
2. 전자수사자료표시스템으로 동일인 여부가 판명되지 않은 경우
3. 주민조회시 별표1에 의한 지문분류번호가 없는 경우(00000-00000
   포함)
4. 손가락의 손상·절단 등으로 지문분류번호를 정정할 필요가 있는 경우
③ 제1항 및 제2항의 규정에도 불구하고 다음 각 호의 피의자에 대해서
는 지문을 채취하지 않고 제4조제3항 단서에 의한 신원확인 후 수사
자료표를 작성할 수 있다.
1. 90일을 초과하여 외국에 체류하는 사람
2. 강제출국된 외국인
3. 기타 전염병 등의 사유로 인해 지문채취가 불가능하다고 인정되는 사람
④ 주민등록번호(외국인등록번호)가 확인되지 않는 피의자의 수사자료표
주민등록번호(외국인등록번호) 항목은 다음 각 호에 따라 입력한다.
1. 내국인 1900년대 출생자중 남자는 '생년월일-1000000', 여자는 '생
   년월일-2000000'
2. 내국인 2000년대 출생자중 남자는 '생년월일-3000000', 여자는 '생
   년월일-4000000'
3. 외국인 1900년대 출생자중 남자는 '생년월일-5000000', 여자는 '생
   년월일-6000000'
4. 외국인 2000년대 출생자중 남자는 '생년월일-7000000', 여자는 '생
   년월일-8000000'
⑤ 수사자료표 작성자는 작성 후 신속히 소속 팀(계)장의 승인을 받아야
한다.

제6조(수사자료표의 확인 및 조치)

경찰청 범죄분석담당관은 신원이 확인되지 않은 상태로 전송된 수사자료표
에 대하여 신원을 확인하여 그 결과를 작성관서의 장에게 통보하여야 한다.

제7조(정정할 사항의 조치)

제6조의 통보를 받은 관서의 장은 다음 각 호에 따라 조치하여야 한다. 다만, 사건이 검찰청에 송치된 이후에 통보를 받은 경우에는 확인된 피의자 인적사항 정정에 관한 사항을 검찰청에 추송하여야 한다.

1. 피의자에 대한 출석요구 등을 통하여 본인 여부 재확인
2. 타인의 인적사항으로 입력된 피의자 원표, 수사기록, 각종 대장 등 관련 서류의 정정
3. 개별 법령에 의거하여 진행된 행정조치 또는 기관통보에 대한 정정 및 보완

제8조(처분결과 등 정리)

경찰청 범죄분석담당관은 경찰청, 검찰청 등 수사기관의 장으로부터 송부받은 사건의 입건현황과 처분 또는 선고현황 등을 범죄경력관리시스템에 자동 입력되도록 한다. 다만, 다음 각 호에 해당하는 경우에는 필요한 사항을 확인하여 입력한다.

1. 범죄경력관리시스템에 자동입력되지 않은 처분 결과 등이 있는 경우
2. 다른 수사기관의 장으로부터 처분결과 등을 서면으로 통보받은 경우
3. 본인이 수사자료표 기록내용이 사실과 다르다고 이의제기를 한 경우
4. 기타 수사자료표 처분사항에 관한 정리가 필요한 경우

제3장 수사자료표의 조회 및 회보 등

제9조(관리책임자의 지정 등)

① 범죄경력관리시스템 및 전자수사자료표시스템의 관리책임자는 시스템이 설치된 부서의 장으로 한다.
② 제1항의 관리책임자는 수사자료표 내용이 불법 유출되거나 법령에 정하여진 목적 외의 용도로 활용되지 않도록 수시로 관리 및 점검을 하여야 한다.

제10조(범죄경력 · 수사경력조회에 대한 승인)

① 「형사사법절차 전자화 촉진법」에 따른 사건 담당경찰관이 「형사사법
절차 전자화 촉진법」 제2조제4호에 따른 형사사법정보시스템을 이용
하여 범죄·수사경력 자료를 조회하는 경우에는 소속 계(팀)장의 승인
을 받아야 한다.

② 종합조회처리실 등에 범죄·수사경력 자료의 조회를 의뢰할 필요가 있
는 경우 의뢰자는 소속 부서의 장(일과 후 상황관리관 또는 상황관리
관의 업무를 수행하는 자)의 승인을 받아 「경찰 정보통신 운영규
칙」 별지 제8호서식의 온라인조회 의뢰서(이하 "의뢰서"라 한다)를
제출하여야 한다. 다만, 범죄수사 등 목적으로 긴급을 요하여 조회 의
뢰에 대한 사전 승인을 받을 수 없을 때에는 의뢰서에 그 사유를 기
재한 후 의뢰하고, 사후에 소속부서의 장의 승인을 받아야 한다.

③ 제2항에 따른 조회 의뢰를 받은 종합조회처리실 등의 근무자는 소속
부서의 장의 승인을 받아 조회·회보하여야 한다.

제11조(범죄경력 · 수사경력 조회 및 회보 방법)

① 경찰관서의 장은 범죄·수사경력 자료에 대하여 대상자 본인으로부터
조회 및 회보 신청을 받거나 법령에 따라 조회 및 회보 요청을 받은
경우 다음 각 호에 따라 회보하여야 한다.

1. 법 제6조제1항제1호부터 제3호까지에 해당하는 경우 별지 제3호
서식의 범죄 ·수사경력 조회 요청서 또는 전자문서시스템으로 요
청하고, 그 요청을 받은 경찰관서의 장은 범죄경력관리시스템을 이
용하여 별지 제5호서식의 범죄·수사경력 회보서 또는 전자문서시
스템으로 회보한다.

2. 법 제6조제1항제4호에 해당하는 경우 별지 제4호서식의 범죄·수
사경력 조회 신청서로 신청하고, 그 신청을 받은 경찰관서의 장은
조회를 신청한 사람으로부터 신분증을 교부받아 사본하여 신원을
확인한 후 범죄경력관리시스템을 이용하여 별지 제5호서식의 범죄
·수사경력 회보서로 회보하거나 이를 열람하게 한다.

3. 법 제6조제1항제5호부터 제10호까지에 해당하는 경우 별지 제3호 서식의 범죄·수사경력 조회 요청서를 작성하여 경찰관서에 제출하거나 전자문서시스템 또는 행정정보공동이용센터를 이용하여 요청하고, 그 요청을 받은 경찰관서의장은 범죄경력관리시스템을 이용하여 별지 제5호 서식의 범죄·수사경력 회보 서로 회보하거나 전자문서시스템 또는 행정정보공동이용센터를 통해 회보한다.

4. 「공직선거법」 제49조제10항 및 제60조의2제8항의 규정에 따라 후보자가 되고자 하는 사람(예비후보자 포함) 또는 정당은 별지 제6호서식의 공직후보자 범죄경력 신청서로 신청하고, 그 신청을 받은 경찰관서의 장은 조회를 신청한 사람으로부터 신분증을 교부받아 사본하여 신원을 확인한 후 범죄경력관리시스템을 이용하여 별지 제7호서식의 공직후보자 범죄경력 회보서로 회보한다.

② 제1항제2호의 경우 신청인이 질병, 입원, 해외체류 등의 부득이한 사정으로 본인이 직접 신청할 수 없을 경우에는 다음 각 호의 서류를 첨부하여 대리인이 신청할 수 있다.

1. 별지 제4호 서식의 범죄·수사경력 조회 신청서
2. 별지 제8호 서식의 위임장
3. 본인 및 대리인의 신분증 또는 그 사본
4. 부득이한 사정을 증명할 수 있는 서류(진단서, 입원확인서, 출입국에 관한 사실증명서, 수용증명서 등을 말한다)

③ 제1항에도 불구하고 개별 법령에서 범죄·수사경력 조회의 의뢰 및 그 회보방법을 규정한 경우에는 그에 따른다.

④ 경찰관서의 장은 제1항에 따라 수사경력을 조회할 때 처분결과가 확인되지 않는(수사중, 재판중 포함) 경우에는 경찰청 범죄분석담당관에게 처분결과의 확인을 요청하고, 범죄분석담당관은 이를 확인하여 범죄경력관리시스템에 입력하고, 경찰관서의 장은 수정된 사항을 출력하여 회보한다.

제11조의2(범죄경력·수사경력 조회 및 회보 접수증 교부)

경찰관서의 장은 범죄경력·수사경력자료 조회 및 회보 신청을 접수하였을 때는 해당 신청인에게 별지 제12호 서식의 접수증을 교부한다. 다만, 다음 각 호의 경우에는 접수증 교부를 생략할 수 있다.

1. 신청인이 경찰관서에 직접 방문하지 아니하고 신청한 경우
2. 즉시 처리하는 경우

제12조(특이사항 작성)

수사자료표를 작성하는 경찰관은 채취한 피의자의 지문 상태가 양호하지 않은 경우에는 수사자료표 특이사항에 해당 내용을 기재한다.

제13조(수사자료표의 보관 등)

① 경찰청 범죄분석담당관은 수사자료표를 접수된 날짜순으로 보관한다.
② 경찰청 범죄분석담당관은 수사자료표가 다음 각 호의 어느 하나에 해당하는 경우에는 정정 등 필요한 조치를 하여야 한다.

1. 중복 작성된 경우
2. 경찰관이 기소의견으로 송치한 고소·고발 사건에 대하여 불기소처분 결과와 함께 삭제하도록 통보받은 경우

③ 경찰청 범죄분석담당관은 법 제8조의2에 따라 수사경력자료를 삭제하는 경우 삭제한 사람의 소속·성명, 삭제일시 등 삭제에 관한 사항을 삭제한 날부터 5년간 전산으로 보관하여야 한다.

제4장 지문의 채취·분류 등

제14조(지문 채취방법)

① 수사자료표, 별지 제9호서식의 지문 신원확인조회서를 작성함에 있어 지문채취는 지문의 융선과 삼각도가 완전히 현출되도록 채취하여야 한다.
② 별지 제1호서식의 수사자료표 지문란에는 오른손 첫째 손가락의 지문을 채취하되 손가락의 절단·손상 등의 사유로 지문을 채취할 수 없는 경우에는 다음 각 호에 정한 순서에 의하여 지문을 채취한다.

1. 왼손 첫째 손가락

2. 오른손 둘째·셋째·넷째·다섯째 손가락

3. 왼손 둘째·셋째·넷째·다섯째 손가락

③ 제1항에 따른 지문채취를 할 때에는 「경찰관 인권행동강령」에 따라 국민주권과 인권을 존중하고 적법절차를 준수하여야 한다.

제15조(자료전산화)

경찰청 범죄분석담당관은 수사자료표의 지문자료는 전자수사자료표시스템에, 주민등록증발급신청서 등의 지문자료는 지문자동검색시스템에 입력하여 디지털 이미지로 관리한다.

제16조(지문의 분류)

지문분류에 사용되는 용어, 융선, 문형 및 분류방법은 별표1과 같다.

제5장 지문의 감정 의뢰 및 회보

제17조(현장지문 등의 감정 의뢰 및 회보)

① 경찰관서의 장은 채취한 현장지문 또는 준현장지문 등에 대한 감정이 필요한 경우 감정물을 첨부하여 경찰청장 또는 시·도경찰청장에게 별지 제10호서식의 감정의뢰서에 따라 감정을 의뢰할 수 있다.

② 경찰청장과 시·도경찰청장은 제1항에 따라 의뢰받은 지문을 주민등록증발급신청서, 지문자동검색시스템, 전자수사자료표시스템 등에 입력된 지문자료와 대조하여 그 결과를 별지 제11호서식의 감정서에 따라 회보한다.

제18조(신원확인 조회 의뢰 및 회보)

① 경찰관서의 장은 신원확인이 필요하다고 인정되는 경우 별지 제9호서식의 지문 신원확인조회서를 작성하여 경찰청장 또는 시·도경찰청장

에게 조회를 의뢰할 수 있다. 다만, 신원확인이 필요한 대상자가 피의 자인 경우에는 별지 제9호서식을 수사자료표로 대신할 수 있다.

② 신원확인을 의뢰받은 경찰청장 또는 시·도경찰청장은 주민등록증발급 신청서, 지문자동검색시스템, 전자수사자료표시스템 등의 지문자료와 의뢰받은 대상자의 지문을 대조하여 그 결과를 회보한다.

제19조(유효기간)

이 훈령은 「훈령·예규 등의 발령 및 관리에 관한 규정」에 따라 이 훈령을 발령한 후의 법령이나 현실 여건의 변화 등을 검토하여야 하는 2024년 6월 30일까지 효력을 가진다.

부칙 〈제1073호, 2023.01.31〉

이 규칙은 2023년 4월 1일부터 시행한다.

지문의 종류

1. 지문의 종류

지문의 종류	설 명	형 태
(1) 궁상문 (弓狀紋)	가. 궁상문의 정의 활(弓)모양의 궁상선으로 형성된 지문을 말한다.	궁 상 선
	나. 궁상문의 종류	
	① 보통궁상문 평탄하게 흐른 활모양의 궁상선으로 형성된 지문을 말한다.	보통궁상문
	② 돌기궁상문 돌기한 활모양의 궁상선으로 형성된 지문을 말한다.	돌기궁상문
(2) 제상문 (蹄狀紋)	가. 제상문의 정의 말(馬)발굽(蹄)모양의제상선으로 형성되고 융선이 흐르는 반대측에 삼각도가 1개 있는 지문을 말한다	제상선
	나. 제상문의 종류	
	① 갑종 제상문 좌수의 지문을 찍었을 때 삼각도가 좌측에 형성되어 있거나 우수의 지문을 찍었을 때 삼각도고 우측에 형성되어 있는 지문을 말한다.	갑종제상문 좌수　　　우수
	② 을종제상문 좌수의 지문을 찍었을 때 삼각도가 우측에 형성되어 있거나 우수의 지문을 찍었을 때 삼각도가 좌측에 형성되어 있는 지문을 말한다.	을종제상문 좌수　　　우수

지문의 종류	설 명	형 태
(3) 와상문 (渦狀紋)	**가. 와상문의 정의** 와상선, 환상선, 이중제상선, 제상선 기타 융선이 독립 또는 혼재되어 있는 2개 이상의 삼각도가 있는 지문을 말한다. 단, 유태제형(有胎蹄形) 와상문은 삼각도가 1개이다	 와상선 환상선 이중 제상선 제상선
	나. 와상문의 종류	
	① 순와상문 와상문의 중심부융선이 와상선으로 형성된 지문을 말한다.	순와상문
	② 환상문 와상문의 중심부융선이 환상선으로 형성된 지문을 말한다.	환상문
	③ 이중제형 와상문 와상문의 중심부를 형성한 1개 또는 2개의 융선이 이중으로 제상선을 형성한 지문을 말한다.	이중제형와상문
	④ 유태제형(有胎蹄形) 와상문 제상문중심부에 거꾸로 형성된 제상선이 있거나 거꾸로 형성된 호상선이 2개이상 있는 지문을 말한다.	유태제형와상문
	⑤ 혼합문 2개 이상의 문형이 혼합하여 1개의 문형을 형성한 지문을 말한다.	혼합문
(4) 변태문 (變態紋)	변태문이란 궁상문, 제상문, 와상문에 속하지 않아 정상적으로 분류번호를 부여할 수 없는 지문을 말한다.	변태문

2. 지문융선의 종류

융선의 종류	설 명	형 태
(1) 궁상선 **(弓狀線)**	활(弓)모양의 곡선으로 이뤄진 지문을 말하여 삼각도는 형성되지 않는다. 완만한 경사를 이루며 흐르는 선을 보통 궁상선이라 하고 급격한 경사를 이루며 흐르는 선을 돌기궁상선이라 한다.	
(2) 제상선 (蹄狀線)	좌측 또는 우측으로 부터 흐르기 시작하여 말발굽형태를 이루면서 시작한 방향으로 되돌아가는 융선을 말한다.	
(3) 중핵제상선 (中核蹄狀線)	여러 개의 제상선중에서 가장 중심부에 있는 제상선을 말하며 제상선의 기상반원에 다른 융선이 교차하거나 외측으로부터 접촉되어 있을 때는 그 다음 제상선이 중핵제상선이 된다.	
	중핵제상선의 가상반원내에 2개이상의 융선이 동일한 모양으로 같이 있을 때에는 내단 지정의 예에 따른다.	
(4) 가상반원(假想半圓)과 가상반원선 (假想半圓線)	제상선의 상부에 가상원을 그린 후 그원을 2등분하는 직선을 그었을 때 상부를 가상반원이라 하고 그 선을 가상반원선이라 한다. 단 가상반원선에 이르지 못한 제상선은 제상선으로 볼 수 없다.	

융선의 종류	설 명	형 태
(5) 가상정점 (假想頂點)	삼각도 또는 기준각을 형성한 2개의 융선이 접합할 때는 접합점, 병행할 때는 가상의 삼각도 꼭지점을 말한다.	가상정점
(6) 가상직선과 가상수직선	제상문의 내단과 외단간의 융선수 또는 와상문의 추적선 종점과 우측표 준점간의 융선수를 계산하기 위하여 임시로 그은 선을 말한다.	가상직선 가상수직선
(7) 와상선 (渦狀線)	와상문의 중심부 융선이 좌측 또는 우측으로 흐르기 시작하여 1회이상 회전, 원 또는 타원형을 이루는 선을 말한다.	와상선 좌우측 방향
(8) 환상선 (環狀線)	와상문의 중심부 융선이 원 또는 타원형을 이룬 선을 말한다.	환상선 원 또는 타원형
(9) 이중제상선 (二重蹄狀線)	와상문 중심부의 융선 1개 또는 2개가 이중으로 제상선을 형성하고 융선이 흐르기 시작한 원기점 방향으로 되돌아가거나 반대 방향으로 흐르는 융선을 말한다.	원기점방향 반대방향

융선의 종류	설 명	형 태
(10) 삼각도 (三角島)	2개의 융선이 외측에서 접합하거나 병행하면서 형성된 삼각형 모양을 말한다. ◦제상문은 융선이 흐르는 반대측(좌측 또는 우측)에 1개 형성된다 ◦와상문은 중심부 좌우측에 2개이상 형성되어 있다. 단, 유태제형와상문은 1개이다.	 삼각도
(11) 접합선 (接合線)	2개이상의 융선이 어느 1점에서 1개의 선으로 된 것을 말한다.	 접합점 접합선
(12) 병행선(並行線)과 개재선(介在線)	다른 2개의 융선이 삼각형 모양을 형성하면서 접합하지 않고 병행되는 선을 병행선이라 하고 가상정점 부근의 병행선 사이에 있는 융선을 개재선이라 한다.	 병행선 개재선
(13) 분기선 (分岐線)	1개의 융선이 2개이상의 융선으로 분기된 선을 말한다.	 분기점 분기선
(14) 간선(幹線)과 지선(支線)	분기선중 굵은 선을 간선이라 하고 가는 선을 지선이라 하며 와상문을 분류할 때 추적선의 종점을 지정하게 되는 선이다.	 간선 지선

융선의 종류	설 명	형 태
(15) 추적선 (追跡線)	좌측기준각 하변을 형성한 융선이 우측기준각의 내측 또는 외측에 이르기까지 추적되는 선을 말한다 　○추적선이 중단되었을 때는 아래 융선을 추적한다. 　○추적선이 분기되었을 때는 간선을 추적하고 간선과 지선이 불분명할 때는 아래 융선을 추적한다. 　○추적선의 융선 굵기만큼 단절된 것은 그대로 추적한다.	 내측　외측 중단　분기 불분명　단절
(16) 기준각 (基準角)	2개이상의 삼각도를 가진 와상문에서 중앙으로부터 가장 먼 곳에 있는 좌우측의 삼각도를 말한다.	 중앙에서 먼 좌우측 삼각도
(17) 봉상선 (棒狀線)	봉(棒)의 모양으로 형성된 융선을 말하며 일반적으로 중핵제상선의 가상반원선내에 형성된 경우를 지칭한다.	 봉상선
(18) 도형선 (島形線)	1개의 융선이 분기되었다가 다시 접합되어 원 또는 타원형의 섬 모양을 이룬 융선을 말한다.	 타원형　원
(19) 점(點)과 단선(短線)	폭과 길이가 동일한 융선을 점이라 하며 일반적으로 길이가 2mm정도의 짧은 융선을 단선이라 한다.	 점　단선
(20) 호상선(弧狀線)과 조상선(釣狀線)	반원에 미치지 못하는 짧은 곡선을 이룬 융선을 호상선이라 하고 봉상선의 끝이 낚시 모양의 융선을 조상선이라 한다. 일반적으로 중핵제상선의 가상반원선내에 형성된 경우를 말한다.	 호상선 (弧)　조상선 (釣)

3. 제상문 분류법상의 기준점

제상문을 분류할 때, 융선수를 계산하기 위한 기준점으로 내단과 외단을 정한다.

(1) 내단(內端)

종 류	설 명	형 태
정 의	중핵제상선의 가상반원선내에 있는 융선을 말하며 을종제상문 분류상 필요한 기준점을 말한다.	
	∘ 내단 지정의 "예" 　－ 내단이 되는 점, 단선, 호상선, 조상선, 봉상선 등의 융선이 중핵제상선의 가상반원선에 도달하거나 가상반원선안에 2개이상 있을 때에는 가장 높은 것으로 하고	외단 가장높은것
	－ 높이가 같은 융선이 2개일 때에는 외단에서 먼 것으로 하며	외단 외단에서 먼것
	－ 3개이상일 때에는 홀수인 경우는 중앙의 것으로, 짝수인 경우는 중앙의 2개중 외단에서 먼 것을 내단으로 정한다.	외단 중앙의 것 중앙의것중 외단에서 먼것
	－ 내단이 되는 융선의 모양이 각기 다르거나 같은 모양의 융선들이 혼재되어 있는 경우에도 위의 예에 준한다.	
가. 제상 내단	중핵제상선의 가상반원내에 내단이 되는 다른 융선이 없을 때에는 외단에서 먼 가상반원선의 교차점을 내단으로 정한다.	제상내단

나. 봉상 내단	중핵제상선의 가상반원내에 도달한 봉상선이 있는 경우, 그 봉상선의 끝부분을 내단으로 정한다.	 봉상내단
다. 점 내단	중핵제상선의 가상반원내에 점이 있는 경우, 그 점을 내단으로 정한다.	 점내단
라. 단선 내단	중핵제상선의 가상반원내에 단선이 있는 경우, 그 단선의 외단에서 먼 쪽이나 높은 쪽의 끝부분을 내단으로 정한다.	 단선내단
마. 호상 내단	중핵제상선의 가상반원내에 호상선이 경우, 외단에서 먼 쪽의 끝부분을 내단으로 정한다.	호상내단
바. 조상 내단	중핵제상선의 가상반원내에 조상선이 있는 경우, 그 조상선의 끝부분을 내단으로 정한다.	조상내단
사. 교차 내단	중핵제상선의 가상반원내에서 2개 이상의 제상선이 교차하였을 때 교차점을 내단으로 하고 수 개의 교차점이 존재할 경우에는 봉상내단의 예에 따른다.	 교차내단
아. 복합 내단	중핵제상선의 가상반원선내에 모양이 같거나 다른 2개이상의 내단이 될 수 있는 융선이 있을 경우에는 내단 지정의 "예"에 따른다.	내단 복합내단

(2) 외단(外端)

종 류	설 명	형 태
정 의	제상선이 흐르는 반대측에 형성된 삼각도의 모양에 따라 을종제상문의 분류상 필요한 기준점을 말한다.	
가. 접합 외단	삼각도의 외측을 흐르는 2개의 융선이 접합하였을 때 그 접합점을 외단으로 한다.	접합외단
나. 병행 외단	삼각도의 외측을 흐르는 2개의 융선이 병행선을 이룬 경우 가상정점으로부터 내단을 향하여 가상직선을 그어 처음 만나는 교차점을 외단으로 한다.	가상정점병행외단
다. 개재 외단	병행외단의 병행선사이에 개재선이 있을 때에는 가상 정점으로부터 병행선과 가상직선을 그었을 경우, 개재선과의 교차점을 외단으로 한다.	개재외단개재외단

4. 와상문 분류법상의 기준점

(1) 추적선의 종점(終點)

종 류	설 명	형 태
정 의	○ 추적선의 기점 좌측기준각(삼각도)에서 추적선이 시작되는 점을 기점이라 한다. 좌측기준각이 접합시는 접합점을 기점으로 하고 병행할 때는 병행되기 시작한 하변의 1점을 추적선의 기점으로 한다. ○ 추적선의 종점 우측기준각(삼각도)에서 추적선을 향하여 가상의 직선 또는 수직선을 그었을 때 그 선과 추적선이 교차되는 점을 추적선의 종점이라고 한다.	추적선의 기점
가. 추적선이 우측기준각에 닿았을 경우	추적선이 우측기준각(삼각도)에 닿았을 때는 그 기준점을 종점으로 정한다.	추적선의 종점
나. 추적선이 우측기준각의 내측으로 흐른 경우	추적선이 우측기준각의 내측으로 흐를때에는 우측기준각을 2등분하여 가상의 직선을 그어 추적선과 교차되는 점을 종점으로 정한다.	추적선의 종점 (내측)
다. 추적선이 우측기준각의 외측으로 흐른 경우	추적선이 우측기준각의 외측으로 흐를때에는 우측 기준각의 접합점 또는 가상의 정점으로부터 추적선을 향하여 수직선을 그어 추적선과 교차되는 점을 종점으로 정한다.	추적선의 종점 (외측)

(2) 기준점

종 류	설 명	형 태
정 의	와상문의 분류상 필요한 기준이 되는 점을 말하며 우측기준각(삼각도)에서 기준점을 정한다.	
가. 접합기준점	우측삼각도를 형성하는 2개의 융선이 접합되었을 때는 그 접합점을 접합기준점으로 한다.	접합기준점
나. 병행기준점	우측삼각도를 형성하는 2개의 융선이 병행할 때에는 가상정점에서 추적선을 향하여 우측기준각을 2등분 한 가상의 직선 또는 수직선을 그어 최초로 교차되는 점을 병행기준점으로 한다.	병행기준점
다. 개재기준점	병행선사이에 개재선이 있을 때에는 가상정점에서 추적선을 향하여 가상의 직선 또는 수직선을 그어 개재선과 교차되는 점을 기준점으로 정한다. ◦ 홀수일 때에는 중앙의 개재선으로, 짝수일 때는 중앙 2개의 개재선사이에 가상의 직선 또는 수직선을 그어 최초로 교차되는 점을 기준점으로 한다.	개재기준점

5. 지문의 분류번호 및 융선수 계산방법

지문의 종류	설 명	분류방법
(1) 궁상문	보통궁상문과 돌기궁상분의 분류번호는 "1"로 부여한다.	"1" (문형의 모양만으로 분류)
(2) 제상문	가. 갑종제상문의 분류 　갑종제상문은 삼각도가 좌수는 좌측에, 우수는 우측에 형성되어 있는 지문을 말하여 분류번호는 "2"로 부여한다	"2" 좌수　　우수 (좌·우수의 삼각도 위치만으로 분류)
	나. 을종제상문의 분류 　을종제상문은 갑종제상문의 반대측에 삼각도가 형성된 지문을 말하며 내단과 외단 사이에 가상 직선에 닿는 융선수를 계산하여 분류한다. ◦ 내단과 외단은 융선수 계산에서 제외하고 내단과 외단사이의 융선수가 　－ 7개이하 ········· "3" 　－ 8~11개 ········· "4" 　－ 12~14개········· "5" 　－ 15개이상········· "6" 으로 분류번호를 부여한다.	"3" 내단　외단 "4" 내단　외단 "5" 외단 내단 "6" 내단　　외단

지문의 종류	설 명	분류방법
(3) 와상문	와상문은 우측기준점과 추적선의 종점간의 가상의 직선 또는 수직선에 닿는 융선수를 계산하여 분류하되 우측기준점과 추적선의 종점은 융선수에서 제외한다. ◦ 추적선의 종점과 기준점사이의 융선수가 - 추적선이 우측기준각의 내측으로 흐르고 4개이상 … "7" - 추적선이 우측기준각의 내측 또는 외측으로 흐르고 3개이하… "8" - 추적선이 우측기준각의 외측으로 흐르고 4개이상 … "9"	
(4) 변태문	어느 문형에도 속하지 않아 정상적으로 분류할 수 없는 지문으로서 분류번호는 9에다 ·을 찍어 "9"로 부여한다.	

지문의 종류	설 명	분류방법
(5) 기타	가. 손가락 끝마디 절단시 분류 　손가락 끝마디가 절단되어 지문을 채취할 수 없는 경우를 말하며 분류번호는 "0"으로 부여한다.	
	나. 손상지문의 분류 　지문이 손상되어 궁상문, 제상문, 와상문으로 분류를 할 수 없을 때는 0에다 ·을 찍어 "θ"로 부여한다.	
	다. 육손가락인 경우의 분류 　간지(幹枝)로 분류하고 간지로 분류할 수 없을 때에는 지지(支指)로 분류하되 지지도 분류할 수 없을 때에는 변태문으로 분류한다.	
	라. 제상문의 외단 또는 와상문의 기준각이 불투명할 때는 추정하여 분류번호를 부여한다.	

6. 지문의 문형 및 기준점, 내·외단 지정예시

(1) 궁상문 지정의 예

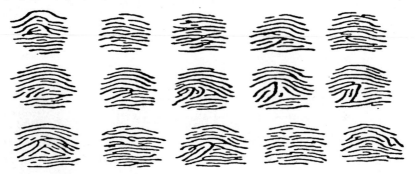

(2) 제상문 지정의 예

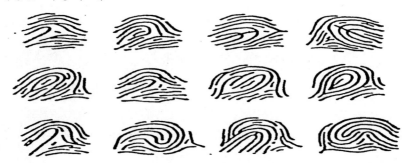

(3) 와상문 지정의 예

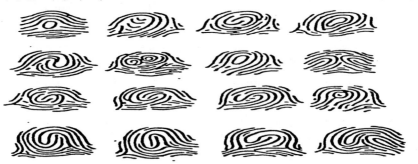

(4) 변태문 지정의 예

(5) 내단(제상문 분류기준점)

　가. 제상(蹄狀) 내단

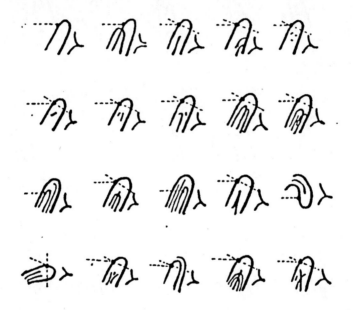

　나. 점 내단

부록 2
관련법규 ·
훈령 ·
예규 · 고시

다. 단선(短線) 내단

라. 호상(弧狀) 내단

마. 조상(釣狀) 내단

바. 봉상(棒狀) 내단

사. 교차(交叉) 내단

(6) 외단(제상문 분류기준점)

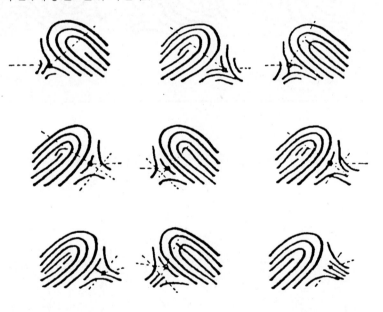

(7) 종점(와상문 분류기준점)

(8) 우측기준점(와상문 분류기준점)

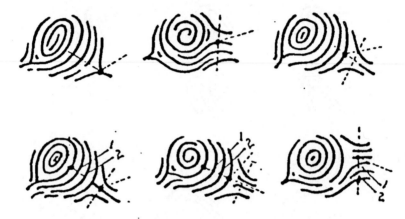

【별지 제1호서식】

(앞면)

①국적		수 사 자 료 표				
②성명		③성별	남,여	④주민등록번호	‖‖‖‖ – ‖‖‖‖‖‖‖	
⑤주 소						
⑥등록 기준지						
⑦작성사항	관서명	년 월 일	번 호	죄 명		⑬ 오른손 첫째 손가락
⑧사건번호	년 –	⑪작성자	소속: 과 계			
⑨범죄·수사 경력	건		계급(직급): 성명: (인)			
⑩비 고		⑫확인관	계급(직급): 성명: (인)			

※ 본인은 신원확인 내용을 고지받았고, 지문채취에 동의합니다. 성명: (인)

187mm × 83mm(보존용지 120g/㎡)

작성시 유의사항 및 예시

⑦ 작성관서 : 서울중부서, 부산해운대서 등으로 기재

　　작성번호 : 연도별 수사자료표 작성번호 기재

⑧ 사건번호 : KICS(형사사법정보시스템) 또는 수사자료표 작성관서에서 관리중인 연도별 사건번호를 기재

⑩ 비　　고 : 채취한 피의자의 지문 상태가 양호하지 않은 경우에는 전면 비고란에 "불량", "손상", "절단" 등 그 사유를 기재한 후, 아래 특이사항란에 개요를 간략하게 기재

⑫ 확인관 : 수사자료표 작성자 소속 팀장(계장) 또는 과장

※ 주민등록증 미발급자·미소지자, 외국인 등 신원이 확인되지 않았거나 온라인조회 시스템을 이용한 주민조회시 지문가치번호가 없는 경우(00000-00000 포함)에는 별지 제2호 서식으로 작성할 것

특이사항	

※ (신원확인 동의 고지) 수사기관은 정확한 신원확인을 위해 「형의 실효 등에 관한 법률」 제2조 및 제5조 등에 따라 지문을 채취하고 있으며, 채취된 지문은 신원확인, 범죄·수사경력자료 조회 및 관리 등에 사용됩니다.

【별지 제2호서식】

<table>
<tr><td rowspan="4">① 국적
② 성명 한글
영문</td><td colspan="6" align="center">수 사 자 료 표</td></tr>
</table>

① 국적		수 사 자 료 표			
② 성명 한글		③ 성 별 남, 여	④주민등록번호		─
영문					
⑤ 주소					
⑥ 등록기준지					
⑦외국인신분	⑧여권번호		⑨외국인 등록번호		

⑩ 작성사항	관서명	년 월 일	번 호	죄 명	⑯ 오른손 첫째 손가락
⑪ 사건번호	년 ─	⑭작성자	소속: 과 계		
⑫범죄·수사경력	건		계급(직급): 성명: (인)		
⑬ 비 고		⑮확인관	계급(직급): 성명: (인)		

왼 손				
둘째 손가락	셋째 손가락	넷째 손가락	다섯째 손가락	첫째 손가락

오 른 손				
둘째 손가락	셋째 손가락	넷째 손가락	다섯째 손가락	첫째 손가락

왼손가락 평면지문	오른손가락 평면지문

※ 본인은 신원확인 내용을 고지받았고, 지문채취에 동의합니다.   성명: (인)

187mm×265mm(보존용지 120g/㎡)

(뒷면)

작성시 유의사항 및 예시

② 외국인의 경우 : 영문 성명, 국적, 여권번호, 외국인등록번호 반드시 기재

⑦ 외국인 신분 : 외교관, SOFA(미국인, 미국인 가족, 미 군속, 초청계약자), 일
반외국인, 불법체류, 기타 등 신분확인 기재

⑩ 관 서 명 : 서울중부서, 부산해운대서 등으로 기재

작성번호 : 연도별 수사자료표 작성번호 기재

⑪ 사건번호 : KICS(형사사법정보시스템) 또는 수사자료표 작성관서에서 관리중인
연도별 사건번호를 기재

⑬ 비   고 : 채취한 피의자의 지문 상태가 양호하지 않은 경우에는 전면 비고
란에 "불량", "손상", "절단" 등 그 사유를 기재한 후, 아래 특
이사항란에 개요를 간략하게 기재

⑮ 확 인 관 : 수사자료표 작성자 소속 팀장(계장) 또는 과장

특이사항	

※ (신원확인 동의 고지) 수사기관은 정확한 신원확인을 위해 「형의 실효 등에 관한 법률」 제
2조 및 제5조 등에 따라 지문을 채취하고 있으며, 채취된 지문은 신원확인, 범죄·수사경력
자료 조회 및 관리 등에 사용됩니다.

범죄·수사경력 조회 요청서

접수번호	접수일	처리일	처리기간	14일 이내

요청인	성명		직위	
	기관명			
	주소		(전화번호:)	

대상자	성명	한글	자국어	
		한자	영문	
	주민등록번호	-	외국인인 경우: 국적과 여권번호 또는 외국인등록번호	
	주소			

   ○○ 법률 제 ○○조에 의거에 따라 범죄·수사경력 조회를 요청하오니 그 결과를 회신해 주시기 바랍니다.

년   월   일

요청인   (서명 또는 인)

_____경찰청(서)장 귀하

요청인 제출 서류	1. 범죄·수사경력 조회를 요청할 수 있는 시설임을 입증할 만한 서류 1부(각종 인·허가증 등) 2. 조회의뢰자 신분증(주민등록증, 운전면허증, 여권) 사본 1부 　※ 조회의뢰자가 법인인 경우 법인등기부 등본을 의미	수수료 없음

유의사항

1. 대상자가 외국인인 경우 한글과 자국어·영문의 성명, 국적과 함께 여권번호 또는 외국인등록번호를 적습니다.

2. 대상자가 2명 이상일 경우에는 뒤쪽에 일괄하여 작성할 수 있습니다.

처리절차

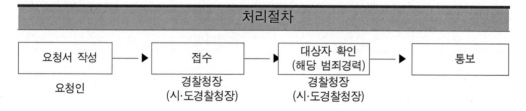

요청서 작성	▶	접수	▶	대상자 확인 (해당 범죄경력)	▶	통보
요청인		경찰청장 (시·도경찰청장)		경찰청장 (시·도경찰청장)		

연번	성명 (외국인인 경우 영문으로 작성)	주민등록번호 (외국인인 경우 생년월일)	외국인등록번호/국적 (외국인인 경우만 작성)	취업자(취업예정자) 의 직종(예정직종)

【별지 제4호서식】

범죄·수사경력 조회 신청서
Application For Criminal/Investigation Record Check

접수번호 Application Number	접수일 Date of Application	처리기간 Processing Wait time	14일이내 Within 14 days

신청인 Applicant	성 명(한글) Name (English) ※ 여권과 동일하게 기재	주민등록번호(외국인등록번호) Resident registration number (Alien registration number)
	여권번호(외국인만 해당) Passport Number (**Foreigners only**)	
	주 소 Address	전화번호 Phone Number

조회목적 Purpose of Criminal Record Check	[ ] 외국 입국·체류 허가용 Issuance of a permit to enter and stay in a foreign country
	[ ] 수사자료표 내용 확인용(실효된 형 등 포함) Verification of investigation card materials (Including lapsed criminal sentences, etc.)
	[ ] 수사자료표 내용 확인용(실효된 형 등 제외) Verification of investigation card materials (Not Including lapsed criminal sentences, etc.)

회보방법 Method	[ ] 열람 Read Only	[ ] 발급 print
	[ ] 한글 회보서 Korean Report	[ ] 영문 회보서 English Report

1. '조회목적'의 '실효된 형 등'은 「형실효법 시행령」 제7조의2 제2항에 따라 (1)「형실효법」 제7조 또는 「형법」 제81조에 따라 실효된 형 (2)사면 또는 복권이 있는 형 (3)결정이 있은 때부터 3년이 지난 「소년법」상의 소년부송치 및 보호처분'을 의미합니다.

   The "lapsed criminal sentences, etc." in the Purpose of Criminal Record Check box above shall mean, in accordance with Article 7-2(2) of the Enforcement Decree of the Act on the Lapse of Criminal Sentences, (1) any lapsed sentence pursuant to Article 7 of the Act or Article 81 of the Criminal Act, (2) any sentence for which pardon or reinstatement has been given, or (3) the non-transfer and protection of juveniles three years after the decision under the Juvenile Act.

2. 이 신청에 따른 회보서는 위 신청한 조회목적으로만 사용될 수 있으며, 그 외의 용도로 사용하였을 경우에는 취득한 사람과 사용한 사람은 「형실효법」 제10조 제2항 및 제3항에 따라 2년 이하의 징역 또는 2천만원 이하의 벌금으로 처벌됩니다.

   The criminal record check report to be issued pursuant to this application must be used only for the purpose stated above. Persons who acquire or use a criminal record check report for any other purpose are subject to imprisonment for up to 2 years or a fine of up to KRW 20 million in accordance with Article 10(2) and Article 10(3) of the Act on the Lapse of Criminal Sentences.

– 유의사항을 충분히 이해하였나요?　　　　　예(YES) [ ]　　아니요(NO) [ ]

Have you read and fully understood the above Notes?

– 위 신청한 조회목적에 맞게 사용할 예정인가요?　　예(YES) [ ]　　아니요(NO) [ ]

Do you understand it is against the law to use your criminal record check report for any purpose other than stated above?

「형의 실효 등에 관한 법률」 제6조 제1항 제4호의 규정에 따라 범죄경력·수사경력 조회를 위와 같이 신청합니다.

I hereby apply for a criminal record check as above in accordance with the provisions of Article 6(1)4 of the Act on the Lapse of Criminal Sentences.

	년	월	일
	Year	Month	day

신청인　　　　　　　　　　　　(서명 또는 인)
Applicant　　　　　　　　　　　(Signature)

_____경찰청(서)장 귀하

첨부서류 Attachments	신청인의 신분증(주민등록증, 운전면허증, 여권, 외국인등록증 등) 사본 1부. 1 copy of the Applicant's proof of identification (Driver's License, Passport, Certificate of Alien Registration)	수수료 없음 No Fees

부록 2
관련법규·
훈령·
예규·고시

【별지 제5호서식】

발급번호 : 2000-00000000

범죄·수사경력 회보서
Criminal(Investigation) Record Check Report

대상자 The Subject

성 명 Name	
주민등록번호 Resident registration no.	외국인 등록번호 Alien registration number
주 소 Address	
조 회 목 적 Purpose of criminal record check	

조회 결과 The Result

연번 No	작성일자(Filing date) 작성관서(Filing office)	죄명 Criminal charges	처분일자 Disposition date 처분관서 Disposition office	처분결과 Disposition

ㅇㅇ 규정에 따라 위와 같이 회보합니다.

In accordance with _____, We reply you as above.

※ 이 회보서를 조회 목적과 다른 용도로 사용하였을 경우에는 취득한 사람과 사용한 사람은 '형의 실효 등에 관한 법률' 제10조 제2항, 제3항에 따라 2년 이하의 징역 또는 2천 만원 이하의 벌금으로 처벌 됩니다. The criminal record check report to be issued pursuant to this application must be used only for the purpose stated above. Persons who acquire or use a criminal record check report for any other purpose are subject to imprisonment for up to 2 years or a fine of up to KRW 20 million in accordance with Article 10(2) and Article 10(3) of the Act on the Lapse of Criminal Sentences.

20 년 월 일
Year Month day

경 찰 청 장
Commissioner General, Korean National Police Agency

출력일시(print date) :   확인(Issue) :   출력자(the person who printed out) :

공직후보자 범죄경력 신청서

접수번호	접수일	처리기간 14일이내

신청인	성 명(정당의 명칭과 대표자)	주민등록번호
	주 소	(전화번호 :

조회 대상자	성 명(한자)	주민등록번호
	주 소	

  년   월   일 실시하는   선거의 후보자(예비후보자) 등록을 위하여 「공직선거법」 제49조 제10항·제60조의2 제8항 규정에 따라 형의 실효에 불구하고 조회대상자의 벌금 100만원 이상의 형의 범죄경력(실효된 형, 사면·복권된 형을 포함)에 관한 기록을 회보하여 주시기 바랍니다.

                              년   월   일

              신청인   (서명 또는 인)
            ○○당 대표자   (서명 또는 인)
        후보자가 되고자 하는 자   (서명 또는 인)

  ○ ○ 경찰서장 귀하

첨부서류	1. 정당이 여러 명의 범죄경력을 함께 조회하는 경우에는 조회대상자 "성명"란에 "별지참조"라 기재하여 첨부합니다. 2. 국내거소신고를 한 재외국민은 "주민등록번호"란에 국내거소신고번호를 적고, "주소"란에 국내거소신고지를 적습니다.	수수료 없 음

【별지 제7호서식】

발급번호 : 2000-00000000

공직후보자 범죄경력 회보서

대상자

성 명	
주민등록번호	
주 소	

조회 사항

전산망별＼유형별	범죄경력 유무 (벌금 100만원 이상)	처분결과 일치여부	불일치시 조치사항	실효·사면·복권된 형 포함여부 검토
경찰전산망	□있음 □없음	□ 일치 □ 불일치		□ 검토 □ 미검토
검찰사건처분결과	□있음 □없음			

조회 결과

연번	작성일자 작성관서	죄명	처분일자 처분관서	처분결과

「공직선거법」 제49조 제10항 및 제60조의2 제8항 규정에 따라 범죄경력을 위와 같이 확인하여 회보합니다.

※ 이 회보서에는 실효된 형, 사면·복권된 형이 포함되어 회보됩니다.

※ 이 회보서를 조회 목적과 다른 용도로 사용하였을 경우에는 취득한 사람과 사용한 사람은 '형의 실효 등에 관한 법률' 제10조 제2항, 제3항에 따라 2년 이하의 징역 또는 2천 만원 이하의 벌금으로 처벌 됩니다.

20 년 월 일

○○경찰서 | 장 직인

출력일시 :　　　　　　　확인 :　　　　　　　출력자 :

【별지 제8호서식】

위 임 장

위임하는 사람	이름		주민등록번호(외국인등록번호)
	주소		전화번호

위임받는 사람	이름 (서명 또는 인)		주민등록번호(외국인등록번호)
	위임하는 사람과의 관계		전화번호
	주소		

민원내용	「형실효법」 제6조 ① 4.에 따른 범죄·수사경력 조회 신청

위 위임하는 사람은 위 위임받는 사람에게 민원내용의 신청 및 교부에 관한 모든 권리와 의무를 위임합니다.

년   월   일

위임하는 사람   (서명 또는 인)

유의사항

1. 위임받는 사람의 신분증(주민등록증, 운전면허증, 여권, 외국인등록증 등)을 제시해야 합니다.

2. 위임하는 사람의 신분증(주민등록증, 운전면허증, 여권, 외국인등록증 등) 또는 그 사본, 부득이한 사정을 증명할 수 있는 서류(진단서, 입원확인서, 출입국에관한사실증명서, 수용증명서 등)을 구비서류로 제출해야 합니다.

3. 다른 사람의 인장 도용 등 허위로 위임장을 작성하여 신청할 경우에는 「형법」 제231조와 제232조에 따라 사문서 위조·변조죄로 5년 이하의 징역 또는 1천만원 이하의 벌금으로 처벌됩니다.

[별지 제9호서식]

지문 신원확인조회서

20 . .

성 명		성 별 (남·여)	주민등록번호			지 문 채 취 자	
등록기준지				생 년 월 일	직 업	소속	
주 소						계급	
			의 뢰 사 유			성명	

왼손 회전 지문	첫째 손가락(무지)	둘째 손가락(시지)	셋째 손가락(중지)	넷째 손가락(환지)	다섯째 손가락(소지)
오른손 회전 지문	첫째 손가락(무지)	둘째 손가락(시지)	셋째 손가락(중지)	넷째 손가락(환지)	다섯째 손가락(소지)

평면 날인	왼손가락 평면지문	왼손 첫째손가락	오른손 첫째손가락	오른손가락 평면지문

297㎜×210㎜(보존용지 120g/㎡)

부록 2
관련법규·
훈령·
예규·고시

감 정 의 뢰 서

수신자 :

제 목 :

사 건 명			KICS 접수(사건)번호		
법적근거					
사건발생 (발견)	일 시				
	장 소				
피해자					
관계자					
용의자					
감정물 내 역	감정물 종류 및 수량	채취일시	채취방법	채취장소 및 위치	채취자
사 건 개 요					
참고사항					
담 당 자			휴대전화		
첨부파일					

oo 경 찰 청(서) 장

210㎜×297㎜[일반용지(재활용품) 60g/㎡]

【별지 제11호서식】

감 정 서

ㅇㅇ경 찰 청(서)	감정서번호 :	

ㅇ 제 목 :

ㅇ 의뢰관서(부서) :　　　의뢰 문서번호 또는　　　사건번호(　.　.　)

　1. 감 정 물 :

　2. 대조 대상자 :

　3. 감정대상지문 :

　4. 감정방법 :

　5. 감정결과

구분	문형	채취장소(위치)	감정결과	이름	주민번호	손가락

발 급 일 자 (감정기간)
감 정 인(관) :

ㅇㅇ경 찰 청(서) 장

※ 감정물 처리방법, 비고, 감정인 의견 등 관련항목 추가 및 KOLAS 감정서 양식을 적용 할 수 있음.

210㎜×297㎜[일반용지(재활용품) 60g/㎡]

접 수 증

제 호		접수일:
① 신청서명		
② 신청인(대표자 또는 대리인)		
③ 처리기일		
④ 처리주무부서		(전화번호:)
⑤ 안내사항		

접수자:

(전화번호:)

○○경찰서 장 직인

★ 형사소송규칙

[시행 2022. 1. 1.] [대법원규칙 제3016호, 2021. 12. 31., 일부개정]

제1편 총칙

제1조 【목적】

이 규칙은 「형사소송법」(다음부터 "법"이라 한다)이 대법원규칙에 위임한 사항, 그 밖에 형사소송절차에 관하여 필요한 사항을 규정함을 목적으로 한다.

제1장 법원의 관할

제2조 【토지관할의 병합심리 신청 등】

① 법 제6조의 규정에 의한 신청을 함에는 그 사유를 기재한 신청서를 공통되는 직근 상급법원에 제출하여야 한다.

② 검사의 신청서에는 피고인의 수에 상응한 부본을, 피고인의 신청서에는 부본 1통을 각 첨부하여야 한다.

③ 법 제6조의 신청을 받은 법원은 지체없이 각 사건계속법원에 그 취지를 통지하고 제2항의 신청서 부본을 신청인의 상대방에게 송달하여야 한다.

④ 사건계속법원과 신청인의 상대방은 제3항의 송달을 받은 날로부터 3일 이내에 의견서를 제1항의 법원에 제출할 수 있다.

제3조 【토지관할의 병합심리절차】

① 법 제6조의 신청을 받은 법원이 신청을 이유있다고 인정한 때에는 관련사건을 병합심리할 법원을 지정하여 그 법원으로 하여금 병합심리하게 하는 취지의 결정을, 이유없다고 인정한 때에는 신청을 기각하는 취지의 결정을 각하고, 그 결정등본을 신청인과 그 상대방에게 송

달하고 사건계속법원에 송부하여야 한다.

② 제1항의 결정에 의하여 병합심리하게 된 법원 이외의 법원은 그 결정
등본을 송부받은 날로부터 7일 이내에 소송기록과 증거물을 병합심리
하게 된 법원에 송부하여야 한다.

제4조 【사물관할의 병합심리】

① 법 제10조의 규정은 법원합의부와 단독판사에 계속된 각 사건이 토
지관할을 달리하는 경우에도 이를 적용한다.

② 단독판사는 그가 심리 중인 사건과 관련된 사건이 합의부에 계속된
사실을 알게 된 때에는 즉시 합의부의 재판장에게 그 사실을 통지하
여야 한다.

③ 합의부가 법 제10조의 규정에 의한 병합심리 결정을 한 때에는 즉시
그 결정등본을 단독판사에게 송부하여야 하고, 단독판사는 그 결정등
본을 송부받은 날로부터 5일 이내에 소송기록과 증거물을 합의부에
송부하여야 한다.

제4조의2 【항소사건의 병합심리】

① 사물관할을 달리하는 수개의 관련항소사건이 각각 고등법원과 지방법
원본원합의부에 계속된 때에는 고등법원은 결정으로 지방법원본원합
의부에 계속한 사건을 병합하여 심리할 수 있다. 수개의 관련항소사
건이 토지관할을 달리하는 경우에도 같다.

② 지방법원본원합의부의 재판장은 그 부에서 심리 중인 항소사건과 관
련된 사건이 고등법원에 계속된 사실을 알게 된 때에는 즉시 고등법
원의 재판장에게 그 사실을 통지하여야 한다.

③ 고등법원이 제1항의 규정에 의한 병합심리결정을 한 때에는 즉시 그
결정등본을 지방법원본원합의부에 송부하여야 하고, 지방법원본원합
의부는 그 결정등본을 송부받은 날로부터 5일 이내에 소송기록과 증
거물을 고등법원에 송부하여야 한다.

제5조 【관할지정 또는 관할이전의 신청 등】

① 법 제16조제1항의 규정에 의하여, 검사가 관할지정 또는 관할이전의 신청서를 제출할 때에는 피고인 또는 피의자의 수에 상응한 부본을, 피고인이 관할이전의 신청서를 제출할 때에는 부본 1통을 각 첨부하여야 한다.

② 제1항의 신청서를 제출받은 법원은 지체없이 검사의 신청서 부본을 피고인 또는 피의자에게 송달하여야 하고, 피고인의 신청서 부본을 검사에게 송달함과 함께 공소를 접수한 법원에 그 취지를 통지하여야 한다.

③ 검사, 피고인 또는 피의자는 제2항의 신청서 부본을 송부받은 날로부터 3일 이내에 의견서를 제2항의 법원에 제출할 수 있다.

제6조 【관할지정 또는 관할이전의 결정에 의한 처리절차】

① 공소 제기전의 사건에 관하여 관할지정 또는 관할이전의 결정을 한 경우 결정을 한 법원은 결정등본을 검사와 피의자에게 각 송부하여야 하며, 검사가 그 사건에 관하여 공소를 제기할 때에는 공소장에 그 결정등본을 첨부하여야 한다.

② 공소가 제기된 사건에 관하여 관할지정 또는 관할이전의 결정을 한 경우 결정을 한 법원은 결정등본을 검사와 피고인 및 사건계속법원에 각 송부하여야 한다.

③ 제2항의 경우 사건계속법원은 지체없이 소송기록과 증거물을 제2항의 결정등본과 함께 그 지정 또는 이전된 법원에 송부하여야 한다. 다만, 사건계속법원이 관할법원으로 지정된 경우에는 그러하지 아니하다.

제7조 【소송절차의 정지】

법원은 그 계속 중인 사건에 관하여 토지관할의 병합심리신청, 관할지정신청 또는 관할이전신청이 제기된 경우에는 그 신청에 대한 결정이 있기까지 소송절차를 정지하여야 한다. 다만, 급속을 요하는 경우에는 그러하지 아니하다.

제8조 【소송기록 등의 송부방법 등】

① 제3조제2항, 제4조제3항, 제4조의2제3항 또는 제6조제3항의 각 규정에 의하여 또는 법 제8조의 규정에 의한 이송결정에 의하여 소송기록과 증거물을 다른 법원으로 송부할 때에는 이를 송부받을 법원으로 직접 송부한다.

② 제1항의 송부를 한 법원 및 송부를 받은 법원은 각각 그 법원에 대응하는 검찰청 검사 또는 고위공직자범죄수사처에 소속된 검사(이하 "수사처검사"라고 한다)에게 그 사실을 통지하여야 한다.

제2장 법원직원의 기피

제9조 【기피신청의 방식 등】

① 법 제18조의 규정에 의한 기피신청을 함에 있어서는 기피의 원인되는 사실을 구체적으로 명시하여야 한다.

② 제1항에 위배된 기피신청의 처리는 법 제20조제1항의 규정에 의한다.

제3장 소송행위의 대리와 보조

제10조 【피의자의 특별대리인 선임청구사건의 관할】

법 제28조제1항 후단의 규정에 의한 피의자의 특별대리인 선임청구는 그 피의사건을 수사 중인 검사 또는 사법경찰관이 소속된 관서의 소재지를 관할하는 지방법원에 이를 하여야 한다.

제11조 【보조인의 신고】

① 법 제29조제2항에 따른 보조인의 신고는 보조인이 되고자 하는 자와 피고인 또는 피의자 사이의 신분관계를 소명하는 서면을 첨부하여 이를 하여야 한다.

② 공소제기전의 보조인 신고는 제1심에도 그 효력이 있다.

제4장 변호

제12조 【법정대리인 등의 변호인 선임】

법 제30조제2항에 규정한 자가 변호인을 선임하는 때에는 그 자와 피고인 또는 피의자와의 신분관계를 소명하는 서면을 법 제32조제1항의 서면에 첨부하여 제출하여야 한다.

제13조 【사건이 병합되었을 경우의 변호인 선임의 효력】

하나의 사건에 관하여 한 변호인 선임은 동일법원의 동일피고인에 대하여 병합된 다른 사건에 관하여도 그 효력이 있다. 다만, 피고인 또는 변호인이 이와 다른 의사표시를 한 때에는 그러하지 아니하다.

제13조의2 【대표변호인 지정등의 신청】

대표변호인의 지정, 지정의 철회 또는 변경의 신청은 그 사유를 기재한 서면으로 한다. 다만, 공판기일에서는 구술로 할 수 있다.

제13조의3 【대표변호인의 지정등의 통지】

대표변호인의 지정, 지정의 철회 또는 변경은 피고인 또는 피의자의 신청에 의한 때에는 검사 및 대표변호인에게, 변호인의 신청에 의하거나 직권에 의한 때에는 피고인 또는 피의자 및 검사에게 이를 통지하여야 한다.

제13조의4 【기소전 대표변호인 지정의 효력】

법 제32조의2제5항에 의한 대표변호인의 지정은 기소후에도 그 효력이 있다.

제13조의5 【준용규정】

제13조의 규정은 대표변호인의 경우에 이를 준용한다.

제14조 【국선변호인의 자격】

① 국선변호인은 법원의 관할구역안에 사무소를 둔 변호사, 그 관할구역

안에서 근무하는 공익법무관에관한법률에 의한 공익법무관(법무부와 그 소속기관 및 각급검찰청에서 근무하는 공익법무관을 제외한다. 이하 "공익법무관"이라 한다) 또는 그 관할구역안에서 수습 중인 사법연수생 중에서 이를 선정한다.

② 제1항의 변호사, 공익법무관 또는 사법연수생이 없거나 기타 부득이한 때에는 인접한 법원의 관할구역안에 사무소를 둔 변호사, 그 관할구역안에서 근무하는 공익법무관 또는 그 관할구역안에서 수습 중인 사법연수생 중에서 이를 선정할 수 있다.

③ 제1항 및 제2항의 변호사, 공익법무관 또는 사법연수생이 없거나 기타 부득이한 때에는 법원의 관할 구역안에서 거주하는 변호사 아닌 자 중에서 이를 선정할 수 있다.

제15조 【변호인의 수】

① 국선변호인은 피고인 또는 피의자마다 1인을 선정한다. 다만, 사건의 특수성에 비추어 필요하다고 인정할 때에는 1인의 피고인 또는 피의자에게 수인의 국선변호인을 선정할 수 있다.

② 피고인 또는 피의자 수인간에 이해가 상반되지 아니할 때에는 그 수인의 피고인 또는 피의자를 위하여 동일한 국선변호인을 선정할 수 있다.

제15조의2 【국선전담변호사】

법원은 기간을 정하여 법원의 관할구역 안에 사무소를 둔 변호사(그 관할구역 안에 사무소를 둘 예정인 변호사를 포함한다) 중에서 국선변호를 전담하는 변호사를 지정할 수 있다.

제16조 【공소가 제기되기 전의 국선변호인 선정】

① 법 제201조의2에 따라 심문할 피의자에게 변호인이 없거나 법 제214조의2에 따라 체포 또는 구속의 적부심사가 청구된 피의자에게 변호인이 없는 때에는 법원 또는 지방법원 판사는 지체 없이 국선변호인을 선정하고, 피의자와 변호인에게 그 뜻을 고지하여야 한다.

② 제1항의 경우 국선변호인에게 피의사실의 요지 및 피의자의 연락처 등을 함께 고지할 수 있다.

③ 제1항의 고지는 서면 이외에 구술·전화·모사전송·전자우편·휴대전화 문자전송 그 밖에 적당한 방법으로 할 수 있다.

④ 구속영장이 청구된 후 또는 체포·구속의 적부심사를 청구한 후에 변호인이 없게 된 때에도 제1항 및 제2항의 규정을 준용한다.

제16조의2 【국선변호인 예정자명부의 작성】

① 지방법원 또는 지원은 국선변호를 담당할 것으로 예정한 변호사, 공익법무관, 사법연수생 등을 일괄 등재한 국선변호인 예정자명부(이하 '명부'라고 한다)를 작성할 수 있다. 이 경우 국선변호 업무의 내용 및 국선변호 예정일자를 미리 지정할 수 있다.

② 지방법원 또는 지원의 장은 제1항의 명부 작성에 관하여 관할구역 또는 인접한 법원의 관할구역 안에 있는 지방변호사회장에게 협조를 요청할 수 있다.

③ 지방법원 또는 지원은 제1항의 명부를 작성한 후 지체없이 국선변호인 예정자에게 명부의 내용을 고지하여야 한다. 이 경우 제16조제3항의 규정을 적용한다.

④ 제1항의 명부에 기재된 국선변호인 예정자는 제3항의 고지를 받은 후 3일 이내에 명부의 변경을 요청할 수 있다.

⑤ 제1항의 명부가 작성된 경우 법원 또는 지방법원 판사는 특별한 사정이 없는 한 명부의 기재에 따라 국선변호인을 선정하여야 한다.

제17조 【공소제기의 경우 국선변호인의 선정등】

① 재판장은 공소제기가 있는 때에는 변호인 없는 피고인에게 다음 각호의 취지를 고지한다.

1. 법 제33조제1항제1호 내지 제6호의 어느 하나에 해당하는 때에는 변호인 없이 개정할 수 없는 취지와 피고인 스스로 변호인을 선임하지 아니할 경우에는 법원이 국선변호인을 선정하게 된다는 취지

2. 법 제33조제2항에 해당하는 때에는 법원에 대하여 국선변호인의 선

정을 청구할 수 있다는 취지

   3. 법 제33조제3항에 해당하는 때에는 법원에 대하여 국선변호인의 선
      정을 희망하지 아니한다는 의사를 표시할 수 있다는 취지

② 제1항의 고지는 서면으로 하여야 한다.

③ 법원은 제1항의 고지를 받은 피고인이 변호인을 선임하지 아니한 때
  및 법 제33조제2항의 규정에 의하여 국선변호인 선정청구가 있거나
  같은 조 제3항에 의하여 국선변호인을 선정하여야 할 때에는 지체없
  이 국선변호인을 선정하고, 피고인 및 변호인에게 그 뜻을 고지하여
  야 한다.

④ 공소제기가 있은 후 변호인이 없게 된 때에도 제1항 내지 제3항의
  규정을 준용한다.

제17조의2 【국선변호인 선정청구 사유의 소명】

법 제33조제2항에 의하여 국선변호인 선정을 청구하는 경우 피고인은
소명자료를 제출하여야 한다. 다만, 기록에 의하여 그 사유가 소명되었다
고 인정될 때에는 그러하지 아니하다.

제18조 【선정취소】

① 법원 또는 지방법원 판사는 다음 각호의 어느 하나에 해당하는 때에
  는 국선변호인의 선정을 취소하여야 한다.
  1. 피고인 또는 피의자에게 변호인이 선임된 때
  2. 국선변호인이 제14조제1항 및 제2항에 규정한 자격을 상실한 때
  3. 법원 또는 지방법원 판사가 제20조의 규정에 의하여 국선변호인의
    사임을 허가한 때

② 법원 또는 지방법원 판사는 다음 각호의 어느 하나에 해당하는 때에
  는 국선변호인의 선정을 취소할 수 있다.
  1. 국선변호인이 그 직무를 성실하게 수행하지 아니하는 때
  2. 피고인 또는 피의자의 국선변호인 변경 신청이 상당하다고 인정하
    는 때
  3. 그 밖에 국선변호인의 선정결정을 취소할 상당한 이유가 있는 때

③ 법원이 국선변호인의 선정을 취소한 때에는 지체없이 그 뜻을 해당되는 국선변호인과 피고인 또는 피의자에게 통지하여야 한다.

제19조 【법정에서의 선정등】

① 제16조제1항 또는 법 제283조의 규정에 의하여 국선변호인을 선정할 경우에 이미 선임된 변호인 또는 선정된 국선변호인이 출석하지 아니하거나 퇴정한 경우에 부득이한 때에는 피고인 또는 피의자의 의견을 들어 재정 중인 변호사 등 제14조에 규정된 사람을 국선변호인으로 선정할 수 있다.

② 제1항의 경우에는 이미 선정되었던 국선변호인에 대하여 그 선정을 취소할 수 있다.

③ 국선변호인이 공판기일 또는 피의자 심문기일에 출석할 수 없는 사유가 발생한 때에는 지체없이 법원 또는 지방법원 판사에게 그 사유를 소명하여 통지하여야 한다.

제20조 【사임】

국선변호인은 다음 각호의 어느 하나에 해당하는 경우에는 법원 또는 지방법원 판사의 허가를 얻어 사임할 수 있다.

1. 질병 또는 장기여행으로 인하여 국선변호인의 직무를 수행하기 곤란할 때
2. 피고인 또는 피의자로부터 폭행, 협박 또는 모욕을 당하여 신뢰관계를 지속할 수 없을 때
3. 피고인 또는 피의자로부터 부정한 행위를 할 것을 종용받았을 때
4. 그 밖에 국선변호인으로서의 직무를 수행하는 것이 어렵다고 인정할 만한 상당한 사유가 있을 때

제21조 【감독】

법원은 국선변호인이 그 임무를 해태하여 국선변호인으로서의 불성실한 사적이 현저하다고 인정할 때에는 그 사유를 대한변호사협회장 또는 소속지방변호사회장에게 통고할 수 있다.

제22조 삭제 <1999.12.31.>

제23조 삭제 <2007.10.29.>

제5장 재판

제24조【결정, 명령을 위한 사실조사】

① 결정 또는 명령을 함에 있어 법 제37조제3항의 규정에 의하여 사실을 조사하는 때 필요한 경우에는 법 및 이 규칙의 정하는 바에 따라 증인을 신문하거나 감정을 명할 수 있다.

② 제1항의 경우에는 검사, 피고인, 피의자 또는 변호인을 참여하게 할 수 있다.

제25조【재판서의 결정】

① 재판서에 잘못된 계산이나 기재, 그 밖에 이와 비슷한 잘못이 있음이 분명한 때에는 법원은 직권으로 또는 당사자의 신청에 따라 경정결정(更正決定)을 할 수 있다.

② 경정결정은 재판서의 원본과 등본에 덧붙여 적어야 한다. 다만, 등본에 덧붙여 적을 수 없을 때에는 경정결정의 등본을 작성하여 재판서의 등본을 송달받은 자에게 송달하여야 한다.

③ 경정결정에 대하여는 즉시 항고를 할 수 있다. 다만, 재판에 대하여 적법한 상소가 있는 때에는 그러하지 아니하다.

제25조의2【기명날인할 수 없는 재판서】

법 제41조제3항에 따라 서명날인에 갈음하여 기명날인할 수 없는 재판서는 판결과 각종 영장(감정유치장 및 감정처분허가장을 포함한다)을 말한다.

제26조 【재판서의 등, 초본 청구권자의 범위】

① 법 제45조에 규정한 기타의 소송관계인이라 함은 검사, 변호인, 보조인, 법인인 피고인의 대표자, 법 제28조의 규정에 의한 특별대리인, 법 제340조 및 제341조제1항의 규정에 의한 상소권자를 말한다.
② 고소인, 고발인 또는 피해자는 비용을 납입하고 재판서 또는 재판을 기재한 조서의 등본 또는 초본의 교부를 청구할 수 있다. 다만, 그 청구하는 사유를 소명하여야 한다.

제27조 【소송에 관한 사항의 증명서의 청구】

피고인과 제26조제1항에 규정한 소송관계인 및 고소인, 고발인 또는 피해자는 소송에 관한 사항의 증명서의 교부를 청구할 수 있다. 다만, 고소인, 고발인 또는 피해자의 청구에 관하여는 제26조제2항 단서의 규정을 준용한다.

제28조 【등, 초본 등의 작성방법】

법 제45조에 규정한 등본, 초본(제26조제2항에 규정한 등본, 초본을 포함한다) 또는 제27조에 규정한 증명서를 작성함에 있어서는 담당 법원서기관, 법원사무관, 법원주사, 법원주사보(이하 "법원사무관등"이라 한다)가 등본, 초본 또는 소송에 관한 사항의 증명서라는 취지를 기재하고 기명날인하여야 한다.

제6장 서류

제29조 【조서에의 인용】

조서에는 서면, 사진, 속기록, 녹음물, 영상녹화물, 녹취서 등 법원이 적당하다고 인정한 것을 인용하고 소송기록에 첨부하거나 전자적 형태로 보관하여 조서의 일부로 할 수 있다.

제29조의2 【변경청구나 이의제기가 있는 경우의 처리】

공판조서의 기재에 대하여 법 제54조제3항에 따른 변경청구나 이의제기가 있는 경우, 법원사무관 등은 신청의 연월일 및 그 요지와 그에 대한 재판장의 의견을 기재하여 조서를 작성한 후 당해 공판조서 뒤에 이를 첨부하여야 한다.

제30조 【공판조서의 낭독 등】

법 제55조제2항에 따른 피고인의 낭독청구가 있는 때에는 재판장의 명에 의하여 법원사무관 등이 낭독하거나 녹음물 또는 영상녹화물을 재생한다.

제30조의2 【속기 등의 신청】

① 속기, 녹음 또는 영상녹화(녹음이 포함된 것을 말한다. 다음부터 같다)의 신청은 공판기일의 1주일 전까지 하여야 한다. 다만, 지정된 공판기일부터 1주일이 남지 않은 시점에서 공판기일 지정의 통지가 있는 경우에는 통지받은 다음날까지 신청할 수 있다.

② 피고인, 변호인 또는 검사의 신청이 있음에도 불구하고 특별한 사정이 있는 때에는 속기, 녹음 또는 영상녹화를 하지 아니하거나 신청하는 것과 다른 방법으로 속기, 녹음 또는 영상녹화를 할 수 있다. 다만, 이 경우 재판장은 공판기일에 그 취지를 고지하여야 한다.

제31조 삭제 <2007.10.29.>

제32조 삭제 <2007.10.29.>

제33조 【속기록에 대한 조치】

속기를 하게 한 경우에 재판장은 법원사무관 등으로 하여금 속기록의 전부 또는 일부를 조서에 인용하고 소송기록에 첨부하여 조서의 일부로 하게 할 수 있다.

제34조 【진술자에 대한 확인 등】

속기를 하게 한 경우 법 제48조제3항 또는 법 제52조 단서에 따른 절차의 이행은 법원사무관 등 또는 법원에 소속되어 있거나 법원이 선정한 속기능력소지자(다음부터 "속기사 등"이라고 한다)로 하여금 속기록의 내용을 읽어주게 하거나 진술자에게 속기록을 열람하도록 하는 방법에 의한다.

제35조 삭제 <2007.10.29.>

제36조 삭제 <2007.10.29.>

제37조 삭제 <2007.10.29.>

제38조 【녹취서의 작성등】

① 재판장은 필요하다고 인정하는 때에는 법원사무관 등 또는 속기사 등에게 녹음 또는 영상녹화된 내용의 전부 또는 일부를 녹취할 것을 명할 수 있다.

② 재판장은 법원사무관 등으로 하여금 제1항에 따라 작성된 녹취서의 전부 또는 일부를 조서에 인용하고 소송기록에 첨부하여 조서의 일부로 하게 할 수 있다.

제38조의2 【속기록, 녹음물 또는 영상녹화물의 사본 교부】

① 재판장은 법 제56조의2제3항에도 불구하고 피해자의 사생활에 관한 비밀 보호 또는 신변에 대한 위해 방지 등을 위하여 특히 필요하다고 인정하는 경우에는 속기록, 녹음물 또는 영상녹화물의 사본의 교부를 불허하거나 그 범위를 제한할 수 있다.

② 법 제56조의2제3항에 따라 속기록, 녹음물 또는 영상녹화물의 사본을 교부받은 사람은 그 사본을 당해 사건 또는 관련 소송의 수행과 관계없는 용도로 사용하여서는 아니 된다.

제39조 【속기록 등의 보관과 폐기】

속기록, 녹음물, 영상녹화물 또는 녹취서는 전자적 형태로 이를 보관할 수 있으며, 재판이 확정되면 폐기한다. 다만, 속기록, 녹음물, 영상녹화물 또는 녹취서가 조서의 일부가 된 경우에는 그러하지 아니하다.

제40조 삭제 <2007.10.29.>

제40조의2

[종전 제40조의2는 제40조로 이동 〈1996.12.3.〉]

제41조 【서명의 특칙】

공무원이 아닌 자가 서명날인을 하여야 할 경우에 서명을 할 수 없으면 타인이 대서한다. 이 경우에는 대서한 자가 그 사유를 기재하고 기명날인 또는 서명하여야 한다.

제7장 송달

제42조 【법 제60조에 의한 법원소재지의 범위】

법 제60조제1항에 규정한 법원소재지는 당해 법원이 위치한 특별시, 광역시, 시 또는 군(다만, 광역시내의 군은 제외)으로 한다.

제43조 【공시송달을 명하는 재판】

법원은 공시송달의 사유가 있다고 인정한 때에는 직권으로 결정에 의하여 공시송달을 명한다.

제8장 기간

제44조 【법정기간의 연장】

① 소송행위를 할 자가 국내에 있는 경우 주거 또는 사무소의 소재지와 법원 또는 검찰청, 고위공직자범죄수사처(이하 "수사처"라고 한다) 소재지와의 거리에 따라 해로는 100킬로미터, 육로는 200킬로미터마다 각 1일을 부가한다. 그 거리의 전부 또는 잔여가 기준에 미달할지라도 50킬로미터 이상이면 1일을 부가한다. 다만, 법원은 홍수, 천재지변등 불가피한 사정이 있거나 교통통신의 불편정도를 고려하여 법정기간을 연장함이 상당하다고 인정하는 때에는 이를 연장할 수 있다.

② 소송행위를 할 자가 외국에 있는 경우의 법정기간에는 그 거주국의 위치에 따라 다음 각호의 기간을 부가한다.

 1. 아시아주 및 오세아니아주 : 15일
 2. 북아메리카주 및 유럽주 : 20일
 3. 중남아메리카주 및 아프리카주 : 30일

제9장 피고인의 소환, 구속

제45조 【소환의 유예기간】

피고인에 대한 소환장은 법 제269조의 경우를 제외하고는 늦어도 출석할 일시 12시간 이전에 송달하여야 한다. 다만, 피고인이 이의를 하지 아니하는 때에는 그러하지 아니하다.

제45조의2 【비디오 등 중계장치에 의한 구속사유 고지】

① 법 제72조의2제2항에 따른 절차를 위한 기일의 통지는 서면 이외에 전화·모사전송·전자우편·휴대전화 문자전송 그 밖에 적당한 방법으로 할 수 있다. 이 경우 통지의 증명은 그 취지를 조서에 기재함으로써 할 수 있다.

② 법 제72조의2제2항에 따른 절차 진행에 관하여는 제123조의13제1항 내지 제4항과 제6항 내지 제8항을 준용한다.

제46조 【구속영장의 기재사항】

구속영장에는 법 제75조에 규정한 사항외에 피고인의 주민등록번호(외국인인 경우에는 외국인등록번호, 위 번호들이 없거나 이를 알 수 없는 경우에는 생년월일 및 성별, 다음부터 '주민등록번호 등'이라 한다)·직업 및 법 제70조제1항 각호에 규정한 구속의 사유를 기재하여야 한다.

제47조 【수탁판사 또는 재판장 등의 구속영장 등의 기재요건】

수탁판사가 법 제77조제3항의 규정에 의하여 구속영장을 발부하는 때나 재판장 또는 합의부원이 법 제80조의 규정에 의하여 소환장 또는 구속영장을 발부하는 때에는 그 취지를 소환장 또는 구속영장에 기재하여야 한다.

제48조 【검사에 대한 구속영장의 송부】

검사의 지휘에 의하여 구속영장을 집행하는 경우에는 구속영장을 발부한 법원이 그 원본을 검사에게 송부하여야 한다.

제49조 【구속영장집행후의 조치】

① 구속영장집행사무를 담당한 자가 구속영장을 집행한 때에는 구속영장에 집행일시와 장소를, 집행할 수 없었을 때에는 그 사유를 각 기재하고 기명날인하여야 한다.
② 구속영장의 집행에 관한 서류는 집행을 지휘한 검사 또는 수탁판사를 경유하여 구속영장을 발부한 법원에 이를 제출하여야 한다.
③ 삭제 <2007.10.29.>

제49조의2 【구인을 위한 구속영장 집행후의 조치】

구인을 위한 구속영장의 집행에 관한 서류를 제출받은 법원의 재판장은 법원사무관 등에게 피고인이 인치된 일시를 구속영장에 기재하게 하여야 하고, 법 제71조의2에 따라 피고인을 유치할 경우에는 유치할 장소를 구속영장에 기재하고 서명날인하여야 한다.

제50조 【구속영장등본의 교부청구】

① 피고인, 변호인, 피고인의 법정대리인, 법 제28조에 따른 피고인의 특별대리인, 배우자, 직계친족과 형제자매는 구속영장을 발부한 법원에 구속영장의 등본의 교부를 청구할 수 있다.
② 제1항의 경우에 고소인, 고발인 또는 피해자에 대하여는 제26조제2항의 규정을 준용한다.

제51조 【구속의 통지】

① 피고인을 구속한 때에 그 변호인이나 법 제30조제2항에 규정한 자가 없는 경우에는 피고인이 지정하는 자 1인에게 법 제87조제1항에 규정한 사항을 통지하여야 한다.
② 구속의 통지는 구속을 한 때로부터 늦어도 24시간이내에 서면으로 하여야 한다. 제1항에 규정한 자가 없어 통지를 하지 못한 경우에는 그 취지를 기재한 서면을 기록에 철하여야 한다.
③ 급속을 요하는 경우에는 구속되었다는 취지 및 구속의 일시·장소를 전화 또는 모사전송기 기타 상당한 방법에 의하여 통지할 수 있다. 다만, 이 경우에도 구속통지는 다시 서면으로 하여야 한다.

제52조 【구속과 범죄사실등의 고지】

법원 또는 법관은 법 제72조 및 법 제88조의 규정에 의한 고지를 할 때에는 법원사무관등을 참여시켜 조서를 작성하게 하거나 피고인 또는 피의자로 하여금 확인서 기타 서면을 작성하게 하여야 한다.

제53조 【보석 등의 청구】

① 보석청구서 또는 구속취소청구서에는 다음 사항을 기재하여야 한다.

1. 사건번호
2. 구속된 피고인의 성명, 주민등록번호 등, 주거
3. 청구의 취지 및 청구의 이유
4. 청구인의 성명 및 구속된 피고인과의 관계

② 보석의 청구를 하거나 검사 아닌 자가 구속취소의 청구를 할 때에는 그 청구서의 부본을 첨부하여야 한다.

③ 법원은 제1항의 보석 또는 구속취소에 관하여 검사의 의견을 물을 때에는 제2항의 부본을 첨부하여야 한다.

제53조의2 【진술서 등의 제출】

① 보석의 청구인은 적합한 보석조건에 관한 의견을 밝히고 이에 관한 소명자료를 낼 수 있다.

② 보석의 청구인은 보석조건을 결정함에 있어 법 제99조제2항에 따른 이행가능한 조건인지 여부를 판단하기 위하여 필요한 범위 내에서 피고인(피고인이 미성년자인 경우에는 그 법정대리인 등)의 자력 또는 자산 정도에 관한 서면을 제출하여야 한다.

제54조 【기록 등의 제출】

① 검사는 법원으로부터 보석, 구속취소 또는 구속집행정지에 관한 의견요청이 있을 때에는 의견서와 소송서류 및 증거물을 지체 없이 법원에 제출하여야 한다. 이 경우 특별한 사정이 없는 한 의견요청을 받은 날의 다음날까지 제출하여야 한다.

② 보석에 대한 의견요청을 받은 검사는 보석허가가 상당하지 아니하다는 의견일 때에는 그 사유를 명시하여야 한다.

③ 제2항의 경우 보석허가가 상당하다는 의견일 때에는 보석조건에 대하여 의견을 나타낼 수 있다.

제54조의2 【보석의 심리】

① 보석의 청구를 받은 법원은 지체없이 심문기일을 정하여 구속된 피고

인을 심문하여야 한다. 다만, 다음 각호의 어느 하나에 해당하는 때에는 그러하지 아니하다.

1. 법 제94조에 규정된 청구권자 이외의 사람이 보석을 청구한 때
2. 동일한 피고인에 대하여 중복하여 보석을 청구하거나 재청구한 때
3. 공판준비 또는 공판기일에 피고인에게 그 이익되는 사실을 진술할 기회를 준 때
4. 이미 제출한 자료만으로 보석을 허가하거나 불허가할 것이 명백한 때

② 제1항의 규정에 의하여 심문기일을 정한 법원은 즉시 검사, 변호인, 보석청구인 및 피고인을 구금하고 있는 관서의 장에게 심문기일과 장소를 통지하여야 하고, 피고인을 구금하고 있는 관서의 장은 위 심문기일에 피고인을 출석시켜야 한다.

③ 제2항의 통지는 서면외에 전화·모사전송·전자우편·휴대전화 문자전송 그 밖에 적당한 방법으로 할 수 있다. 이 경우 통지의 증명은 그 취지를 심문조서에 기재함으로써 할 수 있다.

④ 피고인, 변호인, 보석청구인은 피고인에게 유리한 자료를 낼 수 있다.

⑤ 검사, 변호인, 보석청구인은 제1항의 심문기일에 출석하여 의견을 진술할 수 있다.

⑥ 법원은 피고인, 변호인 또는 보석청구인에게 보석조건을 결정함에 있어 필요한 자료의 제출을 요구할 수 있다.

⑦ 법원은 피고인의 심문을 합의부원에게 명할 수 있다.

제55조 【보석 등의 결정기한】

법원은 특별한 사정이 없는 한 보석 또는 구속취소의 청구를 받은 날부터 7일 이내에 그에 관한 결정을 하여야 한다.

제55조의2 【불허가 결정의 이유】

보석을 허가하지 아니하는 결정을 하는 때에는 결정이유에 법 제95조 각호 중 어느 사유에 해당하는지를 명시하여야 한다.

제55조의3 【보석석방 후의 조치】

① 법원은 법 제98조제3호의 보석조건으로 석방된 피고인이 보석조건을 이행함에 있어 피고인의 주거지를 관할하는 경찰서장에게 피고인이 주거제한을 준수하고 있는지 여부 등에 관하여 조사할 것을 요구하는 등 보석조건의 준수를 위하여 적절한 조치를 취할 것을 요구할 수 있다.

② 법원은 법 제98조제6호의 보석조건을 정한 경우 출입국사무를 관리하는 관서의 장에게 피고인에 대한 출국을 금지하는 조치를 취할 것을 요구할 수 있다.

③ 법 제100조제5항에 따라 보석조건 준수에 필요한 조치를 요구받은 관공서 그 밖의 공사단체의 장은 그 조치의 내용과 경과 등을 법원에 통지하여야 한다.

제55조의4 【보석조건 변경의 통지】

법원은 보석을 허가한 후에 보석의 조건을 변경하거나 보석조건의 이행을 유예하는 결정을 한 경우에는 그 취지를 검사에게 지체없이 통지하여야 한다.

제55조의5 【보석조건의 위반과 피고인에 대한 과태료 등】

① 법 제102조제3항·제4항에 따른 과태료 재판의 절차에 관하여는 비송사건절차법 제248조, 제250조(다만, 검사에 관한 부분을 제외한다)를 준용한다.

② 법 제102조제3항에 따른 감치재판절차는 법원의 감치재판개시결정에 따라 개시된다. 이 경우 감치사유가 있은 날부터 20일이 지난 때에는 감치재판개시결정을 할 수 없다.

③ 법원은 감치재판절차를 개시한 이후에도 감치에 처함이 상당하지 아니하다고 인정되는 때에는 불처벌의 결정을 할 수 있다.

④ 제2항의 감치재판개시결정과 제3항의 불처벌결정에 대하여는 불복할 수 없다.

⑤ 제2항부터 제4항까지 및 법 제102조제3항·제4항에 따른 감치절차에 관하여는 「법정 등의 질서유지를 위한 재판에 관한 규칙」제3조, 제6조, 제7조의2, 제8조, 제10조, 제11조, 제13조, 제15조, 제16조, 제18조, 제19조, 제21조부터 제23조, 제25조제1항을 준용한다.

제56조 【보석 등의 취소에 의한 재구금절차】

① 법 제102조제2항에 따른 보석취소 또는 구속집행정지취소의 결정이 있는 때 또는 기간을 정한 구속집행정지결정의 기간이 만료된 때에는 검사는 그 취소결정의 등본 또는 기간을 정한 구속집행정지결정의 등본에 의하여 피고인을 재구금하여야 한다. 다만, 급속을 요하는 경우에는 재판장, 수명법관 또는 수탁판사가 재구금을 지휘할 수 있다.

② 제1항 단서의 경우에는 법원사무관등에게 그 집행을 명할 수 있다. 이 경우에 법원사무관등은 그 집행에 관하여 필요한 때에는 사법경찰관리 또는 교도관에게 보조를 요구할 수 있으며 관할구역외에서도 집행할 수 있다.

제57조 【상소 등과 구속에 관한 결정】

① 상소기간중 또는 상소 중의 사건에 관한 피고인의 구속, 구속기간갱신, 구속취소, 보석, 보석의 취소, 구속집행정지와 그 정지의 취소의 결정은 소송기록이 상소법원에 도달하기까지는 원심법원이 이를 하여야 한다.

② 이송, 파기환송 또는 파기이송 중의 사건에 관한 제1항의 결정은 소송기록이 이송 또는 환송법원에 도달하기까지는 이송 또는 환송한 법원이 이를 하여야 한다.

제10장 압수와 수색

제58조 【압수수색영장의 기재사항】

압수수색영장에는 압수수색의 사유를 기재하여야 한다.

제59조 【준용규정】

제48조의 규정은 압수수색영장에 이를 준용한다.

제60조 【압수와 수색의 참여】

① 법원이 압수수색을 할 때에는 법원사무관등을 참여하게 하여야 한다.
② 법원사무관등 또는 사법경찰관리가 압수수색영장에 의하여 압수수색을 할 때에는 다른 법원사무관등 또는 사법경찰관리를 참여하게 하여야 한다.

제61조 【수색증명서, 압수품목록의 작성등】

법 제128조에 규정된 증명서 또는 법 제129조에 규정된 목록은 제60조제1항의 규정에 의한 압수수색을 한 때에는 참여한 법원사무관등이 제60조제2항의 규정에 의한 압수수색을 한 때에는 그 집행을 한 자가 각 작성 교부한다.

제62조 【압수수색조서의 기재】

압수수색에 있어서 제61조의 규정에 의한 증명서 또는 목록을 교부하거나 법 제130조의 규정에 의한 처분을 한 경우에는 압수수색의 조서에 그 취지를 기재하여야 한다.

제63조 【압수수색영장 집행후의 조치】

압수수색영장의 집행에 관한 서류와 압수한 물건은 압수수색영장을 발부한 법원에 이를 제출하여야 한다. 다만, 검사의 지휘에 의하여 집행된 경우에는 검사를 경유하여야 한다.

제11장 검증

제64조 【피고인의 신체검사 소환장의 기재사항】

피고인에 대한 신체검사를 하기 위한 소환장에는 신체검사를 하기 위하여 소환한다는 취지를 기재하여야 한다.

제65조 【피고인 아닌 자의 신체검사의 소환장의 기재사항】

피고인이 아닌 자에 대한 신체검사를 하기 위한 소환장에는 그 성명 및 주거, 피고인의 성명, 죄명, 출석일시 및 장소와 신체검사를 하기 위하여 소환한다는 취지를 기재하고 재판장 또는 수명법관이 기명날인하여야 한다.

제12장 증인신문

제66조 【신문사항 등】

재판장은 피해자·증인의 인적사항의 공개 또는 누설을 방지하거나 그 밖에 피해자·증인의 안전을 위하여 필요하다고 인정할 때에는 증인의 신문을 청구한 자에 대하여 사전에 신문사항을 기재한 서면의 제출을 명할 수 있다.

제67조 【결정의 취소】

법원은 제66조의 명을 받은 자가 신속히 그 서면을 제출하지 아니한 경우에는 증거결정을 취소할 수 있다.

제67조의2 【증인의 소환방법】

① 법 제150조의2제1항에 따른 증인의 소환은 소환장의 송달, 전화, 전자우편, 모사전송, 휴대전화 문자전송 그 밖에 적당한 방법으로 할 수 있다.

② 증인을 신청하는 자는 증인의 소재, 연락처와 출석 가능성 및 출석 가능 일시 그 밖에 증인의 소환에 필요한 사항을 미리 확인하는 등 증인 출석을 위한 합리적인 노력을 다하여야 한다.

제68조 【소환장 · 구속영장의 기재사항】

① 증인에 대한 소환장에는 그 성명, 피고인의 성명, 죄명, 출석일시 및 장소, 정당한 이유없이 출석하지 아니할 경우에는 과태료에 처하거나 출석하지 아니함으로써 생긴 비용의 배상을 명할 수 있고 또 구인할 수

있음을 기재하고 재판장이 기명날인하여야 한다.

② 증인에 대한 구속영장에는 그 성명, 주민등록번호(주민등록번호가 없거나 이를 알 수 없는 경우에는 생년월일), 직업 및 주거, 피고인의 성명, 죄명, 인치할 일시 및 장소, 발부 연월일 및 유효기간과 그 기간이 경과한 후에는 집행에 착수하지 못하고 구속영장을 반환하여야 한다는 취지를 기재하고 재판장이 서명날인하여야 한다.

제68조의2 【불출석의 신고】

증인이 출석요구를 받고 기일에 출석할 수 없을 경우에는 법원에 바로 그 사유를 밝혀 신고하여야 한다.

제68조의3 【증인에 대한 과태료 등】

법 제151조제1항에 따른 과태료와 소송비용 부담의 재판절차에 관하여는 비송사건절차법 제248조, 제250조(다만, 제248조제3항 후문과 검사에 관한 부분을 제외한다)를 준용한다.

제68조의4 【증인에 대한 감치】

① 법 제151조제2항부터 제8항까지의 감치재판절차는 법원의 감치재판 개시결정에 따라 개시된다. 이 경우 감치사유가 발생한 날부터 20일이 지난 때에는 감치재판개시결정을 할 수 없다.

② 감치재판절차를 개시한 후 감치결정 전에 그 증인이 증언을 하거나 그 밖에 감치에 처하는 것이 상당하지 아니하다고 인정되는 때에는 법원은 불처벌결정을 하여야 한다.

③ 제1항의 감치재판개시결정과 제2항의 불처벌결정에 대하여는 불복할 수 없다.

④ 법 제151조제7항의 규정에 따라 증인을 석방한 때에는 재판장은 바로 감치시설의 장에게 그 취지를 서면으로 통보하여야 한다.

⑤ 제1항부터 제4항 및 법 제151조제2항부터 제8항까지에 따른 감치절차에 관하여는 「법정 등의 질서유지를 위한 재판에 관한 규칙」 제3

조, 제6조부터 제8조까지, 제10조, 제11조, 제13조, 제15조부터 제19조까지, 제21조부터 제23조까지 및 제25조제1항(다만, 제23조제8항 중 "감치의 집행을 한 날"은 "법 제151조제5항의 규정에 따른 통보를 받은 날"로 고쳐 적용한다)을 준용한다.

제69조 【준용규정】

제48조, 제49조, 제49조의2 전단의 규정은 증인의 구인에 이를 준용한다.

제70조 【소환의 유예기간】

증인에 대한 소환장은 늦어도 출석할 일시 24시간 이전에 송달하여야 한다. 다만, 급속을 요하는 경우에는 그러하지 아니하다.

제70조의2 【소환장이 송달불능된 때의 조치】

제68조에 따른 증인에 대한 소환장이 송달불능된 경우 증인을 신청한 자는 재판장의 명에 의하여 증인의 주소를 서면으로 보정하여야 하고, 이 때 증인의 소재, 연락처와 출석가능성 등을 충분히 조사하여 성실하게 기재하여야 한다.

제71조 【증인의 동일성 확인】

재판장은 증인으로부터 주민등록증 등 신분증을 제시받거나 그 밖의 적당한 방법으로 증인임이 틀림없음을 확인하여야 한다.

제72조 【선서취지의 설명】

증인이 선서의 취지를 이해할 수 있는가에 대하여 의문이 있는 때에는 선서전에 그 점에 대하여 신문하고, 필요하다고 인정할 때에는 선서의 취지를 설명하여야 한다.

제73조 【서면에 의한 신문】

증인이 들을 수 없는 때에는 서면으로 묻고 말할 수 없는 때에는 서면으로 답하게 할 수 있다.

제74조 【증인신문의 방법】

① 재판장은 증인신문을 행함에 있어서 증명할 사항에 관하여 가능한 한 증인으로 하여금 개별적이고 구체적인 내용을 진술하게 하여야 한다.
② 다음 각호의 1에 규정한 신문을 하여서는 아니된다. 다만, 제2호 내지 제4호의 신문에 관하여 정당한 이유가 있는 경우에는 그러하지 아니하다.
  1. 위협적이거나 모욕적인 신문
  2. 전의 신문과 중복되는 신문
  3. 의견을 묻거나 의논에 해당하는 신문
  4. 증인이 직접 경험하지 아니한 사항에 해당하는 신문

제75조 【주신문】

① 법 제161조의2제1항 전단의 규정에 의한 신문(이하 "주신문"이라 한다)은 증명할 사항과 이에 관련된 사항에 관하여 한다.
② 주신문에 있어서는 유도신문을 하여서는 아니된다. 다만, 다음 각호의 1의 경우에는 그러하지 아니하다.
  1. 증인과 피고인과의 관계, 증인의 경력, 교우관계등 실질적인 신문에 앞서 미리 밝혀둘 필요가 있는 준비적인 사항에 관한 신문의 경우
  2. 검사, 피고인 및 변호인 사이에 다툼이 없는 명백한 사항에 관한 신문의 경우
  3. 증인이 주신문을 하는 자에 대하여 적의 또는 반감을 보일 경우
  4. 증인이 종전의 진술과 상반되는 진술을 하는 때에 그 종전진술에 관한 신문의 경우
  5. 기타 유도신문을 필요로 하는 특별한 사정이 있는 경우
③ 재판장은 제2항 단서의 각호에 해당하지 아니하는 경우의 유도신문은 이를 제지하여야 하고, 유도신문의 방법이 상당하지 아니하다고 인정할 때에는 이를 제한할 수 있다.

제76조 【반대신문】

① 법 제161조의2제1항 후단의 규정에 의한 신문(이하 "반대신문"이라
한다)은 주신문에 나타난 사항과 이에 관련된 사항에 관하여 한다.
② 반대신문에 있어서 필요할 때에는 유도신문을 할 수 있다.
③ 재판장은 유도신문의 방법이 상당하지 아니하다고 인정할 때에는 이
를 제한할 수 있다.
④ 반대신문의 기회에 주신문에 나타나지 아니한 새로운 사항에 관하여
신문하고자 할 때에는 재판장의 허가를 받아야 한다.
⑤ 제4항의 신문은 그 사항에 관하여는 주신문으로 본다.

제77조 【증언의 증명력을 다투기 위하여 필요한 사항의 신문】

① 주신문 또는 반대신문의 경우에는 증언의 증명력을 다투기 위하여 필
요한 사항에 관한 신문을 할 수 있다.
② 제1항에 규정한 신문은 증인의 경험, 기억 또는 표현의 정확성등 증
언의 신빙성에 관한 사항 및 증인의 이해관계, 편견 또는 예단 등 증
인의 신용성에 관한 사항에 관하여 한다. 다만, 증인의 명예를 해치는
내용의 신문을 하여서는 아니된다.

제78조 【재 주신문】

① 주신문을 한 검사, 피고인 또는 변호인은 반대신문이 끝난 후 반대신
문에 나타난 사항과 이와 관련된 사항에 관하여 다시 신문(이하 "재
주신문"이라 한다)을 할 수 있다.
② 재 주신문은 주신문의 예에 의한다.
③ 제76조제4항, 제5항의 규정은 재 주신문의 경우에 이를 준용한다.

제79조 【재판장의 허가에 의한 재신문】

검사, 피고인 또는 변호인은 주신문, 반대신문 및 재 주신문이 끝난 후에도
재판장의 허가를 얻어 다시 신문을 할 수 있다.

제80조 【재판장에 의한 신문순서 변경의 경우】

① 재판장이 법 제161조의2제3항 전단의 규정에 의하여 검사, 피고인 및 변호인에 앞서 신문을 한 경우에 있어서 그 후에 하는 검사, 피고인 및 변호인의 신문에 관하여는 이를 신청한 자와 상대방의 구별에 따라 제75조 내지 제79조의 규정을 각 준용한다.

② 재판장이 법 제161조의2제3항 후단의 규정에 의하여 신문순서를 변경한 경우의 신문방법은 재판장이 정하는 바에 의한다.

제81조 【직권에 의한 증인의 신문】

법 제161조의2제4항에 규정한 증인에 대하여 재판장이 신문한 후 검사, 피고인 또는 변호인이 신문하는 때에는 반대신문의 예에 의한다.

제82조 【서류 또는 물건에 관한 신문】

① 증인에 대하여 서류 또는 물건의 성립, 동일성 기타 이에 준하는 사항에 관한 신문을 할 때에는 그 서류 또는 물건을 제시할 수 있다.

② 제1항의 서류 또는 물건이 증거조사를 마치지 않은 것일 때에는 먼저 상대방에게 이를 열람할 기회를 주어야 한다. 다만, 상대방이 이의하지 아니할 때에는 그러하지 아니한다.

제83조 【기억의 환기가 필요한 경우】

① 증인의 기억이 명백치 아니한 사항에 관하여 기억을 환기시켜야 할 필요가 있을 때에는 재판장의 허가를 얻어 서류 또는 물건을 제시하면서 신문할 수 있다.

② 제1항의 경우에는 제시하는 서류의 내용이 증인의 진술에 부당한 영향을 미치지 아니하도록 하여야 한다.

③ 제82조제2항의 규정은 제1항의 경우에 이를 준용한다.

제84조 【증언을 명확히 할 필요가 있는 경우】

① 증인의 진술을 명확히 할 필요가 있을 때에는 도면, 사진, 모형, 장치

등을 이용하여 신문할 수 있다.

② 제83조제2항의 규정은 제1항의 경우에 이를 준용한다.

제84조의2 【증인의 증인신문조서 열람 등】

증인은 자신에 대한 증인신문조서 및 그 일부로 인용된 속기록, 녹음물, 영상녹화물 또는 녹취서의 열람, 등사 또는 사본을 청구할 수 있다.

제84조의3 【신뢰관계에 있는 사람의 동석】

① 법 제163조의2에 따라 피해자와 동석할 수 있는 신뢰관계에 있는 사람은 피해자의 배우자, 직계친족, 형제자매, 가족, 동거인, 고용주, 변호사, 그 밖에 피해자의 심리적 안정과 원활한 의사소통에 도움을 줄 수 있는 사람을 말한다.

② 법 제163조의2제1항에 따른 동석 신청에는 동석하고자 하는 자와 피해자 사이의 관계, 동석이 필요한 사유 등을 명시하여야 한다.

③ 재판장은 법 제163조의2제1항 또는 제2항에 따라 동석한 자가 부당하게 재판의 진행을 방해하는 때에는 동석을 중지시킬 수 있다.

제84조의4 【비디오 등 중계장치 등에 의한 신문 여부의 결정】

① 법원은 신문할 증인이 법 제165조의2제1항에서 정한 자에 해당한다고 인정될 경우, 증인으로 신문하는 결정을 할 때 비디오 등 중계장치에 의한 중계시설 또는 차폐시설을 통한 신문 여부를 함께 결정하여야 한다. 이 때 증인의 연령, 증언할 당시의 정신적·심리적 상태, 범행의 수단과 결과 및 범행 후의 피고인이나 사건관계인의 태도 등을 고려하여 판단하여야 한다.

② 법원은 증인신문 전 또는 증인신문 중에도 비디오 등 중계장치에 의한 중계시설 또는 차폐시설을 통하여 신문할 것을 결정할 수 있다.

제84조의5 【비디오 등 중계장치에 의한 신문의 실시】

제123조의13제1항내지 제4항과 제6항 내지 제8항은 법 제165조의2제1항,

제2항에 따라 비디오 등 중계장치에 의한 중계시설을 통하여 증인신문을 하는 경우에 준용한다.

제84조의6 【심리의 비공개】

① 법원은 법 제165조의2제1항에 따라 비디오 등 중계장치에 의한 중계시설 또는 차폐시설을 통하여 증인을 신문하는 경우, 증인의 보호를 위하여 필요하다고 인정하는 경우에는 결정으로 이를 공개하지 아니할 수 있다.
② 증인으로 소환받은 증인과 그 가족은 증인보호 등의 사유로 증인신문의 비공개를 신청할 수 있다.
③ 재판장은 제2항의 신청이 있는 때에는 그 허가 여부 및 공개, 법정외의 장소에서의 신문 등 증인의 신문방식 및 장소에 관하여 결정하여야 한다.
④ 제1항의 결정을 한 경우에도 재판장은 적당하다고 인정되는 자의 재정을 허가할 수 있다.

제84조의7 【중계시설의 동석 등】

① 법원은 비디오 등 중계장치에 의한 중계시설을 통하여 증인신문을 하는 경우, 법 제163조의2의 규정에 의하여 신뢰관계에 있는 자를 동석하게 할 때에는 제84조의5에 정한 비디오 등 중계장치에 의한 중계시설에 동석하게 한다.
② 법원은 법원 직원이나 비디오 등 중계장치에 의한 중계시설을 관리하는 사람으로 하여금 비디오 등 중계장치의 조작과 증인신문 절차를 보조하게 할 수 있다.

제84조의8 【증인을 위한 배려】

① 법 제165조의2제1항에 따라 증인신문을 하는 경우, 증인은 증언을 보조할 수 있는 인형, 그림 그 밖에 적절한 도구를 사용할 수 있다.
② 제1항의 증인은 증언을 하는 동안 담요, 장난감, 인형 등 증인이 선

택하는 물품을 소지할 수 있다.

제84조의9 【차폐시설 등】

① 법원은 법 제165조의2제1항에 따라 차폐시설을 설치함에 있어 피고인과 증인이 서로의 모습을 볼 수 없도록 필요한 조치를 취하여야 한다.
② 법 제165조의2제1항에 따라 비디오 등 중계장치에 의한 중계시설을 통하여 증인신문을 할 때 중계장치를 통하여 증인이 피고인을 대면하거나 피고인이 증인을 대면하는 것이 증인의 보호를 위하여 상당하지 않다고 인정되는 경우 재판장은 검사, 변호인의 의견을 들어 증인 또는 피고인이 상대방을 영상으로 인식할 수 있는 장치의 작동을 중지시킬 수 있다.

제84조의10 【증인지원시설의 설치 및 운영】

① 법원은 특별한 사정이 없는 한 예산의 범위 안에서 증인의 보호 및 지원에 필요한 시설을 설치한다.
② 법원은 제1항의 시설을 설치한 경우, 예산의 범위 안에서 그 시설을 관리·운영하고 증인의 보호 및 지원을 담당하는 직원을 둔다.

제13장 감정 등

제85조 【감정유치장의 기재사항 등】

① 감정유치장에는 피고인의 성명, 주민등록번호 등, 직업, 주거, 죄명, 범죄사실의 요지, 유치할 장소, 유치기간, 감정의 목적 및 유효기간과 그 기간 경과후에는 집행에 착수하지 못하고 영장을 반환하여야 한다는 취지를 기재하고 재판장 또는 수명법관이 서명날인하여야 한다.
② 감정유치기간의 연장이나 단축 또는 유치할 장소의 변경 등은 결정으로 한다.

제86조 【간수의 신청방법】

법 제172조제5항의 규정에 의한 신청은 피고인의 간수를 필요로 하는 사유를 명시하여 서면으로 하여야 한다.

제87조 【비용의 지급】

① 법원은 감정하기 위하여 피고인을 병원 기타 장소에 유치한 때에는 그 관리자의 청구에 의하여 입원료 기타 수용에 필요한 비용을 지급하여야 한다.
② 제1항의 비용은 법원이 결정으로 정한다.

제88조 【준용규정】

구속에 관한 규정은 이 규칙에 특별한 규정이 없는 경우에는 감정하기 위한 피고인의 유치에 이를 준용한다. 다만, 보석에 관한 규정은 그러하지 아니하다.

제89조 【감정허가장의 기재사항】

① 감정에 필요한 처분의 허가장에는 법 제173조제2항에 규정한 사항외에 감정인의 직업, 유효기간을 경과하면 허가된 처분에 착수하지 못하며 허가장을 반환하여야 한다는 취지 및 발부연월일을 기재하고 재판장 또는 수명법관이 서명날인하여야 한다.
② 법원이 감정에 필요한 처분의 허가에 관하여 조건을 붙인 경우에는 제1항의 허가장에 이를 기재하여야 한다.

제89조의2 【감정자료의 제공】

재판장은 필요하다고 인정하는 때에는 감정인에게 소송기록에 있는 감정에 참고가 될 자료를 제공할 수 있다.

제89조의3 【감정서의 설명】

① 법 제179조의2제2항의 규정에 의하여 감정서의 설명을 하게 할 때에는 검사, 피고인 또는 변호인을 참여하게 하여야 한다.
② 제1항의 설명의 요지는 조서에 기재하여야 한다.

제90조 【준용규정】

제12장의 규정은 구인에 관한 규정을 제외하고는 감정, 통역과 번역에 이를 준용한다.

제14장 증거보전

제91조 【증거보전처분을 하여야 할 법관】

① 증거보전의 청구는 다음 지역을 관할하는 지방법원판사에게 하여야 한다.
  1. 압수에 관하여는 압수할 물건의 소재지
  2. 수색 또는 검증에 관하여는 수색 또는 검증할 장소, 신체 또는 물건의 소재지
  3. 증인신문에 관하여는 증인의 주거지 또는 현재지
  4. 감정에 관하여는 감정대상의 소재지 또는 현재지
② 감정의 청구는 제1항제4호의 규정에 불구하고 감정함에 편리한 지방법원판사에게 할 수 있다.

제92조 【청구의 방식】

① 증거보전청구서에는 다음 사항을 기재하여야 한다.
  1. 사건의 개요
  2. 증명할 사실
  3. 증거 및 보전의 방법
  4. 증거보전을 필요로 하는 사유
② 삭제 <1996.12.3.>

부록 2
관련법규 ·
훈령 ·
예규 · 고시

제15장 소송비용 〈신설 2020. 6.26.〉

제92조의2 【듣거나 말하는 데 장애가 있는 사람을 위한 비용 등】

듣거나 말하는 데 장애가 있는 사람을 위한 통역·속기·녹음·녹화 등에 드는 비용은 국고에서 부담하고, 형사소송법 제186조부터 제194조까지에 따라 피고인 등에게 부담하게 할 소송비용에 산입하지 아니한다.

제2편 제1심
제1장 수사

제93조 【영장청구의 방식】

① 영장의 청구는 서면으로 하여야 한다.
② 체포영장 및 구속영장의 청구서에는 범죄사실의 요지를 따로 기재한 서면 1통(수통의 영장을 청구하는 때에는 그에 상응하는 통수)을 첨부하여야 한다.
③ 압수·수색·검증영장의 청구서에는 범죄사실의 요지, 압수·수색·검증의 장소 및 대상을 따로 기재한 서면 1통(수통의 영장을 청구하는 때에는 그에 상응하는 통수)을 첨부하여야 한다.

제94조 【영장의 방식】

검사의 청구에 의하여 발부하는 영장에는 그 영장을 청구한 검사의 성명과 그 검사의 청구에 의하여 발부한다는 취지를 기재하여야 한다.

제95조 【체포영장청구서의 기재사항】

체포영장의 청구서에는 다음 각 호의 사항을 기재하여야 한다.
1. 피의자의 성명(분명하지 아니한 때에는 인상, 체격, 그 밖에 피의자를 특정할 수 있는 사항), 주민등록번호 등, 직업, 주거

2. 피의자에게 변호인이 있는 때에는 그 성명
3. 죄명 및 범죄사실의 요지
4. 7일을 넘는 유효기간을 필요로 하는 때에는 그 취지 및 사유
5. 여러 통의 영장을 청구하는 때에는 그 취지 및 사유
6. 인치구금할 장소
7. 법 제200조의2제1항에 규정한 체포의 사유
8. 동일한 범죄사실에 관하여 그 피의자에 대하여 전에 체포영장을 청구하였거나 발부받은 사실이 있는 때에는 다시 체포영장을 청구하는 취지 및 이유
9. 현재 수사 중인 다른 범죄사실에 관하여 그 피의자에 대하여 발부된 유효한 체포영장이 있는 경우에는 그 취지 및 그 범죄사실

제95조의2 【구속영장청구서의 기재사항】

구속영장의 청구서에는 다음 각 호의 사항을 기재하여야 한다.
1. 제95조제1호부터 제6호까지 규정한 사항
2. 법 제70조제1항 각 호에 규정한 구속의 사유
3. 피의자의 체포여부 및 체포된 경우에는 그 형식
4. 법 제200조의6, 법 제87조에 의하여 피의자가 지정한 사람에게 체포이유 등을 알린 경우에는 그 사람의 성명과 연락처

제96조 【자료의 제출등】

① 체포영장의 청구에는 체포의 사유 및 필요를 인정할 수 있는 자료를 제출하여야 한다.
② 체포영장에 의하여 체포된 자 또는 현행범인으로 체포된 자에 대하여 구속영장을 청구하는 경우에는 법 제201조제2항에 규정한 자료외에 다음 각호의 자료를 제출하여야 한다.
1. 피의자가 체포영장에 의하여 체포된 자인 때에는 체포영장
2. 피의자가 현행범인으로 체포된 자인 때에는 그 취지와 체포의 일시 및 장소가 기재된 서류
③ 법 제214조의2제1항에 규정한 자는 체포영장 또는 구속영장의 청구

를 받은 판사에게 유리한 자료를 제출할 수 있다.

④ 판사는 영장 청구서의 기재사항에 흠결이 있는 경우에는 전화 기타 신속한 방법으로 영장을 청구한 검사에게 그 보정을 요구할 수 있다.

제96조의2 【체포의 필요】

체포영장의 청구를 받은 판사는 체포의 사유가 있다고 인정 되는 경우에도 피의자의 연령과 경력, 가족관계나 교우관계, 범죄의 경중 및 태양 기타 제반 사정에 비추어 피의자가 도망할 염려가 없고 증거를 인멸할 염려가 없는 등 명백히 체포의 필요가 없다고 인정되는 때에는 체포영장의 청구를 기각하여야 한다.

제96조의3 【인치 · 구금할 장소의 변경】

검사는 체포영장을 발부받은 후 피의자를 체포하기 이전에 체포영장을 첨부하여 판사에게 인치·구금할 장소의 변경을 청구할 수 있다.

제96조의4 【체포영장의 갱신】

검사는 체포영장의 유효기간을 연장할 필요가 있다고 인정하는 때에는 그 사유를 소명하여 다시 체포영장을 청구하여야 한다.

제96조의5 【영장전담법관의 지정】

지방법원 또는 지원의 장은 구속영장청구에 대한 심사를 위한 전담법관을 지정할 수 있다.

제96조의6 삭제 <2007.10.29.>

제96조의7 삭제 <2007.10.29.>

제96조의8 삭제 <2007.10.29.>

제96조의9 삭제 <2007.10.29.>

제96조의10 삭제 <2007.10.29.>

제96조의11 【구인 피의자의 유치등】

① 구인을 위한 구속영장의 집행을 받아 인치된 피의자를 법원에 유치한 경우에 법원사무관등은 피의자의 도망을 방지하기 위한 적절한 조치를 취하여야 한다.
② 제1항의 피의자를 법원외의 장소에 유치하는 경우에 판사는 구인을 위한 구속영장에 유치할 장소를 기재하고 서명날인하여 이를 교부하여야 한다.

제96조의12 【심문기일의 지정, 통지】

① 삭제 <2007.10.29>
② 체포된 피의자외의 피의자에 대한 심문기일은 관계인에 대한 심문기일의 통지 및 그 출석에 소요되는 시간 등을 고려하여 피의자가 법원에 인치된 때로부터 가능한 한 빠른 일시로 지정하여야 한다.
③ 심문기일의 통지는 서면 이외에 구술·전화·모사전송·전자우편·휴대전화 문자전송 그 밖에 적당한 방법으로 신속하게 하여야 한다. 이 경우 통지의 증명은 그 취지를 심문조서에 기재함으로써 할 수 있다.

제96조의13 【피의자의 심문절차】

① 판사는 피의자가 심문기일에의 출석을 거부하거나 질병 그 밖의 사유로 출석이 현저하게 곤란하고, 피의자를 심문 법정에 인치할 수 없다고 인정되는 때에는 피의자의 출석 없이 심문절차를 진행할 수 있다.
② 검사는 피의자가 심문기일에의 출석을 거부하는 때에는 판사에게 그 취지 및 사유를 기재한 서면을 작성 제출하여야 한다.
③ 제1항의 규정에 의하여 심문절차를 진행할 경우에는 출석한 검사 및 변호인의 의견을 듣고, 수사기록 그 밖에 적당하다고 인정하는 방법

으로 구속사유의 유무를 조사할 수 있다.

제96조의14 【심문의 비공개】

피의자에 대한 심문절차는 공개하지 아니한다. 다만, 판사는 상당하다고 인정하는 경우에는 피의자의 친족, 피해자 등 이해관계인의 방청을 허가할 수 있다.

제96조의15 【심문장소】

피의자의 심문은 법원청사내에서 하여야 한다. 다만, 피의자가 출석을 거부하거나 질병 기타 부득이한 사유로 법원에 출석할 수 없는 때에는 경찰서, 구치소 기타 적당한 장소에서 심문할 수 있다.

제96조의16 【심문기일의 절차】

① 판사는 피의자에게 구속영장청구서에 기재된 범죄사실의 요지를 고지하고, 피의자에게 일체의 진술을 하지 아니하거나 개개의 질문에 대하여 진술을 거부할 수 있으며, 이익 되는 사실을 진술할 수 있음을 알려주어야 한다.

② 판사는 구속 여부를 판단하기 위하여 필요한 사항에 관하여 신속하고 간결하게 심문하여야 한다. 증거인멸 또는 도망의 염려를 판단하기 위하여 필요한 때에는 피의자의 경력, 가족관계나 교우관계 등 개인적인 사항에 관하여 심문할 수 있다.

③ 검사와 변호인은 판사의 심문이 끝난 후에 의견을 진술할 수 있다. 다만, 필요한 경우에는 심문 도중에도 판사의 허가를 얻어 의견을 진술할 수 있다.

④ 피의자는 판사의 심문 도중에도 변호인에게 조력을 구할 수 있다.

⑤ 판사는 구속 여부의 판단을 위하여 필요하다고 인정하는 때에는 심문장소에 출석한 피해자 그 밖의 제3자를 심문할 수 있다.

⑥ 구속영장이 청구된 피의자의 법정대리인, 배우자, 직계친족, 형제자매나 가족, 동거인 또는 고용주는 판사의 허가를 얻어 사건에 관한 의

견을 진술할 수 있다.

⑦ 판사는 심문을 위하여 필요하다고 인정하는 경우에는 호송경찰관 기타의 자를 퇴실하게 하고 심문을 진행할 수 있다.

제96조의17 삭제 <2007.10.29.>

제96조의18 【처리시각의 기재】

구속영장을 청구받은 판사가 피의자심문을 한 경우 법원사무관등은 구속영장에 구속영장청구서·수사관계서류 및 증거물을 접수한 시각과 이를 반환한 시각을 기재하여야 한다. 다만, 체포된 피의자 외의 피의자에 대하여는 그 반환 시각을 기재한다.

제96조의19 【영장발부와 통지】

① 법 제204조의 규정에 의한 통지는 다음 각호의 1에 해당하는 사유가 발생한 경우에 이를 하여야 한다.
  1. 피의자를 체포 또는 구속하지 아니하거나 못한 경우
  2. 체포후 구속영장 청구기간이 만료하거나 구속후 구속기간이 만료하여 피의자를 석방한 경우
  3. 체포 또는 구속의 취소로 피의자를 석방한 경우
  4. 체포된 국회의원에 대하여 헌법 제44조의 규정에 의한 석방요구가 있어 체포영장의 집행이 정지된 경우
  5. 구속집행정지의 경우
② 제1항의 통지서에는 다음 각호의 사항을 기재하여야 한다.
  1. 피의자의 성명
  2. 제1항 각호의 사유 및 제1항제2호 내지 제5호에 해당하는 경우에는 그 사유발생일
  3. 영장 발부 연월일 및 영장번호
③ 제1항제1호에 해당하는 경우에는 체포영장 또는 구속영장의 원본을 첨부하여야 한다.

제96조의20 【변호인의 접견 등】

① 변호인은 구속영장이 청구된 피의자에 대한 심문 시작 전에 피의자와 접견할 수 있다.

② 지방법원 판사는 심문할 피의자의 수, 사건의 성격 등을 고려하여 변호인과 피의자의 접견 시간을 정할 수 있다.

③ 지방법원 판사는 검사 또는 사법경찰관에게 제1항의 접견에 필요한 조치를 요구할 수 있다.

제96조의21 【구속영장청구서 및 소명자료의 열람】

① 피의자 심문에 참여할 변호인은 지방법원 판사에게 제출된 구속영장청구서 및 그에 첨부된 고소·고발장, 피의자의 진술을 기재한 서류와 피의자가 제출한 서류를 열람할 수 있다.

② 검사는 증거인멸 또는 피의자나 공범 관계에 있는 자가 도망할 염려가 있는 등 수사에 방해가 될 염려가 있는 때에는 지방법원 판사에게 제1항에 규정된 서류(구속영장청구서는 제외한다)의 열람 제한에 관한 의견을 제출할 수 있고, 지방법원 판사는 검사의 의견이 상당하다고 인정하는 때에는 그 전부 또는 일부의 열람을 제한할 수 있다.

③ 지방법원 판사는 제1항의 열람에 관하여 그 일시, 장소를 지정할 수 있다.

제96조의22 【심문기일의 변경】

판사는 지정된 심문기일에 피의자를 심문할 수 없는 특별한 사정이 있는 경우에는 그 심문기일을 변경할 수 있다.

제97조 【구속기간연장의 신청】

① 구속기간연장의 신청은 서면으로 하여야 한다.

② 제1항의 서면에는 수사를 계속하여야 할 상당한 이유와 연장을 구하는 기간을 기재하여야 한다.

제98조 【구속기간연장기간의 계산】

구속기간연장허가결정이 있은 경우에 그 연장기간은 법 제203조의 규정에 의한 구속기간만료 다음날로부터 기산한다.

제99조 【재체포 · 재구속영장의 청구】

① 재체포영장의 청구서에는 재체포영장의 청구라는 취지와 법 제200조의 2제4항에 규정한 재체포의 이유 또는 법 제214조의3에 규정한 재체포의 사유를 기재하여야 한다.
② 재구속영장의 청구서에는 재구속영장의 청구라는 취지와 법 제208조제 1항 또는 법 제214조의3에 규정한 재구속의 사유를 기재하여야 한다.
③ 제95조, 제95조의2, 제96조, 제96조의2 및 제96조의4의 규정은 재체포 또는 재구속의 영장의 청구 및 그 심사에 이를 준용한다.

제100조 【준용규정】

① 제46조, 제49조제1항 및 제51조의 규정은 검사 또는 사법경찰관의 피의자 체포 또는 구속에 이를 준용한다. 다만, 체포영장에는 법 제 200조의2제1항에서 규정한 체포의 사유를 기재하여야 한다.
② 체포영장에 의하여 체포되었거나 현행범으로 체포된 피의자에 대하여 구속영장청구가 기각된 경우에는 법 제200조의4제2항의 규정을 준용한다.
③ 제96조의3의 규정은 구속영장의 인치 · 구금할 장소의 변경 청구에 준용한다. 〈신설 2020.12.28.〉

제101조 【체포 · 구속적부심청구권자의 체포 · 구속영장등본 교부청구등】

구속영장이 청구되거나 체포 또는 구속된 피의자, 그 변호인, 법정대리인, 배우자, 직계친족, 형제자매나 동거인 또는 고용주는 긴급체포서, 현행범인 체포서, 체포영장, 구속영장 또는 그 청구서를 보관하고 있는 검사, 사법경찰관 또는 법원사무관등에게 그 등본의 교부를 청구할 수 있다.

제102조 【체포 · 구속적부심사청구서의 기재사항】

체포 또는 구속의 적부심사청구서에는 다음 사항을 기재하여야 한다.

1. 체포 또는 구속된 피의자의 성명, 주민등록번호 등, 주거
2. 체포 또는 구속된 일자
3. 청구의 취지 및 청구의 이유
4. 청구인의 성명 및 체포 또는 구속된 피의자와의 관계

제103조 삭제 <2007.10.29.>

제104조 【심문기일의 통지 및 수사관계서류 등의 제출】

① 체포 또는 구속의 적부심사의 청구를 받은 법원은 지체 없이 청구인, 변호인, 검사 및 피의자를 구금하고 있는 관서(경찰서, 교도소 또는 구치소 등)의 장에게 심문기일과 장소를 통지하여야 한다.
② 사건을 수사 중인 검사 또는 사법경찰관은 제1항의 심문기일까지 수사관계서류와 증거물을 법원에 제출하여야 하고, 피의자를 구금하고 있는 관서의 장은 위 심문기일에 피의자를 출석시켜야 한다. 법원사무관 등은 체포적부심사청구사건의 기록표지에 수사관계서류와 증거물의 접수 및 반환의 시각을 기재하여야 한다.
③ 제54조의2제3항의 규정은 제1항에 따른 통지에 이를 준용한다.

제104조의2 【준용규정】

제96조의21의 규정은 체포·구속의 적부심사를 청구한 피의자의 변호인에게 이를 준용한다.

제105조 【심문기일의 절차】

① 법 제214조의2제9항에 따라 심문기일에 출석한 검사·변호인·청구인은 법원의 심문이 끝난 후 의견을 진술할 수 있다. 다만, 필요한 경우에는 심문 도중에도 판사의 허가를 얻어 의견을 진술할 수 있다.
② 피의자는 판사의 심문 도중에도 변호인에게 조력을 구할 수 있다.

③ 체포 또는 구속된 피의자, 변호인, 청구인은 피의자에게 유리한 자료를 낼 수 있다.

④ 법원은 피의자의 심문을 합의부원에게 명할 수 있다.

제106조 【결정의 기한】

체포 또는 구속의 적부심사청구에 대한 결정은 체포 또는 구속된 피의자에 대한 심문이 종료된 때로부터 24시간 이내에 이를 하여야 한다.

제107조 【압수, 수색, 검증 영장청구서의 기재사항】

① 압수, 수색 또는 검증을 위한 영장의 청구서에는 다음 각호의 사항을 기재하여야 한다.

1. 제95조제1호부터 제5호까지에 규정한 사항
2. 압수할 물건, 수색 또는 검증할 장소, 신체나 물건
3. 압수, 수색 또는 검증의 사유
4. 일출전 또는 일몰후에 압수, 수색 또는 검증을 할 필요가 있는 때에는 그 취지 및 사유
5. 법 제216조제3항에 따라 청구하는 경우에는 영장 없이 압수, 수색 또는 검증을 한 일시 및 장소
6. 법 제217조제2항에 따라 청구하는 경우에는 체포한 일시 및 장소와 영장 없이 압수, 수색 또는 검증을 한 일시 및 장소
7. 「통신비밀보호법」제2조제3호에 따른 전기통신을 압수·수색하고자 할 경우 그 작성기간

② 신체검사를 내용으로 하는 검증을 위한 영장의 청구서에는 제1항 각호의 사항외에 신체검사를 필요로 하는 이유와 신체검사를 받을 자의 성별, 건강상태를 기재하여야 한다.

제108조 【자료의 제출】

① 법 제215조의 규정에 의한 청구를 할 때에는 피의자에게 범죄의 혐의가 있다고 인정되는 자료와 압수, 수색 또는 검증의 필요 및 해당 사건과의 관련성을 인정할 수 있는 자료를 제출하여야 한다.

② 피의자 아닌 자의 신체, 물건, 주거 기타 장소의 수색을 위한 영장의 청구를 할 때에는 압수하여야 할 물건이 있다고 인정될 만한 자료를 제출하여야 한다.

제109조 【준용규정】

제58조, 제62조의 규정은 검사 또는 사법경찰관의 압수, 수색에 제64조, 제65조의 규정은 검사 또는 사법경찰관의 검증에 각 이를 준용한다.

제110조 【압수, 수색, 검증의 참여】

검사 또는 사법경찰관이 압수, 수색, 검증을 함에는 법 제243조에 규정한 자를 각 참여하게 하여야 한다.

제111조 【제1회 공판기일 전 증인신문청구서의 기재사항】

법 제221조의2에 따른 증인신문 청구서에는 다음 각 호의 사항을 기재하여야 한다.
  1. 증인의 성명, 직업 및 주거
  2. 피의자 또는 피고인의 성명
  3. 죄명 및 범죄사실의 요지
  4. 증명할 사실
  5. 신문사항
  6. 증인신문청구의 요건이 되는 사실
  7. 피의자 또는 피고인에게 변호인이 있는 때에는 그 성명

제112조 【증인신문등의 통지】

판사가 법 제221조의2에 따른 증인신문을 실시할 경우에는 피고인, 피의자 또는 변호인에게 신문기일과 장소 및 증인신문에 참여할 수 있다는 취지를 통지하여야 한다.

제113조 【감정유치청구서의 기재사항】

법 제221조의3에 따른 감정유치청구서에는 다음 각호의 사항을 기재하여야
한다.

 1. 제95조제1호부터 제5호까지에 규정한 사항
 2. 유치할 장소 및 유치기간
 3. 감정의 목적 및 이유
 4. 감정인의 성명, 직업

제114조 【감정에 필요한 처분허가청구서의 기재사항】

법 제221조의4의 규정에 의한 처분허가청구서에는 다음 각호의 사항을 기
재하여야 한다.

 1. 법 제173조제2항에 규정한 사항. 다만, 피의자의 성명이 분명하지
    아니한 때에는 인상, 체격 기타 피의자를 특정할 수 있는 사항을 기
    재하여야 한다.
 2. 제95조제2호 내지 제5호에 규정한 사항
 3. 감정에 필요한 처분의 이유

제115조 【준용규정】

제85조, 제86조 및 제88조의 규정은 법 제221조의3에 규정한 유치처분에,
제89조의 규정은 법 제221조의4에 규정한 허가장에 각 이를 준용한다.

제116조 【고소인의 신분관계 자료제출】

① 법 제225조 내지 제227조의 규정에 의하여 고소할 때에는 고소인과
   피해자와의 신분관계를 소명하는 서면을, 법 제229조에 의하여 고소
   할 때에는 혼인의 해소 또는 이혼소송의 제기사실을 소명하는 서면을
   각 제출하여야 한다.
② 법 제228조의 규정에 의하여 검사의 지정을 받은 고소인이 고소할
   때에는 그 지정받은 사실을 소명하는 서면을 제출하여야 한다.

제2장 공소

제117조 【공소장의 기재요건】

① 공소장에는 법 제254조제3항에 규정한 사항외에 다음 각호의 사항을 기재하여야 한다.

　1. 피고인의 주민등록번호 등, 직업, 주거 및 등록기준지. 다만, 피고인이 법인인 때에는 사무소 및 대표자의 성명과 주소

　2. 피고인이 구속되어 있는지 여부

② 제1항제1호에 규정한 사항이 명백하지 아니할 때에는 그 취지를 기재하여야 한다.

제118조 【공소장의 첨부서류】

① 공소장에는, 공소제기전에 변호인이 선임되거나 보조인의 신고가 있는 경우 그 변호인선임서 또는 보조인신고서를, 공소제기전에 특별대리인의 선임이 있는 경우 그 특별대리인 선임결정등본을, 공소제기당시 피고인이 구속되어 있거나, 체포 또는 구속된 후 석방된 경우 체포영장, 긴급체포서, 구속영장 기타 구속에 관한 서류를 각 첨부하여야 한다.

② 공소장에는 제1항에 규정한 서류외에 사건에 관하여 법원에 예단이 생기게 할 수 있는 서류 기타 물건을 첨부하거나 그 내용을 인용하여서는 아니된다.

제119조 삭제 <2007.10.29.>

제120조 【재정신청인에 대한 통지】

법원은 재정신청서를 송부받은 때에는 송부받은 날로부터 10일 이내에 피의자 이외에 재정신청인에게도 그 사유를 통지하여야 한다.

제121조 【재정신청의 취소방식 및 취소의 통지】

① 법 제264조제2항에 규정된 취소는 관할고등법원에 서면으로 하여야 한다. 다만, 기록이 관할고등법원에 송부되기 전에는 그 기록이 있는 검찰청 검사장 또는 지청장에게 하여야 한다.

② 제1항의 취소서를 제출받은 고등법원의 법원사무관등은 즉시 관할 고등검찰청 검사장 및 피의자에게 그 사유를 통지하여야 한다.

제122조 【재정신청에 대한 결정과 이유의 기재】

법 제262조제2항제2호에 따라 공소제기를 결정하는 때에는 죄명과 공소사실이 특정될 수 있도록 이유를 명시하여야 한다.

제122조의2 【국가에 대한 비용부담의 범위】

법 제262조의3제1항에 따른 비용은 다음 각 호에 해당하는 것으로 한다.

1. 증인·감정인·통역인(듣거나 말하는 데 장애가 있는 사람을 위한 통역인을 제외한다)·번역인에게 지급되는 일당·여비·숙박료·감정료·통역료·번역료 <개정 2020. 6.26.>
2. 현장검증 등을 위한 법관, 법원사무관 등의 출장경비
3. 그 밖에 재정신청 사건의 심리를 위하여 법원이 지출한 송달료 등 절차진행에 필요한 비용

제122조의3 【국가에 대한 비용부담의 절차】

① 법 제262조의3제1항에 따른 재판의 집행에 관하여는 법 제477조의 규정을 준용한다.

② 제1항의 비용의 부담을 명하는 재판에 그 금액을 표시하지 아니한 때에는 집행을 지휘하는 검사가 산정한다.

제122조의4 【피의자에 대한 비용지급의 범위】

① 법 제262조의3제2항과 관련한 비용은 다음 각 호에 해당하는 것으로 한다.

1. 피의자 또는 변호인이 출석함에 필요한 일당·여비·숙박료
2. 피의자가 변호인에게 부담하였거나 부담하여야 할 선임료
3. 기타 재정신청 사건의 절차에서 피의자가 지출한 비용으로 법원이 피의자의 방어권행사에 필요하다고 인정한 비용

② 제1항제2호의 비용을 계산함에 있어 선임료를 부담하였거나 부담할 변호인이 여러 명이 있은 경우에는 그 중 가장 고액의 선임료를 상한으로 한다.

③ 제1항제2호의 변호사 선임료는 사안의 성격·난이도, 조사에 소요된 기간 그 밖에 변호인의 변론활동에 소요된 노력의 정도 등을 종합적으로 고려하여 상당하다고 인정되는 금액으로 정한다.

제122조의5 【피의자에 대한 비용지급의 절차】

① 피의자가 법 제262조의3제2항에 따른 신청을 할 때에는 다음 각 호의 사항을 기재한 서면을 재정신청사건의 관할 법원에 제출하여야 한다.
1. 재정신청 사건번호
2. 피의자 및 재정신청인
3. 피의자가 재정신청절차에서 실제 지출하였거나 지출하여야 할 금액 및 그 용도
4. 재정신청인에게 지급을 구하는 금액 및 그 이유

② 피의자는 제1항의 서면을 제출함에 있어 비용명세서 그 밖에 비용액을 소명하는 데 필요한 서면과 고소인 수에 상응하는 부본을 함께 제출하여야 한다.

③ 법원은 제1항 및 제2항의 서면의 부본을 재정신청인에게 송달하여야 하고, 재정신청인은 위 서면을 송달받은 날로부터 10일 이내에 이에 대한 의견을 서면으로 법원에 낼 수 있다.

④ 법원은 필요하다고 인정하는 경우에는 피의자 또는 변호인에게 비용액의 심리를 위하여 필요한 자료의 제출 등을 요구할 수 있고, 재정신청인, 피의자 또는 변호인을 심문할 수 있다.

⑤ 비용지급명령에는 피의자 및 재정신청인, 지급을 명하는 금액을 표시하여야 한다. 비용지급명령의 이유는 특히 필요하다고 인정되는 경우

가 아니면 이를 기재하지 아니한다.

⑥ 비용지급명령은 피의자 및 재정신청인에게 송달하여야 하고, 법 제 262조의3제3항에 따른 즉시항고기간은 피의자 또는 재정신청인이 비용지급명령서를 송달받은 날부터 진행한다.

⑦ 확정된 비용지급명령정본은 「민사집행법」에 따른 강제집행에 관하여는 민사절차에서의 집행력 있는 판결정본과 동일한 효력이 있다.

제3장 공판
제1절 공판준비와 공판절차

제123조 【제1회공판기일소환장의 송달시기】

피고인에 대한 제1회 공판기일소환장은 법 제266조의 규정에 의한 공소장 부본의 송달전에는 이를 송달하여서는 아니 된다.

제123조의2 【공소제기 후 검사가 보관하는 서류 등의 열람·등사 신청】

법 제266조의3제1항의 신청은 다음 사항을 기재한 서면으로 하여야 한다.
 1. 사건번호, 사건명, 피고인
 2. 신청인 및 피고인과의 관계
 3. 열람 또는 등사할 대상

제123조의3 【영상녹화물과 열람·등사】

법 제221조·법 제244조의2에 따라 작성된 영상녹화물에 대한 법 제266조 의3의 열람·등사는 원본과 함께 작성된 부본에 의하여 이를 행할 수 있다.

제123조의4 【법원에 대한 열람·등사 신청】

① 법 제266조의4제1항의 신청은 다음 사항을 기재한 서면으로 하여야 한다.

1. 열람 또는 등사를 구하는 서류 등의 표목
2. 열람 또는 등사를 필요로 하는 사유

② 제1항의 신청서에는 다음 각 호의 서류를 첨부하여야 한다.

1. 제123조의2의 신청서 사본
2. 검사의 열람·등사 불허 또는 범위 제한 통지서. 다만 검사가 서면으로 통지하지 않은 경우에는 그 사유를 기재한 서면
3. 신청서 부본 1부

③ 법원은 제1항의 신청이 있는 경우, 즉시 신청서 부본을 검사에게 송부하여야 하고, 검사는 이에 대한 의견을 제시할 수 있다.

④ 제1항, 제2항제1호·제3호의 규정은 법 제266조의11제3항에 따른 검사의 신청에 이를 준용한다. 법원은 검사의 신청이 있는 경우 즉시 신청서 부본을 피고인 또는 변호인에게 송부하여야 하고, 피고인 또는 변호인은 이에 대한 의견을 제시할 수 있다.

제123조의5 【공판준비기일 또는 공판기일에서의 열람 · 등사】

① 검사, 피고인 또는 변호인은 공판준비 또는 공판기일에서 법원의 허가를 얻어 구두로 상대방에게 법 제266조의3·제266조의11에 따른 서류 등의 열람 또는 등사를 신청할 수 있다.

② 상대방이 공판준비 또는 공판기일에서 서류 등의 열람 또는 등사를 거부하거나 그 범위를 제한한 때에는 법원은 법 제266조의4제2항의 결정을 할 수 있다.

③ 제1항, 제2항에 따른 신청과 결정은 공판준비 또는 공판기일의 조서에 기재하여야 한다.

제123조의6 【재판의 고지 등에 관한 특례】

법원은 서면 이외에 전화·모사전송·전자우편·휴대전화 문자전송 그 밖에 적당한 방법으로 검사·피고인 또는 변호인에게 공판준비와 관련된 의견을 요청하거나 결정을 고지할 수 있다.

제123조의7 【쟁점의 정리】

① 사건이 공판준비절차에 부쳐진 때에는 검사는 증명하려는 사실을 밝히고 이를 증명하는 데 사용할 증거를 신청하여야 한다.

② 피고인 또는 변호인은 검사의 증명사실과 증거신청에 대한 의견을 밝히고, 공소사실에 관한 사실상·법률상 주장과 그에 대한 증거를 신청하여야 한다.

③ 검사·피고인 또는 변호인은 필요한 경우 상대방의 주장 및 증거신청에 대하여 필요한 의견을 밝히고, 그에 관한 증거를 신청할 수 있다.

제123조의8 【심리계획의 수립】

① 법원은 사건을 공판준비절차에 부친 때에는 집중심리를 하는 데 필요한 심리계획을 수립하여야 한다.

② 검사·피고인 또는 변호인은 특별한 사정이 없는 한 필요한 증거를 공판준비절차에서 일괄하여 신청하여야 한다.

③ 법원은 증인을 신청한 자에게 증인의 소재, 연락처, 출석 가능성 및 출석이 가능한 일시 등 증인의 신문에 필요한 사항의 준비를 명할 수 있다.

제123조의9 【기일외 공판준비】

① 재판장은 검사·피고인 또는 변호인에게 기한을 정하여 공판준비 절차의 진행에 필요한 사항을 미리 준비하게 하거나 그 밖에 공판준비에 필요한 명령을 할 수 있다.

② 재판장은 기한을 정하여 법 제266조의6제2항에 규정된 서면의 제출을 명할 수 있다.

③ 제2항에 따른 서면에는 필요한 사항을 구체적이고 간결하게 기재하여야 하고, 증거로 할 수 없거나 증거로 신청할 의사가 없는 자료에 기초하여 법원에 사건에 대한 예단 또는 편견을 발생하게 할 염려가 있는 사항을 기재하여서는 아니 된다.

④ 피고인이 제2항에 따른 서면을 낼 때에는 1통의 부본을, 검사가 제2항에 따른 서면을 낼 때에는 피고인의 수에 1을 더한 수에 해당하는

부본을 함께 제출하여야 한다. 다만, 여러 명의 피고인에 대하여 동일한 변호인이 선임된 경우에는 검사는 변호인의 수에 1을 더한 수에 해당하는 부본만을 낼 수 있다.

제123조의10 【공판준비기일의 변경】

검사·피고인 또는 변호인은 부득이한 사유로 공판준비기일을 변경할 필요가 있는 때에는 그 사유와 기간 등을 구체적으로 명시하여 공판준비기일의 변경을 신청할 수 있다.

제123조의11 【공판준비기일이 지정된 사건의 국선변호인 선정】

① 법 제266조의7에 따라 공판준비 기일이 지정된 사건에 관하여 피고인에게 변호인이 없는 때에는 법원은 지체 없이 국선변호인을 선정하고, 피고인 및 변호인에게 그 뜻을 고지하여야 한다.
② 공판준비기일이 지정된 후에 변호인이 없게 된 때에도 제1항을 준용한다.

제123조의12 【공판준비기일조서】

① 법원이 공판준비기일을 진행한 경우에는 참여한 법원사무관 등이 조서를 작성하여야 한다.
② 제1항의 조서에는 피고인, 증인, 감정인, 통역인 또는 번역인의 진술의 요지와 쟁점 및 증거에 관한 정리결과 그 밖에 필요한 사항을 기재하여야 한다.
③ 제1항, 제2항의 조서에는 재판장 또는 법관과 참여한 법원사무관 등이 기명날인 또는 서명하여야 한다.

제123조의13 【비디오 등 중계장치 등에 의한 공판준비기일】

① 법 제266조의17제1항에 따른 공판준비기일(이하 "영상공판준비기일"이라 한다)은 검사, 변호인을 비디오 등 중계장치에 의한 중계시설에 출석하게 하거나 인터넷 화상장치를 이용하여 지정된 인터넷주소에

접속하게 하고, 영상과 음향의 송수신에 의하여 법관, 검사, 변호인이 상대방을 인식할 수 있는 방법으로 한다.

② 제1항의 비디오 등 중계장치에 의한 중계시설은 법원 청사 안에 설치하되, 필요한 경우 법원 청사 밖의 적당한 곳에 설치할 수 있다.

③ 법원은 제2항 후단에 따라 비디오 등 중계장치에 의한 중계시설이 설치된 관공서나 그 밖의 공사단체의 장에게 영상공판준비기일의 원활한 진행에 필요한 조치를 요구할 수 있다.

④ 영상공판준비기일에서의 서류 등의 제시는 비디오 등 중계장치에 의한 중계시설이나 인터넷 화상장치를 이용하거나 모사전송, 전자우편, 그 밖에 이에 준하는 방법으로 할 수 있다.

⑤ 인터넷 화상장치를 이용하는 경우 영상공판준비기일에 지정된 인터넷 주소에 접속하지 아니한 때에는 불출석한 것으로 본다. 다만, 당사자가 책임질 수 없는 사유로 접속할 수 없었던 때에는 그러하지 아니하다.

⑥ 통신불량, 소음, 서류 등 확인의 불편, 제3자 관여 우려 등의 사유로 영상공판준비기일의 실시가 상당하지 아니한 당사자가 있는 경우 법원은 기일을 연기 또는 속행하면서 그 당사자가 법정에 직접 출석하는 기일을 지정할 수 있다.

⑦ 법원조직법 제58조제2항에 따른 명령을 위반하는 행위, 같은 법 제59조에 위반하는 행위, 심리방해행위 또는 재판의 위신을 현저히 훼손하는 행위가 있는 경우 감치 또는 과태료에 처하는 재판에 관하여는 법정등의질서유지를위한재판에관한규칙에 따른다.

⑧ 영상공판준비기일을 실시한 경우 그 취지를 조서에 적어야 한다.

제124조 【공판개정시간의 구분 지정】

재판장은 가능한 한 각 사건에 대한 공판개정시간을 구분하여 지정하여야 한다.

제124조의2 【일괄 기일 지정과 당사자의 의견 청취】

재판장은 법 제267조의2제3항의 규정에 의하여 여러 공판기일을 일괄하여 지정할 경우에는 검사, 피고인 또는 변호인의 의견을 들어야 한다.

제125조 【공판기일 변경신청】

법 제270조제1항에 규정한 공판기일 변경신청에는 공판기일의 변경을 필요로 하는 사유와 그 사유가 계속되리라고 예상되는 기간을 명시하여야 하며 진단서 기타의 자료로써 이를 소명하여야 한다.

제125조의2 【변론의 방식】

공판정에서의 변론은 구체적이고 명료하게 하여야 한다.

제126조 【피고인의 대리인의 대리권】

피고인이 법 제276조 단서 또는 법 제277조에 따라 공판기일에 대리인을 출석하게 할 때에는 그 대리인에게 대리권을 수여한 사실을 증명하는 서면을 법원에 제출하여야 한다.

제126조의2 【신뢰관계 있는 자의 동석】

① 법 제276조의2제1항에 따라 피고인과 동석할 수 있는 신뢰관계에 있는 자는 피고인의 배우자, 직계친족, 형제자매, 가족, 동거인, 고용주 그 밖에 피고인의 심리적 안정과 원활한 의사소통에 도움을 줄 수 있는 자를 말한다.

② 법 제276조의2제1항에 따른 동석 신청에는 동석하고자 하는 자와 피고인 사이의 관계, 동석이 필요한 사유 등을 밝혀야 한다.

③ 피고인과 동석한 신뢰관계에 있는 자는 재판의 진행을 방해하여서는 아니 되며, 재판장은 동석한 신뢰관계 있는 자가 부당하게 재판의 진행을 방해하는 때에는 동석을 중지시킬 수 있다.

제126조의3 【불출석의 허가와 취소】

① 법 제277조 제3호에 규정한 불출석허가신청은 공판기일에 출석하여 구술로 하거나 공판기일 외에서 서면으로 할 수 있다.

② 법원은 피고인의 불출석허가신청에 대한 허가 여부를 결정하여야 한다.

③ 법원은 피고인의 불출석을 허가한 경우에도 피고인의 권리보호 등을 위하여 그 출석이 필요하다고 인정되는 때에는 불출석 허가를 취소할 수 있다.

제126조의4 【출석거부의 통지】

법 제277조의2의 사유가 발생하는 경우에는 교도소장은 즉시 그 취지를 법원에 통지하여야 한다.

제126조의5 【출석거부에 관한 조사】

① 법원이 법 제277조의2에 따라 피고인의 출석 없이 공판절차를 진행하고자 하는 경우에는 미리 그 사유가 존재하는가의 여부를 조사하여야 한다.
② 법원이 제1항의 조사를 함에 있어서 필요하다고 인정하는 경우에는 교도관리 기타 관계자의 출석을 명하여 진술을 듣거나 그들로 하여금 보고서를 제출하도록 명할 수 있다.
③ 법원은 합의부원으로 하여금 제1항의 조사를 하게 할 수 있다.

제126조의6 【피고인 또는 검사의 출석없이 공판절차를 진행한다는 취지의 고지】

법 제277조의2의 규정에 의하여 피고인의 출석없이 공판절차를 진행하는 경우 또는 법 제278조의 규정에 의하여 검사의 2회 이상 불출석으로 공판절차를 진행하는 경우에는 재판장은 공판정에서 소송관계인에게 그 취지를 고지하여야 한다.

제126조의7 【전문심리위원의 지정】

법원은 전문심리위원규칙에 따라 정해진 전문심리위원 후보자 중에서 전문심리위원을 지정하여야 한다.

제126조의8 【기일 외의 전문심리위원에 대한 설명 등의 요구와 통지】

재판장이 기일 외에서 전문심리위원에 대하여 설명 또는 의견을 요구한 사항이 소송관계를 분명하게 하는 데 중요한 사항일 때에는 법원사무관 등은 검사, 피고인 또는 변호인에게 그 사항을 통지하여야 한다.

제126조의9 【서면의 사본 송부】

전문심리위원이 설명이나 의견을 기재 한 서면을 제출한 경우에는 법원사무관등은 검사, 피고인 또는 변호인에게 그 사본을 보내야 한다.

제126조의10 【전문심리위원에 대한 준비지시】

① 재판장은 전문심리위원을 소송절차에 참여시키기 위하여 필요하다고 인정한 때에는 쟁점의 확인 등 적절한 준비를 지시할 수 있다.
② 재판장이 제1항의 준비를 지시한 때에는 법원사무관등은 검사, 피고인 또는 변호인에게 그 취지를 통지하여야 한다.

제126조의11 【증인신문기일에서의 재판장의 조치】

재판장은 전문심리위원의 말이 증인의 증언에 영향을 미치지 않게 하기 위하여 필요하다고 인정할 때에는 직권 또는 검사, 피고인 또는 변호인의 신청에 따라 증인의 퇴정 등 적절한 조치를 취할 수 있다.

제126조의12 【조서의 기재】

① 전문심리위원이 공판준비기일 또는 공판기일에 참여한 때에는 조서에 그 성명을 기재하여야 한다.
② 전문심리위원이 재판장, 수명법관 또는 수탁판사의 허가를 받아 소송관계인에게 질문을 한 때에는 조서에 그 취지를 기재하여야 한다.

제126조의13 【전문심리위원 참여 결정의 취소 신청방식 등】

① 법 제279조의2 제1항에 따른 결정의 취소 신청은 기일에서 하는 경

우를 제외하고는 서면으로 하여야 한다.

② 제1항의 신청을 할 때에는 신청 이유를 밝혀야 한다. 다만, 검사와 피고인 또는 변호인이 동시에 신청할 때에는 그러하지 아니하다.

제126조의14 【수명법관 등의 권한】

수명법관 또는 수탁판사가 소송절차를 진행하는 경우에는 제126조의10부터 제126조의12까지의 규정에 따른 재판장의 직무는 그 수명법관이나 수탁판사가 행한다.

제127조 【피고인에 대한 진술거부권 등의 고지】

재판장은 법 제284조에 따른 인정신문을 하기 전에 피고인에게 진술을 하지 아니하거나 개개의 질문에 대하여 진술을 거부할 수 있고, 이익 되는 사실을 진술할 수 있음을 알려 주어야 한다.

제127조의2 【피고인의 모두진술】

① 재판장은 법 제285조에 따른 검사의 모두진술 절차를 마친 뒤에 피고인에게 공소사실을 인정하는지 여부에 관하여 물어야 한다.

② 피고인 및 변호인은 공소에 관한 의견 그 밖에 이익이 되는 사실 등을 진술할 수 있다.

제128조 삭제 <2007.10.29.>

제129조 삭제 <2007.10.29.>

제130조 삭제 <2007.10.29.>

제131조 【간이공판절차의 결정전의 조치】

법원이 법 제286조의2의 규정에 의한 결정을 하고자 할 때에는 재판장은 이미 피고인에게 간이공판절차의 취지를 설명하여야 한다.

제132조 【증거의 신청】

검사·피고인 또는 변호인은 특별한 사정이 없는 한 필요한 증거를 일괄하여 신청하여야 한다.

제132조의2 【증거신청의 방식】

① 검사, 피고인 또는 변호인이 증거신청을 함에 있어서는 그 증거와 증명하고자 하는 사실과의 관계를 구체적으로 명시하여야 한다.
② 피고인의 자백을 보강하는 증거나 정상에 관한 증거는 보강증거 또는 정상에 관한 증거라는 취지를 특히 명시하여 그 조사를 신청하여야 한다.
③ 서류나 물건의 일부에 대한 증거신청을 함에 있어서는 증거로 할 부분을 특정하여 명시하여야 한다.
④ 법원은 필요하다고 인정할 때에는 증거신청을 한 자에게, 신문할 증인, 감정인, 통역인 또는 번역인의 성명, 주소, 서류나 물건의 표목 및 제1항 내지 제3항에 규정된 사항을 기재한 서면의 제출을 명할 수 있다.
⑤ 제1항 내지 제4항의 규정에 위반한 증거신청은 이를 기각할 수 있다.

제132조의3 【수사기록의 일부에 대한 증거신청방식】

① 법 제311조부터 법 제315조까지 또는 법 제318조에 따라 증거로 할 수 있는 서류나 물건이 수사기록의 일부인 때에는 검사는 이를 특정하여 개별적으로 제출함으로써 그 조사를 신청하여야 한다. 수사기록의 일부인 서류나 물건을 자백에 대한 보강증거나 피고인의 정상에 관한 증거로 낼 경우 또는 법 제274조에 따라 공판기일전에 서류나 물건을 낼 경우에도 이와 같다.
② 제1항의 규정에 위반한 증거신청은 이를 기각할 수 있다.

제132조의4 【보관서류에 대한 송부요구】

① 법 제272조에 따른 보관서류의 송부요구신청은 법원, 검찰청, 수사
처, 기타의 공무소 또는 공사단체(이하 "법원등"이라고 한다)가 보관
하고 있는 서류의 일부에 대하여도 할 수 있다.

② 제1항의 신청을 받은 법원이 송부요구신청을 채택하는 경우에는 서류
를 보관하고 있는 법원등에 대하여 그 서류 중 신청인 또는 변호인이
지정하는 부분의 인증등본을 송부하여 줄 것을 요구할 수 있다.

③ 제2항의 규정에 의한 요구를 받은 법원등은 당해서류를 보관하고 있
지 아니하거나 기타 송부요구에 응할 수 없는 사정이 있는 경우를 제
외하고는 신청인 또는 변호인에게 당해서류를 열람하게 하여 필요한
부분을 지정할 수 있도록 하여야 하며 정당한 이유없이 이에 대한 협
력을 거절하지 못한다.

④ 서류의 송부요구를 받은 법원등이 당해서류를 보관하고 있지 아니하
거나 기타 송부요구에 응할 수 없는 사정이 있는 때에는 그 사유를
요구법원에 통지하여야 한다.

제132조의5 【민감정보 등의 처리】

① 법원은 재판업무 및 그에 부수하는 업무의 수행을 위하여 필요한 경
우 「개인정보 보호법」제23조의 민감정보, 제24조의 고유식별정보 및
그 밖의 개인정보를 처리할 수 있다.

② 법원은 필요하다고 인정하는 경우 법 제272조에 따라 법원등에 대하
여 제1항의 민감정보, 고유식별정보 및 그 밖의 개인정보가 포함된
자료의 송부를 요구할 수 있다.

③ 제2항에 따른 송부에 관하여는 제132조의4제2항부터 제4항까지의
규정을 준용한다.

제133조 【증거신청의 순서】

증거신청은 검사가 먼저 이를 한 후 다음에 피고인 또는 변호인이 이를 한다.

제134조 【증거결정의 절차】

① 법원은 증거결정을 함에 있어서 필요하다고 인정할 때에는 그 증거에 대한 검사, 피고인 또는 변호인의 의견을 들을 수 있다.

② 법원은 서류 또는 물건이 증거로 제출된 경우에 이에 관한 증거결정을 함에 있어서는 제출한 자로 하여금 그 서류 또는 물건을 상대방에게 제시하게 하여 상대방으로 하여금 그 서류 또는 물건의 증거능력 유무에 관한 의견을 진술하게 하여야 한다. 다만, 법 제318조의3의 규정에 의하여 동의가 있는 것으로 간주되는 경우에는 그러하지 아니하다.

③ 삭제<2021.12.31.>

④ 법원은 증거신청을 기각·각하하거나, 증거신청에 대한 결정을 보류하는 경우, 증거신청인으로 부터 당해 증거서류 또는 증거물을 제출받아서는 아니 된다.

제134조의2 【영상녹화물의 조사 신청】

① 검사는 피고인이 아닌 피의자의 진술을 영상녹화한 사건에서 피고인이 아닌 피의자가 그 조서에 기재된 내용이 자신이 진술한 내용과 동일하게 기재되어 있음을 인정하지 아니하는 경우 그 부분의 성립의 진정을 증명하기 위하여 영상녹화물의 조사를 신청할 수 있다. 〈개정 2020.12.28.〉

② 삭제 〈2020.12.28.〉

③ 제1항의 영상녹화물은 조사가 개시된 시점부터 조사가 종료되어 피의자가 조서에 기명날인 또는 서명을 마치는 시점까지 전과정이 영상녹화된 것으로, 다음 각 호의 내용을 포함하는 것이어야 한다.

1. 피의자의 신문이 영상녹화되고 있다는 취지의 고지
2. 영상녹화를 시작하고 마친 시각 및 장소의 고지
3. 신문하는 검사와 참여한 자의 성명과 직급의 고지
4. 진술거부권·변호인의 참여를 요청할 수 있다는 점 등의 고지
5. 조사를 중단·재개하는 경우 중단 이유와 중단 시각, 중단 후 재개하는 시각
6. 조사를 종료하는 시각

④ 제1항의 영상녹화물은 조사가 행해지는 동안 조사실 전체를 확인할 수 있도록 녹화된 것으로 진술자의 얼굴을 식별할 수 있는 것이어야 한다.

⑤ 제1항의 영상녹화물의 재생 화면에는 녹화 당시의 날짜와 시간이 실시간으로 표시되어야 한다.

⑥ 삭제 〈 2020.12.28. 〉

제134조의3 【제3자의 진술과 영상녹화물】

① 검사는 피의자가 아닌 자가 공판준비 또는 공판기일에서 조서가 자신이 검사 또는 사법경찰관 앞에서 진술한 내용과 동일하게 기재되어 있음을 인정하지 아니하는 경우 그 부분의 성립의 진정을 증명하기 위하여 영상녹화물의 조사를 신청할 수 있다.

② 검사는 제1항에 따라 영상녹화물의 조사를 신청하는 때에는 피의자가 아닌 자가 영상녹화에 동의하였다는 취지로 기재하고 기명날인 또는 서명한 서면을 첨부하여야 한다.

③ 제134조의2제3항제1호부터 제3호, 제5호, 제6호, 제4항, 제5항은 검사가 피의자가 아닌 자에 대한 영상녹화물의 조사를 신청하는 경우에 준용한다.

제134조의4 【영상녹화물의 조사】

① 법원은 검사가 영상녹화물의 조사를 신청한 경우 이에 관한 결정을 함에 있어 원진술자와 함께 피고인 또는 변호인으로 하여금 그 영상녹화물이 적법한 절차와 방식에 따라 작성되어 봉인된 것인지 여부에 관한 의견을 진술하게 하여야 한다. 〈 개정 2020.12.28. 〉

② 삭제 〈 2020.12.28. 〉

③ 법원은 공판준비 또는 공판기일에서 봉인을 해제하고 영상녹화물의 전부 또는 일부를 재생하는 방법으로 조사하여야 한다. 이 때 영상녹화물은 그 재생과 조사에 필요한 전자적 설비를 갖춘 법정 외의 장소에서 이를 재생할 수 있다.

④ 재판장은 조사를 마친 후 지체 없이 법원사무관 등으로 하여금 다시 원

본을 봉인하도록 하고, 원진술자와 함께 피고인 또는 변호인에게 기명날인 또는 서명하도록 하여 검사에게 반환한다. 다만, 피고인의 출석 없이 개정하는 사건에서 변호인이 없는 때에는 피고인 또는 변호인의 기명날인 또는 서명을 요하지 아니한다.

제134조의5 【기억 환기를 위한 영상녹화물의 조사】

① 법 제318조의2제2항에 따른 영상녹화물의 재생은 검사의 신청이 있는 경우에 한하고, 기억의 환기가 필요한 피고인 또는 피고인 아닌 자에게만 이를 재생하여 시청하게 하여야 한다.
② 제134조의2제3항부터 제5항까지와 제134조의4는 검사가 법 제318조의2제2항에 의하여 영상녹화물의 재생을 신청하는 경우에 준용한다.

제134조의6 【증거서류에 대한 조사방법】

① 법 제292조제3항에 따른 증거서류 내용의 고지는 그 요지를 고지하는 방법으로 한다.
② 재판장은 필요하다고 인정하는 때에는 법 제292조제1항·제2항·제4항의 낭독에 갈음하여 그 요지를 진술하게 할 수 있다.

제134조의7 【컴퓨터용디스크 등에 기억된 문자정보 등에 대한 증거조사】

① 컴퓨터용 디스크 그 밖에 이와 비슷한 정보저장매체(다음부터 이 조문 안에서 이 모두를 "컴퓨터디스크 등"이라 한다)에 기억된 문자정보를 증거자료로 하는 경우에는 읽을 수 있도록 출력하여 인증한 등본을 낼 수 있다.
② 컴퓨터디스크 등에 기억된 문자정보를 증거로 하는 경우에 증거조사를 신청한 당사자는 법원이 명하거나 상대방이 요구한 때에는 컴퓨터디스크 등에 입력한 사람과 입력한 일시, 출력한 사람과 출력한 일시를 밝혀야 한다.
③ 컴퓨터디스크 등에 기억된 정보가 도면·사진 등에 관한 것인 때에는

제1항과 제2항의 규정을 준용한다.

제134조의8 【음성 · 영상자료 등에 대한 증거조사】

① 녹음·녹화테이프, 컴퓨터용 디스크, 그 밖에 이와 비슷한 방법으로 음성이나 영상을 녹음 또는 녹화(다음부터 이 조문 안에서 "녹음·녹화 등"이라 한다)하여 재생할 수 있는 매체(다음부터 이 조문 안에서 "녹음·녹화매체 등"이라 한다)에 대한 증거조사를 신청하는 때에는 음성이나 영상이 녹음·녹화 등이 된 사람, 녹음·녹화 등을 한 사람 및 녹음·녹화 등을 한 일시 · 장소를 밝혀야 한다.

② 녹음·녹화매체 등에 대한 증거조사를 신청한 당사자는 법원이 명하거나 상대방이 요구한 때에는 녹음·녹음매체 등의 녹취서, 그 밖에 그 내용을 설명하는 서면을 제출하여야 한다.

③ 녹음·녹화매체 등에 대한 증거조사는 녹음·녹화매체 등을 재생하여 청취 또는 시청하는 방법으로 한다.

제134조의9 【준용규정】

도면·사진 그 밖에 정보를 담기 위하여 만들어진 물건으로서 문서가 아닌 증거의 조사에 관하여는 특별한 규정이 없으면 법 제292조, 법 제292조의2의 규정을 준용한다.

제134조의10 【피해자등의 의견진술】

① 법원은 필요하다고 인정하는 경우에는 직권으로 또는 법 제294조의2제1항에 정한 피해자등(이하 이 조 및 제134조의11에서 '피해자등'이라 한다)의 신청에 따라 피해자등을 공판기일에 출석하게 하여 법 제294조의2제2항에 정한 사항으로서 범죄사실의 인정에 해당하지 않는 사항에 관하여 증인신문에 의하지 아니하고 의견을 진술하게 할 수 있다.

② 재판장은 재판의 진행상황 등을 고려하여 피해자등의 의견진술에 관한 사항과 그 시간을 미리 정할 수 있다.

③ 재판장은 피해자등의 의견진술에 대하여 그 취지를 명확하게 하기 위하여 피해자등에게 질문할 수 있고, 설명을 촉구할 수 있다.

④ 합의부원은 재판장에게 알리고 제3항의 행위를 할 수 있다.

⑤ 검사, 피고인 또는 변호인은 피해자등이 의견을 진술한 후 그 취지를 명확하게 하기 위하여 재판장의 허가를 받아 피해자등에게 질문할 수 있다.

⑥ 재판장은 다음 각 호의 어느 하나에 해당하는 경우에는 피해자등의 의견진술이나 검사, 피고인 또는 변호인의 피해자등에 대한 질문을 제한할 수 있다.

　1. 피해자등이나 피해자 변호사가 이미 해당 사건에 관하여 충분히 진술하여 다시 진술할 필요가 없다고 인정되는 경우

　2. 의견진술 또는 질문으로 인하여 공판절차가 현저하게 지연될 우려가 있다고 인정되는 경우

　3. 의견진술과 질문이 해당 사건과 관계없는 사항에 해당된다고 인정되는 경우

　4. 범죄사실의 인정에 관한 것이거나, 그 밖의 사유로 피해자등의 의견진술로서 상당하지 아니하다고 인정되는 경우

⑦ 제1항의 경우 법 제163조의2제1항, 제3항 및 제84조의3을 준용한다.

제134조의11 【의견진술에 갈음한 서면의 제출】

① 재판장은 재판의 진행상황, 그 밖의 사정을 고려하여 피해자등에게 제134조의10제1항의 의견진술에 갈음하여 의견을 기재한 서면을 제출하게 할 수 있다.

② 피해자등의 의견진술에 갈음하는 서면이 법원에 제출된 때에는 검사 및 피고인 또는 변호인에게 그 취지를 통지하여야 한다.

③ 제1항에 따라 서면이 제출된 경우 재판장은 공판기일에서 의견진술에 갈음하는 서면의 취지를 명확하게 하여야 한다. 이 경우 재판장은 상당하다고 인정하는 때에는 그 서면을 낭독하거나 요지를 고지할 수 있다.

④ 제2항의 통지는 서면, 전화, 전자우편, 모사전송, 휴대전화 문자전송 그 밖에 적당한 방법으로 할 수 있다.

제134조의12 【의견진술 · 의견진술에 갈음한 서면】

제134조의10제1항에 따른 진술과 제134조의11제1항에 따른 서면은 범죄사

실의 인정을 위한 증거로 할 수 없다.

제135조 【자백의 조사 시기】

법 제312조 및 법 제313조에 따라 증거로 할 수 있는 피고인 또는 피고인 아닌 자의 진술을 기재한 조서 또는 서류가 피고인의 자백 진술을 내용으로 하는 경우에는 범죄사실에 관한 다른 증거를 조사한 후에 이를 조사하여야 한다.

제135조의2 【증거조사에 관한 이의신청의 사유】

법 제296조제1항의 규정에 의한 이의신청은 법령의 위반이 있거나 상당하지 아니함을 이유로 하여 이를 할 수 있다. 다만, 법 제295조의 규정에 의한 결정에 대한 이의신청은 법령의 위반이 있음을 이유로 하여서만 이를 할 수 있다.

제136조 【재판장의 처분에 대한 이의신청의 사유】

법 제304조제1항의 규정에 의한 이의신청은 법령의 위반이 있음을 이유로 하여서만 이를 할 수 있다.

제137조 【이의신청의 방식과 시기】

제135조 및 제136조에 규정한 이의신청(이하 이 절에서는 "이의신청"이라 한다)은 개개의 행위, 처분 또는 결정시마다 그 이유를 간결하게 명시하여 즉시 이를 하여야 한다.

제138조 【이의신청에 대한 결정의 시기】

이의신청에 대한 법 제296조제2항 또는 법 제304조제2항의 결정은 이의신청이 있은 후 즉시 이를 하여야 한다.

부록 2
관련법규·
훈령·
예규·고시

제139조 【이의신청에 대한 결정의 방식】

① 시기에 늦은 이의신청, 소송지연만을 목적으로 하는 것임이 명백한 이의신청은 결정으로 이를 기각하여야 한다. 다만, 시기에 늦은 이의신청이 중요한 사항을 대상으로 하고 있는 경우에는 시기에 늦은 것만을 이유로 하여 기각하여서는 아니된다.

② 이의신청이 이유 없다고 인정되는 경우에는 결정으로 이를 기각하여야 한다.

③ 이의신청이 이유 있다고 인정되는 경우에는 결정으로 이의신청의 대상이 된 행위, 처분 또는 결정을 중지, 철회, 취소, 변경하는 등 그 이의신청에 상응하는 조치를 취하여야 한다.

④ 증거조사를 마친 증거가 증거능력이 없음을 이유로 한 이의신청을 이유있다고 인정할 경우에는 그 증거의 전부 또는 일부를 배제한다는 취지의 결정을 하여야 한다.

제140조 【중복된 이의신청의 금지】

이의신청에 대한 결정에 의하여 판단이 된 사항에 대하여는 다시 이의신청을 할 수 없다.

제140조의2 【피고인신문의 방법】

피고인을 신문함에 있어서 그 진술을 강요하거나 답변을 유도하거나 그 밖에 위압적·모욕적 신문을 하여서는 아니 된다.

제140조의3 【재정인의 퇴정】

재판장은 피고인이 어떤 재정인의 앞에서 충분한 진술을 할 수 없다고 인정한 때에는 그 재정인을 퇴정하게 하고 진술하게 할 수 있다.

제141조 【석명권등】

① 재판장은 소송관계를 명료하게 하기 위하여 검사, 피고인 또는 변호

인에게 사실상과 법률상의 사항에 관하여 석명을 구하거나 입증을 촉구할 수 있다.

② 합의부원은 재판장에게 고하고 제1항의 조치를 할 수 있다.

③ 검사, 피고인 또는 변호인은 재판장에 대하여 제1항의 석명을 위한 발문을 요구할 수 있다.

제142조 【공소장의 변경】

① 검사가 법 제298조제1항에 따라 공소장에 기재한 공소사실 또는 적용법조의 추가, 철회 또는 변경(이하 "공소장의 변경"이라 한다)을 하고자 하는 때에는 그 취지를 기재한 공소장변경허가신청서를 법원에 제출하여야 한다.

② 제1항의 공소장변경허가신청서에는 피고인의 수에 상응한 부본을 첨부하여야 한다.

③ 법원은 제2항의 부본을 피고인 또는 변호인에게 즉시 송달하여야 한다.

④ 공소장의 변경이 허가된 때에는 검사는 공판기일에 제1항의 공소장변경허가신청서에 의하여 변경된 공소사실·죄명 및 적용법조를 낭독하여야 한다. 다만, 재판장은 필요하다고 인정하는 때에는 공소장변경의 요지를 진술하게 할 수 있다.

⑤ 법원은 제1항의 규정에도 불구하고 피고인이 재정하는 공판정에서는 피고인에게 이익이 되거나 피고인이 동의하는 경우 구술에 의한 공소장변경을 허가할 수 있다.

제143조 【공판절차정지후의 공판절차의 갱신】

공판개정후 법 제306조제1항의 규정에 의하여 공판절차가 정지된 경우에는 그 정지사유가 소멸한 후의 공판기일에 공판절차를 갱신하여야 한다.

제144조 【공판절차의 갱신절차】

① 법 제301조, 법 제301조의2 또는 제143조에 따른 공판절차의 갱신은 다음 각 호의 규정에 의한다.

1. 재판장은 제127조의 규정에 따라 피고인에게 진술거부권 등을 고지한 후 법 제284조에 따른 인정신문을 하여 피고인임에 틀림없음을 확인하여야 한다.
2. 재판장은 검사로 하여금 공소장 또는 공소장변경허가신청서에 의하여 공소사실, 죄명 및 적용법조를 낭독하게 하거나 그 요지를 진술하게 하여야 한다.
3. 재판장은 피고인에게 공소사실의 인정 여부 및 정상에 관하여 진술할 기회를 주어야 한다.
4. 재판장은 갱신전의 공판기일에서의 피고인이나 피고인이 아닌 자의 진술 또는 법원의 검증결과를 기재한 조서에 관하여 증거조사를 하여야 한다.
5. 재판장은 갱신전의 공판기일에서 증거조사된 서류 또는 물건에 관하여 다시 증거조사를 하여야 한다. 다만, 증거능력 없다고 인정되는 서류 또는 물건과 증거로 함이 상당하지 아니하다고 인정되고 검사, 피고인 및 변호인이 이의를 하지 아니하는 서류 또는 물건에 대하여는 그러하지 아니하다.
② 재판장은 제1항제4호 및 제5호에 규정한 서류 또는 물건에 관하여 증거조사를 함에 있어서 검사, 피고인 및 변호인의 동의가 있는 때에는 그 전부 또는 일부에 관하여 법 제292조·제292조의2·제292조의3에 규정한 방법에 갈음하여 상당하다고 인정하는 방법으로 이를 할 수 있다.

제145조 【변론시간의 제한】

재판장은 필요하다고 인정하는 경우 검사, 피고인 또는 변호인의 본질적인 권리를 해치지 아니하는 범위내에서 법 제302조 및 법 제303조의 규정에 의한 의견진술의 시간을 제한할 수 있다.

제2절 공판의 재판

제146조 【판결서의 작성】

변론을 종결한 기일에 판결을 선고하는 경우에는 선고 후 5일 내에 판결서를 작성하여야 한다.

제147조【판결의 선고】

① 재판장은 판결을 선고할 때 피고인에게 이유의 요지를 말이나 판결서 등본 또는 판결서 초본의 교부 등 적절한 방법으로 설명한다.

② 재판장은 판결을 선고하면서 피고인에게 적절한 훈계를 할 수 있다.

제147조의2【보호관찰의 취지등의 고지, 보호처분의 기간】

① 재판장은 판결을 선고함에 있어서 피고인에게 형법 제59조의2, 형법 제62조의2의 규정에 의하여 보호관찰, 사회봉사 또는 수강(이하 "保護觀察등"이라고 한다)을 명하는 경우에는 그 취지 및 필요하다고 인정하는 사항이 적힌 서면을 교부하여야 한다.

② 법원은 판결을 선고함에 있어 형법 제62조의2의 규정에 의하여 사회봉사 또는 수강을 명하는 경우에는 피고인이 이행하여야 할 총 사회봉사시간 또는 수강시간을 정하여야 한다. 이 경우 필요하다고 인정하는 때에는 사회봉사 또는 수강할 강의의 종류나 방법 및 그 시설 등을 지정할 수 있다.

③ 형법 제62조의2제2항의 사회봉사명령은 500시간, 수강명령은 200시간을 각 초과할 수 없으며, 보호관찰관이 그 명령을 집행함에는 본인의 정상적인 생활을 방해하지 아니하도록 한다. <개정 1998.6.20>

④ 형법 제62조의2제1항의 보호관찰·사회봉사·수강명령은 둘 이상 병과할 수 있다.

⑤ 사회봉사·수강명령이 보호관찰과 병과하여 부과된 때에는 보호관찰기간내에 이를 집행하여야 한다.

제147조의3【보호관찰의 판결등의 통지】

① 보호관찰등을 조건으로 한 판결이 확정된 때에 당해 사건이 확정된 법원의 법원사무관등은 3일 이내에 판결문등본을 대상자의 주거지를 관할하는 보호관찰소의 장에게 송부하여야 한다. <개정 1998.6.20>

② 제1항의 서면에는 법원의 의견 기타 보호관찰등의 자료가 될 만한 사

항을 기재한 서면을 첨부할 수 있다.

제147조의4 【보호관찰등의 성적보고】

보호관찰등을 명한 판결을 선고한 법원은 보호관찰등의 기간 중 보호관찰소장에게 보호관찰 등을 받고 있는 자의 성적에 관하여 보고를 하게 할 수 있다.

제148조 【피고인에 대한 판결서 등본 등의 송달】

① 법원은 피고인에 대하여 판결을 선고한 때에는 선고일부터 7일 이내에 피고인에게 그 판결서 등본을 송달하여야 한다. 다만, 피고인이 동의하는 경우에는 그 판결서 초본을 송달할 수 있다.

② 제1항에 불구하고 불구속 피고인과 법 제331조의 규정에 의하여 구속영장의 효력이 상실된 구속 피고인에 대하여는 피고인이 송달을 신청하는 경우에 한하여 판결서 등본 또는 판결서 초본을 송달한다.

제149조 【집행유예취소청구의 방식】

법 제335조제1항의 규정한 형의 집행유예취소청구는 취소의 사유를 구체적으로 기재한 서면으로 하여야 한다.

제149조의2 【자료의 제출】

형의 집행유예취소청구를 한 때에는 취소의 사유가 있다는 것을 인정할 수 있는 자료를 제출하여야 한다.

제149조의3 【청구서부본의 제출과 송달】

① 형법 제64조제2항의 규정에 의한 집행유예취소청구를 한 때에는 검사는 청구와 동시에 청구서의 부본을 법원에 제출하여야 한다.

② 법원은 제1항의 부본을 받은 때에는 지체없이 집행유예의 선고를 받은 자에게 송달하여야 한다.

제150조 【출석명령】

형의 집행유예취소청구를 받은 법원은 법 제335조제2항의 규정에 의한 의견을 묻기 위하여 필요하다고 인정할 경우에는 집행유예의 선고를 받은 자 또는 그 대리인의 출석을 명할 수 있다.

제150조의2 【준용규정】

제149조 내지 제150조의 규정은 형법 제61조제2항의 규정에 의하여 유예한 형을 선고하는 경우에 준용한다.

제151조 【경합범중 다시 형을 정하는 절차 등에의 준용】

제149조, 제149조의2 및 제150조의 규정은 법 제336조에 규정한 절차에 이를 준용한다.

제3편 상소
제1장 통칙

제152조 【재소자의 상소장등의 처리】

① 교도소장, 구치소장 또는 그 직무를 대리하는 자가 법 제344조제1항의 규정에 의하여 상소장을 제출받은 때에는 그 제출받은 연월일을 상소장에 부기하여 즉시 이를 원심법원에 송부하여야 한다.

② 제1항의 규정은 교도소장, 구치소장 또는 그 직무를 대리하는 자가 법 제355조에 따라 정식재판청구나 상소권회복청구 또는 상소의 포기나 취하의 서면 및 상소이유서를 제출받은 때 및 법 제487조부터 법 제489조까지의 신청과 그 취하에 이를 준용한다.

제153조 【상소의 포기 또는 취하에 관한 동의서의 제출】

① 법 제350조에 규정한 피고인이 상소의 포기 또는 취하를 할 때에는

법정대리인이 이에 동의하는 취지의 서면을 제출하여야 한다.

② 피고인의 법정대리인 또는 법 제341조에 규정한 자가 상소의 취하를 할 때에는 피고인이 이에 동의하는 취지의 서면을 제출하여야 한다.

제154조 【상소의 포기 또는 취하의 효력을 다투는 절차】

① 상소의 포기 또는 취하가 부존재 또는 무효임을 주장하는 자는 그 포기 또는 취하당시 소송기록이 있었던 법원에 절차속행의 신청을 할 수 있다.

② 제1항의 신청을 받은 법원은 신청이 이유있다고 인정하는 때에는 신청을 인용하는 결정을 하고 절차를 속행하여야 하며, 신청이 이유없다고 인정하는 때에는 결정으로 신청을 기각하여야 한다.

③ 제2항 후단의 신청기각결정에 대하여는 즉시 항고할 수 있다.

제2장 항소

제155조 【항소이유서, 답변서의 기재】

항소이유서 또는 답변서에는 항소이유 또는 답변내용을 구체적으로 간결하게 명시하여야 한다.

제156조 【항소이유서, 답변서의 부본제출】

항소이유서 또는 답변서에는 상대방의 수에 2를 더한 수의 부본을 첨부하여야 한다.

제156조의2 【국선변호인의 선정 및 소송기록접수통지】

① 기록의 송부를 받은 항소법원은 법 제33조제1항제1호부터 제6호까지의 필요적 변호사건에 있어서 변호인이 없는 경우에는 지체없이 변호인을 선정한 후 그 변호인에게 소송기록접수통지를 하여야 한다. 법 제33조제3항에 의하여 국선변호인을 선정한 경우에도 그러하다.

② 항소법원은 항소이유서 제출기간이 도과하기 전에 피고인으로부터 법 제33조제2항의 규정에 따른 국선변호인 선정청구가 있는 경우에는 지체없이 그에 관한 결정을 하여야 하고, 이 때 변호인을 선정한 경우에는 그 변호인에게 소송기록접수통지를 하여야 한다.

③ 제1항, 제2항의 규정에 따라 국선변호인 선정결정을 한 후 항소이유서 제출기간 내에 피고인이 책임질 수 없는 사유로 그 선정결정을 취소하고 새로운 국선변호인을 선정한 경우에도 그 변호인에게 소송기록접수통지를 하여야 한다.

④ 항소법원이 제2항의 국선변호인 선정청구를 기각한 경우에는 피고인이 국선변호인 선정청구를 한 날로부터 선정청구기각결정등본을 송달받은 날까지의 기간을 법 제361조의3제1항이 정한 항소이유서 제출기간에 산입하지 아니한다. 다만, 피고인이 최초의 국선변호인 선정청구기각결정을 받은 이후 같은 법원에 다시 선정청구를 한 경우에는 그 국선변호인 선정청구일로부터 선정청구기각결정등본 송달일까지의 기간에 대해서는 그러하지 아니하다.

제156조의3 【항소이유 및 답변의 진술】

① 항소인은 그 항소이유를 구체적으로 진술하여야 한다.

② 상대방은 항소인의 항소이유 진술이 끝난 뒤에 항소이유에 대한 답변을 구체적으로 진술하여야 한다.

③ 피고인 및 변호인은 이익이 되는 사실 등을 진술할 수 있다.

제156조의4 【쟁점의 정리】

법원은 항소이유와 답변에 터잡아 해당 사건의 사실상·법률상 쟁점을 정리하여 밝히고 그 증명되어야 하는 사실을 명확히 하여야 한다.

제156조의5 【항소심과 증거조사】

① 재판장은 증거조사절차에 들어가기에 앞서 제1심의 증거관계와 증거조사결과의 요지를 고지하여야 한다.

② 항소심 법원은 다음 각호의 어느 하나에 해당하는 경우에 한하여 증

인을 신문할 수 있다.

1. 제1심에서 조사되지 아니한 데에 대하여 고의나 중대한 과실이 없고, 그 신청으로 인하여 소송을 현저하게 지연시키지 아니하는 경우
2. 제1심에서 증인으로 신문하였으나 새로운 중요한 증거의 발견 등으로 항소심에서 다시 신문하는 것이 부득이하다고 인정되는 경우
3. 그 밖에 항소의 당부에 관한 판단을 위하여 반드시 필요하다고 인정되는 경우

제156조의6 【항소심에서의 피고인 신문】

① 검사 또는 변호인은 항소심의 증거조사가 종료한 후 항소이유의 당부를 판단함에 필요한 사항에 한하여 피고인을 신문할 수 있다.
② 재판장은 제1항에 따라 피고인 신문을 실시하는 경우에도 제1심의 피고인 신문과 중복되거나 항소이유의 당부를 판단하는 데 필요 없다고 인정하는 때에는 그 신문의 전부 또는 일부를 제한할 수 있다.
③ 재판장은 필요하다고 인정하는 때에는 피고인을 신문할 수 있다.

제156조의7 【항소심에서의 의견진술】

① 항소심의 증거조사와 피고인 신문절차가 종료한 때에는 검사는 원심판결의 당부와 항소이유에 대한 의견을 구체적으로 진술하여야 한다.
② 재판장은 검사의 의견을 들은 후 피고인과 변호인에게도 제1항의 의견을 진술할 기회를 주어야 한다.

제157조 【환송 또는 이송판결이 확정된 경우 소송기록 등의 송부】

법 제366조 또는 법 제367조 본문의 규정에 의한 환송 또는 이송판결이 확정된 경우에는 다음 각 호의 규정에 의하여 처리하여야 한다.

1. 항소법원은 판결확정일로부터 7일 이내에 소송기록과 증거물을 환송 또는 이송받을 법원에 송부하고, 항소법원에 대응하는 검찰청 검사 또는 수사처 검사에게 그 사실을 통지하여야 한다.
2. 제1호의 송부를 받은 법원은 지체없이 그 법원에 대응한 검찰청 검사 또는 수사처 검사에게 그 사실을 통지하여야 한다.

3. 피고인이 교도소 또는 구치소에 있는 경우에는 항소법원에 대응한 검찰청 검사 또는 수사처 검사는 제1호의 통지를 받은 날로부터 10일 이내에 피고인을 환송 또는 이송받을 법원소재지의 교도소나 구치소에 이감한다.

제158조 【변호인 선임의 효력】

원심법원에서의 변호인 선임은 법 제366조 또는 법 제367조의 규정에 의한 환송 또는 이송이 있은 후에도 효력이 있다.

제159조 【준용규정】

제2편중 공판에 관한 규정은 항소법원의 공판절차에 이를 준용한다.

제3장 상고

제160조 【상고이유서, 답변서의 부본 제출】

상고이유서 또는 답변서에는 상대방의 수에 4를 더한 수의 부본을 첨부하여야 한다.

제161조 【피고인에 대한 공판기일의 통지등】

① 법원사무관 등은 피고인에게 공판기일통지서를 송달하여야 한다.
② 상고심에서는 공판기일을 지정하는 경우에도 피고인의 이감을 요하지 아니한다.
③ 상고한 피고인에 대하여 이감이 있는 경우에는 검사는 지체없이 이를 대법원에 통지하여야 한다.

제161조의2 【참고인 의견서 제출】

① 국가기관과 지방자치단체는 공익과 관련된 사항에 관하여 대법원에

재판에 관한 의견서를 제출할 수 있고, 대법원은 이들에게 의견서를 제출하게 할 수 있다.

② 대법원은 소송관계를 분명하게 하기 위하여 공공단체 등 그 밖의 참고인에게 의견서를 제출하게 할 수 있다.

제162조 【대법관전원합의체사건에 관하여 부에서 할 수 있는 재판】

대법관전원합의체에서 본안재판을 하는 사건에 관하여 구속, 구속기간의 갱신, 구속의 취소, 보석, 보석의 취소, 구속의 집행정지, 구속의 집행정지의 취소를 함에는 대법관 3인 이상으로써 구성된 부에서 재판할 수 있다.

제163조 【판결정정신청의 통지】

법 제400조제1항에 규정한 판결정정의 신청이 있는 때에는 즉시 그 취지를 상대방에게 통지하여야 한다.

제164조 【준용규정】

제155조, 제156조의2, 제157조제1호, 제2호의 규정은 상고심의 절차에 이를 준용한다.

제4장 항고

제165조 【항고법원의 결정등본의 송부】

항고법원이 법 제413조 또는 법 제414조에 규정한 결정을 한 때에는 즉시 그 결정의 등본을 원심법원에 송부하여야 한다.

제4편 특별소송절차
제1장 재심

제166조 【재심청구의 방식】

재심의 청구를 함에는 재심청구의 취지 및 재심청구의 이유를 구체적으로 기재한 재심청구서에 원판결의 등본 및 증거자료를 첨부하여 관할법원에 제출하여야 한다.

제167조 【재심청구 취하의 방식】

① 재심청구의 취하는 서면으로 하여야 한다. 다만, 공판정에서는 구술로 할 수 있다.
② 구술로 재심청구의 취하를 한 경우에는 그 사유를 조서에 기재하여야 한다.

제168조 【준용규정】

제152조의 규정은 재심의 청구와 그 취하에 이를 준용한다.

제169조 【청구의 경합과 공판절차의 정지】

① 항소기각의 확정판결과 그 판결에 의하여 확정된 제1심판결에 대하여 각각 재심의 청구가 있는 경우에 항소법원은 결정으로 제1심법원의 소송절차가 종료할 때까지 소송절차를 정지하여야 한다.
② 상고기각의 판결과 그 판결에 의하여 확정된 제1심 또는 제2심의 판결에 대하여 각각 재심의 청구가 있는 경우에 상고법원은 결정으로 제1심법원 또는 항소법원의 소송절차가 종료할 때까지 소송절차를 정지하여야 한다.

제2장 약식절차

제170조 【서류 등의 제출】

검사는 약식명령의 청구와 동시에 약식명령을 하는데 필요한 증거서류 및 증거물을 법원에 제출하여야 한다.

제171조 【약식명령의 시기】

약식명령은 그 청구가 있은 날로부터 14일내에 이를 하여야 한다.

제172조 【보통의 심판】

① 법원사무관등은 약식명령의 청구가 있는 사건을 법 제450조의 규정
에 따라 공판절차에 의하여 심판하기로 한 때에는 즉시 그 취지를 검
사에게 통지하여야 한다.
② 제1항의 통지를 받은 검사는 5일이내에 피고인수에 상응한 공소장
부본을 법원에 제출하여야 한다.
③ 법원은 제2항의 공소장 부본에 관하여 법 제266조에 규정한 조치를
취하여야 한다.

제173조 【준용규정】

제153조의 규정은 정식재판청구의 취하에 이를 준용한다.

제5편 재판의 집행

제174조 【소송비용의 집행면제 등의 신청 등】

① 법 제487조 내지 법 제489조의 규정에 의한 신청 및 그 취하는 서면
으로 하여야 한다.
② 제152조의 규정은 제1항의 신청과 그 취하에 이를 준용한다.

제175조 【소송비용의 집행면제 등의 신청 등의 통지】

법원은 제174조제1항에 규정한 신청 또는 그 취하의 서면을 제출받은 경우
에는 즉시 그 취지를 검사에게 통지하여야 한다.

제6편 보칙

제176조 【신청 기타 진술의 방식】

① 법원 또는 판사에 대한 신청 기타 진술은 법 및 이 규칙에 다른 규정이 없으면 서면 또는 구술로 할 수 있다.

② 구술에 의하여 신청 기타의 진술을 할 때에는 법원사무관등의 면전에서 하여야 한다.

③ 제2항의 경우에 법원사무관등은 조서를 작성하고 기명날인하여야 한다.

제177조 【재소자의 신청 기타 진술】

교도소장, 구치소장 또는 그 직무를 대리하는 자는 교도소 또는 구치소에 있는 피고인이나 피의자가 법원 또는 판사에 대한 신청 기타 진술에 관한 서면을 작성하고자 할 때에는 그 편의를 도모하여야 하고, 특히 피고인이나 피의자가 그 서면을 작성할 수 없을 때에는 법 제344조제2항의 규정에 준하는 조치를 취하여야 한다.

제177조의2(기일 외 주장 등의 금지)

① 소송관계인은 기일 외에서 구술, 전화, 휴대전화 문자전송, 그 밖에 이와 유사한 방법으로 신체구속, 공소사실 또는 양형에 관하여 법률상·사실상 주장을 하는 등 법령이나 재판장의 지휘에 어긋나는 절차와 방식으로 소송행위를 하여서는 아니 된다.

② 재판장은 제1항을 어긴 소송관계인에게 주의를 촉구하고 기일에서 그 위반사실을 알릴 수 있다.

제178조 【영장의 유효기간】

영장의 유효기간은 7일로 한다. 다만, 법원 또는 법관이 상당하다고 인정하는 때에는 7일을 넘는 기간을 정할 수 있다.

부록 2
관련법규·
훈령·
예규·고시

제179조 삭제

부칙 〈대법원규칙 제3016호, 2021.12.31.〉

제1조 【시행일】

이 규칙은 2022년 1월 1일부터 시행한다.

제2조 【경과조치】

① 이 규칙은 이 규칙 시행 후 공소제기 된 사건부터 적용한다.
② 이 규칙 시행 전에 종전의 규정에 따라 행한 행위의 효력에는 영향을 미치지 아니한다.

★ 사이버경찰청 운영규칙

[일부개정 2019. 9.26., 경찰청훈령 제952호]

제1조 【목적】

이 규칙은 인터넷을 통해 종합적인 치안서비스를 제공하는 사이버경찰청의 운영과 관리에 필요한 사항을 규정함을 목적으로 한다.

제2조 【정의】

이 규칙에서 사용하는 용어의 정의는 다음과 같다.

1. "사이버경찰청(이하 "홈페이지"라 한다)"이란 인터넷 이용자가 경찰청의 인터넷 주소(http://www.police.go.kr)에 접속하였을 때 제공받게 되는 각종 콘텐츠의 집합을 말한다.
2. "홈페이지 응용시스템"이란 홈페이지의 관리·운영을 위해 구축한 하드웨어 및 시스템 소프트웨어를 제외한 응용소프트웨어, 개발 프로그램 등을 총칭한다.
3. "콘텐츠"란 홈페이지에서 제공하는 문자, 그림, 음성, 동영상 등을 포함하는 정보의 내용, 표현 및 그 소재를 말한다.
4. "게시판"이란 그 명칭과 관계없이 홈페이지를 이용하여 제3자에게 공개 할 목적으로 부호·문자·음성·음향·사진·동영상 등의 정보를 이용자가 게시 할 수 있는 컴퓨터 프로그램이나 기술적 장치를 말한다.
5. "게시물"이란 홈페이지를 이용하는 자가 게시하는 글·사진·동영상 등 모든 내용을 말한다.
6. "임시조치"란 게시물에 대한 이용자의 접근을 임시적으로 차단하는 조치를 말한다.
7. "웹접근성"이란 장애인, 고령자 등이 홈페이지에서 제공하는 모든 서비스를 비장애인과 동등하게 접근하고 이해할 수 있도록 하는 것을 말한다.
8. "현행화"란 홈페이지의 내용을 가장 최신의 정보로 유지하기 위해 신규 또는 변경된 콘텐츠 등을 입력·수정·삭제하는 모든 작업을 말한다.

부록 2
관련법규·
훈령·
예규·고시

제3조 【다른 법령과의 관계】

홈페이지의 운영과 관리에 관하여 다른 법령에 특별한 규정이 있는 경우를 제외하고는 이 규칙이 정하는 바에 따른다.

제4조 【운영체계】

① 홍보담당관은 홈페이지의 구축·운영책임관(이하 "운영책임관"이라 한다)으로서 홈페이지에 관한 업무를 총괄·조정한다.
② 운영책임관은 홈페이지의 구축 및 세부 운영·관리를 위해 홈페이지 관리 책임자를 지정·운영할 수 있다. 다만, 별도의 지정이 없는 경우에는 디지털 소통계장을 홈페이지 관리책임자로 본다.
③ 홈페이지에 게재되는 자료 등의 효율적인 관리를 위해 콘텐츠별 홈페이지 운영담당자(이하 "운영담당자"라 한다)를 둔다.

제5조 【홈페이지 관리책임자의 임무】

홈페이지 관리책임자는 다음 각 호의 임무를 수행한다.
1. 홈페이지 구축·운영에 관한 기본계획 수립
2. 홈페이지 운영실태 파악 및 항목별 평가
3. 홈페이지 응용시스템 관리운영 및 유지·보수
4. 홈페이지 운영위원회의 결정 사항에 대한 조치
5. 자료유실에 대비한 보안대책 강구
6. 그 밖에 홈페이지 운영 및 관리에 필요한 사항

제6조 【홈페이지 운영담당자의 임무】

운영담당자는 다음 각 호의 임무를 수행한다.
1. 게재할 자료 선정
2. 게재한 자료의 현행화 등 관리
3. 그 밖에 홈페이지 운영에 필요한 자료 요청 시 협조

제7조 【홈페이지 운영위원회】

① 홈페이지에 대하여 다음 각 호의 사항을 심의·의결하기 위해 대변인
   실 내에 홈페이지 운영위원회(이하 "위원회"라 한다)를 둔다.
   1. 홈페이지 운영기준에 관한 사항
   2. 임시조치 된 게시물에 대한 복원·삭제 여부
   3. 이용자에 대한 이용제한 여부
   4. 기타 홈페이지 운영에 관한 사항으로서 홈페이지 관리책임자가 회
      부한 사항
② 위원회는 위원장 1명을 포함한 7명 이내의 위원으로 성별을 고려하
   여 구성한다.
③ 위원장은 운영책임관이 되고, 위원은 경찰청 소속 공무원 중에서 위
   원장이 지정하며, 간사는 홈페이지 관리책임자가 된다.
④ 위원의 임기는 1년으로 한다.
⑤ 위원회는 위원장이 필요하다고 인정하는 경우에 소집한다.
⑥ 위원회는 필요할 경우 관계 당사자에 대하여 자료 제출을 요구할 수
   있다.
⑦ 위원회의 회의는 재적위원 과반수의 출석으로 개회하고 출석위원 과
   반수의 찬성으로 의결하며, 위원회 운영에 관하여 필요한 사항은 위
   원회의 의결을 거쳐 위원장이 정한다.

제8조 【중요사항의 결정에 대한 의견수렴】

홈페이지 관리책임자는 홈페이지 운영 전반에 관련된 중요사항을 결정함에
있어서는 관련 부서의 의견을 수렴하여야 한다.

제9조 【홈페이지 운영계획의 수립】

① 홈페이지 관리책임자는 매년 3월 말까지 해당 연도에 추진할 홈페이
   지 운영계획을 수립하여야 한다.
② 홈페이지 운영계획에는 다음 각 호의 사항이 포함되어야 한다.
   1. 홈페이지 운영의 기본방향에 관한 사항
   2. 홈페이지 응용시스템 개선에 관한 사항

3. 홈페이지 홍보에 관한 사항
4. 그 밖에 홈페이지 운영에 관한 사항

제10조 【홈페이지 운영】

홈페이지 관리책임자는 항상 최신의 자료가 제공될 수 있도록 운영하여야 한다.

제11조 【홈페이지 운영평가 및 개선】

① 홈페이지 관리책임자는 이용자의 편의성을 제고하고 기능 개선 등을 위해 주기적으로 기술성 및 웹접근성 평가를 실시하여야 한다.
② 홈페이지 관리책임자는 새로운 정보기술을 신속히 도입하여 이용자에게 다양하고 편리한 서비스를 제공하도록 하여야 한다.

제12조 【홈페이지 서비스 중단】

① 홈페이지 관리책임자는 다음 각 호의 어느 하나에 해당하는 경우에는 서 비스의 전부 또는 일부를 중단할 수 있다.
  1. 홈페이지 기능 개선을 위한 정기점검을 할 경우
  2. 일부 서비스 장애 복구를 위해 필요할 경우
  3. 천재지변 또는 국가 비상사태로 인하여 서비스를 중단할 경우
  4. 그 밖에 서비스 중단이 불가피할 경우
② 서비스의 전부 또는 일부가 중단될 경우 홈페이지 관리책임자는 사전에 중단사유, 중단시간 등의 안내정보를 홈페이지에 게시하여야 한다. 다만, 불가항력으로 인한 서비스의 중단은 그러하지 아니하다.
③ 홈페이지 관리책임자는 서비스가 중단되었을 경우에는 빠른 시간 내에 서비스가 정상화될 수 있도록 조치를 취해야 한다.

제13조 【홈페이지의 유지·보수 용역】

홈페이지 관리책임자는 홈페이지를 안정적으로 운영하기 위해 필요한 경우

에는 외부 전문 업체와 별도의 유지·보수 또는 관리에 관한 용역계약을 체결할 수 있다.

제14조 【콘텐츠의 등록 및 수정】

① 운영담당자는 담당분야 콘텐츠를 수시로 점검하여 필요한 경우 등록 또는 수정하여야 한다. 다만, 홈페이지 응용시스템의 운영환경 또는 기술적인 문제로 인하여 각 부서에서 콘텐츠 등록이 불가한 경우에는 콘텐츠를 작성하여 홈페이지 관리책임자에게 등록을 의뢰할 수 있다.

② 제1항 단서에 따른 콘텐츠 등록은 등록작업 소요시간, 콘텐츠 공개일정 등을 감안하여 충분한 기간을 두고 처리 되어야 한다.

③ 홈페이지 관리책임자는 운영담당자가 등록하였거나 등록 의뢰한 콘텐츠에 대하여 홈페이지의 운영환경 및 화면구성의 일관성 등을 고려하여 적절하게 편집 또는 조정할 수 있다.

④ 운영담당자는 자료를 등록할 경우 주민등록번호, 여권번호 등 「공공기관의 정보공개에 관한 법률」 제9조제1항에 따른 비공개 대상정보를 등록하여서는 안 된다.

제15조 【콘텐츠의 점검】

① 홈페이지 관리책임자는 홈페이지의 콘텐츠 관리 상태를 수시로 점검하고, 콘텐츠 현행화가 미흡한 사항에 대하여는 해당 운영담당자에게 보완하도록 요구하여야 한다.

② 제1항의 규정에 따라 보완을 요구받은 운영담당자는 요구받은 내용에 대해 지체 없이 조치하여야 하며, 특별한 사유로 인하여 조치할 수 없는 경우에는 그 사유를 홈페이지 관리책임자에게 통보하여야 한다.

제16조 【게시판 이용자의 본인 확인】

홈페이지 관리책임자는 게시판을 설치·운영할 경우 본인 확인을 위한 다음 각 호의 조치를 하여야 한다.

 1.「전자서명법」제2조제10호에 따른 공인인증기관, 그 밖에 본인 확

인 서비스를 제공하는 제3자 또는 행정기관에 의뢰하거나 모사전송·대면확인 등을 통하여 게시판 이용자가 본인임을 확인할 수 있는 수단을 마련할 것

2. 본인 확인 절차 및 본인 확인 정보 보관 시 본인확인정보 유출을 방지 할 수 있는 기술을 마련할 것

3. 게시판에 정보를 게시한 때부터 게시판에서 정보의 게시가 종료된 후 6개월이 경과하는 날까지 본인확인정보를 보관할 것

제17조 【게시물의 삭제】

① 홈페이지 관리책임자는 홈페이지의 효율적인 운영을 위해 이용자가 입력한 게시물이 다음 각 호의 어느 하나에 명백히 해당하는 경우에는 이를 삭제할 수 있다.
1. 불건전하거나 공익을 해할 우려가 있는 경우
2. 악의적으로 허위사실을 유포하는 경우
3. 특정 기관·단체·부서를 근거 없이 비난하는 경우
4. 특정인을 비방하거나 명예훼손의 우려가 있는 경우
5. 특정인의 개인정보가 공개되는 경우
6. 권리를 침해당한 당사자가 직접 삭제를 요청한 경우
7. 영리목적의 상업성 광고, 저작권을 침해할 수 있는 내용
8. 욕설, 음란물 등 저속하거나 모욕적인 표현
9. 성별·종교·연령·장애·인종 등을 이유로 타인에 대한 차별·비하·혐오·폭력적인 표현
10. 동일 또는 유사한 내용을 월3회 이상 반복하여 게시하는 글
11. 그 밖에 법령에 위반하거나 홈페이지의 정상적인 운영에 현저히 지장을 초래하는 경우

② 홈페이지 관리책임자가 제1항 각 호의 어느 하나에 해당한다고 판단하기 어렵거나 이해당사자 간에 다툼이 예상되는 경우에는 임시조치를 할 수 있다. 이 경우 임시조치의 기간은 30일 이내로 한다.

③ 홈페이지 관리책임자는 제1항 및 제2항에 따라 게시물을 삭제 또는 임시조치를 할 경우 그 사유와 근거규정을 게시하고, 해당 게시물의 사본 또는 전자파일을 3개월 간 별도 기록·보존하여야 한다.

④ 홈페이지 관리책임자는 제2항에 따른 임시조치를 한 경우에는 홈페이지 운영위원회에 해당 게시물의 복원 또는 삭제 여부에 대한 심의를 요청하고, 홈페이지 운영위원회에서 복원 또는 삭제의 결정이 있는 경우에는 그에 따른 조치를 하여야 한다.

제18조 【이용제한】

① 홈페이지 관리책임자는 로그인(Log-in)이 필요한 콘텐츠에 제17조제1항 각 호의 어느 하나에 해당하는 게시물을 상습적으로 게시하여 홈페이지의 정상적인 운영을 방해한 이용자에 대해서는 홈페이지 운영위원회에 해당 콘텐츠의 이용제한 조치 여부에 대한 심의를 요청할 수 있다.
② 홈페이지 관리책임자는 홈페이지 운영위원회에서 이용제한 조치의 결정이 있는 경우에는 해당 콘텐츠의 이용제한 조치를 하여야 한다. 다만 이용제한 조치의 기간은 6개월 이내로 한다.

제19조 【전자민원의 처리】

① 홈페이지 관리책임자는 홈페이지를 통한 전자민원 및 정책건의 등을 신속하게 접수, 처리하기 위해 신고·민원 코너 등을 설치·운영한다.
② 각 국·관·과의 장은 소관부서별 전자민원 처리를 위한 민원처리 담당자를 지정하여야 한다.
③ 민원처리 담당자는 매일 1~2회 이상 소관 민원을 검색하여 필요한 조치를 취하여야 한다.
④ 질의·건의 및 상담은 인터넷을 통하여 회신함을 원칙으로 하며, 회신문에는 회신내용과 민원처리 담당자의 소속·성명 및 전화번호 등을 기재하여야 한다.

제20조 【팝업창 및 배너관리】

① 각 부서의 장은 특정한 사항을 홍보하기 위해 홈페이지에 팝업창(Pop-up window) 또는 배너(Banner)를 게시하고자 하는 때에는 게

시내용과 형식을 기술한 서면을 첨부하여 홈페이지 관리책임자에게 게시를 요청하여야 한다.

② 홈페이지 관리책임자는 제1항의 요청을 받은 경우에는 그 내용, 형식 및 업무 관련성 등을 고려하여 게시 여부를 결정한다.

제21조 【비밀번호 관리】

경찰청과 그 소속기관의 공무원은 로그인(Log-in)이 필요한 콘텐츠 접속에 사용되는 아이디(ID)와 비밀번호를 제3자에게 노출되지 않도록 관리하고 주기적으로 비밀번호를 변경하여야 한다.

제22조 【개인정보 보호】

① 홈페이지 운영과 관련된 자는 정당한 이유가 있는 경우를 제외하고는 직무상 알게 된 개인정보를 누설하거나 타인이 이용하도록 제공하는 등 부정하게 사용하여서는 안 된다.

② 홈페이지 관리책임자는 개인정보보호 정책을 홈페이지 메인화면에 게시하여야 한다.

③ 홈페이지 게시판에 각종 공고 등을 게시하고자 하는 자는 미리 개인정보 노출여부를 검토하여 이를 보완한 후 게시하여야 한다.

제23조 【응용시스템 관리】

① 홈페이지 관리책임자는 홈페이지의 정상적 운영을 위해 응용소프트웨어, 개발 프로그램 등의 관리를 하여야 한다.

② 홈페이지 관리책임자는 기존 홈페이지를 대폭 개선할 필요가 있다고 판단 될 경우 홈페이지 개편계획을 수립하여 경찰청장에게 보고 후 추진한다.

제24조 【홈페이지 안내】

홍보 포스터·소책자·보도자료 등 각 부서에서 생산되는 자료에는 홈페이지 주소(http://www.police.go.kr)를 항상 표기하여야 한다.

제25조 【시행세칙】

소속기관의 장은 소속기관의 홈페이지 운영 및 관리에 필요한 세부 규칙을 제정하여 시행할 수 있다.

제26조 【재검토기한】

경찰청장은 「훈령·예규 등의 발령 및 관리에 관한 규정」에 따라 이 훈령에 대하여 2016년 1월 1일을 기준으로 3년(매 3년째의 12월 31일까지를 말한다)마다 그 타당성을 검토하여 개선 등의 조치를 하여야 한다.

부칙(2019. 9. 26.)

이 규칙은 2019년 9월 26일부터 시행한다.

★ 형의 실효 등에 관한 법률

[시행 2021. 3. 16.] [법률 제17937호, 2021. 3. 16., 일부개정]

제1조 【목적】

이 법은 전과기록(前科記錄) 및 수사경력자료의 관리와 형의 실효(失效)에 관한 기준을 정함으로써 전과자의 정상적인 사회복귀를 보장함을 목적으로 한다.

제2조 【정의】

이 법에서 사용하는 용어의 뜻은 다음과 같다.

1. "수형인"이란 「형법」 제41조에 규정된 형을 받은 자를 말한다.
2. "수형인명부"란 자격정지 이상의 형을 받은 수형인을 기재한 명부로서 검찰청 및 군검찰부에서 관리하는 것을 말한다.
3. "수형인명표"란 자격정지 이상의 형을 받은 수형인을 기재한 명표로서 수형인의 등록기준지 시·구·읍·면 사무소에서 관리하는 것을 말한다.
4. "수사자료표"란 수사기관이 피의자의 지문을 채취하고 피의자의 인적사항과 죄명 등을 기재한 표(전산입력되어 관리되거나 자기테이프, 마이크로필름, 그 밖에 이와 유사한 매체에 기록·저장된 표를 포함한다)로서 경찰청에서 관리하는 것을 말한다.
5. "범죄경력자료"란 수사자료표 중 다음 각 목에 해당하는 사항에 관한 자료를 말한다.
   가. 벌금 이상의 형의 선고, 면제 및 선고유예
   나. 보호감호, 치료감호, 보호관찰
   다. 선고유예의 실효
   라. 집행유예의 취소
   마. 벌금 이상의 형과 함께 부과된 몰수, 추징(追徵), 사회봉사명령, 수강명령(受講命令) 등의 선고 또는 처분
6. "수사경력자료"란 수사자료표 중 벌금 미만의 형의 선고, 사법경찰

관의 불송치결정 및 검사의 불기소처분에 관한 자료 등 범죄경력자료를 제외한 나머지 자료를 말한다.

7. "전과기록"이란 수형인명부, 수형인명표 및 범죄경력자료를 말한다.
8. "범죄경력조회"란 수형인명부 또는 전산입력된 범죄경력자료를 열람·대조확인(정보통신망에 의한 열람·대조확인을 포함한다)하는 방법으로 신원 및 범죄경력에 관하여 조회하는 것을 말한다.
9. "수사경력조회"란 전산입력된 수사경력자료를 열람·대조확인(정보통신망에 의한 열람·대조확인을 포함한다)하는 방법으로 신원 및 수사경력에 관하여 조회하는 것을 말한다.

제3조【수형인명부】

지방검찰청 및 그 지청과 보통검찰부에서는 자격정지 이상의 형을 선고한 재판이 확정되면 지체 없이 그 형을 선고받은 수형인을 수형인명부에 기재하여야 한다.

제4조【수형인명표】

① 지방검찰청 및 그 지청과 보통검찰부에서는 자격정지 이상의 형을 선고받은 수형인에 대한 수형인명표를 작성하여 수형인의 등록기준지 시·구·읍·면 사무소에 송부하여야 한다.
② 지방검찰청 및 그 지청과 보통검찰부에서는 다음 각 호의 어느 하나에 해당할 때에는 수형인명표를 송부한 관서에 그 사실을 통지하여야 한다.
  1. 형의 집행유예가 실효되거나 취소되었을 때
  2. 형의 집행유예기간이 경과한 때
  3. 제7조 또는 「형법」 제81조에 따라 형이 실효되었을 때
  4. 사면(赦免), 감형(減刑), 복권(復權)이 있을 때
  5. 재심 개시의 결정에 따라 다시 재판하였을 때

제5조【수사자료표】

① 사법경찰관은 피의자에 대한 수사자료표를 작성하여 경찰청에 송부하여야 한다. 다만, 다음 각 호의 자에 대하여는 그러하지 아니하다.
 1. 즉결심판(卽決審判) 대상자
 2. 사법경찰관이 수리(受理)한 고소 또는 고발 사건 중 불송치결정 사유에 해당하는 사건의 피의자
② 수사자료표를 작성할 사법경찰관의 범위는 대통령령으로 정한다.

제5조의2【수사자료표의 관리 등】

① 경찰청장은 수사자료표의 보존·관리를 위하여 책임자를 지정하여야 한다.
② 경찰청장은 수사자료표를 범죄경력자료와 수사경력자료로 구분하여 전산입력한 후 관리하여야 한다.
③ 범죄경력조회 또는 수사경력조회에 대하여 회보할 때에는 그 용도, 작성자·조회자의 성명 및 작성일시, 그 밖에 필요한 사항을 구체적으로 밝혀야 한다.

제6조【범죄경력조회·수사경력조회 및 회보의 제한 등】

① 수사자료표에 의한 범죄경력조회 및 수사경력조회와 그에 대한 회보는 다음 각 호의 어느 하나에 해당하는 경우에 그 전부 또는 일부에 대하여 조회 목적에 필요한 최소한의 범위에서 할 수 있다. 다만, 제8조의2제2항제3호 단서 또는 같은 조 제3항제1호에 따라 보존하는 불송치결정과 관련된 수사경력자료에 대한 조회 및 회보는 제1호에 해당하는 경우로 한정한다.
 1. 범죄 수사 또는 재판을 위하여 필요한 경우
 2. 형의 집행 또는 사회봉사명령, 수강명령의 집행을 위하여 필요한 경우
 3. 보호감호, 치료감호, 보호관찰 등 보호처분 또는 보안관찰업무의 수행을 위하여 필요한 경우
 4. 수사자료표의 내용을 확인하기 위하여 본인이 신청하거나 외국 입국·체류 허가에 필요하여 본인이 신청하는 경우

5. 「국가정보원법」 제4조제3항에 따른 보안업무에 관한 대통령령에 근거하여 신원조사를 하는 경우 〈개정 2020.12.15.〉

6. 외국인의 귀화·국적회복·체류 허가에 필요한 경우

7. 각군 사관생도의 입학 및 장교·준사관·부사관·군무원의 임용과 그 후보자의 선발에 필요한 경우

8. 병역의무 부과와 관련하여 현역병 및 사회복무요원의 입영(入營)에 필요한 경우

9. 다른 법령에서 규정하고 있는 공무원 임용, 인가·허가, 서훈(敍勳), 대통령 표창, 국무총리 표창 등의 결격사유, 징계절차가 개시된 공무원의 구체적인 징계 사유(범죄경력조회와 그에 대한 회보에 한정한다) 또는 공무원연금 지급 제한 사유 등을 확인하기 위하여 필요한 경우

10. 그 밖에 다른 법률에서 범죄경력조회 및 수사경력조회와 그에 대한 회보를 하도록 규정되어 있는 경우

② 수사자료표를 관리하는 사람이나 직무상 수사자료표에 의한 범죄경력조회 또는 수사경력조회를 하는 사람은 그 수사자료표의 내용을 누설하여서는 아니 된다.

③ 누구든지 제1항에서 정하는 경우 외의 용도에 사용할 목적으로 범죄경력자료 또는 수사경력자료를 취득하여서는 아니 된다.

④ 제1항에 따라 범죄경력자료 또는 수사경력자료를 회보받거나 취득한 자는 법령에 규정된 용도 외에는 이를 사용하여서는 아니 된다.

⑤ 제1항 각 호에 따라 범죄경력조회 및 수사경력조회와 그에 대한 회보를 할 수 있는 구체적인 범위는 대통령령으로 정한다.

제7조 【형의 실효】

① 수형인이 자격정지 이상의 형을 받지 아니하고 형의 집행을 종료하거나 그 집행이 면제된 날부터 다음 각 호의 구분에 따른 기간이 경과한 때에 그 형은 실효된다. 다만, 구류(拘留)와 과료(科料)는 형의 집행을 종료하거나 그 집행이 면제된 때에 그 형이 실효된다.

1. 3년을 초과하는 징역·금고: 10년

2. 3년 이하의 징역·금고: 5년
3. 벌금: 2년
② 하나의 판결로 여러 개의 형이 선고된 경우에는 각 형의 집행을 종료하거나 그 집행이 면제된 날부터 가장 무거운 형에 대한 제1항의 기간이 경과한 때에 형의 선고는 효력을 잃는다. 다만, 제1항제1호 및 제2호를 적용할 때 징역과 금고는 같은 종류의 형으로 보고 각 형기 (刑期)를 합산한다.

제8조 【수형인명부 및 수형인명표의 정리】

① 다음 각 호의 어느 하나에 해당하는 경우에는 수형인명부의 해당란을 삭제하고 수형인명표를 폐기한다.
  1. 제7조 또는 「형법」 제81조에 따라 형이 실효되었을 때
  2. 형의 집행유예기간이 경과한 때
  3. 자격정지기간이 경과한 때
  4. 일반사면이나 형의 선고의 효력을 상실하게 하는 특별사면 또는 복권이 있을 때
② 제1항에 따라 수형인명부의 해당란을 삭제하는 방법 등은 대통령령으로 정한다.

제8조의2 【수사경력자료의 정리】

① 다음 각 호의 어느 하나에 해당하는 경우에는 제2항 및 제3항 각 호의 구분에 따른 보존기간이 지나면 전산입력된 수사경력자료의 해당 사항을 삭제한다.
  1. 사법경찰관의 혐의없음, 공소권없음 또는 죄가안됨의 불송치결정이 있는 경우
  2. 검사의 혐의없음, 공소권없음, 죄가안됨 또는 기소유예의 불기소처분이 있는 경우
  3. 법원의 무죄, 면소(免訴) 또는 공소기각의 판결이 확정된 경우
  4. 법원의 공소기각 결정이 확정된 경우
② 제1항 각 호의 경우에 대한 수사경력자료의 보존기간은 다음 각 호의

구분에 따른다. 이 경우 그 기간은 불송치결정 또는 불기소처분이 있은 날이나 판결 또는 결정이 확정된 날부터 기산(起算)한다.

1. 법정형(法定刑)이 사형, 무기징역, 무기금고, 장기(長期) 10년 이상의 징역·금고에 해당하는 죄: 10년
2. 법정형이 장기 2년 이상의 징역·금고에 해당하는 죄: 5년
3. 법정형이 장기 2년 미만의 징역·금고, 자격상실, 자격정지, 벌금, 구류 또는 과료에 해당하는 죄: 즉시 삭제. 다만, 제1항제1호의 불송치결정이 있는 경우는 6개월간 보존하고, 제1항제2호의 기소유예나 제1항제3호·제4호의 판결 또는 결정이 있는 경우는 5년간 보존한다.

③ 제2항에도 불구하고 제1항제1호·제2호의 불송치결정·불기소처분 당시 또는 같은 항 제3호·제4호의 판결·결정의 확정 당시 「소년법」 제2조에 따른 소년에 대한 수사경력자료의 보존기간은 다음 각호의 구분에 따른다.

1. 제1항제1호의 불송치결정: 그 결정일부터 4개월
2. 제1항제2호의 기소유예의 불기소처분: 그 처분일부터 3년
3. 제1항제2호의 혐의없음, 공소권없음, 죄가안됨의 불기소처분: 그 처분 시 까지
4. 제1항제3호의 판결 또는 같은 항 제4호의 결정: 그 판결 또는 결정의 확정 시까지

④ 제1항에 따라 수사경력자료의 해당 사항을 삭제하는 방법은 대통령령으로 정한다.

제8조의3 【자료제출 및 시정 요구】

① 법무부장관은 전과기록이나 수사경력자료의 보관·관리 또는 조회와 관련된 업무의 개선이나 위법·부당한 사항의 시정 등을 위하여 필요하다고 인정하면 전과기록이나 수사경력자료의 보관·관리 또는 조회 업무를 담당하는 기관의 장에게 조회·회보 대장 등 관련 자료의 제출을 요청할 수 있다. 이 경우 자료의 제출을 요청받은 기관의 장은 특별한 사유가 없으면 요청에 따라야 한다.

② 법무부장관은 제1항에 따라 제출받은 자료를 검토한 결과 개선이나

시정이 필요한 사항이 발견되었을 때에는 해당 기관의 장에게 시정 등 필요한 조치를 할 것을 요구할 수 있다.

제9조 【벌칙】

① 전과기록이나 수사경력자료를 관리하는 사람이 부정한 청탁을 받고 다음 각 호의 어느 하나에 해당하는 행위를 하였을 때에는 1년 이상 의 유기징역에 처한다.
  1. 전과기록 또는 수사경력자료를 손상시키거나 은닉(隱匿)하거나 그 밖의 방법으로 그 효용을 해친 행위
  2. 전과기록 또는 수사경력자료의 내용을 거짓으로 기재하거나 정당한 사유 없이 그 내용을 변경한 행위
  3. 전과기록 또는 수사경력자료에 의한 증명사항의 내용을 거짓으로 기재한 행위
② 전과기록 또는 수사경력자료의 작성에 필요한 서류에 대하여 다음 각 호의 어느 하나에 해당하는 행위를 한 사람도 제1항과 같은 형에 처 한다.
  1. 손상, 은닉 또는 그 밖의 방법으로 그 효용을 해친 행위
  2. 그 내용을 거짓으로 기재하거나 변작(變作)한 행위

제10조 【벌칙】

① 제6조제1항 또는 제2항을 위반하여 수사자료표의 내용을 회보하거나 누설한 사람은 5년 이하의 징역 또는 5천만원 이하의 벌금에 처한다.
② 제6조제3항을 위반하여 범죄경력자료 또는 수사경력자료를 취득한 사람은 2년 이하의 징역 또는 2천만원 이하의 벌금에 처한다.
③ 제6조제4항을 위반하여 범죄경력자료 및 수사경력자료를 사용한 사 람도 제2항과 같은 형에 처한다.

제11조 삭제 <2002.12.5.>

부칙

<제17937호, 2021.3.16.>

제1조 【시행일】

이 법은 공포한 날부터 시행한다.

제2조 【적용례】

제2조제6호, 제5조제1항제2호, 제6조제1항 및 제8조의2제1항부터 제3항까지의 개정규정은 이 법 시행 전 사법경찰관이 불송치결정을 한 경우에도 적용한다.

★ 공소장 및 불기소장에 기재할 죄명에 관한 예규

[시행 2023. 1. 18.] [대검찰청예규 제1336호, 2023. 1. 18., 일부개정]

「형법」[법률 제17571호, 2020. 12. 8., 일부개정] 개정에 따라 〈별표1〉 형법 죄명의 기재 등을 보완하고, 〈별표 2〉 군형법 죄명표 제6장 군무이탈의 죄 제33조 일부 오기를 시정, 기타 관련법 개정 등으로 죄명을 변경하는 등 대검예규 제1264호를 개정하여 2023. 1. 18.부터 시행함

1. 형법 죄명표시

가. 각칙관련 죄명표시

형법죄명표(별표 1)에 의한다.

나. 총칙관련 죄명표시

(1) 미수·예비·음모의 경우에는 위 형법죄명표에 의한다.

(2) 공동정범·간접정범의 경우에는 정범의 죄명과 동일한 형법각칙 표시 각 본조 해당죄명으로 한다.

(3) 공범(교사 또는 방조)의 경우에는 형법각칙 표시 각 본조 해당죄명 다음에 교사 또는 방조를 추가하여 표시한다.

2. 군형법 죄명표시

가. 각칙관련 죄명표시

군형법 죄명표(별표 2)에 의한다.

나. 총칙관련 죄명표시

(1) 미수·예비·음모의 경우에는 위 군형법 죄명표에 의한다.

(2) 공동정범·간접정범의 경우에는 정범의 죄명과 동일한 군형법 각칙표시 각 본 조 해당 죄명으로 한다.

(3) 공범(교사 또는 방조)의 경우에는 군형법 각칙표시 각본조 해당 죄명 다음에 교사 또는 방조를 추가로 표시한다.

3. 특정범죄가중처벌등에관한법률위반사건 죄명표시

가. 정범·기수·미수·예비·음모의 경우에는 특정범죄가중처벌등에관한법률위반사건 죄명표(별표 3)에 의한다.

나. 공범(교사 또는 방조)의 경우에는 「위 법률위반(구분 표시죄명)교사 또는 위 법률위반(구분 표시죄명)방조」로 표시한다.

4. 특정경제범죄가중처벌등에관한법률위반사건 죄명표시

가. 정범·기수·미수의 경우에는 특정경제범죄가중처벌등에관한법률위반사건 죄명표(별표 4)에 의한다.

나. 공범(교사 또는 방조)의 경우에는 「위 법률위반(구분 표시죄명)교사 또는 위 법률위반(구분 표시죄명)방조」로 표시한다.

5. 공연법, 국가보안법, 보건범죄단속에관한특별조치법, 성폭력범죄의처벌등에관한 특례법, 성폭력방지및피해자보호등에관한법률, 수산업법, 화학물질관리법, 도로교통법, 마약류관리에관한법률, 폭력행위등처벌에관한법률, 성매매알선등행위의처벌에관한법률, 아동·청소년의성보호에관한법률, 정보통신망이용촉진및보호등에관한법률, 부정경쟁방지및영업비밀보호에관한법률, 국민체육진흥법, 한국마사회법, 아동학대범죄의처벌등에관한특례법, 아동복지법, 발달장애인권리보장및지원에관한법률, 교통사고처리특례법, 중대재해처벌등에관한법률 각 위반사건 죄명표시

가. 정범·기수·미수·예비·음모의 경우에는 별표5에 의한다.

나. 공범(교사 또는 방조)의 경우에는 「위 법률위반(구분 표시죄명)교사 또는 법률위반(구분 표시죄명)방조」로 표시한다.

6. 기타 특별법위반사건 죄명표시

가. 원칙

「···법위반」으로 표시한다.

나. 공범·미수

(1) 공범에 관한 특별규정이 있을 경우에는 「···법위반」으로 표시하고, 특별규정이 없을 경우에는 「···법위반 교사 또는 ···법위반 방조」로 표시한다.

(2) 미수에 관하여는 「···법위반」으로 표시한다.

【별표 1】 형법 죄명표

제1장 내란의 죄

제87조 1.내란수괴

　　　　2.내란(모의참여, 중요임무종사, 실행)

　　　　3.내란부화수행

제88조 내란목적살인

제89조 (제87조, 제88조 각 죄명)미수

제90조 (내란, 내란목적살인)(예비, 음모, 선동, 선전)

제2장 외환의 죄

제92조 외환(유치, 항적)

제93조 여적

제94조 ①모병이적

　　　　②응병이적

제95조 ①군용시설제공이적

　　　　②군용물건제공이적

제96조 군용시설파괴이적

제97조 물건제공이적

제98조 ①간첩, 간첩방조

　　　　②군사상기밀누설

제99조 일반이적

제100조 (제92조 내지 제99조 각 죄명)미수

제101조 (제92조 내지 제99조 각 죄명)(예비, 음모, 선동, 선전)

제103조 ①(전시, 비상시)군수계약불이행

부록 2
관련법규·
훈령·
예규·고시

②(전시, 비상시)군수계약이행방해

제3장 국기에 관한 죄

제105조 (국기, 국장)모독

제106조 (국기, 국장)비방

제4장 국교에 관한 죄

제107조 ①외국원수(폭행, 협박)

②외국원수(모욕, 명예훼손)

제108조 ①외국사절(폭행, 협박)

②외국사절(모욕, 명예훼손)

제109조 외국(국기, 국장)모독

제111조 ①외국에대한사전

②(제1항 죄명)미수

③(제1항 죄명)예비, 음모

제112조 중립명령위반

제113조 ①외교상기밀누설

②외교상기밀(탐지, 수집)

제5장 공안을 해하는 죄

제114조 범죄단체(조직, 가입, 활동)

제115조 소요

제116조 다중불해산

제117조 ①(전시, 비상시)공수계약불이행

②(전시, 비상시)공수계약이행방해

제118조 공무원자격사칭

제6장 폭발물에 관한 죄

제119조 ①폭발물사용

②(전시, 비상시)폭발물사용

③(제1항, 제2항 각 죄명)미수

제120조 (제119조 제1항, 제2항 각 죄명)(예비, 음모, 선동)

제121조 (전시, 비상시)폭발물(제조, 수입, 수출, 수수, 소지)

제7장 공무원의 직무에 관한 죄

제122조 직무유기

제123조 직권남용권리행사방해

제124조 ①직권남용(체포, 감금)

②(제1항 각 죄명)미수

제125조 독직(폭행, 가혹행위)

제126조 피의사실공표

제127조 공무상비밀누설

제128조 선거방해

제129조 ①뇌물(수수, 요구, 약속)

②사전뇌물(수수, 요구, 약속)

제130조 제3자뇌물(수수, 요구, 약속)

제131조 ①수뢰후부정처사

②, ③부정처사후수뢰

제132조 알선뇌물(수수, 요구, 약속)

제133조 ①뇌물(공여, 공여약속, 공여의사표시)

②제3자뇌물(교부, 취득)

부록 2
관련법규·
훈령·
예규·고시

제8장 공무방해에 관한 죄

제136조 공무집행방해

제137조 위계공무집행방해

제138조 (법정, 국회회의장)(모욕, 소동)

제139조 인권옹호직무(방해, 명령불준수)

제140조 ①공무상(봉인, 표시)(손상, 은닉, 무효)

　　　　②공무상비밀(봉함, 문서, 도화)개봉

　　　　③공무상비밀(문서, 도화, 전자기록등)내용탐지

제140조의2 부동산강제집행효용침해

제141조 ①공용(서류, 물건, 전자기록등)(손상, 은닉, 무효)

　　　　②공용(건조물, 선박, 기차, 항공기)파괴

제142조 공무상(보관물, 간수물)(손상, 은닉, 무효)

제143조 (제140조 내지 제142조 각 죄명)미수

제144조 ①특수(제136조, 제138조, 제140조 내지 제143조 각 죄명)

　　　　②(제1항 각 죄명, 다만 제143조 미수의 죄명은 제외한다)(치상, 치사)

제9장 도주와 범인은닉의 죄

제145조 ①도주

　　　　②집합명령위반

제146조 특수도주

제147조 피구금자(탈취, 도주원조)

제148조 간수자도주원조

제149조 (제145조 내지 제148조 각 죄명)미수

제150조 (제147조, 제148조 각 죄명)(예비, 음모)

부록 2
관련법규 ·
훈령 ·
예규 고시

②자기소유(건조물, 기차, 전차, 자동차, 선박, 항공기, 광갱)방화

제167조 ①일반물건방화

②자기소유일반물건방화

제168조 방화연소

제169조 진화방해

제170조 실화

제171조 (업무상, 중)실화

제172조 ①폭발성물건파열

②폭발성물건파열(치상, 치사)

제172조의2 ①(가스, 전기, 증기, 방사선, 방사성물질)(방출, 유출, 살포)

②(제1항 각 죄명)(치상, 치사)

제173조 ①(가스, 전기, 증기)(공급, 사용)방해

②공공용(제1항 각 죄명)

③(제1항, 제2항 각 죄명)(치상, 치사)

제173조의2 ①과실(제172조제1항, 제172조의2제1항, 제173조제1항, 제2항 각
죄명)

②(업무상, 중)과실(제1항 각 죄명)

제174조 (제164조제1항, 제165조, 제166조제1항, 제172조제1항, 제172조의
2제1항, 제173조제1항, 제2항 각 죄명)미수

제175조 (제164조제1항, 제165조, 제166조제1항, 제172조제1항, 제172조의
2제1항, 제173조제1항, 제2항 각 죄명)(예비, 음모)

제14장 일수와 수리에 관한 죄

제177조 ①(현주, 현존)(건조물, 기차, 전차, 자동차, 선박, 항공기, 광갱)일수

②(제1항 각 죄명)(치상, 치사)

제178조 (공용, 공익)(건조물, 기차, 전차, 자동차, 선박, 항공기, 광갱)일수

제179조 ①일반(건조물, 기차, 전차, 자동차, 선박, 항공기, 광갱)일수

②자기소유(건조물, 기차, 전차, 자동차, 선박, 항공기, 광갱)일수

제180조 방수방해

제181조 과실일수

제182조 (제177조, 제178조, 제179조제1항 각 죄명)미수

제183조 (제177조, 제178조, 제179조제1항 각 죄명)(예비, 음모)

제184조 수리방해

제15장 교통방해의 죄

제185조 일반교통방해

제186조 (기차, 전차, 자동차, 선박, 항공기)교통방해

제187조 (기차, 전차, 자동차, 선박, 항공기)(전복, 매몰, 추락, 파괴)

제188조 (제185조 내지 제187조 각 죄명)(치상, 치사)

제189조 ①과실(제185조 내지 제187조 각 죄명)

②(업무상, 중)과실(제185조 내지 제187조 각 죄명)

제190조 (제185조 내지 제187조 각 죄명)미수

제191조 (제186조, 제187조 각 죄명)(예비, 음모)

제16장 음용수에 관한 죄

제192조 ①음용수사용방해

②음용수(독물, 유해물)혼입

제193조 ①수도음용수사용방해

②수도음용수(독물, 유해물)혼입

제214조 유가증권(위조, 변조)

제215조 자격모용유가증권(작성, 기재)

제216조 허위유가증권작성, 유가증권허위기재

제217조 (위조유가증권, 변조유가증권, 자격모용작성유가증권, 자격모용
　　　　기재유가증권, 허위작성유가증권, 허위기재유가증권)(행사, 수
　　　　입, 수출)

제218조 ①(인지, 우표, 우편요금증표)(위조, 변조)
　　　　②(위조, 변조)(인지, 우표, 우편요금증표)(행사, 수입, 수출)

제219조 (위조, 변조)(인지, 우표, 우편요금증표)취득

제221조 (인지, 우표, 우편요금증표)소인말소

제222조 ①(공채증서, 인지, 우표, 우편요금증표)유사물(제조, 수입, 수출)
　　　　②(공채증서, 인지, 우표, 우편요금증표)유사물판매

제223조 (제214조 내지 제219조, 제222조 각 죄명)미수

제224조 (제214조, 제215조, 제218조제1항 각 죄명)(예비, 음모)

제20장 문서에 관한 죄

제225조 (공문서, 공도화)(위조, 변조)

제226조 자격모용(공문서, 공도화)작성

제227조 허위(공문서, 공도화)(작성, 변개)

제227조의2 공전자기록등(위작, 변작)

제228조 ①(공정증서원본, 공전자기록등)불실기재
　　　　②(면허증, 허가증, 등록증, 여권)불실기재

제229조 (위조, 변조)(공문서, 공도화)행사, 자격모용작성(공문서, 공도화)
　　　　행사, 허위(작성, 변개)(공문서, 공도화)행사, (위작, 변작)공전자

부 록 2
관련법규·
훈령·
예규·고시

제258조2 ①특수(제257조 제1항, 제2항 각 죄명)

　　　　②특수(제258조 각 죄명)

　　　　③(제258조의2 제1항 죄명)미수

제259조 ①상해치사

　　　　②존속상해치사

제260조 ①폭행

　　　　②존속폭행

제261조 특수(제260조 각 죄명)

제262조 (제260조, 제261조 각 죄명)(치사, 치상)

제264조 상습(제257조, 제258조, 제258조의2, 제260조, 제261조 각 죄명)

제26장 과실치사상의 죄

제266조 과실치상

제267조 과실치사

제268조 (업무상, 중)과실(치사, 치상)

제27장 낙태의 죄

제269조 ①낙태

　　　　②(촉탁, 승낙)낙태

　　　　③(제2항 각 죄명)(치상, 치사)

제270조 ①업무상(촉탁, 승낙)낙태

　　　　②부동의낙태

　　　　③(1항, 제2항 각 죄명)(치상, 치사)

제28장 유기와 학대의 죄

제271조 ①유기

②존속유기

③중유기

④중존속유기

제272조 영아유기

제273조 ①학대

②존속학대

제274조 아동혹사

제275조 ①(제271조제1항, 제3항, 제272조, 제273조제1항 각 죄명)(치상, 치사)

②(제271조제2항, 제4항, 제273조제2항 각 죄명)(치상, 치사)

제29장 체포와 감금의 죄

제276조 ①체포, 감금

②존속(체포, 감금)

제277조 ①중체포, 중감금

②중존속(체포, 감금)

제278조 특수(제276조, 제277조 각 죄명)

제279조 상습(제276조, 제277조 각 죄명)

제280조 (제276조 내지 제279조 각 죄명)미수

제281조 ①(제276조제1항, 제277조제1항 각 죄명)(치상, 치사), (특수, 상습)(제276조제1항, 제277조제1항 각 죄명)(치상, 치사)

②(제276조제2항, 제277조제2항 각 죄명)(치상, 치사), (특수, 상습)(제276조제2항, 제277조제2항 각 죄명)(치상, 치사)

제30장 협박의 죄

부록 2
관련법규·
훈령·
예규·고시

제283조 ①협박

②존속협박

제284조 특수(제283조 각 죄명)

제285조 상습(제283조, 제284조 각 죄명)

제286조 (제283조 내지 285조 각 죄명)미수

제31장 약취와 유인의 죄

제287조 미성년자(약취, 유인)

제288조 ①(추행, 간음, 결혼, 영리)(약취, 유인)

②(노동력착취, 성매매, 성적착취, 장기적출)(약취, 유인)

③국외이송(약취, 유인), (피약취자, 피유인자)국외이송

제289조 ①인신매매

②(추행, 간음, 결혼, 영리)인신매매

③(노동력착취, 성매매, 성적착취, 장기적출)인신매매

④국외이송인신매매, 피매매자국외이송

제290조 ①(피약취자, 피유인자, 피매매자, 피국외이송자)상해

②(피약취자, 피유인자, 피매매자, 피국외이송자)치상

제291조 ①(피약취자, 피유인자, 피매매자, 피국외이송자)살해

②(피약취자, 피유인자, 피매매자, 피국외이송자)치사

제292조 ①(피약취자, 피유인자, 피매매자, 피국외이송자)(수수, 은닉)

②(제287조 내지 제289조 각 죄명)(모집, 운송, 전달)

제293조 <삭제>

제294조 (제287조 내지 제289조, 제290조제1항, 제291조제1항, 제292조제1항 각 죄명)미수

제296조 (제287조 내지 제289조, 제290조제1항, 제291조제1항, 제292조제1항 각 죄명)(예비, 음모)

제32장 강간과 추행의 죄

제297조 강간

제297조의2 유사강간

제298조 강제추행

제299조 준강간, 준유사강간, 준강제추행

제300조 (제297조, 제297조의2, 제298조, 제299조 각 죄명)미수

제301조 (제297조, 제297조의2, 제298조, 제299조 각 죄명)(상해, 치상)

제301조의2 (제297조, 제297조의2, 제298조, 제299조 각 죄명)(살인, 치사)

제302조 (미성년자, 심신미약자)(간음,추행)

제303조 ①(피보호자, 피감독자)간음

②피감호자간음

제304조 <삭제>

제305조 미성년자의제(강간, 유사강간, 강제추행, 강간상해, 강간치상, 강간살
인, 강간치사, 강제추행상해, 강제추행치상, 강제추행살인, 강제추
행치사)

제305조의2 상습(제297조, 제297조의2, 제298조 내지 제300조, 제302조,
제303조,
제305조 각 죄명)

제305조의3 [제297조, 제297조의2, 제305조 각 죄명, 준강간, (제297조, 제
297조의2, 제298조, 제299조 각 죄명)상해](예비, 음모)

제33장 명예에 관한 죄

제324조의2 인질강요

제324조의3 인질(상해, 치상)

제324조의4 인질(살해, 치사)

제324조의5 (제324조, 제324조의2, 제324조의3, 제324조의4 각 죄명) 미수

제325조 ①점유강취

②준점유강취

③(제1항, 제2항 각 죄명)미수

제326조 중권리행사방해

제327조 강제집행면탈

제38장 절도와 강도의 죄

제329조 절도

제330조 야간(주거, 저택, 건조물, 선박, 방실)침입절도

제331조 특수절도

제331조의2 (자동차, 선박, 항공기, 원동기장치자전거) 불법사용

제332조 상습(제329조 내지 331조의2 각 죄명)

제333조 강도

제334조 특수강도

제335조 준강도, 준특수강도

제336조 인질강도

제337조 강도(상해, 치상)

제338조 강도(살인, 치사)

제339조 강도강간

제340조 ①해상강도

제360조 ①점유이탈물횡령

②매장물횡령

제41장 장물에 관한 죄

제362조 ①장물(취득, 양도, 운반, 보관)

②장물알선

제363조 상습(제362조 각 죄명)

제364조 (업무상, 중)과실장물(취득, 양도, 운반, 보관, 알선)

제42장 손괴의 죄

제366조 (재물, 문서, 전자기록등)(손괴, 은닉)

제367조 공익건조물파괴

제368조 ①중손괴

②(제366조, 제367조 각 죄명)(치상, 치사)

제369조 ①특수(재물, 문서, 전자기록등)(손괴, 은닉)

②특수공익건조물파괴

제370조 경계침범

제371조 (제366조, 제367조, 제369조 각 죄명)미수

※ 본 죄명표는 아래와 같은 원칙에 의하여 적용한다.

가. 괄호안에 들어가지 않은 단어는 괄호안에 들어가 있는 각 단어와
   각 결합 하여 각 죄명을 이룬다.

[예시1]

○ 외국원수(폭행, 협박) : 외국원수폭행, 외국원수 협박

○ (전시, 비상시)공수계약불이행 : 전시공수계약불이행, 비상시공수
  계약불이행

○ 일반(건조물, 기차, 전차, 자동차, 선박항공기, 광갱)일수 : 일반건조물일수, 일반기차일수, 일반전차일수, 일반자동차일수, 일반선박일수, 일반항공기일수, 일반광갱일수

나. 괄호안에 들어가 있는 각 단어는 다른 괄호안에 들어가 있는 각 단어와 각 결합하여 각 죄명을 이룬다.

[예시 2]

○ (허위, 모해허위)(감정, 통역, 번역) : 허위감정, 모해허위감정, 허위통역, 모해허위통역, 허위번역, 모해허위번역

○ 허위(공문서, 공도화)(작성, 변개) : 허위공문서작성, 허위공문서변개, 허위공도화작성, 허위공도화변개)

○ (공채증서, 인지, 우표, 우편요금증표)유사물(제조, 수입, 수출) : 공채증서유사물제조, 공채증서유사물수입, 공채증서유사물수출, 인지유사물제조, 인지유사물수입, 인지유사물수출, 우표유사물제조, 우표유사물수입, 우표유사물수출, 우편요금증표유사물제조, 우편요금증표유사물수입, 우편요금증표유사물수출

다. 괄호안에 제○○조의 각 죄명 또는 제○○조 내지 제○○조의 각 죄명으로 표시되어 있는 경우에는 각조에 기재된 각 죄명이 괄호안에 들어가 있는 것을 의미한다.

[예시 3]

○ (제87조, 제88조 각 죄명)미수 : (내란수괴, 내란모의참여, 내란중요임무종사, 내란실행, 내란부화수행, 내란목적살인)미수

【별표 2】 군형법 죄명표

제1장 반란의 죄

제5조 1. 반란수괴

　　　　2. 반란(모의참여, 지휘, 중요임무종사, 살상)(파괴, 약탈)

　　　　3. 반란(부화뇌동, 폭동관여)

제6조 반란목적군용물탈취(수괴, 모의참여, 지휘, 중요임무종사, 살상파괴,

　　　 부화뇌동, 폭동관여)

제7조 (제5조 내지 제6조 각 죄명)미수

제8조 ①(제5조 내지 제6조 각 죄명)(예비, 음모)

　　　 ②(제5조 내지 제6조 각 죄명)(선동, 선전)

제9조 ①반란불보고

　　　 ②이적목적반란불보고

제2장 이적의 죄

제11조 ①군용시설제공이적

　　　　②군용물건제공이적

제12조 군용(시설, 물건)파괴이적

제13조 ①간첩, 간첩방조

　　　　②대적군기누설

　　　 ③ 1.(부대, 기지, 군항지역, 군사시설보호지역)(간첩, 간첩방조, 대

　　　　　 적군기누설)

　　　　　 2. (방위산업체, 연구기관)(간첩, 간첩방조, 대적군기누설)

　　　　　 3. (부대이동지역, 부대훈련지역, 대간첩작전지역, 군특수작전

　　　　　　　 수행지역) (간첩, 간첩방조, 대적군기누설)

제14조 1. (향도, 지리지시)이적

2. 항복강요이적

3. (은닉, 비호)이적

4. 왕래방해이적

5. (암호, 신호)사용이적, (명령, 통보, 보고)(사전, 전달태만)이적, 허위(명령, 통보, 보고)이적

6. (부대, 함대, 편대, 대원)(해산, 혼란)이적, (부대, 함대, 편대, 대원)(연락, 집합)방해이적

7. 일반물건제공이적

8. 일반이적

제15조 (제11조 내지 제14조 각 죄명)미수

제16조 ①(제11조 내지 제14조 각 죄명)(예비, 음모)

②(제11조 내지 제14조 각 죄명)(선동, 선전)

제3장 지휘권 남용의 죄

제18조 불법전투개시

제19조 불법전투계속

제20조 불법진퇴

제21조 (제18조 내지 제20조 각 죄명)미수

제4장 지휘관의 항복과 도피의 죄

제22조 항복(부대, 진영, 요새, 함선, 항공기)방임

제23조 솔대도피

제24조 1.적전직무(수행거부, 유기)

2.전시(사변, 계엄지역), 직무(수행거부, 직무유기)

3.직무(수행거부, 유기)

제25조 (제22조, 제23조 각 죄명)미수

제26조 (제22조, 제23조 각 죄명)(예비, 음모)

제5장 수소이탈의 죄

제27조 1. 지휘관적전수소이탈

2. 지휘관(전시, 사변, 계엄지역)수소이탈

3. 지휘관수소이탈

제28조 1. 초병적전수소이탈

2. 초병(전시, 사변, 계엄지역)수소이탈

3. 초병수소이탈

제29조 (제27조 내지 제28조 각 죄명)미수

제6장 군무이탈의 죄

제30조 ① 1. 적전군무이탈

2. (전시, 사변, 계엄지역)군무이탈

3. 군무이탈

② 적전이탈자불복귀, (전시, 사변, 계엄지역)이탈자불복귀, 이탈자불복귀

제31조 (적전, 전시, 사변, 계엄지역)특수군무이탈, 특수군무이탈

제32조 1. (전시, 사변, 계엄지역), 이탈자(은닉, 비호)

2. 이탈자(은닉, 비호)

제33조 적진도주

제34조 (제30조 내지 제33조 각 죄명)미수

제7장 군무태만의 죄

제35조 1. 전투준비태만

2. (부대, 병원)유기

부록 2
관련법규·
훈령·
예규·고시

3. 공격기피

4. 군기(문서, 물건)방임

5. (전시, 사변, 계엄지역)군용물결핍

제36조 1. 적전비행군기문란

2. (전시, 사변, 계엄지역)비행군기문란

3.비행군기문란

제37조 1. (전시, 사변, 계엄지역)위계항행위험

2. 위계항행위험

제38조 ① 1. 적전허위(명령, 통보, 보고)

2. (전시, 사변, 계엄지역)허위(명령, 통보, 보고)

3. 허위(명령, 통보, 보고)

② 1. 적전의무자허위(명령, 통보, 보고)

2. (전시, 사변, 계엄지역)의무자허위(명령, 통보, 보고)

3. 의무자허위(명령, 통보, 보고)

제39조 (명령, 통보, 보고)(허위전달, 전달불이행)

제40조 1. 적전초령위반

2. (전시, 사변, 계엄지역)초령위반

3. 초령위반

제41조 ① 1. 적전근무기피목적상해

2. 근무기피목적상해

② 1. 적전근무기피목적위계

2. 근무기피목적위계

제42조 ①유해음식물공급

②유해음식물공급(치사, 치상)

③과실유해음식물공급

3. (제48조 내지 제50조 각 죄명)치사

② 1. 적전(제48조 내지 제49조 각 죄명)치상

　　2. (전시, 사변, 계엄지역)(제48조 내지 제49조 각 죄명)치상

제52조의2　1. 적전상관상해

　　　　　　2. 상관상해

제52조의3　①　1. 적전상관집단상해수괴, 적전상관집단상해

　　　　　　　　2. 상관집단상해수괴, 상관집단상해

　　　　　　②　적전상관공동상해, 상관공동상해

제52조의4　1. 적전상관특수상해

　　　　　　2. 상관특수상해

제52조의5　1. 적전상관중상해

　　　　　　2. (전시,사변,계엄지역)상관중상해

　　　　　　3. 상관중상해

제52조의6　1. 적전상관상해치사

　　　　　　2. (전시,사변,계엄지역)상관상해치사

　　　　　　3. 상관상해치사

제53조　①상관살해

　　　　②상관살해(예비, 음모)

제54조　①적전초병(폭행, 협박)

　　　　②초병(폭행, 협박)

제55조　①　1. 적전초병집단(폭행, 협박)수괴, 적전초병집단(폭행, 협박)

　　　　　　2. 초병집단(폭행, 협박)수괴, 초병집단(폭행, 협박)

　　　　②　적전초병공동(폭행, 협박), 초병공동(폭행, 협박)

제56조　1. 적전초병특수(폭행, 협박)

　　　　2. 초병특수(폭행, 협박)

제57조　1.적전초병집단특수(폭행,협박)수괴, 적전초병집단특수(폭행,협박)

　　　　[삭제]

　　　　2.초병집단특수(폭행,협박)수괴, 초병집단특수(폭행,협박) **[삭제]**

제58조　① 1. 적전(제54조 내지 제56조 각 죄명)치사

　　　　　2. (전시,사변,계엄지역)(제54조 내지 제56조 각 죄명)치사

　　　　　3. (제54조 내지 제56조 각 죄명)치사

　　　　② 1. 적전(제54조, 제55조 각 죄명)치상, 단서, 적전초병집단(폭행)

수괴치상

　　　　　2. (제54조,제55조 각 죄명)치상

제58조의2　1. 적전초병상해

　　　　　2. 초병상해

제58조의3　① 1. 적전초병집단상해

　　　　　　2. 초병집단상해

　　　　　② 적전초병공동상해, 초병공동상해

제58조의4　1. 적전초병특수상해

　　　　　2. 초병특수상해

제58조의5　① 적전초병중상해

　　　　　② 초병중상해

제58조의6　1. 적전초병상해치사

　　　　　2. (전시,사변,계엄지역) 초병상해치사

　　　　　3. 초병상해치사

제59조　①초병살해

　　　　②초병살해(예비, 음모)

제60조　①　1. 적전직무수행군인등(폭행, 협박)

　　　　　　2. 직무수행군인등(폭행, 협박)

　　　　②　1. 적전직무수행군인등(집단,특수)(폭행, 협박)

　　　　　　2. 직무수행군인등(집단,특수)(폭행, 협박)

　　　　③　(적전직무수행군인등, 직무수행군인등)공동(폭행, 협박)

　　　　④　1. 적전직무수행군인등폭행치사

　　　　　　2. (전시,사변,계엄지역)직무수행군인등폭행치사

　　　　　 3. 직무수행군인등폭행치사

　　　　⑤　1. 적전직무수행군인등폭행치상

　　　　　　2. 직무수행군인등폭행치상

제60조의2　1. 적전직무수행군인등상해

　　　　　　2. 직무수행군인등상해

제60조의3　①　1. 적전직무수행군인등(집단, 특수)상해

　　　　　　　　2. 직무수행군인등(집단, 특수)상해

　　　　　　②　직무수행군인등공동상해

제60조의4　1. 적전직무수행군인등중상해

　　　　　　2. 직무수행군인등중상해

제60조의5　1. 적전직무수행군인등상해치사

　　　　　　2. (전시,사변,계엄지역)직무수행군인등상해치사

　　　　　　3. 직무수행군인등상해치사

제61조 특수소요(수괴, 지휘, 부화뇌동)

제62조 ① 직권남용가혹행위

② 위력행사가혹행위

제63조 (제52조의2 내지 제52조의4, 제53조 제1항, 제58조의2 내지 제58조
의4, 제59조 제1항, 제60조의2 및 제60조의3 각 죄명)미수

제10장 모욕의 죄

제64조 ①,②상관모욕

③,④상관명예훼손

제65조 초병모욕

제11장 군용물에 관한 죄

제66조 ①군용(공장, 함선, 항공기)방화, 전투용(시설, 기차, 전차, 자동차,
교량)방화

② 1. 군용물현존창고방화

2. 군용물창고방화

제67조 1. (전시, 사변, 계엄지역)노적군용물방화

2. 군용물창고방화

제67조 1. (전시, 사변, 계엄지역)노적군용물방화

2. 노적군용물방화

제68조 폭발물파열군용(공장, 함선, 항공기)손괴, 폭발물파열전투용(시설,
기차, 전차, 자동차, 교량)손괴, 폭발물파열군용물현존창고손괴,
폭발물파열군용물창고 손괴, (전시, 사변, 계엄지역)폭발물파열노
적군용물손괴, 폭발물파열노적 군용물손괴

제69조 (군용물, 군용시설)손괴

제70조 노획물(횡령, 소훼, 손괴)

제71조 ①함선(복몰, 파괴)

②항공기추락(복몰, 손괴)

③(제1항, 제2항 각 죄명)(치사, 치상)

제72조 (제66조 내지 전조 제1항, 제2항 각 죄명)미수

제73조 ①과실(제66조 내지 제71조 각 죄명)

②(업무상, 중)과실(제66조 내지 제71조 각 죄명)

제74조 군용물분실

제75조 ①형법 제329조의 경우 : 군용물절도

형법 제330조의 경우 : 야간(주거, 저택, 건조물, 선박, 방실)침입
군용물절도

형법 제331조의 경우 : 군용물특수절도

형법 제331조의2 경우 : 군용(자동차, 선박, 항공기, 원동기장치자
전거)불법사용

형법 제332조의 경우 : 상습(형법 전3조 경우 각 본조 죄명)

형법 제333조의 경우 : 군용물강도

형법 제334조의 경우 : 군용물특수강도

형법 제335조의 경우 : 군용물준강도, 군용물준특수강도

형법 제336조의 경우 : 군용물약취강도

형법 제337조의 경우 : 군용물강도(상해, 치상)

형법 제338조의 경우 : 군용물강도(살인, 치사)

형법 제339조의 경우 : 군용물강도강간

형법 제340조의 경우 : ①군용물해상강도 ②군용물해상강도
(상해, 치상)③군용물해상강도(살인,

치사, 강간)

형법 제341조의 경우 : 상습군용물(형법 제333조, 제334조, 제
336조,　제340조 제1항 각 죄명)

형법 제342조의 경우 : 군용물(형법 제329조 내지 제334조, 제336조,
제337조 전단, 제338조 전단, 제339조, 제
340조, 제341조 각 죄명)미수

형법 제343조의 경우 : 군용물강도(예비, 음모)

형법 제347조의 경우 : 군용물사기

형법 제347조의2의 경우 : 군용컴퓨터등사용사기

형법 제348조의 경우 : 군용물준사기

형법 제348조의2의 경우 : 군용편의시설 부정이용

형법 제349조의 경우 : 군용물부당이득

형법 제350조의 경우 : 군용물공갈

형법 제351조의 경우 : 상습군용물(형법 제347조 내지 제350조 각
본조 죄명)

형법 제352조의 경우 : 군용물(형법 제347조, 제348조, 제350
조, 제351조 각 본조 죄명)미수

형법 제355조의 경우 : ①군용물횡령　②군재산배임

형법 제356조의 경우 : 업무상군용물횡령, 업무상군재산배임

형법 제357조의 경우 : ①군재산배임수재　②군재산배임중재

형법 제359조의 경우 : (군용물횡령, 군재산배임, 업무상군용
물횡령, 업무상군재산배임, 군재산배
임수재, 군재산배임중재)미수

형법 제360조의 경우 : ①점유이탈군용물횡령 ②매장군용물
횡령

형법 제362조의 경우 : 군용장물(취득, 양여, 운반, 보관, 알선)

형법 제363조의 경우 : 상습군용장물(취득, 양여, 운반, 보관, 알선)

형법 제364조의 경우 : (업무상, 중)과실군용장물(취득, 양여, 운
반, 보관, 알선)

제76조 (제66조 내지 제69조, 제71조 각 죄명)(예비·음모)

제12장 위령의 죄

제78조 1. 적전초소침범

2. (전시, 사변, 계엄지역)초소침범

3. 초소침범

제79조 무단이탈

제80조 ①군기누설

②(업무상, 중)과실군기누설

제81조 암호부정사용

제13장 약탈의 죄

제82조 ①주민재물약탈

②(전사자, 전상병자)재물약탈

제83조 ①(주민, 전사자, 전상병자)재물약탈(살해, 치사)

②(주민, 전사자, 전상병자)재물약탈(상해, 치상)

제84조 전지강간

제85조 (제82조 내지 제83조 각 죄명)미수

제14장 포로에 관한 죄

【별표 3】

특정범죄가중처벌등에관한법률위반사건 죄명표

특정범죄가중처벌등에관한법률 해당 조문	죄 명 표 시
제2조	특정범죄가중처벌등에관한법률위반(뇌물)
제3조	〃　　　　　　　　(알선수재)
제4조의2 중 체포, 감금의 경우	〃　　　　　　　　(체포,감금)
제4조의2 중 독직폭행, 가혹행위의 경우	〃　　　　　(독직폭행,가혹행위)
제4조의3 중 공무상비밀누설	〃　　　　　　　(공무상비밀누설)
제5조	〃　　　　　　　　(국고등손실)
제5조의2	〃 (13세미만 약취유인, 영리약취유인등)
제5조의3 제1항 제1호	〃　　　　　　　　(도주치사)
제5조의3 제1항 제2호	〃　　　　　　　　(도주치상)
제5조의3 제2항 제1호	〃　　　　　　　(유기도주치사)
제5조의3 제2항 제2호	〃　　　　　　　(유기도주치상)
제5조의4 중 절도의 경우	〃　　　　　　　　(절도)
제5조의4 중 강도의 경우	〃　　　　　　　　(강도)
제5조의4 중 장물에 관한 죄의 경우	〃　　　　　　　　(장물)
제5조의5	〃　　　　　　　(강도상해등재범)
제5조의8	〃　　　　　　　(범죄단체조직)
제5조의9 중 살인의 경우	〃　　　　　　　(보복살인등)
제5조의9 중 상해의 경우	〃　　　　　　　(보복상해등)
제5조의9 중 폭행의 경우	〃　　　　　　　(보복폭행등)
제5조의9 중 체포, 감금의 경우	〃　　　　　[보복(체포등,감금등)]
제5조의9 중 협박의 경우	〃　　　　　　　(보복협박등)
제5조의9 제4항	〃　　　　　　　(면담강요등)
제5조의10	〃　　　　　　　(운전자폭행등)
제5조의11 중 치사의 경우	〃　　　　　　　(위험운전치사)
제5조의11 중 치상의 경우	〃　　　　　　　(위험운전치상)
제5조의12	〃　　　　　　(선박교통사고도주)
제5조의13 중 치사의 경우	〃　　　　　(어린이보호구역치사)
제5조의13 중 치상의 경우	〃　　　　　(어린이보호구역치상)

특정범죄가중처벌등에관한법률 해당 조문	죄 명 표 시
제6조	" (관세)
제8조	" (조세)
제8조의2	" (허위 세금계산서교부 등)
제9조	" (산림)
제10조	〈삭제〉
제11조(마약류관리에관한법률 제2조 제2호의 '마약' 관련)	특정범죄가중처벌등에관한법률위반(마약)
제11조(마약류관리에관한법률 제2조 제3호의 '향정신성의약품' 관련)	" (향정)
제12조	" (외국인을위한재산취득)
제14조	" (무고)
제15조	" (특수직무유기)

특정경제범죄가중처벌등에관한법률위반사건 죄명표

특정경제범죄가중처벌등에관한법률 해당조문	죄 명 표 시
제3조중 사기의 경우	특정경제범죄가중처벌등에관한법률위반(사기)
제3조중 공갈의 경우	〃 (공갈)
제3조중 횡령의 경우	〃 (횡령)
제3조중 배임의 경우	〃 (배임)
제4조	〃 (재산국외도피)
제5조	〃 (수재등)
제6조	〃 (증재등)
제7조	〃 (알선수재)
제8조	〃 (사금융알선등)
제9조	〃 (저축관련부당행위)
제11조	〃 (무인가단기금융업)
제12조	〃 (보고의무)
제14조	〃 (취업제한등)

♣ 본문5의 【별표 5】

1. 공연법위반사건 죄명표

공연법 해당조문	죄 명 표 시
제5조 제2항	공연법위반(선전물)
그 외	공연법위반

※제5조 제2항위반의 경우에만 "(선전물)" 표시

2. 국가보안법위반사건 죄명표

국가보안법 해당조문	죄 명 표 시
제3조	국가보안법위반(반국가단체의구성등)
제4조(제1항제2호 간첩 제외)	〃 (목적수행)
제4조 제1항 제2호	〃 (간첩)
제5조	〃 (자진지원·금품수수)
제6조 제1항	〃 (잠입·탈출)
제6조 제2항	〃 (특수잠입·탈출)
제7조(제3항 제외)	〃 (찬양·고무등)
제7조 제3항	〃 (이적단체의구성등)
제8조	〃 (회합·통신등)
제9조	〃 (편의제공)
제10조	〃 (불고지)
제11조	〃 (특수직무유기)
제12조	〃 (무고·날조)

3. 보건범죄단속에관한특별조치법위반사건 죄명표

보건범죄단속에관한 특별조치법해당조문	죄 명 표 시
제2조	보건범죄단속에관한특별조치법위반(부정식품제조등)
제3조	〃　　　　　　　(부정의약품제조등)
제4조	〃　　　　　　　(부정유독물제조등)
제5조	〃　　　　　　　(부정의료업자)
제9조 제2항	〃　　　　　　　(허위정보제공)

4. 성폭력범죄의처벌등에관한특례법위반사건 죄명표

성폭력범죄의처 벌등에관한특례법 해당조문	죄 명 표 시
제3조 제1항	성폭력범죄의처벌등에관한특례법위반 [(주거침입, 절도)강간등]
제3조 제2항	〃　　　　　　　(특수강도강간등)
제4조 제1항	〃　　　　　　　(특수강간)
제4조 제2항	〃　　　　　　　(특수강제추행)
제4조 제3항	〃　　　　　　　[특수(준강간,준강제추행)]
제5조 제1항	〃　　　　　　　(친족관계에의한강간)
제5조 제2항	〃　　　　　　　(친족관계에의한강제추행)
제5조 제3항	〃　　　　　　　[친족관계에의한(준강간,준강제추행)]
제6조 제1항	성폭력범죄의처벌등에관한특례법위반(장애인강간)
제2항	〃　　　　　　　(장애인유사성행위)
제3항	〃　　　　　　　(장애인강제추행)
제4항	〃　　　　　　　(장애인준강간등)
제5항	〃　　　　　　　(장애인위계등간음)
제6항	〃　　　　　　　(장애인위계등추행)
제7항	〃　　　　　　　(장애인피보호자간음)
제7조 제1항	성폭력범죄의처벌등에관한특례법위반 (13세미만미성년자강간)
제2항	〃　　　　　　　(13세미만미성년자유사성행위)
제3항	〃　　　　　　　(13세미만미성년자강제추행)
제4항	〃　　　　　　　(13세미만미성년자준강간등)
제5항 ①	〃　　　　　　　[13세미만미성년자위계등(간음,추행)]
제8조 ②	성폭력범죄의처벌등에관한특례법위반 [강간등(상해, 치상)]
제9조	성폭력범죄의처벌등에관한특례법위반 [강간등(살인, 치사)]

제10조	〃	(업무상위력등에의한추행)
제11조	〃	(공중밀집장소에서의추행)
제12조	〃	(성적목적공공장소침입)
제13조	〃	(통신매체이용음란)
제14조①②③	〃	(카메라등이용촬영·반포 등)
제14조④	〃	(카메라등이용촬영물소지 등)
제14조⑤	〃	(상습카메라등이용촬영 · 반포등)
제14조의2① ②③	〃	(허위영상물편집 · 반포등)
제14조의2④	〃	(상습허위영상물편집 · 반포등)
제14조의3①	〃	(촬영물등이용협박)
제14조의2②	〃	(촬영물등이용강요)
제14조의2③	〃 [상습(촬영물등이용협박,촬영물등이용강요)]	
제15조의2	〃 [(제3조 내지 제7조 각 죄명)(예비,음모)]	
제50조	성폭력범죄의처벌등에관한특례법위반(비밀준수등)	
그 외	성폭력범죄의처벌등에관한특례법위반	

5. 성폭력방지및피해자보호등에관한법률위반사건 죄명표

성폭력방지및피해자보호등에관한법률 해당조문	죄 명 표 시
제36조 제1항	성폭력방지및피해자보호등에관한법률위반(피해자해고등)
제36조 제2항 제1호	〃 (상담소등설치)
제36조 제2항 제2호	〃 (폐지명령등)
제36조 제2항 제3호	〃 (영리목적운영금지)
제36조 제2항 제4호	〃 (비밀엄수)

6. 수산업법위반사건 죄명표

수산업법 해당조문	죄 명 표 시
제36조 제1항 제2호,제3호 그외	수산업법위반(월선조업) 수산업법위반

※ 제36조 제1항 제2호, 제3호위반의 경우에만 "(월선조업)" 표시

7. 화학물질관리법위반사건 죄명표

화학물질관리법 해당조문	죄 명 표 시
제22조 제1항 그외	화학물질관리법위반(환각물질흡입) 화학물질관리법위반

※제22조 제1항 위반의 경우에만 "(환각물질흡입)" 표시

8. 음반·비디오물및게임물에관한법률위반사건 죄명표 [삭제]

음반·비디오물 및게임물에관한 법률 해당조문	죄 명 표 시
제42조 제3항 제2호, 제21조 제1항	삭제
그외	삭제

※ 2006. 4. 28. 법률 제7943호에 의하여 「음반·비디오물및게임물에관한법률」폐지

※ 「영화 및 비디오물의 진흥에 관한 법률」「음악산업진흥에 관한 법률」「게임산업진흥에 관한 법률」사건의 경우에는 죄명을 세분화하지 아니함

9. 도로교통법위반사건 죄명표

도로교통법 해당조문	죄 명 표 시
제43조	도로교통법위반(무면허운전)
제44조 제1항	〃 (음주운전)
제44조 제2항	〃 (음주측정거부)
제46조	〃 (공동위험행위)
제54조 제1항	〃 (사고후미조치)
그외	도로교통법위반

10. 마약류관리에관한법률위반사건 죄명표

마약류관리에관한법률 해당조문	죄 명 표 시
제2조 제2호의 '마약' 관련	마약류관리에관한법률위반(마약)
제2조 제4호의 '향정신성의약품' 관련	〃 (향정)
제2조 제5호의 '대마' 관련	〃 (대마)

11. 폭력행위등처벌에관한법률위반사건 죄명표

폭력행위등처벌에관한법률 해당조문	죄 명 표 시
폭력행위등처벌에관한법률 제2조 제1항	<삭제>
폭력행위등처벌에관한법률 제2조 제2항	폭력행위등처벌에관한법률위반 [공동(폭행,협박,주거침입,퇴거불응,재물손괴등,존속폭행,체포,감금,존속협박,강요,상해,존속상해,존속체포,존속감금,공갈)]
폭력행위등처벌에관한법률 제2조 제3항	폭력행위등처벌에관한법률위반 [상습(폭행,협박,주거침입,퇴거불응,재물손괴등,존속폭행,체포,감금,존속협박,강요,상해,존속상해,존속체포,존속감금,공갈)]
폭력행위등처벌에관한법률 제3조 제1항 폭	<삭제>

력행위등처벌에관한법률 제3조 제2항	<삭제>
폭력행위등처벌에관한법률 제3조 제3항	<삭제>
폭력행위등처벌에관한법률 제3조 제4항	폭력행위등처벌에관한법률위반 [상습특수(폭행, 협박, 주거침입, 퇴거불응, 재물손괴등, 존속폭행, 체포, 감금, 존속협박, 강요,상해, 존속상해, 존속체포, 존속감금, 공갈)]

폭력행위등처벌에 관한법률 해당조문	죄 명 표 시
폭력행위등처벌에관한법률 제4조 제1항	폭력행위등처벌에관한법률위반(단체등의구성·활동)
폭력행위등처벌에관한법률 제4조 제2항 제1호	폭력행위등처벌에관한법률위반【단체등의 [공무집행방해, 공용(서류, 물건, 전자기록등)(손상, 은닉, 무효), 공용(건조물, 선박, 기차, 항공기) 파괴, 살인, (촉탁, 승낙)살인, (위계, 위력)(촉탁, 승낙)살인, (위계, 위력)자살결의, (살인, 위계촉탁살인, 위계승낙살인, 위력촉탁살인, 위력승낙살인, 위계자살결의, 위력자살결의)(예비, 음모), 업무방해, (컴퓨터등손괴, 전자기록등손괴, 컴퓨터등장애)업무방해, (경매, 입찰)방해, 강도, 특수강도, 준강도, 준특수강도, 인질강도, 강도(상해, 치상), 강도강간, 해상강도, 해상강도(상해, 치상), 상습 (강도, 특수강도, 인질강도, 해상강도), 강도(예비, 음모)] 】
폭력행위등처벌에관한법률 제4조 제2항 제2호	폭력행위등처벌에관한법률위반【단체등의 [(상습, 공동, 상습특수)(폭행, 협박, 주거침입, 퇴거불응, 재물손괴등, 존속폭행, 체포, 감금, 존속협박, 강요, 상해, 존속상해, 존속체포, 존속감금, 공갈)] 】
폭력행위등처벌에관한법률 제5조	
폭력행위등처벌에관한법률 제7조	폭력행위등처벌에관한법률위반(단체등의이용·지원)

폭력행위등처벌	폭력행위등처벌에관한법률위반(우범자)
에 관한법률 제9조	폭력행위등처벌에관한법률위반(직무유기)

※ 폭력행위등처벌에관한법률 제6조 : 해당 기수죄명 다음에 '미수' 표시
하지 아니함

12. 성매매알선등행위의처벌에관한법률위반사건 죄명표

성매매알선등행위의처벌에관한 법률,청소년의성보호에관한법 률 해당조문	죄 명 표 시
제18조	성매매알선등행위의처벌에관한법률위반(성매매강요등)
제19조	성매매알선등행위의처벌에관한법률위반(성매매알선등)
제20조	성매매알선등행위의처벌에관한법률위반(성매매광고)
제21조 제1항중 아동·청소년 의성보호에관한법률 제38 조 제1항이 적용되는 경우	성매매알선등행위의처벌에관한법률위반(아동·청소년)
그 외의 제21조 제1항	성매매알선등행위의처벌에관한법률위반(성매매)

※ 그 외에는 성매매알선등행위의처벌에관한법률위반으로 표시

13. 아동 · 청소년의성보호에관한법률위반사건 죄명표

아동·청소년의성보호에관한 법률 해당조문	죄 명 표 시
제7조 제1항	아동·청소년의성보호에관한법률위반(강간)
제2항	아동·청소년의성보호에관한법률위반(유사성행위)
제3항	아동·청소년의성보호에관한법률위반(강제추행)
제4항	아동·청소년의성보호에관한법률위반(준강간등)
제5항	아동·청소년의성보호에관한법률위반【위계등(간음,추행)】
제7조의2	아동·청소년의성보호에관한법률위반[(제7조 각항의 각 죄 명) (예비, 음모)]
제8조 제1항	아동·청소년의성보호에관한법률위반(장애인간음)

제8조 제2항	아동·청소년의성보호에관한법률위반(장애인추행)
제9조	아동·청소년의성보호에관한법률위반【강간등(상해,치상)】
제10조	아동·청소년의성보호에관한법률위반【강간등(살인,치사)】
제11조 제5항	아동·청소년의성보호에관한법률위반(음란물소지)
그 외의 11조	아동·청소년의성보호에관한법률위반(음란물제작·배포등)
제12조	아동·청소년의성보호에관한법률위반(매매)
제13조	아동·청소년의성보호에관한법률위반(성매수등)
제14조	아동·청소년의성보호에관한법률위반(강요행위등)
제15조	아동·청소년의성보호에관한법률위반(알선영업행위등)
제16조	아동·청소년의성보호에관한법률위반(합의강요)
제17조 제1항	아동·청소년의성보호에관한법률위반(음란물온라인서비스제공)
제31조	아동·청소년의성보호에관한법률위반(비밀누설)
그 외	아동·청소년의성보호에관한법률위반

14. 정보통신망이용촉진및정보보호등에관한법률위반사건 죄명표

정보통신망이용촉진및정보보호등에관한법률 해당조문	죄 명 표 시
제70조 제1항, 제2항	정보통신망이용촉진및정보보호등에관한법률위반(명예훼손)
제71조 제1,3호	〃 (개인정보누설등)
제71조 제4,5,6호, 제72조 제1항 제1호	〃 (정보통신망침해등)
제74조 제1항 제2호	〃 (음란물유포)
그 외	정보통신망이용촉진및정보보호등에관한법률위반

15. 부정경쟁방지및영업비밀보호에관한법률위반사건 죄명표

부정경쟁방지및영업비밀 보호에관한법률 해당조문	죄 명 표 시
제18조 제1항	부정경쟁방지및영업비밀보호에관한법률위반(영업비밀국외누설등)
제18조 제2항	부정경쟁방지및영업비밀보호에관한법률위반(영업비밀누설등)
제18조 제3항	부정경쟁방지및영업비밀보호에관한법률위반

16. 국민체육진흥법위반사건 죄명표

국민체육진흥법 해당조문	죄 명 표 시
제47조 제2호	국민체육진흥법위반(도박개장등)
제48조 제3호	국민체육진흥법위반(도박등)
제48조 제4호	국민체육진흥법위반(도박개장등)
그 외	국민체육진흥법위반

17. 한국마사회법위반사건 죄명표

한국마사회법 해당조문	죄 명 표 시
제50조 제1항 제1호, 제51조 제9호, 제53조 제1호	한국마사회법위반(도박개장등)
제50조 제1항 제2호, 제51조 제8호	" (도박등)
그 외	한국마사회법위반

18. 아동학대범죄의처벌등에관한특례법위반사건 죄명표

아동학대범죄의처 벌등에관한 특례법 해당조문	죄 명 표 시
제4조	아동학대범죄의처벌등에관한특례법위반(아동학대치사)
제5조	〃　　(아동학대중상해)
제6조	〃　　[상습(제2조 제4호 가목 내지 카목의 각 죄명)]
제7조	〃　　(아동복지시설 종사자 등의 아동학대 가중처벌)
제59조 제1항, 제2항	〃　　(보호처분 등의 불이행)
제59조 제3항	〃　　(이수명령 불이행)
제60조	〃　　(피해자 등에 대한 강요행위)
제61조 제1항	〃　　[(폭행, 협박)업무수행 등 방해]
제2항	〃　　[(단체다중의 위력, 위험한 물건 휴대)업무수행 등 방해]
제3항	〃　　[업무수행 등 방해(치상, 치사)]
제62조 제1항	〃　　(비밀엄수의무위반)
제2항	〃　　(아동학대신고인의 인적사항 공개 및 보도행위)
제3항	〃　　(보도금지의무위반)
그외	아동학대범죄의처벌등에관한특례법위반

19. 아동복지법위반사건 죄명표

아동복지법 해당조문	죄 명 표 시
제71조 제1항 제1호	아동복지법위반(아동매매)
제1의2호	〃 (아동에 대한 음행강요·매개·성희롱 등)
제2호	〃 (아동학대, 아동유기·방임, 장애아동관람, 구걸강요·이용행위)
제3호	〃 (양육알선금품취득, 아동금품유용)
제4호	〃 (곡예강요행위, 제3자인도행위)
제71조 제2항 제3호	〃 (무신고 아동복지시설 설치)
제4호	〃 (허위서류작성 아동복지시설 종사자 자격취득)
제5호	〃 (시설폐쇄명령위반)
제6호	〃 (아동복지업무종사자 비밀누설)
제7호	〃 (조사거부·방해 등)
제72조	〃 [상습(제71조 제1항 각호 각 죄명)]
그외	아동복지법위반

※ 아동복지법 제73조: 해당 기수 죄명 다음에 '미수' 표시하지 아니함

20. 발달장애인권리보장및지원에관한법률위반사건 죄명표

발달장애인권리보장 및지원에관한법률 해당조문	죄 명 표 시
제42조	발달장애인권리보장및지원에관한법률위반

21. 교통사고처리특례법위반사건 죄명표

교통사고처리특례법 해당조문	죄 명 표 시
제3조 중 치사의 경우	교통사고처리특례법위반(치사)
제3조 중 치상의 경우	〃　　　　　(치상)
그 외	교통사고처리특례법위반

22. 중대재해처벌등에관한법률위반사건 죄명표

중대재해처벌등에관한법률 해당 조문	죄 명 표 시
제6조 제1항	중대재해처벌등에관한법률위반(산업재해치사)
제6조 제2항	중대재해처벌등에관한법률위반(산업재해치상)
제10조 제1항	중대재해처벌등에관한법률위반(시민재해치사)
제10조 제2항	중대재해처벌등에관한법률위반(시민재해치상)

★ 디지털 증거의 처리 등에 관한 규칙

[시행 2021. 8. 30.] [경찰청훈령 제1030호, 2021. 8. 30., 타법개정.]

제1장 총칙

제1조(목적)

이 규칙은 디지털 증거를 수집·보존·운반·분석·현출·관리하는 과정에서 준수하여야 할 기본원칙 및 업무처리절차를 규정함으로써 실체적 진실을 발견하고 인권보호에 기여함을 목적으로 한다.

제2조(정의)

이 규칙에서 사용하는 용어의 뜻은 다음과 같다.

1. "전자정보"란 전기적 또는 자기적 방법으로 저장되거나 네트워크 및 유·무선 통신 등을 통해 전송되는 정보를 말한다.
2. "디지털포렌식"이란 전자정보를 수집·보존·운반·분석·현출·관리하여 범죄사실 규명을 위한 증거로 활용할 수 있도록 하는 과학적인 절차와 기술을 말한다.
3. "디지털 증거"란 범죄와 관련하여 증거로서의 가치가 있는 전자정보를 말한다.
4. "정보저장매체등"이란 전자정보가 저장된 컴퓨터용 디스크, 그 밖에 이와 비슷한 정보저장매체를 말한다.
5. "정보저장매체등 원본"이란 전자정보 압수·수색·검증을 목적으로 반출의 대상이 된 정보저장매체등을 말한다.
6. "복제본"이란 정보저장매체등에 저장된 전자정보 전부를 하드카피 또는 이미징 등의 기술적 방법으로 별도의 다른 정보저장매체에 저장한 것을 말한다.
7. "디지털 증거분석 의뢰물(이하 "분석의뢰물"이라 한다)"이란 범죄사실을 규명하기 위해 디지털 증거분석관에게 분석의뢰된 전자정보,

정보저장매체등 원본, 복제본을 말한다.

8. "디지털 증거분석관(이하 "증거분석관"이라 한다)"이란 제6조의 규
   정에 따라 선발된 사람으로서 디지털 증거분석 의뢰를 받고 이를
   수행하는 사람을 말한다.
9. "디지털포렌식 업무시스템(이하 "업무시스템"이라 한다)"이란 디지
   털 증거분석 의뢰와 분석결과 회신 등을 포함한 디지털포렌식 업무
   를 종합적으로 관리하기 위하여 구축된 전산시스템을 말한다.

제3조(적용범위)

경찰의 디지털 증거 수집 · 보존 · 운반 · 분석 · 현출 · 관리(이하 "처리"라 한다)
업무에 대하여 다른 법령 및 규칙에 특별한 규정이 있는 경우를 제외하고는
이 규칙에 따른다.

제4조(인권보호 원칙 등)

디지털 증거의 처리업무를 수행하는 사람은 업무처리 과정에서 다음 각 호의
사항에 유의하여 업무를 수행하여야 한다.

1. 사건관계인의 인권을 존중하고 적법절차를 준수하며 신속 · 공정 ·
   성실하게 업무를 수행하여야 한다.
2. 객관적인 입장에서 공정하게 예단이나 편견 없이 중립적으로 업무
   를 수행하여야 하고, 주어진 권한을 자의적으로 행사하거나 남용하
   여서는 안 된다.
3. 업무의 전 과정에서 사건관계인의 사생활의 비밀을 보호하고 명예
   나 신용이 훼손되지 않도록 노력하여야 한다.

제5조(디지털 증거 처리의 원칙)

① 디지털 증거는 수집 시부터 수사 종결 시까지 변경 또는 훼손되지 않
   아야 하며, 정보저장매체등에 저장된 전자정보와 동일성이 유지되어
   야 한다.

② 디지털 증거 처리의 각 단계에서 업무처리자 변동 등의 이력이 관리되어야 한다.

③ 디지털 증거의 처리 시에는 디지털 증거 처리과정에서 이용한 장비의 기계적 정확성, 프로그램의 신뢰성, 처리자의 전문적인 기술능력과 정확성이 담보되어야 한다.

제6조(증거분석관의 자격 및 선발)

증거분석관은 다음 각 호의 어느 하나에 해당하는 사람 중에서 선발한다.

1. 경찰 교육기관의 디지털 포렌식 관련 전문교육을 수료한 사람
2. 국가 또는 공공기관의 디지털 포렌식 관련 분야에서 3년 이상 근무한 사람
3. 디지털 포렌식, 컴퓨터공학, 전자공학, 정보보호공학 등 관련 분야 대학원 과정을 이수하여 석사 이상의 학위를 소지한 사람
4. 디지털 포렌식, 컴퓨터공학, 전자공학, 정보보호공학 등 관련 분야 학사학위를 소지하고, 해당 분야 전문교육 과정을 수료하거나 자격증을 소지한 사람

제7조(디지털 증거분석의 처리체계)

① 경찰청 국가수사본부 사이버수사국 디지털포렌식센터(이하 "경찰청 디지털포렌식센터"라 한다)는 다음 각 호의 경우 디지털 증거분석업무를 수행한다.

1. 경찰청 각 부서에서 증거분석을 요청한 경우
2. 고도의 기술이나 특정 분석장비 등이 필요하여 시·도경찰청에서 증거분석이 곤란한 경우
3. 법원, 수사·조사기관, 중앙행정기관, 국외 기관 등이 범죄사실 규명을 위하여 디지털 증거분석을 요청하고 그 정당성과 필요성이 인정되는 경우
4. 그 밖에 경찰청에서 디지털 증거분석을 하여야 할 상당한 이유가 있다고 인정되는 경우

② 시·도경찰청 사이버수사과(사이버수사과가 설치되지 않은 시·도경

찰청은 수사과로 하며, 이하 같다)는 다음 각 호의 경우 디지털 증거 분석업무를 수행한다.

1. 시·도경찰청 각 부서 및 경찰서에서 증거분석을 요청한 경우
2. 관할 내 법원, 수사·조사기관, 행정기관 등이 범죄사실 규명을 위하여 디지털 증거분석을 요청하고 그 정당성과 필요성이 인정되는 경우
3. 경찰청 디지털포렌식센터와 협의하여 다른 시·도경찰청의 디지털 증거분석 업무를 지원할 것을 결정한 경우
4. 그 밖에 시·도경찰청에서 디지털 증거분석을 하여야 할 상당한 이유가 있다고 인정되는 경우

제8조(디지털포렌식 자문단 운영)

① 경찰청장은 디지털포렌식의 공정성과 신뢰성을 제고하고 관련 정책, 법률, 기술 등에 대한 자문을 구하기 위하여 전문가로 구성된 디지털포렌식 자문단(이하 "자문단"이라 한다)을 운영할 수 있다.
② 자문위원은 디지털포렌식 관련 분야의 전문지식과 경험이 풍부한 사람 중에서 사이버수사국장의 추천을 받아 경찰청장이 위촉한다.
③ 자문위원의 임기는 2년으로 한다.
④ 자문위원은 자문단의 업무와 관련하여 알게 된 비밀을 외부에 누설하여서는 아니 된다.
⑤ 회의 소집, 자문 등에 응한 자문위원에게는 예산의 범위 내에서 수당을 지급할 수 있다.
⑥ 그 밖에 자문단 운영에 필요한 사항은 경찰청장이 정한다.

제2장 디지털 증거의 수집

제9조(디지털 증거 수집 시 원칙)

디지털 증거의 수집은 수사목적을 달성하는데 필요한 최소한의 범위에서 이루어져야 하며, 「형사소송법」 등 관계 법령에 따른 적법절차를 준수하여야 한다.

제10조(지원요청 및 처리)

① 수사과정에서 전자정보 압수·수색·검증의 지원이 필요한 경우 경찰청 각 부서는 경찰청 디지털포렌식센터장에게, 시·도경찰청 각 부서 및 경찰서의 수사부서는 시·도경찰청 사이버수사과장에게 압수·수색·검증에 관한 지원을 요청할 수 있다.

② 경찰청 디지털포렌식센터장 또는 시·도경찰청 사이버수사과장은 압수·수색·검증에 관한 지원을 요청받은 경우에는 지원의 타당성과 필요성을 검토한 후, 지원여부를 결정하여 통보하여야 한다.

③ 제2항에 따라 지원이 결정된 경우 증거분석관은 전자정보의 압수·수색·검증을 지원할 수 있다.

④ 압수·수색·검증과정을 지원하는 증거분석관은 성실한 자세로 기술적 지원을 하고, 경찰관은 압수·수색·검증영장 및 제11조 각 호의 사항을 증거분석관에게 사전에 충실히 제공하는 등 수사의 목적이 달성될 수 있도록 상호 협력하여야 한다.

제11조(압수·수색·검증의 준비)

경찰관은 전자정보를 압수·수색·검증하고자 할 때에는 사전에 다음 각 호의 사항을 고려하여야 한다.

1. 사건의 개요, 압수·수색·검증 장소 및 대상
2. 압수·수색·검증할 컴퓨터 시스템의 네트워크 구성 형태, 시스템 운영체제, 서버 및 대용량 저장장치, 전용 소프트웨어
3. 압수대상자가 사용 중인 정보저장매체등
4. 압수·수색·검증에 소요되는 인원 및 시간
5. 디지털 증거분석 전용 노트북, 쓰기방지 장치 및 하드디스크 복제장치, 복제용 하드디스크, 하드디스크 운반용 박스, 정전기 방지장치 등 압수·수색·검증에 필요한 장비

제12조(압수·수색·검증영장의 신청)

① 경찰관은 압수·수색·검증영장을 신청하는 때에는 전자정보와 정보

저장매체등을 구분하여 판단하여야 한다.

② 경찰관은 전자정보에 대한 압수·수색·검증영장을 신청하는 경우에는 혐의사실과의 관련성을 고려하여 압수·수색·검증할 전자정보의 범위 등을 명확히 하여야 한다. 이 경우 영장 집행의 실효성 확보를 위하여 다음 각 호의 사항을 고려하여야 한다.

1. 압수·수색·검증 대상 전자정보가 원격지의 정보저장매체등에 저장되어 있는 경우 등 특수한 압수·수색·검증방식의 필요성

2. 압수·수색·검증영장에 반영되어야 할 압수·수색·검증 장소 및 대상의 특수성

③ 경찰관은 다음 각 호의 어느 하나에 해당하여 필요하다고 판단하는 경우 전자정보와 별도로 정보저장매체등의 압수·수색·검증영장을 신청할 수 있다.

1. 정보저장매체등이 그 안에 저장된 전자정보로 인하여 형법 제48조 제1항의 몰수사유에 해당하는 경우

2. 정보저장매체등이 범죄의 증명에 필요한 경우

제13조(압수 · 수색 · 검증 시 참여 보장)

① 전자정보를 압수·수색·검증할 경우에는 피의자 또는 변호인, 소유자, 소지자, 보관자의 참여를 보장하여야 한다. 이 경우, 압수·수색·검증 장소가 「형사소송법」 제123조제1항, 제2항에 정한 장소에 해당하는 경우에는 「형사소송법」 제123조에 정한 참여인의 참여를 함께 보장하여야 한다.

② 경찰관은 제1항에 따른 피의자 또는 변호인의 참여를 압수·수색·검증의 전 과정에서 보장하고, 미리 집행의 일시와 장소를 통지하여야 한다. 다만, 위 통지는 참여하지 아니한다는 의사를 명시한 때 또는 참여가 불가능하거나 급속을 요하는 때에는 예외로 한다.

③ 제1항에 따른 참여의 경우 경찰관은 참여인과 압수정보와의 관련성, 전자정보의 내용, 개인정보보호 필요성의 정도에 따라 압수·수색·검증 시 참여인 및 참여 범위를 고려하여야 한다.

④ 피의자 또는 변호인, 소유자, 소지자, 보관자, 「형사소송법」 제123조에 정한 참여인(이하 "피압수자 등"이라 한다)이 참여를 거부하는

경우 전자정보의 고유 식별값(이하 "해시값"이라 한다)의 동일성을 확인하거나 압수·수색·검증과정에 대한 사진 또는 동영상 촬영 등 신뢰성과 전문성을 담보할 수 있는 상당한 방법으로 압수하여야 한다.

⑤ 경찰관은 피압수자 등이 전자정보의 압수·수색·검증절차 참여과정에서 알게 된 사건관계인의 개인정보와 수사비밀 등을 누설하지 않도록 피압수자 등에게 협조를 요청할 수 있다.

제14조(전자정보 압수·수색·검증의 집행)

① 경찰관은 압수·수색·검증 현장에서 전자정보를 압수하는 경우에는 범죄 혐의사실과 관련된 전자정보에 한하여 문서로 출력하거나 휴대한 정보저장매체에 해당 전자정보만을 복제하는 방식(이하 "선별압수"라 한다)으로 하여야 한다. 이 경우 해시값 확인 등 디지털 증거의 동일성, 무결성을 담보할 수 있는 적절한 방법과 조치를 취하여야 한다.

② 압수가 완료된 경우 경찰관은 별지 제1호서식의 전자정보 확인서를 작성하여 피압수자 등의 확인·서명을 받아야 한다. 이 경우 피압수자 등의 확인·서명을 받기 곤란한 경우에는 그 사유를 해당 확인서에 기재하고 기록에 편철한다.

③ 경찰관은 별지 제1호서식의 전자정보 확인서 및 상세목록을 피압수자에게 교부한 경우 경찰수사규칙 제64조제2항의 압수목록교부서 및 형사소송법 제129조 압수목록의 교부에 갈음할 수 있다.

④ 경찰관은 압수한 전자정보의 상세목록을 피압수자 등에게 교부하는 때에는 출력한 서면을 교부하거나 전자파일 형태로 복사해 주거나 이메일을 전송하는 등의 방식으로 할 수 있다.

⑤ 그 외 압수·수색·검증과 관련된 서류의 작성은 「범죄수사규칙(경찰청훈령)」의 규정을 준용한다.

제15조(복제본의 획득·반출)

① 경찰관은 다음 각 호의 사유로 인해 압수·수색·검증 현장에서 제14조제1항 전단에 따라 선별압수 하는 방법이 불가능하거나 압수의 목적을 달성하기에 현저히 곤란한 경우에는 복제본을 획득하여 외부

로 반출한 후 전자정보의 압수·수색·검증을 진행할 수 있다.

1. 피압수자 등이 협조하지 않거나, 협조를 기대할 수 없는 경우
2. 혐의사실과 관련될 개연성이 있는 전자정보가 삭제·폐기된 정황이 발견되는 경우
3. 출력·복제에 의한 집행이 피압수자 등의 영업활동이나 사생활의 평온을 침해한다는 이유로 피압수자 등이 요청하는 경우
4. 그 밖에 위 각 호에 준하는 경우

② 경찰관은 제1항에 따라 획득한 복제본을 반출하는 경우에는 복제본의 해시값을 확인하고 피압수자 등에게 전자정보 탐색 및 출력·복제과정에 참여할 수 있음을 고지한 후 별지 제3호서식의 복제본 반출(획득) 확인서를 작성하여 피압수자 등의 확인·서명을 받아야 한다. 이 경우, 피압수자 등의 확인·서명을 받기 곤란한 경우에는 그 사유를 해당 확인서에 기재하고 기록에 편철한다.

제16조(정보저장매체등 원본 반출)

① 경찰관은 압수·수색·검증현장에서 다음 각 호의 사유로 인해 제15조제1항에 따라 복제본을 획득·반출하는 방법이 불가능하거나 압수의 목적을 달성하기에 현저히 곤란한 경우에는 정보저장매체등 원본을 외부로 반출한 후 전자정보의 압수·수색·검증을 진행할 수 있다.

1. 영장 집행현장에서 하드카피·이미징 등 복제본 획득이 물리적·기술적으로 불가능하거나 극히 곤란한 경우
2. 하드카피·이미징에 의한 집행이 피압수자 등의 영업활동이나 사생활의 평온을 침해한다는 이유로 피압수자 등이 요청하는 경우
3. 그 밖에 위 각 호에 준하는 경우

② 경찰관은 제1항에 따라 정보저장매체등 원본을 반출하는 경우에는 피압수자 등의 참여를 보장한 상태에서 정보저장매체등 원본을 봉인하고 봉인해제 및 복제본의 획득과정 등에 참여할 수 있음을 고지한 후 별지 제4호서식의 정보저장매체 원본 반출 확인서 또는 별지 제5호서식의 정보저장매체 원본 반출 확인서(모바일기기)를 작성하여 피압수자 등의 확인·서명을 받아야 한다. 이 경우, 피압수자 등의 확인·서명을 받기 곤란한 경우에는 그 사유를 해당 확인서에 기재하고 기록에 편철한다.

제17조(현장 외 압수 시 참여 보장절차)

① 경찰관은 제15조 또는 제16조에 따라 복제본 또는 정보저장매체등 원본을 반출하여 현장 이외의 장소에서 전자정보의 압수·수색·검증을 계속하는 경우(이하 "현장 외 압수"라고 한다) 피압수자 등에게 현장 외 압수 일시와 장소를 통지하여야 한다. 단, 제15조제2항 또는 제16조제2항에 따라 참여할 수 있음을 고지받은 자가 참여하지 아니한다는 의사를 명시한 때 또는 참여가 불가능하거나 급속을 요하는 때에는 예외로 한다.

② 피압수자 등의 참여 없이 현장 외 압수를 하는 경우에는 해시값의 동일성을 확인하거나 압수·수색·검증과정에 대한 사진 또는 동영상 촬영 등 신뢰성과 전문성을 담보할 수 있는 상당한 방법으로 압수하여야 한다.

③ 제1항 전단에 따른 통지를 받은 피압수자 등은 현장 외 압수 일시의 변경을 요청할 수 있다.

④ 제3항의 변경 요청을 받은 경찰관은 범죄수사 및 디지털 증거분석에 지장이 없는 범위 내에서 현장 외 압수 일시를 변경할 수 있다. 이 경우 경찰관은 피압수자 등에게 변경된 일시를 통지하여야 하고, 변경하지 않은 경우에는 변경하지 않은 이유를 통지하여야 한다.

⑤ 제1항, 제4항에 따라 통지한 현장 외 압수 일시에 피압수자 등이 출석하지 않은 경우 경찰관은 일시를 다시 정한 후 이를 피압수자 등에게 통지하여야 한다. 다만, 피압수자 등이 다음 각호의 사유로 불출석하는 경우에는 제2항의 절차를 거쳐 현장 외 압수를 진행할 수 있다.
  1. 피압수자 등의 소재를 확인할 수 없거나 불명인 경우
  2. 피압수자 등이 도망하였거나 도망한 것으로 볼 수 있는 경우
  3. 피압수자 등이 증거인멸 또는 수사지연, 수사방해 등을 목적으로 출석하지 않은 경우
  4. 그 밖에 위의 사유에 준하는 경우

⑥ 경찰관 또는 증거분석관은 현장 외 압수에 참여 의사를 명시한 피압수자 등이 참여를 철회하는 때에는 제2항의 절차를 거쳐 현장 외 압수를 진행할 수 있다. 이 경우 별지 제6호서식의 참여 철회 확인서를 작성하고 피압수자 등의 확인·서명을 받아야 한다. 피압수자 등의

확인·서명을 받기 곤란한 경우에는 그 사유를 해당 확인서에 기재하고 기록에 편철한다.

제18조(현장 외 압수절차의 설명)

① 경찰관은 현장 외 압수에 참여하여 동석한 피압수자 등에게 현장 외 압수절차를 설명하고 그 사실을 기록에 편철한다. 이 경우 증거분석관이 현장 외 압수를 지원하는 경우에는 전단의 설명을 보조할 수 있다.

② 경찰관 및 증거분석관은 별지 제7호서식의 현장 외 압수절차 참여인을 위한 안내서를 피압수자 등에게 교부하여 전항의 설명을 갈음할 수 있다.

제19조(현장 외 압수절차)

① 경찰관은 제16조제1항에 따라 정보저장매체등 원본을 반출한 경우 위 원본으로부터 범죄혐의와 관련된 부분만을 선별하여 전자정보를 탐색·출력·복제하거나, 위 원본의 복제본을 획득한 후 그 복제본에 대하여 범죄혐의와 관련된 부분만을 선별하여 전자정보를 탐색·출력·복제하는 방법으로 압수한다. 이 경우 작성 서류 및 절차는 제14제2항부터 제5항, 제15조제2항을 준용한다.

② 경찰관은 제15조제1항에 따라 복제본을 반출한 경우 범죄혐의와 관련된 부분만을 선별하여 탐색·출력·복제하여야 한다. 이 경우 작성 서류 및 절차는 제14조제2항부터 제5항을 준용한다.

③ 경찰관은 제1항의 절차를 완료한 후 정보저장매체등 원본을 피압수자 등에게 반환하는 경우에는 별지 제8호서식의 정보저장매체 인수증을 작성·교부하여야 한다.

④ 특별한 사정이 없는 한 정보저장매체등 원본은 그 반출일로부터 10일 이내에 반환하여야 한다.

제20조(별건 혐의와 관련된 전자정보의 압수)

경찰관은 제14조부터 제17조, 제19조까지의 규정에 따라 혐의사실과 관련된 전자정보를 탐색하는 과정에서 별도의 범죄 혐의(이하 "별건 혐의"라 한다)를 발견한 경우 별건 혐의와 관련된 추가 탐색을 중단하여야 한다. 다만, 별건 혐의에 대해 별도 수사가 필요한 경우에는 압수·수색·검증영장을 별도로 신청·집행하여야 한다.

제21조(정보저장매체 자체의 압수·수색·검증 종료 후 전자정보 압수)

경찰관은 저장된 전자정보와의 관련성 없이 범행의 도구로 사용 또는 제공된 정보저장매체 자체를 압수한 이후에 전자정보에 대한 압수·수색·검증이 필요한 경우 해당 전자정보에 대해 압수·수색·검증영장을 별도로 신청·집행하여야 한다.

제22조(임의제출)

① 전자정보의 소유자, 소지자 또는 보관자가 임의로 제출한 전자정보의 압수에 관하여는 제13조부터 제20조까지의 규정을 준용한다. 다만, 별지 제1호서식의 전자정보확인서는 별지 제2호서식의 전자정보확인서(간이)로 대체할 수 있다.

② 제1항의 경우 경찰관은 제15조제1항 또는 제16조제1항의 사유가 없더라도 전자정보를 임의로 제출한 자의 동의가 있으면 위 해당규정에서 정하는 방법으로 압수할 수 있다.

③ 경찰관은 정보저장매체등을 임의로 제출 받아 압수하는 경우에는 피압수자의 자필서명으로 그 임의제출 의사를 확인하고, 제출된 전자정보가 증거로 사용될 수 있음을 설명하고 제출받아야 한다.

④ 저장된 전자정보와 관련성 없이 범행의 도구로 사용 또는 제공된 정보저장매체 자체를 임의제출 받은 이후 전자정보에 대한 압수·수색·검증이 필요한 경우 해당 전자정보에 대해 피압수자로부터 임의제출을 받거나 압수·수색·검증영장을 신청하여야 한다.

제3장 디지털 증거분석 의뢰 및 수행

제23조(디지털 증거분석 의뢰)

① 경찰관은 디지털 증거분석을 의뢰하는 경우 분석의뢰물이 충격, 자기장, 습기 및 먼지 등에 의해 손상되지 않고 안전하게 보관될 수 있도록 봉인봉투 등으로 봉인한 후 직접 운반하여야 한다. 다만, 직접 운반이 현저히 곤란한 경우 분석의뢰물이 손상되지 않고 운반 이력이 확인될 수 있는 안전한 방법으로 의뢰할 수 있다.

② 제1항에도 불구하고 경찰관은 분석의뢰물을 전자적 방식으로 전송하는 것이 효율적이고 적합하며 디지털 증거의 동일성·무결성을 담보하는 경우 해시값을 기록하는 등 분석의뢰물의 동일성을 유지하는 조치를 취하고 업무시스템을 통하여 분석의뢰물을 전송할 수 있다.

③ 제1항과 제2항의 경우 경찰관은 수사상 필요한 범위 내에서 디지털 증거분석이 원활하게 이루어질 수 있도록 증거분석관에게 제14조부터 제19조까지에 따라 작성한 서류 사본, 분석에 필요한 검색어, 검색 대상기간, 파일명, 확장자 등의 정보를 구체적으로 제공하여야 한다.

제24조(분석의뢰물의 상태 기록)

경찰청 디지털포렌식센터장 및 시·도경찰청 사이버수사과장은 디지털 증거분석 의뢰를 접수한 때에는 디지털 증거 보관의 연속성이 유지될 수 있도록 분석의뢰물의 보존에 유의하여 최초의 상태를 살피고 이를 사진으로 촬영하여야 한다. 다만, 분석의뢰물을 제23조제2항에 따라 전자적 방식으로 전송받은 경우 등 사진촬영이 곤란한 경우에는 분석의뢰물의 최초 상태를 기록하여 이에 갈음할 수 있다.

제25조(분석의뢰물의 배당)

① 경찰청 디지털포렌식센터장 및 시·도경찰청 사이버수사과장은 자체적으로 배당 기준을 마련하여 그에 따라 증거분석관에게 분석의뢰물

을 배당하여야 한다. 다만, 분석의뢰물을 배당받을 증거분석관에게 「범죄수사규칙」 제8조에 따른 제척사유가 있거나 제9조에 따른 기피 신청이 인용된 때에는 해당 분석의뢰물을 다른 증거분석관에게 재배당하여야 한다.

② 분석의뢰물을 배당받은 증거분석관은 「검사와 사법경찰관의 상호협력과 일반적 수사준칙에 관한 규정」 제11조의 사유가 있다고 판단하는 경우 회피하여야 한다. 이 경우 경찰청 디지털포렌식센터장 및 시·도경찰청 사이버수사과장은 회피사유가 있다고 인정할 때에는 해당 분석의뢰물을 다른 증거분석관에게 재배당하여야 한다.

제26조(관할조정)

① 디지털 증거분석 의뢰를 접수한 시·도경찰청 사이버수사과장은 해당 시·도경찰청에서 분석을 수행할 경우 분석의 공정성과 신뢰성에 의혹이 제기될 우려가 있을 때에는 경찰청 디지털포렌식센터장에게 다른 시·도경찰청으로의 이송을 요청할 수 있다.

② 제1항의 건의를 받은 경찰청 디지털포렌식센터장은 이송의 타당성과 필요성이 인정될 경우 이송을 보낼 다른 시·도경찰청 사이버수사과장과 협의하여 이송을 결정하여야 한다.

제27조(분석의뢰물의 분석)

① 증거분석관은 분석의뢰물이 변경되지 않도록 분석의뢰물을 복제하여 디지털 증거분석을 수행하여야 한다. 이 경우 분석의뢰물과 복제한 전자정보의 해시값을 비교·기록하여 동일성을 유지하여야 한다.

② 수사상 긴박한 사정이 있거나 복제본을 획득할 수 없는 부득이한 사정이 있는 경우에는 쓰기방지 장치를 사용하는 등 분석의뢰물이 변경되지 않도록 조치한 후 의뢰받은 분석의뢰물을 직접 분석할 수 있다.

제28조(디지털 증거분석실 등의 출입제한)

디지털 증거분석실 또는 증거물 보관실의 출입은 증거분석관 등 관계자로 제한한다.

제29조(외부기관 분석 의뢰)

경찰청 디지털포렌식센터장과 시·도경찰청 사이버수사과장은 디지털 증거분석의 공정성 등 확보가 필요하다고 판단되는 경우 디지털 증거분석을 의뢰한 수사부서와 협의하여 외부 전문기관에 분석을 의뢰할 수 있다.

제4장 디지털 증거분석결과 검토 및 보고

제30조(결과보고서 작성)

증거분석관은 분석을 종료한 때에는 다음 각호의 사항을 기재한 디지털 증거분석 결과보고서를 작성하여야 한다.
　　1. 사건번호 등 분석의뢰정보 및 분석의뢰자정보
　　2. 증거분석관의 소속 부서 및 성명
　　3. 분석의뢰물의 정보 및 의뢰 요청사항
　　4. 분석의뢰물의 접수일시 및 접수자 등 이력정보
　　5. 분석에 사용된 장비·도구 및 준비과정
　　6. 증거분석과정 및 그 과정을 기록한 사진·영상자료
　　7. 증거분석에 의해 획득한 자료 및 이에 대한 상세 내용 등 증거분석 결과
　　8. 그 밖에 분석과정에서 행한 조치 등 특이사항

제31조(내부심의회의 운영)

① 경찰청 디지털포렌식센터장과 시·도경찰청 사이버수사과장은 디지털 증거분석의 공정성, 객관성, 신뢰성 제고를 위하여 필요한 경우 소속 증거분석관으로 구성된 내부심의회를 구성하여 운영할 수 있다.
② 내부심의회는 소속 부서에서 수행한 디지털 증거분석 결과의 검토 등을 수행한다.
③ 분석을 담당하는 증거분석관은 제2항에 따른 내부심의 결과를 디지털

증거분석 결과에 반영할 수 있다.

제32조(분석결과 통보)

증거분석관은 분석결과를 분석의뢰자에게 신속하게 통보하고, 디지털 증거분석이 완료된 분석의뢰물 등을 제23조제1항 및 제2항의 방법으로 반환하여야 한다. 제29조에 따른 외부기관 분석을 의뢰한 경우 분석의뢰자에게 외부기관 분석 결과를 함께 통보하여야 한다.

제33조(추가분석의뢰)

경찰관은 제32조의 분석결과와 관련하여 필요한 경우에는 해당 분석의뢰물의 압수·수색을 허가한 영장의 효력 범위 안에서 추가분석을 요청할 수 있다.

제5장 디지털 증거의 관리

제34조(디지털 증거 등의 보관)

① 분석의뢰물, 제27조제1항의 복제자료, 증거분석을 통해 획득한 전자정보(디지털 증거를 포함한다)는 항온·항습·무정전·정전기차단시스템이 설치된 장소에 보관함을 원칙으로 한다. 이 경우 열람제한설정, 보관장소 출입제한 등 보안유지에 필요한 조치를 병행하여야 한다.

제35조(전자정보의 삭제·폐기)

① 증거분석관은 분석을 의뢰한 경찰관에게 분석결과물을 회신한 때에는 해당 분석과정에서 생성된 전자정보를 지체 없이 삭제·폐기하여야 한다.

② 경찰관은 제1항의 분석결과물을 회신받아 디지털 증거를 압수한 경우 압수하지 아니한 전자정보를 지체 없이 삭제·폐기하고 피압수자에게

그 취지를 통지하여야 한다. 다만, 압수 상세목록에 삭제·폐기하였다는 취지를 명시하여 교부함으로써 통지에 갈음할 수 있다.

③ 경찰관은 사건을 이송 또는 송치한 경우 수사과정에서 생성한 디지털 증거의 복사본을 지체 없이 삭제·폐기하여야 한다.

④ 제1항부터 제3항까지에 따른 전자정보의 삭제·폐기는 복구 또는 재생이 불가능한 방식으로 하여야 한다.

제36조(입건 전 조사편철·관리미제사건 등록 사건의 압수한 전자정보 보관 등)

경찰관은 입건 전 조사편철·관리미제사건 등록한 사건의 압수한 전자정보는 다음 각호와 같이 처리하여야 한다.

1. 압수를 계속할 필요가 있는 경우 해당 사건의 공소시효 만료일까지 보관 후 삭제·폐기한다.
2. 압수를 계속할 필요가 없다고 인정되는 경우 삭제·폐기한다.
3. 압수한 전자정보의 삭제·폐기는 관서별 통합 증거물 처분심의위원회의 심의를 거쳐 관련 법령 및 절차에 따라 삭제·폐기한다.
4. 압수한 전자정보 보관 시 충격, 자기장, 습기 및 먼지 등에 의해 손상되지 않고 안전하게 보관될 수 있도록 별도의 정보저장매체등에 담아 봉인봉투 등으로 봉인한 후 소속부서에서 운영 또는 이용하는 증거물 보관시설에 보관하는 등 압수한 전자정보의 무결성과 보안 유지에 필요한 조치를 병행하여야 한다.

제37조(디지털 증거 관리책임)

디지털 증거를 다루는 부서의 장(과장급)은 소속 부서의 디지털 증거 보관 및 삭제·폐기 등 관리 현황을 정기적으로 점검하고 필요한 조치를 취하여야 한다.

부칙 〈제1030호, 2021. 8. 30.〉

이 규칙은 발령한 날부터 시행한다.

전자정보 확인서
※ 정보저장매체별 작성

수집종류	[ ] 임의제출 [ ] 압수·수색·검증영장 [ ] 기타			
일시·장소	*정보저장매체 원본·복제본 반출 후, 경찰관서에서 복제하는 경우 경찰관서 기재*			
정보저장 매체	품 명		모델명	
	일련번호		비 고	
전자정보 (압수물)	파일명		해시종류	
	해시값			
	※ 전자정보 상세목록에서 제외된 전자정보는 삭제·폐기함			
상세목록	교부방법	[ ] 출력 [ ] 복사 [ ] 전송(e-mail :)		
	파일명		해시종류	
	해시값			
피압수자 (제출자)	구 분 : [ ] 소지자, [ ] 소유자, [ ] 기타( )			
	성 명 : 생년월일 : 연락처 :			
참여자	피압수자와의 관계 :			
	성 명 : (인) 생년월일 : 연락처 :			

가. 본인은 위 정보저장매체에서 압수한 전자정보와 관련된 다음의 사항이 이상없음을 확인하였고, 전자정보 상세목록을 교부받았습니다.

　1. 압수한 전자정보의 상세목록 확인

　1. 정보저장매체에 저장된 전자정보의 내용이 수정·변경되지 않았음을 확인

　1. (전자정보 복제시) 압수한 전자정보의 파일명, 해시값, 해시종류 확인

　1. (정보저장매체 원본 또는 복제본을 반출 후, 탐색·복제·출력과정에 참여한 경우) 봉인 이상여부, 원본의 해시값과 복제본의 해시값 동일 여부

나. [현장 외 압수시] 본인은 현장 외 압수절차에 대해 설명을 들었습니다.

20 . .

　　　　피압수자(제출자) : 　　　　　　　　 (날인 또는 서명)

　[ ] 위 피압수자에게 압수한 전자정보와 관련된 위 사항을 확인하게 하고, 상세목록을 교부하였음(교부하였으나 　　　　　　　　　　　　　　　의 이유로 기명날인 또는 서명을 거부함).

- -

　　[ ] 정보저장매체 원본 또는 복제본을 반출 후, 탐색·복제·출력과정에 참여인의 참여가 없어 《[ ] 사진 촬영 [ ] 동영상 촬영 [ ] 기타(　　　　　　)》조치와 함께 전자정보를 압수하였음

20 . . .

　　　　　　　　　　　　　　경찰서 　　　　　　 (인)

부록 2 관련법규 · 훈령 · 예규 · 고시

전자정보 상세목록

총   개 파일

1	파 일 명	
	해시값(해시종류)	
2	파 일 명	
	해시값(해시종류)	
3	파 일 명	
	해시값(해시종류)	
4	파 일 명	
	해시값(해시종류)	
5	파 일 명	
	해시값(해시종류)	
6	파 일 명	
	해시값(해시종류)	
7	파 일 명	
	해시값(해시종류)	
8	파 일 명	
	해시값(해시종류)	
9	파 일 명	
	해시값(해시종류)	
10	파 일 명	
	해시값(해시종류)	
11	파 일 명	
	해시값(해시종류)	
12	파 일 명	
	해시값(해시종류)	
13	파 일 명	
	해시값(해시종류)	

전자정보 확인서(간이)
※ 정보저장매체별 작성

일시·장소		
임의제출인	구 분 : [ ] 소지자, [ ] 소유자, [ ] 기타( ) 성 명 : 생년월일 : 연락처 :	

정보저장 매체	품 명		모델명	
	일련번호		비 고	

1	파 일 명	
	해시값(해시종류)	
2	파 일 명	
	해시값(해시종류)	
3	파 일 명	
	해시값(해시종류)	
4	파 일 명	
	해시값(해시종류)	
5	파 일 명	
	해시값(해시종류)	

　가. 본인은 위 정보저장매체의 탐색·복제·출력과정에 참여하여, 제출받은 전자정보의 내용이 정보저장매체 내의 내용에서 수정·변경되지 않았음을 확인하였고, 상세목록을 교부받았습니다.

　나. [현장 외 압수시] 본인은 현장 외 압수절차에 대해 설명을 들었습니다.

20 ． ． ．

임의제출인 :　　　　　　　　　　(날인 또는 서명)

　[ ] 위 제출인을 위 정보저장매체의 탐색·복제·출력과정에 참여시키고 상세목록을 교부하였음(교부하였으나　　　　　　　　　의 이유로 기명날인 또는 서명을 거부함).

　[ ] 정보저장매체 원본 또는 복제본을 반출 후, 탐색·복제·출력과정에 참여인의 참여가 없어 《[ ] 사진 촬영 [ ] 동영상 촬영 [ ] 기타( )》 조치와 함께 전자정보를 압수하였음

20 ． ． ．

경찰서　　　　　　(인)

복제본 반출(획득) 확인서
※ 제출인(피압수자)별 작성

수집종류	[　] 임의제출　　　[　] 압수·수색·검증영장　　　[　] 기타
일시·장소	
피압수자 (제출자)	구 분 : [　] 소지자, 　[　] 소유자, 　[　] 기타(　　　　　　　　) 성 명 :　　　　　　　　생년월일 :　　　　　　　　연락처 :
참여자	[　] 피압수자와의 관계 : 성 명 :　　　　　　(인)　생년월일 :　　　　　　　　연락처 :

　　본인은 별지 목록에 대한 (봉인이 이상이 없음을 확인한 후 봉인해제) 복제본 획득 및 해시값 생성과정에 참여하여 정보저장매체 내의 어떠한 내용도 수정·변경되지 않았음을 확인하였고, 복제본의 탐색·복제·출력과정에 참여할 수 있음을 고지 받았습니다.

　　본인은 복제본의 탐색·출력·복제과정에

[　] 참여하겠습니다. (세부과정 : [　] 탐색, 　[　] 출력·복제)

　　※ 참여예정자 - 성명 :　　　　　　　, 생년월일 :　　　　　　　, 연락처 :

[　] 참여하지 않겠습니다.

20　.　.　.

　　　　　　　피압수자(제출자) :　　　　　　　　　　　(날인 또는 서명)

[　] 위 피압수자를 복제본의 획득과정에 참여시키고 참여권을 고지하였음

　　(참여권을 고지하였으나　　　　　　　　　　　　　　　　　의 이유로

　　기명날인 또는 서명을 거부함)

[　] 복제본 획득과정에 참여인의 참여가 없어 《[　] 사진 촬영 [　] 동영상 촬영 [　] 기타(　　　)》 조치와 함께 전자정보를 압수하였음

20　.　.　.

　　　　　　　　　　　　　　　　　　경찰서　　　　　　(인)

※ 복제본 반출(획득) 과정에 제출인(피압수자)의 참여가 없는 경우 기타 참여인이 확인·서명

복제본 목록

1	품 명		모델명	
	일련번호		해시종류	
	해시값			
	비 고			
2	품 명		모델명	
	일련번호		해시종류	
	해시값			
	비 고			
3	품 명		모델명	
	일련번호		해시종류	
	해시값			
	비 고			
4	품 명		모델명	
	일련번호		해시종류	
	해시값			
	비 고			
5	품 명		모델명	
	일련번호		해시종류	
	해시값			
	비 고			
6	품 명		모델명	
	일련번호		해시종류	
	해시값			
	비 고			
7	품 명		모델명	
	일련번호		해시종류	
	해시값			
	비 고			

정보저장매체 원본 반출 확인서
※ 제출인(피압수자)별 작성

수집종류	[ ] 임의제출 [ ] 압수·수색·검증영장 [ ] 기타
일시·장소	
피압수자 (제출자)	구 분 : [ ] 소지자, [ ] 소유자, [ ] 기타( ) 성 명 : 생년월일 : 연락처 :
참여자	제출인과의 관계 : 성 명 : (인) 생년월일 : 연락처 :

   본인은 별지 목록의 정보저장매체 원본 봉인과정에 참여하여 봉인에 이상이 없음을 확인하였고, 봉인 해제, 복제본의 획득, 정보저장매체 원본 또는 복제본에 대한 탐색·복제·출력과정에 참여할 수 있음을 고지 받았습니다.

   본인은 정보저장매체 원본의 봉인해제, 복제본의 획득, 정보저장매체 원본 또는 복제본에 대한 탐색·복제·출력과정에

   [ ] 참여하겠습니다.

      (세부과정 : [ ] 봉인해제 및 복제본의 획득, [ ] 탐색, [ ] 출력·복제)

      ※ 참여예정자 – 성명 :   , 생년월일 :   , 연락처 :

   [ ] 참여하지 않겠습니다.

20 .   .   .

              피압수자(제출자) :   (날인 또는 서명)

[ ] 위 피압수자를 압수과정에 참여시키고 참여권을 고지하였음

  (참여권을 고지하였으나   의 이유로
기명날인 또는 서명을 거부함)

20 .   .   .

경찰서   (인)

정보저장매체 원본 반출 목록

1	품 명		모 델 명	
	일련번호		비 고	
2	품 명		모 델 명	
	일련번호		비 고	
3	품 명		모 델 명	
	일련번호		비 고	
4	품 명		모 델 명	
	일련번호		비 고	
5	품 명		모 델 명	
	일련번호		비 고	
6	품 명		모 델 명	
	일련번호		비 고	
7	품 명		모 델 명	
	일련번호		비 고	
8	품 명		모 델 명	
	일련번호		비 고	
9	품 명		모 델 명	
	일련번호		비 고	
10	품 명		모 델 명	
	일련번호		비 고	
11	품 명		모 델 명	
	일련번호		비 고	
12	품 명		모 델 명	
	일련번호		비 고	

정보저장매체 원본 반출 확인서(모바일기기)

※ 제출인(피압수자)별 작성

수집종류	[ ] 임의제출 [ ] 압수·수색·검증영장 [ ] 기타
일시·장소	
피압수자 (제출자)	구 분 : [ ] 소지자, [ ] 소유자, [ ] 기타(） 성 명 : 생년월일 : 연락처 :
참여자	제출인과의 관계 : 성 명 : (인) 생년월일 : 연락처 :

본인은 별지 목록의 모바일기기 봉인과정에 참여하여 봉인에 이상이 없음을 확인하였고, 정보저장매체 원본의 봉인 해제, 복제본의 획득, 정보저장매체 원본 또는 복제본에 대한 탐색·복제·출력과정에 참여할 수 있음을 고지 받았습니다.

본인은 모바일기기의 봉인해제, 복제본의 획득, 정보저장매체 원본 또는 복제본에 대한 탐색·복제·출력과정에

　[ ] 참여하겠습니다.

　　(세부과정 : [ ] 봉인해제 및 복제본의 획득, [ ] 탐색, [ ] 출력·복제)

　　※ 참여예정자 – 성명 :   , 생년월일 :   , 연락처 :

　[ ] 참여하지 않겠습니다.

본인은 모바일기기 분석과정에서 일부 모델의 경우 기기 또는 데이터 손상 및 일부 금융결제앱의 기능이 상실될 가능성에 대한 설명을 들었습니다.

본인은 별지 목록 기기에 대한 암호·패턴 등 제공에

20 ． ． ．

　　피압수자(제출자) :   (날인 또는 서명)
　[ ] 위 피압수자를 압수과정에 참여시키고 참여권을 고지하였음(고지하였으나

　　　　　　　　　　　의 이유로 기명날인 또는 서명을 거부함)

20 ． ． ．

경찰서   (인)

정보저장매체 원본 반출 목록(모바일기기)

1	품 명		모 델 명	
	일련번호		전화번호	
	잠금암호		잠금패턴	① ② ③
	백업암호			④ ⑤ ⑥ ⑦ ⑧ ⑨
2	품 명		모 델 명	
	일련번호		전화번호	
	잠금암호		잠금패턴	① ② ③
	백업암호			④ ⑤ ⑥ ⑦ ⑧ ⑨
3	품 명		모 델 명	
	일련번호		전화번호	
	잠금암호		잠금패턴	① ② ③
	백업암호			④ ⑤ ⑥ ⑦ ⑧ ⑨
4	품 명		모 델 명	
	일련번호		전화번호	
	잠금암호		잠금패턴	① ② ③
	백업암호			④ ⑤ ⑥ ⑦ ⑧ ⑨
5	품 명		모 델 명	
	일련번호		전화번호	
	잠금암호		잠금패턴	① ② ③
	백업암호			④ ⑤ ⑥ ⑦ ⑧ ⑨
6	품 명		모 델 명	
	일련번호		전화번호	
	잠금암호		잠금패턴	① ② ③
	백업암호			④ ⑤ ⑥ ⑦ ⑧ ⑨

참여 철회 확인서

사건번호		참여장소	
참여시간	20 . . . : 부터 20 . . . . : 까지		
참여자	구 분 : [ ] 피압수자(제출인), [ ] 변호인, [ ] 기타( ) 성 명 : 생년월일 : 연락처 :		
참여과정	[ ] 봉인해제 및 복제본 획득, [ ] 탐색, [ ] 출력·복제		

정보저장매체 정보

연번	품 명	모델명	일련번호 또는 해시값(해시종류)	피압수자 (제출자)
1				
2				
3				
4				
5				

참여 철회 사유

1	
2	
3	
4	
5	

위 정보저장매체에 대한 복제본 획득 등 과정에 참여도중 위와 같은 사유로 참여를 철회하였음을 확인합니다.

20 . . .

확인자(참여자) : (인)

현장 외 압수절차 참여인을 위한 안내서

▶ 현장 외 압수·수색·검증 절차는 다음과 같이 진행됩니다.

(1) **봉인 해제** : 담당경찰관과 분석관(현장 외 압수·수색 지원 시), 참여인이 함께 봉인해제 과정을 확인하며 이 과정을 사진 또는 동영상으로 촬영합니다.

(2) **전처리 과정** : 오염물질 제거 등 전처리 작업이 필요한 경우, 참여인이 오염환경에 직접 노출되는 것을 방지하기 위해 모니터/유리벽 등을 통해 전처리 과정을 지켜보며 이후 참여실로 이동하여 후속 절차를 진행합니다.

(3) **복제본 생성** : 정보저장매체 원본을 압수(제출)하였거나 압수현장에서 복제한 전자정보의 재복제가 필요한 경우, 신뢰할 수 있는 전문장비를 활용하여 동일한 복제본을 만들고 복제본의 해시값을 함께 확인한 후 복제본 획득 확인서를 작성합니다.

(4) **전자정보 선별압수** : 복제본을 탐색하여 수사 중인 혐의와 관련 있는 전자정보만을 선별하고 해당 전자정보의 해시값을 확인한 후 전자정보 확인서 등 압수·수색·검증에 필요한 서류를 작성합니다. 이 과정은 디지털 증거분석실이 아닌 담당 경찰관의 사무실 등에서 최종적으로 이루어질 수도 있으며, 희망 시 이 과정에도 참여할 수 있습니다.

(5) **압수종료 후** : 선별압수가 끝나고 정보저장매체까지 압수해야 할 특별한 사유가 없는 경우 정보저장매체를 반환하고 혐의사실과 관련 없는 전자정보는 모두 삭제·폐기합니다.

▶ 현장 외 압수·수색·검증 과정의 신뢰성 증명 등을 위하여 경찰관·분석관이 위 과정을 사진 또는 동영상으로 촬영할 수 있으며, 이 경우 사진·동영상자료는 별도로 제공되지 않습니다.

▶ 참여인은 압수·수색·검증 과정에 참여할 수 있으며, 참여를 철회하거나 참여 도중 정당한 이유 없이 퇴거하는 경우 압수·수색·검증 과정을 사진 또는 동영상 촬영하는 등 신뢰성과 전문성을 담보할 수 있는 방식으로 진행될 수 있습니다.

▶ 기타 현장 외 압수·수색·검증절차, 디지털 증거분석실의 참여시설 등과 관련하여 보다 상세한 설명을 원하는 경우 담당경찰관 또는 분석관에게 이를 요청할 수 있습니다. 다만, 수사상 비밀이나 수사기법 등에 관한 설명은 제한될 수 있습니다.

※ 안내서는 각 지방청 상황 등에 따라 적절히 수정하여 사용 가능

부록 2
관련법규·
훈령·
예규·고시

정보저장매체 인수증

사건번호		
인수	일시	
	장소	
인계 경찰관	소 속 :	
	계 급 :　　　　　　　　　　, 성 명 :　　　　　　　　　(인)	
인수자	구 분 : [ ] 피압수자(제출인),　[ ] 변호인,　[ ] 기타(　　　　　)	
	성 명 :　　　　　　　　생년월일 :　　　　　연락처 :	

정보저장매체				
연번	품명	모델명	일련번호	피압수자(제출자)
1				
2				
3				
4				
5				
6				
7				
8				
9				
10				

위 정보저장매체를 반환받았음을 확인합니다.

20 .　.　.

인수자 :　　　　　(인)

★ 영상감정 규정

[시행 2021. 8. 11.] [대검찰청예규 제1218호, 2021. 8. 11., 일부개정.]

제1장 총칙

제1조(목적)

이 규정은 감정 처리 및 감정장비 운용 규정이 정한 범위 내에서 영상분석 감정의 절차와 운영에 관한 사항을 정함을 목적으로 한다.

제2조(영상감정의 의의)

이 규정에서 영상감정(이하 '감정'이라 한다.)이라 함은 범죄수사와 관련된 아날로그 및 디지털 이미지, 아날로그 및 디지털 동영상, CCTV 영상물, 스마트폰, 차량블랙박스, CD 동영상 등 사진과 동영상 자료들에 대하여 의뢰기관에서 요청한 사항을 과학적인 시험 및 분석을 통하여 필요한 자료나 증거 데이터를 제공하기 위하여 분석, 감정하는 것을 말한다.

제3조(감정의 시행)

감정에 관한 업무는 대검찰청 법과학분석과 소속 영상분석실에서 실시한다.

제4조(감정범위)

감정의 범위는 다음 각 호와 같다.
1. 사진(이미지)의 화질 개선
2. 영상의 화질 개선
3. 영상 및 사진 분석
4. 영상 및 사진에서의 길이계측
5. 영상 및 사진의 합성·조작 여부

부록 2
관련법규·
훈령·
예규·고시

6. 증거자료와 비교자료의 동일인 여부 분석
7. 영상물 상에 나타난 증거자료 추출 및 변환
8. 기타 영상학·사진학적 감정이 필요한 사항

제5조(용어의 정의)

이 규정에서 사용하는 용어의 정의는 다음과 같다.
1. 감정물
   감정자료와 비교자료를 통칭하여 감정물이라 한다.
2. 감정자료
   범죄의 수사 또는 재판 과정에서의 증거물로서 감정 의뢰한 사진, 영상물 등의 자료를 말한다.
3. 비교자료
   감정자료의 분석 결과와 비교할 목적으로 감정 의뢰한 사진, 영상물 등의 자료를 말한다.
4. 영상분석
   사진, 영상물 등을 영상처리기(감정 및 분석시스템 등)를 이용하여 영상의 특징점 및 감정에 필요한 자료를 검출·분석하는 것을 말한다.
5. 감정결과
   감정방법에 따라 나타난 외형적 표출형태로서 감정의견을 도출하기 위하여 행한 실험결과를 말한다.
6. 감정의견
   감정관이 자신의 학식과 경험을 바탕으로 감정결과를 검토하여 감정사항에 대하여 판단을 내리는 것을 말한다.
7. 해시값
   디지털 데이터의 원본과 사본이 동일함을 증명하기 위해 계산하는 데이터 고유의 값을 말한다.

제2장 영상감정관

제6조(감정관의 자격)

영상감정관(이하 '감정관'이라 한다.)은 다음 각 호의 1에 해당하는 자격을 갖춘 자 중에서 대검찰청 과학수사부장이 지명한다.

1. 소속공무원으로서 국내·외 감정전문기관에서 실시하는 3개월 이상의 감정교육 과정을 수료한 자
2. 삭제 <2019. 12. 31.>
3. 감정요원 채용시험에 합격한 자로서 제7조 소정의 감정관 양성교육을 수료한 자
4. 전자공학, 컴퓨터공학, 사진 또는 영상 관련 학과의 학사이상 학위 소지자로 2년 이상 관련분야 실무경력자
5. 고등학교 이상의 학력소지자로서 7년 이상 관련분야 실무경력자

제7조(감정관 양성교육)

① 감정관 양성교육은 대검찰청 법과학분석과장이 주관 하되, 법과학분석과장은 교육을 담당할 감정관을 지명할 수 있다.
② 교육 담당 감정관은 교육대상자에 대한 교육기간, 교육내용 등 구체적인 교육계획을 수립하여 법과학분석과장의 승인을 받아야 한다.
③ 교육대상자의 경험과 능력을 고려하여 교육내용 등의 구체적인 사항을 정하되 교육기간은 최소 16주 이상으로 한다.

제8조(감정관의 임무와 감정관 상호간의 관계)

① 감정관은 양심에 따라 공명정대하고 신속·정확하게 감정 업무를 처리하여야 한다.
② 감정관은 감정내용을 당해 범죄사건의 수사 및 재판 이외의 목적에 제공할 수 없으며 직무수행 중 지득한 비밀을 누설하여서는 안 된다.
③ 감정관은 본인에게 배당된 감정사건의 일부 또는 전부를 다른 감정관

에게 감정하도록 지시할 수 없다. 다만, 법과학분석과장의 승낙을 얻은 경우는 예외로 한다.

④ 타 감정관은 주임감정관으로부터 감정사건에 대한 의견 요청을 받은 경우에만 의견을 개진할 수 있다.

제3장 감정절차

제9조(감정의뢰)

① 주임검사 등이 감정을 의뢰하고자 할 때는 감정 처리 및 감정장비 운용 규정 제8조 제1항 소정의 감정의뢰 공문을 대검찰청 법과학분석과장에게 송부하고, 감정물은 본 규정 별지 제1호 서식의 감정의뢰서 및 감정의뢰서 별지와 함께 대검찰청 중앙감정물접수실에 송부하여야 한다.

② 법원·경찰관서 또는 기타 공공기관이 감정을 의뢰한 경우에도 제1항에 준하도록 한다.

제10조(감정의뢰시 유의사항)

① 모든 감정물을 수집 송부할 때는 다음 각 호의 규정에 유의하여야 한다.

1. 감정의뢰자는 원본으로 감정의뢰 하여야 하며, 복사본의 경우, 원본 촬영기기에서 컴퓨터나 CD 등으로 복사하여 저장한 과정 등 사본 작성 경위를 명확히 하여야 한다.

2. 모든 감정물에는 감정대상이 된 감정자료를 명확히 특정하고 필요한 경우 감정자료가 혼동되지 않도록 식별표시를 하여야 한다.

3. 모든 감정물은 원형 그대로 유지하여 송부하고, 습기나 열로부터 손상되지 않도록 적절한 보호봉투에 넣어 송부하여야 한다.

4. 비교자료는 감정자료와 그 발생시기가 가장 근접한 것이어야 하며, 촬영 시 크기를 측정할 수 있는 물건(담배, 줄자 등)과 함께 촬영한다.

5. 편집 및 조작의 경우 반드시 촬영한 기기 또는 비교자료를 함께 송

부하여야 한다.

6. 동일인 비교시 비교자료는 사건 현장에서 재연한 영상을 보내야 하며 사진으로 대체할시 증거자료에 촬영된 각도와 위치에 준하여 촬영하여야 한다.

7. 감정의뢰자는 원본 감정자료 송부 시, 반드시 사본을 생성하여야 하며 감정결과 통보 시까지 보관하여야 한다.

② 모든 감정자료는 감정종류별로 다음 각 호의 규정에 따라 수집 송부하여야 한다.

1. 증거물이 아날로그 영상물인 경우

가. 복사본은 화질의 저하를 가져올 수 있으므로 반드시 원본테이프를 제출해야 한다.

나. 기록방지 탭을 제거하여 녹화 내용의 손실을 방지해야 한다.

다. VHS와 8mm, 6mm 상호간의 전환도 복사이므로 최초 기록물을 제출해야 한다.

라. 만약 비디오테이프에서 시간표시가 없는 경우에는 기기에서 테이프를 처음으로 돌린 후 카운터를 0으로 하여 특정화면의 시간대를 몇 시 몇 분 몇 초경으로 기술하여 시간대를 확인 후 송부하여야 한다.

마. 원본 영상을 다른 포맷으로 변환하지 말고 최초의 원본영상 상태로 송부하여야 한다.

2. 증거물이 아날로그 사진인 경우

가. 복사사진은 감정대상으로 적합하지 않으므로 원본사진을 제출해야 하며 필름이 있는 경우는 필름을 같이 송부하여야 한다.

나. 원본사진을 디지털카메라로 촬영하여 보내는 것도 복사사진에 해당되므로 반드시 원본사진을 제출하여야 한다.

3. 증거물이 디지털 파일인 경우

가. 프린트 된 사진이나 재촬영된 사진은 감정대상 자료로써 적합하지 않으므로 원본 파일을 저장매체에 담아 송부하여야 한다.

나. 영상물이 디지털 파일인 경우는 증거물 영상을 임의적으로 해상도, 크기, 종횡비율, 이미지 조작 등의 작업을 금하며, 원본 파일을 저장매체에 담아 송부하여야 한다.

다. 디지털 사진 파일인 경우 손실 압축 포맷(*.jpg, *.gif 등)등으로 변환하지 말고 최초의 원본 사진 상태로 송부하여야 한다.

제11조(감정물의 접수)

영상분석실에서는 별지 제2호 서식의 영상감정 접수처리대장을 비치하고 감정물의 접수 및 처리내용을 기록하여야 한다.

제12조(감정물의 보완 및 추송요구)

감정관은 접수된 감정물이 원본이 아니거나, 감정자료로써 적합하지 않거나, 기타 보완이 필요하다고 판단될 때에는 감정의뢰자에게 상당한 기간 내에 감정물의 보완 또는 추송을 요구할 수 있다. 이 때, 추송요구기간은 감정처리기간에 산입하지 아니한다.

제13조(감정물의 반송)

접수된 감정물이 다음 각 호의 1에 해당할 경우에는 그 이유를 명시하여 감정물을 반송할 수 있다.
1. 감정물이 사진(이미지)인 경우, 원본 파일이 아닌 프린트 된 출력물 또는 출력물을 스캔한 파일인 경우
2. 감정의뢰 사항과 감정물이 일치하지 않을 경우
3. 감정결과가 통보된 후 다시 동일 감정물에 대하여 동일한 내용으로 재감정 의뢰한 경우
4. 감정의뢰자가 정당한 이유없이 전조에 의한 감정물의 보완 또는 추송요구에 응하지 아니한 경우
5. 감정물의 상태가 불량하여 감정이 어렵다고 판단될 경우
6. 감정자료와 비교자료와의 생성 연도차가 3년 이상으로 감정이 곤란한 경우
7. 감정의뢰사항이 현재의 영상분석 기술로는 감정이 불가능하다고 판

단될 경우

8. 법과학분석과장에게 보고 후 사건의 성질상 감정에 응함이 적당하지 않다고 인정되는 경우

9. 의뢰기관의 감정물 반송 요청이 있는 경우

제14조(감정서의 작성)

① <삭제 2009. 11. 3.>

② <삭제 2009. 11. 3.>

③ 감정을 완료한 경우에는 감정서를 작성하여야 한다.

④ 감정서에는 접수번호, 감정관련 사건의 표시, 감정물, 감정사항, 감정방법, 감정결과, 감정의견, 참고사항 등 필요한 내용을 기재한 후 감정관이 서명날인 한다.

⑤ 감정의 내용을 명백히 표현하기 위하여 필요한 경우 영상분석과 관련된 도표, 사진, 기타 자료를 감정서에 첨부할 수 있다.

⑥ 감정관은 감정물의 무결성을 검증하기 위해 송부받은 감정물에서 해시값을 추출하고 이를 결과통보서에 기재하여야 한다.

제15조(감정의견)

① 감정의견은 감정에 참여한 감정관이 합의한 의견으로 한다.

② 감정관은 감정의견을 다음 각 호의 규정에 따라 표현한다. 다만 필요한 경우 감정관들의 합의로 다음 각 호 이외의 감정의견을 정할 수 있다.

1. 감정결과에 대해 확고부동한 신념을 가지고 감정의견을 도출한 경우 "가능성이 매우 높음"으로 나타낸다.

2. 감정결과에 대해 상당한 신념을 가지며 명백한 반대증거가 없는 한 옳다고 믿고 감정의견을 도출한 경우 "가능성이 높음"으로 나타낸다.

3. 감정결과에 대해 옳다고 믿을 만한 신념이나 견해가 형성 되었을 경우 "가능성이 있음"으로 나타낸다.

4. 감정결과에 대해 어떠한 신념이나 견해를 충분히 형성하지 못하였

거나 감정자료의 부족, 상태불량 등으로 감정의견을 도출하기 어려울 경우 "판단불가"로 나타낸다.

제4장 감정자료의 보존관리

제16조(감정물의 처리)

감정이 완료된 감정물은 감정의뢰자에게 감정서와 함께 반환한다.

제17조(감정기록의 편철 · 보존)

① 감정 종결된 기록은 별지 제3호 서식에 의한 영상감정 기록철을 표지로 하여 감정의뢰서, 감정결과 통보서, 기타 이와 관련된 서류는 매 건마다 분류 · 편철하여 보존 · 관리하여야 한다.

② 감정의뢰서, 감정물접수처리대장, 감정기록, 감정물 사본, 감정결과서 등 감정관련 문서는 감정 처리 및 감정장비 운용 규정 제29조의 2에 따라 30년간 보존한다.

제18조 삭제〈2009. 11. 3.〉

제19조(재검토기한)

「훈령 · 예규 등의 발령 및 관리에 관한 규정」(대통령훈령 제431호)에 따라 이 규정에 대하여 2022년 1월 1일 기준으로 매3년이 되는 시점(매 3년째의 12월 31일까지를 말한다)마다 그 타당성을 검토하여 개선 등의 조치를 하여야 한다.

부칙 〈제1218호, 2021. 8. 11.〉

이 규정은 2021. 8. 11.부터 시행한다.

[별지 제1호 서식]

감정 의뢰서

<table>
<tr><td rowspan="2" colspan="2">감정물 관리 번호 (Bar Code)</td><td>의뢰기관
사건번호</td><td></td></tr>
<tr><td>감정기관
접수번호</td><td></td></tr>
<tr><td>의뢰기관</td><td></td><td>의뢰자</td><td></td></tr>
<tr><td>의뢰일</td><td></td><td>연락처</td><td></td></tr>
<tr><td>채취자
(압수자)</td><td>채취(압수)일시</td><td>채취(압수)근거</td><td>□ 동의 □ 영장
□ 기타</td></tr>
<tr><td>배송방법</td><td colspan="3">□ 사송   □ 등기우편   □ 기타 배송방법 (   )</td></tr>
<tr><td>비 고
(범죄요지)</td><td colspan="3"></td></tr>
<tr><td>감정분야</td><td colspan="3">□ 문서감정   □ 멀티미디어감정(음성, 영상, 복원)   □ 법화학감정
□ 화재감정
□ DNA감정 (□ DNA DB 검색, □ DNA DB 수록)   □ 기타</td></tr>
</table>

감정 의뢰물 목록

번호	피의자 (제출자)	감정물 종류	수량	감정의뢰 내용
1				
2				
3				
4				*(필요시 별지 사용)*
5				
6				
7				

대검찰청 감정규정(대검예규)에 의하여 위와 같이 감정을 의뢰합니다.

2018년 04월05일 작성자 검찰주사보 홍길동   (서명)

감정물 인계 및 인수 이력 (감정기관 사용)								
일 시	조 치 (인수 / 인계)	소 속	성 명 (서 명)	일 시	조 치 (인수 / 인계)	소속	성 명 (서 명)	
			(서명)				(서명)	
			(서명)				(서명)	
			(서명)				(서명)	
			(서명)				(서명)	
			(서명)				(서명)	
			(서명)				(서명)	

감정 후 조치		
□ 전량소모　□ 반환　□ 보존*　□ 폐기　□ 기타 : ＊ 감정 처리 및 감정장비 운용 규정 제26조에 따름	감정관 (서명)	일 시

감정 의뢰서 별지

감정물 관리 번호 (Bar Code)	의뢰기관 사건번호	
	감정기관 접수번호	

감정의뢰물 목록				
번호	피의자 (제출자)	감정물 종류	수량	감정의뢰 내용

영 상 감 정 접 수 처 리 대 장

연번	접수일자 발송일자	의뢰 기관 (담당검사)	문서번호 (접수) 문서번호 (결재)	사건 번호	관련자 (피의자등)	죄 명	제 목 (접수) 제 목 (발송)	감정 물 감정사항	감정관	비고
							☐ 영상감정 결과통보 ☐ 사진감정 결과통보 ☐ 기타 :			
							☐ 영상감정 결과통보 ☐ 사진감정 결과통보 ☐ 기타 :			
							☐ 영상감정 결과통보 ☐ 사진감정 결과통보 ☐ 기타 :			
							☐ 영상감정 결과통보 ☐ 사진감정 결과통보 ☐ 기타 :			

부록 2
관련법규·
훈령·
예규·고시

영상감정기록철

0000년 영상감정 제 호

영 상 감 정 기 록 철

의 뢰 청 :   지방검찰청   지청

                지방법원   지원

사건번호 :

죄 명 :

관련자(피의자, 피고인) 성명 :

주임검사 :

    판사 :

감정자료 :

감정사항 :

접수일자 :   월   일,   발송일자 :   월   일

감정결과 :

담당감정관 :

★ 웨어러블 폴리스캠(wearable PoliceCAM) 시스템 운영 규칙

[시행 2021. 1. 22.] [경찰청훈령 제1003호, 2021. 1. 22., 타법개정]

제1장 총칙

제1조 【목적】

이 규칙은 경찰공무원이 웨어러블 폴리스캠을 사용하는 경우에 지켜야 할 방법, 기준, 절차 및 그 밖에 웨어러블 폴리스캠의 운용에 필요한 사항을 규정함으로써 국민의 인권을 보호하고, 절차의 투명성과 직무수행의 적정성을 보장함을 목적으로 한다.

제2조 【정의】

이 규칙에서 사용하는 용어의 뜻은 다음과 같다.

1. "웨어러블 폴리스캠"이란 경찰공무원의 신체 또는 근무복 등에 부착되어 직무수행과정을 근거리에서 영상으로 기록할 수 있는 경찰장비로서 다음 각 목의 기능을 갖춘 것을 말한다.

   가. 영상과 음성의 녹화(야간 녹화를 포함한다) 및 녹음

   나. FullHD급(1920×1080) 해상도 이상

   다. 녹화 시야각 120 이상

   라. 액정표시장치를 통한 영상기록 재생

   마. 영상기록의 암호화 등 파일 보안

2. "영상기록"이란 웨어러블 폴리스캠을 사용하여 녹화된 영상기록물을 말한다.

3. "영상기록저장장치"란 영상기록을 저장·관리할 수 있는 장치로서 웨어러블 폴리스캠에 부착·결합된 저장장치를 말한다.

4. "웨어러블 폴리스캠 시스템"이란 영상기록을 저장·관리할 수 있는 장치로서 경찰청 또는 시·도경찰청에서 지정한 정보시스템을 말한다.

5. "영상정보데이터베이스"란 영상기록 및 영상기록저장장치에 있는 정보를 관리·분석할 수 있는 데이터베이스를 말한다.
6. "시스템 관리자"란 웨어러블 폴리스캠 시스템을 실제 운용하는 부서에서 웨어러블 폴리스캠 시스템을 운영·관리하는 자를 말한다.

제3조【인권보호 등】

① 경찰공무원은 직무수행을 위하여 필요한 한도 내에서 웨어러블 폴리스캠을 사용하되, 국민의 인권이 침해되지 않도록 주의하여야 한다.
② 경찰공무원은 이 규칙에 의하지 아니하고는 웨에러블 폴리스캠을 사용해서는 아니 된다.

제4조【다른 규칙과의 관계】

웨어러블 폴리스캠의 운용 및 관리에 관하여 이 규칙에서 정하지 않은 사항에 대해서는「경찰장비관리규칙」에 따른다.

제2장 웨어러블 폴리스캠 제작·운용 기준

제5조【웨어러블 폴리스캠의 제작·운용 기준】

① 웨어러블 폴리스캠의 제작 기준은 다음 각 호와 같다.
1. 사용자가 녹화와 중지만을 선택할 수 있도록 그 기능이 제한
2. 피녹화자가 육안으로 녹화중임을 알 수 있도록 녹화 여부가 외견상 인식할 수 있을 것
② 웨어러블 폴리스캠의 운용 기준은 다음 각 호와 같다.
1. 경찰청 또는 시·도경찰청에서 지정하는 웨어러블 폴리스캠 시스템에 연결된 때에만 영상기록을 전송하는 체계를 갖출 것. 다만, 웨어러블 폴리스캠을 피탈당하는 경우 등을 대비하여 영상기록을 무선 방식으로 영상정보데이터베이스에 실시간으로 전송하는 체계를 갖출 수 있다.

2. 영상정보데이터베이스에 영상기록이 전송된 때에는 영상기록저장장
치에 저장된 영상기록은 삭제될 것

3. 경찰관서에서 보급한 장비만 사용하는 등 상호운용성에 지장이 없
도록 할 것

제6조 【웨어러블 폴리스캠의 사용 범위】

① 경찰공무원이 웨어러블 폴리스캠을 사용할 수 있는 범위는 직무수행
을 위하여 필요한 경우로서 다음 각 호에 해당하는 것으로 한다.
1. 경찰공무원이 「형사소송법」 제200조의 2, 제200조의 3, 제201조
또는 제212조의 규정에 따라 피의자를 체포 또는 구속하는 경우
2. 범죄 수사를 위하여 필요한 경우로서 다음 각 목의 요건을 모두 갖
춘 경우
가. 범행 중이거나 범행 직전 또는 직후일 것
나. 증거보전의 필요성 및 긴급성이 있을 것
3. 「경찰관 직무집행법」 제5조제1항에 따른 인공구조물의 파손이나 붕
괴 등의 위험한 사태가 발생한 경우
4. 피녹화자로부터 녹화 요청 또는 동의를 받은 경우
② 경찰공무원은 제1항에도 불구하고 「경찰관 직무집행법」 제3조에 따
른 불심검문, 집회·시위 현장에는 웨어러블 폴리스캠을 사용하여서는
아니 된다.

제7조 【사용자 준수사항】

경찰공무원이 웨어러블 폴리스캠을 사용하는 경우에 다음 각 호의 사항
을 준수하여야 한다.
1. 근무복 이외의 복장으로 웨어러블 폴리스캠 사용 금지
2. 녹화 시작과 종료 전에 각각 녹화 시작 및 종료 사실을 고지. 다만,
녹화 사실을 사전에 고지할 시간적인 여유가 없거나 현장 상황이
긴급한 경우 등에는 웨어러블 폴리스캠 시스템에 영상기록을 등록
할 때에 고지를 못한 사유를 기록하는 것으로 대체할 수 있다.
3. 녹화를 마친 영상기록은 지체 없이 웨어러블 폴리스캠 시스템을 이

용하여 영상정보데이터베이스에 저장·전송

  4. 영상기록저장장치 또는 영상정보데이터베이스가 아닌 곳에 영상기록을 저장·전송 금지

  5. 영상기록저장장치에 저장된 정보의 임의 편집·삭제 금지

  6. 영상기록을 웨어러블 폴리스캠 시스템에 등록할 때에 접수번호, 녹화제목, 녹화일, 녹화내용 등을 입력

  7. 사용을 마친 웨어러블 폴리스캠은 제16조에 따른 관리책임자에게 반납

제3장 사용자 및 웨어러블 폴리스캠 등록

제8조 【웨어러블 폴리스캠 시스템 사용자 등록】

① 시스템 관리자는 웨어러블 폴리스캠 시스템 사용자의 자료접근범위를 시스템에 등록하여 사용자인지 여부를 식별할 수 있도록 하고, 사용자의 인가된 범위 이외의 자료접근을 통제하여야 한다.

② 사용권한의 등록 및 해지 신청은 별지 제1호 서식으로 시스템 관리자에게 요청하며, 사용자가 교체된 경우에는 지체 없이 사용권한 해지를 신청하여야 한다.

③ 시스템 관리자는 제2항에 따라 공문으로 받은 별지 제1호 서식의 내용을 웨어러블 폴리스캠 시스템에 입력·변경하여야 한다.

제9조 【웨어러블 폴리스캠 등록】

① 웨어러블 폴리스캠은 기기 일련번호, 맥 주소 등의 웨어러블 폴리스캠 정보를 웨어러블 폴리스캠 시스템에 등록 후 사용하여야 한다.

② 웨어러블 폴리스캠에 부여된 전 항의 정보들은 사용자가 임의로 변경하여 사용할 수 없다.

③ 웨어러블 폴리스캠의 신규 등록 및 해지 신청은 별지 제2호 서식으로 시스템 관리자에게 요청하여야 한다.

④ 시스템 관리자는 제3항에 따라 공문으로 받은 별지 제2호 서식의 내용을 웨어러블 폴리스캠 시스템에 입력·변경하여야 한다.

제4장 기기 및 보안 관리

제10조 【웨어러블 폴리스캠 기기관리】

① 웨어러블 폴리스캠은 충격을 주거나 떨어뜨리지 않도록 하여야 하고, 물에 젖지 않도록 주의하여야 한다.

② 웨어러블 폴리스캠은 웨어러블 폴리스캠 시스템 관리부서의 승인 없이 운용부서를 임의로 변경하여서는 아니 된다.

③ 웨어러블 폴리스캠의 분실, 피탈 등의 사고가 발생한 때에는 다음 각 호에 따라 조치하여야 한다.

  1. 웨어러블 폴리스캠 사용자는 웨어러블 폴리스캠의 분실 및 피탈시 즉시 제16조에 따른 관리책임자와 시스템 관리자에게 보고

  2. 시스템 관리자는 분실 및 피탈보고 접수 즉시 해당 웨어러블 폴리스캠을 웨어러블 폴리스캠 시스템을 통해 수배등록

제11조 【웨어러블 폴리스캠 보안관리】

웨어러블 폴리스캠에 대한 보안대책 사항은 다음 각 호와 같다.

  1. 웨어러블 폴리스캠 시스템에 사용자 정보 등록

  2. 무선으로 영상 전송시 암호화 전송

제12조 【영상기록 저장소의 지정기준 및 운용】

① 웨어러블 폴리스캠 시스템 관리부서의 장은 웨어러블 폴리스캠에 담긴 영상기록을 전용으로 저장하고 관리하는 영상정보데이터베이스를 갖추어야 한다.

② 영상기록은 30일간 보관되며 기간 경과 후 자동으로 폐기되어야 한다.

③ 내려받기, 열람 등 웨어러블 폴리스캠 시스템에 접속할 때에는 경찰 내 시설에서 컴퓨터로 본인 인증하여야 하고, 본인이 녹화한 영상기록에 한하여 열람 및 증거물을 봉인하여야 한다.

④ 영상정보데이터베이스에 저장된 영상기록은 자의적으로 편집이나 삭

제가 불가능하도록 웨어러블 폴리스캠 시스템을 설계하고, 경찰청에서 관리하는 영상정보데이터베이스에 보관하여야 한다.

⑤ 저장된 영상기록은 일련번호를 부여한 후, 체계적으로 관리하여야 한다

⑥ 각종 로그기록은 1년간 보관한다. 다만, 시스템 접근권한에 대한 부여, 변경 또는 말소에 대한 로그기록은 3년간 보관한다.

제5장 영상기록 증거물 봉인

제13조【영상기록 증거물 작성 및 봉인】

① 경찰공무원은 영상기록을 증거물로 제출하고자 할 경우 웨어러블 폴리스캠 시스템을 이용하여 영상기록 증거물(CD, DVD 등) 2개를 제작하고 영상기록 증거물 표면에 사건번호, 죄명, 진술자 성명 등 사건정보를 기재하여야 한다.

② 경찰공무원은 제1항에 따라 제작된 영상기록 증거물은 피조사자의 기명날인 또는 서명을 받아 조사받는 사람 또는 변호인의 면전에서 봉인하여 수사기록에 편철한다.

③ 경찰공무원은 피조사자의 기명날인 또는 서명을 받을 수 없는 경우에는 기명날인 또는 서명란에 그 취지를 기재하고 직접 기명날인 또는 서명한다.

④ 경찰공무원은 제1항에도 불구하고 손상 또는 분실 등으로 제1항의 영상기록증거물을 사용할 수 없을 때에는 영상정보데이터베이스에 저장되어 있는 영상기록 파일을 이용하여 다시 영상기록 증거물을 제작할 수 있다.

⑤ 경찰공무원은 영상기록 증거물을 생성한 후 별지 제3호 서식에 따른 영상기록 증거물 제작 현황을 작성하여야 하며, 제16조에 따른 담당 경찰관이 대장을 관리한다.

제14조 【봉인 전 재생 · 시청】

경찰공무원은 영상기록 증거물을 봉인하기 전에 진술자 또는 변호인이 영상기록의 시청을 요구하는 때에는 영상기록 증거물을 재생하여 시청하게 하여야 한다. 이 경우 진술자 또는 변호인이 녹화된 내용에 대하여 이의를 진술하는 때에는 그 취지를 기재한 서면을 수사기록에 편철하여야 한다.

제6장 교육 및 관리

제15조 【교육훈련】

① 경찰공무원은 웨어러블 폴리스캠 사용 전에 4시간 이상 교육을 받아야 한다. 이 경우 교육내용에는 웨어러블 폴리스캠 사용법, 사용지침, 위법사례 및 개인정보보호 등에 관련된 내용이 포함되어야 한다.

② 제16조에 따른 관리책임자는 웨어러블 폴리스캠 사용자에게 제1항의 교육 내용을 연 2회 정기적으로 교육하여야 한다.

제16조 【관리책임자 지정 등】

① 경찰청, 시·도경찰청, 부속기관 및 경찰서의 장은 웨어러블 폴리스캠 사용부서의 장을 다음 각 호의 웨어러블 폴리스캠 관리책임자로 지정하여야 한다.

　1. 경찰청·부속기관·시·도경찰청·경찰서: 정(사용부서 과장), 부(사용부서 계장)

　2. 지구대: 정(지구대장), 부(각 순찰팀장)

　3. 파출소: 정(파출소장), 부(각 순찰팀장 또는 순찰팀장이 없는 소규모 파출소의 경우 상위서열의 직원 1인)

　4. 치안센터: 정(지구대장·파출소장), 부(치안센터장 또는 상위서열의 직원 1인)

② 웨어러블 폴리스캠 관리책임자는 웨어러블 폴리스캠의 입·출고를 관리할 담당경찰관을 지정하고, 담당경찰관은 웨어러블 폴리스캠 운영 사항에 대하여 별지 제4호의 서식으로 입·출고를 관리한다. 이 경우,

웨어러블 폴리스캠 시스템에서 입·출고 내역을 출력하여 수기 대장을 대신할 수 있다. 다만, 지구대, 파출소, 치안센터의 경우 제16조에 따른 '부'관리책임자를 담당경찰관으로 지정할 수 있다.

③ 웨어러블 폴리스캠 사용자는 다음 각 호의 직무를 수행한다.

  1. 영상의 녹화, 웨어러블 폴리스캠의 자료 저장 상태 확인

  2. 녹화 저장된 영상기록의 웨어러블 폴리스캠 시스템 등록, 조회 및 관리

  3. 웨어러블 폴리스캠에서 영상정보데이터베이스로 실시간 전송된 영상기록의 전송 확인

  4. 웨어러블 폴리스캠 장애의 경우 자체진단·고장신고 및 장애기록 유지

  5. 웨어러블 폴리스캠 및 관련 기기 운영·관리

제17조【서류의 보존기간】

별지 제1호, 제2호, 제3호, 제4호 서식의 서류는 3년 동안 보존하여야 한다.

부 칙 (2021.1.21.)

이 규칙은 발령한 날부터 시행한다.

【별지 제1호 서식】

웨어러블 폴리스캠 시스템 사용권한 등록(해지) 신청서

소속	계급	성명	생년월일	전화 (경비,일반)	비고
○○청 ○○서 ○○과				경비 : 일반 :	
○ 사용업무 : ■ 담당경찰관 □ 웨어러블 폴리스캠 사용자					
○○청 ○○과				경비 : 일반 :	
○ 사용업무 : ■ 담당경찰관 □ 웨어러블 폴리스캠 사용자					
○○청 ○○과				경비 : 일반 :	
○ 사용업무 : ■ 담당경찰관 □ 웨어러블 폴리스캠 사용자					

본인은 웨어러블 폴리스캠을 사용함에 있어 주어진 공무수행 목적으로만 적법하게 사용할 것을 다짐합니다.

20 년 월 일

신청자 계급 : ○○ 성명 : ○○○

계급 : ○○ 성명 : ○○○

계급 : ○○ 성명 : ○○○

【별지 제2호 서식】

웨어러블 폴리스캠 등록(해지) 신청서

결 재		

구 분		내 용
부서명(호실)		
사 용 목 적		
해지내용	승인번호	
	해지사유	
웨어러블 폴리스캠	모 델 명	
	제작회사 (제작번호 S/N)	
	Lan카드 고유번호 (MAC Address)	
관리책임자 지 정	정 책임자	계 급	성 명
	부 책임자	계 급	성 명
	입출고 담당경찰관	계 급	성 명
확 인 자 (주무계장)	소 속: 계 급 : 성 명 : .	

○ 등록 · 해지시 보안사항

  ○ 웨어러블 폴리스캠 등록시

   - 웨어러블 폴리스캠 시스템 관리부서의 사전 승인을 득한 후 사용

   - 정 · 부책임자, 담당경찰관을 지정하여 관리

  ○ 웨어러블 폴리스캠 등록 · 해지시

   - 수리, 폐기 등의 사유로 장비반출시 관리책임자는 영상기록저장장치에 수
     록된 자료의 삭제여부를 확인, 입출고 현황에 기재

【별지 제3호 서식】

영상기록 증거물 제작 현황

연번	접수일자	사건번호	죄 명	영상녹화대상자			인수자	인계자	송치일자	비고
				피의자	참고인	피해자				

웨어러블 폴리스캠 입출고 현황

연번	폴리스캠 일련번호	용도 및 내용요약	출고 및 입고					반납자	반납일	비고 (개수)
			출고 일시	입고 일시	사용 부서	사용자	확인			

★ 과학수사기본규칙

[시행 2021. 9. 16.] [경찰청훈령 제1033호, 2021. 9. 16., 일부개정]

제1장 총 칙

제1조(목적)

이 규칙은 과학수사 업무의 원칙과 증거물의 수집·채취, 관리·보관, 감정 등 과학수사의 절차와 방법에 관한 사항을 규정함으로써 사건의 실체적 진실 발견과 국민의 인권 보호에 기여함을 목적으로 한다.

제2조(적용 범위)

경찰의 과학수사 업무에 대하여 다른 규칙에 특별한 규정이 있는 경우를 제외하고는 이 규칙이 정하는 바에 따른다.

제3조(용어의 정의)

이 규칙에서 사용하는 용어의 정의는 다음과 같다.
1. "과학수사"란, 과학적으로 검증된 지식·기술·기법·장비·시설 등을 활용하여 객관적 증거를 확보하기 위한 수사활동을 말한다.
2. "과학수사관"이란 경찰청 및 소속기관(이하 "경찰기관"이라 한다)의 과학수사 부서에 소속되어 현장감식, 감정, 과학수사 시스템의 관리·운영 등의 직무를 담당하는 사람을 말한다.
3. "현장감식"이란 사건과 관련된 현장에 임하여 현장상황의 관찰, 증거물의 수집·채취 등을 통해 범행 당시의 현장을 재구성하는 활동을 말한다.
4. "증거물의 수집"이란 증거물의 추가적인 분석이나 감정을 위하여 원상의 변경 없이 현장에서 증거물을 수거하는 것을 말한다.
5. "증거물의 채취"란 현장이나 그 밖의 장소에서 원상의 증거물 등으로부터 지문을 현출하거나, 미세증거물·디엔에이 감식 시료 등을 전

이하는 것을 말한다.

6. "과학적범죄분석시스템(SCAS:Scientific Crime Analysis System)이란 현장감식 및 증거물 수집·채취에 관한 정보, 증거물 감정 정보, 범죄분석을 위한 과학수사 데이터 등을 관리하는 전산시스템을 말한다.

7. "지문자동검색시스템(AFIS:Automated Fingerprint Identification System)이란 주민등록증 발급신청서·외국인의 생체정보·수사자료표의 지문을 원본 그대로 암호화하여 데이터베이스에 저장하고, 채취한 지문과의 동일성 검색에 활용하는 전산시스템을 말한다.

제4조(인권보호)

과학수사관은 직무를 수행함에 있어 「경찰관 인권행동강령」에 따라 인권을 존중하고 적법절차를 준수하여야 한다.

제5조(과학수사 기본원칙)

① 과학수사를 통해 확보한 증거물은 수집·채취 단계부터 감정, 송치 또는 수사종결 시까지 업무처리자 변동 등 모든 단계의 이력이 연속적으로 관리함으로써 증거물의 연계성을 확보하여야 한다.

② 과학수사관은 어떠한 경우에도 편견과 예단 없이 중립적이고 객관적으로 업무를 수행하여야 한다.

③ 과학수사관은 과학적 근거를 바탕으로 업무를 수행하여 그 절차와 결과의 신뢰성과 타당성을 확보하여야 한다.

제6조(직무의 제한)

과학수사관의 제척·기피·회피에 관한 사항은 「범죄수사규칙」 제8조부터 제12조까지의 규정에 따른다.

제7조(법정 증언)

① 과학수사관은 담당한 사건과 관련하여 법원으로부터 증인으로 출석을

요구받은 경우에는 소속 부서의 장에게 보고하고 관련 자료 및 예상 질의답변을 준비하여야 한다.

② 과학수사관은 법원에 증인으로 출석하여 증언을 할 때에는 기억에 기초하여 진실되고 정확하게 하여야 한다.

제8조(자료제공 협조)

감정 결과를 회신·통보한 부서의 장이 사건의 결과 또는 관련 통계 등 자료의 제공을 요청한 경우, 사건담당 부서 또는 사건 관련 통계를 관리하는 부서의 장은 이에 협조하여야 한다.

제9조(전문가 자문)

① 경찰청장 또는 시·도경찰청장(이하 "경찰청장등"이라 한다)은 다음 각 호의 사항에 대한 전문적인 의견을 청취하기 위하여 과학수사와 관련한 분야별 외부 전문가를 자문위원으로 위촉할 수 있다.
  1. 전문적인 지식 또는 과학적인 방법을 활용하여 범죄 수사와 관련한 사실관계를 분명하게 하기 위해 필요한 경우
  2. 과학수사 관련 법령의 제·개정, 정책의 수립·시행, 장비의 개발·개선, 교육·훈련 등과 관련하여 전문성 강화를 위해 필요한 경우
② 자문위원은 다음 각 호에 해당하는 행위를 하여서는 아니 된다.
  1. 수사에 부당하게 관여하는 행위
  2. 직무수행 중 알게 된 기밀을 누설하는 행위
  3. 직무와 관련하여 금품이나 향응을 수수하는 행위
③ 경찰청장등은 자문위원이 다음 각 호에 해당하는 경우 해촉할 수 있다.
  1. 제2항 각 호에 해당한 때
  2. 부득이한 사유로 직무를 수행할 수 없게 되거나 공정한 직무집행이 어렵다고 인정되는 상당한 이유가 있을 때
④ 경찰청장등은 자문위원에 대하여 수당과 여비 그 밖의 활동에 필요한 경비를 지급할 수 있다.
⑤ 경찰청장등은 과학수사 자문위원의 임기·구성·회의 등 필요한 세부사항을 정할 수 있다.

제2장 현장감식
제1절 현장감식의 원칙

제10조(현장감식의 절차)

① 현장감식은 다음 각 호의 순서에 따라 실시하는 것을 원칙으로 한다.
  1. 현장 임장 및 보존
  2. 현장 관찰 및 기록
  3. 증거물 수집·채취
  4. 변사 사건의 경우 변사자 검시
  5. 「범죄수사규칙」 별지 제108호서식의 현장감식결과보고서(이하 "현장감식결과보고서"라 한다) 작성
② 현장감식에 관하여 이 규칙에서 정하지 않은 세부사항은 「경찰청 과학수사 표준업무 처리지침」에 따른다.

제2절 현장 임장 및 보존

제11조(현장 임장)

① 과학수사관은 다음 각 호의 경우 지체 없이 현장에 임장하여야 한다.
  1. 「수사본부 설치 및 운영 규칙」 제2조에 따른 수사본부 설치대상이 되는 중요사건의 범위에 해당되는 사건
  2. 경찰기관에서 과학수사관의 현장 임장을 요청하는 사건
  3. 그 밖에 과학수사관이 임장할 필요가 있다고 인정되는 사건
② 과학수사관이 현장에 임장할 경우 소속 상관에게 사전에 보고하여야 한다.
③ 현장임장은 2인 이상을 원칙으로 한다. 다만, 현장 및 근무인원 상황 등을 이유로 부득이한 경우에는 그러하지 아니하다.

제12조(범죄피해자 등의 보호 · 구호)

① 초동 조치를 취한 경찰관(이하 "초동 경찰관"이라고 한다) 및 과학수

사관은 현장에서 부상자의 구호가 필요한 때에는 이를 우선하여야 하며, 이 경우 현장 훼손을 최소화하여야 한다.

② 과학수사관은 현장에서 신고자 또는 범죄피해자의 개인정보 등의 노출이 최소화되도록 노력하여야 한다.

제13조(현장상황 설명 및 확인)

① 초동 경찰관은 현장에 임장한 과학수사관에게 최초 현장 상황과 현장에 출입한 사람의 성명·연락처·소속·출입 일시 등 현장에 대한 종합적인 상황을 설명하여야 한다.

② 과학수사관은 현장이 변경되었거나 훼손된 부분이 있을 경우 초동경찰관, 피해자, 최초 발견자, 신고자, 구조대원 등 관계자(이하 "초동경찰관등"이라 한다)에게 질문하여 전후사정을 확인하여야 한다.

제14조(현장보존 시 준수사항)

초동 경찰관 및 과학수사관은 현장이 훼손되지 않도록 다음 각 호의 사항을 준수하여야 한다.

1. 경찰통제선 안으로 출입할 필요가 없는 사람의 출입을 통제한다.
2. 현장 접근 시 보호장구 등을 착용하고, 통행판 등을 이용하여 현장에 진입한다.
3. 현장 또는 주변에 물건을 버리거나 내부 시설물을 사용하지 않는다.
4. 현장에서 증거물을 수집·채취할 경우 사전에 현장 사진 및 동영상을 촬영한다.
5. 그 밖에 수사 과정에서 현장을 변경·훼손할 수 있는 행위를 최소화한다.

제3절 현장 관찰 및 기록

제15조(현장 관찰)

과학수사관은 사건과 관련된 증거물을 수집·채취하기 위하여 「범죄수사규칙」 제169조제1항 각 호의 사항을 고려하여 현장을 관찰하고, 필요한 경우 초동 경찰관등으로부터 진술을 청취할 수 있다.

제16조(현장기록)

① 과학수사관은 시간 순서에 따른 현장 조치에 관하여 다음 각 호의 사항을 현장감식의 기재, 상황도·평면도 작성, 사진 및 동영상 촬영 등의 방법으로 현장에서 기록하여야 한다.
  1. 현장 도착 시각 및 기상 상태
  2. 현장 및 주변의 상황
  3. 증거물 수집·채취 진행 경과
  4. 현장감식 종료 시각
  5. 그 밖에 특이사항
② 제1항의 기록은 과학적범죄분석시스템(SCAS)에 입력하여야 한다.

제4절 증거물 수집·채취

제17조(수집 · 채취 대상)

과학수사관은 다음 각 호의 증거물을 수집·채취하여야 한다.
1. 지문, 혈액, 타액, 정액, 모발 등 생물학적 증거물
2. 유리, 페인트 조각, 토양, 고무, 섬유 등 미세증거물
3. 족적, 윤적, 공구흔 등 물리학적 증거물
4. 시체의 현상·손상 등 법의학적 증거물
5. 그 밖에 범죄수사에 필요하다고 인정되는 증거물

제18조(증거물 수집 · 채취 방법)

① 과학수사관은 증거의 특성 및 현장상황에 맞는 최적의 방법으로 증거물을 수집·채취하여 그 원형을 최대한 유지하여야 한다. 이 경우 수집·채취 전후의 상황을 사진 또는 동영상 촬영하는 등 증거물의 동일성 및 진정성을 입증할 수 있는 조치를 하여야 한다.
② 과학수사관은 제1항에 따라 증거물을 수집·채취할 경우 증거물이 오염·훼손되지 않고 무결성이 유지될 수 있도록 다음 각 호의 사항을 준수하여야 한다.

1. 증거물 수집·채취 시 과학수사관을 제외한 현장출입자의 증거물 접촉을 제한한다.
2. 수집·채취한 증거물의 특성에 맞는 용구에 포장한다.
3. 포장한 증거물을 봉인하고 증거물의 종류, 수집·채취 일시 및 장소, 수집자·채취자 등을 기록한다.
4. 증거 간 교차 오염을 방지하기 위해 각별히 주의한다.

제5절 변사자 검시

제19조(변사자 검시)

① 변사 현장에 임장한 과학수사관은 변사자의 신원확인을 위하여 지문을 채취하여야 한다. 다만, 부패 등으로 지문 채취가 곤란한 경우에는 디엔에이감식시료, 치아, 유골 등을 채취하여 국립과학수사연구원 등 공인시험기관에 감정을 의뢰하여야 한다.
② 과학수사관은 검시 과정에서 변사자의 명예가 훼손되지 않도록 유의하여야 한다.
③ 검시조사관(檢視調査官)은 생물학·해부학·병리학 등 전문 지식을 바탕으로 변사자 및 그 주변 환경을 종합적으로 조사하여 범죄 관련 여부를 판단하는 사람으로서 변사자를 조사한 후 「범죄수사규칙」 별지 제15호 서식의 변사자조사결과보고서(이하 "변사자조사결과보고서"라 한다)를 작성하여야 한다.
④ 검시조사관은 제3항의 변사자조사결과보고서를 과학적범죄분석시스템(SCAS)에 입력하여 사건 담당 경찰관이 열람할 수 있도록 하여야 한다.

제6절 현장감식결과보고서 작성

제20조(현장감식결과보고서의 작성 및 입력)

① 과학수사관은 현장감식 실시 후 현장감식결과보고서를 작성하여야 한다.
② 과학수사관은 제1항의 현장감식결과보고서를 과학적범죄분석시스템(SCAS)에 입력하여 사건 담당 경찰관이 열람할 수 있도록 하여야 한다.

제7절 특수 현장감식

제21조(화재감식)

① 과학수사관은 화재현장에 남아있는 증거를 기초로 발화부위 및 원인, 확산 원인 및 과정 등을 규명하기 위하여 화재감식을 실시할 수 있다.

② 과학수사관은 화재감식을 위해 화재 현장에 남아있는 기구 및 시설 등에 대하여 분해검사 및 관련 실험을 실시할 수 있다. 이에 대한 전문 지식과 경험이 필요한 경우 국립과학수사연구원 등 관련 전문기관에 감정을 의뢰하거나 자문을 요청할 수 있다.

③ 과학수사관은 화재감식을 실시하였을 경우 별지 제1호서식의 화재감식 결과서를 작성하여야 한다.

④ 과학수사관은 제3항의 화재감식 결과서를 과학적범죄분석시스템(SCAS)에 입력하여 사건 담당 경찰관이 열람할 수 있도록 하여야 한다.

제22조(혈흔형태분석)

① 과학수사관은 현장에 남아있는 혈흔의 위치·모양·방향성 등을 기초로 사건 발생 당시 관련자들의 행위를 재구성하기 위하여 혈흔형태분석을 실시할 수 있다.

② 과학수사관은 현장에서 직접 혈흔형태분석을 할 수 없을 경우에는 향후의 혈흔형태분석에 대비하여 현장의 혈흔을 사진 촬영한 후 과학적범죄분석시스템(SCAS)에 입력 및 관리하여야 한다.

③ 과학수사관은 혈흔형태분석을 실시하였을 경우 별지 제2호서식의 혈흔형태분석 결과서를 작성하여야 한다.

④ 과학수사관은 제3항의 혈흔형태분석 결과서를 과학적범죄분석시스템(SCAS)에 입력하여 사건 담당 경찰관이 열람할 수 있도록 하여야 한다.

제23조(체취증거견 운용)

① 과학수사관은 용의자 등의 추적, 실종자·변사자 수색 등을 위하여 전문 훈련을 받고 지정된 체취증거견을 운용할 수 있다.

② 과학수사관은 체취증거견을 운용하였을 경우 별지 제3호서식의 체취

증거견 운용 결과서를 작성하여야 한다.

③ 과학수사관은 제2항의 체취증거견 운용 결과서를 과학적범죄분석시스템(SCAS)에 입력하여 사건 담당 경찰관이 열람할 수 있도록 하여야 한다.

제24조(수중 과학수사)

① 과학수사관은 수면 또는 수중에 있는 증거물의 보존·관찰·촬영·수집·채취 등을 위하여 수중 과학수사활동을 할 수 있다.

② 과학수사관은 수중 과학수사활동을 실시하였을 경우 별지 제4호서식의 수중감식 결과서를 작성하여야 한다.

③ 과학수사관은 제2항의 수중감식 결과서를 과학적범죄분석시스템(SCAS)에 입력하여 사건 담당 경찰관이 열람할 수 있도록 하여야 한다.

제3장 증거물 관리 및 보관

제25조(증거물 관리)

① 과학수사관은 증거물의 수집·채취부터 송치 또는 수사종결 시까지 오염, 멸실 또는 인위적 조작 등 흠결이 없도록 유의하여 증거의 객관적 가치가 훼손되지 않도록 하여야 한다.

② 증거물의 이동, 변경, 소모, 폐기 등이 수반되는 감정을 할 때에는 사전에 사진·동영상 촬영 등의 조치를 취하여 그 원형을 알 수 있도록 하여야 한다.

③ 증거물의 감정 등을 위하여 증거물을 이송하는 경우 직접 운반하여야 한다. 다만, 직접 운반이 현저히 곤란한 경우 증거물이 오염·훼손되지 않고 운반 이력이 확인될 수 있는 방법을 이용할 수 있다.

제26조(증거물 보관)

① 제17조의 증거물 중 다음 각 호의 어느 하나에 해당하는 증거물은 통합 증거물 보관실에 보관하여야 한다.

1. 수사·입건 전 조사 중인 사건의 증거물
2. 입건 전 조사 편철·관리미제사건 등록 또는 불기소 결정된 사건 중 공소시효가 만료되지 않은 사건과 관련한 증거물
3. 그 밖에 계속 보관이 필요하다고 판단되는 증거물

② 제1항에 따라 보관 중인 증거물의 입·출고, 폐기, 반환 등의 내역은 과학적 범죄분석시스템(SCAS)을 통해 관리하여야 한다.

③ 증거물의 입·출고 및 폐기 절차 등 구체적 이용 방법은 「통합 증거물 관리 지침」에 따른다.

제27조(증거물 감식 · 감정실)

수집·채취한 증거물에 대한 감식·감정을 목적으로 경찰관서에 설치하는 과학수사팀 증거물 감식·감정실(이하 "증거물 감식·감정실"이라 한다) 표준모델은 별표1과 같다.

제4장 과학수사 감정

제28조(과학수사 감정의 활용)

① 과학수사관은 현장감식을 통하여 수집·채취한 증거 또는 사건 수사에 활용하기 위하여 감정을 의뢰받은 자료 등 감정이 필요한 경우 직접 감정을 실시하거나 다른 기관에 감정을 의뢰할 수 있다.

② 감정을 수행하는 과학수사관(이하 "감정관"이라 한다)은 분야별 전문교육을 이수하는 등 업무수행에 필요한 자격을 갖추어야 하며, 경찰청 범죄분석담당관(이하 "범죄분석담당관"이라 한다)은 해당 분야에 일정한 전문성이 인정되는 사람에 대하여 전문 자격을 인증할 수 있다.

③ 감정 시에는 적정 온도·습도, 소음·진동 최소화, 녹음·녹화시설 등 감정에 적합한 환경을 갖추어야 한다.

④ 과학수사 감정에 관하여 이 규칙에서 정하지 않은 세부사항은 「경찰청 과학수사 표준업무 처리지침」에 따른다.

제29조(감정의 이송)

① 감정의뢰를 접수한 부서에서는 해당 시·도경찰청에서 감정을 수행할 경우 공정성과 신뢰성에 의혹이 제기될 우려가 있는 때에는 범죄분석담당관에게 다른 지방경찰청으로의 이송을 건의할 수 있다.

② 제1항의 건의를 받은 범죄분석담당관은 이송의 타당성과 필요성이 인정될 경우 이송을 보낼 다른 시·도경찰청 과학수사과장(과학수사과가 없는 지방경찰청의 경우 형사과장으로 한다. 이하 같다)과 협의하여 이송 여부를 결정하여야 한다.

제30조(교차검증)

수사 결과에 결정적인 영향을 미치는 중요 증거 등에 대한 감정을 실시한 경우는 감정 오류를 방지하기 위하여 다른 감정관이 그 감정결과를 검증할 수 있다.

제31조(재감정)

① 범죄분석담당관 또는 감정을 수행한 지방경찰청 과학수사과장(이하 "범죄분석담당관등"이라 한다)은 다음 각 호의 경우 동일 증거물에 대하여 재감정할 수 있다.

 1. 이의제기 등으로 인해 감정결과의 신뢰성에 대한 추가 입증이 필요하다고 판단되는 경우

 2. 감정에 필요한 추가 자료 확보, 감정기법의 개발 등으로 재감정이 필요하다고 인정되는 경우

② 범죄분석담당관등은 제1항제1호의 경우는 재감정 심의위원회를 구성하여 재감정 실시 여부와 재감정 방식에 대하여 결정한다.

③ 재감정 심의위원회는 위원장을 포함하여 4명 이상 6명 이내의 위원과 간사 1명으로 구성하며, 위원은 다음 각 호에 따라 2명 이상 4명 이내의 외부위원과, 2명의 내부위원으로 지정한다.

 1. 위원장 : 범죄분석담당관등

 2. 내부위원 : 과학수사관리관 또는 수사 부서 소속 과장, 계장 및 관

련 분야 실무 전문가

3. 외부위원 : 경찰기관 소속 공무원이 아닌 사람으로 과학수사 또는 감정 관련 전문 지식이나 경험이 있는 전문가나 공무원, 관련 분야 대학교수 또는 공인연구기관의 연구관

4. 간사 : 해당 감정 업무 담당 계장

④ 범죄분석담당관등은 제1항제2호의 경우는 내부위원(4인 이상)으로 자체 심의를 거쳐 재감정 실시 여부와 재감정 방식을 결정할 수 있다.

⑤ 재감정을 실시할 경우 최초 감정에 참여했던 감정관은 재감정에서 배제한다.

제32조(지문 감정)

① 지문감정을 담당하는 감정관(이하 "지문 감정관"이라 한다)은 지문의 문형, 특징, 그 밖에 지문에 나타난 정보를 분석하고, 지문자동검색시스템(AFIS) 등을 활용하여 대조 대상 지문과 비교·확인 후 동일 여부를 판정할 수 있다.

② 지문 감정관은 지문감정을 실시하였을 경우 별지 제5호서식의 지문 감정서를 작성하여 사건 담당자에게 회신하여야 한다.

제33조(족 · 윤적 감정)

① 족·윤적 감정을 담당하는 감정관(이하 "족·윤적 감정관"이라 한다)은 신발·타이어 자국의 문양, 특징, 그 밖에 자국에 나타난 정보를 분석한 후 대조 대상 신발·타이어 자국과 비교·확인하여 동일 여부를 판정할 수 있다.

② 족·윤적 감정관은 족·윤적 감정을 실시하였을 경우 별지 제6호서식의 족·윤적 감정서를 작성하여 사건 담당자에게 회신하여야 한다.

제34조(범죄분석)

① 범죄분석을 담당하는 감정관(이하 "범죄분석관"이라 한다)은 다음 각 호의 어느 하나에 해당하는 경우 범죄분석을 실시할 수 있다.

1. 살인·강도·강간·방화 등 강력사건, 장기미제사건, 연쇄사건 등의 피의자가 특정되지 않거나 검거되지 않은 경우

2. 검거된 피의자 또는 사건 관계인 진술의 신빙성을 판단하기 곤란하거나, 사건을 판단하기 위해 추가진술 확보가 필요한 경우
3. 범행동기, 심리상태 등에 대한 종합적인 분석을 필요로 하는 경우
4. 정신질환 또는 이상(異常)동기와 관련된 범죄라고 판단되는 경우
5. 그 밖에 새로운 유형의 범죄에 대한 탐지·대응 등을 위해 범죄분석이 필요하다고 판단되는 경우

② 범죄분석은 용의자군 분석, 범죄행동 분석, 지리적 분석, 진술 분석, 심리부검, 수사면담, 심리평가, 통계 분석 등을 포함한다.

③ 2개 지방청 이상의 합동 분석이 필요한 경우 경찰청에 광역권 범죄분석팀 편성을 요청하여 한시적으로 운영할 수 있다.

④ 범죄분석을 위한 면담은 피면담자가 동의하는 경우에 한하여 실시할 수 있으며, 이 경우 별지 제7호서식의 면담 및 심리검사 동의서를 피면담자로부터 제출받아야 한다.

⑤ 범죄분석관은 범죄분석을 위한 면담을 실시하기 전에 피면담자에게 변호인의 조력을 받을 수 있음을 고지하고, 피면담자가 이를 요청하는 경우 변호인의 조력을 받도록 하여야 한다. 다만, 변호인이 면담을 방해하거나 수사기밀을 누설하는 등 정당한 사유가 있는 경우에는 변호인의 참여를 제한할 수 있다.

⑥ 범죄분석관은 제5항 단서에 따라 변호인의 참여를 제한하는 경우 피면담자와 변호인에게 변호인의 참여를 제한하는 처분에 대해 형사소송법 제417조에 따른 준항고를 제기할 수 있다는 사실을 고지하여야 한다.

⑦ 범죄분석관은 범죄분석을 완료한 경우 별지 제8호서식의 범죄분석 결과서를 작성하여야 한다.

⑧ 범죄분석관은 제5항의 범죄분석 결과서를 과학적범죄분석시스템(SCAS)에 입력하여 사건 담당 경찰관이 열람할 수 있도록 하여야 한다.

제35조(영상분석)

① 영상분석을 담당하는 감정관(이하 "영상분석관"이라 한다)은 사건과 관련된 CCTV, 블랙박스, CD, USB메모리, 휴대전화 등의 영상 자료물에서 범죄의 단서 또는 증거의 수집을 위해 필요한 정보를 제공하기 위하여 영상분석을 실시할 수 있다.

② 영상분석관은 영상분석을 실시하였을 경우 별지 제9호서식의 영상분석 결과서를 작성하여 사건 담당자에게 회신하여야 한다.

제36조(폴리그래프 검사)

① 폴리그래프 검사를 담당하는 감정관(이하 "폴리그래프 검사관"이라 한다)은 피검사자의 심리상태에 따른 호흡, 혈압, 맥박, 피부 전기반응 등 생체 현상을 측정·분석하여 진술의 진위 여부 등을 판단하는 폴리그래프 검사를 실시할 수 있다.

② 폴리그래프 검사관은 다음 각 호의 어느 하나를 위하여 폴리그래프 검사를 실시할 수 있다.

1. 진술의 진위 확인
2. 사건의 단서 및 증거 수집
3. 상반되는 진술의 비교 확인

③ 폴리그래프 검사는 피검사자가 동의하는 경우에 한하여 실시할 수 있으며, 이 경우 별지 제10호서식의 폴리그래프 검사 동의서를 피검사자로부터 제출받아야 한다.

④ 폴리그래프 검사관은 검사를 실시하기 전에 피검사자에게 변호인의 조력을 받을 수 있음을 고지하고, 피검사자가 이를 요청하는 경우 변호인의 조력을 받도록 하여야 한다. 다만, 다음 각 호의 경우는 검사의 신뢰성과 독립성 보장을 위하여 변호인의 참여를 제한할 수 있다.

1. 생리반응을 측정하는 단계
2. 변호인이 검사를 방해하거나 수사기밀을 누설하는 등 정당한 사유가 있는 경우

⑤ 폴리그래프 검사관은 제4항 단서에 따라 변호인의 참여를 제한하는 경우 제34조제6항에 따른다.

⑥ 폴리그래프 검사관은 검사를 실시하였을 경우 별지 제11호서식의 폴리그래프 검사 결과서를 작성하여 사건 담당자에게 회신하여야 한다.

제37조(법최면 검사)

① 법최면 검사를 담당하는 감정관(이하 "법최면 검사관"이라 한다)은 최

면 기법을 활용하여 사건 관련자의 기억을 되살리고 범죄의 단서 또는 증거를 수집하는 법최면 검사를 실시할 수 있다.

② 법최면 검사는 피검사자가 동의하는 경우에 한하여 실시할 수 있으며, 이 경우 별지 제12호서식의 법최면 검사 동의서를 피검사자로부터 제출받아야 한다.

③ 법최면 검사관은 검사를 실시하기 전에 피검사자에게 변호인의 조력을 받을 수 있음을 고지하고, 피검사자가 이를 요청하는 경우 변호인의 조력을 받도록 하여야 한다. 다만, 다음 각 호의 경우는 검사의 신뢰성과 독립성 보장을 위하여 변호인의 참여를 제한할 수 있다.

1. 최면 실시 단계
2. 변호인이 검사를 방해하거나 수사기밀을 누설하는 등 정당한 사유가 있는 경우

④ 법최면 검사관은 제3항 단서에 따라 변호인의 참여를 제한하는 경우 제34조제6항에 따른다.

⑤ 법최면 검사관은 검사를 실시하였을 경우 별지 제13호서식의 법최면 검사 결과서를 작성하여 사건 담당자에게 회신하여야 한다.

제38조(몽타주 작성)

① 몽타주 작성을 담당하는 감정관(이하 "몽타주 작성관"이라 한다)은 관련자 진술, 사진 등을 바탕으로 눈, 코, 입 등 각 부위별 자료를 조합하여 대상자의 모습과 유사하게 얼굴 이미지를 작성할 수 있다.

② 몽타주 작성관은 목격자의 진술을 바탕으로 몽타주를 작성하는 경우 목격자에게 복수의 몽타주를 제시하여야 하며, 목격자의 진술 내지 묘사를 몽타주 작성 결과서에 기재하여야 한다.

③ 몽타주 작성관은 몽타주 작성 시 목격자의 기억을 돕기 위해 제37조의 법최면을 병행하여 실시할 수 있다.

④ 몽타주 작성관은 몽타주를 작성하였을 경우 별지 제14호서식의 몽타주 작성 결과서를 작성하여 사건 담당자에게 회신하여야 한다.

부록 2
관련법규·
훈령·
예규·고시

제39조(그 밖의 과학수사 감정)

경찰기관은 수사를 위하여 필요할 경우 다음 각 호의 증거에 대하여 국립과학수사연구원 등 전문기관·단체에 감정을 의뢰할 수 있다. 다만 필요한 경우에는 직접 감정을 실시할 수 있다.

1. 디엔에이 감식시료
2. 미세증거물
3. 음성분석 자료
4. 법곤충학 시료
5. 법보행분석 자료
6. 수사를 위한 그 밖의 증거자료

제5장 보 칙

제40조(세부 운영지침)

다음 각 호의 사항은 경찰청장이 별도로 정한다.
1. 과학수사 전산시스템 이용과 관련하여 본 규칙에 정하지 않은 사항
2. 이 규칙 시행을 위하여 필요한 세부 사항

제41조(유효기간)

이 규칙은 「훈령·예규 등의 발령 및 관리에 관한 규정」(대통령훈령 제394호)에 따라 이 규칙을 발령한 후의 법령이나 현실 여건의 변화 등을 검토하여야 하는 2023년 8월 31일까지 효력을 가진다.

부 칙 〈제996호, 2020. 12. 31.〉

이 규칙은 2021년 1월 1일부터 시행한다.

[별지 제1호서식] 화재감식결과서

화재감식 결과서

제   호   20 . . .

○○경찰서 ○○과-○○호('00.00.00.) 「화재감식의뢰」 관련임.

〈감식결과 요약〉

☐ 발화부위
☐ 발화원인

1. 감식일시 및 장소

2. 감식 참여자

3. 사건개요

4. 감정물 채취 및 의뢰현황

5. 감식결과
  가. 현장상황
  나. 검토
    1) 발화부위에 대한 검토
    2) 발화원인에 대한 검토
  다. 감식소견

6. 첨부
  현장사진 0부. 끝.

작성 및 검토
(화재감식
전문수사관)

[별지 제2호서식] 혈흔형태분석결과서

혈흔형태분석결과서		
사건번호: * 또는KICS NO.		
사건명:		
사건 개요	발생일시	
	발생장소	
	발생개요	
감식 상황	감식일시	
	감식장소	
	감식참여자	
현장 관찰 상황	1. 2. 3. 4. 5. ※현장에 나타난 전체적인 혈흔상황을 장소별로 묘사	
혈흔 분석 사항	1. 2. 3. 4. 5.	
	20 년 월 일 OO 시·도경찰청 OO과 OO계 계급 성명 (인)	

[별지 제3호서식] 체취증거견 운용 결과서

체취증거견 운용 결과서					
사건개요					
요청· **출동현황**	○ 요청 지방청(서, 과) : ○○청, ○○과(계)				
	○ 출동 지방청				
	연번	소속	계급	성명	체취견	비고
	1	○○청	○○	○○○		
	2					
	3					
수색개요	○ 수색 일시·장소				
수색상황	○ 1일차 ('20. 00. 00. 00:00 ~ 00:00) 　- 현장 상황 및 수색방법 : 　- 수색상황 : ○ 2일차 ('20. 00. 00. 00:00 ~ 00:00) 　- 현장 상황 및 수색방법 : 　- 수색상황 : ○ 3일차 ('20. 00. 00. 00:00 ~ 00:00) 　- 현장 상황 및 수색방법 : 　- 수색상황 :				
수색결과	○ 발견/불발견 등 　- 발견지점 및 상태 등 　- 증거물 수집 상황 등				
	20　년　　월　　일 　　　　　　　　　 ○○시·도경찰청 ○○과 ○○○○계 　　　　　　　　　　　　 계급　　　성명　　　　　(인)				

[별지 제4호서식] 수중감식 결과서

<table>
<tr><td colspan="6" align="center">수중감식 결과서</td></tr>
<tr><td>사건개요</td><td colspan="5"></td></tr>
<tr><td rowspan="6">요청·
출동현황</td><td colspan="5">○ 요청 지방청(서, 과) : ○○청, ○○과(계)</td></tr>
<tr><td colspan="5">○ 출동 지방청</td></tr>
<tr><td>연번</td><td>소속</td><td>계급</td><td>성명</td><td>채취견</td><td>비고</td></tr>
<tr><td>1</td><td>○○청</td><td>○○</td><td>○○○</td><td></td><td></td></tr>
<tr><td>2</td><td></td><td></td><td></td><td></td><td></td></tr>
<tr><td>3</td><td></td><td></td><td></td><td></td><td></td></tr>
<tr><td>수색개요</td><td colspan="5">○ 수색 일시·장소</td></tr>
<tr><td rowspan="1">수색상황</td><td colspan="5">○ 1일차 (‘20. 00. 00. 00:00 ~ 00:00)
 - 현장 상황 및 수색방법 :
 - 수색상황 :

○ 2일차 (‘20. 00. 00. 00:00 ~ 00:00)
 - 현장 상황 및 수색방법 :
 - 수색상황 :

○ 3일차 (‘20. 00. 00. 00:00 ~ 00:00)
 - 현장 상황 및 수색방법 :
 - 수색상황 :</td></tr>
<tr><td>수색결과</td><td colspan="5">○ 발견/불발견 등
 - 발견지점 및 상태 등
 - 증거물 수집 상황 등</td></tr>
<tr><td colspan="6" align="right">20 년   월   일
○○시·도경찰청 ○○과 ○○○○계
계급   성명   (인)</td></tr>
</table>

[별지 제5호서식] 지문 감정서

지문 감정서 REPORT OF FINGERPRINT IDENTIFICATION	
(○○시·도)경찰청 우편번호 ○○시○○구이하 (Tel: , Fax:)	감정서번호 : 20 -000000

◇ (감정기관)

◇ 의뢰관서 :

AFIS
00과-00000 (20   . .
  .)

1. 감정물 :

2. 대조 대상자 :

3. 감정방법

4. 감정장소 :

5. 감정대상지문 :

6. 감정기간 :

7. 감정결과

구분	문형	채취장소 및 위치	감정결과	이름	주민번호	손가락

8. 비고

감정관	(감정관)	(검토자)	(결재자)

20 . . .

(○○지방)경찰청장   (관인)
(기관명_영문)

KPIS-KQP-26-F01(REV 9)   (감정서 발행 부서)

족·윤적 감정서

감정서번호 : 20 -000000

페이지 ( ) / ( )

(○○시·도)경찰청
우편번호 ○○시 ○○구 이하
(Tel: , Fax:)

KCSI

◇ 의뢰관서 :

1. 감정물 :

2. 감정대상 :

3. 감정방법

4. 감정사항 :

5. 감정방법 :

6. 감정서 용도 :

7. 감정결과

순서	구분	감정물	채취장소	감정결과	발견상표	비고

8. 참고사항

※ 송부한 감정물은 추후 검찰, 법원 등에서 필요 시 증거자료로 제출되므로 철저한 관리 요망

감정관	(감정관)	감정관	(감정관)

20 .   .   .

(○○지방)경찰청장   (관인)
(기관명_영문)

KPIS-KQP-26-F01(REV 9)   (감정서 발행 부서)

[별지 제7호서식] 면담 및 심리검사 동의서

면담 및 심리검사 동의서			
성 명		생년월일	
면담일시		면담장소	

□ **면담 참여에 대한 동의**

　본인은 ＿＿＿＿＿＿＿＿＿＿＿ 사건에 관하여 어떠한 불법적, 강제적 압력이나 권유를 받음이 없이 자발적으로 면담 및 심리검사에 참여하겠으며, 추후 본 검사 결과가 법정 증거로 사용될 수 있다는 내용을 고지받았습니다. 또한 면담 및 심리검사 동의를 거부할 권리가 있고, 동의 거부에 따른 불이익이 없다는 내용과 변호인의 조력을 받을 권리가 있음을 고지 받았으며, 위 내용을 충분히 이해하고 동의합니다.

　　　　　　　　　　　　　　　　　　　　　　　　　　　□ **동의**　□ **거부**

개인정보 제공 동의 - 「개인정보 보호법」 제15조(개인정보의 수집·이용)
1. 개인정보 수집·이용 목적 : 수사, 범죄분석 　※ 다른 법률에 특별한 규정이 있는 경우 등 예외적인 경우를 제외하고는 위 목적 외 다른 목적으로 귀하의 개인정보를 활용하거나 제3자에게 제공하지 않습니다(「개인정보보호법」 제18조). 2. 개인정보 수집·이용 항목 : 성명, 생년월일, 영상자료(녹화, 녹음 등) 3. 보유 및 이용기간 : 검사종료 이후 12월 31일을 기준으로 하여 3년간 4. 개인정보 제공 동의 거부 : 정보 제공자는 본 개인정보 수집·이용에 대한 동의를 거부하면 면담 및 심리검사를 받지 않습니다. 이 경우 동의 거부에 따른 불이익을 받지 않습니다.

　본인은 위 동의사항을 고지 받았으며 이를 충분히 이해하고 동의합니다.
※ 「개인정보보호법」 제22조에 따라 **만 14세 미만의 아동**의 개인정보를 처리하기 위해서는 **법정대리인의 동의**를 받아야 합니다.

　　　　　　　　　　20 　 년 　 월 　 일, 　 시 　 분

　동의인(본인 또는 법정대리인) :　　　　　　　　　　(서명 및 피면담자와의 관계)

면담자	소속 :		
(범죄분석관)	계급 :	성명 :	(서명)
입회인	소속 :		
(범죄분석관)	계급 :	성명 :	(서명)

[별지 제8호서식] 범죄분석 결과서

범죄분석 결과서			
사건명(죄명)		담당관서	
분석일시		의뢰일시	*의뢰 없을 경우 생략*
분석종류	☐사건분석　　☐진술분석　　☐면담　　☐법심리부검　　☐지리적분석 ☐기타(　　　　　)		
분석자료	*00사건 수사기록 일체, 진술조서 1~0회,* *변사자 부 외 00명의 면담내용 등*		
사건개요			
의뢰사항	*요청 없을 경우 '자료수집'으로 기재*		
분석결과 (요약)			
참고사항			
20 년　월　일 ○○시·도경찰청 ○○과 ○○계 범죄분석관 경○　○　○　○ 등 00명			

[별지 제9호서식] 영상분석 결과서

	영상분석 결과서					
접수번호 : ○○관, ○○과-0000호, 분석관 : ○○○						
관련 근거	○○경찰서 ○○과-0000호 ('20. 0. 0.), 영상분석 의뢰(경○ ○○○)					
분석 사항	분석의뢰서에 기재된 내용 기재					
분석 자료	파일명(확장자 포함)					
분석 방법	자료를 육안 관찰한 후 영상 분할작업 및 확대 분석 ※ 법영상분석프로그램, 포토샵CS6, Color Efex Pro 4 사용					
분석 결과	가. 분석 대상은 ○○촬영된 ○○파일로 다음과 같은 영상 특성이 존재함 　1) 영상의 특성에 대해 기재 나. 분석대상에 대해 ○○○분석을 한 결과 ○○은 아래와 같이 판단·추정되나, 위 '가'와 같은 이유로 실제 ○○○이라고 단정하기는 곤란함					

분석결과					
각 위치별 우선순위	지역(한 글)	차종(숫 자)	용도(한글)	차량번호(숫자)	
1					
2					
3					

분석이미지	별첨 참조(분석 결과 이미지를 설명과 함께 첨부)
첨 부 물	영상 분석 파일 0점. 끝.

※ 본 자료는 수사 참고 자료로만 활용할 것.

20 .   .   .

경 찰 청 장
과학수사관리관실 범죄분석담당관

[별지 제10호서식] 폴리그래프 검사 동의서

<table>
<tr><td colspan="6" align="center">폴리그래프 검사 동의서</td></tr>
<tr><td rowspan="2">피검사자
인적사항</td><td>성　명</td><td></td><td>생년월일</td><td></td><td>성별</td><td>남, 여</td></tr>
<tr><td>연락처</td><td colspan="5"></td></tr>
</table>

□ 검사에 대한 동의

　본인은 ＿＿＿＿＿＿＿＿＿＿＿＿＿＿ 사건에 관하여 어떠한 불법적, 강제적 압력이나 권유를 받음이 없이 자발적으로 폴리그래프 검사를 받겠으며, 추후 본 검사 결과가 법정 증거로 사용될 수 있다는 내용을 고지받았습니다. 또한, 검사 동의를 거부할 권리가 있고, 동의 거부에 따른 불이익이 없다는 내용과 변호인의 조력을 받을 권리가 있음을 고지 받았으며, 위 내용을 충분히 이해하고 동의합니다.

□ 동의　　□ 거부

개인정보 제공 동의 – 「개인정보 보호법」 제15조(개인정보의 수집·이용)

1. 개인정보 수집·이용 목적 : 수사, 폴리그래프 검사 및 결과분석·연구
　※ 다른 법률에 특별한 규정이 있는 경우 등 예외적인 경우를 제외하고는 위 목적 외 다른 목적으로 귀하의 개인정보를 활용하거나 제3자에게 제공하지 않습니다(「개인정보보호법」 제18조).
2. 개인정보 수집·이용 항목 : 성명, 생년월일, 영상자료(녹화, 녹음 등)
3. 보유 및 이용기간 : 검사종료 이후 12월 31일을 기준으로 하여 3년간
4. 개인정보 제공 동의 거부 : 정보 제공자는 본 개인정보 수집·이용에 대한 동의를 거부하면 폴리그래프 검사를 받지 않습니다. 이 경우 동의 거부에 따른 불이익을 받지 않습니다.

　본인은 위 동의사항을 고지 받았으며 이를 충분히 이해하고 동의합니다.
※ 「개인정보보호법」 제22조에 따라 만 14세 미만의 아동의 개인정보를 처리하기 위해서는 법정대리인의 동의를 받아야 합니다.

20 　년 　월 　일, 　시 　분

동의인(본인 또는 법정대리인) :　　　　　　　　　(서명 및 피검사자와의 관계)

<table>
<tr><td>검사관 서명</td><td></td></tr>
</table>

[별지 제11호서식] 폴리그래프 검사 결과서

폴리그래프 검사 결과서					
의 뢰 관 서		사 건 명			검 사 일 자
					20 . . .
피검사자	생년월일	나이	성별	구분	비고
검사 의뢰사항 및 검사경위					
□ 붙임 참조					
검 사 결 과					
20 년 월 일 ○○시·도경찰청 ○○과 ○○○○계 폴리그래프 검사관 경○ ○ ○ ○ ㉑ 폴리그래프 검사관 경○ ○ ○ ○ ㉑					

부록 2
관련법규·
훈령·
예규·고시

[별지 제12호서식] 법최면 검사 동의서

법최면 검사 동의서						
피검사자 인적사항	성 명		생년월일		성별	남, 여
	연락처					

□ **법최면 검사에 대한 동의**

  본인은 _____ 사건에 관하여 어떠한 불법적, 강제적 압력이나 권유를 받음이 없이 자발적으로 법최면 검사를 받겠으며, 법최면 검사 동의를 거부할 권리가 있고, 동의 거부에 따른 불이익이 없다는 내용과 변호인의 조력을 받을 권리가 있음을 고지 받았습니다. 위 내용을 충분히 이해하고 동의합니다.

□ 동의   □ 거부

개인정보 제공 동의 – 「개인정보 보호법」 제15조(개인정보의 수집·이용)
1. 개인정보 수집·이용 목적 : 수사, 법최면 검사 및 결과분석·연구   ※ 다른 법률에 특별한 규정이 있는 경우 등 예외적인 경우를 제외하고는 위 목적 외 다른 목적으로 귀하의 개인정보를 활용하거나 제3자에게 제공하지 않습니다(「개인정보보호법」 제18조). 2. 개인정보 수집·이용 항목 : 성명, 생년월일, 영상자료(녹화, 녹음 등) 3. 보유 및 이용기간 : 검사종료 이후 12월 31일을 기준으로 하여 3년간 4. 개인정보 제공 동의 거부 : 정보 제공자는 본 개인정보 수집·이용에 대한 동의를 거부하면 법최면 검사를 받지 않습니다. 이 경우 동의 거부에 따른 불이익을 받지 않습니다.

  본인은 위 동의사항을 고지 받았으며 이를 충분히 이해하고 동의합니다.

※ 「개인정보보호법」 제22조에 따라 만 14세 미만의 아동의 개인정보를 처리하기 위해서는 법정대리인의 동의를 받아야 합니다.

20   년   월   일,   시   분

동의인(본인 또는 법정대리인) :   (서명 및 피검사자와의 관계)

검사관 서명	

[별지 제13호서식] 법최면 검사 결과서

법최면 검사 결과서					
의 뢰 관 서		사 건 명		법최면 일자	
				20 . . .	
피최면자	생년월일	나이	성별	직업	구분
사건개요					
의뢰사항					
법최면 검사결과					
참고사항					

20 년 월 일

○○시·도경찰청 ○○과 ○○○○계

계급 성명 (인)

[별지 제14호서식] 몽타주 작성 결과서

몽타주 작성 결과서		
의 뢰 관 서	사 건 명	작성일자
		20 . . .
목 격 자	생년월일	작성장소

의뢰사항	
사건개요	

20 년 월 일

○○시·도경찰청 ○○과 ○○○○계

몽타주 작성관 계급 성명 (인)

★ 외국인범죄수사처리지침

[법무부예규 제1100호, 2015.12.8., 일부개정]

근래 외국과의 교류가 빈번하여 짐에 따라 외국인 출입국자와 체류자가 상당수에 이르러 외국인범죄가 증가할 것으로 예상될 뿐 아니라, 1957. 11. 7.발효된 '대한민국과 미합중국간의 우호·통상 및 항해조약', 1963. 12. 19.발효된 '대한민국과 미합중국간의 영사협약' 및 1977. 4. 6.발효된 '영사관계에 관한 비엔나협약'과 일반적으로 승인된 국제관습에 의하면 미국을 비롯하여 우리나라와 영사관계가 수립된 국가의 영사관사, 영사기관원 및 명예영사관원과 그 국민들에 대하여는 형사사법 운영에 있어서 특별한 지위를 인정하고 있으므로, 외국인범죄의 적정한 처리와, 위 조약 및 협약의 관계규정과 국제관습을 준수하기 위하여 외국인범죄 수사처리지침을 다음과 같이 시달하니 예하직원과 사법경찰관리들에게 이를 주지시켜 그 시행에 만전을 기하시기 바람

다 음

1. **영사관사의 출입영사관사는 불가침지역으로서, 영사기관장 또는 동인이 지정한 자의 동의나 파견국 외교공관장의 동의가 없는 한 출입할 수 없는 장소이므로 수사상 영사관사의 출입이 필요한 때에는 반드시 사전에 그 동의를 얻도록 할 것**

2. **영사기관원과 명예영사관원 범죄의 수사 및 처리**

   가. 영사관원과 사무직원 및 명예영사관원의 면책특권 영사기관원중 영사관원과 사무직원의 '영사직무 수행중에 행한 행위'와 명예영사관원의 '영사직무 수행중에 행한 행위'에 대하여는 우리나라에 재판권이 없으므로 내사 또는 수사과정에서 그와 같은 사실이 밝혀지면 즉시 내사 또는 수사를 종결할 것

나. 영사관원 신체의 불가침특권영사기관원중 영사관원은 영사직무수행과 관련이 없이 범행한 경우라할지라도 중대한 범죄의 경우를 제외하고는 체포되거나 구속되지 아니하는 특권을 향유하고 있으므로 이 점을 유의하여 영사관원의 체포 또는 구속은 특히 신중을 기할 것

다. 체포 또는 구속시의 통고
  1) 영사직원과 명예영사관원을 체포 또는 구속한때에는 즉시 관서장 명의로, 체포 또는 구속된 자의 인적사항, 범죄사실, 체포 또는 구속한 일시와 장소, 체포 또는 구속된 자의 신병소재지등을 기재한 통고서를 작성하여 영사기관장 또는 명예영사기관장에게 그 사실을 통고할 것
  2) 영사기관장 또는 명예영사기관장을 체포 또는 구속한 때에는 즉시 관서장 명의로 제2항 다호1)에 규정된 통고서를 작성하여 외교부장관(참조 : 재외동포영사국장)에게 송부해서, 외교경로를 통하여 그 사실이 파견국에 통고되도록 조치할 것

라. 조사시의 유의사항영사기관원과 명예영사관원을 피의자나 참고인으로 조사할 때에는 그들이 공적 직책상 받아야 할 경의를 표하고, 피의자로서 체포 또는 구속된 경우를 제외하고는 영사직무의 수행에 지장이 없도록 최대한 신속하게 처리할 것

마. 공소제기시의 통고
  1) 영사직원과 명예영사관원을 고소제기한 때에는 즉시 관서장명의로 공소장 사본을 첨부한 통고서를 작성하여 영사기관장 또는 명예영사기관장에게 그 사실을 통고할 것
  2) 영사기관장 또는 명예영사기관장을 공소제기한 때에는 즉시 제2항 마호 1)에 규정된 통고서를 작성하여 외교부장관(참조 : 재외동포영사국장)에게 송부해서, 외교경로를 통하여 그 사실이 파견국에 통고되도록 조치할 것

3. 일반 외국인 범죄의 수사처리

가. 영사기관원 및 명예영사관원 이외의 외국인(sofa 대상자 제외)을 체포 또는 구속한 때에는 그 즉시 체포 또는 구속된 자에게, 우리나라에 주재하는 본국의 영사관원 또는 명예영사관원과 자유롭게 접견,

통신할 권리가 있으며 본인의 요청이 있으면 체포 또는 구속된 사실을 지체없이 영사기관 또는 명예영사기관에 통고한다는 사실을 고지하고 이를 조서에 명기할 것

나. 체포 또는 구속된 자가 그 사실을 통고하여 줄 것을 요청한 때에는 지체없이 제2항 다호 1)에 규정된 통고서를 작성하여 영사기관장 또는 명예영사기관장에게 그 사실을 통고할 것

다. 영사관원 또는 명예영사관원이 체포 또는 구속된 자와 접견 또는 통신을 하고자 할 때에는 그 권리를 충분히 보장할 것

4. 보 고

가. 영사기관원과 그 가족, 명예영사관원, 국교관계에 영향을 미칠 우려가 있는 중요외국인, 외국투자가, 경제협력단체 또는 외국인 투자기업의 구성원인 외국인 및 기술도입계약에 의하여 초청된 기술제공자와 이에 대등한 직책을 가진 외국인(sofa대상자 제외)등을 구속할 때에는 사전에 보고할 것

나. 영사기관원과 그 가족 및 명예영사관원 등의 범죄와, 피의자의 신분이나 범죄사실로 보아 국교관계에 영향을 미칠 우려가 있거나 특히 중요하다고 인정되는 범죄는 검찰정보보고 또는 검찰사무보고의 예에 따라 신속·정확하게 보고할 것

5. 관련사항

가. '대한민국과 미합중국간의 우호통상 및 항해조약', '대한민국과 미합중국간의 영사협약' 및 '영사관계에 관한 비엔나협약' 의 관계규정을 숙지하도록 할 것

나. 이 지침과 관련하여 이미 시달한 아래 예규와 통첩은 이를 폐지함

    1) 법검 제4023호(1956. 11. 12)"미국인 및 기타 외국인에 대한 검찰사무처리 절차에 관한 건"

    2) 법검 제4578호(1958. 8. 21)"외국인 범죄사건 처리에 관한 건"

    3) 법검 제3780호(1959. 9. 28)"미국인에 대한 범죄수사에 관한 건"

    4) 검찰예규 101-7287(1970. 6. 22)"외국인에 대한 검찰사무처리 절차"

★ 체포·구속업무 처리지침

[시행 2003. 9. 1.] [대검찰청예규 제346호, 2003. 8. 23., 일부개정.]

Ⅰ. 목 적

이 예규는 형사소송법의 개정(1997. 1. 1 시행)으로 긴급구속제도가 폐지되고 체포제도와 구속영장실질심사제도 등이 새로이 도입, 시행됨에 따라 그 운용과 관련된 세부 업무처리지침을 규정함을 목적으로 한다.

Ⅱ. 체 포

1. 체포의 요건

가. 죄를 범하였다고 의심할 만한 상당한 이유

범죄의 혐의는 소명자료에 의하여 입증되는 객관적·합리적 혐의를 말한다.

나. 출석불응 또는 출석불응의 우려

  1) 피의자가 정당한 이유없이 출석요구에 불응하였다는 점은 출석요구서 사본 및 출석요구통지부 사본을 기록에 첨부하여 소명한다.<검찰사건사무규칙 제16호, 제18호 서식 참조>

  2) 전화로 출석요구를 하는 경우에는 통화일시, 수화자, 수화자와 피의자의 관계, 피의자의 연락가능성, 통화내용 등을 기재한 수사보고서를 작성하여 수사기록에 편철한다.

  3) 출석불응의 우려가 있는 경우라 함은 피의자가 도망하거나 지명수배중에 있는 경우를 말한다.

2. 체포의 필요(도망 또는 증거인멸의 염려)

가. 판단기준

검사는 체포의 필요를 판단함에 있어서는 피의자의 연령, 신분, 직업, 경력, 가족상황, 교우관계, 질병, 방랑성, 주벽, 전과, 집행유예기간 중인지 여부, 자수 및 합의여부 등 개인적인 정상과 범죄의 경중, 태양, 동기, 횟수, 수법, 규모, 결과등 제반사정을 종합적으로 고려하여 피의자가 도망할 염려가 있는지와 증거를 인멸할 염려가 있는지 여부를 검토하여야 한다.

나. 경미사건

　형사소송법 제200조의2 제1항 단서에 규정된 경미사건의 경우에는 체포의 사유외에 피의자가 일정한 주거가 없는지 또는 정당한 이유없이 동법 제200조에 의한 출석요구에 응하지 아니 하였는지 여부를 검토하여야 한다.

3. 체포영장청구서의 기재사항

가. 피의자의 특정

　1) 피의자의 성명, 주민등록번호, 직업, 주거를 기재하여야 한다.

　2) 피의자 성명이 명백하지 않는 경우 인상, 체격 기타 피의자를 특정할 수 있는 사항을 기재하고, 주민등록번호가 없거나 이를 알 수 없는 경우에는 생년월일을 기재하며, 피의자의 직업, 주거가 명백하지 않은 경우에는 그 취지를 기재하여야 한다.

나. 변호인의 성명

　변호인선임계를 제출한 변호인의 성명을 기재한다.

다. 범죄사실 및 체포를 필요로 하는 사유

　범죄사실은 혐의사실을 특정할 수 있을 정도로 기재하고 범죄사실 말미에 아래와 같은 요령으로 체포를 필요로 하는 사유를 구체적으로 기재한다.

　1) 피의자는 출석에 응하지 아니하는 자로서 도망 또는 증거 인멸의 우려가 있다.

　2) 피의자는 그 연령, 전과, 가정상황 등에 비추어 출석에 응하지 아니할 우려가 있는 자로서 도망 또는 증거인멸의 우려가 있다.

　3) 피의자에게는 정해진 주거가 없고 도망의 염려가 있다.

　4) 사건의 중대성에 비추어 체포할 필요성이 있다.

　5) 도망 중에 있어 체포할 필요가 있다.

라. 체포영장의 유효기간

　1) 체포영장의 집행 유효기간은 원칙적으로 7일이나, 지명수배자 또는 연고지가 여러곳인 경우와 같이 피의자의 소재파악에 7일이상이 소요될 것으로 예상되는 때에는 그 취지 및 사유를 소명하여 7일을 초과하는 유효기간을 청구할 수 있다.

　2) 기소중지 결정을 하면서 체포영장을 청구할 때에는 피의자의 신분, 가족상황, 주민등록 말소 여부나 범죄의 경중, 횟수, 수법 등을 고려하여 상

당한 기간을 유효기간으로 하는 체포영장을 청구할 수 있다.

　　3) 유효기간 기재가 없는 경우나 유효기간이 불명한 경우의 유효기간은 7일 (초일 불산입)로 보며, 7일 미만의 유효기간으로 발부된 체포영장의 경우는 그 유효기간내에서만 유효하다.

마. 수통의 체포영장

　　1) 지명수배나 피의자의 연고지가 여러곳인 경우와 같이 수통의 체포영장이 필요한 때에는 그 사유를 기재하고 수통을 청구할 수 있다.

　　2) 수통의 체포영장은 모두 원본으로 독립하여 집행력을 가지며, 피의자가 체포된 경우 다른 체포영장은 효력을 상실한다.

바. 인치·구금할 장소

　　1) 인치할 장소는 피의자를 체포한 다음 인치할 검찰청 또는 그 지청이나 경찰서 등 수사관서를, 구금할 장소는 피의자를 인치한 후 일시적으로 유치 또는 구금할 구치소나 유치장 등을 각 기재한다.

　　2) 다만, 수사상 특히 필요하며 인치할 장소를 청구 당시 특정할 수 없는 경우에는 택일적으로 정하여 기재할 수 있다.

　　- 택일적 기재례 : ○○경찰서 또는 체포지에 가까운 경찰서

　　3) 인치·구금할 장소의 변경청구

　　- 검사는 체포영장이 발부된 후 피의자를 체포하기 이전에 인치·구금할 장소의 변경이 필요한 때에는 별첨 제1호 서식에 의한 인치·구금장소 변경청구서에 체포영장을 첨부하여 인치·구금할 장소의 변경을 청구할 수 있다. 이 경우 인치·구금할 장소의 변경을 필요로하는 사유에 관한 소명자료를 기록에 편철하여 제출하여야 한다.

　　- 사건사무담당 직원은 검사가 인치·구금할 장소의 변경 청구를 한 때에는 체포영장청구부의 비고란에 변경청구 일시, 변경청구한 인치·구금할 장소, 판사의 허가여부를 기재하여야 한다.

사. 재청구의 취지 및 이유

　아래 각항의 경우와 같이 체포영장을 재청구하는 때에는 다시 체포영장을 청구하는 취지 및 이유를 기재하고 그에 관한 소명자료를 제출하여야 한다.

　　1) 전회의 체포영장 청구가 요건불비나 절차상 잘못 때문에 기각되었으나 이것이 시정된 경우

　　2) 발부된 체포영장을 유효기간 내에 집행하지 못한 경우

- 체포영장청구부 비고란에 「최초 체포영장 진행번호」를 기재하고 「유효
  기간 만료」라고 주서한다.
3) 체포 후 혐의 불충분을 이유로 구속영장이 기각되어 석방하였으나 다른
   중요한 증거를 발견한 경우
4) 체포 후 정당한 이유없이 출석요구에 불응하거나 불응할 우려가 소명되
   지 아니하였다는 이유로 구속영장이 기각되어 석방하였으나 그후 사정이
   바뀌어 출석요구에 불응하거나 불응할 우려가 소명된 경우
5) 체포 후 도망 또는 증거인멸의 염려가 없다는 이유로 구속영장이 기각되
   어 석방하였으나 그 후 사정이 바뀌어 도망 또는 증거인멸의 염려가 소
   명된 경우
6) 체포(또는 구속) 후 혐의 불충분을 이유로 석방하였으나 다른 중요한 증
   거를 발견한 경우
7) 체포적부심으로 석방된 피의자에 대하여 형사소송법 제214조의3 제1항의
   사유가 있는 경우

4. 소명자료의 제출

가. 체포영장을 청구할 때는 체포의 요건 및 필요성을 인정할 수 있는 자료를
   제출한다.

나. 범죄사실을 인정할 수 있는 자료는 엄격한 증명을 요하지 아니하고 소명의
   정도로 충분하다.

다. 출석요구에 불응 또는 불응할 우려가 있거나 도망 또는 증거 인멸의 염려가
   있다는 사실을 인정할 수 있는 자료로서 출석요구서 사본, 출석요구통지부 사
   본, 출석요구를 하면 도망 또는 증거인멸의 염려가 있다는 취지의 소재수사결
   과보고서, 피의자의 신분·경력·교우·가정상황 등에 관한 서면, 전과 조회서 등
   을 제출하여야 한다.

5. 체포영장신청의 기각

검사는 사법경찰관이 체포영장신청을 검토하여 다음과 같은 경우에는 이를
기각하거나 보완수사 지휘를 하여야 한다.

가. 체포의 사유에 대한 소명이 부족한 경우

나. 체포의 사유에 대한 소명이 충분하여도 명백히 체포의 필요가 인정되지 아

니하는 경우

다. 체포를 함에 있어서 다른 법률에 정한 동의가 있어야 함에도 그 동의안이 부결된 경우

라. 사법경찰관이 체포영장청구 이전에 피의자를 동행하였는데, 그 동행을 요구한 시간, 장소, 방법, 동행의 필요성, 동행후의 조사시간, 조사를 거절하고 돌아올 수 있는 상태에 있었는가 여부 등 제반사정을 종합적으로 고려할 때 피의자가 이미 사실상 체포의 상태에 있다고 인정되는 경우

6. **체포영장청구서의 보정**

검사는 판사로부터 체포영장청구서 기재사항등과 관련된 형식적 요건에 관하여 보정을 요구받은 때에는 이를 검토하여 필요한 경우 즉시 보정을 하여야 한다.

7. **집행지휘**

검사는 체포영장집행지휘서(검찰사건사무규칙 제38호 서식 참조)에 의하거나 체포영장 상단 우측 여백부분에 별첨 제2호 서식에 의하여 고무인으로 압날한 검사집행지휘란에 서명 또는 날인하는 방법으로 체포영장의 집행을 지휘할 수 있다.

8. **영장의 제시**

가. 일반적인 경우

   1) 체포영장에 의하여 피의자를 체포하려면 피의자에게 체포영장의 유효기간내에 체포영장을 제시하여야 한다.

   2) 피의자를 체포하기 전에 체포영장을 멸실한 경우에는 체포영장을 재청구하여 발부 받아야 한다.

   3) 체포할 때 피의자가 체포영장을 파기한 경우나 피의자를 체포한 후 멸실한 경우에는 체포는 유효하고 다시 체포영장을 청구할 필요는 없다. 이 경우 체포영장을 멸실하게 된 경위를 기재한 수사보고서를 작성하여 기록에 편철한다.

나. 급속을 요하는 경우

   1) 체포영장을 소지하고 있지 않은 경우에 급속을 요하는 때에는 피의자에게 범죄사실의 요지와 체포영장이 발부 되었음을 고지하고 집행할 수 있

다.

　　2) 「급속을 요하는 경우」란 발부되어 있는 체포영장을 소지하고 있지 아니하나 즉시 집행하지 않으면 피의자의 소재가 불명하게 되어 영장집행이 현저히 곤란하게 될 우려가 있는 경우를 말한다.

　　3) 위 집행을 완료한 후에는 신속히 체포영장을 제시하여야 하며, 그 집행경위와 체포영장 제시 일시, 장소등을 기재한 수사보고서를 작성하여 수사기록에 편철한다.

다. 구속영장 청구에 대비하여 피의자가 도망 또는 증거를 인멸할 염려가 농후하다는 점을 부각시키기 위하여 필요한 경우 체포의 과정과 상황 등을 자세히 기재한 수사보고서를 작성하여 구속영장청구기록에 첨부한다.

9. 체포이유와 범죄사실 등의 고지

가. 피의자를 체포하는 때에는 피의자에게 범죄사실의 요지, 체포의 이유와 변호인을 선임할 수 있음을 고지하고 변명의 기회를 준 후 확인서를 받아 수사기록에 편철하여야 한다.

나. 확인서는 피체포자의 서명·날인을 받아야 하고 서명·날인을 거부하는 경우에는 체포자가 그 사유를 기재하고 서명·날인하여야 한다.(검찰사건사무규칙 제34호 서식 참조)

10. 인치·구금

가. 피의자를 체포한 때에는 즉시 영장에 기재된 인치·구금장소로 호송하여 인치 또는 구금하여야 한다.

나. 체포된 피의자의 호송중 필요한 때에는 가장 인접한 경찰서 유치장에 임시로 유치할 수 있다.

11. 체포의 통지

가. 피의자를 체포한 때에는 변호인이 있는 경우에는 변호인에게, 변호인이 없는 경우에는 피의자의 법정대리인, 배우자, 직계친족, 형제자매와 호주 중 피의자가 지정한 자에게 체포한 때로부터 늦어도 24시간내에 체포의 통지를 하여야 한다.

나. 위에 규정한 자가 없어 체포의 통지를 하지 못한 경우에는 그 취지를 기재한 서면을 수사기록에 편철하여야 한다.

다. 체포의 통지는 급속을 요하는 경우 전화 또는 모사전송기 기타 상당한 방법으로 할 수 있으나, 사후에 지체없이 서면통지를 하여야 한다.(검찰사건사무규칙 제42호 서식 참조)

12. 피의자의 석방

가. 검사 또는 사법경찰관이 피의자를 체포한 때로부터 48시간이 경과 하였음에도 구속영장을 청구하지 아니하거나, 구속영장을 발부 받지 못한 때에는 피의자를 즉시 석방하여야 한다.

나. 검사가 체포한 피의자를 석방하는 경우에는 체포영장의 우측상단의 검사집행지휘란 아래에 별첨 제3호 서식에 의하여 고무인으로 압날한 석방지휘란에 석방의 사유와 일시를 기재하고 서명 또는 날인하여야 한다.

다. 사법경찰관이 체포한 피의자를 석방하고자 할 때에는 미리 석방사유 등을 기재한 석방건의서를 작성하여 검사의 지휘를 받아야 한다. 급속을 요하는 경우에는 모사전송으로 석방건의를 할 수 있다.(사법경찰관리집무규칙 제20호 서식 참조)

라. 체포한 피의자를 석방하는 경우에는 체포영장청구부에 석방일시 및 사유를 기재하여야 한다.

마. 사법경찰관이 체포한 피의자를 석방한 경우에는 지체없이 별첨 제4호 서식에 의한 피의자석방보고서를 작성하여 검사에게 보고하여야 한다.

바. 사건사무 담당직원은 사법경찰관으로부터 피의자 석방보고서를 접수한 때에는 피의자 석방통지서(검찰사건사무규칙 제47호 서식 참조)에 소정의 사항을 기재한 후 피의자석방보고서와 피의자석방통지서를 주임검사에게 제출하여 피의자석방통지서에 검사의 서명·날인을 받은 다음 법원에 송부하여야 하고, 체포영장청구부(검찰사건사무규칙 제36호 서식 참조)에 소정의 사항을 기재하여야 한다.

Ⅲ. 긴급체포

1. 요 건

가. 범죄의 중대성

사형, 무기 또는 장기 3년 이상의 징역이나 금고에 해당하는 죄를 범하였다고
의심할 만한 상당한 이유가 있어야 한다.

나. 체포의 필요

증거를 인멸할 염려 및 도망 또는 도망할 염려가 있어야 한다.

다. 체포의 긴급성

피의자를 우연히 발견한 경우등과 같이 긴급을 요하여 판사로부터 체포영장
을 발부받을 시간적 여유가 없어야 한다.

라. 재체포의 제한

긴급체포 후 구속영장을 청구하지 아니하거나 발부받지 못하여 석방한 피의
자는 영장없이는 동일한 범죄사실에 관하여 다시 긴급체포하지 못하므로 피
의자를 긴급체포하려고 할 때에는 반드시 긴급체포된 전력이 있는지 여부를
확인하여야 한다.

마. 주의사항

긴급체포는 수사를 함에 있어 피의자의 연령·경력·범죄성향이나 범죄의 경중·
태양 기타 제반사정을 고려하여 판사에게 체포영장을 발부받을 시간적 여유
가 없는 경우에 한하여 인권의 침해가 없도록 신중히 활용하여야 한다.

2. 긴급체포서의 작성

가. 검사 또는 사법경찰관이 긴급체포한 때에는 즉시 체포한 일시·장소, 범죄사
실 및 긴급체포한 사유, 체포자의 관직 성명 등을 기재한 긴급체포서를 작성하
고, 긴급체포원부에 그 내용을 기재하여야 한다.(검찰사건사무규칙 제48호, 제
49호 서식 참조)

나. 지명수배된 피의자를 발견하여 긴급체포한 경우에는 검거관서의 사법경찰관
이 긴급체포서를 작성하여 수배관서에 인계하여야 한다.

다.「긴급체포한 사유」란에는 체포영장을 발부받을 시간적 여유가 없었고, 증거
를 인멸할 염려 및 도망 또는 도망의 염려가 있다는 점을 설득력있게 기재한
다.

라. 구속영장 청구에 대비하여 피의자가 증거를 인멸할 염려 및 도망 또는 도망
의 염려가 농후하다는 점을 부각시키기 위하여 필요한 경우 체포의 과정과 상

황 등을 자세히 기재한 수사보고서를 작성하여 구속영장청구기록에 편철하여야 한다.

3. 긴급체포의 승인

가. 사법경찰관이 긴급체포를 하였을 때에는 12시간 내에 검사에게 긴급체포한 사유와 체포를 계속하여야 할 사유등을 기재한 긴급체포승인건의서를 작성하여 긴급체포 승인건의를 하여야 한다. 다만, 기소중지된 피의자를 당해 수사관서가 위치하는 특별시, 광역시, 도 이외의 지역에서 긴급체포한 경우에는 24시간 내에 긴급체포 승인건의를 할 수 있다.(사법경찰관리 집무규칙 제14호 서식 참조)

나. 급속을 요하는 경우에는 모사전송으로 긴급체포승인건의를 할 수 있다.

다. 검사가 사법경찰관의 긴급체포를 승인하지 아니한 때에는 즉시 그 사실을 사법경찰관서에 통보하여야 하고, 이를 통보받은 사법경찰관은 피의자를 즉시 석방한 후 석방일시와 석방사유를 기재한 서면을 작성하여 사건기록에 편철하여야 한다.

4. 피의자의 석방

가. 검사 또는 사법경찰관이 피의자를 긴급체포한 때로부터 48시간이 경과 하였음에도 구속영장을 청구하지 아니하거나, 구속영장을 발부 받지 못한 때에는 피의자를 즉시 석방하여야 한다.

나. 검사가 긴급체포한 피의자를 석방하는 경우에는 긴급체포서의 우측상단에 별첨 제3호 서식에 의하여 고무인으로 압날한 석방지휘란에 석방의 사유와 일시를 기재하고 서명 또는 날인하여야 한다.

다. 사법경찰관이 긴급체포한 피의자를 석방하는 경우에는 미리 석방사유 등을 기재한 석방건의서를 작성하여 검사의 지휘를 받아야 한다. 급속을 요하는 경우에는 모사전송으로 석방을 건의할 수 있다.

라. 긴급체포한 피의자를 석방한 경우에는 긴급체포원부에 석방 일시 및 석방 사유를 기재하여야 한다.

마. 사법경찰관이 긴급체포한 피의자를 석방한 경우에는 지체없이 별첨 제4호 서식에 의한 피의자 석방보고서를 작성하여 검사에게 보고하여야 한다.

바. 사건사무 담당직원은 사법경찰관으로부터 피의자 석방보고서를 접수한 때에는 주임검사에게 그 사실을 보고한 후 접수일자 순으로 편철하여 보존하여야 한다.

5. 준용규정

체포의 「10. 체포이유와 범죄사실 등의 고지」, 「11. 체포의 통지」에 관한 규정은 긴급체포에 준용한다.

IV. 현행범인 체포

1. 요 건

가. 현행범인

　1) 범죄의 실행중인 자로서 범죄의 실행행위에 착수하여 아직 범죄종료에 이르지 아니한 자를 말하고, 미수범의 경우 실행의 착수가 있으면 충분하며, 교사범·방조범의 경우에는 정범의 실행행위가 개시된 때에 실행행위에 착수한 것으로 본다.

　2) 범죄의 실행 직후인 자로서 범행과의 시간적·장소적 근접성, 범행 후의 경과, 범인의 거동, 휴대품, 범죄의 태양과 결과, 범죄의 경중 등을 고려하여 합리적으로 판단한다.

나. 준현행범인

범인으로 호창되어 추적되고 있는 자, 장물이나 범죄에 사용하였다고 인정함에 충분한 흉기 기타 물건을 소지하고 있는 자, 신체 또는 의복류에 현저한 증적이 있는 자, 누구임을 물음에 대하여 도망하려 하는 자를 말한다.

다. 범인의 명백성

체포시점의 현장상황에 의하여 특정한 범죄의 범인임이 명백하여야 한다.

2. 현행범인체포의 제한

50만원이하의 벌금, 구류 또는 과료에 해당하는 죄의 현행범인에 대하여는 범인의 주거가 분명하지 아니한 때에 한하여 현행범인으로 체포할 수 있다.

3. 현행범인체포서의 작성

가. 검사 또는 사법경찰관이 현행범인을 체포하였을 때에는 범죄사실 및 체포의 사유등을 기재한 현행범인체포서를 작성하고 현행범인체포원부에 그 내용을

기재하여야 한다.(검찰사건사무규칙 제51호, 제53호 서식 참조)

나. 구속영장 청구에 대비하여 체포의 사유란에 체포하지 않으면 범인의 신병을 특정할 수 없어 도망 또는 증거인멸의 염려가 있다는 점을 설득력있게 기재하여야 한다.

4. 체포된 현행범인의 인수

검사 또는 사법경찰관이 현행범인을 인도받은 때에는 체포의 일시, 장소, 체포자 인적사항, 범죄사실 및 체포사유 등을 기재한 현행범인인수서를 작성하고 현행범인체포원부에 그 내용을 기재하여야 한다.(검찰사건사무규칙 제52호 서식 참조)

5. 피의자의 석방

가. 검사 또는 사법경찰관이 피의자를 현행범인으로 체포한 때로부터 48시간이 경과하였음에도 구속영장을 청구하지 아니하거나, 구속영장을 발부 받지 못한 때에는 피의자를 즉시 석방하여야 한다.

나. 검사가 현행범인으로 체포한 피의자를 석방하는 경우에는 현행범인체포서 또는 현행범인인수서의 우측상단에 별첨 제3호의 서식에 의하여 고무인으로 압날한 석방지휘란에 석방의 사유와 일시를 기재하고 서명 또는 날인하여야한다.

다. 현행범인으로 체포한 피의자를 석방하는 경우에는 현행범인체포원부에 석방일시 및 석방사유를 기재하여야 한다.

라. 사법경찰관이 현행범인을 석방한 때에는 지체없이 별첨 제4호 서식에 의한 피의자석방보고서를 작성하고, 현행범인체포서 또는 현행범인인수서 사본을 첨부하여 검사에게 보고하여야 한다.

마. 사건사무 담당직원은 사법경찰관으로부터 피의자석방보고서를 접수한 때에는 영장당직 검사에게 그 사실을 보고한 후 접수일자 순으로 편철하여 보존하여야 한다.

6. 준용규정

Ⅰ. 체포의 「10. 체포이유와 범죄사실 등이 고지」, 「11. 체포의 통지」에 관한 규정은 현행범인체포에 준용한다.

V. 구 속

1. 요 건

죄를 범하였다고 의심할 만한 상당한 이유와 함께 다음 각항의 1에 해당하는 사유가 있어야 한다.

가. 일정한 주거가 없는 때

1) 「일정한 주거」의 유무는 실질적으로 고찰하되, 피의자가 성명, 주거를 묵비한 경우에는 객관적으로 일정한 주거가 있더라도 위 요건에 해당한다고 본다.

2) 피의자를 신문할 때 피의자의 주민등록상 주소와 실제 주거가 동일한지 여부, 다르다면 그 이유, 동거인이 있는지 여부, 동거인과 연락이 가능한지 여부 등을 자세히 조사한다.

나. 증거를 인멸할 염려

증거를 인멸할 염려는 다음 각 항의 요소를 종합적으로 고려하여 판단한다.

1) 인멸의 대상이 되는 증거의 존재 여부

2) 그 증거가 범죄사실의 입증에 결정적으로 영향을 주는지 여부

3) 피의자측에 의하여 그 증거를 인멸하는 것이 물리적·사회적으로 가능한 것인지 여부

4) 피의자측이 피해자 등 증인에 대하여 어느 정도의 압력이나 영향력을 행사할 수 있는지 여부

다. 도망할 염려

도망할 염려는 다음 각 항의 요소를 종합적으로 고려하여 판단한다.

1) 범죄사실에 관한 사정
- 범죄의 경중, 태양, 동기, 횟수, 수법, 규모, 결과 등
- 자수여부

2) 피의자의 개인적 사정
- 직업, 경력, 범죄경력
- 질병, 약물복용이나 음주의 경력 또는 출산을 앞두고 있는지 여부
- 여권의 소지 여부 및 여행 특히 해외여행의 빈도

3) 피의자의 가족관계
- 가족 중에 보호자가 있는지 여부

- 연로한 부모나 어린 자녀를 부양하고 있는지 여부
- 가족들이 피의자를 선행으로 이끌 만한 능력과 의사가 있는지 여부
4) 피의자의 사회적 환경
- 피의자의 지역사회에서의 거주기간 및 정착성 정도
- 교우등 지원자가 있는지 여부
5) 정당한 이유없이 수사기관의 출석요구에 불응하였는지 여부 또는 주거는 일정하되 거소를 전전이전하여 소환에 의한 출석요구가 곤란한지 여부

2. 구속의 제한

50만원 이하의 벌금, 구류 또는 과료에 해당하는 사건에 관하여는 일정한 주거가 없을 때에만 구속할 수 있다.

3. 구속영장신청의 시간적 제한

가. 체포후 48시간이내에 구속영장을 청구하여야 하므로 사법경찰관이 피의자를 체포한 경우에는 별첨 제5호 서식에 의한 영장처리시간표를 작성하여 영장기록에 부착하고 늦어도 체포 후 36시간 이내에 검사에게 구속영장을 신청하여야 한다.

- 영장처리시간표는 구속영장이 발부되거나 기각된 후에는 수사기록에 편철한다.

나. 검사는 체포후 48시간의 구속영장 청구시한을 도과하지 아니하는 범위내에서 가능한 한 근무시간 종료전에 구속영장을 청구하여야 한다. 특히 체포된 피의자가 구속전 피의자심문을 신청하지 아니한 경우 특별한 사정이 없는 한 일과시간 중에 구속영장을 청구하여야 한다. 〈단서신설, 2003. 8. 23.〉

4. 구속영장청구서의 기재사항

가. 재청구 취지 및 이유를 제외하고는 체포영장 청구서의 기재 방법과 같음

나. 재청구 취지 및 이유

아래 각항의 경우와 같이 구속영장을 재청구하는 때에는 다시 구속영장을 청구하는 취지 및 이유를 기재하고 그에 관한 소명자료를 제출하여야 한다.

1) 전회의 청구가 요건불비나 절차상 잘못 때문에 기각되었으나 이것이 시정된 경우
2) 발부된 구속영장의 유효기간내에 집행하지 못한 경우
- 구속영장청구부 비고란에 「최초 구속영장 진행번호」를 기재하고 「유효기간 만료」라고 주서한다.

3) 구속 후 혐의불충분으로 석방하였으나 다른 중요한 증거를 발견한 경우
4) 구속적부심으로 석방된 피의자에 대하여 형사소송법 제214조의3에 규정된 사유가 있는 경우

5. 구속영장 첨부서류

가. 체포한 피의자를 구속하는 경우에는 체포영장, 긴급체포서, 현행범인체포서 또는 현행범인인수서를 구속영장청구기록에 첨부한다.

나. 구속의 이유와 필요성을 입증하기 위하여 체포영장을 청구할 때 보다 더욱 구체적인 증거자료를 제출하여야 한다.

6. 영장전담검사

지방검찰청 또는 지청의 장은 필요한 경우 체포·구속영장의 청구를 위한 전담 검사를 지정할 수 있다.

7. 검사의 피의자 조사

가. 검사가 사법경찰관으로부터 구속영장의 신청을 받아 구속영장을 청구하는 경우 아래와 같이 혐의의 상당성과 도망 또는 증거인멸의 염려가 있는지 여부 등을 판단하기 위하여 필요하다고 인정하는 때에는 피의자를 소환하여 조사할 수 있다.

1) 수사기록만으로는 범죄사실에 대한 소명 여부를 판단하기에 충분하지 아니한 경우
2) 구속의 사유 및 필요에 관하여 수사기록만에 의하여 판단하기 어려운 경우
3) 피의자가 긴급체포되거나 현행범으로 체포된 자로서 그 요건을 갖추었는지에 관하여 수사기록만에 의하여 판단하기 어려운 경우

나. 이 경우 별첨 제6호 서식에 의한 피의자조사결과서에 조사 내용을 기재하여 수사기록에 편철하고, 구속영장청구부 비고란에 「검사의 피의자조사」라고 기재한다.

다. 검사가 조사를 위하여 피의자를 소환한 때에는 사법경찰관은 신속히 피의자를 검사에게 출석시켜야 한다.

8. 구속영장신청의 기각

검사는 사법경찰관의 구속영장신청을 검토하여 다음 각 항과 같은 경우에는

이를 기각하거나 보완수사 지휘를 하여야 한다.

가. 구속의 사유에 대한 소명이 부족한 경우

나. 구속을 함에 있어서 다른 법률에 정한 동의가 있어야 하는데 그 동의안이
부결된 경우

다. 현행범인 체포나 긴급체포등 체포가 위법한 경우

라. 체포일시로부터 48시간이 경과하여 구속영장이 신청된 경우

9. 판사의 피의자 심문 절차

가. 체포된 피의자의 출석

　　1) 검사는 검찰공무원 또는 사법경찰관을 지휘하여 판사의 심문 결정에 따
　　른 심문기일과 장소에 체포된 피의자를 출석시키도록 하여야 한다.

　　2) 검사는 법원의 피의자 심문결정에 의하여 사법경찰관리가 피의자를 출석
　　시키는 경우에 수사상의 비밀보호를 위하여 필요한 조치를 취하여야하는
　　때에는 그 사실을 사법경찰관에게 통지하여야 한다. 이 경우 사법경찰관
　　은 피의자를 호송할 때 공범의 분리 등 필요한 조치를 취하여야 한다.

나. 피의자 출석거부 통지

　　1) 검사는 체포된 피의자가 심문기일에 출석을 거부하는 때에는 별첨 제7호
　　서식에 의한 피의자출석거부통지서에 의하여 법원에 통지하여야야 한다.
　　사법경찰관으로부터 피의자출석거부사실을 보고받은 경우에도 같다.

　　2) 사법경찰관은 체포된 피의자가 심문기일에 출석을 거부하는 때에는 지체
　　없이 별첨 제8호 서식에 의한 피의자출석거부 보고서에 의하여 검사에게
　　그 사실을 보고하여야 한다.

다. 검사의 출석

　　검사는 필요한 경우 구속이 필요한 사유 등을 기재한 의견서를 법원에 제출
　　하거나 심문기일에 출석하여 그에 관한 의견을 진술할 수 있다.(검찰사건사무
　　규칙 제72호 서식 참조)

라. 피해자등 이해관계인의 출석

　　검사는 구속영장 발부를 위하여 필요하다고 판단한 때에는 피해자가 기타 이
　　해관계인의 심문기일 출석과 사건에 관한 의견진술을 위하여 필요한 조취를
　　취하여야 한다.

마. 구속영장청구부의 피의자심문란 기재요령(검찰사건사무규칙 제71호 서식 참조)

    1) 일련번호 : 피의자심문 진행순번

    2) 접수일시 : 법원으로부터 피의자출석요구를 접수한 일시

    3) 통지일시 : 검찰이 피의자를 인치·구금하고 있는 관서에 법원이 피의자 출석요구를 통지한 일시

    4) 통지수령자 : 위 통지를 받은 피의자를 인치·구금하고 있는 관서의 직원

    5) 구인일시 : 체포되지 아니한 피의자에 대하여 피의자 심문을 위하여 구인하기 위한 구속영장이 발부된 경우 사법경찰관리가 영장을 집행한 일시

10. 구속기간 산정유의

체포, 긴급체포, 현행범인체포 후 구속한 경우에는 체포한 날로부터 구속기간이 기산되고, 구속적부심, 구속전피의자심문이 이루어진 경우에는 수사관계서류 등이 법원에 접수된 날로부터 검찰청에 반환된 날까지의 기간은 구속기간에 산입되지 않으므로 별첨 제9호 서식에 의한 구속만기부전지 등을 활용하여 구속기간의 산정에 착오가 없도록 유의한다. 〈개정 2001. 3. 20〉

11. 피의자의 석방

가. 검사가 구속한 피의자를 석방하는 경우에는 구속영장 우측 상단의 검사집행지휘란 아래에 별첨 제3호 서식에 의하여 고무인으로 압날한 석방지휘란에 석방의 사유와 일시를 기재하고 서명 또는 날인하여야 한다.

나. 사법경찰관이 구속한 피의자를 석방하고자 할 때에는 미리 석방사유등을 기재한 석방건의서를 작성하여 검사의 지휘를 받아야 한다.

다. 구속한 피의자를 석방하는 경우에는 구속영장청구부에 석방일시 및 사유를 기재하여야 한다.

라. 사법경찰관이 구속한 피의자를 석방한 경우에는 지체없이 별첨 제4호 서식에 의한 피의자 석방보고서를 작성하여 검사에게 보고하여야 한다.

마. 사건사무 담당직원은 사법경찰관으로부터 피의자석방보고서를 접수한 경우에는 피의자석방통지서(검찰사건사무규칙 제47호 서식 참조)에 소정의 사항을 기재한 후 피의자석방보고서와 피의자 석방통지서를 주임검사에게 제출하여 피의자 석방통지서에 검사의 서명·날인을 받은 다음 법원에 송부하여야 하고, 구

속영장청구부(검찰사건사무규칙 제71호 서식 참조)에 소정의 사항을 기재하여야 한다.

12. 준용규정

Ⅰ. 체포의 「8. 집행지휘」, 「10. 체포이유와 범죄사실 등의 고지」, 「11. 체포의 통지」에 관한 규정은 구속에 준한다.

Ⅵ. 체포·구속 적부심사

1. 석방조건 기재

사건사무담당직원은 구속적부심사에서는 석방조건이 부가된 적부심보증금납입조건부의피의자석방결정이 된 경우에는 적부심보증금납입조건부석방피의자 기록표(검찰사건사무규칙 제61호 서식)의 「②석방 조건」란에 그 조건을 구체적으로 기재하여야 한다.

2. 석방 피의자 사후관리

사건사무담당직원은 사법경찰관으로부터 적부심보증금납입조건부로 석방된 피의자에 대한 시찰보고서를 접수한 때에는 즉시 검사에게 이를 보고하여야 한다. 검사는 시찰보고서의 시찰내용을 검토하여 필요한 경우에 피의자에 대하여 재체포·구속영장을 청구하거나 또는 법원에 시찰보고서에 제출하여 양형의 자료로 활용하도록 할 수 있다.

Ⅶ. 보   석

1. 보석에 대한 검사의 의견

가. 검사는 보석이 상당하지 아니하다는 의견을 표시할 때에는 형사소송법 제95조에서 규정한 아래의 보석제외사유 중 어느것에 해당하는지를 명시하여야 한다.

　　1) 피고인이 사형, 무기 또는 장기 10년이 넘는 징역이나 금고에 해당하는 죄를 범한 경우

　　2) 피고인이 누범에 해당하는 경우

　　3) 피고인이 상습범인 죄를 범한 경우

　　4) 피고인이 죄증을 인멸한 경우

5) 피고인이 죄증을 인멸할 염려가 있다고 믿을 만한 충분한 이유가 있는 경우

6) 피고인이 도망한 경우

7) 피고인이 도망할 염려가 있다고 믿을 만한 충분한 이유가 있는 경우

8) 피고인이 주거가 분명하지 아니한 경우

9) 피고인이 피해자, 당해사건의 재판에 필요한 사실을 알고 있다고 인정되는 자 또는 그 친족의 생명, 신체나 재산에 해를 가한 경우

10) 피고인이 피해자, 당해사건의 재판에 필요한 사실을 알고 있다고 인정되는 자 또는 그 친족의 생명, 신체나 재산에 해를 가할 염려가 있다고 믿을만한 충분한 이유가 있는 경우

나. 검사는 보석이 상당하다는 의견일 경우에는 보증금액이나 형사소송법 제99조에서 규정한 아래의 보석의 조건에 대하여 의견을 명시하여야 한다.

1) 피고인은 ○○○에 거주하여야 한다. 위 주거를 변경할 필요가 있는 때에는 서면으로 검사에게 신청하여 그 허가를 받아야 한다.

2) 피고인은 검사가 지정하는 일시, 장소에 출석하여야 한다. 출석할 수 없는 정당한 사유가 있을 때에는 미리 사유를 명시하여 신고하여야 한다.

3) 도망 또는 증거를 인멸하거나 피해자측에 해를 가하는 행위를 하여서는 아니된다.

4) 3일 이상 여행을 하거나 출국할 경우에는 미리 검사에게 신고하여 허가를 받아야 한다.

2. 보석조건 및 변경

가. 사건사무담당직원은 보석의 조건이 부가된 보석허가결정이 있는 경우에는 보석자기록표(검찰사건사무규칙 제157호 서식 참조)의 「②보석조건」란에 그 조건을 구체적으로 기록하여야 한다.

나. 사건사무담당직원은 법원으로부터 제한주거변경허가결정 또는 여행허가결정의 통지서를 접수한 경우에는 그 사실을 검사에게 보고하고 위 보석자기록표의 「②보석조건」란에 허가된 내용을 기재한 후 위 보석자기록표에 그 통지서를 첨부하여야 한다.

3. 석방 피고인 사후관리

가. 사건사무담당직원은 사법경찰관으로부터 보석허가결정으로 석방된 피고인에

대한 시찰보고서를 접수한 때에는 즉시 검사에게 이를 보고하여야 한다.

나. 검사는 시찰보고서의 시찰내용을 검토하여 필요한 경우 법원에 보석의 취소를 청구하거나 또는 법원에 시찰보고서를 제출하여 양형의 자료로 활용하도록 할 수 있다.

VIII. 예규 및 지시의 개정 등

1. 대검형사 23100-1759(1992. 8. 2) "검사구속영장 기각사건에 대한 신속처리 지침", 대검예규 제120호(1980. 12. 19) "구속적부심사청구사건 처리지침", 대검형사 23100-394(1992. 2. 18) "구속적부심사청구사건 수사관계서류등 신속 제출 지시", 대검형사 23100-2155(1990. 2. 26) "구속장소감찰 및 사법경찰관리 지도·교양철저 이행", 대검형사 61100-527(1996. 2. 29) "구속장소 감찰 및 사법경찰관리 지도·교양철저 지시", 대검기획 150-13326(1981. 12. 30) "구속 통지제도 개선" 중 「구속」은 「체포·구속」으로 한다.

2. 대검예규 제172호, 기획 01236-4217(1988. 5. 6) "구속통지서식제정"은 검찰 사건사무규칙 제42호 서식(체포·긴급체포·현행범인 체포·구속통지)의 제정 시행 일에 이를 폐지한다.

3. 대검형사 61100-4121(1994. 12. 21) "현행범체포등 관련업무 처리지침 시달" 중 「긴급구속」은 「긴급체포」로 「체포·구속」은 「체포」로 「체포 또는 구속」 은 「체포」로 한다.

4. 대검 제361호 (1952. 4. 18) "유치장감찰 강화" 중 「구속」은 「체포·구속」으로 「긴급구속」은 「긴급체포」로 한다.

부칙 〈제346호, 2003. 8. 23.〉

개정된(단서신설 2003. 8. 23) 본 예규는 2003. 9. 1.부터 시행한다.

[제1호 서식]

○ ○ ○ ○ 검찰청		
(전화번호)		

체 호
형 호

수 신　　　　　법원　　　　발신　　　　검찰청
제 목　인치·구금할장소변경청구　　검사　　　　　　㊞

피 의 자	① 성　　　　명	
	② 주민등록번호	
	③ 직　　　　업	
	④ 주　　　　거	
⑤ 변　　호　　인		

　위의 피의자에 대한　　　　　　　　　　　피의 사건에 관하여 종전에 발부
된 체포영장에 대하여 인치·구금할 장소의 변경을 청구합니다.

⑥ 변경후 인치·구금할 장소	
⑦ 인치·구금할 장소의 변경을 필요로 하는 사유	
⑧ 체포영장이 수통 발부된 때에는 그 수	

　첨부 : 체포영장　　　　　통

[제2호 서식]

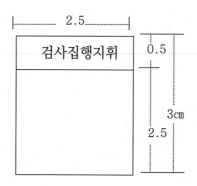

[제3호 서식]

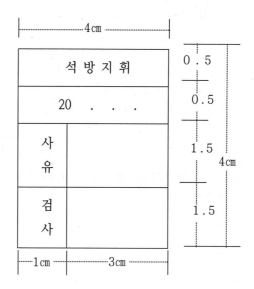

[제4호 서식]

<table>
<tr>
<td colspan="7" style="text-align:center">○ ○ 경 찰 서</td>
</tr>
<tr>
<td colspan="7">수 신   검찰청   ·   발신   ·   경찰서</td>
</tr>
<tr>
<td colspan="7">제 목   피의자 석방보고   사법경찰관   ㉑</td>
</tr>
<tr>
<td colspan="7">아래와 같이 석방하였으므로 보고합니다.</td>
</tr>
<tr>
<th>①구 분
(체포·현행
범인체포·구
속)</th>
<th>②영장발부
연월일또는
현행범인체
포서(인수서)
작성년월일</th>
<th>③체포·구속
영장번호또
는현행범인
체포서(인수
서)작성번호</th>
<th>④피체포·구
속자 또는 현
행범인</th>
<th>⑤죄명</th>
<th>⑥석 방
연월일</th>
<th>⑦ 석 방
사 유</th>
</tr>
<tr>
<td></td>
<td>· · ·</td>
<td></td>
<td></td>
<td></td>
<td>· · ·</td>
<td></td>
</tr>
<tr>
<td></td>
<td>· · ·</td>
<td></td>
<td></td>
<td></td>
<td>· · ·</td>
<td></td>
</tr>
<tr>
<td></td>
<td>· · ·</td>
<td></td>
<td></td>
<td></td>
<td>· · ·</td>
<td></td>
</tr>
<tr>
<td></td>
<td>· · ·</td>
<td></td>
<td></td>
<td></td>
<td>· · ·</td>
<td></td>
</tr>
<tr>
<td></td>
<td>· · ·</td>
<td></td>
<td></td>
<td></td>
<td>· · ·</td>
<td></td>
</tr>
<tr>
<td></td>
<td>· · ·</td>
<td></td>
<td></td>
<td></td>
<td>· · ·</td>
<td></td>
</tr>
<tr>
<td></td>
<td>· · ·</td>
<td></td>
<td></td>
<td></td>
<td>· · ·</td>
<td></td>
</tr>
<tr>
<td></td>
<td>· · ·</td>
<td></td>
<td></td>
<td></td>
<td>· · ·</td>
<td></td>
</tr>
</table>

[제5호 서식]

영 장 처 리 시 간 표 ('96 - 호)	
체 포·긴 급 구 속	'96 . . . 시 분
검 찰 접 수	
검 사 결 정	
법 원 접 수	
판 사 처 리	
발 부 시 한	'96 . . . 시 분

붉 은 색

[제6호 서식]

피의자 조사결과서

피의자 ○○○의   피의사건에 대한 구속영장 청구와 관련하여 ○
○검찰청 ○○호 검사실에서 피의자를 아래와 같이 조사함.

1. 피의자 자백 여부

2. 부인시 피의자 변소내용

3. 소명자료에 대한 피의자 의견

4. 기타 구속이 필요한 사유 등

               20   .   .   .

            검사   (인)
            검찰주사(보)   (인)

[제7호 서식]

<table>
<tr><td colspan="2" align="center">○ ○ ○ ○ 검 찰 청
(전화번호)   .   .   .</td></tr>
<tr><td colspan="2">수 신   지방법원   발신   검찰청
제 목   피의자출석거부통지   검사   ㊞</td></tr>
<tr><td colspan="2" align="center">피의자가 아래와 같이 출석을 거부하므로 통지합니다.</td></tr>
<tr><td rowspan="3">피
의
자</td><td>① 성   명</td></tr>
<tr><td>② 주 민 등 록 번 호</td></tr>
<tr><td>③ 주   거</td></tr>
<tr><td colspan="2">④ 심   문   기   일</td></tr>
<tr><td colspan="2">⑤ 심   문   장   소</td></tr>
<tr><td colspan="2">⑥ 출 석 거 부 사 유</td></tr>
<tr><td colspan="2">⑦ 비   고</td></tr>
</table>

[제8호 서식]

○ ○ ○ ○ 경 찰 서

· · · ·

수 신   지방검찰청   발신   경찰서
제 목   피의자출석거부보고   사법경찰관   ㉑

피의자가 아래와 같이 출석을 거부하므로 보고합니다.

피의자	① 성 명	
	② 주민등록 번호	
	③ 주 거	
④ 심 문 기 일		
⑤ 심 문 장 소		
⑥ 출 석 거 부 사 유		
⑦ 비 고		

부록 2
관련법규·
훈령·
예규·고시

구속만기부전지

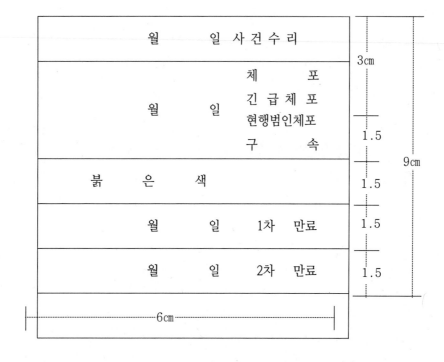

체포·구속 유형별 비교

구 분	체 포			구 속
	체 포	긴 급 체 포	현 행 범 체 포	
요 건	①혐의의 상당성 ②출석불응(우려) ③체포의 필요 (도망 또는 증거 인멸 우려) ④경미범죄의 제한 (주거 부정)	①혐의의 중대성 ②체포의 긴급성 ③체포의 필요 (도망 또는 증 거인멸 우려)	①(준)현행범인 ②범인의 명백성 ③경미범죄의 제 한(주거 부정)	①혐의의 상당성 ②주거 부정 ③구속의 필요(도 망 또는 증거인 멸 우려) ④경미범죄의 제한 (주거 부정)
영장청구	①체포영장 청구 ②재체포영장 청구 ③피의자심문 불가			①구속영장 청구 ②청구시간의 제한 ③재구속영장 청구 ④피의자심문 가능
체포·구속 절차	①체포영장의 제시 ②긴급집행 ③체포이유등 고지	①긴급체포 이유 등 고지 ②긴급체포서 작 성	①현행범인체포 이유등 고지 ②현행범인체포 서작성	①구속영장의 제시 ②긴급 집행 ③구속이유등 고지
체포·구속 후 절차	①체포의 통지 ②피의자 석방(검 사의 승인) ③석방보고	①긴급체포의 통 지 ②피의자 석방 (검사의 승인) ③석방보고	①현행범인 인수 ②현행범인인수 서 작성 ③현행범인체포 의 통지 ④피의자 석방 (검사승인불요) ⑤석방보고	①구속의 통지 ②피의자 석방 (검사의 승인) ③석방보고
재체포· 구속	①재체포 가능	①영장없이는불가	①영장없이는 불가	①재구속 가능 (다른 중요한 증 거 발견)
기 간	①48시간	①48시간	①48시간	①경찰 10일, 검찰 10일(10일내 연 장 가능)

수사첩보 수집 및 처리 규칙

[시행 2021. 9. 16.] [경찰청예규 제594호, 2021. 9. 16. 일부개정]

제1조(목적)

이 규칙은 「경찰관 직무집행법」 제2조제2호·제4호 및 제8조의2에 따라 범죄의 예방·진압 및 수사 업무를 효율적으로 수행하기 위해 형사정책 수립 및 수사첩보의 수집·처리에 관한 사항을 규정함을 목적으로 한다.

제2조(정의)

이 규칙에서 사용하는 용어의 정의는 다음과 같다.

1. 「수사첩보」라 함은 수사와 관련된 각종 보고자료로서 범죄첩보와 정책첩보를 말한다.
2. 「범죄첩보」라 함은 대상자, 혐의 내용, 증거자료 등이 특정된 입건 전 조사(이하 "조사"라 한다) 단서 자료와 범죄 관련 동향을 말하며, 전자를 범죄사건첩보, 후자를 범죄동향첩보라고 한다.
3. 「기획첩보」라 함은 일정기간 집중적으로 수집이 필요한 범죄첩보를 말한다.
4. 「정책첩보」라 함은 수사제도 및 형사정책 개선, 범죄예방 및 검거 대책에 관한 자료를 말한다.
5. 「수사첩보분석시스템」이란 수사첩보의 수집, 작성, 평가, 배당 등 전 과정을 전산화한 다음 각 목의 시스템으로서 경찰청 범죄정보과 (사이버수사기획과)에서 운영하는 것을 말한다.
   가. 수사국 범죄첩보분석시스템(Criminal Intelligence Analysis System)」
   나. 사이버수사국 사이버첩보관리시스템(Cyber Intelligence Management System)

제3조(적용범위)

이 규칙은 모든 경찰공무원에게 적용된다.

제4조(수집의무)

경찰공무원은 항상 적극적인 자세로 범죄와 관련된 첩보를 발굴 수집하여야 한다.

제5조(월 수집기준량) 〈삭 제〉

제6조(제출방법)

① 경찰공무원은 수집한 수사첩보를 보고할 경우 수사첩보분석시스템을 통하여 작성 및 제출하여야 한다.

② 경찰공무원은 허위의 사실을 수사첩보로 제출해서는 아니 된다.

제7조(평가 및 기록관리 책임자)

① 평가 및 기록관리 책임자(이하 "평가 책임자"라 한다)는 다음과 같다.
   1. 경찰청은 범죄정보(사이버수사기획)과장
   2. 시·도경찰청 및 경찰서는 수사(사이버수사)과장, 형사과가 분리된 경우 형사과장

② 평가 책임자는 제출된 수사첩보를 신속히 검토 후 적시성, 정확성, 활용성 등을 종합 판단하여 공정하게 평가하고 필요한 조치에 대하여 구체적으로 지시하여야 한다.

③ 평가 책임자는 제출된 수사첩보의 정확한 평가를 위하여 제출자에게 사실 확인을 요구할 수 있다.

④ 평가 책임자는 제출된 수사첩보의 내용이 부실하여 보충할 필요성이 있는 경우 제출자에게 보완을 요구할 수 있다.

⑤ 평가 책임자는 제출된 수사첩보를 비공개하여야 한다. 다만 범죄예방 및 검거 등 수사목적상 수사첩보 내용을 공유할 필요가 있다고 인정할 경우 수사첩보분석시스템상에서 공유하게 할 수 있다.

⑥ 평가 책임자는 제출된 수사첩보에 대하여 적절한 수사가 이루어지도록 수사부서 책임자에게 필요한 조치를 요구할 수 있다.

제8조(수사첩보 처리)

① 경찰공무원이 입수한 모든 수사첩보는 수사첩보분석시스템을 통하여 처리되어야 한다.

② 각급 경찰관서장(경찰청의 경우 국가수사본부장을 말한다)은 입수된 수사첩보를 신속하게 처리하도록 한다.

③ 입수된 수사첩보와 관련하여 당해 관서에서 처리하기가 적합하지 않다고 인정될만한 사유가 있는 경우에 한하여 상급관서에서 처리할 수 있도록 지체없이 보고한다.

④ 모든 수사첩보는 수사 착수 전에 누설되는 일이 없도록 철저히 보안을 유지하여야 한다.

⑤ 수사부서 책임자는 평가책임자로부터 필요한 조치를 요구받은 경우 신속히 처리하여야 한다.

제9조(이송)

① 수집된 수사첩보는 수집관서에서 처리하는 것을 원칙으로 한다. 다만, 평가 책임자는 수사첩보에 대해 범죄지, 피조사자의 주소·거소 또는 현재지 중 어느 1개의 관할권도 없는 경우 이송할 수 있다.

② 전항과 같이 이송을 하는 수사첩보의 평가 및 처리는 이송 받은 관서의 평가 책임자가 담당한다.

제10조(기획첩보의 수집)

각 경찰관서의 장 및 수사부서의 장은 수사 목적상 필요한 경우 소속 관서의 경찰공무원에게 기획첩보를 수집하도록 요구할 수 있다.

제11조(평가)

① 범죄첩보의 평가결과 및 그 기준은 다음 각 호와 같다.

  1. 특보
    가. 전국단위 기획수사에 활용될 수 있는 첩보

나. 2개 이상의 시·도경찰청과 연관된 중요 사건 첩보 등 경찰청에서
   처리해야 할 첩보
2. 중보
   2개 이상 경찰서와 연관된 중요 사건 첩보 등 시·도경찰청 단위에서
   처리해야 할 첩보
3. 통보
   경찰서 단위에서 조사할 가치가 있는 첩보
4. 기록
   조사할 정도는 아니나 추후 활용할 가치가 있는 첩보
5. 참고
   단순히 수사업무에 참고가 될 뿐 사용가치가 적은 첩보
② 정책첩보의 평가결과 및 그 기준은 다음 각 호와 같다.
1. 특보
   전국적으로 활용·시행할 가치가 있는 첩보
2. 중보
   시·도경찰청 단위에서 활용·시행할 가치가 있는 첩보
3. 통보
   경찰서 단위에서 활용·시행할 가치가 있는 첩보
4. 기록
   추후 활용·시행할 가치가 있는 첩보
5. 참고
   단순히 수사업무에 참고가 될 뿐, 활용·시행할 가치가 적은 첩보
③ 수사첩보 수집 내역, 평가 및 처리결과는 수사첩보분석시스템을 이용
   하여 전산관리한다.

제11조의2(수사첩보의 보존 및 폐기)

① 수사첩보 및 수사첩보 전산관리대장의 보존기간은 다음 각 호와 같
   다. 이 경우 보존기간의 기산일은 다음 해 1월 1일로 한다.
1. 수사첩보 : 2년
2. 수사첩보 전산관리대장 : 10년

② 보존기간이 경과한 수사첩보 및 수사첩보 전산관리대장은 매년 초 일괄 폐기하고, 로그기록을 보존하여야 한다.

제12조(포상)

① 수사첩보에 의해 사건해결 또는 중요범인을 검거하였을 경우 수사첩보 제출자를 사건을 해결한 자 또는 검거자와 동등하게 특별승진 또는 포상할 수 있다.
② 일정기간 동안 개인별로 수사첩보 성적을 평가하여 포상 및 특별승진 등 기준으로 사용할 수 있다.
③ 제출한 수사첩보에 의해 수사시책 개선발전에 기여한 자는 별도 포상한다.
④ 범죄정보과에서는 범죄첩보 마일리지 제도를 통해 별도 포상을 실시할 수 있다.

제13조(인사반영) 〈삭 제〉

제14조(범죄첩보 심의위원회)

① 범죄첩보 수집 업무를 전담하는 경찰공무원의 범죄첩보 수집 개시 및 진행 여부에 관한 사항을 심의하기 위하여 경찰청 국가수사본부(범죄정보과)와 시·도경찰청(수사과)에 범죄첩보 심의위원회(이하 "심의위원회")를 둔다.
② 심의위원회는 위원장 1명을 포함한 3인 이상으로 구성하며, 위원장은 경찰청 범죄정보과장(시·도경찰청은 수사과장)이 되고, 위원은 소속 경찰공무원 중 위원장이 지명한다.
③ 심의위원회는 심의위원회 운영에 관한 세부사항을 별도로 정할 수 있다.

제15조(위임규정)

시·도경찰청장은 이 규칙의 시행에 필요한 세부사항을 별도로 정할 수 있다.

부칙 〈제594호, 2021. 9. 16.〉

이 규칙은 발령한 날부터 시행한다.

명예훼손 분쟁조정 절차 등에 관한 규칙

[시행 2020. 6. 30.] [방송통신심의위원회규칙 제148호, 2020. 6. 30., 일부개정.]

제1장 총칙

제1조(목적)

이 규칙은 「정보통신망 이용촉진 및 정보보호 등에 관한 법률」(이하 "법"이라 한다) 제44조의6, 제44조의10 및 동법 시행령 제36조제7항에 따라 명예훼손 분쟁조정 및 이용자 정보의 제공 절차 등에 관하여 필요한 사항을 정함을 목적으로 한다.

제2조(적용범위)

명예훼손 분쟁조정 및 이용자에 대한 정보제공 절차에 관하여는 관련 법령 및 방송통신심의위원회(이하 "위원회"라 한다)의 다른 규칙에 특별한 규정이 있는 경우를 제외하고는 이 규칙이 정하는 바에 따른다.

제3조(용어의 정의)

이 규칙에서 사용하는 용어의 정의는 다음과 같다.

1. "신청인"이라 함은 위원회에 명예훼손 등에 관한 분쟁의 조정을 신청한 자를 말한다.
2. "피신청인"이라 함은 신청인의 상대방을 말한다.
3. "당사자"라 함은 신청인 또는 피신청인을 말한다.
4. "사건"이라 함은 정보통신망을 통하여 유통되는 정보 중 사생활의 침해 또는 명예훼손 등 타인의 권리를 침해하는 정보와 관련된 분쟁에 대하여 신청인이 위원회에 조정을 신청한 사안을 말한다.
5. "청구인"이라 함은 정보통신서비스제공자가 보유하고 있는 해당 이용자 정보의 제공을 위원회에 청구한 자를 말한다.

6. "온라인 신청"이라 함은 위원회의 인터넷 홈페이지에 접속하여 분쟁 조정신청서의 내용을 입력하는 방법으로 신청하는 것을 말한다.

제4조(보조사무)

① 사건, 정보제공 청구 및 이와 관련된 사무는 위원회 사무처(이하 "사무처"라 한다)에서 행한다.

② 위원회는 이 규칙에서 정한 접수대장 등 일부 사무를 효율적으로 운영하기 위하여 온라인으로 관리할 수 있다.

제4조의2(처리기간의 산정기준)

① 제10조제3항 및 제27조제4항에 따라 보완에 소요되는 기간에는 보완을 위하여 신청인 또는 청구인에게 공문을 발송한 날과 보완되어 위원회에 도달한 날을 포함한다.

② 이 규칙에서 특별히 규정한 것을 제외한 처리기간에 대하여는 「민원사무처리에 관한 법률」에 따른 처리기간의 계산방식을 준용한다.

제2장 분쟁조정
제1절 조정신청

제5조(조정신청 등)

① 정보통신망을 통하여 유통되는 정보 중 사생활의 침해 또는 명예훼손 등 타인의 권리를 침해하는 정보와 관련하여 분쟁이 있는 자는 위원회에 분쟁의 조정을 신청할 수 있다.

② 조정의 신청은 서면, 구술 또는 온라인 신청을 통하여 할 수 있다. 다만, 구술로 신청하는 경우에는 사무처 담당 직원의 면전에서 진술하여야 한다.

③ 제1항 및 제2항에 따라 조정을 신청하고자 하는 자는 별지 제1호 서식에 의한 명예훼손분쟁조정신청서(이하 "조정신청서"라 한다)를 관련 증거자료 등과 함께 위원회에 제출하여야 한다. 다만, 온라인 신청은

조정신청서의 제출로 보며, 이 경우 신청인은 관련 증거자료 등을 별도로 제출할 수 있다.

④ 제2항 단서에 따른 구술신청의 경우에 조정신청을 접수한 사무처 담당 직원은 조정신청서를 작성하여야 한다.

⑤ 미성년자, 피한정후견인 및 피성년후견인은 법정대리인에 의해서만 조정신청 및 조정절차를 진행할 수 있다. 이 경우 법정대리인은 법정대리권을 증명하는 서류를 위원회에 제출하여야 한다.

⑥ 위원회는 제1항의 조정 신청이 있는 때에는 조정신청서 기재사항 누락, 증거자료 미첨부 등을 제외하고는 그 신청을 보류하거나 거부할 수 없다.

제6조(접수 및 통지)

① 위원회는 조정신청을 접수하는 경우에 신청인에 대하여 본인여부를 확인하고 명예훼손분쟁조정 접수대장에 기록하며, 신청인의 요구에 따라 별지 제2호 서식에 의한 접수증을 교부하여야 한다.

② 제1항에 따라 조정신청을 접수한 위원회는 사건번호, 접수일자, 신청인의 성명, 피신청인의 성명 또는 ID(닉네임) 등을 기재한 접수 사실을 당사자에게 지체없이 통지(전자우편, 모사전송의 방법을 포함한다. 이하 같다)하여야 한다. 이 경우 피신청인에게는 신청서 사본을 함께 발송(전자우편, 모사전송의 방법을 포함한다. 이하 같다)하되, 신청인의 주소(세부 주소에 한함), 연락처 등 개인정보를 생략할 수 있다.

제7조(피신청인의 변경)

① 위원회는 신청인이 피신청인을 명백히 잘못 지정한 경우에는 신청인의 요청에 따라 피신청인을 변경할 수 있다.

② 제1항에 따른 피신청인 변경이 있는 경우, 새로운 피신청인에 대한 조정신청은 제1항의 변경요청이 있은 때에 한 것으로 본다.

③ 제1항에 따라 피신청인이 변경된 경우에 위원회는 이를 당사자 및 변경전의 피신청인에게 지체없이 통보(전자우편, 모사전송의 방법을 포함한다. 이하 같다)하여야 한다.

제8조(대리인의 선임)

① 당사자는 다음 각 호의 하나에 해당하는 자를 대리인으로 선임할 수 있다. 이 경우 대리권의 범위가 명시된 별지 제4호 서식에 따른 조정위임장을 위원회에 제출하여야 한다.

  1. 변호사

  2. 당사자의 배우자, 직계 존속·비속 또는 형제자매

  3. 당사자와 고용, 그 밖에 이에 준하는 계약관계를 맺고 그 사건에 관한 통상사무를 처리·보조하는 자로서 그 자가 담당하는 사무와 사건의 내용 등에 비추어 상당하다고 인정되는 자

  4. 법령 등에 따라 해당 사안에 대하여 대리인이 될 수 있는 자

  5. 위원회 또는 조정부의 승인을 받은 자

② 제1항 1호의 대리인은 변호사 자격을, 제2호 및 제3호의 대리인은 대리인을 선임한 당사자와의 관계를 위원회에 소명하여야 한다.

제9조(대표당사자)

① 공동의 이해관계가 있는 다수의 당사자는 그 중 1인 또는 수인을 해당 사건을 대표하는 대표당사자로 선임하거나 선임된 대표당사자를 변경할 수 있다.

② 제1항의 선임 또는 변경의 사실은 다수의 당사자가 직접 서면으로 증명하여야 한다.

③ 위원회는 대표당사자가 선임된 경우에는 대표당사자를 상대로 조정을 진행한다.

④ 위원회는 필요하다고 인정하는 경우에는 당사자에 대하여 대표당사자를 선임하거나 변경할 것을 요구할 수 있다.

⑤ 대표당사자는 이를 선임한 당사자를 위하여 조정에 관한 일체의 행위를 할 수 있다. 다만 조정신청의 취하, 피신청인과의 조정전 합의 또는 조정안의 수락은 다른 당사자의 동의를 얻어야 하며, 이 경우 동의를 얻은 사실을 서면으로 증명하여야 한다.

제10조(조정신청의 보완)

① 위원회는 조정신청이 다음 각 호 중 어느 하나에 해당하는 경우에는 상당한 기간을 정하여 신청인에게 필요한 사항을 지적하고, 문서, 전자우편, 전화, 구술 또는 분쟁조정업무시스템 등을 통하여 보완을 요구하되, 신청인이 특별히 요청한 경우에는 문서로 하여야 한다.
 1. 조정신청의 형식적 요건을 갖추지 못한 경우
 2. 기타 조정절차를 진행하기 위해 자료제출이 반드시 필요하다고 인정되는 경우
② 위원회는 신청인이 제1항의 기간 안에 보완을 하지 아니하는 경우에는 7일 이내의 기간을 정하여 다시 보완을 요구할 수 있다.
③ 제1항 및 제2항의 보완에 소요된 기간은 제14조에 따른 기간에 산입하지 않는다.
④ 제1항 및 제2항의 보완요구에 응하지 않는 경우 조정신청은 취하한 것으로 본다.

제11조(사건의 분할·병합)

① 위원회는 당사자가 다수인 사건의 경우 이거나 사건의 성질 등에 따라 필요하다고 인정되는 경우 분할하거나 병합할 수 있다.
② 제1항에 따라 사건을 분할 또는 병합하는 경우 당사자에게 이에 관한 내용을 통지하여야 한다.
③ 사건을 분할 또는 병합한 경우 처리기간은 사건이 분할된 날 또는 마지막으로 병합된 날부터 새로 기산한다.

제2절 조정전 사건의 처리

제12조(조정신청의 취하, 각하 등)

① 신청인은 다음 각 호의 방법으로 조정신청을 취하할 수 있다.
 1. 별지 제5호 서식에 의한 조정신청취하서의 제출
 2. 조정기일에 구술

3. 전자우편 또는 모사전송을 통한 신청취하의 의사표시

4. 부득이한 사정이 있는 경우, 구술 또는 전화를 통한 의사표시

② 위원회는 제1항에 따른 취하의 의사표시가 있는 때에는 사건을 종결하여야 한다.

③ 위원회는 조정신청취하에 따라 사건이 종결된 경우에는 이를 당사자에게 지체없이 통보하여야 한다.

④ 위원회는 접수된 조정신청이 다음 각 호의 어느 하나에 해당하는 경우에는 그 신청을 각하할 수 있다.

1. 삭제 <2020. 6. 22.>

2. 위원회에 조정이 계류 중이거나 이미 조정절차를 거친 사건인 경우. 단, 제25조에 따른 재조정 신청의 경우는 그러하지 아니하다

3. 다른 법률에서 정하고 있는 조정절차를 이미 거쳤거나 거치고 있는 경우

4. 별도의 법적 구제수단이 취해지고 있는 사실이 확인된 경우

5. 법 제44조의10제1항에 따른 명예훼손 분쟁조정의 요건을 갖추지 아니한 경우

6. 조정신청서에 기재된 피신청인의 주소, 연락처 등으로 접수사실통지, 조정기일통지 등 통보가 불가능한 경우

7. 피신청인에게 제6조제2항에 따른 접수사실을 통지하였으나 상당한 기간이 지난 후에도 그 통지의 도달여부를 확인할 수 없는 경우

⑤ 피신청인에게 제6조제2항에 따른 접수사실을 통지한 후 그 통지의 도달여부 확인에 소요되는 기간은 제14조에 따른 기간에 산입하지 아니한다.

제13조(조정전 합의권고)

① 위원회는 분쟁조정의 신청이 있는 경우 당사자에게 조정전 합의를 권고할 수 있다.

② 당사자가 조정전 합의 권고안을 수락하는 경우에는 별지 제17호 서식에 따른 조정수락서에 기명날인 또는 서명하여 위원회에 제출하여야 한다. 조정수락서 제출은 직접제출, 우편, 전자우편 또는 모사전송의 방법으로 할 수 있다.

③ 위원회는 제2항에 따라 양 당사자가 모두 조정수락서를 제출한 때 조정전 합의가 성립된 것으로 보고, 즉시 별지 제6호 서식에 의한 조정전 합의서를 작성하여 당사자에게 이를 교부한다.

④ 조정전 합의권고에 의해 종결된 사건은 명예훼손 분쟁조정부(이하 "조정부"라 한다)에 보고하여야 한다.

제3절 조정절차

제14조(분쟁의 조정)

① 위원회는 제13조의 규정에 의한 합의가 이루어지지 아니한 때 또는 제13조에 따른 조정전 합의가 불필요하다고 인정되는 때에는 지체없이 이를 조정부에 회부하여야 한다.

② 조정부는 제1항의 규정에 의한 조정의 회부를 받은 때에는 분쟁조정의 신청을 접수받은 날로부터 60일 이내에 조정안을 위원회에 건의하여야 한다. 다만, 부득이한 사정이 있는 경우에는 위원회 또는 조정부의 의결로 그 기간을 연장할 수 있다.

③ 위원회 또는 조정부는 제2항 단서에 의하여 조정기간을 연장하고자 할 경우 신청인과 피신청인에게 사건번호, 신청인의 성명, 피신청인의 성명 또는 ID(닉네임), 연장기간, 연장사유 등을 기재한 조정기간 연장사실을 통지하여야 한다.

④ 조정부가 건의한 조정안이 위법하거나 심히 부당하다고 판단되는 경우에 위원회는 조정안의 전부 또는 일부를 수정할 수 있다.

제15조(사실조사 등)

① 위원회는 다음 각 호의 방법으로 사실관계에 대한 조사를 할 수 있다.
  1. 당사자의 진술 청취
  2. 당사자로부터의 소명자료 및 입증자료 수집
  3. 전문가 자문 또는 참고인 등의 진술 청취
  4. 사실조회 및 문서송부 요청 등에 따른 관련 자료의 수집
  5. 사건현장 답사, 영상 촬영 등 그 밖의 적정한 방법

② 위원회는 사실 확인의 과정에서 당사자에게 증거 및 관련 자료를 제출할 수 있는 공평하고 충분한 기회를 주어야 한다.

제16조(조정기일 등의 통보)

① 위원회는 당사자 또는 참고인의 의견을 청취하기 위하여 조정기일을 지정하는 경우, 그 일시 및 장소를 명시하여 의견청취 5일 전까지 당사자 또는 참고인에게 통보하여야 한다. 다만, 긴급한 경우에는 그러하지 아니한다.
② 해당 사건의 기일에 출석한 자에 대해서는 다음 기일을 구두로 고지할 수 있다.
③ 위원회는 당사자의 신청에 의하여 또는 필요하다고 인정되는 경우에 직권으로 조정기일을 변경할 수 있다.

제17조(조정의 진행)

① 출석한 당사자 또는 참고인은 해당 사건에 대한 관련 자료를 제출하거나 의견진술서 또는 구술로써 진술할 수 있다.
② 제16조제1항에 따른 출석통지서를 받고도 당사자 중 일방 또는 쌍방이 조정기일에 출석하지 아니한 경우에는 다른 일방 당사자만의 출석 또는 해당 사건에 대한 관련자료 등으로 조정절차를 진행할 수 있다.
③ 제2항의 경우에 불출석한 당사자가 제출한 관련 자료가 있는 경우에는 이를 참고하여 조정절차를 진행할 수 있다.
④ 위원회는 조정사건 심리에 필요하다고 인정하는 경우에는 조정기일에 불출석한 당사자에게 사건번호, 신청인의 성명, 피신청인의 성명 또는 ID(닉네임), 출석대상자의 성명 및 자격, 다음 조정기일과 장소를 통지하여야 한다.

제4절 조정결정

제18조(조정안의 작성 및 제시)

① 위원회가 조정안을 의결한 경우에는 다음 사항을 기재한 조정안을 작성하여야 한다.

1. 사건번호
2. 사건명
3. 당사자의 성명 또는 명칭과 주소
4. 조정결정 사항
5. 조정결정 이유
6. 작성 연월일

② 위원회가 제1항에 따른 조정안을 작성한 때에는 지체없이 이를 당사자에게 제시하여야 하며, 이 경우 당사자는 제시를 받은 날부터 15일 이내에 그 수락여부를 위원회에 통보하여야 한다.

제19조(조정의 성립)

① 당사자가 조정안을 수락하는 경우에는 별지 제17호 서식에 따른 조정수락서에 기명날인 또는 서명하여 위원회에 제출하여야 한다. 조정수락서 제출은 직접제출, 우편, 전자우편 또는 모사전송의 방법으로 할 수 있다.

② 제1항에 따라 양 당사자가 모두 조정수락서를 제출한 때에 위원회는 즉시 별지 제10호 서식에 의한 조정서를 작성하여 당사자에게 이를 교부한다.

③ 제1항에 따라 양 당사자 모두가 조정수락서를 위원회에 제출한 때에는 제2항에 따른 조정서와 동일한 내용의 합의가 성립된 것으로 본다.

제20조(조정의 불성립)

① 당사자가 조정안을 받은 날로부터 15일 이내에 위원회에 수락 거부의 의사표시를 하거나, 그 수락 여부를 통보하지 않은 경우에는 조정

이 성립되지 아니한 것으로 본다.

② 위원회는 조정이 성립되지 아니한 경우에 이를 당사자에게 통보하여야 한다.

제21조(조정의 거부)

위원회는 다음 각 호의 어느 하나에 해당하는 경우에는 조정을 거부하고 사건을 종결할 수 있다. 이 경우 조정거부 사유를 신청인에게 통보하여야 한다.

1. 당사자가 부정한 목적으로 조정을 신청한 경우
2. 그 밖에 분쟁의 성질상 조정부에서 조정함이 적합하지 아니하다고 인정되는 경우
3. 당사자 쌍방 또는 일방이 조정에 응할 의사가 없음을 표시하거나, 실질적으로 조정에 응하지 않는 것으로 볼 수 있는 경우

제22조(조정의 중지)

위원회는 신청된 사건에 대한 처리절차를 진행 중에 당사자 중 일방이 소를 제기한 경우에는 그 조정의 처리를 중지하고, 이를 당사자에게 통보하여야 한다.

제23조(신청의 기각)

위원회는 다음 각호의 어느 하나에 해당하는 경우에는 조정신청을 기각할 수 있다.

1. 사건이 사생활의 침해 또는 명예훼손 등 타인의 권리를 침해하지 않는 경우
2. 권리침해에 대한 소명이 부족한 경우

제24조(사건의 이첩)

위원회는 사건의 조사 결과 해당 사건의 경우 다른 기관에서 처리함이 상당하다고 인정되는 경우에는 이첩의 이유를 명기하여 신청인에게 회송하고 해당기관으로 이첩함으로써 사건을 종결할 수 있다.

제25조(재조정신청)

① 당사자는 다음 각 호의 어느 하나에 해당하는 사유가 있는 경우에는 조정부의 결정에 대하여 제5조제3항의 별지 제1호 서식에 재조정 신청이유를 작성하여 재조정을 신청할 수 있다. 다만, 당사자가 당초 조정신청을 할 때에 그 사유를 주장하였거나 이를 알면서 주장하지 아니한 경우에는 그러하지 아니하다.
  1. 조정 당시에는 제출되지 아니한 것으로서 조정의 결과에 중대한 영향을 미치는 새로운 사실이 나타난 경우
  2. 조정의 증거로 된 문서, 증인의 증언, 참고인의 진술 등의 자료가 위조 또는 변조된 것이거나 허위임이 밝혀진 경우
  3. 조정에 영향을 미칠 중요한 사항에 관하여 조정부가 판단하지 아니한 경우
  4. 제척되어야 할 위원이 조정에 관여한 경우
② 재조정 신청은 당사자가 조정결정 또는 조정을 하지 아니하기로 하는 결정을 통지받은 날부터 3개월 이내에 하여야 한다.
③ 제1항에 따른 재조정 신청사건에 대한 처리에 대해서는 본 장의 규정을 적용한다.
④ 위원회는 제2항에서 정하는 기간을 경과한 재조정 신청사건에 대하여는 특별한 사유가 없는 한 이를 각하하여야 한다.

제3장 이용자 정보의 제공청구

제26조(정보제공청구 등)

① 청구인은 법 시행령 제32조제1항 각 호의 사항을 기재한 별지 제11호 서식에 의한 정보제공청구서를 소명자료와 함께 조정부에 제출하거나 구술로써 정보의 제공을 청구할 수 있다. 다만 위원회의 인터넷 홈페이지에 접속하여 정보제공청구서의 내용을 입력하는 것은 정보제공청구서를 제출한 것으로 본다.

② 제1항에 따라 구술로써 정보의 제공을 청구하는 경우에는 사무처 담당 직원의 면전에서 진술하여야 한다. 이 경우 사무처 담당 직원이 제1항에 따른 정보제공청구서를 작성하여야 한다.

③ 미성년자, 피한정후견인 및 피성년후견인의 정보제공청구에 관하여는 제5조제5항 및 제8조를 준용한다. 이 경우 "조정신청 및 조정절차"는 "정보제공청구 및 정보제공청구절차"로, "별지 제4호 서식에 의한 조정위임장"은 "별지 제12호 서식에 의한 정보제공청구위임장"으로 본다.

제27조(정보제공청구의 보완)

① 이용자의 정보제공을 청구하는 자는 자신의 사생활의 침해 또는 명예훼손 등 권리가 침해당한 사실을 소명하여야 한다.

② 조정부는 제1항에 따른 소명이 다음 각 호에 해당하는 경우에는 상당한 기간을 정하여 필요한 사항을 지적하고, 문서, 전자우편, 전화, 구술 또는 분쟁조정업무시스템 등을 통하여 보완을 요구하되, 청구인이 특별히 요청한 경우에는 문서로 하여야 한다.

  1. 청구의 형식적 요건을 갖추지 못한 경우
  2. 기타 정보제공청구의 절차를 진행하기 위해 자료제출이 반드시 필요하다고 인정되는 경우

③ 조정부는 청구인이 제2항에 따른 기간 내에 보완을 하지 아니하는 경우에 7일 이내의 기간을 정하여 다시 보완을 요구할 수 있다.

④ 제2항 및 제3항의 보완에 소요된 기간은 제29조에 따른 기간에 산입

하지 않는다.

⑤ 제2항 및 제3항의 보완요구에 응하지 않는 경우 이용자의 정보제공 청구는 취하한 것으로 본다.

제28조(정보제공청구의 각하)

제26조에 따른 이용자 정보제공청구가 다음 각 호의 어느 하나에 해당하는 경우에는 조정부의 결정으로 그 청구를 각하할 수 있다.

1. 삭제 <2020. 6. 22.>
2. 조정부가 이미 정보제공요청여부에 대하여 결정한 경우
3. 다른 법률에서 정하고 있는 구제절차를 이미 거쳤거나 거치고 있는 경우
4. 법 제44조의6제1항에 따른 이용자 정보의 제공청구 요건을 갖추지 아니한 경우
5. 기타 조정부의 판단으로 정보제공 청구의 실익이 없다고 인정되는 경우

제29조(정보제공의 방법 및 절차)

① 조정부는 특별한 사유가 없는 한 정보제공청구를 접수한 날부터 30일 이내에 해당 이용자 정보의 제공 여부를 결정하여야 한다. 이 경우 조정부는 청구인에게 사건번호, 청구인의 성명 및 주소, 결정사항, 결정이유를 기재한 결정사실을 통지하여야 한다.

② 조정부는 정보제공을 결정한 경우에 결정을 한 날부터 10일 이내에 정보통신서비스제공자에게 사건번호, 청구인의 성명, 정보통신서비스제공자의 명칭, 청구정보를 기재하여 정보제공을 요청하여야 한다.

③ 제1항의 기간을 연장하는 경우에 조정부는 청구인에게 사건번호, 연장기간, 연장사유 등을 기재한 정보제공청구 기간연장사실을 통지하여야 한다.

④ 조정부는 해당 정보통신서비스제공자로부터 정보제공을 받은 경우에 정보제공을 받은 날부터 10일 이내에 사건번호, 청구인의 성명, 청구정보, 제공정보 등을 기재하여 청구인에게 통지하여야 한다.

제30조(분쟁조정절차의 준용)

정보제공청구와 정보제공청구절차에 관하여 이 규정에서 정한 것 외에는 그 성질에 반하지 않는 한 제2장을 준용한다. 이 경우 "조정"은 "정보제공" 으로 보며, "신청"은 "청구"로 본다.

제4장 보칙

제31조(문서 등의 보관)

① 위원회는 다른 법령에서 정하고 있는 경우를 제외하고는 사실조사보고서 및 회의록 등의 문서를 3년간 보관하여야 한다.

② 법 시행령 제33조제4항에 따라 조정부는 이용자정보제공사실 등 관련 자료를 5년간 보관하여야 한다.

부칙 〈제148호, 2020. 6. 30.〉

이 규칙은 공표한 날부터 시행한다.

[별지 제1호 서식]

명 예 훼 손 분 쟁 조 정 신 청 서

접 수 일 자			사 건 번 호	

신청인	*성 명 (대표자)		* 연 락 처	전 화 번 호	
				전 자 우 편	
	*주 소 (소재지)				
피신청인	*성 명 (대표자 또는 ID(닉네임)		전화 번호		
	*연락처	주 소 (소재지)			
		전자우편			
해당 정보위치 (URL 등)					
*신 청 취 지 (중복 체크 가능)	□ 해당 정보의 삭제 □ 손해배상 (원) □ 상대방의 사과 □ 기 타 ( )				
*신 청 이 유	※ 별지 첨부 가능				

「정보통신망 이용촉진 및 정보보호 등에 관한 법률」 제44조의10에 따라 위와 같이 분쟁조정을 신청합니다.

첨부 : 관련 증거자료

년   월   일

신청인 :   (인 또는 서명)

대리인 :   (인 또는 서명)

방송통신심의위원회 위원장 귀하

※ 접수일자와 사건번호는 신청인이 기재하지 않습니다.
※ * 표시된 부분은 반드시 기재하여 주시기 바랍니다.
※ 피신청인의 주소·전자우편 중 한가지 이상은 반드시 기재하여야 합니다.

접 수 증

접 수 번 호			신청인 성명	
접 수 자	부 서		성 명	(인 또는 서명)

귀하의 신청서는 위와 같이 접수되었습니다.

년   월   일

방송통신심의위원회

[별지 제4호 서식]

조 정 위 임 장

<table>
<tr><td rowspan="3">위 임 인
(본인)</td><td>성 명
(대표자)</td><td></td><td colspan="2">생년월일
(사업자등록번호)</td><td></td></tr>
<tr><td rowspan="2">주 소
(소재지)</td><td rowspan="2"></td><td rowspan="2">연
락
처</td><td>전 화 번 호</td><td></td></tr>
<tr><td>전 자 우 편</td><td></td></tr>
<tr><td rowspan="4">수 임 인
(대리인)</td><td>성 명
(대표자)</td><td></td><td colspan="2">생년월일
(사업자등록번호)</td><td></td></tr>
<tr><td rowspan="2">주 소
(소재지)</td><td rowspan="2"></td><td rowspan="2">연
락
처</td><td>전 화 번 호</td><td></td></tr>
<tr><td>전 자 우 편</td><td></td></tr>
<tr><td>위임사항</td><td colspan="4"></td></tr>
</table>

　　「명예훼손분쟁조정 절차 등에 관한 규칙」 제8조에 따라 위와 같이 조정에 관한 사항을 위임합니다.

년　　　　월　　　　일

위임인　　　　　　（인 또는 서명）

수임인　　　　　　（인 또는 서명）

방송통신심의위원회 위원장 귀하

조 정 신 청 취 하 서

사 건 번 호	
신 청 인	
피 신 청 인	
취 하 사 유	

이 사건에 대한 조정신청을 취하합니다.

년   월   일

신청인   (인 또는 서명)

방송통신심의위원회 위원장 귀하

[별지 제6호 서식]

조 정 전 합 의 서

사건번호		
신 청 인	성 명	
	주 소	
피신청인	성 명	
	주 소	
합의내용		
합의성립 연월일		

　방송통신심의위원회의 합의권고에 따라 신청인 및 피신청인이 위와 같이 합의하였음을 확인합니다.

년　　　월　　　일

방송통신심의위원회

부록 2
관련법규·
훈령·
예규·고시

조 정 서

사건번호		사건명	
신 청 인	성 명		
	주 소		
피신청인	성 명		
	주 소		
조정결정 사항			
조정성립 연월일			

이 사건은 위와 같이 조정되었음을 확인합니다.

년   월   일

방송통신심의위원회

정 보 제 공 청 구 서

접 수 일 자			사 건 번 호	
청구인	성 명 (대표자)		연락처	전 화 번 호	
				전 자 우 편	
	주 소 (소재지)				
청구대상 이용자	I D (닉네임)		정보통신서비스 제공자의 명칭		
	정보위치 (URL)				
청 구 정 보		□ 성 명　　　　　　　□ 주 소 □ 생 년 월 일　　　　　□ 전 자 우 편 주 소 □ 기 타(　　　　　　　　　　　　　　　　)		
제기하고자 하는 소의 종류				
소로써 구하는 취지				
침해된 권리의 유형		□ 명예훼손　　　　□ 모욕　　　　□ 성폭력 □ 스토킹　　　□ 기타(　　　　　　　　)		
권리침해 사실		※ 별지 첨부 가능		
제 공 방 법		□ 전자우편 □ 우편 □ 모사전송 □ 방문 □ 기타(　　)		

「정보통신망 이용촉진 및 정보보호 등에 관한 법률」 제44조의6제1항에 따라 위와 같이 이용자 정보의 제공을 청구합니다.
　첨부 : 관련 증거자료

　　　　　　　　　　　　　　　　　　　　년　　　　월　　　　일

　　　　　　　　　　　청구인 :　　　　　　(인 또는 서명)
　　　　　　　　　　　대리인 :　　　　　　(인 또는 서명)

방송통신심의위원회 위원장 귀하

※ 접수일자와 사건번호는 청구인이 기재하지 않습니다.

정 보 제 공 청 구 위 임 장

청 구 인 (본인)	성 명 (대표자)		생년월일 (사업자등록번호)		
	주 소 (소재지)		연 락 처	전 화 번 호	
				전 자 우 편	
수 임 인 (대리인)	성 명 (대표자)		생년월일 (사업자등록번호)		
	주 소 (소재지)		연 락 처	전 화 번 호	
				전 자 우 편	
	위임사항				

　「명예훼손분쟁조정 절차 등에 관한 규칙」 제26조제3항에 따라 위와 같이 이용자 정보의 제공청구에 관한 사항을 위임합니다.

년 　 　 월 　 　 일

청구인 　 　 　 　 　 (인 또는 서명)

수임인 　 　 　 　 　 (인 또는 서명)

방송통신심의위원회 위원장 귀하

조 정 수 락 서

사 건 번 호	
성 명	
주 소	
생년월일 (사업자 등록번호)	
조정안 (조정전 합의권고안) 내용	

　　상기 본인은 이 사건에 대한 방송통신심의위원회의 조정안(조정전 합의권고안)
을 수락합니다.

년　　　　월　　　　일

(성명)　　　　　　　　 (인 또는 서명)

방송통신심의위원회 위원장 귀하

부록3

수사기록 편철방법

I. 수사기록의 조제

1. 기록의 조제

● 기록에 편철된 서류를 일정 방식에 따라 분류, 정리하여 하나의 기록으로 편성하는 것을 말함.

● 서류에는 수사기관 작성 서류(각종 조서, 수사보고서 등)와 사건관계인 등이 수사기관에 제출한 서류가 있음

● 사건관계인 등이 제출한 서류는 사건의 본안과 관계가 없다고 판단되는 경우에도 접수를 한 경우에는 기록에 첨부하여야 함.

2. 기록의 편성 방식

● 작성 또는 제출 순서에 따라 차례로 편성하는 '편년체식 편성방식'과 작성 또는 제출 순서와 관계없이 일정한 원칙에 따라 분류하여 그 분류별로 별책으로 하거나 따로 장수를 부여하여 편성하는 '사항별 편성방식'의 2가지가 있음

● 수사기록은 원칙적으로 편년체식 편성방식에 따라 작성한 순서 및 접수한 순서에 따라 가철하여야 함

● 다만, 구공판하는 경우 구속에 관한 서류는 공소장 뒤에 일괄하여 편철하게 되어 있어 사항별 편성방식에 따르고 있음

● 경찰은 의견서, 범죄인지보고서를 기록목록 바로 뒤에 따로 편철하고 있으며, 검찰은 직수사건을 직접 처리하는 경우 경찰의 의견서에 해당하는 직수사건직접처리결과보고서를 기록목록 바로 뒤에 따로 편철하게 되어 있어 사항별 편성방식에 따르고 있음

3. 분책

● 기록의 장수가 방대한 것(예컨대 1,500매 이상)은 500매 내외를 전후하여 분책하여야 함

● 그 이하의 기록은 분책된 기록의 장수가 서로 비슷하도록 나누는 것이 좋음

4. 별책

● 경찰에서 기소중지 의견으로 송치되어 기소중지 결정되었다가 소재발견 되어 다시 경찰에 수사지휘를 하는 경우에는 기존 수사기록과 별도로 독립된 기록을 만들어야 함

● 이 때 별책으로 만든 기록은 원 수사기록과 철끈으로 연결하여 일체를 이루게 하여야 함

● 다만, 경찰에 지휘하지 않고 검찰에서 사건을 직접처리할 경우에는 재 기 이후의 기록을 별책으로 만들지 않고 원 수사기록에 가철하여 하나 의 기록으로 조제해도 무방함.

5. 가철요령

● 서류를 가철하는 경우에는 매 서류용지의 좌측 한계선과 하부 한계선을 맞추어 가지런히 철하여야 함

● 사건관계인으로부터 제출받은 서류를 가철하는 경우는 그 서류의 내용 이 무엇이고 입증취지가 무엇인지를 요약한 수사보고서를 작성하여 수 사보고서 뒤에 그 서류를 첨부하여 가철함

● 팩스밀리로 송부받은 서류는 시일이 경과함에 따라 잉크가 날아가 글자 가 보이지 않는 경우가 있으므로 원 서류 뒤에 이를 등본한 서류를 가 철하여야 함

● 우편제출된 서류는 봉투를 내용물인 서류의 바로 뒤에 붙여 가철함

● 기록표지보다 큰 서류는 표지규격에 맞도록 하단과 우단을 접어 넣어 가철함

● 기록표지보다 작은 서류는 그대로 철하되, 너무 작아서 철하기 곤란한 것은 받침종이에 붙여서 가철함

● 파손된 것은 투명 셀로판 테이프나 받침종이로 보수하여 가철함

● 각 서류에 사용된 편철용 끈이나 핀, 압철기, 바늘 등은 제거하여 가철함

● 서류는 그때그때 기록에 가철하는 것이 원칙이나, 기록이 두꺼운 사건 등 서류를 그때그때 기록에 가철하는 것이 조사에 불편한 경우에는 일

단 기록에 가철하여 철끈 구멍을 맞춘 후 다시 떼어내어 그 부분만 임시로 철끈으로 묶어 사용하다가 조사 종료 후 원 기록에 가철하는 것이 편리함

6. 장수

● 장수는 기록의 매장 표면 하단 중앙에 기재하여야 하며, 앞뒷면에 모두 기재가 되어있는 서류인 경우에도 표면(앞면)에만 표시하여야 함

● 기록목록 자체에는 장수를 부여하지 않으며, 의견서는 1면으로 하여 자번호를 부여하게 되어 있고(1-1, 1-2, 1-3,- - -), 그 뒤에 편철되는 고소장, 수사지휘서, 인지보고서를 2면으로 하여 일련번호로 장수를 부여하면 됨

● 조서 뒤에 서류를 첨부하거나, 수사보고서에 서류를 첨부하는 경우에는 그 조서 또는 수사보고서의 마지막 장에 표시된 장수를 모번호로 하고 순차로 자번호를 부여하는 방식도 시도해볼 만한 가치가 있다고 판단됨 (예 : 25-1, 25-2 등)

II. 기록목록의 작성

1. 기록목록의 작성

● 기록목록은 기록의 내용을 일목요연하게 표시하여 열람의 편의를 기하는 동시에 편철된 서류의 분실과 산일을 방지하고 기록의 일체성을 보전하기 위하여 작성되는 것임

● 실무상 수사가 종료된 후 기록목록을 작성하는 경우가 많으나, 체계적인 수사를 위하여는 수사 도중 적당한 시기에 그때그때 기록목록을 작성해 나가는 것이 좋음

2. 기록목록 작성 요령

● 대질조사를 한 경우에는 '진술자란'에 그 진술자를 전부 표시하여야 함

(그래야만 증거목록을 작성할 때 진술증거를 누락하지 않게 됨)

● '작성일자란'에는 조서를 작성하거나 사건 관계인으로부터 서류를 접수한 날짜에 기재하면 됨(사건관계인이 서류작성일자와 수사기관이 제출받은 날짜는 다르므로 서류접수시 접수인을 찍어 접수일자를 명백하여야 함)

● 목록은 수기로 작성하거나 컴퓨터로 작성하게 되나, 피의자신문조서, 진술조서, 진술서는 고무인을 찍는 것이 시각적으로 보기 좋음

● 기록에 첨부된 서류의 주종관계를 알 수 있도록 '들여쓰기'를 적절히 활용하여야 함(예컨대, 수사보고서에 서류를 편철한 경우에는 목록의 수사보고서란 밑에 들여쓰기를 하여 서류 제목을 기재하여야 함)

● 조서를 작성하면서 서류를 제출받은 경우에는 실무상 그 서류의 제목을 목록에 기재하지 않고 있으나, 그 서류도 목록의 조서항목 밑에 '들여쓰기'를 하여 기재하는 것이 체계적인 수사에 도움이 되고 또 증거목록 작성에도 편리함

III. 등본기록의 조제

1. 등본기록의 조제가 필요한 경우

● 일부 피의자는 송치하고 일부 피의자는 기소중지 처분하는 경우에 기소중지 피의자가 소재발견시 구속해야하는 등 사안이 중하여 신속한 수사가 필요한 경우

● 사건중 일부를 다른 노동사무소 등으로 이첩하는 경우

2. 등본기록 조제요령

● 실무상 원 기록의 기록표지, 기록목록, 서류 등을 복사하여 그 복사된 기록표지에 근로감독관 명의의 '등본임' 고무인을 찍고 복사된 서류에 간인하는 형식으로 등본기록을 조제하는 경우가 보통임

● 그러나 복사된 기록표지, 복사된 기록목록 등은 복사서류에 불과한 것이고, 기록표지, 기록목록의 기능을 수행할 수 없으므로 이는 부적절한 조제방식이라고 생각함

- 따라서, 새로운 용지로 기록표지와 기록목록을 만든 후, 그 뒤에 '기록을 등본하여 첨부한다'는 내용의 수사보고서를 첨부한 다음, 그 뒤에 복사한 기록표지·기록목록·의견서·각종 조서를 순서대로 첨부, 간인하여 등본기록을 조제하여야 함

- 즉, 등본기록은 "기록표지→기록목록→수사보고서→복사서류(기록표지, 기록목록, 의견서, 각종 조서 및 서류)"의 순이 됨

- 이때 원 기록을 전부 복사할 경우에는 새로 작성된 기록목록과 중복되므로 원 기록의 기록목록을 복사하여 첨부할 필요가 없으나, 원 기록의 전부를 복사하지 않고 필요부분만 복사하는 경우에는 복사되지 않은 서류가 무엇인지 알 수 있도록 기록목록도 복사하여 첨부하여야 함

- 장수는 수사보고서를 1면으로 하여 일련번호로 부여하되, 하단 중앙에 기히 기재되어 복사된 장수의 좌측 또는 우측에 일관성 있게 기재하는 것이 좋음

- 기록목록의 최상단에는 '수사보고'가 기재되고 그 다음에는 복사된 서류를 들여쓰기를 하여 순서대로 기재하여야 함

- 등본기록을 조제할 때에는 복사가 제대로 되었는지, 빠진 서류가 없는지, 이면복사를 누락하지 않았는지 등을 담당자가 세심하게 살펴 성심성의껏 기록을 조제했다는 평가를 받아야 함

Ⅳ. 등본서류의 가철

- 다른 수사기록의 전부 또는 일부를 사본하여 현재 수사중인 사건기록에 가철하는 경우에는 '기록을 복사하여 첨부한다'는 내용의 수사보고서를 작성하고 그 뒤에 복사한 서류를 첨부하여 가철하여야 함

- 최근 복사기의 발달과 컴퓨터 사용에 따라 기록에 첨부된 서류가 복사서류인지, 아니면 원 서류인지 외관상 알기 어려운 경우가 많으므로 수사보고서에 '몇 장부터 몇 장까지 사본하여 첨부한다'는 것을 부가하는 것이 좋고, 나아가 등본서류의 뒤에 말미용지를 첨부하는 것도 좋은 방법임

- 기록목록은 수사보고 뒤에 '들여쓰기'를 하여 복사된 서류를 순서대로 기재하여야 함

V. 기록의 조제에 흠이 있는 경우

● 기록의 조제에 흠이 있는 경우에는 그 흠을 제거하는 조치를 취하여야 함
● 간인이 되어 있지 않거나, 서명날인이 누락된 경우 등에는 그 흠을 보정여야 함
● 가철순서가 잘못되거나 기록목록작성이 부실하게 된 경우 등에는 기록목록을 재작성하고 가철 순서를 바로잡는 조치를 취하여야 함
  - 다만 나중에 문제될 소지도 있으므로 어떤 서류를 어떻게 바로 잡았는지 수사보고서를 작성하여 편철해 두여야 함

VI. 송치기록 편철 순서

● 사건 송치서 표지
● 압수물 총 목록(압수물이 없는 경우 편철 생략)
● 기록목록
● 의견서(간이, 정식)
● 범죄인지 보고서, 고소장, 고발장, 수사지휘서 등
  - 여러건일 경우 범죄사건부 접수일자 순으로 편철
● 진정서, 탄원서 등
● 수사서류 (수리, 작성된 날짜순으로 편철)
  - 접수 또는 작성일자가 같을 경우에는 피의자 순으로 편철
● 수사결과 보고서
● 범죄경력 조회서
  - 일반 수사서류로 취급하여 날짜순으로 편철
  - 날짜에 관계없이 피의자신문조서 다음에 편철
  - 날짜에 관계없이 수사결과 보고서 다음에 편철

범죄사실 작성요령

제1장 총설

1. 짧고 간결한 문장으로 작성

범죄사실은 짧고 간결한 여러 개의 문장으로 나누어 작성한다. 종전에는 범죄사실 전체를 한 개의 문장으로 작성하였는데, 이러한 방식은 많은 문법적 오류를 낳을 뿐 아니라 문장의 내용을 쉽게 알아보기 힘들게 하고 명확한 의미 전달을 방해하므로 바람직스럽지 않다.

2. '피의자는 ~ 하였다'의 형식으로 작성

종전에는 첫머리에 '피의자는 ~자인바'라는 문구로 시작하고, '~한 것이다'라는 문구로 끝냈다. 하지만 이러한 상투적인 시작 및 종결문구는 일본어 문투의 잔재로서 어색하고 국어 문법에도 맞지 않으므로, '피의자는 ~ 하였다'의 형식으로 기재하도록 한다.

또한 종전에는 습관적으로 범죄사실의 첫 머리에 피의자의 직업을 기재하는 경우가 많았으나, 피의자의 직업은 피의자의 인적사항에 따로 표시하면 족하므로 굳이 범죄사실에 중복하여 기재하지 않는다. 다만, 신분범 등과 같이 피의자의 직업이 구성요건요소이거나 범죄사실과 밀접한 관련이 있는 경우에는 예외로 한다.

2-1. 시작문구와 종결문구의 작성례

> 피의자는 20xx. 10.20. ○○지방법원에서 사기죄로 징역 6월을 선고받아 2018. 4.20. ○○교도소에서 그 형의 집행을 종료하였다.
>
> 피의자는 2017. 8.20. 22:00경 .....하였다

2-2. 구성요건 요소인 직업을 기재하는 작성례

> 피의자는 20xx. 10. 20.경부터 20xx. 11.15.까지 서울 ○○구 ○○동 ○○번지에 있는 □□건설주식회사의 상무이사로서 위 회사의 자금조달 업무에 종사하였다.

> 피의자는 20xx. 8.20. 10:00경 서울 ○○구 ○○동 ○○번지에 있는 ◇◇은행 ○○지점에서 위 회사의 운영자금을 조달하기 위하여 위 회사 소유인 ○○시 ○동 산○○번지에 있는 임야 20,000평에 관하여 위 은행에 근저당권설정등기를 하여 주고 돈 ○○억원을 대출받았다.
>
> 피의자는 위 대출금 ○○억원을 위 회사를 위하여 업무상 보관하던 중 20xx. 4.22. 13:00경 위 회사 사무실에서 그 중 ○○천만원을 자신과 불륜관계를 맺어 온 위 회사 경리사원 ◇◇◇에게 관계 청산을 위한 위자료로마음대로 지급하여 이를 횡령하였다.

3. 현대 국어 어법에 맞는 문장 작성

3-1. 들여쓰기 및 행과 문단의 구분

종전과 같이 '피의자는'이라 기재한 다음에 이후의 본문 전체를 들여쓰기 하는 것은 현대 국어 문장의 작성 방식에 어긋난다. 들여쓰기는 새로 시작되는 문단의 첫 단어에서만 해야 한다.

글의 내용과 길이를 고려하여 적절히 문단을 나누되, 새로운 문단을 시작하는 때에는 행을 바꾸고 들여쓰기를 한다. 종전과 같이 긴 범죄사실을 단일한 문단으로 작성하거나, 모두사실을 기재한 다음 문장이 끝나지 않았는데도 행을 바꾸어 쓰는 것은 국어의 문장 작성법에 맞지 않는다.

3-1-1. 들여쓰기와 행의 변경 작성례

> 피의자는 20xx. 10.20. 21:00경부터 같은 날 23:00경까지 서울 ○○구 ○○동 ○○번지에 있는 피해자 ○○○이 운영하는 ◇◇노래방에서 ....하였다.

3-1-2. 문단의 구분 작성례

> 피의자는 서울 ○○구 ○○동 ○○번지에 있는 □□섬유주식회사의 기숙사

에서 생활하고 있는 회사원이다.

　피의자는 20xx. 8.20. 10:00경 위 기숙사 ◇◇호실에서 담배를 피우다가 그 담배꽁초를 버리려고 하였으면 담배꽁초의 불을 완전히 꺼 안전한 곳에 버리는 등의 조치를 취하여 화재의 발생을 미리 막아야 할 주의의무가 있었다.

　그럼에도 불구하고 피의자는 이를 게을리 한 채　담배꽁초의 불을 빈 담배갑에 2~3회 비벼 뭉개는 정도로 완전히 끄지 아니하고　그 방에 있던 쓰레기통에 버리고 그대로 방을 나갔다.

　위와 같은 과실로 그 무렵 위 담배꽁초에 남아 있는 불씨에서 위 쓰레기통 안의 휴지 등에 불이 붙게 하고 그 날 00:30경 그 불이 벽과 천정 등을 거쳐 기와지붕 벽돌조 2층 건물 연건평 300㎡ 전체에 번지게 하였다.

　그리하여 ○○○ 등 회사원 30명이 거주로 사용하는 위 회사 소유의 기숙사 1채 시가 ○○억원 상당을 모두 태워 이를 소훼하였다.

3-2. 문장의 주어 명기

3-2-1. 문장을 나누고 문장마다 주어를 명시하는 작성례

　피의자는 20xx. 8.20. 10:00경 서울 ○○구 ○○동 ○○번지 앞길에서 교통정리를 하고 있는 ◇◇경찰서 소속 순경 ○○○으로부터 교통신호를 위반하여 서울xx바xxxx호 택시를 운행하였다는 이유로 단속되었다.

　피의자는 위 경찰관으로부터 운전면허증의 제시를 요구받자 피의자의 차만 단속한다고 불평하면서 오른쪽 주먹으로 위 경찰관의 얼굴을 1회 때리고 오른 발로 옆구리를 2회 걷어차는 등 폭행하여 위 경찰관의 교통단속에 관한 정당한 직무집행을 방해하였다.

4. 일반 국민들이 쉽게 이해할 수 있는 표현 사용

일반인들이 거의 사용하지 않거나 국어 어법상 부적절한 용어나 문구, 그리고 한문 투의 문어체와 일본어 투의 표현 등을 일반 국민들이 쉽게 이해할 수 있는 우리말 표현으로 바꾸어 사용한다.

4-1. 구체적인 용어 및 표현 문구 개선 방안

4-1-1. 법률상 용어는 그대로 사용

법률상 일정한 의미가 부여된 용어이므로 법 개정이전까지는 원칙적으로 그대로 사용한다.

예) 절취, 강취, 횡령, 합동하여, 공동하여, 상습으로, 징역 ○월 등

4-1-2. 관용어의 개선

① 편취한 것이다 → 사람을 기망하여 재물의 교부를 받았다. 또는 재산상 이익을 취득하였다.

② 갈취한 것이다 → 사람을 공갈하여 재물의 교부를 받았다. 또는 재산상 이익을 취득하였다.

4-1-3. 개선 용어

① 부적절한 용어, 문투, 구문

▷ 소재 → ~에 있는

▷ 성명 불상 → 성명을 알 수 없는(모르는)

▷ 박명불상 → 박 아무개

▷ 초순 일자불상경 → 초순경

▷ 상호불상 커피숍 → 상호를 알 수 없는 커피숍

▷ 그 시경 → 그 무렵, 그 때쯤

▷ 금원 → 돈

▷ 동인, 동녀 → 피해자 또는 그, 그녀

▷ 피의자 ○○○, 같은 ○○○ → 피의자 ○○○, 피의자 ○○○

▷ 피해자 ○○○, 같은 ○○○ → 피해자 ○○○, 피해자 ○○○

▷ 각 위조하고 → 각각 위조하고

▷ 반항을 억압한 후 → 반항하지 못하게 한 후

▷ 동인을 외포케 한 후 → 피해자에게 겁을 준 후

▷ 구공판되어 → 구속 기소되어(불구속 기소되어)

▷ 불응하면 → 응하지 않으면

▷ 1매 → 1장

▷ 도금을 걸고 → 돈을 걸고

▷ 구약식되어 → 약식명령이 청구되어

▷ 범죄외 → 사용하지 않음

▷ 상피의자 → 사용하지 않음

▷ (불법) 영득의 의사로 → (자신이) 가질 생각으로

▷ 시계 1개 30만원 상당을 절취하고(품명, 수량, 시가의 순)

  → 시가 30만원 상당의 시계 1개를 절취하고(시가, 품명, 수량의 순)

▷ 귀걸이 1점 등 보석류 5점 시가 합계 200만원 상당을 절취하고

  → 귀걸이 1점 등 시가 합계 200만원 상당의 보석류 5점을 절취하고

▷ ~ 되어 그 뜻을 이루지 못하고 미수에 그친 것이다

  → ~ 되어 미수에 그쳤다

▷ ~ 하는 등으로(등하여) ~하였다

  → ~ 등 또는 등의 행위를 함으로써 ~하였다

② 부적절한 어미 사용

▷ ~인 바, 한 바, 하였던 바 → ~인데, 하니, 하였더니

▷ ~ 하고(범죄사실을 계속 연결시킬 때 사용 어미)

  → 하였고 또는 하였다(시제 일치).

▷ ~ 하였으면 ~ 할 주의의무가 있음에도

  → ~ 하였으므로 또는 '~하였다. 그러므로'

③ 비교적 흔한 조사의 오류

▷ ~한 외 → ~한 외에, 외에도

▷ ~에 불구하고 → ~에도 불구하고

▷ 범죄전력 3회 더 있는 → 범죄전력이 3회 더 있는

▷ ~운전의 → ~가 운전하던

▷ 피해자 ~경영의 → 피해자 ~가 경영하는

▷ 불능케 하고 → 불가능하게 하고

5. 번호와 제목의 적절한 활용

피의자나 죄명이 다수이거나, 범죄사실이 여러 개이고 내용이 복잡한 경우에는 개별 범죄마다 '1. 가. (1) (가)' 등 번호를 기재하고 적절한 제목을 붙임으로써 전체적인 내용을 쉽게 파악할 수 있도록 한다.

범죄사실이 하나이더라도 복잡한 경우에는 번호와 제목을 활용하면 범죄사실을 보다 쉽고 일목요연하게 파악할 수 있을 것이다.

5-1. 피의자가 여러 명이고 죄명이 각 1개인 작성례

(피의자의 이름을 제목으로 활용)

> 1. 피의자 홍길동
>   피의자는 20xx. 8.20. 10:00경 서울 ○○구 ○○동 ○○번지에 있는 피해자 ◇◇◇ 경영의 시계 노점상에서 ....절취하였다.
> 2. 피의자 갑을병
>   피의자는 20xx. 8.20. 10:00경 서울 ○○구 ○○동 ○○번지에 있는 피의자 하숙집에서 ....하여 장물을 취득하였다.

5-2. 피의자는 1명이고, 죄명이 여러 개인 작성례(죄명을 제목으로 활용)

> 1. 상습사기
>   가. 피의자는 20xx. 8.20. 10:00경 서울 ○○구 ○○동 ○○번지 ◇◇ 빌딩 지하 1층에 있는 □□카페에서 ......술과 안주 시가 00,000원

상당을 제공받았다.

　나. 피의자는 20xx. 8.20. 10:00경 ......시가 00,000원 상당을 제공받았

　　다. 이로써 피의자는 2회에 걸쳐 상습으로 타인을 기망하여 술과 안

　　주를 제공받았다.

2. 상해

　피의자는 20xx. 8.20. 10:00경 ....우안검부좌상 등을 가하였다.

5-3. 피의자가 여러 명, 죄명도 여러 개인 작성례(각 항의 행위 주체인 피의자의 이름과 각 항의 죄명을 제목으로 활용)

피의자 홍길동은 .....집행을 종료하였다.

1. 피의자들의 공동범행

　가. 폭력행위등처벌에관한법률 위반(공동주거침입)

　　피의자들은 20xx. 8.20. 10:00경 ......피해자 ○○○의 집에 이르러

　잠겨있지 않은 대문을 열고 그 집 마당까지 함께 들어갔다.

　이로써 피의자들은 피해자의 주거에 공동하여 침입하였다.

　나. 강도상해

　　피의자들은 20xx. 8.20. 10:00경 위와 같은 장소에서 ....을 절취

　하였다. 계속하여 다른 물건을 물색하던 중 ....붙잡히게 되었다.

　그러자 체포를 면탈할 목적으로 ....하였다.

　이로써 피의자들은 공모하여 피해자 □□□에게 약 3주간의 치료를

　요하는 비골골절 등의 상해를 가하였다.

2. 피의자 갑을병

　가. 상습사기

　(1) 피의자는 20xx. 8.20. 18:00경 ......술과 안주 시가 00,000원 상당

　　을 제공받았다.

　(2) 피의자는 20xx. 4.20. 20:00경 ......술과 안주 시가 00,000원 상당을

　　제공받았다. 이로써 피의자는 2회에 걸쳐 상습으로 타인을 기망하여 술

과 안주를 제공받았다.

나. 상해

피의자는 20xx. 4.20. 10:00경 ....피해자에게 약 2주간 치료를 요하는 우안검부좌상 등을 가하였다.

5-4. 피의자가 여러 명, 죄명도 여러 개이며 모두사실의 범죄전력이 많은 경우의 작성례(범죄전력과 범죄사실을 별개의 제목으로 구분하고, 각 항의 행위 주체인 피의자의 이름과 죄명을 제목으로 활용)

범죄전력

피의자 홍길동은 ....집행을 종료하였다.

피의자 갑을병은 ....가석방기간을 경과하였다.

피의자 홍갑순은 ....약식명령을 각각 받았다.

범죄사실

1. 피의자 홍길동, 피의자 갑을병. 피의자 홍길순의 공동 범행

가. 총포·도검·화약류등단속법 위반

피의자들은 20xx. 4.20. 10:00경 ....전자충격기 1대를 ....보관하여 이를 소지하였다. 그런데 피의자는 주소지 관할 경찰서장의 전자충격기 소지 허가를 받지 아니하였다.

나. 강도예비

피의자들은 20xx. 8.20. 10:00경 ......피해자 ○○○의 집에 침입하려고 동정을 살피는 등 강도를 예비하였다.

2. 피의자 홍길동, 피의자 갑을병. 피의자 홍길순, 피의자 김갑순의 공동범행

가. 폭력행위등처벌에관한법률 위반(공동주거침입)

피의자들은 20xx. 10.20. 19:00경 ......피해자 ○○○의 집에 이르러 잠겨있지 않은 대문을 열고 그 집 마당까지 함께 들어갔다.

이로써 피의자들은 피해자의 주거에 공동하여 침입하였다.

나. 강도상해

　　피의자들은 20xx. 10.20. 20:00경 위와 같은 장소에서 ....을 절취하였다. 계속하여 다른 물건을 물색하던 중 ....붙잡히게 되었다. 그러자 체포를 면탈할 목적으로 ....하였다. 이로써 피의자들은 공모하여 피해자 □□□에게 약 3주간의 치료를 요하는 비골골절 등의 상해를 가하였다.

3. 피의자 홍길순

가. 상습사기

　(1) 피의자는 20xx. 8.20. 20:00경 ......술과 안주 시가 00,000원 상당을 제공받았다.

　(2) 피의자는 20xx. 4.20. 23:00경 ......술과 안주 시가 00,000원 상당을 제공받았다. 이로써 피의자는 2회에 걸쳐 상습으로 타인을 기망하여 술과 안주를 제공받았다.

나. 상해

　　피의자는 20xx. 4.20. 10:00경 ....피해자에게 약 2주간 치료를 요하는 우안검부좌상 등을 가하였다.

제2장 범죄사실의 구체적 작성요령

1. 문장 구분의 기준
① 문장을 구분하는 기준을 일률적으로 정하기는 곤란하나, 대체적인 기준은 다음과 같다.

  1. 주어가 바뀌거나 새로운 서술어가 나와 행위상황이 바뀌는 경우
  2. 일시와 장소가 바뀌어 한 문장으로 작성하는 것이 부자연스럽거나 장황하게 되는 경우
  3. 긴 수식어구가 잇는 등 하나의 문장으로 작성하면 지나치게 길거나 복잡하게 되는 경우

② 문장을 나눌 때는 '그리고, 그러나, 따라서, 그리하여' 등의 접속사를 적절하게 사용하는 것이 좋다.

1-1. 행위상황이 바뀌는 경우의 작성례

> 피의자는 20xx. 8.20. 10:00경 서울 ○○구 ○○동 ○○번지에 있는 ○○은행 ◇◇지점 앞길을 운행 중인 00가 0000호 시내버스 안에서 피해자 ◇◇◇가 혼잡한 승객들로 인해 잠시 주의를 소홀히 하고 있는 틈을 타 그에게 접근하였다.
>
> 피의자는 피해자의 양복 상의 속으로 오른손을 집어넣어 가지고 있던 면도칼로 그 안주머니를 찢은 후 피해자 소유 현금 100,000원, 주민등록증 1장, ◇◇신용카드 1장이 들어 있는 시가 50,000원 상당의 지갑을 꺼내어 각 절취하였다.

1-2. 주어, 동사가 수회 바뀌는 경우의 작성례

> 피의자들은 20xx. 10.20. 15:00경 서울 ○○구 ○○동 ○○번지에 있는 피해자 ○○○(60세)의 집에서, 피의자 홍길동은 마당에서 망을 보고, 피의자 갑을병, 피의자 홍길순, 피의자, 김갑동은 잠겨 있지 않은 현관문을 통하여 응

접실까지 들어갔다. 피의자 갑을병은 응접실 탁자위에 놓여있던 피해자 ○○
○ 소유인 시가 0.000.000원 상당의 롤렉스 금시계 1개를 바지 호주머니에
집어넣어 절취하였다.

　피의자 갑을병, 피의자 홍길순, 피의자, 김갑동은 계속하여 다른 물건을 물
색하던 중 피해자 ○○○과 그의 아들인 피해자 ◇◇◇(26세)에게 발각되어
도주하였다. 피의자 갑을병, 피의자 홍길순이 그 집 마당에서 피해자들에게
붙잡히게 되자 체포를 면탈할 목적으로, 피의자 갑을병은 양손으로 피해자 ○
○○을 밀어 마당에 넘어뜨린 후 오른손 주먹으로 피해자의 얼굴을 힘껏 1회
때리고, 피의자 홍길순은 마당에 있는 철제의자를 집어 들고 피해자 ◇◇◇에
게 휘둘렀다.

　결국 피의자들은 공모하여 피해자 ○○○에게 약 3주간의 치료를 요하는 비
골골절 등의 상해를 가하였다.

1-3. 행위상황이 바뀌고, 의무규정 등 긴 수식어구가 있는 경우 작성례

　피의자는 서울지방국세청 ◇◇세무서 조사과 소속 공무원으로서 그 관할 구
역 내 납세자의 탈세 여부 등을 조사하는 업무를 담당하고 있다.

　피의자는 20xx. 9.20. 서울 ○○구 ○○동 ○○번지에 있는 ○○○이 경영
하는 ◇◇◇◇라는 주점에서 금전출납부 등 관련 장부와 영수증 등의 대조를
통해 그 주점의 탈세 여부를 조사하였다. 그 결과 위 ○○○이 실제 보다 적
게 매출한 것처럼 매출액을 허위 기재하여 부가가치세 등을 포탈한 사실을
발견하였다.

　이러한 경우 담당 공무원으로서는 위와　같은 사실을 ◇◇세무서장에게 보고
하고 그에 대한 세금을 추징하는 등 적절한 조치를 취했어야 했다.

　그럼에도 불구하고, 피의자는 친구인 위 주점 지배인 □□□으로부터 세금
포탈 사실을 묵인하여 달라는 취지의 청탁을 받고 위 사실을 보고하지 아니
한 채 묵인하고 아무런 조치를 취하지 아니함으로써 정당한 이유 없이 그 직
무를 유기하였다.

1-4. 주어, 동사와 행위상황이 바뀌는 경우의 작성례

피의자는 냉장고 1대 외 20점 시가 500만원 상당 물건의 소유자이다.

서울○○지방법원 소속 집행관 □□□는 채권자 ○○○의 집행위임을 받아 위 법원 2017카111호 유체동산압류결정 정본에 의하여 2017.10.30. 서울 ○○구 ○○동 ○○번지에 있는 피의자의 집에서 위 물건들에 압류표시를 부착하였다.

피의자는 2017.11.20. 15:00경 피의자의 집에서 위 물건들에 부착되어 있는 압류표시를 함부로 제거함으로써 그 효용을 해하였다.

1-5. 주어, 일시 및 장소가 바뀌는 경우의 작성례

피의자는 11가1234호 승용차를 운전하는 운전자이다.

위 승용차의 소유자인 ○○○은 20xx. 10.20. 20:00경 서울 ○○구 ○○동 ○○번지에 있는 ◇◇◇호텔 앞길에서 위 승용차를 운전하다가 교통사고를 일으키고 피해자에 대한 구호조치를 취하지 않은 채 도주하였다.

피의자는 ○○○가 위와 같이 벌금 이상의 형에 해당하는 죄를 범한 사실을 알고 있으면서 20xx. 10.22. 14:00경 같은 동네에 있는 □□경찰서 조사과 사무실에서, 위 사건을 수사 중인 위 경찰서 형사과 경장 ○○○에게 피의자가 교통사고를 일으킨 것처럼 허위 신고하여 범인을 도피하게 하였다.

1-6. 주어, 일시 및 장소가 바뀌고 긴 수식어구가 포함된 경우의 작성례

피의자는 20xx. 10.20. 15:00경 서울 ○○구 ○○동 ○○번지에 있는 피의자의 집에서, 홍길동으로 하여금 형사처분을 받게 할 목적으로, 컴퓨터를 이용하여 홍길동에 대한 허위 내용의 고소장을 작성하였다.

그 고소장은 '피고소인 홍길동은 20xx. 1. 초순경 부산 해운대에 있는 ◇◇여관에서 고소인의 처 ○○○와 1회 간통하였으니 처벌하여 달라'는 내용이었다. 그러나 사실은 홍길동은 피의자의 처 ○○○와 간통한 사실이 없었다.

그럼에도 불구하고, 피의자는 20xx. 1.20. 15:00경 서울 ○○구 ○○동에 있는 □□경찰서 민원실에서 성명을 알 수 없는 경찰관에게 위 고소장을 제출하여 홍길동을 무고하였다.

1-7. 일시 및 장소가 바뀌는 경우의 작성례

피의자는 20xx. 4.20. 23:00경 서울 ○○구 ○○동 ○○번지 앞길에서 피의자가 소유하는 11가1234호 승용차를 운전하고 가다가 마침 그곳에서 택시를 기다리던 피해자 ○○○(여, 23세)에게 행선지를 물어 피해자가 ○○동까지 간다고 하자 그 곳까지 태워다 주겠다고 유인하여 피해자를 그 차에 태워 주행하였다.

피의자는 같은 날 23:20경 서울 ○○구 ○○동에 있는 □□대학교 앞길에 이르러 피해자로부터 내려달라는 요구를 받았음에도 욕정을 일으켜 이를 묵살한 채 같은 날 23:40경 서울 ○○구 ○○동 산○○번지 앞길까지 약 10킬로미터를 그대로 질주하여 피해자로 하여금 차에서 내리지 못하도록 함으로써 약 20분간 피해자를 감금하였다.

1-8. 일시, 행위상황이 바뀌는 경우의 작성례

피의자는 20xx. 4.초순경 유부녀인 피해자 ○○○(여, 36세)과 성교하였던 사실을 이용하여 피해자로부터 돈을 받아 내기로 마음을 먹었다.

피의자는 20xx. 4.20. 2315:00경 서울 ○○구 ○○동에 있는 ◇◇호텔 커피숍에서 피해자에게 '돈 200만원만 빌려 줘라. 돈을 주지 않으면 성교 사실을 남편에게 알려 버리겠다.'고 겁을 주었다.

피의자는 이와 같이 피해자를 공갈하여 이에 겁을 먹은 피해자로부터 다음날 14:00경 위 커피숍에서 200만원을 교부받았다.

1-9. 문장 속에 긴 수식어구가 포함된 경우의 작성례

피의자는 20xx. 11.20. 23:00경 서울 ○○구 ○○동에 있는 서울□□지방법원 제111호 법정에서 위 법원 2017고단111호 ○○○에 대한 절도 피의사건의 증인으로 출석하여 선서하였다. 피의자는 위 사건을 심리중인 위 법원 제5단독 판사 ○○○에게 '○○○가 소매치기하는 것을 전혀 본 일이 없다.'라고 증언하였다.

그러나 사실은 피의자는 20xx. 9.20. 17:00경 ○○○가 위 법원 앞길을 운행 중인 13자1234호 시내버스 안에서 소매치기하는 것을 직접 목격하였다.

그리하여 피의자는 자신의 기억에 반하는 허위의 진술을 하여 위증하였다.

1-10. 문장이 장황하게 계속 이어지는 경우의 작성례

피의자는 50다1234호 택시를 운전하는 업무에 종사하고 있다.

피의자는 20xx. 12.20. 23:00경 위 택시를 운전하여 서울 ○○구 ○○동에 있는 서울□□지방법원 앞 편도 3차로 도로를 지하철 ◇◇역 쪽에서 고속터미널 쪽으로 2차로를 따라 시속 약 60킬로미터로 진행하였다. 당시는 야간인 데다가 비가 내리고 있어 전방 시야가 흐린 상태였고, 그곳 전방에는 신호등이 설치된 횡단보도가 있었다.

이러한 경우 자동차의 운전 업무에 종사하는 사람에게는 속도를 줄이고 전방을 잘 살펴 길을 건너는 사람이 있는지 여부를 확인하는 한편 교통신호에 따라 안전하게 운전하여 사고를 미리 방지하여야 할 업무상 주의의무가 있다.

그럼에도 불구하고 피의자는 이를 게을리 한 채 신호가 차량 정지신호로 바뀌는 데도 불구하고 계속 같은 속도로 진행하다가 보행자 신호에 따라 횡단보도를 좌측에서 우측으로 횡단하던 피해자 ○○○(여, 26세)를 뒤늦게 발견하였고 이를 피하기 위하여 핸들을 우측으로 조작하면서 급제동하였다. 그러나 미처 피하지 못하고 피의자의 택시 좌측 앞 범퍼로 피해자의 우측 다리를 들이받아 땅에 넘어뜨렸다.

이로써 피의자는 업무상의 과실로 피해자에게 약 6주간의 치료를 요하는 대퇴부골절 등의 상해를 입게 하였다.

2. 두괄식 문장의 예외적 사용

범죄사실을 기재함에 있어서는 우선 피의자의 범죄 행위를 서술한 다음 끝부분에 그 행위를 한마디로 집약하여 표현하는 이른바 미괄식 문장으로 구성하는 것이 원칙이다. 다만, 범죄사실의 경위나 방법이 복잡하거나 장황하여 미괄식으로 작성하게 되면 전체 내용을 쉽게 파악하기 어렵게 되는 경우가 있다. 이럴 때에는 피의자가 저지른 범행의 개요를 간단하게 두괄식으로 기재한 뒤 구체적인 범행내용이나 방법을 기재하는 이른바 두괄식 문장으로 작성할 수 있다.

2-1. 두괄식으로 표현한 작성례

> 피의자는 20xx. 11.20. 23:00경 서울 ○○구 ○○동에 있는 서울□□지방법원 제221호 법정에서 위 법원 2017고단111호 홍길동에 대한 절도 피의사건의 증인으로 출석하여 선서한 다음 기억에 반하는 진술을 하여 위증하였다.
>
> 피의자는 위 사건을 심리중인 위 법원 제3단독 판사 ○○○에게 '○○○은 알지 못하는 사람이다. □□□에게 이 사건 절취물이라는 디지털 카메라 7대를 200만원에 판매한 사실이 있으며, 그 카메라는 내가 고물상을 하면서 정상적으로 수집한 물건이다.'라는 취지로 진술하였다.
>
> 그러나 사실은 피의자는 위 홍길동과 초등학교 동창인 친구 사이로 그를 그 이전부터 잘 알고 있었고, 피의자가 □□□에게 디지털 카메라 7대를 판매한 사실이 없으며, 오히려 위 홍길동이 위 □□□으로부터 그가 훔친 디지털 카메라 7대를 70만원에 구입한 사실을 잘 알고 있었다.

3. 공범 표현, 부사구 등의 기재 방법

종전에는 '공모하여, 공동하여, 합동하여, 상습으로, 행사할 목적으로' 등의 부사어를 모두 사실에 기재하였다. 그러나 부사어는 그 말이 수식하는 동사나 형용사의 바로 앞에 두는 것이 원칙이므로 구성요건 요소를 나타내는 서술어의 바로 앞이나 근접한 위치에 기재하여야 한다.

3-1. 공동범의 작성례

> 피의자들은 20xx. 12.20. 14:00경 서울 ○○구 ○○동 ○○에 있는 ◇◇백화점 앞길에서 그 곳을 지나가는 피해자 ○○○(여, 26세)를 희롱하다가 피해자로부터 욕설을 듣자 피의자 홍길동은 손바닥으로 피해자의 뺨을 1회 때리고, 피의자 갑을병은 발로 피해자 엉덩이를 1회 걷어차 그 곳 길바닥에 넘어뜨렸다.
>
> 이로써 피의자들은 공동하여 피해자에게 약 3주간의 치료를 요하는 양 슬개부 찰과상 등을 가하였다.

3-2. 합동범의 작성례

> 피의자들은 20xx. 2.20. 04:00경 서울 ○○구 ○○동 ○○에 있는 피해자 ○○○이 경영하는 삼성전자 ◇◇대리점에서, 피의자 홍길동은 위 대리점 앞길에서 망을 보고, 피의자 갑을병은 위 대리점 철문 자물쇠를 부수고 들어갔다.
>
> 피의자 갑을병은 그 곳에서 피해자 소유의 시가 7천 500만원 상당의 삼성 텔레비전 20대, 냉장고 10대 등을 미리 대기시켜 놓은 피의자 홍길동 소유인 23마1234호 타이탄 트럭에 싣고 갔다.
>
> 그리하여 피의자들은 합동하여 위 물품을 절취하였다.

3-3. 상습범의 작성례

> 피의자는 20xx. 7.20. 서울동부지방법원에서 특수절도죄로 징역 1년에 집행유예 2년을 선고받고 같은 날 그 판결이 확정되어 현재 그 유예기간 중에 있다. 그 외에도 20xx. 1.25. 서울지방검찰청에서 특수절도죄로 기소유예 처분을, 20xx. 10.21. 수원지방검찰청에서 특수절도죄로 소년보호처분을, 20xx. 4.10. 서울지방검찰청에서 특정범죄가중처벌등에관한법률위반(절도)죄로 소년보호처분을 각각 받았다.
>
> 피의자들은 20xx. 2.15. 15:00경 서울 ○○구 ○○동 ○○에 있는 ◇◇백화점 앞

길에서 그 곳을 지나가던 피해자 ○○○에게 오토바이를 타고 접근하였다.

피의자는 피해자의 어깨에 걸치고 있던 피해자 소유인 현금 100만원이 들어있는 시가 10만원 상당의 핸드백 1개를 낚아채어 가 상습으로 절취하였다.

3-4. 목적범의 작성례

피의자는 20xx. 12.10. 15:00경 서울 ○○구 ○○동 ○○에 있는 피의자의 집에서, 그 무렵 길에서 주운 ○○○의 주민등록증에 붙어 있는 그의 사진을 면도칼로 떼어내고 그 자리에 피의자의 사진을 붙였다.

이로써 피의자는 행사할 목적으로 공문서인 서울 ○○구청장 명의의 ○○○에 대한 주민등록증 1장을 위조하였다.

3-5. 서술어로 공모관계를 표현한 공범의 작성례

피해자들은 행정자치부에서 시행하는 제100회 9급 국가공무원 채용시험에 함께 응시원서를 제출하여 응시하되, 실력이 좋은 피의자 홍길동이 피의자 갑을병의 답안을 대신 작성하는 방법으로 답안을 바꾸어 제출하기로 공모하였다.

피의자들은 20xx. 6.10. 10:00경부터 같은 날 16:00경까지 사이에 서울 ○○구 ○○동에 있는 ◇◇고등학교에서 실시하는 위 국가공무원 공개경쟁 채용시험 제1차고사장에서 그 시험답안지를 작성하게 되었다. 피의자 홍길동은 자기가 작성한 답안지에 피의자 갑을병의 수험번호(1234번)과 이름을 기재하고, 피의자 갑을병은 자기 답안지에 피의자 홍길동의 수험번호(3156번)과 이름을 기재하여 제출하였다.

이로써 피의자들은 위계로써 위 시험의 공정한 시행을 감독 중인 행정자치부 고시관리과 공무원 ○○○ 등 3명의 정당한 직무집행을 방해하였다.

4. 숫자와 부호의 표기 방법

숫자는 아라비아 숫자를 사용하는 것이 원칙이다. 다만, 높은 단위의 금액 등과 같이 혼돈의 염려가 있는 경우에는 4자리 단위로 한글을 혼용하는 방식도 허용된다.

4-1. 숫자의 기재례(종전 기재방식과 새로이 허용되는 방식)

12,345,600원 → 1,234만 5,600원

12,345,678,900원 → 123억 4,567만 8,900원

12,345,678,901,000원 → 12조 3,456억 7,890만 1,000원

숫자 앞에 관행적으로 부가하는 표현도 큰 의미가 없으면 생략하여도 무방하다. 예를 들면 '금 1,000,000원'의 '금' 같은 말은 생략하는 것이 좋다.

km, ㎡, ㎠, kg, ㎘, % 등 각종 단위는 부호 그대로 표기하되, 필요한 경우에는 한글로도 표기할 수 있다.

4-2. 각종 단위부호의 기재례(종전 기재방식과 새로이 허용되는 방식)

10킬로미터 → 10km

234제곱미터 → 234㎡

70킬로그램 → 70kg

0.14퍼센트 → 0.14%

5. 일시의 표기 방법

연월일은 원칙적으로 모두 숫자로 표기하다. 종전에 관행적으로 사용하였던 '같은 해' 또는 '동년', '같은 달' 등의 표현은 오히려 불편하고, 혼동의 염려가 있으므로 사용하지 않는다.

다만, 숫자로 표기하는 것보다 시간 전후관계를 더 쉽게 파악할 수 있고 혼동의 여지도 별로 없는 경우에 '같은 날'과 '다음 날'은 사용할 수 있다.

5-1. '같은 해, 같은 날, 다음 날'의 사용례

> 피의자는 20xx. 4.10. 15:00경 서울 ○○구 ○○동 ○○에 있는 ◇◇부동산중개사무실에서 피의자 소유인 같은 동 30번지에 있는 대지 120평, 건평 60평의 가옥 1채에 대하여 피해자 홍길동과 매매계약을 체결하였다.
>
> 피의자와 피해자는 계약 당일 계약금 2,000만원을, 20xx. 5.10. 중도금 1억

3,000만원을, 20xx. 7.10. 위 대지 및 가옥에 대한 소유권이전등기 소요서류와 상환으로 잔금 5,000만원을 주고 받기로 약정하였다.

피의자는 약정에 따라 피해자로부터 계약금 2,000만원을 즉시 건네받고, 20xx. 5.10. 위 부동산중개사무실에서 중도금 1억 3,000만원을 건네받았으므로 잔금기일인 20xx. 7.10. 잔금 수령과 동시에 피해자에게 위 대지 및 가옥에 대한 소유권이전등기절차를 이행하여 주어야 할 의무가 있었다.

피의자는 위와 같은 임무에 위배하여 20xx. 5.20. 13:00경 같은 동 90에 있는 □□부동산중개사무실에서 매수인 갑을병에게 대금 3억원에 위 대지 및 가옥을 매도하고 그 다음 날 같은 동에 있는 ◇◇등기소에서 그에게 위 대지 및 가옥에 대한 소유권이전등기를 마쳐 주었다.

이로써 피의자는 위 부동산 시가 3억원 상당의 재산상 이익을 취득하고 피해자에게는 같은 금액 상당의 손해를 가하였다.

6. 각주의 활용 및 한자병행

전문용어 또는 그 의미가 어려운 용어나, 일반인이 쉽게 찾기 어려운 시행규칙, 기관 내부규정 등은 각주를 활용하여 그 뜻을 설명할 수 있다.

또한 법률용어나 전문용어 또는 다의적으로 해석될 수 있는 용어 중 한자를 병행하여 기재하면 그 뜻을 보다 정확하게 이해할 수 있는 경우에는 예외적으로 한글 표기 뒤 괄호 안에 한자를 병기하는 것도 허용된다.

6-1. 각주와 한자병행을 허용하는 새로운 방식

피의자는 일본에서의 불법체류 전력으로 정상적인 방법으로는 일본국 비자를 발급받을 수 없는 사람의 의뢰를 받아 법원에 개명(改名)허가 신청을 대행하여 주는 속칭 '개명브로커'이다. 피의자는 전부터 알고 지내던 홍길동과 개명브로커 업무를 하기로 공모하였다.

피의자는 20xx. 4.10.경 서울 ○○구 ○○동 ○○에 있는 □□빌딩 내 위

홍길동이 운영하는 ◇◇비디오 대여점에서, 피의자의 친구 소개로 찾아 온 ○○○으로부터 그의 주민등록등본 및 호적등본 등 개명허가 신청에 필요한 서류를 교부받았다. 일본 불법 체류전력이 있는 그는 새로 여권과 비자를 받아 일본으로 재출국할 수 있도록 법원으로부터 개명허가를 받아 달라고 피의자에게 부탁하였다.

피의자는 그 다음 날 위 홍길동의 처 허○○ 명의의 국민은행 예금계좌(계좌번호 1234-123-45678)를 통하여 위 개명허가 착수금 명목으로 위 ○○○으로부터 400만원을 송금받았다. 또한 그 무렵 위 개명허가 신청서류를 서울 서대문구에 있는 상호를 알 수 없는 법무사 사무실 사무장인 일명 장부장에게 교부하여 관할 법원에 제출하게 하였다.

그리하여 피의자는 위 홍길동과 공모하여 변호사가 아니면서 금품을 받고 비송사건(非訟事件)에 관한 대리를 알선하였다.

7. 도표의 본문 삽입

동종, 유사한 항목이 반복되는 경우에는 도표를 활용한다. 이때 도표는 별지로 작성하는 것이 원칙이다. 다만, 항목이 작아 본문에 삽입하는 것이 읽기에 더 쉽고 편리한 경우에는 별지가 아닌 본문의 해당 부분에 표를 삽입해도 무방하다.

7-1. 비교적 작은 도표의 작성례

1. 업무상 횡령

피의자는 .... 피해자 ◇◇약품주식회사 영업사원으로서 위 회사의약품판매 및 수금업무에 종사해 왔다.

피의자는 20xx. 4.10. .... 피해자 회사를 위하여 업무상 보관 중인 수금한 돈을 그 무렵 서울 시내 일원에서 임의로 유흥비 등 사적 용도에 소비하였다.

피의자는 이를 포함하여 그 무렵부터 20xx. 12.10.까지 사이에 다음범죄사실표에 기재된 것과 같이 서울 시내 등지에서 3회에 걸쳐 같은 방

법으로 합계 1,100만원을 임의로 소비하여 이를 횡령하였다.

회수	수금일시·장소	횡령액	횡령일시·장소	횡령방법	비고
1	20xx. 4.10 서울 종로구 이화동 100 ○○약국	2,300,000원	그 무렵 서울 시내 일원	유흥비로 소비	
2	20xx. 5.10 서울 중구 장충동 120 ○○약국	4,000,000원	그 무렵 서울 시내 일원	유흥비로 소비	
3	20xx. 6.10 서울 서대문구 대현동 150 ○○약국	4,700,000원	그 무렵 서울 시내 일원	채권자 ○○○에 대한 채무 변제	
합계		11,000,000원			

2. 배임

피의자는 20xx. 4.10. 15:00경 서울 ○○구 ○○동 ○○에 있는 ◇◇ 부동산 중개사무소에서 .... 매매계약을 체결하였다.

피의자는 위와 같은 임무에 위배하여 ....에 대한 소유권이전등기를 마쳐 주었다.

이로써 피의자는 위 부동산 시가 5,000만원 상당의 재산상 이익을 취득하고 피해자에게 같은 금액 상당의 손해를 가하였다.

제3장 불기소 의견서 작성 개요

제1절 혐의 없음

종래 고소사건에 대하여 혐의 없음 의견을 제시할 때에는 일반적으로 ① 인정되는 사실 ② 피의자의 변명 ③ 피의자의 변명에 부합하는 증거 ④ 피의자의 변명에 상치되는 고소인의 주장과 이에 부합하는 증거 및 그 증거의 배척사유 ⑤ 맺은 말의 순서로 기재하였다.

그러나 이러한 방식은 고소인의 입장에서 보았을 때 고소인이 주장한 내용과 제시한 증거를 적극적으로 고려하여 수사에 임하기보다는 피의자의 입장에서 피의자의 변명 내지 주장을 우선 고려하여 소극적인 자세로 피의자의 변명에 부합하는 증거를 찾는데 주안을 둔 것 같은 인상을 줄 수 있다.

따라서 이제는 위와 같은 경우 고소인의 주장과 고소인이 제시한 증거를 피의자의 변명 및 부합증거보다 부각시켜 ① 인정되는 사실 ② 고소인의 주장과 이에 부합하는 증거 ③ 피의자의 변명 및 이에 부합하는 증거 ④ 고소인의 주장 배척이유 ⑤ 맺은 말 순서로 기재하도록 한다.

혐의 없음 이유는 설시방법을 달리한다.

1. 증거가 불충분한 경우
1-1. 일부 부인

피의자가 피의사실의 일부에 관하여만 이를 부인하는 때에는 먼저 다툼 없이 인정되는 사실을 기재한 후, 고소인의 주장과 이에 부합하는 증거를 먼저 설시하고, 피의자의 변명내용 및 그에 부합하는 증거와 피의자의 변명에 상치되는 고소인의 주장·증거 및 그 배척이유 등을 순서로 기재한 후 맺은말의 순서로 기재한다.

(작성례)

○ 피의자가 갑으로부터 그가 절취하여 가지고 온 이 사건 금반지 1개를 매입한 사실은 인정된다.(다툼이 없이 인정되는 사실)

○ 고소인은 피의자 갑으로부터 그가 절취하여 가지고 온 이 사건 금반지1개를 장물인 점을 알면서도 매입하였다고 주장한다.(고소인의 주장)

○ 이에 대하여 고소인은 그것이 장물이라는 점을 몰랐다는 취지로 주장한다.(피의자의 변명내용)

○ 본범인 갑도 여자친구 ○○○과 함께 피의자의 점포에 가서 위 금반지가 위 ○○○의 것인데 병원 치료비가 필요해서 급히 파는 것이라고 속였다고 진술하여 피의자의 주장과 같은 취지이다.(피의자의 변명에 부합하는 증거)

○ 이에 어긋나는 고소인의 진술내용은 피의자의 경력에 비추어 위 금반지가 장물인 점을 몰랐을 리 없다는 것이니, 이는 추측에 불과하여 피의자의 주장을 뒤집기에 부족하다.(고소인의 주장 배척이유)

○ 달리 피의사실을 인정할 증거를 발견할 수 없다.

○ 증거불충분하여 혐의 없음 의견임.(맺음말)

1-2. 전부 부인

피의자가 피의사실의 전부에 관하여 부인하는 때에는, 사안에 따라 다르겠지만 위 기재사항 중 다툼 없이 인정되는 사실의 기재를 생략하고 곧바로 고소인의 주장과 그에 부합하는 증거를 설시한 후 피의자의 변명내용밀 그에 부합하는 증거, 피의자의 변명에 상치되는 고소인의 주장·증거 및 그 배척이유 등을 순차로 기재한 후 맺음말의 순서로 기재한다.

(작성례)

○ 고소인은 위 일시·장소에서 술에 취하여 걸어가는데 누군가가 뒤에서 갑자기 뒷머리를 세게 때리므로 쓰러졌다가 곧 일어나 뒤돌아보았더니 평소 안면이 있는 피의자임에 틀림없는 것으로 짐작되는 남자가 뒷모습을 보이며 급히 달아나고 있더라는 취지로 주장한다.(고소인의 주장)

○ 이에 대하여 피의자는 고소인을 때려서 상해를 가한 사실이 전혀없고, 위 일시에는 위 장소로부터 약 10km나 떨어진 ◇◇주점에서 술을 마시고 있었다는 취지로 변명하며 그 범행을 부인한다.(피의자의 변명)

○ 위 주점 종업원인 참고인 갑의 진술내용도 이와 같다.(피의자의 주장에 부합하는 증거)

○ 고소인의 주장은 당시 고소인이 술에 취하여 있었던 점, 위의 일시 장소는 야간으로서 가로등이 없는 어두운 골목길인 점, 고소인도 피의자로 짐작되는 남자의 뒷모습을 보았을 뿐 그 얼굴을 확인하지는 못한 점 등에 비추어 그대로 받아들이기는 어려워 피의자의 변명을 뒤집고 그 범행을 인정하는 자료로 삼기에 부족하다,(피의자의 변명에 상치되는 고소인의 주장, 증거 배척이유)

○ 달리 피의자의 범행을 인정할만한 자료를 발견할 수 없다.

○ 증거불충분하여 혐의 없음 의견임.(맺음말)

2. 범죄 인정되지 아니하는 경우

2-1. 구성요건 해당성이 없는 경우

피의사실의 사실관계는 모두 인정되지만, 법률상의 이유로 구성요건 해당성이 없거나 사실관계의 인정여부와는 상관없이 피의사실 자체로서 구성요건 해당성 없음이 명백한 경우에는 피의자의 변명 및 그에 합치하는 증거, 피의자의 변명에 상치되는 고소인 의 주장·증거 및 그 배척이유 등을 기재할 여지가 없으므로 이때에는 인정되는 사실, 법률판단, 맺음말의 순서로 기재한다.

(작성례 1)

> ○ 피의자가 선서하고 .... 라고 허위진술을 한 사실은 인정된다.
>
> ○ 이는 당사자 본인으로서 진술한 것인지 증인으로서 진술한 것이 아니므로 피의자가 증인으로서 진술한 것임을 전제로 하는 위증죄에 해당하지 않는다.
>
> ○ 범죄가 인정되지 아니하므로 혐의 없음 의견임.

(작성례 2)

> ○ 피의자들이 그 집에 들어와 수색을 실시하던 경찰관인 ○○○에 대항하여 위 ○○○을 집 밖으로 떠밀어 낸 사실은 인정된다.
>
> ○ 위 경찰관의 수색은 영장 없이 실시한 것으로서 적법한 공무집행행위라고 볼 수 없으므로 적법한 공무집행을 전제로 하는 이 사건은 공무집행방해죄가 성립하지 않는다.
>
> ○ 범죄가 인정되지 아니하므로 혐의 없음 의견임.

(작성례 3)

> ○ 피의자가 이 사건 병풍을 손괴한 사실은 인정된다.
>
> ○ 병풍은 피의자가 절취한 물건으로 이를 손괴하는 행위는 불가벌적사후행위로서 별도의 죄를 구성하는 것이 아니다.
>
> ○ 범죄가 인정되지 아니하므로 혐의 없음 의견임.

2-2. 피의사실이 인정되지 아니하는 경우

피의자의 알리바이가 성립되는 등 피의자가 그 행위자가 아님이 명백한 경우 또는 피의자가 범인이라는 유일한 목격자의 진술이나 유일한 물증이 허위로 판명되어 피의사실이 인정되지 아니할 경우에는 의 증거불충분 판단의 전부 부인 또는 일부 부인의 설시례와 같이 증거와 그에 따른 인정사실을 기재할 필요가 있는 경우도 있다.

(작성례)

○ 피의자는 본건 강도 범행 일시경에는 강도죄로 서울교도소에서 복역 중이었다고 변명한다.

○ 피의자가 절본건 범행일 이전인 2016.9.12.부터 범행일 이후인 2017.12.30.까지 강도죄로 위 교도소에 수용 중이었던 사실이 인정되므로(제12쪽의 수용증명서) 피의자는 본건 범행의 행위자가 아님이 명백하다.

○ 범죄가 인정되지 아니하므로 혐의 없음 의견임.

제2절 죄가 안됨

1. 위법성조각사유에 해당하는 경우

정당행위 등 위법성조각사유에 해당하거나 강요된 행위라는 사유로 죄가 안됨의 의견의 경우는 '혐의 없음' 의견을 제시하는 경우에 준하여 기재하는 것이 보통이다.

1-1. 정당방위의 경우

(작성례)

> ○ 술에 취한 피해자와 그의 일행인 성명불상자가 이유 없이 피의자에게 시비를 걸어 피의자를 앞뒤에서 붙잡아 주먹으로 피의자의 얼굴을 수회 때리므로 이를 피하기 위하여 피의자가 팔꿈치를 뒤에서 붙잡은 피해자의 얼굴을 때려 상해를 가한 사실이 인정된다.(목격자 홍길동의 진술)
> ○ 피의자의 행위는 피해자의 부당한 폭력에서 벗어 나거나 이를 방위하기 위한 행위로서 정당방위에 해당한다.
> ○ '죄가 안됨' 의견임.

1-2. 피해자의 승낙에 의한 행위의 경우

(작성례)

> ○ 피의자가 고소한 ○○○에 대한 제왕절개수술을 함에 있어 고소인의 자궁을 제거한 사실은 인정된다.
> ○ 고소인은 피의자가 임의로 자궁을 제거하였다고 주장하나, 피의자가 수술하기 전에 고소인에게 자궁에 이상이 있으니 위 수술을 시행하는 기회에 자궁을 제거하여 생명에 지장이 없도록 하는 것이 좋겠다고 권유하였고, 고소인의 승낙을 받은 다음 자궁 제거수술을 한 사실이 인정된다.(간호사 홍길순, 참고인 갑을순의 각 진술).
> ○ 피의자가 고소인의 자궁을 제거한 행위는 피해자의 승낙에 의한 행

위로 처벌할 수 없다.
○ '죄가 안됨' 의견임.

2. 책임조각사유에 해당하는 경우

피의자가 형사미성년자·심신상실자라는 사유 또는 형법 제151조 제2항(범인은닉과 친족간의 특례), 제155조 제4항(증거인멸과 친족간의 특례)의 사유로 죄가 안됨 의견을 제시하는 경우에는 그 사유를 인정하는 근거를 간략히 기재한다.

2-1. 형사미성년자인 경우

(작성례)

○ 피의자는 범행 당시 13세의 형사미성년자이다.(제5쪽의 호적등본)
○ '죄가 안됨' 의견임.

2-2. 심신상실의 경우

(작성례)

○ 피의자는 범행 당시 정신분열증으로 인하여 사물을 변별하거나 의사를 결정할 능력이 없었던 상태에 있었다.(제10쪽의 진단서, ○○○의 진술)
○ '죄가 안됨' 의견임.

3. 친족 등의 범인은닉 · 증거인멸의 경우

(작성례 1)

○ 피의자와 ○○○는 부자지간이다.(제10쪽의 호적등본, ○○○의 진술)
○ 이 사건의 피의자가 아들인 ○○○을 위하여 범행한 것이다.
○ '죄가 안됨' 의견임.

(작성례 2)

○ 피의자와 ○○○는 사촌형제간에 있다.(제10쪽의 호적등본)
○ 이 사건은 사촌동생인 피의자가 사촌형인 ○○○을 위하여 범행한 것으로 처벌할 수 없다.
○ '죄가 안됨' 의견임.

제3절 공소권 없음

공소권 없음의 사유는 대개 법률상의 근거에 의한 것이므로 그 근거의 기재 없이 곧바로 해당 사유를 기재하는 것이 보통이나, 구체적 사실에 근거를 두고 있는 때에는 그 근거를 간략하게 기재한다.

1. 확정판결이 있는 경우

1-1.동일사건에 대하여 판결이 확정된 경우

(작성례 1)

> ○ 피의자는 이 사건과 같은 사건에 대하여 이미 2017.3.23. 서울중앙지방법원에서 상해죄로 징역 1년에 집행유예 2년을 선고받아 같은달 30.에 확정되었다.(제20쪽 판결)
>
> ○ '공소권 없음' 의견임.

(작성례 2)

> ○ 피의자는 2017.3.23. 서울중앙지방법원에서 이 사건을 포함한 상습도박죄로 징역 1년에 집행유예 2년을 선고받아 같은 달 30.에 확정되었다.(제20쪽 판결)
>
> ○ '공소권 없음' 의견임.

1-2. 동일사건의 일부 또는 포괄일죄의 일부에 대하여 판결이 확정된 경우

(작성례 1)

> ○ 피의자가 일으킨 교통사고로 피해자가 뇌좌상을 입고 치료를 받다가 뇌좌상에 따른 뇌부종으로 약 1년만에 사망에 이른 사실은 인정된다.
>
> ○ 피의자는 위와 같은 교통사고로 피해자에게 상해를 입힌 부분에 대하여 2017.5.3. 서울중앙지방법원 2016고약12345호로 벌금 300만원

○ 의 약식명령을 받아 같은 달 31. 확정되었으며(제36쪽 약식명령), 확정된 위 약식명령의 효력은 이 사건에도 미친다.
○ '공소권 없음' 의견임.

(작성례 2)

○ 피의자는 2016.11.4. 서울중앙지방법원에서 특정범죄가중처벌등에 관한법률위반(절도)죄로 징역 2년을 선고받아 같은 달 11.에 확정되었다.(제30쪽 판결)
○ 이 사건과 판결이 확정된 위 사건은 모두 피의자의 동일한 절도습벽에 의하여 범한 1개의 죄로서 포괄일죄의 관계에 있으므로, 위 확정판결의 효력이 이 사건에도 미치게 된다.
○ '공소권 없음' 의견임.

1-3. 동일사건 또는 그 일부에 대하여 보호처분 등이 확정된 경우

(작성례)

○ 이 사건에 대하여 이미 피의자는 2016.10.3. 서울가정법원에서 보호관찰처분을 받아 같은 달 20. 그 보호처분 결정이 확정되었다.(제30쪽 보호처분결정)
○ 보호처분이 확정된 사건에 대하여는 소년법에 의하여 다시 공소를 제기하지 못한다.
○ '공소권 없음' 의견임.

2. 사면이 있는 경우

(작성례)

○ 이 사건은 20xx.xx.xx. 시행된 대통령령 제00000호 일반사면령에 의하여 사면되어 처벌할 수 없다.
○ '공소권 없음' 의견임.

3. 공소시효가 완성된 경우
(작성례)

> ○ 이 사건은 20xx.xx.xx.에 5년의 공소시효가 지났다.
> ○ '공소권 없음' 의견임.

4. 법령이 개폐되어 처벌규정이 없어진 경우
(작성례)

> ○ □□법이 20xx.xx.xx. 법률 제00000호로 개정되면서 이 사건에 대한 처벌규정이 폐지되어 처벌할 수 없다.
> ○ '공소권 없음' 의견임.

5. 법령의 규정에 의하여 형이 면제된 경우
(작성례)

> ○ 피의자와 피해자는 서로 부부간으로 형의 필요적 면제사유에 해당된다.(기록 42쪽 호적등본)
> ○ '공소권 없음' 의견임.

6. 재판권이 없는 경우
(작성례)

> ○ 이 사건은 한미행정협정 사건으로서, 2016. 3.2. 법무부장관이 이 사건에 대하여 재판권행사 포기결정을 하였다.(제46쪽 재판권행사포기결정)
> ○ '공소권 없음' 의견임.

7. 친고죄 또는 반의사불벌죄의 경우

7-1. 절대적 친고죄의 경우

(작성례 1)

> ○ 이 사건은 피해자의 고소가 있어야 처벌할 수 있는 죄인데, 피해자의 고소가 없다.
> ○ '공소권 없음' 의견임.

(작성례 2)

> ○ 이 사건은 고발권자의 고발이 있어야 공소를 제기할 수 있는 죄인데, 고발권자인 ○○○의 고발이 없다.
> ○ '공소권 없음' 의견임.

(작성례 3)

> ○ 이 사건은 피해자의 고소가 있어야 처벌할 수 있는 죄인데, 피해자가 고소를 취소하였다.(제56쪽 고소취소장)
> ○ '공소권 없음' 의견임.

(작성례 4)

> ○ 이 사건은 피해자의 고소가 있어야 처벌할 수 있는 죄로서, 피해자는 범행을 알게 된 때로부터 6개월이내에 고소를 하여야 한다.
> ○ 고소인은 2016. 7.5.경 이 사건 사실을 피의자로부터 들어 알게 되었는데(고소인 진술, 제30쪽 녹취서), 그로부터 6개월이 지난 2017. 4.7.에 고소를 제기하였으므로 적법한 고소라고 할 수 없다.
> ○ '공소권 없음' 의견임.

7-2. 상대적 친고죄의 경우

(작성례 1)

○ 피의자는 피해자와 고종사촌 사이로서 서로 동거하지 아니하는 친족관계에 있다.(제14쪽 호적등본 등)

○ 이 사건은 피해자의 고소가 있어야 처벌할 수 있는 죄인데, 피해자의 고소가 없다.(또는 피해자가 고소를 취소하였다)

○ '공소권 없음' 의견임.

(작성례 2)

○ 피의자와 고소인은 동서지간으로 서로 동거하지 아니하는 친족관계에 있으므로(제14쪽 호적등본 등), 이 사건은 피해자의 고소가 있어야 처벌할 수 있는 죄이고, 피해자는 범행을 알게 된 때로부터 6개월 이내에 고소를 하여야 한다.

○ 피해자는 이 사건 횡령사실을 2016. 7.5.경 피의자로부터 들어 알게 되었는데, 그로부터 6개월이 지난 2017. 4.7.에 고소를 제기하였으므로 적법한 고소라고 할 수 없다.

○ '공소권 없음' 의견임.

7-3. 반의사불벌죄의 경우

(작성례 1)

○ 이 사건은 피해자의 명시한 의사에 반하여 피의자를 처벌할 수 없는 범죄이다.

○ 20xx.xx.xx. 피해자로부터 피의자의 처벌을 바라지 아니하는 의사표시가 있었다(또는 20xx.xx.xx. 피해자가 피의자의 처벌을 원하지 아니하는 의사표시가 있었다).(제42쪽 피해자 진술조서)

○ '공소권 없음' 의견임.

(작성례 2)

> ○ 이 사건은 수표발행인이 수표를 회수한 경우(또는 수표소지인이 명시한 의사에 반하여) 공소를 제기할 수 없는 범죄이다.
> ○ 피의자는 20xx.xx.xx. 위 수표를 회수하였다(또는 20xx.xx.xx. 수표소지인인 홍길동으로부터 피의자의 처벌을 원하지 아니하는 의사표시가 있었다).(제42쪽 피해자 사실확인서)
> ○ '공소권 없음' 의견임.

(작성례 3)

> ○ 이 사건은 교통사고를 일으킨 자동차가 자동차종합보험에 가입한 경우에는 공소를 제기할 수 없는 범죄이다.
> ○ 이 사건 승용차가 자동차종합보험에 가입한 사실이 인정된다(제20쪽 자동차종합보험가입증명서)
> ○ '공소권 없음' 의견임.

8. 피해자가 생존(또는 존속)하지 아니하는 경우

(작성례 1)

> ○ 피의자는 20xx.xx.xx. 사망하였다.(제10쪽 호적등본)
> ○ '공소권 없음' 의견임.

(작성례 2)

> ○ 피의자 법인이 20xx.xx.xx. 해산하여 같은 해 xx.xx. 청산종결의 등기를 마쳤다.(제10쪽 등기부등본)
> ○ '공소권 없음' 의견임.

부록5

수사 관련 서식

<서식1-고소장>

고 　소 　장

(고소장 기재사항 중 * 표시된 항목은 반드시 기재하여야 합니다.)

1. 고소인*

성 명 (상호·대표자)		주민등록번호 (법인등록번호)	－
주 소 (주사무소 소재지)	(현 거주지)		
직 업		사무실 주소	
전 화	(휴대폰)	(자택)	(사무실)
이메일			
대리인에 의한 고소	□ 법정대리인 (성명 :　　　　　, 연락처　　　　　) □ 고소대리인 (성명 : 변호사　　　, 연락처　　　　)		

※ 고소인이 법인 또는 단체인 경우에는 상호 또는 단체명, 대표자, 법인등록
　번호(또는 사업자등록번호), 주된 사무소의 소재지, 전화 등 연락처를 기재
　해야 하며, 법인의 경우에는 법인등기부 등본이 첨부되어야 합니다.

※ 미성년자의 친권자 등 법정대리인이 고소하는 경우 및 변호사에 의한 고소
　대리의 경우 법정대리인 관계, 변호사 선임을 증명할 수 있는 서류를 첨
　부하시기 바랍니다.

부록 5
수사
관련 서식

2. 피고소인*

성 명		주민등록번호	–
주 소	(현 거주지)		
직 업	사무실 주소		
전 화	(휴대폰)	(자택)	(사무실)
이메일			
기타사항			

※ 기타사항에는 고소인과의 관계 및 피고소인의 인적사항과 연락처를 정확히 알 수 없을 경우 피고소인의 성별, 특징적 외모, 인상착의 등을 구체적으로 기재하시기 바랍니다.

3. 고소취지* <small>(죄명 및 피고소인에 대한 처벌의사 기재)</small>

고소인은 피고소인을 ○○죄로 고소하오니 처벌하여 주시기 바랍니다.*

4. 범죄사실*

※ 범죄사실은 형법 등 처벌법규에 해당하는 사실에 대하여 일시, 장소, 범행 방법, 결과 등을 구체적으로 특정하여 기재해야 하며, 고소인이 알고 있는 지식과 경험, 증거에 의해 사실로 인정되는 내용을 기재하여야 합니다.

5. 고소이유

※ 고소이유에는 피고소인의 범행 경위 및 정황, 고소를 하게 된 동기와 사유 등 범죄사실을 뒷받침하는 내용을 간략, 명료하게 기재해야 합니다.

6. 증거자료

(■ 해당란에 체크하여 주시기 바랍니다)

☐ 고소인은 고소인의 진술 외에 제출할 증거가 없습니다.

☐ 고소인은 고소인의 진술 외에 제출할 증거가 있습니다.

    ☞ 제출할 증거의 세부내역은 별지를 작성하여 첨부합니다.

7. 관련사건의 수사 및 재판 여부*

(■ 해당란에 체크하여 주시기 바랍니다)

① 중복 고소 여부	본 고소장과 같은 내용의 고소장을 다른 검찰청 또는 경찰서에 제출하거나 제출하였던 사실이 있습니다 ☐ / 없습니다 ☐
② 관련 형사사건 수사 유무	본 고소장에 기재된 범죄사실과 관련된 사건 또는 공범에 대하여 검찰청이나 경찰서에서 수사 중에 있습니다 ☐ / 수사 중에 있지 않습니다 ☐
③ 관련 민사소송 유무	본 고소장에 기재된 범죄사실과 관련된 사건에 대하여 법원에서 민사소송 중에 있습니다 ☐ / 민사소송 중에 있지 않습니다 ☐

※ ①, ②항은 반드시 표시하여야 하며, 만일 본 고소내용과 동일한 사건 또는 관련 형사사건이 수사재판 중이라면 어느 검찰청, 경찰서에서 수사 중인지, 어느 법원에서 재판 중인지 아는 범위에서 기타사항 난에 기재하여야 합니다.

8. 기타

(고소내용에 대한 진실확약)

본 고소장에 기재한 내용은 고소인이 알고 있는 지식과 경험을 바탕으로 모두 사실대로 작성하였으며, 만일 허위사실을 고소하였을 때에는 형법 제156조 무고죄로 처벌받을 것임을 서약합니다.

20   년   월   일*

고소인 _____ (인)*
제출인 _____ (인)

※ 고소장 제출일을 기재하여야 하며, 고소인 난에는 고소인이 직접 자필로 서명 날(무)인 해야 합니다. 또한 법정대리인이나 변호사에 의한 고소대리의 경우에는 제출인을 기재하여야 합니다.

○○경찰서 귀중

※ 고소장은 가까운 경찰서에 제출하셔도 됩니다.

별지 : 증거자료 세부 목록

(범죄사실 입증을 위해 제출하려는 증거에 대하여 아래 각 증거별로 해당 난을 구체적으로 작성해 주시기 바랍니다)

1. 인적증거 (목격자, 기타 참고인 등)

성 명		주민등록번호		–
주 소	자택 : 직장 :		직업	
전 화	(휴대폰)	(자택)	(사무실)	
입증하려는 내용				

※ 참고인의 인적사항과 연락처를 정확히 알 수 없으면 참고인을 특정할 수 있도록 성별, 외모 등을 '입증하려는 내용'란에 아는 대로 기재하시기 바랍니다.

2. 증거서류 (진술서, 차용증, 각서, 금융거래내역서, 진단서 등)

순번	증거	작성자	제출 유무
1			☐ 접수시 제출 ☐ 수사 중 제출
2			☐ 접수시 제출 ☐ 수사 중 제출
3			☐ 접수시 제출 ☐ 수사 중 제출
4			☐ 접수시 제출 ☐ 수사 중 제출
5			☐ 접수시 제출 ☐ 수사 중 제출

※ 증거란에 각 증거서류를 개별적으로 기재하고, 제출 유무란에는 고소장 접수시 제출하는지 또는 수사 중 제출할 예정인지 표시하시기 바랍니다.

3. 증거물

순번	증거	소유자	제출 유무
1			☐ 접수시 제출 ☐ 수사 중 제출
2			☐ 접수시 제출 ☐ 수사 중 제출
3			☐ 접수시 제출 ☐ 수사 중 제출
4			☐ 접수시 제출 ☐ 수사 중 제출
5			☐ 접수시 제출 ☐ 수사 중 제출

※ 증거란에 각 증거물을 개별적으로 기재하고, 소유자란에는 고소장 제출시
   누가 소유하고 있는지, 제출 유무란에는 고소장 접수시 제출하는지 또는
   수사 중 제출할 예정인지 표시하시기 바랍니다.

4. 기타 증거

<서식2-위임장>

위 임 장

대리인	성 명		주민등록번호	
	전화번호		본인과의 관계	
	주 소			

위 임 사 유	

본인의 범죄경력·수사경력 자료에 관한 조회를 위 사람에게 위임합니다.

위임자	성 명　　　　　　　　　　　　　(서명 또는 인)
	주민등록번호
	주 소
	전화번호

년　　　　월　　　　일

○ ○ 경찰서장 귀하

첨부서류	본인 및 대리인의 신분증, 부득이한 사정을 증명할 수 있는 서류(진단서, 입원확인서, 출입국에관한사실증명서, 수용증명서 등)를 반드시 제시하여 주시기 바랍니다.	수수료 없 음

<서식3-고소취하장>

고 소 취 소 장

고소인 홍 길 동 (600000 - 1000000)
    주소 : 서울시 종로구 내자동 201-11 (⊕ 110-798)
피고소인 임 꺽 정 (500000 - 1000000)
    주소 : 서울 서대문구 미근동 224

 위 고소인은 피고소인 임꺽정을 사기 혐의로 ○○경찰서에 고소한 사실이 있는데, 어떤 사유로(예 : '피고소인으로부터 피해액 전액을 변제 받아서', 또는 '이후 변제받기로 하고' 등) 피고소인에 대한 처벌을 원하지 않으므로 고소 내용 전체를 취소하고자 합니다

2○○○년 ○월 ○일

위 고 소 인 : 홍 길 동 ㉑

○ ○ 경 찰 서 장 귀하

※ 조사계에서 취급중인 사건을 당사자 및 피위임자가 고소취소를 하실 경우 사건 취급 담당자에게 제출하시고 피위임자는 고소취소장과 위임장 및 인감(개인), 법인등기부등본(법인)이 필요합니다.

<서식4-합의서>

합 의 서

피해자   홍 길 동 (600000 - 1000000)
              주소 : 서울시 종로구 내자동 201-11 (우 110-798)
가해자   임 꺽 정 (500000 - 1000000)
              주소 : 서울 서대문구 미근동 224

    피해자 홍길동은 2020. 12. 10. 10:00경 서울 ○○구 ○○동 ○번지 앞 노상에서 가해자 임꺽정으로부터 8주간의 치료를 요하는 왼팔 골절상의 폭행을 당하고 가해자 임꺽정을 ○○경찰서에 신고한 사실이 있는데, 2020. 12. 13. 21:00경 ○○에서 가해자의 형 임길동으로부터 치료비 명목으로 7,000,000원을 받아 가해자의 처벌을 원치 않으며 피해자는 차후로 이 사건으로 민·형사상의 이의를 제기하지 않겠습니다.

2○○○년 ○월 ○일

위 고 소 인 : 홍 길 동 ㉐

○ ○ 경 찰 서 장   귀하

※ 취급중인 사건을 당사자 및 피위임자가 합의를 하실 경우 사건취급 담당자에게 제출하시고 피위임자는 합의서와 위임장 및 인감(개인)이 필요합니다.

<서식5-진술서>

진 술 서				
성 명	(한자:)		성 별	남 · 여
연 령	세 (19 . . .생)	주민등록번호		
본 적				
주 거	(통 반)	자택 전화	직장 전화	
직 업		직 장 소재지		

　위의 사람은 피의자　　　　　에 대한　피의사건의 (피의자, 피해자, 목격자, 참고인) (으)로서 다음과 같이 임의로 자필 진술서를 작성 제출함.

<서식6-사건사고 접수확인원>

발급 번호	제 호	사건사고접수확인원		
신고접수일시			사건접수번호	제 호
신고형태	고소·고발·진정·112신고·일반전화·방문·현장구두신고			
신 고 자	성 명		연락처	
	주 소			
피 해 자	성 명		연락처	
	주 소			
사건발생일시				
사건발생장소				
사 건 개 요				
용 도				

위 사실을 확인하여 주시기 바랍니다.

. . . .

신청인: ㊞

주민등록번호 :   신고자와의 관계 :

주   소 :   연락처 :

상기와 같이 피해신고를 접수한 사실을 확인함

. . .

○○경찰서장

※ 위 신고내용의 사실 여부는 수사중에 있으며, 본 확인원은 보증 또는 증거로 사용할 수 없습니다.

※ 확인원 신청 및 발급은 해당 경찰서 형사과 형사관리계에서 하고 있으며 신청자가 직접 방문하여 신청 및 수령하여야 합니다.

<서식7-진정서>

진 정 서

(진정서 기재사항 중 * 표시된 항목은 반드시 기재하여야 합니다.)

1. 진정인*

성 명 (상호·대표자)		주민등록번호 (법인등록번호)	−
주 소 (주사무소 소재지)		(현 거주지)	
직 업		사무실 주소	
전 화	(휴대폰)	(자택)	(사무실)
이메일			
대리인에 의한 진정	□ 법정대리인 (성명 :　　　　　, 연락처　　　　　　) □ 진정대리인 (성명 : 변호사　　, 연락처　　　　　)		

※ 진정인이 법인 또는 단체인 경우에는 상호 또는 단체명, 대표자, 법인등록
　번호(또는 사업자등록번호), 주된 사무소의 소재지, 전화 등 연락처를 기재
　해야 하며, 법인의 경우에는 법인등기부 등본이 첨부되어야 합니다.

※ 미성년자의 친권자 등 법정대리인이 진정하는 경우 및 변호사에 의한 진정
　대리의 경우 법정대리인 관계, 변호사 선임을 증명할 수 있는 서류를 첨부
　하시기 바랍니다.

2. 피진정인*

성 명		주민등록번호	-
주 소	(현 거주지)		
직 업		사무실 주소	
전 화	(휴대폰)	(자택)	(사무실)
이메일			
기타사항			

※ 성명 등을 모를 경우 "불상"으로 기재하시고, 기타사항에는 진정인과의 관계 및 피진정인의 인적사항과 연락처를 정확히 알 수 없을 경우 피진정인의 성별, 특징적 외모, 인상착의 등을 구체적으로 기재하시기 바랍니다.

3. 진정취지*

(죄명 및 피진정인에 대한 처벌의사 기재)

진정인은 피진정인을 ○○(예:사기,절도) 혐의로 진정하오니 처벌하여 주시기 바랍니다.*

4. 피해사실*

※ 피해사실은 형법 등 처벌법규에 해당하는 피해사실에 대하여 일시, 장소, 범행방법, 결과 등을 구체적으로 특정하여 기재해야 하며, 진정인이 알고 있는 지식과 경험, 증거에 의해 사실로 인정되는 내용을 기재하여야 합니다.

5. 진정이유

※ 진정이유에는 피진정인의 범행 경위 및 정황, 진정을 하게 된 동기와 사유 등 범죄사실을 뒷받침하는 내용을 간략, 명료하게 기재해야 합니다.

6. 증거자료

(■ 해당란에 체크하여 주시기 바랍니다)

☐ 진정인은 진정인의 진술 외에 제출할 증거가 없습니다.

☐ 진정인은 진정인의 진술 외에 제출할 증거가 있습니다.

☞ 제출할 증거의 세부내역은 별지를 작성하여 첨부합니다.

7. 관련사건의 수사 및 재판 여부*

(■ 해당란에 체크하여 수시기 바랍니다)

① 중복 신고 여부	본 진정설와 같은 내용의 진정서 또는 고소장을 다른 검찰청 또는 경찰서에 제출하거나 제출하였던 사실이 있습니다 ☐ / 없습니다 ☐
② 관련 형사 사건 수사 유무	본 진정서에 기재된 범죄사실과 관련된 사건 또는 공범에 대하여 검찰청이나 경찰서에서 수사 중에 있습니다 ☐ / 수사 중에 있지 않습니다 ☐
③ 관련 민사 소송 유무	본 진정서에 기재된 범죄사실과 관련된 사건에 대하여 법원에서 민사소송 중에 있습니다 ☐ / 민사소송 중에 있지 않습니다 ☐

기타사항

※ ①, ②항은 반드시 표시하여야 하며, 만일 본 진정내용과 동일한 사건 또는 관련 형사사건이 수사재판 중이라면 어느 검찰청, 경찰서에서 수사 중인지, 어느 법원에서 재판 중인지 아는 범위에서 기타사항 난에 기재하여야 합니다.

8. 기타(진정내용에 대한 진실확약)

본 진정서에 기재한 내용은 진정인이 알고 있는 지식과 경험을 바탕으로 모두 사실대로 작성하였습니다.

2008년   월   일*

진정인 _____ (인)*

제출인 _____ (인)

※ 진정서 제출일을 기재하여야 하며, 진정인 난에는
   진정인이 직접 자필로 서명 날(무)인 해야 합니다.
   또한 법정대리인이나 변호사에 의한 진정대리의
   경우에는 제출인을 기재하여야 합니다.

○○경찰서 귀중

※ 진정서는 가까운 경찰서에 제출하셔도 됩니다.

별지 : 증거자료 세부 목록

(범죄사실 입증을 위해 제출하려는 증거에 대하여 아래 각 증거별로 해
당 난을 구체적으로 작성해 주시기 바랍니다)

1. 인적증거 (목격자, 기타 참고인 등)

성 명		주민등록번호		–	
주 소	자택 : 직장 :			직업	
전 화	(휴대폰)	(자택)		(사무실)	
입증하려는 내용					

※ 참고인의 인적사항과 연락처를 정확히 알 수 없으면 참고인을 특정할 수
있도록 성별, 외모 등을 '입증하려는 내용'란에 아는 대로 기재하시기 바
랍니다.

2. 증거서류 (진술서, 차용증, 각서, 금융거래내역서, 진단서 등)

순번	증거	작성자	제출 유무
1			□ 접수시 제출 □ 수사 중 제출
2			□ 접수시 제출 □ 수사 중 제출
3			□ 접수시 제출 □ 수사 중 제출
4			□ 접수시 제출 □ 수사 중 제출
5			□ 접수시 제출 □ 수사 중 제출

※ 증거란에 각 증거서류를 개별적으로 기재하고, 제출 유무란에는 진정서 접수시 제출하는지 또는 수사 중 제출할 예정인지 표시하시기 바랍니다.

3. 증거물

순번	증거	소유자	제출 유무
1			□ 접수시 제출 □ 수사 중 제출
2			□ 접수시 제출 □ 수사 중 제출
3			□ 접수시 제출 □ 수사 중 제출
4			□ 접수시 제출 □ 수사 중 제출
5			□ 접수시 제출 □ 수사 중 제출

※ 증거란에 각 증거물을 개별적으로 기재하고, 소유자란에는 진정서 제출시 누가 소유하고 있는지, 제출 유무란에는 진정서 접수시 제출하는지 또는 수사 중 제출할 예정인지 표시하시기 바랍니다.

4. 기타 증거

<서식8-사건사고사실확인원>

사 건 사 고 사 실 확 인 원

제   호

피 의 자	성명		주민등록번호	000000-1******
	주소			
피해일시				
피해장소				
피해상황				
사건개요 (신고내용)				
신고(접수) 일시			용도	

상기와 같이 피해상황을 귀서에 신고한 사실이 있으므로 확인원을 교부하여 주시기 바랍니다.

2017년   월   일

　　신청인 성 명 :　　　　(인)　　　　주민등록번호 :
　　　　　　　　　　　　　　　　　　　　　　(피의자와(과)의 관계 : 본인)

　　　　주 소 :

경찰청장 귀하

상기와 같이 피해신고를 접수한 사실이 있음을 확인함.

※ 사건접수번호 :

경 찰 청 장

＊위 신고내용의 사실여부는 수사중에 있으며, 본 확인서는 보증 또는 증거
로 사용할 수 없습니다.

전 산 자 료 대 조 필		처리기간	즉 시
		수 수 료	없 음

발행일자 : 2017-00-00 발행자 : ○○○

<서식9-기피 신청서>

기피 신청서

신 청 인	성 명		주민등록번호	
	주 소		전 화 번 호	
담당수사관	소 속		성 명	

기피신청
이유
	◆ 아래의 사유 중 해당사항을 체크하여 주시기 바랍니다.
	
	□ 수사관이 다음에 해당됨
	   △사건의 상대방임
	   △사건관계인과 친족이거나 친족관계에 있었음
	   △사건관계인의 법정대리인 또는 후견감독인임
	□ 청탁전화 수신, 사건관계인과 공무 외 접촉하여 공정성을 해하였
	   음
	□ 모욕적 언행, 욕설, 가혹행위 등 인권을 침해함
	□ 조사과정 변호인 참여 등 신청인의 방어권을 보장받지 못함
	□ 사건접수 후 30일 이상 아무런 수사 진행사항이 없음
	□ 기타 불공평한 수사를 할 염려가 있다고 볼만한 객관적·구체적 사정
	   이 있음			

	◆ 위에서 체크한 해당사항에 대한 구체적인 사유를 기재하여 주시기 바랍니다. ※ 근거자료가 있는 경우에는 함께 제시			
통지방법	□ 전화 □ 문자 □ 이메일 □ 서신			
	20○○. . . 신청인 (서명) ○○ 경찰서장 귀하			

<서식10-불송치 결정 이의신청서>

불송치 결정 이의신청서

☐ 신청인

성 명		사건관련 신분	
주민등록번호		전 화 번 호	
주 소		전자우편	

☐ 경찰 결정 내용

사 건 번 호	–
죄 명	
결 정 내 용	

☐ 이의신청 이유

☐ 이의신청 결과통지서 수령방법

종 류	서 면 / 전 화 / 팩 스 / 전 자 우 편 / 문 자 메 시

. . . .

신청인   (서명)

장 귀 하

부록 5
수사
관련 서식

<서식11-수사중지 결정 이의제기서>

수사중지 결정 이의제기서

□ 신청인

성 명		사건관련 신분	
주민등록번호		전 화 번 호	
주 소			

□ 경찰 결정 내용

사 건 번 호	
죄 명	
결 정 내 용	수사중지 ( )

□ 이의제기 이유

．   ．   ．

신청인   (서명)

장 귀하

<서식12-통신사실 확인자료제공 요청사유 통지 신청서>

통신사실 확인자료제공 요청사유 통지 신청서

접수번호	접수일	처리기간

신청인			
	성 명		주민등록번호
	주 소 (전화번호 :　　　　　　　　)		관계
	e-Mail		
	아래　　　　　　　에게 민원신청에 관한 일체의 권한을 위임함. 위임인 성명:　　　　　　　　　　　　　㊞		
	대리인 성명:　　　　　(서명 또는 날인)	전화번호:	
	주　　　소:	주민등록번호:	
	첨　　　부:　위임인 인감증명서 1부		

사건표시	사건번호	
	허가서번호	
	통신사실 확인자료제공 요청 집행기관	
	전기통신가입자(신청인)	
	통신사실 확인자료제공 요청의 대상과 종류	
	통신사실 확인자료제공 요청의 범위	

신청민원	「통신비밀보호법」 제13조의3 제5항에 따른 통신사실 확인자료제공 요청사유 통지 신청

년　　　월　　　일

신청인　　　　　　　　　(서명 또는 인)

장　귀하

사이버범죄
발생 · 검거현황

1. 전체 사이버범죄 발생·검거 현황

구분	총 계			정보통신망침해범죄				정보통신망이용범죄				불법콘텐츠범죄		
	발생건수(건)	검거		발생건수(건)	검거			발생건수(건)	검거			발생건수(건)	검거	
		건수(건)	인원(명)		건수(건)	인원(명)			건수(건)	인원(명)			건수(건)	인원(명)
2014	110,109	71,950	59,220	2,291	846	1,171		89,519	56,461	38,579		18,299	14,643	19,470
2015	144,679	104,888	75,250	3,154	842	1,098		118,362	86,658	50,777		23,163	17,388	23,375
2016	153,075	127,758	75,400	2,770	1,047	1,261		121,867	103,172	42,871		28,438	23,539	31,268
2017	131,734	107,489	59,369	3,156	1,398	1,141		107,271	88,779	36,103		21,307	17,312	22,125
2018	149,604	112,133	60,138	2,888	902	1,048		123,677	93,926	35,738		23,039	17,305	23,352
2019	180,499	132,559	67,020	3,638	1,007	1,340		151,916	112,398	39,508		24,945	19,154	26,172
2020	234,098	157,909	74,256	4,344	911	1,037		199,594	134,969	43,541		30,160	22,302	29,678

연도별 구분, 총계(발생건수, 검거건수, 검거인원), 정보통신망침해범죄(발생건수, 검거건수, 검거인원), 정보통신망이용범죄(발생건수, 검거건수, 검거인원), 불법콘텐츠범죄(발생건수, 검거건수, 검거인원)로 구성된 표입니다.

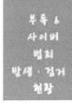

부록 6
사이버
범죄
발생·검거
현황

2. 정보통신망 침해범죄

구분 (단위:건)		총계	해킹	서비스거부 공격	악성프로그램	기 타
2014	발생	2,291	1,648	26	130	487
	검거	846	540	16	69	221
2015	발생	3,154	2,247	40	166	701
	검거	842	524	19	74	225
2016	발생	2,770	1,847	192	137	594
	검거	1,047	537	164	98	248
2017	발생	3,156	2,430	43	167	516
	검거	1,398	990	28	122	258
2018	발생	2,888	2,178	20	119	571
	검거	902	584	14	50	254
2019	발생	3,638	2,664	35	270	669
	검거	1,007	556	14	189	248
2020	발생	4,344	3,176	25	169	974
	검거	911	548	10	81	272

- 정보통신망 침해범죄를 나타낸 표연도별 구분(발생, 검거), 총계, 해킹, 서비스거부공격, 악성프로그램, 기타로 구성된 표입니다.

3. 정보통신망 이용범죄

구분 (단위:건)		총계	사이버 사기	사이버 금융범죄	개인위치 정보침해	사이버 저작권침해	기타
2014	발생	89,519	56,667	15,596	939	14,168	2,149
	검거	56,461	40,657	6,567	635	7,198	1,404
2015	발생	118,362	81,849	14,686	609	18,770	2,448
	검거	86,658	68,444	7,886	296	8,832	1,200
2016	발생	121,867	100,369	6,721	2,410	9,796	2,571
	검거	103,172	89,364	4,034	2,125	5,616	2,033
2017	발생	107,271	92,636	6,066	413	6,667	1,489
	검거	88,779	80,740	2,632	298	4,134	975
2018	발생	123,677	112,000	5,621	246	3,856	1,954
	검거	93,926	87,714	2,353	142	2,467	1,250
2019	발생	151,916	136,074	10,542	179	2,562	2,559
	검거	112,398	105,651	3,387	78	1,772	1,510
2020	발생	199,594	174,328	20,248	241	2,183	2,594
	검거	134,696	127,233	4,621	95	1,493	1,254

- 정보통신망 침해범죄 - 구분(연도)별 총계, 사이버사기, 사이버금융범죄, 개인위치정보침해, 사이버저작권침해, 스팸메일, 기타로 구성된 표입니다.

4. 불법콘텐츠범죄

구분 (단위:건)		총계	사이버 음란물	사이버 도박	사이버 명예훼손·모욕	사이버 스토킹	기타
2014	발생	18,299	4,354	4,271	8,880	363	431
	검거	14,643	3,739	4,047	6,241	300	316
2015	발생	23,163	4,244	3,352	15,043	134	390
	검거	17,388	3,475	3,365	10,202	124	222
2016	발생	28,438	3,777	9,538	14,908	56	159
	검거	23,539	3,435	9,394	10,539	53	118
2017	발생	21,307	2,646	5,130	13,348	59	124
	검거	17,312	2,329	5,080	9,756	52	95
2018	발생	23,039	3,833	3,012	15,926	60	208
	검거	17,305	3,282	2,947	10,889	50	137
2019	발생	24,945	2,690	5,346	16,633	25	251
	검거	19,154	2,164	5,162	11,632	20	176
2020	발생	30,160	4,831	5,692	19,388	45	204
	검거	22,302	4,063	5,436	12,638	39	126

- 연도별 구분(발생, 검거), 총계, 사이버음란물, 사이버도박, 사이버명예훼손·모욕, 사이버스토킹, 기타로 구성된 표입니다.

※ 지표설명

■ 사이버범죄 개념

사이버범죄란 정보통신망에서 일어나는 범죄를 뜻하는 것으로 크게 정보통신망 침해범죄와 정보통신망 이용범죄, 불법콘텐츠범죄로 구분됨

※ 정보통신망의 개념(정통망법 제2조)

- 전기통신(유선·무선·광선 등) 설비를 이용하거나 전기통신설비와 컴퓨터 및 컴퓨터의 이용기술을 활용하여 정보를 수집·가공·저장·검색·송신·수신 하는 정보통신체제

- 단, 정보통신망 중 전화(음성통화)를 이용한 경우, 사이버범죄 통계에서 제외

① [정보통신망 침해범죄]

정당한 접근 권한없이 또는 허용된 접근 권한을 넘어 컴퓨터 또는 정보통신망(컴퓨터 시스템)에 침입하거나 시스템·데이터 프로그램을 훼손·멸실·변경한 경우 및 정보통신망에 장애(성능저하.사용불능)를 발생하게 한 경우

※ 고도의 기술적인 요소가 포함되며, 컴퓨터 및 정보통신망 자체에 대한
공격행위를 수반하는 범죄
② [정보통신망 이용범죄]
정보통신망(컴퓨터 시스템)을 범죄의 본질적 구성요건에 해당하는 행위를
행하는 주요 수단으로 이용하는 경우
※ 컴퓨터 시스템을 전통적인 범죄를 행하기 위하여 이용하는 범죄(인터넷
사용자간의 범죄)
③ [불법콘텐츠 범죄]
정보통신망(컴퓨터 시스템)을 통하여, 법률에서 금지하는 재화·서비스 또는
정보를 배포·판매·임대·전시하는 경우
※ 정보통신망을 통하여 유통되는 '콘텐츠' 자체가 불법적인 경우(정통망법
제44조의7의 용어 활용)

■ 사이버범죄 통계 활용도
사이버범죄 통계는 사이버범죄 대응을 위한 정책 마련, 경찰 인력 및 예산
산정 등 치안 활동의 근거자료로 이용되고 있음

※ **지표해석**

■ 사이버범죄 통계 분석
① 사이버 범죄는 계속 증가 추세로 사이버 범죄 대응을 위해 유형별로 분
   석하여 범죄 예방에 활용 자료로 활용하고 있음.
② 사이버범죄 통계는 크게 정보통신망 침해범죄, 정보통신망 이용범죄, 불
   법콘텐츠 범죄로 분류 하여 관리되고 있으며 사이버범죄에서 가장 큰 비
   중을 차지하고 있는 인터넷사기는 정보통신망 이용범죄에 포함된다.
③ 사이버범죄는 신종 범죄 출현등 지속적으로 변화하는 양상을 보이고 있
   어, 이를 범죄 세부 유형에 지속 반영해 나가고 있다.

※ **유의사항**
2014년부터 사이버범죄 유형 개편 및 전산통계 시행

※ 작성방법

2014년 이전 : 전국 사이버수사부서 접수사건 및 검거사건 토대로 수기집계

2014년 이후 : 23형사사법정보시스템을 통한 전산 집계

※ 자료출처

출처 : 사이버범죄 통계자료

통계생산기관 : 경찰청 사이버수사국

통계주기 : 매년

▣ 편 저 이창복 ▣

☐ 서울지방검찰청 수사과 근무
☐ 전주지방검찰청 사건과 근무
☐ 전 서울중앙지방검찰청 수사관

☐ 저서 : 성희롱, 성추행, 성폭력 대처방법과 법률적해결
☐ 저서 : 학교폭력 해소와 법률적 대처
☐ 저서 : 수사조사 형벌법 실무(형법)
☐ 저서 : 수사조사 형벌법 실무(형사특별법)

사이버범죄 수사 관련 자료 총수록
사이버범죄 수사총람

정가 180,000원

2024年 3月 10日 15版 인쇄
2024年 3월 20日 15版 발행

2009年 4月 20日 初版 발행

편   저 : 이 창 복
발 행 인 : 김 현 호
발 행 처 : 법률미디어
공 급 처 : 법문 북스

08278
서울 구로구 경인로 54길4
TEL : 2636-2911-2, FAX : 2636-3012
등록 : 1979년 8월 27일 제5-22호
Home : www.lawb.co.kr

❚ ISBN 978-89-5755-276-6 (93360)
❚ 파본은 교환해 드립니다.